Springer Reference Wirtschaft

Springer Reference Wirtschaft präsentiert Studierenden, Praktikern und Wissenschaftlern zielführendes Fachwissen in aktueller, kompakter und verständlicher Form. Während traditionelle Handbücher ihre Inhalte bislang gebündelt und statisch in einer Printausgabe präsentiert haben, bietet *Springer Reference Wirtschaft* eine um dynamische Komponenten erweiterte Online-Präsenz: Ständige digitale Verfügbarkeit, frühes Erscheinen neuer Beiträge online first und fortlaufende Erweiterung und Aktualisierung der Inhalte.

Die Werke und Beiträge der Reihe repräsentieren den jeweils aktuellen Stand des Wissens des Faches. Reviewprozesse sichern die Qualität durch die aktive Mitwirkung von namhaften HerausgeberInnen und ausgesuchten AutorInnen.

Springer Reference Wirtschaft wächst kontinuierlich um neue Kapitel und Fachgebiete. Eine Liste aller Reference-Werke bei Springer – auch anderer Fächer – findet sich unter www.springerreference.de

Manfred Bruhn • Franz-Rudolf Esch
Tobias Langner
Herausgeber

Handbuch Instrumente der Kommunikation

Grundlagen – Innovative Ansätze – Praktische Umsetzungen

2., vollständig überarbeitete und erweiterte Auflage

mit 126 Abbildungen und 33 Tabellen

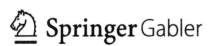

Springer Gabler

Herausgeber
Manfred Bruhn
Universität Basel
Basel, Schweiz

Franz-Rudolf Esch
EBS Business School
Oestrich-Winkel, Deutschland

Tobias Langner
Bergische Universität Wuppertal
Wuppertal, Germany

ISBN 978-3-658-04654-5   ISBN 978-3-658-04655-2 (eBook)
ISBN 978-3-658-04702-3 (Bundle)
DOI 10.1007/978-3-658-04655-2

Die Deutsche Nationalbibliothek verzeichnet diese Publikation in der Deutschen Nationalbibliografie; detaillierte bibliografische Daten sind im Internet über http://dnb.d-nb.de abrufbar.

Springer Gabler
© Springer Fachmedien Wiesbaden 2009, 2016
Das Werk einschließlich aller seiner Teile ist urheberrechtlich geschützt. Jede Verwertung, die nicht ausdrücklich vom Urheberrechtsgesetz zugelassen ist, bedarf der vorherigen Zustimmung des Verlags. Das gilt insbesondere für Vervielfältigungen, Bearbeitungen, Übersetzungen, Mikroverfilmungen und die Einspeicherung und Verarbeitung in elektronischen Systemen.
Die Wiedergabe von Gebrauchsnamen, Handelsnamen, Warenbezeichnungen usw. in diesem Werk berechtigt auch ohne besondere Kennzeichnung nicht zu der Annahme, dass solche Namen im Sinne der Warenzeichen- und Markenschutz-Gesetzgebung als frei zu betrachten wären und daher von jedermann benutzt werden dürften.
Der Verlag, die Autoren und die Herausgeber gehen davon aus, dass die Angaben und Informationen in diesem Werk zum Zeitpunkt der Veröffentlichung vollständig und korrekt sind. Weder der Verlag, noch die Autoren oder die Herausgeber übernehmen, ausdrücklich oder implizit, Gewähr für den Inhalt des Werkes, etwaige Fehler oder Äußerungen.

Lektorat: Barbara Roscher, Jennifer Ott

Gedruckt auf säurefreiem und chlorfrei gebleichtem Papier

Springer Gabler ist Teil von Springer Nature
Die eingetragene Gesellschaft ist Springer Fachmedien Wiesbaden GmbH

Handbuchreihe der Kommunikation

Herausgeber:	Prof. Dr. Dr. h.c. mult. Manfred Bruhn (Universität Basel)
	Prof. Dr. Franz-Rudolf Esch (EBS Business School)
	Prof. Dr. Tobias Langner (Bergische Universität Wuppertal)
Band 1	„Strategische Kommunikation"
	Herausgeber: Bruhn/Esch/Langner
Band 2	„Instrumente der Kommunikation"
	Herausgeber: Bruhn/Esch/Langner
Band 3	„Sozialtechniken der Kommunikation"
	Herausgeber: Langner/Esch/Bruhn
Band 4	„Controlling der Kommunikation"
	Herausgeber: Esch/Langner/Bruhn

Vorwort

Die Kommunikation ist für den Unternehmenserfolg zunehmend von zentraler Bedeutung. Aufgrund der vielfach zu beobachtenden Produkthomogenität vollzieht sich ein Wandel vom Produktwettbewerb zu einem intensiven Kommunikationswettbewerb. Entsprechend sind Unternehmen mit ihren Leistungen als Marke im Bewusstsein ihrer aktuellen und potenziellen Kunden zu positionieren. Neben einer „unique selling proposition" tritt immer häufiger eine „unique communication proposition" in den Vordergrund.

Diese Erkenntnis ist in Wissenschaft und Praxis bereits seit langem angekommen. Dies zeigen die zahlreichen Veröffentlichungen in der Marken- und Kommunikationsforschung sowie die Bemühungen der Praxis, Erfolgsfaktoren im Kommunikationswettbewerb im Markt durchzusetzen.

Bei diesen vielfältigen Aktivitäten ist insbesondere zu berücksichtigen, dass sich die Rahmenbedingungen in den Medien- und Kommunikationsmärkten grundlegend verändert haben. So ist die aktuelle Medienlandschaft durch ein zunehmendes Angebot neuer Medienformen und eine Atomisierung der Medien gekennzeichnet. Parallel dazu steigen die Anzahl der beworbenen Marken, die Zahl der Medienanbieter sowie die Anzahl der Kommunikationsimpulse. Rezipienten werden mit Kommunikation überflutet. Aufgrund der begrenzten Aufnahme- und Verarbeitungskapazität von Individuen führt dies zu einer Informationsüberlastung der Rezipienten – mit der Folge, dass die klassischen Medien und Kommunikationsbotschaften immer weniger Beachtung erfahren.

Neben diesen aktuellen Herausforderungen, denen sich kommunikationstreibende Unternehmen zu stellen haben, nimmt die Vielfalt der einzusetzenden Kommunikationsinstrumente ebenfalls zu. Diese Differenzierung der Kommunikationsinstrumente wird sich auch weiterhin fortsetzen. Für Unternehmen besteht aufgrund dieser Entwicklungen die weiter wachsende Notwendigkeit zu einer Integration der Kommunikation.

Bei diesen vielfach technologisch getriebenen Veränderungen handelt es sich nicht um evolutionäre Einzelschritte, sondern um strukturelle Veränderungen in den Medien- und Kommunikationsmärkten. Dadurch verändern sich auch die Paradigmen in der Kommunikation.

Die „Handbuchreihe Kommunikation" setzt an den beschriebenen Herausforderungen an. Sie widmet sich den Erfolgsfaktoren der Konzeption, Realisation und

Kontrolle von Kommunikationsaktivitäten in allen bedeutenden Instrumenten sowie Branchen und gibt Antworten darauf, wie den beschriebenen Herausforderungen zu begegnen ist.

Die vorliegende Handbuchreihe stellt die zweite Auflage des im Jahr 2009 erschienenen und ebenfalls von uns herausgegebenen „Handbuch Kommunikation" (erschienen im Gabler-Verlag) dar. Bereits in der ersten Auflage war es das Ziel, dem Leser einen sowohl breiten als auch tiefen Einblick in das Thema Kommunikation zu geben. Angesichts einer anstehenden Neuauflage haben wir uns aufgrund der zunehmenden Vielfalt der Entscheidungstatbestände der Kommunikation entschieden, statt den bestehenden Sammelband zu überarbeiten eine „Handbuchreihe Kommunikation" zu etablieren. Die Handbuchreihe bietet uns durch die Zusammensetzung aus mehreren Bänden die Möglichkeit, auf die einzelnen Themen noch ausführlicher einzugehen.

Die „Handbuchreihe Kommunikation" besteht aus den folgenden vier Bänden: Der erste Band, „Strategische Kommunikation", beschäftigt sich mit der mittel- bis langfristigen Schwerpunktlegung der Gesamtkommunikation des Unternehmens bzw. des Bezugsobjekt des Unternehmens. Im zweiten Band, „Instrumente der Kommunikation", liegt der Fokus auf den verschiedenen Themenbereichen zum wirksamen Einsatz unterschiedlicher Kommunikationsmittel zur Erreichung der Rezipienten. Der dritte Band, „Sozialtechniken der Kommunikation", thematisiert die sozialtechnische Umsetzung von Kommunikationsbotschaften, um Rezipienten wirksam im Sinne der Markenbotschaft zu beeinflussen. Im vierten Band „Controlling der Kommunikation" steht die Messung und Kontrolle des Kommunikationserfolgs im Vordergrund.

Die „Handbuchreihe Kommunikation" richtet sich an Wissenschaftler, Studierende und Praktiker gleichermaßen: Der Wissenschaftler erfährt einen raschen Überblick über den State-of-the-Art des Forschungsstands, den Studierenden vermittelt es ein umfassendes und tief gehendes Verständnis zur Kommunikation und dem Praktiker dient das Werk schließlich als Ratgeber bei der täglichen Arbeit.

Das Ziel des vorliegenden zweiten Bands ist es, dem Leser einen Überblick über die verschiedenen Instrumente der Kommunikation zu geben. Hierfür wird zwischen den Instrumenten der Marketing-, Unternehmens- und Dialogkommunikation unterschieden und auf die Einsatzfelder der einzelnen Instrumente eingegangen. Ein weiteres Augenmerk liegt auf den institutionellen Besonderheiten der Kommunikation. In den Beiträgen werden die Charakteristika der Kommunikation in den verschiedenen Branchen aufgezeigt. Schließlich gilt es auch, Zukunftstendenzen bei den einzelnen Kommunikationsinstrumenten zu thematisieren.

Der Sammelband ist das Ergebnis vielfältiger Unterstützung: Unser herzlicher Dank gilt zunächst unseren Autoren des Sammelbandes. Fast alle Autoren der ersten Auflage haben sich wieder mit einem Beitrag an diesem Band beteiligt. Die von uns neu angesprochenen Experten haben ebenfalls spontan ihre Mitwirkung zugesagt.

Im Vergleich zur ersten Auflage wird die Handbuchreihe nicht nur als gedruckte Ausgabe und eBook produziert, sondern zudem in die Datenbank „SpringerNachschlageWissen" aufgenommen. Dadurch weist jeder Beitrag einen eigenständigen Charakter auf.

Für diesen ersten Band wurde die Federführung von der Universität Basel in Abstimmung mit den Ko-Herausgebern übernommen. Unser ganz besonderer Dank gilt Frau Dr. Verena Batt vom Lehrstuhl für Marketing und Unternehmensführung der Universität Basel. Ihr außerordentliches Engagement bei der Betreuung der Autoren und der Koordination dieses „Mammut-Projekts" mit dem Verlag war uns eine sehr große, unverzichtbare Hilfe. Ihre hervorragende Unterstützung hat maßgeblich zur Fertigstellung des Projekts beigetragen.

Weiterhin sei den aktuellen und ehemaligen Hilfsassistenten des Lehrstuhls, Jasmin Farouq, Petra Härle, Mira Koerner, Fiona Priester und Nina Stadelmann, ganz herzlich gedankt. Sie haben uns bei den vielfältigen Bearbeitungsschleifen der Beiträge außerordentlich unterstützt.

Wir möchten mit der „Handbuchreihe Kommunikation" Anregungen und Impulse für die tägliche Arbeit in Wissenschaft und Praxis geben. Im Rahmen der weiteren Erschließung des Themenfeldes Kommunikation würden wir uns über einen regen Austausch mit unseren Leserinnen und Lesern freuen.

Wir wünschen Ihnen viel Freude bei der Lektüre!

Manfred Bruhn
Franz-Rudolf Esch
Tobias Langner

Inhaltsverzeichnis

Instrumente der Kommunikation – eine Einführung in das
Handbuch 1
Manfred Bruhn

Teil I   Grundlagen der instrumentellen Kommunikation **23**

Das kommunikationspolitische Instrumentarium: ein Überblick 25
Manfred Bruhn

Teil II   Instrumente der Marketingkommunikation **57**

Instrumente der Marketingkommunikation: ein Überblick 59
Manfred Bruhn

Einsatz der Mediawerbung für die Marketingkommunikation 77
Manfred Bruhn

Einsatz der Verkaufsförderung für die Marketingkommunikation 97
Karen Gedenk

Einsatz des Event Marketing für die Marketingkommunikation 113
Cornelia Zanger und Jan Drengner

Bedeutung der Produktverpackung für die
Marketingkommunikation 141
Tobias Langner, Franz-Rudolf Esch und Jochen Kühn

Bedeutung der Ladengestaltung für die Marketingkommunikation ... 165
Andrea Gröppel-Klein

Einsatz des Sponsoring für die Marketingkommunikation 185
Manfred Bruhn

Einsatz des Product Placement für die Marketingkommunikation 203
Arnold Hermanns und Fritjof Lemân

Einsatz der Below-the-Line-Kommunikation für die Marketingkommunikation 217
Franz-Rudolf Esch, Kai Harald Krieger und Kristina Strödter

Kommunikation des Herstellers mit dem Handel 241
Marion Brandstätter, Bernhard Swoboda und Thomas Foscht

Teil III Instrumente der Unternehmenskommunikation 267

Instrumente der Unternehmenskommunikation: ein Überblick 269
Manfred Bruhn

Einsatz der Public Relations im Rahmen der Unternehmenskommunikation 285
Ulrike Röttger

Bedeutung der Internen Kommunikation für die Unternehmenskommunikation 301
Franz-Rudolf Esch und Sabrina Eichenauer

Bedeutung der Architektur für die Unternehmenskommunikation 325
Dieter Georg Herbst

Einsatz des Corporate Publishing im Rahmen der Unternehmenskommunikation 345
Lutz Glandt

Teil IV Instrumente der Dialogkommunikation 367

Instrumente der Dialogkommunikation: ein Überblick 369
Manfred Bruhn

Einsatz des Verkaufsgesprächs im Rahmen der Dialogkommunikation 387
Verena Hüttl-Maack und Heribert Gierl

Einsatz des Direktmarketing im Rahmen der Dialogkommunikation 405
Andreas Mann

Einsatz von Word-of-Mouth im Rahmen der Dialogkommunikation 437
Dubravko Radić und Thorsten Posselt

Einsatz von Social Media im Rahmen der Dialogkommunikation 453
Manfred Bruhn

Einsatz von Call Center im Rahmen der Dialogkommunikation 481
Manfred Stockmann

Der Einsatz von Messen und Ausstellungen im Rahmen der Dialogkommunikation 509
Manfred Kirchgeorg

Teil V Institutionelle Besonderheiten der Kommunikation **525**

Kommunikation für Konsumgüter 527
Erika Leischner

Kommunikation für Industriegüter 547
Markus Voeth und Isabel Tobies

Kommunikation für Dienstleistungen 561
Anton Meyer, Anja Meindl und Benjamin Brudler

Kommunikation von Handelsunternehmen – Instrumente und Bedeutung aus Unternehmens- und Kundensicht 581
Joachim Zentes und Bernhard Swoboda

Kommunikation für Nonprofit-Organisation 605
Manfred Bruhn und Uta Herbst

Stichwortverzeichnis 623

Autorenverzeichnis

Marion Brandstätter Institut für Marketing, Karl-Franzens-Universität Graz, Graz, Österreich

Benjamin Brudler Institut für Marketing, LMU München, München, Deutschland

Manfred Bruhn Lehrstuhl für Marketing und Unternehmensführung, Wirtschaftswissenschaftliche Fakultät, Universität Basel, Basel, Schweiz

Jan Drengner Fachbereich Touristik/Verkehrswesen, FH Worms, Worms, Deutschland

Sabrina Eichenauer Lehrstuhl für Markenmanagement und Automobilmarketing, EBS Universität für Wirtschaft und Recht, Wiesbaden, Deutschland

Franz-Rudolf Esch Lehrstuhl für Markenmanagement und Automobilmarketing, EBS Universität für Wirtschaft und Recht, Wiesbaden, Deutschland

Thomas Foscht Institut für Marketing, Karl-Franzens-Universität Graz, Graz, Österreich

Karen Gedenk Department of Marketing and Pricing, University of Hamburg, Business School, Hamburg, Deutschland

Heribert Gierl Lehrstuhl für Betriebswirtschaftslehre mit dem Schwerpunkt Marketing, Universität Augsburg, Augsburg, Deutschland

Lutz Glandt Sonderbeauftragter für die Medienindustrie, Deutsche Post AG, Bonn, Deutschland

Andrea Gröppel-Klein Institut für Konsum- und Verhaltensforschung, Lehrstuhl für BWL, insb. Markerketing, Universität des Saarlandes, Saarbrücken, Deutschland

Dieter Georg Herbst Universität der Künste Berlin, Berlin, Deutschland

Uta Herbst Lehrstuhl für Marketing II, Universität Potsdam, Potsdam, Deutschland

Arnold Hermanns Lehrstuhl für Betriebswirtschaftslehre, Privatuniversität Schloss Seeburg, Seekirchen/Wallersee, Österreich

Verena Hüttl-Maack Lehrstuhl für Marketing und Konsumentenverhalten, Universität Hohenheim, Stuttgart, Deutschland

Manfred Kirchgeorg SVI-Stiftungslehrstuhl für Marketing, insbes. E-Commerce und Crossmediales Management, HHL Leipzig Graduate School of Management, Leipzig, Deutschland

Kai Harald Krieger Agentur Krieger & Krieger, Gießen, Deutschland

Jochen Kühn PASCOE Naturmedizin GmbH, Gießen, Deutschland

Tobias Langner Lehrstuhl für Marketing, Bergische Universität Wuppertal, Wuppertal, Deutschland

Erika Leischner BWL, insbesondere Marketing, Fachbereich Wirtschaftswissenschaften, Hochschule Bonn-Rhein-Sieg, Sankt Augustin, Deutschland

Fritjof Lemân VirtuoSys GmbH, München, Deutschland

Andreas Mann Fachbereich Wirtschaftswissenschaften, Universität Kassel, Kassel, Deutschland

Anja Meindl Institut für Marketing, LMU München, München, Deutschland

Anton Meyer Institut für Marketing, LMU München, München, Deutschland

Thorsten Posselt MOEZ des Fraunhofer Instituts und Professur für Innovationsmanagement und Innovationsökonomik, Universität Leipzig, Leipzig, Deutschland

Dubravko Radić Professor für Betriebswirtschaftslehre, insbesondere Dienstleistungsmanagement, Wirtschaftswissenschaftliche Fakultät, Universität Leipzig, Leipzig, Deutschland

Ulrike Röttger Institut für Kommunikationswissenschaft, Westfälische Wilhelms-Universität Münster, Münster, Deutschland

Manfred Stockmann Call Center Verband Deutschland e.V., Berlin, Deutschland

Kristina Strödter Nike Inc., Hilversum, Niederlande

Bernhard Swoboda Lehrstuhl für Marketing und Handel, Universität Trier, Trier, Deutschland

Isabel Tobies Bayer Consumer Care AG, Basel, Schweiz

Markus Voeth Institut für Marketing und Management, Lehrstuhl für Marketing und Business Development, Universität Hohenheim, Stuttgart, Deutschland

Cornelia Zanger BWL II - Marketing und Handelsbetriebslehre, TU Chemnitz, Chemnitz, Deutschland

Joachim Zentes Universität des Saarlandes, Saarbrücken, Deutschland

Instrumente der Kommunikation – eine Einführung in das Handbuch

Manfred Bruhn

Inhalt

1 Grundlagen der instrumentellen Kommunikation 2
2 Instrumente der Marketingkommunikation 10
3 Instrumente der Unternehmenskommunikation 13
4 Instrumente der Dialogkommunikation 15
5 Institutionelle Besonderheiten der Kommunikation 17
Literatur 21

Zusammenfassung

Die steigende Bedeutung des Kommunikationsmix und die zunehmende Vielfalt an Kommunikationsinstrumenten machen die Kommunikation von Unternehmen im Rahmen des Marketing zu einem zentralen Thema. Der folgende Beitrag liefert eine Einführung in das Handbuch, indem als Einstieg die Grundlagen der instrumentellen Kommunikation dargestellt werden. Anschließend wird ein Überblick über die Instrumente der Marketing-, Unternehmens- und Dialogkommunikation gegeben. Die institutionellen Besonderheiten der Kommunikation bilden den Abschluss des Beitrags.

Schlüsselwörter

Dialogkommunikation • Kommunikationsinstrumente • Kommunikationsmix • Marketingkommunikation • Unternehmenskommunikation

---

M. Bruhn (✉)
Lehrstuhl für Marketing und Unternehmensführung, Wirtschaftswissenschaftliche Fakultät, Universität Basel, Basel, Schweiz
E-Mail: manfred.bruhn@unibas.ch

1 Grundlagen der instrumentellen Kommunikation

Der Kommunikationsmix ist als zentraler Bestandteil des Marketingmix von Unternehmen anzusehen. Angesichts Entwicklungen wie der wachsenden Homogenität von Marken und Produkten kommt dem Kommunikationsmix dabei eine zunehmend stärkere Bedeutung zu.

Im Rahmen des Kommunikationsmix stehen Unternehmen eine Vielzahl von Kommunikationsinstrumenten zur Verfügung. Kommunikationsinstrumente stellen „das Ergebnis einer gedanklichen Bündelung von Kommunikationsmaßnahmen nach ihrer Ähnlichkeit" dar (Bruhn 2014a, S. 6). Deren Entstehung und Etablierung lassen sich anhand der verschiedenen *Entwicklungsphasen der Kommunikation* aufzeigen (Bruhn 2015a, S. 25; Abb. 1):

1.1 Phase der unsystematischen Kommunikation (1950er-Jahre)

Die 1950er-Jahre waren in Deutschland durch einen starken Nachfrageüberhang geprägt. Dementsprechend war die Sicherstellung der Produktion von Gütern eine der prioritären Aufgaben von Unternehmen. Da keine Engpässe am Absatzmarkt existierten, war die Kommunikation für den Verkauf von geringer Bedeutung. Der Kommunikationseinsatz beschränkte sich auf den Einsatz von Mediawerbung und Plakaten und erfolgte vielmehr unsystematisch, z. B. durch den kurzfristigen Einsatz werblicher Mittel zur Erinnerung der Konsumenten an die Produkte des Unternehmens.

1.2 Phase der Produktkommunikation (1960er-Jahre)

In den 1960er-Jahren waren Unternehmen mit einer zunehmenden nationalen Konkurrenz konfrontiert. Dies mündete in die Notwendigkeit für Unternehmen, eine stetige Erweiterung des Produktangebots vorzunehmen. Dabei galt es sicherzustellen, dass das Unternehmen über einen schlagkräftigen Außendienst verfügt, der die Produkte über den Handel an den Kunden bringt. Der Fokus lag auf der Vermittlung von spezifischen Produktinformationen durch den Einsatz von Kommunikationsinstrumenten wie etwa der Mediawerbung, der Verkaufsförderung und der Persönlichen Kommunikation mit dem Ziel der Steigerung des Abverkaufs von Produkten.

1.3 Phase der Zielgruppenkommunikation (1970er-Jahre)

Ein Überangebot an Waren, allgemeine Sättigungserscheinungen und ökonomische Entwicklungen, wie z. B. die Ölkrise, führten dazu, dass die Konsumenten zum entscheidenden Engpassfaktor wurden. Viele Unternehmen reagierten auf diese Situation mit einer differenzierten Marktbearbeitung (Prinzip der Marktsegmentierung) und einer konsequenten Ausrichtung der Kommunikation am spezifischen

Instrumente der Kommunikation – eine Einführung in das Handbuch

	Phase der unsystematischen Kommunikation (1950er Jahre)	Phase der Produktkommunikation (1960er Jahre)	Phase der Zielgruppenkommunikation (1970er Jahre)	Phase der Wettbewerbskommunikation (1980er Jahre)	Phase des Kommunikationswettbewerbs (1990er Jahre)	Phase der Dialogkommunikation (2000er Jahre)	Phase der Netzwerkkommunikation (ab 2010)
Zentrale Aufgabe der Kommunikationspolitik	Information, Erinnerung an „alte" Marken	Kommunikative Unterstützung des Verkaufs	Vermittlung eines zielgruppenspezifischen Kundennutzens	Kommunikative Profilierung gegenüber Wettbewerbsmarken	Vermittlung eines konsistenten Bildes des Unternehmens	Aufbau und Intensivierung der Beziehungen zu den Zielgruppen, v.a. Kundenbindung	Aufbau und Intensivierung von Kommunikationsbeziehungen in Netzwerken (onlinebasierten Netzgemeinschaften)
Relevante Zielgruppen	Relativ undifferenziert, auf Endverbraucher gerichtet	Handelskommunikation gewinnt an Bedeutung	Vertikales Marketing: verbraucher- und handelsbezogene Kommunikation	Erweiterung der Zielgruppen um die Öffentlichkeit	Integration der externen Marktkommunikation und internen Kommunikation	Externe und interne Anspruchsgruppen	Sämtliche Internetnutzer
Bedeutung der Kommunikation im Marketingmix	Geringe Bedeutung	Ergänzung zu Produkt- und Verkaufspolitik	Gleichberechtigte Bedeutung gegenüber anderen Mixelementen	Zentrale Bedeutung zur Durchsetzung der strategischen Wettbewerbsvorteile (USP)	Kommunikation dient der Differenzierung im Wettbewerb	Kommunikation als zentrales Element im Beziehungsmarketing	Unternehmens- und Marketingkommunikation ist mit der Social Media-Kommunikation zu integrieren
Zentrales Kommunikationsobjekt	Einzelne Produkte/Marken	Produkte und Produktlinien	Etablierung von Markenstrategien	Unverwechselbare Positionierung der Marke	Schaffung und Durchsetzung einer Markenidentität	Markenstärke und Aufbau von Markenbeziehungen	Schaffung einer Balance zwischen kontrollierter und nicht-kontrollierter Markenführung
Schwerpunkte im Einsatz von Kommunikationsinstrumenten	Mediawerbung, Plakate	Mediawerbung, Verkaufsförderung, Persönliche Kommunikation	Mediawerbung, Verkaufsförderung, Persönliche Kommunikation, Messen und Ausstellungen	Imagewerbung, Public Relations, Sponsoring, Direct Marketing	Individuelle Werbung, Event Marketing, Tele Marketing, Dialogkommunikation	Primär dialogorientierte Kommunikationsinstrumente (v.a. Direct Marketing, Persönliche Kommunikation, Online-Kommunikation, Interne Kommunikation)	Primär Social Media-Kommunikation, Mobile Kommunikation und Web 2.0
Verhalten der Rezipienten	Kaum Verhaltensbeeinflussung, eher Wecken von Neugierde	Nutzung der Kommunikation als zuverlässige Produktinformation	Beginnende Informationsüberlastung	Sinkende Glaubwürdigkeit der Kommunikation und erste Reaktanzeffekte (Zapping)	Stärkere Informationsüberlastung, Ablehnung der klassischen Werbung	Hohe Anspruchshaltung, sinkende Kundenbindung und -zufriedenheit, abnehmende Unternehmensloyalität, Abwechslungssuchende (Variety Seeker)	Partizipation und Dialogbereitschaft, Mund-zu-Mund-Kommunikation, Interaktivität, Aufbau von sozialen Netzgemeinschaften

Abb. 1 (Fortsetzung)

Bedeutung der Werbeträger	Zeitungen, Plakate	Zeitungen, Rundfunk	Fernsehen, Printmedien, Rundfunk	Fernsehen, Printmedien, Rundfunk	Suche nach alternativen Medien (z.B. Ereignisse)	Abkehr von Medien der Massenkommunikation, Suche nach Medien, die einen Dialog zwischen dem Unternehmen und seinen Zielgruppen ermöglichen	Zunehmende Hinwendung zu Medien der Online-kommunikation, z. B. Weblogs, Videoportale Podcasts usw.
Kosten der Kommunikation	Relativ unbedeutend im Marketingmix	Investitionen in Vertriebs-kommunikation	Investitionen in den Aufbau von Marken	Steigende Kosten für vielfältigen Einsatz von Kommunikations-instrumenten	Überproportionale Steigerung der Kommunikationskosten	Überproportionale Steigerung, Kostenexplosion bei klassischen Medien, sehr hohe Pro-Kopf-Ausgaben bei Persönlicher Kommunikation	Senkung der individualisierten Kommunikationskosten durch Netzwerke, aber konstant hoher Kommunikations-aufwand
Rolle der Agenturen	Geringe Bedeutung von Agenturen, direkter Kontakt zu Medienunternehmen	Etablierung von Werbe-agenturen	Zentrale Bedeutung von klassischen Werbe-agenturen	Beginn der Herausbildung von Spezialagenturen (PR-, VKF-, Sponsoring-agenturen)	Etablierung von Full-Service-Agenturen und Agenturnetzen	Abnahme der Bedeutung klassischer Media-agenturen, Bedeutungszunahme spezialisierter Agenturen mit Kompetenzen in Relationship Marketing	Zunehmende Zusammenarbeit mit »Interactive-Agenturen« mit umfassenden Fähigkeiten in Bezug auf die Netzwerk-kommunikation (Web 2.0, Soziale Medien, Mobile Kommunikation)
Organisation der Kommunikation im Unternehmen	Keine kommunikations-spezifischen Organisati-onseinheiten	Etablierung von Stabs-abteilungen	Kommunikation als Aufgabe der Linie, häufig nach Produktgruppen getrennt (Produktmanagement)	Spezialabteilungen für einzelne Kommunikations-instrumente	Despezialisierung in der Organisation, Einsatz von Kommunikations-managern	Dezentrale Einheiten, Prozessorientierung, Projektorganisation, Empowerment der Mitarbeitenden	Verankerung der Social Media-Richtlinien im Unternehmen, entsprechen-de Organisationsstruktur und Unternehmenskultur (Bildung cross-funktionaler Einheiten im Unternehmen und Schaffung einer Kooperationskultur)
Hauptprobleme im kommunikativen Auftritt	Keine kommunikative Profilierung, relativ unbedeutend im Marketingmix	Zu undifferenzierte Kommunikation	Verstärktes Aufkommen von Wettbewerbern mit homogenem Angebot	Sehr starke Differenzierung in der Kommunikation und damit inkonsistente und uneinheitliche Wahrnehmung durch die Rezipienten	Verstärkte Bemühungen um eine Integrierte Kommunikation bei innerbetrieblichen Widerständen verschiedener Abteilungen	Synchronisierung der klassischen Kommunikation mit der dialogorientierten Kommunikation	Versuch einer Integration der Unternehmens-, Marketing-, Dialog- und Social Media Kommunikation

Abb. 1 Entwicklungsphasen der Kommunikation. Quelle: Bruhn 2014b, S. 4 f.

Kundennutzen. Diese bildete die Grundlage für den zielgruppenspezifischen Einsatz der verschiedenen Kommunikationsinstrumente. Neben den bisherigen eingesetzten Kommunikationsinstrumenten haben sich in dieser Phase Messen und Ausstellungen als Kommunikationsinstrument etabliert.

1.4 Phase der Wettbewerbskommunikation (1980er-Jahre)

In den 1980er-Jahren wurden die meisten Unternehmen durch das Strategische Marketing herausgefordert. Das Denken im „Strategischen Dreieck" (Unternehmen-Kunde-Wettbewerber) war verbunden mit der Suche und dem Ausbau von Wettbewerbsvorteilen. Der Kommunikationspolitik kam hierbei die Aufgabe zu, dem Kunden die „*Unique Selling Proposition*" (*USP*) und die damit verbundenen kompetitiven Vorteile zu vermitteln. In dieser Phase standen erstmalig auch die Kommunikationsinstrumente untereinander im Wettbewerb. Dieser interinstrumentelle Wettbewerb wurde durch das Auftreten neuer Instrumente der Marktkommunikation, wie etwa Direct Marketing, Sponsoring und Event Marketing, verstärkt. Vor diesem Hintergrund kam der Planung des Kommunikationsmix eine hohe Bedeutung zu. Bei der Auswahl von Kommunikationsinstrumenten galt es sowohl den interinstrumentellen Kommunikationsmix (die Auswahl zwischen den einzelnen Kommunikationsinstrumenten), als auch den intrainstrumentellen Kommunikationsmix (Auswahl zwischen den Erscheinungsformen und Kommunikationsträgern im Rahmen eines Kommunikationsinstrumentes) zu berücksichtigen.

1.5 Phase des Kommunikationswettbewerbs (1990er-Jahre)

In den 1990er-Jahren wurde die Unternehmensführung in erster Linie durch das Umfeld herausgefordert. Unternehmen waren gezwungen, die Veränderungen in den Bereichen Ökologie, Technologie, Politik und Recht sowie die quantitativen und qualitativen Veränderungen des Medienmarktes zu erkennen und frühzeitig darauf zu reagieren. Dies galt ebenso für den Wertewandel in der Gesellschaft, der in einer zunehmend kritischen Einstellung weiter Bevölkerungskreise gegenüber Unternehmen und speziell auch ihres kommunikativen Engagements zum Ausdruck kam. Angesichts dieser Herausforderungen und der damit verbundenen Vielzahl an Kommunikationsempfängern lag der Schwerpunkt auf der Integration der Kommunikationsinstrumente und der Erzielung einer „Unique Communication Proposition" (UCP).

1.6 Phase der Dialogkommunikation (2000er-Jahre)

Zu Beginn des neuen Jahrtausends waren viele Branchen mit volatilen Märkten und Krisenerscheinungen konfrontiert. Des Weiteren waren eine erhöhte Anspruchshaltung der Konsumenten und eine abnehmende Unternehmensloyalität zu konstatieren. Vor diesem Hintergrund entstand in Unternehmen das Bewusstsein für ein systematisches Relationship Marketing, verbunden mit dem zunehmenden Einsatz dialogorientierter Kommunikationsinstrumente, wie z. B. Direct Marketing oder Online-Kommunikation.

1.7 Phase der Netzwerkkommunikation (2010er-Jahre)

Die momentane Situation zeichnet sich durch kontinuierliche Entwicklungen im Bereich der Informations- und Kommunikationstechnologien aus. Durch die Entwicklung vom Web 1.0 zum Web 2.0 sind neue Kommunikationsinstrumente wie die Social Media-Kommunikation mit Online-Foren, Sozialen Netzwerken oder Micro-Blogs entstanden. Diese ermöglichen eine interaktive Ausrichtung der Kommunikation sowie den direkten Einbezug der Konsumenten.

Es ist an dieser Stelle darauf hinzuweisen, dass in den obigen Ausführungen das Augenmerk auf die Entwicklung der Instrumente der Marketingkommunikation gelegt wurde. Wie nachfolgend herausgearbeitet wird, finden in Unternehmen neben der Marketingkommunikation auch Instrumente der Unternehmens- und Dialogkommunikation Berücksichtigung. Des Weiteren werden zunehmend auch Instrumente der Netzwerkkommunikation diskutiert. Die bislang bedeutsamen Netzwerkinstrumente wurden hier jedoch der Dialogkommunikation zugeordnet (vgl. hierzu ausführlich Bruhn 2014a, S. 4 f.).

Die Betrachtung der Entwicklungsphasen der Kommunikation verdeutlicht die Vielzahl an Kommunikationsinstrumenten, die von Unternehmen eingesetzt werden können. Mit dem Ziel, diese Vielfalt an Instrumenten und Maßnahmen ordnend zu erfassen, sind eine Reihe von *Ansätzen zur Systematisierung von Kommunikationsinstrumenten* entstanden. Im Folgenden werden drei Systematisierungsansätze vorgestellt (Bruhn 2014b, S. 121).

Nach dem ersten Ansatz lassen sich Kommunikationsinstrumente und -maßnahmen nach der *Art* (Paid, Owned, Earned) sowie nach der *Ebene und Richtung der Kommunikation* (Management, Kunde, Mitarbeitende) einteilen. Abbildung 2 gibt einen Überblick über die Klassifikation von Instrumenten und Maßnahmen.

Zu den *Paid Media* zählen externe, bezahlte Massenmedien, die über verschiedene Werbeformate verfügen und im Rahmen einer Kampagne gegen Entgelt zum Einsatz kommen. Beispiele hierfür sind die Mediawerbung (TV, Radio, Print), Messen und Ausstellungen sowie die Online-Kommunikation.

Bei den *Owned Media* handelt es sich um Unternehmensmedien, die sich nach deren Kontrollierbarkeit und der Dauerhaftigkeit des Einsatzes in vollständig inhaltlich und technisch kontrollierbare (Website, Intranet, Newsletter, Geschäftsberichte), teilweise bzw. nur inhaltlich kontrollierbare (z. B. Facebook Fanpage, Twitter Account, Mobile Apps) und kampagnenspezifischer Medien (z. B. Microsite, Events, Give-Aways, Wettbewerbe, Direct-Mailings) differenzieren lassen.

Unter die *Earned Media* sind Medien-(plattformen) zu subsumieren, die von Dritten bzw. einer Community initiiert und geführt werden. Unternehmen haben hier keine Kontrolle hinsichtlich der Erstellung ihrer Inhalte, da diese die Konsu-

Instrumente der Kommunikation – eine Einführung in das Handbuch

		Management-Kunde Kommunikation	Mitarbeiter-Kunde Kommunikation	Management-Mitarbeiter Kommunikation	Kunde-Kunde Kommunikation
Paid	Einseitig	Mediawerbung, Kataloge, Firmenbroschüren	Prospekte, Zeitschriften, Kinowerbung	TV begleitete Mitarbeiterschulungen, Mitarbeiter TV, Newsletter	Eigens generierte Videoclips
	Wechselseitig	Sponsoringaktivitäten, Portale/Plattformen	Soziale Netzwerke, Events, Sponsoring	Persönliche Gespräche	Soziale Netzwerke, Events
Owned	Einseitig	Newsletter, Geschäftsbericht	Mobile Apps	Interne Newsletter, Mitarbeitermagazine, Mitarbeiter TV, Apps	Newsletter und RSS-Feeds auf User Fanpages
	Wechselseitig	Unternehmenshomepage, Direct Mailings	Direct Mailings, Clubsysteme, Preisausschreiben	Intranet, Mitarbeitergespräche, Workshops, Seminare	User Fanpages
Earned	Einseitig	Auftritte im TV und Radio	Produktempfehlungen, Produktinformationen	Mitarbeiterempfehlungen	Weiterempfehlungen
	Wechselseitig	Social Media-Plattformen (YouTube, Twitter, Facebook etc.)	Themen-Foren, Informelle	Mitarbeiterprofile in sozialen Netzwerken, Mitarbeiterchats, Informelle Kommunikation	Themen-Foren, Chaträume, Mails,

Abb. 2 Klassifikation von Kommunikationsinstrumenten und -mitteln nach Art, Ebene und Richtung der Kommunikation. Quelle: Bruhn 2014b, S. 122

menten selbst vornehmen. Beispiele hierfür sind Bewertungsportale, Themenblogs, Empfehlungen auf Social Media und Sharing Plattformen (z. B. Facebook, Blogs, YouTube) sowie (Marken-)Gemeinschaften (Back et al. 2012).

Im zweiten Systematisierungsansatz wird eine Kategorisierung von Kommunikationsinstrumenten nach der *Art der Kommunikation* (direkt vs. indirekt) und dem *Grad an Kontrollmöglichkeiten des Kommunikationsinstruments* aus Sicht des Unternehmens vorgenommen. Abbildung 3 gibt einen Überblick über die dadurch entstehenden „Räume der Kommunikation". Unter diesen werden Märkte und Plattformen subsumiert, auf denen Austauschprozesse zwischen Kommunikationsanbietern und -nachfragern stattfinden (Bruhn 2014b, S. 67).

Die „*Räume der Kommunikation*" machen deutlich, dass Unternehmen unterschiedliche Möglichkeiten der Einflussnahme und Kontrolle bei den vielfältigen kommunikativen Aktivitäten, mit denen Konsumenten konfrontiert werden, bestehen. In Abb. 3 zeigt der rechte Bereich (Raum A), dass es vielfältige Möglichkeiten der unternehmensgesteuerten Kommunikation gibt (z. B. Verkaufsförderung, Mediawerbung oder Public Relations). Bei diesem „Raum der Kommunikation" steht die *Optimierung* im Vordergrund, die durch Methoden der Effektivitäts- und Effizienzkontrolle unterstützt werden kann. Im mittleren Bereich von Abb. 3 sind Instrumente (Raum B) aufgeführt, bei denen eine Zusammenarbeit mit Partnern für den Erfolg unabdingbar ist (z. B. Messen und Ausstellungen, Sponsoring oder Persönliche Kommunikation). Bei diesem „Raum der Kommunikation" steht die *Koordination* im Vordergrund. Schließlich sind im unteren linken Bereich von

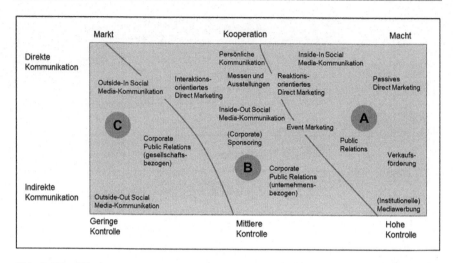

Abb. 3 Klassifikation von Kommunikationsinstrumenten nach Art der Kommunikation und Grad an Kontrollmöglichkeiten durch das Unternehmen. Quelle: In Anlehnung an Bruhn 2014b, S. 67

Abb. 3 Kommunikationsaktivitäten angesiedelt, die sich der direkten Kontrolle des Unternehmens entziehen (Raum C). Die Kommunikation liegt primär in den Händen von anderen Marktbeteiligten (z. B. bei den Konsumenten, Multiplikatoren und Medien im Rahmen der Outside-in Social Media-Kommunikation, Outside-Out Social Media-Kommunikation). In diesem „Raum der Kommunikation" kommt es auf ein sorgfältiges *Monitoring* an, um Reaktionsmöglichkeiten durch Unternehmen rechtzeitig zu identifizieren.

Hartley und Pickton (1999) entwickelten einen weiteren Ansatz zur Systematisierung von Kommunikationsinstrumenten. Auf einem Kontinuum zwischen *unpersönlicher* und *persönlicher Kommunikation* nehmen sie eine Kategorisierung der Kommunikation in die *Unternehmens-, Marketing- und Dialogkommunikation* vor. Eine detaillierte Abgrenzung der Marketing-, Unternehmens-, und Dialogkommunikation zeigt Abb. 4. Dabei ist zu beachten, dass diese Einteilung nicht abschließend ist, sondern lediglich eine „Momentaufnahme" darstellt. Die Grenzen zwischen den Bereichen sind als fließend zu erachten und Überschneidungen sind möglich.

Zur *Marketingkommunikation* gehören Instrumente, wie die Mediawerbung oder die Verkaufsförderung. Den Instrumenten kommt primär die Funktion des Verkaufs von Produkten und Dienstleistungen des anbietenden Unternehmens an aktuelle und potenzielle Kunden des Unternehmens zu. Die Marketingkommunikation zielt insbesondere auf ökonomische Kennzahlen ab, z. B. auf die Erzielung eines bestimmten Umsatzes oder Marktanteils. Die Erreichung psychologischer Ziele, wie etwa die Erzielung eines bestimmten Produktimages, ist ebenfalls von Bedeutung. Im Hinblick auf die organisatorische Stellung im Unternehmen ist meist eine Verankerung der Marketingkommunikation in der Linie zu beobachten (Bruhn 2014a, S. 4, 209 f.).

Instrumente der Kommunikation – eine Einführung in das Handbuch

Merkmale	Marketing-kommunikation	Unternehmens-kommunikation	Dialog-kommunikation
Funktion(en)	Verkauf von Produkten und Dienstleistungen des anbietenden Unternehmens	Prägung des institutionellen Erscheinungsbildes des Unternehmens	Austausch mit Anspruchsgruppen durch persönliche Kommunikation
Zentrales Kommunikationsziel	Ökonomische (z. B. Absatz, Marktanteil, Umsatz) und psychologische (z. B. Image) Ziele	Positionierung, Goodwill, Unternehmensimage, Unternehmensbekanntheit	Aufbau/Intensivierung des Dialogs zur Kundenakquise, -bindung und -rückgewinnung
Weitere typische Kommunikationsziele	Abbau von Informationsasymmetrien, Vermittlung zuverlässiger Produktinformationen	Aufbau von Vertrauen und Glaubwürdigkeit, Demonstration von Kompetenz	Vertrauensaufbau, Pflege von Geschäftsbeziehungen, Informationen über Leistungsspezifika
Primäre Zielgruppen	Aktuelle und potenzielle Kunden des Unternehmens, weitere Entscheidungsträger	Alle Anspruchsgruppen des Unternehmens	Aktuelle und potenzielle Kunden, Kooperations- und Marktpartner
Typische Kommunikationsinstrumente	Mediawerbung, Produkt-PR, Verkaufsförderung, Sponsoring, Events	Institutionelle Mediawerbung, Corporate Sponsoring, Corporate Public Relations	Persönliche Kommunikation, Messen/Ausstellungen, Direct Marketing
Organisatorische Stellung im Unternehmen	Linienstruktur in Sparten-, Regionen- oder Kundenorganisation	Stab bei der Unternehmensleitung, Corporate Communication	Spezialisierung im Rahmen des Marketing, zum Teil auch Vertrieb
Zusammenarbeit mit externen Agenturen	Zusammenarbeit mit Werbe-, Promotion-, Sponsoring- und Event-Agenturen	Zusammenarbeit mit CI- und PR-Agenturen	Zusammenarbeit mit Direct Marketing-, Internet- und CRM-Agenturen

Abb. 4 Charakteristische Merkmale der Marketing-, Unternehmens- und Dialogkommunikation. Quelle: Bruhn 2014a, S. 209

Instrumente der *Unternehmenskommunikation*, wie etwa Corporate Sponsoring oder Institutionelle Mediawerbung, sind durch einseitige, unpersönliche Kommunikation gekennzeichnet und dienen primär der Unternehmensdarstellung. Zentrale Kommunikationsziele stellen die Positionierung des Unternehmens bei den Anspruchsgruppen des Unternehmens dar, die Schaffung von Goodwill, einer hohen Bekanntheit des Unternehmens sowie die Erzielung eines positiven Unternehmensimages. Die Unternehmenskommunikation ist organisatorisch meist als Stab bei der Unternehmensleitung angesiedelt oder findet in der Abteilung Corporate Communication Berücksichtigung (Bruhn 2014a, S. 4, 209 f.).

Bei der *Dialogkommunikation* geht es in erster Linie um den Aufbau und die Intensivierung von Kundenkontakten. Weitere Kommunikationsziele sind der Vertrauensaufbau, die Pflege von Geschäftsbeziehungen oder die Vermittlung von Informationen über die Leistungen des Unternehmens. Der Dialog mit den Anspruchsgruppen wird durch den Einsatz einer Persönlichen Kommunikation oder einer direkten Ansprache der Kunden, wie etwa über E-Mail, bei Events oder Messen und Ausstellungen, ermöglicht. Die Planung und Umsetzung der Dialogkommunikation wird mehrheitlich von der Marketingabteilung oder dem Vertrieb vorgenommen (Bruhn 2014a, S. 4, 209 f.).

Es ist darauf hinzuweisen, dass die verschiedenen Systematisierungsansätze sowohl Gemeinsamkeiten als auch Unterschiede aufweisen (zu den beschriebenen und zu weiteren Systematisierungsansätzen ausführlich Bruhn 2014a, S. 206 ff.). Des Weiteren ist die Subjektivität der Systematisierung anzumerken. Die einzelnen Kriterien sind in Abhängigkeit der jeweiligen Perspektive des Betrachters zu interpretieren; entsprechend ist die Zuordnung zu verstehen. Dabei besteht vor allem die Schwierigkeit, neue Instrumente in die verfügbaren Schemata einzuordnen.

Das vorliegende Handbuch „*Instrumente der Kommunikation*" gibt einen umfassenden und in sich jeweils geschlossenen Überblick zu zentralen Themenbereichen der instrumentellen Kommunikation. In Anlehnung an Abb. 4 findet eine Unterscheidung zwischen den Instrumenten der Marketing-, Unternehmens- und Dialogkommunikation statt. Renommierte Wissenschaftler und führende Praktiker gewähren umfassende Einblicke in die jeweiligen Bereiche. Das Handbuch ist in fünf Teile gegliedert, die sich jeweils ausführlich mit einem zentralen Aspekt der instrumentellen Kommunikation auseinandersetzen. Die Beantwortung der verschiedenen Fragestellungen erfolgt wissenschaftlich fundiert und anwendungsorientiert anhand zahlreicher Beispiele. Dieser Einführungsbeitrag dient der Erleichterung der Orientierung innerhalb des Buches sowie der Verdeutlichung der Zusammenhänge zwischen den Teilen. Hierzu werden die unterschiedlichen Sektionen des Buches im Folgenden kurz vorgestellt.

Der *erste Teil* des Handbuchs beschäftigt sich mit den Grundlagen der instrumentellen Kommunikation. Der Beitrag von *Manfred Bruhn* gibt einen Überblick über das gesamte kommunikationspolitische Instrumentarium. Hierbei wird zwischen Instrumenten der Marketing-, Unternehmens- und Dialogkommunikation differenziert und es wird auf deren Kontrollmöglichkeit eingegangen.

2 Instrumente der Marketingkommunikation

Im *zweiten Teil* des Handbuchs stehen die *Instrumente der Marketingkommunikation* im Mittelpunkt. Die primäre Funktion von Instrumenten dieser Kommunikationskategorie stellt die Unterstützung des Verkaufs von Produkten und Dienstleistungen dar. Zu den Instrumenten der Marketingkommunikation zählen unter anderem die Mediawerbung, Public Relations, Verkaufsförderung, Sponsoring und Event Marketing (Bruhn 2015a, S. 373 ff.; Abb. 5).

Unter der *Mediawerbung* ist der Transport und die Verbreitung werblicher Informationen über die Belegung von Werbeträgern mit Werbemitteln zur Realisierung der angestrebten Kommunikationsziele zu verstehen (Bruhn 2014a, S. 220 sowie auch Fantapié Altobelli 1993; Berndt 1995). Die Mediawerbung richtet sich an ein disperses Publikum und ist durch eine vielfach einseitige, unpersönliche und indirekte Kommunikation gekennzeichnet. Zu den Erscheinungsformen der Mediawerbung zählen die Print-, Fernseh- Kino-, Radio-, Online-, Verkehrsmittel-, Licht- und Plakatwerbung. Beispielhafte Kommunikationsträger sind Zeitschriften, das Radio oder das Fernsehen. Werbemittel sind z. B. Anzeigen, Plakate, TV- oder Radio-Spots (Bruhn 2014a, S. 221 ff. sowie auch Hofsäss und Engel 2003; Kloss 2007; Steffenhagen 2008; Meffert et al. 2012; Schweiger und Schrattenecker 2013).

Im Rahmen der *marketingbezogenen Public Relations* werden leistungsspezifische Informationen zur Herausstellung bestimmter Merkmale von Produkten oder Dienstleistungen des Unternehmens verbreitet. Das Ziel ist der Aufbau von Vertrauen bei den entsprechenden Zielgruppen durch die Generierung eines positiven

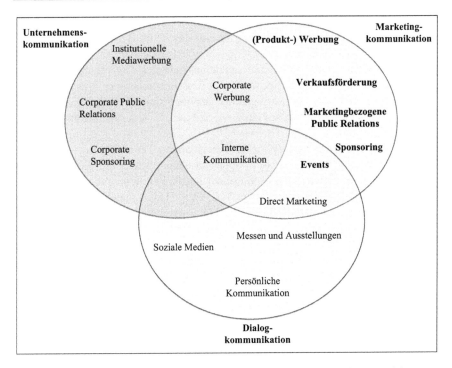

Abb. 5 Instrumente und Schnittstellen der Marketingkommunikation. Quelle: In Anlehnung an Bruhn 2015b, S. 209

Images und die Schaffung von Glaubwürdigkeit (Bruhn 2014a, S. 677 sowie auch Röttger 2010; Mast 2013). Hierfür kommen beispielsweise Pressemitteilungen oder redaktionelle Beiträge zum Einsatz (Bruhn 2014a, S. 678 ff. sowie auch Nieschlag et al. 2002; Kotler et al. 2007). Es ist anzumerken, dass sich die marketingbezogene Public Relations durch den Leistungsbezug von der unternehmensbezogenen und gesellschaftsbezogenen Public Relations, die den Instrumenten der Unternehmenskommunikation zuzuordnen sind, unterscheidet (Bruhn 2015a, S. 419 sowie auch Röttger 2010).

Die *Verkaufsförderung* („Sales Promotions") umfasst die Analyse, Planung, Durchführung und Kontrolle meist zeitlich befristeter Maßnahmen mit Aktionscharakter wie Kostproben in Einkaufsstätten oder Gewinnspiele am Point of Sale (POS) (Bruhn 2014a, S. 511 ff. sowie Pflaum et al. 2000; Gedenk 2002). Das Ziel ist es, durch zusätzliche Anreize auf nachgelagerten Vertriebsstufen Kommunikations- und Vertriebsziele eines Unternehmens zu erreichen. Es wird zwischen der direkten Verkaufsförderung sowie indirekten handelsgerichteten und indirekten konsumentengerichteten Verkaufsförderung unterschieden (Bruhn 2014a, S. 512 ff. sowie Oehme 2001; Gedenk 2002; Fuchs und Unger 2003).

Unter *Sponsoring* wird die Analyse, Planung, Umsetzung und Kontrolle sämtlicher Aktivitäten verstanden, die Unternehmen oder Institutionen zur Förderung von Personen oder Organisationen in den Bereichen Sport, Kultur, Soziales,

Umwelt oder Medien tätigen (Bruhn 2014a, S. 749 sowie Meenaghan und Shipley 1999). Die Art der Sponsorenleistung erfolgt durch die Bereitstellung von Geld, Sachmitteln, Dienstleistungen oder Know-how. Als Gegenleistung ist der Gesponserte bei der Erreichung der Kommunikationsziele des Unternehmens behilflich (z. B. die werbewirksame Verwendung des Markennamens des Sponsors) (Bruhn 2010, S. 6 f.). Zentrales Sponsoringziel ist der Imagetransfer, d. h. die Übertragung des Images des Gesponserten auf das Bezugsobjekt der Kommunikation des Unternehmens.

Das *Event Marketing* umfasst die Analyse, Planung, Durchführung und Kontrolle von Veranstaltungen als Plattform einer erlebnis- und/oder dialogorientierten Präsentation eines Unternehmens und seiner Leistungen, wobei die Aktivitäten des Event Marketing in die Ausprägungen Vor-, Um-, Haupt- und Nachfeld des Events unterschieden werden (Bruhn 2014a, S. 975 sowie Nufer 2012; Stöhr 2013). Ein zentrales Ziel des Event Marketing stellt die emotionale Beeinflussung des Rezipienten dar. Es kann zwischen dem anlassbezogenen Event Marketing (z. B. Jubiläum), anlass- und markenorientierten Event Marketing (z. B. Einleitung einer Produktneueinführung durch ein Event) sowie dem markenorientierten Event Marketing (z. B. Veranstaltungen unter einem Motto zur Konkretisierung des angestrebten Erlebnisprofils) unterschieden werden (Bruhn 2014a, S. 979).

Der zweite Teil des Handbuchs beginnt mit einem Beitrag von *Manfred Bruhn*. Der Autor liefert einen Überblick über die Instrumente der Marketingkommunikation. Darüber hinaus wird die Frage nach der Kontrolle der Instrumente durch Unternehmen diskutiert.

Manfred Bruhn widmet sich in seinem Beitrag der Mediawerbung. Er beschreibt die einzelnen Phasen des strategischen Planungsprozesses sowie die jeweiligen branchenspezifischen Kommunikationsschritte zur Implementierung der Mediawerbung.

Karen Gedenk erläutert in ihrem Beitrag den Einsatz der Verkaufsförderung und legt insbesondere die Arten und Wirkungen von Verkaufsförderungsmaßnahmen dar. Dabei unterscheidet sie zwischen Preis-Promotions und „unechten" Nicht-Preis-Promotions.

Durch Events können die Zielgruppen von Kommunikationsaktivitäten die Marke „live" erleben. *Cornelia Zanger* und *Jan Drengner* erläutern wie in einem systematischen Managementprozess der Rahmen für außergewöhnliche Erlebnisse der Eventteilnehmer geschaffen wird. Zudem wird auf verhaltenswissenschaftliche Erkenntnisse zur Erklärung der Wirkungen des Event Marketing eingegangen.

Tobias Langner, *Franz-Rudolf Esch* und *Jochen Kühn* erläutern die wichtigsten Gestaltungsfaktoren und Operatoren von Konsumgüterverpackungen. Darüber hinaus leiten sie Handlungsempfehlungen zur Realisation erfolgreicher Verpackungen ab.

Die Ladengestaltung spielt aus Sicht des Konsumenten eine wichtige Rolle. *Andrea Gröppel-Klein* setzt an diesem Punkt an und untersucht die Wirkungen der Ladengestaltung und Ladenatmosphäre sowie der Warenpräsentation von Online-Shops auf das Konsumentenverhalten.

Manfred Bruhn gibt einen Überblick über die verschiedenen Bereiche, Erscheinungsformen und Marktteilnehmer des Sponsoring. Darüber hinaus erläutert er die Schritte einer systematischen Planung und inhaltlichen Ausgestaltung des Sponsoring.

Arnold Hermanns und *Fritjof Lemân* diskutieren in ihrem Beitrag die Entwicklung, Formen und Zielsetzungen des Product Placements. Des Weiteren gehen sie auf die Wirkungsweise von Product Placements ein.

Franz-Rudolf Esch, *Kai Harald Krieger* und *Kristina Strödter* erläutern die Wirkungen der Below-the-line-Kommunikation und diskutieren deren Chancen und Risiken. Im Anschluss leiten sie zentrale Handlungsempfehlungen für den Einsatz in der Praxis ab.

Im Rahmen der Kommunikation der Hersteller mit dem Handel können zahlreiche Kommunikationsinstrumente und -maßnahmen zum Einsatz kommen. *Marion Brandstätter*, *Bernhard Swoboda* und *Thomas Foscht* thematisieren in ihrem Beitrag verschiedene Kommunikationsinstrumente und -maßnahmen im Rahmen der drei zentralen Typen von Hersteller-Handels-Beziehungen.

3 Instrumente der Unternehmenskommunikation

Der *dritte Teil* des Handbuchs legt den Schwerpunkt auf die *Instrumente der Unternehmenskommunikation*. Instrumente der Unternehmenskommunikation zielen in erster Linie auf die Darstellung des Unternehmens bei den Anspruchsgruppen ab. Die drei dominierenden Instrumente der Unternehmenskommunikation stellen die Institutionelle Mediawerbung, das Corporate Sponsoring sowie die Corporate Public Relations dar (Bruhn 2015a, S. 373 ff.; Abb. 6).

Der *Institutionellen Mediawerbung* kommt die Funktion des Vertrauensaufbaus, der Imagevermittlung sowie der Steigerung der Unternehmensbekanntheit zu (Meffert und Bruhn 2012, S. 291). Unternehmen nehmen mithilfe der Institutionellen Mediawerbung häufig einen Standpunkt zu einem öffentlich diskutierten Thema ein (z. B. über Imagefilme oder die Erstellung themenspezifischer Zeitschriftensupplements). Die Institutionelle Mediawerbung grenzt sich auf diese Weise von der leistungsbezogenen Mediawerbung, die sich auf die Produkte und Dienstleistungen bezieht, ab.

Corporate Sponsoring umfasst die auf das Gesamtunternehmen bezogenen Sponsoringaktivitäten eines Unternehmens. Im Rahmen des Corporate Sponsoring werden Geld-, Sachmittel, Dienstleistungen oder Know-how durch Unternehmen in Personen, Organisationen oder Institutionen (z. B. in die Bereiche Sport, Medien oder Kultur) investiert, um durch die Gegenleistung der Gesponserten (z. B. Integration des Gesponserten in die Institutionelle Mediawerbung) die Ziele der Unternehmenskommunikation wie die Steigerung des Bekanntheitsgrades des Unternehmens oder die Verbesserung des Unternehmensimages zu erreichen.

Unter die *Corporate Public Relations* lassen sich die unternehmens- und gesellschaftsbezogene Öffentlichkeitsarbeit subsumieren. Die unternehmensbezogene Public Relations dient der Selbstdarstellung des Unternehmens bei den Teil-

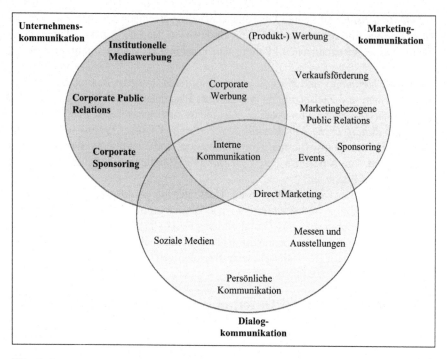

Abb. 6 Instrumente und Schnittstellen der Unternehmenskommunikation. Quelle: In Anlehnung an Bruhn 2015b, S. 209

öffentlichkeiten. Als Beispiel ist in diesem Zusammenhang ein Bericht über die Jahreshauptversammlung des Unternehmens anzuführen. Bei der gesellschaftsbezogenen Public Relations steht die Kommunikation gesellschaftspolitischer Themen im Vordergrund. Ein Beispiel stellt die Stellungnahme der Geschäftsführung zu einem in der Öffentlichkeit diskutierten Thema dar.

Der dritte Teil des Handbuchs beginnt mit einem Beitrag von *Manfred Bruhn*. Der Autor liefert einen Überblick über die Instrumente der Unternehmenskommunikation. Es wird darüber hinaus auf die Kontrollmöglichkeiten der Instrumente durch Unternehmen eingegangen.

Ulrike Röttger stellt die Public Relations als bedeutsames Kommunikationsinstrument von Unternehmen vor und beschreibt dieses primär aus kommunikationswissenschaftlicher Perspektive als Organisationsfunktion. Die Autorin gibt eine begriffliche Definition und eine Übersicht der wesentlichen Arbeitsbereiche der Public Relations.

Mitarbeitende spielen bei der Vermittlung der Marke eine Schlüsselrolle. *Franz-Rudolf Esch* und *Sabrina Eichenauer* beschreiben die Verankerung der Marke im Unternehmen mittels der Internen Kommunikation, so dass ein markenkonformes Verhalten der Mitarbeitenden generiert wird. Des Weiteren gehen sie auf die Gestaltung eines internen Markenkontrollcockpits ein und leiten kommunikationspolitische Handlungsempfehlungen ab.

Im Anschluss diskutiert *Dieter Georg Herbst* die Corporate Architecture als Instrument des Corporate Identity Management und zeigt seine Bedeutung für die Kommunikation von Unternehmen auf. Der Autor erläutert die Vorgehensweise bei der Gestaltung von inneren Bildern und geht auf die Corporate Architecture der deutschen Automobilbranche ein.

Abschließend stellt *Lutz Glandt* das Corporate Publishing als ein zentrales Element der Unternehmenskommunikation vor. Er erläutert die Bedeutung sowie den operativen und strategischen Planungsprozess des Instruments.

4 Instrumente der Dialogkommunikation

Der *vierte Teil* setzt sich mit den *Instrumenten der Dialogkommunikation* auseinander. Im Vergleich zu den Instrumenten der Unternehmens- und Marketingkommunikation erlauben die Instrumente der Dialogkommunikation einen wechselseitigen Austausch zwischen Unternehmen und Konsumenten. Zu den dominierenden Instrumenten dieser Kommunikationskategorie zählen die Persönliche Kommunikation, Messen und Ausstellungen, Direct Marketing sowie die Social Media-Kommunikation (Bruhn 2015a, S. 373 ff.; Abb. 7).

Unter der *Persönlichen Kommunikation* ist die Analyse, Planung, Durchführung und Kontrolle sämtlicher unternehmensinterner und -externer Aktivitäten, die mit

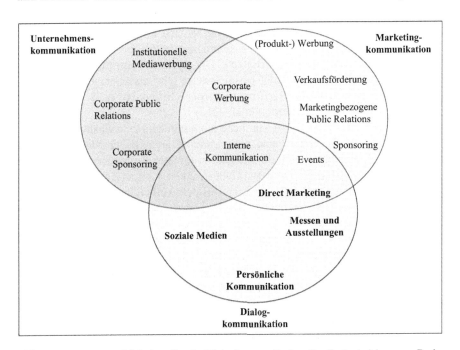

Abb. 7 Instrumente und Schnittstellen der Dialogkommunikation. Quelle: In Anlehnung an Bruhn 2015b, S. 209

der wechselseitigen Kontaktaufnahme bzw. -abwicklung zwischen Anbieter und Nachfrager in einer Face-to-Face-Situation verbunden sind, mit dem Ziel der Erreichung der angestrebten Ziele des Unternehmens, zu verstehen (Bruhn 2014a, S. 827 ff). Es kann zwischen direkter, indirekter, persönlicher und unpersönlicher Kommunikation differenziert werden (Bruhn 2014a, S. 828 sowie Zentes et al. 2013). Bei der direkten Persönlichen Kommunikation besteht eine unmittelbare Verbindung zwischen Kommunikator und Rezipient (z. B. Vorträge von Führungskräften). Im Gegensatz dazu ist bei der indirekten Persönlichen Kommunikation eine Person oder Kundengruppe zwischengeschaltet, die als Vermittler zwischen Kommunikator und Rezipient fungiert (z. B. Gespräche der Unternehmensleitung mit Referenzkunden). Die Persönliche Kommunikation zielt vor allem auf die Wissensvermittlung über das Angebot des Unternehmens, den Aufbau von Vertrauen und die Generierung loyaler Kundenbeziehungen ab (Bruhn 2014a, S. 831 ff. sowie Rudolph 2005; Brexendorf 2010).

Messen und *Ausstellungen* umfassen die Analyse, Planung, Durchführung, Kontrolle und Nachbearbeitung aller Aktivitäten, die mit der Teilnahme an einer zeitlich begrenzten und räumlich festgelegten Veranstaltung verbunden sind (Bruhn 2014a, S. 891 sowie Kirchgeorg 2003; Kotler und Bliemel 2007; Meffert et al. 2012). Hierbei ist zwischen Aktivitäten vor, während und nach der Messe bzw. Ausstellung zu unterscheiden (Bruhn 2015a, S. 461). Durch den Einsatz dieses Kommunikationsinstruments eröffnet sich für Unternehmen die Möglichkeit der Produktpräsentation, der Information des Fachpublikums und der interessierten Allgemeinheit, der Selbstdarstellung des Unternehmens sowie des unmittelbaren Vergleichs mit der Konkurrenz. Das primäre Ziel von Messen und Ausstellungen sind die Schaffung von Awareness, positiven Emotionen sowie positiven Einstellungen gegenüber den Unternehmensleistungen. Die Erscheinungsformen von Messen und Ausstellungen sind vielfältig, beispielsweise wird zwischen Universal-, Spezial-, Branchen- und Fachmessen unterschieden (Bruhn 2014a, S. 892 ff. sowie Backhaus und Voeth 2012; Meffert et al. 2012).

Unter *Direct Marketing* sind sämtliche Kommunikationsmaßnahmen zu subsumieren, die darauf ausgerichtet sind, einen unmittelbaren Dialog zwischen Kommunikator und Rezipienten durch die Integration direkter Responsemöglichkeiten zu initiieren (Bruhn 2014a, S. 604 sowie Dallmer 2002; Meffert 2002; Holland 2009). Das Direct Marketing zielt in erster Linie auf den Aufbau langfristiger Kundenbeziehungen ab. Es ist hierbei zwischen einem passivem Direct Marketing (z. B. Hauswurfsendungen), reaktionsorientiertem Direct Marketing (z. B. Mailings mit Rückantwortkarten) und interaktionsorientiertem Direct Marketing (z. B. Telefonmarketing) zu differenzieren (Bruhn 2014a, S. 605 ff.).

Social Media-Kommunikation vollzieht sich auf online-basierten Plattformen (z. B. Facebook oder Twitter) und erfolgt sowohl aktiv als auch passiv. Das Ziel ist der gegenseitige Austausch von Informationen, Meinungen, Eindrücken und Erfahrungen sowie das Mitwirken an der Erstellung von unternehmensrelevanten Inhalten, Produkten oder Dienstleistungen (Bruhn 2014a, S. 1041 sowie Kilian und Langer 2010). Der Einsatz der Social Media-Kommunikation ermöglicht neben der unternehmensinitiierten an Kunden („Inside-Out") bzw. Mitarbeitende („Inside-In") adressierten Kommunikation auch nutzergenerierte Botschaften. Diese können sowohl an Unternehmen („Outside-In") als auch an andere potenzielle bzw. bestehende Kunden („Outside-Out") gerichtet sein. Somit agieren Unternehmen und Konsumenten als Initiatoren des Dialogs.

Der vierte Teil des Handbuchs beginnt mit einem Beitrag von *Manfred Bruhn*. Der Autor liefert einen Überblick über die Instrumente der Dialogkommunikation. Es finden zudem Fragen zur Kontrolle der Instrumente durch Unternehmen Berücksichtigung.

Verena Hüttl-Maack und *Herbert Gierl* erläutern den Einsatz und die Determinanten eines erfolgreichen Verkaufsgesprächs. Sie stellen verschiedene Kommunikationsstile im Verkaufsgespräch sowie heuristische Reize und Verkaufstaktiken vor und weisen anschließend auf die Bedeutung nonverbaler Reize im Verkaufsdialog hin.

Aufgrund der zunehmenden Relevanz von Direktmarketing im Rahmen der Dialogkommunikation stellt *Andreas Mann* in seinem Beitrag verschiedene Direktmedien vor. Die ausgewählten Direktmedien werden hinsichtlich zentraler Anwendungs- und Gestaltungsanforderungen miteinander verglichen.

Der Fokus des Beitrags von *Dubravko Radić* und *Thorsten Posselt* liegt auf der Word-of-Mouth Kommunikation mit dem Ziel, Handlungsempfehlungen zur Steuerung von Word-of-Mouth-Prozessen abzuleiten. Die Autoren gehen insbesondere auf die Messung und Steuerung der Word-of-Mouth Kommunikation ein.

Manfred Kirchgeorg geht in seinem Beitrag auf die Bedeutung von Messen und Ausstellungen als Kommunikationsinstrument ein. Er setzt sich mit der Planung und Durchführung sowie den Entwicklungsperspektiven des Instruments auseinander.

Im Anschluss diskutiert *Manfred Bruhn* den Stellenwert von Social Media als Kommunikationsinstrument. Er erläutert die Planung und Umsetzung einer Kommunikationsstrategie im Rahmen der Social Media-Kommunikation und zeigt weitere Entwicklungsperspektiven des Instruments auf.

Abschließend diskutiert *Manfred Stockmann* den Einsatz von Call Centern im Rahmen der Dialogkommunikation. Er erläutert verschiedene Organisationsformen von Call Centern und geht auf Aspekte, wie das Zusammenwirken mit anderen Abteilungen sowie das Qualitätsmanagement von Call Centern ein.

5 Institutionelle Besonderheiten der Kommunikation

Der *fünfte Teil* des Handbuchs widmet sich den *institutionellen Besonderheiten der Kommunikation*. Im Folgenden wird zwischen der Kommunikation für Konsum- und Industriegüter sowie der Kommunikation für Dienstleistungen und für den Non-Profit-Bereich differenziert. Abbildung 8 gibt einen Überblick über die in den Bereichen jeweils relevanten Schwerpunkte der Kommunikation (Bruhn 2014a, S. 58 ff.).

Die *Konsumgüterbranche* zeichnet sich durch die Existenz standardisierter, austauschbarer Produkte aus. Für die Differenzierung der Produkte gegenüber dem Wettbewerb und der Präferenzbildung beim Kunden sind dementsprechend sehr hohe Investitionen in die Kommunikation notwendig. Das zentrale Kommunikationsziel

Merkmale	Konsumgüter	Industriegüter	Dienstleistungen	Nonprofit-Leistungen
Bezugsobjekt	Standardisierte Produkte	Technisch komplexe und individualisierte Produkte und Leistungen	Individualisierte Leistungen mit geringem Standardisierungspotenzial	Individualisierte Leistungen mit geringem Standardisierungspotenzial
Investitionsvolumen	Sehr hoch	Mittel	Hoch	Gering
Zentrales Kommunikationsziel	Ökonomische Ziele (z. B. Absatz, Marktanteil, Umsatz)	Ökonomische Ziele (z. B. Absatz, Marktanteil, Umsatz)	Ökonomische Ziele (z. B. Absatz, Marktanteil, Umsatz)	Psychologische und verhaltensorientierte Ziele (z. B. Aufmerksamkeit, Image, Auslösen von bestimmten Handlungen)
Weitere typische Kommunikationsziele	Psychologische und verhaltensorientierte Ziele (z.B. Schaffung von Bekanntheit, Aufbau eines positiven Images, Kaufabsicht)	Psychologische und verhaltensorientierte Ziele (z.B. Demonstration von Kompetenz, Aufbau von Vertrauen, Kundenbindung)	Psychologische und verhaltensorientierte Ziele (z.B. Aufbau eines positiven Images, Vertrauen, Kundenbindung)	Ökonomische Ziele (z.B. zur Kostendeckung und Reinvestition)
Primäre Zielgruppen	Endkonsumenten, Handel	Organisationale Kunden (Buying Center)	Endkonsumenten	Öffentlichkeit
Bedeutende Kommunikationsinstrumente	Mediawerbung, Verkaufsförderung, Social Media-Kommunikation	Persönliche Kommunikation, Messen/Ausstellungen, Direct Marketing	Mediawerbung, Persönliche Kommunikation, Mitarbeiterkommunikation, Sponsoring	Public Relations, Event Marketing, Direct Marketing

Abb. 8 Institutionelle Besonderheiten der Kommunikation

liegt in der Erreichung ökonomischer Ziele, z. B. der Umsatz- oder Absatzsteigerung. Des Weiteren stellen die Steigerung der Bekanntheit und die Generierung eines positiven Images der Produkte relevante Ziele der Kommunikation dar. Die Kommunikation für Konsumgüter richtet sich an einen Massenmarkt mit Endkunden und dem Handel als primäre Zielgruppen. Aufgrund ihrer großen verhaltenssteuernden Kraft im Hinblick auf die Formierung und Stabilisierung von Kenntnissen, Interessen sowie Einstellungen ist die Mediawerbung in Konsumgütermärkten in besonderem Maße in der Lage, Markenpersönlichkeiten zu schaffen und damit die Grundlage für einen hohen und stabilen Absatz herzustellen. Ein weiteres bedeutendes Kommunikationsinstrument ist die Verkaufsförderung sowie, insbesondere für die Erreichung jüngerer Zielgruppen, die Social Media-Kommunikation.

Die *Industriegüterbranche* ist durch technisch komplexe, erklärungsbedürftige und individualisierte Produkte bzw. Leistungen gekennzeichnet. Aufgrund der geringeren Austauschbarkeit von Industriegütern wird in dieser Branche deutlich weniger in die Kommunikation investiert als dies in der Konsumgüterbranche der Fall ist. Die Erreichung ökonomischer Ziele ist auch in der Industriegüterbranche von oberster Priorität. Aufgrund der hohen Investitionen, die Nachfrager beim Kauf von Industriegütern leisten müssen, und der geringen Kaufhäufigkeit dieser Güter, bilden die Demonstration von Kompetenz, der Aufbau von Vertrauen und die Erzielung von Kundenbindung weitere Kommunikationsziele. Im Gegensatz zur Konsumgüterbranche handelt es sich bei den Nachfragern von Industriegütern um einige wenige organisationale Kunden, die in der Regel in einem Buying Center gruppiert sind (Bruhn 2014a, S. 61 sowie Backhaus und Voeth 2012). Die individualisierten Leistungen und die hohe Unsicherheit, die mit dem Kauf von Industriegütern einhergehen, führen zu einer hohen Bedeutung von Instrumenten der Dialogkommunikation. Insbesondere die Persönliche Kommunikation ist von besonderem Stellenwert.

Die *Dienstleistungsbranche* zeichnet sich durch das Angebot von oftmals stark individualisierten Leistungen aus. Der investitionsbezogene Stellenwert der Kommunikation in der Dienstleistungsbranche liegt zwar deutlich hinter dem der Konsumgüterbranche, er ist jedoch erheblich höher als in der Industriegüterbranche. Durch die Immaterialität von Dienstleistungen kann die Qualität vor dem Kauf nicht überprüft werden. Dementsprechend bilden, neben der Erreichung ökonomischer Ziele, der Aufbau eines positiven Images, die Schaffung von Vertrauen und die Generierung eines positiven Weiterempfehlungsverhaltens wesentliche Kommunikationsziele. Die primäre Zielgruppe stellen die Endkunden dar. Grundsätzlich kann der Mediawerbung der höchste funktionale Stellenwert in der Dienstleistungsbranche zugewiesen werden, da das Kommunikationsinstrument dazu verhilft, die Leistung sichtbar zu machen und positive Imagemerkmale zu generieren. Da die Inanspruchnahme von Dienstleistungen durch die Konsumenten vielfach von der Beratungs- und Überzeugungsleistung des mit dem Kunden in Kontakt tretenden Dienstleistungspersonals abhängt, kommt der Persönlichen Kommunikation in vielen Dienstleistungsunternehmen ein erhöhter Stellenwert zu. Aufgrund der hohen Anzahl an Mitarbeiter-Kunden-Kontaktpunkten ist die Mitarbeiterkommunikation ebenfalls von besonderer Bedeutung. Schließlich ist auf die Relevanz des Sponsoring für

Dienstleistungsunternehmen hinzuweisen. So kann der Imagetransfer vom Gesponserten auf das Unternehmen zum Aufbau von Vertrauen bei den Nachfragern führen.

Wie der Dienstleistungssektor ist auch die *Nonprofit-Branche* mehrheitlich durch individualisierte Leistungen gekennzeichnet. Der Unterschied ist jedoch, dass es sich hier um das Angebot und die Nachfrage nicht-kommerzieller Leistungen handelt. Aufgrund fehlender Kommunikationsbudgets und der oftmals bestehenden Hemmschwellen auf Anbieter- und Kundenseite gegenüber dem Marketing nicht-kommerzieller Leistungen werden im Vergleich zu den zuvor genannten Branchen relativ geringe Investitionen in die Kommunikation getätigt. Zudem liegt in dieser Branche das oberste Kommunikationsziel nicht in der Erreichung ökonomischer Ziele. In erster Linie sind vielmehr psychologische und verhaltensbezogene Ziele (z. B. der Aufbau von Aufmerksamkeit und eines positiven Images oder Verhaltensweisen wie die Verbesserung der Ernährung oder die Einschränkung des Alkoholkonsums) von Relevanz. Die Kommunikation für Nonprofit-Leistungen richtet sich an die Öffentlichkeit. Bedeutende Kommunikationsinstrumente sind das Direct Marketing, Public Relations sowie das Event Marketing, da auf diese Weise eine hohe Aufmerksamkeitswirkung der Leistungen in der Öffentlichkeit generiert werden kann.

Teil 5 des Handbuchs beginnt mit den Besonderheiten der Kommunikation für Konsumgüter. *Erika Leischner* erläutert deren Charakteristika und geht auf einzelne Kommunikationsinstrumente und Fallbeispiele ein. Im Anschluss werden Zukunftsperspektiven abgeleitet.

Markus Voeth und *Isabel Tobies* diskutieren die Besonderheiten der Kommunikationspolitik auf Industriegütermärkten. Darauf basierend liefern die Autoren Ansatzpunkte für eine erfolgreiche Kommunikation in dieser Branche.

Die Kommunikation im Rahmen von Dienstleistungen stellt den Fokus des Beitrags von *Anton Meyer*, *Anja Meindl* und *Benjamin Brudler* dar. Die Autoren geben einen Einblick in die Charakteristika von Dienstleistungen. Des Weiteren leiten sie Implikationen für eine erfolgreiche Kommunikation von Dienstleistungen ab.

Die Besonderheiten der Kommunikation von Handelsunternehmen werden im Beitrag von *Joachim Zentes* und *Bernhard Swoboda* erläutert. Die Autoren stellen verschiedene Instrumente und deren Bedeutung sowohl aus Unternehmens- als auch aus Kundensicht vor und leiten Gestaltungsempfehlungen für die Praxis ab.

Den Abschluss bildet der Beitrag zur Kommunikation für Nonprofit-Organisationen von *Manfred Bruhn* und *Uta Herbst*. Der Beitrag gibt einen Überblick über die Herausforderungen, Ziele und Aufgaben der Kommunikationspolitik im Nonprofit-Bereich. Darüber hinaus werden Empfehlungen für den Einsatz von Kommunikationsinstrumenten im Nonprofit-Markt abgeleitet.

Abschließend ist darauf hinzuweisen, dass die Ausdifferenzierung der Kommunikationsinstrumente und -maßnahmen weiter zunehmen und auf sämtlichen Märkten des Unternehmens stattfinden wird. Aufgrund der Technologiedynamik wird diese Ausdifferenzierung mit einer zunehmenden Beschleunigung erfolgen. Dies hat erhebliche Auswirkungen auf das Verhalten der Rezipienten. Auch verändern sich fortlaufend die Erwartungen der Anspruchsgruppen an die Kommunikation von Unternehmen bzw. Institutionen. Es wird darauf ankommen, ob es den Unternehmen gelingt, die Relevanz der neu entstehenden Instrumente im Vergleich mit den bisherigen Kommunikationsinstrumenten einzuschätzen. Das Thema der Integrierten Kommunikation wird dabei weiterhin einen zentralen Stellenwert einnehmen, da es den Versuch darstellt, sämtliche Instrumente einheitlich auf die Zielgruppen auszurichten. Das vorliegende Handbuch soll einen Beitrag dazu leisten, dass die instrumentelle Vielfalt der Kommunikation erkannt wird und Anregungen zur Steigerung der Effektivität und Effizienz von einzelnen Instrumenten geben. Allerdings darf dabei der Gesamtzusammenhang der Kommunikation nicht vernachlässigt werden, d. h. sämtliche Instrumente haben sich in ein strategisches Konzept der Kommunikation einzupassen. Band 1 der Handbuchreihe widmet sich dieser Thematik und zeigt auf, wie den aktuellen Herausforderungen der strategischen Kommunikation begegnet werden kann.

Literatur

Back, A., Gronau, N., & Tochtermann, K. (2012). *Web 2.0 und Social Media in der Unternehmenspraxis* (3. Aufl.). München: Oldenbourg.
Backhaus, K., & Voeth, M. (2012). *Industriegütermarketing* (9. Aufl.). München: Vahlen.
Berndt, R. (1995). *Marketing 3 – Marketing-Management* (2. Aufl.). Berlin u. a.: Springer.
Brexendorf, T. O. (2010). *Markenloyalität durch persönliche Kommunikation – Eine dyadische Analyse von Verkäufer-Kunden-Interaktionen am Beispiel der Marke BMW*, Göttingen: Cuvillier.
Bruhn, M. (2010). *Sponsoring – Systematische Planung und integrativer Einsatz* (5. Aufl.). Wiesbaden: Gabler.
Bruhn, M. (2014a). *Unternehmens- und Marketingkommunikation. Handbuch für ein integriertes Kommunikationsmanagement* (3. Aufl.). München: Vahlen.
Bruhn, M. (2014b). *Integrierte Unternehmens- und Markenkommunikation. Strategische Planung und operative Umsetzung* (6. Aufl.). Stuttgart: Schäffer Poeschel.
Bruhn, M. (2015a). *Kommunikationspolitik. Systematischer Einsatz der Kommunikation für Unternehmen* (8. Aufl.). München: Vahlen.
Bruhn, M. (2015b). Kommunikation für Industriegüter – ein Überblick. In Backhaus, K. & Voeth, M. (Hrsg.), *Handbuch Business-to-Business Marketing, Grundlagen, Geschäftsmodelle, Instrumente des Industriegütermarketing* (2. Aufl., S. 333-358). Wiesbaden: Springer Gabler.
Dallmer, H. (2002). Das System des Direct Marketing – Entwicklung und Zukunftsperspektiven. In Dallmer, H. (Hrsg.), *Das Handbuch Direct Marketing & More* (8. Aufl., S. 3-32). Wiesbaden: Gabler.
Fantapié Altobelli, C. (1993). Charakterisierung und Arten der Werbung. In Berndt, R. & Hermanns, A. (Hrsg.), *Handbuch Marketing-Kommunikation* (S. 241-260). Wiesbaden: Gabler.
Fuchs, W., & Unger, F. (2003). *Verkaufsförderung. Konzepte und Instrumente im Marketing-Mix* (2. Aufl.). Wiesbaden: Gabler.
Gedenk, K. (2002). *Verkaufsförderung*. München: Vahlen.
Hartley, B., & Pickton, D. (1999). Integrated Marketing Communications Requires a New Way of Thinking. *Journal of Marketing Communications, 5*(2), 97-106.
Hofsäss, M., & Engel, D. (2003). *Praxishandbuch Mediaplanung*. Berlin: Cornelsen.
Holland, H. (2009): *Direktmarketing* (3. Aufl.). München: Vahlen.
Kilian, S., & Langer, S. (2010). *Online-Kommunikation – Kunden zielsicher beeinflussen*. Wiesbaden: Gabler.
Kirchgeorg, M. (2003). Funktionen und Erscheinungsformen von Messen. In Kirchgeorg, M., Dornscheidt, W. M., Giese & W.Stoeck, N. (Hrsg), *Handbuch Messemanagement – Planung, Durchführung und Kontrolle von Messen, Kongressen und Events* (S. 51-71). Wiesbaden: Gabler.

Kloss, I. (2007). *Werbung: Handbuch für Studium und Praxis* (4. Aufl.). München: Vahlen.
Kotler, P., Keller, K. L., & Bliemel, F. (2007). *Marketing Management. Analyse, Planung und Verwirklichung* (11. Aufl.). Stuttgart: Schäffer-Poeschel Verlag.
Meenaghan, T., & Shipley, D. (1999). Media Effect in Commercial Sponsorship. *European Journal of Marketing, 33*(3/4), 328-347.
Meffert, H. (2002). Direct Marketing und marktorientierte Unternehmensführung. In Dallmer, H. (Hrsg.), *Das Handbuch Direct Marketing & More* (8. Aufl., S. 33-55). Wiesbaden: Gabler.
Meffert, H., & Bruhn, M. (2012). *Dienstleistungsmarketing. Planung – Umsetzung – Kontrolle* (7. Aufl.). Wiesbaden: Springer Gabler.
Meffert, H., Burmann, C., & Kirchgeorg, M. (2012). *Marketing. Grundlagen marktorientierter Unternehmensführung. Konzepte – Instrumente – Praxisbeispiele* (11. Aufl.). Wiesbaden: Springer Gabler.
Nieschlag, R., Dichtl, E., & Hörschgen, H. (2002). *Marketing* (19. Aufl.). Berlin: Duncker & Humblot.
Nufer, G. (2012): *Event-Marketing und –Management. Grundlagen – Planung – Wirkungen – Weiterentwicklungen* (4. Aufl.). Wiesbaden: Gabler.
Pflaum, D., Eisenmann, H., & Linxweiler, R. (2000). *Verkaufsförderung. Erfolgreiche Sales Promotion*. Landsberg/Lech: Moderne Industrie.
Röttger, U. (2010). *Public Relations – Organisation und Profession* (2. Aufl.). Wiesbaden: VS Verlag für Sozialwissenschaften.
Rudolph, T. (2005). *Modernes Handelsmanagement. Einführung in die Handelslehre*. München: Schäffer Poeschel.
Schweiger, G., & Schrattenecker, G. (2013). *Werbung* (8. Aufl.). Stuttgart: UTB.
Steffenhagen, H. (2008). *Marketing. Eine Einführung* (6. Aufl.). Stuttgart: Kohlhammer.
Stöhr, A. (2013). Eventmarketing in Markenerlebniswelten als Erfolgsfaktor. In Zanger, C. (Hrsg.), *Events im Zeitalter von Social Media, Markenkommunikation und Beziehungsmarketing* (S. 171-190). Wiesbaden: Springer Gabler.
Mast, C. (2013). *Unternehmenskommunikation: Ein Leitfaden* (5. Aufl.). Konstanz: UTB.
Oehme, W. (2001). *Handelsmarketing* (3. Aufl.). München: Vahlen.
Zentes, J., Swoboda, B., & Schramm-Klein, H. (2013). *Internationales Marketing* (3. Aufl.). München: Vahlen.

Prof. Dr. Dr. h.c. mult. Manfred Bruhn ist Inhaber der Professur für Marketing und Unternehmensführung an der Universität Basel und Honorarprofessor an der Technischen Universität München.

Teil I
Grundlagen der instrumentellen Kommunikation

Das kommunikationspolitische Instrumentarium: ein Überblick

Manfred Bruhn

Inhalt

1 Einsatz des Kommunikationsmix für Unternehmen 26
2 Ansatzpunkte zur Systematisierung von Kommunikationsinstrumenten 28
3 Merkmale der Unternehmens-, Marketing- und Dialogkommunikation 32
4 Instrumente der Unternehmenskommunikation 34
5 Instrumente der Marketingkommunikation 37
6 Instrumente der Dialogkommunikation 40
7 Kommunikationsinstrumente und Kontrolle der Kommunikation 44
8 Zusammenfassung und Ausblick 47
Literatur 48

Zusammenfassung

Der Kommunikationsmix als zentraler Bestandteil des Marketingmix wird vor dem Hintergrund der zunehmenden Homogenität der Markenlandschaft immer bedeutsamer. Hierbei stehen Unternehmen eine Vielzahl an Kommunikationsinstrumenten zur Verfügung, die sich in den letzten Jahrzehnten herausgebildet haben. Der Beitrag dient als allgemeiner Überblick des kommunikationspolitischen Instrumentariums von Unternehmen. Dabei wird die Anbieterperspektive eingenommen und die einzelnen Instrumente werden gemäß einer Kategorisierung in Unternehmens-, Marketing- und Dialogkommunikation eingeordnet. Abschließend wir die Vielfalt der kommunikativen Aktivitäten aufgezeigt und im Hinblick auf deren Kontrollmöglichkeit diskutiert.

M. Bruhn (✉)
Lehrstuhl für Marketing und Unternehmensführung, Wirtschaftswissenschaftliche Fakultät, Universität Basel, Basel, Schweiz
E-Mail: manfred.bruhn@unibas.ch

Schlüsselwörter

Dialogkommunikation • Kommunikationsinstrumente • Kommunikationskontrolle • Kommunikationsmix • Marketingkommunikation • Unternehmenskommunikation

1 Einsatz des Kommunikationsmix für Unternehmen

Innerhalb der letzten Jahre hat sich die Relevanz der Kommunikation für den unternehmerischen Erfolg stark gewandelt. Diese Entwicklung ist auf verschiedene Ursachen zurückzuführen. So stehen Unternehmen veränderten Wettbewerbsbedingungen sowie einem wachsenden Kommunikationswettbewerb gegenüber. Darüber hinaus ermöglicht die Technologiedynamik den Unternehmen, neue Kommunikationsformen in den Marketingmix zu integrieren. Durch den Einsatz neuer Medien stehen Unternehmen und Konsumenten zahlreiche Möglichkeiten zum Informationsaustausch zur Verfügung, die die Unternehmenswahrnehmung maßgeblich beeinflussen können (Muniz und O'Guinn 2001; Holt 2002). Des Weiteren sind der Wettbewerbsdifferenzierung über Produkt- und Preispolitik zunehmend Grenzen gesetzt, was sich in der wahrgenommenen Homogenität und Austauschbarkeit der Produkte und Dienstleistungen abzeichnet (Scheier und Held 2012, S. 21). Kommunikation wird daher in Wissenschaft und Praxis als eigenständiges Instrument der modernen Unternehmensführung eingesetzt und ist zentral im *Marketingmix* verankert, wie Abb. 1 verdeutlicht.

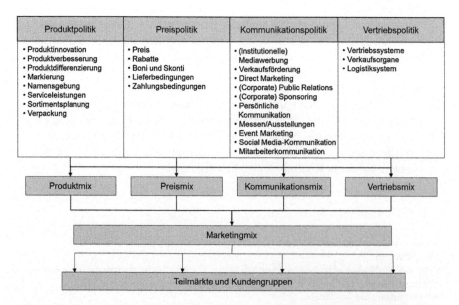

Abb. 1 Die klassischen Marketinginstrumente im Marketingmix. Quelle: Bruhn 2014a, S. 45

In Anlehnung an den Gedanken des Marketingmix – der ganzheitlichen Betrachtung der Marketinginstrumente – forderte Meffert bereits 1979 die Integration der „[...] kommunikationspolitische[n] Entscheidungen in den Gesamtzusammenhang der Marktkommunikation [...]" (Meffert 1979, Vorwort) zu stellen. Die Idee ist es, einzelne Kommunikationsinstrumente und -maßnahmen nicht isoliert zu planen, zu budgetieren, zu implementieren und zu kontrollieren, sondern diese aufeinander abzustimmen und Synergien zu nutzen. Dieser Ansatz wird als „*Denken im Kommunikationsmix*" beschrieben (Bruhn 2014a, S. 67).

Im Rahmen des Kommunikationsmix stehen Unternehmen eine Vielzahl von Kommunikationsinstrumenten zur Verfügung, deren Entstehung und Etablierung sich anhand der verschiedenen *Entwicklungsphasen der Kommunikation* aufzeigen lassen. So hatte die Kommunikation für den Verkauf in den 1950er-Jahren noch keine große Bedeutung (*Phase der unsystematischen Kommunikation*). Erst mit der zunehmenden Verkaufsorientierung in der *Phase der Produktkommunikation* (1960er-Jahre) ist ein Einsatz der Kommunikation in Form von Mediawerbung, Verkaufsförderung, Messen und Ausstellungen sowie Persönlichem Verkauf zu vermerken. In den 1970er-Jahren (*Phase der Zielgruppenorientierung*) wurden die Kommunikationsinstrumente, bedingt durch eine zunehmende Fragmentierung der Märkte, vermehrt zielgruppenspezifisch eingesetzt. Ein Wettbewerb der Kommunikationsinstrumente trat erstmalig in der *Phase der Wettbewerbskommunikation* (1980er-Jahre) auf. Die kommunikative Unterstützung der „Unique Selling Proposition" (USP) wurde durch neue Kommunikationsinstrumente, wie dem Direct Marketing, Sponsoring oder dem Event Marketing, ergänzt. Hingegen bestand die Herausforderung der *Phase des Kommunikationswettbewerbs* (1990er-Jahre) in der Integration der Kommunikationsinstrumente und der Erzielung einer „Unique Communication Proposition" (UCP). Medien wie das Internet, E-Mail und Call-Center, die eine interaktive Ausrichtung der Kommunikation erlauben, führten zum Aufkommen der Dialogkommunikation in den 2000er- Jahren (*Phase der Dialogkommunikation*). Die technologische Entwicklung vom Web 1.0 zum Web 2.0 unterstützte das Aufkommen neuer Kommunikationsinstrumente wie die Social Media-Kommunikation über Online-Foren, Soziale Netzwerke oder Mikro-Blogs. Diese ermöglichen eine interaktive Ausrichtung der Kommunikation sowie den direkten Einbezug der Konsumenten und beschreiben die *Phase der Netzwerkkommunikation* (ab 2010; Bruhn 2014a, S. 69 ff.).

Die unterschiedlichen Entwicklungsphasen verdeutlichen die Diversität der Kommunikationsinstrumente, die Unternehmen zur Verfügung stehen. Steffenhagen (2008, S. 131 f.) fasst unter dem Begriff Kommunikationsinstrument das Ergebnis einer gedanklichen Bündelung von Kommunikationsmitteln nach ihrer Ähnlichkeit zusammen. In dem Bemühen, die *Diversität der Kommunikationsinstrumente* systematisch zu erfassen, ist eine Kategorisierung anhand geeigneter Kriterien sinnvoll. Ein Ansatz, der in den meisten Systematisierungen berücksichtigt wird, stellt die Einordnung der Kommunikationsinstrumente und -mittel anhand der Charakteristika *Richtung und Art der Kommunikation* dar. Ersteres umfasst dabei die marktgerichtete Kommunikation (extern) sowie die unternehmensinterne Kommunikation (intern). Die Berücksichtigung beider

Kommunikationsrichtungen entspricht dem Gedanken der *Integrierten Kommunikation* (Bruhn 2014b). Die Art der Kommunikation unterscheidet zwischen direkter und indirekter Kommunikation. Direkte Kommunikation beschreibt die Face-to-Face-Kommunikation und somit den unmittelbaren Kontakt zwischen Sender und Empfänger. Demgegenüber werden im Rahmen der indirekten Kommunikation mediale Kommunikationsträger zwischengeschaltet. Beide Ausprägungen der Art der Kommunikation liegen sowohl in einseitiger als auch zweiseitiger Form vor. Während bei der einseitigen Kommunikation lediglich ein Kommunikator existiert, ist die zweiseitige Kommunikation durch Rückkoppelungsmöglichkeiten des Empfängers gekennzeichnet. Bei letzterem stehen Sender und Empfänger in einem dialogischen Austausch. Zur Verdeutlichung des Kategorisierungsansatzes zeigt Tab. 1 eine beispielhafte Zuordnung verschiedener Kommunikationsinstrumente und -mittel.

Die Zuordnung der einzelnen Instrumente ist jedoch nicht immer eindeutig vorzunehmen und es gibt vielfältige Überschneidungen zwischen den Kommunikationsinstrumenten. Ferner bestehen Schwierigkeiten bezüglich einer eindeutigen Zuordnung verschiedener Instrumente im Rahmen des Marketingmix. So ordnen beispielsweise Nieschlag et al. (2002, S. 935) das Instrument des Persönlichen Verkaufs der Vertriebspolitik zu. Auch bei der Einordnung der Instrumente Messen und Ausstellungen bestehen Uneinigkeiten (Steffenhagen 2008, S. 134 ff.).

Zur Schaffung eines allgemeinen Überblicks über das kommunikationspolitische Instrumentarium ist der vorliegende Beitrag wie folgt aufgebaut: Nach dem Aufzeigen der Relevanz der Kommunikationspolitik werden verschiedene Ansatzpunkte zur Systematisierung von Kommunikationsinstrumenten erläutert, gefolgt von einer Einteilung der Instrumente in Unternehmens-, Marketing- und Dialogkommunikation. Anschließend werden Kontrollmöglichkeiten der Kommunikation durch Unternehmen diskutiert. Die wichtigsten Erkenntnisse werden abschließend zusammengefasst und ein Ausblick zukünftiger Entwicklungen wird gegeben. Im Rahmen der Diskussion wird dabei stets die Anbieterperspektive eingenommen. Diese bezieht sich vor allem auf die Funktion des Instruments für den Anbieter, wie beispielsweise die Zielgruppenabdeckung oder -erreichung.

2 Ansatzpunkte zur Systematisierung von Kommunikationsinstrumenten

Die Betrachtung der Entwicklungsphasen der Kommunikation verdeutlicht die Vielzahl und Diversität des kommunikationspolitischen Instrumentariums, das von Unternehmen eingesetzt werden kann. Neben den diskutierten Kriterien (Richtung und Art der Kommunikation) lassen sich die unterschiedlichen kommunikationspolitischen Instrumente sowie die entsprechenden Kommunikationsmittel gemäß weiterer so genannter *Kommunikationsformen*, die den Kommunikationsvorgang beschreiben, zuordnen. Die Systematisierung von Kommunikationsinstrumenten hat eine lange Tradition. Einen Überblick der in der Literatur vorgenommenen Systematisierungsansätze von Kommunikationsinstrumenten bietet Tab. 2.

Tab. 1 Kategorisierung von Kommunikationsinstrumenten und -mitteln. Quelle: Bruhn 2014a, S. 213

Art	Direkt (face-to-face)		Indirekt (medial)	
Richtung	**Einseitig**	**Zweiseitig**	**Einseitig**	**Zweiseitig**
Intern	• Internes Berichts- und Informationswesen • Mitarbeiterbezogene Verkaufsförderung • Internes Beschwerdemanagement • u. a. m.	• Mitarbeitergespräche • Arbeitssitzungen • Training, Schulungen • Mitarbeiterevents • Betriebsversammlungen • u. a. m.	• Firmenbroschüren • Firmenvideos • Mitarbeiterzeitung • Newsletter • Mitarbeiterportale • Business-TV • u. a. m.	• Direct Mailing • Videokonferenzen • Computer-Based-Training • Online-Foren • Internetchats • u. a. m.
Extern	• Verbraucher-/Handelsbezogene Verkaufsförderung • Werbebriefe • Vorträge von Unternehmensvertretern • u. a. m.	• Persönlicher Verkauf • Event Marketing • Messen/Ausstellungen • Hospitality-Maßnahmen • Persönliche Kommunikation • u. a. m.	• Anzeigenwerbung • Plakate • Pressemitteilungen • Trikotsponsoring • Product Placement • Kundenzeitschrift • Online-Werbung • u. a. m.	• Telefon-Hotlines • Antwortcoupons in Printmedien • Social Media-Kommunikation • Call Center • Direct Mailing • u. a. m.

Tab. 2 Systematisierungsansätze kommunikationspolitischer Instrumente. Quelle: in Anlehnung an Bruhn 2014a, S. 211

Autoren	1. Kriterium	2. Kriterium	3. Kriterium	4. Kriterium	5. Kriterium
Köhler (1976)	direkt – indirekt	persönlich – unpersönlich	-	-	-
Rothschild (1987)	Paid – Free	Mass – Personal	-	-	-
Berndt (1993)	direkt – indirekt	innerbetrieblich – außerbetrieblich	-	-	-
Zikmund und d'Amico (1993)	direkt – indirekt	-	-	-	-
Rossiter und Percy (1998)	Beeinflussung des Kaufverhaltens: direkt – indirekt	Abgabe nicht-preisbezogener Informationen: wenig – viele	Zeitlicher Einsatz: vor – während des Kaufabschlusses	-	-
Hartley und Pickton (1999)	einseitig – zweiseitig	persönlich – unpersönlich	an Einzelne gerichtet – an die Masse gerichtet	-	-
Wells et al. (2008)	Intended Effect	Customer Contact	Timing	-	-
Pickton und Broderick (2004)	an Einzelne gerichtet – an die Masse gerichtet	-	-	-	-

Das kommunikationspolitische Instrumentarium: ein Überblick 31

Hofbauer und Hohenleitner (2005)	persönlich – unpersönlich	einseitig – zweiseitig	einstufig – mehrstufig	an Einzelne gerichtet – an die Masse gerichtet	sachorientiert – zweckorientiert
Steffenhagen (2008)	persönlich – unpersönlich	einseitig – zweiseitig	Form- und/oder Stoffzeichen (physische Kommunikation) – Wort-, Schrift-, Bild- und/oder Tonzeichen	personen- und/oder organisationsspezifisch gerichtet – an ein disperses Publikum gerichtet	-
Scharf et al. (2012)	„above the line" – „below the line"	-	-	-	-
Kloss (2012)	an Einzelne gerichtet – an die Masse gerichtet	„above the line" – „below the line"	-	-	-
Schweiger und Schrattenecker (2013)	direkt – indirekt	einseitig – zweiseitig	an ein disperses Publikum – Rückkoppelungsmöglichkeiten	„above the line" – „below the line"	-
Bruhn (2014a)	persönlich – unpersönlich	einseitig – zweiseitig	Form- und/oder Stoffzeichen (physische Kommunikation) – Wort-, Schrift-, Bild- und/oder Tonzeichen	personen- und/oder organisationsspezifisch gerichtet – an ein anonymes Publikum gerichtet	unternehmensgesteuert – nutzergeneriert

Die verschiedenen Systematisierungsansätze weisen sowohl Gemeinsamkeiten als auch Unterschiede auf (für eine detaillierte Diskussion der Ansätze vgl. Bruhn 2014a, S. 206 ff.). Generell ist anzumerken, dass die Kommunikationsformen über die Zeit erweitert wurden, um den Eigenschaften neuer Instrumente gerecht zu werden. So kann beispielsweise das Instrument des Persönlichen Verkaufs insbesondere durch die Kommunikationsform „persönliche Kommunikation" beschrieben werden und das Instrument des Direct Marketing ist durch die Merkmale „unpersönlich, einseitig, nicht-physisch, personen- und organisationsspezifisch sowie unternehmensgesteuert" klassifizierbar. Zu vermerken bleibt die *Subjektivität der Systematisierung*. Die einzelnen Kriterien sind in Abhängigkeit der jeweiligen Perspektive des Betrachters zu interpretieren; entsprechend ist die Zuordnung zu verstehen. Dabei besteht vor allem die Schwierigkeit, neue Instrumente in die verfügbaren Schemata einzuordnen.

3 Merkmale der Unternehmens-, Marketing- und Dialogkommunikation

Eine differenzierte Betrachtung des kommunikationspolitischen Instrumentariums unterstützt die Kategorisierung der Kommunikation in Unternehmens-, Marketing- und Dialogkommunikation (Hartley und Pickton 1999), die die Grundlage der nachfolgenden Kapitel bildet. So sind die Instrumente der *Unternehmenskommunikation*, wie beispielsweise Corporate Public Relations, durch die Kommunikationsformen „einseitig und unpersönlich" gekennzeichnet und dienen primär der Unternehmenspräsentation nach innen und außen zur Erreichung der Unternehmensziele. Aufgrund der globalen Perspektive der Unternehmenskommunikation ist diese zumeist als Stabstelle in der Unternehmensleitung integriert. Zur Erreichung marketingrelevanter Zielgrößen, wie Kundenzufriedenheit, Markenloyalität oder Absatzziele, stehen Unternehmen die Instrumente der *Marketingkommunikation*, wie die Mediawerbung, das Event Marketing oder das Sponsoring, zur Verfügung. Im Organigramm eines Unternehmens nehmen die Bereiche der Marketingkommunikation meist eine Linienstruktur ein. Die Bereiche der *Dialogkommunikation* stellen hingegen zumeist eine Spezialisierung im Rahmen der Marketingkommunikationsabteilungen dar. Instrumente der Dialogkommunikation sind u. a. Social Media, Direct Marketing oder Messen und Ausstellungen, die den aktiven Austausch zwischen Unternehmen und potenziellen sowie bestehenden Kunden unterstützen. Eine detaillierte Abgrenzung der Unternehmens-, Marketing- und Dialogkommunikation zeigt Tab. 3. Dabei ist zu beachten, dass diese Einteilung nicht abschließend ist, sondern lediglich eine „Momentaufnahme" darstellt. Die Grenzen zwischen den Bereichen sind als fließend zu erachten und Überschneidungen sind möglich.

Im Sinne einer *Integrierten Kommunikation* ist die gemeinsame Betrachtung der einzelnen Kommunikationskategorien zentral. Ziel von Unternehmen ist ein aufeinander abgestimmtes Bündel von Kommunikationsmaßnahmen aus den Bereichen der Unternehmens-, Marketing- und Dialogkommunikation.

Tab. 3 Charakteristische Merkmale der Unternehmens-, Marketing- und Dialogkommunikation. Quelle: Bruhn 2014a, S. 209

Merkmale	Unternehmenskommunikation	Marketingkommunikation	Dialogkommunikation
Funktion(en)	Prägung des institutionellen Erscheinungsbildes des Unternehmens	Verkauf von Produkten und Dienstleistungen des anbietenden Unternehmens	Austausch mit Anspruchsgruppen durch persönliche Kommunikation
Zentrale Kommunikationsziele	Positionierung, Goodwill, Unternehmensimage, Unternehmensbekanntheit	Ökonomische (z. B. Absatz, Marktanteil, Umsatz), psychologische (z. B. Image) Ziele	Aufbau/Intensivierung des Dialogs zur Kundenakquise, -bindung und -rückgewinnung
Weitere typische Kommunikationsziele	Aufbau von Vertrauen und Glaubwürdigkeit, Demonstration von Kompetenz	Abbau von Informationsasymmetrien, Vermittlung zuverlässiger Produktinformationen	Vertrauensaufbau, Pflege von Geschäftsbeziehungen, Information über Leistungsspezifika
Primäre Zielgruppen	Alle Anspruchsgruppen des Unternehmens	Aktuelle und potenzielle Kunden des Unternehmens, weitere Entscheidungsträger	Aktuelle und potenzielle Kunden, Kooperations- und Marktpartner
Typische Kommunikationsinstrumente	Institutionelle Mediawerbung, Corporate Sponsoring, Corporate Public Relations	Mediawerbung, Public Relations, Verkaufsförderung, Sponsoring, Event Marketing	Persönliche Kommunikation, Messen und Ausstellungen, Direct Marketing, Social Media-Kommunikation
Organisatorische Stellung im Unternehmen	Stab bei der Unternehmensleitung, Corporate Communication	Linienstruktur in Sparten-, Regionen- oder Kundenorganisation	Spezialisierung im Rahmen des Marketing, zum Teil auch Vertrieb
Zusammenarbeit mit externen Agenturen	Zusammenarbeit mit Corporate Identity- und Public Relations-Agenturen	Zusammenarbeit mit Werbe-, Promotion-, Sponsoring- und Event-Agenturen	Zusammenarbeit mit Direct Marketing-, Social Media- und Customer Relationship Management-Agenturen

4 Instrumente der Unternehmenskommunikation

Nach der Kategorisierung von Hartley und Pickton (1999) sind die Instrumente der Unternehmenskommunikation durch einen zunehmenden Grad an „einseitiger und unpersönlicher Kommunikation" gekennzeichnet und dienen der *Unternehmensdarstellung*. Die drei dominierenden Instrumente der Unternehmenskommunikation stellen die Folgenden dar:

- Institutionelle Mediawerbung,
- Corporate Sponsoring sowie
- Corporate Public Relations.

Einen Überblick der Instrumente bietet Tab. 4.

Das Instrument der *Institutionellen Mediawerbung* dient dem Vertrauensaufbau, der Imagevermittlung sowie der Steigerung der Unternehmensbekanntheit (Meffert und Bruhn 2012, S. 291). Zielgruppen des Kommunikationsinstruments sind daher alle internen und externen Anspruchsgruppen, wobei die Auswahl des Kommunikationsträgers (z. B. Zeitschriften, Radio, Fernsehen oder Internet) von der entsprechenden Zielgruppe abhängig ist. Grundsätzlich werden Insertions-, Print- und elektronische Medien sowie Medien der Außenwerbung unterschieden. Mithilfe der Institutionellen Mediawerbung nehmen Unternehmen häufig einen Standpunkt zu einem öffentlich diskutierten Thema ein. Wird beispielsweise das Ziel verfolgt, die Mitarbeitenden bezüglich eines bestimmten Themas zu sensibilisieren und zu motivieren, eignen sich dazu das Intranet oder die Erstellung einer themenspezifischen Mitarbeiterzeitschrift.

Corporate Sponsoring umfasst die Sponsoringaktivitäten eines Unternehmens, bezogen auf das Gesamtunternehmen. Im Rahmen des Kommunikationsinstruments werden Geld-, Sachmittel, Dienstleistungen oder Know-how durch Unternehmen in Personen, Organisationen oder Institutionen (z. B. in die Bereiche Sport oder Kultur) investiert, um durch die Gegenleistung der Gesponserten (z. B. Integration des Gesponserten in die Institutionelle Mediawerbung) unternehmensbezogene Ziele wie die Steigerung des Bekanntheitsgrades und die Verbesserung des Unternehmensimage sowie ökonomische Ziele wie die Steigerung des Absatzes zu erreichen.

Unter dem Instrument der *Corporate Public Relations* werden die unternehmens- und gesellschaftsbezogene Öffentlichkeitsarbeit zusammengefasst. So ist der Bericht einer Hauptversammlung der unternehmensbezogenen Public Relations zuzuordnen; die Stellungnahme der Geschäftsführung zu einem in der Öffentlichkeit diskutierten Thema der gesellschaftsbezogenen Public Relations bzw. Community Relations. Ähnlich zur Institutionellen Mediawerbung und dem Corporate Sponsoring ist ein Ziel der Corporate Public Relations die Verbesserung der Imagewirkung des Unternehmens. Darüber hinaus stellen die Kontaktpflege zu unternehmensrelevanten Personen sowie Beeinflussung der öffentlichen Meinung Zielgrößen der Corporate Public Relations dar. Beispiele der Corporate Public Relations sind die Generierung redaktioneller Beiträge oder Interviews der Geschäftsführung zu öffentlich

Das kommunikationspolitische Instrumentarium: ein Überblick 35

Tab. 4 Instrumente der Unternehmenskommunikation

	Institutionelle Mediawerbung	**Corporate Sponsoring**	**Corporate Public Relations**
Erscheinungsformen	Insertionsmedien	Corporate Sportsponsoring	Differenzierung nach:
	Printmedien	Corporate Kultursponsoring	• Nutznießer (unternehmens- oder gesellschaftsbezogene Public Relations)
	Elektronische (audiovisuelle) Medien	Corporate Soziosponsoring	• Botschaft (z. B. Public Affairs, CSR-Public Relations)
	Medien der Außenwerbung	Corporate Umweltsponsoring	• Zielgruppe (z. B. Investor Relations, Community Relations)
			• Anlass (z. B. Krisen-Public Relations)
Ausprägungen (Kommunikationsträger)	Zeitschriften	Einzelpersonen	Zeitungen
	Zeitungen	Mannschaften	Zeitschriften
	Anzeigenblätter	Sportarenen	Unternehmensvertreter
	Fernseher	Lokale/nationale/internationale Organisationen	Radio
	Radio	Kulturveranstaltungen	Internet
	Kino		Unternehmensbroschüren
	Internet		Corporate Events
	Verkehrsmittelwerbung		
	Lichtwerbung		
	Plakatwerbung		

(Fortsetzung)

Tab. 4 (Fortsetzung)

Beispiele (Kommunikationsmittel)			
	Unternehmensanzeige in Tageszeitungen	Trikotwerbung	Redaktionelle Beiträge zu gesellschaftsbezogenen Themen
	Werbefilme über Unternehmen	Integration der Gesponserten in die Institutionelle Mediawerbung	Pressemeldung zur Hauptversammlung der Aktionäre
	Imageplakate	Bandenwerbung	Interviews der Geschäftsleitung
	Traffic Banner	Gründung einer Stiftung	u. a. m.
	Billboards	Ausschreiben von Wettbewerben	
	Leuchtschriftzüge des Unternehmens	u. a. m.	
	u. a. m.		
Vertiefende Literatur	Tietz und Zentes (1980); Derieth (1995); Ormeno (2007); Odermatt (2008); Cornelissen (2011); Blumhoff und Seiffert (2014); Pleil und Zerfaß (2014); Rau (2014); Röttger (2014); Schicha (2014); Scheufele (2014)	Bruhn und Dahlhoff (1989); Zillessen und Rahmel (1991); Rothe (2001); Schwaiger (2001); Zeller (2001); Schwaiger (2002); Schwaiger und Steiner-Kogrina (2003); Posadowsky (2007); Bruhn (2010); Woisetschläger et al. (2012); Bruhn und Ahlers (2014)	Binder (1983); Bentele (1997); Dolphin und Fan (2000); Becker-Sonnenschein und Schwarzmeier (2002); Dolphin (2003); Rolke (2003); Töpfer (2008); Bruhn und Ahlers (2009); Schwarz (2010); Filzmaier und Fähnrich (2014); Imhof (2014); Piwinger (2014); Weichler (2014); Sandhun (2014)

diskutierten Themen, die in Zeitschriften oder auf der Homepage des Unternehmens verbreitet werden.

5 Instrumente der Marketingkommunikation

Die primäre Funktion der Marketingkommunikationsinstrumente ist die *Unterstützung des Verkaufs* von Produkten und Dienstleistungen. Zu den Instrumenten dieser Kommunikationskategorie zählen unter anderem:

- Mediawerbung,
- Public Relations,
- Verkaufsförderung,
- Sponsoring und
- Event Marketing.

Einen Überblick der Instrumente bietet Tab. 5.

Unter dem Kommunikationsinstrument der *Mediawerbung* ist der Transport sowie die Verbreitung werblicher Informationen über die Belegung von klassischen Werbeträgern wie Printmedien zur Realisierung angebotsspezifischer Ziele zu subsumieren. Die Mediawerbung nimmt einen hohen investitionsbezogenen und funktionalen Stellenwert im Marketingkommunikationsmix ein (ZAW 2013, S. 11) und ist durch eine „einseitige, unpersönliche und indirekte Kommunikation" gekennzeichnet. Das Kommunikationsinstrument umfasst dabei die Erscheinungsformen Printmedien, Insertionsmedien, elektronische Medien sowie Medien der Außenwerbung. Beispielhafte Kommunikationsträger sind Zeitschriften, das Internet oder das Fernsehen, wobei die Marketingbotschaft über Kommunikationsmittel wie produktbezogene TV-Spots oder Plakate transportiert wird.

Im Rahmen der marketingorientierten *Public Relations* werden produkt- bzw. dienstleistungsspezifische Informationen verbreitet, um z. B. den Bekanntheitsgrad neuer Produkte (produktbezogene Public Relations) bzw. Dienstleistungen (dienstleistungsbezogene Public Relations) zu erhöhen. Das grundlegende Ziel der marketingorientierten Public Relations ist die Schaffung von Verständnis und Vertrauen bei den entsprechenden Zielgruppen durch die Generierung eines positiven Images, Glaubwürdigkeit oder Akzeptanz. Darüber hinaus dient das Kommunikationsinstrument häufig dem Entgegenwirken von Krisen wie Produktrückrufen, wozu beispielsweise Pressemitteilungen oder redaktionelle Beiträge geschaltet werden.

Hingegen hat die *Verkaufsförderung* – auch „Sales Promotions" genannt – das Ziel, durch zusätzliche Anreize auf nachgelagerten Vertriebsstufen Kommunikations- und Vertriebsziele eines Unternehmens zu erreichen. Das Instrument umfasst dabei die Analyse, Planung, Durchführung und Kontrolle meist zeitlich befristeter Maßnahmen mit Aktionscharakter wie Kostproben in Einkaufsstätten oder Gewinnspiele am Point of Sale (POS). Darüber hinaus wird zwischen direkter, indirekter, handelsgerichteter sowie konsumentengerichteter Verkaufsförderung differenziert. Beispielhafte Kommunikationsmittel der Verkaufsförderung stellen Sampling Aktionen am POS

Tab. 5 Instrumente der Marketingkommunikation

	Mediawerbung	Public Relations	Verkaufsförderung	Sponsoring	Event Marketing
Erscheinungsformen	Insertionsmedien	Differenzierung nach:	Handelsgerichtete Verkaufsförderung	Sportsponsoring	Anlassorientiertes Event Marketing
	Printmedien	• Nutznießer (produkt- oder dienstleistungsbezogene Public Relations)	Konsumentengerichtete Verkaufsförderung	Kultursponsoring	Markenorientiertes Event Marketing
	Elektronische (audiovisuelle) Medien	• Botschaft (z. B. Krisen oder Actions Public Relations)		Soziosponsoring	Hybride Formen
	Medien der Außenwerbung	• Zielgruppe (z. B. Meinungsführer oder Mitarbeitende)		Umweltsponsoring	
				Mediensponsoring	
Ausprägungen (Kommunikationsträger)	Zeitschriften	Zeitungen	Direkte Verkaufsförderung	Einzelpersonen	Aktivitäten im Vorfeld des Events
	Zeitungen	Zeitschriften	Indirekte Verkaufsförderung	Mannschaften	Aktivitäten im Umfeld des Events
	Anzeigenblätter	Unternehmensvertreter		Sportarenen	Aktivitäten im Hauptfeld des Events
	Fernseher	Radio		Lokale/nationale/ internationale Organisationen	Aktivitäten im Nachfeld des Events
	Internet	Internet		Kulturveranstaltungen	
	Verkehrsmittelwerbung	Broschüren		Programme in Fernsehen, Radio, Internet	
	Lichtwerbung	Events		Printmedien	
	Plakatwerbung				

Das kommunikationspolitische Instrumentarium: ein Überblick 39

Beispiele (Kommunikationsmittel)	Produktanzeige in Tageszeitung	Redaktionelle Beiträge	POS-Gewinnspiele	Produktbezogene Trikotwerbung	Akteure
	TV-Spot über Dienstleistung	Pressekonferenz zum Produktlaunch	Sampling-Aktionen	Integration der Gesponserten in die Mediawerbung	Audiovisuelle Medien
	Pop-up Ads	Pressemitteilung bei Markenjubiläen	Dekorationsservice	Markenbezogene Bandenwerbung	Catering
	Leuchtschriften der Marke	Mitarbeiterzeitschrift	Ladenbaukonzepte	Sampling	Präsente
	u. a. m.	u. a. m.	Handelswerbung	u. a. m.	Personal
			Zweitnutzendisplays		Pressekonferenzen
			u. a. m.		Einladungen
					u. a. m
Vertiefende Literatur	Aaker et al. (1996); Hofsäss und Engel (2003); Löbler und Markgraf (2004); Belch und Belch (2008); Steffenhagen (2008); Moriarty et al. (2009); Kroeber-Riel und Esch (2011); Sethuraman et al. (2011); Kloss (2012); Schweiger und Schrattenecker (2013); Unger et al. (2013)	Oeckl (1964); Oeckl (2000); Rolke (2003); Bentele und Hoepfner (2004); Herbst (2004); Bogner (2005); Avenarius (2008); Bentele und Will (2008); Besson (2008); Bentele Szyszka (2008); Röttger et al. (2009); Grupe (2011); Deg (2010); Schindler und Liller (2012); Zerfaß und Pleil (2012)	Pflaum (1974); Cristofolini (1989); Möhlenbruch und Kotschi (2000); Pflaum et al. (2000); Gedenk (2001); Gedenk (2002); Swait und Erdem (2002); Fuchs und Unger (2003); Möhlenbruch und Kotschi (2003); Rudek (2008); Folten (2007); Gedenk (2009); Biehl (2013)	Bruhn (1990); Roth (2002); Hermanns und Riedmüller (2003); Bruhn (2004); Dubach und Frey (2007); Burmann und Nitschke (2007); Kiendl (2007); Bagusat und Marwitz (2008); Bagusat et al. (2008); Drees und Trautwein (2008); Hermanns und Marwitz (2008); Bruhn (2010); Hermanns (2011); Gleich (2013); Panten (2013); Seibert und Wiese (2013)	Inden (1993); Zanger und Sistenich (1996); Zanger und Drengner (2000); Burmann (2002); Nickel (2002); Zanger (2002); Zanger und Drengner (2004); Drengner (2006); Drengner (2007); Lasslop et al. (2007); Nickel (2007); Zanger (2007); Kirchgeorg et al. (2009); Zanger (2013)

(konsumentengerichtet, direkte Verkaufsförderung) oder auch die Unterstützung bei der Ladendekoration (handelsgerichtet, indirekte Verkaufsförderung) dar.

Allgemein wird unter *Sponsoring* die Analyse, Planung, Umsetzung und Kontrolle sämtlicher Aktivitäten zusammengefasst, die Unternehmen oder Institutionen – so genannte Sponsoren – zur Förderung von Personen oder Organisationen in den Bereichen Sport, Kultur, Soziales, Umwelt oder Medien tätigen. Dies erfolgt durch die Bereitstellung von Geld, Sachmitteln, Dienstleistungen oder Know-how. Im Gegenzug erhalten die Sponsoren eine Gegenleistung des Gesponserten (z. B. Aufdruck des Markenlogos auf dem Trikot der Gesponserten), die der Zielerreichung für die Marketing- und Unternehmenskommunikation behilflich ist. Die Leistungen und Gegenleistungen sind vertraglich fixiert. Die Marketingkommunikation umfasst dabei sämtliche Aktivitäten auf Produkt- bzw. Markenebene, zur Erreichung der kommunikationspolitischen Ziele, wie der Steigerung der Markenawareness und des Markenimages.

Als Event wird eine Veranstaltung oder ein spezielles Ereignis verstanden, das das Ziel verfolgt, den Kunden die Möglichkeit zu schaffen, durch vielfältige Interaktionen das Produkt bzw. die Dienstleistung multisensorisch zu erleben. Generell wird zwischen anlassorientierten und markenorientierten Events differenziert. Häufig stellen Events jedoch eine hybride Form der Erscheinungsformen dar, wie beispielsweise die interne Feier zum 25-jährigen Jubiläum einer Marke. Das Kommunikationsinstrument *Event Marketing* umfasst die zielgerichtete, systematische Analyse, Planung, Durchführung und Kontrolle von Events, wobei die Aktivitäten des Event Marketing in die Ausprägungen Vor-, Um-, Haupt- und Nachfeld des Events unterschieden werden. Durch erlebnisorientierte und multisensorische Aktivitäten sollen im Rahmen des Kommunikationsinstruments leistungsbezogene Botschaften transportiert werden, zur Erreichung affektiver, kognitiver und konativer Ziele, wie die Stärkung der emotionalen Verbundenheit zur Marke.

6 Instrumente der Dialogkommunikation

Im Vergleich zu den Instrumenten der Unternehmens- und Marketingkommunikation erlauben die Maßnahmen der Dialogkommunikation einen *wechselseitigen Austausch* zwischen Unternehmen und Konsumenten. Primär werden die Instrumente der Dialogkommunikation zum Aufbau und der Intensivierung der Beziehung mit potenziellen sowie bestehenden Kunden eingesetzt. Zu den dominierenden Instrumenten der Dialogkommunikation zählen unter anderem:

- Persönliche Kommunikation,
- Messen und Ausstellungen,
- Direct Marketing sowie
- Social Media-Kommunikation.

Einen Überblick der Instrumente bietet Tab. 6.

Im Rahmen der *Persönlichen Kommunikation* wird zwischen direkter, indirekter, persönlicher und unpersönlicher Kommunikation differenziert. Ersteres bezieht sich

Das kommunikationspolitische Instrumentarium: ein Überblick 41

Tab. 6 Instrumente der Dialogkommunikation

	Persönliche Kommunikation	Messen und Ausstellungen	Direct Marketing	Social Media-Kommunikation
Erscheinungsformen	Direkte Persönliche Kommunikation	Universalmessen	Passives Direct Marketing	Inside-Out-Netzwerke
	Indirekte Persönliche Kommunikation	Spezialmessen	Reaktionsorientiertes Direct Marketing	Inside-In-Netzwerke
	Persönliche Persönliche Kommunikation	Branchenmessen	Interaktionsorientiertes Direct Marketing	Outside-In-Netzwerke
	Unpersönliche Persönliche Kommunikation	Fachmessen		Outside-Out-Netzwerke
Ausprägungen (Kommunikationsträger)	Persönliches Gespräch	Aktivitäten vor der Messe/Ausstellung	Direktwerbemedien	Weblogs
	Vortrag	Aktivitäten während der Messe/Ausstellung	Medien mit Rückkopplungsmöglichkeiten	Microblogs
	Telefon	Aktivitäten nach der Messe/Ausstellung		Webforen
	Email			Soziale Netzwerke
	Chat			Podcasts
				Knowledge-Communities
				Filesharing-Communities
				Consumer-Communities
Beispiele (Kommunikationsmittel)	Personifizierte Webseiten	Prospekte	(un-)adressierte Werbesendungen	Issues Blogs
	Mailings	Einladungen	Telefonmarketing	Twitter
	Verkaufsgespräche	Nachkaufbesuche	POS-Terminals	Profile auf Sozialen Netzwerken
	Tag der offenen Tür	Events	Customer Interaction Center	Interne Soziale Netzwerke
	u. a. m.	VIP-Lounges	u. a. m.	Wikis
		Vorträge		u. a. m.
		Pressekonferenzen		
		u. a. m.		

(Fortsetzung)

Tab. 6 (Fortsetzung)

Vertiefende Literatur	Schwab (1982); Pettijohn et al. (2000); Bänsch (2001); Nerdinger (2001); Wangenheim et al. (2002); Frommeyer (2005); Baumgarth und Schmidt (2008a); Baumgarth und Schmidt (2008b); Homburg et al. (2008); Gedenk (2009); Homburg Brexendorf (2010); Homburg et al. (2011); Bänsch (2013)	Funke (1987); Backhaus (1992); Fischer (1992); Strothmann und Roloff (1993); Fuchslocher und Hochheimer (2000); Bruhn und Hadwich (2003); Dornscheidt et al. (2003); Kirchgeorg (2003); Meffert (2003); Reinhard (2003); Hansen (2004); Huckemann und Ter Weiler (2005); Fließ (2006); Kirchgeorg et al. (2007); Voeth et al. (2008); Kirchgeorg et al. (2009); Hochheimer (2012)	Hilke (1993); Holland (2001); Böhler (2002); Dallmer (2002); Meffert (2002); Schefer (2002); Belz (2003); Dallmer (2004); Bird (2007); Bruns (2007); Holland (2009); Saarbeck et al. (2012); Wirtz (2012)	Fritz (2004); Eck (2007); Mühlenbeck und Skibicki (2007); Gruber (2008); Alby (2008); Alpar und Blaschke (2008); Busch et al. (2008); Fleck et al. (2008); Whitworth und de Moor (2009); Zarella (2009); Kilian und Langner (2010); Back et al. (2012); Hilker (2012); Kreutzer und Land (2013); Tuten und Solomon (2013); Weinberg (2014)

dabei auf die unmittelbare Verbindung zwischen Kommunikator und Rezipient; es ist kein Vermittler wie bei der indirekten Persönlichen Kommunikation eingeschaltet. Die Merkmale persönlich bzw. unpersönlich beziehen sich auf die Art der Ansprache. Wird keine Übermittlungsinstanz genutzt, wie ein Computer oder ein Telefon, sondern erfolgt die Kommunikation Face-to-Face, ist diese als persönlich zu charakterisieren. Im Folgenden werden unter dem Instrument der Persönlichen Kommunikation Maßnahmen verstanden, die durch die Merkmale direkt bzw. indirekt und persönlich gekennzeichnet sind, so dass eine Abgrenzung von weiteren Instrumenten gewährleistet ist. Demzufolge wird die Persönliche Kommunikation als Instrument definiert, das die Analyse, Planung, Durchführung und Kontrolle der internen sowie externen Aktivitäten umfasst, die mit einer wechselseitigen Kontaktaufnahme bzw. -abwicklung zwischen Anbieter und Nachfrager in einer Face-to-Face-Situation verbunden sind, in die bestimmte Erfahrungen und Erwartungen durch verbale und nonverbale Kommunikationshandlungen eingebracht werden, zur Erreichung der angestrebten kommunikativen und ökonomischen Ziele. Beispiele der Persönlichen Kommunikation sind personifizierte Websites (indirekt) oder persönliche Gespräche mit Kunden (direkt). Die Persönliche Kommunikation dient vor allem der Vermittlung von Wissen und Kenntnissen über das Angebot des Unternehmens, zum Vertrauensaufbau gegenüber den Leistungen sowie zur Schaffung loyaler Kundenbeziehungen (Helm 2000; Bruhn 2001, S. 588; v. Wangenheim et al. 2002).

Die Ursprünge des Instruments *Messen und Ausstellungen* gehen über das Mittelalter hinaus, bis in die Antike zurück. Die Erscheinungsformen von Messen und Ausstellungen sind vielfältig, so ist beispielsweise zwischen Universal-, Spezial-, Branchen- und Fachmessen zu differenzieren. Das Kommunikationsinstrument ist durch die Merkmale zeitliche Begrenzung, räumliche Festlegung sowie der Präsenz eines vollkommenen Marktes gekennzeichnet und umfasst die Analyse, Planung, Durchführung und Nachbereitung sämtlicher Aktivitäten, die mit einer Teilnahme verbunden sind. Häufig werden im Rahmen von Messen und Ausstellungen weitere Instrumente der Unternehmens-, Marketing- und Dialogkommunikation integriert (vertiefend Meffert et al. 2012, S. 695 f.; Bruhn 2014a, S. 949 ff.), wobei zwischen Aktivitäten vor, während und nach der Messe bzw. Ausstellung zu unterscheiden ist. Ziele einer Teilnahme an Messen und Ausstellungen sind zum einen die Schaffung von Awareness, positiven Emotionen und Einstellungen gegenüber den Produkten und Dienstleistung durch den Erlebnischarakters des Instruments. Zum anderen stellen ökonomische Faktoren, wie die Kundenakquisition, bedeutende Zielgrößen des Kommunikationsinstruments dar.

Die Grundform des *Direct Marketing* stellt der Direktversand im Rahmen des Versandhandels dar, wobei die elektronische Datenverarbeitung als entscheidend für die Etablierung des Kommunikationsinstruments im Kommunikationsmix gilt. Unter Direct Marketing werden sämtliche Kommunikationsmaßnahmen subsumiert, die darauf ausgerichtet sind, einen unmittelbaren Dialog zwischen Kommunikator und Rezipienten durch die Integration direkter Responsemöglichkeiten zu initiieren. Hierbei ist zwischen passivem Direct Marketing (z. B. Flugblätter oder Standardwerbebriefe), reaktionsorientiertem Direct Marketing (z. B. Mailings mit Rückantwortkarten) und interaktionsorientiertem Direct Marketing (z. B. Telefonmarketing) zu differenzieren, wobei zwischen Medien mit Rückkopplungsmöglichkeiten und Direktwerbemedien unterschieden wird. Die Maßnahmen des Direct Marketing eignen sich vorwiegend zur Kundenbindung und -rückgewinnung, wobei das primäre Ziel des Instruments die langfristige Kundenbindung darstellt.

Eine Erweiterung der Kommunikationsinstrumente stellt die *Social Media-Kommunikation* dar, die sich lediglich auf Online-Plattformen, wie Weblogs oder Sozialen Netzwerken, vollzieht und durch eine bidirektionale Kommunikation in nahezu Echtzeit gekennzeichnet ist. Darüber hinaus ermöglicht Social Media neben der unternehmensinitiierten, an Kunden gerichteten („Inside-Out") bzw. Mitarbeitende gerichteten („Inside-In") Kommunikation, nutzergenerierte Botschaften. Diese können sowohl an Unternehmen („Outside-In") als auch an andere potenzielle bzw. bestehende Kunden („Outside-Out") gerichtet sein. Somit agieren Unternehmen und Konsumenten als Initiator des Dialogs. Nutzergenerierte Inhalte dienen für Konsumenten bei Konsumentscheidungen zunehmend als Informationssurrogat, dies konnte im Rahmen von zahlreichen Studien bestätigt werden (z. B. Chevalier und Mayzlin 2006; Liu 2006; Dellarocas et al. 2007; Bruhn et al. 2012). Es unterstreicht die hohe Relevanz der Berücksichtigung der unterschiedlichen Erscheinungsformen der Social Media-Kommunikation. Die interaktive Vernetzung des Unternehmens mit den Konsumenten ist somit zentraler Gegenstand des Kommunikationsinstruments, wobei die Ziele des gegenseitigen Austausches von Wissen, Erfahrungen und Informationen im Vordergrund stehen.

7 Kommunikationsinstrumente und Kontrolle der Kommunikation

Die Kontrollmöglichkeiten der einzelnen Kommunikationsinstrumente unterscheiden sich stark in Abhängigkeit der jeweiligen Kommunikationsform des Instruments. So unterliegen einseitige Instrumente wie die (Institutionelle) Mediawerbung einer größeren Kontrolle im Vergleich zu zweiseitigen Instrumenten wie die Persönliche Kommunikation (Bruhn 2014a, S. 16 f.). Eine weitere *Einschränkung der Kontrollmöglichkeiten* seitens der Unternehmen entstand durch die Entwicklung der nutzergesteuerten Kommunikationsmaßnahmen im Rahmen der Social Media-Kommunikation. Vor diesem Hintergrund können drei *Bereiche der Kommunikation* differenziert werden (Tuten und Solomon 2013, S. 44; Abb. 2):

- Owned Media,
- Paid Media und
- Earned Media.

Owned und *Paid Media* beschreiben Maßnahmen, über die das Unternehmen die Kontrolle verfügt. Ersteres umfasst sämtliche Kommunikationsmaßnahmen, die inhaltlich vom Unternehmen kontrolliert werden. Demgegenüber werden unter Paid Media alle Kommunikationsaktivitäten subsumiert, die kostenpflichtig von Unter-

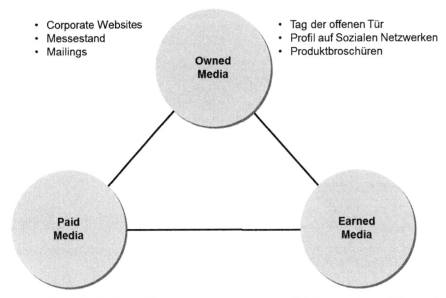

Abb. 2 Kommunikationsinstrumente gemäß den Einflussmöglichkeiten von Unternehmen. Quelle: in Anlehnung an Tuten und Solomon 2013, S. 44

nehmensseite gebucht werden. Im Rahmen von *Earned Media* haben Unternehmen keine direkte Kontrolle, da die Inhalte von Kundenseite generiert werden (Back et al. 2012). Mögliche Kontrollmaßnahmen bestehen in einem konsequenten Monitoring der Inhalte sowie der Entwicklung gezielter Responsestrategien bei beispielsweise negativen Kundenaussagen (Bruhn 2014c, S. 240).

Die diskutierten Unterschiede bezüglich der Kontrollmöglichkeiten der Kommunikation eröffnen Unternehmen verschiedene „*Räume der Kommunikation*". Unter diesen werden Märkte und Plattformen subsumiert, auf denen Austauschprozesse zwischen Kommunikationsanbietern und -nachfragern stattfinden (Bruhn 2014b, S. 67). „Räume der Kommunikation" sind nach der Art der Kommunikation sowie dem Grad an Kontrolle zu differenzieren, wie Abb. 3 verdeutlicht. Die Ordinate markiert dabei die Art der Kommunikation (direkt vs. indirekt), die Abszisse beschreibt hingegen den Grad an Kontrolle aus Sicht des Unternehmens.

Jene Kommunikationsinstrumente, die bei hoher Kontrolle einzuordnen sind, unterliegen der vollständigen Steuerung durch das Unternehmen und können durch

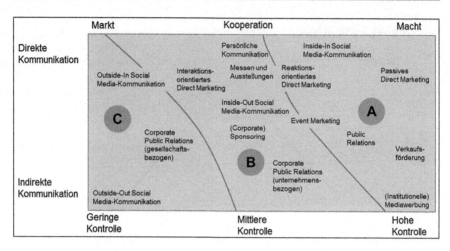

Abb. 3 Kategorisierung von Instrumenten und „Räume der Kommunikation". Quelle: in Anlehnung an Bruhn 2014b, S. 67

eine unternehmensgesteuerte Einwegkommunikation charakterisiert werden (*Macht*). Beispiele stellen die (Institutionelle) Mediawerbung, die Verkaufsförderung oder das Passive Direct Marketing dar. Im Rahmen der Kommunikationsinstrumente mit mittlerer Kontrolle finden Interaktionen zwischen Unternehmen und Konsumenten statt (*Kooperation*), so dass die Kommunikation aus Sicht des Unternehmens nur teilweise steuerbar ist. So sind die Persönliche Kommunikation oder Messen und Ausstellungen auf die Partizipation von Dritten angewiesen, wobei die Kommunikation in einem vom Unternehmen definierten und konzipierten Raum stattfindet. Über geringe Kontrollmöglichkeiten verfügen Unternehmen im Rahmen der „Outside-Out" sowie „Outside-In" Social Media-Kommunikation, da die Initiierung des Dialogs auf die Konsumenten zurückzuführen ist (*Markt*). Diese generieren Inhalte, nehmen aktiv am Meinungsbildungsprozess teil und steuern somit einen Großteil der Social Media-Kommunikation selbst (Bruhn 2014b, S. 67 f.). Ein anschauliches Beispiel stellt der Meinungsaustausch zu Produkten und Dienstleistungen auf Bewertungsportalen wie epinions oder tripadvisor dar.

Insgesamt zeigen die „Räume der Kommunikation", dass den Unternehmen unterschiedliche Möglichkeiten der Einflussnahme und Kontrolle bei den vielfältigen kommunikativen Aktivitäten, mit denen die Konsumenten konfrontiert werden, bestehen. Mit Bezug auf die Abb. 3 zeigt der rechte Bereich (Raum A), dass es vielfältige Möglichkeiten der unternehmensgesteuertern Kommunikation gibt. Bei diesem „Raum der Kommunikation" steht die *Optimierung* im Vordergrund, die durch Methoden der Effektivitäts- und Effizienzkontrolle unterstützt werden kann. Im mittleren Bereich von Abb. 3 stehen Kommunikationsmaßnahmen (Raum B), bei denen eine Zusammenarbeit mit Partnern für den Erfolg unabdingbar ist. Bei diesem „Raum der Kommunikation" steht die *Koordination* im Vordergrund. Schließlich bestehen im unteren linken Bereich von Abb. 3 Kommunikationsaktivitäten, die sich der direkten Kontrolle des Unternehmens entziehen (Raum C). Die

Kommunikation liegt primär in den Händen von anderen Marktbeteiligten. In diesem „Raum der Kommunikation" wird es in erster Linie auf ein sorgfältiges *Monitoring* ankommen, um Reaktionsmöglichkeiten durch Unternehmen zu überprüfen.

8 Zusammenfassung und Ausblick

Der Kommunikationsmix bildet einen zentralen Bestandteil des Marketingmix. Dabei lässt sich die Vielfalt der Kommunikationsinstrumente auf diverse Arten systematisieren. Eine Möglichkeit, die die Anbieterperspektive einnimmt, ist die Unterteilung der Instrumente in Unternehmens-, Marketing- und Dialogkommunikation. Generell ist anzumerken, dass Systematisierungsansätze der Kommunikationsinstrumente nicht als „richtig" oder „falsch", sondern nach dem spezifischen Betrachtungswinkel als zweckmäßig zu betrachten sind. Aus diesem Grund wird im vorliegenden Beitrag die Gefahr in Kauf genommen, dass die vorgenommene Einteilung Schwächen aufweist.

Die Unterscheidung in Unternehmens-, Marketing- und Dialogkommunikation ist als pragmatisch anzusehen und eignet sich zur Orientierung in diesem Handbuch. Entsprechend erfolgte auch die Zuordnung der einzelnen Instrumente zu diesen einzelnen Teilen in der Gliederung:

- Teil II: Instrumente der Marketingkommunikation
- Teil III: Instrumente der Unternehmenskommunikation
- Teil IV: Instrumente der Dialogkommunikation

Der abschließende Teil V ist den institutionellen Besonderheiten gewidmet. Hier werden die Unterschiede im Einsatz der Kommunikationsinstrumente in verschiedenen Sektoren deutlich.

Eine *Herausforderung* für Unternehmen bildet die Integration neu entstehender Kommunikationsinstrumente in verfügbare Kategorisierungsansätze. Kommunikationsinstrumente werden sich auch zukünftig zunehmend diversifizieren und die Kontrollmöglichkeiten auf Seite der Unternehmen einschränken, wie die Entwicklung des Web 2.0 zum Web 3.0 bestätigt. Bestehende Ansätze zur Systematisierung werden an ihre Grenzen kommen. Bedeutend hierbei ist, dass die Betrachtung der verfügbaren und neu entwickelten Kommunikationsinstrumente nicht isoliert vorgenommen wird, sondern der „Mix-Gedanke" im Vordergrund der Kommunikationsaktivitäten steht. Dies gilt für

- das *Denken im Marketingmix*, d. h. die Abstimmung der Kommunikationspolitik mit den anderen Instrumenten (Produkt, Preis, Vertrieb) im Sinne einer „interinstrumentellen Integration im Marketingmix" sowie
- das *Denken im Kommunikationsmix*, d. h. die Abstimmung zwischen den und innerhalb der einzelnen Kommunikationsinstrumente im Sinne einer „interinstrumentellen und intrainstrumentellen Integration im Kommunikationsmix"

gleichermaßen. Insofern stellt die *Integration der Unternehmens-, Marketing- und Dialogkommunikation* die Leitidee bei der Planung und der Implementierung der Kommunikation für Unternehmen dar.

Literatur

Aaker, D. A., Batra, R., & Myers, J. G. (1996). *Advertising management* (5. Aufl.). Englewood Cliffs: Prentice Hall.

Alby, T. (2008). *Web 2.0 – Konzepte, Anwendungen, Technologien* (3. Aufl.). München: Carl Hanser Verlag.

Alpar, P., & Blaschke, S. (2008). *Web 2.0 – Eine empirische Bestandsaufnahme*. Wiesbaden: Vieweg + Teubner.

Avenarius, H. (2008). *Public Relations. Die Grundform der gesellschaftlichen Kommunikation* (3. Aufl.). Darmstadt: Wissenschaftliche Buchgesellschaft.

Back, A., Gronau, N., & Tochtermann, K. (2012). *Web 2.0 und Social Media in der Unternehmenspraxis* (3. Aufl.). München: Oldenbourg.

Backhaus, K. (1992). Messen als Institution der Informationspolitik. In K.-H. Strothmann & M. Busche (Hrsg.), *Handbuch Messemarketing* (S. 83–46). Wiesbaden: Gabler.

Bagusat, A., & Marwitz, C. (Hrsg.). (2008). Sponsoring – Faszinierendes Instrument der Marketingkommunikation. In A. Bagusat, C. Marwitz & M. Vogl (Hrsg.), *Handbuch Sponsoring. Erfolgreiche Marketing- und Markenkommunikation* (S. 3–16). Berlin: Erich Schmidt.

Bagusat, A., Marwitz, C., & Vogl, M. (2008). *Handbuch Sponsoring. Erfolgreiche Marketing- und Markenkommunikation*. Berlin: Erich Schmidt.

Bänsch, A. (2001). *Persönlicher Verkauf (Personal Selling)* (2. Aufl.). München: Oldenbourg.

Bänsch, A. (2013). *Verkaufspsychologie und Verkaufstechnik* (9. Aufl.). München: Oldenbourg.

Baumgarth, C., & Schmidt, M. (2008a). Persönliche Kommunikation (PK) als vergessenes Instrument der Markenkommunikation. *Transfer – Werbeforschung & Praxis, 54*(2), 43–48.

Baumgarth, C., & Schmidt, M. (2008b). Persönliche Kommunikation und Marke. In A. Herrmanns, T. Ringle & P. C. van Overloop (Hrsg.), *Handbuch Markenkommunikation. Grundlagen, Konzepte, Fallbeispiele* (S. 247–263). München: Vahlen.

Becker-Sonnenschein, S., & Schwarzmeier, M. (2002). *Vom schlichten Sein zum schönen Schein? Kommunikationsanforderungen im Spannungsfeld von Public Relations und Politik*. Wiesbaden: Westdeutscher Verlag.

Belch, G. E., & Belch, M. A. (2008). *Advertising and promotion. An integrated marketing communications perspective* (8. Aufl.). Boston: Mcgraw-Hill.

Belz, C. (2003). *Logbuch Direktmarketing – vom Mailing zum Dialog-Marketing*. Frankfurt am Main: Redline Wirtschaft.

Bentele, G. (1997). *Aktuelle Entstehung von Öffentlichkeit: Akteure – Strukturen – Veränderungen*. Konstanz: UVK-Medien.

Bentele, J., & Hoepfner, G. (2004). Markenpolitik und Public Relations. In M. Bruhn (Hrsg.), *Handbuch Markenführung. Kompendium zum erfolgreichen Markenmanagement. Strategien, Instrumente, Erfahrungen* (2. Aufl., S. 1535–1564). Wiesbaden: Gabler.

Bentele, G., & Will, M. (2008). Public Relations als Kommunikationsmanagement. In M. Meckel & B. F. Schmid (Hrsg.), *Unternehmenskommunikation* (2. Aufl., S. 153–158). Wiesbaden: Gabler.

Bentele, G., Fröhlich, R., & Szyszka, P. (2009). *Handbuch der Public Relations – Wissenschaftliche Grundlagen und berufliches Handeln* (2. Aufl.). Wiesbaden: Verlag für Sozialwissenschaften.

Berndt, R. (1993). Kommunikationspolitik im Rahmen des Marketing. In R. Berndt & A. Hermanns (Hrsg.), *Handbuch Marketing-Kommunikation* (S. 3–18). Wiesbaden: Gabler.

Besson, N. A. (2008). *Strategische PR-Evaluation* (3. Aufl.). Wiesbaden: Verlag für Sozialwissenschaften.

Biehl, E. (2013). Verkaufsförderung mit Promotions: Der Wert von Promotionprämien aus Sicht der Verbraucher. *Transfer – Werbeforschung & Praxis, 59*(2), 36–42.
Binder, E. (1983). *Die Entstehung unternehmerischer Public Relations in der Bundesrepublik Deutschland*. Wiesbaden: Lit.
Bird, D. (2007). *Common sense direct marketing* (5. Aufl.). London: Kogan Page.
Blumhoff, A., & Seiffert, J. (2014). Medienanalysen als Informationsquelle für das Kommunikationsmanagement. In A. Zerfaß & M. Piwinger (Hrsg.), *Handbuch Unternehmenskommunikation* (2. Aufl., S. 567–584). Wiesbaden: Springer Gabler.
Bogner, F. M. (2005). *Das neue PR-Denken. Strategien – Konzepte – Aktivitäten* (3. Aufl.). Wien: Redline Wirtschaft.
Böhler, H. (2002). Marktsegmentierung als Basis eines Direct-Marketing-Konzeptes. In H. Dallmer (Hrsg.), *Handbuch Direct Marketing* (8. Aufl., S. 921–937). Wiesbaden: Gabler.
Bortoluzzi Dubach, E., & Frey, H. (2007). *Sponsoring. Der Leitfaden für die Praxis* (4. Aufl.). Bern: Haupt.
Brexendorf, T. O. (2010). *Markenloyalität durch persönliche Kommunikation – Eine dyadische Analyse von Verkäufer-Kunden-Interaktionen am Beispiel der Marke BMW*. Göttingen: Cuvillier.
Bruhn, M. (1990). Umweltsponsoring – ein neues Instrument der Markenführung? *Markenartikel, 52*(15), 198–208.
Bruhn, M. Hrsg. (2001). *Handelsmarken – Entwicklungstendenzen und Perspektiven der Handelsmarkenpolitik* (3. Aufl.). Stuttgart: Schäffer-Poeschel.
Bruhn, M. (2004). Markenführung und Sponsoring. In M. Bruhn (Hrsg.), *Handbuch Markenführung. Kompendium zum erfolgreichen Markenmanagement. Strategien, Instrumente, Erfahrungen* (2. Aufl., S. 1593–1630). Wiesbaden: Gabler.
Bruhn, M. (2010). *Sponsoring – Systematische Planung und integrativer Einsatz* (5. Aufl.). Wiesbaden: Gabler.
Bruhn, M. (2014a). *Unternehmens- und Marketingkommunikation* (3. Aufl.). München: Vahlen.
Bruhn, M. (2014b). *Integrierte Unternehmens- und Markenkommunikation. Strategische Planung und operative Umsetzung* (6. Aufl.). Stuttgart: Schäffer-Poeschel.
Bruhn, M. (2014c). *Marketing – Grundlagen für Studium und Praxis* (12. Aufl.). Wiesbaden: Springer Gabler.
Bruhn, M., & Ahlers, G. M. (2009). Zur Rolle von Marketing und Public Relations in der Unternehmenskommunikation. In U. Röttger (Hrsg.), *Theorien der Public Relations. Grundlagen und Perspektiven der PR-Forschung* (S. 299–315). Wiesbaden: Verlag für Sozialwissenschaften.
Bruhn, M., & Ahlers, G. M. (2014). Sponsoring als Instrument der integrierten Unternehmenskommunikation. In A. Zerfaß & M. Piwinger (Hrsg.), *Handbuch Unternehmenskommunikation* (2. Aufl., S. 707–729). Wiesbaden: Springer Gabler.
Bruhn, M., & Dahlhoff, H.-D. Hrsg. (1989). *Kulturförderung – Kultursponsoring. Zukunftsperspektiven der Unternehmenskommunikation*. Wiesbaden: Gabler.
Bruhn, M., & Hadwich, K. (2003). Steuerung und Kontrolle der Servicequalität von Messen. In M. Kirchgeorg, W. M. Dornscheidt, W. Giese & N. Stoeck (Hrsg.), *Handbuch Messemanagement – Planung, Durchführung und Kontrolle von Messen, Kongressen, Events* (S. 901–935). Wiesbaden: Gabler.
Bruhn, M., Schoenmueller, V., & Schäfer, D. B. (2012). Are social media replacing traditional media in terms of brand equity creation? *Management Research Review, 35*(9), 770–779.
Bruns, J. (2007). *Direktmarketing* (2. Aufl.). Ludwigshafen: Kiehl.
Burmann, C. (2002). Erfolgskontrolle im Eventmanagement. In M. Hosang (Hrsg.), *Event & Marketing. Konzepte, Beispiele, Trends* (S. 93–123). Frankfurt am Main: Deutscher Fachverlag.
Burmann, C., & Nitschke, A. (2007). Profilierung von Marken durch Sponsoring und Ambushing – dargestellt am Beispiel der FIFA Fußball-WM 2006. In D. Ahlert, D. Woisetschläger & V. Vogel (Hrsg.), *Exzellentes Sponsoring. Innovative Ansätze und Best Practices für das Markenmanagement* (2. Aufl., S. 177–201). Wiesbaden: Deutscher Universitätsverlag.

Busch, R., Fuchs, W., & Unger, F. (2008). *Integriertes Marketing. Strategie, Organisation, Instrumente* (4. Aufl.). Wiesbaden: Gabler.
Chevalier, J. A., & Mayzlin, D. (2006). The effect of word of mouth on sales. Online book reviews. *Journal of Marketing Research, 43*(3), 345–354.
Cornelissen, J. (2011). *Corporate communication – A guide to theory and practice* (3. Aufl.). London: Sage.
Cristofolini, P. M. (1989). Verkaufsförderung als Baustein der Marketingkommunikation. In M. Bruhn (Hrsg.), *Handbuch des Marketing. Anforderungen an Marketingkonzeptionen aus Wissenschaft und Praxis* (S. 453–471). München: Beck.
Dallmer, H. (2002). Das System des Direct Marketing – Entwicklung und Zukunftsperspektiven. In H. Dallmer (Hrsg.), *Das Handbuch Direct Marketing & More* (8. Aufl., S. 3–32). Wiesbaden: Gabler.
Dallmer, H. (2004). Direct Marketing. In M. Bruhn & C. Homburg (Hrsg.), *Gablers Lexikon Marketing* (S. 175–179). Wiesbaden: Gabler.
Deg, R. (2012). *Basiswissen Public Relations: Professionelle Presse- und Öffentlichkeitsarbeit* (5. Aufl.). Wiesbaden: Springer VS.
Dellarocas, C., Zhang, X., & Awas, N. (2007). Exploring the value of online product reviews in forecasting sales. The case of motion pictures. *Journal of Interactive Marketing, 21*(4), 23–45.
Derieth, A. (1995). *Unternehmenskommunikation. Eine Analyse zur Kommunikationsqualität von Wirtschaftsorganisationen.* Opladen: Westdeutscher Verlag.
Dolphin, R. R. (2003). The corporate communication function: How well is it funded? *Corporate Communications, 8*(1), 5–10.
Dolphin, R. R., & Fan, Y. (2000). Is corporate communications a strategic function? *Management Decision, 38*(2), 99–106.
Dornscheidt, W. M., Groth, C., & Reinhard, H. W. (2003). Mega-Events. In M. Kirchgeorg, W. M. Dornscheidt, W. Griese & N. Stoeck (Hrsg.), *Handbuch Messemanagement. Planung, Durchführung und Kontrolle von Messen, Kongressen und Events* (S. 1037–1059). Wiesbaden: Gabler.
Drees, N., & Trautwein, S. (2008). Erscheinungsformen des Sponsoring. In A. Bagusat, C. Marwitz & M. Vogl (Hrsg.), *Handbuch Sponsoring. Erfolgreiche Marketing- und Markenkommunikation* (S. 89–112). Berlin: Erich Schmidt.
Drengner, J. (2006). *Imagewirkungen von Eventmarketing. Entwicklung eines ganzheitlichen Messansatzes* (2. Aufl.). Wiesbaden: Deutscher Universitätsverlag.
Drengner, J. (2007). State of the Art der Wirkungs- und Erfolgsforschung im Eventmarketing. In O. Nickel (Hrsg.), *Eventmarketing – Grundlagen und Erfolgsbeispiele* (2. Aufl., S. 135–147). München: Vahlen.
Eck, K. (2007). *Corporate Blogs. Unternehmen im Online-Dialog zum Kunden.* Zürich: Orell Füssli.
Filzmaier, P., & Fähnrich, B. (2014). Public Affairs. Kommunikation mit politischen Entscheidungsträgern. In A. Zerfaß & M. Piwinger (Hrsg.), *Handbuch Unternehmenskommunikation* (2. Aufl., S. 1185–1201). Wiesbaden: Springer Gabler.
Fischer, W. (1992). Zur Geschichte der Messen in Europa. In K.-H. Strothmann & M. Busche (Hrsg.), *Handbuch Messemarketing* (S. 3–14). Wiesbaden: Gabler.
Fleck, M., Kirchoff, L., Meckel, M., & Stanoevska-Slabeva, K. (2008). Einsatzmöglichkeiten von Blogs in der Unternehmenskommunikation. In H. H. Bauer, D. Grosse-Leege & J. Rösger (Hrsg.), *Interactive Marketing im Web 2.0* (2. Aufl., S. 236–251). München: Vahlen.
Fließ, S. (2006). Messeplanung und -kontrolle. In M. Kleinaltenkamp, W. Plinke, F. Jacob & A. Söllner (Hrsg.), *Markt- und Produktmanagement – die Instrumente des technischen Vertriebs* (S. 629–706). Berlin: Gabler.
Folten, B. (2007). *Kreative Verkaufsförderung leicht gemacht. Mit starken Ideen besser verkaufen.* München: Redline Wirtschaft.
Fritz, W. (2004). *Internet-Marketing und Electronic Commerce. Grundlagen – Rahmenbedingungen – Instrumente* (3. Aufl.). Wiesbaden: Gabler.

Frommeyer, A. (2005). *Kommunikationsqualität in persönlichen Kundenbeziehungen. Konzeptualisierung und empirische Prüfung.* Wiesbaden: Gabler.
Fuchs, W., & Unger, F. (2003). *Verkaufsförderung. Konzepte und Instrumente im Marketing-Mix* (2. Aufl.). Wiesbaden: Gabler.
Fuchslocher, H., & Hochheimer, H. (2000). *Messen im Wandel – Messemarketing im 21. Jahrhundert.* Wiesbaden: Gabler.
Funke, K. (1987). *Messeentscheidungen. Handlungsalternativen und Informationsbedarf.* Frankfurt am Main: Lang.
Gedenk, K. (2001). Verkaufsförderung. In S. Albers & B. Skiera (Hrsg.), *Marketing mit Interaktiven Medien. Strategien zum Markterfolg* (3. Aufl., S. 313–327). Frankfurt am Main: FAZ-Institut für Management-, Markt- und Medieninformationen.
Gedenk, K. (2002). *Verkaufsförderung.* München: Vahlen.
Gedenk, K. (2009). Verkaufsförderung (Sales Promotion). In M. Bruhn, F.-R. Esch & T. Langner (Hrsg.), *Handbuch Kommunikation. Grundlagen, innovative Ansätze, praktische Umsetzungen* (S. 267–283). Wiesbaden: Gabler.
Gleich, U. (2013). Zur Wirksamkeit von (Programm-)Sponsoring. *Media Perspektiven, 6,* 348–353.
Gruber, G. (2008). *Planungsprozess der Markenkommunikation in Web 2.0 und Social Media. Ziele – Strategieoptionen – Erfolgskontrolle.* Saarbrücken: VDM Verlag Dr. Müller.
Grupe, S. (2011). *Public Relations. Ein Wegweiser für die PR-Praxis.* Heidelberg: Springer.
Hansen, K. (2004). Measuring performance at trade shows. Scale development and validation. *Journal of Business Research, 57*(1), 1–13.
Hartley, B., & Pickton, D. (1999). Integrated marketing communications requires a new way of thinking. *Journal of Marketing Communications, 5*(2), 97–106.
Helm, S. (2000). *Kundenempfehlungen als Marketinginstrument.* Wiesbaden: Gabler.
Herbst, D. (2004). *Internet-PR.* Berlin: Cornelsen.
Hermanns, A. (2011). Planung des Sponsoring. In A. Hermanns & F. Riedmüller (Hrsg.), *Management-Handbuch Sport-Marketing* (2. Aufl., S. 67–92). München: Vahlen.
Hermanns, A., & Marwitz, C. (2008). *Sponsoring. Grundlagen – Wirkungen – Management – Perspektiven* (3. Aufl.). München: Vahlen.
Hermanns, A., & Riedmüller, F. (2003). *Sponsoring und Events im Sport – Von der Instrumentalbetrachtung zur Kommunikationsplattform.* München: Vahlen.
Hilke, W. (1993). *Direkt-Marketing.* Wiesbaden: Gabler.
Hilker, C. (2012). *Erfolgreiche Social-Media-Strategien für die Zukunft.* Wien: Linde.
Hochheimer, H. (2012). *Messen im Wandel. Messemarketing im 21. Jahrhundert.* Wiesbaden: Gabler.
Hofbauer, G. & Hohenleitner, C. (2005). *Erfolgreiche Marketing-Kommunikation. Wertsteigerung durch Prozessmanagement.* München: Vahlen.
Hofsäss, M., & Engel, D. (2003). *Praxishandbuch Mediaplanung – Forschung. Studien und Werbewirkung. Mediaagenturen und Planungsprozess. Mediagattungen und Werbeträger.* Berlin: Cornelsen.
Holland, H. (2001). *Direktmarketing-Aktionen professionell planen. Von der Situationsanalyse bis zur Erfolgskontrolle.* Wiesbaden: Gabler.
Holland, H. (2009). *Direktmarketing* (3. Aufl.). München: Vahlen.
Holt, D. B. (2002). Why do brands cause trouble? A dialectical theory of consumer culture and branding. *Journal of Consumer Research, 29*(6), 70–90.
Homburg, C., Schäfer, H., & Schneider, J. (2008). *Sales Excellence. Vertriebsmanagement mit System* (5. Aufl.). Wiesbaden: Gabler.
Homburg, C., Müller, M., & Klarmann, M. (2011). When should the customer really be king? On the optimum level of salesperson customer orientation in sales encounters. *Journal of Marketing, 75*(3), 55–74.
Huckemann, M., & Ter Weiler, D. S. (2005). *Messen messbar machen. Die 5 trojanischen Pferde des Messe-Marketing* (4. Aufl.). Neuwied: Springer.

Imhof, K. (2014). Öffentliche Moral und private Wirtschaft: Medialisierung, Personalisierung, Emotionalisierung und Charisma. In A. Zerfaß & M. Piwinger (Hrsg.), *Handbuch Unternehmenskommunikation* (2. Aufl., S. 219–232). Wiesbaden: Springer Gabler.

Inden, T. (1993). *Alles Event?! Erfolg durch Erlebnismarketing*. Landsberg am Lech: Verlag Moderne Industrie.

Kiendl, S. C. (2007). *Markenkommunikation mit Sport. Sponsoring und Markenevents als Kommunikationsplattform*. Wiesbaden: Deutscher Universitätsverlag.

Kilian, T., & Langner, S. (2010). *Online-Kommunikation – Kunden zielsicher beeinflussen*. Wiesbaden: Gabler.

Kirchgeorg, M. (2003). Funktionen und Erscheinungsformen von Messen. In M. Kirchgeorg, W. M. Dornscheidt, W. Giese & N. Stoeck (Hrsg.), *Handbuch Messemanagement – Planung, Durchführung und Kontrolle von Messen, Kongressen und Events* (S. 51–71). Wiesbaden: Gabler.

Kirchgeorg, M., Springer, C., & Brühe, C. (2007). Effizienz und Effektivität der live communication im branchenübergreifenden Vergleich. In O. Nickel (Hrsg.), *Eventmarketing* (2. Aufl., S. 17–36). München: Vahlen.

Kirchgeorg, M., Springer, C., & Brühe, C. (2009). *Live Communication Management. Ein strategischer Leitfaden zur Konzeption, Umsetzung und Erfolgskontrolle*. Wiesbaden: Gabler.

Kloss, I. (2012). *Werbung: Handbuch für Studium und Praxis* (5. Aufl.). München: Vahlen.

Köhler, R. (1976). Marktkommunikation. *Wirtschaftswissenschaftliches Studium*, 5(4). 164–173.

Kreutzer, R. T., & Land, K.-H. (2013). *Digitaler Darwinismus – Der stille Angriff auf Ihr Geschäftsmodell und Ihre Marke. Das Think!Book*. Wiesbaden: Springer Gabler.

Kroeber-Riel, W., & Esch, F.-R. (2011). *Strategie und Technik der Werbung – Verhaltens- und neurowissenschaftliche Erkenntnisse* (7. Aufl.). Stuttgart: Kohlhammer.

Lasslop, I., Burmann, C., & Nitschke, A. (2007). Erfolgsbeurteilung von Events. In O. Nickel (Hrsg.), *Eventmarketing. Grundlagen und Erfolgsbeispiele* (2. Aufl., S. 117–134). München: Vahlen.

Liu, Y. (2006). Word of mouth for movies. Its dynamics and impact on box office revenue. *Journal of Marketing, 70*(3), 74–89.

Löbler, H., & Markgraf, D. (2004). Markenführung und Werbung. In M. Bruhn (Hrsg.), *Handbuch Markenführung. Kompendium zum erfolgreichen Markenmanagement. Strategien, Instrumente, Erfahrungen* (2. Aufl., S. 1491–1513). Wiesbaden: Gabler.

Meffert, H. (1979). *Marktkommunikation – Das System des Kommunikations-Mix*. Münster (unveröffentlicht)

Meffert, H. (2002). Direct Marketing und marktorientierte Unternehmensführung. In H. Dallmer (Hrsg.), *Das Handbuch Direct Marketing & More* (8. Aufl., S. 33–55). Wiesbaden: Gabler.

Meffert, H. (2003). Ziele und Nutzen der Messebeteiligung von ausstellenden Unternehmen und Besuchern. In M. Kirchgeorg, W. M. Dornscheid, W. Giese & N. Stoeck (Hrsg.), *Handbuch Messemanagement – Planung, Durchführung und Kontrolle von Messen, Kongressen und Events* (S. 1145–1161). Wiesbaden: Gabler.

Meffert, H., & Bruhn, M. (2012). *Dienstleistungsmarketing. Planung – Umsetzung – Kontrolle* (7. Aufl.). Wiesbaden: Springer Gabler.

Meffert, H., Burmann, C., & Kirchgeorg, M. (2012). *Marketing – Grundlagen marktorientierter Unternehmensführung* (11. Aufl.). Wiesbaden: Gabler.

Möhlenbruch, D., & Kotschi, B. (2000). Die Verkaufsförderung als Kooperationsbereich zwischen Industrie und Handel. In V. Trommsdorff (Hrsg.), *Handelsforschung 1999/00: Verhalten im Handel und gegenüber dem Handel* (S. 275–294). Wiesbaden: Gabler.

Möhlenbruch, D., & Kotschi, B. (2003). Mehr Effizienz am Point of Sale durch Netzwerkpartnerschaften in der Verkaufsförderung. In M. Bruhn & B. Stauss (Hrsg.), *Dienstleistungsnetzwerke. Dienstleistungsmanagement Jahrbuch 2003* (S. 379–402). Wiesbaden: Gabler.

Moriarty, S., Mitchell, N., & Wells, W. (2009). *Advertising. Principles & practice* (8. Aufl.). New Jersey: Prentice Hall.

Mühlenbeck, F., & Skibicki, K. (2007). *Community Marketing Management. Wie man Online-Communities im Internetzeitalter des Web 2.0 zum Erfolg führt*. Köln: Books on Demand.
Muniz, A. M. I., & O'Guinn, T. C. (2001). Brand community. *Journal of Consumer Research, 27* (4), 412–432.
Nerdinger, F. W. (2001). *Psychologie des persönlichen Verkaufs*. Wien: Oldenbourg.
Nickel, O. (2002). Erfolgsermittlung von Events im Rahmen der Markenführung. In H. Meffert, K. Backhaus & J. Becker (Hrsg.), *Erlebnisse um jeden Preis. Was leistet Event-Marketing?, Wissenschaftliche Gesellschaft für Marketing und Unternehmensführung an der Universität Münster, Dokumentations-Papier Nr. 156* (S. 31–40).
Nickel, O. (2007). *Eventmarketing. Grundlagen und Erfolgsbeispiele* (2. Aufl.). München: Vahlen.
Nieschlag, R., Dichtl, E., & Hörschgen, H. (2002). *Marketing* (19. Aufl.). Berlin: Duncker und Humblot.
Nufer, G. (2006). *Event-Marketing – Theoretische Fundierung und empirische Analyse unter besonderer Berücksichtigung von Imagewirkungen*. Wiesbaden: Deutscher Universitätsverlag.
Odermatt, S. (2008). *Integrierte Unternehmenskommunikation. Systemgestützte Umsetzung der informationellen Aufgaben*. Wiesbaden: Gabler.
Oeckl, A. (1964). *Handbuch der Public Relations Theorie und Praxis der Öffentlichkeitsarbeit in Deutschland und der Welt*. München: Süddeutscher Verlag.
Oeckl, A. (2000). Die historische Entwicklung der Public Relations. In W. Reineke & H. Eisele (Hrsg.), *Taschenbuch der Öffentlichkeitsarbeit. Public Relations in der Gesamtkommunikation* (3. Aufl., S. 11–15). Heidelberg: Sauer.
Ormeno, M. (2007). *Managing Corporate Brands: A new approach to corporate communication*. Wiesbaden: Deutscher Universitätsverlag.
Panten, D. (2013). Sponsoring goes Social Media – Aktivierung von Zielgruppen im digitalen Zeitalter. *Media 41 – Journal für Media & Marketing, 41*(5), 6–10.
Pettijohn, C. E., Pettijohn, L. S., Taylor, A. J., & Keillor, B. D. (2000). Adaptive selling and sales performance: An empirical examination. *Journal of Business Research, 16*(1), 91–111.
Pflaum, D. (1974). *Erfolgskontrolle in der Verkaufsförderung*. München.
Pflaum, D., Eisenmann, H., & Linxweiler, R. (2000). *Verkaufsförderung. Erfolgreiche Sales Promotion*. Landsberg am Lech: Verlag Moderne Industrie.
Pickton, D. & Broderick, A. (2004). *Integrated Marketing Communications* (2.Aufl.). Essex: Prentice Hall/Financial Times.
Piwinger, M. (2014). Geschäftsberichte als Mittel der Information und Beziehungspflege. In A. Zerfaß & M. Piwinger (Hrsg.), *Handbuch Unternehmenskommunikation* (2. Aufl., S. 671–690). Wiesbaden: Springer Gabler.
Pleil, T., & Zerfaß, A. (2014). Internet und Social Media in der Unternehmenskommunikation. In A. Zerfaß & M. Piwinger (Hrsg.), *Handbuch Unternehmenskommunikation* (2. Aufl., S. 753–753). Wiesbaden: Springer Gabler.
Posadowsky, D. V. (2007). Kultursponsoring. Zwischen Corporate Citizenship und Marketing. In D. Ahlert, D. Woisetschläger & V. Vogel (Hrsg.), *Exzellentes Sponsoring. Innovative Ansätze und Best Practices für das Markenmanagement* (2. Aufl., S. 387–410). Wiesbaden: Deutscher Universitätsverlag.
Rau, H. (2014). Audiovisuelle Unternehmenskommunikation: Video, Film, Bewegtbild im Internet. In A. Zerfaß & M. Piwinger (Hrsg.), *Handbuch Unternehmenskommunikation* (2. Aufl., S. 803–821). Wiesbaden: Springer Gabler.
Reinhard, H. W. (2003). Multiplikatorenmanagement von Messegesellschaften. In M. Kirchgeorg, W. M. Dornscheidt, W. Giese & N. Stoeck (Hrsg.), *Handbuch Messemanagement* (S. 443–469). Wiesbaden: Gabler.
Rolke, L. (2003). *Produkt- und Unternehmenskommunikation im Umbruch. Was die Marketer und PR-Manager für die Zukunft erwarten*. Frankfurt am Main: FAZ-Institut für Management-, Markt- und Medieninformation.
Rossiter, J. R., & Percy, L. (1998). *Advertising Communications & Promotion Management* (2. Aufl.). New York: McGraw-Hill Companies.

Roth, U. (2002). Eventsponsoring beim American Football als Basis eines integrierten Kommunikationskonzeptes. In M. Hosang (Hrsg.), *Event & Marketing. Konzepte – Beispiele – Trends* (S. 151–164). Frankfurt am Main: Deutscher Fachverlag.

Rothe, C. (2001). *Kultursponsoring und Image-Konstruktion. Interdisziplinäre Analyse der rezeptionsspezifischen Faktoren des Kultursponsoring und Entwicklung eines kommunikationswissenschaftlichen Imageapproaches*. Bochum: Vdm Verlag Dr. Müller.

Rothschild, M. L. (1987). *Marketing communications*. Lexington/Toronto: D.C. Health & Co.

Röttger, U. (2010). *Public Relations – Organisation und Profession* (2. Aufl.). Wiesbaden: VS-Verlag.

Röttger, U. (2014). Kommunikationskampagnen planen und steuern. Thematisierungsstrategien in der Öffentlichkeit. In A. Zerfaß & M. Piwinger (Hrsg.), *Handbuch Unternehmenskommunikation* (2. Aufl., S. 633–650). Wiesbaden: Springer Gabler.

Rudek, S. (2008). *Organisation der Verkaufsförderung bei Konsumgüterherstellern*. Wiesbaden: Gabler.

Saarbeck, S., Krafft, M., & Bieber, B. (2012). Die Wirkung von Dialogmarketing auf die Markenwahrnehmung. In Deutscher Dialogmarketing Verband e.V. (Hrsg.), *Dialogmarketing Perspektiven 2011/2012* (S. 11–37). Wiesbaden: Springer Gabler.

Sandhun, S. (2014). Public Relations und gesellschaftliche Kommunikation. Legitimation im Diskurs. In A. Zerfaß & M. Piwinger (Hrsg.), *Handbuch Unternehmenskommunikation* (2. Aufl., S. 1161–1183). Wiesbaden: Springer Gabler.

Scharf, A., Schubert, B. & Hehn, P. (2012). *Marketing: Einführung in Theorie und Praxis* (5. Aufl.). Stuttgart: Schäffer-Poeschel.

Schefer, D. (2002). Medien des Direct Marketing im Intermedia-Vergleich. In H. Dallmer (Hrsg.), *Das Handbuch Direct Marketing & More* (8. Aufl., S. 105–125). Wiesbaden: Gabler.

Scheier, C., & Held, D. (2012). *Wie Werbung wirkt – Erkenntnisse des Neuromarketing* (2. Aufl.). Freiburg: Haufe-Gruppe.

Scheufele, B. (2014). Kommunikation und Medien. Grundbegriffe, Theorien und Konzepte. In A. Zerfaß & M. Piwinger (Hrsg.), *Handbuch Unternehmenskommunikation* (2. Aufl., S. 105–143). Wiesbaden: Springer Gabler.

Schicha, C. (2014). Ethische Aspekte von Public Relations, Werbung und Onlinekommunikation. In A. Zerfaß & M. Piwinger (Hrsg.), *Handbuch Unternehmenskommunikation* (2. Aufl., S. 329–348). Wiesbaden: Springer Gabler.

Schindler, M. C., & Liller, T. (2012). *PR im Social Web* (2. Aufl.). Köln: O'Reilly.

Schwab, R. (1982). *Der Persönliche Verkauf als kommunikationspolitisches Instrument des Marketing. Ein zielorientierter Ansatz zur Effizienzkontrolle*. Frankfurt am Main: Deutsch.

Schwaiger, M. (2001). *Messung der Wirkung von Sponsoringaktivitäten im Kulturbereich*. Schriftenreihe zur Empirischen Forschung und Quantitativen Unternehmensplanung der Ludwig-Maximilians-Universität München, 3. München.

Schwaiger, M. (2002). *Die Wirkung des Kultursponsoring auf die Mitarbeitermotivation*. Schriftenreihe zur Empirischen Forschung und Quantitativen Unternehmensplanung der Ludwig-Maximilians-Universität München, 8. München.

Schwaiger, M., & Steiner-Kogrina, A. (2003). *Eine empirische Untersuchung der Wirkung des Kultursponsoring auf die Bindung von Bankkunden*. Schriftenreihe zur Empirischen Forschung und Quantitativen Unternehmensplanung der Ludwig-Maximilians-Universität München, 16. München.

Schwarz, A. (2010). *Krisen-PR aus Sicht der Stakeholder – der Einfluss von Ursachen- und Verantwortungszuschreibungen auf die Reputation von Unternehmen*. Wiesbaden: VS-Verlag.

Schweiger, G., & Schrattenecker, G. (2013). *Werbung – Eine Einführung* (8. Aufl.). Stuttgart: UVK/Lucius.

Seibert, J., & Wiese, M. (2013). Sponsoring kann die Neukundengewinnung unterstützen. *Marketing Review St. Gallen, 30*(1), 6–10.

Sethuraman, R., Tellis, G. J., & Briesch, R. A. (2011). How well does advertising work? Generalizations from meta-analysis of brand advertising elasticities. *Journal of Marketing Research, 48*(3), 457–471.

Steffenhagen, H. (2008). *Marketing. Eine Einführung* (6. Aufl.). Stuttgart: Kohlhammer.
Strothmann, K.-H., & Roloff, E. (1993). Charakterisierung und Arten von Messen. In R. Berndt & A. Hermanns (Hrsg.), *Handbuch Marketing-Kommunikation* (S. 707–723). Wiesbaden: Gabler.
Swait, J., & Erdem, T. (2002). The effects of temporal consistency of sales promotions and availability on consumer choice behavior. *Journal of Marketing Research, 39*(3), 304–320.
Szyszka, P. (2008). PR-Verständnis im Marketing. In G. Bentele, R. Fröhlich & P. Szyszka (Hrsg.), *Handbuch der Public Relations. Wissenschaftliche Grundlagen und berufliches Handeln* (2. Aufl., S. 241–253). Wiesbaden: Verlag für Sozialwissenschaften.
Tietz, B., & Zentes, J. (1980). *Die Werbung der Unternehmung*. Hamburg: Rowohlt.
Töpfer, A. (2008). Krisenkommunikation. Anforderungen an den Dialog mit Stakeholdern in Ausnahmesituationen. In M. Meckel & M. F. Schmid (Hrsg.), *Unternehmenskommunikation. Kommunikationsmanagement aus Sicht der Unternehmensführung* (2. Aufl., S. 355–402). Wiesbaden: Gabler.
Tuten, T. L., & Solomon, M. R. (2013). *Social Media Marketing*. New Jersey: Prentice Hall.
Unger, F., Fuchs, W., & Michel, B. (2013). *Mediaplanung – Methodische Grundlagen und praktische Anwendungen* (6. Aufl.). Berlin: Springer Gabler.
Voeth, M., Herbst, U., & Barisch, S. (2008). Verdeckte Ermittlungen auf dem Messestand. *Absatzwirtschaft, 1*, 30–33.
von Wangenheim, F., Bayón, T., & Weber, L. (2002). Der Einfluss persönlicher Kommunikation auf Kundenzufriedenheit. *Marketing ZFP, 24*(3), 181–194.
Weichler, K. (2014). Corporate Publishing. Publikationen für Kunden und Multiplikatoren. In A. Zerfaß & M. Piwinger (Hrsg.), *Handbuch Unternehmenskommunikation* (2. Aufl., S. 767–785). Wiesbaden: Springer Gabler.
Weinberg, T. (2014). *Social Media Marketing – Strategien für Twitter, Facebook & Co* (4. Aufl.). Köln: O'Reilly.
Wells, W., Burnett, J. & Moriarty, S. (2008). *Advertising. Principles and Practice* (8. Aufl.). Upper Saddle River: Pearson.
Whitworth, B., & de Moor, A. (2009). *Handbook of research on socio-technical design and social networking systems*. Hershey: Information Science Reference.
Wirtz, B. (2012). *Direktmarketing-Management – Grundlagen. Instrumente. Prozesse* (3. Aufl.). Wiesbaden: Gabler.
Woisetschläger, D. M., Backhaus, C., Dreisbach, J., & Schnöring, M. (2012). *Sponsoringstudie 2012. Wie die Sponsoren der Fußball-Bundesliga von der Stärke der Vereinsmarken profitieren können*. Arbeitspapier des Instituts für Automobilwirtschaft und Industrielle Produktion der Technischen Universität Braunschweig. Braunschweig.
Zanger, C. (2002). Event-Marketing: Die Perspektive der Wissenschaft. In H. Meffert, K. Backhaus & J. Becker (Hrsg.), *Erlebnisse um jeden Preis. Was leistet Event-Marketing?* Dokumentation des Workshops vom 24. Juni 2002, Diskussionspapier Nr. 156, Wissenschaftliche Gesellschaft für Marketing und Unternehmensführung e. V. (S. 7–15). Münster.
Zanger, C. (2007). Eventmarketing als Kommunikationsinstrument – Entwicklungsstand in Wissenschaft und Praxis. In O. Nickel (Hrsg.), *Eventmarketing – Grundlagen und Erfolgsbeispiele* (2. Aufl., S. 3–16). München: Vahlen.
Zanger, C. (2013). Events im Zeitalter von Social Media. Ein Überblick. In C. Zanger (Hrsg.), *Events im Zeitalter von Social Media, Markenkommunikation und Beziehungsmarketing* (S. 1–18). Wiesbaden: Springer Gabler.
Zanger, C., & Drengner, J. (2000). Die Bestimmung des unmittelbaren Erfolgs von Marketing-Events am Beispiel einer Fernseh-Gala. *Planung & Analyse, 27*(6), 42–45.
Zanger, C., & Drengner, J. (2004). *Eventreport 2003 – Eine Trendanalyse des deutschen Eventmarktes und dessen Dynamik*. Chemnitz: Technische Universität.
Zanger, C., & Sistenich, F. (1996). Eventmarketing. Bestandsaufnahme, Standortbestimmung und ausgewählte theoretische Ansätze zur Erklärung eines innovativen Kommunikationsinstrumentes. *Marketing ZFP, 18*(4), 233–242.
Zarella, D. (2009). *The social media marketing book*. Sebastopol: O'Reilly.

ZAW (Zentralverband der Deutschen Werbewirtschaft) e.V. (2013). *Werbung in Deutschland 2013*. Berlin: ZAW.

Zeller, C. (2001). *Sozial-Sponsoring. Gewinnbringende Zusammenarbeit zwischen Kitas und Unternehmen*. München: Don Bosco.

Zerfaß, A., & Pleil, T. (2012). Strategische Kommunikation in Internet und Social Web. In A. Zerfaß & T. Pleil (Hrsg.), *Handbuch Online-PR – Strategische Kommunikation in Internet und Social Web*. Konstanz: UVK.

Zillessen, R., & Rahmel, D. (Hrsg.) (1991). *Umweltsponsoring. Erfahrungsberichte von Unternehmen und Verbänden*. Wiesbaden: Gabler.

Zikmund, W. G. & d'Amico, M. (1993). *Marketing* (4. Aufl.). Minneapolis: West Publishing Company.

Prof. Dr. Dr. h.c. mult. Manfred Bruhn ist Inhaber der Professur für Marketing und Unternehmensführung an der Universität Basel und Honorarprofessor an der Technischen Universität München

Teil II
Instrumente der Marketingkommunikation

Instrumente der Marketingkommunikation: ein Überblick

Manfred Bruhn

Inhalt

1 Bedeutung und Stellenwert der Marketingkommunikation 60
2 Funktionen und Ziele der Marketingkommunikation 62
3 Zielgruppen der Marketingkommunikation 63
4 Instrumente und Mittel der Marketingkommunikation 64
5 Kontrollmöglichkeiten der Marketingkommunikation 69
6 Zusammenfassung und Ausblick 70
Literatur 72

Zusammenfassung

Die Marketingkommunikation von Unternehmen spielt eine zentrale Rolle bei der Differenzierung von Produkten und Dienstleistungen im Wettbewerb. Hierbei stehen den Unternehmen insbesondere die Marketingkommunikationsinstrumente Mediawerbung, Public Relations, Verkaufsförderung, Sponsoring und Event Marketing zur Verfügung. Der Beitrag liefert einen Überblick über die Marketingkommunikation sowie dessen Instrumente. Abschließend wird die Frage der Kontrolle der Instrumente durch Unternehmen thematisiert.

Schlüsselwörter

Event Marketing • Kommunikationsinstrumente • Kommunikationskontrolle • Marketingkommunikation • Mediawerbung • Public Relations • Sponsoring • Verkaufsförderung

---

M. Bruhn (✉)
Lehrstuhl für Marketing und Unternehmensführung, Wirtschaftswissenschaftliche Fakultät, Universität Basel, Basel, Schweiz
E-Mail: manfred.bruhn@unibas.ch

1 Bedeutung und Stellenwert der Marketingkommunikation

In den letzten Jahrzehnten hat sich die Bedeutung der Kommunikation für den unternehmerischen Erfolg massiv verändert: neue Wettbewerbsbedingungen, eine erhöhte Austauschbarkeit von Produkten, Veränderungen der Marktstrukturen, die hohe Technologiedynamik, u. a. m. führten zu einem *Übergang vom Produkt- zum Kommunikationswettbewerb* (Bruhn 2014a, S. 69). In dieser Situation spielt die *Marketingkommunikation* von Unternehmen eine zunehmend zentralere Rolle bei der Differenzierung der eigenen Produkte und Dienstleistungen sowie zur Etablierung einer klaren Positionierung gegenüber den Wettbewerbern. Unter Marketingkommunikation sind sämtliche Kommunikationsinstrumente und -maßnahmen eines Unternehmens zu verstehen, die eingesetzt werden, um Produkte und Dienstleistungen des Unternehmens den relevanten Zielgruppen der Kommunikation darzustellen und/oder mit deren Zielgruppen in Interaktion zu treten.

Abbildung 1 ordnet die Marketingkommunikation in die Gesamtheit der Kommunikationsformen zwischen den relevanten Akteuren (Unternehmen, Kunden, Mitarbeitende und Öffentlichkeit) ein und verdeutlicht, dass die Marketingkommunikation gemeinsam mit der Unternehmens- und Dialogkommunikation primär der externen Kommunikation entspricht. Die Mitarbeiterkommunikation, die sowohl Instrumente der Marketingkommunikation als auch der Unternehmens- und Dialogkommunikation umfasst, stellt hingegen den Bereich der internen Kommunikation dar.

Bezüglich der *organisatorischen Stellung* der Marketingkommunikation in Unternehmen ist primär eine Linienstruktur gemäß Sparten, Regionen oder Kunden zu verzeichnen. Weiterhin sind neben der internen organisatorischen Verankerung der Marketingkommunikation innerhalb des Unternehmens auch externe Agenturen

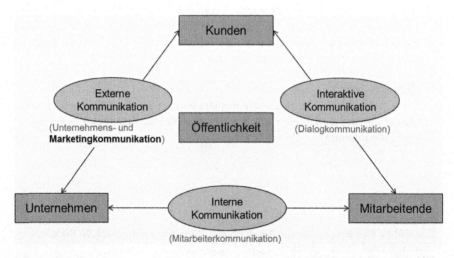

Abb. 1 Erscheinungsformen der Kommunikation von Unternehmen. Quelle: in Anlehnung an Bruhn 2015, S. 4

im Rahmen der Planung und vor allem bei der Durchführung der Marketingkommunikation von zentraler Bedeutung. Hierbei arbeiten Unternehmen typischerweise mit Werbe-, Promotion-, Sponsoring- sowie Eventagenturen zusammen. Insbesondere vor dem Hintergrund des sich intensivierenden Kommunikationswettbewerbs und der zunehmend komplexeren Marktstrukturen haben sich so genannte „À-la-carte"-Agenturen herausgebildet, die die Übernahme spezifischer planerischer Aktivitäten anbieten. Demgegenüber stehen die so genannten „Full-Service-Agenturen", die ihren Auftraggebern die Konzeption und Gestaltung sämtlicher Kommunikationsinstrumente als integriertes System anbieten (Moriarty et al. 2009, S. 99).

Die investitionsbezogene Bedeutung der Marketingkommunikation nimmt kontinuierlich zu, dies zeigt sich u. a. in der Zunahme der Anzahl der beworbenen Marken (Deutsches Patent- und Markenamt 2014) und die damit verbundenen steigenden Werbeinvestitionen der Unternehmen (ZAW 2013, S. 208 f.). Die dominierenden Instrumente der Marketingkommunikation stellen die *Mediawerbung*, *Public Relations*, die *Verkaufsförderung*, das *Sponsoring* sowie das *Event Marketing* dar, die sich, bedingt durch die historischen Entwicklung im Rahmen der Kommunikation, über die vergangenen Jahre herauskristallisiert haben. Hierbei können sieben Phasen der Kommunikation differenziert werden, die sich entsprechend der strukturellen Veränderungen der Kommunikations- und Medienmärkte auf Seiten der Nachfrager sowie Anbieter über die Jahre ergeben: die Phase der unsystematischen Kommunikation (1950er-Jahre), die Phase der Produktkommunikation (1960er-Jahre), die Phase der Zielgruppenkommunikation (1970er-Jahre), die Phase der Wettbewerbskommunikation (1980er-Jahre), die Phase des Kommunikationswettbewerbs (1990er-Jahre), die Phase der Dialogkommunikation (2000er-Jahre) und der Netzwerkkommunikation (ab 2010; vertiefend Bruhn 2014a, S. 69 ff.).

Die Etablierung der Instrumente Mediawerbung, Public Relations und Verkaufsförderung in den Marketingkommunikationsmix ist dabei der *Phase der Produktkommunikation* (1960er-Jahre) zuzuordnen, die durch eine zunehmende Verkaufsorientierung geprägt war. Hingegen traten das Sponsoring sowie das Event Marketing erst als eigenständiges Instrument im Zuge der *Phase der Wettbewerbskommunikation* (1980er-Jahre) auf, die durch einen verstärkten Wettbewerb der einzelnen Kommunikationsinstrumente nach einer „Unique Selling Proposition" (USP) geprägt war (Bruhn 2014a, S. 69 ff.).

Wird der Stellenwert der Marketingkommunikation *branchenspezifisch* betrachtet, zeigen sich deutliche Unterschiede zwischen Konsumgütern, Industriegütern und Dienstleistungen. So bilden die Mediawerbung und die Verkaufsförderung mit Abstand die wichtigsten Kommunikationsinstrumente der *Konsumgüterbranche*, sowohl im Hinblick auf das Investitionsvolumen, als auch in Bezug auf die funktionale Bedeutung. Aber auch die Kommunikationsinstrumente Sponsoring, Public Relations und Event Marketing können im Einzelfall eine hohe Relevanz zur Erreichung der Kommunikationsziele in der Konsumgüterbranche aufweisen, z. B. wenn es darum geht, Ablehnungsverhalten gegenüber der Fernsehwerbung zu vermeiden, aber dennoch den Marken- oder Produktnamen im Gedächtnis der Konsumenten zu verankern (Programmsponsoring; Bruhn 2014a, S. 60).

Demgegenüber ist insbesondere aufgrund der Industriegütern vielfach innewohnenden komplexen Funktionen und des damit verbundenen hohen Erklärungsbedarfs der investitionsbezogene und funktionale Stellenwert der Marketingkommunikation in der *Industriegüterbranche* bei weitem nicht so hoch wie in der Konsumgüterbranche (Bruhn 2014a, S. 60 f.). Aus funktionaler Sicht ist es für die einzusetzenden Instrumente zentral, dass sie rationale Argumentationstechniken transportieren, Glaubwürdigkeit ausstrahlen sowie komplexe Funktionszusammenhänge informativ und verständlich darstellen. Deshalb ist beispielsweise die Mediawerbung, die sich an ein breites und anonymes Publikum richtet, in der Industriegüterbranche von geringer Bedeutung. Eine höhere funktionale Relevanz nehmen die Marketingkommunikationsinstrumente der Verkaufsförderung sowie des Event Marketing ein (Bruhn 2014a, S. 61). Insgesamt ist festzuhalten, dass im Industriegüterbereich die Instrumente der Dialogkommunikation sowohl investitionsbezogen als auch aus funktionaler Sicht von höherer Relevanz sind.

In der *Dienstleistungsbranche* liegt der investitionsbezogene Stellenwert der Marketingkommunikation zwar deutlich hinter dem der Konsumgüterbranche, die Bedeutung der Instrumente ist jedoch erheblich höher einzustufen als in der Industriegüterbranche. Der Mediawerbung ist dabei der höchste funktionale Stellenwert in der Dienstleistungsbranche zuzuschreiben, indem die klassische Werbung die Unternehmen unterstützt, das unsichtbare Gut der Dienstleistung sichtbar zu machen, den Aufbau eines positiven Images fördert sowie zur Steuerung von Einstellungen beiträgt, damit die Kunden Vertrauen in den Dienstleistungsanbieter erhalten. Daneben ist finanziell und funktional betrachtet den Instrumenten Sponsoring und Verkaufsförderung ebenso eine zentrale Bedeutung beizumessen (Bruhn 2014a, S. 62 ff.).

2 Funktionen und Ziele der Marketingkommunikation

Die übergeordnete Funktion der Marketingkommunikation umfasst den Verkauf von Produkten und Dienstleistungen des anbietenden Unternehmens. Diese Funktion kann über den Weg der Information, Beeinflussung oder der Bestätigung (mikroökomische Funktionen) wahrgenommen werden. Die *Informationsfunktion* der Marketingkommunikation bezieht sich dabei auf die zielgerichtete Informationsvermittlung produkt- bzw. dienstleistungsbezogener Inhalte (Olbrich 2007, S. 177). Eng verbunden mit der Vermittlung von Informationen ist es vor allem die besondere Fähigkeit der Marketingkommunikation, eine *Beeinflussungsfunktion* wahrzunehmen. So werden die Instrumente der Marketingkommunikation nicht nur dazu eingesetzt, um über die Vermittlung von Informationen den Kenntnisstand der Kommunikationsadressaten zu verbessern, sondern um eine Vielzahl weiterer (innerer und äußerer) Verhaltensreaktionen im Sinne der Marketingkommunikationsziele zu steuern. Die *Bestätigungsfunktion* hingegen bezieht sich auf die Bestätigung innerer (nicht beobachtbarer) und äußerer (beobachtbarer) Verhaltensweisen. Des Weiteren kann die Marketingkommunikation eine makroökonomische Funktion einnehmen, durch die Wahrnehmung der *Wettbewerbsfunktion*. Diese setzen Unternehmen ein, um ihre Produkte und Dienstleistungen gegenüber den Konkurrenzangeboten zu

Tab. 1 Beispielhafte Ziele der Marketingkommunikation

Kognitiv-orientierte Ziele	Affektiv-orientierte Ziele	Konativ-orientierte Ziele
• Kenntnis der Vorteile gegenüber Konkurrenzangeboten	• Schaffung einer emotionalen Markenverbundenheit	• Steigerung der Kaufabsicht
• Erhöhung des Wissensstandes bezüglich dem Produkt	• Erhöhung des Vertrauens in die soziale Kompetenz des Unternehmens	• Weiterempfehlung von Produkten und Leistungen
• Stabilisierung und Steigerung der Awareness von Produkten, Dienstleistungen und Marken	• Formung von Einstellungen gegenüber der Marke	• Erhöhung der Preispremiumbereitschaft
• u. a. m.	• u. a. m.	• Festigung der Kundenloyalität gegenüber der Dienstleistung
		• Erhöhung der Fehlertoleranz
		• u. a. m.

profilieren und Wettbewerbsvorteile zu generieren (Liebl 2003, S. 37; Bruhn 2014c, S. 11 ff.).

Das übergeordnete Ziel der Marketingkommunikation stellt die Absatzsteigerung dar (Bruhn 2014b, S. 142; 2014c, S. 105). Neben den *ökonomischen Zielen* der Marketingkommunikation wird weiter zwischen *kognitiven, affektiven* und *konativen Zielen* unterschieden. Während die ökonomischen Ziele sich vor allem auf die Steigerung finanzieller Kenngrößen beziehen, betreffen die kognitiven und affektiven Größen psychologische Konsequenzen auf Seiten der Kunden wie die Steigerung der Markenawareness oder die Schaffung einer emotionaler Verbundenheit zwischen Marke und Kunde. Konative Ziele der Marketingkommunikation umfassen verhaltensbezogene Größen, wie die Weiterempfehlung des Produktes an Freunde und Bekannte. Tabelle 1 stellt beispielhaft kognitiv-, affektiv- und konativ-orientierte Ziele der Marketingkommunikation dar.

Die unterschiedlichen Zielsetzungen sind jedoch nicht unabhängig voneinander zu betrachten, sondern sind vielmehr direkt miteinander verbunden. So ist beispielsweise anzunehmen, dass – im Sinne einer so genannten Erfolgs- oder auch Wirkungskette – eine Erhöhung der Markenkenntnis (kognitiv) die Markeneinstellung (affektiv) sowie wiederum die Loyalität (konativ) der Kunden gegenüber der Marke beeinflusst.

3 Zielgruppen der Marketingkommunikation

Die Marketingkommunikation beschreibt die Kommunikation zwischen dem Unternehmen und ihren Kunden, Einzel- und Großhändlern sowie Franchisenehmern, wobei die primäre Zielgruppe sich aus *aktuellen* und *potenziellen Kunden* zusammensetzt. Zur Beschreibung der Zielgruppen der Marketingkommunikation eignet sich das Heranziehen verschiedener Segmentierungskriterien. In der Literatur werden dabei vier Kategorien differenziert: *demografische, sozioökonomische* und *psychografische Merkmale* sowie *Verhaltensmerkmale* (Kotler et al. 2007, S. 345 ff.; Freter 2008, S. 44 ff. 123; Steffenhagen 2008, S. 41 ff.; Schweiger und Schrattenecker 2013, S. 50 ff.). Demografische und sozioökonomische Kriterien stellen dabei die „klassischen" Merkmale der Zielgruppenanalyse dar, wie das Alter, Geschlecht, Einkommen oder die regionale Herkunft. Psychografische Aspekte beziehen sich auf Präferenzen, Einstellungen oder Lebensstile. Die letzte Kategorie umfasst hingegen das beobachtbare Verhalten der Kunden als Folge eines werblichen Reizes. Beispiele sind die Einkaufsstättenwahl, die Markenwahl oder das Informationsverhalten.

Darüber hinaus ist im Rahmen der Marketingkommunikation bezüglich der Art der Zielgruppe, d. h. zwischen *Endkonsumenten* (Business-to-Consumer-Markt) bzw. *organisationaler Nachfrage* (Business-to-Business-Markt), zu differenzieren. Der Beschaffungsprozess im Business-to-Business-Markt erfolgt meist multipersonal in Form von Buying Centern und ist durch eine derivative (abgeleitete) Nachfrage bestimmt (Backhaus und Voeth 2010, S. 9, 45). Eine zielorientierte Ansprache erfordert daher die Berücksichtigung der Besonderheiten organisationaler Nachfrager, wodurch eine Anpassung der Segmentierungskriterien vorzunehmen ist. Dies betrifft bestimmte *firmendemografische* (z. B. Unternehmensgröße, Branche), *ökonomische* (Finanzkraft, Geschäftsvolumen) sowie *psychografische* (z. B. Unternehmensziele, Kenntnisse) *Merkmale* und *Verhaltensmerkmale* (z. B. Bezugswege, Kaufverhalten) der am Kaufentscheidungsprozess beteiligten Personen (Steffenhagen 2008, S. 42 ff.). Abbildungen 2 und 3 geben einen Überblick bezüglich der für die Zielgruppenplanung in Frage kommenden Kriterien im Hiblick auf den Einsatz Business-to-Consumer bzw. Business-to-Business gerichteter Marketingkommunikation.

4 Instrumente und Mittel der Marketingkommunikation

Als zentrale Instrumente der Marketingkommunikation sind primär die *Mediawerbung*, *Public Relations*, die *Verkaufsförderung*, das *Sponsoring* und das *Event Marketing* hervorzuheben. Die Gesamtheit dieser Kommunikationsinstrumente dient vornehmlich dem übergeordneten Ziel, den Verkauf von Produkten und Dienstleistungen zu beleben. Tabelle 2 bildet die relevanten Instrumente der Marketingkommunikation ab, die im Folgenden näher erläutert werden.

Die *Mediawerbung* ist eine Form der unpersönlichen und mehrstufigen Kommunikation, die in der Regel indirekt verläuft, sich öffentlich und ausschließlich über technische Verbreitungsmittel (den Medien) vollzieht und der Erreichung produkt- bzw. dienstleistungsspezifischer Zielgrößen dient. Maßnahmen der Mediawerbung, die sich auf das Unternehmen beziehen, sind der Institutionellen Mediawerbung beizumessen und bilden damit einen Bestandteil der Unternehmenskommunikation. Vielfach erfolgen die Aktivitäten der Mediawerbung einseitig und richten sich an ein disperses Publikum. Dieses Marketingkommunikationsinstrument lässt sich in die

Abb. 2 Zielgruppenmerkmale in Business-to-Consumer-Märkten. Quelle: in Anlehnung an Steffenhagen 2008, S. 42

Demografische Merkmale	Psychografische Merkmale
• Alter • Geschlecht • Familienstand • Zahl der Kinder • Haushaltsgröße • Wohnort u.a.m.	• Persönlichkeitsmerkmale (Aktivitäten, Interessen, Einstellung) • Nutzenvorstellungen • Motive • Kaufabsichten u.a.m.
Sozioökonomische Merkmale	Verhaltensmerkmale
• Beruf, Ausbildung • Einkommen, Kaufkraft • Soziale Schichtung (Kombination Ausbildung, Beruf, Einkommen) u.a.m.	• Preisverhalten • Mediennutzung, Kommunikationsverhalten • Einkaufsstättenwahl • Produktwahl, Kaufmengen/Kaufhäufigkeit u.a.m.

Abb. 3 Zielgruppenmerkmale in Business-to-Business-Märkten. Quelle: in Anlehnung an Steffenhagen 2008, S. 43 f.

Firmendemografische Merkmale	Ökonomische Merkmale
• Unternehmensgröße • Branche • Betriebsform • Organisationsstruktur • Standort (Region) u.a.m.	• Finanzkraft • Geschäftsvolumen • Vermögen • Bestandsdaten (Anlagen und Gerätebestand) u.a.m.
Psychografische Merkmale	Verhaltensmerkmale
• Kenntnisse • Risikoneigung • Entscheidungsfreudigkeit • Einstellungen • Kooperationsbereitschaft u.a.m.	• Kaufverhalten • Entscheidungsverhalten • Produktionsverhalten • Organisation der Einkaufsabwicklung u.a.m.

Erscheinungsformen Insertionsmedien, Printmedien, elektronische (audiovisuelle) Medien sowie Medien der Außenwerbung einteilen, wobei Zeitschriften, das Radio oder das Internet als Träger der Kommunikation dienen. Aufgrund der mannigfaltigen Medienlandschaft bietet sich der Mediawerbung eine Vielzahl an Einsatzmöglichkeiten (z. B. produktbezogene Anzeigen oder Werbefilme). Zudem ist – wie vorausgehend diskutiert – eine unterschiedliche Bedeutung dieses Kommunikationsinstruments je nach Branche zu erkennen: Während es in Konsumgüter- und Dienstleistungsmärkten darauf ankommt, möglichst viele Personen und Haushalte, d. h. die „breite Masse", durch Mediawerbung zu erreichen, ist es in Industriegütermärkten in der Regel wichtiger, mit Kunden, d. h. anderen Unternehmen, individueller zu kommunizieren.

Im Rahmen der *Public Relations* werden leistungsspezifische Informationen verbreitet, um z. B. den Bekanntheitsgrad neuer Produkte bzw. Dienstleistungen und ihrer Eigenschaften zu erhöhen. Diese Informationen umfassen entweder Beiträge bzw. Artikel im redaktionellen Teil mit Nachrichtenwert oder bilden redaktionelle Beiträge im gekauften Raum. Das Zielpublikum dieses Instrumentes sind bestehende

Tab. 2 Instrumente der Marketingkommunikation

	Mediawerbung	Public Relations	Verkaufsförderung	Sponsoring	Event Marketing
Erscheinungsformen	• Insertionsmedien	• Differenzierung nach:	• Handelsgerichtete Verkaufsförderung	• Sportsponsoring	• Anlassorientiertes Event Marketing
	• Printmedien	• Nutznießer (produkt- oder dienstleistungsbezogene Public Relations)	• Konsumentengerichtete Verkaufsförderung	• Kultursponsoring	• Markenorientiertes Event Marketing
	• Elektronische (audiovisuelle) Medien	• Botschaft (z. B. Krisen oder Actions Public Relations)	• Verkaufsförderung	• Soziosponsoring	• Hybride Formen
	• Medien der Außenwerbung	• Zielgruppe (z. B. Meinungsführer oder Mitarbeitende)		• Umweltsponsoring	
				• Mediensponsoring	
Ausprägungen (Kommunikationsträger)	• Zeitschriften	• Zeitungen	• Direkte Verkaufsförderung	• Einzelpersonen	• Aktivitäten im Vorfeld des Events
		• Zeitschriften	• Indirekte Verkaufsförderung	• Mannschaften	• Aktivitäten im Umfeld des Events
	• Zeitungen	• Unternehmensvertreter		• Sportarenen	• Aktivitäten im Hauptfeld des Events
	• Anzeigenblätter	• Radio		• Lokale/nationale/internationale Organisationen	• Aktivitäten im Nachfeld des Events
	• Fernseher	• Internet		• Kulturveranstaltungen	
	• Internet	• Broschüren		• Programme in Fernsehen, Radio, Internet	
	• Verkehrsmittelwerbung	• Events		• Printmedien	
	• Lichtwerbung				
	• Plakatwerbung				

Beispiele (Kommunikationsmittel)	• Produktanzeige in Tageszeitung • TV-Spot über Dienstleistung • Pop-up Ads • Leuchtschriften der Marke • u. a. m.	• Redaktionelle Beiträge • Pressekonferenz zum Produktlaunch • Pressemitteilung bei Markenjubiläum • Mitarbeiterzeitschrift • u. a. m.	• POS-Gewinnspiele • Sampling-Aktionen • Dekorationsservice • Ladenbaukonzepte • Handelswerbung • Zweitnutzendisplays • u. a. m.	• Produktbezogene Trikotwerbung • Integration der Gesponserten in Mediawerbung • Markenbezogene Bandenwerbung • Sampling Aktionen • u. a. m.	• Akteure • Audiovisuelle Medien • Catering • Präsente • Personal • Pressekonferenzen • Einladungen • u. a. m
Vertiefende Literatur	Aaker et al. (1996); Hofsäss und Engel (2003); Löbler und Markgraf (2004); Belch und Belch (2008); Steffenhagen (2008); Moriarty et al. (2009); Kroeber-Riel und Esch (2011); Sethuraman et al. (2011); Kloss (2012); Schweiger und Schrattenecker (2013); Unger et al. (2013)	Oeckl (1964); Oeckl (2000); Rolke (2003); Bentele und Hoepfner (2004); Herbst (2004); Bogner (2005); Avenarius (2008); Bentele und Will (2008); Besson (2008); Szyszka (2008); Bentele et al. (2009); Röttger (2010); Grupe (2011); Deg (2012); Schindler und Liller (2012); Zerfaß und Pleil (2012)	Pflaum (1974); Cristofolini (1989); Möhlenbruch und Kotschi (2000); Pflaum et al. (2000); Gedenk (2001); Gedenk (2002); Swait und Erdem (2002); Fuchs und Unger (2003); Möhlenbruch und Kotschi (2003); Rudek (2008); Folten (2007); Gedenk (2009); Biehl (2013)	Bruhn (1990); Roth (2002); Hermanns und Riedmüller (2003); Bruhn (2004); Bortoluzzi Dubach und Frey (2007); Burmann und Nitschke (2007); Kiendl (2007); Bagusat und Marwitz (2008); Bagusat et al. (2008); Drees und Trautwein (2008); Hermanns und Marwitz (2008); Bruhn (2010); Hermanns (2011); Gleich (2013); Panten (2013); Seibert und Wiese (2013)	Inden (1993); Zanger und Sistenich (1996); Zanger und Drengner (2000); Burmann (2002); Nickel (2002); Zanger (2002); Zanger und Drengner (2004); Drengner (2006); Drengner (2007); Lasslop et al. (2007); Nickel (2007); Zanger (2007); Kirchgeorg et al. (2009); Nufer (2012); Zanger (2013)

sowie potenzielle Kunden, Beeinflusser (so genannte Opinion Leader) oder die Medien selbst. Grundsätzlich ist die leistungsbezogene Public Relations von zwei weiteren Formen der Public Relations abzugrenzen: der unternehmensbezogenen und der gesellschaftsbezogenen Public Relations, die den Instrumenten der Unternehmenskommunikation zuzuordnen sind. Bei der leistungsbezogenen Public Relations steht die Herausstellung bestimmter Merkmale von Produkten oder Dienstleistungen des Unternehmens im Vordergrund, in diesem Zusammenhang wird deshalb auch von produktbezogener Public Relations gesprochen.

Unter *Verkaufsförderung* – auch „Sales Promotions" genannt – ist die Analyse, Planung, Durchführung und Kontrolle meist zeitlich befristeter Maßnahmen mit Aktionscharakter zu verstehen, die das Ziel verfolgen, auf nachgelagerten Vertriebsstufen durch zusätzliche Anreize Kommunikations- und Vertriebsziele bezüglich einer Unternehmensleistung zu erreichen. Im Zusammenhang mit der Kommunikationspolitik beinhaltet die Verkaufsförderung Maßnahmen anderer Kommunikationsinstrumente, wie z. B. personalisierte E-Mails (Direct Marketing) oder Inserts (Mediawerbung), die den Abverkauf stimulieren. Im Regelfall handelt es sich bei diesem Kommunikationsinstrument um zeitlich begrenzte Aktionen, die sich aufgrund der flexiblen und schnellen Einsatzmöglichkeiten und der dadurch eher kurzfristigen Kommunikationswirkungen besonders für „Kurskorrekturen" in der unternehmerischen Kommunikationsarbeit eignen. Dadurch werden die Maßnahmen der Verkaufsförderung als erweiterte Angebotsleistungen betrachtet, die das Leistungsprogramm des Unternehmens durch zusätzliche Anreize bereichern. Aktivitäten der „Sales Promotions" dienen demnach als Zusatznutzen für bestehende Produkt- und Dienstleistungseigenschaften und werden konsumenten- oder handelsgerichtet sowie direkt oder indirekt erbracht. Beispielhafte Maßnahmen der Verkaufsförderung stellen Sampling-Aktionen am Point of Sale (konsumentengerichtet, direkt) oder die zur Verfügung Stellung von Zweitnutzendisplays (handelsgerichtet, indirekt) dar.

Sponsoring umfasst die Bereitstellung von Geld, Sachmitteln, Dienstleistungen oder Know-how durch Unternehmen und Institutionen zur Förderung von Personen und/oder Organisationen in den Bereichen Sport, Kultur, Soziales, Umwelt und/oder den Medien. Die Leistungen des Sponsors und Gegenleistungen des Gesponserten (z. B. Aufdruck des Markenlogos auf dem Trikot eines Sportlers) sind dabei vertraglich geregelt. Ähnlich der Mediawerbung wird im Rahmen des Sponsoring zwischen Corporate und leistungsbezogenem Sponsoring differenziert, wobei Ersteres der Unternehmenskommunikation beizuordnen ist. Die einzelnen Maßnahmen des leistungsbezogenen Sponsoring zielen grundsätzlich auf die Realisierung kommunikativer Wirkungen bezüglich einer Marke, eines Produkts oder einer Dienstleistung ab, indem Ereignisse, die beispielsweise im öffentlichen Freizeitinteresse stehen, in die Marketingkommunikationsarbeit einbezogen werden.

Als Event wird eine besondere Veranstaltung oder ein spezielles Ereignis bezeichnet, das multisensorisch vor Ort von ausgewählten Personen erlebt und als Plattform zur Marketingkommunikation genutzt wird. Das *Event Marketing* ist ein zentrales Instrument der Live Communication und zählt zu den noch vergleichsweise „jungen" Kommunikationsinstrumenten. Es umfasst die zielgerichtete, systematische Analyse, Planung, Durchführung und Kontrolle von Events, wobei die Aktivitäten des Event Marketing in die Ausprägungen Vor-, Um-, Haupt- und Nachfeld des Events unterschieden werden. Trotz der relativen Neuheit des Kommunikationsinstrumentes existieren in der Praxis bereits viele unterschiedliche Veranstaltungen, die als Events bezeichnet werden. Eine mögliche Kategorisierung von Events ist die Unterteilung in die drei Formen anlass-, markenorientierte oder hybride Formen des Event Marketing.

5 Kontrollmöglichkeiten der Marketingkommunikation

Die aufgeführten Instrumente der Marketingkommunikation sind durch unterschiedliche Kontrollmöglichkeiten seitens des Unternehmens gekennzeichnet. Unter Kontrollmöglichkeit ist hierbei der *Grad der Einflussnahme* des Unternehmens auf die Kommunikationsinstrumente sowie ihre angestrebte Wirkung auf das Zielpublikum zu verstehen. Die Kontrolle einzelner Kommunikationsinstrumente unterscheidet sich vor allem durch die Möglichkeit, die Empfänger der Marketingkommunikation zielgerichtet mit möglichst geringen Streuverlusten anzusprechen sowie die im Rahmen der strategischen Planung festgelegten Kommunikationsbotschaften an das Zielpublikum zu transportieren, um schließlich die definierten kognitiven, affektiven, konativen und ökonomischen Zielsetzungen zu erreichen.

Grundsätzlich ist hierbei im Kontext der Marketingkommunikationsplattformen zwischen *Owned*, *Paid* und *Earned Media* zu unterscheiden (Abb. 4). Owned Media beschreibt Plattformen, über die das Unternehmen über Kontrolle verfügt, wie beispielsweise Unternehmenswebseiten oder Unternehmenszeitschriften. Im Rahmen der Paid-Plattformen werden alle Kanäle subsumiert, die mittels eines Geldbetrags vom Unternehmen zu buchen sind. So sind die Schaltung von Anzeigen oder die Nutzung eines Geländes im Rahmen des Event Marketing dieser Kategorie einzuordnen. Abschließend bleibt die Kategorie Earned Media zu nennen, die sämtliche Kanäle einschließt, auf die das Unternehmen keine direkte Kontrolle bezüglich der Botschaften bzw. Informationen hat, sondern sich seine Reputation bzw. positive Beiträge „verdienen" muss. Ein Beispiel hierfür stellt ein unabhängiger Beitrag einer Zeitschrift nach einer Pressekonferenz anlässlich einer Produktneueinführung dar.

Die diskutierten Unterschiede bezüglich der Kontrollmöglichkeiten der Kommunikation eröffnen Unternehmen verschiedene *„Räume der Kommunikation"*. Unter diesen werden Märkte und Plattformen subsumiert, auf denen Austauschprozesse zwischen Kommunikationsanbietern und -nachfragern stattfinden (Bruhn 2014b, S. 67). „Räume der Kommunikation" sind nach der Art der Kommunikation sowie dem Grad an Kontrolle zu differenzieren, wie Abb. 5 verdeutlicht. Die Ordinate markiert dabei die Art der Kommunikation (direkt versus indirekt); die Abszisse beschreibt hingegen den Grad an Kontrolle aus Sicht des Unternehmens.

In Bezug auf die Marketingkommunikation sind die Instrumente vorwiegend dem Bereich der *indirekten Kommunikation mit hoher bzw. mittlerer Kontrolle* zu klassifizieren. Die Marketingkommunikationsinstrumente, die bei hoher Kontrolle einzuordnen sind wie die Mediawerbung und Verkaufsförderung, unterliegen der

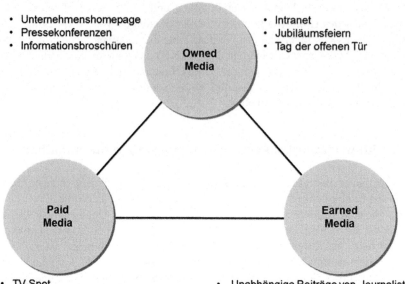

Abb. 4 Instrumente der Marketingkommunikation gemäß der Kontrollmöglichkeiten von Unternehmen. Quelle: in Anlehnung an Tuten und Solomon 2013, S. 44

vollständigen Steuerung durch das Unternehmen und können durch eine unternehmensgesteuerte Einwegkommunikation charakterisiert werden (*Macht*, Bereich A). Im Rahmen der Kommunikationsinstrumente mit mittlerer Kontrolle finden Interaktionen zwischen Unternehmen und Konsumenten statt (*Kooperation*, Bereich B), so dass die Kommunikation aus Sicht des Unternehmens nur teilweise steuerbar ist. Diesem Verhältnis entspricht das Instrument Sponsoring, da dieses von der Partizipation der Gesponserten und der Konsumenten abhängig ist. Im Rahmen des Event Marketing sowie von Public Relations interagiert das Unternehmen mit den Konsumenten, wobei die Abhängigkeit nicht so stark wie bei Sponsoringmaßnahmen ausgeprägt ist.

6 Zusammenfassung und Ausblick

Die vorangegangenen Ausführungen verdeutlichen die zentrale Bedeutung der Marketingkommunikation für die Erreichung relevanter leistungsbezogener Zielsetzungen bezüglich bestehender und potenzieller Kunden. Darüber hinaus wurden die Vielfältigkeit der Marketingkommunikation und ihre unterschiedliche Bedeutung in der Konsumgüter-, Industriegüter- sowie Dienstleistungsbranche dargestellt und die unterschiedlichen Kontrollmöglichkeiten diskutiert.

Instrumente der Marketingkommunikation: ein Überblick

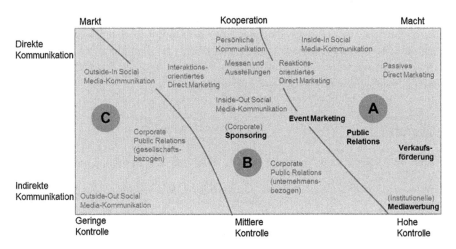

Abb. 5 Kategorisierung von Instrumenten und „Räume der Marketingkommunikation". Quelle: in Anlehnung an Bruhn 2014b, S. 67

Abschließend gilt es, neben der isolierten Betrachtung der Marketingkommunikation auch ihre Einbettung in die Gesamtkommunikation des Unternehmens zu beachten. Dies gilt für

- das *Denken im Marketingmix*, d. h. die Abstimmung der Marketingkommunikationspolitik mit den anderen Instrumenten (Produkt, Preis, Vertrieb) im Sinne einer „interinstrumentellen Integration im Marketingmix",
- das *Denken im Kommunikationsmix*, d. h. die Abstimmung zwischen den einzelnen Instrumenten der Unternehmens-, Marketing- und Dialogkommunikation im Sinne einer „interinstrumentellen Integration im Kommunikationsmix" sowie
- das *Denken im Marketingkommunikationsmix*, d. h. die Abstimmung zwischen den und innerhalb der einzelnen Kommunikationsinstrumente im Sinne einer „interinstrumentellen und intrainstrumentellen Integration im Marketingkommunikationsmix"

gleichermaßen. Diese globale Perspektive ist insbesondere vor der Zielsetzung der *Integrierten Kommunikation*, der Realisierung eines einheitlichen Erscheinungsbildes über die Kombination von Instrumenten der Marketing-, Unternehmens- und Dialogkommunikation, zu berücksichtigen. Für das Marketingkommunikationsinstrument Mediawerbung bedeutet dies beispielsweise die Abstimmung von TV-Spots mit der Radiowerbung, dem Auftritt in Sozialen Netzwerken sowie die Integration von Maßnahmen der handels- mit den konsumentengerichteten Verkaufsförderung oder die Vernetzung unterschiedlicher Corporate Sponsoring-Aktivitäten durch ein übergreifendes „Dachthema" (Bruhn 2014c, S. 105), das als Plattform der Kommunikation für unterschiedliche Instrumente genutzt werden kann. Abschließend bleibt festzuhalten, dass in Zukunft mit einer verstärkten

Zusammenarbeit zwischen Marketing-, Unternehmens- und Dialogkommunikation zu rechnen ist, wovon auch die Integrierte Kommunikation profitieren wird. Ein wesentlicher Grund liegt dabei im Aufkommen und dem Handling der Sozialen Medien. Sie tragen in vielen Unternehmen dazu bei, dass ein Zusammenrücken der Abteilungen notwendig wird (Bruhn 2014b, S. 431).

Literatur

Aaker, D. A., Batra, R., & Myers, J. G. (1996). *Advertising management* (5. Aufl.). Englewood Cliffs: Prentice Hall.
Avenarius, H. (2008). *Public Relations. Die Grundform der gesellschaftlichen Kommunikation* (3. Aufl.). Darmstadt: Wissenschaftliche Buchgesellschaft.
Backhaus, K., & Voeth, M. (2014). *Industriegütermarketing* (10. Aufl.). München: Vahlen.
Bagusat, A., & Marwitz, C. (2008). Sponsoring – Faszinierendes Instrument der Marketingkommunikation. In A. Bagusat, C. Marwitz & M. Vogl (Hrsg.), *Handbuch Sponsoring. Erfolgreiche Marketing- und Markenkommunikation* (S. 3–16). Berlin: Erich Schmidt.
Bagusat, A., Marwitz, C., & Vogl, M., (Hrsg.) (2008). *Handbuch Sponsoring. Erfolgreiche Marketing- und Markenkommunikation*. Berlin: Erich Schmidt.
Belch, G. E., & Belch, M. A. (2008). *Advertising and promotion. An integrated marketing communications perspective* (8. Aufl.). Boston: McGraw-Hill.
Bentele, G., Fröhlich, R., & Szyszka, P. (2009). *Handbuch der Public Relations – Wissenschaftliche Grundlagen und berufliches Handeln* (2. Aufl.). Wiesbaden: Verlag für Sozialwissenschaften.
Bentele, G., & Will, M. (2008). Public Relations als Kommunikationsmanagement. In M. Meckel & B. F. Schmid (Hrsg.), *Unternehmenskommunikation* (2. Aufl., S. 153–158). Wiesbaden: Gabler.
Bentele, J., & Hoepfner, G. (2004). Markenpolitik und Public Relations. In M. Bruhn (Hrsg.), *Handbuch Markenführung. Kompendium zum erfolgreichen Markenmanagement. Strategien - Instrumente - Erfahrungen* (2. Aufl., S. 1535–1564). Wiesbaden: Gabler.
Besson, N. A. (2008). *Strategische PR-Evaluation* (3. Aufl.). Wiesbaden: Verlag für Sozial wissenschaften.
Biehl, E. (2013). Verkaufsförderung mit Promotions: Der Wert von Promotionprämien aus Sicht der Verbraucher. *transfer – Werbeforschung & Praxis, 59*(2), 36–42.
Bogner, F. M. (2005). *Das neue PR-Denken. Strategien – Konzepte – Aktivitäten* (3. Aufl.). Wien: Redline Wirtschaft.
Bortoluzzi Dubach, E., & Frey, H. (2007). *Sponsoring. Der Leitfaden für die Praxis* (4. Aufl.). Bern: Haupt.
Bruhn, M. (1990). Umweltsponsoring – ein neues Instrument der Markenführung? *Markenartikel, 52*(15), 198–208.
Bruhn, M. (2004). Markenführung und Sponsoring. In M. Bruhn (Hrsg.), *Handbuch Markenführung. Kompendium zum erfolgreichen Markenmanagement. Strategien – Instrumente – Erfahrungen* (2. Aufl., S. 1593–1630). Wiesbaden: Gabler.
Bruhn, M. (2010). *Sponsoring. Systematische Planung und integrativer Einsatz* (5. Aufl.). München: Gabler.
Bruhn, M. (2014a). *Integrierte Unternehmens- und Markenkommunikation. Strategische Planung und operative Umsetzung* (6. Aufl.). Stuttgart: Schäffer-Poeschel.
Bruhn, M. (2014b). *Marketing. Grundlagen für Studium und Praxis* (12. Aufl.). Wiesbaden: Springer Gabler.
Bruhn, M. (2014c). *Unternehmens- und Marketingkommunikation* (3. Aufl.). München: Vahlen.
Bruhn, M. (2015). *Kommunikationspolitik. Systematischer Einsatz der Kommunikation für Unternehmen* (8. Aufl.). München: Vahlen.
Burmann, C. (2002). Erfolgskontrolle im Eventmanagement. In M. Hosang (Hrsg.), *Event & Marketing. Konzepte, Beispiele, Trends* (S. 93–123). Frankfurt am Main: Deutscher Fachverlag.

Burmann, C., & Nitschke, A. (2007). Profilierung von Marken durch Sponsoring und Ambushing – dargestellt am Beispiel der FIFA Fußball-WM 2006. In D. Ahlert, D. Woisetschläger & V. Vogel (Hrsg.), *Exzellentes Sponsoring. Innovative Ansätze und Best Practices für das Markenmanagement* (2. Aufl., S. 177–201). Wiesbaden: Deutscher Universitätsverlag.

Cristofolini, P. M. (1989). Verkaufsförderung als Baustein der Marketingkommunikation. In M. Bruhn (Hrsg.), *Handbuch des Marketing. Anforderungen an Marketingkonzeptionen aus Wissenschaft und Praxis* (S. 453–471). München: Beck.

Deg, R. (2012). *Basiswissen Public Relations: Professionelle Presse- und Öffentlichkeitsarbeit* (5. Aufl.). Wiesbaden: Springer VS.

Deutsches Patent- und Markenamt (2014). Jahresbericht 2012, http://www.dpma.de/docs/service/veroeffentlichungen/jahresberichte/dpma_jahresbericht2012_barrierefrei.pdf. Zugegriffen am 20.10.2014.

Drees, N., & Trautwein, S. (2008). Erscheinungsformen des Sponsoring. In A. Bagusat, C. Marwitz & M. Vogl (Hrsg.), *Handbuch Sponsoring. Erfolgreiche Marketing- und Markenkommunikation* (S. 89–112). Berlin: Erich Schmidt.

Drengner, J. (2006). *Imagewirkungen von Eventmarketing. Entwicklung eines ganzheitlichen Messansatzes* (2. Aufl.). Wiesbaden: Deutscher Universitätsverlag.

Drengner, J. (2007). State of the Art der Wirkungs- und Erfolgsforschung im Eventmarketing. In O. Nickel (Hrsg.), *Eventmarketing – Grundlagen und Erfolgsbeispiele* (2. Aufl., S. 135–147). München: Vahlen.

Folten, B. (2007). *Kreative Verkaufsförderung leicht gemacht. Mit starken Ideen besser verkaufen.* München: Redline Wirtschaft.

Freter, H. (2008). *Markt- und Kundensegmentierung. Kundenorientierte Markterfassung und -bearbeitung* (2. Aufl.). Stuttgart: Kohlhammer.

Fuchs, W., & Unger, F. (2003). *Verkaufsförderung. Konzepte und Instrumente im Marketing-Mix* (2. Aufl.). Wiesbaden: Gabler.

Gedenk, K. (2001). Verkaufsförderung. In S. Albers & B. Skiera (Hrsg.), *Marketing mit Interaktiven Medien. Strategien zum Markterfolg* (3. Aufl., S. 313–327). Frankfurt am Main: FAZ-Institut für Management-, Markt- und Medieninformationen.

Gedenk, K. (2002). *Verkaufsförderung.* München: Vahlen.

Gedenk, K. (2009). Verkaufsförderung (Sales Promotion). In M. Bruhn, F.-R. Esch & T. Langner (Hrsg.), *Handbuch Kommunikation. Grundlagen, innovative Ansätze, praktische Umsetzungen* (S. 267–283). Wiesbaden: Gabler.

Gleich, U. (2013). Zur Wirksamkeit von (Programm-)Sponsoring. *Media Perspektiven, 6*, 348–353.

Grupe, S. (2011). *Public Relations. Ein Wegweiser für die PR-Praxis.* Heidelberg: Springer.

Herbst, D. (2004). *Internet-PR.* Berlin: Cornelsen.

Hermanns, A., & Marwitz, C. (2008). *Sponsoring. Grundlagen – Wirkungen – Management – Perspektiven* (3. Aufl.). München: Vahlen.

Hermanns, A. (2011). Planung des Sponsoring. In A. Hermanns & F. Riedmüller (Hrsg.), *Management-Handbuch Sport-Marketing* (2. Aufl., S. 67–92). München: Vahlen.

Hermanns, A., & Riedmüller, F. (2003). *Sponsoring und Events im Sport – Von der Instrumentalbetrachtung zur Kommunikationsplattform.* München: Vahlen.

Hofsäss, M., & Engel, D. (2003). *Praxishandbuch Mediaplanung – Forschung, Studien und Werbewirkung. Mediaagenturen und Planungsprozess. Mediagattungen und Werbeträger.* Berlin: Cornelsen.

Inden, T. (1993). *Alles Event?! Erfolg durch Erlebnismarketing.* Landsberg am Lech: Verlag Moderne Industrie.

Kiendl, S. C. (2007). *Markenkommunikation mit Sport. Sponsoring und Markenevents als Kommunikationsplattform.* Wiesbaden: Deutscher Universitätsverlag.

Kirchgeorg, M., Springer, C., & Brühe, C. (2009). *Live Communication Management. Ein strategischer Leitfaden zur Konzeption, Umsetzung und Erfolgskontrolle.* Wiesbaden: Springer Gabler.

Kloss, I. (2012). *Werbung: Handbuch für Studium und Praxis* (5. Aufl.). München: Vahlen.

Kotler, P., Keller, K. L., & Bliemel, F. (2007). *Marketing Management. Strategien für wertschaffendes Handeln* (12. Aufl.). München: Pearson Studium.

Kroeber-Riel, W., & Esch, F.-R. (2011). *Strategie und Technik der Werbung – Verhaltens- und neurowissenschaftliche Erkenntnisse* (7. Aufl.). Stuttgart: Kohlhammer.

Lasslop, I., Burmann, C., & Nitschke, A. (2007). Erfolgsbeurteilung von Events. In O. Nickel (Hrsg.), *Eventmarketing. Grundlagen und Erfolgsbeispiele* (2. Aufl., S. 117–134). München: Vahlen.

Liebl, C. (2003). *Kommunikations-Controlling. Ein Beitrag zur Steuerung der Marketing-Kommunikation am Beispiel der Marke Mercedes-Benz.* Wiesbaden: Deutscher Universitätsverlag.

Löbler, H., & Markgraf, D. (2004). Markenführung und Werbung. In M. Bruhn (Hrsg.), *Handbuch Markenführung. Kompendium zum erfolgreichen Markenmanagement. Strategien – Instrumente – Erfahrungen* (2. Aufl., S. 1491–1513). Wiesbaden: Gabler.

Möhlenbruch, D., & Kotschi, B. (2000). Die Verkaufsförderung als Kooperationsbereich zwischen Industrie und Handel. In V. Trommsdorff (Hrsg.), *Handelsforschung 1999/00: Verhalten im Handel und gegenüber dem Handel* (S. 275–294). Wiesbaden: Gabler.

Möhlenbruch, D., & Kotschi, B. (2003). Mehr Effizienz am Point of Sale durch Netzwerkpartnerschaften in der Verkaufsförderung. In M. Bruhn & B. Stauss (Hrsg.), *Dienstleistungsnetzwerke. Dienstleistungsmanagement Jahrbuch* (S. 379–402). Wiesbaden: Gabler.

Moriarty, S., Mitchell, N., & Wells, W. (2009). *Advertising. Principles & practice* (8. Aufl.). New Jersey: Prentice Hall.

Nickel, O. (2002). Erfolgsermittlung von Events im Rahmen der Markenführung. In H. Meffert, K. Backhaus & J. Becker (Hrsg.), *Erlebnisse um jeden Preis. Was leistet Event-Marketing?*, Wissenschaftliche Gesellschaft für Marketing und Unternehmensführung an der Universität Münster, Dokumentations-Papier Nr. 156, (S. 31–40).

Nickel, O. (2007). *Eventmarketing. Grundlagen und Erfolgsbeispiele* (2. Aufl.). München: Vahlen.

Nufer, G. (2012). *Event-Marketing und -Management. Grundlagen – Planung – Wirkungen – Weiterentwicklungen* (4. Aufl.). Wiesbaden: Gabler.

Oeckl, A. (1964). *Handbuch der Public Relations. Theorie und Praxis der Öffentlichkeitsarbeit in Deutschland und der Welt.* München: Süddeutscher Verlag.

Oeckl, A. (2000). Die historische Entwicklung der Public Relations. In W. Reineke & H. Eisele (Hrsg.), *Taschenbuch der Öffentlichkeitsarbeit. Public Relations in der Gesamtkommunikation* (3. Aufl., S. 11–15). Heidelberg: Sauer.

Olbrich, R. (2007). *Marketing* (2. Aufl.). Berlin: Springer.

Panten, D. (2013). Sponsoring goes Social Media – Aktivierung von Zielgruppen im digitalen Zeitalter. *Media 41 – Journal für Media & Marketing, 41*(5), 6–10.

Pflaum, D. (1974). *Erfolgskontrolle in der Verkaufsförderung.* München.

Pflaum, D., Eisenmann, H., & Linxweiler, R. (2000). *Verkaufsförderung. Erfolgreiche Sales Promotion.* Landsberg am Lech: Verlag Moderne Industrie.

Rolke, L. (2003). *Produkt- und Unternehmenskommunikation im Umbruch. Was die Marketer und PR-Manager für die Zukunft erwarten.* Frankfurt am Main: FAZ-Institut für Management-, Markt- und Medieninformation.

Roth, U. (2002). Eventsponsoring beim American Football als Basis eines integrierten Kommunikationskonzeptes. In M. Hosang (Hrsg.), *Event & Marketing. Konzepte – Beispiele – Trends* (S. 151–164). Frankfurt am Main: Deutscher Fachverlag.

Röttger, U. (2010). *Public relations – Organisation und Profession* (2. Aufl.). Wiesbaden: VS-Verlag.

Rudek, S. (2008). *Organisation der Verkaufsförderung bei Konsumgüterherstellern.* Wiesbaden: Gabler.

Schindler, M. C., & Liller, T. (2012). *PR im Social Web* (2. Aufl.). Köln: O'Reilly.

Schweiger, G., & Schrattenecker, G. (2013). *Werbung – Eine Einführung* (8. Aufl.). Stuttgart: UVK/Lucius.

Seibert, J., & Wiese, M. (2013). Sponsoring kann die Neukundengewinnung unterstützen. *Marketing Review St. Gallen, 30*(1), 6–10.

Sethuraman, R., Tellis, G. J., & Briesch, R. A. (2011). How well does advertising work? Generalizations from meta-analysis of brand advertising elasticities. *Journal of Marketing Research, 48* (3), 457–471.
Steffenhagen, H. (2008). *Marketing. Eine Einführung* (6. Aufl.). Stuttgart: Kohlhammer.
Swait, J., & Erdem, T. (2002). The effects of temporal consistency of sales promotions and availability on consumer choice behavior. *Journal of Marketing Research, 39*(3), 304–320.
Szyszka, P. (2008). PR-Verständnis im Marketing. In G. Bentele, R. Fröhlich & P. Szyszka (Hrsg.), *Handbuch der Public Relations. Wissenschaftliche Grundlagen und berufliches Handeln* (2. Aufl., S. 241–253). Wiesbaden: Verlag für Sozialwissenschaften.
Tuten, T. L., & Solomon, M. R. (2013). *Social media marketing*. New Jersey: Prentice Hall.
Unger, F., Fuchs, W., & Michel, B. (2013). *Mediaplanung – Methodische Grundlagen und praktische Anwendungen* (6. Aufl.). Berlin: Springer Gabler.
Zanger, C. (2002). Event-Marketing: Die Perspektive der Wissenschaft. In H. Meffert, K. Backhaus & J. Becker (Hrsg.), *Erlebnisse um jeden Preis. Was leistet Event-Marketing?* Dokumentation des Workshops vom 24. Juni 2002, Diskussionspapier Nr. 156, Wissenschaftliche Gesellschaft für Marketing und Unternehmensführung e.V., (S. 7–15). Münster.
Zanger, C. (2007). In O. Nickel (Hrsg.), *Eventmarketing. Grundlagen und Erfolgsbeispiele* (2. Aufl., S. 3–16). München: Vahlen.
Zanger, C. (2013). Events im Zeitalter von Social Media. Ein Überblick. In C. Zanger (Hrsg.), *Events im Zeitalter von Social Media, Markenkommunikation und Beziehungsmarketing* (S. 1–18). Wiesbaden: Springer Gabler.
Zanger, C., & Drengner, J. (2000). Die Bestimmung des unmittelbaren Erfolgs von Marketing-Events am Beispiel einer Fernseh-Gala. *Planung & Analyse, 27*(6), 42–45.
Zanger, C., & Drengner, J. (2004). *Eventreport 2003 – Eine Trendanalyse des deutschen Eventmarktes und dessen Dynamik*. Chemnitz: Technische Universität.
Zanger, C., & Sistenich, F. (1996). Eventmarketing. Bestandsaufnahme, Standortbestimmung und ausgewählte theoretische Ansätze zur Erklärung eines innovativen Kommunikationsinstrumentes. *Marketing ZFP, 18*(4), 233–242.
ZAW (Zentralverband der Deutschen Werbewirtschaft) e.V. (2013). *Werbung in Deutschland*. Berlin.
Zerfaß, A., & Pleil, T. (2012). Strategische Kommunikation in Internet und Social Web. In A. Zerfaß & T. Pleil (Hrsg.), *Handbuch Online-PR – Strategische Kommunikation in Internet und Social Web* (S. 39–51). Konstanz: UVK.

Prof. Dr. Dr. h.c. mult. Manfred Bruhn ist Inhaber der Professur für Marketing und Unternehmensführung an der Universität Basel und Honorarprofessor an der Technischen Universität München.

Einsatz der Mediawerbung für die Marketingkommunikation

Manfred Bruhn

Inhalt

1 Grundlagen der Mediawerbung als Kommunikationsinstrument 78
2 Stellenwert der Mediawerbung im Kommunikationsmix 83
3 Branchenspezifische Kommunikationsaufgaben der Mediawerbung 84
4 Planung und Umsetzung einer Kommunikationsstrategie im Rahmen
   der Mediawerbung 86
5 Schlussbetrachtung und Ausblick 93
Literatur 95

Zusammenfassung

Die Mediawerbung nimmt einen hohen investitionsbezogenen und funktionalen Stellenwert im Kommunikationsmix ein. Ihr Einsatz erfordert eine Vielzahl unterschiedlicher Aktionsträger und kaum ein anderer Markt ist durch eine so große Dynamik und Komplexität gekennzeichnet. Im Rahmen des vorliegenden Beitrages werden die einzelnen Phasen des strategischen Planungsprozesses sowie die jeweiligen branchenspezifischen Kommunikationsschritte zur Implementierung einer Mediawerbung diskutiert.

Schlüsselwörter

Kommunikationsinstrument • Kommunikationsmix • Mediawerbung • Werbemittel • Werbeplanungsprozess • Werbeträger

---

M. Bruhn (✉)
Lehrstuhl für Marketing und Unternehmensführung, Wirtschaftswissenschaftliche Fakultät, Universität Basel, Basel, Schweiz
E-Mail: manfred.bruhn@unibas.ch

© Springer Fachmedien Wiesbaden 2016
M. Bruhn et al. (Hrsg.), *Handbuch Instrumente der Kommunikation*, Springer Reference Wirtschaft, DOI 10.1007/978-3-658-04655-2_3

1 Grundlagen der Mediawerbung als Kommunikationsinstrument

Die vielfältigen Kommunikationsaktivitäten, die Unternehmen zur Verfügung stehen, lassen sich zu unterschiedlichen Kommunikationsinstrumenten bündeln. Den größten Stellenwert als zentrales Instrument der Marktkommunikation nimmt in vielen Branchen die Mediawerbung (klassische Werbung) ein. So ist beispielsweise investitionsbezogen die Mediawerbung das bedeutsamste Instrument im Kommunikationsmix (Meffert et al. 2012, S. 623). Gegenstand der Mediawerbung sind Entscheidungen über die Gestaltung und Art werblicher Botschaften, die seitens eines Unternehmens auf den Absatzmarkt gerichtet sind, um vorgegebene kommunikationspolitische Zielsetzungen zu erreichen. Die Grundlage effektiver und effizienter Entscheidungen ist ein klares und präzises Verständnis zentraler Begriffe der Mediawerbung sowie die Kenntnis unterschiedlicher Erscheinungsformen des Kommunikationsinstruments. Der Mediawerbung wird daher die folgende *Definition* zugrunde gelegt (Bruhn 2014a, S. 205):

Mediawerbung bedeutet den Transport und die Verbreitung werblicher Informationen über die Belegung von Werbeträgern mit Werbemitteln im Umfeld öffentlicher Kommunikation gegen ein leistungsbezogenes Entgelt, um eine Realisierung unternehmensspezifischer Kommunikationsziele zu erreichen.

Eine Abgrenzung der Mediawerbung kann anhand einer Vielzahl von Kriterien erfolgen. Eine Möglichkeit zur Differenzierung von anderen kommunikationspolitischen Instrumenten stellt die folgende *Abgrenzung* dar:

Die Mediawerbung ist

- eine Form der unpersönlichen, mehrstufigen und indirekten Kommunikation,
- die sich öffentlich und
- ausschließlich über technische Verbreitungsmittel (den Medien)
- vielfach einseitig
- mittels Wort-, Schrift-, Bild und/oder Tonzeichen
- an ein disperses Publikum richtet.

Die Mediawerbung bedient sich bei der Übermittlung der Kommunikations- und Werbebotschaften an die verschiedenen Zielgruppen unterschiedlicher *Erscheinungsformen*, die von Werbeträgern transportiert werden. Um das Begriffsverständnis innerhalb der Vielfalt existierender Werbeträger zu schärfen, ist es sinnvoll, eine *Klassifikation der Werbeträger* vorzunehmen. Anhand des Abgrenzungskriteriums „Art der Botschaftsübermittlung" bietet sich eine Dreiteilung in Insertions- oder Printmedien, elektronische (audiovisuelle) Medien und Medien der Außenwerbung an (Bruhn 2014c, S. 221 ff.).

Insertions- und Printmedien sind periodisch erscheinende Druckerzeugnisse, die sich in täglich, wöchentlich, monatlich oder jährlich erscheinende Printmedien untergliedern lassen. Wichtigste Untergruppen bilden zum einen *Zeitungen* als einer der ältesten Werbeträger, zum anderen *Zeitschriften*. Während Zeitungen die

Aktualität und das exakte „timing" als zentrale Vorteile aufweisen, sind es bei Publikumszeitschriften, die entweder Unterhaltung oder Information in den Vordergrund stellen, die qualitativ besseren Gestaltungsmöglichkeiten. Beide Medien erzielen keine genaue Zielgruppenansprache. Abhilfe hierbei schaffen so genannte Special-Interest-Zeitschriften, die für eine sehr eng abgegrenzte Leserschaft konzipiert sind und sich inhaltlich auf bestimmte Themenbereiche fokussieren (Meffert et al. 2012, S. 626 ff.). Ein weiterer Kommunikationsträger, abgeleitet aus der Printwerbung, der redaktionelle Spezialisierungen und dadurch eine spezifische Zielgruppenansprache ermöglicht, stellen so genannte *Supplements* dar. Hierbei handelt es sich um Presseerzeugnisse, die ausschließlich als Beilage von Zeitungen oder Zeitschriften in großen Auflagen erscheinen (Bruhn 2015, S. 375). In den letzten Jahren haben sich darüber hinaus *Anzeigenblätter*, die kostenlos an alle Haushalte verteilt werden und oft auch redaktionelle Beiträge enthalten, sowie *Gratis-* beziehungsweise *Pendlerzeitungen* etabliert. Anzeigenblätter beispielsweise erwirtschafteten in den Jahren 2010 und 2011 einen Netto-Werbeumsatz-Zuwachs von fast 2,5 Prozent, was im Vergleich zur 1-prozentigen Gesamtsteigerung über alle erfassbaren Werbeträger in Deutschland im Jahr 2011 überproportional hoch ist (ZAW 2012, S. 18 ff.). Dies liefert einen Erklärungsansatz für den Periodizitätenwechsel von wöchentlichen hin zu täglichen Anzeigenblätter (Hofsäss und Engel 2003, S. 332; Bruhn 2015).

Neben den Printmedien repräsentieren die *elektronischen Medien* die zweite große Gruppe medialer Werbeträger. Sie umfassen mit dem *Rundfunk, Fernsehen, Kino* und *Internet* vier Werbeträgergruppen, die sich von den Printmedien in zweifacher Hinsicht unterscheiden: (1) der Zeitpunkt der Informationsaufnahme ist identisch mit dem Zeitpunkt der Informationsübermittlung und (2) die Dauer der Informationsaufnahme ist identisch mit der Dauer der Informationsübertragung, falls kein Zapping stattfindet. Bei den *Online-Medien* als weitere Untergruppe handelt es sich um eine Mediengattung aus dem Multimediabereich. Die Werbung setzt sich bei diesem Werbeträger aus einer Kombination von Text, Bild und Toninhalten zusammen. Inzwischen lassen sich alle Arten von klassischen Medieninhalten auf Online-Umgebungen übertragen. Hierdurch sind sämtliche Inhalte, die zuvor in den traditionellen Print- und Fernseh- beziehungsweise Kino-Bereichen getrennt angeboten wurden, online auch gemeinsam möglich (Unger et al. 2013, S. 324).

Die *Medien der Außenwerbung* stellen die dritte Werbeträgergruppe dar. In dieser Kategorie kommt der größte Stellenwert der *Plakat-, Leucht-* und *Verkehrsmittelwerbung* zu. Bei Erstgenanntem handelt es sich um stationäre Werbeträger, die im öffentlichen Raum mit wechselnden Motiven bestückt werden. Beleuchtete Schilder und von hinten beleuchtete Plakate in Vitrinen, so genannte City Lights, gehören zur Leuchtwerbung. Darüber hinaus werden Werbung auf Bussen, Bahnen usw. als Verkehrsmittelwerbung bezeichnet. Auch der Außenwerbung eröffnen elektronische Medien neue Perspektiven, wie beispielsweise Infoscreens, die als stationäre Systeme an Verkehrsknotenpunkten eingesetzt werden können (Schweiger und Schrattenecker 2013, S. 328; Bruhn 2014c, S. 222).

Im Rahmen des Einsatzes der Mediawerbung werden Werbeträger mit *Werbemitteln* belegt, deren Auswahl in der Regel an die Wahl des Werbeträgers gebunden ist. So kommen für Insertions- und Printmedien in erster Linie *Anzeigen* als Werbemittel in Frage, deren Platzierungsmöglichkeiten, Format und Gestaltung – je nachdem, ob es sich um eine Zeitung, Zeitschrift, Anzeigenblatt oder Supplement handelt – variieren (Bruhn 2015, S. 375). Zur Übermittlung werblicher Informationen in elektronischen Medien hingegen werden vorrangig *Werbespots* eingesetzt. Hierbei ist ebenfalls das gewählte Medium zentral: während ein Spot im Radio günstiger zu produzieren ist und der Tausenderkontaktpreis deutlich geringer ausfällt, sind die Gestaltungsmöglichkeiten bei der Fernsehwerbung aufgrund der simultanen Einsatzmöglichkeiten von Bild, Ton und Text vielseitiger (Bruhn 2015, S. 376; Schweiger und Schrattenecker 2013, S. 280 ff.). Hinzu kommt die beiläufige Nutzung des Radios als Hintergrundmedium, wodurch einem Werbekontakt via Rundfunk eine geringere Durchdringungsrate zugesprochen wird als beim Fernsehen (Hofsäss und Engel 2003, S. 126 ff.). Beide Werbeträger erzielten im Jahr 2012 ein Plus an Investitionsvolumen im Vergleich zum Vorjahr: TV-Werbung stieg um 2 Prozent und Radiowerbung verzeichnete eine höhere Investitionssumme um 6,1 Prozent (ZAW 2013, S. 26). Darüber hinaus nimmt die Anzahl der Online-Werbemittel mit der steigenden Verbreitung im Alltag der Konsumenten und der damit einhergehenden Kommerzialisierung des Internet kontinuierlich zu. Hierzu zählen beispielsweise Werbebanner als klassische Form, Werbebuttons sowie Pop-up-Ads. Insbesondere die Möglichkeiten der Suchmaschinen-Werbung werden zunehmend von Unternehmen nachgefragt und eingesetzt (Bruhn 2015, S. 381 ff.). Das typische Werbemittel der Außenwerbung sind *Plakate*, wie Traffic Boards, Train Light Posters oder beleuchtete Plakate (Bruhn 2015, S. 382). Gegen Werbemaßnahmen auf Plakaten (95 Fälle) und in TV-Spots (88 Fälle) wurden in den letzten Jahren die meisten Beschwerden dem Werberat vorgelegt, dies fällt im Vergleich zu den Anzeigen mit 29 Fällen sehr hoch aus (Deutscher Werberat 2014, S. 28). Unter Berücksichtigung der Marktanteile der Werbeträger anhand des Kriteriums Netto-Werbeumsätze erstaunt es jedoch weniger, dass TV-Spots häufiger angeklagt werden als andere Werbemittel, denn Fernsehen verfügen mit 22 Prozent über die größten Werbeumsätze. Die hohe Anzahl der Beschwerden gegenüber Plakaten ist hingegen eher überraschend, zumal sich die Umsätze der Außenwerbung mit 5 Prozent im unteren Bereich der Marktanteile einzuordnen ist (ZAW 2013, S. 23).

Generell ist anzumerken, dass eine eindeutige Differenzierung der Termini Werbemittel und Werbeträger oftmals in fälschlicher Art und Weise vorgenommen wird. So werden Werbeträger gelegentlich als Werbemedium bezeichnet, wobei „Medium" unzutreffend mit „Mittel" gleichgesetzt wird. Nicht immer ist eine trennscharfe Unterscheidung zwischen Werbemitteln und -trägern einfach. So ist beispielsweise eine Differenzierung der Kommunikation via Tragetaschen, Werbegeschenken und Verpackungen nur schwer möglich, da diese gleichzeitig Werbemittel und -träger sind (Steffenhagen 2008, S. 129).

Der erfolgreiche Einsatz der diskutierten Werbeträger und -mittel in Unternehmen erfordert eine systematische Analyse, Planung, Steuerung und Durchführung des Kommunikationsinstruments Mediawerbung. Darüber hinaus sind im Realisierungsprozess einer Kommunikationskampagne häufig unterschiedliche *Aktionsträger* involviert. Daher ist es notwendig, die an den Entscheidungsprozessen Beteiligten genauer zu erfassen. Im Rahmen der Mediawerbung sind als relevante Akteure zu berücksichtigen:

(1) Werbetreibende,
(2) Werbeagenturen,
(3) Medien.

1.1 Werbetreibende

Der Entscheidungsprozess der Implementierung von Maßnahmen der Mediawerbung wird zunächst von den *Werbetreibenden* angeregt. Unter Berücksichtigung marktteilnehmerbezogener Kriterien sind unterschiedliche Gruppen der Werbetreibenden identifizierbar: die Hersteller, Absatzmittler sowie die Medien.

Die *Hersteller* stellen die erste gedanklich zusammengefasste Gruppe der Werbetreibenden dar, die ihre werblichen Anstrengungen in den meisten Fällen auf den Auf- und Ausbau der Markenbekanntheit richten und das mit Abstand höchste Investitionsvolumen in den Einsatz der Mediawerbung realisieren. Werbeadressaten werden dementsprechend häufig und intensiv mit Herstellerwerbung konfrontiert (Moriarty et al. 2009, S. 7). Aber auch das Investitionsvolumen der *Absatzmittler*, als weitere Gruppe Werbetreibender, hat in den letzten Jahren stetig zugenommen. Eine Branchenbetrachtung in Deutschland zeigt, dass Handelsorganisationen im Jahre 2012 mit 1,7 Mrd. Euro, trotz eines Rückgangs um 12,5 Prozent im Vergleich zum Vorjahr, den zusammengefasst werbestärksten Bereich bilden (ZAW 2013, S. 25). Absatzmittler betreiben so genannte Handelswerbung und zielen mit ihren Aktivitäten in erster Linie auf eine Erhöhung der Einkaufsstättenbindung sowie die werbliche Unterstützung des Verkaufs von Handelsmarken. Die *Medien* bilden eine weitere Gruppe Werbetreibender, deren Eigenwerbung zunehmend an Bedeutung gewonnen hat. Diese Entwicklung ist vorrangig auf neue Medienangebote sowie den verschärften Wettbewerb unter den bisherigen Medienanbietern zurückzuführen. Während es neuen Anbietern bei ihren Werbeaktivitäten vor allem um die Akquisition von Neukunden geht, richten traditionelle Medienanbieter ihre Anstrengungen überwiegend auf die Bindung der Stammkundschaft aus.

Neben den beschriebenen Gruppen ist es auch möglich, dass *Individuen* (z. B. Politiker vor Wahlterminen) und *Institutionen* (z. B. Staatsorgane oder soziale Institutionen) als Werbetreibende auftreten. Insbesondere nichtkommerzielle Institutionen unterscheiden sich von den diskutierten Gruppen der Werbetreibenden darin, dass ihre primäre Zielsetzung nicht auf die Promotion der Unternehmensleistungen oder die Generierung eines möglichst hohen Gewinns gerichtet ist. Vielmehr wird versucht, die Bevölkerung über bestimmte Themen zu informieren und die Awareness zu steigern (z. B. Pflegeversicherung) sowie sozialkritische, umweltpolitische, kulturelle oder gesellschaftliche Themen in den Vordergrund zu rücken beziehungsweise zu enttabuisieren (z. B. die Kampagne der Bundeszentrale für gesundheitliche Aufklärung „mach's mit", bei der sich Bürger, Organisationen und Unternehmen beteiligen, verfolgt das Ziel die Bevölkerung auf HIV und andere sexuell übertragbare Infektionen aufmerksam zu machen, sie zu sensibilisieren sowie zu informieren; BZgA 2014).

1.2 Werbeagenturen

Der zweite wichtige Aktionsträger im Rahmen des Einsatzes der Mediawerbung neben den Werbetreibenden sind die *Werbeagenturen*. Werbetreibende beauftragen diese, einen Teil oder sogar ihre gesamten werblichen Anstrengungen zu planen, durchzuführen und zu kontrollieren. Bei dieser „externen" Lösung zur Realisierung der Mediawerbung beabsichtigen die Werbetreibenden eine effektivere und effizientere Gestaltung der Kommunikationsmaßnahmen. Die Stärke dieses Aktionsträgers liegt vorrangig in dessen „werblichen Ressourcen": Agenturen verfügen über kreative Experten, Medien-Know-how, strategisches und fachliches Wissen sowie die Möglichkeit, spezielle Konditionen für ihre Kunden auszuhandeln. Dabei kann die Agentur neben den Aktivitäten der Mediawerbung auch weitere kommunikations- und marketingbezogene Aufgaben erfüllen. Je nach Umfang der übernommenen Leistungen handelt es sich um Full-Service-Agenturen (Abdeckung des gesamten Kommunikationsspektrums) oder Spezial-Agenturen, die Teilaufgaben (z. B. den Mediaeinkauf) beziehungsweise spezifische Aufgaben im Planungsprozess (z. B. die Kreation) übernehmen. Jedoch wird eine derartige Auslagerung werblicher Kompetenzen nicht von allen Werbetreibenden durchgeführt. Eine interne Lösung bevorzugen Werbetreibende, die einer engen Kontrolle der eigenen werblichen Aktivitäten bedürfen. In diesem Fall übernimmt eine „In House Agency" beziehungsweise die unternehmensinterne Werbeabteilung die Aufgabe, sämtliche Maßnahmen der Mediawerbung zu entwickeln, durchzuführen und zu kontrollieren. Häufig ist dieser Unternehmensbereich für weitere Kommunikationsinstrumente und -aktivitäten, wie beispielsweise der Direktkommunikation mit den identifizierten Zielgruppen, verantwortlich (Moriarty et al. 2009, S. 63 f., S. 99 f.).

1.3 Medien

Die *Medien* repräsentieren schließlich den dritten Aktionsträger im Rahmen des Einsatzes der Mediawerbung und nehmen in dem hier vorgestellten Teilnehmerspektrum eine Art „Zwitterrolle" wahr. Neben der diskutierten Funktion als werbetreibende Organisationen fungieren die Medien gleichzeitig als Kommunikationskanäle, die die werblichen Botschaften zu den Adressaten transportieren. So verkaufen die Medienorganisationen „Raum" in Printmedien sowie in den Medien der Außenwerbung und „Zeit" in den elektronischen Medien. Medienvertreter streben durch ihre eigenen werblichen Aktivitäten insbesondere an, Werbeagenturen und Werbetreibende davon zu überzeugen, dass das jeweilige Medium geeignet ist, die Werbebotschaften zielgerichtet zu den Adressaten zu transportieren.

Die diskutierten Aspekte der Mediawerbung unterstreichen die Relevanz des Kommunikationsinstruments und verdeutlichen, dass im Rahmen des Einsatzes der Mediawerbung eine Vielzahl unterschiedlicher Aktionsträger beteiligt sind und kaum ein anderer Markt durch eine so große Dynamik, Komplexität sowie ein sehr hohes Volumen gekennzeichnet ist.

2 Stellenwert der Mediawerbung im Kommunikationsmix

Im Rahmen des Kommunikationsmix ist die Mediawerbung eine Form der Massenkommunikation (Moriarty et al. 2009), der aufgrund ihrer zahlreichen Ausgestaltungsmöglichkeiten und der vielfältigen Medienlandschaft eine Sonderstellung zukommt. Der Stellenwert der Mediawerbung wird zunächst durch das gesamte *werbliche Informationsvolumen* verdeutlicht. Vor diesem Hintergrund ist festzustellen, dass die gesamten Investitionen in die Mediawerbung in Deutschland im Jahre 2012 einen monetären Umfang von 29,74 Mrd. Euro aufwiesen, ein leichter Rückgang im Vergleich zum Vorjahr um 0,9 Prozent. Auch die zeitliche Betrachtung der Investitionen in das Kommunikationsinstrument (1950: 0,32 Mrd. Euro; 1980: 11,20 Mrd. Euro; 1990: 20,20 Mrd. Euro; 2000: 33,21 Mrd. Euro) verdeutlicht, dass die Mediawerbung intensiv als ein zentrales Instrument zur planmäßigen Kommunikation mit den verschiedenen Anspruchsgruppen genutzt wird und einen hohen *investitionsbezogenen Stellenwert* im Kommunikationsmix einnimmt (ZAW 2013, S. 13 f.). Wie eine Studie zum Entwicklungsstand der Integrierten Kommunikation in Deutschland, Österreich und der Schweiz zeigt, wird der größte Anteil (17,4 Prozent) des Kommunikationsbudgets in die Mediawerbung investiert (Bruhn et al. 2014, S. 60). Nahezu alle befragten Unternehmen beziehen die Mediawerbung in die Kommunikationspolitik mit ein und betrachten diese als Leitinstrument des Kommunikationsmix (Bruhn et al. 2014, S. 55 ff.).

In vielen Unternehmen und Branchen ist jedoch seit einiger Zeit vermehrt eine Umverteilung des Kommunikationsbudgets zu beobachten. Dabei ist als zentrale Entwicklung seit den 1990er-Jahre eine Verschiebung in den Kommunikationsetats zu Lasten der „Above the Line"-Maßnahmen, insbesondere der Mediawerbung, und zu Gunsten der Kommunikationsmaßnahmen „Below the Line" festzustellen. Zu Letzteren zählen u. a. die Verkaufsförderung, das Sponsoring, das Direct Marketing oder das Product Placement (Schweiger und Schrattenecker 2013, S. 125 ff.). Diese Entwicklung hat sich zwar in den letzten Jahren verlangsamt, hinterlässt aber dennoch in vielen Unternehmen eine bedeutende Veränderung der Aufteilung des Kommunikationsbudgets (ZAW 2013).

Neben dem investitionsbezogenen Stellenwert der Mediawerbung im Kommunikationsmix ist dem Kommunikationsinstrument auch ein hoher *funktionaler Stellenwert* beizumessen. So übernimmt die Mediawerbung zum einen *informative Funktionen* bezüglich Produkt- beziehungsweise Leistungs- und/oder Unternehmenseigenschaften. Zum anderen „transformiert" die Mediawerbung in gewisser Weise das beworbene Produkt, indem Maßnahmen der Mediawerbung ein spezielles Image für ein Produkt oder eine Leistung generieren. Die Mediawerbung nimmt innerhalb des Kommunikationsmix in diesem Sinne zusätzlich *manipulative Funktionen* an, d. h., mit ihrem Einsatz wird letztlich versucht, die

Verhaltensweisen der Konsumenten zu beeinflussen. Im Rahmen des Botschaftstransports werden daher häufig weniger sachliche Informationen, sondern vielmehr emotional aufgeladene Reize in Verbindung mit dem beworbenen Produkt beziehungsweise der Leistung präsentiert, um diese aus dem Umfeld immer homogener werdender Konkurrenzprodukte und -dienstleistungen hervorzuheben und den Adressaten einen psychologischen Zusatznutzen zu bieten.

Generell zeigte sich in den letzten Jahren eine Zunahme der Konfrontation mit Werbeimpulsen sowie des Medienkonsums: so beträgt der durchschnittliche tägliche Hörfunkkonsum rund 191 Minuten, jener des Fernsehkonsums rund 242 Minuten (ARD/ZDF 2013). Bei den Rezipienten führt dies zu einer Informationsüberlastung und damit verbundenen *Reaktanzen* gegenüber der Mediawerbung. So ist auf Konsumentenseite neben der begrenzten Aufnahme von Kommunikationsreizen ein sinkendes Interesse an der Mediawerbung festzustellen. Phänomene wie „Zapping" im Fernsehen oder „Zipping" (d. h. das bewusste beziehungsweise automatische „Weiterschalten" bei TV-Spots beziehungsweise „Überblättern" von Anzeigen) sind Hinweise für Verweigerungshaltungen gegenüber den Werbebotschaften von Unternehmen, die gleichzeitig mit Negativeinstellungen der Konsumenten gegenüber der Werbung verbunden sind (Bruhn 2014b). Eine weitere Folge der steigenden Werbereaktanzen der Konsumenten zeigt sich in einem zunehmend zielgerichteten Medienkonsumverhalten. So sehen, gemäß einer repräsentativen Umfrage des Forschungsinstituts Ipsos, deutsche Fernsehzuschauer als Folge der Informationsüberlastung gezielter fern als noch vor einiger Zeit. Lediglich 56 Prozent der Befragten geben an, sich auf eine ausgewählte Sendung bis zum Ende zu konzentrieren (Voß 2007).

Trotz dieser Tendenzen ist festzustellen, dass es sich bei der Mediawerbung weiterhin um ein Kommunikationsinstrument handelt, das in den meisten Unternehmen den größten investitionsbezogenen Stellenwert einnimmt und eine Vielzahl an Einsatzmöglichkeiten bietet.

3 Branchenspezifische Kommunikationsaufgaben der Mediawerbung

Die Bedeutung der Mediawerbung als kommunikationspolitisches Instrumentarium ist nachhaltig von der jeweiligen Branchenzugehörigkeit eines Unternehmens abhängig. Dabei sind Konsumgüter-, Dienstleistungs- und Industriegütermärkte zu differenzieren, die durch ein unterschiedliches Kommunikationsverhalten beziehungsweise verschiedene Kommunikationsbedürfnisse der Beteiligten und daraus resultierende *Kommunikationsaufgaben* geprägt sind.

Der Mediawerbung wird vor allem im Bereich der *Konsumgüterindustrie* eine hohe strategische Bedeutung zugesprochen, wo sie primär dem Abverkauf von Produkten dient (Rossiter und Percy 2005, S. 634 ff.). Im Unterschied zu Instrumenten zur Unterstützung der individuellen Kommunikation sind TV-Spots, Printanzeigen, Radiowerbung usw. eher in der Lage, in Massenmärkten bei einem breiten Zielpublikum die Bekanntheit einer Marke aufzubauen beziehungsweise zu steigern, das Unternehmens- oder Markenimage zu prägen und schließlich Kaufabsichten zu generieren. Aufgrund der zunehmenden Homogenität der Produktlandschaft in dieser Branche und gleichzeitiger Sättigung der Konsumgütermärkte erscheint eine eindeutige Differenzierung vom Wettbewerb schwieriger. Der Einsatz der Mediawerbung kann hierbei als zentraler Wettbewerbsfaktor gewertet werden. So kann es Unternehmen mittels Mediawerbung gelingen, zum einen die Perzeption eines bestimmten Konsumgüterangebotes zu erhöhen, zu formen und die Zielgruppen über wesentliche Eigenschaften der entsprechenden Leistung zu informieren. Zum anderen können durch den Einsatz der Mediawerbung emotionale Erlebnisse geschaffen werden (z. B. Erlebnis- und Genussausdruck als grundlegender Trend, der sich auf das Konsumentenverhalten auswirkt; Kroeber-Riel und Esch 2011, S. 38 ff.).

Auch im *Dienstleistungsbereich* wird der Einsatz der Mediawerbung vor dem Hintergrund der erhöhten Wettbewerbsintensität immer mehr zu einem entscheidenden Erfolgsfaktor am Markt. Die zunehmende Bedeutung der Mediawerbung im Kommunikationsmix von Dienstleistungsanbietern ist am Kommunikationsverhalten von Finanzdienstleistungen, Reisegesellschaften und Versicherungen zu erkennen, die ihren medialen Werbedruck und die Bruttoaufwendungen für Mediawerbung erheblich gesteigert haben (ZAW 2006, S. 19). Die Mediawerbung bei Dienstleistungen hat insbesondere zum Ziel, das immaterielle Gut „Dienstleistung" sichtbar zu machen. Darüber hinaus liegt der Fokus auf der Absatzförderung (*klassische Mediawerbung*) sowie den Aufbau eines positiven Unternehmensimages zu unterstützen (*institutionelle Mediawerbung*). Letzteres ist von Relevanz, da das durch Kommunikationsaktivitäten vermittelbare Image eine Schlüsselstellung im Rahmen der Kaufentscheidung potenzieller Erstkäufer einnimmt und die Maßnahmen für die Imagebildung bei potenziellen Wiederkäufern als Bestätigungsfunktion fungieren kann (Bruhn und Meffert 2012, S. 490).

Während es in Konsumgüter- und Dienstleistungsmärkten darauf ankommt, möglichst viele Personen und Haushalte, d. h. die „breite Masse", durch die Mediawerbung zu erreichen, ist es in *Industriegütermärkten* in der Regel wichtiger, mit den Zielgruppen individuell zu kommunizieren. Darüber hinaus ist der kundenseitige Informationsbedarf im Business-to-Business-Bereich (B2B) wesentlich höher, deshalb kommt der Persönlichen Kommunikation eine größere Bedeutung zu als der Massenkommunikation. Bei dieser Form der Kommunikation kann auf individuelle Besonderheiten der Kunden eingegangen werden. Die Mediawerbung dient in der Industriegüterbranche vorwiegend der Steigerung von Awareness- und Imagegrößen und wird dazu verwendet, das Image und die Positionierung eines Unternehmens in der breiten Öffentlichkeit zu kommunizieren. Insbesondere der Aufbau von Vertrauen sowie die Dokumentation unternehmensspezifischer Kompetenzen stehen dabei im Mittelpunkt. So ist in den letzten Jahren ein verstärkter Einsatz der Mediawerbung durch Industriegüterunternehmen festzustellen, die durch emotionale Kampagnen die Imagewerte eines Unternehmens kommunizieren, wie beispielsweise die Imagekampagne „Wir entwickeln die Zukunft für Sie" der ThyssenKrupp AG. Damit stellt die Mediawerbung in der Industriegüterbranche kein explizites Akquiseinstrument dar, wie es häufig bei Konsumgütern der Fall ist, da Kaufentscheidungen im Industriegüterbereich meist im Rahmen eines Buying Centers getroffen werden (Backhaus und Voeth 2010).

4 Planung und Umsetzung einer Kommunikationsstrategie im Rahmen der Mediawerbung

Die vorangegangenen Ausführungen machen deutlich, dass die Mediawerbung insbesondere in Konsumgütermärkten, aber auch im Dienstleistungs- und Industriegüterbereich eine zentrale Rolle im Rahmen der Kommunikationspolitik vieler Unternehmen einnimmt und als ein wesentliches Element des gesamten Kommunikations- und Marketingmix zu erachten ist. Ausgangspunkt jeder Werbekampagne hat ein vorab festgelegter Werbeplan zu sein, der verschiedene Entscheidungstatbestände berücksichtigt. Aufgabe der Planung der Mediawerbung ist es, werbepolitischen Aktivitäten auf die zentralen Zielsetzungen der Marketing- und Kommunikationsplanung abzustimmen (Schweiger und Schrattenecker 2013, S. 195). Die Erfüllung der unterschiedlichen Aufgaben der Mediawerbung erfordert daher eine systematische und strukturierte Vorgehensweise bei der Planung und Umsetzung der Mediawerbung-Maßnahmen. Dazu bedarf es eines ganzheitlichen und strategischen *Planungsprozesses der Mediawerbung*, der in der Lage ist, die vielfältigen werbebezogenen Elemente und Phasen miteinander zu verbinden und in den Kommunikationsmix zu integrieren. Abbildung 1 zeigt einen idealtypischen Planungsprozess der Mediawerbung.

Es wird deutlich, dass die Planungsaktivitäten in den einzelnen Phasen nicht unabhängig voneinander sind, sondern in Beziehung zueinander stehen und Wechselwirkungen aufweisen. Daher ist es notwendig, dass jede Phase des Planungsprozesses durch eine integrative Ausrichtung auf den Kommunikationsmix gekennzeichnet ist. Im Rahmen des Planungsprozesses der Mediawerbung sind von den an der Kommunikation Beteiligten verschiedene Teilentscheidungen in den nachfolgend beschriebenen *Phasen* vorzunehmen.

4.1 Situationsanalyse der Mediawerbung

Die Analyse der werbebezogenen Situation eines Unternehmens bildet den Ausgangspunkt jeder effektiven Entscheidung im Rahmen der Mediawerbung. Es handelt sich um eine Bestandsaufnahme, die die interne und externe Unternehmenssituation in Bezug auf den bisherigen Erfolg der Aktivitäten der Mediawerbung analysiert. Im Rahmen einer Ist-Analyse wird erfasst, wie der derzeitige kommunikationsbezogene Auftritt des Gesamtunternehmens sowie der Mediawerbung wahrgenommen wird und welche Faktoren die Kommunikationssituation beeinflussen. Hierbei sind alle Wahrnehmungsperspektiven, wie die Wahrnehmung durch Kunden, Handel, Mitarbeitende, Öffentlichkeit, oder durch die Konkurrenz, zu untersuchen. Als Konsequenz aus der Evaluierung der ermittelten kommunikationsrelevanten externen Chancen und Risiken am Markt sowie internen Stärken und Schwächen im Unternehmen erfolgt die Grundsatzentscheidung über den zukünftigen Einsatz der Mediawerbung. Mit dem Ergebnis der Situationsanalyse wird die *kommunikative Problemstellung der Mediawerbung* deutlich, die wiederum Ansatzpunkte für kommunikationspolitische Strategien und Maßnahmen aufzeigt.

Abb. 1 Planungsprozess der Mediawerbung. Quelle: Bruhn 2014c, S. 271

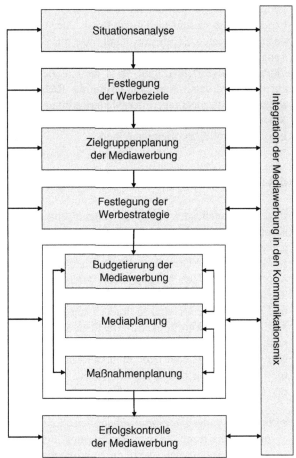

4.2 Festlegung der Werbeziele

Ausgehend von den übergeordneten Zielen der Unternehmens- und Marketingkommunikation sowie der kommunikativen Positionierung eines Unternehmens beziehungsweise einzelner Marken sind in einem nächsten Schritt die situationsadäquaten Werbeziele zu formulieren und dem weiteren Vorgehen voranzustellen. Prinzipiell können dabei ökonomische und psychologische Zielgrößen definiert werden, wobei *ökonomische Ziele* (z. B. Absatz und Umsatz) aufgrund einer bestehenden Zurechnungsproblematik meist von nachgelagerter Bedeutung sind. In erster Linie werden daher für die Mediawerbung *psychologische und verhaltensbezogene Ziele* formuliert, deren Erreichen in hohem Maße vom werblichen Aktivitätsniveau abhängt. Im Hinblick auf die Profilierung im Kommunikationswettbewerb sind vor allem die psychologischen Ziele einer einzigartigen und unverwechselbaren Positionierung sowie der Aufbau eines bestimmten Images von besonderer Relevanz. Verhaltensbezogene Ziele stellen die Wiederkaufsabsicht oder die Weiterempfehlung an das

Umfeld dar. Die angestrebten ökonomischen, psychologischen und verhaltensbezogenen Werbeziele sind nach ihrem Inhalt, Ausmaß sowie Zeit- und Segmentbezug zu operationalisieren. Sie dienen damit nicht nur als Maßgröße für die spätere Erfolgskontrolle, sondern nehmen auch eine Steuerungsfunktion wahr, da sämtliche Aktivitäten so auszurichten sind, dass diese Ziele erreicht werden. Dem werblichen Handeln wird damit eine ganz bestimmte Richtung vorgegeben, an der alle nachfolgenden Entscheidungen der Mediawerbung (Zielgruppenplanung, Strategie der Mediawerbung, Budgetierung der Mediawerbung, Maßnahmenplanung sowie die Erfolgskontrolle) zu orientieren sind.

4.3 Zielgruppenplanung der Mediawerbung

In der anschließenden Phase des Planungsprozesses haben Unternehmen zu entscheiden, welche Zielgruppen mit welcher Intensität durch die Mediawerbung anzusprechen sind. Hierbei sind nicht nur aktuelle und potenzielle Käufer essenziell, sondern auch jene Gruppen relevant, die einen Einfluss auf die Entscheidungen der Käufer ausüben, wie beispielsweise *Meinungsführer* oder *Referenzpersonen*. Die Auswahl anzusprechender Zielgruppen sowie die Beeinflussung ihrer Meinungen und Verhaltensweisen sind zentrale Bezugspunkte der Botschaftsgestaltung und der Mediaselektion. Um konkrete Anhaltspunkte für die Mediawerbung zu erhalten, sind einzelne Marktsegmente, die Unternehmen idealtypisch im Zuge der strategischen Marketing- und Kommunikationsplanung abgegrenzt haben, einer Mediawerbung-bezogenen Analyse zu unterziehen. Folgende drei *Schritte* sind bei der Zielgruppenplanung zu durchlaufen:

- Im Rahmen der *Zielgruppenidentifikation* sind die Personen und Organisationen zu identifizieren, die zur Realisierung der Unternehmens-, Marketing- und Kommunikationsziele werblich anzusprechen sind. Je nach Markt- und Unternehmenssituation sind diese im Rahmen einer Grobsegmentierung in Kernzielgruppen sowie ergänzende Zielgruppen zu differenzieren. Zur Zielgruppenidentifikation werden so genannte aktive Variablen herangezogen, wie beispielsweise die Informationsbedürfnisse der Zielgruppen, deren Einkaufsgewohnheiten oder ihr Medienkonsumverhalten.
- Durch die *Zielgruppenbeschreibung* wird in einem nächsten Schritt versucht, möglichst genaue Informationen über verschiedene Merkmale der einzelnen relevanten Zielgruppen zu generieren, um diese genauer zu charakterisieren. So genannte passive Variablen, wie das Alter, Geschlecht oder generelle Einstellungen, machen die identifizierten Zielgruppen greifbarer und liefern zusätzliche Hinweise für die Gestaltung der Mediawerbung. Dieser Schritt kann deshalb auch als Feinsegmentierung bezeichnet werden. Zum Teil liegen die Beschreibungskriterien durch die vorangegangene Marktsegmentierung bereits vor, es ist jedoch Wert darauf zu legen, Zielgruppen nach solchen Kriterien zu beschreiben, die für die Werbegestaltung von Bedeutung sind. In der Kommunikationspraxis, vor allem im Konsumgüterbereich, wird mit so genannten *Zielgruppentypologien*

gearbeitet (Bruhn 2014c, S. 330 ff.). Dazu zählen u. a. Lifestyle-Typologien, die eine Segmentierung anhand typischer Verhaltensmuster von Personen oder -gruppen vornehmen und sich beispielsweise grafisch über so genannte Sinus-Milieus (z. B. Traditionelles Milieu oder Bürgerliche Mitte) darstellen lassen (Meffert et al. 2012, S. 204; Kroeber-Riel und Gröppel-Klein 2013, S. 638 ff.).
- Im Rahmen der Analyse der *Zielgruppenerreichbarkeit* ist festzustellen, welche Werbeträger und -mittel zur Ansprache einer bestimmten Zielgruppe am besten geeignet sind. Mit den notwendigen Informationen aus der Zielgruppenbeschreibung sind bei diesem Schritt unmittelbare Entscheidungshilfen für den konkreten Einsatz der Werbeträger und -mittel abzuleiten.

4.4 Festlegung der Werbestrategie

Aufbauend auf den festgelegten Zielen und identifizierten Zielgruppen werden in der nächsten Phase die zu verfolgenden Werbestrategien bestimmt. Durch die Werbestrategie wird festgelegt, wie sich das Unternehmen langfristig gegenüber den ausgewählten Zielgruppen verhalten will beziehungsweise welche Kernbotschaften zukünftig kommuniziert werden. Eine Werbestrategie beinhaltet demnach globale, mittel- bis langfristige Verhaltenspläne, die verbindlich angeben, mit welchen Schwerpunkten im Einsatz von Werbeträgern und -mitteln die Werbeziele eines Unternehmens zu erreichen sind (Bruhn 2014a, S. 210 ff.). In Anlehnung an das Paradigma eines Kommunikationssystems (Meffert et al. 2012, S. 606) sind vier *Dimensionen einer Werbestrategie* zu unterscheiden:

Wer sagt	(Werbeobjekt)
Was	(Werbebotschaft)
Wie	(Werbemittel und -träger)
zu *Wem?*	(Werbezielgruppe)

Die Basis der Werbestrategie bildet das *Werbeobjekt* (z. B. eine Marke, Produktlinie oder das Gesamtunternehmen). Unternehmen legen dabei fest, welche Objekte schwerpunktmäßig werblich zu unterstützen sind beziehungsweise wer als Absender der Werbebotschaften in Erscheinung tritt. Mit der *Werbebotschaft* werden die zentralen, zu transportierenden Inhalte und die Kernbotschaft definiert. Diese ergibt sich unmittelbar aus der Positionierung der Unternehmensleistung beziehungsweise der Marke, indem die „Unique Selling Proposition" (USP) herausgestellt wird. Ein USP bezieht sich dabei auf Merkmale wie beispielsweise Gesundheit, Natürlichkeit, Preiswürdigkeit, Sportlichkeit oder Leistungsfähigkeit. Für die Kommunikation gilt es, den USP in eine „Unique Communication Proposition" (UCP) beziehungsweise für die Mediawerbung in eine „Unique Advertising Proposition" (UAP) umzusetzen. Als weitere Entscheidungsgrundlage für die Botschaftsgestaltung lassen sich die formulierten Werbeziele heranziehen, an denen sich, zusammen mit den kommunikationspolitischen Aufgaben, die inhaltliche Ausgestaltung der Strategie orientiert. Mögliche *Werbestrategien* sind die Bekanntmachungsstrategie (z. B. Einführungs- oder

Erinnerungswerbung), Informationsstrategie (z. B. Aufklärung über neue Produktvorteile oder neue Serviceleistungen), Imageprofilierungsstrategie (z. B. Aktualisierung bestimmter Dimensionen, wie Natürlichkeit oder Exklusivität) oder Konkurrenzabgrenzungsstrategien (z. B. Hervorhebung konkurrenzentscheidender Merkmale wie Produktleistung, Garantiezeit oder Preisvorteil). Die Botschaftsgestaltung steht dabei in enger Beziehung zur Werbeträger- beziehungsweise Werbemittelwahl, denn diese bestimmen die zur Verfügung stehenden Modalitäten (Text, Bild, Ton usw.). Im Rahmen der Werbeträgerauswahl ist das *Leitmedium* festzulegen, d. h. ein dominantes Medium, in dem hauptsächlich Mediawerbung betrieben wird, wie beispielsweise Fernsehwerbung in der Einführungsphase einer neuen Automarke zur Steigerung des Bekanntheitsgrades. Die Bestimmung des Leitmediums im Rahmen der Werbestrategie ist ein Entscheidungsproblem der Intermediaselektion und somit der Auswahl zwischen verschiedenen Werbeträgern. Auf Grundlage quantitativer Kriterien (z. B. Reichweiten und Belegungskosten) und qualitativer Kriterien (z. B. Funktion und Image des Werbeträgers, Darstellungsmöglichkeiten, Verfügbarkeit) werden *Mediastrategien* beziehungsweise der *Mediamix*, als die prozentuale und zeitliche Aufteilung der unterschiedlichen Werbeträger, die im Rahmen einer Werbekampagne zu belegen sind, festgelegt (Bruhn 2014a, S. 211 f.). Dabei zu beachten ist der stete Bezug des Einsatzes der Mediawerbung auf die jeweiligen *Werbezielgruppen*, wie Konsumenten, Händler, die Öffentlichkeit oder Aktionäre.

4.5 Budgetierung der Mediawerbung

Einen weiteren wesentlichen Bereich des Planungsprozesses der Mediawerbung stellt die *Werbebudgetplanung* dar. Deren Aufgabe ist die Festlegung der Höhe der finanziellen Mittel, die für die Medienbelegung, Planung, Durchführung und Kontrolle werblicher Maßnahmen einzusetzen sind. Die Budgetierung zur Erreichung der Werbeziele bezieht sich auf eine (oder mehrere) bestimmte Planungsperiode(n). Idealtypisch – jedoch in der Praxis sehr selten zu beobachten – sind die finanziellen Mittel auf Grundlage der Werbestrategie zu planen. Dabei steht das Kriterium der „Wirtschaftlichkeit" im Vordergrund der Überlegungen, d. h. die gesetzten Werbeziele sind mit den geringsten möglichen Kosten zu erreichen (Schweiger und Schrattenecker 2013, S. 217). Ansätze zur Budgetierung der Mediawerbung werden in der Literatur in heuristische Ansätze (z. B. Ziel-Maßnahmen-Kalkulationen) und analytische Ansätze (z. B. Analyse anhand von Werbereaktionsfunktionen) unterschieden (hierzu vertiefend Bruhn 2014a, S. 214 ff.; 2014c, S. 359 ff.).

4.6 Mediaplanung

Ist das Problem der Werbebudgetierung gelöst, so stellt sich im Rahmen der Mediaplanung die Frage, wie ein bestimmtes Budget zielgruppengerecht und planungsperiodenbezogen auf verschiedene Werbeträger aufzuteilen ist (*Intramediaselektion* beziehungsweise *Streuplanung*). Da der Erfolg einer Werbekampagne neben der

Gestaltung der Werbemittel von deren Verbreitung abhängt, ist es für Unternehmen essenziell, die Werbeträger mit der gewünschten Anzahl der Einschaltungen im geeigneten Umfeld und zum geplanten Zeitpunkt einzusetzen. Hierbei rücken Kriterien wie räumliche und zeitliche Abdeckung, Reichweite, Kontakthäufigkeiten sowie der Nutzungspreis in den Vordergrund. Dabei ist die Mediaplanung in der Form zu gestalten, dass das gegebene Werbebudget eine maximale Wirkung entfaltet (Schmalen 1992, S. 126; Bruhn 2014c, S. 393 ff.). Ergebnis der Werbestreuplanung ist ein Mediaplan, in dem die Belegung einzelner Werbeträger nach bestimmten Zeitintervallen (z. B. Wochen), festgehalten ist. Zur Beurteilung der angebotenen Medien und einzelnen Titel sind vielfältige Kriterien, insbesondere unterschiedliche Kontaktmaßzahlen und -gewichtungen, heranzuziehen (Bruhn 2014a, S. 218 ff.; Bruhn 2014c, S. 397 ff.).

4.7 Maßnahmenplanung

Im Rahmen der Planung der Mediawerbung werden parallel zur Werbestreuplanung Überlegungen zur Gestaltung der werblichen Maßnahmen angestellt, insbesondere über die Formulierung einer Werbebotschaft und eng damit verbunden die Auswahl einzusetzender Werbemittel (Anzeige, Plakat, Hörfunk-Spot, TV-Spot usw.), da diese eine unterschiedliche Eignung zum Botschaftstransport aufweisen. Nachdem der werbetreibende Auftraggeber der Agentur ein Briefing erstellt hat, ist es die Aufgabe der Werbeagentur, auf dieser Basis Maßnahmen der Mediawerbung zu konzeptionieren. Neben dem Werbeinhalt ist dabei auch über den Werbestil zu entscheiden. Festzulegen ist in diesem Kontext insbesondere die Tonalität der Werbebotschaft, d. h., ob ein primär emotionaler oder informativer Grundton verfolgt wird. Eine rein *informative und argumentative Gestaltung* ist rational angelegt und zielt auf die sachliche Überzeugung der Zielgruppe ab. Unternehmen können sich hierbei kreativer Methoden der Visualisierung, etwa durch Ähnlichkeiten, Beweise, Gedankenverbindungen, Steigerungen usw. bedienen. Diese Gestaltungsstrategie ist insbesondere zur Beeinflussung und Unterstützung extensiver Kaufentscheidungen geeignet, da Konsumenten hier ein höheres Kaufrisiko wahrnehmen und bereit sind, sachliche Informationen zu sammeln und zu verarbeiten. Formen der *psychologischen Gestaltung* versuchen dagegen, über einen Transfer in psychologische Kategorien (z. B. Ängste, Emotionen, Erotik, Humor) bei den Zielgruppen Aufmerksamkeit zu wecken (Kroeber-Riel und Esch 2011, S. 99 ff.). Diese Gestaltungsformen bieten sich eher für Produkte und Dienstleistungen an, die ein geringes Involvement der Konsumenten mit sich bringen. Der Botschaftsinhalt ist schließlich im Rahmen der *Gestaltung der Botschaftsform* in optische (Sprach- oder Bildzeichen) beziehungsweise bei audiovisuellen Trägern in akustische Zeichen umzusetzen. Aufgrund der konsumentenseitigen Informationsüberlastung und der damit einhergehenden begrenzten Informationsaufnahme- und -verarbeitungskapazität von Kommunikationsempfängern ist es für Unternehmen schwieriger, die Aufmerksamkeit der Zielgruppen zu wecken. Deshalb wird insbesondere der *Bildkommunikation* eine zentrale Rolle zugeschrieben.

4.8 Integration der Mediawerbung in den Kommunikationsmix

Aufgrund des zunehmenden Stellenwertes einer Integrierten Kommunikation (Bruhn et al. 2014) ist es erforderlich, dass die planerischen Aktivitäten in jeder Phase durch eine integrative Ausrichtung auf den Kommunikationsmix gekennzeichnet sind und die Integration der Mediawerbung in den Kommunikationsmix als eine Phase des werblichen Planungsprozesses fest etabliert wird. Dabei sind es vor allem die Vielzahl verschiedener Vernetzungsmöglichkeiten mit anderen Kommunikationsinstrumenten (*interinstrumentelle Integration*), z. B. mit der Verkaufsförderung, dem Event Marketing, der Multimediakommunikation, sowie die damit verbundenen Synergie- und Kostensenkungspotenziale, die eine sorgfältige (inhaltliche, formale und zeitliche) Abstimmung erfordern. Darüber hinaus ist in diesem Rahmen die Notwendigkeit der *intrainstrumentellen Integration* hinzuweisen. Hierbei liegt der Fokus auf der Vernetzung der Werbeträger innerhalb aller werbepolitischen Aktivitäten (z. B. TV, Print, Plakat oder Online-Werbung). Die verfolgt das Ziel, den werblichen Planungsprozess inhaltlich, formal und zeitlich abzustimmen und zu koordinieren und hilft, widersprüchliche Botschaften, Reibungsverluste sowie Doppelarbeiten zu verhindern und Synergien bestmöglich auszuschöpfen.

4.9 Erfolgskontrolle der Mediawerbung

Die Kontrolle der Aktivitäten der Mediawerbung schließt den Planungsprozess ab. In dieser Phase ermöglichen es *Analysen von Werbewirkungen*, Hinweise zur Verbesserung der einzelnen Teilentscheidungen des Planungsprozesses (z. B. Ziel- und Maßnahmenkorrekturen) zu gewinnen. Die Kontrolle der Mediawerbung beinhaltet nicht nur die Beantwortung der Frage, in welchem Ausmaß die zuvor definierten Werbeziele (z. B. die Erzielung eines bestimmten Bekanntheitsgrades) erreicht worden sind, sondern auch die Offenlegung weiterer Wirkungen der Mediawerbung, wie beispielsweise Imagewirkungen bei den Zielgruppen, die kein explizit formuliertes Ziel der Werbekampagne waren (Steffenhagen 2008). In Abhängigkeit der Wirkungskontrolle sind im Hinblick auf in späteren Perioden durchzuführende Aktivitäten der Mediawerbung mehr oder weniger starke Anpassungen der Konzeptionen vorzunehmen. Sowohl in der Praxis als auch in der einschlägigen Literatur (Erichson und Maretzki 1993, S. 521 ff.) wird der Erfolg der gesamten Werbekampagne anhand erreichter Personen beziehungsweise Wirkungen bei erreichten Personen auf Zielkonformität untersucht. Eine werbliche Erfolgskontrolle ist in dieser Form jedoch nicht vollständig, da etwaige Wirkungsdefizite nicht immer trennscharf bestimmten Phasen des Planungsprozesses zuzuordnen sind. Eine vollständige *Werbeerfolgskontrolle* hat daher darüber hinaus die planmäßige Umsetzung von Werbeentscheidungen zu überprüfen und die bestehenden Planungsgrundlagen im Sinne eines Werbeaudits fortwährend konstruktiven Zweifeln zu unterziehen. Neben der Wirkungskontrolle sind folglich als weitere Formen der Erfolgskontrolle, die so genannte Prozesskontrolle, die sich mit der Kontrolle der organisatorischen Durchführung der Aktivitäten der

Mediawerbung beschäftigt, sowie die Effizienzkontrolle, bei der Kosten-Nutzen-Vergleiche aufgestellt werden, zu berücksichtigen.

Generell ist anzumerken, dass der hier vorgestellte Planungsprozess der Mediawerbung als „idealtypisch" anzusehen ist. Vor dem Hintergrund der Funktionen und Aufgaben der Mediawerbung ist insbesondere eine kontinuierliche und langfristige Planung zu betreiben. Aufgrund der interdependenten Beziehungen zwischen Werbe- und Kommunikationsplanung ist hierzu ein *simultanes Vorgehen* notwendig. So ist es denkbar, dass die durch die Kommunikationsplanung induzierten werbepolitischen Aktivitäten Spielräume beziehungsweise Einschränkungen bei der Planung anderer Kommunikationsinstrumente hervorrufen. Planer der Mediawerbung haben daher die planungsinternen und -externen Interdependenzen gedanklich zu berücksichtigen und den planerischen Aktivitäten eine vernetzte und dynamisch ausgerichtete Denkweise zugrunde zu legen. Erst dann ist es möglich, dass die Mediawerbung ihren Aufgaben in voller Wirksamkeit nachgehen und Produkte, Dienstleistungen und/oder Marken effektiv und effizient werblich unterstützen kann.

5 Schlussbetrachtung und Ausblick

Wie die Ausführungen verdeutlichen, eignet sich die Mediawerbung insbesondere zur Darstellung des institutionellen Erscheinungsbildes im Rahmen der Unternehmenskommunikation sowie zur Profilierung und Bekanntmachung von Produkten und Dienstleistungen im Rahmen der Unternehmens- und Marketingkommunikation. Zu diesem Zweck nimmt die Mediawerbung in vielen Branchen die *Funktion eines Leitinstrumentes* ein und verfügt in zahlreichen Unternehmen über eine hohe strategische Bedeutung.

Durch den zunehmenden Kommunikationswettbewerb der letzten Jahre ändern beziehungsweise verschärfen sich jedoch die Erfolgsbedingungen für den Einsatz der Mediawerbung. Dies erfordert von werbetreibenden Unternehmen eine Neuorientierung, um werbliche Wettbewerbsvorteile aufzubauen und dauerhaft zu halten. Unternehmen haben in Zukunft verstärkt darüber nachzudenken, wie die in zunehmendem Maße auftretenden Streuverluste sowie sinkenden Werbewirkungen aufzufangen sind. Dementsprechend sind die Strategien der Mediawerbung gemäß den Herausforderungen zu adaptieren. Zusammenfassend lassen sich die zukünftigen *Erfolgsbedingungen der Mediawerbung* in der Betonung nachfolgender fünf Dimensionen exemplarisch verdeutlichen:

(1) Es ist erforderlich, dass die werbetreibenden Unternehmen zunehmend dazu übergehen, die Mediawerbung *emotionaler* zu gestalten. Diese Forderung wird bereits durch den seit einiger Zeit in allen Branchen beobachtbaren Trend zur Imagewerbung gestützt, dessen Ursachen vor allem in dem homogener werdenden Produkt- beziehungsweise Leistungsangeboten und der Notwendigkeit zur Schaffung von Vertrauen, Glaubwürdigkeit sowie dem Bedürfnis nach Authentizität zu sehen sind. So ist eine Differenzierung der zunehmend homogen wahrgenommenen Markenlandschaft über das spezifische Image umsetzbar.

Für den Imageaufbau hat eine emotionale, durch motivationale Argumentationsführungen ausgerichtete Mediawerbung, angereichert mit Unterhaltungswerten, einen immer höheren Beitrag zu leisten.
(2) Im Zuge der steigenden Informationsüberlastung wird die Rezeption von Werbemitteln immer oberflächlicher, fragmentarischer und selektiver. Es ist davon auszugehen, dass die durchschnittliche Betrachtungsdauer von Werbemitteln weiter sinkt. Der Erfolg werblicher Aktivitäten hängt daher künftig davon ab, inwieweit es gelingt, Werbemittel derart zu gestalten, dass sie schnell und auch bei geringer Aufmerksamkeit der Rezipienten eine hinreichend große Wirkung entfalten. Dazu ist es notwendig, Werbemittel *bildbetonter* zu gestalten, da Bilder von Konsumenten wesentlich schneller wahrgenommen und verarbeitet werden.
(3) Darüber hinaus haben werbetreibende Unternehmen verstärkt darüber nachzudenken, wie sie ihre werblichen Aktivitäten in Zukunft *innovativer* gestalten, um sich von einer Vielzahl „konservativ" und gleichförmig gestalteter Werbemittel abzuheben. Mit der Mediawerbung sind hierbei neue Wege zu gehen und auch originellen Ideen Beachtung zu schenken, da ungewöhnlichen und spontanen Werbemitteln immer mehr Aufmerksamkeit geschenkt wird.
(4) Eng verbunden mit einem erwünschten höheren Unterhaltungswert der Mediawerbung ist eine zunehmend ausgeprägte *Kreativität* gefordert. Der Stellenwert der Kreativität als zentraler Erfolgsfaktor wächst vor dem Hintergrund der aufgezeigten Entwicklungen insbesondere auf Nachfragerseite weiter an. Eine immer selektiver werdende Rezeption der Werbeimpulse sowie die routiniertere Vermeidung unerwünschter Werbung durch die Rezipienten erfordern eine kreative, originelle und ideenreiche Gestaltung der Werbemittel, die den Konsumenten einen hohen Nutzen stiften und unverwechselbar zu der beworbenen Marke gehören.
(5) Schließlich ist in Zukunft darauf zu achten, dass der Einsatz der Mediawerbung *integrativ* erfolgt, damit zentrale Werbeaussagen und -botschaften von den Zielgruppen ohne großen Aufwand gelernt, dauerhaft gedanklich präsent bleiben und richtig zugeordnet werden. Erfolgreiche Marken beziehungsweise Unternehmen kommunizieren über sämtliche Werbemittel eine kontinuierlich eingesetzte Werbeaussage, die sowohl auf instrumenteller Ebene, d. h. mit anderen eingesetzten Kommunikationsinstrumenten, als auch auf intrainstrumenteller Ebene, d. h. innerhalb der Mediawerbung, abzustimmen ist. Damit ist es möglich, die zentralen Botschaften und Aussagen in den Köpfen der Konsumenten zu verankern und gleichzeitig die Attraktivität der Mediawerbung aufrecht zu erhalten.

Die vielseitigen Aspekte der Erfolgsfaktoren verdeutlichen die weiterhin bestehenden Herausforderungen der Mediawerbung, die bereits in den letzten Jahren einem starken Wandel unterworfen war. Insbesondere die Betrachtung des *Stellenwertes der Mediawerbung im Kommunikationsmix* verdeutlicht, dass dieser im Vergleich zu den Vorjahren zwar abnimmt, der Mediawerbung jedoch in Unternehmen eine große strategische Bedeutung zugeschrieben wird. Eine strategische

Ausrichtung als Rahmen des instrumentespezifischen Planungsprozesses ist die notwendige Voraussetzung für den Einsatz einzelner Kommunikationsinstrumente. Die Mediawerbung kann durch konsistente Kommunikationskampagnen eine breite Plattform schaffen, auf die andere Instrumente, beispielsweise Verkaufsförderungs-, PR-, Sponsoring- oder Direct-Marketing-Kampagnen, aufbauen. Die Zukunft der Mediawerbung wird daher von der konsequenten Vernetzung mit anderen Kommunikationsinstrumenten und -maßnahmen abhängen.

Literatur

ARD/ZDF. (2013). ARD/ZDF-Onlinestudie 2012. http://www.ard-zdf-onlinestudie.de/index.php?id=388. Zugegriffen am 26.03.2014.
Backhaus, K., & Voeth, M. (2010). *Industriegütermarketing* (9. Aufl.). Vahlen: München.
Bruhn, M. (2015). *Kommunikationspolitik – Systematischer Einsatz der Kommunikation für Unternehmen* (8. Aufl.). München: Vahlen.
Bruhn, M. (2014a). *Marketing – Grundlagen für Studium und Praxis* (12. Aufl.). Wiesbaden: Springer Gabler.
Bruhn, M. (2014b). *Integrierte Unternehmens- und Markenkommunikation – Strategische Planung und operative Umsetzung* (6. Aufl.). Stuttgart: Schäffer-Poeschel.
Bruhn, M. (2014c). *Unternehmens- und Marketingkommunikation – Handbuch für ein integriertes Kommunikationsmanagement* (3. Aufl.). München: Vahlen.
Bruhn, M., & Meffert, H. (2012). *Handbuch Dienstleistungsmarketing. Planung – Umsetzung – Kontrolle*. Wiesbaden: Gabler.
Bruhn, M., Martin, S., & Schnebelen, S. (2014). *Integrierte Kommunikation in der Praxis – Entwicklungsstand in deutschsprachigen Unternehmen*. Wiesbaden: Springer Gabler.
BZgA. (2014). *Mach's mit*. https://www.machsmit.de/index.php. Zugegriffen am 25.03.2014.
Deutscher Werberat. (2014). *Jahrbuch 2014*. Berlin.
Erichson, B. & Maretzki, J. (1993). Werbeerfolgskontrolle. In R. Berndt & A Hermanns (Hrsg.), *Handbuch Marketing-Kommunikation* (S. 521–562). Wiesbaden: Gabler.
Hofsäss, M., & Engel, D. (2003). *Praxishandbuch Mediaplanung – Forschung, Studien und Werbewirkung. Mediaagenturen und Planungsprozess. Mediagattungen und Werbeträger*. Berlin: Cornelsen.
Kroeber-Riel, W., & Esch, F.-R. (2011). *Strategie und Technik der Werbung – Verhaltens- und neurowissenschaftliche Erkenntnisse* (7. Aufl.). Stuttgart: Kohlhammer.
Kroeber-Riel, W., & Gröppel-Klein, A. (2013). *Konsumentenverhalten* (10. Aufl.). München: Vahlen.
Meffert, H., Burmann, C., & Kirchgeorg, M. (2012). *Marketing. Grundlagen der marktorientierten Unternehmensführung. Konzepte – Instrumente – Praxisbeispiele* (11. Aufl.). Wiesbaden: Gabler.
Moriarty, S., Mitchell, N., & Wells, W. (2009). *Advertising – principles & practice* (8. Aufl.). Upper Saddle River: Pearson Prentice Hall.
Rossiter, J. P., & Percy, L. (2005). Aufbau und Pflege durch klassische Markenkommunikation. In F.-R. Esch (Hrsg.), *Moderne Markenführung – Grundlagen – Innovative Ansätze – Praktische Umsetzungen* (4. Aufl., S. 631–646). Wiesbaden: Gabler.
Schweiger, G., & Schrattenecker, G. (2013). *Werbung – Eine Einführung* (8. Aufl.). Stuttgart: UTB.
Schmalen, H. (1992). *Kommunikationspolitik-Werbeplanung* (2. Aufl.). Stuttgart: Kohl hammer.
Steffenhagen, H. (2008). *Marketing – Eine Einführung* (6. Aufl.). Stuttgart: Kohlhammer.
Unger, F., Fuchs, W., & Michel, B. (2013). *Mediaplanung – Methodische Grundlagen und praktische Anwendungen* (6. Aufl.). Berlin: Springer Gabler.

Voß, J. (2007). Umfrage. Deutsche Zappen weniger. http://www.dwdl.de/nachrichten/a2026/umfrage_deutsche_zappen_Weniger/. Zugegriffen am 07.04.2015.

ZAW (Zentralverband der deutschen Werbewirtschaft) e.V. (2006). *Werbung in Deutschland 2006*. Berlin.

ZAW (Zentralverband der deutschen Werbewirtschaft) e.V. (2012). *Werbung in Deutschland 2012*. Berlin.

ZAW (Zentralverband der deutschen Werbewirtschaft) e.V. (2013). *Werbung in Deutschland 2013*. Berlin.

Prof. Dr. Dr. h.c. mult. Manfred Bruhn ist Inhaber der Professur für Marketing und Unternehmensführung an der Universität Basel und Honorarprofessor an der Technischen Universität München.

Einsatz der Verkaufsförderung für die Marketingkommunikation

Karen Gedenk

Inhalt

1	Problemstellung	98
2	Definition und Arten der Verkaufsförderung	99
3	Ökonomische Grundlagen: Gründe für den Einsatz von Verkaufsförderung	101
4	Wirkungen der Verkaufsförderung und ihre Messung	103
5	Preis-Promotions	105
6	„Unechte" Nicht-Preis-Promotions	108
7	Zusammenfassung	109
	Literatur	109

Zusammenfassung

Verkaufsförderungsaktionen bzw. Promotions nutzen Kommunikationsinstrumente wie Handzettel, Displays und Gewinnspiele, aber auch andere Marketinginstrumente wie Sonderangebote, Coupons, Warenproben und Produktzugaben. Promotions werden insbesondere für Fast Moving Consumer Goods viel eingesetzt, sind aber nicht immer profitabel. Für Unternehmen ist es daher wichtig, den Erfolg ihrer Aktionen genau zu analysieren. Dieser Beitrag zeigt auf, was dabei zu beachten ist, und fasst wesentliche Befunde wissenschaftlicher Studien zum Erfolg von konsumentengerichteter Verkaufsförderung zusammen.

Schlüsselwörter

Coupons • Nicht-Preis-Promotions • Promotions • Sonderangebote • Verkaufsförderung

---

K. Gedenk (✉)
Department of Marketing and Pricing, University of Hamburg, Business School, Hamburg, Deutschland
E-Mail: karen.gedenk@uni-hamburg.de

1 Problemstellung

Verkaufsförderung ist ein wichtiges Instrument der Kommunikationspolitik für viele Unternehmen. Es umfasst so vielfältige Kommunikationsinstrumente wie Handzettelwerbung des Handels, Displays und Gewinnspiele. Daneben zählen aber auch Marketinginstrumente wie Sonderangebote, Coupons, Warenproben und Produktzugaben zur Verkaufsförderung.

Am größten ist die Bedeutung von Verkaufsförderung bei *Fast Moving Consumer Goods*. Konsumgüterhersteller geben laut der Werbeklima-Studie von GfK und Wirtschaftswoche 22 Prozent ihres Kommunikationsbudgets für Verkaufsförderung aus im Vergleich zu 15 Prozent bei Industriegüterunternehmen und 12 Prozent bei Dienstleistern (GfK/WirtschaftsWoche 2006). Auch für den Lebensmitteleinzelhandel, der Fast Moving Consumer Goods vertreibt, spielt Verkaufsförderung eine entscheidende Rolle. So werden im deutschen Lebensmittelhandel durchschnittlich 15 Prozent des Umsatzes in Verkaufsförderungsaktionen getätigt, in manchen Produktkategorien wie z. B. Waschmittel sogar über 40 Prozent. Der folgende Beitrag konzentriert sich daher auf Verkaufsförderung für Fast Moving Consumer Goods. Zu diesen Gütern liegen auch mit Abstand die meisten Erkenntnisse zu den Wirkungen von Promotions vor.

Für Hersteller und Händler von Fast Moving Consumer Goods ist die Verkaufsförderung nicht nur ein wichtiges, sondern auch ein sehr schwieriges Marketinginstrument. Längst nicht alle Verkaufsförderungsaktionen zeigen den gewünschten *Erfolg*. Vielmehr findet McKinsey 2002 bei der Untersuchung von 5.000 Promotions in 6 europäischen Ländern, dass nur 40 Prozent von ihnen für Hersteller profitabel sind (o. V. 2002). Srinivasan et al. (2004) stellen bei der Analyse von Promotions von 63 Marken aus 21 Produktkategorien fest, dass nur 6 Prozent den Gewinn von Händlern steigern. Und Ailawadi et al. (2006) finden bei der Analyse sämtlicher Promotions des Jahres 2003 der Drogeriemarktkette CVS, dass weniger als die Hälfte von ihnen profitabel ist.

Was aber macht die Verkaufsförderung so *schwierig*? Hier sind insbesondere die folgenden *Aspekte* zu nennen:

- Mit Verkaufsförderung sind Hersteller und Händler befasst, die beide ihren Gewinn maximieren wollen. Dabei interessieren sich Hersteller für ihre Marken, Händler dagegen für ihr ganzes Sortiment. Eine gemeinsame Verkaufsförderungspolitik im Rahmen von Efficient Consumer Response (ECR) kann zwar den Gewinn im Absatzkanal maximieren, löst aber nicht das Problem, wie dieser zu verteilen ist.
- In Verkaufsförderungsaktionen kann eine Vielzahl verschiedener Promotioninstrumente einzeln und in Kombination eingesetzt und unterschiedlich gestaltet werden. Beispielsweise können Preisnachlässe für einzelne Artikel oder ein Bündel von Produkten gewährt werden. Sie können mit Handzettelwerbung, Displays und/oder einem Gewinnspiel kombiniert werden, und Preisnachlässe können unterschiedlich hoch sein und unterschiedlich kommuniziert werden.

- Verkaufsförderungsinstrumente zeigen eine Vielzahl von Wirkungen, die es zu separieren gilt. So ist es für die Erfolgsmessung nicht ausreichend, den kurzfristigen Absatzanstieg in Folge einer Verkaufsförderungsaktion zu messen. Vielmehr gilt es, diesen zu zerlegen und beispielsweise zu erfassen, wie viel davon aufgrund von Lagerhaltung nur aus der Zukunft geliehen ist. Darüber hinaus sind langfristige Wirkungen wie auf Image und Markentreue zu berücksichtigen.
- Änderungen der Verkaufsförderungspolitik führen u. U. zu Wettbewerbsreaktionen. Intensive Promotions können etwa dazu führen, dass auch Wettbewerber viele Promotions einsetzen und sich Unternehmen in einem „Gefangenendilemma" wiederfinden.

Diese und andere Aspekte der Verkaufsförderung sind in einer großen Zahl von wissenschaftlichen Studien sowohl theoretisch als auch empirisch untersucht worden. Ziel dieses Beitrags ist es, einen Überblick über ihre Erkenntnisse zu geben. Zu diesem Zweck werden im folgenden Kapitel zunächst Verkaufsförderung definiert und verschiedene Arten der Verkaufsförderung unterschieden. Abschnitt 3 geht auf die Frage ein, warum Unternehmen überhaupt Verkaufsförderung einsetzen, und präsentiert zwei Antworten aus der ökonomischen Theorie. Abschnitt 4 gibt einen Überblick über die Wirkungen von Verkaufsförderung und geht kurz darauf ein, wie diese gemessen werden können. Die Abschnitte 5 und 6 beschreiben wesentliche Erkenntnisse zu Preis-Promotions und „unechten" Nicht-Preis-Promotions. Der Beitrag schließt mit einer Zusammenfassung in Abschnitt 7.

2 Definition und Arten der Verkaufsförderung

Unter *Verkaufsförderung* – auch Sales Promotion bzw. kurz Promotion – sind zeitlich befristete Maßnahmen mit Aktionscharakter zu verstehen, die andere Marketingmaßnahmen unterstützen und den Absatz bei Händlern und Konsumenten fördern (Gedenk 2002, S. 11). Es sei darauf hingewiesen, dass diese Definition zwei Elemente *nicht* enthält, die oft mit Verkaufsförderung in Verbindung gebracht werden. Zum einen finden nicht alle Promotions am Point-of-Sales (POS) statt. Verkaufsförderung und POS-Marketing weisen zwar starke Überschneidungen auf, z. B. beim Einsatz von Sonderangeboten, Zweitplatzierungen und Produktzugaben. Allerdings können z. B. Gewinnspiele im Internet eingesetzt werden und Warenproben per Direkt-Mail verteilt werden, obwohl die Produkte über den Lebensmitteleinzelhandel vertrieben werden. Zum anderen besagt die Definition nicht, dass mit Verkaufsförderung nur kurzfristige Ziele verfolgt werden. Dies gilt zwar für viele Promotions. Mit Gewinnspielen z. B. versuchen Unternehmen dagegen, eher das Image zu beeinflussen und darüber langfristig den Absatz zu steigern.

Verkaufsförderung kann von Herstellern und Händlern auf verschiedenen *Ebenen* eingesetzt werden, die in Abb. 1 dargestellt sind.

Handels-Promotions (englisch „Trade Promotions") sind Aktionen von Herstellern für den Handel, um diesen zum Einsatz von Händler-Promotions (bzw. „Retailer Promotions") für die Konsumenten zu motivieren. Insbesondere kann ein Hersteller

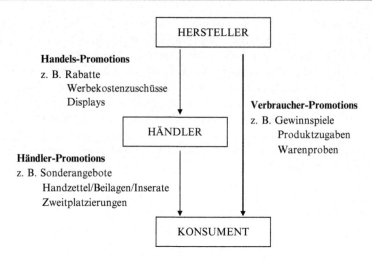

Abb. 1 Ebenen der Verkaufsförderung. Quelle: Gedenk 2002, S. 14

im Rahmen von Handels-Promotions verschiedene Rabatte einsetzen und Promotionmaterialien wie Displays zur Verfügung stellen. Wendet sich der Hersteller direkt an die Konsumenten, so ist dies als Verbraucher-Promotions (bzw. „Consumer Promotions") zu bezeichnen. Händler- und Verbraucher-Promotions sind häufig schwer präzise voneinander abzugrenzen. So veranstaltet ein Hersteller beispielsweise ein Gewinnspiel, bewirbt dieses aber auch im Handel. Oder ein Hersteller fügt seinen Produkten eine Zugabe hinzu, die vom Handel im Geschäft mit verkauft wird. Beide Ebenen der Verkaufsförderung werden daher unter den Begriff der konsumentengerichteten Verkaufsförderung zusammen gefasst und bilden den Schwerpunkt der folgenden Ausführungen.

Abbildung 2 zeigt eine Systematisierung von *Instrumenten der konsumentengerichteten Verkaufsförderung*.

Darin werden zunächst Preis- von Nicht-Preisinstrumenten unterschieden. *Preis-Promotions* umfassen insbesondere Sonderangebote und Coupons, aber auch Multi-Item-Promotions, bei denen mehrere Einheiten eines Produktes zu kaufen sind, um einen Preisnachlass zu erhalten („Kaufen Sie zwei – erhalten Sie eins geschenkt").
„Unechte" Nicht-Preis-Promotions werden hier als „unecht" bezeichnet, da sie sehr häufig in Kombination mit Preis-Promotions eingesetzt werden, um diese zu unterstützen. So machen insbesondere Promotionwerbung und Displays häufig auf Sonderangebote aufmerksam. Sie können selbstverständlich auch ohne Preisnachlass eingesetzt werden. Selbst dann werden sie von Konsumenten allerdings häufig mit Preis-Promotions in Verbindung gebracht, wie in Kap. ▶ 5 noch diskutiert wird.
„Echte" Nicht-Preis-Promotions stellen dagegen klar die Marke bzw. das Unternehmen in den Vordergrund und nicht den Preis. Bei Warenproben erhält der Konsument z. B. die Gelegenheit, ein Produkt zu probieren. Bei Gewinnspielen lernt er häufig etwas über das Unternehmen bzw. seine Produkte.

Verkaufsförderungspolitik wird häufig als Teil der Kommunikationspolitik eines Unternehmens gesehen. In diesem Zusammenhang wird – im Gegensatz zur

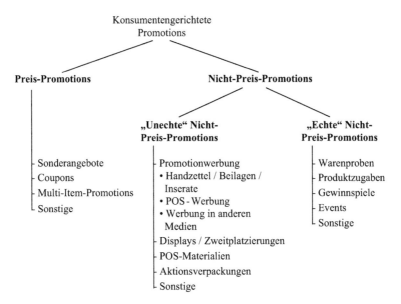

Abb. 2 Instrumente der konsumentengerichteten Verkaufsförderung. Quelle: in Anlehnung an Gedenk 2002, S. 19

„Above-the-Line-Kommunikation" der Werbung – auch von „Below-the-Line-Kommunikation" gesprochen. Bei genauerer Betrachtung der Promotions-Instrumente zeigt sich jedoch, dass Verkaufsförderung alle Aspekte des Marketingmix berührt. Preis-Promotions sind Instrumente der Preispolitik, Warenproben und Produktzugaben können der Produktpolitik zugeordnet werden, und Zweitplatzierungen können als Instrument der Distributionspolitik interpretiert werden. Tatsächlich handelt es sich bei Verkaufsförderung also um eine *Querschnittsfunktion*.

Im Folgenden werden Preis- und „unechte" Nicht-Preis-Promotions näher betrachtet. Für einen Überblick zu „echten" Nicht-Preis-Promotions sei auf Gedenk (2002, S. 295 ff.) verwiesen.

3 Ökonomische Grundlagen: Gründe für den Einsatz von Verkaufsförderung

Wie in der Problemstellung geschildert, sind Verkaufsförderungsaktionen häufig nicht profitabel. Es stellt sich daher die Frage, warum Unternehmen sie trotzdem so häufig einsetzen. Bezogen auf Preis-Promotions wäre es schließlich wesentlich einfacher, den Preis dauerhaft etwas zu senken, als ständig zwischen einem hohen regulären und einem niedrigen Aktionspreis zu wechseln. Wissenschaftler haben sich intensiv mit dieser Frage auseinandergesetzt und zahlreiche Antworten generiert (für einen Überblick siehe Gedenk 2002, S. 48 ff.). Sie verwenden dabei insbesondere ökonomische Theorien und konzentrieren sich auf Preis-Promotions wie Sonderangebote und Coupons. Zwei zentrale Antworten werden hier erläutert.

		Unternehmen B	
		Keine Promotion	Promotion
Unternehmen A	Keine Promotion	(6,6)	(2,8)
	Promotion	(8,2)	(4,4)

Abb. 3 Situation eines Gefangenendilemmas für den Einsatz von Verkaufsförderung

Zum einen wird verschiedentlich angeführt, dass Unternehmen eigentlich ohne Promotions mehr Gewinn erzielen könnten, sich durch den Wettbewerb aber zum Einsatz von Verkaufsförderung gezwungen sehen. Dies entspricht der Situation eines *Gefangenendilemmas* (Blattberg und Neslin 1990, S. 106 ff.; Gedenk 2002, S. 63 f.), wie in Abb. 3 anhand fiktiver Auszahlungen bzw. Gewinne dargestellt.

Im klassischen Gefangenendilemma wären beide Gefangenen am besten dran, wenn sie der Polizei nichts zu ihrem Verbrechen erzählten. Sobald aber ein Gefangener redet, wird der andere dies auch tun und beide landen für lange Zeit im Gefängnis. Ähnlich kann es zwei Unternehmen im Wettbewerb mit Verkaufsförderung ergehen. Wenn beide Unternehmen keine Promotions einsetzen, erzielen sie Gewinne von 6 Geldeinheiten. Führt Unternehmen A dagegen eine Promotion durch, so steigt sein Gewinn auf 8, während derjenige von Unternehmen B auf 2 Geldeinheiten sinkt. Unternehmen A hat also einen starken Anreiz Verkaufsförderung einzusetzen. Tut es dies, wird Unternehmen B allerdings nachziehen und ebenfalls Promotions durchführen. Beide Unternehmen enden so mit einem Gewinn von nur noch 4 Geldeinheiten. Die Unternehmen wünschen sich also eine Situation ohne Promotions. Diese ist jedoch kein stabiles Gleichgewicht, so dass immer wieder die Gefahr von Promotionkriegen besteht. Für ein einzelnes Unternehmen ist es nicht sinnvoll, auf Promotions zu verzichten, solange die Wettbewerber dies nicht ebenfalls tun.

Zum anderen gibt es jedoch auch Argumente dafür, dass Preis-Promotions tatsächlich profitabel sind. Im Kern steht hier die Überlegung, dass Promotions zur *Preisdifferenzierung* dienen können (Farris und Quelch 1987; Gedenk 2002, S. 57 ff.). Die Grundidee ist dabei, dass Konsumenten unterschiedliche Zahlungsbereitschaften aufweisen und Unternehmen dies ausnutzen, indem sie die Konsumenten unterschiedliche Preise zahlen lassen, und so ihren Gewinn steigern. Narasimhan (1984) zeigt z. B., wie dies mit Coupons gelingen kann. Er geht davon aus, dass ein Segment von Konsumenten existiert, die sehr preissensitiv und bereit sind, den Aufwand für das Sammeln und Einlösen von Coupons auf sich zu nehmen. Ein anderes Segment ist dagegen weniger preissensitiv und hat höhere Transaktionskosten für die Couponnutzung. In dieser Situation kann mit Coupons das preissensitive Segment gewonnen werden, während das andere Segment den Aufwand scheut und den vollen Preis zahlt. Auf ähnliche Weise können Preis-Promotions zwischen markentreuen Kunden und Markenwechslern differenzieren (Raju et al. 1990). Generell kann festgehalten werden, dass Preisdifferenzierung ein entscheidendes Argument für den Einsatz von Preis-Promotions ist.

4 Wirkungen der Verkaufsförderung und ihre Messung

Wie bereits in der Problemstellung angedeutet, gestaltet sich die *Bestimmung des Erfolgs von Verkaufsförderungsaktionen* als schwierig, da eine Vielzahl von Wirkungen zu berücksichtigen ist. Auf die Erfassung von Kosten der Verkaufsförderung wird an dieser Stelle nicht näher eingegangen. Sie kann zwar durchaus Probleme bereiten. Wesentlich schwieriger ist jedoch die Messung der Absatzwirkungen von Promotions. Diese stehen im Folgenden im Mittelpunkt der Betrachtung. Abbildung 4 gibt einen Überblick über die Absatzwirkungen für das Aktionsprodukt im Aktionsgeschäft.

Zunächst führen Promotions typischerweise zu einem deutlichen *kurzfristigen Absatzanstieg*, der in verschiedene Komponenten zerlegt werden kann (Gedenk 2002, S. 103 ff.). Nehmen wir an, Rewe führt eine Verkaufsförderungsaktion für Milka Schokolade durch, so dass deren Absatz steigt. Dies kann daran liegen, dass Konsumenten das Aktionsprodukt bei Rewe kaufen, während sie es ohne die Aktion bei Edeka erworben hätten (Geschäftswechsel). Konsumenten können Milka-Schokolade kaufen an Stelle von Ritter Sport (Markenwechsel). Sie können Schokolade statt Gummibärchen kaufen (Kategoriewechsel) oder als Neukunden gewonnen werden. Oder sie können mehr und/oder früher kaufen als ohne die Aktion (Kaufakzeleration i. w. S.). Die genannten Wirkungen sind für Hersteller und Händler unterschiedlich vorteilhaft. Von Markenwechsel profitiert der Hersteller, nicht aber der Händler, welcher von der Aktionsmarke mehr, aber von einer Wettbewerbsmarke weniger verkauft. Ähnliches gilt für den Kategoriewechsel, das Gegenteil allerdings für den Geschäftswechsel. Neukunden sind vorteilhaft für Händler und Hersteller. Die Vorteilhaftigkeit der Kaufakzeleration i. w. S. hängt schließlich davon ab, was Konsumenten nach der Aktion mit der zusätzlich gekauften Menge des Aktionsproduktes machen (Ailawadi et al. 2007). Wird diese zusätzlich

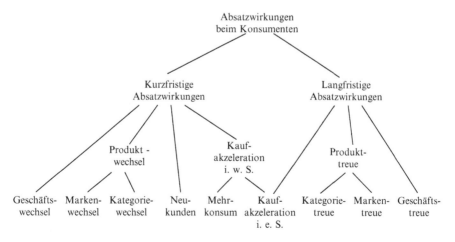

Abb. 4 Absatzwirkungen der konsumentengerichteten Verkaufsförderung. Quelle: Gedenk 2002, S. 104

konsumiert, so ist dies für Hersteller und Händler positiv. Möglich ist jedoch auch, dass die während der Aktion mehr gekaufte Menge nach der Aktion weniger gekauft wird, dass also der Absatz über die Zeit verschoben wird. Die Vorteilhaftigkeit dieser Kaufakzeleration i. e. S. hängt wiederum davon ab, ob der eigene Absatz oder der Absatz eines Wettbewerbers aus der Zukunft vorgezogen wird. Für den Hersteller ist z. B. relevant, ob Konsumenten ohne die Aktion in der Zukunft die eigene Marke oder ein Konkurrenzprodukt kaufen würden. Im letztgenannten Fall ist auch Kaufakzeleration i. e. S. vorteilhaft für den Hersteller.

Langfristige Absatzwirkungen können entstehen, wenn Promotions die Treue, insbesondere zu Marken und Geschäften, beeinflussen. So hoffen etwa manche Manager, dass Konsumenten die Promotion als Belohnung empfinden und lernen, die Marke zu kaufen. Möglich ist jedoch auch, dass Konsumenten lernen, in der Aktion zu kaufen, oder Promotions als Signal für schlechte Qualität interpretieren, so dass die Treue sinkt.

Schließlich zeigt Abb. 4 nur die Wirkungen auf den Absatz des Aktionsproduktes. Für Händler ist darüber hinaus wichtig, welche *Verbundeffekte* auftreten. Insbesondere sind Händler daran interessiert, durch Geschäftswechsel Kunden in das Geschäft zu ziehen, die dann neben dem Aktionsprodukt auch weitere Produkte kaufen.

Die Ausführungen zeigen, dass der Erfolg einer Verkaufsförderungsaktion nur bestimmt werden kann, wenn die genannten Wirkungen erfasst und separiert werden. Dies ist bei Fast Moving Consumer Goods, die über den Lebensmitteleinzelhandel vertrieben werden, insbesondere mit Scanner- bzw. Paneldaten möglich (Gedenk 2002, S. 129 ff.; Günther et al. 2006). Diese liegen zum einen aggregiert auf dem Niveau von Geschäften vor. So verfügen Händler über die entsprechenden Scannerdaten und geben diese z. T. an Hersteller weiter. Nielsen und IRI stellen Scannerhandelspanels zur Verfügung, die Preis-, Promotion- und Absatzdaten aus einer Vielzahl von unterschiedlichen Geschäften beinhalten. Diese *aggregierten Daten* sind weitgehend verfügbar und erlauben eine Vielzahl von Analysen. Van Heerde et al. (2004) zeigen, wie mit Daten eines Scannerhandelspanels eine Dekomposition der Absatzwirkungen von Promotions möglich ist.

Noch detaillierter und präziser können zum anderen die entsprechenden Wirkungen mit *disaggregierten Daten* auf der Ebene von Haushalten erfasst werden, wie sie insbesondere aus Single-Source-Scannerpanels wie dem BehaviorScan der GfK zur Verfügung stehen. Diese Daten erfassen für ein Panel von Haushalten, wann und wo diese einkaufen gehen, was sie kaufen und welche Preise und Promotions bei diesem Einkauf im Geschäft vorliegen. So können nicht nur die Wirkungen von Promotions auf den Absatz insgesamt gemessen werden, sondern auch die Wirkungen auf einzelne Aspekte des Konsumentenverhaltens wie Geschäftswahl, Kategoriekauf, Markenwahl und Kaufmenge. Dabei kann für Unterschiede in Präferenzen und Kaufverhalten der Konsumenten kontrolliert werden (für einen Überblick über Promotion-Modelle siehe van Heerde und Neslin 2007).

Die Analyse disaggregierter Daten kann somit ausgesprochen aussagekräftige Befunde zu den Wirkungen der Verkaufsförderung liefern. Sie ist jedoch auch mit größerem Aufwand verbunden als die Analyse aggregierter Daten, und die entsprechenden Single-Source-Daten sind nicht so weitgehend verfügbar bzw. teurer in der Beschaffung. Es zeigt sich daher, dass Unternehmen in der Praxis meist mit aggregierten Daten arbeiten, während Wissenschaftler häufig die größere Aussagekraft disaggregierter Daten nutzen und so grundlegende Erkenntnisse gewinnen, die vielen Unternehmen zugutekommen können. In Wissenschaft und Praxis ist es zudem sinnvoll, die Analyse von Scannerdaten um gezielte Experimente und Befragungen von Konsumenten zu ergänzen. So können die Effekte von Promotions noch genauer isoliert, neue Promotion-Instrumente und Produkte analysiert und Hintergründe des Konsumentenverhaltens erforscht werden.

Insgesamt stehen somit geeignete *Methoden für die Messung der Effektivität von Promotions* zur Verfügung. Sie sind in zahlreichen empirischen Studien eingesetzt worden, so dass viele Befunde zu den Wirkungen der Verkaufsförderung vorliegen. Diese werden in den folgenden Kapiteln ausschnittsweise wiedergegeben.

5 Preis-Promotions

Die empirische Marketingforschung hat sich intensiv damit beschäftigt, die in den vorherigen Kapiteln dargestellten *Wirkungen von Sonderangeboten* (siehe Abb. 4) zu quantifizieren. Entsprechende Studien stellen zunächst fest, dass Sonderangebote kurzfristig einen deutlich stärkeren Effekt haben als Änderungen des regulären Preises und den Absatz oftmals um mehrere hundert Prozent steigern (Gedenk 2002, S. 213 ff.). Dies ist nicht verwunderlich, da Sonderangebote – im Gegensatz zu Änderungen des regulären Preises – erhebliche Preissenkungen beinhalten, die in der Regel beworben werden und durch ihre zeitliche Begrenzung zur Kaufakzeleration einladen.

Zahlreiche Studien haben den *kurzfristigen Mehrabsatz* in Markenwechsel und Kaufakzeleration zerlegt, um die Vorteilhaftigkeit von Promotions für Hersteller und Händler näher zu bestimmen. Nachdem lange geglaubt wurde, dass der kurzfristige Mehrabsatz vor allem durch *Markenwechsel* zustande kommt, haben van Heerde et al. (2003) gezeigt, dass bei richtiger Interpretation der Dekompositionsbefunde tatsächlich die *Kaufakzeleration i. w. S.* stärker ist als der Markenwechsel. Viele neuere Studien bestätigen dies (Ailawadi et al. 2007). Innerhalb der Kaufakzeleration i. w. S. können je nach Produktkategorie erhebliche Teile des Mehrabsatzes aus Mehrkonsum stammen (z. B. Ailawadi und Neslin 1998). Es erscheint plausibel, dass ein solcher Mehrkonsum z. B. bei Joghurt auftritt, aber nicht bei Waschmittel. Nijs et al. (2001) untersuchen diesen Effekt für 560 Produktkategorien und finden, dass Promotions in 58 Prozent davon zu Mehrkonsum führen. Kaufakzeleration i. e. S. bedeutet, dass der Absatz der eigenen oder einer Wettbewerbsmarke aus der Zukunft vorgezogen wird. Ailawadi et al. (2007) untersuchen dies für zwei Produktkategorien und finden für sechs von acht betrachteten Marken, dass ein größerer Teil des vorgezogenen Absatzes von Konkurrenzmarken stammt und nicht von der eigenen Marke. Kaufakzeleration ist also keineswegs automatisch mit Lagerhaltung gleichzusetzen und damit negativ für Hersteller und Händler. Vielmehr werden erhebliche Teile der in Promotions früher oder zusätzlich gekauften Mengen auch mehr konsumiert oder aber es wird Absatz der Konkurrenz aus der Zukunft gestohlen.

Die Wirkung von Promotions auf den *Geschäftswechsel* ist noch vergleichsweise wenig untersucht worden. Besonders interessant erscheint hier die Studie von Bucklin und Lattin (1992), die feststellt, dass Geschäftswechsel bei Fast Moving Consumer Goods eher indirekt als direkt erfolgt. Direkter Geschäftswechsel bedeutet, dass Konsumenten wegen einer Verkaufsförderungsaktion ein Geschäft aufsuchen, das sie sonst nicht besucht hätten. Beim indirekten Geschäftswechsel besuchen Konsumenten dagegen ohnehin mehrere Geschäfte, kaufen nun aber die Aktionskategorie im Aktions- statt in einem anderen Geschäft. Indirekter Geschäftswechsel kann auch erklären, warum van Heerde et al. (2004) einen starken Geschäftswechseleffekt bei Sonderangeboten finden, die nur von Displays unterstützt werden, nicht aber von Kommunikation außerhalb des Geschäfts. Für Händler ist dies eine schlechte Nachricht, da Verbundeffekte eher bei direktem Geschäftswechsel zu erwarten sind.

Schließlich sind bei Preis-Promotions verschiedentlich negative Wirkungen auf die *Markentreue* festgestellt worden. So senken Sonderangebote die Referenzpreise (Mazumdar et al. 2005), erhöhen die Preissensitivität (z. B. Mela et al. 1997) und senken die Wiederkaufwahrscheinlichkeit (z. B. Gedenk und Neslin 1999). Bezogen auf die Geschäftstreue findet Goerdt (1999) einen negativen Zusammenhang zwischen der Promotionintensität und der Bedarfsdeckungsrate in einem Geschäft. Demgegenüber sind bei Nicht-Preis-Promotions eher positive Treueeffekte zu erwarten. So finden Gedenk und Neslin (1999), dass Warenprobenaktionen mit Verkostungen im Geschäft die Markentreue von Konsumenten steigern können.

Die genannten Studien nutzen Scannerpaneldaten auf aggregiertem oder disaggregiertem Niveau, um die Absatzwirkungen von Promotions zu bestimmen. Ailawadi et al. (2006) verfügen darüber hinaus über Kostendaten und können somit auch die *Gewinnwirkungen von Sonderangeboten* und den sie begleitenden unechten Nicht-Preis-Promotions untersuchen. Sie analysieren alle Promotions des Jahres 2003 der amerikanischen Drogeriemarktkette CVS und stellen fest, dass weniger als die Hälfte von ihnen für CVS profitabel ist. Besonders interessant ist darüber hinaus die Analyse von Einflüssen auf die Absatz- und Gewinnwirkungen von Promotions. Fast alle Faktoren, die den Absatzeffekt erhöhen, wirken negativ auf den Gewinn. Beispielsweise führen größere Preisnachlässe und das Einbeziehen einer größeren Zahl von Produkten in die Aktion zwar zu einem größeren Mehrabsatz, aber zu einem geringeren Gewinn. Hier liegt also eine große Gefahr für das Management der Verkaufsförderung. Solange Manager nach Absatz bzw. Marktanteil beurteilt und gesteuert werden, besteht für sie ein Anreiz zum Einsatz vieler unprofitabler Promotions. Umgekehrt ist eine gewinnmaximierende Promotionpolitik oft schwer durchzusetzen, da sie mit dem Verzicht auf Marktanteile verbunden sein kann.

Coupons werden schon seit langem in den USA stark eingesetzt und finden seit Fall des Rabattgesetzes in 2001 auch in Deutschland zunehmend Verbreitung. In den USA finden sich vor allem so genannte Free Standing Insert (FSI)-Coupons, die von Herstellern über die Zeitung an Konsumenten verteilt werden und von diesen bei vielen verschiedenen Händlern eingelöst werden können. In Deutschland sind dagegen Händler-Coupons besonders stark vertreten, die z. B. per Direct Mail im

Rahmen von Kundenbindungsprogrammen verteilt werden und nur bei einem Händler eingelöst werden können.

Bei der Analyse des *Erfolgs von Coupons* beschränken sich Unternehmen häufig auf die Betrachtung der Einlöserate. Entscheidend für den Erfolg ist jedoch darüber hinaus, welcher Anteil der Einlösungen tatsächlich zusätzlichen Absatz darstellt bzw. welcher von Kunden stammt, die auch ohne den Coupon gekauft hätten. Neslin (1990) findet für FSI's im Median über 7 Kaffeemarken einen Anteil des echten Mehrabsatzes an den Einlösungen von 44 Prozent. Zudem ist zu beachten, dass Coupons auch bei denjenigen Konsumenten eine Wirkung zeigen können, die sie nicht einlösen. So lenken Coupons die Aufmerksamkeit auf das Aktionsprodukt und können damit einen reinen Werbeeffekt erzielen (z. B. Srinivasan et al. 1995).

In den USA weisen die über Massenmedien verteilten *FSI-Coupons* im Durchschnitt nur Einlöseraten von 1 Prozent auf (www.nchmarketing.com) und sind oft für die Hersteller nicht profitabel (Bucklin und Gupta 1999). Viele Hersteller sind daher um besonders starke Preisdifferenzierung bemüht, indem sie Coupons zielgerichtet einsetzen. Dabei erscheint es auf den ersten Blick besonders attraktiv, mit Coupons potenzielle Markenwechsler anzusprechen, während markentreue Kunden den vollen Preis zu zahlen haben. Allerdings besteht hier die oben bereits geschilderte Gefahr eines Gefangenendilemmas (Shaffer und Zhang 1995). Wenn alle Wettbewerber Coupons an wenig markentreue Konsumenten verteilen, senken sie damit das Preisniveau für diese Kunden, ohne echte Marktanteilsvorteile zu erreichen. Ein weiteres Risiko beim Einsatz zielgerichteter Coupons allein für Markenwechsler liegt in den möglicherweise auftretenden Verrats- und Neideffekten (Feinberg et al. 2002). So können die treuen Kunden sich verraten fühlen, wenn ihr Unternehmen Coupons an potenzielle Wechsler verteilt, aber nicht an seine treuen Kunden. Und die treuen Kunden eines Unternehmens können neidisch sein, wenn ein anderes Unternehmen seinen treuen Kunden Coupons zukommen lässt, während das eigene Unternehmen dies nicht tut. All dies spricht dafür, Coupons nicht nur bei Wechslern, sondern auch zur Bindung treuer Kunden einzusetzen.

Venkatesan und Farris (2012) untersuchen den Erfolg *zielgerichteter Händler-Coupons*, die über ein Kundenbindungsprogramm verteilt werden, wie es in Deutschland üblich ist. Sie finden Mehrabsatz nicht nur durch Einlösungen, sondern auch durch einen Werbeeffekt. Für den betrachteten US-Händler sind zielgerichtete Coupons profitabler als FSI-Coupons.

Neue Potenziale für das Couponing haben sich in den letzten Jahren durch mobile Endgeräte ergeben. Smartphones erlauben den zielgerichteten Einsatz von *mobilen Coupons* nach Maßgabe des Standortes des Empfängers. Beim Location-Based Couponing erhalten Konsumenten Coupons für Angebote in ihrer Nähe. Dies ist insbesondere möglich über Apps von einzelnen Händlern (z. B. Douglas) oder von Coupon-Plattformen (z. B. Gettings und Coupies). Auch die Navigation von Kunden im Geschäft kann über Angebote auf mobilen Endgeräten beeinflusst werden. So finden Hui et al. (2013) in Experimenten in einem US-Supermarkt, dass mobile Coupons im Geschäft die zurückgelegte Wegstrecke verlängern, was zu mehr ungeplanten Käufen führt.

6 „Unechte" Nicht-Preis-Promotions

„Unechte" Nicht-Preis-Promotions wie Handzettel/Beilagen/Inserate und Displays können zur Unterstützung von Preis-Promotions, aber auch ohne diese eingesetzt werden. Im erstgenannten Fall können sie die Wirkungen von Sonderangeboten deutlich verstärken (z. B. van Heerde et al. 2004), da sie die Aufmerksamkeit auf die Aktion lenken.

„Unechte" Nicht-Preis-Promotions können auch für das *Framing von Preis-Promotions* von Bedeutung sein. Bei Preis-Promotions ist es wie bei Bildern: Es wirkt nicht nur das Bild selbst, sondern auch sein Rahmen. Ebenso wirkt nicht nur ein Sonderangebot selbst, sondern auch die Kommunikation, die es begleitet. Ein häufig eingesetzter Frame sind externe Referenzpreise, die über Botschaften wie „normalerweise 3,99 EUR - heute nur 2,99 EUR" kommuniziert werden. Zahlreiche Studien haben gezeigt, dass Konsumenten diese Vergleichspreise nicht zwangsläufig für wahr halten, dass externe Referenzpreise aber dennoch die internen Referenzpreise der Konsumenten erhöhen und so die Wirkung von Preis-Promotions verstärken (für einen Überblick siehe Gedenk 2002, S. 260 ff.). Dabei können externe Referenzpreise unterschiedlich gestaltet werden. Chen et al. (1998) finden beispielsweise, dass es für hochpreisige Produkte wirksamer ist, die absolute Höhe des Preisnachlasses anzugeben, während bei niedrigpreisigen Produkten eine Angabe in Prozent vorteilhafter ist. So erscheint der Preisnachlass jeweils besonders hoch.

Ein anderer Frame besteht in *Mengenrestriktionen bzw. -empfehlungen*. Wansink et al. (1998) stellen in einem Feldexperiment fest, dass die durchschnittlich gekaufte Menge eines Aktionsproduktes steigt, wenn eine Preissenkung von einer Mengenbegrenzung begleitet wird. So steigt die in einer Sonderangebotsaktion gekaufte Anzahl Dosen Suppe in amerikanischen Supermärkten von 3,3 auf 7,0 im Durchschnitt, wenn maximal 12 Dosen Suppe gekauft werden dürfen. Die Autoren erklären dies mit einem Anchoring- und Adjustment-Effekt, demzufolge sich die Konsumenten bei ihrer Einkaufsmengenentscheidung an der Mengenbegrenzung als Anker orientieren. Der gleiche Effekt tritt auch bei Mengenempfehlungen auf, wenn die Autoren Schilder mit Aufschriften wie „Kaufen Sie 18 für Ihre Gefriertruhe" einsetzen. Hier wird deutlich, dass Kommunikation am POS bei der Verkaufsförderung eine wichtige Rolle spielen kann. Mit sehr geringem Aufwand können z. T. starke Effekte erzielt werden.

Schließlich können „unechte Nicht-Preis-Promotions" auch *ohne Preissenkungen* eingesetzt werden. Sie ziehen die Aufmerksamkeit der Konsumenten auf das Aktionsprodukt. Zudem interpretiert ein Teil der Konsumenten z. B. Schilder im Geschäft als Signal für eine Preissenkung, ohne zu hinterfragen, ob diese tatsächlich vorliegt (Inman et al. 1990). Der Verband „Point-of-Purchase Advertising International" (POPAI) findet in einer groß angelegten Untersuchung in den USA, dass verschiedene Arten von Schildern am POS im Durchschnitt zu einer Absatzsteigerung von 5,3 Prozent führen (Payton 2002). Dies ist sehr wenig im Vergleich zu den Absatzsteigerungen, die typischerweise mit Sonderangeboten erzielt werden. Zu berücksichtigen ist jedoch, dass Schilder wenig Kosten verursachen und Mehrabsatz zu voller Marge generieren. So finden denn auch Inman und McAlister (1993) in einem Feldexperiment, dass der Deckungsbeitrag bei einem Schild mit einer 1-prozentigen Preissenkung höher ist als derjenige bei Einsatz des gleichen Schildes mit einer 15-prozentigen Preissenkung.

7 Zusammenfassung

Die Frage nach der Profitabilität von Promotions ist nicht einfach zu beantworten. Eine große Gefahr besteht darin, dass Verkaufsförderung zu einem Gefangenendilemma führt, wenn sie das Marktvolumen nicht vergrößert. Führen Promotions nicht zu Mehrkonsum, entsteht also möglicherweise ein reiner Verteilungswettbewerb, in dem die Kosten der Verkaufsförderung nicht durch zusätzlichen Absatz gedeckt werden. Für den Einsatz von Promotions spricht dagegen vor allem, dass diese zur Preisdifferenzierung dienen können. Wichtig ist also auf jeden Fall, bei der Gestaltung von Verkaufsförderungsaktionen darauf zu achten, dass nicht alle Kunden in der Aktion kaufen, sondern manche den vollen Preis zahlen. Des Weiteren zeigt die Studie von Ailawadi et al. (2006) deutlich, dass Absatz und Gewinn bei Verkaufsförderungsaktionen durch unterschiedliche Faktoren getrieben werden. Für die Planung von Promotions ist es also entscheidend, nicht nur auf Absatz und Marktanteile zu achten, sondern die Profitabilität der Aktionen im Auge zu behalten. Dies mag offensichtlich klingen, ist in der Praxis jedoch nicht immer einfach zu realisieren.

Für Verkaufsförderungsaktionen können Preis- und Nicht-Preis-Instrumente eingesetzt werden. Werden beide zusammen verwendet, können „unechte" Nicht-Preis-Promotions eine wichtige Rolle für das Framing von Preis-Promotions spielen. Wie bei einem Bild, das durch seinen Rahmen unterstützt wird, kann die richtige Kommunikation die Wirkung von Preis-Promotions deutlich verstärken. Nicht-Preis-Promotions können aber auch allein eingesetzt werden. Sie führen zwar kurzfristig zu einem geringeren Mehrabsatz als Preisaktionen, dieser wird aber zu voller Marge erzielt. Zudem sind Nicht-Preis-Promotions langfristig vorteilhafter für die Markentreue.

Obwohl zahlreiche Befunde zu den Wirkungen einzelner Verkaufsförderungsinstrumente vorliegen, sind diese natürlich nicht uneingeschränkt generalisierbar. Für einzelne Unternehmen gilt es, Besonderheiten, etwa in Bezug auf ihre Produkte und die Gestaltung ihrer Verkaufsförderungsaktionen, zu beachten. Für die Messung der Effektivität von Promotions im Einzelfall stehen jedoch in aller Regel geeignete Daten und Methoden zur Verfügung. Unternehmen kann nur dringend geraten werden, diese zu nutzen.

Literatur

Ailawadi, K. L., & Neslin, S. A. (1998). The effect of promotion on consumption: Buying more and consuming it faster. *Journal of Marketing Research, 35*(3), 390–398.

Ailawadi, K. L., Harlam, B. A., Cesar, J., & Trounce, D. (2006). Promotion profitability for a retailer: The role of promotion, brand, category, and store characteristics. *Journal of Marketing Research, 43*(4), 518–535.

Ailawadi, K. L., Gedenk, K., Lutzky, C., & Neslin, S. A. (2007). Decomposition of the sales impact of promotion-induced stockpiling. *Journal of Marketing Research, 44*(3), 450–467.
Blattberg, R. C., & Neslin, S. A. (1990). *Sales promotion. Concepts, methods, and strategies.* Englewood Cliffs: Prentice Hall.
Bucklin, R. E., & Gupta, S. (1999). Commercial use of UPC scanner data: Industry and academic perspectives. *Marketing Science, 18*(3), 247–273.
Bucklin, R. E., & Lattin, J. M. (1992). A model of product category competition among grocery retailers. *Journal of Retailing, 68*(3), 271–293.
Chen, S.-F. S., Monroe, K. B., & Lou, Y.-C. (1998). The effects of framing price promotion messages on consumers' perceptions and purchase intentions. *Journal of Retailing, 74*(3), 353–372.
Farris, P. W., & Quelch, J. A. (1987). In defense of price promotion. *Sloan Management Review, 29* (1), 63–69.
Feinberg, F. M., Krishna, A., & Zhang, Z. J. (2002). Do we care what others get? A behaviorist approach to targeted promotions. *Journal of Marketing Research, 39*(3), 277–291.
Gedenk, K. (2002). *Verkaufsförderung.* München: Vahlen.
Gedenk, K., & Neslin, S. A. (1999). The role of retail promotion in determining future brand loyalty: Its effect on purchase event feedback. *Journal of Retailing, 75*(4), 433–459.
GfK & Wirtschaftswoche (Hrsg.). (2006). *Werbeklima I/2006 Deutschland.* Düsseldorf: Verlagsgruppe Handelsblatt GmbH.
Goerdt, T. (1999). *Die Marken- und Einkaufsstättentreue der Konsumenten als Bestimmungsfaktoren des vertikalen Beziehungsmarketing.* Nürnberg: GIM.
Günther, M., Vossebein, U., & Wildner, R. (2006). *Marktforschung mit Panels. Arten – Erhebung – Analyse – Anwendung* (2. Aufl.). Wiesbaden: Gabler.
Hui, S. K., Inman, J. J., Huang, Y., & Suher, J. (2013). The effect of in-store travel distance on unplanned spending: Applications to mobile promotion strategies. *Journal of Marketing, 77*(2), 1–16.
Inman, J. J., & McAlister, L. (1993). A retailer promotion policy model considering promotion signal sensitivity. *Marketing Science, 12*(4), 339–356.
Inman, J. J., McAlister, L., & Hoyer, W. D. (1990). Promotion signal: Proxy for a price cut? *Journal of Consumer Research, 17*(1), 74–81.
Mazumdar, T., Raj, S. P., & Sinha, I. (2005). Reference price research: Review and propositions. *Journal of Marketing, 69*(4), 84–102.
Mela, C. F., Gupta, S., & Lehmann, D. R. (1997). The long-term impact of promotion and advertising on consumer brand choice. *Journal of Marketing Research, 34*(2), 248–261.
Narasimhan, C. (1984). A price discrimination theory of coupons. *Marketing Science, 3*(2), 128–146.
Neslin, S. A. (1990). A market response model for coupon promotions. *Marketing Science, 9*(2), 125–145.
Nijs, V. R., Dekimpe, M. G., Steenkamps, J. B. E., & Hanssens, D. M. (2001). The category demand effects of price promotions. *Marketing Science, 20*(1), 1–22.
o. V. (2002). Promotions – Fass ohne Boden? *Lebensmittelzeitung, o. Jg.* (24.05.), 36.
Payton, P. (2002). *The Store as a medium.* Vortrag auf dem Kongress „The power of POP advertising", Mai 2002. Hamburg.
Raju, J. S., Srinivasan, V., & Lal, R. (1990). The effects of brand loyalty on competitive price promotional strategies. *Management Science, 36*(3), 276–305.
Shaffer, G., & Zhang, Z. J. (1995). Competitive coupon targeting. *Marketing Science, 14*(4), 395–416.
Srinivasan, S. S., Leone, R. P., & Mulhern, F. J. (1995). The advertising exposure effect of free standing inserts. *Journal of Advertising, 24*(Spring), 29–40.
Srinivasan, S., Pauwels, K., Hanssens, D. M., & Dekimpe, M. G. (2004). Do promotions benefit manufacturers, retailers, or both? *Management Science, 50*(5), 617–629.

van Heerde, H. J., & Neslin, S. A. (2007). Sales promotion models. In B. Wierenga (Hrsg.), *Handbook of marketing decision models*. New York: Springer.
van Heerde, H. J., Gupta, S., & Wittink, D. R. (2003). Is 75 % of the sales promotion bump due to brand switching? No, only 33 % is. *Journal of Marketing Research, 40*(4), 481–491.
van Heerde, H. J., Leeflang, P. S. H., & Wittink, D. R. (2004). Decomposing the sales promotion bump with store data. *Marketing Science, 23*(3), 317–334.
Venkatesan, R., & Farris, P. W. (2012). Measuring and managing returns from retailer-customized coupon campaigns. *Journal of Marketing, 76*(1), 76–94.
Wansink, B., Kent, R. J., & Hoch, S. J. (1998). An anchoring and adjustment model of purchase quantity decisions. *Journal of Marketing Research, 35*(1), 71–81.

Prof. Dr. Karen Gedenk ist Inhaberin des Lehrstuhls für Marketing & Pricing an der Universität Hamburg.

Einsatz des Event Marketing für die Marketingkommunikation

Cornelia Zanger und Jan Drengner

Inhalt

1 Event Marketing als Kommunikationsinstrument	114
2 Strategische Planung des Event Marketing	116
3 Eventkonzeption	119
4 Eventumsetzung	131
5 Eventcontrolling	134
Literatur	136

Zusammenfassung

Event Marketing umfasst als Kommunikationsinstrument die Planung, Vorbereitung, Realisierung, Nachbereitung sowie das Controlling von Marketing-Events. Der Beitrag stellt dar, wie in einem systematischen Managementprozess durch die Inszenierung von Marketing-Events der Rahmen für außergewöhnliche Erlebnisse der Eventteilnehmer geschaffen wird, um die gesetzten Ziele der Marketingkommunikation zu erreichen. Für ein besseres Verständnis des Kommunikationsinstrumentes wird außerdem auf verhaltenswissenschaftliche Erkenntnisse zur Erklärung der Wirkungen des Eventmarketing eingegangen.

Schlüsselwörter

Event Marketing • Event- Erlebnis • Inszenierung • Konsumentenverhalten

---

C. Zanger (✉)
BWL II - Marketing und Handelsbetriebslehre, TU Chemnitz, Chemnitz, Deutschland
E-Mail: zanger@wirtschaft.tu-chemnitz.de

J. Drengner
Fachbereich Touristik/Verkehrswesen, FH Worms, Worms, Deutschland
E-Mail: drengner@fh-worms.de

© Springer Fachmedien Wiesbaden 2016
M. Bruhn et al. (Hrsg.), *Handbuch Instrumente der Kommunikation*, Springer Reference Wirtschaft, DOI 10.1007/978-3-658-04655-2_5

1 Event Marketing als Kommunikationsinstrument

Für erlebnisorientierte Veranstaltungen, die Unternehmen in Eigenregie oder mit Hilfe von Dienstleistern zur Erreichung von Kommunikationszielen durchführen, hat sich seit den 1990er-Jahren in Wissenschaft und Praxis der Begriff des Event Marketing etabliert. Dabei ist festzuhalten, dass dieser Terminus keine neue Art des Marketing charakterisiert, wie es die Bezeichnung „Event Marketing" auf den ersten Blick suggerieren mag. Vielmehr handelt es sich um ein Kommunikationsinstrument, welches die zielorientierte, systematische Planung, konzeptionelle und organisatorische Vorbereitung, Realisierung, Nachbereitung sowie das Controlling so genannter Marketing-Events im Rahmen der Kommunikationspolitik umfasst.

Marketing-Events sind als operative Umsetzung des Event Marketing zu verstehen. Der Begriff beschreibt ein vom Unternehmen inszeniertes Ereignis in Form einer erlebnisorientierten Veranstaltung oder Aktion, das den Adressaten eine vorher festgelegte, auf eine bestimmte Marke (z. B. Unternehmensmarke, Einzelmarke, Familienmarke, Dachmarke) bezogene Botschaft vermittelt und somit der Umsetzung von Marketingzielen dient (Zanger 2001a). Um die Zielgruppe für die Markenbotschaft zu aktivieren und damit die Wirkung des Events zu optimieren, werden die zu kommunizierenden Informationen und Bedeutungsinhalte dabei häufig in einen übergeordneten thematischen Rahmen eingebettet. Dieser *Erlebnisrahmen* basiert auf gesellschaftlich relevanten Bereichen, wie Sport, Musik, Film, Mode, Kunst, Wissenschaft, historischen Ereignissen, Mythen oder religiösen Festen.

Marketing-Events sind außerdem dadurch gekennzeichnet, dass die Kommunikation der Markenbotschaft gegenüber einer größeren Anzahl von Personen stattfindet, die sich gemeinsam während eines fest definierten Zeitraums an einem bestimmten Ort aufhalten. Aus dieser raum-zeitlichen Integration mehrerer Konsumenten ergibt sich die spezifische *Kommunikationsqualität von Marketing-Events*, die das Event Marketing von anderen Kommunikationsinstrumenten unterscheidet (Sistenich 1999, S. 62 ff.; Zanger 2001b; Zanger 2007, S. 4 ff.):

- Während Kommunikationsinstrumente, wie die Mediawerbung, das Direktmarketing oder die Social Media-Kommunikation, ihre Zielgruppen (lediglich) über visuelle und auditive Reize ansprechen, bieten Marketing-Events aufgrund des unmittelbaren Kontaktes zu den Adressaten die Möglichkeit der *multisensualen Botschaftsvermittlung*. So können zusätzlich auch olfaktorische, gustatorische, haptische, thermale sowie kinästhetische Stimuli zum Einsatz kommen. Die gezielte Verbindung von Markenbotschaften mit diesen Reizen führt zu einer intensiven Aktivierung der Eventbesucher und damit zu einer verbesserten Aufnahme, Verarbeitung und Speicherung der während der Veranstaltung gebotenen Informationen und Bedeutungsinhalte (Drengner 2013a, S. 193 ff.).
- Maßnahmen der unpersönlichen bzw. einseitigen Kommunikation, wie beispielsweise Werbespots, Anzeigen, Plakate, Product Placement, Kundenzeitschriften oder Trikotsponsoring, entfalten ihre Wirkung hauptsächlich aufgrund wiederholter Kontakte der Adressaten mit der zu vermittelnden Botschaft (Schmitt 2009,

S. 701 f.). In diesem Fall speichern die Empfänger die Kommunikationsinhalte in ihrem so genannten semantischen Gedächtnis, welches generische kategoriale Inhalte umfasst (Gerrig und Zimbardo 2008, S. 245 f.). Im Marketingkontext sind dies beispielsweise Fakten über eine Marke, wie der Markenname, die formale Gestaltung der Markierung oder der Preis der Marke. Indem Marketing-Events die Veranstaltungsbesucher *persönlich über die Verhaltensebene* in die Inszenierung einbeziehen, setzen sie die symbolische Welt einer Marke in tatsächlich erlebbare Ereignisse um (Zanger und Sistenich 1996, S. 236 f.). Die daraus resultierenden persönlichen Markenerlebnisse speichern die Konsumenten in ihrem so genannten episodischen Gedächtnis, welches die autobiografischen Erfahrungen einer Person umfasst. Auf diesem Weg kann es dem Unternehmen gelingen, nicht nur Markenwissen bei seinen Zielgruppen aufzubauen bzw. zu festigen (semantisches Gedächtnis), sondern auch deren persönliche Bindung an die Marke zu stärken (episodisches Gedächtnis) (Schmitt 2009, S. 701 f.).

- Im Gegensatz zu den Instrumenten der unpersönlichen bzw. einseitigen Kommunikation besitzen Marketing-Events aufgrund der raumzeitlichen Integration mehrerer Konsumenten ein hohes *Interaktionspotenzial*. Dieses beruht zunächst auf der Tatsache, dass sich die Konsumenten mit Vertretern der Marke unmittelbar austauschen können, was dem Unternehmen die Möglichkeit eines intensiven und individuellen Zielgruppendialogs bietet. Die durch ein solches Interaktionsangebot entstehenden eigenen Erfahrungen führen bei den Veranstaltungsbesuchern im Idealfall über Flow-Erlebnisse (Csikszentmihalyi 1975) und positive Emotionen zu einer intensiveren und nachhaltigeren Kommunikationswirkung als dies bei massenmedialer Kommunikation der Fall ist (Drengner und Zanger 2003; Drengner 2008). Darüber hinaus können die Eventbesucher miteinander interagieren. Über diesen Weg helfen Marketing-Events, die sozialen Bindungen zwischen den Konsumenten zu stärken, was die Bedeutung der Marke in verschiedenen Typen sozial bedingter Konsumgemeinschaften (z. B. Brand Communities, Non-Brand Communities) festigt (Drengner 2013b, S. 72 ff.; Drengner et al. 2013, S. 149 ff.).

Schließlich ist das Event Marketing von solchen Kommunikationsinstrumenten abzugrenzen, die ebenfalls Veranstaltungen zur Erreichung von Kommunikationszielen nutzen und somit auch über ähnliche Kommunikationsqualitäten verfügen. Hierzu gehört zunächst das *Veranstaltungssponsoring*. Dieses greift auf von Dritten veranstaltete Ereignisse zurück (z. B. FIFA als Veranstalter der Fußball-WM), während Marketing-Events durch das Unternehmen selbst bzw. von beauftragten Dienstleistern (z. B. Eventagenturen) konzipiert, organisiert und durchgeführt werden. Aufgrund dieser Eigeninszenierung verfügen Unternehmen beim Event Marketing über größere Spielräume zur kreativen Umsetzung ihrer Markenbotschaft als beim Veranstaltungssponsoring (für eine tiefergehende Differenzierung der beiden Instrumente siehe Drengner 2008, S. 24 ff.). Weiterhin ist das Event Marketing vom Kommunikationsinstrument des *Messeauftritts* abzugrenzen. Eine Messe, wie z. B. die Internationale Automobilausstellung in Frankfurt, wird durch einen Dritten (Messeveranstalter) organisiert und durchgeführt. Das Unternehmen nutzt diese

Plattform, um sich mittels eines Messeauftritts seinen Zielgruppen zu präsentieren, was traditionell mit Hilfe eines Messestandes geschieht. Da jedoch parallel auch Wettbewerber ihre Leistungen auf eigenen Messeständen darbieten, kann dies die Erreichung der gesetzten Kommunikationsziele erschweren. Diesem Problem begegnen Unternehmen zunehmend dadurch, indem sie während der Messe ihren eigenen Messeauftritt mit Marketing-Events (sog. Messe-Events) verknüpfen, um so ihre Leistung exklusiv in Szene zu setzen (Zanger 2014, S. 13 ff.). Letztlich ist das Event Marketing von *Verkaufsförderungsaktionen am POS* (z. B. Verteilung von Warenproben, Gewinnspiele) abzugrenzen. Während diese auf ökonomische Ziele fokussieren (z. B. Erhöhung der Absatzzahlen), steht bei Marketing-Events hauptsächlich die Beeinflussung psychischer Größen (z. B. Bekanntheit, Image, Markenbeziehung) im Mittelpunkt. Events fungieren somit nicht als Vertriebskanal. Vielmehr gilt der unmittelbare Verkauf von Leistungen als langfristig zu erreichende Verhaltenswirkung, die sich aus den unmittelbaren psychischen Effekten der Veranstaltung ergibt (Drengner 2008, S. 37).

Der erfolgreiche Einsatz des Event Marketing erfordert einen *systematischen Managementprozess*. Dieser ist in Abb. 1 dargestellt und wird in diesem Beitrag ausführlich erörtert. Ausgehend von strategischen Entscheidungen zum generellen kommunikationspolitischen Einsatz des Event Marketing, erfolgt jeweils für die geplanten Marketing-Events auf der operativen Ebene zunächst deren Konzeption sowie anschließend deren Umsetzung. Konzeption und Umsetzung beziehen sich dabei auf drei Phasen des Events, in denen das Unternehmen die Adressaten der Veranstaltung kontaktiert:

- In der *Pre-Event-Phase* informiert das Unternehmen die potenziellen Teilnehmer über das Ereignis, um diese zu einem Eventbesuch zu motivieren.
- Die *Haupt-Event-Phase* umfasst die eigentliche Durchführung der Veranstaltung, gekennzeichnet durch die raum-zeitliche Integration mehrerer Konsumenten.
- Nach Abschluss des Events beginnt in der *Post-Event-Phase* dessen kommunikative Nachbereitung.

Um sowohl den Erfolg der einzelnen Marketing-Events bestimmen zu können als auch Optimierungspotenziale für die Planung und Umsetzung des Event Marketing offenzulegen, empfiehlt sich außerdem die Durchführung eines prozessbegleitenden Eventcontrollings.

2 Strategische Planung des Event Marketing

Die strategische Planung vollzieht sich in der Kommunikationspolitik sowohl auf der Ebene der Gesamtkommunikation als auch auf der Ebene der einzelnen Kommunikationsinstrumente (hier: strategische Eventplanung) (Bruhn 2013, S. 70 ff.). Auf der *Ebene der Gesamtkommunikation* werden für das Bezugsobjekt der Kommunikation (z. B. Unternehmensmarke, Einzelmarke, Familienmarke, Dach-

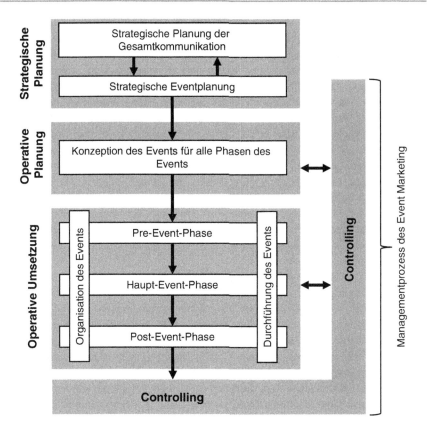

Abb. 1 Managementprozess des Event Marketing

marke) die anzusprechenden Zielgruppen, die bezüglich dieser Adressaten zu erreichenden Kommunikationsziele, die dafür einzusetzenden Kommunikationsinstrumente sowie die Leitlinien der Integrierten Kommunikation mittel- bis langfristig spezifiziert. Darauf aufbauend erfolgt die Festlegung der Höhe des Kommunikationsbudgets sowie dessen Verteilung auf die einzelnen Kommunikationsinstrumente (interinstrumentelle Budgetallokation).

Wurde auf der Ebene der Gesamtkommunikation entschieden, Event Marketing als Kommunikationsinstrument einzusetzen, erfolgt die *strategische Eventplanung*. Ihre Aufgabe besteht in der mittel- bis langfristigen Strukturierung und Steuerung aller ausschließlich dem Event Marketing zuordenbaren Aktivitäten. Basierend auf den auf der Ebene der Gesamtkommunikation getroffenen Festlegungen gilt es dabei zunächst, durch die verantwortlichen Mitarbeitenden festzulegen, welche und wie viele Marketing-Events in der jeweilige Planungsperiode durchzuführen sind. Für jede dieser Veranstaltungen ist anschließend zu präzisieren, an welche Zielgruppe sie sich richtet und welche konkreten Zielinhalte es in welchem Ausmaß zu erreichen gilt (z. B. Steigerung des Bekanntheitsgrades der Marke X um 10 Prozent).

Hinsichtlich der *Zielinhalte* zeigt eine von Drengner und Köhler (2013, S. 102 f.) durchgeführte Metaanalyse empirischer Studien, dass Unternehmen mit Hilfe des Event Marketing verschiedene, für den Erfolg einer Marke relevante Größen beeinflussen können. Aufgrund seiner spezifischen Kommunikationsqualität eignet es sich zunächst zur Emotionalisierung von Marken. Neben diesem *affektiven Ziel* lassen sich Marketing-Events weiterhin zur Erreichung *kognitiver Ziele* nutzen, wie der Steigerung der Markenbekanntheit sowie der Vermittlung von Informationen zum Eventobjekt. Weiterhin besitzt das Kommunikationsinstrument das Potenzial zur Steuerung *komplexer Konstrukte*, die sowohl affektive als auch kognitive Komponenten umfassen. Hierzu zählen insbesondere die Einstellung zu einer Marke, das Markenimage, die Markenbeziehungsstärke, die Einbindung von Marken in Markengemeinschaften (so genannte Brand Communities) sowie die Motivation der Zielgruppen (z. B. Mitarbeitermotivation). Da diese Konstrukte wiederum verhaltenswirksam sind, unterstützt das Event Marketing somit auf indirektem Wege letztlich auch die Erreichung *konativer Ziele*, wie den Kauf oder die Weiterempfehlung der Marke.

Für eine möglichst präzise Beschreibung der *Eventzielgruppen* bietet sich zunächst deren Differenzierung in Primär-, Sekundär- und Tertiärzielgruppe an (Böhme-Köst 1992, S. 129). Die *Primärzielgruppe* umfasst die unmittelbaren Eventteilnehmer, wobei unternehmensexterne (z. B. Endverbraucher, Geschäftskunden, Vertriebspartner) und -interne Personengruppen (z. B. Mitarbeitende) zu unterscheiden sind. Eine tiefergehende Charakterisierung der Primärzielgruppe kann anhand herkömmlicher Marktsegmentierungskriterien, wie soziodemografischen (z. B. Alter, Einkommen), geografischen (z. B. Land, Region), verhaltensorientierten (z. B. bisherige Teilnahme an Marketing-Events) oder psychografischen Merkmalen (z. B. Einstellung, Lebensstil), erfolgen. Reicht dies nicht aus, bieten sich weitere Kriterien, wie beispielsweise die ökonomische Bedeutung der Zielgruppe für das Unternehmen (z. B. A-Kunden), deren Multiplikatorwirkung (z. B. Meinungsführer) oder ihre Stellung im Diffusionsprozess (z. B. Adopter) an. Im Gegensatz zur Primärzielgruppe nimmt die *Sekundärzielgruppe* nicht unmittelbar am Marketing-Event teil, sondern hat vielmehr die Rolle des Beobachters inne. Sie berichtet in dieser Funktion medial (z. B. via Internet, Fernsehen, Printmedien) von der Veranstaltung und entfaltet somit eine Multiplikatorwirkung. Auch die *Tertiärzielgruppe* besucht das Event nicht, sondern rezipiert dieses über die Berichterstattung der Sekundärzielgruppe bzw. die Mund-zu-Mund Kommunikation der Primärzielgruppe. Dies zusammenfassend zielen Marketing-Events nicht zwangsläufig nur auf Wirkungen bei den unmittelbaren Besuchern ab, sondern können auch einen darüber hinausgehenden Kreis an Personen ansprechen. Dabei ist zu beachten, dass alle drei Gruppen zunächst als gleichwertig gelten. Erst die konkrete Zielstellung des Events und die damit verbundene Zielgruppenauswahl setzen die entsprechende Gewichtung.

Neben den Zielen und Zielgruppen gilt es für jedes der geplanten Marketing-Events die *Terminierung* (Wann soll das Event stattfinden?), die *Dauer* (Wie lange soll das Event stattfinden?) sowie die *Frequenz* (Wie oft soll das Event stattfinden?) festzulegen. Weiterhin erfolgt die Verteilung des Gesamtbudgets, welches dem

Kommunikationsinstrument Event Marketing im Rahmen der interinstrumentellen Budgetierung zugewiesen wurde, auf die einzelnen Marketing-Events (*intrainstrumentelle Budgetallokation*).

Zusammenfassend sei darauf verwiesen, dass die erfolgreiche Umsetzung der Kommunikationspolitik eine enge Verknüpfung der strategischen Planung auf der Ebene der Gesamtkommunikation mit der Planung auf der Ebene des Event Marketing erfordert (Bruhn 2013, S. 83 f.). Indem die für die Gesamtkommunikation getroffenen Entscheidungen einen Orientierungsrahmen für die strategische Planung des Event Marketing sowie aller anderen Kommunikationsinstrumente bilden, garantiert dieses Vorgehen zunächst eine stringente Abstimmung aller für eine Marke durchzuführenden Kommunikationsaktivitäten. Jedoch erfasst eine solche *Top-Down-Planung* nicht alle für den Kommunikationserfolg relevanten Spezifika des Event Marketing. Außerdem trägt ein solches Vorgehen das Risiko von Akzeptanzproblemen bei der für die Umsetzung des Event Marketing betroffenen Abteilung bzw. Mitarbeitenden in sich. Erfolgt die Kommunikationsplanung hingegen ausschließlich auf der Ebene des Event Marketing, so wird eine solche *Bottom-Up-Planung* nicht den Erfordernissen der Integrierten Kommunikation gerecht, was letztlich die Effizienz des gesamten Kommunikationsmix schmälert. Beide Planungsebenen sind somit im Sinne einer *Down-Up-Planung* in einem iterativen Prozess miteinander in Einklang zu bringen (Bruhn 2013, S. 84).

3 Eventkonzeption

3.1 Vorgehen bei der Entwicklung der Eventkonzeption

Aufbauend auf den zu erreichenden Zielinhalten erfolgt im Rahmen der Eventkonzeption zunächst die Spezifizierung der *Markenbotschaft*, die die an die Zielgruppen zu vermittelnden markenbezogenen Informationen und Bedeutungsinhalte präzise beschreibt (Bruhn 2013, S. 7). Dabei ist diese Botschaft so zu formulieren, dass sie während des Events die Aufmerksamkeit der anvisierten Zielgruppe erregt, von dieser aufgenommen und in dem vom Unternehmen beabsichtigten Sinne verarbeitet sowie gespeichert wird. Eine solche Botschaftsverschlüsselung erfolgt mit Hilfe der Inszenierung.

In der Theaterwissenschaft bezeichnet die *Inszenierung* das „In-Szene-Setzen" eines dramatischen Werkes. Der Begriff der „Szene" bezieht sich dabei auf die Bühne, auf der das Werk in Form einer Sequenz von Handlungen einem Publikum zur Anschauung gebracht wird. Äußere Mittel, wie Gestik und Bewegung der Schauspieler, Dekoration, Licht, Töne oder Musik, sollen im Rahmen der Inszenierung die Wirkung des Dramas verstärken (Fischer-Lichte 1998, S. 82). In Anlehnung an diese Sichtweise dient die Inszenierung im Kontext des Event Marketing dazu, durch die Gestaltung verschiedener *Inszenierungselemente* (z. B. thematische Gestaltung des Erlebnisrahmens, Auswahl des Veranstaltungsortes, Einsatz von Künstlern, Art und Weise der Integration der Zielgruppe in die Veranstaltung) die

Aufmerksamkeit der Eventbesucher zu steuern und ihnen die Markenbotschaft zur Anschauung zu bringen. Indem sie die zu vermittelnden Informationen und Bedeutungsinhalte absichtsvoll zuspitzt und dramatisiert (Wünsch 2012, S. 172), lässt sich mittels Inszenierung das Potenzial des Marketing-Events beeinflussen, bei der Zielgruppe außergewöhnliche Erlebnisse und die damit verknüpften Wirkungen (z. B. verstärkte Aktivierung) hervorzurufen (Drengner 2014).

Im Gegensatz zum klassischen Theater bezieht sich die Inszenierung im Event Marketing nicht nur auf die raum-zeitlich begrenzte Durchführung einer Veranstaltung (Haupt-Event-Phase). Vielmehr umfasst die operative Umsetzung eines Marketing-Events auch die Kommunikation mit der Zielgruppe vor und nach der Veranstaltung. Da Unternehmen somit in der Pre- bzw. Post-Event-Phase über die Chance zusätzlicher, über die eigentliche Veranstaltung hinausgehender Kontaktpunkte zur Vermittlung ihrer Kommunikationsbotschaft verfügen, gilt es im Rahmen der Eventkonzeption eine *phasenübergreifende Inszenierung* zu entwickeln. Diese lässt sich dadurch erreichen, indem vor, während und nach der Veranstaltung zusätzliche Kommunikationsinstrumente (z. B. Mediawerbung, Social Media-Kommunikation, Direktmarketing) zum Einsatz kommen, um die Wirkungen des Events zu verstärken.

Den Ausgangspunkt für die Konzeption der Inszenierung bildet eine – meist noch vage und abstrakt formulierte – *Eventidee*. Die Entwicklung dieser Idee erfolgt häufig in einem Kreativitätsprozess. Dessen Verlauf ist zwar nur bedingt planbar, jedoch können ein kreatives Arbeitsumfeld, der Einsatz klassischer Kreativitätstechniken (z. B. Brainstorming, Mind Mapping) und die Zusammenarbeit in interdisziplinär zusammengesetzten Teams das Entstehen innovativer Ideen fördern.

In einem nächsten Schritt gilt es, die Eventidee in Form eines schriftlich fixierten Entwurfs zu konkretisieren, indem für jedes Element der phasenübergreifenden Inszenierungen Gestaltungsempfehlungen formuliert werden. Das daraus resultierende *Eventkonzept* fungiert als Basis für die Organisation und Durchführung der Veranstaltung, da es allen beteiligten Akteuren (z. B. Eventmanager, externe Dienstleister) ausführliche Informationen über die zu vermittelnde Markenbotschaft, über die anvisierte Zielgruppe, über die einzelnen Elemente der phasenübergreifenden Inszenierung sowie über den Ablauf der geplanten Veranstaltung zur Verfügung stellt. Weiterhin enthält es Angaben über die *Verteilung des Budgets* auf die einzelnen Phasen und Elemente der Inszenierung (Schäfer-Mehdi 2012, S. 39 ff.).

Im Weiteren werden die einzelnen, in der Konzeptionsphase zu gestaltenden Inszenierungselemente erörtert. Dabei wird zunächst auf die Auswahl von Themen zur inhaltlichen Ausgestaltung des Events eingegangen, die wiederum die Struktur der Inszenierung (Darsteller, Kulisse, Aufführung) prägen (Drengner 2014). Weiterhin sind Entscheidungen über die Art und Weise der Einbindung der Eventzielgruppen in die Aufführung zu treffen. Außerdem werden verhaltenswissenschaftliche Forschungsergebnisse dargestellt, die es im Rahmen der Inszenierung zu beachten gilt. Aufgrund ihrer Bedeutung für eine phasenübergreifende Inszenierung steht abschließend die Verknüpfung von Marketing-Events mit anderen Kommunikationsinstrumenten im Mittelpunkt.

3.2 Konzeption der Inszenierungselemente

3.2.1 Festlegung der Inszenierungsinhalte

Der Inhalt der Inszenierung betrifft die thematische Ausgestaltung des Marketing-Events. Mit der Markenbotschaft steht dabei bereits per se das *Kernthema* der Veranstaltung fest. Darüber hinaus stellt sich jedoch die Frage, in welchen übergeordneten thematischen Rahmen die zu vermittelnden Informationen und Bedeutungsinhalte eingebettet werden, um die symbolische Welt der Marke in reale Erlebnisse umzusetzen. Als Suchfelder für passende Themen zur Gestaltung dieses *Erlebnisrahmens* bieten sich sämtliche Bereiche des gesellschaftlichen Lebens (z. B. Sport, Musik, Film, Mode, Natur, Kunst, Wissenschaft, Tanz, Geschichte, Mythen, Technik, religiöse Feste) an (Drengner 2014). Unternehmen verfügen somit über einen großen kreativen Spielraum, indem sie entweder nur ein Thema für die Inszenierung ihres Marketing-Events wählen oder mehrere Themen miteinander kombinieren. Dabei gilt es zu beachten, dass zum einen bereits auf der Ebene der Gesamtkommunikation die Möglichkeit zur Festlegung eines Erlebnisrahmens besteht, um diesen – im Sinne der Integrierten Kommunikation – als Plattform für die inhaltliche Ausgestaltung aller Kommunikationsinstrumente einzusetzen (Drengner 2013a, S. 5). Ein solches Vorgehen empfiehlt sich, wenn die verschiedenen Zielgruppen eines Unternehmens ein ähnlich starkes Interesse gegenüber bestimmten Themen besitzen. So nutzt beispielsweise die Marke Red Bull die Themen „Sport" und „Musik" als Kommunikationsplattform, um mehrere Marktsegmente anzusprechen. Zum anderen kann die thematische Gestaltung des Erlebnisrahmens auch erst während der Konzeption des jeweiligen Marketing-Events erfolgen. Dies erscheint insbesondere bei solchen Adressaten sinnvoll, die sehr spezielle Bedürfnisse aufweisen und sich somit von den restlichen Kommunikationszielgruppen unterscheiden.

Die *Auswahl eines Themas* zur Gestaltung des Erlebnisrahmens untergliedert sich in zwei Schritte: Zunächst ist der relevante gesellschaftliche Bereich festzulegen, aus dem anschließend in einer Feinauswahl konkrete Inhalte generiert werden. Steht beispielsweise Sport als möglicher thematischer Rahmen fest, gilt es danach eine konkrete Sportart zu identifizieren. Die Auswahl sollte dabei systematisch (z. B. mittels Scoring-Modellen) unter Berücksichtigung folgender *Kriterien* stattfinden (Drengner 2013c, S. 11 ff.):

- *Erreichbarkeit der Zielgruppe:* Eine Voraussetzung für den Erfolg eines Marketing-Events liegt darin, dass die anvisierte Zielgruppe überhaupt daran teilnimmt. Deshalb ist bei der Auswahl des Erlebnisrahmens für die Inszenierung darauf zu achten, dass dieser auf das Interesse der potenziellen Eventteilnehmer stößt. Um mögliche Streuverluste zu minimieren, sollte der Kreis der Interessenten für das in Frage kommende Thema dabei möglichst in großem Umfang mit den Adressaten des jeweiligen Events übereinstimmen. Als Entscheidungsbasis bieten sich die in der strategischen Planung generierten Informationen zu den Eventzielgruppen an. Besonders aussagekräftig erscheinen in diesem Zusammenhang die psychografischen Merkmale, insbesondere Angaben zu Lebensstilen

und sozialen Milieus, wie sie beispielsweise die Sinus- oder Sigma-Milieus bieten (Sinus-Milieus o. J.). Diese Lebensstiltypologien enthalten detaillierte Informationen zum Freizeitverhalten der Zielgruppen, ihren Werten oder ihren bevorzugten ästhetischen Erlebnissen und machen somit deutlich, welche Themen zur Gestaltung des Erlebnisrahmens attraktiv sein könnten.
- *Zieladäquanz:* Der Erlebnisrahmen sollte geeignet sein, die gesetzten Ziele überhaupt erreichen zu können. Möchte zum Beispiel ein Unternehmen mit Hilfe eines Marketing-Events sehr viele Konsumenten ansprechen, um die Bekanntheit einer Marke zu steigern, so eignen sich hierzu Themen mit breiter gesellschaftlicher Akzeptanz (z. B. in Deutschland das Thema Fußball). Besteht hingegen das Ziel in einer Beeinflussung des Markenimages mittels eines Bedeutungstransfers vom Erlebnisrahmen auf die Marke, so gilt es, ein Thema auszuwählen, das die gewünschten, zu übertragenden Assoziationen (z. B. Dynamik, Innovativität) aufweist.
- *Einzigartigkeit:* Weiterhin ist darauf zu achten, dass die Zielgruppe die Inszenierung als einzigartig beurteilt. Einzigartigkeit sollte zum einen gegenüber den Events der Wettbewerber gegeben sein, um eine eigenständige Positionierung zu erreichen. Zum anderen empfiehlt sich ein Vergleich zu Marketing-Events, die Unternehmen anderer Branchen für die ausgewählte Zielgruppe bereits durchgeführt haben, um diesen Personenkreis nicht mit einem ähnlichen und damit eventuell wenig attraktiven Angebot anzusprechen.
- *Passfähigkeit zur Marke und zur Kommunikationsstrategie:* Im Sinne der Integrierten Kommunikation ist zu prüfen, ob der Erlebnisrahmen zur aktuellen Kommunikationsstrategie des Unternehmens passt.

3.2.2 Festlegung der Inszenierungsstruktur

Hinsichtlich der Struktur der Inszenierung haben Unternehmen über (a) den Einsatz von Darstellern, (b) über die Gestaltung der Kulisse sowie (c) über die Art der Aufführung zu entscheiden (Drengner 2014).

Zu den *Darstellern* (a) gehören alle personenbezogenen Produktionsfaktoren, zu denen das Publikum während der Veranstaltung Kontakt hat, wobei sich Haupt- und Nebendarsteller unterscheiden lassen. *„Hauptdarsteller"* sind die Akteure, deren Aufgabe in der unmittelbaren Vermittlung der Markenbotschaft liegt. Hierzu zählt zum einen unternehmensinternes Personal (z. B. Führungskräfte, Belegschaft), welches im Rahmen der Inszenierung – z. B. in Form von Vorträgen oder Workshops – entsprechende Informationen und Bedeutungsinhalte an die Eventteilnehmer weitergibt. Ähnlich der Verwendung von Testimonials in der Werbung können zum anderen auch unternehmensexterne Akteure als Hauptdarsteller zum Einsatz kommen. Beispiele dafür sind Experten (z. B. Wissenschaftler) oder prominente Persönlichkeiten (z. B. Moderatoren, Künstler, Sportler), die bei den Adressaten über ein besonders hohes Aktivierungspotenzial verfügen.

Die Gruppe der *„Nebendarsteller"* umfasst hingegen Mitarbeitende, die zwar nicht unmittelbar an der Vermittlung der Markenbotschaft beteiligt sind, aber aufgrund ihrer Tätigkeit während des Events ebenfalls Kontakt zur Zielgruppe haben und deshalb indirekt das Markenbild prägen. Dies betrifft beispielsweise das für die

Gästebetreuung, für das Catering oder für die Gewährleistung der Sicherheit eingesetzte Personal.

Die *Kulisse* (b) umfasst alle sachbezogenen Produktionsfaktoren, mit deren Hilfe das Unternehmen die gesamte physische Umgebung des Marketing-Events gestaltet. Hierzu gehören beispielsweise die Veranstaltungsdestination (z. B. Land, Region, Stadt), der Veranstaltungsort (z. B. Firmengelände, Hotel, Stadion), dessen Dekoration, Beleuchtung sowie Beschallung, aber auch die während der Veranstaltung angebotenen Speisen und Getränke. Hinsichtlich des Veranstaltungsortes gilt es weiter zu entscheiden, ob die Vermittlung der Markenbotschaft an einer zentralen Stelle (z. B. Bühne), in mehreren Räumlichkeiten (z. B. Seminarräumen) oder sogar an geografisch voneinander getrennten Orten (z. B. verschiedene Stationen in einer Stadt) stattfindet.

Die *Aufführung* (c) bezieht sich auf alle über den gesamten Zeitraum der Inszenierung ablaufenden, für das Publikum sichtbaren Handlungen, die die Darsteller innerhalb der Kulisse zur Vermittlung der Markenbotschaft erbringen. Eine wichtige Rolle spielt dabei die *Dramaturgie* der Veranstaltung, die den aufzuführenden Aktivitäten einen strukturierten Verlauf gibt (Sutterheim und Kaiser 2011, S. 348). Für ein besseres Verständnis der zu treffenden dramaturgischen Entscheidungen empfiehlt es sich, die aufzuführende Handlung in einzelne Akte zu unterteilen. Ein Akt beschreibt dabei die in einem zeitlich begrenzten Abschnitt stattfindende Handlung eines oder mehrerer Darsteller (Sutterheim und Kaiser 2011, S. 342). Beispiele dafür sind der Vortrag eines Referenten, der Auftritt einer Band oder das gemeinsame Lösen einer Aufgabe durch die Eventteilnehmer.

Eine erste dramaturgische Entscheidung betrifft die Frage, ob die einzelnen Akte – und damit die zu vermittelnden Informationen und Bedeutungsinhalte – dem Publikum entweder *simultan* oder *sukzessiv* zur Anschauung gebracht werden (Wochnowski 1996, S. 369). Während bei einer simultanen Vermittlung verschiedene Darsteller gleichzeitig an zwei oder mehr Orten agieren (z. B. parallel stattfindende Workshops), folgen bei einer sukzessiven Aufführung die einzelnen Akte zeitlich aufeinander. Letzteres ist beispielsweise der Fall, wenn auf einer Bühne nacheinander mehrere Darsteller auftreten oder wenn die Veranstaltungsbesucher in einer vorher festgelegten Reihenfolge mehrere Stationen eines Events durchlaufen.

Weiterhin regelt die Dramaturgie die chronologische Verteilung von Höhepunkten, d. h. die Abfolge von Phasen der Spannungen und Entspannung (Nickel und Esch 2007, S. 74), wobei sich drei *Formen der Dramaturgie* unterscheiden lassen (Wochnowski 1996, S. 30):

- *Akzentuierte Dramaturgie:* Während der Aufführung wechseln sich Phasen der Spannung und Entspannung ab. Als Beispiel kann ein Event zur Präsentation neuer PKW-Modelle dienen, bei dem sich spannungsgeladenen Testfahrten mit theoriebezogenen Workshops zur Informationsvermittlung abwechseln.
- *Eskalierende Dramaturgie:* Die Spannung nimmt im Verlauf der Veranstaltung stetig zu und bewegt sich auf einen finalen Höhepunkt zu. Diese Form der Dramaturgie tritt beispielsweise bei Wettbewerben mit Ausscheidungsmodus auf.
- *Gleichbleibende Dramaturgie:* Die Aufführung ist durch ein konstantes Spannungsniveau gekennzeichnet, wie es zum Beispiel bei Vorträgen der Fall ist.

Schließlich wird im Rahmen der Dramaturgie festgelegt, in welchem *inhaltlichen Zusammenhang* die einzelnen Akte zueinander stehen. Weisen diese keine oder nur eine lose Verbindung auf, so handelt es sich um eine *offene Dramaturgie* (Schäfer-Mehdi 2012, S. 122). Ähnlich wie beim Varieté wechseln in diesem Fall verschiedene Darsteller mit inhaltlich unterschiedlichen Handlungen einander ab. Der Zusammenhalt der Akte beruht dabei lediglich auf einem übergeordneten Thema (Markenbotschaft, Erlebnisrahmen) und/oder auf inhaltlichen Überleitungen während der Veranstaltung (z. B. durch einen Moderator). Im Rahmen der *geschlossenen Dramaturgie* wird hingegen eine lineare Geschichte erzählt. Wie bei einem Theaterstück erfolgt eine Einteilung der Handlung in einzelne, inhaltlich aufeinander aufbauende Akte (Schäfer-Mehdi 2012, S. 122). Aufgrund des bereits erwähnten Erfordernisses einer phasenübergreifenden Inszenierung bezieht sich die zu erzählende Geschichte jedoch nicht zwangsweise nur auf die Veranstaltung (Haupt-Event-Phase), sondern kann auch auf die Zielgruppenkontakte vor und nach dem Marketing-Event (Pre- und Post-Event-Phase) ausgedehnt werden. Offene und geschlossene Dramaturgie bilden keine dichotomen Kategorien. Vielmehr sind sie als Endpunkte eines Kontinuums zu verstehen, innerhalb dessen Unternehmen über eine Vielzahl von Möglichkeiten zur dramaturgischen Gestaltung der Aufführung verfügen.

3.2.3 Festlegung der Zielgruppenintegration

Schließlich entscheidet das Unternehmen im Rahmen der Konzeption über das Ausmaß der Einbindung der Zielgruppen in die Aufführung (Drengner 2014). Es kommt zu einer *aktiven Integration*, wenn die Aufführung einen wechselseitigen Austausch zwischen dem Publikum und den vom Unternehmen eingesetzten Hauptdarstellern ermöglicht. Ein Beispiel dafür ist die Beteiligung des Publikums an einer zwischen Experten (Hauptdarsteller) geführten Podiumsdiskussion, indem die Konsumenten selbst Fragen an die Diskutanten stellen oder eigene thematische Beiträge einbringen. Im Rahmen der aktiven Integration können die Eventbesucher darüber hinaus auch selbst die Rolle der Hauptdarsteller einnehmen. In diesem Fall käme die Aufführung ohne aktives Engagement der Zielgruppen nicht zustande. Dies ist beispielsweise der Fall, wenn die Konsumenten während des Marketing-Events selbst sportlich, spielerisch oder künstlerisch aktiv werden.

Bei der *reaktiven Integration* können die Konsumenten durch Beifall, Jubel, Gesänge, veranstaltungsspezifische Rituale (z. B. La-Ola-Wellen) und ähnliches während der Aufführung auf die von den Hauptdarstellern gebotenen Inhalte reagieren und damit vor allem die Atmosphäre des Events beeinflussen. Dabei handelt es sich um einseitige Aktionen des Publikums, die keine zwangsläufige Reaktion der Hauptdarsteller erfordern.

Eine *passive Integration* des Publikums erfolgt schließlich bei der medialen Übertragung des Events über einseitige Kommunikationskanäle, wie beispielsweise das Fernsehen oder das Internet (Livestream). In diesen Fällen nehmen die Konsumenten die Aufführung wahr und verarbeiten die gebotenen Inhalte, verfügen jedoch über keine Möglichkeit, in die Inszenierung einzugreifen.

3.2.4 Berücksichtigung verhaltenswissenschaftlicher Erkenntnisse

In den vergangenen 20 Jahren hat die Marketingforschung, insbesondere durch Einbeziehung der Erkenntnisse anderer Wissenschaftsdisziplinen (z. B. Psychologie, Soziologie, Kommunikationswissenschaft, Sportwissenschaft), ein tiefergehendes Verständnis für die *Wirkungsmechanismen des Event Marketing* entwickelt (Zanger 2010). Insbesondere Studien, die sich mit dem Verstehen und Erklären des Verhaltens von Eventkonsumenten auseinandersetzen, zeigen, dass die Erreichung der gesetzten Kommunikationsziele von einer Vielzahl von Faktoren und Prozessen abhängt (Drengner und Köhler 2013). Im Weiteren werden für eine erfolgreiche Inszenierung von Marketing-Events besonders relevante Erkenntnisse der verhaltenswissenschaftlichen Forschung dargestellt.

Für eine zielgruppengerechte Inszenierung sind zunächst *Kenntnisse über die Prädispositionen der potenziellen Eventbesucher* wichtig. Hierbei handelt es sich um Konstrukte und Prozesse, die erklären, warum Menschen überhaupt Marketing-Events konsumieren (Drengner und Köhler 2013, S. 96 f.). Eine zentrale Bedeutung nehmen dabei die *Motive* für einen Eventbesuch ein. Die umfangreichen Forschungen zu diesem Konstrukt zeigen, dass Veranstaltungen ein breites Spektrum an Konsummotiven befriedigen können (Li und Petrick 2006; Drengner 2013a, S. 109 ff.). Hierzu zählen beispielsweise das Bedürfnis nach sozialen Kontakten, der Wunsch nach Ablenkung und Zerstreuung oder das Verlangen, das eigene Wissen zu erweitern. Hinsichtlich der Inszenierung können detaillierte Kenntnisse zu diesen und anderen Motiven der Zielgruppe dabei helfen, das Marketing-Event so zu gestalten, dass es möglichst viele Personen zu einem Veranstaltungsbesuch motiviert.

Ein weiteres prädispositionales Konzept ist das *Involvement der potenziellen Zielgruppen*, das sich aufgrund der Komplexität von Marketing-Events auf verschiedene Objekte beziehen kann (Drengner 2008, S. 103 ff.). So beschreibt das *Eventinhalt-Involvement* das Interesse am Erlebnisrahmen (z. B. Sport, Musik), während das *Umfeld-Involvement* die formale Gestaltung des Events (z. B. Veranstaltungsort, Hauptdarsteller) betrifft. Bezüglich der Inszenierung helfen Kenntnisse über die Ausprägungen beider Involvementtypen nicht nur bei der Auswahl eines für eine erfolgreiche Zielgruppenansprache adäquaten Erlebnisrahmens, sondern auch bei der Gestaltung der Struktur der Inszenierung.

Darüber hinaus kann sich das Involvement auch auf die im Mittelpunkt des Marketing-Events stehende Marke beziehen. Die Stärke der Ausprägung dieses *Markeninvolvements* bei den Adressaten hat einen Einfluss darauf, wie diese die Markenbotschaft verarbeiten (Drengner 2008, S. 100 ff.). So ist bei einem hohen Marken-Involvement (z. B. Geschäftskunden bei einem Investitionsgut) davon auszugehen, dass die Eventbesucher detaillierte Informationen zur Marke wünschen, um sich mit diesen intensiv auseinandersetzen zu können. Weist die Zielgruppe hingegen ein geringes Markeninvolvements auf (z. B. Endverbraucher für ein klassisches Low-Involvement-Produkt), besteht lediglich ein geringes Interesse an ausführlichen Markeninformationen. Das Event entfaltet seine Wirkungen in diesem Fall hauptsächlich über so genannte Kontextvariablen, wie die während der Veranstaltung erlebten Emotionen, die Passfähigkeit zwischen Inhalt des Events und der

Marke oder die Zufriedenheit mit dem Event. Aus dem Wissen über die Stärke des Markeninvolvements bei den potenziellen Eventbesuchern lässt sich somit ableiten, in welcher Quantität und Qualität markenbezogene Informationen während des Events bereitzustellen sind.

Neben den Prädispositionen der Eventzielgruppen hängt die Kommunikationswirkung eines Marketing-Events von einer *Vielzahl von kognitiven, affektiven und komplexen Variablen und Prozessen* ab, die während des Eventbesuchs bei den Konsumenten auftreten (Drengner und Köhler 2013). Als besonders erfolgsrelevant gelten dabei die durch ein Marketing-Event hervorgerufenen *Erlebnisse* (Weinberg und Nickel 2007; Drengner 2014). Der Begriff des Erlebnisses beschreibt in diesem Kontext zunächst das subjektive Erleben sämtlicher, bei einer Person während ihres Eventbesuches ablaufenden psychischen Phänomene, wie Wahrnehmen, Denken, Imaginieren oder Fühlen (Bruhn und Hadwich 2012, S. 9; Drengner 2014). Damit ist ein Erlebnis als ein holistisches und komplexes Konzept zu verstehen, das sich aus einer oder mehrerer der folgenden eng miteinander verknüpften *Erlebniskomponenten* zusammensetzen kann (Drengner und Jahn 2012; Jahn und Drengner 2013; Drengner 2014):

- Die *emotionale Erlebniskomponente* beschreibt die während des Marketing-Events auftretenden Erfahrungen einer Person, die mit Emotionen verknüpft sind (z. B. Freude, Begeisterung, Ärger).
- Die *sensorische Erlebniskomponente* umfasst Erfahrungen, die auf visuellen, auditiven, haptischen, olfaktorischen, gustatorischen, thermalen oder kinästhetischen Sinneseindrücken des Individuums beruhen (z. B. Genuss von Speisen und Getränken, Wertschätzung einer ästhetisch ansprechenden Gestaltung des Veranstaltungsortes).
- Die *relationale Erlebniskomponente* beschreibt Erfahrungen, die auf den sozialen Kontakten mit anderen Menschen beruhen (z. B. Verbundenheitsgefühl zwischen den Eventteilnehmern).
- Die *intellektuelle Erlebniskomponente* basiert auf der bewussten kognitiven Auseinandersetzung mit einem Stimulus (z. B. Vortrag eines Experten, Lösen einer Aufgabe im Rahmen eines Workshops).
- Die *symbolische Erlebniskomponente* betrifft Erfahrungen, die auf der symbolischen Bedeutung des Besuchs des Marketing-Events im sozialen Umfeld beruhen (z. B. Stolz auf die eigene Teilnahme an einer Veranstaltung).
- Die *transzendente Erlebniskomponente* tritt dann auf, wenn der Veranstaltungsbesucher eine als angenehm empfundene zeitweise Entkopplung seiner Person von Zeit und Alltag empfindet (z. B. Eintauchen in eine fremde Welt).
- Die *kollektiv-emotionale Erlebniskomponente* bezieht sich auf Erfahrungen, die auf gemeinsamen rituellen Handlungen mit anderen Menschen (z. B. gemeinsames Singen, La-Ola-Welle) und den damit verbundenen sozial geteilten Emotionen basieren.

Aufgrund einer starken Erlebnisorientierung der Konsumenten in westlichen Gesellschaften (Schulze 2005; Gröppel-Klein 2012, S. 42 f.) gelten in Forschung und Praxis insbesondere solche Erlebnisse als erfolgswirksam, die die Eventbesucher als außergewöhnlich empfinden (Drengner 2014). *Außergewöhnliche Konsumerlebnisse* sind dadurch gekennzeichnet, dass sie nicht ständig auftreten und die Routinen sowie Zwänge des Alltags einer Person durchbrechen (Gebhardt 2000, S. 19; Hitzler 2011, S. 12 ff.). Aufgrund ihrer Nicht-Alltäglichkeit besitzen diese Erlebnisse ein besonders hohes Potenzial, die Konsumenten während der Veranstaltung zu aktivieren, was wiederum sowohl die Aufnahme und Verarbeitung der zu vermittelnden Informationen bzw. Bedeutungsinhalte als auch die spätere Erinnerung an die Markenbotschaft positiv beeinflusst. Dabei belegen bisherige Ergebnisse der Konsumentenverhaltensforschung, dass insbesondere die relationale, die transzendente sowie die emotionale Erlebnisfacette geeignet erscheinen, außergewöhnliche Erfahrungen während eines Events hervorzurufen (Schouten et al. 2007; Drengner et al. 2008; McGinnis et al. 2008; Drengner et al. 2012; Jahn und Drengner 2013). Obwohl es bisher an empirischen Studien mangelt, ist darüber hinaus zu vermuten, dass auch die verbleibenden oben genannten Facetten außergewöhnliche Erfahrungen auslösen (Drengner 2014).

Die während eines Marketing-Events auftretenden Erlebnisse beeinflussen weiterhin die *Wertschöpfung der Eventteilnehmer* (Drengner 2014; Jahn und Drengner 2014). Wert entsteht für Konsumenten dann, wenn sie aufgrund ihrer Erlebnisse besser gestellt werden (Vargo und Lusch 2008; Grönroos und Voima 2013). Wie eine Studie von Jahn (2013) belegt, bieten Veranstaltungen ihren Zielgruppen dabei sehr viele Möglichkeiten, Wert zu generieren. So können sie beispielsweise ihr Bedürfnis nach Informationen befriedigen, wobei Konsumenten dieses Wissen meist nicht zum Selbstzweck aufnehmen, sondern zur Erreichung anderer Ziele (z. B. Vorbereitung einer Kaufentscheidung, Weiterbildung). Erhält ein Eventbesucher die gewünschten Kenntnisse im Rahmen der Veranstaltung schneller, umfangreicher und/oder in einer besseren Qualität als dies auf anderem Wege (z. B. Informationssuche im Internet) möglich wäre, fungiert das Marketing-Event für ihn als Zeitersparnisangebot und stiftet somit ökonomischen Wert. Empfindet er emotionale, sensorische oder transzendente Erfahrungen während der Veranstaltung als vergnüglich, entspannend oder unterhaltend, so resultiert daraus hedonistischer Wert. Weiterhin können sich aus relationalen Erlebnissen persönliche oder geschäftliche Kontakte ergeben, die auch nach der Veranstaltung bestehen bleiben und somit auch langfristig Möglichkeiten der Wertschöpfung bieten.

Aufgrund dieser Forschungsergebnisse haben Unternehmen darauf zu achten, durch die Auswahl des Erlebnisrahmens, die Gestaltung der Inszenierungsstruktur sowie die Art und Weise der Zielgruppenintegration ihr Event so zu inszenieren, dass dieses ein möglichst hohes Potenzial besitzt, bei den Konsumenten des Events wertstiftende, außergewöhnliche Erlebnisse hervorzurufen (Drengner 2014).

Da die Inszenierung der Verschlüsselung der Markenbotschaft dient (s. o.), gilt es in allen Phasen des Events eine enge *Verknüpfung aller Inszenierungselemente* mit den zu vermittelnden Informationen und Bedeutungsinhalten zu gewährleisten. Dies betrifft zunächst die Art und Weise der *Zielgruppenintegration*, die die Kommunikationswirkung des Marketing-Events wesentlich beeinflusst (Wochnowski 1996, S. 270). So besteht bei der passiven sowie der reaktiven Integration die Gefahr, dass die Aktivierung der Besucher aufgrund ihrer mangelnden bzw. vergleichsweise geringen Einbindung in die Aufführung im Verlauf der Veranstaltung abnimmt und damit die Aufmerksamkeit für die Kommunikationsbotschaft sinkt. Deshalb gilt es im Rahmen der Dramaturgie immer wieder Reize zum Aufbau von Spannung einzusetzen, die einer potenziell sinkenden Aktivierung entgegenwirken. Die aktive Integration weist hingegen sowohl aufgrund ihres interaktiven Charakters als auch wegen der Möglichkeit, multimodale Reize bieten zu können, ein höheres Aktivierungspotenzial auf (Nickel und Esch 2007, S. 75 ff.). Einerseits erscheint diese Art der Zielgruppeneinbindung damit besonders für die Vermittlung der Markenbotschaft geeignet. Andererseits birgt sie für den Veranstalter jedoch das Risiko, dass er im Vergleich zu den anderen beiden Arten der Zielgruppenintegration weniger Kontrolle über seine Inszenierung ausübt, da er stärker auf die „Mitarbeit" und das Wohlwollen der Veranstaltungsteilnehmer angewiesen ist.

Gelingt mittels der Inszenierung eine *multimodale Verschlüsselung der Markenbotschaft*, so lässt sich damit die Kommunikationswirkung des Marketing-Events optimieren. Eine Erklärung dafür bietet das multimodale Gedächtnismodell (Engelkamp und Zimmer 1994), wonach Menschen multimodal dargebotene Informationen nicht nur als verbale Konzepte speichern, sondern auch in Form sinnesspezifischer Erinnerungen an Bilder, Töne, Gerüche usw. Die modalspezifischen Subsysteme, in denen die Speicherung dieser Informationen erfolgt, sind eng miteinander vernetzt, weshalb sie sich gegenseitig aktivieren und verstärken. Dies resultiert in einer besseren Verankerung der Botschaft im Gedächtnis der Konsumenten. Einfluss auf das sensorische Erleben der Veranstaltung können Unternehmen sowohl über die Art und Weise der Zielgruppenintegration als auch über die Gestaltung der Struktur der Inszenierung nehmen.

Eine zusätzliche, den Kommunikationserfolg prägende Determinante bildet die *dramaturgische Gestaltung* des Events. Verschiedene Studien belegen, dass Botschaften, die einem Publikum in Form einer Geschichte dargeboten werden (geschlossene Dramaturgie), besonders wünschenswerte Kommunikationswirkungen nach sich ziehen. So können die in der Erzählung vermittelten Inhalte (z. B. über Verwendungsmöglichkeiten der Marke, historischen Hintergründe der Marke, zukünftige Markeninnovationen) die Markenbindung des Konsumenten stärken, die Einstellung zur Marke nachhaltig prägen sowie zukünftige Markenerlebnisse beeinflussen (Escalas 1998, S. 281 f.; Escalas 2004). Tauchen die Rezipienten außerdem tiefer in die inszenierte Geschichte ein, so geht dies mit intensiven transzendenten Erlebnissen einher, die wiederum zu positiv bewerteten emotionalen Zuständen (insbesondere Vergnügen) führen (Green und Brock 2000; Green et al. 2004). Außerdem sind Personen während dieser Erlebnisse weniger bereit, sich kritisch mit den gebotenen Informationen und Bedeutungsinhalten auseinanderzusetzen bzw. aktiv nach Gegenargumenten für die gebotenen Informationen zu suchen (Green und Brock 2000; Chang 2012, S. 250). Erfolgt zusätzlich eine aktive Integration der Eventbesucher in die Geschichte, ist damit zu rechnen, dass die daraus entstehenden autobiografischen Erlebnisse die hier aufgeführten Kommunikationswirkungen noch verstärken (Nickel und Esch 2007, S. 75 ff.).

Weiterhin unterstützt eine mittlere bis hohe *Passfähigkeit* zwischen Markenbotschaft und Erlebnisrahmen die Erreichung verschiedener Kommunikationsziele, wie die Übertragung neuer Assoziationen von der Veranstaltung auf die Marke, die Stärkung der Beziehung der Konsumenten zur Marke oder die Erinnerung an die Marke nach der Veranstaltung (Drengner 2013a, S. 308). Unternehmen haben somit solche Erlebnisrahmen auszuwählen, die die anvisierten Zielgruppen als passend zur Marke beurteilen. Gemäß Erkenntnissen der Marketingforschung kann dabei die Bewertung der Passfähigkeit anhand verschiedener Konzepte erfolgen, wie dem Imagefit, dem Verwendungsfit oder dem Konditionierungsfit (Drengner et al. 2004; Drengner et al. 2011; Drengner 2013a, S. 245). So besteht beispielsweise dann ein Imagefit, wenn der Erlebnisrahmen (z. B. Golf als prestigeträchtige Sportart) bei den Konsumenten ähnliche Assoziationen hervorruft wie die Marke selbst (z. B. Prestige als Imagebestandteil einer Luxusmarke).

Darüber hinaus erscheint es für eine erfolgreiche Kommunikation notwendig, dass die Adressaten die Verknüpfung der Marke bzw. Markenbotschaft mit dem Erlebnisrahmen als *authentisch*, d. h. aufrichtig, echt oder wahrhaftig (Beverland und Farrelly 2010, S. 838) empfinden. Gelingt dies nicht, besteht die Gefahr, dass dies die Glaubwürdigkeit des Marketing-Events und damit seine erwünschten Zielwirkungen unterminiert (Drengner 2008, S. 256). So ist von Unternehmen beispielsweise zu entscheiden, in welchem Umfang sie sich bei der Gestaltung der Kulisse des Events an dem ausgewählten Erlebnisrahmen orientieren. Zum einen können sie auf Stimuli zurückgreifen, die für den Erlebnisrahmen besonders typisch sind, um somit den Zielgruppen authentische Erlebnisse zu bieten. Inszeniert beispielsweise ein Unternehmen sein Event mit Hilfe von Sport (z. B. Fußball), so liegt die Nutzung eines Stadions als Veranstaltungsort nahe. Zum anderen kann aber auch ein bewusster Bruch mit den gewohnten, für einen Erlebnisrahmen typischen Assoziationen das Potenzial für besondere Erlebnisse erhöhen, was wiederum mit einer verstärkten Aktivierungswirkung für die Markenbotschaft einhergeht. Dies war beispielsweise bei der Veranstaltung „Red Bull Flying Bach" der Fall, bei dem der Hersteller zwei eher gegensätzliche Erlebnisrahmen (Hip-Hop, klassische Musik) verknüpfte, indem Breakdancer zur Musik von Johann Sebastian Bach auftraten. Schließlich sind für eine authentische Umsetzung des Events die für den Erlebnisrahmen und die Zielgruppe typischen symbolischen Objekte (z. B. Farben, Logos), Handlungen (z. B. Rituale, Verhaltenscodes) und Semantiken in die Inszenierung einzubeziehen (Schlesinger 2008, S. 128 f.).

Die Forderung nach einer authentischen Inszenierung betrifft schließlich auch den *Einsatz prominenter Hauptdarsteller* (z. B. bekannte Moderatoren, Künstler, Sportler). Diese besitzen aufgrund ihres besonderen Status bei den Zielgruppen ein hohes Potenzial, sowohl Aufmerksamkeit für die Kommunikationsbotschaft zu erregen als auch diese glaubwürdig zu vermitteln. Ausschöpfen lässt sich dieses Potenzial, indem das Unternehmen die Prominenten so in die Inszenierung einbindet, dass die Eventbesucher sie explizit als Markenbotschafter wahrnehmen und nicht nur als eine unterhaltsame Abwechslung im Rahmen der Veranstaltung. Gemäß Erkenntnissen der Werbewirkungsforschung (Erdogan 1999) sollten die Konsumenten außerdem diesen Personen vertrauen, ihnen Sympathie entgegenbringen sowie sie als kompetent zur Vermittlung der Markenbotschaft bewerten.

3.3 Verknüpfung des Marketing-Events mit anderen Kommunikationsinstrumenten

Eine wichtige Voraussetzung erfolgreicher Kommunikationspolitik besteht in der inhaltlichen, formalen und zeitlichen Abstimmung aller vom Unternehmen eingesetzten Kommunikationsinstrumente (Bruhn 2013, S. 87 ff.). Dies gilt auch für das Event Marketing, indem insbesondere bei der Gestaltung der Struktur der Inszenierung die auf der strategischen Ebene festgelegten Leitlinien der Integrierten Kommunikation berücksichtigt werden (z. B. markenkonforme Gestaltung der Kulisse mittels Farben, Formen, Materialien, Musik; markenadäquates Verhalten der Darsteller).

Über diese strategischen Überlegungen hinaus erfordert die erfolgreiche Konzeption und Umsetzung der *phasenübergreifenden Inszenierung* eines Events dessen enge Verknüpfung mit anderen Kommunikationsinstrumenten (Drengner 2013a, S. 95). So hängt das Gelingen der Veranstaltung davon ab, dass die Adressaten in der Pre-Event-Phase Kenntnis über das Ereignis erhalten und es dem Unternehmen gelingt, Vorfreude und Spannung aufzubauen (Zanger 2003, S. 167). Die Vermittlung der dazu notwendigen Informationen erfolgt über andere Kommunikationsmaßnahmen, wie Mediawerbung (z. B. Plakate), Öffentlichkeitsarbeit (z. B. Pressemitteilungen) oder Direktmarketing (z. B. postalische Einladung) (Drengner 2008, S. 259). Ähnliches gilt für die Post-Event-Phase, welche die kommunikative Nachbereitung der Veranstaltung umfasst. Bei Events für eine breite öffentliche Zielgruppe kann dies beispielsweise in Form von Zeitungs- oder TV- Berichten geschehen. Sind die Adressaten hingegen persönlich bekannt, empfehlen sich Kommunikationsmaßnahmen auf individueller Ebene (z. B. nachträgliche Übergabe von Videos und Bildern der Veranstaltung durch Außendienstmitarbeitende, persönliches Dankesschreiben).

Besonderes Potenzial für die Optimierung der Kommunikationswirkungen von Marketing-Events liegt in ihrer *Verknüpfung mit Social Media-Plattformen*, wie beispielsweise Sozialen Netzwerken (z. B. Facebook, Google+), Content Communities (z. B. YouTube, Instagram) oder Mikroblogs (z. B. Twitter). Aufgrund des Merkmals dieser Plattformen, einen Dialog mit den Konsumenten initiieren zu können, bieten sie eine Vielzahl von Möglichkeiten zur Stärkung der Zielgruppenintegration. Beispielsweise können Unternehmen die potenziellen Eventbesucher bereits in der Pre-Event-Phase an der Gestaltung des Eventkonzeptes beteiligen. Weiterhin ermöglicht die Verbindung der Eventinszenierung mit Social-Media-Plattformen eine Erweiterung der räumlichen (z. B. durch virtuelle Eventteilnahme) und zeitlichen Ausdehnung von Events (z. B. durch virtuelle Nachfeldkommunikation). Die Inhalte des Events lassen sich auf diesem Weg viral verbreiten, was wiederum die Reichweite der zu vermittelnden Botschaft erhöht (Jahn und Zanger 2013; Zanger 2013).

4 Eventumsetzung

4.1 Organisation

Im Rahmen der operativen Umsetzung erfolgt sowohl die Organisation als auch die Durchführung des Marketing-Events. Die *Eventorganisation* umfasst die phasenübergreifende Koordination und Steuerung aller im Eventkonzept festgelegten Aktivitäten, um einen reibungslosen Ablauf der Veranstaltung sicherzustellen und somit eine optimale Kommunikationswirkung bei den Zielgruppen zu erreichen.

Im Vergleich zu anderen Kommunikationsinstrumenten sind an der Umsetzung des Events eine Vielzahl von Akteuren beteiligt. Neben dem Unternehmen und seinem Personal gehören hierzu meist verschiedene kommerzielle Dienstleister, wie z. B. Eventagenturen, Betreiber des Veranstaltungsortes, Catering-Unternehmen, Künstler, Veranstaltungstechniker, Logistikunternehmen oder Sicherheitsfirmen. Berührt die Veranstaltung öffentliche Interessen (z. B. bei Open-Air-Veranstaltungen, Sperrung des öffentlichen Raumes) erfordert dies außerdem eine Zusammenarbeit mit öffentlichen Einrichtungen (z. B. Ämtern, Polizei). Aufgrund dieser großen Zahl an Akteuren sowie bedingt durch die Fixierung auf einen definierten Zeitpunkt, an dem das Marketing-Event durchzuführen ist, weist die Organisation eines Marketing-Events einen hohen Komplexitätsgrad auf. Um diesen zu bewältigen, empfiehlt sich der Einsatz der Methodik des *Projektmanagements*. Dieses umfasst die Gesamtheit von Aufgaben zur Initialisierung, Planung, Steuerung und den Abschluss einer Vielzahl meist eng miteinander verknüpfter Managementaufgaben, die es im Rahmen der Eventorganisation zu bewältigen gilt (Bowdin et al. 2011, S. 258 f.). Ihr Ziel besteht darin, zeitliche und budgetäre Restriktionen so in Einklang zu bringen, dass ein Marketing-Event mit einer optimalen Qualität für die Zielgruppen organisiert wird.

Ein zentrales Element des Projektmanagements bildet die *Projektplanung*, mit deren Hilfe das Event als Gesamtprojekt zunächst in einzelne Managementaufgaben (Teilprojekte) zerlegt wird (Bea et al. 2011, S. 129 ff.). Zu den Teilprojekten gehören zunächst alle Aufgaben, die für eine erfolgreiche phasenübergreifende Inszenierung notwendig sind, wie beispielsweise die Gestaltung der Kulisse, die Buchung von Hauptdarstellern oder die Organisation der Aufführung (z. B. Erstellen eines Ablaufplanes, Generalprobe) sowie sämtlicher Kommunikationsmaßnahmen für die Pre- und Post-Event-Phase. Eine wichtige Rolle spielt dabei das *Beschaffungsmanagement*. Dessen Aufgabe besteht zunächst in der Auswahl von Dienstleistern, die eine optimale Umsetzung der Inszenierung garantieren können. Dabei gilt es zu berücksichtigen, dass nicht nur die Hauptdarsteller (z. B. Künstler, Moderatoren) die Inszenierung und damit die erfolgreiche Vermittlung der Markenbotschaft beeinflussen. Indem sowohl die Nebendarsteller (z. B. Catering-Personal, Sicherheitspersonal) mit den Eventbesuchern in Kontakt treten als auch weitere Dienstleister hinter den Kulissen einen reibungslosen Ablauf des Events verantworten (z. B. Techniker, Bühnenbauer oder Logistikunternehmen), übernehmen auch diese Akteure die Funktion von Markenbotschaftern. Um eine optimale Kommunikationswirkung im Sinne des Unternehmens zu gewährleisten, besteht somit eine weitere Anforderung an das Beschaffungsmanagement in einem detaillierten Briefing aller an der Eventumsetzung beteiligten Personen bzw. Institutionen (Rück 2012).

Neben dem Beschaffungsmanagement beeinflussen weitere Managementaufgaben die erfolgreiche Umsetzung des Events und damit seine Kommunikationswirkungen. Die folgenden Aufgaben bilden deshalb weitere *Teilprojekte*, die es im Rahmen der Eventorganisation zu bearbeiten gilt:

- *Risikomanagement:* Veranstaltungen gehen mit einer Vielzahl von Risiken einher, die durch das Unternehmen bereits im Rahmen der Eventorganisation zu beachten sind (z. B. technische Störungen, Naturereignisse, aggressives Verhalten von Veranstaltungsbesuchern) (Rutherford Silvers 2008). Die Aufgabe des Risikomanagements besteht dabei (a) in der Identifikation potenzieller Risiken, (b) in der Bewertung dieser Risiken hinsichtlich ihrer Eintrittswahrscheinlichkeit und ihres potenziellen Schadensausmaßes, (c) in der Entscheidung über Maßnahmen zur Risikovermeidung bzw. -minimierung sowie (d) in der Umsetzung dieser Maßnahmen (Rutherford Silvers 2008, S. 24 ff.). Die Wahrscheinlichkeit des Auftretens von Schäden lässt sich durch eine gewissenhafte Konzeption des Events, die Beachtung rechtlicher Regelungen (z. B. baurechtliche Vorschriften, Sondernutzungsgenehmigungen, Auflagen zum Lärmschutz) (Funke und Müller 2009, S. 182 ff.) sowie durch den Einsatz entsprechender Managementtechniken (z. B. Crowd-Management) minimieren. Zusätzlich empfiehlt sich der Abschluss von Versicherungen, um finanzielle Folgeschäden zu mindern (z. B. Veranstaltungs-Ausfall-Versicherung, Veranstalter-Haftpflicht-Versicherung) (Funke und Müller 2009, S. 309 ff.).
- *Crowd-Management:* Ein besonderes Risikopotenzial bergen Events mit großen Besucherzahlen in sich. So kann die Konzentration vieler Menschen an einem Ort zu hohen Personendichten (mehr als 4 bis 5 Personen/m^2) führen, woraus im Extremfall verschiedene Bedrohungen für die Gesundheit und das Leben der Eventbesucher entstehen (Haid und Drengner 2014, S. 139 ff.) Um dies zu vermeiden, besteht die Aufgabe des Crowd-Managements in der systematischen Planung und proaktiven Umsetzung der räumlichen Organisation großer Menschenansammlungen mit dem Ziel der Sicherung, des Schutzes und des Erhalts des Wohlbefindens aller Anwesenden (Runkel und Pohl 2012, S. 191; Haid und Drengner 2014, S. 139 ff.).
- *Management des Events als Instrument zur Umsetzung des CSR-Konzeptes:* Das Konzept der Corporate Social Responsibility (CSR) bezeichnet die Absicht des Unternehmens, mit all seinen Aktivitäten seiner gesellschaftlichen Verantwortung gerecht zu werden (Sen und Bhattacharya 2001, S. 226). Zu diesen Aktivitäten zählen auch Marketing-Events, welche zunächst durch ihre inhaltliche Ausgestaltung unmittelbar zur Umsetzung des CSR-Konzeptes beitragen können (z. B. in Form einer Charity-Veranstaltung). Unabhängig von der zu vermittelnden Botschaft ergeben sich jedoch letztlich für jedes Event Berührungspunkte zu den vielfältigen gesellschaftlichen Verpflichtungen eines Unternehmens (Cavagnaro et al. 2012). Hierzu zählt zunächst die Umsetzung

einer möglichst *umweltgerechten Veranstaltung*, indem sich der Veranstalter beispielsweise um eine umweltfreundliche Anreise seiner Gäste bemüht (z. B. Wahl eines verkehrsgünstigen Veranstaltungsortes, Kooperation mit öffentlichen Verkehrsdienstleistern zur Minimierung individueller Anreisen), energiesparende Technik einsetzt (z. B. LED-Beleuchtung) oder auf ein ressourcenschonendes Catering achtet (z. B. Verwendung regionaler und saisonaler Produkte in Bio-Qualität) (Große Ophoff 2012, S. 175 ff.). Weiterhin steht das Unternehmen in *wirtschaftlicher Verantwortung* gegenüber seinen Dienstleistern, wozu beispielsweise eine faire Entlohnung von Eventagenturen (z. B. Gewährung von Pitch-Honoraren) (Rübner 2013, S. 12) oder Künstlern zählt (Lemke-Matwey 2013). Weiterhin trägt der Veranstalter *soziale Verpflichtungen* nicht nur gegenüber seinen Mitarbeitenden (z. B. Arbeitszeitregelungen), sondern – in Abhängigkeit von der Art und Größe des Events – auch gegenüber der Bevölkerung am Veranstaltungsort (z. B. Lärmbelästigung durch Musik oder alkoholisierte Gäste). Insbesondere für Marketing-Events im Business-to-Business-Bereich gilt es schließlich, so genannte *Compliance-Richtlinien* einzuhalten. Compliance beschreibt dabei die „institutionalisierte Befolgung von Gesetzen und ethisch-moralischen Normen durch eine Organisation im geschäftlichen Verkehr" (Rück 2013, S. 202). Bezogen auf das Event Marketing geht es insbesondere darum, dass die Einladung von Geschäftskunden nicht den Eindruck unlauterer Absichten des Unternehmens erweckt (z. B. Bestechungsversuch). Diese Gefahr besteht vor allem bei solchen Events, die ihren Gästen durch die Gestaltung der Eventkulisse (z. B. exotische Veranstaltungsdestinationen, luxuriöse Veranstaltungsstätten, aufwändige Rahmenprogramme und Bewirtung) oder den Einsatz von Darstellern (z. B. teure Künstler, Prostituierte) einen hohen Freizeitwert bei gleichzeitig geringem Anteil an geschäftlichen Inhalten bieten. So kam es beispielsweise bei einer Mitarbeiterveranstaltung der ERGO-Versicherung zu sexuellen Ausschweifungen mit Prostituierten (ERGO 2011). Vermeiden lässt sich dies zunächst durch eine konsequente Ausrichtung der Eventinszenierung an der zu vermittelnden Botschaft. Weiterhin bieten entweder die Leitlinien externer Organisationen (z. B. Kodex zur Abgrenzung von legaler Kundenpflege und Korruption, S 20-Leitfaden für Hospitality und Strafrecht) oder unternehmensinterne Compliance-Richtlinien konkrete Hinweise für die Organisation und Umsetzung eines Marketing-Events, welches gängigen Compliance-Anforderungen genügt (Rück 2013).

Nach der Zerlegung des Events in einzelne Teilprojekte erfolgt im Rahmen der Projektplanung die *Schätzung des Arbeitsaufwandes*, der zur Bewältigung der einzelnen Managementaufgaben benötigt wird. Weiterhin gilt es festzustellen, welche *Zusammenhänge zwischen den Teilprojekten* bestehen, um die an der Organisation und Umsetzung des Events beteiligten Akteure und ihre Aufgaben optimal zu koordinieren. Das kann mit Hilfe des Instrumentes der *Netzplantechnik* erfolgen, mit dem sich eventuelle Abhängigkeiten zwischen den einzelnen Teilprojekten offenlegen lassen (z. B. Buchung des Veranstaltungsortes als Voraussetzung für die Installation der Veranstaltungstechnik). Die Schätzung des Arbeitsaufwandes sowie die Analyse von Zusammenhängen zwischen den Teilprojekten sind letztlich die Voraussetzung für die *Terminplanung*. Deren Aufgabe besteht darin, konkrete Zeitpunkte für die Erledigung der jeweiligen Teilprojekte (sog. Meilensteine) festzulegen, um so eine termingerechte Umsetzung des Marketing-Events sicherzustellen (Bea et al. 2011, S. 136 ff.).

4.2 Durchführung

Während der Eventdurchführung ergeben sich besondere Anforderungen an das Unternehmen. Unvorhergesehene Störungen, wie Ausfall der Technik oder das Ausbleiben von Hauptdarstellern, können den erfolgreichen Veranstaltungsverlauf gefährden. Hier ist vor allem das *Improvisationstalent* der Eventorganisatoren gefragt, die beim Eintreten von Problemen möglichst unbemerkt von den Eventteilnehmern Alternativlösungen zu entwickeln haben. Um auf dennoch auftretende Unzufriedenheitsreaktionen der Konsumenten adäquat reagieren zu können, bietet sich die Einrichtung eines *Beschwerdemanagements* an, indem das Personal bereits im Vorfeld des Events im Umgang mit unzufriedenen Besuchern geschult wird.

5 Eventcontrolling

Das *Eventcontrolling* beschreibt die systematische Unterstützung der Planung, Steuerung und Kontrolle aller strategischen und operativen Entscheidungen im Event Marketing, um dessen Kommunikationswirkungen zu optimieren. Das Controlling erstreckt sich somit über den gesamten Prozess des Event Marketing und schließt damit drei Kontrollebenen (Erfolgskontrolle, Auditing, Ablaufkontrolle) ein (Drengner 2003).

Die *Erfolgskontrolle* findet jeweils nach Abschluss eines Marketing-Events statt, indem sowohl der Grad der Erreichung des gesetzten Ziels (Effektivität) als auch die Wirtschaftlichkeit der Zielerreichung (Effizienz) geprüft werden. Aus methodischer Sicht eignen sich zur *Analyse der Effektivität* vor allem Befragungen der Eventbesucher bezüglich der zu erreichenden Zielwirkungen (z. B. Erinnerung an die Markenbotschaft, Imagebeeinflussung). Weiterhin können Unternehmen über die Untersuchung der Quantität und Qualität von Medienkontakten (z. B. Berichte in Printmedien, Posts auf Social Media-Plattformen) die Zielerreichung bei der Sekundär- und Tertiärzielgruppe prüfen.

Die *Analyse der Effizienz* stellt im Rahmen der Erfolgskontrolle auf das Verhältnis zwischen eingesetzten Ressourcen (Input) und erreichten Zielwirkungen (Output) ab. Der Input ergibt sich sowohl aus den pagatorischen (z. B. Auszahlungen an Dienstleister) als auch aus den kalkulatorischen Kosten (z. B. Lohnkosten interner Mitarbeitenden) für Eventplanung und -umsetzung. Der Output umfasst hauptsächlich die bereits diskutierten affektiven, kognitiven und komplexen Kommunikationswirkungen. Sind In- und Output bekannt, lassen sich daraus Kennzahlen zur Beurteilung der Effizienz des Events berechnen (z. B. Steigerung des Bekanntheitsgrades um X Prozent / Kosten des Events). Eine Effizienzbewertung ist jedoch nur dann möglich, wenn adäquate Vergleichsobjekte mit entsprechenden Informationen zu deren In- und Output vorliegen. Als Objekte kommen zunächst andere Marketing-Events entweder des eigenen Unternehmens oder – sofern die notwendigen Informationen vorliegen – der Wettbewerber in Frage (intrainstrumenteller Vergleich). Außerdem bieten sich Vergleiche mit anderen Kommunikationsinstrumenten (z. B. Mediawerbung, Sponsoring) (interinstrumenteller Vergleich) an. Dies erscheint jedoch nur dann sinnvoll, wenn die begründete Annahme besteht, dass diese Instrumente ähnliche Wirkungen (Output) entfalten wie das Marketing-Event, dessen Effizienz zu prüfen ist (Lasslop 2003, S. 176 ff.).

Schließlich sei hinsichtlich der Effizienzanalyse angemerkt, dass Marketing-Events auch monetäre Wirkungen in Form von *Erlösen* generieren können. Diese basieren auf dem Zufluss finanzieller Mittel, die sich direkt der Veranstaltung zurechnen lassen, wie beispielsweise Einnahmen aus dem Verkauf von Eintrittskarten, Speisen und Getränken oder Merchandising-Produkten sowie Erlöse durch die Beteiligung von Sponsoren. Da Event Marketing jedoch nicht auf den unmittelbaren Verkauf von Leistungen abzielt, stehen diese Erlöse nicht im Fokus der Effizienzbewertung. Gleichwohl können diese Erlöse das Eventbudget (Input) des Unternehmens entlasten und somit zur Steigerung der Effizienz beitragen.

Eine zweite Komponente des Eventcontrollings ist das *Auditing*, welches die veranstaltungsbegleitende kritische Analyse und Revision strategischer und operativer Managemententscheidungen bezüglich deren Wirkungen auf den Eventerfolg betrifft (Drengner 2007, S. 144 f.). Dies soll zum einen mögliche Fehlentwicklungen während des Eventprozesses offen legen und damit beheben helfen (Überwachungsfunktion). Zum anderen kann das Auditing Hinweise auf eventuelle Ursachen für den Erfolg bzw. Misserfolg eines Events geben (Diagnosefunktion).

Die *Ablaufkontrolle* betrifft schließlich die Umsetzung des Events und erstreckt sich somit von der Pre-, über die Haupt- bis hin zur Post-Event-Phase. Durch die Analyse von Zielabweichungen in Form eines Soll-Ist-Vergleiches erfüllt sie ebenfalls eine Überwachungsfunktion, um beispielsweise durch den Einsatz von Checklisten Fehler bei der Organisation und Umsetzung frühzeitig aufzudecken. Während des Events (vorzugsweise unmittelbar nach Abschluss des Events) können außerdem die unmittelbaren Eventwirkungen bei den Teilnehmern, wie die Erlebnisqualität (z. B. emotionale, transzendente, relationale Erlebnisse/Erfahrungen) oder die Zufriedenheit mit der Inszenierung mittels Befragungen gemessen werden. Nutzt das Unternehmen außerdem Social Media-Plattformen, um mit den Eventteilnehmern zu kommunizieren, so lassen sich auch über diesen Weg Informationen über Qualität des Events gewinnen (Drengner et al. 2013). Mit Hilfe dieser Erhebungsmethoden deckt die Ablaufkontrolle Schwächen bzw. Stärken im Ablauf des Events auf, welche wiederum die Erreichung der eigentlichen Eventziele beeinflussen. Ähnlich dem Auditing übernimmt die Ablaufkontrolle somit zusätzlich zur Überwachungsfunktion eine Diagnosefunktion.

Literatur

Bea, F. X., Scheurer, S., & Hesselmann, S. (2011). *Projektmanagement* (2. Aufl.). München: UVK Lucius.
Beverland, M. B., & Farrelly, F. J. (2010). The quest for authenticity in consumption: Consumers' purposive choice of authentic cues to shape experienced outcomes. *Journal of Consumer Research, 36*(5), 838–856.
Böhme-Köst, P. (1992). *Tagungen, Incentives, Events: Gekonnt inszenieren – mehr erreichen.* Hamburg: Marketing-Journal.
Bowdin, G. A. J., Allen, J., O'Toole, W., Harris, R., & McDonnell, I. (2011). *Events Management* (3. Aufl.). Amsterdam: Butterworth-Heinemann.
Bruhn, M. (2013). *Kommunikationspolitik: Sytematischer Einsatz der Kommunikation für Unternehmen* (7. Aufl.). München: Vahlen.
Bruhn, M., & Hadwich, K. (2012). Customer Experience – Eine Einführung in die theoretischen und praktischen Problemstellungen. In M. Bruhn & K. Hadwich (Hrsg.), *Customer Experience* (S. 227–249). Wiesbaden: SpringerGabler.
Cavagnaro, E., Postma, A., & Neese, T. (2012). Sustainability and the events industry. In N. Ferdinand & P. J. Kitvhin (Hrsg.), *Events management: An international approach* (S. 199–213). Los Angeles: Sage Publications.
Chang, C. (2012). Narrative advertisements and narrative processing. In S. Rodgers & E. Thorson (Hrsg.), *Advertising theory* (S. 241–254). New York: Taylor & Francis.
Csikszentmihalyi, M. (1975). *Beyond boredom and anxiety: The experience of play in work and games.* San Francisco: Jossey-Bass.
Drengner, J. (2003). Kontrolle/Evaluierung von Sportevents. In A. Hermann & F. Riedmüller (Hrsg.), *Sponsoring und Events im Sport* (S. 171–192). München: Vahlen.
Drengner, J. (2007). State of the Art der Wirkungs- und Erfolgsforschung im Event Marketing. In O. Nickel (Hrsg.), *Event Marketing – Grundlagen und Erfolgsbeispiele* (2. Aufl., S. 135–147). München: Vahlen.
Drengner, J. (2008). *Imagewirkungen von Event Marketing: Entwicklung eines ganzheitlichen Messansatzes* (3. Aufl.). Wiesbaden: Gabler.
Drengner, J. (2013a). *Markenkommunikation mit Sport: Wirkungsmodell für die Markenführung aus Sicht der Service-Dominant Logic.* Wiesbaden: Springer Gabler.
Drengner, J. (2013b). Event Marketing und Social Media-Kommunikation als Instrumente des Managements von Markenbeziehungen aus der Perspektive der Service-Dominant Logic. In C. Zanger (Hrsg.), *Events im Zeitalter von Social Media* (S. 64–84). Wiesbaden: Springer Gabler.
Drengner, J. (2013c). Sporterlebniswelten als Kommunikationsplattform im Event Marketing. In C. Zanger (Hrsg.), *Events und Sport – Stand und Perspektiven der Eventforschung* (S. 1–29). Wiesbaden: Springer Gabler.
Drengner, J. (2014). Events als Quelle inszenierter außergewöhnlicher und wertstiftender Konsumerlebnisse – Versuch einer Definition des Eventbegriffes. In C. Zanger (Hrsg.), *Events und Messen* (S. 113–140). Wiesbaden: Springer.
Drengner, J., & Jahn, S. (2012). Konsumerlebnisse im Dienstleistungssektor: Die Konzeptualisierung des Erlebniskonstrukts am Beispiel kollektiv-hedonistischer Dienstleistungen. In M. Bruhn & K. Hadwich (Hrsg.), *Customer Experience* (S. 227–249). Wiesbaden: Springer Gabler.
Drengner, J., & Köhler, J. (2013). Stand und Perspektiven der Eventforschung aus Sicht des Marketing. In C. Zanger (Hrsg.), *Events und Sport – Stand und Perspektiven der Eventforschung* (S. 89–132). Wiesbaden: Springer Gabler.
Drengner, J., & Zanger, C. (2003). Die Eignung des Flow-Ansatzes zur Wirkungsanalyse von Marketing-Events. *Marketing ZFP, 25*(1), 25–34.
Drengner, J., Gaus, H., & Zanger, C. (2004). Die Passfähigkeit zwischen Produkt und Kommunikationsinhalt beim Event Marketing – Eine empirische Studie unter Anwendung der Korrespondenzanalyse. *Jahrbuch der Absatz- und Verbrauchsforschung, 50*(4), 411–431.

Drengner, J., Gaus, H., & Jahn, S. (2008). Does flow influence the brand image? *Journal of Advertising Research, 47*(1), 138–147.
Drengner, J., Jahn, S., & Zanger, C. (2011). Measuring event-brand congruence. *Event Management, 15*(1), 25–36.
Drengner, J., Jahn, S., & Gaus, H. (2012). Creating loyalty in collective hedonic services – the role of satisfaction and psychological sense of community. *Schmalenbach Business Review, 64*(1), 2–19.
Drengner, J., Jahn, S., & Furchheim, P. (2013a). Die Eignung von Social Networking-Plattformen für die Ablaufkontrolle von Events: Eine empirische Untersuchung unter Rückgriff auf die Erlebnisqualität. In C. Zanger (Hrsg.), *Events und Sport – Stand und Perspektiven der Eventforschung* (S. 153–178). Wiesbaden: Springer Gabler.
Drengner, J., Jahn, S., & Gaus, H. (2013b). Der Beitrag der Service-Dominant Logic zur Weiterentwicklung der Markenführung. *Die Betriebswirtschaft, 73*(2), 143–160.
Engelkamp, J., & Zimmer, H. (1994). *The human memory: A multi-modal approach*. Seattle: Hogrefe & Huber Publishers.
Erdogan, B. Z. (1999). Celebrity endorsement: A literature review. *Journal of Marketing Management, 15*(4), 291–314.
ERGO (Hrsg.). (2011). Untersuchung von Wettbewerbsreisen & Incentives, http://www.ergo.com/de/Unternehmen/Overview/Corporate-Governance/Transparenz/Wettbewerbsreisen-Incentives. Zugegriffen am 28.04.2014.
Escalas, J. E. (1998). Advertising narratives: What are they and how they work? In B. Stern (Hrsg.), *Representing consumers: Voices, views, and visions* (S. 267–288). London: Routledge.
Escalas, J. E. (2004). Narrative processing: Building consumer connections to brands. *Journal of Consumer Psychology, 14*(1/2), 168–180.
Fischer-Lichte, E. (1998). Inszenierung und Theatralität. In H. Willems & M. Jurga (Hrsg.), *Inszenierungsgesellschaft – Ein einführendes Handbuch* (S. 81–90). Wiesbaden: Springer.
Funke, E., & Müller, G. (2009). *Handbuch zum Eventrecht* (3. Aufl.). Köln: O. Schmidt.
Gebhardt, W. (2000). Feste, Feiern und Events: Zur Soziologie des Außergewöhnlichen. In W. Gebhardt, R. Hitzler, & M. Pfadenhauer (Hrsg.), *Events: Soziologie des Außergewöhnlichen* (S. 17–31). Opladen: Leske und Budrich.
Gerrig, R. J., & Zimbardo, P. G. (2008). *Psychologie* (18. Aufl.). München: Pearson Studium.
Green, M. C., & Brock, T. C. (2000). The role of transportation in the persuasiveness of public narratives. *Journal of Personality and Social Psychology, 79*(5), 701–721.
Green, M. C., Brock, T. C., & Kaufmann, G. F. (2004). Understanding media enjoyment: The role of transportation into narrative worlds. *Communication Theory, 14*(4), 311–327.
Grönroos, C., & Voima, P. (2013). Critical service logic: Making sense of value creation and co-creation. *Journal of the Academy of Marketing Science, 41*(2), 133–150.
Gröppel-Klein, A. (2012). 30 Jahre „Erlebnismarketing" und „Erlebnisgesellschaft" – Die Entwicklung des Phänomens „Erlebnisorientierung" und State-of-the-Art der Forschung. In M. Bruhn & K. Hadwich (Hrsg.), *Customer experience* (S. 38–60). Wiesbaden: Springer Gabler.
Große Ophoff, M. (2012). Green meetings & events: Nachhaltiges tagen in Deutschland. In M.-T. Schreiber (Hrsg.), *Kongresse, Tagungen und Events – Potenziale, Strategien und Trends der Veranstaltungswirtschaf* (S. 173–186). München: Oldenbourg.
Haid, A., & Drengner, J. (2014). Hohe Personendichten auf Veranstaltungen und ihre negativen Effekte – Lösungsansätze für das Veranstaltungsmanagement. In C. Zanger (Hrsg.), *Events und Messen* (S. 141–169). Wiesbaden: Springer.
Hitzler, R. (2011). *Eventisierung: Drei Fallstudien zum marketingstrategischen Massenspaß*. Wiesbaden: Springer VS.
Jahn, S. (2013). *Konsumentenwert – Konzeptualisierung und Analyse der Wirkungen auf Zufriedenheit und Loyalität am Beispiel eines Festivals*. Wiesbaden: Springer Gabler.
Jahn, S., & Drengner, J. (2013). Transzendente Konsumerlebnisse und ihre Wirkungen auf die Eventloyalität. In C. Zanger (Hrsg.), *Events im Zeitalter von Social Media* (S. 109–128). Wiesbaden: Springer Gabler.

Jahn, S., & Drengner, J. (2014). Entstehung und Wahrnehmung des Service Value. In M. Bruhn & K. Hadwich (Hrsg.), *Service Value als Werttreiber* (S. 33–57). Wiesbaden: SpringerGabler.

Jahn, S., & Zanger, C. (2013). Events und Social Media. In M. Bruhn & K. Hadwich (Hrsg.), *Dienstleistungsmanagement und Social Media* (S. 261–280). Wiesbaden: Springer Gabler.

Lasslop, I. (2003). *Effektivität und Effizienz von Marketing-Events: Wirkungstheoretische Analyse und empirische Befunde.* Wiesbaden: Gabler.

Lemke-Matwey, C. (2013). Art but Fair – Revolution der Künstler. Zeit Online, http://www.zeit.de/2013/40/oper-elisabeth-kulman-revolution-musikbetrieb. Zugegriffen am 23.04.2014.

Li, X., & Petrick, J. F. (2006). A review of festival and event motivation studies. *Event Management, 9*(4), 239–245.

McGinnis, L. O., Gentry, J. W., & Gao, T. (2008). The impact of flow and communitas on enduring involvement in extended service encounters. *Journal of Service Research, 11*(1), 74–90.

Nickel, O., & Esch, F.-R. (2007). Markentechnische und verhaltenswissenschaftliche Aspekte erfolgreicher Marketingevents. In O. Nickel (Hrsg.), *Event Marketing – Grundlagen und Erfolgsbeispiele* (2. Aufl., S. 53–79). München: Vahlen.

Rübner, W. (2013). Was erwarten Kunden von ihren Agenturen? *events, o. Jg.(2)*, 8–13.

Rück, H. (2012). Quality events need quality briefings – professional communications briefing as a key factor for creating successful events. In R. Conrady & M. Buck (Hrsg.), *Trends and issues in global tourism 201* (S. 175–197). Berlin: Springer.

Rück, H. (2013). Compliance bei Events. In C. Zanger (Hrsg.), *Events und Sport – Stand und Perspektiven der Eventforschung* (S. 199–227). Wiesbaden: Springer Gabler.

Runkel, S., & Pohl, J. (2012). Crowd management als Planungsaufgabe: eine sozialgeographisch Perspektive auf Masse und Raum bei Großveranstaltungen. *Geographische Zeitschrift, 100*(4), 189–207.

Rutherford Silvers, J. (2008). *Risk management for meetings and events.* Oxon: Butterworth-Heinemann.

Schäfer-Mehdi, S. (2012). *Event-Marketing: Kommunikationsstrategie, Konzeption und Umsetzung, Dramaturgie und Inszenierung* (4. Aufl.). Berlin: Cornelsen.

Schlesinger, T. (2008). *Emotionen im Kontext sportbezogener Marketing-Events.* Hamburg: Czwalina.

Schmitt, B. (2009). Customer experience management. In M. Bruhn, F.-R. Esch, & T. Langner (Hrsg.), *Handbuch Kommunikation: Grundlagen – Innovative Ansätze – Praktische Umsetzungen* (S. 697 – 711). Wiesbaden: Gabler.

Schouten, J. W., McAlexander, J. H., & Koenig, H. F. (2007). Transcendent customer experience and brand community. *Journal of the Academy of Marketing Science, 35*(3), 357–368.

Schulze, G. (2005). *Die Erlebnisgesellschaft – Kultursoziologie der Gegenwart* (2. Aufl.). Frankfurt a.M.: Campus Verlag.

Sen, S., & Bhattacharya, C. B. (2001). Does doing good always lead to doing better? Consumer reactions to corporate social responsibility. *Journal of Marketing Research, 38*(2), 225–243.

Sigma-Milieus. O. J. http://www.sigma-online.com/de/SIGMA_Milieus/SIGMA_Milieus_in_Germany/. Zugegriffen am 10.07.2014.

Sinus-Milieus. O. J. http://www.sinus-institut.de/loesungen/sinus-milieus.html. Zugegriffen am 10.07.2014.

Sistenich, F. (1999). *Event Marketing: Ein innovatives Instrument zur Metakommunikation in Unternehmen.* Wiesbaden: Deutscher Universitäts-Verlag.

Sutterheim, K., & Kaiser, S. (2011). *Handbuch der Filmdramaturgie – Das Bauchgefühl und seine Ursachen.* Frankfurt a.M.: Peter Lang.

Vargo, S. L., & Lusch, R. F. (2008). Service-dominant logic: Continuing the evolution. *Journal of the Academy of Marketing Science, 36*(1), 1–10.

Weinberg, P., & Nickel, O. (2007). Grundlagen für die Erlebniswirkung von Marketing events. In O. Nickel (Hrsg.), *Event Marketing – Grundlagen und Erfolgsbeispiele* (2. Aufl., S. 53–79). München: Vahlen.

Wochnowski, H. (1996). *Veranstaltungsmarketing: Grundlagen und Gestaltungsempfehlungen zur Vermarktung von Veranstaltungen.* Frankfurt a.M.: Lang.

Wünsch, U. (2012). *Event als Interaktion und Inszenierung: Ein Beitrag zu Theorie und Praxis der Medienästhetik.* Berlin: Uni-Edition.

Zanger, C. (2001a). Event Marketing/Veranstaltungsmarketing. In H. Diller (Hrsg.), *Vahlens Großes Marketinglexikon* (2. Aufl., S. 439–442). München: Vahlen.

Zanger, C. (2001b). Event Marketing. In D. K. Tscheulin & B. Helmig (Hrsg.), *Branchenspezifisches Marketing: Grundlagen – Besonderheiten – Gemeinsamkeiten* (S. 831–853). Wiesbaden: Gabler.

Zanger, C. (2003). Planung von Sportevents. In A. Hermanns & F. Riedmüller (Hrsg.), *Sponsoring und Events im Sport – Von der Instrumentalbetrachtung zur Kommunikationsplattform* (S. 154–169). München: Vahlen.

Zanger, C. (2007). Event Marketing als Kommunikationsinstrument – Entwicklungsstand in Wissenschaft und Praxis. In O. Nickel (Hrsg.), *Event Marketing – Grundlagen und Erfolgsbeispiele* (2. Aufl., S. 3–16). München: Vahlen.

Zanger, C. (2010). Stand und Perspektiven der Eventforschung – Eine Einführung. In C. Zanger (Hrsg.), *Stand und Perspektiven der Eventforschung* (S. 3–12). Wiesbaden: Springer Gabler.

Zanger, C. (2013). Events im Zeitalter von Social Media – Ein Überblick. In C. Zanger (Hrsg.), *Events im Zeitalter von Social Media* (S. 2–18). Wiesbaden: Springer Gabler.

Zanger, C. (2014). Messe und Events als Mittel integrierter Unternehmenskommunikation. In C. Zanger (Hrsg.), *Events und Messen* (S. 13–25). Wiesbaden: Springer.

Zanger, C., & Sistenich, F. (1996). Event Marketing: Bestandsaufnahme, Standortbestimmung und ausgewählte theoretische Ansätze zur Erklärung eines innovativen Kommunikationsinstrumentes. *Marketing ZFP, 18*(4), 233–242.

Prof. Dr. Cornelia Zanger ist Inhaberin der Professur für Marketing und Handelsbetriebslehre an der Technischen Universität Chemnitz.

Prof. Dr. Jan Drengner ist Inhaber der Professur für Dienstleistungsmanagement und -marketing, insbesondere für Events, an der Hochschule Worms.

Bedeutung der Produktverpackung für die Marketingkommunikation

Tobias Langner, Franz-Rudolf Esch und Jochen Kühn

Inhalt

1 Herausforderungen der Verpackungsgestaltung	142
2 Operatoren der Verpackungsgestaltung	143
3 Sozialtechniken der Verpackungsgestaltung	152
4 Zukünftige Entwicklungen der Verpackungsgestaltung	160
Literatur	161

Zusammenfassung

Für die meisten Konsumgüter stellt die Verpackung, neben dem eigentlichen Produkt, den wichtigsten Kontaktpunkt zum Kunden dar. Am Point of Sale agiert sie als Verkäufer der Marke, der die zentralen Informationen vermitteln und positive Emotionen auslösen soll. Während der Markennutzung dient sie als Hinweisreiz, der immer wieder die Marke und ihr Image in das Bewusstsein der Konsumenten ruft. Der Beitrag operationalisiert die wichtigsten Gestaltungsfaktoren von Konsumgüterverpackungen und leitet Handlungsempfehlungen zur Realisation erfolgreicher Verpackungen ab.

T. Langner (✉)
Lehrstuhl für Marketing, Bergische Universität Wuppertal, Wuppertal, Deutschland
E-Mail: langner@wiwi.uni-wuppertal.de

F.-R. Esch
Lehrstuhl für Markenmanagement und Automobilmarketing, EBS Universität für Wirtschaft und Recht, Wiesbaden, Deutschland
E-Mail: franz-rudolf.esch@ebs.edu

J. Kühn
PASCOE Naturmedizin GmbH, Gießen, Deutschland
E-Mail: kuehn@wiwi.uni-wuppertal.de

Schlüsselwörter

Ästhetik • Branding • Multisensualität • Point of Sale • Verpackung • Verpackungsgestaltung

1 Herausforderungen der Verpackungsgestaltung

Bereits früh in der Entwicklung des menschlichen Wirtschaftens zeigte sich das Bedürfnis, Waren und Güter durch eine Verpackung zu schützen und zu verschönern (Stabernack 1998, S. 9 f.). So importierten bereits die Ägypter vor etwa 5.000 Jahren Öl aus Palästina in verzierten Keramikgefäßen (Stabernack 1998, S. 8). Zahlreiche weitere Beispiele finden sich in allen Epochen, in denen Menschen Handel betrieben haben. Für die ersten Konsumgüter war die Verpackung das einzige Medium, das eine kommunikative Kundenbeeinflussung ermöglichte. Einige Autoren sehen in der Produktverpackung deshalb auch den historischen Ursprung des Marketing (z. B. Böcher 2006, S. 30).

Bei vielen erfolgreichen Marken steht die *Verpackung im Zentrum der Markenwahrnehmung*: Die Odol-Flasche, die Maggi-Flasche, die Nivea-Creme-Dose, die Coca-Cola-Flasche oder die Red-Bull-Dose prägen die Wahrnehmung der jeweiligen Marke (auch Linxweiler 1998, S. 178). Innerhalb des Marketingmixes kommt der Produktverpackung in allen Warengruppen eine bedeutende Rolle zu (Kothe 1998, S. 44; Underwood 2003, S. 62 f.; Pro Carton 2012, S. 8). Hierfür verantwortlich sind vor allem die folgenden *Entwicklungen*:

- *Austauschbare Produkte*: Angebote auf gesättigten Märkten sind typischerweise qualitativ austauschbar. Die Unterschiede zwischen konkurrierenden Angeboten sind meist nur marginal und ein Großteil der Kaufentscheidungen ist für den Konsumenten mit keinem Risiko verbunden. Die Verpackung wird damit zum zentralen Differentiator für Marken, um sich von den Wettbewerbern abzugrenzen.
- *Limitierte Marketingbudgets*: Die Budgets vieler Konsumgütermarken erlauben oftmals keine klassische Kommunikation im großen Ausmaß. Meyer (2000) schätzte bereits im Jahr 2000, dass 80 Prozent der am Point of Sale (POS) gehandelten Konsumgüter über Marketingetats verfügen, die so gering sind, dass die Durchführung klassischer Werbung überhaupt nicht möglich ist. Für viele Konsumgütermarken stellt die Verpackung damit das zentrale, oftmals sogar das einzige Kommunikationsmittel, dar.
- *Beschleunigtes Einkaufs- und Entscheidungsverhalten*: Bereits seit längerem ist eine Beschleunigung des Kaufverhaltens zu beobachten. Die Zeit, die sich Konsumenten durchschnittlich für ihren Einkauf nehmen, hat sich in nur 20 Jahren von 46 Minuten (1992) auf unter 14 Minuten (2012) um mehr als 70 Prozent reduziert (Grey 2007; Bund 2012). Trotz dieser verkürzten Verweilzeiten werden immer mehr Kaufentscheidungen erst am POS gefällt. Die Studie der GfK zeigt beispielsweise, dass in Deutschland knapp 70 Prozent aller Entscheidungen erst vor dem Regal getroffen werden (GfK 2009). Erschwerend kommt hinzu, dass der Handel immer weniger fremde Displays und Deckenhänger im Markt zulässt (Kolbrück 2006, S. 17). Die Produktverpackung wird damit besonders wichtig

für die Markendarstellung am POS, oftmals der einzigen markenbezogenen medialen Beeinflussung, die während der Kaufentscheidung präsent ist. Zur Kommunikation bleibt allerdings nicht viel Zeit, da sich die Konsumenten mit den Angeboten selbst im Zuge ihrer Kaufentscheidung meist nur kurz und mit geringem kognitivem Tiefgang auseinandersetzen. Zahlreichen Studien zufolge liegen die Betrachtungszeiten von Verpackungen am POS demnach im tiefen einstelligen Sekundenbereich (Russo und Leclerc 1994, S. 278; Amann und Rippstein 1999, S. 202; Pieters und Warlop 1999). Meist entscheidet hier die Gesamtanmutung einer Verpackung, eine umfangreiche Vermittlung verbaler Informationen ist in dieser kurzen Zeit kaum noch möglich.

Vor dem Hintergrund dieser verschärften Rahmenbedingungen wird allerdings die Bedeutung der Produktverpackung als Marketing-Tool von den verantwortlichen Managern immer noch unterschätzt. Einer Studie von Pro Carton zufolge sprechen 37 Prozent der Marketingfachleute (von Hersteller- und Agenturseite) der Verpackung keine Rolle und nur 18 Prozent der Verpackung teilweise eine Rolle als Instrument der Markenführung zu (Pro Carton 2003, S. 4). Ganz anders ist hier die Sicht der Konsumenten: Für sie stellt die Produktverpackung das Top-Medium dar, wenn es darum geht, einen Wiederkauf zu stimulieren (Pro Carton 2012, S. 6). Die Verpackung genießt darüber hinaus ein um 200 Prozent höheres Vertrauen als der Durchschnitt der anderen Werbemedien, wie z. B. der Anzeigen- und Fernsehwerbung (Pro Carton 2003, S. 7). Durch die zahlreichen direkten Kontakte zum Konsumenten, wie beispielsweise vor dem Regal, an der Kasse, im Zuge der Produktverwendung zu Hause als auch beim Entsorgen, übt die Verpackung einen bedeutenden Einfluss auf den Imageaufbau aus. Auf der Grundlage einer Analyse unterschiedlicher Marken aus verschiedenen Produktkategorien kommt Kroeber-Riel (1996, S. 253) beispielsweise zu dem Schluss, dass Produktverpackungen häufig einen stärkeren Einfluss auf den Aufbau innerer Markenbilder ausüben als die klassischen Formen der Kommunikation: „Allein 53 % der inneren Bilder wurden durch die Coca-Cola-Flasche geprägt; als Nächstes folgten bildliche Vorstellungen von jungen Leuten (10 %), die auf die Werbung zurückgehen" (Kroeber-Riel 1996, S. 253).

Im Folgenden werden Handlungsempfehlungen zur Gestaltung effektiver Produktverpackungen vorgestellt. Die Determinanten erfolgreicher Produktverpackungen werden hierzu identifiziert und wahrnehmungsbezogen operationalisiert.

2 Operatoren der Verpackungsgestaltung

Designer und Manager stehen vor der schwierigen Aufgabe, Verpackungen zu kreieren, die unterschiedlichen, teilweise gegenläufigen Anforderungen, entsprechen. Verschiedene *funktionale Anforderungen an eine Verpackung*, wie die Transportfähigkeit, der Schutz des Produktes vor Außeneinflüssen, die Hygiene, eine leichte Entsorgbarkeit, Umweltverträglichkeit, Geschmacksneutralität sowie Kostenaspekte müssen simultan erfüllt werden. Von zentraler Bedeutung sind darüber hinaus die *markenspezifischen Anforderungen*, das Angebot bedürfnisgerecht von den Wettbewerbern zu differenzieren, sodass die Konsumenten die

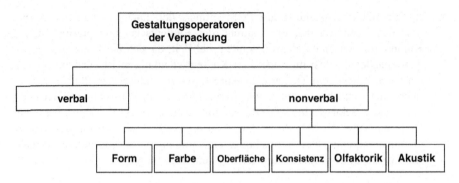

Abb. 1 Operatoren der Verpackungsgestaltung

Produkte gegenüber der Konkurrenz vorziehen. Die zuletzt genannten Anforderungen stehen im Mittelpunkt des vorliegenden Beitrags.

Zur Gestaltung von Verpackungen steht eine Vielzahl von *Gestaltungsoperatoren* zur Verfügung, die den Konsumenten über unterschiedliche Sinne ansprechen. Der erste und oftmals dominante Eindruck des Konsumenten von einem Produkt ist das visuelle Erscheinungsbild: Der Konsument sieht die Verpackung in der Werbung oder am POS. Ergänzt wird diese Wahrnehmung im Zuge des späteren Konsums durch haptische, taktile, olfaktorische, akustische und ggf. gustatorische Eindrücke (Esch 2012, S. 250 ff.). Diese können den ersten visuellen Eindruck verstärken, schwächen oder ihm widersprechen (Esch 2012, S. 250 ff.). Das Gesamtbild eines Angebots ergibt sich schließlich aus dem ganzheitlichen Zusammenspiel aller Sinneseindrücke (auch Salzmann 2007).

Die Gestaltungsoperatoren einer Verpackung werden nach den angesprochenen Sinnesmodalitäten in nonverbal und verbal unterschieden (Abb. 1). Als wesentliche nonverbale Stimuluseigenschaften sind zwischen Verpackungsform, -farbe, -oberfläche, -konsistenz, -olfaktorik sowie -akustik zu unterscheiden. Die sprachliche Vermittlung emotionaler und kognitiver Inhalte bildet den verbalen Operator.

2.1 Nonverbale Gestaltungsoperatoren

2.1.1 Gestaltungsoperator Form

Bei dem *Gestaltungsfaktor Form* sind Außen- und Binnenform einer Verpackung zu unterscheiden. Als Außenform wird die sich durch den Konturverlauf einer Verpackung ergebende äußere Form bezeichnet. Die Binnenform beschreibt dagegen die Abbildung von Formen auf der Verpackung.

Die *Außenform* eines Objektes hat einen bedeutenden Einfluss auf die Konnotationen, die Menschen mit einem Zeichen verbinden (Kerner und Duroy 1992, S. 55 ff.; auch Esch und Langner 2005b, S. 617). Diese Assoziationen haben ihren Ursprung vermutlich in Erfahrungen, die Konsumenten mit ähnlichen Formqualitäten in ihrer physischen Umwelt gesammelt haben. Runde Formen stellen beispielsweise, anders als spitzwinklige Formen, eine geringere Gefahr für Verletzungen dar. Obgleich die Wirkungen unterschiedlicher Formqualitäten für die Kommunikationswissenschaften von großer Bedeutung sind, existieren erst wenige empirische Befunde zur Wirkung von Formen. Espe und Krampen (1986) analysierten die Konnotationen zu zwei- und dreidimensionalen Elementarformen. Sie fanden heraus, dass sich Assoziationen zu zwei- und dreidimensionalen Formen kaum voneinander unterscheiden. Demnach wirken spitzwinklige Formen aktiv (z. B. bewegt, lebhaft, schnell) und mächtig (z. B. hart, kräftig, stark) (Espe und Krampen 1986). Runde Formen vermitteln dagegen eher Passivität (z. B. ruhig, bedächtig, langsam) und Schwäche (z. B. zart, weich, ergeben). Rechtwinklige Formen liegen in ihrem Bedeutungsgehalt zwischen spitzwinkligen und runden Formen. Sie wirken eher passiv und mächtig. Interessant ist, dass im Zuge der Kombination unterschiedlicher Elementarformen spitzwinklige Formqualitäten die Konnotationen zum Gesamtobjekt offensichtlich dominieren (Espe und Krampen 1986).

Die Ergebnisse deuten außerdem darauf hin, dass die Außenform einen stärkeren Einfluss auf die Konnotationen zum Gesamtobjekt ausübt als die *Binnenform* (Espe und Krampen 1986). Auch wenn die vorliegenden Erkenntnisse nicht anhand von Produktverpackungen gewonnen wurden, spricht dennoch einiges für eine Übertragbarkeit der Ergebnisse, da Außenformen von Verpackungen häufig geometrische Grundformen (z. B. Schokoladenverpackungen, Milchkartons, Dosen) darstellen oder durch die Kombination unterschiedlicher Grundformen entstehen.

Durch das Anfassen einer Verpackung ruft der Gestaltungsoperator Form über die visuelle Wahrnehmung hinaus auch *haptische Eindrücke* hervor. Meyer (2001) zeigt, dass Verpackungsformen gezielt zur Auslösung von Konnotation und damit zur Vermittlung von Markenpositionierungen eingesetzt werden können. Beispielsweise leistet die Verwendung einer kantigen Verpackungsform einen bedeutenden Beitrag zur Vermittlung der Konnotation Robustheit (Meyer 2001, S. 151). Analoges gilt für die Vermittlung von Weiblichkeit (Meyer 2001, S. 153): Abgerundete Formen wirken in der haptischen Wahrnehmung wie auch in der visuellen Eindrucksbildung eher weiblich. Ein Überblick über weitere haptische Eindruckswirkungen des Gestaltungsfaktors Form findet sich bei Meyer (2001).

2.1.2 Gestaltungsoperator Farbe

Die *Farbe* ist der zweite bedeutende Operator, der die visuelle Erscheinung eines Objektes prägt. Eine Operationalisierung der Farbwahrnehmung erfolgt gemeinhin über die drei *Farbqualitäten*: Farbton, Farbsättigung und Farbhelligkeit (Kerner und Duroy 1992, S. 121 ff.). Die Kenntnis über die Wirkungen von Farben ist eine wichtige Grundlage für die Entwicklung von Sozialtechniken in der Kommunikation (auch Linxweiler 1998, S. 189).

Der Gestaltungsfaktor Farbe beeinflusst allgemeine Reaktionen wie die Aktivierung oder die Erinnerung an Verpackungen. Farbige Reize aktivieren grundsätzlich stärker als schwarz-weiße Reize und werden deshalb in der Regel auch besser von Konsumenten erinnert (Esch 1990; Kramer 1998, S. 235). Darüber hinaus transportieren Farben, genauso wie Formen, spezifische Konnotationen und können dadurch einen entscheidenden Beitrag zur Vermittlung einer Markenpositionierung leisten. Beispielsweise wirkt die Farbe Gelb sommerlich und warm, die Farbe Blau eher kühl und frisch und die Farbe Grün steht für Natürlichkeit (Behrens 1982; Heller 2004).

Der *Farbton* bezeichnet die Eigenschaft, nach der die Farbempfindungen, wie beispielsweise rot, gelb oder grün, unterschieden werden. Dieser ergibt sich aus der Wellenlänge des ausgestrahlten Lichtes (Kerner und Duroy 1992, S. 121 ff.) und hat den größten Einfluss auf die Aktivierungsstärke einer Farbe (Kramer 1998, S. 113 ff.). Dabei aktivieren die wärmeren Farbtöne (z. B. rot, orange) stärker als kältere Farbtöne (z. B. blau, grün) (Hamid und Newport 1989). Die bisherigen Forschungsergebnisse deuten auf eine Aktivierungshierarchie der Farbtöne hin: Rot aktiviert demnach stärker als Orange, Orange stärker als Violett; Grün und Blau verfügen über die geringste Aktivierungskraft (Kramer 1998, S. 116).

Die *Farbsättigung* beschreibt die Intensität des Farbtons und charakterisiert aus physikalischer Sicht die Reinheit der Farbe (Kerner und Duroy 1992, S. 122 f.; Esch und Langner 2005b, S. 620). Eine höhere Farbsättigung bedingt eine Steigerung der Aktivierungskraft (Sivik 1974) sowie eine bessere Gefallenswirkung (Pickford 1972; Endo 1979; Schurian 1986).

Als *Farbhelligkeit* wird die Hell-Dunkel-Empfindung bezeichnet, die ein Konsument im Zuge der Farbwahrnehmung erlebt (Kerner und Duroy 1992, S. 121 f.). Auch die Farbhelligkeit beeinflusst die Konnotationswirkungen eines Reizes. Man geht davon aus, dass dunkle Farben eher mächtig (z. B. hart, kräftig, stark) und aktiv (z. B. bewegt, lebhaft, schnell) wirken, helle dagegen eher schwach (z. B. zart, weich, ergeben) und passiv (z. B. ruhig, bedächtig, langsam) (u. a. Osgood et al. 1957; Wright und Rainwater 1962; Krampen 1986).

Interaktion von Form und Farbe: Die Studien von Espe und Krampen (1986) zeigen, dass der Farbton einen stärkeren Einfluss auf das Zustandekommen des Gesamteindrucks ausübt als die Form. Sogar wenn Farbe und Form widersprüchliche Assoziationen auslösen, liegt der Gesamteindruck zu einem Objekt stärker bei dem Eindruckswert der Farbe als bei dem der Form. Diese Ergebnisse sind allerdings nicht dahingehend fehlzuinterpretieren, die Form von Verpackungen sei von untergeordneter Bedeutung und es ausreiche, die Farbwirkung entsprechend zu kontrollieren (Esch und Langner 2005b, S. 620 f.). Zur Vermittlung einer widerspruchsfreien Markenpositionierung ist es vielmehr von Bedeutung, dass alle Gestaltungsoperatoren konsistent aufeinander abgestimmt sind und einen einheitlichen Eindruck von der Marke transportieren. Ein Fit zwischen den Gestaltungsoperatoren wirkt sich darüber hinaus positiv auf die Verarbeitung, Erinnerung und das Gefallen aus (auch Esch und Langner 2005b, S. 621; Langner und Esch 2006, S. 120 ff.).

2.1.3 Gestaltungsoperator Oberfläche

Anders als der Gestaltungsoperator Farbe wird die *Oberfläche* bzw. *Textur* einer Verpackung primär über die *haptische Sinnesmodalität* wahrgenommen. Als Haptik wird das Erfühlen von Konsistenz, Textur, Temperatur, Form oder Gewicht eines Objektes bezeichnet (Meyer 2001). Die Haut ist das größte Sinnesorgan und steht ständig auf Standby (Kilian 2007, S. 343). Die Wahrnehmung über den Tastsinn macht zwar nur einen geringen Teil der Gesamtwahrnehmung von Konsumenten aus, aber die Haptik einer Produktverpackung bietet die Möglichkeit, die Positionierung eines Produktes entscheidend zu unterstützen und die Marke spürbar zu differenzieren (Kilian 2007, S. 344; Braem 2012, S. 192). Diese Möglichkeit haben Automobilhersteller wie Mercedes-Benz, BMW und Porsche erkannt, die eigene Haptiklaboratorien besitzen, um die Hochwertigkeit ihrer Fahrzeuge auch mithilfe der verwendeten Materialien gezielt zu unterstreichen (Kilian 2007, S. 345). Marken wie beispielsweise Underberg oder Ferrero Rocher nutzen die Haptik ihrer Verpackungen zu einer zielgerichteten Vermittlung ihrer Markenpositionierung (Kilian 2007, S. 345 f.).

In einer umfassenden Studie belegt Meyer (2001) die zentrale Bedeutung der Verpackungsoberfläche für die Vermittlung von Konnotationen. Die Autorin kommt zu dem Schluss, dass Textur und Konsistenz die *Superdimensionen der haptischen Wahrnehmung* darstellen (Meyer 2001, S. 161). Über unterschiedliche Eindrucksqualitäten hinweg entfaltet die Textur einen dominanten Einfluss. Eine raue Oberfläche vermittelt beispielsweise den Eindruck von Männlichkeit und Herbheit. Dagegen wirkt eine glatte Oberfläche eher mild und weiblich. Darüber hinaus spielen die haptischen Dimensionen Temperatur, Form und Gewicht von Verpackungen bei der Vermittlung bestimmter Konnotationen (z. B. exotisch, frisch) eine wichtige Rolle und sollten folglich bei der Gestaltung von Verpackungen nicht unberücksichtigt bleiben (Meyer 2001, S. 161). Zudem üben die haptischen Eindrücke einer Verpackung einen Einfluss auf den empfundenen Geschmack des Inhalts aus und beeinflussen folglich die Produktbeurteilung (Krishna und Morrin 2008).

2.1.4 Gestaltungsoperator Konsistenz

Als *Konsistenz* wird die Festigkeit materieller Stoffe bezeichnet und beschreibt das Verhalten eines Stoffes gegen Formveränderungen. In den Untersuchungen von Meyer (2001, S. 161) wurde gezeigt, dass die Konsistenz (hart vs. weich), neben der Oberfläche (rau vs. glatt) einen zentralen Einfluss auf die *haptische Wahrnehmung* ausübt. Diese beiden Superdimensionen erwiesen sich als die dominierenden Faktoren der haptischen Eindrucksbildung; bei 9 von 11 Emotionsqualitäten (z. B. behaglich, herb, natürlich) sind sie eindrucksbestimmend (Meyer 2001). Die Konsistenz einer Verpackung entfaltet ihre Wirkung normalerweise frühestens beim Kauf, spätestens allerdings bei der Nutzung des Produktes. Die gezielte Gestaltung der Konsistenz einer Verpackung kann somit einen klaren Beitrag zur Vermittlung der Markenpositionierung leisten. Beispielsweise vermittelt eine weiche Konsistenz die Konnotationen behaglich, majestätisch, entspannend und mit einer harten Konsistenz werden oft die Attribute herb, männlich sowie robust verbunden (Meyer 2001, S. 161).

2.1.5 Gestaltungsoperator Olfaktorik

Während der gezielte *Einsatz von Duft* im Zuge der Raumgestaltung (z. B. Verkaufsräume) oder der Produktgestaltung (z. B. Innenräume von Automobilen) bereits keine Seltenheit mehr darstellt, bildet er als Mittel der Verpackungsgestaltung eher noch die Ausnahme. Die Forschungstätigkeiten unterschiedlicher Unternehmen lassen allerdings auf eine starke Zunahme der Duftnutzung im Marketing schließen. Tennisbälle, die nach Gras riechen (Stumpf 2004) oder Kinos

(Jutzi und Siefer 2006), in denen zur Handlung passende Düfte verströmt werden, sind bereits in der Praxis umgesetzt worden. An Mobiltelefonen oder Fernsehern mit olfaktorischen Komponenten wird bisher noch gearbeitet (Rempel 2006, S. 4).

Das *Beeinflussungspotenzial der Olfaktorik* wird durch einige Studien belegt, in denen die Befragten den Geruchssinn als bedeutenden Sinn zur Bewertung ihrer Umwelt aufführen (z. B. Lindstrom 2005, S. 69). Häufig wird die Olfaktorik sogar als zweitwichtigster Sinneseindruck nach der visuellen Wahrnehmung genannt (Lindstrom 2005, S. 69; IRI 2006, S. 8).

Die *olfaktorische Wahrnehmung* wird über die Geruchsklassifikation, die Reizstärke sowie die Reizdauer operationalisiert (Rempel 2006, S. 98 ff.). Bis heute existiert kein allgemeingültiges und umfassendes System zur *Klassifikation von Gerüchen*. Grund hierfür ist zum einen die Vielfältigkeit des Geruchssinns, Menschen können mehr als 10.000 unterschiedliche Düfte differenzieren (Buck und Axel 1991, S. 183) und zum anderen das Fehlen eines chemischen oder physikalischen Maßes, wie beispielsweise die Wellenlänge bei der Farbtonbestimmung darstellt (Rempel 2006, S. 104). Rempel (2006, S. 106) empfiehlt deshalb Markendüfte vor ihrem Einsatz jeweils individuell hinsichtlich ihres Markenfit zu testen.

Die *Reizstärke* beschreibt die Duftstoffkonzentration, d. h. die Intensität, mit der ein Duft eingesetzt wird (Rempel 2006, S. 99 f.). Derselbe Duft kann in Abhängigkeit seiner Intensität sehr unterschiedlich erlebt werden. Im Rahmen der Verpackungsgestaltung gilt es, eine optimale Reizstärke zu ermitteln. Der Duft hat zum einen über eine hinreichende Intensität zu verfügen, sodass er wahrnehmbar und eindeutig differenzierbar ist. Zum anderen darf er nicht zu dominant sein, da er ansonsten von Konsumenten als aufdringlich und unangenehm empfunden wird.

Die *Reizdauer* bezeichnet schließlich die Zeitspanne, über die ein Geruch dargeboten wird (Rempel 2006, S. 102 ff.). Eine anhaltende, konstant gehaltene Konfrontation mit einem Duft führt dazu, dass die Rezipienten ihre Sensibilität für den Duft verlieren und ihn nach einer gewissen Zeitspanne nicht mehr wahrnehmen (Doty und Laing 2003, S. 352). Dieses Phänomen der Adaption lässt sich auch beim Einsteigen in ein Automobil beobachten. Zunächst wird stets der markenspezifische Duft eines PKW wahrgenommen, nach kurzer Verweilzeit rückt er allerdings für den Konsumenten in den Hintergrund. Der Wahrnehmungsapparat des Menschen stellt durch die Adaption sicher, dass die durch das olfaktorische System gebundenen Verarbeitungskapazitäten wieder frei für andere Wahrnehmungsprozesse werden (Moore 1994, S. 71). Bei der Verwendung von Duftstoffen im Rahmen der Verpackungsgestaltung ist deshalb davon auszugehen, dass der markenspezifische Geruch lediglich zu Beginn eines Markenkontaktes wahrgenommen wird, im Zuge einer längeren Auseinandersetzung mit der Verpackung jedoch wieder in den Hintergrund rückt.

2.1.6 Gestaltungsoperator Akustik

Ähnlich der Olfaktorik wird auch der Operator *Akustik* noch selten zielgerichtet in der Verpackungsgestaltung eingesetzt. Im Rahmen der Produktgestaltung werden Geräusche dagegen bereits seit längerem zur Vermittlung positionierungsrelevanter Attribute eingesetzt. In der Automobilindustrie wird beispielsweise das beim

Zuschlagen der Autotüren entstehende Geräusch gezielt zur Vermittlung einer möglichst hohen Qualitätsanmutung optimiert.

Die *Akustik einer Produktverpackung* kann eine ähnliche Wirkung entfalten und einen messbaren Beitrag zur Vermittlung der Markenpositionierung liefern. Relevant für die zielgerichtete Gestaltung akustischer Verpackungskomponenten sind vor allem die *Tonfarbe* (z. B. Klanghaftigkeit, Helligkeit, Dichte, Volumen), *Tonhöhe* (hoch vs. tief) sowie die *Lautstärke des akustischen Reizes* (laut vs. leise) (Raffaseder 2009, S. 115). Beim Öffnen und Schließen einer Ricola-Faltschachtel entstehen beispielsweise Geräusche, die Konsumenten mit Stabilität, Hochwertigkeit, Sicherheit und Frische assoziieren (IRI 2006). Ebenso kann das Knistern einer Chips-Verpackung dazu beitragen, den Eindruck der Produktfrische zu verstärken.

2.2 Verbaler Gestaltungsoperator

Sprache kann im Rahmen der Verpackungsgestaltung gezielt zur Vermittlung emotionaler und kognitiv, rationaler Informationen eingesetzt werden. Die oftmals sehr kurzen Kontaktzeiten von Produktverpackungen setzen der Informationsmenge, die durch die verbalen Reize vermittelt werden kann, allerdings Grenzen. Zu den *verbalen Elementen der Produktverpackung* zählen der *Markenname*, *Slogans*, die auf der Verpackung abgebildet werden, sowie *sonstige verbale Informationen*, die beispielsweise Tonalitäten (emotionale Eindrücke zu einer Marke) oder Benefits & Reasons Why (rationale Argumente zu einer Marke) transportieren können. Das Positionierungsattribut „italienisches Lebensgefühl" wird bei den Verpackungen der Marke Giotto beispielsweise nicht nur durch die Sienna-beige Farbe und die auf der Verpackung abgebildeten italienischen Bauwerke vermittelt, sondern auch durch das verbale Element Markenname, der eindeutig italienische Assoziationen auslöst, sowie durch den verbalen Hinweis „Gebäckspezialität nach original italienischem Rezept".

Neben der Vermittlung kaufrelevanter Informationen besteht eine zentrale Funktion der verbalen Verpackungselemente darin, das Verständnis und die Interpretation der anderen Gestaltungsoperatoren durch ein *Framing der Kommunikationsbotschaft* gezielt zu steuern. Im Gegensatz zu den anderen Operatoren der Verpackungsgestaltung, die teilweise mehrdeutige Signale aussenden können, verfügt die Sprache über eine größere Eindeutigkeit (auch Kroeber-Riel 1996, S. 182; Kroeber-Riel und Esch 2011, S. 255 ff.). Verbale Reize können deshalb gezielt dazu genutzt werden, etwaige Interpretationsspielräume einzuschränken. Sprachliche Hinweise können dadurch auch eine Veränderung der Bedeutung bestimmter Verpackungselemente herbeiführen sowie das Verständnis und die Erinnerung an wichtige Positionierungseigenschaften erleichtern (Kroeber-Riel 1996, S. 181). Auf den Verpackungen der Milka-Tafelschokolade wird beispielsweise das zentrale Positionierungsattribut „Alpenmilch" nicht nur durch das Bild der lila Kuh und der Alpenwelt, sondern auch nochmal verbal umgesetzt und so unmissverständlich im Rahmen der Kaufentscheidung transportiert.

Schließlich kann die Anordnung der verbalen und visuellen Elemente einen Einfluss auf die Bewertung von Produktverpackungen ausüben. So belegt

Janiszewski (1990), dass die Platzierung von verbalen Elementen, wie beispielsweise des Markennamens, rechts von bildlichen Elementen einen positiven Einfluss auf die Gefallenswirkung hat. So ist davon auszugehen, dass sich diese Ergebnisse auf die Verpackungsgestaltung übertragen lassen.

2.3 Multisensualität: Integration der Gestaltungsoperatoren

Die beeinflussende Wirkung einer Verpackung ergibt sich im Rahmen einer ganzheitlichen Wahrnehmung aller Gestaltungsoperatoren. Der Einsatz und die zielgerichtete *Steuerung der Multisensualität* stellt eine der großen Herausforderungen der Markenführung dar (Weinberg und Diehl 2005, S. 280 f.; Kilian 2007; Salzmann 2007; Esch 2012, S. 319 ff.). Viele Marken kommunizieren heute noch mono- oder duosensual und verschenken damit wertvolles Potenzial zur Beeinflussung ihrer Zielgruppen (Kilian 2007, S. 323). Dieses Potenzial zeigt sich auch auf neuronaler Ebene: Bei multimodaler Präsentation von Reizen liegt die Feuerungsrate multisensorischer Zellen bis zu 12 Mal höher als bei einer unimodalen, isolierten Präsentation (Salzmann 2007, S. 93). Durch eine einseitige Fokussierung einzelner Sinnesmodalitäten entsteht darüber hinaus die Gefahr, dass ungewünschte Wechselwirkungen zwischen den Gestaltungsoperatoren entstehen und die Verpackung dann nicht im Sinne der Markenpositionierung kommuniziert. Die objektiv identische Temperatur zweier Verpackungen für Frischeprodukte kann beispielsweise durch die Veränderung des Gestaltungsoperators Oberfläche (z. B. glatt vs. rau) subjektiv unterschiedlich erlebt werden (auch Küthe und Küthe 2003, S. 121; Kilian 2007, S. 324).

Die aktuellen Entwicklungen in der Markengestaltung legen nahe, dass zukünftig immer mehr Marken das Potenzial der multisensualen Beeinflussung nutzen werden und auch nutzen müssen (z. B. Lindstrom 2005, S. 13; Kilian 2007). Lindstrom (2005, S. 13) vergleicht die anstehende Entwicklung von der heutigen mono- oder duosensualen Markengestaltung hin zu fünf dimensionalen Marken mit der Entwicklung von schwarz-weiß, mono Fernsehern hin zu Ultra High Definition-Farbfernsehern mit Surround Sound.

Die Vernachlässigung des multisensualen Marketing in der Praxis spiegelt sich auch in der Marketingwissenschaft wider. In der Forschung wurde bisher überwiegend die Wechselwirkung zweier Sinnesmodalitäten (z. B. olfaktorische und visuelle Wahrnehmung) isoliert untersucht. Eine abschließende Beantwortung der Frage, wie alle von einer Marke angesprochenen Sinne zu einem *multisensualen Gesamteindruck* der Marke verschmelzen, steht immer noch aus. Die folgenden Aspekte sind dabei von besonderer Bedeutung:

- *Hierarchie der Sinne*: Einzelne Befragungsstudien liefern einen ersten Einblick, welchen Beitrag die einzelnen Gestaltungsoperatoren zur Wahrnehmung von Marken und Verpackungen leisten (auch Kilian 2007, S. 323 ff.) (Tab. 1). Demnach nimmt im Lernprozess des Menschen die visuelle Wahrnehmung eine zentrale Rolle ein: 83 Prozent des Lernens basiert auf visuellen Informationen (Braem 2012, S. 192). Im Zuge der Urteilsbildung gegenüber Produkten

Tab. 1 Hierarchie der Sinneseindrücke

	Bedeutung der Sinnesmodalitäten für den Lernprozess der Konsumenten Quelle: Braem 2012, S. 192	Bedeutung der Sinnesmodalitäten für die Markenbildung Quelle: Lindstrom 2005, S. 69	Einfluss der Sinnesmodalitäten auf die Kaufentscheidung zwischen zwei Produkten* Quelle: IRI 2006, S. 8
Optik	83 %	58 %	34,1 %
Akustik	11 %	41 %	3,8 %
Olfaktorik	3,5 %	45 %	30,9 %
Haptik	1,5 %	25 %	9,8 %
Gustatorik	1,0 %	31 %	-

* 39,7 % der Befragten gaben in der IRI-Studie an, dass keiner der Sinne eine Rolle spielt.

relativiert sich diese optische Dominanz: Im Zuge der Entscheidung zwischen zwei konkurrierenden Angeboten ziehen durchschnittlich 34,1 Prozent der Befragten Produkte mit einer visuell ansprechenden Verpackung vor (IRI 2006, S. 8). 30,9 Prozent der Konsumenten lassen sich durch den Geruch leiten, 9,8 Prozent durch ihren Tastsinn und 3,8 Prozent durch die Akustik (IRI 2006, S. 8).

Diese Werte variieren teilweise deutlich zwischen unterschiedlichen *Produktkategorien* (Tab. 2). Beispielsweise spielt die Optik bei Sportbekleidung eine dominante Rolle und die Olfaktorik eine untergeordnete. Dies ist bei Seife oder Softdrinks genau umgekehrt (in Anlehnung an: Kilian 2007, S. 326). Eine gewisse Zurückhaltung bei der Interpretation dieser Studienergebnisse ist allerdings unabdingbar, da sie durch eine klassische Konsumentenbefragung erhoben wurden. Ein großer Teil der menschlichen Wahrnehmung findet jedoch unbewusst statt, sodass Konsumenten über die Rolle der unterschiedlichen Sinne im Rahmen ihrer Eindrucksbildung nur bedingt Auskunft geben können (Kroeber-Riel und Gröppel-Klein 2013, S. 363 f.). Außerdem besteht bei solchen Befragungen auch immer die Gefahr sozial erwünschter Antworten.

- *Integration aller Sinneseindrücke*: Die Gestaltungsoperatoren sind idealerweise so aufeinander abzustimmen, dass sich die von ihnen vermittelten Konnotationen gegenseitig stützen. Die Eindrücke, die durch die unterschiedlichen Sinnesmodalitäten ausgelöst werden, sollten über einen möglichst großen Fit verfügen. Diese große Bedeutung des Fit wird u. a. durch zahlreiche Erkenntnisse der Fluency-Forschung untermauert (Reber et al. 1998; Langner und Esch 2004, S. 428). Stimuli, deren konstituierende Elemente über einen großen Fit verfügen, können rascher verarbeitet werden als Reize, die in sich widersprüchlich sind. Diese erleichterte Verarbeitung führt zu einer besseren Erinnerung, höheren Gefallenswirkungen und kann sogar eine größere Glaubwürdigkeit seitens der Konsumenten auslösen (Reber et al. 1998; Reber und Schwarz 1999; Winkielman et al. 2006). Studien zur Integration olfaktorischer und visueller Reize (Rempel 2006) sowie akustischer und visueller Sinneseindrücke (Roth 2005) belegen demzufolge auch, dass eine Integration der Eindrücke unterschiedlicher Modalitäten zu überlegenen Kommunikationswirkungen führt. Rempel (2006) zeigte beispielsweise, dass Kombinationen von kongruenten Düften mit visuellen

Tab. 2 Wichtigkeit der 5 Sinne in 8 Produktkategorien (in Prozent). Quelle: in Anlehnung an Kilian 2007, S. 326

	Optik	Akustik	Haptik	Gustatorik	Olfaktorik
Sportbekleidung	86,6	10,2	82,3	8,4	12,5
Home Entertainment	85,6	81,6	11,6	10,7	10,8
Autos	78,2	43,8	49,1	10,6	18,4
Telefone	68,9	70,2	43,9	8,0	8,9
Seife	36,0	6,7	61,5	5,6	90,2
Eiscreme	34,9	6,8	21,7	89,6	47,0
Soft Drinks	29,6	13,2	15,1	86,3	56,1
Fastfood	26,3	12,0	10,4	82,2	69,2

Stimuli eine klarere Vermittlung der Markenpositionierung und bessere Einstellungen zur beworbenen Marke bewirken (auch Esch und Rempel 2007). Ähnliche Ergebnisse zeigten sich in den Studien von Roth (2005) zur Integration akustischer und visueller Reize.

- *Framing zur Reduktion von Vieldeutigkeit*: Die Integration aller Sinnesmodalitäten ist zudem bedeutsam, da die Operatoren der Verpackungsgestaltung teilweise mehrdeutige Wahrnehmungen auslösen. Eine glatte Textur kann je nach Kontext beispielsweise ‚entspannend', ‚weiblich' oder ‚mild' wirken (Meyer 2001, S. 146 ff.). Ebenso kann ein identisches Bild über eine unterschiedliche Semantik verfügen; je nachdem, in welchem Kontext es abgebildet wird (Kroeber-Riel 1996, S. 178 ff.). Diese Mehrdeutigkeit einzelner Gestaltungsoperatoren birgt das Risiko eines Falschverstehens der Markenpositionierung. Arbeiten dagegen alle Sinnesmodalitäten „Hand in Hand", verringert sich diese Gefahr, da sie sich gegenseitig stützen und die Markenpositionierung somit mit einer größeren Klarheit vermittelt werden kann. Eine glatte Verpackungsoberfläche trägt beispielsweise eindeutig zur Vermittlung der Positionierung ‚weiblich' bei, wenn sie zusammen mit abgerundeten Ecken, dem Farbton zart rosa sowie einem weiblichen Markennamen dargeboten wird. Eine besondere Rolle innerhalb des Framing übernehmen aufgrund ihrer Eindeutigkeit verbale Reize (Kroeber-Riel 1996, S. 178 ff.). Der Markenname oder verbale Zusätze auf der Produktverpackung können die Semantik einer Verpackung gezielt steuern und bieten damit eine Interpretationshilfe für die restlichen Gestaltungsoperatoren.

3 Sozialtechniken der Verpackungsgestaltung

3.1 Multimodale Markenpositionierung als Leitlinien der Umsetzung

Ausgangspunkt jeder Verpackungsneuentwicklung ist die von einer Marke angestrebte Positionierung (Esch 2012, S. 157 ff.). Die *Markenpositionierung* wird aus der Markenidentität, die alle essenziellen und wesensprägenden Merkmale einer

Marke umfasst, abgeleitet (Esch 2012, S. 81). Die Identitätsfacetten einer Marke, die für die Zielgruppen besonders relevant sind, die eine Marke von der Konkurrenz abgrenzen und langfristig für die Kaufentscheidung von Bedeutung sind, werden zur Positionierung der Marke herangezogen (Kroeber-Riel und Esch 2011, S. 51 ff.). Ziel ist es, die Marke derart in den Köpfen der Zielgruppe zu verankern, dass sie sich positiv von den Wettbewerbern differenziert und letztlich diesen gegenüber vorgezogen wird (Kroeber-Riel und Esch 2011, S. 51 ff.). Um eine möglichst effektive Verhaltensbeeinflussung zu gewährleisten, ist die Positionierung über alle Kontaktpunkte der Marke einheitlich zu vermitteln. Die Markenpositionierung bildet somit die „Leitlinien" für die Gestaltung einer Produktverpackung (Esch 2012, S. 173 ff.). Erst nachdem die für die Zielgruppe relevanten Positionierungseigenschaften festgelegt und damit der Markenkern definiert worden ist, kann mit der Gestaltung einer Verpackung begonnen werden (Michael 1998, S. 56).

Viele Markenpositionierungen sind bisher unzureichend festgelegt, da sie die beeinflussende Kraft der Multisensualität zu wenig nutzen (Lindstrom 2005, S. 18 ff.; Kilian 2007, S. 323). Bereits im Zuge der Ableitung der Positionierungsstrategie gilt es deshalb zu berücksichtigen, dass sich die Markenpositionierung auch über möglichst viele unterschiedliche Sinnesmodalitäten vermitteln lässt (Weinberg und Diehl 2005, S. 280 f.).

3.2 Differenzierung und Identifizierung

Der Wettbewerb auf gesättigten Märkten wird immer intensiver. In einem durchschnittlichen Lebensmittelgeschäft werben zwischen 2.000 und 40.000 Produkte um die Gunst der Kunden (KPMG 2012, S. 43). Notwendige Bedingung für den Markenerfolg ist daher die Differenzierung der eigenen Marke von der Konkurrenz. Die Verpackung gilt es daher derart zu gestalten, dass sie der Zielgruppe am POS sprichwörtlich „ins Auge springt" (*Differenzierungsfunktion*). Gleichzeitig gilt es in kürzester Zeit zu vermitteln, von welcher Marke das jeweilige Angebot stammt (*Identifikationsfunktion*) (Esch 2012, S. 218).

Dieser *Prozess der Wiedererkennung einer Marke* beruht auf einem kognitiven Mustervergleich, in dessen Verlauf der Konsument die jeweilige Marke mit dem im Gedächtnis gespeicherten Marken vergleicht (auch Esch und Langner 2005a, S. 580). Marken, die über eine hohe Differenzierung und Identifikation verfügen, werden leichter erkannt und rascher verarbeitet. Die Erkenntnisse der Conceptual-Fluency-Forschung belegen, dass Stimuli, die ein bestimmtes Schema treffen und sich leicht in eine Kategorie einordnen lassen, effizienter verarbeitet werden (Lee und Labroo 2004, S. 151). Diese einfachere kognitive Verarbeitung führt dann dazu, dass ein Stimulus besser beurteilt und erinnert wird als ein Reiz, für den eine aufwändigere Verarbeitung notwendig ist (Langner und Esch 2004, S. 429; Lee und Labroo 2004, S. 151; Novemsky et al. 2007, S. 347 ff.). Wenn sich die Produkte dagegen kaum unterscheiden, dann entsteht bei den Konsumenten Unsicherheit, die zu einer verzögerten bzw. erschwerten Kaufentscheidung führt

Abb. 2 Austauschbare Produktverpackungen

(Dhar 1997, S. 215). Dieser erhöhte kognitive Aufwand im Entscheidungsprozess hat negative Auswirkungen auf die Bewertung eines Produktes (Novemsky et al. 2007, S. 348).

Viele Marken leiden unter *austauschbaren Produktverpackungen* und in einzelnen Produktkategorien gleichen sich die Verpackungen in enormen Ausmaß (Abb. 2). Folglich werden wertvolle Vermarktungspotenziale verschenkt. Eigenständigkeit lässt sich durch einen gezielten Einsatz der zuvor dargelegten Gestaltungsoperatoren erreichen. Die Spülmittelmarke Method erreicht beispielsweise durch ihren eigenständigen Verpackungsstil ein Höchstmaß an Differenzierung und Identifikation. Ihre Produkte stechen durch den gezielten Einsatz der nonverbalen Operatoren Form und Farbe sowie durch ihre verbale Gestaltung aus dem Wettbewerbsumfeld heraus (Abb. 3). Zentral für eine solche Differenzierung und Identifizierung sind zunächst die visuellen Gestaltungsoperatoren, da sie der Marke bereits vor Kauf und Nutzung ein eigenständiges Profil verleihen. Die nicht visuellen Reize wie Olfaktorik oder Haptik werden dagegen frühestens während des Kaufs bzw. danach relevant. Falls möglich, sollten jedoch auch sie eigenständig gestaltet sein, da dies die Wahrscheinlichkeit von Folgekäufen positiv beeinflussen kann.

3.3 Positive Emotionen auslösen

Zentral für das Entstehen positiver Emotionen ist die *Ästhetik von Produktverpackungen*. Vor dem Hintergrund der wachsenden Erlebnisorientierung der Konsumenten überrascht die zu beobachtende Ästhetisierung des Konsumalltags nicht (auch Schmitt und Simmonson 2009). Erste explorative Studien zeigen, dass die Gefallenswirkung von Verpackungen einen positiven Einfluss auf die Zahlungsbereitschaft für ein Produkt hat (Langner und Esch 2004, S. 416 f.). Schön verpackte Tafelschokoladen (0,91 EUR) rufen beispielsweise eine Zahlungsbereitschaft hervor, die deutlich über der hässlich verpackter Angebote (0,50 EUR) liegt (Langner und Esch 2004, S. 416 f.).

Abb. 3 Eigenständige Verpackungsgestaltung bei der Marke Method

Die Ästhetik von Konsumgüterverpackungen lässt sich gezielt gestalten (im Folgenden Langner und Esch 2004, S. 432 ff.; Esch und Langner 2006). Ersten Studien zufolge geht der größte Einfluss auf das Gefallen von den Faktoren *Harmonie, Emotionalität, Modernität und Kultiviertheit* aus. Darüber hinaus wird das ästhetische Urteil auch von der Komplexität, der Vertrautheit und der Praktikabilität einer Verpackung beeinflusst.

Der Faktor *Harmonie* beschreibt die Abstimmung der einzelnen Gestaltungsoperatoren zueinander. Werden die verwendeten Formen, Farben, Oberflächen usw. als stimmig empfunden, entsteht Harmonie. Eine wissenschaftliche Erklärung für die Bedeutung des Faktors Harmonie liefert die Fluency-Forschung (z. B. Reber et al. 1998; Winkielman et al. 2006): Harmonische Stimuli können leichter wahrgenommen und verarbeitet werden und beeinflussen dadurch u. a. die Gefallenswirkung positiv.

Der Faktor *Emotionalität* wird durch die empfundene Wärme, Freundlichkeit und Sympathie einer Verpackung reflektiert. Emotionalität entsteht durch die Abbildung positiver emotionaler Bildelemente auf der Verpackung, durch den Einsatz warmer gesättigter Farben oder durch die Verwendung eines angenehmen Verpackungsduftes.

Der Faktor *Modernität* spiegelt sich darin wider, ob eine Produktverpackung als zeitgemäß empfunden wird. Sofern die Markenpositionierung nicht über ein explizites Retro-Design erfolgt, ist darauf zu achten, dass das Design den Bedürfnissen und Erwartungen der Zielgruppen entspricht. Ein als ‚angestaubt' empfundenes Verpackungsdesign hat meist negative Auswirkungen auf das ästhetische Urteil.

Der Faktor *Kultiviertheit* zeigt sich in der durch den Rezipienten erlebten Eleganz und Exklusivität einer Verpackung. Die Relevanz dieses Faktors hängt von der konkreten Positionierung einer Marke ab. Für die ästhetische Beurteilung von Marken, die im Premium- und Luxussegment positioniert sind, spielt der Faktor Kultiviertheit grundsätzlich eine wichtige Rolle.

Ersten Studien zufolge fällt der Einfluss der Faktoren Komplexität, Vertrautheit und Praktikabilität auf das ästhetische Urteil etwas geringer aus als der, der vorangegangenen Faktoren. Es ist allerdings davon auszugehen, dass extreme Umsetzungen dieser drei Faktoren (z. B. extrem hohe Komplexität, extrem geringe Vertrautheit) ebenfalls einen deutlich negativen Effekt auf die Gefallenswirkung haben (Langner und Esch 2004, S. 432 ff.).

Komplexität entsteht durch die Anzahl der einem Reizmuster zugrundeliegenden konstituierenden Elemente sowie der Verschiedenheit dieser Elemente (Berlyne 1974, S. 61). Je mehr Einzelelemente beispielsweise auf einer Verpackung abgebildet werden und umso verschiedenartiger diese sind, desto größer ist die empfundene Komplexität. Konsumenten bevorzugen eine mittlere Komplexität; eine sehr geringe oder eine sehr hohe Komplexität führt dagegen zu einer schlechteren ästhetischen Beurteilung (Berlyne 1971, S. 149 f.; Cox und Cox 2002). Berlyne (1971, S. 193 ff.; 1974) bildet diesen Zusammenhang in Form einer umgekehrten U-Funktion ab.

Belege für den Einfluss des Faktors *Vertrautheit* auf die Gefallenswirkung finden sich wiederum in der Fluency-Forschung (z. B. Henderson et al. 2003, S. 301) und in der Ästhetik-Forschung von Berlyne (1971; Cox und Cox 2002). Demnach wirkt sich eine zunehmende Vertrautheit positiv auf die ästhetische Beurteilung einer Verpackung aus. Eine extreme Neuartigkeit beeinflusst die empfundene Ästhetik hingegen negativ. Wiederholte Kontakte mit einer Verpackung führen nach dem Mere-Exposure-Effekt zu einer verbesserten ästhetischen Wirkung (Zajonc 1968). Gerade bei den Pretests neuer Verpackungen ist die Wirkung des Mere-Exposure-Effekts zu berücksichtigen: Produktverpackungen sollten den Befragten mehrfach dargeboten werden, da die wiederholten Kontakte zu deutlichen Verbesserungen im ästhetischen Urteil führen können. Die Mehrfachkontakte helfen ein realistischeres Bild der ästhetischen Beurteilung einer Verpackung auf dem späteren Markt zu erhalten.

Schließlich kann die Ästhetik einer Verpackung sowie die Einstellung zu einem Produkt von der *Praktikabilität* beeinflusst werden (Langner und Esch 2004, S. 432 ff.). Eine schlechte Funktionalität einer Verpackung, die beispielsweise die Produktnutzung beeinträchtigt, kann dazu führen, dass der Konsument die Ästhetik als Selbstzweck erlebt und sich dies negativ auf das ästhetische Urteil auswirkt.

Der zweite Zugang zum Auslösen positiver Emotionen ergibt sich durch die *Vermittlung konkreter Konsumerlebnisse*. Dies ist grundsätzlich über alle Sinnesmodalitäten möglich. In der Praxis geschieht dies häufig über die Nutzung der nonverbalen Verpackungsoperatoren. Bei Patros Fetakäse erfolgt dies beispielsweise durch die Abbildung des griechischen Hirten auf der Verpackung sowie die

Verwendung eines Stoffhäubchens zur Abdeckung des Deckels der Glasverpackung. Aber auch verbale Reize ermöglichen die Vermittlung spezifischer Erlebnisse. Bei der Marke ‚innocent' werden Informationen zum Produkt beispielsweise bei allen Kontakten (z. B. Verpackung, Internetauftritt) in einer markenspezifischen, erlebnisorientierten Sprache verfasst: „Unser Versprechen an Dich: Wir versprechen Dir, dass unsere Smoothies nur aus puren Früchten hergestellt werden und keine Konservierungsstoffe, Konzentrate, Zuckerzusätze oder anderen komischen Kram enthalten. Und wir versprechen, dass wir beim Kartenspielen nicht schummeln. Sonst kannst Du es unseren Müttern verraten."

3.4 Informationen vermitteln

Die Verpackung ist ein bedeutender *Träger von Produktinformationen*, da ein Großteil der Kaufentscheidungen erst am POS gefällt wird und dem Konsumenten in der Regel dort ausschließlich diese Informationen vorliegen. Einer Konsumentenbefragung von Pro Carton (2003, S. 6) zufolge wird die Informationsvermittlung auf der Verpackung auch als besonders glaubwürdig empfunden: Die Glaubwürdigkeit von Verpackungsinformationen liegt demnach fast 200 Prozent über dem Durchschnitt der restlichen Werbemedien (TV, Internet, Radio usw.). Die größte Herausforderung besteht in der Vielzahl der Informationen, mit denen die Produktverpackung den Konsumenten versorgen muss: Identifikation des Inhalts, Instruktionen für die Produktverwendung, Garantieregelungen, Preis-, Produkt- und Markenname, Haltbarkeitsdauer und Inhaltsstoffe usw. (Nickels und Jolson 1976). Schlüsselinformationen müssen schnell und leicht verständlich kommuniziert werden, da sich wenig involvierte Konsumenten einem Produkt am POS nur sehr kurz widmen: Amann und Rippstein (1999, S. 202) gehen beispielsweise von durchschnittlich nur 1,6 Sekunden aus. Die folgenden Aspekte spielen dabei eine besondere Rolle:

Hierarchische Informationsvermittlung: Nicht alle Informationen haben für die Kaufentscheidung die gleiche Relevanz. Informationen sind deshalb so zu hierarchisieren, dass die wichtigsten Argumente für den Kauf zuerst und innerhalb kürzester Zeit, ohne großen kognitiven Aufwand aufgenommen werden können (in Anlehnung an Kroeber-Riel und Esch 2011, S. 277 ff.). Eine unveröffentlichte Studie von STABILO belegt die Notwendigkeit einer solchen Hierarchisierung der Informationen: Demnach nehmen Konsumenten im Zuge ihrer Kaufentscheidung für Schreibstifte durchschnittlich zwei Produkte aus dem Regal; bei lediglich einem der beiden Produkte kommt es zu einem Lesen der rückseitigen Verpackungsinformationen (STABILO 2004). Dies bedeutet, dass zur Erzielung eines optimalen Beeinflussungserfolges die wichtigsten Informationen auf der Verpackungsvorderseite vermittelt werden müssen. Tiefergehende Informationen zu den ‚Benefits & Reasons Why', die vor allem für höher involvierte Kunden bedeutend sind, sind dagegen auf der Verpackungsrückseite zu kommunizieren. Allerdings sollten auch die Informationen, die sich an höher involvierte Konsumenten richten, sinnvoll gegliedert und übersichtlich gestaltet sein, sodass eine möglichst einfache Aufnahme gewährleistet ist (Kroeber-Riel und Esch 2011, S. 277 ff.).

Eine solche hierarchische Informationsdarbietung findet sich bei den Frucht-Smoothie Produkten von Schwartau. Durch den Markennamen ‚Pur Pur' sowie die zentral platzierte, verbale Information ‚Obst zum Trinken' vermittelt die Verpackungsfront dominant und leicht wahrnehmbar die Markenpositionierung ‚Reinheit, Natürlichkeit und Genuss'. Innerhalb kürzester Zeit wissen gering involvierte Konsumenten, warum sie dieses Produkt erwerben sollen. Höher involvierte Käufer finden dagegen detailliertere Informationen auf der Verpackungsrückseite.

Irradiationen gezielt zur indirekten Informationsvermittlung nutzen: Informationen über das Produkt können durch die Verpackung oftmals nur indirekt vermittelt werden. Der Geschmack eines Getränks ist beispielsweise erst im Zuge des Konsums direkt erlebbar. Die unterschiedlichen Operatoren der Verpackungsgestaltung können allerdings dazu genutzt werden, Informationen zu nicht direkt erfahrbaren Sinnesmodalitäten bereits vor dem Kauf zu transportieren. Auf Basis der gegebenen Reizeindrücke leiten Konsumenten Inferenzen zur Ausprägung nicht direkt erfahrbarer Informationen ab. Dieses ‚Ausstrahlen' einer Modalität auf eine andere wird als *Irradiation* bezeichnet (Pelzer 1980, S. 1024; Leclerc und Schmitt et al. 1994, S. 269 f.; Kroeber-Riel und Gröppel-Klein 2013, S. 402 f.). Die Farbe von Äpfeln wird von Konsumenten beispielsweise genutzt, um Schlussfolgerungen zur Süße und zur Reife des Produktes zu ziehen: Roten Äpfeln wird eine hinreichende Reife sowie ein süßer Geschmack zu geschrieben. Eine Variation der Farbe eines Gegenstandes bei Konstanthaltung der Form und des Gewichts führt bei den Konsumenten zu unterschiedlichen Schlussfolgerungen (Meyer 2001, S. 41): Ein heller Gegenstand wird im Vergleich zu einem Dunklen bei identischer Form und identischem Gewicht beispielsweise als leichter und größer empfunden. Selbst Experten erliegen solchen Inferenzen: Morrot, Brochet und Dubourdieu (2001) berichten in ihrer Studie, dass Weinkenner einen rot gefärbten Weißwein als Rotwein charakterisieren. Aufgrund der visuellen Information stuften die Probanden ihre olfaktorische Wahrnehmung herunter. Die Forscher führen dies auf eine schwache Verbindung zwischen der Sprache (Beschreibung des Weins) und des Geruchs sowie einer stärkeren Abhängigkeit der Sprache von Informationen anderer Sinne zurück.

Der *Sprache* kommt seit jeher eine besondere Bedeutung im Zuge des Auslösens von Irradiationen zu (z. B. Kroeber-Riel 1996, S. 50 f.). Die Eindrücke aus den unterschiedlichen Sinnesmodalitäten sind sprachlich verankert, d. h. alle Empfindungen sind grundsätzlich verbalisierbar. Auch wenn manche Teilaspekte eines nonverbalen Eindrucks, wie eine nuancierte Geruchsabstufung, sprachlich schwierig auszudrücken sind, lässt sich die grundlegende Stoßrichtung eines Sinneseindrucks meist gut in Worte fassen. Durch eine adjektivistische Sprache können nonverbale Sinneseindrücke gezielt vermittelt werden. Dieser *Sprachrealismus* findet sich beispielsweise seit jeher in Degustationsnotizen zu alkoholischen Getränken (Kroeber-Riel 1996, S. 50 f.).

Schließlich bildet die *Ästhetik einer Verpackung* eine wichtige Basis für die Beurteilung der während des Kaufs noch nicht erfahrbaren Produktqualität. Schön verpackten Produkten wird eine bessere Produktqualität zugeschrieben als Produkten mit einer weniger schönen Verpackung (Langner und Esch 2004, S. 417). Dieser

Einfluss der Ästhetik ist besonders stark bei gering involvierten Konsumenten, da hier die kognitiven Prozesse ohne eine große Verarbeitungstiefe stattfinden.

3.5 Verpackungen integriert gestalten

Unter der *Integration* ist die konsequente formale und inhaltliche Abstimmung aller Kontaktpunkte einer Marke zu verstehen (Esch 2010, S. 27). Es geht vor allem darum, die Markenverpackungen mit dem restlichen Marketingmix sowie die unterschiedlichen Produktverpackungen einer Marke untereinander zu integrieren. Unter *formaler Integration* wird dabei der konsequente Einsatz formaler Gestaltungselemente des Corporate Design wie Farben, Formen, Typografie und visuelle Präsenzsignale der Marke verstanden (Esch 2012, S. 308 ff.). Ziel der formalen Integration ist eine einfache Wiedererkennung der Marke. Innerhalb kürzester Zeit sollen die Rezipienten wahrnehmen, mit welcher Marke sie gerade in Kontakt treten (Esch 2012, S. 308 ff.). Dies fördert zudem den Aufbau von Markenbekanntheit. Die *inhaltliche Integration* zielt dagegen auf den Aufbau des Markenimages. Die inhaltliche Abstimmung aller Markenkontakte soll eine konsistente Vermittlung der Markenpositionierung gewährleisten. In allen Kontakten sind deshalb stets die gleichen positionierungskonformen Aussagen zu einer Marke zu vermitteln (Esch 2012, S. 308 ff.).

Durch die *Integration aller Verpackungen* einer Marke entsteht zusätzlich ein *Kumulationseffekt* am POS. Die unterschiedlichen Verpackungen bilden dann aufgrund ihrer integrierten Gestaltung eine einheitliche Front im Regal und entwickeln so eine Fernwirkung für die Marke. Die stringente formale Integration der Marke Milka durch die Farbe Lila führt beispielsweise dazu, dass die Marke bereits auf große Entfernung oder bereits im Zuge einer sehr beiläufigen Betrachtung am POS erkannt wird.

Eine besondere Bedeutung kommt der *Integration von Kommunikation und Verpackung* zu. Beide Maßnahmen sind so zu gestalten, dass sie die gleichen Eindrücke einer Marke vermitteln. Darüber hinaus gilt es sicherzustellen, dass Konsumenten ein Angebot, das sie in der Kommunikation kennengelernt haben, auch tatsächlich am POS wiederfinden. Im einfachsten Fall wird das Erlernen der Verpackung durch eine Einbindung der Verpackung in die Kommunikation, wie der Abbildung des Packshots in einem TV-Spot oder einer Printanzeige, erreicht. Eine noch intensivere Verzahnung zwischen Kommunikation und Verpackung lässt sich durch die stringente Verwendung von Schlüsselbildern erzielen. Die Abbildung des in der Kommunikation vermittelten Schlüsselbildes auf der Verpackung erleichtert nicht nur das Wiedererkennen, sondern führt auch dazu, dass die in der Kommunikation bereits vermittelten Assoziationen und Aussagen auch am POS evoziert werden (Keller 1987; Esch 2010, S. 161 ff.). Dies birgt den Vorteil, dass zentrale Verkaufsargumente für die Marke gerade im Moment der Kaufentscheidung präsent sind und so eine verbesserte Verhaltensbeeinflussung möglich wird. Ein solche Verzahnung findet sich beispielsweise bei Meister Proper: Das Schlüsselbild des Meister Proper vermittelt in der Kommunikation als auch auf der Verpackung die große Reinigungskraft der Produkte (Abb. 4).

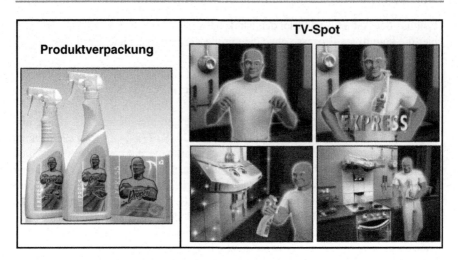

Abb. 4 Schlüsselbildintegration bei der Marke Meister Proper

4 Zukünftige Entwicklungen der Verpackungsgestaltung

Der *Einsatz eines strategischen multisensualen Markendesigns* wird vor dem Hintergrund der heutigen Markt- und Kommunikationsbedingungen zukünftig deutlich an Bedeutung gewinnen. Die Zukunft der Verpackungsgestaltung hat dabei bereits begonnen. Kaufhof und Karstadt haben in ihren Kaufhäusern in Essen und Düsseldorf bereits Pilotprojekte zur Einführung der RFID (Radio Frequency Identification) Technik gestartet (o. V. 2007). Durch das Anbringen eines Computerchips auf einer Verpackung ermöglicht die RFID-Technik eine automatische Identifizierung von Objekten. Diese Technik wird heute bereits bei Dauerkarten in der Fußball-Bundesliga eingesetzt, bei Skipässen sowie Monats- oder Jahreskarten des öffentlichen Nahverkehrs. Im Metro Group RFID Innovation Center in Neuss bei Düsseldorf lief eine Probeanwendung des Magicmirror von Paxar Central Europe (Pieringer 2007). Mittels RFID können hier auf einer Spiegeloberfläche sprachliche, optische und akustische Hinweise dargeboten werden.

Die steigende Anzahl von *QR-Codes* (englisch für „Quick Response") auf den Verpackungen sowie von interaktiven Augmented Reality-Anwendungen in Verbindung mit neuen Verpackungen machen deutlich, dass die Verpackung zu einer Art Brücke in die digitale Welt wird. Als einer der ersten Discounter hat Netto in den über 4.000 Filialen QR-Codes für frische SB-Fleischartikel sowie für verpacktes Obst und Gemüse eingeführt (Netto 2012). Die Konsumenten können so über ihre Smartphones durch das Scannen der QR-Codes auf den Produktverpackungen die Herkunft und weitere Detailinformationen zu den jeweiligen Artikeln erfahren. Ein anderes Beispiel ist die Marke Lego, die bereits heute eine interaktive Augmented Reality-Anwendung in ihren Stores nutzt (EUWID 2012). Diese Anwendung ermöglicht es den Konsumenten, das fertig zusammengebaute Lego-Produkt direkt am

Point of Sale virtuell anzuschauen. Dazu halten die Konsumenten die Verpackung vor einen Bildschirm, damit eine Kamera das Produkt erkennen kann, anschließend sieht sich der Konsument selbst und dazu ein virtuelles 3D-Modell des Lego-Produkts auf der Verpackung, das sogar animiert werden kann. Die Verpackung wird so zu einer Schnittstelle zwischen der Online- und Offline-Welt.

Für die Hersteller versprechen diese *innovativen Techniken* ganz neue Möglichkeiten in der Kommunikation zwischen Konsument und Produkt. Über die Produktverpackung hinaus kann so am POS eine differenzierte, animierte und multisensuale Positionierungsvermittlung erfolgen. Ähnlich wie in einem Internetauftritt können hierdurch differenzierte und für hoch involvierte Konsumenten auch größere Informationsmengen rund um das Produkt angeboten werden. Bei Nahrungsmitteln bietet sich beispielsweise die Möglichkeit, dem Konsumenten komplementäre Produkte für spezielle Gerichte, Informationen über die Mindesthaltbarkeit des Produktes oder Ernährungstipps anzubieten. Mithilfe von Zusatzinformationen über den Markencharakter und den Hersteller der Ware kann so ein positiver Einfluss auf die Kaufentscheidung der Konsumenten genommen werden.

Literatur

Amann, M., & Rippstein, D. (1999). Am POS zählt das stumme Zwiegespräch zwischen Käufer und Verpackung. *Marketing Journal, 2*(32), 202–205.
Behrens, G. (1982). *Die Wahrnehmung des Konsumenten*. Thun: Harry Deutsch.
Berlyne, D. E. (1971). *Aesthetics and psychobiology*. New York: Appleton-Century-Crofts, Educational Division, Meredith Corporation.
Berlyne, D. E. (1974). *Konflikt, Erregung, Neugier*. Stuttgart: Ernst Klett.
Böcher, H. G. (2006). Welche Rolle spielt die Verpackung für das Marketing? *Bestseller, 02*, 30.
Braem, H. (2012). *Die Macht der Farben* (9. Aufl.). München: Langen Müller/Herbig.
Buck, L., & Axel, R. (1991). A novel multigen family may encode odorant receptors: A molecular basis for odor recognition. *Cell, 65*(1), 175–187.
Bund, K. (2012). Konsumforschung: Labormäuse am Kassenband. http://www.zeit.de/2012/24/Verkaeufer-Supermarkt. Zugegriffen am 14.03.2014.
Cox, D., & Cox, A. D. (2002). Beyond first impressions: The effects of repeated exposure on consumer liking of visually complex and simple product design. *Journal of the Academy of Marketing Science, 30*(2), 119–130.
Dhar, R. (1997). Consumer preference for a no-choice option. *Journal of Consumer Research, 24* (2), 215–231.
Doty, R. L., & Leing, D. G. (2003). Psychological measurement of olfactory function, including Odorent Mixture Assessment. In *Handbook of olfaction and oustation* (Hrsg.), R. L. Dofy, (2. Aufl., 338–382). New York: Marcel Dekker.
Endo, K. (1979). The effects of intensity and color temperature of illumination on artistic appreciation. *Japanese Journal of Psychology, 50*(3), 157–160.
Esch, F.-R. (1990). *Expertensystem zur Beurteilung von Anzeigenwerbung*. Heidelberg: Physica.
Esch, F.-R. (2010). *Wirkung integrierter Kommunikation* (5. Aufl.). Wiesbaden: Deutscher Universitätsverlag.
Esch, F.-R. (2012). *Strategie und Technik der Markenführung* (7. Aufl.). München: Franz Vahlen.
Esch, F.-R., & Langner, T. (2004). Soziotechnische Gestaltung der Ästhetik von Produktverpackungen. In A. Gröppel-Klein (Hrsg.), *Konsumentenverhalten im 21. Jahrhundert. Jahrhundert* (S. 413–440). Wiesbaden: Gabler.

Esch, F.-R., & Langner, T. (2005a). Branding als Grundlage zum Markenaufbau. In F.-R. Esch (Hrsg.), *Moderne Markenführung* (4. Aufl., S. 573–586). Wiesbaden: Gabler.
Esch, F.-R., & Langner, T. (2005b). Gestaltung von Markenlogos. In F.-R. Esch (Hrsg.), *Moderne Markenführung* (4. Aufl., S. 601–628). Wiesbaden: Gabler.
Esch, F.-R., & Langner, T. (2006). Management eines geheimen Verführers. *Absatzwirtschaft, 49*, 18–25. Sonderausgabe zum Marken-Award.
Esch, F.-R., & Rempel, J. E. (2007). Integration von Duftstoffen in der Kommunikation zur Stärkung von Effektivität und Effizienz des Markenaufbaus. *Marketing ZFP, 29*(3), 145–162.
Espe, H., & Krampen, M. (1986). Eindruckswirkungen visueller Elementarformen und deren Interaktion mit Farben. In H. Espe (Hrsg.), *Visuelle Kommunikation: Empirische Analysen* (Bd. 2, S. 72–101). Hildesheim: Georg Olms.
EUWID (2012). QR-Code und Augmented Reality: Kann das Smartphone Etikett, Booklet und Beipackzettel ersetzen? www.converssale.de/wp-content/uploads/EUWID.pdf. Zugegriffen am 03.10.2014.
GfK (2009). Pressemitteilung: Viele Käufer entscheiden sich am Supermarktregal. http://www.gfk.com. Zugegriffen am 14.03.2014.
Grey (2007). Grey Group, Jahres-Pressekonferenz Düsseldorf vom 04.12.2007
Hamid, P. N., & Newport, A. G. (1989). Effect of colour on physical strength and mood in children. *Perceptual and Motor Skills, 69*(1), 179–185.
Heller, E. (2004). *Wie Farben wirken* (7. Aufl.). Reinbeck: Rowohlt.
Henderson, P. W., Cote, J. A., Leong, S. M., & Schmitt, B. (2003). Building strong brands in Asia: Selecting the visual components of image to maximize brand strength. *International Journal of Research in Marketing, 20*(4), 297–313.
IRI. (2006). Shopper 2006 am POS. http://www.inspiration-verpackung.de/iri-studie-shopper-am-pos/. Zugegriffen am 03.10.2014.
Janiszewski, C. (1990). The influence of print advertisement organization on affect toward a brand name. *Journal of Consumer Research, 17*(1), 53–65.
Jutzi, S., & Siefer, W. (2006). Die magische Dimension. http://www.focus.de/wissen/natur/duefte-die-magische-dimension_aid_214544.html. Zugegriffen am 02.10.2014.
Keller, K. L. (1987). Memory factors in advertising: The effect of advertising retrieval cues on brand evaluations. *Journal of Consumer Research, 14*(3), 316–333.
Kerner, G., & Duroy, R. (1992). *Bildersprache* (8. Aufl., Bd. 1). München: Don Bosco.
Kilian, K. (2007). Multisensuales Markendesign als Basis ganzheitlicher Markenkommunikation. In A. Florack, M. Scarabis, & E. Primosch (Hrsg.), *Psychologie der Markenführung* (S. 323–356). München: Franz Vahlen.
Kolbrück, O. (2006). Verpackung baut Marken auf. *Horizont, 29*, 17.
Kothe, L. (1998). Die Funktion der Verpackung im Wandel der Zeit. In W. Stabernack (Hrsg.), *Medium im Trend der Wünsche – Verpackungen* (S. 40–51). München: Bruckmann.
KPMG. (2012). Trends im Handel 2020. www.kpmg.de/docs/20120418-Trends-im-Handel-2020.pdf. Zugegriffen am 14.03.2014.
Kramer, D. (1998). *Fine-Tuning von Werbebildern*. Wiesbaden: Gabler.
Krampen, M. (1986). Thematische Vorgaben als Bedingung der Farbvariation in abstrakten Bildkompositionen. In H. Espe (Hrsg.), *Visuelle Kommunikation: Empirische Analysen* (S. 44–71). Hildesheim: Georg Olms.
Krishna, A., & Morrin, M. (2008). Does touch affect taste? The perceptual transfer of product container haptic cues. *Journal of Consumer Research, 34*(6), 807–818.
Kroeber-Riel, W. (1996). *Bildkommunikation*. München: Vahlen.
Kroeber-Riel, W., & Esch, F.-R. (2011). *Strategie und Technik der Werbung* (7. Aufl.). Stuttgart: Kohlhammer.
Kroeber-Riel, W., & Gröppel-Klein, A. (2013). *Konsumentenverhalten* (10. Aufl.). München: Vahlen.
Küthe, E., & Küthe, F. (2003). *Marketing mit Farben*. Wiesbaden: Gabler.

Langner, T., & Esch, F.-R. (2006). Corporate Branding auf Handlungsoptionen abstimmen. In F.-R. Esch, T. Tomczak, J. Kernstock, & T. Langner (Hrsg.), *Corporate Brand Management* (2. Aufl., S. 101–128). Wiesbaden: Gabler.
Leclerc, F., & Schmitt, B. H. (1994). Foreign branding and its effects on product perceptions and attitudes. *Journal of Marketing Research, 31*(2), 263–270.
Lee, A. Y., & Labroo, A. A. (2004). The effect of conceptual and perceptual fluency on brand evaluation. *Journal of Marketing Research, 41*(2), 151–165.
Lindstrom, M. (2005). *Brand sense, build powerful brands through touch, taste, smell, sight, and sound*. New York: Free Press.
Linxweiler, R. (1998). Verpackung als Objekt künstlerischer Gestaltung. In W. Stabernack (Hrsg.), *Medium im Trend der Wünsche – Verpackungen* (S. 178–205). München: Bruckmann.
Meyer, N. (2000). Verpackungsdesign ist Kommunikationsdesign. *Absatzwirtschaft, 43*, 44–45. Sonderheft Marken.
Meyer, S. (2001). *Produkthaptik*. Wiesbaden: Gabler.
Michael, B. M. (1998). Verpackung als Bestandteil im Marketing-Mix. In W. Stabernack (Hrsg.), *Medium im Trend der Wünsche – Verpackungen* (S. 52–65). München: Bruckmann.
Moore, P. A. (1994). A model of the role of adaption and disadaption in olfactory receptor neurons: Implications for the coding of temporal and intensity patterns in odor signals. *Chemical Senses, 19*(1), 71–86.
Morrot, G., Brochet, F., & Dubourdieu, D. (2001). The color of odors. *Brain and Language, 79*(2), 1–12.
Netto (2012). QR-Codes für Obst und Gemüse. https://www.netto-online.de/QR-Codes.chtm. Zugegriffen am 14.03.2014.
Nickels, W. G., & Jolson, M. A. (1976). Packaging – the fifth p in the marketing mix? *S.A.M Advanced Management Journal, 41*(1), 13–21.
Novemsky, N., Dhar, R., Schwarz, N., & Simonson, I. (2007). Preference fluency in choice. *Journal of Marketing Research, 44*(3), 347–356.
o. V. (2007). Schnüffelchips beim Einkauf. http://www.n-tv.de/ratgeber/Schnueffelchips-beim-Ein kauf-article243952.html. Zugegriffen am 14.03.2014.
Osgood, C. E., Suci, G. J., & Tannenbaum, P. H. (1957). *The measurement of meaning*. Urbana: University of Illinois Press.
Pelzer, K. E. (1980). Irradiation. In W. Arnold & H.-J. Eysenck (Hrsg.), *Lexikon der Psychologie* (Bd. 2, S. 1026). Freiburg: Herder.
Pickford, R. W. (1972). *Psychology and visual aesthetics*. London: Hutchinson Educational.
Pieringer, M. (2007). RFID: Zauberspiegel von Paxar soll Einkauf zum Erlebnis machen. http://www.verkehrsrundschau.de/rfid-zauberspiegel-von-paxar-soll-einkauf-zum-erlebnis-machen-503672.html. Zugegriffen am 14.03.2014.
Pieters, R., & Warlop, L. (1999). Visual attention during brand choice: The impact of time pressure and task motivation. *International Journal of Research in Marketing, 16*(1), 1–16.
PRO CARTON. (2003). Die neue Macht am POS. www.ffi.de/epa_download.php?id=3351. Zugegriffen am 03.10.2014.
PRO CARTON. (2012). Verpackung: ein Medium mit hoher Durchschlagskraft. www.comieco.org/allegati/2012/7/procartonmedienstudiedt_119352.pdf. Zugegriffen am 03.10.2014.
Raffaseder, H. (2009). Klangmarken und Markenklänge: die Bedeutung der Klangfarbe im Audio-Branding. In K. Bronner & R. Hirt (Hrsg.), *Audio-Branding* (2. Aufl., Bd. 5, S. 102–117). München: Reinhard Fischer.
Reber, R., & Schwarz, N. (1999). Effects of perceptual fluency on judgments of truth. *Consciousness and Cognition, 8*(3), 338–342.
Reber, R., Winkielman, P., & Schwarz, N. (1998). Effects of perceptual fluency on affective judgements. *Psychobiological Science, 9*(1), 45–48.
Rempel, J. E. (2006). *Olfaktorische Reize in der Markenkommunikation*. Wiesbaden: Deutscher Universitäts-Verlag.

Roth, S. (2005). *Akustische Reize als Instrumente der Markenkommunikation*. Wiesbaden: Deutscher Universitäts-Verlag.
Russo, J., & Leclerc, E. (1994). An eye-fixation analysis of choice processes of consumer nondurables. *Journal of Consumer Research, 21*(2), 274–290.
Salzmann, R. (2007). *Multimodale Erlebnisvermittlung am Point of Sale*. Wiesbaden: Deutscher Universitäts-Verlag.
Schmitt, B., & Simmonson, A. (2009). *Marketing Aesthetics*. New York: Free Press.
Schurian, W. (1986). *Psychologie ästhetischer Wahrnehmung: Selbstorganisation und Vielschichtigkeit auf Basis der Autopoiesetheorie*. Wiesbaden: Gabler.
Sivik, L. (1974). Color meaning and perceptual color dimensions: A study of color samples. *Göteborg Psychological Reports, 4*(1), 1–21.
Stabernack, W. (1998). Die Ursprünge der Produktverpackung. In W. Stabernack (Hrsg.), *Medium im Trend der Wünsche – Verpackungen* (S. 8–15). München: Bruckmann.
STABILO. (2004). *International merchandising study 2004*. Heroldsberg: STABILO.
Stumpf, K. (2004). Wie der Geruch von Tennisbällen zu einer Marke wird. *Stuttgarter Zeitung, 06* (09), 2004.
Underwood, R. L. (2003). The communicative power of the product packaging creating brand identity via lived and mediated experience. *Journal of Marketing Theory and Practice, 11*(1), 62–76.
Weinberg, P., & Diehl, S. (2005). Erlebniswelten für Marken. In F.-R. Esch (Hrsg.), *Moderne Markenführung* (4. Aufl., S. 263–286). Wiesbaden: Gabler.
Winkielman, P., Halberstadt, J., Fazendeiro, T., & Catty, S. (2006). Prototypes are attractive because they are easy on the mind. *Psychological Science, 17*(9), 799–806.
Wright, B., & Rainwater, L. (1962). The meaning of color. *Journal of General Psychology, 67*(1), 89–99.
Zajonc, R. B. (1968). Attitudinal effects of mere exposure. *Journal of Personality and Social Psychology, Monograph Supplement, 9*(2), 1–27.

Prof. Dr. Tobias Langner ist Inhaber des Lehrstuhls für Marketing an der Bergischen Universität Wuppertal.

Prof. Dr. Franz-Rudolf Esch ist Inhaber des Lehrstuhls für Markenmanagement und Automobilmarketing, Direktor des Institutes für Marken und Kommunikationsforschung (IMK) an der EBS Universität für Wirtschaft und Recht, Wiesbaden sowie Gründer von ESCH. The Brand Consultants, Saarlouis.

Dr. Jochen Kühn ist Leiter Online-Marketing und Werbung bei der PASCOE Naturmedizin GmbH, Gießen, sowie ehemaliger Doktorand und wissenschaftlicher Mitarbeiter am Lehrstuhl für Marketing an der Bergischen Universität Wuppertal.

Bedeutung der Ladengestaltung für die Marketingkommunikation

Andrea Gröppel-Klein

Inhalt

1 Einführung 166
2 Ladengestaltung und Ladenatmosphäre im stationären Einzelhandel 169
3 Warenpräsentation von Online-Shops und Wirkung auf den Konsumenten 179
4 Zusammenfassung 180
Literatur 181

Zusammenfassung

Aus Sicht der Konsumenten soll die Ladengestaltung – abhängig von den Einkaufszielen, die entweder eher auf nützlichkeits- oder auf erlebnisorientierten Motiven basieren können – zur Effizienzsteigerung des Einkaufens, zur subjektiv empfundenen Vorteilhaftigkeit des Einkaufs und/oder zum subjektiv erlebten Einkaufsspaß beitragen. Beim Versorgungseinkauf möchten Konsumenten in einer angemessenen Zeitspanne ohne lästiges Suchen in einer orientierungsfreundlichen Umgebung und mit genügend persönlichem Freiraum geplante Produktkäufe tätigen und auf besondere Preisaktionen aufmerksam gemacht werden. Beim Erlebniseinkauf erwartet der Kunde eine besondere Ladenatmosphäre, die Aktivierung, Vergnügen und Dominanz auslöst, zum Stöbern und Bummeln anregt, oftmals alle Sinne anspricht und dem Kunden einen von ihm angestrebten Lebensstil visualisiert.

Schlüsselwörter

Shopper Research • Umweltpsychologie • Versorgungshandel • Erlebnishandel

---

A. Gröppel-Klein (✉)
Institut für Konsum- und Verhaltensforschung, Lehrstuhl für BWL, insb. Markerketing, Universität des Saarlandes, Saarbrücken, Deutschland
E-Mail: ikv@ikv.uni-saarland.de

© Springer Fachmedien Wiesbaden 2016
M. Bruhn et al. (Hrsg.), *Handbuch Instrumente der Kommunikation*, Springer Reference Wirtschaft, DOI 10.1007/978-3-658-04655-2_7

1 Einführung

Mehr und mehr Konsumenten treffen ihre Kaufentscheidung erst am Point of Sale (PoS) und lassen sich durch das Sortiment, besondere Angebote, aber auch durch die Ladengestaltung und Warenpräsentation in ihrer Kaufentscheidung beeinflussen. Der Anteil der so genannten unmittelbaren *„Instore-Decisions"* beträgt nach Auskunft der GfK (2011) ca. 70 Prozent. So kommt die „Instore"-Studie der GfK (2011) zu dem Schluss: „Bei über 15 Prozent der Kaufakte legen die Verbraucher vorab nur die Warengruppe fest und entscheiden sich erst am Regal für ein spezielles Angebot. Weniger als 10 Prozent der Kunden planen zwar vorher, eine bestimmte Marke zu kaufen, weichen aber im Geschäft von ihren Plänen ab und erwerben ein Konkurrenzprodukt. Ähnlich hoch ist der Anteil derer, die nicht kaufen, was sie sich vorgenommen haben. Der weitaus größte Teil entfällt jedoch auf die *Spontankäufe* – fast 40 Prozent der Einkäufe sind vorab nicht beabsichtigt, und die Entscheidung erfolgt erst spontan im Geschäft". Dieses Zitat zeigt zum einen die Bedeutung des Shopper- bzw. Point of Sale-Marketing für den Erfolg von Produkten („die Marke muss am Point of Decision attraktiv sein"), zum anderen stellt sich die Frage, wie dieser hohe Anteil an ungeplanten Käufen aus Sicht der Konsumentenverhaltensforschung zu erklären ist. Hier spielen umweltpsychologische Theorien eine wesentliche Rolle, die die *Wirkung von Ladengestaltung und Warenpräsentation* erklären können und helfen zu verstehen, unter welchen Voraussetzungen sich ein Konsument in einer Einkaufsumgebung zurecht findet (hohe Orientierung), sich dort wohl fühlt (hoher Einkaufskomfort), gar ein Einkaufserlebnis (Anregung) verspürt und Kaufentscheidungen tätigt:

- *Orientierung:* Wie bereits angedeutet, hat die subjektiv wahrgenommene Orientierungsfreundlichkeit einer Einkaufsumgebung eine erhebliche Bedeutung für das Kaufverhalten. Das gilt nicht nur bei großflächigen Hypermärkten oder Shopping Centern, auch in kleinflächigeren Geschäften möchte der Konsument die für ihn relevanten Produkte schnell finden und dadurch kognitive Entlastung erfahren. Schließlich kann der Kunde nur kaufen, was er wahrnimmt. Dabei zeichnet sich der Konsument nicht gerade durch besondere Geduld beim Suchen aus: Entweder er gibt resigniert auf (Umfragen belegen, dass z. B. in SB-Warenhäusern jeder fünfte geplante Produktkauf verschoben oder ganz verworfen wird, weil der Kunde das gewünschte Produkt nicht finden kann) oder er versucht, beim Verkaufspersonal Hinweise auf den Standort der interessierenden Ware zu erhalten. Der überwiegende Anteil der Kundenanfragen beim Personal besteht aus reinen Orientierungsfragen (wo finde ich was?), wodurch das Personal weniger Zeit für die eigentliche Beratung hat. Neben dem Zeitverlust für die Mitarbeitenden ist ein weiterer Effekt zu berücksichtigen – fehlende Orientierung verändert auch die Einstellung der Kunden zur Einkaufsstätte: Verwirrung führt zu Enttäuschung. Der stationäre Einzelhandel hat die Bedeutung dieses Faktors durchaus erkannt. So werden heute bereits in verschiedenen Geschäften computergestützte Informationsterminals eingesetzt (z. B. das in manchen Baumärkten genutzte XPLACE-Terminal). In dem so genannten „Future Store" der Metro AG können sich Konsumenten an elektronischen Info-Terminals helfen lassen oder im Einkaufswagen integrierte (und damit mobile) persönliche Einkaufsberater nutzen, die mithilfe von Navigationssystemen den Weg zu kaufrelevanten Produkten zeigen (Personal Shopping Assistant: PSA, auch Mobile Einkaufsassistenten: MEA genannt). Andere Händler wie Walmart haben eine App für das Smartphone entwickelt, die nicht nur Sonderangebote, Rabatte und Coupons mit Angeboten der Hersteller integriert, sondern auch serviceorientierte Funktionen beinhaltet, z. B. eine Einkaufsliste, die sich über eine Sprachsteuerung bedienen lässt, einen Barcode-Scanner und schließlich Navigationshilfen, die den Kunden zu den Standorten der gewünschten Produkte führt.

Ob durch den Einsatz von elektronischen Terminals oder Apps alle Probleme der Orientierung von Konsumenten am PoS gelöst werden und die Convenience Orientierung erhöht wird, ist jedoch fragwürdig. Nicht alle Konsumenten lassen sich durch Apps oder Einkaufswagen quasi fremdbestimmt durch den Laden führen. Viele Konsumenten suchen ihre Wege lieber selbstbestimmt und erwarten von den Geschäften schlicht eine orientierungsfreundliche Atmosphäre (Dräger 2011, S. 196). Auch Kostengründe (Anschaffungs-, permanente Wartungskosten) mögen viele Händler von der Investition in aufwändige technische Infoterminals oder entsprechende Einkaufswagen mit Navis abschrecken. Für den Einzelhandel ist es daher von größter Bedeutung, dass sich Konsumenten in den Geschäften auch ohne technische Unterstützung leicht orientieren und die gewünschten Produkte quasi „intuitiv" finden können. Die Läden sind so zu gestalten, dass die Konsumenten rasch so genannte „mental maps" aufbauen können. Als *„mental maps" bzw. „kognitive Landkarten"* werden interne (mentale) Repräsentationen externer geografischer Realität bezeichnet (Hackett et al. 1993, S. 389; Kitchin 1994). Zudem verbessert die Gestaltung des Layouts und der Warenpräsentation die kognitive und praktische Fähigkeit des Konsumenten, sich in den räumlichen Umgebungen schnell und fehlerfrei zurechtzufinden, was auch als „Wayfinding" bezeichnet wird (Golledge 1999, S. 24; vgl. Abschn. 2.2.1).

- *Convenience:* Die Ladengestaltung sollte ebenfalls dem Wunsch vieler Konsumenten nach „Convenienceorientierung" nachkommen. Der englische Begriff „convenience" lässt sich als „Bequemlichkeit" bzw. „Annehmlichkeit" übersetzen und steht in einem engen Zusammenhang mit der Orientierungsfreundlichkeit. Eine zunehmende Anzahl von Menschen versucht, im Alltagsleben Zeit und Arbeitskraft einzusparen. Das Schlagwort „convenience" soll diesen Trend zum effizienten Zeit- und Arbeitsmanagement im Privatleben charakterisieren. Dieses Konsummuster ist u. a. forciert worden durch den Wertetrend „Wunsch nach Vereinfachung des Lebens". Der Konsument möchte nicht mehr die „Qual der Wahl" am POS erleben und verzichtet freiwillig auf eine große Angebotsvielfalt zugunsten eines schnellen Einkaufs. In Bezug auf den stationären Einzelhandel zeigt sich das Convenience-Streben der Konsumenten in der Wahl der Betriebsform (z. B. Kiosk, Tankstelle, aber auch Discounter) sowie in dem Wunsch nach einem Ladenlayout und einer Warenpräsentation, die das schnelle, bequeme Einkaufen ermöglichen. So zeigen Untersuchungen der Praxis, dass vor Kühlregalen der „weißen Linie" oder vor Regalen mit Halb- und Fertigprodukten (Suppen, Suppenwürfel, Tütensuppen, Fix-Produkte, Saucenpulver usw.) ein schnelleres Einkaufen durch so genannte Orientierungsfahnen ermöglicht wird. Zudem wünschen sich bequemlichkeitsorientierte Konsumenten Zweitplatzierungen, die Erinnerungshilfen darstellen (z. B. Meerrettich neben Lachs, Tomatensauce neben Nudeln).

- *Anregung:* Daneben hat die Ladengestaltung und Warenpräsentation eine besondere Bedeutung im Erlebnishandel (Kroeber-Riel und Gröppel-Klein 2013, S. 152). Babin et al. (1994, S. 646) machen auf den Unterschied zwischen *versorgungsorientiertem und hedonistischem Einkaufen* aufmerksam und erklären hierzu: „hedonic shopping results more from fun and playfulness than from task completion (...)" and „reflects shopping's potential entertainment and emotional worth. (...) Increased arousal, heightened involvement, perceived freedom, fantasy fulfilment, and escapism may all indicate a hedonically valuable shopping experience". Das *Streben nach Erlebnisorientierung* ist ein grundlegender Zug der Konsumgesellschaft (z. B. Weinberg 1992; Pine und Gilmore 1999; Schulze 2000). Er wird begleitet vom langfristig zunehmenden Gesundheits- und Umweltbewusstsein in allen Wohlstandsgesellschaften. Der hedonistische, erlebnisorientierte Mensch lebt nicht primär für die Zukunft, sondern in der Gegenwart, in der Individualität ausgedrückt wird und Fantasien ausgelebt werden. Erlebnismarketing im Einzelhandel (Gröppel 1991, S. 37; Gröppel-Klein 2012) bedeutet die Anwendung einer langfristigen Positionierungsstrategie, die sich auf sämtliche Marketingmix-Instrumente bezieht, Corporate Identity prägend ist, sich an langfristigen Wertetrends der Konsumenten ausrichtet und beim Konsumenten angenehme Empfindungen auslöst, die über die Befriedigung reiner Versorgungsbedürfnisse hinausgehen (= Beitrag zur Lebensqualität). Das gewählte Erlebnisthema ist möglichst durch die Ladengestaltung zu visualisieren. Mittels einer unverwechselbaren Ladengestaltung kann ein eigenständiges Image aufgebaut werden, das sich von der Konkurrenz eindeutig abhebt. Die Einkaufsatmosphäre nimmt also einen besonderen Stellenwert im Marketingkonzept ein. Erlebnisorientierte Einkaufsstätten können – dürfen aber nicht pauschal – mit luxuriös schillernden Konsumpalästen aus Glas und Marmor gleichgesetzt werden. Es gibt neben der Dimension „Exklusivität/Luxus" vielfache Möglichkeiten, den Konsumenten emotional anzusprechen. Mögliche Erlebnisthemen sind: Kommunikation, Natur, Rustikalität, Avantgarde, Tradition. Die Erfolgswirksamkeit der Erlebnisstrategie ist also nicht von der Kostbarkeit der Ware oder der Ladengestaltung abhängig, sondern von der Intensität der kundenorientierten Umsetzung. Im Folgenden wird auf die Möglichkeiten der Ladengestaltung und ihre Auswirkungen auf das Konsumentenverhalten eingegangen.

2 Ladengestaltung und Ladenatmosphäre im stationären Einzelhandel

2.1 Gestaltungsbereiche

Unter *Ladengestaltung* wird der Prozess der Gestaltung des Verkaufsraumes (inklusive Schaufenster) und dessen Ergebnis verstanden. Die *Warenpräsentation* kann wiederum als ein Teil der Ladengestaltung aufgefasst werden. Gemeint ist damit die Verteilung, Anordnung und Dekoration der Ware im Raum (Gröppel 1995). Die durch Ladengestaltung und Warenpräsentation entstandene „Ladenatmosphäre" wirkt sich auf das Verhalten im Geschäft aus und beeinflusst emotionale und kognitive Prozesse des Kunden. Es können unterschiedliche *Gestaltungsbereiche im Verkaufsraum* voneinander unterschieden werden:

- *Ladenlayout:* Die Aufgabe des Ladenlayouts liegt in der Aufteilung und Anordnung der Funktionszonen, um eine optimale Kundenfrequenz im Verkaufsraum zu gewährleisten. Die Praxis spricht hier auch gerne in Analogie zum menschlichen Körper von „gleichmäßiger Durchblutung" des Ladeninneren. Bei den Funktionszonen werden in der Regel drei Bereiche voneinander unterschieden, die je nach Betriebsform mehr oder weniger eindeutig voneinander abgegrenzt werden können: die Warenfläche (Grundfläche zur Präsentation der Artikel auf Warenträgern), Kundenfläche (Fläche, die den Kunden als Weg zu den Produkten zur Verfügung steht, also Verkehrswege, Ein- und Ausgänge, Treppen, Lifte), übrige Verkaufsfläche (Personal- und Thekenflächen, Kassenanlagen, Anprobierräume sowie sonstige Dienstleistungen, z. B. Restaurants und Vorführräume). Neben der Aufteilung und Zuordnung der verschiedenen Funktionszonen wird mittels des Ladenlayouts auch die Strukturierung des Verkaufsraums (Anlage der Gänge usw.) sowie ein Zwangsablauf oder ein Individualdurchlauf festgelegt.
- *Quantitative Raumzuteilung*: Bei der so genannten Space Utilisation geht es zum einen um die Größenzuteilung von Verkaufsflächen auf die einzelnen Warengruppen (= quantitative Raumzuteilung), zum anderen um die topografische Anordnung der Warengruppen auf die Verkaufsfläche (= qualitative Raumzuteilung; Zentes et al. 2012; S. 533). Das rapide steigende Warenangebot (so sind allein beim Deutschen Patentamt mehr als 780.000 Marken angemeldet und jährlich werden allein nur im Lebensmittelhandel mehr als 30.000 neue Artikel in den Markt eingeführt) lässt die Verkaufsfläche zum Engpassfaktor werden. Die Planung der quantitativen Raumzuteilung wird immer komplexer, da entweder viele Handelsbetriebe eine Flächenexpansion nicht vornehmen können (Baunutzungsverordnung) oder Expansionen scheuen (weil sie eine niedrige Flächenproduktivität fürchten). Des Weiteren wird das mit den Räumlichkeiten zusammenhängende Kostenproblem umso dringlicher, je geringer die Margen ausfallen. Somit ist beim Versorgungshandel die genaue Zuteilung der Verkaufsfläche pro Artikel ein wichtiger Wettbewerbsfaktor. Seit Jahren werden daher computergestützte Regaloptimierungs- bzw. Space Management-Programme mit dem Ziel

einer Optimierung der Raumerträge eingesetzt. Optimierungsprogramme stellen in der Regel vor allem kurzfristig orientierte Hilfsmittel für die Ladengestaltung im Versorgungshandel dar. Darüber hinaus sind auch die kognitiven Ordnungsstrukturen der Konsumenten zu beachten (Müller-Hagedorn und Natter 2011, S. 334 ff.). Zielke (2002) erläutert diverse derzeit eingesetzte Regaloptimierungsprogramme und deren Algorithmen und zeigt ebenfalls auf, wie beispielsweise mit Hilfe von multidimensionaler Skalierung kundenorientierte Suchkriterien integriert werden können.

- Bei der *qualitativen Raumzuteilung* („interne Standortplanung") ergibt sich das Problem, dass verschiedene Warengruppen eine unterschiedliche Attraktivität ausstrahlen, somit verschiedene Verkaufszonen unterschiedliche Wertigkeiten und damit auch verschieden hohe Kundenfrequenzen aufweisen. Empfehlungen zur internen Standortplanung beschränkten sich früher häufig auf die Aussage, Kunden zu den entlegensten Ecken des Geschäftes zu führen, indem dort Waren mit hohem Kontaktpotenzial (so genannte „Magnetgruppen") platziert werden. In manchen Kaufhäusern ist es erforderlich, dass Konsumenten bei ihrem Weg von einem Stockwerk zum anderen oftmals erst eine ganze Etage durchschreiten, bis sie die nächste Rolltreppe eine Etage höher führt. Diese „Verkaufszonenaufwertungsmethoden" (Berekoven 1990, S. 297) bedeuten für viele Kunden ein sehr ermüdendes „Versteckspiel" mit unnötig langen Wegstrecken und stoßen vor allem bei Kunden unter Zeitdruck auf Ablehnung, die sich schwerpunktmäßig nur in einem für ihre Wünsche und Bedürfnisse speziell zugeschnittenen Verkaufsbereich aufhalten möchten. In jüngerer Zeit ist man sich dieser Problematik stärker bewusst geworden und versucht, die interne Standortplanung aus Kundensicht zu optimieren, so dass unnötig lange Laufwege vermieden werden und letztlich die Kundenzufriedenheit erhöht wird.
- Eine *Verbundpräsentation* ist die Zusammenführung von Artikeln, die für den Konsumenten in einem engen Verwendungs- bzw. Bedarfszusammenhang stehen. Die komplementär (d. h. in räumlicher Nachbarschaft) präsentierten Waren können von ihrer Wertigkeit entweder einander entsprechen (z. B. Hemd und Hose) oder es können Rangunterschiede zwischen ihnen bestehen (z. B. Kamera und Film). Im letzteren Fall werden die Produkte in Haupt- und Nebenware aufgeteilt, wobei es sich bei der Hauptware meist um ein Gebrauchs-, bei der Nebenware dagegen um ein Verbrauchsgut handelt. Die Komplementarität der Produkte kann auf rein pragmatischen Gebrauchskriterien basieren (also z. B. Zahnbürste und Zahnpasta), aber auch auf gesellschaftlichen oder zielgruppenspezifischen Merkmalen bzw. Konventionen beruhen (z. B. „Kosmopolitischer Lebensstil").
- *Shop-in-the-Shop-System*: Hierunter wird eine ladenbauliche Lösung verstanden, bei der bestimmte aktuelle Teile des Sortiments akquisitorisch und räumlich als Spezialabteilungen oder Spezialangebote herausgehoben werden. Merkmale dieser Definition sind vor allem die optische Hervorhebung und die in sich stimmige Präsentation, d. h., der Verbraucher trifft innerhalb einer meist großflächigen Einkaufsstätte auf Sortimentsteile, die sich durch ihre Anordnung und Aufmachung von dem Umfeld abgrenzen. Im Textileinzelhandel sind vielfach Marken-

shops anzutreffen, darunter wird die räumlich konzentrierte Zusammenfassung verschiedener Artikel ein und desselben Markenprogramms (Bogner, Boss, Windsor usw.) innerhalb des Ladens verstanden. Die Markenbündelung kann die Markenkompetenz des Einzelhandelsgeschäfts verstärken und zu Imagetransfereffekten von den in der Markenwerbung angesprochenen emotionalen Nutzenversprechen (wie Exklusivität, Prestige, Jugendlichkeit, Sportlichkeit usw.) auf den Händler führen.

- *Dekoration und Farbgestaltung:* Dekorationen können als nicht-sortimentszugehörige Accessoires definiert werden, die eine rein schmückende, ornamentale Funktion aufweisen. Die Dekorationsgegenstände können noch einmal nach ihrer inhaltlichen Aussage differenziert werden. Als Unterscheidungskriterium fungiert die Frage, ob die schmückende Dekoration ein Sortimentsthema verdeutlicht, also in einem inhaltlichen Zusammenhang zu dem dargestellten Sortiment steht, oder ob ihr der Themenbezug fehlt. Die themenspezifischen (= kontextbezogenen) Dekorationsartikel können dazu beitragen, bestimmte Erlebnisdimensionen zu visualisieren, die themenunspezifischen Gegenstände (Grünpflanzen, Blumen, aber auch besondere Spiegel) können die allgemeine Ladenatmosphäre anziehender wirken lassen. Neben den Dekorationsgegenständen verleihen die für Wände, Fußböden, Decken und Warenträger benutzten Materialien wie Tapeten, Kunststoffe, Anstriche, Marmor, Keramik, Stahl, Aluminium, Holz usw. den Verkaufsräumen unterschiedliche Anmutungsqualitäten.
- *Schaufenstergestaltung*: Das Schaufenster hat im Rahmen des PoS-Marketing die Aufgabe, zunächst die Aufmerksamkeit der Konsumenten auf sich zu ziehen („Stopping Power") und anschließend die Wettbewerbsvorteile des Angebotes zu kommunizieren (z. B. häufig wechselnde Sortimente wie bei Tchibo, sehr modisches Angebot wie bei Zara). Einzelhändler des gehobenen Bedarfs, die einen Differenzierungsvorteil anstreben, verzichten dagegen häufig auf die konzentrierte Darstellung des aktuellen Sortiments im Schaufenster und nutzen diese Fläche zur Visualisierung eines bestimmten Lebensstils oder für eine reine Imagewerbung. So hat das KaDeWe in den vergangenen Jahren zur Weihnachtszeit reich geschmückte Christbäume der letzten 200 Jahre ausgestellt oder kostbare Abendkleider, die in den letzten 60 Jahren von legendären Showgrößen bei besonderen Events (z. B. Oscar-Verleihung) getragen wurden. Im Jahre 2013 wurde zu Weihnachten eine schillernde Zirkus-Atmosphäre inszeniert.
- *Gestaltung des Raumumfeldes*: Duftstoffe und Musik zählen zu wichtigen atmosphärischen Umfeldelementen, mit denen eine Verbesserung der Einkaufsatmosphäre angestrebt wird. Die empirischen Befunde (siehe unten) zeigen jedoch, dass diese Umfeldelemente zielgruppenadäquat einzusetzen sind.
- *Displays, Regalfahnen und Regalstopper* dienen der Orientierung am Regal, weisen auf preislich attraktive Angebote hin und tragen somit zum Preisgünstigkeitsimage einer Einkaufsstätte bei.
- *Multimedia und computergestützte Einkaufshelfer*: Neben den klassischen Instrumenten des Instore-Marketing hat sich auch der Einsatz von Multimediaterminals bzw. computergestützten Einkaufshilfen verstärkt (Zentes et al. 2012). Die Terminals werden – je nachdem, ob sie eher unterhaltenden oder informierenden

Charakter aufweisen – als Point of Information- oder Point of Fun-Terminal bezeichnet (Bruhn 2011, S. 107). Die Terminals können somit der Bereitstellung individualisierter Informationen (und damit der Beratung, z. B. bei Lebensmittelunverträglichkeiten) dienen oder zur Erlebnisvermittlung (z. B. Modenschauen) des Handels beitragen.

2.2 Ladengestaltung und Konsumentenverhalten

Theoretische Basis für die Erklärung der Wirkungen von Ladengestaltung und Warenpräsentation ist vor allem die *Umweltpsychologie* (Hellbrück und Kals 2012). Hierbei handelt es sich um einen interdisziplinären Forschungsansatz, der sich seit den 1970er-Jahren mit der Fragestellung auseinandersetzt, wie die physische (materielle) Umwelt (auch stationäre und virtuelle Verkaufsstellen des Handels) einen Einfluss auf das Verhalten der in dieser Umwelt lebenden Menschen ausübt und wie die Umwelt im Dienste des menschlichen Verhaltens gestaltet werden kann. Die Umweltpsychologie geht dabei von der Erkenntnis aus, dass ein Individuum bestrebt ist, sich seines Umfeldes zu bemächtigen, d. h., der Mensch versucht, in einer ihm unbekannten Umgebung Orientierung zu gewinnen, um anschließend die neue Umwelt zu kategorisieren und um einen gefühlsmäßigen Gesamteindruck abgeben zu können. Auch im Einzelhandel nutzt der Kunde bei der Kategorisierung die so genannten *Environmental Cues*, die als „saliente Informationen" die Attributionen und Assoziationen hinsichtlich der Qualität, des Preisniveaus oder der Kundenfreundlichkeit prägen.

Die Wechselwirkung zwischen Mensch und Umwelt wird durch mentale Prozesse vermittelt. Je nachdem, ob eher kognitive oder eher emotionale umweltinduzierte Prozesse Gegenstand des wissenschaftlichen Interesses sind, spricht man von dem primär *kognitiven* bzw. dem primär *emotionalen Ansatz* der Umweltpsychologie. Es wird keine rigorose Trennung zwischen kognitiven und affektiven Theorien vorgenommen, da Umweltpsychologen davon ausgehen, dass die meisten psychischen Prozesse sowohl kognitive als auch emotionale Züge tragen.

2.2.1 Primär kognitiv-orientierte Erklärungsansätze

Die kognitiv-orientierten Umweltpsychologen befassen sich mit der *„Geografie des Geistes"*, d. h., sie versuchen, die Fähigkeit des Menschen zu erforschen, räumliche Umwelten wahrzunehmen, zu begreifen und sich derer zu erinnern. In diesem Zusammenhang wird auch von mentaler Kartografie oder von *Mental Maps* gesprochen, um damit die Art der Gewinnung von Vorstellungsbildern zu charakterisieren. Auch für den Einzelhandel ist es von größter Bedeutung, dass die Konsumenten über Mental Maps („kognitive Landkarten") von Geschäften und Einkaufsregionen verfügen. Diese kognitiven Landkarten müssen nicht unbedingt tatsächlich „kartenähnlich" sein: Die Speicherung einer räumlichen Umwelt zum Zweck der Orientierung kann sowohl Informationen über räumliche Bezüge zwischen Objekten („Das Produkt X liegt im ersten Regal links neben dem Eingang.") als auch bildlich-analoge Elemente (z. B. auffällige Farbe des Regals) enthalten (Kitchin 1994,

S. 2; Esch und Thelen 1997). Die kognitive und praktische Fähigkeit des Konsumenten, sich in räumlichen Umgebungen zurechtzufinden, wird auch als „*Wayfinding*" bezeichnet (Golledge 1999, S. 24).

Das Vorhandensein von klar geordneten Lageplänen der räumlichen Umwelt „Einkaufsstätte" (Wissen über die Lage von bestimmten Geschäften, Sortimenten, Serviceeinrichtungen, Fahrstühlen und Rolltreppen usw.) konnte in verschiedenen empirischen Studien (z. B. Grossbart und Rammohan 1981; Sommer und Aitkens 1982; Bost 1987; Gröppel-Klein und Germelmann 2003; Gröppel-Klein und Bartmann 2009) als Erfolgsfaktor für die wahrgenommene Einkaufsbequemlichkeit des Konsumenten während des Einkaufs nachgewiesen werden. Dabei ist davon auszugehen, dass die Umwelt „Einkaufsstätte" nicht nur als „zweidimensionale Landkarte" gespeichert ist. Erkenntnisse der Forschung zum Wayfinding zeigen, dass sich Konsumenten an markanten Wegzeichen, Kreuzungen und Orientierungspunkten orientieren (Hackett et al. 1993 S. 389). Diese Ergebnisse decken sich mit dem Forschungsergebnis, dass Händler durch die Vermittlung verbaler und nonverbaler Informationen am PoS zur Verbesserung der kognitiven Landkarten der Einkaufsstätte beitragen können. Solche Orientierungshilfen können z. B. mit Hilfe von visuell stark auffälligen Orientierungszeichen oder klar voneinander getrennten Wegesystemen und Verkaufszonen gegeben werden. Auch die bereits angesprochene *Verbundpräsentation* kann eine entscheidende Rolle für die aus Kundensicht erlebte Orientierungsfreundlichkeit spielen. Nach Mehrabian (1987) besteht die individuelle Suchlogik der Kunden darin, dass sie bedarfsverwandte Produkte in räumlicher Nähe erwarten. Die in „brain scripts" gespeicherten Assoziationsketten würden beim Kunden so nicht zersplittert, sondern verstärkt. Zudem führten Kunden häufiger erinnerungsgesteuerte Impulskäufe durch und zusätzlicher Bedarf nach artverwandten Gütern oder Zusatzprodukten könne geweckt werden. Die Ergebnisse eines Experimentes von Gröppel (1991) zeigen, dass eine Verbundpräsentation nicht nur kognitiv entlastend wirkt, sondern (wenn das Sortimentsthema mit entsprechenden Dekorationsgegenständen unterstützt wird) dass gleichfalls ein signifikant positiverer emotionaler Eindruck von dem Verkaufsraum, eine bessere funktionale Beurteilung der Ware, eine positivere Einkaufsstimmung, eine individuellere Ausstrahlung des Verkaufsraums sowie eine längere Verweildauer und eine größere Ausgabebereitschaft im Vergleich zu einer räumlich getrennten Präsentation erzielt werden. Auch eine Studie von Ebster et al. (2007) zeigt die Überlegenheit der Verbundpräsentation.

Erfahrungen einer Eyetracking-Studie (Schröder et al. 2005) machen darüber hinaus deutlich, dass Konsumenten sich vor einem Regal zunächst horizontal (z. B. „Wo ist welche Produktgruppe?") und anschließend vertikal orientieren (z. B. „Wo ist meine Marke oder meine spezifische Geschmackssorte?"). Durch zusätzliche Hinweisschilder, Displays oder Fahnen kann dieses Suchverhalten erleichtert werden. Eyetracking-Untersuchungen im Lebensmittelbereich zeigen überdies, dass Konsumenten am PoS die Produktverpackungen nur wenige Sekunden betrachten; jedes Produkt hat also in kürzester Zeit die wichtigsten Eigenschaften zu vermitteln, und sein Standort hat sich unmittelbar einzuprägen (Kroeber-Riel und Gröppel-Klein 2013, S. 761).

Angesichts dieser Ergebnisse ist es für das Handelsmarketing entscheidend, dass Konsumenten über klare *innere Vorstellungsbilder* von Einkaufsstätten und den angebotenen Produkten verfügen. Doch wie lässt sich ein inneres Bild von einem Raum messen und wie dessen Genauigkeit erhöhen? Sommer und Aitkens (1982) stellten in einer mittlerweile als „Klassiker" zu bezeichnenden Untersuchung fest, dass sich Konsumenten vor allem Standorte von Produkten in den Randregalen merken können. Sie legten Konsumenten Lagepläne von bestimmten, ihnen bekannten Supermärkten vor, und diese sollten anhand des Lageplans elf vorgegebene Produkte durch Zeigen der Position einordnen (ein so genanntes Pointing Task-Experiment). Auf die Frage nach den Standorten der elf vorgegebenen Produkte wurden 86 Prozent der möglichen Standorte genannt, von diesen Nennungen waren aber nur 40 Prozent zutreffend. Wenn der Standort von Produkten zutreffend angegeben wurde, so handelte es sich zu 90 Prozent (Durchschnitt unter allen Befragungsbedingungen) um solche Produkte, die am Rand – in den peripheren Lagen – des Supermarktes untergebracht waren. Die Standorte der Produkte in den zentralen, inneren Lagen des Supermarktes waren weitgehend unbekannt, das heißt, sie waren nicht in den internen kognitiven Lagekarten der Konsumenten verzeichnet. Das Ergebnis lässt sich damit erklären, dass es in den inneren, zentralen Raumbereichen weniger ins Auge fallende Markierungen und Orientierungspunkte wie Eingänge, Ausgänge, Treppen, Tafeln, Farbflächen usw. gibt. Solche Markierungen befördern das Zustandekommen von orientierungsfreundlichen Lageplänen.

Gröppel-Klein, Bartmann und Germelmann (2006) konnten die wesentliche Befunde von Sommer und Aitkens (1982) bestätigen. Die in zwei Discountern erhobene Studie belegt, dass die Produkte in den Außengängen signifikant besser erinnert wurden als die der Innengänge (von den richtig platzierten Produkten befanden sich 70 Prozent in den Außengängen und 30 Prozent in den inneren Gängen). Hier wurde bei der Auswertung ein geografisches Informationssystem (GIS) verwendet, das automatisch die Entfernung eines in einen Lageplan eingezeichneten Produktes zu dem tatsächlichen Standort errechnet.

Eine weitere Studie belegt zudem (Gröppel-Klein und Bartmann 2009), dass neben der Platzierung von Produkten (Innen- vs. Außengänge) die vorgesehene *Laufrichtung* (im vs. gegen den Uhrzeigersinn) den Aufbau präziser Mental Maps beeinflusst. Die Autoren verglichen zwei Discounter einer Kette, die sich wie „siamesische Zwillinge" glichen in Bezug auf das Sortiment, Preisniveau, Ladengestaltung, Kundenfrequenz und Kundenstruktur. Jedoch wurden die Kunden einmal im, ein anderes Mal gegen den Uhrzeigersinn durch das Geschäft geführt (die Produkte waren somit spiegelbildlich angeordnet). Das Ladenlayout, das die Konsumenten im Uhrzeigersinn durch das Geschäft führt, war in Bezug auf die Ergebnisse der Pointingaufgabe sowie auf die subjektiv empfundene Orientierungsfreundlichkeit und die Bonsumme dem Vergleichslayout überlegen. Dies ist vermutlich auf zwei angeborene Verhaltenstendenzen zurückzuführen: Bei (rechtshändigen) Konsumenten ist aufgrund einer erhöhten Dopaminkonzentration in der linken Gehirnhälfte ein „Rechtsdrall" (unwillkürliche Abwendung von der linken Gehirnhälfte) zu beobachten, der dazu führt, dass sich Rechtshänder automatisch eher den rechts von ihnen liegenden Produkten in einem Geschäft zuwenden. Zudem haben Konsumenten auch eine unbewusste

Wandorientierung, d. h., sie bewegen sich in Räumen auf die Wände zu, wie sozialpsychologische Experimente seit Jahrzehnten immer wieder bestätigen. Zusammengenommen fördert somit ein „Im-Uhrzeigersinn-Layout" zumindest in den Außengängen eine stärkere Wahrnehmung auch von Produkten, die links (an der Wand) liegen, während ein „Gegen-den-Uhrzeigersinn-Layout" aufgrund der Wandorientierung und des Rechtsdralls die Blicke der Konsumenten nur auf die rechts liegenden Produkte lenkt und damit potenziell weniger Produktkontakte fördert. Zur Überprüfung der Orientierungsfreundlichkeit der beiden Layouts wurden von den Autoren auch Suchaufgaben gestellt, bei denen Konsumenten gebeten werden, vorgegebene Produkte einzukaufen. Die Probanden werden während dieser Suchvorgänge unbemerkt beobachtet. Auch hier zeigt sich das Im-Uhrzeigersinn-Layout dem Gegen-den-Uhrzeigersinn-Layout hinsichtlich der Suchzeiten oder dem subjektiv empfundenem Einkaufskomfort überlegen.

Suchexperimente geben auch Hinweise über besonders problematische Produkte, Angaben über das Verhalten (z. B. gezieltes Aufsuchen) sowie Werte für die Suchzeit und eine Trefferquote, die dann auch als Vergleichsmaßstäbe nach Umbauten bzw. im Vergleich zwischen unterschiedlichen Geschäften oder Filialen dienen können.

Zusammenfassend lässt sich festhalten, dass genaue Mental Maps die subjektiv empfundene Orientierungsfreundlichkeit der Einkaufsstätte erhöhen, welche wiederum das Annäherungs- und Ausgabeverhalten der Konsumenten gegenüber der Einkaufs umwelt beeinflusst.

2.2.2 Primär emotional-orientierte Erklärungsansätze

Der emotionale Ansatz der Umweltpsychologie beschäftigt sich mit der Fragestellung, welche Gefühle und Reaktionen durch Umweltreize ausgelöst werden können. Das *umweltpsychologische Verhaltensmodell* von Mehrabian und Russell (1974) stellt das Kernstück dieser Forschungsrichtung dar und dient weltweit als theoretische Basis für diverse empirische Untersuchungen. Verschiedene Umweltreize werden durch die so genannte *Informationsrate* gekennzeichnet (die Menge von Informationen, die pro Zeiteinheit in der Umwelt enthalten sind oder wahrgenommen werden). Die Informationsrate weist demnach sowohl eine objektive (tatsächlich vorhandenes Reizvolumen) als auch eine subjektive (wahrgenommenes Reizvolumen) Komponente auf. Die Stimulusvariablen lösen Gefühle aus, die als intervenierende Variablen die Reaktionen (Annäherung oder Meidung) gegenüber der Umwelt bestimmen. Dabei können objektiv gleiche Reize aufgrund unterschiedlicher persönlicher Prädispositionen zu unterschiedlichem Verhalten führen. Drei verschiedene *intervenierende Variablen* können für die Reaktion Annäherung bzw. Meidung verantwortlich gemacht werden: Vergnügen, Erregung und Dominanz. Nach Mehrabian (1987) bewirken jene Umwelten ein Annäherungsverhalten, die erhöhte Aktivierung, Vergnügen und ein leichtes Gefühl der Dominanz auslösen.

In der mittlerweile ebenfalls als Klassiker zu bezeichnenden empirischen Untersuchung von Donovan und Rossiter (1982) wurde zum ersten Mal das Modell von Mehrabian und Russell (1974) auf die Umwelt „Einkaufsstätte" übertragen. Die Studie ergab, dass insbesondere das am PoS ausgelöste *Vergnügen* und die empfundene *Erregung* für eine längere Verweildauer und Einkaufsbereitschaft verantwortlich sind, während keine signifikante Wirkung der Gefühlsdimension „Dominanz" auf eine Annäherungs- oder Meidungsreaktion nachgewiesen werden konnte. In einer zweiten empirischen Untersuchung, bei der allerdings die Dimension „Dominanz" zuvor ausgeschlossen wurde, konnten Donovan et al. (1994) erneut feststellen, dass abermals die intervenierende Variable Vergnügen einen positiven, signifikanten Einfluss auf die Verweildauer und auf die Anzahl ungeplanter Käufe ausübt.

In empirischen Studien konnte Gröppel-Klein (1998, 2001) feststellen, dass im Unterschied zu den von Donovan et al. (1994) in den USA/Australien durchgeführten Erhebungen in Deutschland die am Point of Sale ausgelöste *Dominanz* einen großen Einfluss auf das Verhalten ausübt. Konsumenten, die am Point of Sale eine hohe Dominanz verspüren, sich also frei, sicher und überlegen fühlen und den Eindruck haben, der Situation gewachsen zu sein, beurteilen das Preiswürdigkeitsimage der Einkaufsstätte signifikant besser, als wenn sie sich unterlegen fühlen (Gröppel-Klein und Germelmann 2010). Darüber hinaus zeigen Untersuchungen in Deutschland, dass Ladengestaltungen auf jeden Fall aktivieren, also innere Erregung auslösen. Das optimale Aktivierungsniveau einer Ladenatmosphäre kann mit Hilfe von elektrodermalen Reaktionstests kontrolliert werden (Gröppel-Klein 2010).

Das umweltpsychologische Verhaltensmodell dient in der Regel auch als Basis für die Untersuchung *virtueller Ladenumwelten* auf das Konsumentenverhalten. So konnte Diehl (2002) in einer empirischen Studie beispielsweise nachweisen, dass die durch ein virtuelles Geschäft ausgelöste Aktivierung und das Vergnügen auch das Spontankaufverhalten im Internet beeinflusst und dass diese intervenierenden Variablen vor allem bei Shops mit hoher Interaktivität entstehen. Vrechopoulos (2010) fasst wesentliche Erkenntnisse zur Gestaltung von Online-Shops (siehe auch Abschn. 3 dieses Beitrags) zusammen und würdigt dabei die umweltpsychologischen Studien als theoretische Grundlage für den elektronischen Handel.

Zum *Aufbau einer erlebnisorientierten Ladenatmosphäre* stehen den Händlern affektive, intensive und kollative Stimuli zur Verfügung.

- *Affektive Stimuli:* Zu den affektiven Stimuli zählen Variablen, die aufgrund angeborener Reiz-Reaktions-Mechanismen oder aufgrund von Konditionierungen angenehme oder unangenehme Emotionen auslösen. Zu den positiven affektiven Reizen zählen im Allgemeinen Schlüsselreize: Kindchenschema, Natur (Pflanzen, Nachbau von Landschaften), Erotik, aber auch Stimuli, die für den einzelnen eine besondere Bedeutung haben (z. B. Attrappen von Segelschiffen für maritime Mode, Attrappen von großen Diamanten für die Schmuckabteilung, Bilder der New Yorker Börse für die Herrenabteilung usw.). Schlüsselreize können nicht nur visuell, sondern auch taktil und olfaktorisch wahrgenommen werden (z. B. frischer Kaffee- oder Kuchenduft).
- *Intensive Stimuli*: Die intensiven Reize wirken durch die physikalischen Eigenschaften und lösen als saliente Informationen reflexartige Orientierungsreaktionen aus. Zu dieser Kategorie zählen Lautstärke, Helligkeit, chromatische, auffällige Farben, kurz Stimuli, die aufgrund ihrer Intensität automatisch Aktivierungsprozesse provozieren. Auch Musik kann, bei entsprechender Lautstärke, zu den intensiven Stimuli zählen.

- *Kollative Stimuli*: Als kollative Reizvariablen werden Stimuluskonstellationen definiert, die aufgrund ihrer Vielfältigkeit, ihrer Neuartigkeit oder ihres Überraschungsgehaltes stark aktivieren. Beispiele für kollative Stimuli am PoS sind lebendig wirkende und agierende (Schaufenster-)Puppen oder überraschende Warendekorationen: Fischattrappen, die Krawatten tragen, Flanellnachthemden auf einem riesigen Toaster mit dem Slogan „warm as toast" usw.

Empirische Studien zur Analyse des *Einflusses von Hintergrundmusik* auf das Konsumentenverhalten am PoS lassen keine eindeutigen Wirkschemata erkennen. Die empirischen Ergebnisse lassen sich wie folgt zusammenfassen (Jain und Bagdare 2011; Kroeber-Riel und Gröppel-Klein 2013, S. 515 f.): Eine langsame Hintergrundmusik führt zu einer Verlangsamung der Einkaufsgeschwindigkeit und damit zu einer Verlängerung der Aufenthaltszeit am PoS sowie zu einer signifikanten Steigerung des Umsatzes. Atmosphärische Hintergrundmusik kann eine Stimmungsverschlechterung (im Vergleich zu der Alternative „Musik aus") signifikant bremsen. Musik wird von den Konsumenten oft nicht bewusst registriert und kann den Kunden eher unbewusst in eine angenehme Stimmung versetzen, welche dazu führt, dass verstärkt positive Aspekte des Angebots oder der Einkaufsstätte wahrgenommen werden. Viele Kunden werten Musik auch als einen Beeinflussungsversuch des Handelsunternehmens und reagieren mit typischem psychologischem Reaktanzverhalten. Eine bewusst als unangenehm erlebte Musik wirkt sich dann negativer auf die Beurteilung der Einkaufsstätte aus als die Alternative „keine Musik". Andersson et al. (2012) machen für dieses Ergebnis die Geschlechtszugehörigkeit der Kunden verantwortlich, da weibliche Kunden in Geschäften eher die „Musik aus"-Variante oder langsame Musik bevorzugen, während Männer eher schnelle Musik am PoS mögen.

Nicht nur das Tempo, sondern auch die Art der gewählten Musik spielt eine wesentliche Rolle für die Akzeptanz durch den Besucher. Nach einer Studie von Areni und Kim (1993) ist es erforderlich, dass die in einem Geschäft abgespielte Musik von den Konsumenten als „passend" zu der Einkaufssituation empfunden wird. Beispielsweise konnten in einem amerikanischen Weinkeller signifikant höhere Umsätze erzielt werden, wenn klassische Musik (Mozart, Chopin, Vivaldi) statt der aktuellen Top-Forty als Hintergrundmusik gewählt wurde. Sharma und Stafford (2000) konnten zudem feststellen, dass eine Ladenatmosphäre, die sich durch eine gehobene Ausstattung, gedeckte Farben und mit dazu passender klassischer Hintergrundmusik auszeichnet, die subjektiv wahrgenommene Glaubwürdigkeit des Verkaufspersonals erhöht. Hier zeigen sich somit Ausstrahlungseffekte von der Ladengestaltung auf die Wahrnehmung der persönlichen Kommunikation.

Auch zu der *Wirkung von Düften* liegen zahlreiche empirische Befunde vor (Kroeber-Riel und Gröppel-Klein 2013, S. 516 f.). Grundsätzlich gilt jedoch, ähnlich wie bei der Musik, dass die Düfte, um positive Reaktionen am PoS zu erzielen, nicht aufdringlich wirken dürfen. Bumerangeffekte sind möglich, insbesondere dann, wenn die Konsumenten die Düfte wahrnehmen und mit einer mangelnden Integrität des Händlers verbinden („Geldmacherei"). Ebenso spielt wie bei der Musik der „Fit" zwischen Ladentyp und Duft eine Rolle (Parsons 2009). Einen guten Überblick über die Wirkung von Düften gibt der Beitrag von Teller und Dennis (2012).

Auch *Farben* können die Attraktivität von Verkaufsräumen erhöhen, physische Annäherungsreaktionen erzeugen und die Wahrnehmung der Einkaufsumgebung sowie des Warenangebots beeinflussen. Zusammenfassend bleibt diesbezüglich festzuhalten (Kroeber-Riel und Gröppel-Klein 2013, S. 517), dass sich Konsumenten grundsätzlich von wärmeren Farben angezogen fühlen, beim Kauf von High-Involvement und entscheidungsintensiveren Gütern (z. B. Möbel) oftmals Ladengestaltungen mit kälteren Farben präferieren. Kältere Farben scheinen eher die Beurteilungsdimension am PoS zu beeinflussen, während wärmere Farben die Aktivierungswirkung erhöhen.

Instore-Stimuli können Einstellungen zu Handelsbetrieben und das Verhalten der Konsumenten maßgeblich beeinflussen, sie können auch die Wahrnehmung des Preisniveaus am PoS verändern. Menschen ziehen Rückschlüsse von Umweltreizen (so genannten „cues") wie Dekorationsmitteln, Farbgebung, verwendeten Materialien usw. auf den Wert eines Einzelhandelsunternehmens (Baker et al. 2002) bzw. auf das Preisimage des Geschäftes (Gröppel-Klein 1998). Konsumenten, die über die Service- und/oder Sortimentsqualität eines Geschäftes nicht genau informiert sind bzw. noch keine manifeste Einstellung gebildet haben, versuchen hiermit Informationen für ihre Kaufentscheidungen am PoS zu gewinnen. Diese Umweltinformationen können somit als Entscheidungsheuristik dienen. Zu viele oder intensive atmosphärische Reize können jedoch auch als Beeinflussungsversuch seitens der Händler gewertet werden und zu Vertrauensverlust führen (Lunardo und Mbengue 2013).

Last but not least gilt es, dass die Ladengestaltung und Warenpräsentation den Wunsch vieler Konsumenten nach *Variety Seeking* (Wunsch nach Abwechslung) zufriedenstellt. Zara, Hennes & Mauritz oder Tchibo haben in den letzten Jahren extrem hohe Umsatzzuwächse durch häufige Sortimentswechsel verzeichnen können und haben dabei den Variety Seeking-Trend der Konsumenten gut befriedigt (Zentes und Morschett 2004). „Normale" Supermärkte können jedoch nicht zwölfmal im Jahr ihr Sortiment austauschen. Um dennoch Abwechslung zu generieren, kann ein Wechsel der Zweitplatzierungen vorgenommen werden. Es ist jedoch zu kontrollieren, ob hierdurch die bereits gebildeten Mental Maps zerstört werden und die subjektiv wahrgenommene Orientierungsfreundlichkeit verschlechtert wird.

2.2.3 Ladengestaltung und Crowding-Effekte

Nach Eroglu et al. (2005; siehe auch Eroglu und Machleit 1990) kann *Crowding* als ein *Stresszustand von Individuen* charakterisiert werden, der auftreten kann, wenn sich das Individuum räumlich eingeengt fühlt. Nach dieser Definition ist Crowding ein unangenehm erlebter psychischer Zustand, der zu einem Fluchtverhalten führen kann.

Übertragen auf den PoS entsteht Crowding dann, wenn der Konsument sich in seiner persönlichen Bewegungsfreiheit, beispielsweise durch zu enge Gänge oder durch zu viel Display-Material, beschnitten fühlt, wenn zu viele Umweltreize auf einmal auf ihn einströmen oder wenn sich zu viele andere Kunden am gleichen Ort befinden. Es kann somit noch einmal zwischen „spatial" und „human crowding" unterschieden werden. Crowding-Wahrnehmungen sind zudem von der Persönlichkeit des Kunden sowie seinen Einkaufsmotiven abhängig.

In Bezug auf das human crowding in Verkaufsstätten ist dennoch davon auszugehen, dass gutbesuchte Geschäfte eher anziehend wirken, nach dem Motto: „Viele Kunden können nicht irren". Dennoch hat das PoS-Marketing die Gefahr „dysfunktionaler Density" (density = Enge) zu beachten. In diesem Fall wirken die Reizvielfalt am PoS sowie die Wahrnehmung zu vieler anderer Kunden kontraproduktiv, der Kunde fühlt sich unbeholfen, machtlos, gestresst. Pan und Siemens (2011) nehmen an, dass eine mittlere Personendichte von den Konsumenten in Geschäften am angenehmsten wahrgenommen wird. Dabei kann ein und dieselbe Reizmenge von Mensch zu Mensch als „zu viel" oder „zu wenig" erlebt werden. So belegt eine jüngere Studie zu Crowding in Restaurants (Noone und Mattila 2009), dass Gäste mit utilitaristischen Zielen (z. B. man möchte einfach nur den Hunger stillen) überfüllten Restaurants eher ablehnend gegenüberstehen, während Konsumenten mit hedonistischen Zielen (z. B. Spaß haben) die Servicequalität von „crowded environments" positiv beurteilten. Ladenlayouts sowie Displaymaterial am PoS sind also hinsichtlich schädlicher Crowdingeffekte zu kontrollieren.

3 Warenpräsentation von Online-Shops und Wirkung auf den Konsumenten

Online-Anbieter haben sich ebenfalls mit der Frage auseinanderzusetzen, wie Käufe angeregt und Kundenbindungen online aufgebaut werden können. In diversen empirischen Studien zum *Konsumentenverhalten im Internet* werden Beziehungen zwischen der Einstellung zum Online-Shopping bzw. der Zufriedenheit mit virtuellen Shops und deren jeweiligen Determinanten aufgestellt. Szymanski und Hise (2000) konnten schon frühzeitig den Zusammenhang der Schlüsselfaktoren Transaktionssicherheit, Bequemlichkeit, Produktangebot, aber auch Seitenfunktionalität/-design mit dem Konstrukt der E-Zufriedenheit nachweisen. Das gilt sicherlich heute noch. Dementsprechend gilt es für Online-Anbieter, einen schnellen und klar verständlichen Bezahlprozess zu implementieren und schnelle, übersichtliche und einfach zu navigierende Seiten anzubieten.

In jüngerer Zeit sind diverse Studien zur *Online-Shopgestaltung* erschienen. Porat und Tractinsky (2012) zeigen beispielsweise, dass ein ästhetisch gestalteter Online-Shop (hier getestet anhand der Beispiele Bekleidung und Bücher) die empfundene Freude beim Besuch der Website erhöht und in Folge die Einstellung zu dem Shop. Wang et al. (2011) machen deutlich, dass sich die ästhetische Gestaltung von Websites auf zwei Aspekte beziehen kann: zum einen auf Originalität und Kreativität, zum anderen auf Struktur und Klarheit des Aufbaus des Online-Shops. Die Einflüsse beider Dimensionen sind unterschiedlich: Ein originell gestalteter Shop erhöht die Aktivierung, während ein klarer Aufbau zur Kundenzufriedenheit und positiven Beurteilung der Servicequalität beiträgt. Aktivierung, Zufriedenheit und wahrgenommene Servicequalität beeinflussen nun ihrerseits Verhaltensgrößen wie Browsing, Wiederbesuchswahrscheinlichkeit der Website und Kaufbereitschaft. Der Wunsch nach einer klaren Struktur des Online-Shops geht mit dem Wunsch nach Orientierungsfreundlichkeit einher, den wir vom stationären Handel kennen. Online-

Anbieter sollten also auf diese ebenfalls achten und schnelle, übersichtliche und einfach zu navigierende Seiten anbieten. Eine empirische Studie von Vrechopolous et al. (2004), bei der unterschiedliche Layouts (Grid Layout, Freeform Store Layout und Racetrack Store Layout) für virtuelle Supermärkte untersucht wurden, zeigt zum einen, dass auch bei virtuellen Läden das Layout die Beurteilung des Internet-Shops beeinflusst (in Bezug auf Einfachheit der Nutzung, wahrgenommene Nützlichkeit, Unterhaltungswert, Verweildauer), zum anderen aber auch, dass im stationären Handel beobachtete Präferenzen für bestimmte Layouts nicht einfach auf das Online-Verhalten übertragbar sind. Neben den im Vergleich zum stationären Handel begrenzten Darstellungsmöglichkeiten virtueller Shops ist vielleicht auch darin eine Erklärung zu sehen, dass online und offline unterschiedliche Einkaufsmotive beim Konsumenten vorherrschen können.

Neben eher funktionalen, nützlichkeitsorientierten Gründen wird, wie bereits angesprochen, auch hedonistischen Motiven wie Spaß und Unterhaltung eine große Bedeutung für das Online-Shopping beigemessen (Porat und Tractinsky 2012). Zur Erklärung des hedonistischen Internet-Surfens wird vielfach das *Flow-Konzept* auf den Bereich des Online-Shoppings übertragen: „Flow" bezeichnet ein ganzheitliches Glücksgefühl, das Menschen erleben, wenn sie sich einer Tätigkeit vollkommen hingeben bzw. sich auf eine Sache völlig konzentrieren und dabei die Zeit vergessen (Csikszentmihalyi 1990). Dabei spielen auch die musikalische Untermalung des Shops und die Interaktionsmöglichkeiten der Websitebesucher eine Rolle, wie folgende Studien zeigen: Lai et al. (2011) finden heraus, dass bei schneller Musik ein schnellerer Wechsel der Websites stattfindet. Ding und Lin (2012) zeigen, dass bei hedonistischen (im Vergleich zu utilitaristischen) Online-Produktkäufen schnelle Musik stimulierend wirkt. Xu und Sundar (2012) belegen, dass durch eine hohe Interaktivität u. a. die Immersion und der Spaß erhöht werden; es setzt ein Verlust des Zeitgefühls ein, in der Folge werden bessere Einstellungen und erhöhte Kaufbereitschaften generiert. Inwieweit diese Erkenntnisse auch für das Einkaufen via Smartphone gelten, bleibt weiterer Forschung vorbehalten. Ebenso ist zu erforschen, ob durch (langjährige) Erfahrungen mit Online-Shops Gewöhnungseffekte oder Reaktanz hinsichtlich bestimmter Stimuli auftreten können, die beispielsweise das Blickverhalten verändern. Das gilt für Angebotsplatzierungen im Internet, „Collaborative Filtering"-Systeme (automatische Auswertung von Präferenzen und Verhaltensweisen im Netz), die dem Kunden Vorschläge für ähnliche Produkte unterbreiten, oder sonstige Animationseffekte.

4 Zusammenfassung

Angesichts des zunehmenden Trends, dass mehr und mehr Kaufentscheidungen erst am PoS getroffen werden und die Konsumenten die Warenpräsentation als Erinnerungshilfe oder Impulsgeber ansehen, werden Ladengestaltung und Warenpräsentation des stationären Handels in Zukunft noch bedeutsamere Wettbewerbsfaktoren darstellen. Es ist daher in den nächsten Jahren eine Professionalisierung der Optimierung der Ladengestaltung und Warenpräsentation in der Handelspraxis zu erwarten, damit einhergehend werden sich mehr wissenschaftliche Schriften dieser Problematik widmen. Denkbar sind weitere Untersuchungen über den Einfluss der Ladenatmosphäre auf langfristige Kundenbindungen oder kurzfristige Kaufanreize bzw. über den Zusammenhang zwischen Verkaufsförderungsaktivitäten am PoS zum einen und Markenimages, die in der Regel durch Werbung erzeugt werden, zum anderen (neben den schon klassischen Untersuchungen zu quantitativen Absatzwirkungen). Aufgrund der zunehmenden Internationalisierung von Handelsunternehmen werden zudem mehr „cross-cultural studies" über das Kundenverhalten am PoS in unterschiedlichen Ländern zu erwarten sein.

Zum E-Commerce liegen mittlerweile diverse wissenschaftliche Erkenntnisse vor, die das PoS-Marketing dieses Vertriebskanals bereichern werden. Es zeigt sich wie im stationären Handel, dass unterschiedliche Konsumentenbedürfnisse unterschiedliche Maßnahmen bei der Gestaltung eines Online-Shops verlangen. Darüber hinaus haben Multi Channel-Anbieter auf ein einheitliches Erscheinungsbild in den einzelnen Kanälen zu achten, so dass sich für die Konsumenten ein konsistentes Gesamtbild ergibt. Wenn der Händler im stationären Handel also beispielsweise sehr viel Wert auf eine erlebnisorientierte Ladengestaltung legt, so ist es erforderlich, dass der gewählte Erlebniswert auch bei der Internetshop-Gestaltung zum Ausdruck kommt. Inwieweit sich viele Marketingaktivitäten auf das Mobile Commerce über Smartphone/Tablet übertragen lassen, wird ebenfalls die weitere Forschung zeigen.

Literatur

Andersson, P. K., Kristensson, P., Wästlund, E., & Gustafsson, A. (2012). Let the music play ... or not. The influence of background music on consumer behavior. *Journal of Retailing and Consumer Services, 19*(6), 553–560.
Areni, C. S., & Kim, D. (1993). The influence of background music on shopping behavior: Classical versus top-forty music in a wine store. *Advances in Consumer Research, 20*(2), 336–340.
Babin, B. J., Darden, W. R., & Griffin, M. (1994). Work and/or fun: Measuring hedonic and utilitarian shopping value. *Journal of Consumer Research, 10*(4), 644–656.
Baker, J., Parasuraman, A., & Voss, G. B. (2002). The influence of multiple store environment cues on perceived merchandise value and patronage intentions. *Journal of Marketing, 66*(2), 120–141.
Berekoven, L. (1990). *Erfolgreiches Einzelhandelsmarketing*. München: Beck.
Bost, E. (1987). *Ladenatmosphäre und Konsumentenverhalten*. Heidelberg: Physica.
Bruhn, M. (2011). *Lexikon der Kommunikationspolitik: Begriffe und Konzepte des Kommunikationsmanagements*. München: Vahlen.
Csikszentmihalyi, M. (1990). *Flow: The psychology of optimal experience*. New York: SOS Free Stock.
Diehl, S. (2002). *Erlebnisorientiertes Internetmarketing*. Wiesbaden: Deutscher Universitätsverlag/ Gabler.
Ding, C. G., & Lin, C.-H. (2012). How does background music tempo work for online shopping? *Electronic Commerce Research and Applications, 11*(3), 299–307.
Donovan, R. J., & Rossiter, J. R. (1982). Store atmosphere: An environmental psychology approach. *Journal of Retailing, 28*(1), 34–57.
Donovan, R. J., Rossiter, J. R., Marcoolyn, G., & Nesdale, A. (1994). Store atmosphere and purchasing behavior. *Journal of Retailing, 70*(3), 283–294.

Dräger, P. (2011). Shopperbasiertes In-Store Design. In U. D. Frey, G. Hunstiger, & P. Dräger (Hrsg.), *Shopper-Marketing: Mit Shopper Insights zu effektiver Markenführung* (S. 194–207). Wiesbaden: Gabler.
Ebster, C., Wagner, U., & Bumberger, C. (2007). Die Wirkung der kontextbezogenen Verbundpräsentation auf die emotionale Produktbeurteilung. *Marketing – ZFP, 29*(1), 40–53.
Eroglu, S., & Machleit, K. (1990). An empirical study of retail crowding: Antecedents and consequences. *Journal of Retailing, 66*(3), 201–221.
Eroglu, S., Machleit, K., & Barr, T. F. (2005). Perceived retail crowding and shopping satisfaction: The role of shopping values. *Journal of Business Research, 58*(8), 1146–1153.
Esch, F.-R., & Thelen, E. (1997). Zum Suchverhalten von Kunden in Läden. *der Markt – Zeitschrift für Absatzwirtschaft und Marketing, 36*(142/143), 112–125.
GfK. (2011). Studie store effects. www.gfk.de. Zugegriffen am 22.07.2014.
Golledge, R. (1999). *Wayfinding behavior: Cognitive mapping and other spatial phenomena.* Baltimore: Johns Hopkins University Press.
Groeppel-Klein, A., & Bartmann, B. (2009). Turning bias and walking patterns: Consumers' orientation in a discount store. *Marketing – Journal of Research and Management, 29*(1), 41–53.
Groeppel-Klein, A., & Germelmann, C. C. (2003). Minding the mall: do we remember what we see? In P. A. Keller & D. W. Rook (Hrsg.), *Advances in consumer research* (Bd. 30, S. 56–67). Valdosta: Association for Consumer Research.
Gröppel, A. (1991). *Erlebnisstrategien im Einzelhandel*. Heidelberg: Physica.
Gröppel, A. (1995). In-Store-Marketing. In R. Köhler, B. Tietz, & J. Zentes (Hrsg.), *Handwörterbuch des Marketing* (S. 1020–1030). Stuttgart: Schäffer-Poeschel.
Gröppel-Klein, A. (1998). *Wettbewerbsstrategien im Einzelhandel. Chancen und Risiken von Preisführerschaft und Differenzierung*. Wiesbaden: Dt. Universitätsverlag/Gabler.
Gröppel-Klein, A. (2001). The avoidance of usury-images evoked by exclusive store-designs. In E. Breivik, A. W. Falkenberg & K. Grønhaug (Hrsg.), Rethinking European Marketing, Proceedings of the 30th EMAC Conference (S. 193–200). Bergen.
Gröppel-Klein, A. (2010). Psychophysiologie und Konsumentenverhaltensforschung. In M. Bruhn & R. Köhler (Hrsg.), *Wie Marken wirken. Impulse aus der Neuroökonomie für die Markenführung* (S. 75–92). München: Vahlen.
Gröppel-Klein, A. (2012). 30 Jahre ‚Erlebnismarketing' und ‚Erlebnisgesellschaft' – Die Entwicklung des Phänomens ‚Erlebnisorientierung' und State-of-the-Art der Forschung. In M. Bruhn & K. Hadwich (Hrsg.), *Customer experience* (S. 37–60). Wiesbaden: Gabler.
Gröppel-Klein, A., & Germelmann, C. C. (2010). Der Kunde ist König. Warum die subjektiv empfundene Dominanz des Kunden ein entscheidender Erfolgsfaktor für das Handelsmarketing ist. *Marketing Review St. Gallen*, 3, 32–37.
Gröppel-Klein, A., Bartmann, B., & Germelmann, C. C. (2006). Die Bedeutung von Mental Maps für die Orientierung am Point-of-Sale. *Neuro Psycho Economics, 1*(1), 30–47.
Grossbart, S. L., & Rammohan, B. (1981). Cognitive maps and shopping convenience. In K. B. Monroe (Hrsg.), *Advances in consumer research* (S. 128–133). Ann Arbor: Association for Consumer Research.
Hackett, P. M., Foxall, G. R., & Van Raaij, W. F. (1993). Consumers in retail environments. In T. Garling & R. G. Golledge (Hrsg.), *Behavior and Environment: Psychological and geographical approaches* (S. 378–399). Amsterdam: North-Holland Publishing.
Hellbrück, J., & Kals, E. (2012). *Umweltpsychologie*. Wiesbaden: VS-Verlag.
Jain, R., & Bagdare, S. (2011). Music and consumption experience: A review. *International Journal of Retail & Distribution Management, 39*(4), 289–302.
Kitchin, R. M. (1994). Cognitive maps: What are they and why study them? *Journal of Environmental Psychology, 14*(1), 1–19.
Kroeber-Riel, W., & Gröppel-Klein, A. (2013). *Konsumentenverhalten*, 10. Aufl. München: Vahlen.
Lai, C.-J., Wu, Y.-L., Hsieh, M.-Y., Kung, C.-Y., & Lin, Y.-H. (2011). Effect of background music tempo and playing method on shopping website browsing. In J. Watada, T. Watanabe,

G. Phillips-Wren, R. J. Howlett, & L. C. Jain (Hrsg.), *Intelligent decision technologies – Smart innovation, systems and technologies* (Bd. 10, S. 439–447). Berlin/Heidelberg: Springer.
Lunardo, R., & Mbengue, A. (2013). When atmospherics lead to inferences of manipulative intent: Its effects on trust and attitude. *Journal of Business Research, 66*(7), 823–830.
Mehrabian, A. (1987). *Räume des Alltags oder wie die Umwelt unser Verhalten bestimmt* (2. Aufl.). Frankfurt a.M: Campus.
Mehrabian, A., & Russell, J. A. (1974). *An approach to environmental psychology*. Cambridge: MIT Press.
Müller-Hagedorn, L., & Natter, M. (2011). *Handelsmarketing* (5. Aufl.). Stuttgart: Kohlhammer.
Noone, B., & Mattila, A. (2009). Consumer reaction to crowding for extended service encounters. *Managing Service Quality, 19*(1), 31–40.
Pan, Y., & Siemens, J. (2011). The differential effects of retail density: An investigation of goods versus service settings. *Journal of Business Research, 64*(2), 105–112.
Parsons, A. G. (2009). Use of scent in a naturally odourless store. *International Journal of Retail & Distribution Management, 37*(5), 440–452.
Pine, B. J. I. I., & Gilmore, J. H. (1999). *The experience economy*. Boston: Harvard Business Review Press.
Porat, T., & Tractinsky, N. (2012). It's a pleasure buying here: The effects of web-store design on consumers' emotions and attitudes. *Eminds – International Journal of Human Computer Interaction, 27*(3), 235–276.
Schröder, H., Berghaus, N., & Zimmermann, G. (2005). Das Blickverhalten der Kunden als Grundlage für die Warenplatzierung im Lebensmitteleinzelhandel. *Der Markt, 44*(1), 31–42.
Schulze, G. (2000). *Die Erlebnisgesellschaft. Kultursoziologie der Gegenwart* (8. Aufl.). Frankfurt a.M.: Campus.
Sharma, A., & Stafford, T.-F. (2000). The effect of retail atmospherics on customers' perceptions of salespeople and customer persuasion: An empirical investigation. *Journal of Business Research, 49*(2), 183–191.
Sommer, R., & Aitkens, S. (1982). Mental mapping of two supermarkets. *Journal of Consumer Research, 9*(2), 211–216.
Szymanski, D. M., & Hise, R. T. (2000). E-Satisfaction: An initial examination. *Journal of Retailing, 76*(3), 309–322.
Teller, C., & Dennis, C. (2012). The effect of ambient scent on consumers' perception, emotions and behaviour – A critical review. *Journal of Marketing Management, 28*(1/2), 14–36.
Vrechopoulos, A. P. (2010). Who controls store atmosphere customization in electronic retailing? *International Journal of Retail & Distribution Management, 38*(7), 518–537.
Vrechopoulos, A. P., O'Keefe, R. N., Doukidis, G. I., & Siomkos, G. J. (2004). Virtual store layout: An experimental comparison in the context of grocery retail. *Journal of Retailing, 80*(1), 13–22.
Wang, Y. J., Minor, M. S., & Wei, J. (2011). Aesthetics and the online shopping environment: Understanding consumer responses. *Journal of Retailing, 87*(1), 46–58.
Weinberg, P. (1992). *Erlebnismarketing*. München: Vahlen.
Xu, Q., & Sundar, S. S. (2012). Lights, camera, music, interaction! Interactive persuasion in e-commerce. *Communication Research, 20*(10), 1–27.
Zentes, J., & Morschett, D. (2004). Sortimentsdiversifikation im Handel – Eine theoretische und empirische Analyse. In A. Gröppel-Klein (Hrsg.), *Konsumentenverhaltensforschung im 21. Jahrhundert* (S. 159–184). Wiesbaden: Dt. Universitätsverlag/Gabler.
Zentes, J., Swoboda, B., & Foscht, T. (2012). *Handelsmanagement* (3. Aufl.). München: Vahlen.
Zielke, S. (2002). *Kundenorientierte Warenplatzierung*. Stuttgart: Kohlhammer.

Prof. Dr. Andrea Gröppel-Klein ist Inhaberin des Lehrstuhls für Marketing und Direktorin des Instituts für Konsum- und Verhaltensforschung an der Universität des Saarlandes.

Einsatz des Sponsoring für die Marketingkommunikation

Manfred Bruhn

Inhalt

1 Entwicklung und Bedeutung des Sponsoring 186
2 Begriffliche Grundlagen des Sponsoring 186
3 Planung und inhaltliche Ausgestaltung des Sponsoring 191
4 Erfolgsfaktoren und Zukunftsperspektiven des Sponsoring 198
Literatur 199

Zusammenfassung

Das Sponsoring stellt einen festen Bestandteil im Kommunikationsmix vieler Unternehmen dar. Das Instrument wird oftmals bewusst zur Profilierung im Kommunikationswettbewerb eingesetzt. Dieser Beitrag gibt zunächst einen Überblick über die verschiedenen Bereiche, Erscheinungsformen und Marktteilnehmer des Sponsoring. Anschließend liegt der Fokus auf den einzelnen Phasen im Planungsprozess des Sponsoring. Hier wird aufgezeigt, welche Schritte bei einer systematischen Planung und inhaltlichen Ausgestaltung des Sponsoring notwendig sind.

Schlüsselwörter

Imagetransfer • Integrierte Kommunikation • Sponsoring • Sponsoringobjekt • Sponsoringplanung • Sponsoringstrategie

---

M. Bruhn (✉)
Lehrstuhl für Marketing und Unternehmensführung, Wirtschaftswissenschaftliche Fakultät, Universität Basel, Basel, Schweiz
E-Mail: manfred.bruhn@unibas.ch

© Springer Fachmedien Wiesbaden 2016
M. Bruhn et al. (Hrsg.), *Handbuch Instrumente der Kommunikation*, Springer Reference Wirtschaft, DOI 10.1007/978-3-658-04655-2_8

1 Entwicklung und Bedeutung des Sponsoring

Seit Beginn der 1980er-Jahre hat das Sponsoring eine explosionsartige Entwicklung erfahren und ist mittlerweile zu einer geläufigen Erscheinung avanciert. Während im Jahre 1985 in Deutschland noch etwa 102 Mio. EUR von Unternehmen für Sponsoringaktivitäten aufgewendet wurden, lagen die Aufwendungen im Jahre 2012 bei 4,4 Mrd. EUR. Für das Jahr 2014 wurde mit einem weiteren Anstieg auf 4,8 Mrd. EUR gerechnet (FASPO 2013).

Die Beliebtheit des Sponsoring in der Unternehmenspraxis ist vor allem aus dem damit verbundenen Umgehen der Wirkungsprobleme „klassischer" Kommunikationsinstrumente (insbesondere der Mediawerbung) zurückzuführen. Als Ursache dieser Wirkungsprobleme ist unter anderem die generelle Informationsüberlastung bei den Rezipienten zu nennen. Während Konsumenten im Jahre 1991 mit 404.924 TV-Spots konfrontiert wurden, waren es im Jahre 2012 bereits 3,5 Mio. TV-Spots (ZAW 2013). Die Folge dieses *„Information Overload"* ist zum einen auf eine erschwerte Aufnahme von Werbebotschaften zurückzuführen, zum anderen entstehen Reaktanzen gegenüber klassischen Kommunikationsformen, die sich in bestimmten Verweigerungshaltungen von Rezipienten (z. B. Zapping) niederschlagen.

Die Stärken des *Sponsoring als Kommunikationsinstrument* liegen in der Möglichkeit einer Zielgruppenansprache in nicht-kommerziellen Situationen. Durch eine Ansprache der Zielgruppen, über z. B. deren Freizeitbereich, können bei diesen Emotionen hervorgerufen werden, die mit anderen Kommunikationsinstrumenten nicht auf vergleichbar authentische Weise zu erzeugen sind. Auf diese Weise kann den erwähnten Wirkungsproblemen begegnet werden (Bruhn 2004, S. 1595; 2008, S. 165).

Aufgrund seiner vielfältigen Möglichkeiten in sportlichen, kulturellen, sozialen, ökologischen und medialen Bereichen ist das Sponsoring inzwischen wesentlicher Bestandteil des Kommunikationsmix von Unternehmen. Einige Ansätze gehen sogar noch weiter und analysieren die strategische Rolle des Sponsoring und bewerten dieses als Instrument, dessen professioneller Einsatz geeignet ist, um im Markt Wettbewerbsvorteile zu generieren (Fahy et al. 2004, S. 1014). Empirische Untersuchungen bestätigen die strategische Bedeutung des Sponsoring (Bruhn et al. 2014, S. 54). Vor allem ist eine systematische und strategische Planung des Sponsoring sowie die Auseinandersetzung mit den spezifischen Eigenschaften der unterschiedlichen Sponsoringformen, ihrer Planung und Umsetzung erforderlich.

2 Begriffliche Grundlagen des Sponsoring

2.1 Definition und Abgrenzung des Sponsoring

Die Unternehmensförderung hat bereits eine lange Tradition. Aufgrund der Schwerpunkte der Fördermotive und unterschiedlichen Bedingungen an die Vergabe der Fördermittel lassen sich verschiedene Formen der Unternehmensförderung unterscheiden – das Mäzenatentum, Spendenwesen und Sponsoring (Bruhn 2010, S. 3 ff.). Um eine eindeutige Abgrenzung und ein einheitliches Begriffsverständnis sicherzustellen, wird der *Begriff des Sponsoring* wie folgt gefasst (Bruhn 2010, S. 6 f.): Sponsoring bedeutet die

- Analyse, Planung, Umsetzung und Kontrolle sämtlicher Aktivitäten,
- die mit der Bereitstellung von Geld, Sachmitteln, Dienstleistungen oder Knowhow durch Unternehmen und Institutionen
- zur Förderung von Personen und/oder Organisationen in den Bereichen Sport, Kultur, Soziales, Umwelt und/oder den Medien
- unter vertraglicher Regelung der Leistung des Sponsors und Gegenleistung des Gesponserten verbunden sind,
- um damit gleichzeitig Ziele der Unternehmens- und Marketingkommunikation zu erreichen.

Je nach Förderbereich sind durch das Sponsoring unterschiedliche Kommunikationsaufgaben zu erfüllen. Dennoch lassen sich sechs *Merkmale des Sponsoring* hervorheben (Bruhn 2010, S. 7 f.):

(1) Sponsoring basiert auf dem Prinzip von Leistung (Fördermittel, z. B. Geld) und Gegenleistung (z. B. werbewirksame Verwendung des Markennamens des Sponsors).
(2) Beim Sponsoring kommt häufig der Fördergedanke gegenüber dem Gesponserten zum Ausdruck, beispielsweise durch die Identifikation des Sponsors mit inhaltlichen Aufgaben des Engagements.
(3) Sponsoring erfüllt kommunikative Funktionen, die vom Gesponserten direkt erbracht, durch Medien transportiert oder vom Sponsor selbst geschaffen werden können (Bruhn 2015).
(4) Sponsoring verlangt einen systematischen Planungs- und Entscheidungsprozess, auf Seiten des Sponsors sowie des Gesponserten. Die Sponsoringmaßnahmen sind auf Basis einer Situationsanalyse und Zielformulierung zu planen, zu organisieren, durchzuführen und zu kontrollieren.
(5) Eines der wesentlichen Ziele des Sponsoring stellt der Imagetransfer dar, d. h. die Übertragung des speziellen Images des Gesponserten auf das eigene Bezugsobjekt der Kommunikation (Unternehmen, Marke).
(6) Der Einsatz des Sponsoring hat nicht isoliert, sondern im Verbund mit anderen Marketing- und Kommunikationsinstrumenten zu erfolgen und stellt somit ein Element im Rahmen der Integrierten Kommunikation dar.

2.2 Erscheinungsformen des Sponsoring

Die zahlreichen Erscheinungsformen des Sponsoring lassen sich durch das Heranziehen verschiedener Abgrenzungskriterien klassifizieren. Abbildung 1 liefert einen Überblick über die Typologisierungsmerkmale sowie die dazugehörigen Ausprägungen sowohl aus Sicht des Sponsors als auch des Gesponserten (Bruhn 2010, S. 20 ff.; 2014a, S. 751 f.).

Sponsoringformen aus Sicht der Sponsoren		Sponsoringformen aus Sicht der Gesponserten	
Merkmalskategorien	Erscheinungsformen	Merkmalskategorien	Erscheinungsformen
Art der Sponsorenleistung	Geldmittel	Art der Gegenleistung des Gesponserten	Werbung während der Veranstaltung
	Sachmittel		Nutzung von Prädikaten
	Dienstleistungen		Einsatz der Gesponserten in der Unternehmenskommunikation
Anzahl der Sponsoren	Exklusiv-Sponsorship	Art der gesponserten Individuen/Gruppen	Professionelle
	Co-Sponsorship		Halbprofessionelle
	Leistungssponsoren		Amateure
Art des Sponsors	Unternehmen als Sponsoren	Leistungsklasse	Breitenebene
			Leistungsebene
	Stiftungen als Sponsoren		Spitzenebene
Initiator des Sponsoring	Fremdinitiiertes Sponsoring	Art der gesponserten Organisationen	Verbände
			Vereine
	Eigeninitiiertes Sponsoring		Stiftungen
Vielfalt des Sponsoring	Konzentriertes Sponsoring		Öffentliche und gemeinnützige Organisationen
	Differenziertes Sponsoring	Art der gesponserten Veranstaltungen	Offizielle Veranstaltungen
Art der Nutzung	Isoliertes Sponsoring		Inoffizielle Veranstaltungen
	Integriertes Sponsoring		Kreierung eigener Projekte durch den Sponsor

Abb. 1 Erscheinungsformen des Sponsoring im Überblick. Quelle: Bruhn 2014a, S. 751

2.3 Einsatzbereiche des Sponsoring

In den letzten Jahren haben sich mit dem Sport-, Kultur-, Umwelt-, Sozio- und Mediensponsoring fünf *Sponsoringbereiche* in der Praxis etabliert. Auf diese wird im Folgenden eingegangen.

Das *Sportsponsoring* ist die am häufigsten durchgeführte Form des Sponsoring und gilt zudem als die „älteste", da diese bereits seit den 1970er Jahren ihren Platz im Kommunikationsmix einnimmt (Drees 2003; BBDO Live 2010; Pilot Checkpoint 2010; Bruhn 2010, 2014a; Hermanns 2011; Sport + Markt AG 2013; ZHAW/FASPO 2013). Unabhängig von der geförderten Sportart lassen sich das Sponsoring von Einzelsportlern, Mannschaften, Sportveranstaltungen und Sportarenen (Site-Sponsoring) unterscheiden.

Den Bereichen Kunst und Kultur kommt im Freizeitverhalten von Individuen seit einigen Jahren eine hohe Bedeutung zu. Dementsprechend investieren mittlerweile 67 Prozent der als Sponsor auftretenden Unternehmen in das *Kultursponsoring* (BBDO Live 2010). Im Mittelpunkt stehen die Dokumentation gesellschafts- und sozialpolitischer Verantwortung sowie die positive Beeinflussung des Unternehmensimages (Grüsser 1991; Androschin et al. 1992; Benkert und Scheytt 1995; Hummel 1995; Witt 2000; Rothe 2001; Bruhn 2014a). Fördermaßnahmen beziehen sich insbesondere auf Aktivitäten im Bereich der Bildenden und Darstellenden

Kunst (z. B. Museen, Schauspiel, Ballettaufführungen) sowie der klassischen Musik (Musical, Opern, Operetten) (Posadowsky 2007, S. 354 f.). Bereiche wie Literatur, Film, Rock- und Popkonzerte bzw. -festivals zählen ebenfalls zum Kultursponsoring. Die Fördermaßnahmen und -mittel (finanzielle Unterstützung, Publikationshilfen, Sach- und Materialspenden u. a. m.) werden an Einzelkünstler, Kulturgruppen, -organisationen und -veranstaltungen vergeben. Bei der Auswahl von Sponsorships im kulturellen Bereich sind – vor allem im Vergleich zum Sportsponsoring – einige Besonderheiten zu beachten. So erfolgt z. B. primär eine Ansprache eng definierter Zielgruppen, es besteht die Möglichkeit eines exklusiven Auftretens des Unternehmens und es ist notwendig, dass sich das Unternehmen inhaltlich mit den kulturellen Anliegen auseinandersetzt (Bruhn 1989, S. 54 f.).

Seit Beginn der 1990er Jahre hat das *Umweltsponsoring* an Relevanz gewonnen. Dieser Bedeutungszuwachs ist auf die verstärkte öffentliche Diskussion ökologischer Fragestellungen zurückzuführen (BBDO Live 2010; Bruhn 2014a, S. 759). Beim Umweltsponsoring sind eigene Regeln und Gesetzmäßigkeiten zu beachten. Die Besonderheiten liegen unter anderem in der Dominanz des Fördergedankens und der damit verbundenen untergeordneten Rolle der werblichen Wirkung (Bruhn 2015, S. 437 f.). Im Rahmen des Umweltsponsoring besteht die Möglichkeit, Naturschutzorganisationen zu unterstützen, Natur- und Artenschutzaktionen zu initiieren, Naturschutzwettbewerbe auszuschreiben, so genannte „Umweltpreise" zu verleihen sowie Natur- und Artenschutzengagements zu fördern.

Das *Soziosponsoring* entwickelte sich parallel zum Umweltsponsoring. Grundsätzlich gelten hier die gleichen Besonderheiten wie für das Umweltsponsoring (Bruhn 1990; Schiewe 1995). Bei den Gesponserten kann es sich um unabhängige Institutionen im sozialen Bereich, um staatliche Einrichtungen oder um religiöse, bildungspolitische, wissenschaftliche sowie politische Institutionen handeln. Aktivitäten im Zusammenhang mit dem Soziosponsoring beziehen sich schwerpunktmäßig auf die Bereiche Gesundheits- und Sozialwesen sowie Wissenschaft und Bildung (Bruhn 2014a, S. 762). Fördermaßnahmen stellen z. B. die Bereitstellung finanzieller Mittel zur Lösung sozialer Aufgaben, die Ausstattung von Bildungseinrichtungen oder die Förderung von Forschungsprojekten dar.

Das *Mediensponsoring* ist eine relativ junge Form der Kommunikation und stellt streng genommen eine Sonderform der Mediawerbung dar. Das Mediensponsoring bietet vielfältige Möglichkeiten der Platzierung in unterschiedlichen Medien wie Fernsehen, Radio, Printmedien, Internet und Kino (Bruhn 2010, S. 376). Das Programmsponsoring ist die etablierteste Form des Mediensponsoring. Das Sponsoring von einmaligen oder wiederkehrenden Sendungen, der Übertragung spezieller Ereignisse, der Übernahme eines Titelpatronats usw. zählt zu dieser Förderungsform. Des Weiteren gewinnt das *Internetsponsoring* immer mehr an Bedeutung. Die Integration des Internet in Sponsoringaktivitäten kann auf unterschiedliche Weise erfolgen, z. B. in der Form eines Komplettsponsoring (hier wird auf der gesamten Web-Präsenz des Gesponserten auf den Sponsor hingewiesen) oder Content Sponsoring (hier werden lediglich inhaltliche Teilbereiche einer Internetplattform gefördert) (Bruhn 2014a, S. 768 ff.).

2.4 Marktteilnehmer des Sponsoring

Das Verhältnis der Hauptbeteiligten des Sponsoringmarktes untereinander, die Interessenslagen sowie das Beziehungsgeflecht sind genauer zu analysieren, um das Sponsoring als neues Kommunikationsinstrument effektiv und effizient einsetzen zu können. In diesem Zusammenhang kann von einem „magischen Dreieck" des Sponsoring gesprochen werden (Bruhn 2010, S. 16), das in Abb. 2 ersichtlich ist.

- Die *Sport-, Kultur-, Sozio- und Umweltorganisationen sowie die Medien- bzw. Programmanbieter* sind primär an der Erfüllung ihrer Aufgaben interessiert, wozu sie erhebliche finanzielle Aufwendungen benötigen. Sponsoring bietet für diese Marktakteure die Möglichkeit, zusätzliche Finanzquellen zu erschließen. Da die Aufgabenerfüllung der Organisationen oftmals mit der Durchführung publikumswirksamer Ereignisse verbunden ist, die mediale Wirkungen erzielen, überschneiden sich die Interessen von Unternehmen und geförderter Organisation.
- Die *Medien* (elektronisch und Printmedien) nehmen unterschiedliche Positionen ein, da sie sowohl als Sponsor und Gesponserte sowie auch als Mittler am Markt auftreten können. In ihrer Funktion als Intermediäre orientieren sie sich an den eigenen Unternehmenszielen, dem Erreichen von Einschaltquoten und Reichweiten. Sie nutzen publikumswirksame Ereignisse, um mit einer entsprechenden Berichterstattung die eigene Zielgruppe zu erreichen und sich gegenüber den Wettbewerbern im Medienmarkt zu profilieren.
- Die *Wirtschaft* bzw. die Unternehmen sind stets auf der Suche nach neuen, Erfolg versprechenden Kommunikationsmöglichkeiten mit ihren Zielgruppen. Durch

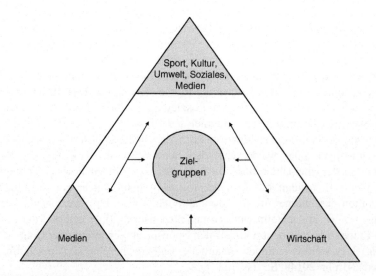

Abb. 2 Das „magische Dreieck" des Sponsoring. Quelle: Bruhn 2010, S. 16

den Aufmerksamkeitswert vieler gesponserter Ereignisse versuchen die Unternehmen, sich von den Wettbewerbern abzuheben und die Zielgruppen auf freizeit- und erlebnisorientierten Wegen zu erreichen.

3 Planung und inhaltliche Ausgestaltung des Sponsoring

3.1 Notwendigkeit einer systematischen Sponsoringplanung

Die Entscheidungsprobleme im Sponsoring sind durch eine zunehmende Komplexität gekennzeichnet, die auf die dynamischen Entwicklungen im unternehmensexternen und -internen Umfeld zurückführen sind. Die Lösung dieser komplexen Tatbestände und die erfolgreiche Positionierung als Unternehmen erfordern den Einsatz spezieller Techniken und Instrumente sowie die Sicherstellung einer kontinuierlichen Informationsversorgung der beteiligten Mitarbeitenden. Die Entwicklung einer professionellen, gut strukturierten und steuerbaren Sponsoringstrategie setzt eine *systematische Sponsoringplanung* voraus. Hierdurch erhalten die einzelnen Mitarbeitenden einen verbindlichen Handlungsrahmen, es entfalten sich Motivations- und Anreizeffekte sowie eine höhere Leistungsbereitschaft. Eine systematische Sponsoringplanung unterstützt auf diesem Wege die Realisierung der Sponsoring- und übergeordneten Kommunikations- und Marketingziele.

3.2 Phasen eines idealtypischen Planungsprozesses des Sponsoring

Dem Sponsoringeinsatz ist ein *systematischer Planungsprozess* zugrunde zu legen, der idealtypisch mehrere Phasen umfasst. In diesen werden spezifische Informationen herangezogen, um Teilentscheidungen über das Sponsoring zu treffen (Bruhn 1996, S. 20 ff.). Der *Planungsprozess* umfasst die Situationsanalyse, Ziel- und Zielgruppenplanung, Entwicklung der Sponsoringstrategie, Budgetierung, Maßnahmenplanung sowie Erfolgskontrolle des Sponsoring. Abbildung 3 stellt diesen Planungsprozess im Überblick dar.

3.3 Analyse der Sponsoringsituation

In einem ersten Schritt ist eine Situationsanalyse der bisherigen Sponsoringaktivitäten durchzuführen, mit dem Ziel, die Ist-Situation des Sponsoring zu erfassen. Hierbei steht eine Analyse der internen (Stärken/Schwächen) und externen (Chancen/Risiken) Unternehmenssituation in Bezug auf den bisherigen Erfolg des Sponsoringengagements im Vordergrund. Es interessiert, wie der kommunikative Auftritt des Unternehmens als Gesamteindruck der eingesetzten Sponsoringmaßnahmen von den Rezipienten wahrgenommen wird und welche Faktoren Einfluss auf diese Kommunikationssituation nehmen.

Abb. 3 Planungsprozess des Sponsoring. Quelle: Bruhn 2010, S. 46

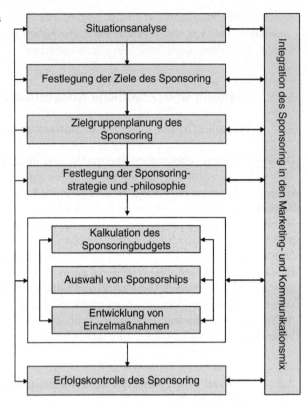

Dabei ist zwischen markt-, kunden-, handels-, wettbewerbs- und umfeldbezogenen Einflussfaktoren zu unterscheiden. Die *marktbezogenen Einflussfaktoren* beinhalten eine Analyse innerhalb der Branche, insbesondere der branchenspezifischen Anforderungen, die Untersuchung des Homogenisierungsgrads der Produkte und Werbeauftritte sowie die Werbe- und Sponsoringentwicklungen auf dem Markt. Hieraus lassen sich Anhaltspunkte ableiten, wie das Sponsoring zu einer kommunikativen Differenzierung beitragen kann. *Kundenbezogene Einflussfaktoren* umfassen das Freizeitverhalten und die Informationsbedürfnisse der Konsumenten, die Wahrnehmung, Erwartungen und Kundenzufriedenheit sowie den Grad der Informationsüberlastung. Zu den *handelsbezogenen Einflussfaktoren* zählen die Ansprüche des Handels bzgl. Werbeunterstützung, Erwartungen an das Sponsoring oder die Existenz handelsspezifischer Werbe- und Sponsoringmöglichkeiten. Bei den *wettbewerbsbezogenen Einflussfaktoren* ist zu analysieren, welche Sponsoringaktivitäten die Hauptkonkurrenten, in welchen Situationen, mit welcher Intensität und mit welchem Erfolg durchführen. *Umfeldbezogene Einflussfaktoren* beinhalten beispielsweise die Entwicklungen und Verfügbarkeit von Werbeträgern, die Bedeutung neutraler Informationsquellen oder rechtliche Beschränkungen. Die Bedeutung *unternehmensbezogener Einflussfaktoren* leitet sich aus Überlegungen des Resource Based View ab (Fahy et al. 2004, S. 1020 ff.). Demzufolge benötigen Unternehmen zur erfolgreichen Durchführung von Sponsorships spezifische tangible Quellen (z. B. ein ausreichendes Kommunikations- und Sponsoringbudget) sowie intangible Ressourcen (z. B. Sponsoring- und Marketingfähigkeiten, Know-how und die organisatorischen Strukturen).

Auf Basis der Erfassung der Ist-Situation lässt sich die *kommunikative Problemstellung* des Unternehmens für ein Sponsoringengagement identifizieren. Diese dient als Ausgangspunkt für die weiteren Planungsschritte.

3.4 Ziele und Zielgruppen des Sponsoring

Die *Zielformulierung im Sponsoring* erfolgt ausgehend von den übergeordneten Unternehmens- und Marketingzielen des Unternehmens sowie der kommunikativen Problemstellung. Im Rahmen der Formulierung konkreter Sponsoringziele ist zwischen ökonomischen und psychologischen Zielen zu unterscheiden, die nach Inhalt, Ausmaß sowie Zeit- und Zielgruppenbezug zu operationalisieren sind.

Ökonomische Sponsoringziele beinhalten monetäre wirtschaftliche Größen. Sie stellen originäre Ziele aller Instrumente dar und werden durch Sponsoring meist dann verfolgt, wenn die Produkte bzw. Dienstleistungen des Unternehmens in einem engen Bezug zum Sponsoringengagement stehen. In manchen Branchen sind ökonomische Ziele langfristig nur über die Vorgabe *psychologischer Zielsetzungen* zu erreichen, z. B. eine Steigerung der Markenbekanntheit oder Verbesserung des Images. Die psychologischen Ziele lassen sich entsprechend ihrer Wirkung bei den Zielgruppen in kognitive (das Wissen betreffend), affektive (das Gefühl betreffend) und konative (das Verhalten betreffend) Zielsetzungen einteilen.

Parallel zu den Zielformulierungen sind die anzusprechenden *Zielgruppen* auszuwählen und hinsichtlich ihrer Einstellung und Verhaltensweisen zu charakterisieren. Die Ermittlung der Zielgruppen stellt sicher, dass das Auftreten des Unternehmens als Sponsor auf die Bedürfnisse der anvisierten Zielgruppen ausgerichtet ist und somit ein hoher Zielgruppenerreichungsgrad realisiert wird. Ferner sind die Sponsoringziele zielgruppenspezifisch zu differenzieren.

3.5 Entwicklung einer Sponsoringstrategie

Die Entwicklung einer Sponsoringstrategie stellt den Kern des Planungsprozesses im Sponsoring dar. Im Rahmen dessen erfolgt eine Schwerpunktsetzung der zu ergreifenden Kommunikationsanstrengungen. Diese äußert sich in mittel- bis langfristigen Verhaltensplänen, die die Anstrengungen des Unternehmens zur Realisierung der Sponsoringziele angeben. Die *Sponsoringstrategie* umfasst demnach die bewusste und verbindliche Festlegung der Schwerpunkte in den Sponsoringaktivitäten eines Unternehmens auf einen längeren Zeitraum hin, um die angestrebten Sponsoringziele zu erreichen (Bruhn 2005, S. 29; Bruhn und Ahlers 2014, S. 717).

Bei der Entscheidung über die Schwerpunktsetzung ist vor allem auf thematische Verbindungslinien zwischen dem Sponsor und dem Förderbereich zu achten.

Abb. 4 Elemente einer Sponsoringstrategie. Quelle: Bruhn 2014a, S. 792

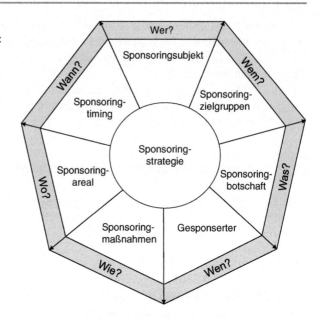

Dies steigert die Glaubwürdigkeit des Sponsoringengagements. Nach dem *Affinitätenkonzept* stellen die Produkt-, Image- und Zielgruppenaffinitäten sowie der Knowhow-, Regional- und Verantwortungsbezug Verbindungslinien dar, die als Grundlage der Strategiefindung Berücksichtigung finden können.

Auf Basis der Sponsoringschwerpunkte erfolgt die inhaltliche Bestimmung der Sponsoringstrategie. Abbildung 4 stellt die *Elemente einer Sponsoringstrategie* im Überblick dar. Die Entwicklung der Sponsoringstrategie ist nicht von den anderen Phasen im Planungsprozess isoliert und abgegrenzt. Vielmehr stellen diese gleichfalls ein Element der Strategie dar.

Die Bestimmung des *Sponsoringsubjekts* (Wer?) beinhaltet die Entscheidung, wer als offizieller Sponsoringträger in die Öffentlichkeit tritt (z. B. Unternehmen, Produktmarke). Mit den *Sponsoringzielgruppen* (Wem?) werden die mit den Sponsorships anzusprechenden Zielgruppen des Sponsors festgelegt. Die *Sponsoringbotschaft* (Was?) enthält die zu kommunizierenden Inhalte eines Sponsorships, bei deren Ausgestaltung eine Vielzahl an Aspekten zu berücksichtigen ist. Der *Gesponserte* (Wen?) bzw. das Sponsoringobjekt ist durch das Unternehmen möglichst genau hinsichtlich ihrer Auswahlkriterien zu beschreiben. Des Weiteren ist der Einsatz der *Sponsoringmaßnahmen* (Wie?) festzulegen. Hierbei sind die verschiedenen Instrumente des Sponsoringengagements zu definieren. Das *Sponsoringareal* (Wo?) bestimmt, ob es sich um eine primär lokale, regionale, nationale oder internationale Ausrichtung der Sponsoringaktivitäten handelt. Das *Sponsoringtiming* (Wann?) legt den Zeitpunkt bzw. Zeitraum eines Engagements fest.

Die Sponsoringstrategie ist in Form von Sponsoringgrundsätzen, -leitlinien oder einer Sponsoringphilosophie festzuhalten. Auf diese Weise erfolgt die unternehmensinterne und -externe Kommunikation der Sponsoringstrategie.

3.6 Ökonomische Entscheidungen des Sponsoring

Eine Quantifizierung sämtlicher mit den Sponsoringmaßnahmen verbundenen Aufwendungen innerhalb einer Planungsperiode stellt für die weitere Sponsoringplanung ein zusätzlich notwendiger Entscheidungstatbestand dar.

In einem ersten Schritt findet eine Entscheidung über die *Höhe des Sponsoringbudgets* statt. Dieses ist im Vergleich zu den anderen Kommunikationsinstrumenten relativ gering (Bruhn et al. 2014, S. 60 f.). Für die Bestimmung des Budgethöhe kommen verschiedene Budgetierungsverfahren zum Einsatz, die sich in analytische und heuristische Verfahren unterteilen lassen (Bruhn 2015, S. 272 ff.). Häufig findet die Ziel-Maßnahmen-Methode ihre Anwendung, bei der eine Kalkulation der durchzuführenden Sponsoringaktivitäten mit den entsprechenden Kosten erfolgt, die zur Erreichung der Sponsoringziele notwendig sind.

Anschließend ist eine Entscheidung hinsichtlich der *Allokation des Sponsoringbudgets* vorzunehmen (Bruhn 2015, S. 313 ff.). Nach sachlichen und zeitlichen Kriterien ist zu entscheiden, welcher Teil des gesamten Sponsoringbudgets wann für die einzelnen Sponsorships aufgewendet wird.

Für die Budgetierung im Sponsoring ist es notwendig, möglichst genaue Informationen über die anfallenden Kosten einzelner Sponsorships zu erhalten. Hierbei sind verschiedene *Kostenbestandteile des Sponsoringbudgets* zu unterscheiden. Die Sponsoringbeträge bestehen aus den direkten Aufwendungen, die der Gesponserte für seine Leistungen erhält. Bei dem Aktionsbudget handelt es sich um die finanziellen Mittel zur Gestaltung sämtlicher Sponsoringmaßnahmen. Die Personalkosten des Sponsoring sind Aufwendungen für interne und externe Mitarbeitende der Sponsoringplanung und -durchführung. Folgekosten entstehen für weitere kommunikative, das Sponsoring unterstützende Maßnahmen. Kontroll- und Nachbereitungskosten ergeben sich durch die Notwendigkeit einer Erfassung der Wirkungen und Ergebnisse sowie der Nachbereitung der einzelnen Sponsorships. Bei Inanspruchnahme externer Leistungen (Beratung, Durchführung u. a. m.) fließen Provisionen bzw. Honorare an die entsprechenden Sponsoringagenturen, Vermittler oder Berater.

Das Aktionsbudget ist laut einer Faustregel gleich oder sogar doppelt so hoch wie das Sponsoringbudget. Das bedeutet, die Umsetzung und mediale Unterstützung des Sponsorships stellt einen sehr großen Bestandteil der sponsoringbezogenen Kosten und Aufwendungen dar. Die Berücksichtigung dieser begleitenden finanziellen Aufwendungen ist bereits bei der Sponsoringplanung sowie für die spätere Maßnahmenplanung erforderlich.

3.7 Maßnahmenplanung des Sponsoring

Die Maßnahmenplanung erfolgt auf Basis der Sponsoringbudgetierung und -allokation. Zum einen sind konkrete Sponsorships auszuwählen, zum anderen Einzelmaßnahmen im Rahmen der einzelnen Sponsorships zu planen.

Die *Auswahl von Sponsorships* erfolgt in einem zweistufigen Vorgehen. Auf der ersten Ebene findet eine *Grobauswahl* hinsichtlich der geeigneten Förderbereiche statt, d. h. Sport, Kultur, Umwelt, Soziales oder Medien. Hierfür bietet sich eine Orientierung am Affinitätenkonzept an, um einen thematischen Zusammenhang zwischen Sponsor und Sponsoringobjekt zu gewährleisten. Es ist festzuhalten, dass dieser Planungsschritt nicht überschneidungsfrei der Maßnahmenplanung zuzurechnen ist, sondern idealtypisch bereits bei der Entwicklung der Sponsoringstrategie eine Festlegung der Schwerpunkte erfolgt. In diesem Fall beschränkt sich die Wahl auf die *Feinauswahl* von Sponsorships. Diese betrifft die Analyse und Bewertung verschiedener Alternativen innerhalb der festgelegten Sponsoringbereiche. Entscheidungen betreffen insbesondere die Festlegung des bzw. der Gesponserten sowie die Leistungsklasse der Gesponserten. Zur Präzisierung der Form der Förderung bedarf es geeigneter Entscheidungskriterien, wie die Bekanntheit, Sympathie und Medienpräsenz von individuell Gesponserten, die PR-Arbeit von gesponserten Organisationen, das Publikumsinteresse sowie Werbemöglichkeiten bei Veranstaltungen u. a. m.

Ist die Entscheidung hinsichtlich konkreter Sponsorships getroffen, hat eine detaillierte Maßnahmenplanung stattzufinden. Diese umfasst sämtliche zur Durchführung des Sponsoringengagements erforderlichen Einzelmaßnahmen. Die zentrale Aufgabe im Rahmen der *Entwicklung der Einzelmaßnahmen* besteht in der Präzisierung der Leistungen und Gegenleistungen zwischen den beiden Partnern. Auf Seiten des Sponsors handelt es sich z. B. um die Bereitstellung von finanziellen Zuschüssen, Sach- oder Dienstleistungen. Als Gegenleistung seitens des bzw. der Gesponserten sind beispielsweise die Nennung des Sponsors bei Veranstaltungen zu erwähnen, die Einräumung möglicher Hospitality-Maßnahmen oder der Auftritt des bzw. der Gesponserten in der TV-Werbung des Sponsors, auf Messen oder Pressekonferenzen. Zusätzlich zu den festgelegten Leistungen und Gegenleistungen sind solche Einzelmaßnahmen durchzuführen, die das Sponsorship kommunikativ unterstützen, z. B. durch Hinweise bei Pressemitteilungen, Einladungen zu Veranstaltungen oder die Einbeziehung der Mitarbeitenden in das Sponsorship.

3.8 Integration des Sponsoring in den Kommunikationsmix

Sponsoring eignet sich in besonderem Maße zur Gestaltung einer *Kommunikationsplattform* (Hermanns und Riedmüller 2003) und ist als Teil des Kommunikationsmix immer im Verbund mit anderen Kommunikationsinstrumenten zu sehen und somit idealtypisch im Rahmen einer *Integrierten Kommunikation* systematisch mit diesen zu vernetzen (Bruhn 2014b). Durch einen integrierten Einsatz der Instrumente lassen sich sowohl Kostensenkungspotenziale realisieren als auch Synergieeffekte nutzen. Zur Gewährleistung eines effizienten Einsatzes der Sponsoringaktivitäten hat eine Integration auf zwei Ebenen zu erfolgen.

Die Koordination verschiedener Sponsoringaktivitäten ereignet sich im Rahmen einer *intrainstrumentellen Integration*. Diese beinhaltet die Vernetzung von Entscheidungen hinsichtlich des Konzepts und der Gestaltung jedes Sponsoringengagements des Unternehmens. Die Besonderheiten der jeweiligen Maßnahme bzw. die verschiedenen Erwartungshaltungen der jeweiligen Sponsoringzielgruppen sind bei der Abstimmung zu berücksichtigen. Bei den intrainstrumentellen Integrationsentscheidungen lassen sich drei Dimensionen unterscheiden. Die inhaltliche Dimension bezieht sich insbesondere auf die Vorgabe eines übergreifenden Dachthemas für alle Sponsorships. Die formale Dimension umfasst alle Entscheidungen, die auf die einheitliche und konsistente Umsetzung dieser Themenstellung durch die Einhaltung formaler Gestaltungsprinzipien abzielen. Die zeitliche Dimension betrifft sowohl die Koordination der einzelnen Sponsoringmaßnahmen innerhalb einer Planungsperiode als auch die Kontinuität zwischen verschiedenen Planungsperioden.

Im Rahmen der *interinstrumentellen Integration* ist das Sponsoring mit den anderen kommunikationspolitischen Instrumenten zu vernetzen. Ein kombinierter Einsatz ist notwendig, da isolierte Sponsoringmaßnahmen häufig kaum die Wahrnehmungsgrenze der Rezipienten überspringen (Klewenhagen 2001, S. 16). Die Wahrnehmung ist Voraussetzung, um Bekanntheit aufzubauen und kommunikative Botschaften zu transportieren. Stellt ein Sponsorship einen wesentlichen Schwerpunkt in der Kommunikationspolitik dar, lässt es sich zu einem umfassenden kommunikativen Fundament ausbauen. Eine Kommunikationsplattform bildet den inhaltlichen Mittelpunkt verschiedener flankierender, inhaltlich, formal und zeitlich aufeinander abgestimmter Kommunikationsinstrumente. Sie ist zentraler Bestandteil der Kommunikationsstrategie eines Unternehmens und über sie lassen sich die kommunikativen Kernaussagen transportieren (Bruhn 2014a, S. 807). Sponsoring als Kommunikationsplattform schafft Ereignisse und Anlässe, deren Inhalte durch andere Kommunikationsinstrumente aufzugreifen und weiter zu transportieren sind (Bruhn 2003).

3.9 Erfolgskontrolle des Sponsoring

Die Kontrolle des Sponsoringerfolgs schließt den Planungsprozess ab. Gegenstand ist die Überprüfung des Erfolgs des gesamten Sponsoringengagements sowie einzelner Sponsorships, um Hinweise auf Verbesserungspotenziale zu erhalten.

Im Rahmen der *Prozesskontrollen* findet eine unternehmensinterne Überprüfung der Durchführung von Sponsorships statt. Es erfolgt eine Überwachung der notwendigen Aktivitäten zur Vorbereitung einer Sponsoringmaßnahme, die Einhaltung von Zeitplänen und die Kontrolle der eingesetzten Verfahren und Maßnahmen in den einzelnen Planungsschritten. Zur Kontrolle der Ablaufprozesse kommen Methoden wie Checklisten, die Netzplantechnik oder das EFQM Excellence-Modell zum Einsatz.

Effektivitätskontrollen beziehen sich auf die unternehmensextern realisierten Wirkungen der Sponsoringaktivitäten bei den Zielgruppen. Für die Überprüfung der kognitiven, affektiven und konativen Reaktionen der Zielgruppen auf das Sponsoring stehen verschiedene Methoden zur Verfügung. Zur Messung kognitiver Erfolgsgrößen kommen in erster Linie Recall- und Recognitions-Tests zum Einsatz. Im Zusammenhang mit affektiven Größen liegt das Augenmerk auf der Kontrolle von Imagewirkungen. Die Messung konativer Größen gestaltet sich am schwierigsten, da ein Zusammenhang zwischen den Sponsoringaktivitäten und den Kaufverhaltenswirkungen bzw. Verhaltensänderungen oftmals nicht klar zuzuordnen ist.

Im Rahmen von *Effizienzkontrollen* findet sowohl eine Kontrolle des gesamten Sponsoringeinsatzes als auch eine Evaluation der einzelnen Sponsoringmaßnahmen und -mittel statt. Zur Beurteilung der Sponsoringaktivitäten werden Kosten-Nutzen-Vergleiche aufgestellt, d. h., es erfolgt eine Gegenüberstellung der unternehmensintern aufgewendeten Kosten sämtlicher Sponsoringaktivitäten (Erfassung des bewerteten Aufwands) und des unternehmensextern realisierten Nutzens. Zur Messung der Sponsoringeffizienz eignet sich als Methode die Berechnung des so genannten Return on Sponsoring. Hierbei wird ein Sponsoringindex durch Berücksichtigung der Wirkungsprozesse auf Seiten der Rezipienten ermittelt und in Relation zu den Rechteausgaben für die Sponsoringmaßnahmen gesetzt (Serviceplan/Sky Media Network 2013). Eine fundierte Effizienzmessung ist jedoch aufgrund der komplexen Wirkungsinterdependenzen im Kommunikationsmix nur bedingt möglich.

4 Erfolgsfaktoren und Zukunftsperspektiven des Sponsoring

Die Ausführungen haben wesentliche Aspekte des Sponsoring aufgezeigt, jedoch kann kein „Patentrezept" für einen erfolgreichen Einsatz dieses Kommunikationsinstruments angeboten werden. Dennoch lassen sich verschiedene *Erfolgsfaktoren* hervorheben, hier seien fünf Faktoren genannt:

(1) Thematische Verbindungslinien zwischen mehreren Sponsorships eines Unternehmens erhöhen die Glaubwürdigkeit und Wirkung einzelner Maßnahmen.
(2) Schwerpunkte in der Sponsoringstrategie sowie vereinbarte Sponsoringengagements sind langfristig aufrecht zu erhalten.
(3) Im Rahmen des Sponsoring sind besonders Maßnahmen von Bedeutung, die den Aufbau und die Pflege von persönlichen Kontakten zur Zielgruppe ermöglichen und den Markenwert erhöhen.
(4) Sponsoringmaßnahmen bedürfen einer Integration in den gesamten Kommunikationsmix eines Unternehmens, um ihre kommunikative Wirkung vollständig zu entfalten.
(5) Sponsoringmaßnahmen erfordern eine regelmäßige Erfolgskontrolle, um Fehlausrichtungen frühzeitig zu erkennen und korrigieren zu können sowie Hinweise für das zukünftige Sponsoring zu erhalten.

Dem Sponsoring wird auch zukünftig eine hohe Bedeutung innerhalb des kommunikativen Auftritts eines Unternehmens zukommen und es leistet einen wesentlichen Beitrag zur Umsetzung einer Integrierten Kommunikation, die als zentraler Erfolgsfaktor im Kommunikationswettbewerb gilt. Die Entwicklungstendenzen und *Zukunftsperspektiven* betrachtend seien an dieser Stelle lediglich drei Aspekte in Form von Thesen hervorgehoben:

These 1: Trotz des allgemeinen Bedeutungszuwachses und einer gewissen Professionalisierung gegenüber dem Sponsoringeinsatz sind die verschiedenen Sponsoringangebote zukünftig kritischer zu betrachten. Die einzelnen Sponsorships sind noch klarer qualitativ und quantitativ zu begründen. Dies ist insbesondere auf die schwierige Wirtschaftslage zurückzuführen, die die Unternehmen zwingt, ihre Investitionen künftig noch kritischer zu prüfen und an die Wirtschaftsentwicklung anzupassen.

These 2: Unternehmen stehen verstärkt unter öffentlicher Beobachtung. Treten Widersprüche und Irritationen bei den Sponsorships auf oder wird beispielsweise dem Umwelt- und Soziosponsoring bei hoher sachlicher Betroffenheit des Unternehmens nur eine „Alibifunktion" zugesprochen, so ist mit kritischer Berichterstattung in den klassischen und sozialen Medien und Glaubwürdigkeitsverlusten zu rechnen. Unternehmen sind daher aufgefordert, diesen Risiken bei der Auswahl und Ausgestaltung von Sponsorships künftig verstärkt zu begegnen.

These 3: In den letzten Jahren hat vor allem die Social Media-Kommunikation an Bedeutung gewonnen. Einige Unternehmen nehmen bereits eine Integration des Sponsoring mit Social Media-Aktivitäten vor. Dies erweist sich als vorteilhaft, da sich dadurch auf kostengünstige Weise die Wirkungsdauer eines Sponsoringengagements verlängern lässt. Des Weiteren erleichtert die Integration von Social Media die emotionale Interaktion des sponsoringtreibenden Unternehmens mit den Zielgruppen. Angesichts dieser Vorteile ist davon auszugehen, dass in der Zukunft eine noch stärkere Vernetzung des Sponsoring mit der Social Media-Kommunikation erfolgt.

Sponsoring hat sich bereits als ein wesentliches Instrument im Kommunikationsmix etabliert. Aufgrund der bestehenden Veränderungen und zukünftig zu erwartender Entwicklungen auf den Kommunikations- und Medienmärkten sowie auf Konsumentenseite ist es allerdings weiterhin notwendig, Möglichkeiten innovativer und wertschöpfungsgenerierender Sponsoringformen zu schaffen bzw. diese auszunutzen.

Literatur

Androschin, K., Dönz, H., & Hämmerle, M. (1992). Kultursponsoring – das Geschäft mit Kunst und Kultur. *Management Zeitschrift, 61*(5), 91–94.
BBDO Live (Hrsg.) (2010). *Sponsoring Trends 2010*. Bonn.
Benkert, W., & Scheytt, O. (1995). *Kultursponsoring. Handbuch für Kulturmanagement und -verwaltung*. Stuttgart: Raabe.
Bruhn, M. (1989). Kulturförderung und Kultursponsoring – neue Instrumente der Unternehmenskommunikation? In M. Bruhn & H. D. Dahlhoff (Hrsg.), *Kulturförderung – Kultursponsoring. Zukunftsperspektiven der Unternehmenskommunikation* (S. 35–84). Wiesbaden: Gabler.
Bruhn, M. (1990). Sponsoring im sozialen und ökologischen Bereich – Ziele, Einsatzbereiche, Konzeptionen, Ergebnisse. In M. Bruhn & H. D. Dahlhoff (Hrsg.), *Sponsoring für Umwelt und Gesellschaft. Neue Instrumente der Unternehmenskommunikation, Beiträge zum Sponsoring im sozialen und ökologischen Bereich* (S. 11–90). Bonn: BDW.
Bruhn, M. (1996). Sponsoring. In L. G. Poth (Hrsg.), *Marketing* (Bd. 3, S. 1–57). Neuwied: Hermann Luchterhand.
Bruhn, M. (2003). Denk- und Planungsansatz der integrierten Marketingkommunikation. In A. Hermanns & F. Riedmüller (Hrsg.), *Sponsoring und Events im Sport – Von der Instrumentalbetrachtung zur Kommunikationsplattform* (S. 23–44). München: Vahlen.

Bruhn, M. (2004). Markenführung und Sponsoring. In M. Bruhn (Hrsg.), *Handbuch Markenführung. Kompendium zum erfolgreichen Markenmanagement. Strategien – Instrumente – Erfahrungen* (2. Aufl., Bd. 2, S. 1593–1630). Wiesbaden: Gabler.
Bruhn, M. (2005). Sponsoring als Kommunikationsinstrument – Teil 1: Grundlagen und strategische Ausrichtung. In G. Bentele, M. Piwinger & G. Schönborn (Hrsg.), *Kommunikationsmanagement. Strategien – Wissen – Lösungen*, Loseblattsammlung 2001 ff., Art.-Nr. 5.21, (S. 1–61). Neuwied/Kriftel: Wolters-Kluwers.
Bruhn, M. (2008). Der Beitrag des Sponsoring zur Erreichung von Markenzielen am Beispiel eines Telekommunikationsdienstleisters. In M. Bruhn & B. Stauss (Hrsg.), *Dienstleistungsmarken. Forum Dienstleistungsmanagement* (S. 163–187). Wiesbaden: Gabler.
Bruhn, M. (2010). *Sponsoring. Systematische Planung und integrativer Einsatz* (5. Aufl.). Wiesbaden: Gabler.
Bruhn, M. (2014a). *Unternehmens- und Marketingkommunikation. Handbuch für ein integriertes Kommunikationsmanagement* (3. Aufl.). München: Vahlen.
Bruhn, M. (2014b). *Integrierte Unternehmens- und Markenkommunikation. Strategische Planung und operative Umsetzung* (6. Aufl.). Stuttgart: Schäffer-Poeschel.
Bruhn, M. (2015). *Kommunikationspolitik. Systematischer Einsatz der Kommunikation für Unternehmen* (8. Aufl.). München: Vahlen.
Bruhn, M., & Ahlers, G. M. (2014). Sponsoring als Instrument der Integrierten Kommunikation. In A. Zerfaß & M. Piwinger (Hrsg.), *Handbuch Unternehmenskommunikation. Strategie – Management – Wertschöpfung* (2. Aufl., S. 707–729). Wiesbaden: Springer Gabler.
Bruhn, M., Martin, S., & Schnebelen, S. (2014). *Integrierte Kommunikation in der Praxis. Entwicklungsstand in deutschsprachigen Unternehmen*. Wiesbaden: Springer Gabler.
Drees, N. (2003). Bedeutung und Erscheinungsformen des Sportsponsoring. In A. Hermanns & F. Riedmüller (Hrsg.), *Management-Handbuch Sport-Marketing* (S. 47–66). München: Vahlen.
Fahy, J., Farrelly, F., & Quester, P. (2004). Competitive advantage through sponsorship. *European Journal of Marketing, 38*(8), 1013–1030.
FASPO (Fachverband Sponsoring). (Hrsg.). (2013). *Sponsor Visions 2012*. Hamburg.
Grüsser, B. (1991). *Kultursponsoring. Die gegenseitigen Abhängigkeiten von Kultur, Wirtschaft und Politik*. Tübingen: Universität Tübingen.
Hermanns, A. (2011). Planung des Sponsoring. In A. Hermanns & F. Riedmüller (Hrsg.), *Management Handbuch-Sport-Marketing* (2. Aufl., S. 67–92). München: Vahlen.
Hermanns, A., & Riedmüller, F. (Hrsg.). (2003). *Sponsoring und Events im Sport. Von der Instrumentalbetrachtung zur Kommunikationsplattform*. München: Vahlen.
Hummel, M. (1995). Kulturfinanzierung durch Unternehmen in Zeiten verschärfter ökonomischer Sachzwänge. *Ifo-Schnelldienst, 48*(8), 8–21.
Klewenhagen, M. (2001). Vernetzte Kommunikation. Eine verstrickte Sache. *Sponsors, 6*(5), 14–22.
Sport + Markt AG. (Hrsg.). (2013). *Sponsoring Barometer Österreich 2012/2013*. Köln.
Pilot Checkpoint. (Hrsg.). (2010). *Sponsor Visions 2010*. Hamburg.
Posadowsky, D. v. (2007). Kultursponsoring. Zwischen Corporate Citizenship und Marketing. In D. Ahlert, D. Woisetschläger, & V. Vogel (Hrsg.), *Exzellentes Sponsoring. Innovative Ansätze und Best Practices für das Markenmanagement* (2. Aufl., S. 387–410). Wiesbaden: Gabler.
Rothe, C. (2001). *Kultursponsoring und Image-Konstruktion: interdisziplinäre Analyse der rezeptionsspezifischen Faktoren des Kultursponsoring und Entwicklung eines kommunikationswissenschaftlichen Image-Approaches*. Bochum: vdm Verlag Dr. Müller E.K.
Schiewe, K. (1995). *Sozial-Sponsoring. Ein Ratgeber* (2. Aufl.). Freiburg: Lambertus.
Serviceplan, & Sky Media Network. (2013). *From the Heart to the Brain. Der Deutsche Sponsoring-Index 2013*. München/Unterföhring.
Witt, M. (2000). *Kunstsponsoring. Gestaltungsdimensionen, Wirkungsweise und Wirkungsmessungen*. Berlin: Erich Schmidt.
ZAW (Zentralverband der deutschen Werbewirtschaft). (2013). *Werbung in Deutschland 2013*. Bonn: edition zaw.

ZHAW, & FASPO. (2013). *„Sponsor Visions Schweiz". Eine empirische Studie zum Sponsoringmarkt Schweiz*. Winterthur.

Prof. Dr. Dr. h.c. mult. Manfred Bruhn ist Inhaber der Professur für Marketing und Unternehmensführung an der Universität Basel und Honorarprofessor an der Technischen Universität München.

Einsatz des Product Placement für die Marketingkommunikation

Arnold Hermanns und Fritjof Lemân

Inhalt

1	Einführung	204
2	Grundlagen des Product Placement	206
3	Ziele des Product Placement	209
4	Wirkungsweise des Product Placement	212
5	Schlussbetrachtung	214
	Literatur	214

Zusammenfassung

Product Placement ist die gezielte Darstellung kommerzieller Inhalte, beispielsweise von Markenprodukten in unterschiedlichen Medien. In den letzten Jahrzehnten hat sich Product Placement zu einem etablierten Kommunikationsinstrument entwickelt, das heute insbesondere bei Spielfilmen in vielen Fällen eine ernstzunehmende Rolle bei der Finanzierung der Produktionen darstellt. Der Beitrag beschreibt die Entwicklung, Formen und Zielsetzungen des Product Placements sowie dessen Wirkungsweise und die Variablen des Einflusses auf einen erfolgreichen Einsatz für die Marketingkommunikation.

Schlüsselwörter

Branded Entertainment • Product Placement • Produktplatzierung

---

A. Hermanns (✉)
Lehrstuhl für Betriebswirtschaftslehre, Privatuniversität Schloss Seeburg, Seekirchen/Wallersee, Österreich
E-Mail: arnold.hermanns@t-online.de

F. Lemân
VirtuoSys GmbH, München, Deutschland
E-Mail: fritjof.leman@unibw.de

1 Einführung

Kurz vor Weihnachten irgendwo in Deutschland, Menschen verlassen die Spätvorstellung des örtlichen Multiplex-Kinos, James Bond hat zum wiederholten Mal an diesem Abend die Welt gerettet. Unverzichtbare Hilfsmittel: eine Omega Planet Ocean, Anzüge von Tom Ford, ein Aston Martin Vanquish und eine Walther PKK (Abb. 1). Product Placement ist aus James Bond Filmen nicht erst seit jüngster Zeit nicht mehr wegzudenken. So nutzten im aktuellen Streifen „Skyfall" mehr als 15 Unternehmen den Film zur Präsentation ihrer Produkte (Lodge 2012). Im Film „Die Another Day" waren es laut der Welt am Sonntag so viele, dass erboste Fans den Streifen auf „Buy Another Day" umtauften (Neises 2006, S. 16).

Product Placements sind heute fester Bestandteil von Spielfilmen. Bei vielen Hollywoodproduktionen ist der Aufwand so hoch, dass die Filme ohne die Beteiligung Dritter durch Produktionskostenzuschüsse nicht zu finanzieren wären (Schultze 2001, S. 8; Hudson und Hudson 2006, S. 492). Laut Auskunft des James Bond Darstellers Daniel Craig wäre der aktuelle Bond-Film ohne das Heineken Product Placement in Höhe von 35 Mio. Dollar, einem Drittel der Produktionskosten von „Skyfall", in dieser Form nicht zu realisieren gewesen (Osterhout 2012).

Die lange und wechselhafte *Geschichte des Product Placements* begann in den frühen 1930er-Jahren. Während der Weltwirtschaftskrise versuchten findige Filmproduzenten die Produktionskosten durch Product Placements zu senken – ein Beispiel hierfür der Film „It Pays to Advertise", welcher negative Berühmtheit erlangte als derjenige Film, der das Medium für den Kommerz öffnete (Balasubramanian et al. 2006, S. 116). Nach einer Phase in den 1940er- und 1950er-Jahren, in der es still um die Product Placements wurde, kam es zu einer Wiederentdeckung

Abb. 1 Product Placements im James Bond Film „Skyfall" (www.Omega.de; www.astonmartin.com; www.ejmailorder.co.uk; www.skyfall-movie.com; http://ckstenberg.com/blog/wp-content/uploads/2012/11/Bond-Heineken-620x386.jpg)

in den späten 1960er-Jahren (Segrave 2004, S. 116). Als Durchbruch des modernen Product Placement wird die Platzierung des roten Alfa Romeo Spider im Film „Die Reifeprüfung" mit Dustin Hoffmann und Anne Bancroft von 1967 gesehen. Eine Vielzahl Placements in den 1980er- und 1990er-Jahren folgte (vgl. Beispiel 1), wobei sowohl die Anzahl als auch die Ausgereiftheit der Product Placements in den letzten Jahren stark zunahm (Tiwsakul und Hackley 2005). Im Jahr 2011 wurde das globale Marktvolumen von Product Placements auf 7,39 Mrd. US-Dollar beziffert, sich wiedererhohlend von 6,25 Mrd. US-Dollar im Krisenjahr 2009 (PQ Media 2012). Für die Jahre 2012 bis 2016 wird ein jährliches Wachstum von 10 Prozent prognostiziert.

Beispiel 1: *Erfolgreiches Product Placement in den 1980er-Jahren am Beispiel von Hershey's in „E.T., der Außerirdische" und Ray Ban in „Risky Business"* (www. carolinatheatre.org/resources/images/films/ET%20MOVIE%20POSTER.jpg; www. geekroar.com/film/archives/riskybusiness.jpg; http://us.movies1.yimg.com/movies. yahoo.com/images/hv/photo/movie_pix/warner_brothers/risky_business/tom_cruise/ riskybusiness4.jpg)

Das wohl meist zitierte Beispiel für erfolgreiches Product Placement ist die Platzierung von „Reese's Pieces candy" im Spielberg Film „E.T., der Außerirdische" von 1982. Zunächst boten die Produzenten dem Süßwarenhersteller „Mars" (M&M's, Snickers, Balisto) eine Filmszene an, in der ein kleiner Junge den außerirdischen Protagonisten des Films mit den Süßigkeiten des Herstellers anlockt, und auf diese Weise die dramaturgisch wichtige Freundschaft zwischen beiden Charakteren begründet. Mars jedoch lehnte ein Product Placement ab, da es dieses für nicht vielversprechend hielt. Die Firma Hershey's sagte zu und konnte innerhalb eines Monats nach Filmstart Absatzsteigerungen der „Reese's Pieces" von 70 Prozent verbuchen. Die Angaben der Steigerungsrate unterscheiden sich von Autor zu Autor zwischen 60 und 75 Prozent, dass eine signifikante Umsatzsteigerung stattfand, ist jedoch unumstritten (De Gregorio und Sung 2010, S. 83; Newell et al. 2006). Ein weiteres spektakuläres Beispiel ist der Film „Risky Business" mit Tom Cruise in der Hauptrolle. Nach Platzierung der Sonnenbrille „Wayfarer" konnte Ray Ban eine Absatzsteigerung um 83 Prozent des Modells verzeichnen (Segrave 2004, S. 165 ff.).

2 Grundlagen des Product Placement

Unter *Product Placement* wird „die gezielte Platzierung eines Markenartikels als reale Requisite in der Handlung eines Spielfilms, einer Fernsehsendung mit Spielfilmcharakter (z. B. Krimi) oder eines Videoclips" verstanden, „wobei der Markenartikel für den Betrachter des Films deutlich erkennbar ist" (Hermanns 1997, S. 26 f.). Weiterhin ist ein Product Placement „durch Entgeltlichkeit gekennzeichnet." Product Placement beschränkt sich aber nicht nur auf Film und Fernsehen, sondern wird auch in anderen Medien wie Romanen (Friedman 1985; Nelson 2004, S. 203), Musik (Friedman 1986; Gupta und Lord 1998, S. 47) und Computerspielen (Nelson 2002) eingesetzt (Gould und Gupta 2006, S. 65). Insbesondere letzteres erfreut sich zunehmender Beliebtheit. Es wird davon ausgegangen, dass die Bedeutung von Product Placement in Computer- und Videospielen die des klassischen Product Placement in absehbarer Zeit übersteigen wird.

Nach Hermanns (1997, S. 27) stellt Product Placement einen Teil der Kommunikationspolitik dar. Im Rahmen dieser werden verschiedene Instrumente unterschieden, welche gemeinsam den so genannten Kommunikationsmix bilden (Drees 1992, S. 19). Häufig werden die Instrumente miteinander kombiniert, da sie auf diese Weise ihre Wirkung wechselseitig verstärken. Die integrierte Audi Marken-Kampagne zum Film „I, Robot" ist ein gutes Beispiel für das Zusammenspiel von PR und Product Placement (vgl. Beispiel 2).

Beispiel 2: *Kombination von PR und Product Placement am Beispiel des Films „I, Robot"* (www.audi.com)

Ein spektakuläres Placement gelang Audi durch die Platzierung der speziell für den Film entwickelten und gefertigten Sportwagenstudie „Audi RSQ" in „I, Robot" mit Will Smith in der Hauptrolle. In über 40 Ländern wurde über das Modell, welches niemals in Serie gehen wird, in Print- und Online-Medien sowie Fernseh- und Radiobeiträgen berichtet. Zeitweise wurden bei Eingabe von „Audi RSQ" in die Internetsuchmaschine Google über 37.000 Einträge gefunden (Sauer 2004, S. 3).

Die *Erscheinungsformen des Product Placements* lassen sich anhand verschiedener Kriterien systematisieren, zum einen nach Art und Eigenschaften des Placements

(Hermanns 1997, S. 26), zum anderen nach dem Grad der Programmintegration. Des Weiteren lassen sich verschiedene Gruppen auf der Grundlage des Systematisierungskriteriums „Art der Informationsvermittlung" unterscheiden. Die folgenden Systematiken eignen sich mehrheitlich nur zum Klassifizieren von Placements in audiovisuellen Medien, auf jene in anderen Medien beispielsweise in Büchern und Musiktiteln lassen sie sich nur zum Teil anwenden. Aus diesem Grund werden die folgenden Systematiken - auch wenn sie nicht zur Klassifizierung der Placements in allen Medien geeignet sind - in Bezug auf Spielfilme, TV und Videoclips vorgestellt.

Formen des Product Placements umfassen (Hermanns 1997, S. 26; Berndt und Uebelhart 2004, S. 468):

- *Product Placement i. e. S.*: Die Platzierung von Markenartikeln in Medien.
- *Corporate Placement*: Im Rahmen dieser Form wird der Name bzw. das Zeichen eines Unternehmens eingeblendet bzw. genannt.
- *Generic Placement*: Hierbei geht es um die Präsentation einer Produktart, was kooperative Marketing-Kommunikation voraussetzt, beispielsweise der Protagonist trinkt bei jeder sich bietenden Gelegenheit Milch.

Eine weitere Möglichkeit, Product Placements zu systematisieren, ist der *Grad der Einflussnahme auf das Drehbuch*. Hierbei ergeben sich verschiedene Intensitätsstufen. (Hermanns 1997, S. 27):

- Markenartikel werden *ohne weitere Auflagen* zur Verfügung gestellt.
- *On-Set Placement*: Der Markenartikel wird platziert, ohne dass eine engere Verknüpfung des Produktes mit der Handlung besteht.
- *Creative Placement*: Die Handlung wird in einem bestimmten Maße auf den platzierten Markenartikel abgestimmt.
- *Uneingeschränkter Einfluss auf das Drehbuch*: Beim Schreiben des Drehbuchs wird dem Placement ein zentraler Platz in der Handlung eingeräumt (vgl. Beispiel 3).

Beispiel 3: *Platzierung Sony Play Station Portable in der Serie „South Park".* (http://images.tomshardware.com/2005/04/25/sony_psp/sony_psp_1.jpg; www.sony.com)

Sony gelang es die zu diesem Zeitpunkt neue Play Station Portable (PSP) in der populären US-Zeichentrickserie „South Park" zu platzieren (Titze 2005, S. 23). Einem der Protagonisten (Kenny) gelingt es, die letzte PSP zu erwerben, bevor diese im Laden restlos ausverkauft ist. In der gesamten Episode spielt die Figur das Spiel „Heaven vs. Hell". Als sie schließlich die sechzigste Spielstufe erreicht, wird sie von einem Laster überfahren, stirbt und kommt in den Himmel. An der Himmelspforte empfängt sie Petrus mit den Worten: „Herzlich Willkommen Kenny – dein Tod war nicht vergebens. Gott erschuf die PSP, um damit die Menschen zu bestimmen, die gegen das Böse gewinnen können."

Die *Art der Informationsvermittelung* ist ein weiteres Kriterium, das sich zur Systematisierung der verschiedenen Formen von Product Placement eignet (Gupta und Lord 1998, S. 48):

- *Visuelle Placements*: Der Markenartikel wird gezeigt.
- *Audio Placements*: Über den Markenartikel wird gesprochen.
- *Audio-Visuelle Placements*: Über den Markenartikel wird gesprochen und er ist im Bild zu sehen.

Des Weiteren ist bei Visuellen Placements eine Unterscheidung nach der *Art der Darstellung* möglich (Gupta und Lord 1998, S. 49):

- *Prominente Placements*: Das Produkt wird zentral im Vordergrund gezeigt und hat oftmals eine spezielle Verbindung zur Szene.
- *Subtile Placements*: Das Produkt steht beispielsweise im Hintergrund zwischen einer Reihe anderer Produkte, ist kleiner oder nur kurz im Bild zu sehen sowie im Allgemeinen außerhalb des direkten Blickfeldes des Zuschauers.

Im Laufe der Jahre wurde das klassische Product Placement, das Platzieren von Markenartikel in Spielfilmen, TV-Sendungen und Videoclips, neben den schon erwähnten Generic und Corporate Placements um weitere *Varianten* ergänzt, über die Tab. 1 eine Übersicht gibt (Ridder 2006, S. 58).

Eine Erweiterung des Product Placement ist das *Branded Entertainment*. Diese auf dem Product Placement aufbauende Form der Kommunikation greift im Unterschied zu jenem stärker in Geschichten und Abläufe von TV-Programmen ein (Schön 2005, S. 32; Hudson und Hudson 2006, S. 493). Ein gutes Beispiel für Branded Entertainment ist die US-Reality Serie „The Apprentice", in der der Immobilien-Tycoon Donald Trump Führungskräfte für eines seiner Unternehmen sucht. Im Mittelpunkt einzelner Episoden stehen dabei Aufgaben die für bestimmte Markenartikelhersteller gelöst werden. So wird beispielsweise in einer Folge von den Teilnehmern ein neues Spielzeug für den Barbie-Hersteller Mattel kreiert und ein Werbekonzept für dieses erarbeitet (Atkinson 2004, S. 1; Hudson und Hudson 2006, S. 494).

Tab. 1 Varianten des Product Placement

Service Placement	Im Rahmen dieser Placement-Variante stehen Dienstleistungen im Vordergrund, bspw. die Nutzung von Breitband Internet-Anschlüssen.
Historic Placement	In historischen Filmen werden Markenartikel aus der damaligen Zeit verwendet.
Idea Placement	Sensibilisierung des Zuschauers für Meinungen, Überzeugungen oder Botschaften, bspw., dass Gasheizungen umweltfreundlicher als Ölheizungen sind.
Innovation Placement	Unternehmen platzieren ihre Marktneuheiten.
Image Placement	Das gesamte Thema eines Films ist auf ein Produkt oder eine Branche zugeschnitten. Prominentes Beispiel hier der Film „Top Gun", welcher eine Flut von Bewerbungen für die US-Navy auslöste.
Country-/Landside-Placement	Im Zuge dieser Placement-Variante wird für Länder oder Regionen geworben. Dieses ist insbesondere für den Tourismus in den betreffenden Regionen von Bedeutung.
Music Placement	Lieder oder Interpreten werden in eine Serie oder einen Film integriert.
Non Placement/ Replacement	Hersteller versuchen, ihre Produkte aus bestimmten Szenen oder Filmen fernzuhalten. Auf diese Weise soll verhindert werden, dass der Konsument negative Assoziationen mit dem Unternehmen verknüpft.

3 Ziele des Product Placement

Die beiden wichtigsten *kommunikativen Ziele für Unternehmen* in Bezug auf Product Placements sind die Erhöhung der Bekanntheit von Marke und Unternehmen sowie die Schaffung, Stärkung oder Veränderung von Marken- bzw. Unternehmensimages (Gwinner und Eaton 1999, S. 47). Unternehmen erwarten sich durch das positive Image der ausgewählten Sendung und der darin auftretenden Künstler einen Imagetransfer auf das Werbeobjekt sowie einen höheren Bekanntheitsgrad (Nieschlag et al. 2002, S. 1120). Von der Erhöhung des Bekanntheitsgrades wird seitens der Unternehmen langfristig ein positiver Umsatzimpuls erwartet. Zum einen steigt mit dem Bekanntheitsgrad der Kreis der Verwender, zum anderen die Kaufneigung gegenüber der betreffenden Marke. Es ist erwiesen, dass Product Placement die Bekanntheit von Marken und Unternehmen erhöhen kann und es zur Erreichung der Bekanntheitsziele wirkungsvoller als vergleichbare Fernsehwerbung ist (Gupta und Lord 1998; Karrh et al. 2003, S. 138). Das zweite wesentliche kommunikative Ziel ist die Schaffung, Veränderung und Stabilisierung von Images. Im Falle des Product Placements in einem Spielfilm also die Übertragung der mit einem Darsteller in Verbindung gebrachten positiven Assoziationen auf das Produkt oder das Unternehmen.

Die Gründe für die *wachsende Bedeutung des Product Placements* sind verschiedenartig. Verantwortlich sind sicherlich die zunehmenden Reaktanzen in den Zielgruppen in Bezug auf klassische Fernsehwerbung, die auf die Allgegenwärtigkeit von Werbung zurückzuführen sind (Gupta und Lord 1998, S. 47; Balasubramanian et al. 2006, S. 116). Die Rezipienten reagieren mit Werbevermeidungsstrategien. Die Verbreitesten sind Zapping – das Vermeiden von Werbung durch Wechseln des Programms – oder Zipping – das Aufnehmen der Sendungen und spätere Überspulen der Werbepausen (Meenaghan 1991, S. 38; Balasubramanian et al. 2006, S. 116). Die zunehmende Verbreitung von Festplattenrekordern (Schön 2005, S. 32), die es ermöglichen, Werbung problemlos zu überspringen, sowie von Video-on-Demand-Lösungen wie Apple TV begünstigen letzteres. Product Placement bietet die Möglichkeit dieses aus Perspektive der Werbungtreibenden in Bezug auf die Übertragung der Werbebotschaft gravierende Problem zu umgehen. Durch Platzierung und Einflechten in die Handlung wird dem Zuschauer diese Möglichkeit genommen und somit eine größere Anzahl potenzieller Konsumenten erreicht (Homburg 2012, S. 826 f.). Studien belegen, dass die Einstellung der Zuschauer gegenüber Product Placement positiver ist als gegenüber Fernsehwerbung. Zudem wird dieses als weitaus weniger störend empfunden (Gupta und Gould 1997; Gupta et al. 2000). Darüber hinaus besitzt es eine höhere Glaubwürdigkeit, da das Produkt als ein Teil der Handlung und nicht im Werbekontext wahrgenommen wird (Homburg 2012, S. 827). Durch die Trennung von den eigentlichen Werbeblöcken ermöglicht Product Placement den Werbetreibenden, gesetzliche Restriktionen in Bezug auf die Fernsehwerbung, z. B. das Fernsehwerbeverbot für Zigaretten, zu umgehen (Gould et al. 2000, S. 43). Auch finanzielle Gründe werden häufig angeführt. Product Placement gilt vielfach als eine preiswerte Alternative zu Fernsehspots, da mit ihm relativ günstige Reichweiten erzielt werden können (d'Astous und Chartier 2000). Eine einmalige Zahlung der Gebühr sichert die Präsenz bei jeder Wiederholung des Films und somit im Idealfall eine Lebensdauer von Jahrzehnten (Karrh 1998, S. 33). Unternehmen, die ihre Produkte in Filmen platzieren, erhoffen sich einen Imagetransfer von einem Schauspieler bzw. einem Film auf das platzierte Produkt (Berndt und Uebelhardt 2004, S. 476; Karniouchina et al. 2011, S. 28). Die Möglichkeiten des Product Placement im Bereich der Computer- und Videospiele gehen sogar weit über die im klassischen Bereich hinaus. Hier besteht die Möglichkeit der genauen Zielgruppenansprache bis hin zum One-to-One-Marketing. In Online-Spielen ist es möglich, die Placements im Spiel zu aktualisieren und sie regional anzupassen (Schneider und Cornwell 2005; Williams et al. 2011). Deutlich werden diese Möglichkeiten im Folgenden aus dem Bereich „In Game Advertising" (IGA) stammenden Beispiel. IGA weist mit dem Product Placement in Videospielen eine große Ähnlichkeit auf. Im Oktober 2008 kurz vor der US-Präsidentschaftswahl hat das Wahlkampfteam des damaligen demokratischen Kandidaten Barack Obama Werbeanzeigen in Videospielen auf der Microsoft Xbox 360 wie beispielsweise „Madden NFL 09" und neun weiteren Titeln des Herstellers Electronic Arts gekauft. Die Wahlwerbung für Obama wurde den Spielern nur für einen Monat vor dem Wahltag und in zehn besonders umkämpften Swing States gezeigt (Alarkon 2008). Vorteilhaft aus Sicht der Werbungtreibenden ist darüber hinaus die in Abhängigkeit vom Spiel wesentlich längere Zeit, die sich die Rezipienten mit dem Medium beschäftigen. So beläuft sich die Spielzeit bei vielen Spielen auf einige hundert Stunden gegenüber einer durchschnittlichen Spielfilmlänge von neunzig Minuten.

Auch ergeben sich *Gründe gegen den Einsatz von Product Placement.* Beispielsweise, dass das Instrument oftmals als nicht legitim wahrgenommen wird, gewissermaßen als unzulässige Form der Beeinflussung. Ist dieses der Fall, sind Effekte zu erwarten, die den eigentlich vom Marketing erwünschten Ergebnissen diametral entgegenlaufen. Gründe dafür sind etwa Platzierungsfehler: derselbe Markenartikel ist zu häufig im Bild, der Markenname ist unnötig lange im Blickfeld des Betrachters oder eine künstliche Verbindung zwischen Produkt und Darsteller wird kreiert (Unger und Fuchs 2005, S. 293). Auch wenn die Platzierung die Handlung in ihrem Fluss unterbricht oder Spielfilme mit zu viel offensichtlichem Product Placement überladen sind, kann es zu Reaktanzen auf Seiten der Zuschauer kommen (Williams et al. 2011, S. 11). In Bezug auf Filme besteht das Problem, dass sich diese nicht ohne weiteres lokal adaptieren lassen, so ist ein Placement in großen internationalen Spielfilmproduktionen oftmals nur für globale Marken sinnvoll (Gould et al. 2000, S. 43). Im europäischen Raum – insbesondere in Deutschland – herrschen trotz einer Liberalisierung immer noch gesetzliche Restriktionen, die Product Placement in Film- und Fernsehproduktionen beschränken (Schwegler 2011). Seit einer Novelle des Rundfunkstaatsvertrages am 1. April 2010 sind Product Placements in deutschen Fernsehsendungen erlaubt, zumindest im Privatfernsehen (Enke und Rathmann 2013, S. 39). Weiterhin verboten bleibt die so genannte Schleichwerbung, beispielsweise eine werbliche Darstellung in Form von lobenden Dialogen außerhalb der Handlungslogik (Voß 2010). Die Grenze zwischen legalem Placement und illegaler Schleichwerbung, bzw. einem Mittel zur unbemerkten Manipulation von Konsumenten, ist jedoch unscharf. Als problematisch erweist sich immer noch die unterschiedliche Behandlung heimischer Produktionen und nordamerikanischen Produktionen im öffentlich-rechtlichen Fernsehen. So wird die Platzierung in einer kanadischen Sitcom geduldet, wäre aber in der zur selben Zeit in einer auf einem öffentlich-rechtlichen Sender laufenden deutschen Vorabendserie verboten (Schultze 2001).

Im Folgenden werden noch einmal die zentralen *Vor- und Nachteile des Product Placement* zusammengefasst:

Vorteile
- Je nach Medium relativ hohe Reichweiten und lange Lebensdauer.
- Imagetransfer von einem Schauspieler bzw. einem Film auf bspw. Markenartikel und Unternehmen.
- Umgehen der Werbesättigung.
- Positive Einstellung der Öffentlichkeit gegenüber Product Placement.

Nachteile
- Gesetzliche Einschränkungen im öffentlichen Fernsehen.
- Reaktanzen beim Zuschauer im Falle zu aufdringlicher Placements.
- Teilweise Wahrnehmung als unlautere Schleichwerbung.
- Oftmals geringe Einflussnahme auf die endgültige Einbindung der Placements in die Endversion eines Films.
- Im Fall von Spielfilmen schwierige lokale Adaption.

4 Wirkungsweise des Product Placement

Als 1934 Clark Gable in dem Film „It Happened One Night" sein Hemd vor Claudette Colbert auszog und kein Unterhemd darunter trug, brachen die Verkäufe für Unterhemden in den USA um 40 Prozent ein (Sutherland 2006, S. 107; Zazza 2006, S. 1). Seit dieser Zeit ist Werbungtreibenden geläufig, welchen Einfluss das Erscheinen von Produkten oder eben auch das Nicht-Erscheinen von Produkten in Filmen auf den Verkaufserfolg haben kann. Zur Wirkungsweise von Product Placement existieren ein Reihe von Theorien und eine noch größere Zahl von Untersuchungen. Auf einige wird im Folgenden kurz eingegangen.

In der Marketingforschung wird in zunehmendem Maße davon ausgegangen, dass Produkte mit emotionalen Erlebniswerten – dieses sind nach Konert (1986, S. 36) „subjektiv wahrgenommene, gefühlsmäßige Produktbeurteilungen der Konsumenten" auszustatten sind (Unger und Fuchs 2005, S. 292). Ziel ist es, sich auf diese Weise von der Konkurrenz zu differenzieren. Mittels Product Placement lassen sich Produkte mit diesen Erlebniswelten verbinden. Sie erhalten dadurch einen „emotionalen Zusatznutzen", indem sie mit Images, Erlebnissen oder Stimmungen verbunden werden. Es gilt als erwiesen, dass die Platzierung von Produkten in einem emotional ansprechenden Ambiente die Produktbeurteilung der Konsumenten positiv beeinflussen kann. Ebenso ist eine gegenteilige Wirkung durch negative Inhalte möglich (Karrh et al. 2003; Unger und Fuchs 2005, S. 292).

Ein in Bezug auf die Wirkung von Product Placement wichtiges Konstrukt ist das Involvement. Unter *Involvement* versteht man die innere Beteiligung, das Engagement, mit der sich die Rezipienten der Kommunikation zuwenden (Kroeber-Riel und Gröppel-Klein 2013, S. 461). Im Falle eines hohen Involvement werden die Medienbotschaften intensiv geprüft, bewertet und daraus Schlüsse gezogen. Im Falle eines niedrigen Involvements findet nur eine flüchtige Auseinandersetzung mit diesen statt. In den meisten Fällen wird Product Placement nur ein geringes Involvement von Seiten der Zuschauer zuteil. Dennoch können Einstellungsänderungen und eine Beeinflussung des Kaufentscheidungsprozesses hervorgerufen werden (Berndt und Uebelhart 2004, S. 469), selbst wenn keine explizite Erinnerung an die in einer Filmsequenz gesehene Marke besteht (Sawyer 2006, S. 111). Die geringe Leistung der Empfänger bei Verarbeitung und Speicherung der Botschaft, mit der bei niedrigem Involvement zu rechnen ist, kann durch Wiederholungskontakte kompensiert werden (Kroeber-Riel und Gröppel-Klein 2013). Sieht der Rezipient das Produkt häufig genug in von ihm als positiv empfundenen Situationen, wird angenommen, dass mit dem Produkt eine entsprechende Erwartungshaltungen verbunden wird. Durch geschickt eingesetztes Product Placement lassen sich so beispielsweise Assoziationen mit Schönheit, Erotik oder Erfolg auslösen.

Des Weiteren werden zur Erklärung der Wirkung des Product Placement *Lerntheorien* herangezogen. Es wird hierbei u. a. davon ausgegangen, dass durch häufige Wiederholung, beispielsweise eine attraktive Schauspielerin trinkt mehrfach Coca-Cola, Reiz-Reaktionsverknüpfungen gelernt werden (Unger und Fuchs 2005, S. 293). Unger und Fuchs, gehen davon aus, dass in Spielfilmen diese Lerneffekte häufig nicht eintreten, da die Anzahl der Wiederholungen der Product Placements zu gering ist, nehmen aber an, dass durch sich wiederholende Placements in Serien diese Form des Lernens möglich ist. Es wird davon ausgegangen, dass dieses in besonderem Maße auch auf Videospiele zutrifft, da sich die Rezipienten aufgrund der hohen Verweildauer vor dem Bildschirm lange den Placements aussetzen.

Auch die klassischen *Theorien des operanten Konditionierens* lassen sich an dieser Stelle zur Erklärung heranziehen (Unger und Fuchs 2005, S. 293). Sie besagen vereinfacht, dass Verhaltensweisen, auf die eine Belohnung erfolgt, erlernt werden. Des Weiteren ist bekannt, dass Menschen durch Beobachtung lernen: das so genannte Modelllernen. Beide Theorien lassen sich zur Erklärung der Wirkungsweise des Product Placement heranziehen und verbinden. Hierbei wird davon ausgegangen, dass Personen, die eine Belohnung bestimmter Verhaltensweisen bei anderen Personen beobachten, diese Verhaltensweisen erlernen. Übertragen auf das Product Placement bedeutet dies, wenn ein Schauspieler durch die Verwendung bestimmter Produkte erfolgreich oder besonders begehrenswert erscheint, die Rezipienten dieses auf ihre eigene Situation übertragen (vgl. Beispiel 4).

Beispiel 4: *Wirkungsweise von Product Placement.* (http://www.abfab.co.uk/Thumbnails/S25971.jpg).

Das Beispiel verdeutlicht die Kraft, die ein Product Placement, hier eine Sonnenbrille, besitzt, die wahrgenommene Distanz zwischen dem augenblicklichen Selbstbild des Zuschauers und dem von ihm angestrebten Selbstbild zu verringern oder zu überbrücken. Der Zuschauer empfindet den von Tom Cruise in „Top Gun" verkörperten Charakter als „cool". Augenscheinlich ist es ihm jedoch nicht möglich, zu sein wie dieser. Durch das Tragen der Sonnenbrille, die für einen Teil dieser „coolen" Identität steht, wird es ihm jedoch möglich, einen Teil dieser als erstrebenswert angesehenen Persönlichkeit auf seine eigene zu übertragen (Karrh 1998, S. 44 ff.).

Identität des Hauptdarstellers wird vom Zuschauer als „cool" wahrgenommen.	Diese Identität wird durch das Product Placement repräsentiert. Tom Cruise trägt eine Ray Ban Aviator Sonnenbrille.	Die „coole" Identität des Filmcharakters wird vom Zuschauer angestrebt.

Zur *Messung der Wirkung von Product Placements* eignen sich nach einer Expertenbefragung von Karrh, McKee und Pardun (2003) am besten Recall- und Recognition-Messungen. Auch die Entwicklung des Umsatzes hat nach Meinung der befragten Marketingverantwortlichen eine hohe Aussagekraft in Bezug auf den Erfolg eines Placements. Dennoch – so postuliert Karrh (1998, S. 36) – wird die Mehrzahl der Placement-Entscheidungen immer noch instinktiv getroffen, allein getrieben vom Wunsch, die Marke bekannt zu machen.

5 Schlussbetrachtung

Eine Vielzahl von Untersuchungen hat die Wichtigkeit von Product Placement als Bestandteil des Kommunikationsmix gezeigt. Ebenso wurden Wirkungsweise und Erfolgsfaktoren erforscht. Dennoch ist bis heute eine Reihe von Fragen ungeklärt geblieben. So ist es der Werbe- und Unterhaltungsindustrie bisher nicht gelungen, einen einheitlichen Standard zu finden, um die Wirkung von Product Placements wissenschaftlich zu quantifizieren und zu bewerten (Balasubramanian et al. 2006, S. 116; Zazza 2006, S. 3; Karniouchina et al. 2011, S. 27). Je größer jedoch der Stellenwert des Product Placement im Marketing wird, desto notwendiger wird eine standardisierte Messmethodik, die die Marketingverantwortlichen in die Lage versetzt ihre Entscheidungen („Spending decisions") basierend auf einer zuverlässigen Datenbasis zu treffen (Zazza 2006, S. 3).

Product Placement hat sein Potenzial im Marketing in den letzten Jahren unter Beweis gestellt. Wurde es einst als Bedrohung von den Werbungtreibenden wahrgenommen, eröffnet es ihnen heute vielfältige neue Möglichkeiten, erfolgreich zu arbeiten und das Problem der Werbesättigung zu umgehen. Insbesondere die Nutzung im Verbund mit anderen Kommunikationsinstrumenten wird weiter an Bedeutung gewinnen (Zazza 2006). Aus Branchensicht hat sich die Rechtslage in Deutschland seit 2010 verbessert, aber noch immer gibt es eine Reihe von Beschränkungen, insbesondere im öffentlich-rechtlichen Fernsehen. Diese lassen den Einsatz des Instrumentes in Deutschland hinter dem im liberaleren Amerika oder Asien zurückbleiben.

Der Bereich des Product Placements, dessen Potenzial das der anderen Bereiche übertrifft, ist ohne Zweifel der des Product Placement in Computer- und Videospielen, dem aufgrund der liberaleren Gesetzgebung und -auslegung sowie der technischen Möglichkeiten weiterhin ein kometenhafter Aufstieg prophezeit wird.

Literatur

Alarkon, W. (2008). *Obama runs ads in Madden.* The Hill. http://thehill.com/blogs/blog-briefing-room/news/campaigns/41660-obama-runs-ads-in-madden. Zugegriffen am 23.02.2014.
Atkinson, C. (2004). It's the marketers apprentice. *Advertising Age, 75*(35), 1–24.
Balasubramanian, S., Karrh, J., & Patwardhan, H. (2006). Audience response to product placements: An integrative framework and future research agenda. *Journal of Advertising, 35*(3), 115–141.
Berndt, R., & Uebelhart, M. (2004). Product Placement und Markenwahrnehmung: Bedeutung, Begriff und Erfolgsfaktoren. In D.-M. Bolz & W. Leven (Hrsg.), *Effizienz in der Markenführung* (S. 466–479). Hamburg: Gruner & Jahr.

D'Astous, A., & Chartier, F. (2000). A study of factors affecting consumer evaluations and memory of product placements in movies. *Journal of Current Issues and Research in Advertising, 22*(2), 31–40.
De Gregorio, F., & Sung, Y. (2010). Understanding attitudes toward and behaviors in response to product placement. *Journal of Advertising, 39*(1), 83–96.
Drees, N. (1992). *Sportsponsoring* (3. Aufl.). Wiesbaden: Gabler.
Enke, M., & Rathmann, P. (2013). Geschickt platziert. *Markenartikel, o. Jg.* (6), 39–41.
Friedman, M. (1985). The changing language of a consumer society: Brand name usage in popular American novels in the Postwar Era. *Journal of Consumer Research, 11*(4), 927–938.
Friedman, M. (1986). Commercial influences in the lyrics of popular American music of the Postwar Era. *Journal of Consumer Affairs, 20*(2), 193–213.
Gould, S., & Gupta, P. (2006). Come on down: A study of how consumers view game shows and the products placed in them. *Journal of Advertising, 35*(1), 65–81.
Gould, S., Gupta, P., & Grabner-Kräuter, S. (2000). Product placements in movies: A cross-cultural analysis of Austrian, French and American consumers' attitudes toward this emerging, international promotional medium. *Journal of Advertising, 29*(4), 41–58.
Gupta, P., Balasubramanian, S., & Klassen, M. (2000). Viewers' evaluations of product placements in movies: Public policy issues and managerial implications. *Journal of Current Issues and Research in Advertising, 22*(2), 41–52.
Gupta, P., & Gould, S. (1997). Consumers' perception of the ethics and acceptability of product placements in movies: Product category and individual differences. *Journal of Current Issues and Research in Advertising, 19*(1), 37–50.
Gupta, P., & Lord, K. (1998). Product placements in movies: The effect of prominence and mode on audience recall. *Journal of Current Issues and Research in Advertising, 20*(1), 47–59.
Gwinner, K., & Eaton, J. (1999). Building brand image through event sponsorship: The role of image transfer. *Journal of Advertising, 28*(4), 47–57.
Hermanns, A. (1997). *Sponsoring – Grundlagen, Wirkungen, Management, Perspektiven* (2. Aufl.). München: Vahlen.
Homburg, C. (2012). *Marketingmanagement* (4. Aufl.). Wiesbaden: Gabler.
Hudson, S., & Hudson, D. (2006). Branded entertainment: A new advertising technique or product placement in disguise? *Journal of Marketing Management, 22*(5–6), 489–504.
Karniouchina, E., Uslay, C., & Erenburg, G. (2011). Do marketing media have life cycles? The case of product placement in movies. *Journal of Marketing, 75*(3), 27–48.
Karrh, J. (1998). Brand placement: A review. *Journal of Current Issues and Research in Advertising, 20*(2), 31–49.
Karrh, J., McKee, K., & Pardun, C. (2003). Practitioners' evolving views on productplacement effectiveness. *Journal of Advertising Research, 43*(2), 138–149.
Konert, F.-J. (1986). *Vermittlung emotionaler Erlebniswerte. Eine Markenstrategie für gesättigte Märkte.* Heidelberg: Physica.
Kroeber-Riel, W., & Gröppel-Klein, A. (2013). *Konsumentenverhalten* (10. Aufl.). München: Vahlen.
Lodge, G. (2012). *The Skyfall's is the limit on James Bond Marketing.* http://www.theguardian.com/film/filmblog/2012/oct/23/skyfall-marketing-james-bond. Zugegriffen am 12.02.2014.
Meenaghan, T. (1991). The role of sponsorship in the marketing communications mix. *International Journal of Advertising, 10*(1), 35–47.
Neises, B. (2006). Doppelnull als Vorbild. *Horizont, 47,* 16.
Nelson, M. (2002). Recall of brand placements in computer/video games. *Journal of Advertising Research, 42*(2), 80–92.
Nelson, R. (2004). The Bulgari connection: A novel form of product placement. In M.-L. Galician (Hrsg.), *Handbook of product placement in the mass media: Strategies in marketing theory, practice, trends, and ethics* (S. 203–212). New York: The Haworth Press.
Newell, J., Salmon, C., & Chang, S. (2006). The hidden history of product placement. *Journal of Broadcasting and Electronic Media, 50*(4), 575–594.

Nieschlag, R., Dichtl, E., & Hörschgen, H. (2002). *Marketing* (19. Aufl.). Berlin: Duncker & Humblot.
Osterhout, J. (2012). Welcome to the Bond market ... and the pricey world of product placement in 007 movies, in New York Daily News. http://www.nydailynews.com/entertainment/tv-movies/bond-market-007-movies-article-1.1197053. Zugegriffen am 24.02.2014.
PQ Media (2012). *Global Product Placement Forecast 2012-2016*. Stamford.
Ridder, M. (2006). Flagge zeigen jenseits des Werbeblocks. *Horizont, 45*, 58.
Sauer, A. (2004). Brandchannel's 2004 Product Placement Awards. www.Brandchannel.com/features_effect.asp?pf_i=0251, (S. 1–11). Zugegriffen am 30.08.2006.
Sawyer, A. (2006). Possible psychological processes underlying the effectiveness of brand placements. *International Journal of Advertising, 25*(1), 110–112.
Schneider, L.-P., & Cornwell, P. (2005). Cashing in on crashes via brand placement in computer games. *International Journal of Advertising, 24*(3), 321–343.
Schön, G. (2005). TV Programm lässt Marken glänzen. *Horizont, 19*, 32.
Schultze, R. (2001). *Product Placement im Film: Grenzen zulässiger Produktabbildungen im Rundfunk*. München: Beck.
Schwegler, P. (2011). Schleichwerbung und Product Placement: Was erlaubt ist und was nicht. http://www.wuv.de/medien/schleichwerbung_und_product_placement_was_erlaubt_ist_und_was_nicht. Zugegriffen am 20.08.2015.
Segrave, K. (2004). *Product placement in Hollywood films*. Jefferson: McFarland & Company.
Sutherland, M. (2006). Product placement – regulators going AWOL. *International Journal of Advertising, 25*(1), 107–114.
Titze, M. (2005). Klassik stößt an Grenzen. *Horizont, 18*, 23.
Tiwsakul, R., & Hackley, C. (2005). Explicit, non-integrated product placement in British television programmes. *International Journal of Advertising, 24*(1), 95–111.
Unger, F., & Fuchs, W. (2005). *Management der Marketing-Kommunikation* (3. Aufl.). Berlin: Springer.
Voß, J. (2010). Product Placement: Was zukünftig geht und was nicht. http://www.dwdl.de/magazin/25408/product_placement_was_knftig_geht__und_was_nicht/. Zugegriffen am 12.12.2006.
Williams, K., Petrosky, A., Hernandez, E., & Page, R. (2011). Product placement effectiveness: Revisited and renewed. *Journal of Management and Marketing Research, 7*(o. Nr), 1–24.
Zazza, F. (2006). Special report: The evolution of product placement. http://www.itvx.com/SpecialReport.asp. Zugegriffen am 12.12.2006.

Prof. Dr. Arnold Hermanns ist Inhaber des Lehrstuhls für Betriebswirtschaftslehre an der Privatuniversität Schloss Seeburg, Seekirchen/Wallersee, Österreich.

Dr. Fritjof M. Lemân ist Geschäftsführer der VirtuoSys GmbH in München.

Einsatz der Below-the-Line-Kommunikation für die Marketingkommunikation

Franz-Rudolf Esch, Kai Harald Krieger und Kristina Strödter

Inhalt

1 Entwicklung von Below-the-Line-Aktivitäten in der Marketingkommunikation 218
2 Ziele und Wirkungen überraschender Below-the-Line-Kommunikation 219
3 Alternative Wege der Below-the-Line-Kommunikation beschreiben 225
4 Empfehlungen für Below-the-Line-Kommunikation in der Praxis 236
Literatur 237

Zusammenfassung

Below-the-Line-Kommunikation ist mittlerweile ein fester Bestandteil der Markenkommunikation. Als taktische Maßnahmen oder als eigenständige Strategien sorgen überraschende Kampagnen online und offline für Bekanntheit und dienen der Profilierung von Marken. Die beiden kreativen und zeitgemäßen Strategien Guerilla und Viral Marketing fordern strategisches und kreatives Handeln. Der Beitrag gibt einen Überblick über die Facetten dieser besonders aktivierenden Instrumente im Marketingmix. Hierzu werden Chancen und Risiken diskutiert, aktuelle Forschungsergebnisse präsentiert und zentrale Handlungsempfehlungen für den Einsatz in der Praxis gegeben.

F.-R. Esch (✉)
Lehrstuhl für Markenmanagement und Automobilmarketing, EBS Universität für Wirtschaft und Recht, Wiesbaden, Deutschland
E-Mail: franz-rudolf.esch@ebs.edu

K.H. Krieger
Agentur Krieger & Krieger, Gießen, Deutschland
E-Mail: kai.h.krieger@krieger-krieger.de

K. Strödter
Nike Inc., Hilversum, Niederlande
E-Mail: kristina.stroedter@gmx.de

Schlüsselwörter

Below-the-Line-Kommunikation • Below-the-Line-Strategien • Guerilla Marketing • Kommunikationsinstrumente • Kommunikationsstrategien • Markenkommunikation • Marketingkommunikation • Online-Kommunikation • Virale Botschaften • Viral Marketing

1 Entwicklung von Below-the-Line-Aktivitäten in der Marketingkommunikation

Ein verändertes *Medien- und Freizeitverhalten* auf Seiten der Konsumenten erfordert eine entsprechende Anpassung der Marketingmaßnahmen. Die Kommunikationsflut und das Meer der Angebote bedingen eine Ökonomie der Aufmerksamkeit auf Seiten der Konsumenten, die nur noch beachten, was sie interessiert und anspricht. Emotionale Inhalte, die begeistern, unterhalten und überzeugen, sind zunehmend gefragt. Allerdings hat die Vermittlung solcher Botschaften auch auf den Kanälen oder an den Standorten zu erfolgen, wo sich die Zielgruppe aufhält und bewegt.

Die Veränderung der Märkte und Zielgruppen, die Fragmentierung der Medien sowie der anhaltende Kosten- und Werbedruck fordern einen sich stetig anpassenden Werbemarkt. Aus diesen Gründen suchen Agenturen und Unternehmen immer wieder neue Wege, um die Aufmerksamkeit der Konsumenten zu gewinnen. Heute gilt es dabei mehr denn je, über die Aufmerksamkeit hinaus Multiplikatoreffekte zu erzielen. Hierzu gehören unter anderem die Interaktion mit der Zielgruppe, um diese zum Verbreiten einer Werbebotschaft zu animieren, sowie die Integration und crossmediale Vernetzung aller eingesetzten Tools im Marketingmix zur Erreichung einer Zielgruppe. Für die Markenkommunikation wird eine interaktive und individuelle Ansprache der Konsumenten immer wichtiger. Besonders *Below-the-Line-Aktivitäten* ermöglichen eine zielgruppengerechte, nahe und interaktive Ansprache der Zielgruppen.

Aufgrund der oben genannten Rahmenbedingungen haben in den vergangenen zehn Jahren immer mehr Unternehmen Werbebudget von der klassischen Werbung zugunsten der *Below-the-Line-* und der *Internetkommunikation* verschoben. Jägermeister bringt nur noch ein Drittel seines Werbebudgets für klassische Werbung auf. BMW investierte ebenfalls zur Einführung der 1er Reihe 70 Prozent des Kommunikationsbudgets in Below-the-Line-Maßnahmen (Pilchmayer 2006, S. 5). Gerade Marken wie Mini oder Red Bull setzten schon früh auf unkonventionelle Wege und Nähe zum Konsumenten, um Markenbekanntheit und ein starkes Markenimage zu erreichen. Durch solch differenzierte Ansprachen versuchen Unternehmen zunehmend, Aufmerksamkeit zu erzeugen und durch die Besonderheit des Kommunikationsweges die Andersartigkeit und Einzigartigkeit ihrer Markenidentität zu hinterlegen.

Below-the-Line-Kommunikation beschreibt einzigartige, unkonventionelle und persönliche Kommunikationsmaßnahmen, die abseits von Massenmedien zielgruppenspezifisch eine direkte Ansprache der Konsumenten ermöglichen. In der Regel wird versucht, die Zielgruppen one-to-one im Rahmen von speziellen Veranstaltungen oder bei Freizeitaktivitäten mit besonderen Werbeplatzierungen, Medien oder Strategien anzusprechen. In den Augen der Konsumenten werden die Kommunikationsformen nicht immer direkt als Werbemaßnahmen wahrgenommen. Während *Above the Line* (ATL) die klassischen Kommunikationsmittel wie Printanzeigen, Fernsehwerbung, Radiospots, Plakatwerbung oder Kinospots beschreibt, umfasst *Below the Line (*BTL) die Kommunikation außerhalb der klassischen Medien und ergänzt diese sinnvoll. Bei ATL wird auch von Werbung gesprochen, die sich bildlich beschrieben oberhalb der „Wasserlinie" eines Schiffes befindet und direkt als Werbung empfunden wird, wohingegen BTL sprichwörtlich unterhalb der Wasserlinie hauptsächlich nur für die Zielgruppe sichtbar ist. Zu den etablierten Below-the-Line-Instrumenten zählen Promotion-Teams, Events, Sponsoring, Aktionen am Point of Sale (POS), Product Placement, Direktmarketing, Verkaufsförderung (Sales Promotion), Public Relations und Messen. Durch die schnelle Ausbreitung und Entwicklung des Internet kommen zudem neue Online-Marketingstrategien wie Social Media-Marketing, Mobile App-Strategien oder Viral Marketing hinzu. Social Media-Marketing umfasst unter anderem Kommunikationsziele und Strategien über Online-Plattformen wie Twitter, Facebook, Google+, Pinterest oder Instagram. Ergänzt werden diese durch Mobile Apps, die weitere gezielte Maßnahmen wie geolokale Dienste über Google Places oder Foursquare und die Vernetzung von visuellen Beiträgen ermöglichen. Außergewöhnliche BTL-Formen, die in den letzten Jahren im Marketing an Bedeutung gewonnen haben, sind das Viral Marketing (Online) und das Guerilla Marketing (Offline).

In diesem Beitrag werden Zielsetzung und Wirkungsweise von außergewöhnlichen und aufmerksamkeitsstarken Below-the-Line-Maßnahmen am *Konstrukt der Überraschung* erläutert. Die theoretischen Erkenntnisse werden hierbei am Beispiel einer viralen Kampagne der Marke K-fee dargestellt. Anschließend wird auf die Herausforderungen erfolgreicher Below-the-Line-Strategien in den Bereichen Guerilla Marketing sowie Viral Marketing im Speziellen eingegangen.

2 Ziele und Wirkungen überraschender Below-the-Line-Kommunikation

Die Zielsetzungen und das Potenzial überraschender Below-the-Line-Kommunikation verdeutlicht der Erfolg der K-fee Kampagne „So wach warst Du noch nie". Praktisch über Nacht wurde die Marke in Deutschland und in den USA bekannt. Dies geschah, obwohl das Marketingbudget gering war und kein großer Werbedruck hinter der Marke stand. Zeitungen und Fernsehsender berichteten über die Marke, ohne dass sie dafür bezahlt wurden. Video-Portale im Internet führten die K-fee-Spots auf den ersten Plätzen, ohne dass diese Platzierungen erkauft wurden. Sogar Jay Leno berichtete über die Marke und zeigte die Spots in seiner Late Night-Show im US-amerikanischen Fernsehen. Nach 19 Tagen hatten schon über 60.000 Menschen den TV-Spot der Marke im Internet gesehen (Abb. 1). Nach dem Erreichen dieser kritischen Masse schossen die Zuschauerzahlen weiter in die Höhe.

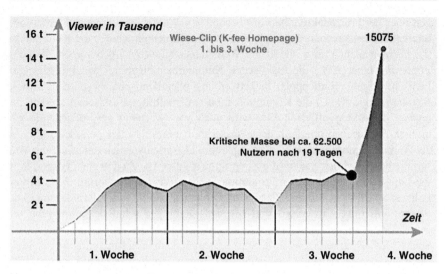

Abb. 1 Entwicklung der Zuschauerzahlen im Internet. Quelle: Jarchow 2005

Doch was bewegt Sender und Zeitungen dazu, über eine Marke zu berichten, und Konsumenten, sich freiwillig einen Werbespot im Internet anzuschauen? Das Geheimnis der Kampagnen war, dass K-fee durch den Inhalt und die Platzierung eines viralen Spots gegen das Gewohnte verstieß, Konsumenten überraschte und somit einen Kommunikationsprozess des freiwilligen Verbreitens des Weblinks anstieß. Darüber hinaus baute K-fee durch das Verstoßen gegen Konventionen rasch ein junges und rebellisches Markenimage auf.

2.1 Gewinnung der Aufmerksamkeit der Konsumenten durch überraschende Below-the-Line-Aktivitäten

Der Vorteil unkonventioneller Below-the-Line-Kommunikation ist, dass sie einem oft dort begegnet, wo sie am wenigsten erwartet wird. Weil bei einem Werbeblock im Fernsehen bekannt ist, was einen erwartet, wird diese Zeit oft für andere Aktivitäten genutzt und die Werbespots werden höchstens beiläufig betrachtet. Below-the-Line-Aktivitäten hingegen überraschen den Konsumenten im Alltag und in der Freizeit. Solche Überraschungseffekte und Neuartiges bewirken vor allem, dass die Maßnahmen mit höherer Aufmerksamkeit wahrgenommen werden (Johnston und Hawley 1994; Krieger et al. 2012).

Wirkung überraschender Reize: Zahlreiche Studien belegen, dass neuartige und völlig unerwartete Reize, die vorhandenen Erwartungen widersprechen, eine erhöhte Aufmerksamkeitsfokussierung erzielen (Johnston et al. 1990; Becker und Horstmann 2011) und Überraschung auslösen (Valenzuela et al. 2010). Als überraschend werden solche Reize empfunden, die vorhandenen Schemata widersprechen (Derbaix und Vanhamme 2003, S. 101). Überraschung ist als hedonisch neutrale

Emotion anzusehen, die zu anderen Emotionen wie Freude oder Ärger führt (Vanhamme und Snelders 2003).

Bei der *Überraschung* handelt es sich um einen angeborenen Mechanismus. Das Erkennen unbekannter Reize ist für den Menschen überlebenswichtig. Kulturübergreifend sind daher dieselben charakteristischen Gesichtsausdrücke zu beobachten (Darwin 1872; Ekman 1993). Die Mimik überraschter Personen scheint für einen Moment zu erstarren. Dieses Erstarren hat einen evolutionsbedingten Hintergrund: Der neue Reiz kann nicht unmittelbar einer schematischen Vorstellung bzw. vorhandenem Wissen zugeordnet werden. Die Aufmerksamkeit konzentriert sich somit darauf, den Reiz als gefährlich oder harmlos einzustufen (Rumelhart und Ortony 1977). Zunächst werden die Informationsverarbeitungsmechanismen zur Klärung dieser Ungewissheit aktiviert (Isaacs 1930; Charlesworth 1969; Hastie 1984; Schützwohl 2000, S. 187). Die Aktivierung dieser Mechanismen hemmt die zur momentanen Verhaltenssteuerung eingesetzten kognitiven Prozesse, um das überraschende Ereignis schnell und eindeutig aufzuklären (Schützwohl 2000, S. 187; Abb. 2).

Überraschung geht oftmals mit einer Handlungsunterbrechung, einer Orientierungsreaktion sowie einer Fokussierung der Aufmerksamkeit einher. Diese *Reaktionen* sollen die Sinne schärfen und den Organismus sowie die Informationsverarbeitungssysteme auf einen neuen Reiz einstellen. Diese Prozesse sind wichtig für einen gedanklichen Abgleich des wahrgenommenen Stimulus mit dem vorhandenen Wissen und den vorhandenen Schemata eines Individuums (Meyer et al. 1997).

Schemata können als große, komplexe Wissenseinheiten angesehen werden, die typische Eigenschaften und Assoziationen von Objekten, Ereignissen und Situationen umfassen (Esch 2011). In der Psychologie werden Schemata als zentrale kognitive Bausteine angesehen, auf denen alle Informationsverarbeitungsprozesse basieren. Schemata repräsentieren Wissensinhalte aus allen einer Person bekannten Sachverhalten (Rumelhart 1980). Eine Person verfügt über Schemata von Objekten

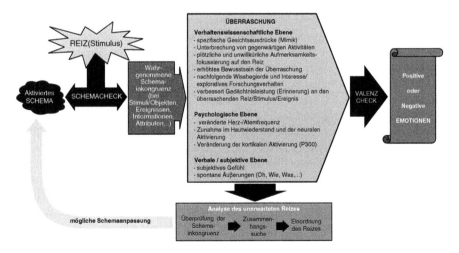

Abb. 2 Entstehung und Wirkung einer Überraschung. Quelle: in Anlehnung an Derbaix/Vanhamme 2003, S. 102

und Gegenständen, Personen, Kulturen, Orten, geschriebenen oder bildlichen Informationen, Tätigkeiten, Situationen, Handlungsabläufen, Ereignissen oder dem Wissen um die eigene Person. Konsumenten verfügen somit auch über Schemata zu Marken, Unternehmen, Produkten, Werbung und Werbeformen. Gemäß Mandlers (1982) Ansatz ist die affektive Erregung bzw. Aktivierung umso größer, je höher die empfundene Inkongruenz zwischen einem Reiz und schematischen Vorstellungen ist. Kurzum: Je höher die Inkongruenz, desto größer die Überraschung. Schemakongruente Sachverhalte sowie eine leichte Schemainkongruenz, die sich auflösen lässt, führen zu positiven Bewertungen bei den Konsumenten.

Nutzung überraschender Reize in der Below-the-Line-Kommunikation: Below-the-Line-Maßnahmen, die einem begegnen, wenn sie nicht erwartet werden, lösen bei den Konsumenten eine *Überraschungswirkung* aus. Dies wäre etwa ein Zebrastreifen, der von Mr. Proper gesäubert wurde und wo das Logo auf dem Zebrastreifen angebracht ist. Gleiches gilt für Inhalte, die frech und überraschend gestaltet sind, wie dies bei den K-fee-Spots der Fall war.

Below-the-Line-Kommunikation verstößt somit gegen vorhandene Schemata, weil man Werbung primär in Zeitschriften, im Fernsehen oder auf Plakatwänden, aber nicht überdimensional groß an Wolkenkratzern, auf Skipisten oder als lustige Spots getarnt im Internet erwartet. Durch die Konfrontation mit einem schemadiskrepanten Reiz setzen Informationsverarbeitungsprozesse ein, durch die sich der Konsument auf den überraschenden Reiz konzentriert. Ergebnis dieses Informationsverarbeitungsprozesses ist je nach Aufmerksamkeitsstärke, Neuigkeitsgrad und Gefallen entweder eine positive oder negative Haltung sowie Annäherungs- oder Vermeidungstendenzen. Gerade bei überraschenden Reizen treten jedoch schnell *Abnutzungseffekte* auf. Mag ein Reiz bei der ersten Konfrontation noch überraschend wirken, nimmt dieser Effekt mit jedem weiteren Kontakt ab (Kroeber-Riel und Esch 2011). Das ist wie bei einem guten Witz, über den beim ersten Mal noch herzhaft gelacht wird, nach der zehnten Erzählung jedoch nicht mehr.

Der Überraschungseffekt und spätere Wear-out tritt auch bei den Werbespots von K-fee auf. Unter dem passenden Motto „So wach warst Du noch nie" produzierte K-fee mit der Agentur Jung von Matt neun kurze Werbespots. Diese verbreiteten sich im Netz in kürzester Zeit, obwohl sie zunächst nur zum Download über die K-Fee Webseite verfügbar waren. Die Spots wurden mit einem Hot Spot, also einem Link am Ende des Clips, versehen. Dieser Link leitete Viewer auf die K-fee Homepage und wurde von fast 12 Prozent der Viewer genutzt. Insgesamt haben die Clips dadurch bis zum Jahr 2005 über 7 Mio. Kontakte generiert (Jarchow 2005). Die Spots überraschen dadurch, dass sie zunächst eine einnehmende Ruhe ausstrahlen, die jedoch durch ein plötzlich auftauchendes, schreiendes Monster zerstört wird (Abb. 3). Im Internet löste dieser Spot Begeisterungsstürme aus und wurde von den Betrachtern an den jeweiligen Bekanntenkreis verwiesen. Mediainvestitionen in eine virale Kampagne wie jene von K-fee sind im Vergleich zu den Kosten klassischer TV-, Radio- oder Print-Kampagnen mit Media-Spendings gering.

Probleme ergeben sich bei schemadiskrepanten Reizen, wenn ein Konsument öfters mit einem Reiz konfrontiert wird. Durch die wiederholte Darbietung des überraschenden Reizes erfolgt eine *Schemaanpassung*, so dass der Reiz im

Abb. 3 Werbespot der Marke K-fee. Bildquellen: htp-sg.ch, k-fee.de; youtube.com,verpackungen.org

Zeitablauf nicht mehr als schemadiskrepant wahrgenommen wird. Es ist daher wichtig, sich ständig neu zu erfinden, um weiterhin durch Below-the-Line-Aktivitäten die Aufmerksamkeit der Konsumenten zu gewinnen.

2.2 Erzeugung von Multiplikatoreffekten durch Below-the-Line-Marketing

Durch Below-the-Line-Kommunikation können sehr gut *Multiplikatorwirkungen* erzielt werden. Mund-zu-Mund-Kommunikation ist die „informal communication directed at other consumers about ownership, or characteristics of particular good and services and/or their sellers" (Westbrook 1987, S. 261). Mund-zu-Mund-Kommunikation stellt den wichtigsten informalen Kommunikationsweg zwischen Konsumenten dar (Filser 1996). Da diese Form der Kommunikation meistens innerhalb einer Bezugsgruppe und zwischen Menschen verläuft, die sich gegenseitig schätzen und vertrauen, verfügt sie über eine hohe Glaubwürdigkeit (Belk 1975). Des Weiteren geben diese Personen auch ein eigenes Urteil weiter, so dass im Fall positiver Mund-zu-Mund-Kommunikation Fürsprecher für die Marke bestehen. Diese Fürsprecher helfen, den Unternehmen Marketingkosten einzusparen und sogar die Umsätze zu erhöhen (Reichheld und Sasser 1990, S. 107).

Die Marke K-fee wurde durch Ausnutzen der Mundpropaganda über Nacht in Deutschland und in den USA bekannt. Ausgestattet mit einem äußerst kleinen Marketingbudget war das Marketing auf hohe Kreativität angewiesen. Die erste Plakatkampagne der K-fee AG erregte durch das Motiv mit Michaela Schaffrath große Aufmerksamkeit. Ziel war es, in Deutschland die Marke K-fee über einen Tabubruch zum Kultgetränk der Jugendlichen zu machen (Abb. 4).

Die Wirkung der Plakatkampagne in Berlin mit 600 Großflächen war außergewöhnlich hoch. So berichtete nicht nur die BILD an drei aufeinander folgenden Tagen über die Aktion, sondern es widmeten auch zwei Radiosender in Berlin ihre Frühstückssendung dem K-fee Plakat. Des Weiteren zeigte der Sender RTL in seinen

Abb. 4 Plakatwerbung der Marke K-fee. Bildquelle: k-fee.de 2007

TV-Magazinen „Explosiv" und „Exklusiv" eine Reportage über das Making-of des Plakatmotivs. Obwohl es sich „nur" um eine Plakatwerbung handelte, erreicht K-fee eine enorme TV-Präsenz mit kleinstem Budget.

Durch das *Verstoßen gegen Normen* wird bei dem Betrachter eine Emotion im Sinne einer Überraschung hervorgerufen. Im Sinne des *„Social Sharing of Emotions"* werden jedoch nur 10 Prozent der emotionalen Empfindungen geheim gehalten. 90 Prozent der Emotionen werden an soziale Partner wie Freunde oder Familie weitergegeben (Rimé 1995). Je stärker dabei die Emotion und je überraschender das Ereignis, desto wahrscheinlicher ist es, dass über dieses Ereignis berichtet wird (Rimé 1995; Esch et al. 2012). In Abhängigkeit von diesen Größen bestimmt sich auch die zweite Stufe des „Social Sharing"-Prozesses (Christophe und Rimé 1997). Handelt es sich um ein überraschendes und besonderes Ereignis, wird auch der Zuhörer diese Geschichte mit anderen teilen, so dass ein *Schneeball-Effekt* beginnt (Derbaix und Vanhamme 2003, S. 9). Der Schneeball-Effekt beschreibt die Diffusion einer Nachricht in einem sozialen System. Durch die Weitergabe der Information von Person zu Person zeigt die Diffusionsrate ein exponentielles Wachstum.

Obwohl im Allgemeinen oft vor *negativer Mundpropaganda* gewarnt wird (Arndt 1967), war es gerade die Diskussion über Ethik und Jugendschutz, die K-fee in die Medien brachte und somit die Mund-zu-Mund-Kommunikation in diesem großen Maße überhaupt erst ermöglichte. Eine gewisse Provokation, wie Gewalt, Sex, Obszönitäten, Satire oder schwarzen Humor, können daher Bestandteil einer Kampagne sein, um Mund-zu-Mund-Kommunikation anzuregen (Porter und Golan 2006, S. 35). Allerdings sind solche Inhalte dosiert einzusetzen, da sie Marken schädigen können. Für den Erfolg und die Initiierung eines „Social Sharing"-Prozesses ist somit die Überraschung und Andersartigkeit eine notwendige Bedingung.

2.3 Nutzung von Below-the-Line-Marketing zur Beeinflussung von Bekanntheit und Image einer Marke

Durch die Schemaanpassung in Folge der durch die Überraschung ausgelösten kognitiven Prozesse verändert sich das Bild der Konsumenten zur Marke. Zu

K-fee werden so Eigenschaften wie unkonventionell, rebellisch und jugendlich attribuiert. Eigenschaften, die K-Fee klar von der Konkurrenz abgrenzen. Während Nescafé XPress mit dem Slogan „Schmeck Dich wach!" dafür wirbt, „auf sanfte Weise" belebend zu sein, und Jacobs Icepresso mit „Schmeckt toll. Kickt voll" wirbt, steht K-fee für „So wach warst Du noch nie K-fee. Kaffee in hohen Dosen". Dieser Slogan ist von den Konsumenten zu bejahen, nachdem sie nach einer meditativen Einstimmung aus einer Wohlfühl-Atmosphäre mit einem markerschütternden Schrei und einer Schreckensfratze aufgeweckt werden.

Durch die mediale und virale Mundpropaganda ist es K-fee gelungen, hinsichtlich der Bekanntheit auf Platz 2 im Lebensmitteleinzelhandel zu gelangen und einen ausgewiesenen Kaffeespezialisten im „Ready-to-Drink"-Markt hinter sich zu lassen. Nur Nescafé XPress wurde als bekannter eingestuft (K-fee 2007). Im Gegensatz zu K-fee erkauft sich Nescafé X-Press seine Bekanntheit jedoch unter anderem durch das Sponsoring des Formel 1-Teams „McLaren Mercedes". Für K-fee haben TV-Programme, Zeitungen und Konsumenten die Werbung übernommen und somit durch ein Schneeballsystem die Marke K-fee in Deutschland und in den USA bekannt gemacht. Darüber hinaus wurde durch diese Art der Kommunikation die Positionierung der Marke als jugendlicher und rebellischer Wachmacher kommuniziert und bewiesen, so dass sich ein klares und unverwechselbares Bild in den Köpfen der Zielgruppe aufbauen konnte.

Je stärker das *Involvement der Zielgruppe* ist, d. h. je stärker sich eine Person mit einem Medium, einer Werbung, einer Marke bzw. einem Produkt oder einem Sachverhalt auseinandersetzt, umso interessierter wendet sie sich der Markenkommunikation zu. Darüber hinaus gilt: Je aufmerksamkeitsstärker und origineller Kommunikation gestaltet ist, umso besser prägt sich die Marke ein, sofern diese bei den aktivierenden Reizen wahrgenommen wird (Kroeber-Riel und Esch 2011). Ferner ist die Intensität des Erlebens einer Kommunikationsmaßnahme von Bedeutung. Diese bezieht sich darauf, wie stark man mit der Marke in Kontakt kommt und diese erleben kann. Je stärker erlebbar die Marke wird (z. B. bei einem Event), umso besser prägt sie sich ein. Entsprechend sind in solchen Fällen weniger Wiederholungen erforderlich. Darüber hinaus ist die Kommunikation der Konkurrenz zu berücksichtigen. Je intensiver das Konkurrenzumfeld ist, umso mehr Kontakte sind für den Aufbau von Markenbekanntheit erforderlich. Persönliche Kontakte der Below-the-Line-Kommunikation wirken grundsätzlich stärker als mediale Kontakte. Hier kann ein schneller Aufbau von Markenbekanntheit und -image erfolgen, allerdings nur bei der eingegrenzten Zielgruppe.

3 Alternative Wege der Below-the-Line-Kommunikation beschreiben

Ziel zahlreicher Below-the-Line-Kommunikationsstrategien ist es, eine größtmögliche Akzeptanz bei den Konsumenten zu erreichen. Besonders beim Guerilla Marketing und Viral Marketing sollen sensationelle Ereignisse und überraschende Unterhaltung für Gesprächsstoff (Mundpropaganda) bei der Zielgruppe sorgen und diese selbst zum Kommunikator und Übermittler der Marketingbotschaft machen. Mitte der 2000er etablierten sich beide Formen in der Offline- und Online-Kommunikation. Guerilla Marketingaktionen und virale Botschaften im Netz sind heute fester Bestandteil vieler crossmedialer Werbekampagnen.

Erfolgreiche Umsetzungen (z. B. Mini, McDonald's, Adidas, IBM Linux, Hornbach, Edeka) liefern Anreize für Agenturen, Marken und Unternehmen, diese alternativen Kommunikationswege einzuschlagen. Zum Relaunch der Marke Mini setzte BMW auf eine klare Strategie (Thunig 2003). Ziel war das Schaffen eines Premiumsegments in der Kleinwagenklasse. Dies umfasste eine hinreichende Differenzierung über das Produkt und eine konsequente Ausrichtung auf eine klar definierte Zielgruppe. Als wesentliche Kernmerkmale des Autos galten die herausragende Qualität in Verarbeitung und Ausstattung sowie das charakteristische Design mit den kurzen Überhängen. Bei der Zielgruppe konzentrierte sich Mini auf eine kaufkräftige Konsumentenschicht im Alter zwischen 25 und 40 Jahren, dem so genannten „Modernen Milieu". Die wesentlichen Marketinginstrumente beim Relaunch waren das Internet mit zahlreichen interaktiven Websites sowie Guerilla Kommunikation. Aufgrund knapper Werbebudgets war Mini gezwungen, ideenreiches und kreatives Marketing zu nutzen. Die Kernbotschaft lautet stets: Hauptsache frech und unkonventionell.

Dem Ansatz der GfK et al. (2007) folgend lassen sich die zahlreichen unkonventionellen Instrumente unter dem Begriff *Alternative Kommunikationsinstrumente* (Abb. 5) zusammenzufassen (Krieger 2012, S. 14). Doch auch wenn das Erzielen von Mundpropaganda und Außenwerbung zu den ältesten Werbeformen der Menschheit gehören, stehen den zahlreichen praktischen Anwendungen nur wenige wissenschaftliche Erkenntnisse gegenüber. Im vorliegenden Abschnitt liegt der Schwerpunkt auf den beiden zentralen Ansätzen des Guerilla Marketing als Offline- sowie des Viral Marketing als Online-Tool. Einige Beispiele verdeutlichen die Möglichkeiten und Wege dieser beiden Below-the-Line-Strategien.

3.1 Kunden mit Guerilla Marketing überraschen

Der Begriff dieser alternativen Kommunikationsstrategie entstand bereits in den 1960er-Jahren in Anlehnung an die Guerilla-Taktiken politischer Konflikte und Auseinandersetzungen. Der erste Gedanke des *Guerilla Marketing* bestand darin, Marketingstrategien zu entwickeln, die es vor allem kleinen und mittelständigen Unternehmern ermöglichen, unkonventionell, flexibel und kostengünstig auffällige und überraschende Kommunikation zu erzielen (Levinson 1984; Levinson und Godin 2000; Welling 2005; Schulte und Pradel 2006). Vor allem im europäischen Raum hat sich Guerilla Marketing zum Dachbegriff für neue Out-of-Home-Werbeformen in der Markenkommunikation entwickelt.

Nach Krieger (2012) beschreibt *Guerilla Marketing* (i. e. S.) alternative Marketingstrategien und -instrumente in der Außenwerbung, deren Ziel es ist, primär außerhalb der klassischen und etablierten Kommunikationskanäle durch (aus Sicht der Zielgruppen) unkonventionelle Kommunikationsmaßnahmen große Aufmerksamkeit bei den Zielgruppen zu erzielen und Mundpropaganda anzuregen (Abb. 6).

Abb. 5 Kategorisierung alternativer Kommunikationsinstrumente. Quelle: Krieger 2012, S. 14

Abb. 6 Beispiele für Guerilla Produktinszenierungen in den verschiedenen Formen. Quelle: Krieger 2012, S. 22; Bildquellen: leoburnett.com; tomgooday.co.uk; guerilla-marketing.com; ibelieveinadv.com; frederiksamuel.com; outdoor-inspiration.com; guerilla-marketing-blog.de; dim-marketingblog.de

Techniken des Guerilla Marketing: Guerilla Marketing umfasst primär die Bereiche Sensation Marketing, Ambient Medien, Street Marketing, Ambush Marketing oder Buzz Marketing (Krieger 2012):

- *Sensation Marketing* sind aktivierende und aufmerksamkeitserregende Werbeinstallationen, Produktinszenierungen und Marketingaktionen in der Außenwerbung. Diese werden auch als Guerilla Stunt, Ambient Stunt oder Sensation Marketing bezeichnet. Die Guerilla Aktionen dienen an stark frequentierten und für die Zielgruppe relevanten Orten zur Weckung von Aufmerksamkeit und Emotionen. Ziel ist eine spektakuläre Inszenierung mit einem hohen Unterhaltungswert. Die Werbung wird als Sensation, wie ein aufsehenerregendes und außergewöhnliches Erlebnis empfunden und regt Mundpropaganda an.
- *Ambient Medien* umfassen planbare Werbeformen im „Out-of-Home"-Bereich. Hierbei werden Werbeträger direkt im Lebens- und Freizeitumfeld von Zielgruppen positioniert. Objekte und Gebrauchsgegenstände des alltäglichen Lebens wie Postkarten (z. B. Edgar-Cards), Brieftaschen, Bierdeckel, Zapfpistolen,

Container, Golflöcher, Fußböden, Kanaldeckel, Toilettenpapier, Kassenbons oder Einkaufswagen werden zu neuen Werbeträgern. Vorteile sind die direkte Platzierung im Lebensumfeld der Zielgruppe, die hohe Akzeptanz und die weltweit einfache Buchung der neuen Werbeformate.

- *Street Marketing* beschreibt unkonventionelle Kommunikationsformen, die mithilfe einfacher Mittel und Werbeträgern in der Öffentlichkeit Marken- und Werbebotschaften verbreiten. Gemäß der Idee von Ambient Medien kann jeder Gegenstand und jedes Objekt zur Werbefläche werden: Straßen, Mauern, Gebäude, Statuen u. a. Ziel dieser Aktionen ist es auf der Straße präsent zu sein und zum Stadtgespräch zu werden. Street Marketing umfasst auch neue Techniken zur Platzierung von Logos und Markenbotschaften durch Kreidemalerei, Graffiti, Wash-away-Graffiti, Hochdruckreinigung, Lichtprojektionen, Pflanzen- oder Snow-Branding.
- *Ambush Marketing* wird auch als „Schmarotzer"- oder „Trittbrettfahrer"- Marketing bezeichnet. In dieser Kommunikationsstrategie versucht ein werbetreibendes Unternehmen von einem Event oder einer Veranstaltung zu profitieren, ohne selbst Sponsor zu sein. Beispiele hierfür sind die Vergabe von Fanartikeln bei einem Sportereignis außerhalb des Stadions oder die Verwendung von Ballons und Zeppelinen neben dem eigentlichen Event.
- *Buzz Marketing* soll gezielt Mundpropaganda auslösen. Hierzu gehört das klassische Verbreiten von Mundpropaganda durch Gespräche, Zeitungsbeiträge, Medienberichte, Produkttests sowie viele weitere außergewöhnliche Wege zur viralen Verbreitung einer Werbebotschaft in der Öffentlichkeit wie z. B. der Einsatz von verdeckten Schauspielern. Diese reden z. B. an Bushaltestellen über Produkte oder lassen sich als Touristenpärchen getarnt von anderen Touristen mit einem neuen Smartphone oder einem neuen Kameramodell fotografieren.

Als besondere Technik des Guerilla Marketing in der Außenwerbung sind *Guerilla Produktinszenierungen* (GPIs) anzusehen. Hierbei werden Marken, Produkte oder Produktverpackungen in vielfältiger Art und Weise, meist in Übergröße, dreidimensional im öffentlichen Raum inszeniert (Krieger 2012; Krieger et al. 2012). Dies kann ein Mini-Auto in einem Käfig, eine übergroße Lego-Figur am Strand oder eine riesige Schweppes-Flasche als Fontäne in einem Brunnen sein. Guerilla Produktinszenierungen werden vor allem im Sensation Marketing und bei Ambient Medien eingesetzt, lassen sich jedoch im Street Marketing oder bei bestehender Plakatwerbung implementieren (Abb. 5, und 6).

Erfolgsfaktoren von Guerilla Marketing: Guerilla-Aktionen haben witzig, überraschend, rebellisch, ansteckend und spektakulär zugleich zu sein und an ungewöhnlichen Orten Interesse und Emotionen der Zielgruppen zu wecken (Pichlmayer 2006, S. 6). Dahlén und Kollegen konnten zeigen, dass kreative Ambient Medien positive Effekte auf die Glaubwürdigkeit der Werbung (Dahlén 2005), die Assoziationen zur Marke (Dahlén 2005; Dahlén et al. 2009) sowie die Einstellung zur Werbung und Marke (Dahlén et al. 2009) haben können. Guerilla Marketingaktionen werden von den Konsumenten als innovativ, überzeugend, nutzenstiftend und kreativ beurteilt (Huber et al. 2009).

Guerilla-Marketingaktionen im Speziellen gelten als kreativ, innovativ, nutzenstiftend und überraschend. In einer verhaltenswissenschaftlichen Studie konnten Krieger und Kollegen (2012) mittels der Messung von Aktivierungsindikatoren auf neuronaler Ebene durch EEG belegen, dass GPIs eine deutlich stärkere Aktivierung und Aufmerksamkeitsfokussierung sowie eine schnellere Reizverarbeitung erzielen als die klassische Plakatwerbung. In einer Reihe von weiteren Experimenten konnte Krieger (2012) empirisch aufzeigen, dass kreative Guerilla-Produktinszenierungen zu einer größeren Aktivierung und Überraschung, einer besseren Beurteilung sowie einer stärkeren positiven Reaktion und Interaktion der Konsumenten führen. Kreative und zum Produkt bzw. zur Marke passende Guerilla- Umsetzungen führen zu einer weitaus längeren Betrachtungszeit, stärkerer Bereitschaft zur Handlungsunterbrechung und zur Mundpropaganda, mehr positiven Assoziationen sowie zu einer verbesserten Einstellung zur Werbung und zur Marke. Die Marke wird dabei als kreativ, außergewöhnlich, modern, trendy, innovativ, vertrauenswürdig und authentischer beurteilt. Zur Marke passende Werbeinhalte wirken dabei besser als unpassende. Intensive Produktinszenierungen sind kleinen Ambient Medien oder Street-Aktionen vorzuziehen, da diese auch Personen, die als Reizabschirmer (Arousal Avoider) gelten, ansprechen und bei diesen Gefallen erzielen.

Aus den zahlreichen Möglichkeiten, die Konsumenten zu erreichen und zu aktivieren, ergeben sich auch einige *Risiken*. Die Zuordnung des Absenders bei Guerilla-Aktionen ist für den Betrachter nicht immer einfach. Oft kannibalisiert die Aktion die Marke. Darüber hinaus passt nicht jede unkonventionelle Idee zu jedem Unternehmen. Unpassende Aktionen führen schnell zu Verwirrung bei den Konsumenten und verwässern das Image einer Marke. Weitere Probleme ergeben sich aus gesellschaftlicher Akzeptanz, Ablehnung durch Reizüberflutung oder der Überschreitung von Gesetzen (Welling 2005, S. 39; Kuttelwascher 2006, S. 32; Schulte und Pradel 2006, S. 118 ff.). IBM hatte bei der Linux-Graffiti-Kampagne für die Reinigung von Gehsteigen aufzukommen und eine Geldstrafe zu entrichten, da die angeblich abwaschbare Farbe sich nicht von selbst entfernte. Allerdings war die darauf folgende Medienberichterstattung überwältigend. Zusätzliche und nachfolgende PR-Publicity machen Guerilla-Aktionen oftmals erst nachhaltig überregional bekannt und steigern die Wirkung sowie den Nutzen von Aktionen (Schulte und Pradel 2006, S. 36).

Zur *Umsetzung von erfolgreichen Guerilla-Marketingaktionen* empfehlen sich nach Krieger (2012, S. 207 ff.) folgende Maßnahmen:

- Berücksichtigung der Erwartungen der Empfänger.
- Für ausreichende Intensität und Figur-Grund-Kontrast sorgen.
- Nutzung öffentlicher Orte und Plätze mit hohem Publikumsverkehr.
- Verständniserzielung und Aufnahme der Werbebotschaft sicherstellen.
- Förderung der Interaktion und Gewährleistung der Verbreitung der Werbebotschaft.

Die Agentur Heimat setzte bei der Hornbach Kampagne „Haus der Vorstellungen" zunächst auf Guerilla-Elemente in Berlin, bevor später Teile der Inszenierung in der TV-Werbung und im Print aufgegriffen wurden. Die Nutzung einer Guerilla-Aktion als Initialzündung für eine strategisch geplante Kampagne scheint sinnvoll, denn Wirkungen und die Effektivität einzelner Guerilla-Aktionen sind oftmals nur von geringer Dauer (Kuttelwascher 2006, S. 34; Schulte und Pradel 2006, S. 10, 32). Daher ist eine *Integrierte Kommunikation* verschiedener Aktionskanäle für einen langfristigen und gesunden Markenerfolg unabdingbar (Bothe 2006; Esch 2011; Krieger 2012).

Alternatives Marketing ist immer auf der Suche nach ungenutzten Werbeflächen und Kommunikationsmöglichkeiten. Orte außergewöhnlicher Aktionen sind meist mit hohen Publikumsströmen verbunden. Zu diesen gehören auch aufmerksamkeitsstarke Graffiti, Street Art oder künstlerische Wandbilder (Carter 2003, S. 88; Bothe 2006, S. 16; Schulte und Pradel 2006, S. 128) von Marken wie Havaianas oder von Modelabels wie DKNY mit angesagten Künstlern in den Metropolen der Welt (Abb. 7). Werbeinszenierung an öffentlichen Orten und Plätzen mit hohem Publikumsverkehr fördern den Kontakt und die Auseinandersetzung von Konsumenten mit dem Werbestimulus.

3.2 Schnelle Verbreitung von Botschaften durch Virales Marketing

Virales Marketing basiert auf dem *Grundprinzip des Word of Mouth*, das sich primär auf die persönliche Weitergabe von Informationen von Konsumenten untereinander über Leistungen und Produkte eines Unternehmens bezieht. Darauf aufbauend werden in der *Viralen Markenkommunikation* Konsumenten dazu motiviert, Markenbotschaften online in ihrem Netzwerk zu verbreiten (Esch et al. 2009, S. 11). Der Begriff Virales Marketing wurde 1996 von Draper und Jurvetson geprägt (Porter und Golan 2006, S. 31). Eine einheitliche Definition hat sich seither in Theorie und Praxis jedoch noch nicht gefunden. Fester Bestandteil zahlreicher Beschreibungsansätze ist die Beziehung zwischen Konsumenten sowie der Aspekt der elektronischen Mund-zu-Mund-Kommunikation (Vilpponen et al. 2006).

Virales Marketing umfasst alle Strategien und Techniken, die den Konsumenten motivieren, Marken, Produkte, Dienstleistungen oder Botschaften freiwillig an Personen in ihrem Online-Netzwerk zu verbreiten, um auf diese Weise das Potenzial einer exponentiellen Ausbreitung zu erzielen (Bryce 2005, S. 17; Stenger 2012, S. 28).

Die virale Botschaft dient der Animierung der Zielgruppe, den Träger der viralen Botschaft sowie die beworbenen Marken, Produkte und Dienstleistungen weiterzuempfehlen. Die Botschaften haben sich effizient und rasant wie ein „Virus" über moderne Kommunikationsnetze zu verbreiten (Rayport 1996, S. 68; Stenger 2012, S. 28). Ziel ist eine exponentielle Verbreitung von Werbeinformationen zwischen den Kunden im Internet oder per Smartphone in sozialen Netzwerken, Mediaplattformen, Blogs, Foren oder durch E-Mails (Thomas 2004; Langner 2005). Durch die zahlreichen Vernetzungsmöglichkeiten im Internet kann sich die Botschaft exponentiell verbreiten und schneller eine viel größere Masse an Konsumenten erreichen.

Abb. 7 DKNY Artworks Project 2013. Bildquellen: elle.com; dknyartworks.com; masonmoore. co.uk

Eine große Bedeutung kommt dem Inhalt der Botschaft zu, der sowohl für Sender und Empfänger emotional ansprechend oder nutzenstiftend zu sein hat (Lindgreen und Vanhamme 2005, S. 130).

Träger viraler Botschaften: Konsumenten können über verschiedene Formate und Werbeträger angesprochen und zur Weiterleitung sowie Verbreitung unter Freunden und Bekannten angeregt werden. Beliebte Träger der Markenbotschaft sind vor allem Online-Videos, Blogs, Podcasts und Spiele (Esch et al. 2010, S. 115 f.):

- *Videos*: Das populärste Format viraler Markenkommunikation ist der Videospot. Die in der Regel kurzen Spots (Länge < 1 Minute) werden meist über Media-Sharing-Portale bzw. Videoplattformen wie YouTube, Clipfish, Vimeo oder My-Video verbreitet. Konsumenten haben die Möglichkeit, die Videos per Link, als Anhang via E-Mail oder direkt auf den Videoplattformen zu verbreiten. Zudem können Nutzer die Videos bewerten und Kommentare hinterlassen. Des Weiteren ist eine Einbindung der Videos auf anderen Blogs, in Webseiten oder in Foren möglich.
- *Spiele*: Insbesondere jüngere Konsumenten nutzen das Internet primär zur Unterhaltung. Über onlinebasierte Spiele können Konsumenten auf unterhaltende Weise angeregt werden, sich intensiver mit der Marke auseinanderzusetzen (z. B. Coke Zero Game). Über extrinsische Anreize wie Preise für die Punktbesten kann die Verbreitung weiter unterstützt werden.
- *Webseiten*: Virale Maßnahmen können auch auf der Markenwebseite oder eigens gestalteten Landing- oder Microsites durchgeführt werden. Über individualisierbare e-cards wie die Monk E-Mail von Careerbuilder.com können Nutzer sich gegenseitig eine Freude machen. Video- oder Foto-Wettbewerbe aktivieren die Fangemeinschaft der Marke und erhöhen die Authentizität, wie dies bei Burberry „Art of the trench" der Fall war.
- *Foren, Blogs, Social Networks und Communities*: Virale Botschaften können auch über unternehmenseigene oder unternehmensfremde Webseiten, Foren,

Blogs, Social Networks oder Communities gestreut werden. Sowohl verbale, visuelle als auch audiovisuelle Inhalte lassen sich einpflegen oder posten. Hierbei hat eine Marke die Chance, öffentlich oder verdeckt aufzutreten.

Virale Botschaften inhaltlich effizient gestalten: Mund-zu-Mund-Propaganda gilt als eine effektive Form des Marketing (Bayus 1985; Langner 2005), da interpersonelle Informationsquellen als besonders vertrauenswürdig angesehen werden (Cox 1967; Thomas 2004; Belz 2005). Phelps et al. (2004) betonen in diesem Zusammenhang den Aspekt der ehrlichen Kommunikation zwischen Konsumenten.

Während Werbung in den klassischen Medien zunehmend mit geringer Aufmerksamkeit und schwachem Involvement zu kämpfen hat, vermittelt virale Markenkommunikation durch den interaktiven Charakter sowie der Freiwilligkeit des Konsums im Internet markenrelevante Inhalte effektiver (Dobele et al. 2005, S. 144). Durch eine Kombination aus persönlicher Weiterleitung sowie unterhaltendem und zielgruppenfokussiertem Inhalt im Internet gelingt die Erzielung einer höheren Akzeptanz und Glaubwürdigkeit (Chiu et al. 2007, S. 530).

Viele virale Botschaften finden jedoch keine hinreichende Beachtung. Budgets und Zeitinvestments sind fehlinvestiert. Informationen sind zum Zweck viraler Kampagnen so zu gestalten, dass die Zielgruppe sich diese zu Eigen macht und aus eigenem Interesse weiter verbreitet (Rayport 1996; Dye 2000). Die Konsumenten sind daher hinreichend zu aktivieren und zu motivieren (Phelps et al. 2004, S. 345; Schulte und Pradel 2006, S. 53 f.). Meinungsführer gelten durch ihre Vertrauenswürdigkeit und aktive Beeinflussung in der Kommunikation als äußerst unterstützend (Dye 2000; Langner 2005).

Damit Informationen aktiv weitergereicht werden, gilt es, dass diese sowohl für den Absender als auch für den Empfänger entweder *Emotionen* vermitteln oder einen *Nutzen* stiften (Rayport 1996; Frosch-Wilke und Raith 2002; Phelps et al. 2004; Langner 2005; Porter und Golan 2006; Esch und Stenger 2013). Der Nutzen ergibt sich z. B. durch kostenlose Angebote, freie Downloads, Pflege persönlicher Kontakte, Aspekte des Verschenkens oder neuartigen Produktnutzen. Das Internet zeigt sich hier als ein effektiver Überträger derartiger Informationen (Dye 2000, S. 145; Langner 2005, S. 64).

Emotionen können in viralen Kampagnen vor allem durch humorvolle, witzige, unterhaltsame, einzigartige und begeisternde Informationen hervorgerufen werden. „Erfolg hat, was Spaß macht" (Ballhaus 2006a, S. 28). Im Gegensatz zur klassischen Werbung nutzt Virales Marketing mehr provokative Inhalte, um die Empfänger zu aktivieren und zur Weiterreichung der Botschaft zu animieren. *Humor* ist hier scheinbar ein zentraler Inhalt vieler Kampagnen (Porter und Golan 2006). Nach einer Studie von Sharpe Partners (2006) leiten 63 Prozent der erwachsenen Internet User in den USA mindestens eine Nachricht pro Woche per E-Mail weiter. 25 Prozent der Befragten versenden sogar täglich Nachrichten und 75 Prozent an bis zu sechs Empfänger gleichzeitig weiter. Fast 90 Prozent der versendeten Informationen beinhalten humorvolles bzw. witziges Material. Während der Großteil viraler Markenkommunikation auf Humor als Auslöser exponentieller Verbreitung setzt, sind zur Vermeidung der Verwässerung des Markenimages positionierungsgerechte Inhalte zu schaffen, die differenzieren und auf das Markenkonto einzahlen (Esch et al. 2010). Stenger (2012) konnte in seinen Studien zeigen, dass virale Markenbotschaften, die beim Empfänger starke Emotionen auslösen, einen positiven Einfluss auf die Markenbeurteilung und das Verhalten gegenüber einer Marke sowie auf die Bereitschaft zur Weiterleitung im Sozialen Netzwerk aufweisen.

Für den Erfolg viraler Botschaften spielt ferner die *Zielgruppe* eine entscheidende Rolle. Marken mit jüngeren Zielgruppen werden im Medium Internet einen größeren Nährboden für ihre Botschaften vorfinden als konventionelle Marken mit Offline-Zielgruppen. Um den Spagat zwischen markenadäquater und potenziell viraler Inhalte zu meistern, empfiehlt es sich eine oder wenige Positionierungseigenschaften unterhaltend und zielgruppengerecht zu kommunizieren.

Vor kurzem konzipierte die Agentur Jung von Matt und Elbe für EDEKA die umfangreiche Viral-Kampagne „Supergeil" (Abb. 8). Diese ist Teil einer breiteren Kampagne zu den EDEKA -Eigenmarken und ist speziell auf ein jüngeres Zielpublikum ausgelegt. Die Online-Kampagne weicht stark von der klassischen TV- und Print-Kampagne „Wir lieben Lebensmittel" ab. Auf freche Art und Weise inszeniert ein Hauptspot die Eigenmarken von Edeka zum Thema „Supergeil". Hauptdarsteller ist der Schauspieler und Komiker Liechtenstein, der singend durch verschiedene Haushalte spaziert und die Bewohner beim Essen überrascht. Schon früh werden die Produkte der Marke EDEKA spielerisch und unterhaltsam präsentiert, während der Drehort zum EDEKA-Supermarkt wechselt. Nacheinander werden „supergeile" EDEKA-Produkte besungen und die Markenbotschaft mit emotionalen und humorvollen Inhalten vermittelt. Auf der edeka.de/supergeil-Webseite lassen sich zusätzlich sechs weitere Kurzvideos an Freunde, Familie und Verwandte schicken, um persönliche Botschaften in „supergeiler" Manier zu übermitteln. Innerhalb der ersten Woche nach Relaunch der Kampagnen Ende Februar 2014 steigen die Fan-Zahlen auf der offiziellen Facebook-Seite von EDEKA um 14.496 Personen. Dies entspricht einem Zuwachs von knapp 6,23 Prozent, den auch die beiden Marketingagenturen (Jung von Matt um 6,58 Prozent und JVMElbe um 7,67 Prozent) verzeichnen konnten (via socialbench.de). Die rasch ansteigenden Fan-Zahlen auf Facebook zeigen den Erfolg der unterhaltsamen Kampagne. Musik, Komik und Filmstil treffen den Nerv der Zeit und Zielgruppe. Offen bei dieser viralen Kampagne bleibt allerdings, ob es das Markenimage von EDEKA stärkt. Die Aussage „Wir lieben Lebensmittel" passt sicherlich nicht zu der Tatsache, dass sich der Hauptprotagonist des Spots eine Badewanne mit Milch und Frühstücksflocken füllt und darin suhlt.

Verbreitung viraler Botschaften sicherstellen: Die (Weiterleitungs-)Erfolge unterschiedlicher Kampagnen haben immer wieder gezeigt, dass es keinen Paradeweg für die Verbreitung gibt. Dennoch finden sich immer wieder gleiche Muster in den erfolgreichen Kampagnen.

Die Verbreitung viraler Markenbotschaften bedarf immer einer aktiven Rolle der Konsumenten. Entsprechend dem Ausmaß der *Kundenintegration* lassen sich virale Maßnahmen in gering- bis hochintegrative Ansätze einteilen. Je nach Ausgestaltung der Maßnahme variiert zudem die Steuerbarkeit durch die Markenführung. Gering integrative Viral-Ansätze erfordern eine geringe Aktivität des Konsumenten wie etwa das Versenden einer E-Mail oder das Teilen eines Video-Links. Hochintegrative

Abb. 8 EDEKA Supergeil-Kampagne 2014. Bildquellen: edeka.de/supergeil; youtube.com

Ansätze erfordern aktive Partizipationsmöglichkeiten wie das Uploaden eines Fotos oder Beteiligen an kreativen Spielen oder der Erstellung von Inhalten (Esch et al. 2010, S. 114).

Entscheidend für das Interesse an einer viralen Botschaft ist vor allem der *Absender*. Nachrichten unbekannter oder kommerzieller Versender finden kaum Berücksichtigung bei den Empfängern (Phelps et al. 2004, S. 338). Unternehmen wird deshalb empfohlen, nicht unbedingt als Absender einer viralen E-Mail aufzutreten. Dennoch können diese sehr wohl im Inhalt der Nachricht als Absender präsent sein, ohne bei den Betrachtern störend zu wirken (Sharpe Partners 2006). So sind es bei der EDEKA Supergeil-Kampagne die Freunde und Bekannten, die als Absender die Videos mit den Marken- und Produktrelevanten Informationen versenden. Zur Sicherstellung der Verbreitung sind den Konsumenten im viralen Medium Internet weitere Anlaufstellen zu bieten. AXE-Gamekillers lieferte solche Kontaktpunkte mittels Mitmach-Optionen, die im Sinne eines viralen Effektes weitergegeben wurden.

Für die *Verbreitung von viralen Botschaften* bieten sich mehrere *Kanäle* an, die separat oder gemeinsam genutzt werden können (Esch et al. 2010):

- Persönliche Netzwerke
- Social Networks und Communities
- Markeneigene Kanäle (Facebook, Twitter, Instagram)

- Ansprache von Meinungsführern und Networkern
- PR und Massenmedien
- Vernetzung von Webinhalten

Langfristigen Erfolg haben nur *integrierte Konzepte*, damit einzelne Aktionen immer wieder auf das Markenkonto einzahlen und der Absatz sowie das Image langfristig davon profitieren.

Virale Aktionen entwickeln durchaus eine Eigendynamik. Einmal angestoßen sind diese hinsichtlich ihrer Verteilung und ihres Verbreitungsgebiets kaum zu steuern (Ballhaus 2006a, S. 32), wie auch der unbeabsichtigte virale Erfolg der AEG Milwaukee V28 Elektro-Werkzeuge. Die „ursprünglich" nur zum Werbetest entwickelten Spots verbreiteten sich wie ein Lauffeuer unter über zwei Millionen Geschäftskunden, Lieferanten und Konsumenten in ganz Europa. Auf amüsante Art wird dort visualisiert, wieviel Kraft in den neuen Akkuwerkzeugen steckt. Die Marke wird von Beginn an in den zwei Spots kreativ in Szene gesetzt (Abb. 9). Die ungewollte oder gewollte Verbreitung baute die Marke positionierungsrelevant auf. Unkontrollierte Verbreitungen bergen vor allem dann Gefahren, wenn etwa der Inhalt nicht zur Marke oder zum Unternehmen passt oder eine virale Kampagne durch Dritte einem Unternehmen Schaden zufügt.

Erfolgsmessung und Monitoring viraler Kampagnen: Für eine genaue Erfolgsmessung im Viral Marketing ergeben sich allerdings Probleme. Der Absatz eines Produktes oder die Besucher einer Veranstaltung lassen sich zwar ohne weiteres erheben, jedoch lässt sich zwischenmenschlicher Austausch oftmals nur schwer erfassen. Im Internet kann die quantitative *Erfolgsmessung* viraler Kampagnen durch Seitenaufrufe, Anzahl der Downloads, Klicks, Verweildauer, Empfehlungs-Skripte, Serveraufrufe und Anzahl der Ergebnisse in Suchmaschinen erfolgen. Qualitativ ergibt sich hier die Möglichkeit durch Analyse der Erwähnungen und Berichte über die Kampagne in Weblogs, Foren oder Portalen. Social-Media-Monitoring-Technologien erlauben mittlerweile auch die Erfassung der Reichweite sowie der Menge von Äußerungen zu einer Kampagne oder Marke in Foren und Blogs (Langner 2005 S. 84 f.; Schömig 2006).

Kenntnis der Zielgruppe und crossmediale Vernetzung: Virales Marketing und virale Markenkommunikation stellen hohe Anforderungen an Agenturen und das Markenmanagement. Deren Implementierung sind grundsätzliche Überlegungen zur *Interaktion mit der Zielgruppe*, deren Involvement sowie den situativen Rahmenbedingungen der Kommunikation vorauszugehen. Für den Erfolg von viralen Kampagnen ist es wichtig, am Puls der Zeit im Internet zu sein. Dies setzt im Speziellen fundierte Kenntnisse über das Interaktions- und Online-Verhalten der Zielgruppe(n) voraus. Wo hält sich diese auf, welche Inhalte und Trends sind für diese relevant? Der Fit zwischen Marke, Medium und der anvisierten Zielgruppe ist sowohl für den Aufbau, die Verstärkung oder die Veränderung von Markenschemata wichtig, als auch für den Imageaufbau. Der Erfolg viraler Kampagnen wird zwar maßgeblich durch den Inhalt der Botschaft determiniert, diese sind jedoch markenkonform zu gestalten. Des Weiteren schaffen eine strategische und crossmediale Verknüpfung mit Online- und Offline-Instrumenten durch zahlreiche Berührungspunkte ein ganzheitliches Markenerlebnis (Esch et al. 2009, 2010).

Abb. 9 AEG Milwaukee V28-Kampagne. Quelle: Ballhaus 2006b

4 Empfehlungen für Below-the-Line-Kommunikation in der Praxis

Below-the-Line-Kommunikation ist im heutigen Marketingmix unerlässlich zur Erreichung der zahlreichen Zielgruppen. Besonders Guerilla Marketing und Viral Marketing können durch ihre Überraschungswirkung und ihren Unterhaltungswert starke Aufmerksamkeit und Gefallen erzielen. Gelingt es einer Marke durch besondere Kreativität ihrer Maßnahmen den Konsumenten zu begeistern, wird ein Schneeballsystem in Gang gesetzt, das dazu führt, dass die Werbebotschaft innerhalb kürzester Zeit weit verbreitet wird. Die angeführten Beispiele verdeutlichen, dass alternative Marketingstrategien durchaus in der Lage sind, Marken durch Below-the-Line-Aktivitäten bekannt zu machen, ihr Image zu verändern oder zu verstärken und neue Zielgruppen anzusprechen. Nachfolgende Medienberichte in Blogs, Internetforen oder in der Presse fördern zusätzlich die Aufmerksamkeit und Bekanntheit derartiger Aktionen nachhaltig, ohne dass diese das Werbebudget der Marke belasten.

Below-the-Line-Strategien, wie das Guerilla Marketing und das Viral Marketing, bergen aber auch zahlreiche Risiken und Gefahren. Auf der einen Seite kann durch unangenehme, aufdringliche, geschmacklose und/oder unmoralische Botschaften die Akzeptanz kommunikativer Maßnahmen bei den Konsumenten überreizt werden. Imageschäden und Verlust der Glaubwürdigkeit können hierbei als Konsequenzen auftreten. Auf der anderen Seite stellt sich oftmals die Frage nach der Eindeutigkeit des Absenders. Im Gegensatz zu Kampagnen von EDEKA, Mini oder K-fee bleibt bei zahlreichen Viral- und Guerilla-Aktionen der Absender im Hintergrund verborgen oder wird nicht ausreichend kommuniziert. Die Angst, die Marke würde die Spannung wegnehmen und zum Abbruch des Kontaktes führen, ist unbegründet, wie der obige Case von EDEKA gezeigt hat. Nicht jeder Erfolg kann im Vorfeld geplant sein. Nicht immer ist klar, wie die Zielgruppe auf neue Werbeformen und -inhalte reagiert. Abhilfe können eine Analyse der Zielgruppe oder der Einsatz von Trendscouts bieten. Zudem sind Werbe-Pretests und Monitorings während der Kampagne angeraten, um Umsetzungen zu optimieren und während den Maßnahmen rechtzeitig einzugreifen.

Nicht alle Below-the-Line-Maßnahmen eignen sich zudem gleichermaßen für alle Marken. Bei der *Nutzung alternativer Werbeformen* sind daher folgende *Fragestellungen* der Check-Liste zu beachten:

- Ist die Below-the-Line-Strategie überhaupt für die Marke bzw. das Unternehmen geeignet?
- Passt die gewählte Strategie zum angestrebten Image der Marke?
- Spricht die gewählte Strategie die avisierte Zielgruppe überhaupt an?
- Entsprechen die ausgelösten Assoziationen der intendierten Werbebotschaft?
- Eignet sich das Medium für eine integrierte und glaubwürdige Kommunikation?
- Lässt sich die Strategie crossmedial einbinden und nutzen?
- Wie kann die Kampagne begleitet und umgesetzt werden?
- Lässt sich Nutzen und Werbewirkung hinreichend messen oder erfassen?

Nur wenn diese Fragestellungen bejaht werden können, ist Below-the-Line-Kommunikation zu empfehlen. Sie bedarf daher mindestens des gleichen planerischen Aufwands wie die klassische Kommunikation. Hierbei ist stets darauf zu achten, dass die Kommunikation eigenständig gestaltet und die Markenbotschaft unmissverständlich sichtbar gemacht ist (Esch 2012, S. 217 f.).

Below-the-Line-Kommunikation stellt für Unternehmen eine gute Ergänzung der klassischen Kommunikation dar. Durch das unkonventionelle Auftreten der Marke wird die Aufmerksamkeit der Konsumenten geweckt und das Image der Marke zeitgemäß aufgebaut oder verändert. Vor allem junge und unbekannte Marken können diese Strategien nutzen, um sich rasch ein geeignetes Profil aufzubauen und Bekanntheit zu schaffen. Es gilt aber auch für bekannte Marken immer wieder, neue Wege zum Konsumenten zu suchen, um in ihrer Kommunikation nicht zu stark Wear-out-Effekten zu unterliegen und der Langeweile vorzubeugen. Unternehmen und Manager sind zur Stärkung ihrer Marken immer wieder gezwungen, eigenständige, zeitgemäße und zielgruppengerechte Wege in der Kommunikation zum Konsumenten zu finden. Hierbei gilt es, sich dem gesellschaftlichen Wertewandel, veränderten Trends und dem technologischen Fortschritt anzupassen und dennoch den eigenen Werten und der Identität der Marke treu zu bleiben.

Literatur

Arndt, J. (1967). Role of product-related conversations in the diffusion of a new product. *Journal of Marketing Research, 4*(3), 291–295.

Ballhaus, J. (2006a). Innovative Wege zum Kunden. *Absatzwirtschaft, 49*(4), 28–33.
Ballhaus, J. (2006b). Gute Unterhaltung. *Absatzwirtschaft, 49*(4), 34–36.
Bayus, B. L. (1985). Word of mouth: The indirect effects of marketing efforts. *Journal of Advertising Research, 25*(3), 31–39.
Becker, S. I., & Horstmann, G. (2011). Novelty and saliency in attentional capture by unannounced motion singletons. *Acta Psychologica, 136*(3), 290–299.
Belk, R. W. (1975). Situational variables and consumer research. *Journal of Consumer Research, 2*(3), 157–164.
Belz, C. (2005). Vertrauensmarketing. *Marketingjournal, 38*(5), 8–9.
Bothe, A. (2006). Guerila Attack – Wir sind gekommen um zu stören. *Promotion Business, 18*(3), 16–20.
Bryce, M. (2005). *Viral marketing: Potentials and pitfalls.* Saarbrücken: VDM.
Carter, S. M. (2003). Going below the line: Creating transportable brands for Australia's dark market. *Tobacco Control, 12*(3), 87–94.
Charlesworth, W. R. (1969). The role of surprise in cognitive development. In D. Elkind & J. H. Flavell (Hrsg.), *Studies in cognitive development* (S. 257–314). New York: Oxford University Press.
Chiu, H.-C., Hiseh, Y.-C., Kao, Y.-H., & Lee, M. (2007). The determinants of email recievers' disseminating behaviors on the internet. *Journal of Advertising Research, 47*(4), 524–534.
Christophe, V., & Rimé, B. (1997). Exposure to the social sharing of emotion: Emotional impact, listener responses and secondary social sharing. *European Journal of Social Psychology, 27*(1), 37–54.
Cox, D. F. (1967). Risk taking and information handling in consumer behavior. In D. F. Cox (Hrsg.), *Risk taking and information handling in consumer behavior* (S. 369–370). Boston: Division of Research, Graduate School of Business Administration, Harvard University.
Dahlén, M. (2005). The medium as a contextual cue – effects of creative media choice. *Journal of Advertising, 34*(3), 89–98.
Dahlén, M., Friberg, L., & Nilsson, E. (2009). Long live creative media choice – the medium as a persistent brand cue. *Journal of Advertising, 38*(2), 121–129.
Darwin, C. (1872). *The expression of emotions in man and animals.* London: Murray.
Derbaix, C., & Vanhamme, J. (2003). Inducing word-of-mouth by eliciting surprise – a pilot investigation. *Journal of Economic Psychology, 24*(1), 99–116.
Dobele, A., Toleman, D., & Beverland, M. (2005). Controlled infection! Spreading the brand message through viral marketing. *Business Horizons, 48*(2), 143–149.
Dye, R. (2000). The buzz on buzz. *Harvard Business Review, 78*(6), 139–146.
Ekman, P. (1993). Facial expression of emotion. *American Psychologist, 48*(4), 384–392.
Esch, F.-R. (2011). *Wirkung integrierter Kommunikation* (5. Aufl.). Gabler: Wiesbaden.
Esch, F.-R. (2012). *Strategie und Technik der Markenführung* (7. Aufl.). Vahlen: München.
Esch, F.-R., & Stenger, D. (2013). Teilen mit Gefühl. *Markenartikel, 75*(9), 64–67.
Esch, F.-R., Krieger, K. H., & Stenger, D. (2009). Virale Markenkommunikation – wirksame Interaktion statt „Trial and Error". *Marketing Review St Gallen, 26*(1), 11–16.
Esch, F.-R., Stenger, D., & Krieger, K. H. (2010). Virale Markenkommunikation erfolgreich managen. In T. Schwarz & A. M. Schüller (Hrsg.), *Leitfaden WOM-Marketing. Online & offline neue Kunden gewinnen durch Empfehlungsmarketing, Viral Marketing, Social Media Marketing, Advocating und Buzz* (S. 113–131). Waghäusel: marketing-BÖRSE.
Esch, F.-R., Stenger, D., & Gawlowski, D. (2012). Wirkung emotionaler Inhalte in Viraler Markenkommunikation auf Einstellung und Weiterleitungsverhalten in Interaktion mit Markenstärke und Medialer Rezeption. *Marketing ZFP, 34*(3), 179–195.
Filser, M. (1996). Vers une consommation plus affective? *Revue Française De Gestion, 110*, 90–99.
Frosch-Wilke, D., & Raith, C. (2002). *Marketing-Kommunikation im Internet.* Braunschweig: Vieweg.
GFK, webguerillas, & Robert, H. (2007). Marktforschungsstudie zur Nutzung Alternativer Werbeformen. www.robertundhorst.de/v2/img/downloads/gfkstu-die_2007.pdf. Zugegriffen am 28.01.2008.

Hastie, R. (1984). Causes and effects of causal attribution. *Journal of Personality and Social Psychology, 46*(1), 44–56.
Huber, F., Meyer, F., & Nachtigall, C. (2009). *Guerilla-Marketing als kreative Werbeform. Eine empirische Analyse am Beispiel der Marke MINI.* Lohmar: Eul.
Isaacs, N. (1930). Children's „why" questions. In S. Isaacs (Hrsg.), *Intellectual growth in young children* (S. 291–349). London: Routledge & Kegan Paul.
Jarchow, T. (2005). Erfolg haben Kampagnen, die Spaß machen. www.absatzwirtschaft.de/Content/_pv/_p/1003198/_t/fthighlight/highlightkey/k-fee/_b/37943/default.aspx/erfolg-haben-kampagnen%2c-die-spassmachen.html. Zugegriffen am 15.04.2014.
Johnston, W. A., & Hawley, K. J. (1994). Perceptual inhibition of expected inputs: The key that opens closed minds. *Psychonomic Bulletin and Review, 1*(1), 56–72.
Johnston, W. A., Hawley, K. J., Plewe, S. H., Elliott, J. M. G., & DeWitt, M. J. (1990). Attention capture by novel stimuli. *Journal of Experimental Psychology: General, 119*(4), 397–411.
K-fee. (2007). www.k-fee.com/de/index.html. Zugegriffen am 07.02.2007.
Krieger, K. H. (2012). *Guerilla Marketing: Alternative Werbeformen als Techniken der Produktinszenierung.* Wiesbaden: Springer Gabler Research.
Krieger, K. H., Esch, F.-R., Osinsky, R., & Hennig, J. (2012). Die Aktivierungskraft von Guerilla Produktinszenierungen: Ein Vergleich von Guerilla Marketing und klassischer Plakatwerbung mittels Aktivierungsindikatoren im EEG. *Marketing ZFP, 34*(3), 196–214.
Kroeber-Riel, W., & Esch, F.-R. (2011). *Strategie und Technik der Werbung* (7. Aufl.). Kohlhammer: Stuttgart.
Kuttelwascher, F. (2006). Mao für Kapitalisten. *Absatzwirtschaft, 49*(7), 30–34.
Langner, S. (2005). *Viral Marketing: Wie Sie Mundpropaganda gezielt auslösen und Gewinn bringend nutzen.* Wiesbaden: Gabler.
Levinson, J. C. (1984). *Guerrilla marketing: Secrets for making big profits from your small business.* Boston: Houghton Mifflin Company.
Levinson, J. C., & Godin, S. (2000). *Das Guerilla Marketing Handbuch* (2. Aufl.). München: Heyne.
Lindgreen, A., & Vanhamme, J. (2005). Viral marketing: The use of surprise. In I. Clarke, & T. B. Flaherty (Hrsg.), *Advances in electronic marketing* (S. 122–138). Hershey, PA, USA: Idea Group Publishing.
Mandler, G. (1982). The structure of value: Accounting for taste. In M. S. Clark, & S. T. Fiske (Hrsg.), *Affect and cognition. The seventeenth annual Carnegie Symposium on Cognition* (S. 3–36). Hillsdale, N.J: L. Erlbaum Associates.
Meyer, W.-U., Reisenzein, R., & Schützwohl, A. (1997). Towards a process analysis of emotions: The case of surprise. *Motivation and Emotion, 21*(3), 251–274.
Phelps, J. E., Lewis, R., Mobilio, L., Peryy, D., & Raman, N. (2004). Viral marketing or electronic word-of-mouth advertising: Examining consumer responses and motivations to pass along E-mail. *Journal of Advertising Research, 44*(4), 333–348.
Pichlmayer, S. (2006). Guerilla – venceremos! *Point – Werbung & Marktkommunikation, 11*, 4–6.
Porter, L., & Golan, G. J. (2006). From subservient chickens to brawny men: A comparison of viral advertising to television advertising. *Journal of Interactive Advertising, 6*(2), 30–38.
Rayport, J. (1996). The virus of marketing. *Fast Company - Magazine, 6*, 68.
Reichheld, F. F., & Sasser, W. E., Jr. (1990). Zero defections: quality comes to services. *Harvard Business Review, 68*(5), 105–111.
Rimé, B. (1995). The social sharing of emotional experience as a source for the social knowledge of emotion. In J. A. Russell, J. M. Fernandez-Dols, A. S. R. Manstead, & J. C. Wellenkamp (Hrsg.), *Everyday conceptions of emotions. An introduction to the psychology, anthropology and linguistics of emotion* (S. 475–489). Dordrecht: Kluwer.
Rumelhart, D. E. (1980). Schemata: The building blocks of cognition. In R. J. Spiro, B. C. Bruce & W. F. Brewer (Hrsg.), *Theoretical issues in reading comprehension. Perspectives from cognitive psychology, linguistics, artificial intelligence, and education* (S. 33–58). Hillsdale, N.J. : L. Erlbaum Associates.

Rumelhart, D. R., & Ortony, A. (1977). The representation of knowledge in memory. In D. E. Anderson, R. J. Spiro, & W. E. Montague (Hrsg.), *Schooling and the acquisition of knowledge* (S. 99–135). Hillsdale: Erlbaum.
Schömig, B. (2006). Erfolgsmessung im Web 2.0: Word of Mouth und virale Kampagnen. *Direkt Marketing, 42*(11), 42–43.
Schulte, T., & Pradel, M. (2006). *Guerilla Marketing für Unternehmertypen* (2. Aufl.). Sternenfels: Wissenschaft & Praxis.
Schützwohl, A. (2000). Ein psychoevolutionäres Modell der Überraschung. In F. Försterling, J. Stiensmeier-Pelster, & L. Silny (Hrsg.), *Kognitive und Emotionale Aspekte der Motivation* (S. 177–204). Göttingen: Hogrefe.
Sharpe Partners (2006). Nearly 90% of internet users share content via E-Mail. www.sharpepartners.com/press_release/nearly_90_of_internet_users_sh.php?format=fullJahr. Zugegriffen am 28.01.2008.
Stenger, D. (2012). *Virale Markenkommunikation: Einstellungs- und Verhaltenswirkungen viraler Videos*. Wiesbaden: Springer Gabler Research.
Thomas, G. M. (2004). Building the buzz in the hive mind. *Journal of Consumer Behavior, 4*(1), 64–72.
Thunig, C. (2003). Bester Markenrelaunch: Wie der kleine Mini wieder ganz groß wieder kam. www.absatzwirtschaft.de/psasw/fn/asw/SH/0/sfn/buildpage/cn/cc_vt/ID/25869/vt/mini%20guerilla/s/1page2/PAGE_1003228/aktelem/PAGE_1003228/index.html. Zugegriffen am 18.03.2003.
Valenzuela, A., Mellers, B., & Strebel, J. (2010). Pleasurable surprises: A cross-cultural study of consumer responses to unexpected incentives. *Journal of Consumer Research, 36*(5), 792–805.
Vanhamme, J., & Snelders, D. (2003). What if you surprise your customers ... will they be more satisfied? Findings from a pilot experiment. *Advances in Consumer Research, 30*(1), 48–55.
Vilpponen, A., Winter, S., & Sundqvist, S. (2006). Electronic word-of-mouth in online environments: Exploring referral network structure and adoption behavior. *Journal of Interactive Advertising, 6*(2), 71–86.
Welling, M. (2005). *Guerilla Marketing in der Marktkommunikation*. Aachen: Shaker.
Westbrook, R. A. (1987). Product/consumption-based affective responses and postpurchase process. *Journal of Marketing Research, 24*(3), 258–270.

Prof. Dr. Franz-Rudolf Esch ist Inhaber des Lehrstuhls für Markenmanagement und Automobilmarketing, Direktor des Institutes für Marken- und Kommunikationsforschung (IMK) an der EBS Universität für Wirtschaft und Recht, Wiesbaden, sowie Gründer von ESCH. The Brand Consultants, Saarlouis.

Dr. Kai H. Krieger ist Gründer der Agentur Krieger & Krieger für kreative Markenkommunikation und Künstler im Urban Art Collective „3Steps" in Gießen.

Dr. Kristina Strödter arbeitet in der Strategieabteilung von Nike und war mehrere Jahre als Unternehmensberaterin u. a. bei The Boston Consulting Group tätig.

Kommunikation des Herstellers mit dem Handel

Marion Brandstätter, Bernhard Swoboda und Thomas Foscht

Inhalt

1	Einleitung	242
2	Kommunikation in transaktionalen Beziehungen	244
3	Kommunikation in kooperativen Beziehungen	250
4	Kommunikation in integrativen Beziehungen	259
5	Fazit und Ausblick	263
	Literatur	263

Zusammenfassung

Im Rahmen der Kommunikation der Hersteller mit dem Handel können zahlreiche Kommunikationsinstrumente und -maßnahmen zum Einsatz kommen, so die klassische Mediawerbung oder die Online-Kommunikation, Verkaufsgespräche, Jahresvereinbarungen, Preis- und Konditionenverhandlungen oder gesamte Kommunikationskampagnen, die beispielsweise von Kontraktgebern für Vertragshändler konzipiert werden, und von Letzteren umgesetzt werden (müssen). Welche Kommunikationsinstrumente und -maßnahmen der Hersteller für die Kommunikation mit dem Handel vordergründig nutzt, hängt dabei nicht zuletzt den Ebenen der Zusammenarbeit bzw. dem Typ der Hersteller-Handels-Beziehung ab. Deshalb thematisiert der Beitrag Kommunikationsinstrumente und -maßnahmen im Kontext der drei zentralen Typen von Hersteller-Handels-Beziehungen – nämlich den marktlichen Transaktionen, den Kooperationen und der partiellen bzw. vollständigen vertikalen Integration.

M. Brandstätter (✉) • T. Foscht
Institut für Marketing, Karl-Franzens-Universität Graz, Graz, Österreich
E-Mail: marion.brandstaetter@uni-graz.at; thomas.foscht@uni-graz.at

B. Swoboda
Lehrstuhl für Marketing und Handel, Universität Trier, Trier, Deutschland
E-Mail: b.swoboda@uni-trier.de

© Springer Fachmedien Wiesbaden 2016
M. Bruhn et al. (Hrsg.), *Handbuch Instrumente der Kommunikation*, Springer Reference Wirtschaft, DOI 10.1007/978-3-658-04655-2_11

Schlüsselwörter

Handelsorientierte Kommunikationsinstrumente • Hersteller-Handels-Beziehungen • Kommunikationsinstrumente • Marktliche Transaktionen • Kooperative Kommunikation • Pull-Kommunikation • Push-Kommunikation • Supply Management • Vertikale Integration • Vertikales Marketing

1 Einleitung

1.1 Entwicklungstendenzen in Hersteller-Handels-Beziehungen

Während die Marktposition der Markenartikelhersteller in Deutschland bis in die 1970er-Jahre hinein durch die vertikale Preisbindung gesichert war und Hersteller die Absatzkanäle der Konsumgütermärkte dominierten, führte vor allem die Expansion von Handelsketten und die damit einhergehende Verstärkung der Konzentrationstendenzen im Handel zu einer Veränderung der Marktgleichgewichte: Handelsunternehmen – insbesondere große Unternehmen der Food-Branche – wurden als Verhandlungspartner der Industriezunehmend mächtiger (hierzu bereits Thies 1976, S. 52 ff.; Irrgang 1993, S. 1). In den letzten Jahren gelang es deshalb vielen Handelsunternehmen, in den Hersteller-Handels-Dyaden zum dominanten Partner zu werden. Die Emanzipation der Handelsunternehmen findet dabei Ausdruck im Streben nach eigenständigen Profilierungs- und Marketingkonzepten, die nicht mehr alleine auf hersteller-initiierten Maßnahmen fußen. Um wieder eine stärkere Kontrolle über die Vertriebswege zu erlangen, setzten Hersteller seit den 1980er-Jahren auf Maßnahmen des handelsbezogenen Marketing, die seit Mitte der 1990er-Jahre – vorangetrieben durch die Efficient Consumer Response-Initiative – zunehmend von kooperativen Konzepten der Marktbearbeitung ersetzt werden.

Vor diesem Hintergrund wird die *Konzeption des vertikalen Marketing* in der vorherrschenden Literatur seit Jahren diskutiert (z. B. Thies 1976; Tietz und Mathieu 1979; Irrgang 1993), wobei der Begriff unterschiedlich weit gefasst wird. Nach Irrgang (1993, S. 1 f.) bezeichnet das vertikale Marketing das handelsgerichtete Marketing eines Herstellers, das auf eine Beeinflussung der Endverbraucher abzielt. Es ergänzt somit die unmittelbar konsumentengerichteten Marktbearbeitungsmaßnahmen der Herstellerunternehmen. Dieses Begriffsverständnis greift im Hinblick auf die kooperativen Hersteller-Handels-Konzepte jedoch zu kurz. Deshalb wurden umfassendere Begriffsabgrenzungen vorgenommen. Nach Zentes et al. (2013, S. 213) ist unter dem vertikalen Marketing der Versuch zu verstehen, die Konsumenten „durch ein mit Unternehmen anderer Marktstufen koordiniertes Vorgehen" zu beeinflussen. Meist wird dabei der Hersteller als Ausgangspunkt des vertikalen Marketing gesehen, wenngleich auch Unternehmen der Handelsstufe als Initiator des vertikalen Marketing fungieren und beispielsweise Groß- oder Einzelhandelsunternehmen Hersteller dazu veranlassen können, ihr absatzpolitisches Instrumentarium in einer bestimmten Weise auszurichten (hierzu bereits Olbrich 1995, S. 2616 f.). Die angeführte, umfassendere Begriffsdefinition wird auch dem

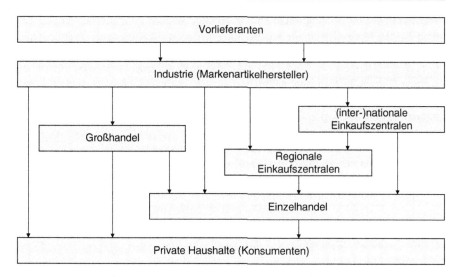

Abb. 1 System vertikaler Marktbearbeitung

Umstand gerecht, dass in den meisten Branchen der Konsumgüterindustrie eine mehrstufige Marktbearbeitung vorliegt (Abb. 1).

Wesentliche Gründe für eine umfassende Betrachtung der Kommunikation der Hersteller mit dem Handel sind jüngste Entwicklungstendenzen, wie die Tendenz zur vertikalen Integration, die beispielsweise über den Aufbau eigener Filialen oder Flagship Stores bzw. den Betrieb eigener Online-Shops realisiert wird. Denn damit sind nicht nur Modifizierungen in der Ausgestaltung des vertikalen Marketing angesprochen, sondern auch weitreichende Änderungen in der Gestaltung der Wertschöpfungsarchitekturen, die den Herstellern neue Optionen der Kommunikation eröffnen und letztlich die Art und Intensität der Kommunikation mit dem Handel beeinflussen. Dabei ist es eigentlich unzulässig, pauschal vom Handel zu sprechen, zumal sich die Branchen im Einzelhandel nicht nur in ihrer wirtschaftlichen Bedeutung, sondern auch im Konzentrationsgrad unterscheiden: Beide sind etwa im Lebensmitteleinzelhandel deutlich höher als im Bekleidungseinzelhandel. Ferner variiert u. a. die Kontakthäufigkeit mit den Kunden sowie die Gestaltung der Wertschöpfungsprozesse je nach Handelsbranche.

1.2 Ausprägungen der Kommunikation mit dem Handel

Die Kommunikation von Unternehmen umfasst nach Bruhn (2011, S. 5) „die Gesamtheit sämtlicher Kommunikationsinstrumente und -maßnahmen [...], die eingesetzt werden, um das Unternehmen, Produkte und seine Leistungen den relevanten internen und externen Zielgruppen [...] darzustellen und/oder mit den Zielgruppen eines Unternehmens in Interaktion zu treten." Welche Kommunikationsinstrumente und -maßnahmen der Hersteller für die Kommunikation mit dem Handel vordergründig nutzt, hängt nicht zuletzt von den Ebenen der Zusammenarbeit bzw. dem Typ der Hersteller-Handels-Beziehung ab. Denn die Kommunikation geht nicht immer nur einseitig vom Hersteller aus, sondern beruht beispielsweise auf Informationen des Handels, so Verkaufs- oder Bestandsinformationen. Darüber hinaus werden Kommunikationsmaßnahmen – je nach Ebene der Zusammenarbeit – auch gemeinsam in Partnerschaften erarbeitet. Im Hinblick auf diese Ebenen der Zusammenarbeit bzw. die Typen der Hersteller-Handels-Beziehung wird im Folgenden auf die marktlichen Transaktionen, die Kooperationen und die partielle oder vollständige vertikale Integration abgestellt (Swoboda und Giersch 2004, S. 1719), die in Tab. 1 visualisiert und mit typischen Kommunikationsinstrumenten und -maßnahmen sowie Zielen verbunden sind.

Beispielsweise werden bei marktlichen Transaktionsbeziehungen – wozu einmalige Kontakte zwischen Hersteller- und Handelsunternehmen ebenso zählen wie die für viele mittelständische Lieferanten typischen Geschäftsbeziehungen mit dem Handel – primär Verkaufs- und Jahresgespräche bzw. Preis- und Konditionenverhandlungen geführt oder Verkaufsförderungsmaßnahmen gesetzt. Diese Kommunikationsmaßnahmen werden beim Vorliegen kooperativer Hersteller-Handels-Beziehungen, die auf eine mittel- bis langfristige Zusammenarbeit ausgerichtet sind, oder bei integrativen Hersteller-Handels-Beziehungen, modifiziert (z. B. kooperativ) eingesetzt oder um weitere Maßnahmen ergänzt. Dabei ist es grundsätzlich unerheblich, welche der in Abb. 1 angedeuteten Absatzkanäle ein Hersteller nutzt, denn marktliche Transaktionen oder Kooperationen sind auf der Groß- und Einzelhandelsstufe denkbar. Dennoch liegt der Fokus im Folgenden auf den Beziehungen zwischen Herstellern und Einzelhändlern.

2 Kommunikation in transaktionalen Beziehungen

2.1 Handelsorientierte Kommunikationsinstrumente

Im Hinblick auf die Kommunikation von Herstellern in transaktionalen Beziehungen lassen sich Kommunikationsinstrumente grundsätzlich danach unterscheiden, ob sie ausschließlich auf die Kommunikation mit Handelsunternehmen ausgerichtet sind, oder ob sie auch – oder sogar vornehmlich – Konsumenten adressieren.

Für Geschäftsbeziehungen zwischen Herstellern und Händlern sind Kommunikationsmaßnahmen, die eine *direkte persönliche Kommunikation* bedingen, zentral. Diese Kommunikationsmaßnahmen schließen klassische Verkaufsgespräche, wie Jahresgespräche oder unterjährige Preis- und Konditionenverhandlungen, bzw. Gespräche zur Kundenpflege oder zur Lancierung von Sonderangebotsaktionen ebenso ein wie Verhandlungsgespräche über Rahmenvereinbarungen und Vertriebsbindungen.

Verkaufsgespräche können unterschiedliche Formen annehmen, seien es periodisch durchgeführte Gespräche zwischen Außendienstmitarbeitenden des Herstellers und Mitarbeitenden des Handelsunternehmens zum Zwecke der Kundenpflege bzw. des Kundenservice, unterjährig abgehaltene Treffen, die von Herstellern

Tab. 1 Ebenen der Hersteller-Handels-Beziehungen und zentrale. Kommunikationsinstrumente bzw. -maßnahmen

Ebenen der Zusammenarbeit	Ausprägungen (kontraktuell, institutionell)	Kommunikationsinstrumente und -maßnahmen	Ziele
Marktliche Transaktionen	Absatzkanäle ohne Bezug zwischen den Elementen	Konsumentengerichtetes Marketing/ konsumentenge-richtete Kommunikation	Profilierung gegenüber Endkunden, Stimulierung der Nachfrage der Endkunden (Pull-Strategie)
	Absatzkanäle mit vertraglichen Einzelbindungen	Handelsgerichtetes Marketing/ handelsgerichtete Kommunikation	Produktlistung, Verkaufsabschluss und -stimulierung
		Verkaufsgespräche	Verhandlungen der Einkaufspreise, der Zahlungsbedingungen/-konditionen, der Bestellmengen/-frequenz, der Rabatt-/ Verkaufsförderungsaktionen, der Distributionslogistik, des Point of Sale-Marketing, der Warenrücknahmen usw.
		Jahresgespräche	Großkundensteuerung mit diversen Effizienz- und Effektivitätszielen
		Preis- und Konditionenverhandlungen	
		Rahmenvereinbarungen	
		Vertriebsbindungs- und Ausschließlichkeitsverträge	
		Vertriebsbindungen	
		Handelsgerichtete Mediawerbung	
		Handelsgerichtete Verkaufsförderung	
		Direct Marketing, Event Marketing, Public Relations, Sponsoring, Online-Kommunikation	
		Key Account Management	

(*Fortsetzung*)

Tab. 1 (Fortsetzung)

Kooperationen	Lose Kooperationsformen mit schwachen Verbindungen	Klassisches Trade Marketing	Unterstützung des (mittelständischen) Handels bei Strategie, Marktforschung, Ladengestaltung, Schulungen usw.
	Strategische Partnerschaften	Enablers, Integrators in Wertschöpfungspartnerschaften	Steigerung der Effektivität/Effizienz von Verkaufsförderungsaktionen, Vermeidung von Mengen- und Preisschwankungen
		Demand Management	Reduktion der Floprate bei Neuprodukten und der damit verbundenen Kosten
		Neuprodukteinführung	Verfolgbarkeit von Produkten/Rohstoffen
		Verkaufsförderung	Reduktion von Lagerhaltungskosten, kontinuierliche Warenversorgung,
		Sortimentsgestaltung	Vermeidung der Nichtverfügbarkeit von
		Supply Management	Produkten am Point of Sale, Erhöhung der
		Effizienter Warennachschub	Warenumschlagshäufigkeit, Förderung von
		Effiziente Administration und Logistik	Verbundkäufen
Partielle oder vollständige vertikale Integration	Herstellergebundene Verkaufsorgane	Franchisingsysteme	Multiplikation eines einheitlichen Systems mit arbeitsteiligem Leistungsprogramm
		Vertragshändler	Kontrolle der Vertriebswege
	Herstellereigene Verkaufsorgane	Eigene Vertriebskanäle	Umsatzsteigerung, Stärkung der Marke, Aufbau direkter Kundenbeziehungen, Senkung der Vertriebskosten
		Filialen, Fachgeschäfte	
		Flagship Stores	
		Versand-/Distanzhandel	

initiiert werden, wenn etwa die Realisierung der in ihrer Jahresplanung festgesetzten Absatz-, Umsatz- oder Deckungsbeitragsziele gefährdet ist und Handelsunternehmen deshalb zusätzliche Verkaufsförderungsmaßnahmen umsetzen sollen, oder Jahresgespräche. Im Rahmen von *Jahresgesprächen* werden die Jahresplanungen von Hersteller- und Handelsunternehmen abgestimmt (Kenning et al. 2013). Diese Koordination betrifft beispielsweise Verkaufsförderungsmaßnahmen, bei denen es Art, Umfang und Timing festzulegen gilt. Darüber hinaus dient das Jahresgespräch der gegenseitigen Information über Absatz- und Umsatzzahlen der Markenprodukte in der vergangenen Planungsperiode, die dann die Grundlage für das Festlegen von Umsatzzielen der aktuellen Planungsperiode bilden. Jahresgespräche können aber auch als Plattform angesehen werden, um die systemimmanenten Zielkonflikte zwischen Hersteller und Handel, insbesondere in Bezug auf die Margenaufteilung, anzusprechen. Denn Handelsunternehmen sind aufgrund des oft vorherrschenden Preiswettbewerbs an niedrigen Verkaufspreisen und Sonderaktionen interessiert, die dem vom Hersteller intendierten Markenimage zuwiderlaufen können. Aufgrund des angesprochenen Preiswettbewerbs und der verbesserten Marktstellung des Handels sind bei Jahresgesprächen seit geraumer Zeit die Preisverhandlungen zentral, in deren Rahmen Einkaufskonditionen und Rabatte fixiert werden. Im Zusammenhang mit diesen Preisverhandlungen lassen sich zwei Problembereiche hervorheben: Erstens werden Herstellerunternehmen oft mit überhöhten Forderungen des Handels oder mit zusätzlich gestellten Forderungen ohne entsprechende Gegenleistung (z. B. ohne zusätzliche Listungsbereitschaft) konfrontiert. Zweitens haben unzulässige (v. a. horizontale) Preisabsprachen über Preisuntergrenzen in der jüngeren Vergangenheit in diversen Konsumgüterbranchen für beachtliche Strafen seitens der Kartellämter in ganz Europa gesorgt.

In Bezug auf die Preis- und Konditionengestaltung werden aufgrund der Machtstellung vieler Handelsunternehmen häufig Nachverhandlungen geführt, weshalb *Preis- und Konditionenverhandlungen* auch unterjährig stattfinden. Eine Möglichkeit des Herstellers, auf die Preissetzung des Handels Einfluss zu nehmen, stellen *unverbindliche Preisempfehlungen* dar. Dabei darf der Produzent dem Handel unter bestimmten Voraussetzungen zwar einen Verkaufspreis vorschlagen, die Vorgabe von Preisspannen ist allerdings rechtlich nicht erlaubt (Zentes et al. 2012, S. 485). Diese unverbindliche Preisempfehlung dient im Handel häufig als Referenzpreis, um den Verbraucherpreis festzusetzen.

Eine stärkere Bindung aus Herstellersicht erlauben *Rahmenvereinbarungen*, die eine lose Form des Kontraktmarketing darstellen, bei dem sich der Absatz von Produkten auf Verträge stützt, die für einen bestimmten Zeitraum oder für eine bestimmte Zahl von Verkaufsvorvorgängen abgeschlossen werden (Kenning 2013). Durch Rahmenvereinbarungen, die meist jährlich ausgehandelt werden, versucht ein Hersteller, den Jahresumsatz, Aktionen, Rabattstaffelungen, den Stammplatz der Ware im Geschäft oder die Leistungsvergütung abzusichern (Zentes et al. 2012, S. 267). Generell dienen Rahmenvereinbarungen oder andere Arten des Kontraktmarketing, wie *Vertriebsbindungs- oder Ausschließlichkeitsverträge*, u. a. der Stabilisierung der Hersteller-Handels-Beziehungen und der Reduktion der Transaktionskosten. Von Handelsunternehmen werden Rahmenvereinbarungen allerdings nicht immer als verbindlich angesehen. So kommt es in der Praxis durchaus vor, dass vereinbarte Aktionen nicht realisiert oder verschoben werden.

Bei *Vertriebsbindungen*, die – wie Rahmenvereinbarungen – eine vertragliche Absicherung des Absatzes vorsehen, lassen sich solche räumlicher, personeller und zeitlicher Art unterscheiden. Während den Absatzmittlern durch eine Vertriebsbindung räumlicher Art ein bestimmtes Gebiet zugewiesen wird, in dem die Waren vertrieben werden sollen, ist der Absatz bei einer Vertriebsbindung personeller Art auf bestimmte Abnehmer beschränkt (Mecke et al. 2013b). Letztgenannte Form der Vertriebsbindung ist bei Vertragshändlern vorzufinden. Schließlich wird der Absatz bei Vertriebsbindungen zeitlicher Art zeitlich differenziert oder begrenzt. Generell können Vertriebsbindungen als Absatz- und/oder Bezugsbindung abgeschlossen werden. Bei der Absatzbindung haben sich Handelsunternehmen bei der Marktbearbeitung an die vom Hersteller vorgegebene Marktkonzeption zu halten (Mecke et al. 2013a).

2.2 Konsumenten- und handelsorientierte Kommunikationsinstrumente

Auch wenn die konkrete Ausgestaltung der Kommunikationsmaßnahmen oder die mit den Kommunikationsaktivitäten verfolgten Zielsetzungen in Abhängigkeit davon variieren, ob Konsumenten oder Handelsunternehmen adressiert werden, lassen sich zahlreiche Kommunikationsinstrumente anführen, die Hersteller sowohl im Rahmen der Kommunikation mit Endverbrauchern als auch im Zuge der Kommunikation mit dem Handel einsetzen können.

Im Hinblick auf die *Mediawerbung*, die vor allem bei der Einführung von Neuprodukten oder neuen Produktvarianten von Bedeutung ist, sind für die handelsorientierte Kommunikation z. B. Fachzeitschriften und Anzeigen relevant. Anzeigen, die Handelsunternehmen adressieren, vermitteln generell mehr Informationen als solche, die an Endverbraucher gerichtet sind, weshalb sie eher der informativen und weniger der emotionalen Werbung zuzuordnen sind. Darüber hinaus können den Mitarbeitenden eines Handelsunternehmens bei persönlichen Kontakten, etwa bei Besuchen des Außendienstes oder bei Treffen mit Key Account Managern, Leaflets oder Prospekte ausgehändigt werden. Je nach Branche können auch Sales Folder von Bedeutung sein, die bei Verkaufsgesprächen zum Einsatz kommen und Produktinformationen sowie Informationen über die Preis- und Konditionengestaltung beinhalten.

Die *Verkaufsförderung* (Sales Promotion), bezieht sich auf zeitlich befristete Maßnahmen mit Aktionscharakter (Bruhn 2013, S. 386). Aus Herstellersicht kann dabei je nach Adressat zwischen konsumenten- und handelsgerichteter Verkaufsförderung unterschieden werden. Bei Letzterer steht die Gewinnung der Unterstützung des Handelsunternehmens – beispielsweise auch für die Listung eines Produktes – im Vordergrund. Handelsgerichtete Verkaufsförderungsmaßnahmen sind u. a. in Werbegeschenken und -kostenzuschüssen oder in der Regalpflege bzw. Promotionsaktivitäten, wie dem Aufstellen von Displays durch Mitarbeitende des

Herstellers, zu sehen (Winkelmann 2013, S. 488 f.). Ob etwa Werbekostenzuschüsse gewährt werden (müssen), hängt von der Marktmacht des Herstellers und jener des Handelskunden ab. Des Weiteren können Händlertreffen und -tagungen sowie Schulungen und Beratungen der Handelsmitarbeitenden durch Mitarbeitende des Herstellers i. S. einer handelsgerichteten Verkaufsförderung eingesetzt werden. Die konsumentengerichtete Sales Promotion zielt dagegen darauf ab, die Aufmerksamkeit der Konsumenten am Point of Sale (PoS) auf das Produkt bzw. die Produkte eines Herstellers zu lenken und damit den Abverkauf zu erhöhen (Zentes et al. 2012, S. 513). Dabei sind Handelsunternehmen bei entsprechenden Verkaufsförderungsaktionen, wie Prospekten, Gewinnspielen, Kostproben, Sonderplatzierungen oder Coupons, generell daran interessiert, dass die verkaufsfördernden Maßnahmen exklusiv, d. h. handelsunternehmensspezifisch, durchgeführt werden, weil sie dann eine Möglichkeit zur Profilierung gegenüber der Konkurrenz bieten. Ebenso könnte im Hinblick auf die *Mediawerbung* argumentiert werden.

Unabhängig davon, welche Kommunikationsinstrumente eingesetzt werden, bergen handelsorientierte Kommunikationsmaßnahmen, die als Anreize zur Listung und Förderung der Herstellermarken konzipiert sind, die Gefahr, dass Hersteller versuchen, die Marken bzw. Produkte i. S. einer Push-Strategie in den Handel „hineinzudrücken". Demgegenüber ist eine Pull-Strategie dadurch gekennzeichnet, dass die konsumentenorientierte Kommunikation – bzw. generell ein konsumentenorientiertes Marketing – bei den zwischengeschalteten Absatzmittlern einen Nachfragesog erzeugt (Abb. 2). Das heißt, in diesem Falle wird durch die direkte Ansprache der Letztverbraucher ein Bedarf nach den Produkten des Herstellers angeregt, der zur aktiven Nachfrage der Konsumenten beim Handel führt. Der Handel sieht sich dann, im Idealfall ohne weitere Herstellerinitiative, veranlasst, die entsprechende(n) Marke(n) bzw. Produkte im Sortiment zu führen.

Um einen Nachfragesog zu erzeugen, können Hersteller – neben der Mediawerbung und der Verkaufsförderung – weitere Kommunikationsinstrumente einsetzen, wobei die folgenden, im Überblick angeführten *Instrumente auch in der Kommunikation mit Handelsunternehmen* relevant sein können:

- Das Direct Marketing, das darauf abzielt, z. B. mittels Telefonmarketing oder E-Mailings einen direkten Kontakt zum Adressaten und damit einen unmittelbaren Dialog aufzubauen, oder über eine indirekte Ansprache die Basis für einen künftigen Dialog zu schaffen (Bruhn 2013, S. 405).
- Das Event marketing, das in der Analyse, Planung, Durchführung und Kontrolle kommerzieller Veranstaltungen (z. B. Roadshows, Firmenjubiläen) besteht, in deren Rahmen Produkte oder Herstellerunternehmen erlebnis- und/oder dialogorientiert präsentiert werden (Bruhn 2013, S. 465; Winkelmann 2013, S. 495).
- Die Public Relations (Öffentlichkeitsarbeit), die u. a. darauf ausgerichtet ist, die Öffentlichkeit über Vorgänge im Unternehmen zu informieren und ein positives Image des Unternehmens zu vermitteln, um dadurch bei den relevanten Anspruchsgruppen Vertrauen aufzubauen (Winkelmann 2013, S. 434).
- Das Sponsoring, das darauf abzielt, in der Öffentlichkeit ein positives Image des Herstellers bzw. der Herstellermarke zu vermitteln, und unterschiedliche

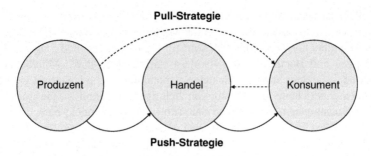

Abb. 2 Push- und Pull-Strategie in der Kommunikation

Erscheinungsformen (z. B. Sport-, Kultur-, Umwelt-, Sozio- und Mediensponsoring) annehmen kann.
- Die Online-Kommunikation, die – neben der Hypermedialität – durch die unmittelbare und direkte Feedbackmöglichkeit der Botschaftsempfänger, die Kommunikation in Echtzeit und die globale Verfügbarkeit gekennzeichnet ist, und Instrumente wie Unternehmenswebsites, E-Mails bzw. Newsletter oder Web 2.0-Aktivitäten (z. B. in von Herstellerunternehmen geführten Corporate Blogs oder sozialen Netzwerken wie Facebook) umfassen kann (Meffert et al. 2012, S. 654, S. 656 ff.).

Anzumerken bleibt, dass der Umgang mit Handelskunden und damit u. a. die Intensität der Kommunikation sowie die Ausgestaltung der Kommunikationsinstrumente im Rahmen des *Key Account Managements* (KAM) in Abhängigkeit der Kundenpriorisierung variiert. Unterschiede ergeben sich für Kernkunden (so genannte Key Accounts) auch in der Art und Intensität der internationalen Betreuung, die durch die Gestaltung der kundengerichteten Strategie und Struktur – etwa durch das Ausmaß der Zentralisierung und Formalisierung der KAM-Aktivitäten, also durch Faktoren, die für den Erfolg des KAM ausschlaggebend sind (hierzu Swoboda et al. 2011, 2012) – determiniert werden.

3 Kommunikation in kooperativen Beziehungen

3.1 Überblick

Die Kommunikation von Herstellern mit Handelsunternehmen geht in kooperativen Beziehungen wesentlich über die behandelten transaktionalen Optionen hinaus, wobei Letztere nicht ersetzt, sondern ergänzt und vor allem modifiziert werden. Erste Ansatzpunkte für kooperative Hersteller-Handels-Dyaden lieferte das klassische *Trade Marketing*, also das *handelskundenorientierte Marketing* (Zentes et al. 2012, S. 248, S. 269). Im Zusammenhang mit dem Trade Marketing wurden schon Ende der 1980er-Jahre diverse Marketing- und Kooperationsinstrumente (z. B. Merchandising, Verkaufsförderung, Werbung oder Platzierung), unterschiedliche Logistikmaßnahmen und spezifische mittelständische Konzepte (z. B. Strategieberatung, Marktforschung oder Standortanalysen) diskutiert (Zentes et al. 2012, S. 270). Diese Maßnahmen bzw. Instrumente wurden in den 1990er-Jahren schließlich im so genannten *Efficient Consumer Response Management (ECR)* aufgegriffen, weiterentwickelt und letztlich umgesetzt (Swoboda 2011).

Abbildung 3 zeigt die wichtigsten *Komponenten des europäischen ECR-Modells*, wie es heute in der Konsumgüterwirtschaft umgesetzt wird. Entscheidend in diesem Modell, das auch als Global Scorecard bezeichnet wird, sind die beiden Teilbereiche „Demand Management" und „Supply Management", in denen die Kommunikation zwischen Herstellern und Händlern in bestimmten Bereichen völlig neu gestaltet wird. Ziel des ECR-Ansatzes ist es letztlich, die gesamte Wertschöpfungskette durch eine kooperative Gestaltung von Marketing- und Supply Chain-Prozessen zu optimieren, einen Kundennutzen zu schaffen, Wettbewerbsvorteile zu begründen und so genannte Win-Win-Win-Partnerschaften zu etablieren (Zentes et al. 2012, S. 597 f.).

Weitere *Komponenten der Global Scorecard*, die im folgenden Abschnitt genauer diskutiert werden, bilden zum einen die für die Umsetzung des ECR-Konzepts essenziellen Kommunikationstechnologien, die so genannten *Enablers*. Sie umfassen im Wesentlichen Standards zur Unterstützung der Kommunikation, des Datenmanagements, der Produktidentifikation und des Datenaustausches. Zum anderen sind so genannte *Integrators* anzuführen, denen Konzepte zur Verbesserung der Zusammenarbeit und hier insbesondere das *Collaborative Planning, Forecasting and Replenishment (CPFR)* sowie Instrumente zum Controlling der ECR-Maßnahmen zuzurechnen sind (vgl. dazu im Detail Zentes et al. 2012, S. 606 ff.).

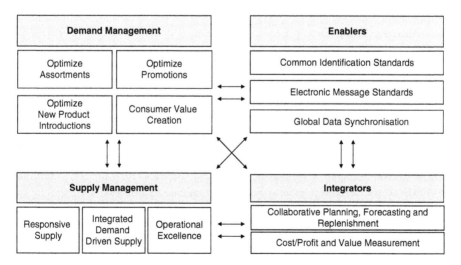

Abb. 3 Komponenten der Global Scorecard. Quelle: in Anlehnung an Hofstetter und Jones 2006, S. 9; Fernie 2009, S. 50

3.2 Enablers und Integrators als Basis der Kommunikation in kooperativen Beziehungen

Die Realisierung moderner Kommunikation von Herstellern und Händlern – dies gilt sowohl bei unternehmensinterner als auch bei unternehmensübergreifender Betrachtung – setzt die Verfügbarkeit von Standards zur Unterstützung der Kommunikation bzw. des Datenaustausches voraus. Von zentraler Bedeutung für einen umfassenden unternehmensübergreifenden Daten- und Informationsaustausch sind dabei die (extern integrierten) *Warenwirtschaftssysteme* des Handels, die mit den entsprechenden Systemen der Hersteller, den *Enterprise-Resource-Planning-(ERP-) Systemen*, verbunden werden.

Während Warenwirtschafts- und ERP-Systeme nachfolgend unbeachtet bleiben, werden die informationstechnologischen *Supportsysteme* kurz erläutert, da sie die Basis für die Kommunikation bilden (für eine detaillierte Diskussion vgl. Hertel et al. 2011, S. 76 ff.; Zentes et al. 2012, S. 608 ff.). Dabei sind zur Unterstützung und Optimierung von Marketing- und Supply Chain-Prozessen vor allem Nummernsysteme, automatische Identifikationssysteme (Auto-ID-Systeme), Kommunikationssysteme und -standards sowie Stammdatenpools und Data Warehouses von Bedeutung:

- Nummernsysteme als Identifikationsstandards dienen z. B. in der Supply Chain der Kennzeichnung von Artikeln in Preislisten und Katalogen (Artikelnummern), der Übertragung von Bestellungen, der Kennzeichnung von Aus- und Anlieferstellen, der Kennzeichnung von Artikeln im Rahmen der Lagerhaltung, der Kennzeichnung von Versandeinheiten zur Steuerung der Transporte und der Kennzeichnung der Artikel am PoS zur Erfassung der Abverkäufe (Zentes und Schramm-Klein 2012, S. 824).
- (Automatische) Identifikationssysteme erlauben eine Erkennung der Einheiten an jedem Punkt der Supply Chain. Die wichtigsten Verfahren der automatischen Identifikation sind Barcode-Systeme, die Optical Character Recognition, biometrische Verfahren, Magnetkarten, Chipkarten und RFID-Systeme (Dash 2011; Zentes et al. 2012, S. 612).
- Von wesentlicher Bedeutung für die Kommunikation ist das Konzept des Electronic Data Interchange (EDI), das für die Übermittlung von strukturierten und normierten Geschäfts- bzw. Transaktionsdaten zwischen den beteiligten Unternehmen unter Einsatz offener elektronischer Kommunikationsverfahren steht (Zentes et al. 2012, S. 615). Dabei kann der Datenaustausch auch über das World Wide Web erfolgen (so genanntes Web-EDI). Voraussetzung für den Einsatz des EDI ist die Nutzung einheitlicher Kommunikationsstandards. Den wichtigsten EDI-Datenstandard stellt UN/EDIFACT (United Nations Rules for Electronic Data Interchange for Administration, Commerce and Transport) dar, der derzeit ca. 220 definierte Nachrichtentypen umfasst. Darüber hinaus gibt es branchenspezifische UN/EDIFACT-Subsets, auf deren Basis unterschiedliche, vordefinierte Geschäftsprozesse in Form von spezifischen Nachrichtenstandards abgewickelt werden können. Von besonderer Bedeutung sind in diesem Zusammenhang die

Nachrichtenstandards GS1-XML und EANCOM (Zentes et al. 2012, S. 616). Letzterer ermöglicht es, dass Hersteller grundsätzlich auf Lagerbestandsberichte, Verkaufsdatenberichte und -prognosen, Anfragen, Bestellungen bzw. Bestelländerungen oder Warenempfangsbestätigungen zugreifen können. Händler haben im Gegenzug Zugriff auf Preislisten/Kataloge, Angebote, Bestellbestätigungen oder Rechnungen.
- Unter Stammdaten sind Grunddaten in der betrieblichen Informationsverarbeitung zu verstehen, die über einen bestimmten Zeitraum nicht verändert werden, wie Artikel-, Kunden- und Lieferanten stammdaten (Zentes und Schramm-Klein 2012, S. 825). Da Unternehmen in ihrem Stammdatensatz prinzipiell unterschiedliche Informationen pflegen können und der unternehmensübergreifende Austausch von Stammdatensätzen dadurch aufwändig wird, ist zur Reduktion des Abstimmungs- und Pflegeaufwands von Stammdaten ein Rückgriff auf zentrale Stammdatenpools notwendig. In diesen Pools werden die Stammdaten angelegt, aufbereitet, aktualisiert und den Akteuren zur Verfügung gestellt.

Integratoren verbinden als übergreifende organisatorische Werkzeuge die kooperativen Marketing- und Logistikprozesse des Demand- und Supply Managements. Das bekannteste Konzept stellt in diesem Zusammenhang das *CPFR* dar, das eine gemeinsame Prognose der Konsumentennachfrage und – darauf aufbauend – eine gemeinsame Planung etwa von Bestellungen und Produktionsmengen vorsieht (Zentes et al. 2012, S. 606 f.). Zur Realisierung des CPFR-Prozesses wird ein mehrstufiges Modell vorgeschlagen (Abb. 4), in dem die Aufgaben von Hersteller- und Handelsunternehmen beschrieben werden. An die Ergebnisse der kooperativ durchgeführten Planung sind beide Partner grundsätzlich gebunden. Dennoch können innerhalb bestimmter, fest vereinbarter Parameter Anpassungen vorgenommen werden. Bei größeren Anpassungen ist aber das Einverständnis des Partners erforderlich. Zu einem bestimmten Zeitpunkt werden die Prognosen dann „eingefroren" und automatisch in eine Bestellung und in die Produktionsplanung umgesetzt.

Da im Zuge der gemeinsamen Planung das *Wissen von Hersteller- und Handelsunternehmen* zusammengeführt wird, lassen sich Schwächen einer einseitig orientierten Prognoseerstellung reduzieren. Denn Händler haben zwar bessere Prognosemöglichkeiten in Bezug auf den künftigen Absatz in den eigenen Filialen, Hersteller verfügen dagegen aber über relevante zusätzliche Informationen und wissen z. B. um die Verkaufsförderungspläne anderer Handelsunternehmen. Das CPFR basiert demnach auf Kooperation, Vertrauen und einer intensiven unternehmensübergreifenden Kommunikation und zielt u. a. auf eine Verbesserung der Transparenz entlang der Supply Chain, eine Erhöhung der Prognosegenauigkeit, eine Reduktion der Herstell-, Lager- und Vertriebskosten, eine Verbesserung der Produktverfügbarkeit am PoS sowie auf eine Beschleunigung der Reaktionsgeschwindigkeit bei Nachfrageveränderungen der Konsumenten ab.

Durch die Betonung der gemeinsamen Planung ist das CPFR insbesondere in solchen Situationen geeignet, in denen eine hohe Prognoseunsicherheit gegeben ist, wie dies bei Neuprodukteinführungen oder bei ausgeprägten Verkaufsförderungsaktivitäten („Hi-Lo-Politik") der Fall ist.

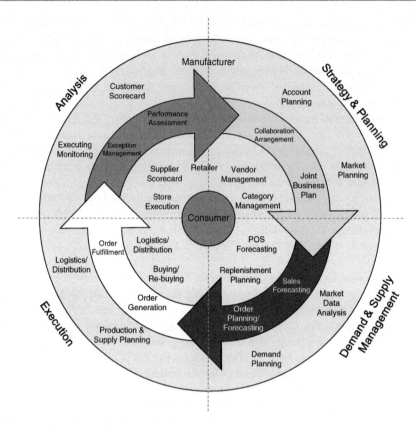

Abb. 4 CPFR-Modell. Quelle: VICS 2011

3.3 Kommunikation im Rahmen des kooperativen Demand Managements

Im Hinblick auf den Teilbereich des Demand Managements sind drei Konzepte hervorzuheben, nämlich die Optimierung der Neuprodukteinführung, die Optimierung der Verkaufsförderung und die Optimierung der Sortimente bzw. Warengruppen, die mit dem Category Management angestrebt wird (Abb. 3).

Dem Kooperationsfeld „*effiziente Neuprodukteinführung*" kommt angesichts der hohen Flopraten, die beispielsweise bei Konsumgütern bei etwa 45 Prozent liegen (Castellion und Markham 2013, S. 979), eine hohe Bedeutung zu. Dabei zielen Hersteller und Handel durch eine gemeinsame Produkteinführung bzw. -entwicklung darauf ab, die Anzahl erfolgreicher Produktinnovationen zu erhöhen, die Zeit von der Produktidee bis zur Markteinführung zu reduzieren, die Marketingaktivitäten in der Einführungsphase zu optimieren und letztlich die Kosten der Markteinführung neuer Produkte oder neuer Produktvariationen zu senken (Lammers 2012, S. 118). Insbesondere ein kooperatives Vorgehen bei der Produktentwicklung kann sich aber als schwierig erweisen – zumal Informationen zur Forschung und

Entwicklung nicht gerne ausgetauscht werden, v. a. nicht mit Handelsunternehmen, die eigene Handelsmarken anbieten. Gleichwohl könnten Probleme, die bei der Einführung neuer Produkte häufig auftreten, z. B. die Ungeduld der Handelsunternehmen in Bezug auf die Umsatz- oder Gewinnentwicklung des Neuproduktes, durch eine entsprechende Gestaltung der Listungskonditionen gelöst werden. Eine Möglichkeit würde z. B. darin bestehen, bei Erfolg eines neuen Produktes keine Listungsgebühr entrichten zu müssen, ansonsten aber einen Ausgleich für den entgangenen Gewinn bzw. Deckungsbeitrag zu zahlen, der bei anderweitiger Vergabe des Regalplatzes möglich gewesen wäre. Dennoch kann ein Informationsaustausch und damit eine Kommunikation zwischen Hersteller- und Handelsunternehmen generell in allen *Phasen des Innovationsprozesses* forciert werden. Idealtypisch eröffnen sich etwa folgende *Optionen:*

- Bei der *Generierung von Neuproduktideen* kann der Händler das produkt- bzw. warengruppenspezifische Know-how des Herstellers ergänzen, weil er aufgrund der Kundennähe besser über veränderte Konsumentenbedürfnisse und Trends im Konsumentenverhalten Bescheid weiß und zudem auf etwaige Sortimentslücken aufmerksam machen kann. Darüber hinaus können zur Identifikation bestehender und latenter Konsumentenbedürfnisse Marktforschungsaktivitäten gemeinsam durchgeführt bzw. Ergebnisse von Marktforschungsstudien zwischen den beteiligten Unternehmen ausgetauscht werden.
- Auch bei der *Realisation von Neuproduktideen* können Marktforschungsaktivitäten kooperativ durchgeführt und Informationen ausgetauscht werden, so bei Storetests, die – neben dem Marktpotenzial, dem Innovationsgehalt und der Positionierung des Produktes, dem Image und Werbebudget des Herstellers oder der Unterstützung des Handels beim Absatz – ein wichtiges Kriterium zur Beurteilung eines Neuproduktes aus Handelssicht bilden (van Everdingen et al. 2011) und dem Hersteller Informationen über die Marktfähigkeit des Neuproduktes liefern.
- In der *Phase der Markteinführung* sind u. a. Abstimmungen bei kommunikationspolitischen Maßnahmen und bei der Produktplatzierung am PoS denkbar.

Durch eine *effiziente Verkaufsförderung* werden u. a. Zieldivergenzen in der Kommunikationspolitik von Industrie und Handel adressiert. So wird von Herstellern die Profitabilität von Verkaufsförderungsmaßnahmen, die aufgrund des zunehmenden horizontalen Wettbewerbs im Handel meist in Form von Preisaktionen durchgeführt werden, vielfach angezweifelt, weil damit verstärkt markenilloyale Konsumenten und Schnäppchenjäger angesprochen werden, die – gemessen am logistischen, personellen und administrativen Aufwand – die höchsten Kosten verursachen und deshalb als eher „unprofitabel" einzustufen sind. Zugleich können Preispromotionen die Marken- und Kommunikationsstrategie der Hersteller konterkarieren (Lammers 2012, S. 120), weshalb eine langfristige Marktanteilserhöhung unwahrscheinlich wird. Zudem erhalten Handelsunternehmen aufgrund ihrer gestärkten Verhandlungsposition häufig Promotionsrabatte, die für den Handel einen Anreiz darstellen, sich während der laufenden Aktion zu Aktionskonditionen für längere Zeiträume zu bevorraten. Angesichts dieser Entwicklungen und aufgrund der zunehmenden Bedeutung von Verkaufsförderungsaktionen sind Konditionensysteme zu vereinfachen und konsumentengerichtete Verkaufsförderungsmaßnahmen von Hersteller- und Handelsunternehmen gemeinsam zu entwickeln und auf die Bedürfnisse eines Handelsunternehmens zuzuschneiden (so genannte Tailor-Made Promotions) oder zumindest kooperativ durchzuführen (so genannte Kooperativ-Promotions). Dabei können auch neuere Formen der Sales Promotion, wie Treuerabatte, die Besitzern von Kundenkarten gewährt werden, angedacht werden. Unabhängig davon, welche kundengerichteten Verkaufsförderungsmaßnahmen gesetzt werden, besteht das Erfordernis, dass Hersteller von Handelsunternehmen über die Verkaufszahlen der geförderten Produkte informiert werden, um eine Erfolgskontrolle der Aktivitäten durchführen zu können. Dafür bietet sich insbesondere der Einsatz moderner Informations- und Kommunikationstechnologien an.

Unter dem Begriff *„Category Management"* ist ein von Hersteller- und Handelsunternehmen kooperativ gestalteter Prozess zu verstehen, bei dem die Warengruppen des Handels als strategische Geschäftseinheiten geführt werden, um durch eine konsequente Ausrichtung an den Bedürfnissen der Konsumenten den Kundennutzen zu erhöhen und Ergebnisverbesserungen zu erzielen (ECR Europe 2012). Der Kommunikations- bzw. Informationsaustausch zwischen Hersteller und Handel kann grundsätzlich alle Stufen des Gestaltungsprozesses im Category Management einschließen. Im ersten Schritt dieses Prozesses werden einzelne Produktkategorien definiert und es wird deren Bedeutung innerhalb des Sortiments festgelegt, wobei für Letzteres die Zusammengehörigkeit der Produkte aus Konsumentensicht ausschlaggebend ist. Diese Informationen können ggf. Hersteller zur Verfügung stellen, die in Bezug auf Warengruppen über ein spezifischeres Wissen verfügen. Auch in den folgenden Schritten, also der Definition der Category-Rolle und der Potenzial- und Leistungsanalyse, die für jede Category auf der Basis unterschiedlicher Kennzahlen (z. B. Umsatz, Margen, Marktanteil) durchgeführt wird, um später die Zielerreichung prüfen zu können, sind Informationen von den Herstellern, etwa über den bisherigen Absatz oder über gesetzte Werbemaßnahmen, erforderlich (Zentes et al 2012, S. 441). In einem nächsten Schritt werden *Category-Strategien* gemeinsam entwickelt bzw. aufeinander abgestimmt. Diese bilden die Grundlage für die (gemeinsame) Erarbeitung von Category-Taktiken, d. h. für die konkrete Ausgestaltung der Marketinginstrumente, und letztlich für die Category-Planumsetzung, die u. a. die Budgetierung, Terminierung und Kompetenzzuteilung für einzelne Maßnahmen, die der Umsetzung der Category-Strategien dienen, umfasst. Häufig verantwortet ein Hersteller als Category Captain die mittelfristige Entwicklung der Category bei einem Handelsunternehmen und wird hieran gemessen.

3.4 Kommunikation im Rahmen des Supply Managements

In Bezug auf die kooperative Gestaltung der Logistikprozesse steht das *Supply Chain Management* für die unternehmensübergreifende Planung, Steuerung, Durchführung und Kontrolle der Waren-, Informations- und Finanzströme (Swoboda 2011;

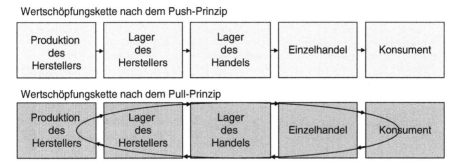

Abb. 5 Übergang vom Push- zum Pull-Prinzip

Zentes et al. 2012, S. 589 f.). Während die traditionelle Supply Chain dadurch gekennzeichnet war, dass die Produktionsplanung der Hersteller relativ unabhängig von der tatsächlichen Nachfrage der Konsumenten erfolgte und Fertiglagerbestände aufgebaut wurden, die dann durch die Distributionslogistik über den Handel bis hin zum Kunden „gedrückt" wurden, indem durch große Mengen am PoS ein Abverkaufsdruck erzeugt wurde (Push-Prinzip), entspricht das Pull-Prinzip dem ECR-Konzept und der Denkweise des modernen Supply Chain Managements. Den Ausgangspunkt bildet dabei die konsequente Kundenorientierung, bei der die Nachfrage der Konsumenten die gesamte Supply Chain steuert (Abb. 5): Der Kauf eines Kunden in den Verkaufsstellen des Einzelhandels – bzw. die Erfassung der verkauften Artikel an den Kassen durch das Scanning – löst handelsinterne Nachbestellungen aus, die an die Hersteller weitergeleitet werden und dadurch die Versorgung des Lagers und der Verkaufsstellen des Handels anstoßen oder eine weitere Produktion der betreffenden Artikel beim Hersteller bedingen.

Übergeordnetes Ziel des Supply Managements ist die effiziente Steuerung des Warennachschubs. Dieser Anspruch kommt im Konzept des *Efficient Replenishment* zum Ausdruck, das auf eine Synchronisation der Produktion der Hersteller mit der Kundennachfrage abstellt („*Responsive Replenishment*"), indem alle Beteiligten bzw. Prozessstufen der Supply Chain (Kunden, Handel, Hersteller usw.) in einem integrierten System verbunden werden (Zentes und Schramm-Klein 2012, S. 819). Dadurch soll ein „Just-in-time"-artiges Pull-System, das durch die tatsächlichen Abverkäufe am PoS gesteuert wird und Fehler entlang der Supply Chain minimiert, umgesetzt werden. Das Efficient Replenishment stellt im Grunde eine Basisstrategie dar, unter der unterschiedliche Teilstrategien subsumiert werden. Einen Überblick über diese Teilstrategien, die nach logistischen Kernaufgaben zusammengefasst wurden, gibt Abb. 6, wobei zentrale Strategieansätze nachfolgend kursorisch diskutiert werden (für eine detaillierte Darstellung Zentes und Schramm-Klein 2012, S. 819 ff.; Zentes et al. 2012, S. 602 ff.).

Unter dem *Continuous Replenishment (CRP)* werden Strategiekonzepte subsumiert, die auf eine kontinuierliche Warenversorgung abzielen, wobei die Steuerung des Nachschubs im Handel bzw. jene der Produktion der Hersteller auf der Basis der Nachfrage der Konsumenten erfolgt (Zentes et al. 2012, S. 602). Hierfür wird der

Bestands- und Lagerhaltungsstrategien	Beschaffungs- und Vertriebsstrategien	Distributions- und Transportstrategien
• Vendor-Managed Inventory (VMI) • Co-Managed Inventory (CMI) • Buyer-Managed Inventory (BMI) • Perpetual Inventory System (PIS)	• Continuous Replenishment (CRP) • Quick Response (QR) • Computer-Aided Ordering (CAO) • Integrated Suppliers (IS) • Synchronized Production (SP)	• Cross-Docking (CD) • Direct-Store-Delivery (DSD) • Integrated Forwarders (IF) • Transport Pooling (TP) • Efficient Unit-Loads (EUL) • Roll-Cage Sequencing (RCS)

Abb. 6 Strategieansätze im Rahmen des Efficient Replenishment. Quelle: Zentes und Schramm-Klein 2012, S. 819

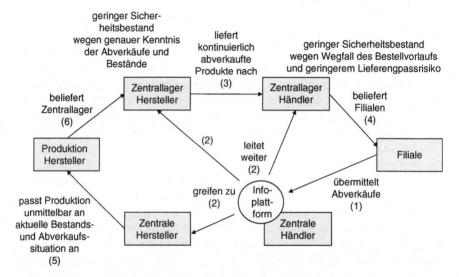

Abb. 7 Bestell- und Lieferprozess auf der Basis von Abverkaufszahlen. Quelle: Swoboda und Janz 2002, S. 207; Zentes et al. 2012, S. 603

Waren- und Informationsfluss entlang der Supply Chain – i. S. eines automatisierten Wiederbestellsystems – auf der Basis der tatsächlichen bzw. prognostizierten Abverkäufe optimiert. Die Basis des CRP bildet deshalb eine informationstechnische Vernetzung (z. B. per EDI), anhand derer eine verbrauchsnahe Übermittlung der Abgangsdaten – bzw. genauer: der Lagerabgangsdaten der Hersteller- und Handelsläger sowie der Abverkaufsdaten der Filialen – erfolgt (Abb. 7).

Letztlich können durch einen optimalen Informationsaustausch Reaktionszeiten bei einer Änderung der Nachfrage der Konsumenten verkürzt, der Servicegrad erhöht, Lagerbestände reduziert bzw. die Abhängigkeit der Hersteller von längerfristigen und meist ungenauen Prognosedaten vermindert werden. Ähnlich handelt es sich bei *Quick-Response-(QR-)Systemen* um partnerschaftliche Konzepte in der Textilindustrie, die eine Beschleunigung des Warenflusses zum Ziel haben

(Zentes et al. 2012, S. 603). Den QR-Systemen liegt – wie dem CRP-Konzept – die artikelgenaue Erfassung der Abverkaufsdaten am PoS zu Grunde, die regelmäßig an die Hersteller übermittelt werden, und auf deren Basis die Produktionsplanung und -steuerung erfolgen.

Darüber hinaus haben sich Hersteller- und Handelsunternehmen im Rahmen des Efficient Replenishment auf eine Bestands- und Lagerhaltungsstrategie zu einigen. Diesbezüglich können – in Abhängigkeit der Übernahme der Dispositions- und Bestandsverantwortung – das *Vendor-Managed Inventory (VMI)*, das *Co-Managed Inventory (CMI)* und das *Buyer-Managed Inventory (BMI)* unterschieden werden (Zentes et al. 2012, S. 605). Während die Dispositions- und Bestandsverantwortung beim VMI vom Hersteller getragen wird und beim BMI der Handel die gesamte Verantwortung trägt, erfolgt die Disposition beim CMI durch das Handelsunternehmen und die Bestandsverantwortung obliegt dem Hersteller (Zentes et al. 2012, S. 605).

4 Kommunikation in integrativen Beziehungen

4.1 Kommunikation bei herstellergebundenen Verkaufsorganen

Die Kommunikation zwischen Herstellern und Händlern geht in integrierten Systemen über die bisher beschriebenen Facetten hinaus. Generell können im Zusammengang mit integrierten Systemen verschiedene Formen der Zusammenarbeit unterschieden werden, die *als partielle und vollständige Integration* bezeichnet werden können (für eine detaillierte Diskussion vgl. Janz und Swoboda 2007; Zentes 2012):

- Zur *partiellen Integration* sind herstellergebundene Verkaufsorgane zu zählen, die wirtschaftlich und rechtlich selbständig sind, jedoch per Vertrag dazu verpflichtet sind, den Absatz der Konzeption des Herstellers entsprechend durchführen (Zentes et al. 2012, S. 188). Dadurch hat ein Hersteller mehr Einfluss- und Kontrollmöglichkeiten als dies bei Kooperationen bzw. losen Formen des Kontraktmarketing der Fall wäre. Klassische Beispiele hierfür sind u. a. *Franchisesysteme* oder *Vertragshändlersysteme*.
- Eine *vollständige Integration* liegt dann vor, wenn der Hersteller Handel treibt, indem er mit eigenen *Verkaufsflächen im Handel* (z. B. in Warenhäusern) präsent ist, eigene *Filialen, Fachgeschäfte, Flagship Stores* bzw. *Factory Outlets* betreibt oder mittels eigenem *Online-Shop* den E-Commerce forciert.

Um *Franchisesysteme* zu charakterisieren, lassen sich – neben system-, vertrags-, statusbezogenen und funktionalen Merkmalen – marketingbezogene Merkmale anführen, die das Franchising als vertikales Absatzsystem mit einheitlichem Marktauftritt kennzeichnen (Schögel 2012, S. 306), der durch eine systemweite und umfassende Standardisierung des Marketingmix realisiert wird. In diesem Zusammenhang ist u. a. auf die Nutzung von Unternehmens-, Dienstleistungs- und Produktmarken durch die Franchisenehmer bzw. die Umsetzung der Corporate Identity durch das einheitliche Erscheinungsbild der Geschäftsstätten oder die einheitlichen Bedienungs- und Kontaktmodalitäten hinzuweisen (Zentes et al. 2012, S. 192). Das Ausmaß der Standardisierung der Kommunikation variiert dabei je nach Form des Franchising. Generell lassen sich Warengruppen-, Abteilungs-, Leistungsprogramm-, Betriebs- und filialisiertes Franchising unterscheiden (Zentes et al. 2012, S. 193). Betrachtet man aber ein klassisches Betriebstypen-Franchising, wie es bei Fressnapf, McDonald's oder Goodyear vorliegt, dann sind die Standardisierung und Zentralisierung der Kommunikation konstitutive Merkmale, die zentrale Wettbewerbsvorteile dieser Franchisesysteme begründen und damit deren globale Expansion vorantreiben. Im Extremfall werden sämtliche Kommunikationsmaßnahmen zentral gesteuert und standardisiert umgesetzt. Dabei werden Kommunikationsaktivitäten etwa durch Werbekostenzuschüsse oder umsatzabhängige Kommunikationsabgaben finanziert. Exemplarisch zeigt Tab. 2 die Unterstützungsleistungen in straffen Franchisesystemen auf, die auch von klassischen Herstellern wie Goodyear, Boss, Calzedonia, Apple, BP u. a. erbracht werden.

Tab. 2 Unterstützungsleistungen gegenüber den Franchisepartnern bei McDonald's. Quelle: in Anlehnung an Zentes et al. 2012, S. 197

Abteilung	Aufgabenbereich
Lizenzen	Auswahl der Franchisenehmer und Durchführung der Vertragsregelungen
	Betreuung der Franchisebewerber während des Auswahlprozesses
Immobilien	Standortsuche, -akquisition und -sicherung, Objektverwaltung
Bau und Equipment	Bau und Ausstattung neuer Restaurants, Entwicklung der technischen Standards, ständige Anpassung des Erscheinungsbildes (ein Restaurant wird ca. alle fünf Jahre renoviert)
Field Service	Beratung und Unterstützung der Franchisenehmer sowie Kontrolle der Einhaltung der Richtlinien
Operations	Weiterentwicklung von Arbeitsverfahren und Einhaltung der Richtlinien
	Testen von Innovationen in der Praxis
	Weiterentwicklung der Küchenausstattung
Training	Entwicklung sowie Durchführung der Aus- und Weiterbildungsmaßnahmen
Einkauf	Beschaffung der Systemprodukte, Führen von Preisverhandlungen, Neuentwicklung von Produkten, Ansprechpartner für generelle Reklamationen
Marketing	Durchführung von Marktforschungsaktivitäten
	Entwicklung von Werbe- und Verkaufsförderungskonzepten, Umsetzung von Public Relations-Maßnahmen
	Unterstützung beim Lokalmarketing, z. B. Beratung bei Werbemaßnahmen und Organisation der Werbemaßnahmen der einzelnen Restaurants
Finanzen und EDV	Umsetzung von Datenverarbeitungskonzepten, Errechnung der Konditionen für neue Restaurants, Beratung bei der betriebswirtschaftlichen Analyse
Personal	Beratung in Personalfragen, Überprüfung der Personalpolitik des Farnchisenehmers in Zusammenarbeit mit dem Franchiseberater
	Informationen über Personalanwerbung, -führung und -entwicklung
Umwelt	Aufbau und Umsetzung eines alle Geschäftsbereiche umfassenden Umweltprogramms

Ähnlich könnte für *Vertragshändlersysteme* argumentiert werden, die in der Automobilbranche weit verbreitet sind, und bei denen die Zentralen der Kontraktgeber nicht nur eine Standardisierung bei den meisten Kommunikationsinstrumenten, wie der Mediakommunikation, der konsumentengerichteten Verkaufsförderung, dem Event marketing oder der Online-Kommunikation vorsehen, sondern auch durch die (weitgehend) standardisierte Gestaltung der Verkaufsräume und Ladenumwelt ein einheitliches Erscheinungsbild anstreben. Dabei schließt das Interior Design die Raumgestaltung, Raumeinrichtung und Raumumfeldgestaltung ein, wogegen das Exterior Design, die Gestaltung der Parkplätze, der Fassade, der Schaufenster und des Eingangsbereichs umfasst (Zentes et al. 2012, S. 538 f.).

Rechtlich gesehen, können Vertragshändler in Bezug auf die Gestaltung der Sortimente ggf. freier entscheiden als Franchisenehmer. Entsprechend finden sich etwa in der Automobilbranche auch Mehrmarkenhändler. Faktisch können sie aber meist nur über regional wirkende Marketingmaßnahmen selbst entscheiden. Dies betrifft z. B. die Beratungs- und Servicequalität, die der Kontraktgeber durch regelmäßig abgehaltene Schulungen bzw. Verkaufsberatungen zu steuern sucht. Im Hinblick auf die klassischen Kommunikationsinstrumente impliziert dies, dass händlerspezifische Kommunikationsmaßnahmen (z. B. bei der Anzeigenwerbung oder beim Betrieb einer Website) nur in engen Grenzen möglich sind. Beim Sponsoring bietet es sich hingegen an, dass Vertragshändler auch regionale Aktivitäten setzen, um damit ihr eigenes Image zu stärken. Werden eigenständige Kommunikationsmaßnahmen gesetzt, sind diese aber am (angestrebten) Image des Kontraktgebers und an der von ihm intendierten Positionierung der Produkte auszurichten.

Eine direkte persönliche Kommunikation findet sowohl bei Franchise- als auch bei Vertragshändlersystemen im Rahmen regelmäßig abgehaltener Sitzungen statt, in denen der Franchise- oder Kontraktgeber u. a. über die Geschäftsentwicklung informiert wird oder Ziele zwischen Hersteller und Franchisenehmer bzw. Vertragshändler abgestimmt werden. Zur Information von Franchisenehmern oder Vertragshändlern können darüber hinaus Händlerzeitschriften eingesetzt werden. Schließlich geben Händlerbefragungen Aufschluss über die aktuelle Zufriedenheit und zeigen damit Verbesserungspotenziale in der Interaktion und Kommunikation zwischen Franchisenehmern bzw. Vertragshändlern und Herstellern auf.

4.2 Kommunikation bei herstellereigenen Verkaufsorganen

Eigene stationäre Formate der Hersteller – auf die der vorliegende Beitrag begrenzt bleibt – werden meist als Monobrand- bzw. Monolabel-Flächen geführt und umfassen herstellereigene Fachgeschäfte, Flagship Stores und Factory Outlets (Zentes 2012, S. 93). Dabei sind *herstellereigene Outlets* („Equity Stores"), in denen das gesamte Sortiment bzw. die Kollektion eines Herstellers markenadäquat präsentiert wird, den Fachgeschäften zuzuordnen und traditionellerweise in der Automobilbranche oder im Fashion-Handel vorzufinden. *Flagship Stores* stellen besonders hervorgehobene Verkaufsstellen dar und werden an „AAA"-Standorten in Metropolen primär zum Zwecke der Markenpflege bzw. Markeninszenierung geführt

Tab. 3 Umsetzung ausgewählter kunden- und marktorientierter Prozesse in Fashion-Unternehmen – Differenziert nach dem Grad der vertikalen Integration. Quelle: in Anlehnung an Janz und Swoboda 2007, S. 12

Grade/Stufen der Vertikalisierung	Verkaufsförderung/ Events	Sortimentsdarstellung am PoS	Markeninszenierung am PoS	Kontrolle des Verkaufs (Personal)
Stammabteilung/Multilabelfläche	über temporäre Aktionen möglich	kaum möglich	nicht möglich	nicht möglich
Markenfläche (Mobiliar des Händlers)	möglich	begrenzt möglich, aber geringe Hebelwirkung	begrenzt möglich über PoS-Material	kaum möglich
Markenshop (durch Hersteller)	umfassend möglich	umfassend möglich	umfassend möglich	temporär möglich über Verkaufshilfen
Voll-Concession/Filiale (Verkaufsverantwortung Hersteller)	umfassend möglich	umfassend möglich	umfassend möglich	umfassend möglich

(Zentes 2012, S. 93). *Factory Outlets* repräsentieren dagegen eine preisaggressive, discountorientierte Angebotsform, die als Stand-alone-Einheiten (häufig in unmittelbarer Nähe zur Produktion oder zu Logistikzentren) operieren bzw. in Factory Outlet Center eingebunden sind (Zentes 2012, S. 93). In Erweiterung der bereits aufgeführten Konzepte ist bei den Formaten der Secured Distribution eine vollintegrierte Kommunikation denkbar, d. h. es ist nicht nur eine standardisierte Kommunikationspolitik, sondern auch eine einheitliche Gestaltung der Verkaufsräume, der Ladenumwelt, der Sortimente und der Markeninszenierung sowie eine umfassende Kontrolle des Verkaufspersonals möglich.

Tabelle 3 visualisiert die Umsetzung ausgewählter kunden- und marktorientierter *Wertschöpfungsaktivitäten* in der Fashion-Branche in Abhängigkeit des Grades der Vertikalisierung. Dabei zeigt sich, dass Hersteller Verkaufsförderungsmaßnahmen, wie auch die Art der Sortimentsdarstellung und die Markeninszenierung am PoS sowie die Kontrolle des Verkaufs (also des eigenen Verkaufspersonals) lediglich bei einer Vollkonzessionsfläche bzw. einer *eigenen Filiale* umfassend steuern können, während in den Stufen mit geringerer Integration geringere Einflussmöglichkeiten gegeben sind.

5 Fazit und Ausblick

Veränderte Marktbedingungen, wie Konzentrationstendenzen und ein steigender horizontaler sowie vertikaler Wettbewerb, verändern die Hersteller-Handels-Beziehungen und damit die Kommunikation in Hersteller-Handels-Dyaden. Basierend auf einem weit gefassten Kommunikationsbegriff wurden deshalb die zentralen Facetten der Kommunikation in den drei dominanten Typen von Hersteller-Handels-Beziehungen – nämlich den marktlichen Transaktionen, den Kooperationen und der partiellen bzw. vollständigen vertikalen Integration – herausgestellt. Dabei wurde auf die Kommunikation des Herstellers mit Einzelhandelsunternehmen abgestellt, andere Handelsstufen, wie der Großhandel oder Verbundgruppen des Handels blieben ausgeklammert. Eine Diskussion der Kommunikation unter Berücksichtigung verschiedener Handelsstufen wäre aber ebenso interessant wie die Thematisierung internationaler Geschäftsbeziehungen. Denn durch eine zunehmende Internationalisierung des Handels entstehen neue Marktkonstellationen, auf die es durch Hersteller- und Handelsunternehmen zu reagieren gilt, um erfolgreich am Markt bestehen zu können (Swoboda et al. 2011; Swoboda et al. 2012). Darüber hinaus zeichnen sich auch durch die ständige Weiterentwicklung neuer Informations- und Kommunikationstechnologien Veränderungen in der Kommunikation – nicht nur zwischen Hersteller und Handel, sondern auch zwischen Herstellerunternehmen und Konsumenten – ab, die es zu thematisieren gilt.

Literatur

Bruhn, M. (2011). *Unternehmens- und Marketingkommunikation – Handbuch für ein integriertes Kommunikationsmanagement* (2. Aufl.). München: Vahlen.

Bruhn, M. (2013). *Kommunikationspolitik – Systematischer Einsatz der Kommunikation für Unternehmen* (7. Aufl.). München: Vahlen.
Castellion, G., & Markham, S. K. (2013). Perspective: New product failure rates: Influence of argumentum ad populum and self-interest. *Journal of Product Innovation Management, 30*(5), 976–979.
Dash, D. P. (2011). Supply chain management: The RFID advantage. *The IUP Journal of Supply Chain Management, 8*(4), 42–57.
ECR Europe. (2012). Category management. http://www.ecr-europe.org/toolbox/glossary. Zugegriffen am 07.02.2014.
Fernie, J. (2009). Relationships in the supply chain. In J. Fernie & L. Sparks (Hrsg.), *Logistics & retail management – emerging issues and new challenges in the retail supply chain* (3. Aufl., S. 38–62). London: Kogan Page.
Hertel, J., Zentes, J., & Schramm-Klein, H. (2011). *Supply-Chain-Management und Warenwirtschaftssysteme im Handel* (2. Aufl.). Berlin: Springer.
Hofstetter, J. S., & Jones, C. C. (2006). The case for ECR – a review and outlook of continuous ECR adoption in Western Europe. https://www.alexandria.unisg.ch/Publikationen/68389. Zugegriffen am 05.01.2014.
Irrgang, W. (1993). Vertikale Marketing-Strategien der Hersteller – Methoden und Trends. In W. Irrgang (Hrsg.), *Vertikales Marketing im Wandel – Aktuelle Strategien und Operationalisierungen zwischen Hersteller und Handel* (S. 1–24). München: Vahlen.
Janz, M., & Swoboda, B. (2007). *Vertikales Retail-Management in der Fashion-Branche*. Frankfurt a.M.: Deutscher Fachverlag.
Kenning, P. (2013). Kontraktmarketing. In Springer Gabler Verlag (Hrsg.), Gabler Wirtschaftslexikon Online. http://wirtschaftslexikon.gabler.de/Archiv/10965/kontraktmarketing-v7.html. Zugegriffen am 06.02.2014.
Kenning, P., Hennig, A., & Schneider, W. (2013). Jahresgespräch. In Springer Gabler Verlag (Hrsg.), Gabler Wirtschafslexikon Online. http://wirtschaftslexikon.gabler.de/Definition/jahresgespraech.html. Zugegriffen am 05.02.2014.
Lammers, L. M. (2012). *Efficient Consumer Response – Strategische Bedeutung und organisatorische Implikationen absatzorientierter ECR-Kooperationen*. Wiesbaden: Springer Gabler.
Mecke, I., Hennig, A., & Schneider, W. (2013a). Absatzbindung. In Springer Gabler Verlag (Hrsg.), Gabler Wirtschafslexikon Online. http://wirtschaftslexikon.gabler.de/Archiv/2884/absatzbindung-v10.html. Zugegriffen am 06.02.2014.
Mecke, I., Hennig, A., & Schneider, W. (2013b). Vertriebsbindung. In Springer Gabler Verlag (Hrsg.), Gabler Wirtschafslexikon Online. http://wirtschaftslexikon.gabler.de/Archiv/2885/vertriebsbindung-v11.html. Zugegriffen am 6.02.2014.
Meffert, H., Burmann, C., & Kirchgeorg, M. (2012). *Marketing – Grundlagen marktorientierter Unternehmensführung* (11. Aufl.). Wiesbaden: Gabler.
Olbrich, R. (1995). Vertikales Marketing. In B. Tietz, R. Köhler, & J. Zentes (Hrsg.), *Handwörterbuch des Marketing* (2. Aufl., S. 2612–2623). Stuttgart: Schäffer-Poeschel.
Schögel, M. (2012). *Distributionsmanagement – Das Management der Absatzkanäle*. München: Vahlen.
Swoboda, B. (2011). Kooperative Markenstrategien von Hersteller und Handel. In GEM Markendialog (Hrsg.), *Markenstrategien im Spannungsfeld Hersteller – Handel* (S. 74–91). Berlin: GEM.
Swoboda, B., & Giersch, J. (2004). Markenführung und Vertriebspolitik. In M. Bruhn (Hrsg.), *Handbuch Markenführung – Kompendium zum erfolgreichen Markenmanagement* (2. Aufl., Bd. 2, S. 1707–1732). Wiesbaden: Gabler.
Swoboda, B., & Janz, M. (2002). Einordnung des Pay on Scan-Konzeptes in die modernen Ansätze zur unternehmensübergreifenden Wertkettenoptimierung in der Konsumgüterwirtschaft. In V. Trommsdorff (Hrsg.), *Handelsforschung 2001/02* (S. 203–222). Köln: Kohlhammer.

Swoboda, B., Schlüter, A., & Olejnik, E. (2011). Erfolgsrelevanz von KAM Strategien und Strukturen gegenüber internationalen Handelskunden. *Marketing ZFP – Journal of Research and Management, 33*(4), 278–292.

Swoboda, B., Schlüter, A., Olejnik, E., & Morschett, D. (2012). Does centralising global account management activities in response to international retailers pay off? *Management International Review, 52*(5), 727–756.

Thies, G. (1976). *Vertikales Marketing – Marktstrategische Partnerschaft zwischen Industrie und Handel.* Berlin: De Gruyter.

Tietz, B., & Mathieu, G. (1979). *Das Kontraktmarketing als Kooperationsmodell – Eine Analyse für die Beziehungen zwischen Konsumgüterindustrie und Handel.* Köln: Heymann.

van Everdingen, Y. M., Sloot, L. M., van Nierop, E., & Verhoef, P. C. (2011). Towards a further understanding of the antecedents of retailer new product adoption. *Journal of Retailing, 87*(4), 579–597.

VICS (Voluntary Interindustry Commerce Solutions Association) (Hrsg.), (2011). CPFR: An overview of the model. http://www.vics.org/committees/cpfr/. Zugegriffen am 10.04.2011.

Winkelmann, P. (2013). *Marketing und Vertrieb – Fundamente für die Marktorientierte Unternehmensführung* (8. Aufl.). München: Oldenbourg.

Zentes, J. (2012). Vertikale Integration. In J. Zentes, B. Swoboda, D. Morschett, & H. Schramm-Klein (Hrsg.), *Handbuch Handel* (2. Aufl., S. 89–101). Wiesbaden: Springer Gabler.

Zentes, J., & Schramm-Klein, H. (2012). Supply Chain Management und Warenwirtschaftssysteme. In J. Zentes, B. Swoboda, D. Morschett, & H. Schramm-Klein (Hrsg.), *Handbuch Handel* (2. Aufl., S. 815–830). Wiesbaden: Springer Gabler.

Zentes, J., Swoboda, B., & Foscht, T. (2012). *Handelsmanagement* (3. Aufl.). München: Vahlen.

Zentes, J., Swoboda, B., & Morschett, D. (2013). Kundenbindung im vertikalen Marketing. In M. Bruhn & C. Homburg (Hrsg.), *Handbuch Kundenbindungsmanagement* (5. Aufl., S. 201–233). Wiesbaden: Springer Gabler.

Ass. -Prof. Dr. Marion Brandstätter ist Habilitandin am Institut für Marketing an der Karl-Franzens-Universität Graz.

Univ. -Prof. Dr. Prof. h.c. Bernhard Swoboda ist Inhaber des Lehrstuhls für Marketing und Handel an der Universität Trier.

Univ. -Prof. Dr. Thomas Foscht ist Vorstand des Instituts für Marketing an der Karl-Franzens-Universität Graz.

Teil III

Instrumente der Unternehmenskommunikation

Instrumente der Unternehmenskommunikation: ein Überblick

Manfred Bruhn

Inhalt

1 Bedeutung und Stellenwert der Unternehmenskommunikation 270
2 Funktionen und Ziele der Unternehmenskommunikation 272
3 Zielgruppen der Unternehmenskommunikation 273
4 Instrumente und Mittel der Unternehmenskommunikation 274
5 Kontrollmöglichkeiten der Unternehmenskommunikation 278
6 Zusammenfassung und Ausblick 280
Literatur 280

Zusammenfassung
Zur Prägung des institutionellen Erscheinungsbildes nimmt die Unternehmenskommunikation eine zentrale Rolle ein. Hierbei geht es primär um die Darstellung des gesamten Unternehmens bei ihren vielfältigen Zielgruppen. Dazu stehen den Unternehmen insbesondere die Instrumente der Institutionellen Mediawerbung, des Corporate Sponsoring sowie der Corporate Public Relations zur Verfügung. Der Beitrag liefert einen Überblick über die Unternehmenskommunikation sowie dessen Instrumente. Abschließend wird die Frage der Kontrolle der Instrumente durch Unternehmen thematisiert.

Schlüsselwörter
Corporate Public Relations • Corporate Sponsoring • Institutionelle Mediawerbung • Kommunikationsinstrumente • Kommunikationskontrolle • Unternehmenskommunikation

---

M. Bruhn (✉)
Lehrstuhl für Marketing und Unternehmensführung, Wirtschaftswissenschaftliche Fakultät, Universität Basel, Basel, Schweiz
E-Mail: manfred.bruhn@unibas.ch

1 Bedeutung und Stellenwert der Unternehmenskommunikation

In den letzten Jahrzehnten hat sich die Bedeutung der Kommunikation für den unternehmerischen Erfolg massiv verändert. Neue Wettbewerbsbedingungen, eine erhöhte Austauschbarkeit von Produkten, Veränderungen der Marktstrukturen sowie die hohe Technologiedynamik führten zu einem *Übergang vom Produkt- zum Kommunikationswettbewerb* (Bruhn 2014a, S. 69). In dieser Situation spielt die *Unternehmenskommunikation* eine zentrale Rolle bei der Prägung des institutionellen Erscheinungsbildes des Unternehmens. Unter Unternehmenskommunikation sind sämtliche Kommunikationsinstrumente und -maßnahmen eines Unternehmens zu verstehen, die eingesetzt werden, um das Unternehmensimage und dessen Bekanntheit bei den Anspruchsgruppen zu prägen und positiv zu beeinflussen sowie Dialogmöglichkeiten mit dem Unternehmen anzubieten (Bruhn 2014a, S. 4).

Abbildung 1 ordnet die Unternehmenskommunikation in die Gesamtheit der Kommunikationsformen zwischen den relevanten Akteuren (Unternehmen, Kunden, Mitarbeitende und Öffentlichkeit) ein und verdeutlicht, dass die Unternehmenskommunikation gemeinsam mit der Marketing- und Dialogkommunikation primär der externen Kommunikation entspricht. Die Mitarbeiterkommunikation, die sowohl Instrumente der Unternehmenskommunikation als auch der Marketing- und Dialogkommunikation umfasst, stellt hingegen den Bereich der internen Kommunikation dar.

Aufgrund der globalen Perspektive der Unternehmenskommunikation ist diese zumeist innerhalb der *Unternehmensorganisation* als Stabstelle der Geschäftsführung integriert. Weiterhin sind neben der internen organisatorischen Verankerung der

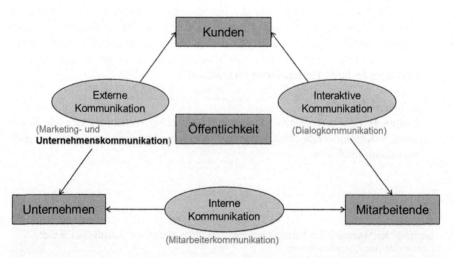

Abb. 1 Erscheinungsformen der Kommunikation von Unternehmen. Quelle: in Anlehnung an Bruhn 2015, S. 4

Unternehmenskommunikation auch externe Agenturen im Rahmen der Planung und vor allem der Durchführung der Unternehmenskommunikation von Bedeutung. Hierbei arbeiten Unternehmen typischerweise mit Corporate Identity- und Corporate Public Relations-Agenturen zusammen (Deg 2012, S. 163 ff.). Insbesondere vor dem Hintergrund des sich intensivierenden Kommunikationswettbewerbs und der zunehmend komplexeren Marktstrukturen haben sich so genannte „À-la-carte"-Agenturen herausgebildet, die die Übernahme spezifischer planerischer Aktivitäten anbieten (Yeshin 2006, S. 150). Demgegenüber stehen die so genannten „Full-Service-Agenturen", die die Konzeption und Gestaltung sämtlicher Kommunikationsinstrumente als integriertes System umsetzen (Moriarty et al. 2009, S. 99; Schweiger und Schrattenecker 2013, S. 182 f.).

Die dominierenden Instrumente der Unternehmenskommunikation stellen die *Institutionelle Mediawerbung*, das *Corporate Sponsoring* sowie die *Corporate Public Relations* dar, die sich, bedingt durch die historische Entwicklung im Rahmen der Kommunikation, über die vergangenen Jahre herauskristallisiert haben. Hierbei können sieben *Phasen der Kommunikation* differenziert werden, die sich entsprechend der strukturellen Veränderungen der Kommunikations- und Medienmärkte auf Seiten der Nachfrager sowie Anbieter über die Jahre ergeben: die Phase der unsystematischen Kommunikation (1950er-Jahre), die Phase der Produktkommunikation (1960er-Jahre), die Phase der Zielgruppenorientierung (1970er-Jahre), die Phase der Wettbewerbskommunikation (1980er-Jahre), die Phase des Kommunikationswettbewerbs (1990er-Jahre) sowie die Phase der Dialogkommunikation (2000er-Jahre) und der Netzwerkkommunikation (ab 2010; vertiefend Bruhn 2014a, S. 69 ff.).

Die Etablierung der Instrumente Institutionelle Mediawerbung und Corporate Public Relations in den Unternehmenskommunikationsmix ist in den 1960er-Jahren entstanden. Hingegen trat das Corporate Sponsoring erst als eigenständiges Instrument in den 1980er-Jahren auf, die durch einen verstärkten Wettbewerb der einzelnen Kommunikationsinstrumente und der Kommunikation einer „Unique Selling Proposition" geprägt waren (Bruhn 2014a, S. 69 ff.). Hierzu konnte auch die Unternehmenskommunikation ihren Beitrag leisten.

Branchenspezifisch betrachtet zeigen sich Unterschiede bezüglich der investitionsbezogenen und funktionalen Relevanz der Unternehmenskommunikation. So stellt die Institutionelle Mediawerbung sowohl im Hinblick auf das Investitionsvolumen als auch anhand der funktionalen Bedeutung ein wichtiges Instrument der Unternehmenskommunikation in der *Konsumgüterbranche* dar, wenn eine Corporate Branding-Strategie zur Profilierung der Unternehmensleistung verfolgt wird. Darüber hinaus ist der Corporate Public Relations mit der Funktion, die Beziehungen zur Öffentlichkeit zu gestalten, ein hoher Stellenwert einzuräumen. Die investitionsbezogene Bedeutung des Kommunikationsinstruments ist in der Konsumgüterbranche jedoch unterschiedlich einzustufen. Ähnlich zur Institutionellen Mediawerbung ist zu differenzieren, ob das Unternehmen eine Corporate Branding-Strategie verfolgt. Darüber hinaus stellt die Corporate Public Relations in Krisenzeiten in der Konsumgüterbranche ein wichtiges Instrument dar (Bruhn 2014a, S. 59).

Demgegenüber sind der Institutionellen Mediawerbung sowie dem Corporate Sponsoring bei *Industriegütern* eine geringere Bedeutung zuzuschreiben (Bruhn 2014a, S. 60 f.). Dies liegt u. a. darin begründet, dass im Business-to-Business-Markt die Zielgruppen leichter zu identifizieren sind (Backhaus und Voeth 2014, S. 10) und Kommunikationsinstrumente, die sich an ein breites und anonymes Publikum wenden, wie die Institutionelle Mediawerbung oder bestimmte Formen des Corporate Sponsoring (z. B. Sportsponsoring), zu große Streuverluste verzeichnen. Dem Instrument der Corporate Public Relations ist hingegen eine hohe Relevanz in der Industriegüterbranche beizumessen. Da die Aktivitäten vieler industrieller Anbieter, wie beispielsweise die chemische Industrie oder die Mineralölindustrie, unter steter Beobachtung seitens der Öffentlichkeit stehen, bietet das Kommunikationsinstrument diesen die Möglichkeit, das Unternehmensimage kontinuierlich zu beeinflussen sowie die Multiplikation eines Bad-Will-Effektes bei fehlgeleiteter Unternehmensaktivitäten in Grenzen zu halten (Bruhn 2014a, S. 61).

In der *Dienstleistungsbranche* nimmt die Institutionelle Mediawerbung eine hohe investitionsbezogene Bedeutung ein. Daneben ist dem Instrument des Corporate Sponsoring ein großer funktionaler Stellenwert beizumessen, was u. a. darin begründet ist, dass Dienstleistungsunternehmen häufig nicht über eine Vielfalt einzelner Marken verfügen, sondern den Firmennamen kommunizieren (Dachmarkenstrategie). Gerade beim Sponsoring reduziert sich die Unternehmensdarstellung zumeist auf den Firmennamen. Auch investitionsbezogen ist das Kommunikationsinstrument in der Dienstleistungsbranche von Relevanz. So zeigen beispielsweise Banken und Versicherungen ein hohes finanzielles Engagement in Sponsoringmaßnahmen (Bruhn 2014a, S. 62 ff.).

2 Funktionen und Ziele der Unternehmenskommunikation

Die übergeordnete Funktion der Unternehmenskommunikation umfasst die zielgerichtete Prägung des institutionellen Erscheinungsbildes des Unternehmens. Hierbei sollen die monetären Unternehmensziele unterstützt sowie immaterielle Werte wie Reputation, Wertschätzung, Vertrauen und Einstellungen gestärkt und die Unternehmenstätigkeit legitimiert werden (Zerfaß und Piwinger 2014, S. 4 ff.). Die Unternehmenskommunikation nimmt dabei sowohl eine *wettbewerbsgerichtete* als auch eine *sozial-gesellschaftliche Kommunikationsfunktion* ein. Im Rahmen der Wahrnehmung der wettbewerbsgerichteten Funktion wird die Unternehmenskommunikation dazu eingesetzt, sich gegenüber dem Wettbewerb zu profilieren (Liebl 2003, S. 37). Bezüglich der sozial-gesellschaftlichen Funktion der Unternehmenskommunikation ist festzuhalten, dass diese Einfluss auf die gesellschaftlichen Wertvorstellungen nehmen kann, durch die Vermittlung von Normen und Werten (Bruhn 2014a, S. 14).

Im Rahmen der Unternehmenskommunikation kann zwischen *kognitiven, affektiven, konativen* und *ökonomischen Zielen* differenziert werden. Während die ökonomischen Ziele sich vor allem auf die Steigerung finanzieller Kenngrößen beziehen, betreffen die kognitiven und affektiven Größen psychologische Konsequenzen auf Seiten der Kunden wie die Steigerung der Unternehmensbekanntheit, die Ver-

Tab. 1 Beispielhafte Ziele der Unternehmenskommunikation

Kognitiv-orientierte Ziele	Affektiv-orientierte Ziele	Konativ-orientierte Ziele
• Steigerung der Perzeption von Imageanzeigen • Namenskenntnis des Unternehmens • Erhöhung der Bekanntheit des Unternehmens • Schaffung von Aufmerksamkeit über Innovationen • Vermittlung von Kenntnissen über Umweltschutzmaßnahmen bei örtlichen Umweltorganisationen • Informationen über Haltungen des Unternehmens zu gesellschaftlichen Themenstellungen • u. a. m.	• Einstellung zum Unternehmen • Aufbau, Pflege oder Modifikation des Unternehmensimages • Emotionale Verbundenheit gegenüber dem Unternehmen • Verbesserung des Unternehmensimages bei Fachjournalisten, örtlichen Bürgerinitiativen und anderen Anspruchsgruppen • Erhöhung des Vertrauens in die soziale Kompetenz des Unternehmens • u. a. m.	• Stimulierung des Beschwerdeverhalten und aktives, kritisches Feedback • Anregung zur positiven Mund-zu-Mund-Propaganda • Festigung der Kundenloyalität • Steigerung der Cross-Buying-Absicht • Kommunikationsverhalten von Fachjournalisten in Blogs • Erhöhung der Anzahl der Bürgeranfragen zum sozialen und ökologischen Engagement des Unternehmens • Steigerung der Arbeitgeberattraktivität • u. a. m.

besserung bestimmter Imagedimensionen oder die Schaffung einer emotionalen Verbundenheit mit dem Unternehmen. Konative Ziele der Unternehmenskommunikation umfassen verhaltensbezogene Größen, wie die Weiterempfehlung des Unternehmens an Freunde und Bekannte, die Steigerung der Arbeitgeberattraktivität u. a. m. Tabelle 1 stellt beispielhaft kognitiv-, affektiv- und konativ-orientierte Ziele der Unternehmenskommunikation dar.

Die unterschiedlichen Zielsetzungen sind jedoch nicht unabhängig voneinander zu betrachten, sondern sind vielmehr direkt miteinander verbunden. So ist beispielsweise anzunehmen, dass – im Sinne einer so genannten Erfolgs- oder auch Wirkungskette – eine Verbesserung der Kenntnisse über das Unternehmen (kognitiv), das Unternehmensimage (affektiv) sowie wiederum die Loyalität (konativ) der Kunden gegenüber dem Unternehmen beeinflusst.

3 Zielgruppen der Unternehmenskommunikation

Die Unternehmenskommunikation beschreibt die Kommunikation zwischen dem Unternehmen und dem Absatz-, Beschaffungs-, Kapital- und Akzeptanzmarkt (Bruhn 2014a, S. 7 ff.). Für eine Einordnung der Unternehmenskommunikation in das Kommunikationsinstrumentarium von Unternehmen gibt Abb. 2 einen exemplarischen Überblick über die Gesamtheit der Kommunikationsinstrumente für die unterschiedlichen Anspruchsgruppen und verdeutlicht die Relevanz der Unternehmenskommunikation.

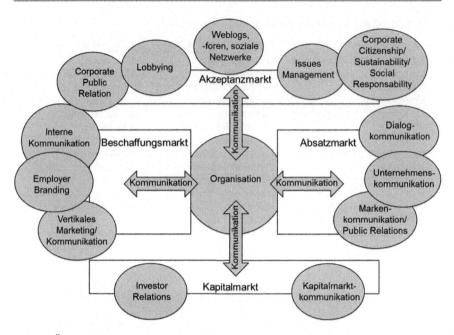

Abb. 2 Überblick von Anspruchsgruppen der Unternehmenskommunikation. Quelle: in Anlehnung an Bruhn 2014a, S. 9

Die Darstellung der Anspruchsgruppen der Unternehmenskommunikation basiert auf dem so genannten *Stakeholder-Kompass* (Kirf und Rolke 2002, S. 18 ff.), der eine Kommunikation in vier Richtungen beschreibt (360-Grad-Kommunikation): so richtet sich die Unternehmenskommunikation zum einen an der horizontalen Achse vom *Beschaffungs-* zum *Absatzmarkt* aus; zum anderen umfasst sie die vertikale Wertschöpfungskette vom *Kapital-* zum *Akzeptanzmarkt*. Aufgrund der Anforderungen an die Kommunikation mit diesen vier Märkten verbundenen Anspruchsgruppen und der damit einhergehenden Förderung der Beziehung zwischen Kunden und Unternehmen, etabliert sich die Unternehmenskommunikation zu einem Instrumentarium, das Kundenbedürfnisse besser versteht und ein an die Zielgruppenbedürfnisse adaptiertes Agieren des Unternehmen ermöglicht. Zentral hierbei ist die bedürfnisgerechte Ansprache, die das Verständnis spezifischer Ansprüche und Interessen sowie eine kommunikative Vernetzung der Zielgruppen voraussetzt (Bruhn 2014a, S. 7).

4 Instrumente und Mittel der Unternehmenskommunikation

Als dominierende Instrumente der Unternehmenskommunikation sind die *Institutionelle Mediawerbung*, das *Corporate Sponsoring* sowie die *Corporate Public Relations* hervorzuheben. Tabelle 2 bildet die relevanten Instrumente der Unternehmenskommunikation ab, die im Folgenden näher erläutert werden.

Tab. 2 Instrumente der Unternehmenskommunikation

	Institutionelle Mediawerbung	**Corporate Sponsoring**	**Corporate Public Relations**
Erscheinungsformen	• Insertionsmedien • Printmedien • Elektronische (audiovisuelle) Medien • Medien der Außenwerbung	• Corporate Sportsponsoring • Corporate Kultursponsoring • Corporate Soziosponsoring • Corporate Umweltsponsoring	Differenzierung nach: • Nutznießer (unternehmens- oder gesellschaftsbezogene Public Relations) • Botschaft (z. B Public Affairs, CSR-Public Relations) • Zielgruppe (z. B Investor Relations, Community Relations) • Anlass (z. B Krisen-Public Relations)
Ausprägungen (Kommunikationsträger)	• Zeitschriften • Zeitungen • Anzeigenblätter • Fernseher • Radio • Kino • Internet • Verkehrsmittelwerbung • Lichtwerbung • Plakatwerbung	• Einzelpersonen • Mannschaften • Sportarenen • Lokale/nationale/internationale Organisationen • Kulturveranstaltungen	• Zeitungen • Zeitschriften • Unternehmensvertreter • Radio • Internet • Unternehmensbroschüren • Corporate Events

(*Fortsetzung*)

Tab. 2 (Fortsetzung)

	Institutionelle Mediawerbung	Corporate Sponsoring	Corporate Public Relations
Beispiele (Kommunikationsmittel)	• Unternehmensanzeige in Tageszeitungen • Werbefilme über Unternehmen • Imageplakate • Traffic Banner • Billboards • Leuchtschriftzüge des Unternehmen • u. a. m.	• Trikotwerbung • Integration der Gesponserten in die Institutionelle Mediawerbung • Bandenwerbung • Gründung einer Stiftung • Ausschreiben von Wettbewerben • u. a. m.	• Redaktionelle Beiträge zu gesellschaftsbezogenen Themen • Pressemeldung zur Hauptversammlung der Aktionäre • Interviews der Geschäftsleitung • u. a. m.
Vertiefende Literatur	Tietz und Zentes (1980); Derieth (1995); Ormeno (2007); Odermatt (2008); Cornelissen (2011); Blumhoff und Seiffert (2014); Pleil und Zerfaß (2014); Rau (2014); Röttger (2014); Schicha (2014); Scheufele (2014)	Bruhn und Dahlhoff (1989); Zillessen und Rahmel (1991); Rothe (2001); Schwaiger (2001); Zeller (2001); Schwaiger (2002); Schwaiger und Steiner-Kogrina (2003); Posadowsky (2007); Bruhn (2010); Woisetschläger et al. (2012); Bruhn und Ahlers (2014)	Binder (1983); Bentele (1997); Dolphin und Fan (2000); Becker-Sonnenschein und Schwarzmeier (2002); Dolphin (2003); Rolke (2003); Töpfer (2008); Bruhn und Ahlers (2009); Schwarz (2010); Filzmaier und Fähnrich (2014); Imhof (2014); Piwinger (2014); Weichler (2014); Sandhun (2014)

Die *Institutionelle Mediawerbung* ist eine Form der unpersönlichen und mehrstufigen Unternehmenskommunikation, die in der Regel indirekt verläuft und sich öffentlich und ausschließlich über technische Verbreitungsmittel (den Medien) vollzieht, zur Erreichung unternehmensspezifischer Zielgrößen wie dem Vertrauensaufbau, der Imagevermittlung sowie der Steigerung der Unternehmensbekanntheit bzw. der -marke. Leistungsbezogene Aktivitäten sind von der Institutionellen Mediawerbung abzugrenzen, diese umfassen Maßnahmen der Marketingkommunikation. Grundsätzlich werden Insertions-, Print- und elektronische Medien sowie Medien der Außenwerbung unterschieden. Unternehmen nehmen mithilfe der Institutionellen Mediawerbung häufig einen Standpunkt zu einem öffentlich diskutierten Thema ein. Wird beispielsweise das Ziel verfolgt, die Öffentlichkeit bezüglich eines bestimmten Themas zu sensibilisieren und zu motivieren, eigenen sich dazu Imagefilme oder die Erstellung eines themenspezifischen Zeitschriftensupplements.

Corporate Sponsoring umfasst Sponsoringaktivitäten, bezogen auf das Gesamtunternehmen und bedeutet die Analyse, Planung, Umsetzung und Kontrolle sämtlicher Maßnahmen, die mit der Bereitstellung von Geld, Sachmitteln, Dienstleistungen oder Know-how durch ein Unternehmen (Sponsor) zur Förderung von Personen und/oder Organisationen (Gesponserten) in den Bereichen Sport, Kultur, Soziales und/oder Umwelt unter vertraglicher Regelung der Leistung des Sponsors und Gegenleistung des Gesponserten verbunden sind, zur Erreichung der Ziele der Unternehmenskommunikation. Im Rahmen des Kommunikationsinstruments werden Geld-, Sachmittel, Dienstleistungen oder Know-how durch Unternehmen in Personen, Organisationen oder Institutionen (z. B in die Bereiche Sport oder Kultur) investiert, um durch die Gegenleistung der Gesponserten (z. B Integration des Gesponserten in die Institutionelle Mediawerbung) unternehmensbezogene Ziele wie die Steigerung der Unternehmens-Awareness zu erreichen.

Corporate Public Relations umfasst die Analyse, Planung, Durchführung und Kontrolle sämtlicher Maßnahmen eines Unternehmens, um bei ausgewählten externen und internen Zielgruppen Verständnis sowie Vertrauen aufzubauen und damit gleichzeitig die übergeordneten Ziele der Unternehmenskommunikation zu erreichen. Allgemein werden zwei Formen des Kommunikationsinstruments unterschieden: die unternehmens- sowie die gesellschaftsbezogene Corporate Public Relations. Darüber hinaus wird in der Literatur die leistungsbezogene Public Relations diskutiert, die der Marketingkommunikation zuzuordnen ist. Im Kontext der unternehmensbezogenen Corporate Public Relations werden diejenigen Typen der Public Relations subsumiert, die das Unternehmen als Ganzes herausstellen. Folglich wird nicht mehr nur über einzelne Leistungen des Unternehmens kommuniziert, sondern die gesamte Unternehmensleistung in den Vordergrund gestellt. Zweck der unternehmensbezogenen Public Relations ist die Selbstdarstellung des Unternehmens bei den Teilöffentlichkeiten. Demgegenüber treten im Rahmen der gesellschaftsbezogenen Public Relations die Unternehmensleistungen in den Hintergrund. Vielmehr versteht sich das Unternehmen als ein Teil der Gesellschaft. Dementsprechend werden Handlungen des Unternehmens in Bezug auf gesellschaftspolitische Ereignisse kommuniziert, bei denen sich das Unternehmen engagiert.

5 Kontrollmöglichkeiten der Unternehmenskommunikation

Die aufgeführten Instrumente der Unternehmenskommunikation sind durch unterschiedliche Kontrollmöglichkeiten seitens des Unternehmens gekennzeichnet. Unter Kontrollmöglichkeit ist hierbei der *Grad der Einflussnahme* des Unternehmens auf die Kommunikationsinstrumente sowie ihre angestrebte Wirkung auf das Zielpublikum zu verstehen. Die Kontrolle einzelner Kommunikationsinstrumente unterscheidet sich vor allem durch die Möglichkeit, die Empfänger der Unternehmenskommunikation zielgerichtet mit möglichst geringen Streuverlusten anzusprechen sowie die im Rahmen der strategischen Planung festgelegten Kommunikationsbotschaften an das Zielpublikum zu transportieren, um schließlich die definierten kognitiven, affektiven, konativen und ökonomischen Zielsetzungen zu erreichen.

Grundsätzlich ist hierbei im Kontext der Unternehmenskommunikationsplattformen zwischen *Owned*, *Paid* und *Earned Media* zu unterscheiden (Abb. 3). Ersteres beschreibt Plattformen, über die das Unternehmen über Kontrolle verfügt, wie beispielsweise Unternehmenswebseiten oder -zeitschriften. Im Rahmen der Paid Media-Kommunikationsplattformen werden alle Kanäle subsumiert, die mittels eines Geldbetrags vom Unternehmen zu buchen sind. So ist die Schaltung von redaktionellen Beiträgen zur Steigerung des Unternehmensimage dieser Kategorie einzuordnen. Abschließend bleibt die Kategorie Earned Media zu nennen, die sämtliche Kanäle einschließt, auf die das Unternehmen keine direkte Kontrolle bezüglich der Botschaften bzw. Informationen hat, sondern sich seine Reputation bzw. positiven Beiträge zu verdienen hat (Back et al. 2012). Ein Beispiel hierfür stellt ein unabhängiger Beitrag einer Zeitschrift nach einer Pressekonferenz zu einem gesellschaftlich brisant diskutierten Thema dar.

Die diskutierten Unterschiede bezüglich der Kontrollmöglichkeiten der Kommunikation eröffnen Unternehmen verschiedene *„Räume der Kommunikation"*. Unter diesen werden Märkte und Plattformen subsumiert, auf denen Austauschprozesse zwischen Kommunikationsanbietern und -nachfragern stattfinden (Bruhn 2014b, S. 67). „Räume der Kommunikation" sind nach der Art der Kommunikation sowie dem Grad an Kontrolle zu differenzieren, wie Abb. 4 verdeutlicht. Die Ordinate markiert dabei die Art der Kommunikation (direkt versus indirekt); die Abszisse beschreibt hingegen den Grad an Kontrolle aus Sicht des Unternehmens.

Die Instrumente der Unternehmenskommunikation sind vorwiegend durch eine indirekte Kommunikation mit der Zielgruppe gekennzeichnet. Der Grad der Einflussnahme auf die einzelnen Kommunikationsinstrumente ist hingegen relativ divers. So unterliegt die Institutionelle Mediawerbung einer hohen Kontrolle seitens des Unternehmens (*Macht*, Bereich A). Unternehmensbezogene Corporate Public Relations sowie das Corporate Sponsoring sind durch Interaktionen mit den Anspruchsgruppen geprägt, so dass Unternehmen diese Instrumente eingeschränkt beeinflussen können (*Kooperation*, Bereich B). Hingegen stimulieren gesellschaftspolitische Ereignisse, die in der Öffentlichkeit diskutiert werden, die gesellschaftsbezogene Corporate Public Relations, wodurch Unternehmen über geringere Kontrollmöglichkeiten verfügen, da die Themen vorrangig von Seiten des Marktes vorgegeben werden (*Markt*, Bereich C).

Instrumente der Unternehmenskommunikation: ein Überblick 279

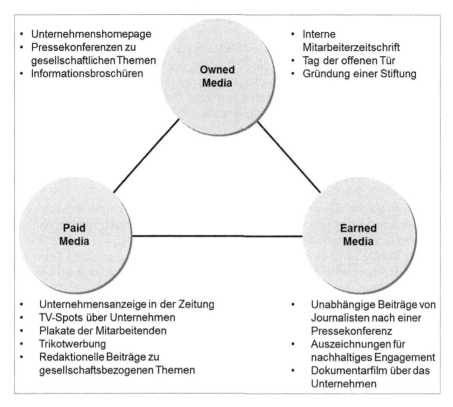

Abb. 3 Formen der Unternehmenskommunikation gemäß der Kontrollmöglichkeiten von Unternehmen. Quelle: in Anlehnung an Tuten und Solomon 2013, S. 44

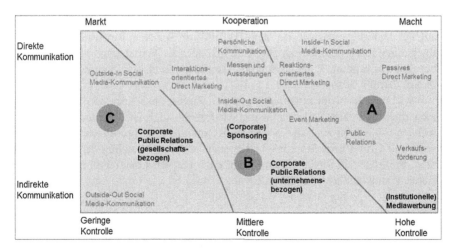

Abb. 4 Kategorisierung von Instrumenten und „Räume der Unternehmenskommunikation". Quelle: in Anlehnung an Bruhn 2014b, S. 67

6 Zusammenfassung und Ausblick

Die vorangegangenen Ausführungen verdeutlichen die zentrale Bedeutung der Unternehmenskommunikation für die Erreichung definierter Zielsetzungen, wie das Schaffen von Vertrauen. Darüber hinaus wurden die Vielfältigkeit der Unternehmenskommunikation und ihre unterschiedliche Bedeutung in der Konsumgüter-, Industriegüter- sowie Dienstleistungsbranche dargestellt und die unterschiedlichen Kontrollmöglichkeiten diskutiert.

Abschließend gilt es, neben der isolierten Betrachtung der Unternehmenskommunikation auch ihre *Einbettung in die Gesamtkommunikation des Unternehmens* zu beachten. Dies gilt für

- das *Denken im Marketingmix*, d. h. die Abstimmung der Unternehmenskommunikationspolitik mit den anderen Instrumenten (Produkt, Preis, Vertrieb) im Sinne einer „interinstrumentellen Integration im Marketingmix",
- das *Denken im Kommunikationsmix*, d. h. die Abstimmung zwischen den einzelnen Instrumenten der Unternehmens-, Marketing- und Dialogkommunikation im Sinne einer „interinstrumentellen Integration im Kommunikationsmix" sowie
- das *Denken im Unternehmenskommunikationsmix*, d. h. die Abstimmung zwischen den und innerhalb der einzelnen Kommunikationsinstrumente im Sinne einer „interinstrumentellen und intrainstrumentellen Integration im Unternehmenskommunikationsmix"

gleichermaßen. Diese drei „Denkperspektiven" stellen den „Mix-Gedanken" auf unterschiedlichen Ebenen in den Vordergrund. Es gilt dabei, die Zielsetzung der *Integrierten Kommunikation* im Sinne einer widerspruchsfreien Kombination von Instrumenten der Unternehmens-, Marketing- und Dialogkommunikation zu realisieren. Für das Unternehmenskommunikationsinstrument Institutionelle Mediawerbung bedeutet dies beispielsweise die Abstimmung von Anzeigen mit Imagefilmen auf der Unternehmenswebsite, dem Auftritt auf Sozialen Netzwerken sowie die Integration von produktbezogenen Anzeigen oder die Vernetzung mit gesellschaftsbezogenen Corporate Public Relations-Aktivitäten durch ein übergreifendes „Dachthema" (Bruhn 2014a, S. 105).

Abschließend bleibt festzuhalten, dass in Zukunft mit einer verstärkten Zusammenarbeit zwischen Unternehmens-, Marketing- und Dialogkommunikation zu rechnen ist, wovon auch die Integrierte Kommunikation profitieren wird. Ein wesentlicher Grund liegt dabei im Aufkommen und dem Handling der Sozialen Medien. Sie tragen in vielen Unternehmen dazu bei, dass ein Zusammenrücken der Bereiche notwendig wird (Bruhn 2014b, S. 431).

Literatur

Back, A., Gronau, N., & Tochtermann, K. (2012). *Web 2.0 und Social Media in der Unternehmenspraxis* (3. Aufl.). München: Oldenbourg.

Backhaus, K., & Voeth, M. (2014). *Industriegütermarketing* (10. Aufl.). München: Vahlen.
Becker-Sonnenschein, S., & Schwarzmeier, M. (2002). *Vom schlichten Sein zum schönen Schein? Kommunikationsanforderungen im Spannungsfeld von Public Relations und Politik.* Wiesbaden: Westdeutscher Verlag.
Bentele, G. (1997). *Aktuelle Entstehung von Öffentlichkeit: Akteure – Strukturen – Veränderungen.* Konstanz: UVK-Medien.
Binder, E. (1983). *Die Entstehung unternehmerischer Public Relations in der Bundesrepublik Deutschland.* Wiesbaden: Lit.
Blumhoff, A., & Seiffert, J. (2014). Medienanalysen als Informationsquelle für das Kommunikationsmanagement. In A. Zerfaß & M. Piwinger (Hrsg.), *Handbuch Unternehmenskommunikation* (2. Aufl., S. 567–584). Wiesbaden: Springer Gabler.
Bruhn, M (2010). *Sponsoring Systematische Planung und integrativer Einsatz* (5.Aufl.). Wiesbaden: Gabler.
Bruhn, M. (2014a). *Unternehmens- und Marketingkommunikation* (3. Aufl.). München: Vahlen.
Bruhn, M. (2014b). *Integrierte Unternehmens- und Markenkommunikation. Strategische Planung und operative Umsetzung* (6. Aufl.). Stuttgart: Schäffer-Poeschel.
Bruhn, M. (2015). *Kommunikationspolitik. Systematischer Einsatz der Kommunikation für Unternehmen* (8. Aufl.). München: Vahlen.
Bruhn, M., & Ahlers, G. M. (2009). Zur Rolle von Marketing und Public Relations in der Unternehmenskommunikation. In U. Röttger (Hrsg.), *Theorien der Public Relations. Grundlagen und Perspektiven der PR-Forschung* (S. 299–315). Wiesbaden: VS-Verlag.
Bruhn, M., & Ahlers, G. M. (2014). Sponsoring als Instrument der integrierten Unternehmenskommunikation. In A. Zerfaß & M. Piwinger (Hrsg.), *Handbuch Unternehmenskommunikation* (2. Aufl., S. 707–729). Wiesbaden: Springer Gabler.
Bruhn, M., & Dahlhoff, H.-D. (Hrsg.) (1989). *Kulturförderung – Kultursponsoring. Zukunftsperspektiven der Unternehmenskommunikation.* Wiesbaden: Gabler.
Cornelissen, J. (2011). *Corporate communication – A guide to theory and practice* (3. Aufl.). London: Sage.
Deg, R. (2012). *Basiswissen Public Relations – Professionelle Presse- und Öffentlichkeitsarbeit* (5. Aufl.). Wiesbaden: Springer VS.
Derieth, A. (1995). *Unternehmenskommunikation. Eine Analyse zur Kommunikationsqualität von Wirtschaftsorganisationen.* Opladen: Westdeutscher Verlag.
Dolphin, R. R. (2003). The corporate communication function: How well is it funded? *Corporate Communications, 8*(1), 5–10.
Dolphin, R. R., & Fan, Y. (2000). Is corporate communications a strategic function? *Management Decision, 38*(2), 99–106.
Filzmaier, P., & Fähnrich, B. (2014). Public Affairs. Kommunikation mit politischen Entscheidungsträgern. In A. Zerfaß & M. Piwinger (Hrsg.), *Handbuch Unternehmenskommunikation* (2. Aufl., S. 1185–1201). Wiesbaden: Springer Gabler.
Imhof, K. (2014). Öffentliche Moral und private Wirtschaft: Medialisierung, Personalisierung, Emotionalisierung und Charisma. In A. Zerfaß & M. Piwinger (Hrsg.), *Handbuch Unternehmenskommunikation* (2. Aufl., S. 219–232). Wiesbaden: Springer Gabler.
Kirf, B., & Rolke, L. (2002). *Der Stakeholder-Kompass – Navigationsinstrument für die Unternehmenskommunikation.* Frankfurt am Main: Frankfurter Allgemeine Buch.
Liebl, C. (2003). *Kommunikations-Controlling. Ein Beitrag zur Steuerung der Marketing-Kommunikation am Beispiel der Marke Mercedes-Benz.* Wiesbaden: Deutscher Universitätsverlag.
Moriarty, S., Mitchell, N., & Wells, W. (2009). *Advertising – principles & practice* (8. Aufl.). Upper Saddle River: Prentice Hall.
Odermatt, S. (2008). *Integrierte Unternehmenskommunikation. Systemgestützte Umsetzung der Informationellen Aufgaben.* Wiesbaden: Gabler.
Ormeno, M. (2007). *Managing corporate brands: A new approach to corporate communication.* Wiesbaden: Deutscher Universitätsverlag.

Piwinger, M. (2014). Geschäftsberichte als Mittel der Information und Beziehungspflege. In A. Zerfaß & M. Piwinger (Hrsg.), *Handbuch Unternehmenskommunikation* (2. Aufl., S. 671–690). Wiesbaden: Springer Gabler.

Pleil, T., & Zerfaß, A. (2014). Internet und Social Media in der Unternehmenskommunikation. In A. Zerfaß & M. Piwinger (Hrsg.), *Handbuch Unternehmenskommunikation* (2. Aufl., S. 731–753). Wiesbaden: Springer Gabler.

Posadowsky, D. V. (2007). Kultursponsoring. Zwischen Corporate Citizenship und Marketing. In D. Ahlert, D. Woisetschläger, & V. Vogel (Hrsg.), *Exzellentes Sponsoring. Innovative Ansätze und Best Practices für das Markenmanagement* (2. Aufl., S. 387–410). Wiesbaden: Deutscher Universitätsverlag.

Rau, H. (2014). Audiovisuelle Unternehmenskommunikation: Video, Film, Bewegtbild im Internet. In A. Zerfaß & M. Piwinger (Hrsg.), *Handbuch Unternehmenskommunikation* (2. Aufl., S. 803–821). Wiesbaden: Springer Gabler.

Rolke, L. (2003). *Produkt- und Unternehmenskommunikation im Umbruch. Was die Marketer und PR-Manager für die Zukunft erwarten*. Frankfurt am Main: FAZ-Institut für Management-, Markt- und Medieninformation.

Rothe, C. (2001). *Kultursponsoring und Image-Konstruktion. Interdisziplinäre Analyse der rezeptionsspezifischen Faktoren des Kultursponsoring und Entwicklung eines kommunikationswissenschaftlichen Imageapproaches*. Dissertation, Bochum.

Röttger, U. (2014). Kommunikationskampagnen planen und steuern. Thematisierungsstrategien in der Öffentlichkeit. In A. Zerfaß & M. Piwinger (Hrsg.), *Handbuch Unternehmenskommunikation* (2. Aufl., S. 633–650). Wiesbaden: Springer Gabler.

Sandhun, S. (2014). Public Relations und gesellschaftliche Kommunikation. Legitimation im Diskurs. In A. Zerfaß & M. Piwinger (Hrsg.), *Handbuch Unternehmenskommunikation* (2. Aufl., S. 1161–1183). Wiesbaden: Springer Gabler.

Scheufele, B. (2014). Kommunikation und Medien. Grundbegriffe, Theorien und Konzepte. In A. Zerfaß & M. Piwinger (Hrsg.), *Handbuch Unternehmenskommunikation* (2. Aufl., S. 105–143). Wiesbaden: Springer Gabler.

Schicha, C. (2014). Ethische Aspekte von Public Relations, Werbung und Onlinekommunikation. In A. Zerfaß & M. Piwinger (Hrsg.), *Handbuch Unternehmenskommunikation* (2. Aufl., S. 329–348). Wiesbaden: Springer Gabler.

Schwaiger, M. (2001). *Messung der Wirkung von Sponsoringaktivitäten im Kulturbereich*. In Schriftenreihe zur Empirischen Forschung und Quantitativen Unternehmensplanung der Ludwig-Maximilians-Universität München, München.

Schwaiger, M. (2002). *Die Wirkung des Kultursponsoring auf die Mitarbeitermotivation*. In Schriftenreihe zur Empirischen Forschung und Quantitativen Unternehmensplanung der Ludwig-Maximilians-Universität München, München.

Schwaiger, M., & Steiner-Kogrina, A. (2003). *Eine empirische Untersuchung der Wirkung des Kultursponsoring auf die Bindung von Bankkunden*. In Schriftenreihe zur Empirischen Forschung und Quantitativen Unternehmensplanung der Ludwig-Maximilians-Universität München, München.

Schwarz, A. (2010). *Krisen-PR aus Sicht der Stakeholder – der Einfluss von Ursachen- und Verantwortungszuschreibungen auf die Reputation von Unternehmen*. Wiesbaden: VS-Verlag.

Schweiger, G., & Schrattenecker, G. (2013). *Werbung – Eine Einführung* (8. Aufl.). Konstanz: UVK Verlagsgesellschaft.

Tietz, B., & Zentes, J. (1980). *Die Werbung der Unternehmung*. Hamburg: Rowohlt.

Töpfer, A. (2008). Krisenkommunikation. Anforderungen an den Dialog mit Stakeholdern in Ausnahmesituationen. In M. Meckel & M. F. Schmid (Hrsg.), *Unternehmenskommunikation. Kommunikationsmanagement aus Sicht der Unternehmensführung* (2. Aufl., S. 355–402). Wiesbaden: Gabler.

Tuten, T. L., & Solomon, M. R. (2013). *Social media marketing*. Upper Saddle River: Prentice Hall.

Weichler, K. (2014). Corporate Publishing. Publikationen für Kunden und Multiplikatoren. In A. Zerfaß & M. Piwinger (Hrsg.), *Handbuch Unternehmenskommunikation* (2. Aufl., S. 767–785). Wiesbaden: Springer Gabler.

Woisetschläger, D. M., Backhaus, C., Dreisbach, J., & Schnöring, M. (2012). *Sponsoringstudie 2012. Wie die Sponsoren der Fußball-Bundesliga von der Stärke der Vereinsmarken profitieren können.* Arbeitspapier des Instituts für Automobilwirtschaft und Industrielle Produktion der Technischen Universität Braunschweig, Braunschweig.

Yeshin, T. (2006). *Advertising.* London: Thomson Learning.

Zeller, C. (2001). *Sozial-Sponsoring. Gewinnbringende Zusammenarbeit zwischen Kitas und Unternehmen.* München: Don Bosco.

Zerfaß, A., & Piwinger, M. (2014). Unternehmenskommunikation als Werttreiber und Erfolgsfaktor. In A. Zerfaß & M. Piwinger (Hrsg.), *Handbuch Unternehmenskommunikation* (2. Aufl., S. 1–18). Wiesbaden: Springer Gabler.

Zillessen, R., & Rahmel, D. (Hrsg.), (1991). *Umweltsponsoring. Erfahrungsberichte von Unternehmen und Verbänden.* Wiesbaden: Gabler.

Prof. Dr. Dr. h.c. mult. Manfred Bruhn ist Inhaber der Professur für Marketing und Unternehmensführung an der Universität Basel und Honorarprofessor an der Technischen Universität München.

Einsatz der Public Relations im Rahmen der Unternehmenskommunikation

Ulrike Röttger

Inhalt

1 Einleitung	286
2 PR im Spannungsfeld unterschiedlicher disziplinärer Zuständigkeitsansprüche	287
3 PR als Organisationsfunktion	288
4 PR-Management	292
5 PR-Arbeitsfelder	294
6 PR als Teilbereich der Unternehmenskommunikation	296
7 Zusammenfassung und Ausblick	297
Literatur	298

Zusammenfassung
Public Relations (PR) wird in diesem Beitrag primär aus kommunikationswissenschaftlicher Perspektive als Organisationsfunktion beschrieben, die eine Legitimation im Sinne von gesellschaftlicher Akzeptanz für Organisationen schafft, erhält und ausbaut. Die Leistungen, die PR im Kontext der Schaffung und Stabilisierung von Legitimität erbringt, werden mittels der drei Begriffe Beobachtung, Reflexion und Steuerung beschrieben.

Schlüsselwörter
Kommunikationsmanagement • Legitimation • Public Relations • Strategische Kommunikation • Unternehmenskommunikation

---

U. Röttger (✉)
Institut für Kommunikationswissenschaft, Westfälische Wilhelms-Universität Münster, Münster, Deutschland
E-Mail: ulrike.roettger@uni-muenster.de

1 Einleitung

In der wissenschaftlichen Literatur existieren Zahlreiche *Definitionen zur Beschreibung von Public Relations* und es gibt, in der Praxis sowie in der Literatur, viele unterschiedliche Ansichten darüber, was genau unter Public Relations zu verstehen ist, welche Funktionen und Leistungen PR erfüllt. Die Heterogenität und Vielgestaltigkeit der Beschreibungen gehen Hand in Hand mit der Entwicklung von Public Relations aus praktischem Handeln in unterschiedlichen gesellschaftlichen Bereichen und Organisationen, mit unterschiedlichen Zielen, Aufgaben und Zuständigkeiten. Public Relations – im deutschsprachigen Raum teils auch als Öffentlichkeitsarbeit bezeichnet – stellt entsprechend ein äußerst heterogenes Handlungs- und Berufsfeld dar.

Sehr allgemein und grundlegend ist Public Relations als „management of communication between an organization and its publics" (Grunig und Hunt 1984, S. 6) zu verstehen. Diese Definition betont den engen Kommunikationsbezug von Public Relations und ihre Rolle als organisationale Grenzstelle, die Kommunikationsbeziehungen zwischen Organisation und Umwelt herstellt, gestaltet und auf Dauer stellt. Ähnlich, aber etwas differenzierter beschreiben Long und Hazleton (1987, S. 6) Public Relations als Kommunikationsfunktion des Managements, mittels derer sich Organisationen zum Zweck der Erreichung ihrer Ziele an ihre Umwelt anpassen oder diese verändern und Umweltbeziehungen pflegen. Eine weitere Spezifizierung des Beitrags der PR zur Erreichung der Organisationsziele liegt in ihrer Legitimationsfunktion (Abschn. 3): Public Relations ist der Teilbereich der Unternehmenskommunikation, der insbesondere auf den Aufbau und Erhalt gesellschaftlicher Akzeptanz von Organisationen ausgerichtet ist. Unternehmenskommunikation umfasst die „Gesamtheit sämtlicher Kommunikationsinstrumente und -maßnahmen eines Unternehmens, die eingesetzt werden, um das Unternehmen und seine Leistungen den relevanten internen und externen Zielgruppen der Kommunikation darzustellen und/oder mit diesen in Interaktion zu treten" (Bruhn 2009, S. 436). Im Zentrum der Unternehmenskommunikation stehen somit unterschiedliche Formen gemanagter Kommunikation, die oftmals in die Bereiche Marktkommunikation, Public Relations und interne Kommunikation unterschieden werden (Zerfaß 2010, S. 287). Allerdings wird teilweise die interne Kommunikation als Teilbereich der Public Relations angesehen. Im vorliegenden Verständnis spielen im Kontext der Public Relations sowohl interne wie externe Stakeholder, d. h. Personen oder Gruppen, die das Organisationshandeln beeinflussen können oder von diesem tangiert werden, eine Rolle. Die externe PR-Kommunikation richtet sich insbesondere an das gesellschaftspolitische Umfeld der Organisation.

Es zeigt sich, dass der PR-Begriff im deutschsprachigen Raum in der jüngsten Zeit insbesondere in der Praxis aber auch in der Wissenschaft zunehmend vom *Begriff des Kommunikationsmanagements* abgelöst wird. Dies ist hauptsächlich auf die überwiegend negativen Assoziationen – Manipulation, Täuschung, Vereinnahmung der Öffentlichkeit – zurückzuführen, die den PR-Begriff seit dessen Enführung im deutschsprachigen Raum in den 1930er-Jahren prägen. Zudem verdeutlicht der Terminus Kommunikationsmanagement bereits sprachlich die berufspolitisch gewünschte Anschlussfähigkeit sowie die Einbindung in das allgemeine (Organisations-)Management.

2 PR im Spannungsfeld unterschiedlicher disziplinärer Zuständigkeitsansprüche

Der bis heute in Wissenschaft und Praxis teils unklare PR-Begriff und die zuweilen sehr unterschiedlichen Verständnisweisen von Public Relations spiegeln fachlich-systematische Abgrenzungsprobleme und Zuständigkeitsansprüche unterschiedlicher wissenschaftlicher Disziplinen wider, insbesondere der BWL und Kommunikationswissenschaft. Daher gibt es unklare Trennungen von PR, Marketing, Werbung und auch Journalismus.

Public Relations stellt aus *Sicht der Betriebswirtschaftslehre* eine Unterfunktion des Marketing dar und ist ebenfalls, wie z. B. Mediawerbung, Verkaufsförderung, Direct Marketing und Sponsoring, ein absatzförderndes Instrument (u. a. Bruhn 2009; Meffert et al. 2012). PR wird der Charakter einer Sozialtechnologie, eines Tools der Kommunikationspolitik zum Aufbau positiver Produkt- und Unternehmensimages zugewiesen. Meffert stellt fest: „In ihrer akquisitorischen Wirkung auf die Gruppe der Kunden stellt Öffentlichkeitsarbeit auch ein absatzpolitisch relevantes Instrument dar" (2000, S. 684).

In der *Kommunikationswissenschaft* wird Public Relations und ihr Zuständigkeitsbereich allerdings breiter definiert. Sie wird hier zum einen in ihrer gesellschaftlichen Funktion, d. h. mit Blick auf die Herstellung eines gesellschaftlichen Konsenses (insbes. Ronneberger 1991; Ronneberger und Rühl 1992) und zum anderen als Kommunikationsfunktion von Organisationen betrachtet (Jarren und Röttger 2009; Röttger et al. 2011). Öffentlichkeit, öffentliche Beziehungen und öffentliche Kommunikation stellen in diesem Zusammenhang Schlüsselbegriffe der Public Relations dar. Die gesellschaftliche Akzeptanz ist eine Voraussetzung für langfristigen Organisationserfolg, und in modernen, ausdifferenzierten Medien- und Informationsgesellschaften immer stärker von öffentlichen Kommunikations- und Meinungsbildungsprozessen abhängig: „Ein Unternehmen besteht solange, wie es im Markt Geld mit Gewinn umsetzt und dies von der Öffentlichkeit hingenommen bzw. gewünscht wird" (Becker 1998, S. 187). Die Legitimation von Unternehmen resultiert immer seltener aus der Schaffung materiellen Wohlstands; sie wird vielmehr angesichts einer allgemeinen Moralisierung der Kommunikation und anhaltender Anspruchsinflation zunehmend in Frage gestellt. Für Unternehmen ist es daher von existenzieller Bedeutung, ihre Beziehungen zum gesellschaftspolitischen Umfeld – u. a. mittels Public Relations – zu steuern, zu stabilisieren und zugleich die divergierenden Rationalitäten von Markt (geldwerte Befriedigung von Bedürfnissen, Transaktion) und Öffentlichkeit (Legitimation) zu koordinieren.

Kommunikationswissenschaftliche PR-Ansätze berücksichtigen damit stärker als betriebswirtschaftliche Konzepte die öffentlichen und gesellschaftspolitischen Rahmenbedingungen des Handelns unterschiedlicher (auch nicht-ökonomischer) Organisationen. Allerdings wird von diesen Ansätzen die ökonomische Dimension der Public Relations und das Verhältnis von Unternehmenskommunikation und Unternehmenswert tendenziell vernachlässigt. Insbesondere in der jüngsten Zeit wurden daher einige Ansätze und Überlegungen vorgelegt, die eine Berücksichtigung des Kommunikationsmanagements im Rahmen der Balanced Scorecard bzw. die Ausbildung einer Corporate Communications Scorecard (u. a. Piwinger und Prorak 2005; Zerfaß 2008; Pfannenberg und Zerfaß 2010) vorschlagen. Einen wesentlichen Schritt zur Systematisierung dieser verschiedenen Verfahren stellt das 2009 von einem Arbeitskreis der Berufsverbände DPRG (Deutsche Public Relations Gesellschaft) und ICV (Internationaler Controller Verein) entwickelte *Wirkstufenmodell für PR-Kommunikation* dar, das eine konzeptionelle Grundlage für anwendungsbezogene Verfahren des Kommunikationscontrolling bilden soll (Rolke und Zerfaß 2010). Die Entwicklung von (konsensualisierten) Kennzahlen im Kommunikationscontrolling ist aber bislang noch nicht sehr fortgeschritten.

Nicht nur im Hinblick auf die jeweiligen primären Referenzpunkte – Markt versus Öffentlichkeit – unterscheiden sich die *Perspektiven von BWL und Kommunikationswissenschaft auf Public Relations*: Hervorzuheben ist zudem der differenziertere Kommunikationsbegriff der Kommunikationswissenschaft. In zahlreichen betriebswirtschaftlichen Ansätzen existiert bis heute ein tendenziell unterkomplexes Verständnis von Kommunikation im Sinne eines Input-Output-Modells bzw. als Encoding-Decoding-Prozess (Shannon und Weaver 1976; exemplarisch für das Marketing: Kotler und Bliemel 1999). Eine fast schon mechanistische Sichtweise auf das dynamische Geschehen kommunikativer Prozesse offenbart sich beispielsweise in der Bezugnahme auf die 1948 formulierte so genannte „Lasswell-Formel" „Who says what in which channel to whom and with what effect?". Die einseitige Kommunikatororientierung schließt Feedback der Rezipienten ebenso aus, zudem bleiben Wechselwirkungen zwischen den einzelnen Elementen des Kommunikationsprozesses unberücksichtigt. Kommunikation wird in erster Linie unter der Perspektive der intendierten Wirkungen thematisiert; Fragen des gegenseitigen Verstehens und des gleichen Meinens, der Akzeptanz oder etwa der nicht-intendierten Wirkung von Kommunikation werden in betriebswirtschaftlichen Überlegungen in der Regel nicht oder nur am Rande berücksichtigt.

Es ist somit festzuhalten, dass unterschiedliche Kommunikationsverständnisse und -begriffe ebenso wie ein unterschiedliches Theorieverständnis zu *Verständigungsproblemen* zwischen kommunikationswissenschaftlichen und betriebswirtschaftlichen Fachvertretern führen. Dies hat unter anderem zur Folge, dass bisher wenig integrative Theorieangebote vorliegen, die kommunikationswissenschaftliche und betriebswirtschaftliche Überlegungen des Kommunikationsmanagements sinnvoll miteinander verbinden (Zerfaß 2010).

3   PR als Organisationsfunktion

Eine strategisch gestaltete Kommunikation im Sinne der PR ist für Organisationen von existenzieller Bedeutung und spielt bei der Bearbeitung zweier *zentraler organisationaler Problemdimensionen* eine wesentliche Rolle (Röttger et al. 2011, S. 115):

1. *Binnenperspektive*: Für Organisationen stellt sich die Frage nach den Prozessen der organisationsinternen Kooperation sowie der Koordination und Steuerung zahlreicher beteiligter Rollenträger (Organisationsmitglieder). In Organisationen agieren und kooperieren zahlreiche Organisationsmitglieder, die nicht nur die Ziele der Organisation, sondern auch jeweils eigene Ziele verfolgen. Somit ist eine dauerhafte Sicherstellung eines einheitlichen, zielgerichteten Handelns unabdingbar. Zur Steuerung der organisationsinternen Interaktionen verfügen Organisationen daher über eine verbindliche Ordnung und eine – in der Regel hierarchisch gegliederte – Struktur (Formalisierung), da diese auf die koordinierenden und integrierenden Funktionen von Kommunikation angewiesen sind.
2. *Außenperspektive*: Von besonderem Interesse und tendenziell problembeladen ist zudem das Verhältnis von Organisation und Umwelt: Wie grenzen sich Organisationen gegenüber ihrer Umwelt ab und wie können Austauschprozesse zwischen beiden beschrieben werden? Die Koordination der Umweltbeziehungen erfolgt dabei über verschiedene organisationale Grenzstellen, wie z. B. Public Relations.

PR als „organisationale Grenzstelle" gewinnt für Organisationen an Bedeutung, da sie in der modernen Mediengesellschaft als Perzeptionsobjekte zunehmend unter öffentlicher Dauerbeobachtung stehen: Unternehmen und andere Organisationen können in der Regel nicht beeinflussen, ob sie beobachtet werden, sie können meist lediglich partiell Einfluss darauf nehmen, wie sie beobachtet und darauf aufbauend von Dritten beschrieben werden. Die Herausforderung von Fremdbeobachtungen und Fremdbeschreibungen für Organisationen besteht darin, dass diese jeweils ihrer eigenen Logik folgen, oder systemtheoretisch formuliert: Fremdbeobachtungen und -beschreibungen sind stets systemspezifisch gebunden und unterliegen damit jeweils den systemspezifischen Kriterien des beobachtenden Systems. Daraus folgt, dass Fremdbeobachtungen und -beschreibungen weder in der Lage sind, ein umfassendes, „wahres" Bild zu der Organisation darzustellen, noch sind sie aufgrund ihrer perspektivischen Gebundenheit „objektiver" als die Selbstbeschreibungen der Organisation. Fremdbeschreibungen sind im beobachteten System nicht anschlussfähig:

„[D]ie Fremdbeschreibung gehört einem anderen System an, und mit Bezug auf das beschriebene System hat sie dort, wenn man so will, freie Hand. Sie muss jedenfalls nicht an diejenigen Abstraktionen anschließen, die dieses System benutzt, um sich selber zu beobachten und zu beschreiben. So kann ein externer Beobachter die Tätigkeit von Richtern als Kalorienverbrauch, als Ablenkung von Eheproblemen oder als Beitrag zur Reproduktion von Schichtung beschreiben, und all dies mag zutreffend sein. Ob die Selbstbeschreibung des Rechtssystems dem folgen kann, ist dagegen eine andere Frage" (Kieserling 2004, S. 50).

Diese *Unausweichlichkeit von selektiven Fremdbeobachtungen* lässt, verbunden mit der Tatsache, dass Organisationen zugleich mit einer Vielzahl unterschiedlicher und teils unvereinbarer Fremdbeschreibungen konfrontiert sind, Legitimation im Sinne gesellschaftlicher Akzeptanz für Organisationen zu einer fragilen Größe werden. Schaffung, Ausbau und Stabilisierung von Legitimität ist die zentrale Aufgabe der PR im organisationalen Kontext.

Mit PR wird angestrebt, dass die Ziele und Interessen der Organisation in der Öffentlichkeit oder in Teilöffentlichkeiten als legitim angesehen und bestenfalls als gemeinsames Interesse, als „aus übergeordneten gemeinsamen Zielen folgend" wahrgenommen werden (Fuchs-Heinritz 1994, S. 395). Für Organisationen, deren Existenz, Interessen und Handeln von der Umwelt als legitim angesehen werden, erhöht sich die Wahrscheinlichkeit, dass ihre Entscheidungen akzeptiert werden, auch wenn diese im Konflikt mit anderen Interessen stehen (Hoffjann 2001, S. 128). Über die *Herstellung und Sicherung von Legitimität* erhält bzw. erhöht Public Relations damit die Freiheitsgrade von Entscheidungen für Organisationen und schafft somit die kommunikativen Voraussetzungen für den Organisationserfolg. Letztlich geht es dabei um die Existenzsicherung der Organisation, wobei PR in der Regel keinen direkten Beitrag zum Organisationserfolg leistet, sondern die Voraussetzungen schafft, die für einen Organisationserfolg erforderlich sind. Diese *Rolle als „enabling function"* erschwert den Leistungsausweis der PR und die Dokumentation ihres Beitrags zur Wertschöpfung in Unternehmen. Dabei ist es weitgehend unbestritten, dass Kommunikation nachhaltige Erfolgspotenziale aufbaut – u. a. über Marken, Reputation und eine innovationsfördernde Unternehmenskultur.

Die Leistungen, die PR im Kontext der Schaffung und Stabilisierung von Legitimität erbringt, können mittels der drei abstrakten Begriffe *„Beobachtung"*, *„Reflexion"* und *„Steuerung"* beschrieben werden (ausführlich Röttger et al. 2011; Preusse et al. 2013).

PR setzt sich als Beobachter zweiter Ordnung mit den „aus Prozessen der Selbst- und Fremdbeobachtung und -beschreibung resultierenden Differenzen und Diskrepanzen sowie den daraus ableitbaren organisationalen Konsequenzen" (Szyszka 2009, S. 146) auseinander. Um Legitimität zu sichern bzw. legitimationsschädigende Konflikte zu vermeiden, beobachtet PR zum einen, wie die Organisation sich selbst und ihre Umwelt beobachtet und zum anderen, wie die Organisation seitens der Umwelt beobachtet wird. Ziel ist es u. a., Potenziale zur Erweiterung strategischer Handlungsspielräume ebenso wie konfligierende Erwartungsstrukturen möglichst frühzeitig zu erkennen, um darauf aufbauend mittels geeigneter Kommunikationsmaßnahmen reagieren zu können. Als spezialisiertes Verfahren der Umweltbeobachtung gilt das Issue Management.

Selbst- und Umweltbeobachtung (durch PR) sind zudem die Basis für organisationale Reflexion: „In reflection, the organizational system sees itself as if from outside and reenters the distinction between system and environment within the system" (Holmström 2009, S. 191). Kussin bezeichnet PR-Stellen in diesem Zusammenhang als „Reflexionszentren multireferentieller Organisationen", die „in besonderer Weise Beobachtungsleistungen für die Organisation [erbringen], indem sie Divergenzen zwischen Selbst- und Fremdbeschreibungen für die Organisation beobachtbar machen und damit Orientierungspunkte für die Modifikation von Entscheidungen und Selbstbeschreibungen zur Verfügung stellen" (Kussin 2009, S. 118).

Die Bedeutung der PR für Organisationen liegt darin begründet, dass sie Ansprüche externer Stakeholder kennt und diese so übersetzt, sodass sie als Informationen in organisationspolitischen Entscheidungsprozessen verarbeitet werden können. Diese interne Informations- und Vermittlungsleistung der PR ist Voraussetzung für eine *Reflexion* seitens der Organisation. Es wird deutlich, dass die außen- und die binnenkommunikativen Funktionen der PR integriert ablaufen.

Die auf Beobachtungen basierenden *Steuerungsversuche der PR* implizieren sowohl, Erwartungen, Meinungen und Einstellungen von Bezugsgruppen durch Selbstdarstellung und gezielte PR-Kommunikation im Sinne der Organisation zu beeinflussen (Umweltsteuerung) als auch den Versuch, PR im Zuge der internen Steuerung Einfluss auf die Organisationspolitik zu nehmen und so letztlich die Organisation zu verändern (Hoffjann 2009, S. 305).

PR prägt organisationsintern und organisationsextern wirksame Wahrnehmungsmuster und bietet Deutungsmuster z. B. in Form von Images oder Marken an. Bei der Produktion von Angeboten der Sinnkonstitution ist sie als Auftragskommunikation primär den Werten, Normen und der Logik ihrer Organisation verpflichtet. Die Steuerung erfolgt aus organisationaler Perspektive, d. h. sie ist intentional, strategisch, persuasiv und interessengeleitet. Um langfristig stabile Beziehungen zu relevanten Bezugsgruppen aufzubauen, hat sie sich aber zudem an den Werten, Normen und Logiken der Stakeholder zu orientieren und Anpassungsleistungen sowohl auf Seiten der Organisation als auch der Stakeholder zu initiieren.

Hinsichtlich der *Einflussnahme der PR* auf allgemeine Normen, Regeln und Deutungsmuster gilt es, drei grundsätzliche *Mechanismen* zu unterscheiden, wobei diese in der Praxis meist kombiniert werden (Zimmer 2001, S. 400; Röttger 2005):

- Die Einflussnahme auf die Relevanz einzelner Normen und Regeln im Verhältnis zu anderen bestehenden Normen und Regeln und damit auf deren Rangfolge.
- Die Einflussnahme auf die Interpretation bestehender Normen und Regeln.
- Der Versuch, neue Normen und Regeln dauerhaft zu etablieren und durchzusetzen.

Alle drei Formen der Einflussnahme können direkt z. B. im Rahmen des Lobbyings erfolgen. Bedeutsam ist in diesem Zusammenhang aber insbesondere eine indirekte Einflussnahme auf politische Entscheidungsprozesse und politische Akteure über den Umweg der Öffentlichkeit bzw. via Beeinflussung der öffentlichen Meinung. Ziel dieses *Themenmanagements* ist es u. a., Einfluss auf die Teile der Umwelt zu nehmen, von denen andere Akteure, z. B. aus der Politik, in ihrer Legitimation abhängig sind (Zimmer 2001, S. 399), also beispielsweise Wählerinnen und Wähler. Da in modernen Informationsgesellschaften die Präsenz in den Medien eine notwendige Voraussetzung für die Beeinflussung des Publikums bzw. der öffentlichen Meinung darstellt (Agenda Setting), ist die Einflussnahme auf zeitliche, inhaltliche und kontextuelle Dimensionen der Medienberichterstattung dabei von besonderer Bedeutung. Themenmanagement umfasst neben dem Agenda Building zudem Framing-Prozesse, d. h. die Beeinflussung von Themendeutungen mittels Betonung und Attribuierung einzelner Aspekte eines Themas.

4 PR-Management

In der Literatur besteht Einigkeit darüber, dass die adäquate Erfüllung der Funktionen und Leistungen, die der PR zugeschrieben werden, ein Verständnis und eine Praxis von *PR als strategischer Managementfunktion* erfordern. Grunig (1992) verweist auf zwei unterschiedliche Dimensionen des strategischen PR-Managements: Dies betrifft die Einbeziehung der PR in die oberste Führungsebene und in zentrale Entscheidungsprozesse der Organisation ebenso wie die strategische Organisation und Durchführung von PR-Programmen und Maßnahmen selbst.

Aktuelle und umfassende Zahlen zur hierarchischen Eingliederung der PR in Organisationen liegen nicht vor, ältere Studien (Röttger 2000; Szyszka et al. 2009) und Forschungsbefunde aus anderen europäischen Ländern (Röttger et al. 2003) weisen jedoch darauf hin, dass PR in vielen Unternehmen nach wie vor nicht als konsequent strategische Managementfunktion verstanden wird, sondern eher den Charakter eines extern orientierten Verlautbarungsorgans hat. Der wechselseitige Bezug zwischen Organisations- und Kommunikationsstrategie und PR als integrativer Bestandteil aller organisationspolitischen Entscheidungen verstanden wird bisher lediglich in Lehrbüchern und Literatur gefordert, allerdings unterbleibt bisher eine erfolgreiche Implementierung in der Praxis.

Das zweite Element des PR-Managements stellt die *strategische Gestaltung konkreter PR-Programme* dar. Unter dem Stichwort strategische oder konzeptionelle PR wird die Übertragung des klassischen Managementzyklus mit den Phasen Zielsetzung, Planung, Entscheidung, Realisierung und Kontrolle auf die Öffentlichkeitsarbeit subsumiert (Abb. 1). PR-Konzeptionen umfassen die Durchführung von PR-Maßnahmen und -Programmen auf der Basis einer systematischen Abstimmung von Ist- und Soll-Zustand. Die Konzeptionen setzen also eine umfangreiche und abgesicherte Kenntnis der Ausgangslage zum einen und der angestrebten Ziele zum anderen voraus und beinhalten eine prozessbegleitende (formative) sowie ergebnisorientierte (summative) Evaluation. In der Literatur existieren zahlreiche in Details voneinander abweichende Phasenmodelle eines PR-Managements, die sich jedoch substanziell nicht voneinander unterscheiden (u. a. Schmidbauer und Knödler-Bunte 2004; Leipziger 2007; Behrent 2008; Szyzska und Dürig 2008; Merten 2013).

Die *Situationsanalyse* dient der systematischen, problembezogenen Erfassung der internen und externen Ausgangssituation. Wie gestalten sich die Beziehungen der Organisation zu unterschiedlichen Umwelten, welches gefährdende oder auch unterstützende Potenzial liegt unterschiedlichen Stakeholderbeziehungen zugrunde und wie ist das Image der Organisation oder ihrer Produkte und Dienstleistungen bei relevanten Stakeholdern? Die anschließende *Strategiephase* umfasst auf Basis der Situationsanalyse die Formulierung von Kommunikationszielen sowie die Festlegung strategischer Leitlinien und der Positionierung, aus denen zielgruppenspezifische Kommunikationsbotschaften abgeleitet werden. In den *Konzeptions- und Umsetzungsphasen* werden die übergeordnete Strategie und die Kommunikationsziele in konkrete Kommunikationsmaßnahmen heruntergebrochen und schließlich realisiert. Den Zyklus des PR-Managements schließt die *Kontroll- oder Evaluierungs-*

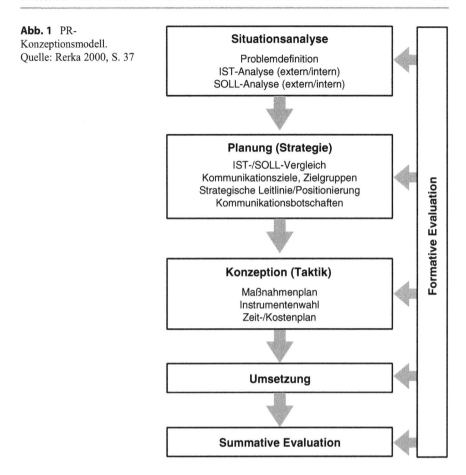

Abb. 1 PR-Konzeptionsmodell. Quelle: Rerka 2000, S. 37

phase ab, die zum einen im Rahmen der summativen Evaluation einen Abgleich der erzielten Effekte mit den angestrebten Zielen und zum anderen die prozessbegleitende (formative) Evaluation in allen Phasen des Konzeptionsprozesses umfasst. Die Ergebnisse der Evaluation fließen im Sinne eines kontinuierlichen Verbesserungsprozesses als Planungsgrundlage erneut in den Managementzyklus ein.

Die skizzierte Management-Orientierung der PR wird in der kommunikationswissenschaftlichen Fachliteratur teilweise kritisch betrachtet (u. a. Wehmeier 2006; Preusse et al. 2013). Im *Zentrum der Kritik* steht zum einen die Reduktion der PR auf ihre Funktion für Organisationen und die Frage, wie PR möglichst effizient und effektiv Organisationen beim Erreichen der Organisationsziele unterstützend wirkt und eine damit verbundene Vernachlässigung der sozialen bzw. gesellschaftlichen Kontextuierung der PR: „As a discipline that has far-reaching effects on society, public relations needs to be understood and examined in a broader social, cultural, and political context rather than in a narrowly defined organizational function" (Holtzhausen 2000, S. 95).

Zum anderen richtet sich die Kritik gegen ein unterkomplexes Steuerungsverständnis, das die Beziehungen von Organisation und Umwelt tendenziell als unilineare Kausalitätsannahme von Ursache und Wirkung auffasst (Preusse et al. 2013). Die Annahme eines einfachen und direkten Zusammenhangs von Ursache und Wirkung gilt beispielsweise, wenn von der großen Präsenz einer Kampagne in den Medien direkt auf deren Wirkung bei einzelnen Zielgruppen geschlossen wird (ohne diese aber direkt zu befragen). Dabei ist heute in der Literatur weitgehend unbestritten, dass simple Steuerungsbegriffe im Sinne einer Input-Output-Kausallogik der Komplexität der Beziehungen zwischen Organisationen und Umwelten nicht gerecht werden. Komplexe Systeme verarbeiten Input autonom und nach ihrer eigenen Logik, insofern ist nicht von einem direkten und eindeutigem Zusammenhang zwischen Ursache und Wirkung auszugehen. Komplexe Systeme können nicht gezielt von außen verändert werden. Die Effekte der Steuerungsversuche der PR in komplexe Systeme, wie z. B. Organisationen oder die Öffentlichkeit, sind daher nicht exakt vorhersagbar. Nothhaft und Wehmeier schlagen in diesem Zusammenhang das *Konzept der Kontextkontrolle* bzw. Kontextsteuerung vor:

> „Unter Kontextkontrolle ist kontinuierliches, kreatives Arbeiten an Bedingungen zu verstehen, die dazu führen, dass sich günstige, im besten Fall sogar die gewünschten Resultate nach und nach von selbst, auf Grund der Eigendynamiken des Systems einstellen. Das heißt zum einen, dass der Kommunikationsmanager, wie der Gärtner, die Eigengesetzlichkeiten des Systems bis zu einem Grad kennen, ja kontinuierlich beobachten, lernen und wiedererlernen muss. […] zum anderen aber auch, dass er sich von der Vorstellung vollständiger Kontrolle verabschieden muss" (Nothhaft und Wehmeier 2009: S. 163).

5 PR-Arbeitsfelder

Aus den genannten Funktionen der PR sind nun konkrete Aufgabe abzuleiten. Um die vielfältigen *Arbeits- und Tätigkeitsfelder der Public Relations* zu systematisieren, bietet sich eine Unterscheidung anhand der drei Kriterien Ziel- bzw. Bezugsgruppen, Themen bzw. „Beziehungsprobleme" und Instrumente bzw. Kommunikationsformen an (Barthenheier 1988; Röttger 2008) (Tab. 1).

- Zu Arbeitsfeldern, die primär über die zentralen *Ziel- oder Bezugsgruppen* definiert werden, zählen z. B. die Interne Kommunikation, die Presse- und Medienarbeit und die Community Relations, die sich an die Standortbevölkerung und das direkte nachbarschaftliche Umfeld von Organisationen richtet. *Media Relations*, die systematische Pflege der Beziehungen zu Journalisten und Massenmedien, ist eines der zentralen Aufgabenfelder der Public Relations. Die Fremdbeschreibung durch Journalisten ist aufgrund des Einflusses der Medienberichterstattung auf die öffentliche Themenagenda und die öffentliche Meinung für Organisationen im positiven wie negativen Sinn besonders folgenreich. PR-Informationen, die in der redaktionellen Berichterstattung aufgegriffen werden, erzielen nicht nur große Reichweiten, sondern profitieren zudem von der höheren Glaubwürdigkeit

Tab. 1 Arbeitsfelder der Public Relations

Arbeitsfelder, definiert über		
Bezugsgruppen	Themen/ Beziehungsprobleme	Instrumente/ Kommunikationsformen
Interne Kommunikation	Issues Management	Online-PR
Medienarbeit	Krisen-PR	Kampagnen
Kundenkommunikation	Public Affairs	Messen
Community Relations	Corporate Identity	Mediengestaltung
	Investor Relations	

journalistischer Berichterstattung. Neben der Beziehungspflege zu Journalisten über persönliche Kontakte und Gespräche, ist es Aufgabe der Media Relations, Medienmitteilungen zu schreiben und zu versenden, Pressekonferenzen zu organisieren, Anfragen von Journalisten zu beantworten bzw. kompetente Gesprächspartner aus dem Unternehmen für Interviews zu vermitteln. Auch die Organisation von Journalistenreisen und die Produktion von sendefertigen Hörfunk- und Fernsehbeiträgen kann Teil der Media Relations sein.

- Arbeitsfelder, die primär über ihre zentralen *Themen bzw. Beziehungsprobleme* definiert werden können, sind unter anderem Krisen-PR, Issues Management, Public Affairs oder Investor Relations. *Issues Management* liefert auf Basis einer systematischen Beobachtung (Scanning, Monitoring) und unter Einsatz von Prognosetechniken und Meinungsanalysen entscheidungsrelevante Informationen über Themen und Erwartungen von Anspruchsgruppen (Issues), die die Handlungsspielräume der Organisation und die Erreichung ihrer strategischen Ziele potenziell oder tatsächlich tangieren (Ingenhoff und Röttger 2008). Ziel ist die Früherkennung von möglichen Gefahren – aber auch Chancen – und die Einflussnahme auf die Entwicklung dieser Issues u. a. mittels Thematisierungs- und De-Thematisierungsstrategien. Issues Management ermöglicht Organisationen damit eine proaktive Auseinandersetzung mit konflikthaltigen Sachverhalten. Das Issues Management ist damit zeitlich der *Krisen-PR* vorgelagert. Verhinderung, aber auch die kommunikative Bewältigung von Krisen- und Konfliktfällen, sind Aufgaben der Krisen-PR. Bereits im Vorfeld müssen – auf der Basis von Szenarien möglicher Krisen und Analysen der vorhandenen Risiko- und Krisenpotenziale – Zuständigkeiten, zentrale kommunikative Strategien sowie Verfahrensschritte zur Bearbeitung von Krisen festgelegt und Führungskräfte im Hinblick auf problematische Situationen kommunikativ geschult werden. Krisen-PR setzt lange vor tatsächlichen Konfliktfällen an, ein angfristiger und kontinuierlicher Aufbau von Vertrauen und von stabilen Beziehungen zu relevanten Bezugsgruppen sind die Basis für eine erfolgreiche Kommunikation bei tatsächlichen Konflikt- oder Krisenlagen. Teil der Krisen-PR ist selbstverständlich auch, möglichst frühzeitig erste Signale für Problemlagen wahrzunehmen und durch adäquate Kommunikationsarbeit Krisen zu verhindern. Dabei wird die Nähe der Krisen-PR zum Issues Management deutlich. *Public Affairs* umfassen alle

kommunikativen Aktivitäten von Organisationen, Unternehmen, die auf das politisch-administrative System und das gesellschaftspolitische Umfeld ausgerichtet sind. Ziel ist es, die Organisationsinteressen im politischen Entscheidungsprozess zu vertreten und Akzeptanz im Sinne von Legitimität zu schaffen. Zielgruppen der Public Affairs sind insbesondere Mandats- und Entscheidungsträger in Politik und Verwaltung. Neben öffentlichen Kommunikationsformen, wie z. B. Kampagnen im Rahmen von Abstimmungen, sind auch nicht-öffentliche Formen, wie etwa das Lobbying, bedeutsam. *Investor Relations* gestalten die kommunikativen Beziehungen im Kapital- und Finanzmarkt. Zielgruppen sind z. B. Anleger und Finanzmarktexperten (u. a. Aktionäre, Investoren, Banken, Börsen, Finanz- und Wirtschaftsjournalisten).
- Schließlich können PR-Arbeitsfelder identifiziert werden, die primär über die zentralen *Instrumente bzw. Kommunikationsformen* definiert werden. Dazu zählen z. B. Online-PR, Kampagnenkommunikation, Veranstaltungen und Mediengestaltung (z. B. Geschäftsberichte, Folder, Mitarbeiterzeitschriften) und auch das Sponsoring.

6   PR als Teilbereich der Unternehmenskommunikation

PR wurde bereits – neben der Marktkommunikation (Marketingkommunikation) und der internen Kommunikation – als Teilbereich der Unternehmenskommunikation charakterisiert. Neben der Frage der hierarchischen Ordnung – PR als Teilbereiche des Marketing in betriebwirtschaftlicher Perspektive und PR als eigenständiger und dem Marketing gleichberechtigter Bereich in kommunikationswissenschaftlichen Konzepten – stellt sich zudem die Frage nach den *inhaltlichen Gemeinsamkeiten und Unterschieden* zwischen den verschiedenen Kommunikationsbereichen. Dabei zeigt sich, dass die Grenzen zwischen den verschiedenen Bereichen, die im betriebswirtschaftlichen Kontext vielfach auch als „Instrumente" bezeichnet werden, in erster Linie nur idealtypisch, d. h. bezogen auf die jeweiligen Kernfunktionen, zu benennen sind. So ist zu konstatieren, dass zahlreiche fließende Übergänge und Überlappungen z. B. zwischen Public Relations und der Marketingkommunikation und ihren einzelnen Sub-Bereichen wie z. B. Werbung, Sponsoring, Events, Product Placement bestehen. Insbesondere im Kontext der Integrierten Kommunikation, die eine Einbindung aller Kommunikationsbereiche und -maßnahmen in ein Gesamtkonzept forciert, wird in der Praxis eine Differenzierung zwischen den verschiedenen Bereichen der Unternehmenskommunikation tendenziell schwieriger.

Public Relations soll im Folgenden – exemplarisch für die vielen unterschiedlichen Kommunikationsbereiche – von Werbung unterschieden werden. In der Literatur werden dazu insbesondere inhaltliche und funktionale Abgrenzungskriterien angeführt (Tab. 2).

Ein zentraler *Unterschied zwischen Werbung und Public Relations* besteht in dem dominanten Marktbezug der Werbung. Werbung verfolgt idealtyisch das Ziel der kurzfristigen Steigerung des Absatzes von einzelnen Produkten oder Dienstleistungen und richtet sich dazu insbesondere an potenzielle und aktuelle Käufer. Demgegenüber richtet sich PR auch und insbesondere an nicht-marktverbundene

Tab. 2 Idealtypische Abgrenzung von PR und Werbung. Quelle: Laube 1986; Merten 1999, S. 261

	(Strategische) PR	Werbung
Primärer Zweck	Image, Reputation, Legitimation	Absatzsteigerung
Zeithorizont	Mittel-/langfristig	Kurzfristig
Zielgruppen	Teilöffentlichkeiten/ Bezugsgruppen	Potenzielle Käufer/ marktverbundene Zielgruppen
Differenzierung	Identifikationsmöglichkeiten der Zielgruppe	Positioniert Absender in Abgrenzung zum Wettbewerb
Kommunikationsobjekt	Gesamtorganisation	Produkte/Dienstleistungen
Zugang zum Mediensystem	Nachrichtenwerte; zielt auf Fremddarstellung	Gekaufter Anzeigenraum; Selbstdarstellung

Zielgruppen (wie z. B. Politiker, Journalisten, Vertreter von Nichtregierungsorganisationen, Standortbevölkerung) mit dem Ziel, mittel- und langfristig die Reputation des Auftraggebers zu stärken und die Organisationsziele und -handeln zu legitimieren. PR schafft über Reputationsaufbau und Legitimation der Unternehmensziele und des Unternehmenshandelns in erster Linie die Voraussetzungen dafür, dass Unternehmen erfolgreich am Markt agieren können, während Werbung einen direkten Beitrag zur Absatzsteigerung leistet.

Eine weitere wesentliche Differenz zwischen PR und Werbung – sowie allen anderen Kommunikationsbereichen – betrifft den Zugang zum Mediensystem. PR sucht den Weg in die Medien über Informationsangebote mit Nachrichtenwert, die sich an den Journalismus richten und Teil der journalistischen Berichterstattung werden sollen. Insofern zielt PR auf journalistische Fremddarstellung, während Werbung, die für Anzeigenraum bzw. Werbezeit zahlt, eine direkte Selbstdarstellung bleibt. Mit dem unterschiedlichen Status als Fremd- bzw. Selbstdarstellung gehen verschiedene Effekte einher. Werbung kann ihre Form der Selbstdarstellung mit Blick auf Timing, Platzierung und Botschaftsgestaltung sehr weitreichend steuern, die durch PR intendierte Fremddarstellung hingegen im Rahmen journalistischer Berichterstattung nur in geringem Umfang durch die PR selbst zu kontrollieren ist. Dies geht jedoch mit einer erheblich geringeren Glaubwürdigkeit werblicher Selbstdarstellung gegenüber der durch PR indentierten Fremddarstellung einher. „Die Gültigkeit des Unterscheidungskriteriums „bezahlte Kommunikation" setzt dabei ethisch korrektes Verhalten aller Beteiligten voraus. Der Blick in die Praxis zeigt jedoch, dass auch im Bereich der PR Medienveröffentlichungen immer häufiger im Zusammenhang mit „Druckkostenzuschüssen" oder geschalteten Anzeigen stehen" (Röttger et al. 2011, S. 31).

7 Zusammenfassung und Ausblick

Public Relations hat in den vergangenen Jahren quantitativ und qualitativ in der Gesellschaft, im Kontext öffentlicher Kommunikation und für Organisationen unterschiedlicher Art an Bedeutung gewonnen. Für die Mediengesellschaft ist die steigende Relevanz der Vermittlungsleistung der Medien für Organisationen – als Informationsquelle über die Entwicklungen in relevanten Umweltbereichen und als Kanal zur eigenen öffentlichen Präsentation – charakteristisch. Strategische Kommunikations- und Medienarbeit wird für immer mehr gesellschaftliche Akteure zur Zielerreichung eine wichtige Voraussetzung. Informationsvermittlung und Gestaltung von Kommunikationsbeziehungen, auch zu nicht-marktverbundenen Umweltbereichen, rückt damit für Unternehmen stärker in den Fokus. Damit wird zugleich deutlich, dass ein Verständnis von Public Relations als Hilfsfunktion des Marketing dem komplexen Aufgabenfeld der Public Relations nicht gerecht wird.

Der Bedeutungszuwachs und die gesamtgesellschaftliche Durchdringung der PR ist verbunden mit Prozessen der Professionalisierung und der Ausdifferenzierung. So ist aktuell eine zunehmende Ausdifferenzierung der Aufgabenstellung, des Leistungsprofils und der Verfahren und Instrumente der PR zu beobachten. Die klarere Binnenstruktur der PR zeigt sich nicht nur in der Ausbildung klarer erkennbarer Berufsrollen, sondern auch in thematischen Spezialisierungen beispielsweise in den Feldern Corporate Publishing, Krisenkommunikation, Issues Management und auch der Online-PR.

Gleichzeitig sind Prozesse der Entgrenzung zu beobachten. Eine Vielzahl intergrierter und sich überlagernder Phänomene wie z. B. die allgemeine, sektorübergreifende Ökonomisierung des Mediensystems, technische und betriebswirtschaftliche Medienkonvergenz, Digitalisierung, Individualisierung und Hybridisierung von Inhalten sowie der Übertragungs- und Empfangstechnik und nicht zuletzt der tief greifende Strukturwandel der Öffentlichkeit zu einer „Viel-Kanal-Öffentlichkeit" führen zu einem tief greifenden Wandel der PR und von Kommunikations- und Medienberufen. Somit entstehen neue, hoch spezialisierte Berufsbilder, klar abgrenzbare Berufsgruppen wachsen zusammen oder reduzieren sich vollständig.

Literatur

Barthenheier, G. (1988). Public Relations/Öffentlichkeitsarbeit heute – Funktionen, Tätigkeiten, berufliche Anforderungen. In G. Schulze-Fürstenow (Hrsg.), *PR-Perspektiven: Beiträge zum Selbstverständnis gesellschaftsorientierter Öffentlichkeitsarbeit* (S. 27–39). Neuwied: Luchterhand.
Becker, T. (1998). *Die Sprache des Geldes. Grundlagen strategischer Unternehmenskommunikation*. Opladen: Westdeutscher Verlag.
Behrent, M. (2008). Konzeption strategischer PR-Arbeit. In G. Bentele, R. Fröhlich, & P. Szyszka (Hrsg.), *Handbuch der Public Relations. Wissenschaftliche Grundlagen und berufliches Handeln* (2. Aufl., S. 511–523). Wiesbaden: VS Verlag für Sozialwissenschaften.
Bruhn, M. (2009). *Integrierte Unternehmens- und Markenkommunikation. Strategische Planung und operative Umsetzung* (5. Aufl.). Stuttgart: Schäffer-Poeschel.
Fuchs-Heinritz, W. (1994). Legitimation. In W. Fuchs-Heinritz, D. Klimke, R. Lautmann, O. Rammstedt, U. Stäheli, C. Weischer, & H. Wienold (Hrsg.), *Lexikon zur Soziologie* (3. Aufl., S. 395). Opladen: Westdeutscher Verlag.
Grunig, J. E., Hrsg. (1992). *Excellence in public relations and communication management*. Hillsdale: Lawrence Erlbaum Associates.

Grunig, J. E., & Hunt, T. (1984). *Managing public relations*. New York: Rinehart and Winston.
Hoffjann, O. (2001). *Journalismus und Public Relations. Ein Theorieentwurf der Intersystembeziehungen in sozialen Konflikten*. Opladen/Wiesbaden: Westdeutscher Verlag.
Hoffjann, O. (2009). Public Relations als Differenzmanagement von externer Kontextsteuerung und unternehmerischer Selbststeuerung. *Medien & Kommunikationswissenschaft, 57*(3), 299–315.
Holmström, S. (2009). On Luhmann: contingency, risk, trust and reflection. In O. Ihlen, B. van Ruler, & M. Fredriksson (Hrsg.), *Public relations and social theory. Key figures and concepts* (S. 187–211). New York: Routledge.
Holtzhausen, D. R. (2000). Postmodern values in public relations. *Journal of Public Relations Research, 12*(1), 93–114.
Ingenhoff, D., & Röttger, U. (2008). Issues Management: Ein zentrales Verfahren der Unternehmenskommunikation. In B. F. Schmid (Hrsg.), *Unternehmenskommunikation. Kommunikationsmanagement aus der Sicht der Unternehmensführung* (2. Aufl., S. 319–350). Wiesbaden: Gabler.
Jarren, O., & Röttger, U. (2009). Steuerung, Reflexierung und Interpenetration: Kernelemente einer strukturationstheoretisch begründeten PR-Theorie. In U. Röttger (Hrsg.), *Theorien der Public Relations. Grundlagen und Perspektiven der PR-Forschung* (S. 29–49). Wiesbaden: VS Verlag für Sozialwissenschaften.
Kieserling, A. (2004). *Selbstbeschreibung und Fremdbeschreibung. Beiträge zur Soziologie soziologischen Wissens*. Frankfurt a.M.: Suhrkamp.
Kotler, P., & Bliemel, F. (1999). *Marketing-Management. Analyse, Planung, Umsetzung und Steuerung* (9. Aufl.). Stuttgart: Schäffer-Poeschel.
Kussin, M. (2009). PR-Stellen als Reflexionszentren multireferentieller Organisationen. In U. Röttger (Hrsg.), *Theorien der Public Relations. Grundlagen und Perspektiven der PR-Forschung* (2. Aufl., S. 117–133). Wiesbaden: VS Verlag für Sozialwissenschaften.
Laube, G. L. (1986). *Betriebsgrößenspezifische Aspekte der PR*. Frankfurt a.M.: Lang.
Leipziger, J. W. (2007). *Konzepte entwickeln. Handfeste Anleitungen für bessere Kommunikation* (2. Aufl.). Frankfurt a.M.: Frankfurter Allgemeine Buch.
Long, L. W., & Hazleton, V., Jr. (1987). Public relations: A theoretical and practical response. *Public Relations Review, 13*(2), 3–13.
Meffert, H. (2000). *Marketing. Grundlagen der Absatzpolitik. Konzepte – Instrumente – Praxisbeispiele* (9. Aufl.). Wiesbaden: Gabler.
Meffert, H., Burmann, C., & Kirchgeorg, M. (2012). *Marketing. Grundlagen der Absatzpolitik. Konzepte – Instrumente – Praxisbeispiele* (11. Aufl.). Wiesbaden: Gabler.
Merten, K. (1999). *Einführung in die Kommunikationswissenschaft. Bd. 1: Grundlagen der Kommunikationswissenschaft*. Münster: LIT.
Merten, K. (2000). Zur Konzeption von Konzeptionen. *prmagazin, 31*(3), 33–42.
Merten, K. (2013). *Konzeption von Kommunikation. Theorie und Praxis des strategischen Kommunikationsmanagements*. Wiesbaden: Springer VS.
Nothhaft, H., & Wehmeier, S. T. (2009). Vom Umgang mit Komplexität im Kommunikationsmanagement. Eine soziokybernetische Rekonstruktion. In U. Röttger (Hrsg.), *Theorien der Public Relations. Grundlagen und Perspektiven der PR-Forschung* (2. Aufl., S. 151–171). Wiesbaden: VS Verlag für Sozialwissenschaften.
Pfannenberg, J., & Zerfaß, A., (Hrsg.). (2010). *Wertschöpfung durch Kommunikation. Kommunikations-Controlling in der Unternehmenspraxis*. Frankfurt a.M.: Frankfurter Allgemeine Buch.
Piwinger, M., & Prorak, V., (Hrsg.). (2005). *Kommunikations-Controlling. Kommunikation und Information quantifizieren und finanziell bewerten*. Wiesbaden: Gabler.
Preusse, J., Röttger, U., & Schmitt, J. (2013). Begriffliche Grundlagen und Begründung einer unpraktischen PR-Theorie. In A. Zerfaß, L. Rademacher, & S. Wehmeier (Hrsg.), *Organisationskommunikation und Public Relations. Forschungsparadigmen und neue Perspektiven* (S. 117–142). Wiesbaden: Springer VS.

Rolke, L., & Zerfaß, A. (2010). Wirkungsdimensionen der Kommunikation: Ressourceneinsatz und Wertschöpfung im DPRG/ICV-Bezugsrahmen. In J. Pfannenberg & A. Zerfaß (Hrsg.), *Wertschöpfung durch Kommunikation. Kommunikations-Controlling in der Unternehmenspraxis* (S. 50–60). Frankfurt a.M.: Frankfurter Allgemeine Buch.

Ronneberger, F. (1991). Legitimation durch Information. Ein kommunikationswissenschaftlicher Ansatz zur Theorie der PR (Erstveröffentlichung 1975). In J. Dorer & K. Lojka (Hrsg.), *Öffentlichkeitsarbeit – theoretische Ansätze, empirische Befunde und Berufspraxis der Public Relations* (S. 8–19). Wien: Braumüller.

Ronneberger, F., & Rühl, M. (1992). *Theorie der Public Relations. Ein Entwurf.* Opladen: Westdeutscher Verlag.

Röttger, U. (2000). *Public Relations – Organisation und Profession. Öffentlichkeitsarbeit als Organisationsfunktion. Eine Berufsfeldstudie.* Wiesbaden: Westdeutscher Verlag.

Röttger, U. (2005). Kommunikationsmanagement in der Dualität von Struktur. Die Strukturationstheorie als kommunikationswissenschaftliche Basistheorie. *Medienwissenschaft Schweiz, o. Jg. (1/2),* 12–19.

Röttger, U. (2008). Aufgabenfelder. In G. Bentele, R. Fröhlich, & P. Szyszka (Hrsg.), *Handbuch der Public Relations. Wissenschaftliche Grundlagen und berufliches Handeln* (2. Aufl., S. 501–510). Wiesbaden: VS Verlag für Sozialwissenschaften.

Röttger, U., Hoffmann, J., & Jarren, O. (2003). *Public Relations in der Schweiz.* Konstanz: UVK Verlagsgesellschaft.

Röttger, U., Preusse, J., & Schmitt, J. (2011). *Grundlagen der Public Relations. Eine kommunikationswissenschaftliche Einführung.* Wiesbaden: VS Verlag für Sozialwissenschaften.

Schmidbauer, K., & Knödler-Bunte, E. (2004). *Das Kommunikationskonzept. Konzepte entwickeln und präsentieren.* Potsdam: University Press UMC.

Shannon, C. E., & Weaver, W. (1976). *Mathematische Grundlagen der Informationstheorie* (2. Aufl.). München: Oldenbourg.

Szyszka, P. (2009). Organisation und Kommunikation. Integrativer Ansatz einer Theorie zu Public Relations und Public Relations-Management. In U. Röttger (Hrsg.), *Theorien der Public Relations. Grundlagen und Perspektiven der PR-Forschung* (2. Aufl., S. 135–150). Wiesbaden: VS Verlag für Sozialwissenschaften.

Szyszka, P., & Dürig, U. (2008). *Strategische Kommunikationsplanung.* Konstanz: UVK Verlagsgesellschaft.

Szyszka, P., Schütte, D., & Urbahn, K. (2009). *Public Relations in Deutschland. Eine empirische Studie zum Berufsfeld Öffentlichkeitsarbeit.* Konstanz: UVK Verlagsgesellschaft.

Wehmeier, S. (2006). Dancers in the dark: The myth of rationality in public relations. *Public Relations Review, 32*(3), 213–220.

Zerfaß, A. (2008). Kommunikations-Controlling. Methoden zur Steuerung und Kontrolle der Unternehmenskommunikation. In M. Meckel & B. F. Schmid (Hrsg.), *Unternehmenskommunikation. Kommunikationsmanagement aus Sicht der Unternehmensführung* (S. 435–470). Wiesbaden: Gabler.

Zerfaß, A. (2010). *Unternehmensführung und Öffentlichkeitsarbeit. Grundlegung einer Theorie der Unternehmenskommunikation und Public Relations* (3. Aufl.). Wiesbaden: VS Verlag für Sozialwissenschaften.

Zimmer, M. (2001). Rekursive Regulation zur Sicherung organisationaler Autonomie. Strategie und Strukturation. In J. Sydow & G. Ortmann (Hrsg.), *Strategisches Management von Unternehmen, Netzwerken und Konzernen* (S. 351–376). Wiesbaden: Gabler.

Prof. Dr. Ulrike Röttger ist Leiterin des Instituts für Kommunikationswissenschaft an der Westfälischen Wilhelms-Universität Münster.

Bedeutung der Internen Kommunikation für die Unternehmenskommunikation

Franz-Rudolf Esch und Sabrina Eichenauer

Inhalt

1 Relevanz und Notwendigkeit der Internen Kommunikation 302
2 Einstellungs- und Verhaltensakzeptanz als Ziele der internen Markenkommunikation ... 303
3 Kommunikationspolitische Optionen zur Erzeugung von Einstellungs- und
  Verhaltensakzeptanz 305
4 Kommunikationspolitische Handlungsempfehlungen 309
5 Konzeption und Gestaltung eines internen Markenkontrollcockpits 313
6 Sicherstellung der Nachhaltigkeit 317
7 Erhöhung der Einstellungs- und Verhaltensakzeptanz der Marke durch interne
  Markenkommunikation 320
Literatur 320

Zusammenfassung

Marken entfalten ihre Erfolgswirkung am stärksten, wenn sie über jeden Kontaktpunkt konsistent vermittelt werden. Mitarbeitende spielen hier eine Schlüsselrolle: Ist die Marke im Denken, Fühlen und Handeln verankert, agieren diese als Markenbotschafter. In dem Beitrag wird beschrieben, wie die Marke im Unternehmen wirksam bei den Mitarbeitenden verankert und damit markenkonformes Verhalten erreicht und das Commitment erhöht werden kann.

Schlüsselwörter

Commitment • Internal Branding • Interne Kommunikation • Markenkonformes Verhalten • Unternehmenskommunikation

---

F.-R. Esch (✉) • S. Eichenauer
Lehrstuhl für Markenmanagement und Automobilmarketing, EBS Universität für Wirtschaft und Recht, Wiesbaden, Deutschland
E-Mail: franz-rudolf.esch@ebs.edu; sabrina.eichenauer@ebs.edu

1 Relevanz und Notwendigkeit der Internen Kommunikation

Marken sind zentrale Erfolgstreiber im Unternehmen: bis zu 50 Prozent des Unternehmenserfolgs kann durch den Wert der Marke erklärt werden (Esch 2012a; PWC et al. 2012). Der Beitrag der *Markenführung und Kommunikation nach innen* wird allerdings selten als integraler Bestandteil einer ganzheitlichen Markenführung betrachtet (Kotler und Keller 2012). Die *Interne Kommunikation* ist jedoch die Basis einer erfolgreichen Verankerung der Marke im Denken, Fühlen und Handeln der Mitarbeitenden: Diese prägen durch direkte Kontakte mit dem Kunden oder durch indirekte Kontakte über Beeinflussung von Kunden-Kontaktpunkten das Bild der Marke. Dies wird aber regelmäßig unterschätzt. Zahlreiche Unternehmen nutzen nur eine limitierte Anzahl von meist massenmedialen Kommunikationsinstrumenten zur Internen Kommunikation (Joachimsthaler 2002). Interne Kommunikationsarbeit wird in der Praxis vielfach als nicht zielführende und zeitaufwändige Nebensächlichkeit verstanden (Joachimsthaler 2002).

Unternehmen mit einem solchen Kommunikationsverständnis unterliegen jedoch einem massiven Irrtum: Markenorientierte Unternehmen haben eine bis zu 70 Prozent höhere Performance und realisieren eine überdurchschnittliche Wertschöpfung am Markt (PWC et al. 2012). Die Kommunikation zwischen Mitarbeitenden, Vorgesetzten und Kunden kann mit dem Nervensystem eines Organismus verglichen werden, das zum Großteil dafür verantwortlich ist, dass in der Unternehmung bezüglich des Kommunikationsobjekts keine Funktionsstörungen auftreten (Doppler und Lauterburg 2014). In Analogie zum menschlichen Organismus würde dies bedeuten, dass Funktionsstörungen an den Synapsen im Extremfall dazu führen, dass man nicht mehr gehen kann, weil die Steuerungsimpulse des Gehirns nicht oder nur verfälscht an die entsprechenden Stellen weitergeleitet werden (Doppler und Lauterburg 2014).

Genauso verhält es sich mit der Kommunikation zur Marke. Nur wenn die als Synapsen fungierenden Mitarbeitenden die Informationen bezüglich der Marke einwandfrei weitergeben, wird die Marke im Unternehmen gelebt und diffundiert von Mitarbeitenden zu Mitarbeitenden, von Vorgesetzten zum Mitarbeitenden, von Führungskraft zu Führungskraft und schließlich vom Mitarbeitenden zum Kunden. Die Funktionsfähigkeit einer Synapse wird maßgeblich von einer positiven Einstellung zur Marke und den daraus resultierenden markenkonformen Verhaltensweisen determiniert. Die Marke beschränkt sich demnach nicht auf Produkte und Dienstleistungen, sondern betrifft von der Produktentwicklung bis zum Verkauf alle Unternehmensbereiche und Geschäftsprozesse. Es liegt also in den Händen der Mitarbeitenden, die Marke konsistent zu repräsentieren und deren Leistungsversprechen zu erfüllen. Der Beitrag interner Kommunikation hierzu wird in den nachfolgenden Kapiteln erläutert. Zunächst kann jedoch festgehalten werden: „Markenführung beginnt im Unternehmen und schafft nachhaltigen wirtschaftlichen Erfolg" (Esch et al. 2014, S. 4).

2 Einstellungs- und Verhaltensakzeptanz als Ziele der internen Markenkommunikation

Um Mitarbeitende zu Markenbotschaftern zu machen, sind sie über die Bedeutung der Marke hinaus für die *Relevanz der identitätsorientieren Markenführung* im Allgemeinen zu sensibilisieren. Nur wenn sie die eigene Marke kennen, markenkonform denken und handeln, kann das Markenversprechen gegenüber den verschiedenen Anspruchsgruppen dauerhaft eingelöst werden (Davis 2005, S. 233).

Affektives Markencommitment ist hierbei der Schlüssel zum Erfolg. Es bezeichnet eine emotionale Verbundenheit zur Marke, die ein Prädiktor für markenfördernde Verhaltensweisen ist, die wiederum eine positive Wahrnehmung beim Konsumenten fördern und seine Zufriedenheit steigern (Zeplin 2006; Strödter 2008; Hartmann 2010; Piehler 2011). Mitarbeitende mit affektivem Commitment treten als Fürsprecher der Marke auf und Kunden hören auf ihre Empfehlungen (Bone 1995; Bansal und Voyer 2000; Trusov et al. 2009; Sweeney et al. 2012). Wichtig ist dies auch in Hinblick auf neue Kommunikationsformen, wie soziale Medien: „Je glaubwürdiger sich das ‚Word-of-Mouth' bzw. das Weiterempfehlungsverhalten der Mitarbeitenden für den Rezipienten darstellt, desto größer wird die Wirkung auf einstellungsbasierte Konsumenten-Reaktionen, wie z. B. das Markenimage oder die Kaufcrwägung, ausfallen" (Esch et al. 2013a, S. 258). In einem nächsten Schritt empfehlen diese zufriedenen Bestandskunden die Marke weiter und Neukunden können akquiriert werden. Dieser Prozess stärkt die Marke und führt zur *Performance-Steigerung* (Esch et al. 2013a, S. 256 ff.). „Die Verankerung der Marke nach innen ist also kein Selbstzweck, sondern ein wirksamer Hebel zur Schaffung von Wertschöpfung" (Esch et al. 2014, S. 67). Wichtig ist es in diesem Zusammenhang, Mitarbeitenden nicht nur Vorgaben zu liefern, sondern diese aktiv ihre Ziele mitgestalten zu lassen, denn an selbst gestecktem wird eher festgehalten (Langer 1975, S. 311 ff.).

Der erste Schritt, einen Mitarbeitenden zu einem überzeugten Markenbotschafter zu machen, besteht folglich in der Sensibilisierung für die Notwendigkeit einer identitätsorientierten Markenführung und dem Aufbau der Markenbekanntheit (Davis und Dunn 2002), während der nachfolgende Schritt die *Vermittlung von Markenwissen*, etwa in Form der Markenidentität oder -positionierung, fokussiert. Das Markenwissen hat Eingang in die mentalen Modelle der Mitarbeitenden zu finden, da es in einem dritten und letzten Schritt den *Transfer des Wissens in die Verhaltensebene* zu gewährleisten gilt. Dieser Konzeptionalisierung liegt die Annahme zugrunde, dass Einstellungen das Verhalten des Menschen im Allgemeinen stark beeinflussen (Ajzen 2001).

Zum Aufbau der Markenbekanntheit im ersten Schritt eignet sich der *Einsatz massenmedialer Kommunikation*. Der Aufbau der Markenbekanntheit ist von besonderer Relevanz, da ca. 50 Prozent der Mitarbeitenden eines Unternehmens ihre Marke bzw. deren Inhalte nicht kennen (Joachimsthaler 2002, S. 30). Ernst und Young haben beispielsweise eine Website namens „The Branding Zone" eingerichtet, auf der sich Mitarbeitende über die Marke und die Kommunikation informieren können (Davis 2005, S. 236). Weiterhin wurden 30.000 Managern von UPS die Marke und die Markenstrategie durch ein Buch namens „One UPS: A Roadmap for the Future" näher gebracht (Buckley und Williams 2005, S. 323). Neben diesen massenmedialen Kommunikationsinstrumenten können das Schwarze Brett, die Betriebs- und Mitarbeiterzeitung sowie das Business-TV genutzt werden, um die Marke bekannt zu machen und Informationen darüber zu vermitteln. Ein weiteres Beispiel ist das Mitarbeitermagazin „Nokia People", das in vier Sprachen erscheint und eine Leserschaft von ca. 65.000 Personen erreicht, die über die eigene Belegschaft hinausgeht. Das Intranet „MyNokiaConnection" unterstützt dieses zusätzlich. Zu beachten ist jedoch die Informationsüberlastung in der heutigen Arbeitswelt. Alle Maßnahmen haben für die Empfänger relevant zu sein, da nur ca. ein Prozent der angebotenen Informationen wahrgenommen wird (Esch 2012a, S. 27 ff.; Kroeber-Riel und Esch 2011).

Für die Veränderung der Einstellungen bzw. die Veränderung der mentalen Modelle der Mitarbeitenden erweist sich die *persönliche Kommunikation* aufgrund ihrer ausgeprägten Persuasionsfähigkeit, d. h. der Einstellungsveränderung durch Kommunikation, als besonders geeignet (Brehm 2009; Perloff 2010). Im Rahmen der Kommunikation haben die Mitarbeitenden Verständnis für die Marke aufzubauen und sich mit ihr zu identifizieren. Idealerweise internalisieren sie die Markenwerte und machen diese zum Leitprinzip ihres Handelns. Typischerweise werden Kick-Off-Veranstaltungen dazu verwendet, den Mitarbeitenden die Marke näher zu bringen. Die Markenmigration der Citibank zur Targobank wurde von Workshops für alle Mitarbeitende begleitet, die Mission, Vision, Markenwerte, Positionierung und Ziele der neuen Marke vermittelten (Lieberknecht und Esch 2014). Solche Veranstaltungen sind jedoch nicht geeignet, um die vorab beschriebenen Prozesse auszulösen. Hierzu haben die Mitarbeitenden die Marke intensiv zu erleben und persönlich näher gebracht zu bekommen. Daher werden Mitarbeitende von Ritz-Carlton pro Jahr ca. 120 Stunden in einem Trainingsprogramm namens „The Gold Standard" trainiert, um somit eine positive Einstellung gegenüber der Marke und ein markenkonformes Verhalten aufzubauen (Davis 2005, S. 237 f.). Von besonderer Relevanz sind alle persönlichen Kommunikationsbeziehungen mit hoher Interaktionsfrequenz der beteiligten Personen, wie sie zwischen Mitarbeitenden untereinander in Arbeitsgruppen sowie zwischen Mitarbeitenden und ihren Vorgesetzten stattfinden (Wittke-Kothe 2001, S. 12). Gleichwohl prägen vor allem frühere Sozialisationsprozesse, wie sie in Mentoring-Programmen erfolgen, die Einstellungen zur Marke. Solche Maßnahmen der persönlichen Kommunikation eignen sich mit den Worten von Kurt Lewin (1947, S. 34 ff.) zum „Auftauen" bisheriger Einstellungen und deren Veränderung, um zu gewährleisten, dass sie positiv wieder „eingefroren" werden und letztlich dazu führen, dass die Mitarbeitenden die Marke aufgrund positiver Einstellungen durch ihre täglichen Verhaltensweisen zum Leben erwecken und erhalten. Abbildung 1 verdeutlicht diesen Zusammenhang und beschreibt einen *idealtypischen Markenassimilationsprozess*.

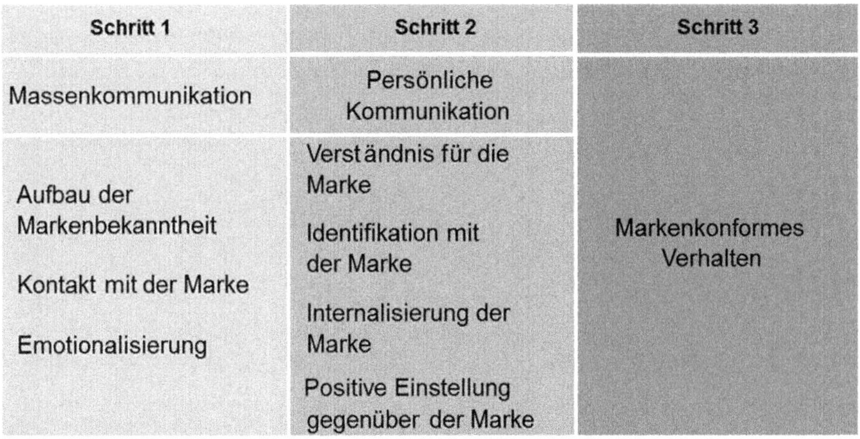

Schritt 1	Schritt 2	Schritt 3
Massenkommunikation	Persönliche Kommunikation	
Aufbau der Markenbekanntheit Kontakt mit der Marke Emotionalisierung	Verständnis für die Marke Identifikation mit der Marke Internalisierung der Marke Positive Einstellung gegenüber der Marke	Markenkonformes Verhalten

Abb. 1 Idealtypischer Markenassimilationsprozess. Quelle: in Anlehnung an Davis und Dunn 2002, S. 223

Neben dieser in der Theorie des geplanten Verhaltens idealtypisch beschriebenen Beziehung zwischen Einstellungen und dem daraus resultierenden Verhalten (Ajzen 1991) können Einstellungen und Verhaltensweisen, wie bereits in der klassischen Untersuchung von LaPiere (1934) gezeigt, divergieren. Positive Einstellungen können mit negativen Verhaltensweisen einhergehen und umgekehrt. Anhand der Einstellungen und den Verhaltensweisen eines Mitarbeitenden lassen sich vier verschiedene *Mitarbeitertypen* unterscheiden (Bach 2009, S. 184): Der *markenbezogene Promotor*, gekennzeichnet durch eine positive Einstellung und positive Verhaltensweisen, der *potenzielle Markenpromotor*, der sich durch eine positive Einstellung, aber negatives Verhalten auszeichnet, der *Markenopponent*, der sowohl eine negative Einstellung als auch negatives Verhalten gegenüber der Marke demonstriert, sowie der *verdeckte Markenopponent*, der sich durch eine negative Einstellung, aber positive Verhaltensweisen charakterisieren lässt (Bach 2009, S. 184; Abb. 2).

3 Kommunikationspolitische Optionen zur Erzeugung von Einstellungs- und Verhaltensakzeptanz

3.1 Markenopponenten: Einstellungs- und Verhaltensakzeptanz erzeugen

Markenopponenten zählen zu den Personen, die negativ eingestellt sind und dies auch durch ihr Verhalten zum Ausdruck bringen. Sie unterstützen markenbezogene Vorhaben nicht. In der Analogie zum menschlichen Nervensystem können sie als

Abb. 2 Typisierung der Mitarbeitenden in Abhängigkeit von Einstellung und Verhalten. Quelle: in Anlehnung an Bach 2009

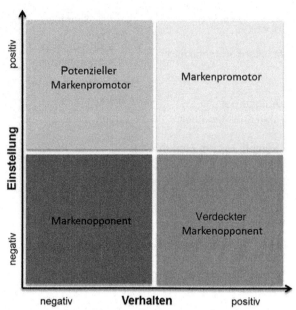

funktionsgestörte Synapsen beschrieben werden, die den Kommunikationsfluss stören. Opponenten sind typischerweise resigniert, enttäuscht und wollen ihren Besitzstand wahren (Bach 2009, S. 184). Die negative Einstellung dieser Mitarbeitenden kann durch die *Massenkommunikation* nur unzureichend verändert werden. Der zentrale kommunikationspolitische Zugang zur Veränderung ihrer Einstellung liegt in verschiedenen Formen der *persönlichen Kommunikation* (Brehm 2009). Von hoher Persuasionsfähigkeit ist der direkte *Vorgesetzte* eines Opponenten einzustufen, der aufgrund seiner Machtbasen durch persönliche Kommunikation Einfluss auf dessen Einstellung nehmen kann (Krüger 2009a). Die Inhalte zur Marke sind gemäß den Forschungsergebnissen zum Absender einer Nachricht besonders glaubwürdig zu gestalten. Ferner hat der Vorgesetzte als Experte und vertrauenswürdige Quelle der markenbezogenen Informationen wahrgenommen zu werden, um eine positive Einstellungsänderung beim opponierenden Mitarbeitenden auszulösen (Kroeber-Riel und Gröppel-Klein 2013). Auch Angstappelle eignen sich, um bei Markenopponenten positive Einstellungen zu erzeugen. Gemäß den Ergebnissen von Das, de Witt und Stroebe (2003) löst der Angstappell eine Verletzbarkeit beim Opponenten aus. Der Vorgesetzte hat die Relevanz markenkonformer Einstellungen und Verhaltensweisen für den Erfolg des Unternehmens und seinen Arbeitsplatz zu verdeutlichen.

Persönlich kommunizierte Anweisungen vom Vorgesetzten entfalten ihre Wirkung auf formalem Weg. Der hiermit verbundene hierarchische Druck kann gleichwohl zu einer noch stärkeren Reaktanz gegenüber den kommunizierten Inhalten führen. Eine weitere Möglichkeit persuasiver *persönlicher Kommunikation* besteht daher in der Einbindung von Markenopponenten in Gruppen von Befürwortern der

Marke. *Gruppen* können einen starken Einfluss auf Mitarbeitende ausüben. Dies kann langfristig zu einer Urteils- bzw. Einstellungsänderung führen (Werth und Mayer 2008). Unmittelbar wirkt sich der Gruppendruck auf das Verhalten des Opponenten aus, da er gegen Gruppennormen verstößt, wenn er sich nicht markenkonform verhält. Aufgrund des informellen Charakters der Kommunikation in Gruppen kann mit einer höheren Akzeptanz der Inhalte gerechnet werden (Brehm 2009). Informelle Kommunikation zählt zu den effektivsten Kommunikationsmöglichkeiten, um Opponenten zu überzeugen, da Informationen aus dem eigenen sozialen Umfeld auf höhere Akzeptanz stoßen (Bartscher-Finzer und Martin 2003; Zeplin 2006).

3.2 Verdeckte Markenopponenten: Einstellungsakzeptanz erzeugen

Verdeckt opponierende Mitarbeitende haben trotz offensichtlich positivem Verhalten eine negative Einstellung. Sie lassen sich charakterisieren als emotional verunsicherte, unauffällige Opportunisten mit ausgeprägten sozialen sowie Sicherheitsbedürfnissen (Bach 2009, S. 185). Sie unterstützen die Marke vordergründig, da sie eine Außenseiterposition scheuen (Bach 2009, S. 185). Ihre negative Einstellung bringen sie nicht zum Ausdruck. Da ihre Verhaltensakzeptanz nicht aus einer positiven Einstellung resultiert besteht die Gefahr, dass sie in der Kundeninteraktion ohne Kontrolle durch Vorgesetzte oder Kollegen kein markenkonformes Verhalten zeigen. Wie auch beim Markenopponenten kann die *Massenkommunikation* nicht als Leitmedium zur Erzeugung einer positiven Einstellungsakzeptanz eingesetzt werden. Um ihre Einstellung bezüglich der Marke zu verändern, bedarf es der *persönlichen Kommunikation* (Brehm 2009). Die ausgeprägten sozialen Bedürfnisse solcher Mitarbeitenden lassen darauf schließen, dass sie die soziale Identität der Organisation oder der Arbeitsgruppe wertschätzen. Der soziale Einfluss der Gruppe ist folglich als besonders hoch einzuschätzen und verantwortlich für die Verhaltensweisen (Meyer et al. 2006, S. 667). Damit verdeckte Markenopponenten durch den sozialen Druck und die positive persönliche Kommunikation anderer Gruppenmitglieder dauerhaft zu markenkonformem Verhalten gezwungen werden, sind sie in Gruppen von Promotoren einzubinden. Wenn diese Mitarbeitenden fortwährend positive Erfahrungen durch markenkonformes Verhalten machen, steigt gemäß der Verhaltens-Einstellungs-Hypothese die Wahrscheinlichkeit, dass sich ihre Einstellung bezüglich der Marke und ihr markenkonformes Verhalten zum Positiven ändern (Olson und Stone 2005).

3.3 Markenpromotoren: Einstellungs- und Verhaltensakzeptanz aufrechterhalten

Markenpromotoren zeichnen sich durch positive Einstellungen und Verhaltensweisen aus. Sie gelten als überzeugte Fürsprecher der Marke. Promotoren sind begeisterungsfähig, ansteckend, neugierig und aufgeschlossen (Bach 2009, S. 183). Der persönliche Nutzen, den die Mitarbeitenden markenkonformen Denk- und Verhaltensweisen beimessen, überwiegt die Kosten eines nicht markenkonformen Verhaltens. Ohne solche Mitarbeitende erscheint es äußerst schwierig, die Marke im Unternehmen zum Leben zu erwecken. Sie tragen zum Großteil den markenbezogenen Wandel (Krüger 2009b). Markenpromotoren fungieren als Missionare der Marke und versuchen, die Marke bei ihren Kollegen zur Einstellungsakzeptanz zu bringen (Davis und Dunn 2002). Gerade Markenpromotoren benötigen hinsichtlich der Marke eine Schulung, um sicherzustellen, dass sie die richtigen Inhalte bezüglich der Marke im Unternehmen verbreiten. An der Sears University werden Mitarbeitende hinsichtlich der zentralen Inhalte des Unternehmens unterrichtet (Kirn et al. 1999, S. 332). Promotoren können sowohl in der *Massenkommunikation* als auch in der *persönlichen Kommunikation* eingesetzt werden, um Kollegen von der Marke zu überzeugen. Bei O2 werden so genannte „Can do Stories" massenmedial im Intranet veröffentlicht, die das gewünschte Mitarbeiterverhalten beschreiben (Zeplin 2006, S. 120 f.). Unternehmen wie General Electric hingegen setzen auf Mentoren, die neuen Kollegen auf gleicher Hierarchieebene die Marke durch persönliche Kommunikation informell näher bringen (Spannagl 2005, S. 85; Zeplin 2006).

3.4 Potenzielle Markenpromotoren: Verhaltensakzeptanz erzeugen

Die Gruppe der *potenziellen Markenpromotoren* zeichnet sich durch positive Einstellungen, aber negative Verhaltensweisen aus. Sie unterstützen die Marke, aber potenziell. Solche Mitarbeitende haben typischerweise Angst vor der eigenen Courage (Bach 2009, S. 185). Potenzielle Promotoren sind „ruhige Zeitgenossen", die sich durch passives Verhalten charakterisieren lassen (Bach 2009, S. 185). Bei solchen Mitarbeitenden sind insbesondere die Motivations- und Fähigkeitsbarrieren abzubauen. In *markenbezogenen Trainings* können potenzielle Markenpromotoren dazu motiviert werden, positive Erfahrungen mit der Marke zu machen und gleichzeitig zu lernen, sie anzuwenden. So haben sie die Möglichkeit, die Marke zu verstehen und markenkonformes Handeln zu erlernen. Anhand von Karten, die typische Situationen einer Kunden-Mitarbeiter-Interaktion visualisieren und zu jeder Situation einen Markenwert vorgeben, haben sich Mitarbeitende beispielsweise zu überlegen, wie sie entsprechend des Markenwertes markenkonform handeln würden. Anschließend spielen die Mitarbeitenden diese Szene in einer möglichst realen Situation nach, um die Marke tatsächlich zu leben. Ein Coach gibt Aufschluss über die Korrektheit des Handelns und korrigiert bei Bedarf. Auf diese Weise lernen Mitarbeitende gemäß der sozialen Lerntheorie von Bandura (1977) markenkonform zu denken und zu handeln. In solchen Trainings lassen sich Widerstände aufgrund von Unsicherheiten bezüglich der Richtigkeit des Handels in realen Situationen abbauen. Diese Schulungen fördern die Akzeptanz markenkonformen Verhaltens und können aus einem potenziellen einen tatsächlichen Markenpromotor machen.

4 Kommunikationspolitische Handlungsempfehlungen

Segmentierung der Mitarbeitenden: Gemäß George und Grönroos (1995, S. 75) ist die Diagnose der Einstellungen und Verhaltensweisen der Mitarbeitenden eine der wesentlichen Komponenten einer erfolgreichen Segmentierung der Mitarbeitenden. Für einen effektiven und effizienten Einsatz der Kommunikation ist daher das Spannungsfeld der markenbezogenen Promotoren und Opponenten zu erkunden (Brehm und Petry 2009). Zur Einteilung der Mitarbeitenden in die verschiedenen Kategorien ist das Wissen von Markenpromotoren auf unterschiedlichen Hierarchieebenen wichtig. Sie kennen ihre Kollegen und können ihre Einstellungen und Verhaltensweisen antizipieren. Ferner dienen Beobachtungen oder Befragungen dazu, Aufschluss über die Einstellungen und Verhaltensweisen der Mitarbeitenden zu erlangen. Außerdem ist stets zu ermitteln, ob einzelne Personen eine Schlüsselstellung in der Gruppe innehaben, um diese gezielt in das Projekt einzubeziehen (Brehm und Petry 2009). Soziometrische Tests geben Auskunft über die Schlüsselstellung einzelner Personen sowie über die Verbindung innerhalb des sozialen Gefüges generell. Basierend auf Moreno (1934) erfasst der soziometrische Test Beziehungen zwischen Gruppenmitgliedern. Dies erfolgt über die Erfassung der bestehenden und erwünschten Kontakte in einem sozialen System. Die ermittelten Beziehungen können durch Pfeile in einem Soziogramm bildlich dargestellt werden. Je mehr Pfeile zu einer Person zeigen, desto höher ist deren Schlüsselstellung im sozialen System (Kroeber-Riel und Gröppel-Klein 2013).

Gestaltung der Botschaft: Die Botschaft hat das Involvement der verschiedenen Mitarbeitergruppen sowie deren Aufgaben zu berücksichtigen. Mitarbeitende hoher und mittlerer Hierarchieebenen sind umfassender über die Marke zu informieren als solche nachgelagerter Hierarchieebenen (Esch 2012b, S. 42 ff.). Die Marke ist so zu vermitteln, dass die Mitarbeitenden sie rasch verinnerlichen können. Hierzu eignen sich aufgrund beschränkter Informationsverarbeitungskapazitäten umfassend dokumentierte Anleitungen weniger (Cowan 2000). Diese sind schwer zu vermitteln und führen auf Mitarbeiterseite zu Spielräumen hinsichtlich der Interpretation der Marke sowie zu möglichen Reaktanzen aufgrund von Unverständnis. Keller (1999) schlägt daher zur internen Verankerung der Marke so genannte *Brand Mantras* vor. Diese umfassen die Essenz der Marke und können als internes Positionierungsstatement verstanden werden (Keller 2012). Sie bestehen aus einem emotionalen und deskriptiven Modifier sowie der Markenfunktion (Keller 2012). Das Brand Mantra von Nike lautet beispielsweise „authentic (emotionaler Modifier), athletic (deskriptiver Modifier), performance (Markenfunktion)" (Keller 2012). Es fungiert als mentaler Filter aller markenbezogenen Handlungen der Mitarbeitenden (Keller 1999).

Persönliche Kommunikation und Massenkommunikation: Massenmediale Kommunikation wird regelmäßig in der Praxis der internen Markenkommunikation zur *Verankerung der Marke im Denken, Fühlen und Handeln der Mitarbeitenden* bevorzugt zum Einsatz gebracht (Joachimsthaler 2002). Berichte über die Marke in Mitarbeiterzeitschriften, im Intranet, an Schwarzen Brettern oder im Unternehmensfernsehen sind aber eher als unterstützende und vorprägende Medien der Internen Kommunikation zu verstehen. Sie eignen sich primär zur Prägung und Aufrechterhaltung der positiven Einstellungen der Markenpromotoren in den Phasen der Bekanntmachung des Markenprojekts. Diese Beiträge werden mit geringem Involvement aufgenommen und verarbeitet. Sie sind somit kaum geeignet, die negativen Einstellungen von opponierenden Mitarbeitenden zum Positiven hin zu verändern. Um Markenopponenten von der Marke und dem markenkonformen Handeln zu überzeugen, bedarf es einer dominanten und persönlichen Kommunikation (Brehm 2009; Henkel et al. 2012, S. 227). Die ausgewählten Instrumente haben sich am Ausmaß der negativen Einstellung dieser Mitarbeiter zu orientieren. Je negativer die Einstellungen zur Marke sind, desto intensiver ist mit solchen Mitarbeitenden in den Dialog zu treten. Hierzu eignen sich bilaterale Gespräche des Vorgesetzten mit diesen Personen sowie Unterhaltungen mit Kollegen, die die Marke unterstützen (zu diesem Absatz Brehm 2009; Krüger 2009a). Nokia kombiniert persönliche und Massenkommunikation gezielt, um die 94.000 Mitarbeitenden bestmöglich zu erreichen. Mitarbeiterzeitung und Online-News sind z. B. an alle Mitarbeitende gerichtet und informieren über die Marke aus internen und externen Quellen. Persönlich direkte Kommunikation wurde hingegen in der Produktion, dem Vertrieb und der Forschung und Entwicklung umgesetzt. Auf das Intranet wird verzichtet und Bereichsleiter tragen Entscheidungen, Änderungen und Strategien ihren Mitarbeitenden vor. So wird sichergestellt, dass die Informationen für die Empfänger verständlich sind, eine höhere Glaubwürdigkeit entsteht und Feedback ohne Umwege gegeben werden kann.

Informelle und formelle Kommunikation: Um die Kommunikation im Unternehmen gezielt zu entwickeln, ist die informelle Kommunikation aktiv zu gestalten. Dabei wird sie nicht dem Zufall überlassen und wird inhaltlich mit der formellen Kommunikation abgestimmt (Brehm 2009; Doppler und Lauterburg 2014). Die informelle Kommunikation kann durch Begegnungsräume im Arbeitsumfeld, wie z. B. Cafeteria oder Kantine, Betriebsausflüge und -feste sowie informelle Gesprächsrunden, gezielt gefördert und kultiviert werden (Doppler und Lauterburg 2008). Beispielsweise das Einrichten einer kommunikativen Plattform, wie etwa ein Markencafé, fördert den informellen Austausch der Mitarbeitenden über die Marke. Die Inhalte der informellen Kommunikation lassen sich durch einen Markenpromotor als Wirt des Cafés steuern.

Facebook perfektioniert die informelle Kommunikation der eigenen Mitarbeitenden durch Facebook's Menlo Park Campus. Hierbei handelt es sich um ein Gelände, auf dem Mitarbeitende sich wie in einer eigenen kleinen Stadt bewegen können. Von Cafés und Restaurants, über Fahrradverleih, Friseur, Bank, Musikschule und medizinischer Versorgung ist alles zu finden, was für das tägliche Leben benötigt wird.

Für die Mitarbeitenden ist es komfortabel, sich dort aufzuhalten. Begleitet werden sie natürlich von Kollegen, wodurch das Gesprächsthema das Büro häufig nicht verlässt.

Integrierte Kommunikation: Die kommunizierten Inhalte sind inhaltlich und formal zu integrieren (Esch 2010). Wird eine neue Markenidentität implementiert, trägt die formale Kommunikation durch Corporate Design-Merkmale primär zum Aufbau der Markenbekanntheit bei. Die inhaltliche Integration hingegen bezieht sich auf die inhaltliche Konsistenz der kommunizierten Inhalte innerhalb sowie zwischen den eingesetzten persönlichen und massenmedialen Kommunikationsmitteln (Esch 2010). Markenpins, Kaffeetassen, Bildschirmhintergründe, Aufsteller sowie Slogans eignen sich als Stimuli, um die gedankliche Präsenz der Marke zu fördern und sie langfristig in den Köpfen der Mitarbeitenden zu verankern. Einen guten Überblick über diese bisher aufgeführten Kategorien kommunikationspolitischer Handlungsempfehlungen gibt auch Brehm (2009).

Zielgruppen im Unternehmen: Die interne Markenführung richtet sich an mehrere Zielgruppen, die in unterschiedlichen Phasen der Implementierung wichtig sind und über unterschiedliche Relevanz für die interne bzw. externe Markenwahrnehmung verfügen. Dabei ist die Geschäftsführung von besonderer Bedeutung. Sie hat als Initiator und Förderer interner Markenführung aufzutreten und die Marke sowohl nach innen, als auch nach außen zu tragen. Von diesem Ausgangspunkt aus ist Markenführung ein Top-Down-Prozess, der sich an Hierarchien und Funktionen orientiert (Esch und Vallaster 2005; Esch 2012b, S. 43; Esch et al. 2013b, S. 312; Esch et al. 2014).

Die weitere Umsetzung betrifft insbesondere das mittlere Management und je weiter der Prozess in die tatsächliche Umsetzung und dauerhafte Etablierung reicht, desto stärker treten alle Mitarbeitenden, bzw. insbesondere solche, die Einfluss auf das Markenerlebnis haben, in den Vordergrund (Esch et al. 2013b, S. 312): Diese Gruppe wird untergliedert in „Handshaker", die in unmittelbarem Kundenkontakt stehen (z. B. Kundenberater oder Servicemitarbeiter der Telefonhotline) und in „Enabler", die den Kundenkontakt über aktive Maßnahmen beeinflussen (z. B. Marketingverantwortliche, Manager oder Designer). Mitarbeitende ohne Kundenkontakt sind jedoch nicht zu vernachlässigen. Sie können durch Entscheidungen im Arbeitsalltag, z. B. in der Produktion, der Beschaffung, der IT oder dem Controlling, das Markenerlebnis prägen (Esch et al. 2014).

Die *Geschäftsleitung* übt einen zentralen Einfluss auf die interne Wahrnehmung der Marke auf Mitarbeiterseite aus (Bergstrom et al. 2002, S. 137). Bob Greenberg, Senior-Vice President of Marketing von Panasonic, bringt dies zum Ausdruck: „It all starts with your CEO" (Davis und Dunn 2002, S. 249). Das Verhalten des Geschäftsführers gegenüber der Marke kann als einer der zentralen Erfolgsfaktoren zur Erzeugung positiver Einstellungen und Verhaltensweisen bei Mitarbeitenden bezeichnet werden. So fühlt sich der CEO der Allianz verantwortlich für die Marke: Aufgrund seiner Vorbildfunktion eifern ihm die Mitarbeitenden nach und stützen auf diese Weise das Markenversprechen (Zeplin 2006, S. 124).

Die erfolgreiche Verankerung der Marke beginnt im Denken, Fühlen und Handeln der *Führungskräfte*. Diese können ihren Mitarbeitenden die Marke jedoch nur näher bringen, sofern bei ihnen selbst die Marke zu einer positiven Einstellungs- und Verhaltensakzeptanz gebracht wurde (Krüger 2006). Selten sind alle Führungskräfte von der Relevanz einer Marke und markenkonformen Verhaltens überzeugt. Dies gilt insbesondere für ältere Mitarbeitende. Führungskräfte sind in einem ersten Schritt gezielt zu schulen, um ein umfassendes und tiefes Verständnis für die Marke und dadurch ein markenkonformes Verhalten zu erzeugen. Dazu eignen sich beispielsweise Senior-Managementkonferenzen oder klassische Schulungen. Auch hier gilt der Grundsatz, dass die Marke vom CEO vorbildhaft gegenüber den Führungskräften kommuniziert wird. Gemäß dem Train-the-Trainer-Motto sind die Führungskräfte in einem zweiten Schritt dahingehend zu schulen, welche Inhalte sie ihren Mitarbeitenden über die Marke näher bringen und wie sie die persönliche Kommunikation erfolgreich zur Vermittlung der Marke einsetzen können. BMW hat für diesen Zweck im Jahr 2002 eine Markenakademie ins Leben gerufen. Tausende von Mitarbeitenden, davon der Großteil Führungskräfte, werden hier auf die Marken BMW und Mini geschult. Neben dem Grundkurs Markenmehrwert werden die einzelnen Markenwelten erläutert. Im Mini-Raum wird beispielsweise die Lebenswelt der Kunden anschaulich vermittelt (Grauel 2006, S. 18). Diesen Führungskräften wird flankierend ein Markenhandbuch als hilfreicher Leitfaden zur erfolgreichen internen Kommunikation der Marke ausgehändigt, wie dies etwa bei der Allianz und Siemens der Fall ist (Zeplin 2006, S. 113).

Eine zweite wichtige Zielgruppe, die als Meinungsführer für die Marke eingesetzt werden kann, sind *Markenpromotoren auf mittleren und unteren Hierarchieebenen* (Davis und Dunn 2002). Trotz ihrer positiven Einstellungen und Verhaltensweisen gegenüber der Marke sind sie, wie die Führungskräfte, in Bezug auf die Inhalte der Marke zu schulen. Nur so kann gewährleistet werden, dass sie in der persönlichen Kommunikation mit ihren Kollegen die Marke korrekt vermitteln und bei diesen positive Einstellungen und Verhaltensweisen gegenüber der Marke aufbauen. Bei Schulungen ist die Marke zunächst spielerisch und explorativ zu erlernen, um die Akzeptanz zu steigern. BMW nutzte zur Vermittlung von Inhalten zum Unternehmen ein Spiel namens „Globolog", während Mitarbeitende von Coop an einem Quiz teilnahmen, das die Werte und Identität von Coop vermittelt (Sistenich 2001, S. 26). Diese Maßnahmen sind anschließend von umfassenden Informationen zur Marke zu unterstützen. Auch hier kann ein Markenhandbuch begleitend zum Einsatz kommen.

Entscheidend ist, dass die Markenwerte durch alle Mitarbeitenden verinnerlicht werden. Hilti verfolgt diesen Grundsatz sehr strikt. Mitarbeitende werden bereits bei der Einstellung nach Kriterien des Marken-Fits ausgewählt. Danach erfolgen regelmäßige Schulungen und Kontrollen des Könnens und Wollens der Mitarbeitenden. Bei Defiziten werden Nachschulungen durchgeführt – führen diese nicht zum gewünschten Fit mit den Markenwerten, heißt es für den Mitarbeitenden „Take another bus" (Esch et al. 2014), da ansonsten die Verwässerung des Markenimages befürchtet wird (Ind 2007; Henkel et al. 2012). Diese Regel gilt insbesondere für Führungskräfte, da direkten Vorgesetzten ein erheblicher Einfluss auf das affektive Markencommitment der Mitarbeitenden zugeschrieben wird (Vallaster und De Chernatony 2005, S. 773; Esch und Knörle 2012, S. 356).

5 Konzeption und Gestaltung eines internen Markenkontrollcockpits

5.1 Psychologische Wirkungen der internen Markenkommunikation

Mit der Internen Kommunikation wird das Ziel verfolgt, Wissensstrukturen sowie die Einstellung des Mitarbeitenden zur Marke zu verändern. Diese Veränderungen ziehen psychologische Wirkungen mit sich, die sich schließlich in der Leistung und im markenkonformen Verhalten des Mitarbeitenden niederschlagen. Um den Erfolg interner Kommunikationsmaßnahmen zu messen, sind in einem *Wirkungsmodell* neben dem Mitarbeiterverhalten auch die einstellungsbezogenen Wirkungen als Indikatoren des intendierten markenkonformen Verhaltens zu erfassen, zu denen insbesondere das Markencommitment der Mitarbeitenden zählt (Abb. 3). Im Folgenden sind daher die einstellungsbezogenen Wirkungen des affektiven und fortsetzungsbezogenen Commitment, die durch die interne Markenkommunikation erzielt werden können, sowie die letztendlichen Verhaltensänderungen zu erörtern.

So kann eine spezifischere Diagnose der Schwachstellen erfolgen: Durch die ganzheitliche Erfassung der Kommunikationswirkungen wird analysiert, ob Mitarbeitende kein markenkonformes Verhalten, im Sinne eines Extra-Role-Verhaltens zeigen, da sie dies aufgrund mangelnden Wissens nicht können oder aufgrund

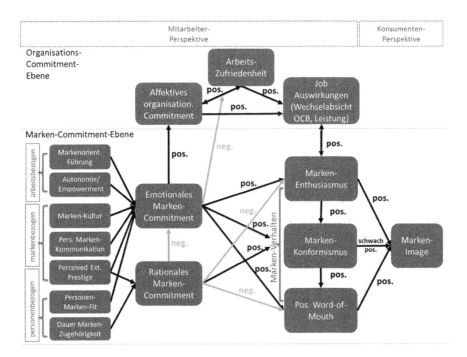

Abb. 3 Wirkungsmodell der internen Markenkommunikation. Quelle: Esch et al. 2013a, S. 261

fehlenden Commitment nicht wollen. Aufbauend auf dieser Analyse wird dann mit entsprechenden Maßnahmen diesen Schwachstellen entgegengewirkt. Im Folgenden werden nun die Elemente des Wirkungsmodells vorgestellt.

5.1.1 Messung des Markencommitment als Prädiktor für erwünschte Verhaltensweisen

Das Konstrukt Commitment hat über lange Jahre hinweg reges Forschungsinteresse ausgelöst, das sich in einer Vielzahl unterschiedlicher Begriffsauffassungen niedergeschlagen hat (z. B. Kelman 1961; Kanter 1968; Mowday et al. 1982; O'Reilly und Chatman 1986). Meyer und Allen (1984, 1991) führten die verschiedenen Ansätze zusammen und legten somit den Grundstein für ein einheitliches Begriffsverständnis. Meyer und Allen (1991, 1997) verstehen Commitment als eine psychologische Bindung zwischen Mitarbeitenden und deren Unternehmen. Die Art der Bindung kann durch drei unterschiedliche *Commitment-Komponenten* erfolgen. Hierzu zählen affektives, rationales und normatives Commitment. Diese drei Komponenten können von einem Mitarbeitenden zur gleichen Zeit erlebt werden und schließen sich gegenseitig nicht aus (Meyer und Allen 1997, S. 13). Im Gegensatz zum affektiven und rationalen stellt das normative Commitment eine Größe dar, die unabhängig von einer Marke bestimmt wird. Diese Art des Commitment entwickelt sich durch Erziehung und Sozialisation im Laufe eines Lebens (z. B. Wiener 1982). Im Folgenden wird daher das normative Commitment außer Acht gelassen.

Das *affektive Commitment* bezieht sich auf die emotionale Bindung, die Mitarbeitende zu ihrem Unternehmen haben. Mellor und Kollegen (2001, S. 173) beschreiben affektives Commitment als Parallele, die Mitarbeitende zwischen den Werten der Organisation und ihren eigenen wahrnehmen (Harris 1989, S. 180). Dies führt letztlich dazu, dass Mitarbeitende insbesondere wegen der Marke im Unternehmen bleiben, gerne Leistungen für die Marke erbringen und Extra-Role-Verhalten zeigen. Treiber dieser Form des Commitment sind markenorientierte Kultur und Führung (arbeitsbezogen), persönliche Kommunikation und wahrgenommene Prestigewirkung nach außen (markenbezogen) sowie der Personen-Marken-Fit. Das affektive Commitment führt zu Markenverhalten in Form von Markenenthusiasmus, Markenkonformismus und positivem Word-of-Mouth. Diese möglichen Formen des Markenverhaltens beeinflussen das Image positiv (Esch et al. 2013a, S. 259 ff.). Darüber hinaus wirkt das beschriebene emotionale Markencommitment direkt positiv auf das Commitment gegenüber der Organisation und kann dieses bei geringer Ausprägung sogar teilweise ersetzen (Esch et al. 2013a, S. 259 ff.).

Das fortsetzungsbezogene bzw. *rationale Commitment* bezieht sich auf die Kosten, die mit dem Verlassen des Unternehmens verbunden sind. Basierend auf Schelling (1956) benutzt Becker (1960, S. 33, S. 35 f.) rationale Nutzen-Kosten-Kalkulationen eines Mitarbeitenden zur Erklärung dieses Commitment. Mitarbeitende mit rationalem Commitment bleiben folglich in einem Unternehmen aufgrund der mit einem Wechsel verbundenen hohen Kosten (Meyer und Allen 1991, S. 67). Die Werte, für die das Unternehmen oder die Marke stehen, sind in diesem Fall für die Bindung des Mitarbeitenden irrelevant. Mitarbeitende dieser Commitment-Ausprägung richten sich nach den allgemein anerkannten Werten, um Belohnungen zu erhalten und Bestrafungen zu vermeiden. Die wahrgenommene Prestigewirkung (markenbezogen) und die Dauer der Markenzugehörigkeit (personenbezogen) als Entstehungsfaktoren dieser Form von Commitment spiegeln den kühlen Charakter wider. Rationales Commitment wirkt negativ auf affektives Commitment, positive Mund-zu-Mund-Propaganda und Markenenthusiasmus. Eine Stärkung des Markenimages über rationales Commitment wird also nicht erreicht (Esch et al. 2013; S. 259 ff.).

5.2 Indirekte Wirkungen der internen Markenkommunikation auf In-Role- und Extra-Role-Verhalten

Die psychologischen Größen schlagen sich im Verhalten der Mitarbeitenden nieder. Hierzu ist das markenkonforme Verhalten der Mitarbeitenden zu erfassen. Dienst nach Vorschrift ist der geringste Anspruch, den eine Organisation an seine Mitarbeitenden stellen kann. Ein solches Verhalten bedeutet, dass Mitarbeitende alle geforderten Leistungen erbringen und die zugeteilte Rolle im Unternehmen ausfüllen. Allerdings sind diese Leistungen nur selten in vollem Umfang vertraglich festgelegt.

Das *In-Role-Verhalten* ist durch Aufgaben und Tätigkeiten einer Stelle definiert, die meistens durch alltägliche Arbeitsprozesse sowie durch Leistungsnormen im Unternehmen entstehen, an die sich Mitarbeitende anpassen (March und Simon 1976, S. 51). Neben dem In-Role-Verhalten hat sich in den letzten Jahrzehnten ein weiteres wichtiges Thema für das Leistungsverhalten der Mitarbeitenden herauskristallisiert, das so genannte *Extra-Role-Verhalten*. Dieses Mitarbeiterverhalten geht über die üblichen Ansprüche an die Rolle des Mitarbeitenden im Unternehmen hinaus (Katz und Kahn 1966, S. 174). Einen umfassenden Messansatz stellt hierbei das *Brand Citizenship Behavior* dar, das auf dem Konstrukt Organizational Citizenship Behavior aufbaut (Organ et al. 2005).

Das affektive Commitment zeigt eine stärkere Verhaltenswirkung als das rationale Commitment. Der positive Einfluss des affektiven Commitment auf das In-Role-Verhalten und Organizational Citizenship Behavior wurde in mehreren Studien gezeigt (u. a. Meyer et al. 1989; Moorman et al. 1993; Riketta 2002). Die Beziehung zwischen dem rationalen Commitment und den gewünschten Verhaltensweisen ist abhängig von Anreiz- und Bewertungssystemen (Meyer und Allen 1991, S. 77). Bei entsprechender Incentivierung können auch Mitarbeitende mit hohem rationalem Commitment das erwünschte Verhalten an den Tag legen. In Studien konnte bislang jedoch kein positiver Zusammenhang auf das In-Role-Verhalten und Organizational Citizenship Behavior gezeigt werden (u. a. Hackett et al. 1994; Meyer et al. 2002).

5.2.1 Erfassung der Leistung eines Mitarbeitenden durch sein In-Role-Verhalten

Grundsätzlich sind Unternehmen auf die Erbringung der von ihnen geforderten quantitativen und qualitativen Leistungsstandards angewiesen. Um das In-Role-Verhalten zu kontrollieren, bietet sich eine Betrachtung des *In-Role-Verhaltens* hinsichtlich seiner verschiedenen *Dimensionen* an (Abb. 4).

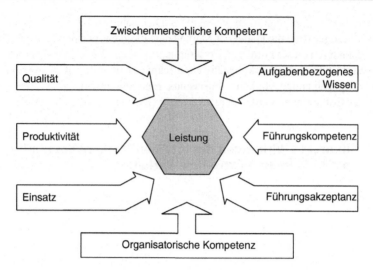

Abb. 4 Dimensionen des In-Role-Verhaltens. Quelle: Viswesvaran et al. 2005, S. 114

Die Leistung eines Mitarbeitenden spiegelt sich in erster Linie in der *Qualität* der Arbeit, *Produktivität* und dem *Einsatzes* wider. Diese kann jedoch nur erbracht werden, wenn das notwendige *aufgabenbezogene Wissen* vorhanden ist. Daher ist es für die Erbringung guter Leistungen essentiell, dass Mitarbeitende bereit sind, sich ständig weiterzubilden. Darüber hinaus ist es wichtig, dass Mitarbeitende nicht nur bei der eigenen Arbeit eine gute Leistung erbringen, sondern auch durch *organisatorische Kompetenzen* den Arbeitsalltag sowie verschiedene Rollen koordinieren können. Neben diesen Faktoren spielt auch die *zwischenmenschliche Kompetenz* eines Mitarbeitenden, die sich in der Fähigkeit zur Teamarbeit ebenfalls im Kommunikationsverhalten zeigt, eine zentrale Rolle. Die Kompetenz zur zwischenmenschlichen Kommunikation spiegelt sich im eigenen Führungsverhalten und der *Fähigkeit, andere zu motivieren*, sowie in der *Akzeptanz von Vorgesetzten* wider (Viswesvaran et al. 2005, S. 114).

Organisationen sind darüber hinaus auf freiwillige Kooperationen, Altruismus und spontane Hilfe unter Mitarbeitenden angewiesen, ebenso wie auf innovative Verhaltensweisen (Katz und Kahn 1966, S. 338). Ein In-Role-Verhalten alleine erzeugt noch kein markenspezifisches Verhalten, durch das sich Mitarbeitende von denen anderer Marken differenzieren. Es ist daher wichtig, neben dem In-Role- auch das Extra-Role-Verhalten zu fördern und zu kontrollieren.

5.2.2 Erfassung des markenkonformen Verhaltens durch Brand Citizenship Behavior

Brand Citizenship Behavior umfasst freiwillige Verhaltensweisen von Mitarbeitenden, die ohne direkte Reziprozität erfolgen und einen positiven Einfluss auf die Marke haben (Zeplin 2006, S. 72). Mitarbeitende handeln demnach aus freien Stücken im Sinne der Marke, ohne dass eine bestimmte Gegenleistung erwartet wird. Vorgaben und Richtlinien, wie ein Mitarbeitender eine Marke zu verkörpern hat, werden im Fall des Brand Citizenship Behavior nicht mechanisch, sondern glaubhaft und natürlich im Kontakt mit anderen Mitarbeitenden und insbesondere Kunden umgesetzt.

Diese Verhaltensweisen lassen sich bei Mitarbeitenden mit hohem affektivem Commitment beobachten. Basierend auf der Arbeit von Podsakoff et al. (2000) sowie markenbezogenen Experteninterviews, leitete Zeplin (2006) sieben Dimensionen des *Brand Citizenship Behavior* ab (Burmann und Zeplin 2005, S. 119).

Während Organizational Citizenship Behavior einen unternehmensinternen Fokus besitzt (Burmann und Zeplin 2005, S. 118), bezieht Brand Citizenship Behavior auch die Kundenorientierung mit ein. Das ursprüngliche Konzept von Zeplin (2006) umfasst die folgenden Dimensionen: *Hilfsbereitschaft* beschreibt Verhaltensweisen, die sich durch besondere Empathie und Unterstützung interner und externer Nachfrager auszeichnen. *Markenenthusiasmus* bedeutet, dass Mitarbeitende besonderes Engagement zeigen. Dies äußert sich beispielsweise in unbezahlten Überstunden, die gerne in Kauf genommen werden, um einen Kundenauftrag fristgerecht fertigzustellen. Die *Leidensbereitschaft* beschreibt das Erdulden von lästigen Pflichten und Opportunitätskosten der Arbeit für die Marke, z. B., wenn gut bezahlte Angebote eines Konkurrenten aufgrund der hohen Loyalität ausgeschlagen werden. Der Aspekt der *Markenmissionierung* erfasst das Verhalten eines Markenbotschafters, der als Fürsprecher der Marke gegenüber Kollegen, Freunden und Verwandten auftritt. Während die *Selbstentwicklung* sich auf den Drang bezieht, sich selbst im Sinne der Marke weiterzubilden, fokussiert sich die *Markenentwicklung* auf das Einbringen innovativer Ideen durch Mitarbeitende zur Markenstärkung. In ersten Studien zum Brand Citizenship Behavior konnten nur drei dieser Faktoren nachgewiesen werden. Deutlich wurde im Rahmen dieser jedoch der Einfluss des Markencommitment auf das Brand Citizenship Behavior (Strödter 2008; König 2010; Piehler 2011). Esch et al. schließen daraus, dass die Konzeptualisierung zwar noch etwas unscharf ist, aber Brand Citizenship Behavior für die Konzeptualisierung und Erforschung des Markenverhaltens von Bedeutung ist (Esch et al. 2013a, S. 261 f.; Abb. 5).

Während Mitarbeitende mit hohem affektivem Commitment der Marke aufgrund ihrer tiefen emotionalen Verbundenheit und Überzeugung treu bleiben, basiert die Markentreue bei rationalem Commitment auf selbstbezogenen Überlegungen. Demnach kommt es nur bei affektivem Commitment, das sich insbesondere im Markenenthusiasmus ausdrückt, zu selbstlosem markenkonformem Verhalten im Sinne des Brand Citizenship Behavior (Esch et al. 2013a, S. 257).

6 Sicherstellung der Nachhaltigkeit

Interne Markenführung ist weder kurzfristig, noch isoliert einzusetzen, da ansonsten keine positiven Effekte in Mitarbeiterverhalten und nachgelagert in Kundenwahrnehmung bzw. -verhalten erwartet werden. Interne Markenführung ist demnach als originäre Aufgabe in allen Unternehmensbereichen anzusiedeln, ein *Change-Management-Prozess*, der zu einer Daueraufgabe wird (Esch et al. 2014).

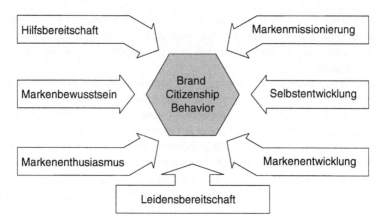

Abb. 5 Dimensionen des Brand Citizenship Behavior. Quelle: Zeplin 2006, S. 190 f

Die Marke Zurich berücksichtigte dies bei der Umsetzung ihrer internationalen Positionierung. Sie nutze den Slogan „Because change happenz" und versicherte der Zielgruppe, der richtige Ansprechpartner zu sein, wenn es darum geht, die Veränderungen des Lebens zu meistern. Der Schwierigkeit, den 57.000 Mitarbeitenden weltweit diese Markenpositionierung verständlich zu machen, begegnete das Unternehmen mit einem Brand-Engagement-Programm, das bereits 10 Monate vor dem Launch ins Leben gerufen wurde. Ziel dieses Programmes war es, die Mitarbeitenden neue Wege finden zu lassen, um das neue Markenversprechen umzusetzen. Insgesamt 10.000 Mitarbeitende nahmen an entsprechenden Workshops teil. Eine Kontrollmaßnahme ein Jahr nach dem Start des Brand-Engagement-Programms gab der langfristigen und aufwendigen Implementierung Recht: 80 Prozent der Mitarbeitenden kannten die Positionierung, beurteilten diese als Erfolgsfaktor des Unternehmens und waren bereit, einen Beitrag zur Stärkung der Marke zu leisten. Zurich beließ es jedoch nicht bei den guten Einstellungswerten, die Mitarbeitende offensichtlich hatten. Das Projekt „Embedding the Brand" wurde eingeführt, um die Marke in Produkten, Dienstleistungen und im Mitarbeiterverhalten erlebbar zu machen. Dies erfolgte z. B. durch die Einrichtung eines Projektsteuerungsteam, das in Austausch mit den operativen Geschäftsbereichen das Pilotprojekt definierte sowie dessen Umsetzung koordinierte und evaluierte. Die Konkretisierung fand in untergeordneten Teams statt, die erarbeiteten, wie die Positionierung in den Geschäftsbereichen umgesetzt werden könnte: Von Spezialfällen, wie einer verbesserten Krisenreaktion im Fall von Umweltkatastrophen, bis hin zur markenorientierten Überarbeitung der Informationsmaterialien und des Schriftverkehrs wurde die interne Markenführung dekliniert. Jeder Prozess wurde dokumentiert, von Erfolgsanalysen begleitet und die sich daraus ergebenden Meilensteine wurden den Mitarbeitenden kommuniziert.

Hat eine Maßnahme alle Hierarchieebenen durchdrungen, gilt es, die interne Markenführung als Standard zu übernehmen und nicht als einmalige Aktion verstreichen zu lassen. Wie bei jedem Lernprozess sind auch hier regelmäßige

Wiederholungen bzw. Auffrischungen durchzuführen. So kann im Sinne eines *Double Loup Learning* eine tiefere Wirkung erreicht werden (Esch und Vallaster 2005). Hilti etwa setzt regelmäßige Programme ein, in denen Markenwerte erarbeitet werden und macht geschulte Mitarbeitende im nächsten Schritt zum Coach für Kollegen (Hilti 2012). Aber auch über die Massenkommunikation gilt es am Ball zu bleiben und z. B. über erfolgreiche Leuchtturmprojekte zu berichten.

Besonders effektiv kann die interne Markenführung jedoch durch Vorbilder gestaltet werden: Der ehemalige Vorstandsvorsitzende der BASF AG, Dr. Jürgen Hambrecht, lebte diese Rolle des *Markenbotschafters*. Er betonte die Markenwerte in seinen Vorträgen und zeigte sein Commitment durch einen BASF-Markenpin, den er stets trug (Ruess 2005, S. 68). Sein Engagement im Sinne der Marke zog sich auch in operative Bereiche. Bemerkte er Verbesserungspotenziale bezüglich der Umsetzung der Marke, gab er dem Verantwortlichen Hinweise und erkundigte sich nach einiger Zeit, wie diese berücksichtigt wurden. Wird Begeisterung und Engagement hingegen nicht vorgelebt, ist es nicht verwunderlich, dass Mitarbeitende Dienst nach Vorschrift verrichten.

Häufig findet eine *Behavioral-Branding-Erfolgskontrolle* auf Ebene der Mitarbeitenden über die Beurteilungskriterien „Kenntnisse und Operationalisierung der Markenwerte" oder „Commitment" statt. Ohne weitere Faktoren in Betracht zu ziehen, greift deren Einsatz jedoch zu kurz (Esch et al. 2014):

- *Relevanz der Markenwerte*: Sind die Markenwerte für Mitarbeitende oder gar die Zielgruppe nicht relevant, scheitern die Bemühungen einer Umsetzung an mangelnder Überzeugung der Mitarbeitenden oder an mangelnder Akzeptanz der Kunden.
- *Fehlerhafte Produkte*: Wird z. B. ein Servicemitarbeiter immer wieder mit Problemen belastet, die das Produkt betreffen und er nicht beheben kann, führt dies zu Frustration und Unzufriedenheit mit der eigenen Marke.
- *Mangelndes Zusammenspiel von Prozessen*: Wie bereits im letzten Punkt angesprochen, handelt es sich auch hier um einen Umfeldfaktor, auf den der Mitarbeitende keinen Einfluss hat. Ist ein Kunde bereits eine lange Zeit in einer Warteschlange eines Service-Telefons gefangen, ist es für einen Call-Center-Mitarbeiter beinahe unmöglich, dessen negative Stimmung aufzufangen.
- *Fehlende Freiräume*: Interne Markenführung, die mit einer Kundenorientierung einhergeht, benötigt Freiheiten. So kann ein Mitarbeiter sich nicht im Sinne der Marke verhalten, wenn ihm Befugnisse, Kompetenzen oder einfach die Zeit fehlen.
- *Fehlender Praxistransfer*: Es besteht die Möglichkeit, dass Mitarbeitende trotz Schulungen markenorientiertes Verhalten nicht in ihrem Berufsalltag umsetzen. Deshalb gilt es zu überprüfen, ob die Schulung ggf. zu theoretisch war und der Mitarbeitende weitere Anleitung benötigt.
- *Mangelnde Motivation*: Können die bisher genannten Umsetzungsbarrieren ausgeschlossen werden, existieren noch organisatorische Faktoren, wie z. B. Arbeitszeiten, Gehalt oder das Verhalten der Vorgesetzten, die die Motivation der Mitarbeitenden negativ beeinflussen können.

- *Fazit*: Interne Markenführung ist nicht isoliert zu betrachten. Der Prozess beginnt mit der Ansprache potenzieller Arbeitnehmer, die zur Marke passen (Employer Branding) und endet mit der erzeugten Wirkung beim Konsumenten, dem „Moment of Truth" des markenorientierten Verhaltens (Customer Experience) (Esch et al. 2014).

7 Erhöhung der Einstellungs- und Verhaltensakzeptanz der Marke durch interne Markenkommunikation

Um das Potenzial einer Marke besser zu nutzen, ist diese auch intern zu kommunizieren. Durch die Veränderung der Einstellungs- und Verhaltensakzeptanz der Marke bei den Mitarbeitenden kann deren Bindung und Motivation gesteigert und sichergestellt werden, dass das Versprechen der externen Kommunikation auch tatsächlich umgesetzt wird. Hierzu sind interne und externe Kommunikation aufeinander abzustimmen und zu verzahnen. Die Gefahr und Herausforderung jeglicher Kommunikation liegt darin, sie nicht im Sand verlaufen zu lassen. Bei der Internen Kommunikation gilt es daher, neben massenmedialen Kampagnen, Markenpromotoren als Diffusionsagenten in der persönlichen Kommunikation einzusetzen. Diese Markenpromotoren stellen funktionsfähige Synapsen dar, die Informationen schnell und zuverlässig in alle Bereiche des Unternehmens weiterleiten. Über die persönliche Kommunikation wird das Thema Marke aufrechterhalten und die Wirkung der Kommunikation verstärkt. Zusätzlich wird durch die persönliche Kommunikation die Glaubwürdigkeit erhöht und die Reaktanz gemindert, was zu einem höheren Kommunikationserfolg führt.

Wie bereits erwähnt, nutzen erst wenige Unternehmen bzw. Marken dieses Potenzial gezielt. Als Vorreiter kann hier z. B. die Deutsche Post genannt werden. Sie nutzt ihre Mitarbeitenden als zentrales Differenzierungsmerkmal. Die Kampagne „Für Ihren Brief geben wir einfach alles" erkennt den persönlichen Kontakt bei der Postzustellung als besonders relevanten Touchpoint an und dramatisierte in einer heroisierenden Tonalität die Anstrengungen, die die 80.000 Postboten auf sich nehmen, um Briefe zuzustellen (Effie 2008).

Um den Fortschritt der internen Markenkommunikation zu messen und somit auch bei Fehlern rechtzeitig zu reagieren, ist ein internes Marken-Kontroll-Cockpit zu implementieren. Hier sind die dem Verhalten vorgelagerten einstellungsbezogenen Wirkungen differenzierter zu betrachten. Nur so kann identifiziert werden, aus welchen Gründen Mitarbeitende kein markenkonformes Verhalten zeigen.

Für Unternehmen bietet die Interne Kommunikation eine Herausforderung, aber auch eine große Chance. Durch entsprechende Gestaltung und Steuerung ist sie ein effizientes Mittel zur Erzeugung von Einstellungs- und Verhaltensakzeptanz.

Literatur

Ajzen, I. (1991). The theory of planned behavior. *Organizational Behavior and Human Decision Processes, 50*(2), 179–211.

Ajzen, I. (2001). Nature and operation of attitudes. *Annual Review of Psychology, 52*(1), 27–58.

Bach, N. (2009). Einstellungen und Verhalten der betroffenen Mitarbeiter. In W. Krüger (Hrsg.), *Excellence in Change: Wege zur strategischen Erneuerung* (S. 193–230). Wiesbaden: Gabler.

Bandura, A. (1977). *Social learning theory*. Englewood Cliffs: Prentice-Hall.

Bansal, H. S., & Voyer, P. H. (2000). Word-of-mouth processes within a service purchase decision context. *Journal of Service Research, 3*(2), 166–178.

Bartscher-Finzer, S., & Martin, A. (2003). Psychologischer Vertrag und Sozialisation. In A. Martin (Hrsg.), *Organizational Behaviour – Verhalten in Organisationen* (S. 53–76). Stuttgart: Kohlhammer.

Becker, H. S. (1960). Notes on the concept of commitment. *The American Journal of Sociology, 66* (1), 32–40.

Bergstrom, A., Blumenthal, D., & Crothers, S. (2002). Why internal branding matters: The case of Saab. *Corporate Reputation Review, 5*(2/3), 133–142.

Bone, P. F. (1995). Word-of-mouth effects on short-term and long-term product judgments. *Journal of Business Research, 32*(3), 213–223.

Brehm, C. (2009). Kommunikation im Wandel. In W. Krüger (Hrsg.), *Excellence in Change: Wege zur strategischen Erneuerung* (S. 307–336). Wiesbaden: Gabler.

Brehm, C., & Petry, T. (2009). Toolbox – Denkwerkzeuge für Change Manager. In W. Krüger (Hrsg.), *Excellence in Change: Wege zur strategischen Erneuerung* (S. 367–405). Wiesbaden: Gabler.

Buckley, E., & Williams, M. (2005). Internal branding. In A. M. Tybout & T. Calkins (Hrsg.), *Kellogg on branding* (S. 320–326). New Jersey: Wiley.

Burmann, C., & Zeplin, S. (2005). Innengerichtetes identitätsbasiertes Markenmanagement. In H. Meffert, C. Burmann, & M. Koers (Hrsg.), *Markenmanagement – Identitätsorientierte Markenführung und praktische Umsetzung* (S. 115–134). Wiesbaden: Gabler.

Cowan, N. (2000). The magical number 4 in short-term memory: A reconsideration of mental storage capacity. *Behavioral and Brain Science, 24*, 87–185.

Das, E. H. H., de Wit, J. B. F., & Stroebe, W. (2003). Fear appeals motivate acceptance of action recommendations: Evidence for a positive bias in the processing of persuasive messages. *Personality and Social Psychology Bulletin, 29*(5), 650–664.

Davis, S. (2005). Building a brand-driven organization. In A. M. Tybout & T. Calkins (Hrsg.), *Kellogg on branding* (S. 226–243). New Jersey: Wiley.

Davis, S. M., & Dunn, M. (2002). *Building the brand-driven business: Operationalize your brand to drive profitable growth*. San Francisco: Jossey-Bass.

Doppler, K., & Lauterburg, C. (2014). *Change Management: Den Unternehmenswandel gestalten*. Frankfurt: Campus.

Effie (2008). Deutsche Post – die Post für Deutschland, http://www.gwa.de/images/effie_db/2008/deutschepost_2008.pdf. Zugegriffen am 22.07.2014.

Esch, F.-R.. Hrsg. (2005). *Moderne Markenführung: Grundlagen – Innovative Ansätze – Praktische Umsetzungen*. Wiesbaden: Gabler.

Esch, F.-R. (2010). *Wirkung integrierter Kommunikation: Ein verhaltenswissenschaftlicher Ansatz für die Werbung* (5. Aufl.). Wiesbaden: Gabler.

Esch, F.-R. (2012a). *Strategie und Technik der Markenführung* (7. Aufl.). München: Vahlen.

Esch, F.-R. (2012b). Markenidentität als Basis für Brand Behavior. In T. Tomczak, F.-R. Esch, J. Kernstock, & A. Herrmann (Hrsg.), *Behavioral Branding – Wie Mitarbeiterverhalten die Marke stärkt* (S. 34–46). Wiesbaden: Gabler.

Esch, F.-R., & Knörle, C. (2012). Interne Markenführung im Kontext von Merger & Acquisitions. In T. Tomczak, F.-R. Esch, J. Kernstock, & A. Herrmann (Hrsg.), *Behavioral Branding* (S. 373–388). Wiesbaden: Gabler.

Esch, F.-R., & Vallaster, C. (2005). Mitarbeiter zu Markenbotschaftern machen: Die Rolle der Führungskräfte. In F.-R. Esch (Hrsg.), *Moderne Markenführung: Grundlagen – Innovative Ansätze – Praktische Umsetzungen* (S. 1009–1020). Wiesbaden: Gabler.

Esch, F.-R., Baum, M., & Frisch, J. C. (2013a). Aufbau von Markencommitment bei Mitarbeitern. *Die Unternehmung, 67*(3), 246–270.

Esch, F.-R., Frisch, J. C., & Gawlowski, D. (2013b). Die Mitarbeiter und den Handel zu Markenbotschaftern machen. In F.-R. Esch (Hrsg.), *Strategie und Technik des Automobilmarketings* (S. 301–330). Wiesbaden: Springer Gabler.
Esch, F.-R., Knörle, C., & Strödter, K. (2014). *Internal Branding – Wie Sie mit Mitarbeitern die Marke stark machen*. München: Vahlen.
George, W. R., & Grönroos, C. (1995). Internes Marketing: Kundenorientierte Mitarbeiter auf allen Unternehmensebenen. In M. Bruhn (Hrsg.), *Internes Marketing – Integration der Kunden- und Mitarbeiterorientierung: Grundlagen, Implementierung, Praxisbeispiele* (S. 63–86). Wiesbaden: Gabler.
Grauel, R. (2006). Gebrauchsanweisungen zu Lehrplänen. *Brand Eins, 8*(12), 16–18.
Hackett, R. D., Bycio, P., & Hausdorf, P. A. (1994). Further assessments of Meyer and Allen's (1991) three-component model of organizational commitment. *Journal of Applied Psychology, 79*(1), 15–23.
Harris, S. G. (1989). A schema-based perspective on organizational culture. *Academy of Management Proceedings*, 178–182.
Hartmann, K. (2010). *Wirkung der Markenwahrnehmung auf das Marken-Commitment von Mitarbeitern*. Hamburg: Kovac.
Henkel, S., Tomczak, T., Heitmann, M., & Herrmann, A. (2012). Determinanten eines erfolgreichen Behavioral Branding. In T. Tomczak, F.-R. Esch, J. Kernstock, & A. Herrmann (Hrsg.), *Behavioral Branding – Wie Mitarbeiterverhalten die Marke stärkt* (S. 215–236). Wiesbaden: Gabler.
Hilti. (2012). Interne Präsentation im Rahmen des Vaillant Marketingbeirats.
Ind, N. (2007). *Living the brand – How to transform every member of your organization into a brand champion*. London: Kogan Page.
Joachimsthaler, E. (2002). Mitarbeiter – Die vergessene Zielgruppe für Markenerfolge. *Absatzwirtschaft, 45*(11), 28–34.
Kanter, R. M. (1968). Commitment and social organization: A study of commitment mechanisms in utopian communities. *American Sociological Review, 33*(4), 499–517.
Katz, D., & Kahn, R. L. (1966). *The social psychology of organizations*. New York: Wiley.
Keller, K. L. (1999). Brand mantras: Rationale, criteria and examples. *Journal of Marketing Management, 15*(1–3), 43–51.
Keller, K. L. (2012). *Strategic brand management: Building, measuring, and managing brand equity*. Upper Saddle River: Prentice-Hall.
Kelman, H. C. (1961). Processes of opinion change. *Public Opinion Quarterly, 25*(1), 57–78.
Kirn, S. P., Rucci, A. J., Huselid, M. A., & Becker, B. E. (1999). Strategic human resource management at SEARS. *Human Resource Management, 38*(4), 329–335.
König, V. (2010). *Innengerichtetes, identitätsbasiertes Markenmanagement in Call Centern – Eine empirische Analyse zur Konzeptionalisierung, Operationalisierung und Wirkung von Maßnahmen zum Aufbau von Brand Commitment*. Wiesbaden: Gabler.
Kotler, P., & Keller, K. L. (2012). *Marketing management* (14. Aufl.). Upper Saddle River: Prentice Hall.
Kroeber-Riel, W., & Esch, F.-R. (2011). *Strategie und Technik der Werbung* (7. Aufl.). Stuttgart: Kohlhammer.
Kroeber-Riel, W., & Gröppel-Klein, A. (2013). *Konsumentenverhalten* (10. Aufl.). München: Vahlen.
Krüger, W. (2009a). Topmanager als Promotoren und Enabler des Wandels. In W. Krüger (Hrsg.), *Excellence in Change: Wege zur strategischen Erneuerung* (S. 143–192). Wiesbaden: Gabler.
Krüger, W. (2009b). Strategische Erneuerung: Programme, Prozesse, Probleme. In W. Krüger (Hrsg.), *Excellence in Change: Wege zur strategischen Erneuerung* (S. 45–115). Wiesbaden: Gabler.
Langer, E. J. (1975). The illusion of control. *Journal of Personality and Social Psychology, 32*(2), 311–328.
LaPiere, R. T. (1934). Attitudes vs. actions. *Social Forces, 13*(2), 230–237.

Lewin, K. (1947). Frontiers in group dynamics: Social equilibria and social change. *Human Relations, 1*(2), 5–41.

Lieberknecht, J., & Esch, F.-R. (2014). Fallstudie: Rebranding – vom Ende her denken. In F.-R. Esch, T. Tomczak, J. Kernstock, T. Langner, & J. Redler (Hrsg.), *Corporate Brand Management: Marken als Anker strategischer Führung von Unternehmen* (S. 139–148). Wiesbaden: Springer Gabler.

March, J. G., & Simon, H. A. (1976). *Organisation und Individuum: Menschliches Verhalten in Organisationen*. Wiesbaden: Gabler.

Mellor, S., Mathieu, J. E., Barnes-Farrell, J. L., & Rogelberg, S. G. (2001). Employees' nonwork obligations and organizational commitments: A new way to look at the relationship. *Human Resource Management, 40*(2), 171–184.

Meyer, J. P., & Allen, N. J. (1984). Testing the side-bet theory of organizational commitment: Some methodological considerations. *Journal of Applied Psychology, 69*(3), 372–378.

Meyer, J. P., & Allen, N. J. (1991). A three-component conceptualization of organizational commitment. *Human Resource Management Review, 1*(1), 61–89.

Meyer, J. P., & Allen, N. J. (1997). *Commitment in the workplace: Theory, research and application*. Thousand Oaks: Sage Publications.

Meyer, J., Pauonen, S., Gellatly, I., Goffin, R., & Jackson, D. (1989). Organizational commitment and job performance: It's the nature of the commitment that counts. *Journal of Applied Psychology, 74*(1), 152–156.

Meyer, J. P., Stanley, D. J., Herscovitch, L., & Topolnytsky, L. (2002). Affective, continuance, and normative commitment to the organization: A meta-analysis of antecedents, correlates, and consequences. *Journal of Vocational Behavior, 61*(1), 20–52.

Meyer, J. P., Becker, T. E., & van Dick, R. (2006). Social identities and commitments at work: Toward an integrative model. *Journal of Organizational Behavior, 27*(5), 665–683.

Moorman, R. H., Niehoff, B. P., & Organ, D. W. (1993). Treating employees fairly and organisational citizenship behaviour: Sorting the effects of job satisfaction, organisational commitment and procedural justice. *Employee Responsibilities and Rights Journal, 6*(3), 209–225.

Moreno, J. L. (1934). *Who shall survive? A new approach to the problem of human interrelations*. Washington, DC: Beacon House.

Mowday, R. T., Porter, L. W., & Steers, R. M. (1982). *Organizational linkages: The psychology of commitment, absenteeism, and turnover*. San Diego: Academic Press.

O'Reilly, C. A., III, & Chatman, J. A. (1986). Organizational commitment and psychological attachment: The effects of compliance, identification, and internalization on prosocial behavior. *Journal of Applied Psychology, 71*(3), 492–499.

Olson, J. M., & Stone, J. (2005). The influence of behavior on attitudes. In D. Albarracín, B. T. Johnson, & M. P. Zanna (Hrsg.), *The handbook of attitudes* (S. 223–271). New Jersey: Lawrence Erlbaum.

Organ, D. W., Podsakoff, P. M., & MacKenzie, S. B. (2005). *Organizational citizenship behavior: Its nature, antecedents, and consequences*. Thousand Oakes: SAGE Publications.

Perloff, R. M. (2010). *The dynamics of persuasion: Communication and attitudes in the 21st century*. Hillsdale: Lawrence Erlbaum.

Piehler, R. (2011). *Interne Markenführung: Theoretisches Konzept und fallstudienbasierte Evidenz*. Wiesbaden: Gabler.

Podsakoff, P. M., MacKenzie, S. B., Paine, J. B., & Bachrach, D. G. (2000). Organizational citizenship behaviors: A critical review or the theoretical and empirical literature and suggestions for future research. *Journal of Management, 26*(3), 513–563.

PWC, Sattler & GfK (2012). *Markenstudie 2012*, PWC. Frankfurt a.M. www.markenverband.de/. Zugegriffen am 08.10.2014.

Riketta, M. (2002). Attitudinal organizational commitment and job performance: A meta-analysis. *Journal of Organizational Behavior, 23*(3), 257–266.

Ruess, A. (2005). Schaffe, net schwätze – Keiner kann Chemie und sein Unternehmen so gut verkaufen wie der BASF-Vorstandsvorsitzende Jürgen Hambrecht. *Wirtschaftswoche, 39*, 68.

Schelling, T. C. (1956). An essay on bargaining. *The American Economic Review, 46*(3), 281–306.
Sistenich, F. (2001). Firmenspiele: Corporate Identity und Corporate Design müssen auch intern gelebt werden. *Horizont*, 15.02.2001, 07, 26.
Spannagl, P. (2005). Kundenorientierte Personalentwicklung. In H. Künzel (Hrsg.), *Handbuch Kundenzufriedenheit: Strategie und Umsetzung in der Praxis* (S. 73–94). Berlin: Springer.
Strödter, K. (2008). *Markencommitment bei Mitarbeitern: Bedeutung der Kongruenz von Mitarbeiter und Marke für das Markencommitment in Unternehmen*. Berlin: Logos.
Sweeney, J. C., Soutar, G. N., & Mazzarol, T. (2012). Word of mouth: Measuring the power of individual messages. *European Journal of Marketing, 46*(1/2), 237–257.
Trusov, M., Bucklin, R. E., & Pauwels, K. (2009). Effects of word-of-mouth versus traditional marketing: Findings from an internet social networking site. *Journal of Marketing, 73*(5), 90–102.
Vallaster, C., & de Chernatony, L. (2005). Internationalization of service brands. The role of leadership during the internal brand building process. *Journal of Marketing Management, 21*(1/2), 181–203.
Viswesvaran, C., Schmidt, F. L., & Ones, D. S. (2005). Is there a general factor in ratings of job performance? A meta-analytic framework for disentangling substantive and error influences. *Journal of Applied Psychology, 90*(1), 108–131.
Werth, L., & Mayer, J. (2008). *Sozialpsychologie*. Berlin: Springer.
Wiener, Y. (1982). Commitment in organizations: A normative view. *Academy of Management Review, 15*(2), 451–489.
Wittke-Kothe, C. (2001). *Interne Markenführung: Verankerung der Markenidentität im Mitarbeiterverhalten*. Wiesbaden: Gabler.
Zeplin, S. (2006). *Innengerichtetes identitätsbasiertes Markenmanagement*. Wiesbaden: Gabler.

Prof. Dr. Franz-Rudolf Esch ist Inhaber des Lehrstuhls für Markenmanagment und Automobilmarketing, Direktor des Institutes für Marken- und Kommunikationsforschung (IMK) an der EBS Universität für Wirtschaft und Recht, Wiesbaden sowie Gründer von ESCH. The Brand Consultants, Saarlouis.

Sabrina Eichenauer ist wissenschaftliche Mitarbeiterin am Lehrstuhl für Markenmanagement und Automobilmarketing an der EBS Universität für Wirtschaft und Recht, Wiesbaden, und Projektmitarbeiterin am Institut für Marken- und Kommunikationsforschung (IMK).

Bedeutung der Architektur für die Unternehmenskommunikation

Dieter Georg Herbst

Inhalt

1 Einleitung 326
2 Corporate Architecture als Instrument des Corporate Identity Management 328
3 Corporate Architecture als Teil des Corporate Design 330
4 Corporate Architecture als Codes 331
5 Corporate Architecture und die Gestaltung innerer Bilder 334
6 Corporate Architecture und Erlebnisse mit dem Unternehmen 335
7 Case Studies: Corporate Architecture der deutschen Automobilbranche 336
8 Fazit und Ausblick 341
Literatur 341

Zusammenfassung

Architektur kann ein wirkungsvolles Instrument der Unternehmenskommunikation sein: Als Corporate Architecture vermittelt sie die strategischen Botschaften des Unternehmens an die wichtigen internen und externen Bezugsgruppen durch inszenierte Orte, Gebäude und Räume. Das Ergebnis wirkungsvoller Corporate Architecture sind einzigartige, lebendige und attraktive innere Gedächtnisbilder, die entstehen, wenn die Bezugsgruppen an das Unternehmen denken. Solche inneren Bilder können sehr verhaltenswirksam sein – dies belegen zahlreiche Forschungsergebnisse.

Schlüsselwörter

Corporate Architecture • Corporate Brand • Corporate Design • Corporate Identity • Unternehmensidentität • Unternehmenskommunikation

---

D.G. Herbst (✉)
Universität der Künste Berlin, Berlin, Deutschland
E-Mail: dieter.herbst@udk-berlin.de; herbst@source1.de

1 Einleitung

„Visitenkarten aus Stein", so nennt die Süddeutsche Zeitung am 17. Mai 2010 einen Beitrag über Corporate Architecture. Das Interesse an diesem Thema scheint in den vergangenen Jahren stark zugenommen zu haben: Weltweit agierende Konzerne setzen zunehmend auf *Corporate Architecture*, um neue Wahrzeichen für ihre Marken zu schaffen. Waren Firmensitze früher oft als Stadt in der Stadt konzipiert, öffnen sich heute die Unternehmen und machen sie als inszenierte Orte für Besucher durch alle Sinne erlebbar. Woher kommt dieses steigende Interesse am Thema?

In den vergangen Jahren haben sich Unternehmen dramatisch verändert: Sie sind komplexer, internationaler und schneller geworden (Hitt et al. 2002). Gründe für diese Entwicklung sind der steigende Wettbewerb in allen Märkten, die Austauschbarkeit von Leistungen und das daraus resultierende nachlassende Interesse der Konsumenten (Aaker 2004; Kroeber-Riel und Esch 2011).

Diese Veränderungen gehen einher mit einem *Verlust an Orientierung und Vertrauen* bei den wichtigen internen und externen Bezugsgruppen wie Mitarbeitende, Kunden, Geschäftspartner, Journalisten und Politiker. Diese vermissen zunehmend ein klares Vorstellungsbild vom Unternehmen (Image), von dessen Eigenschaften, Leistungen und vor allem von dessen Einzigartigkeit. Dieses einzigartige Image ist jedoch essenziell, damit die Bezugsgruppen schnell und gezielt entscheiden können, ob sie das Unternehmen durch ihren individuellen Beitrag unterstützen wollen oder nicht (Fombrun und Shanley 1990; Fombrun 1996; Gruner + Jahr 2006).

Nur einige Unternehmen sind erfolgreich darin, ein solches klares, lebendiges und einzigartiges Images zu gestalten. Einer der Gründe ist, dass die von ihnen verwendeten Bilder und Botschaften austauschbar geworden sind. Sie greifen gemeinsam auf weltweite Bilddatenbanken zu und imitieren sich mit abstrakten Begriffen wie „innovativ", „kompetent", „kundenfreundlich". Die qualitative Studie von Herbst (2005b) zeigt, dass nur einzelne der umsatzstärksten DAX-Unternehmen mit einzigartigen *inneren Vorstellungsbildern* verbunden sind – lediglich BMW und Mercedes konnten diese erzeugen. Die Forschung zeigt, dass gerade diese inneren Bilder als besonders verhaltenswirksam gelten (Kroeber-Riel 1993).

Ihre *Architektur* setzen Unternehmen schon lange ein, um damit *Kommunikationsbotschaften* zu senden. Legendär das Beispiel des AEG-Hausarchitekten und Generalgestalters Peter Behrens: Er gestaltete mit seinem Team, zu dem Walter Gropius, Mies van der Rohe und Le Corbusier gehörten, nicht nur Produkte, Kataloge und Preislisten für die AEG, sondern auch Ausstellungsräume und sogar Wohnungen für die Arbeiter. Glanzstück war eine Montagehalle für die Turbinenfabrik in Berlin-Moabit, die er 1909 schuf und Fortschritt demonstrierte. Oft zitiert ist das Beispiel des „Vierzylinder", das Verwaltungsgebäude von BMW in München: Dieses Gebäude stellt in abstrahierter Form die vier Zylinder eines Motors dar.

Mittlerweile sind an vielen Orten Unternehmen durch alle *Wahrnehmungssinne* erlebbar:

- Swarowski hat seine faszinierende Kristallwelt.
- Die VW-Autostadt in Wolfsburg ist ein weiträumiges Gelände, auf dem die Besucher die Welt des Volkswagen-Konzerns erkunden können: Das gläserne KonzernForum bietet aufwändige Multimediainszenierungen, das ZeitHaus präsentiert Besuchern die Geschichte des Automobils. Der Konzern lädt seine Besucher zu einer Reise in die Welt der Mobilität ein und stellt neben seinen weit reichenden Markenwelten auch die Zukunftsvisionen vor.
- Volkswagen hat 2002 seine gläserne Manufaktur in Dresden eröffnet, die den Phaeton herstellt: Besucher sehen, wie Mitarbeitende in weißen Arbeitsanzügen die vorgefertigten Einzelteile montieren. Ungewöhnlich ist der helle Parkettfußboden und das Schuppenlaufband, auf dem der Fertigungsmitarbeitende mitfährt und seine Arbeit erledigt. Die Elektro-Hängebahn bringt die Karosserie für jeden Produktionsschritt in die vorgegebene Position. Zusätzlich zur Fertigung der Limousine gibt es im Werk die „Technikwelt", die aus der virtuellen Fertigung, dem Kugelhaus, dem virtuellen Fahrerlebnis und dem Auto-Konfigurator am größten Touch-Screen der Welt besteht. Volkswagen inszeniert so nicht nur seine Luxusmarke, sondern seine gesamte Unternehmenspersönlichkeit durch ein Erlebnis, das alle Sinne der Besucher anspricht und bei ihnen zu neuartigen, starken inneren Bildern führt.
- In den vergangenen Jahren sind viele Einrichtungen entstanden, die zur Marke ein breites Angebot an Wissen und Erziehung (Education) sowie Unterhaltung (Entertainment) anbieten. Diese Einrichtungen werden Edutainment Center genannt. Ziel: Die Besucher sollen das Unternehmen und seine Marken ganzheitlich erleben und – bei hohem Unterhaltungswert – mehr über sie lernen. Für die Freizeit- und Vergnügungsparks Heide-Park Soltau und Europapark Rust hat Beiersdorf das Nivea-Kinderland entwickelt, mit lehrreichen Spielen zur „Sicherheit im und am Wasser". In der Tat zeigt die Forschung, dass Informationen besser gelernt werden, wenn sie mit starken Emotionen verbunden sind (z. B. Mikunda 1996; Spitzer 2006).
- Architektur spielt auch in der täglichen Unternehmenskommunikation eine essenzielle Rolle, sei es bei der Auswahl eines Ortes für die Pressekonferenz, für ein Event, das Vorstandsfoto und als Ort einer Krise (z. B. Brand, Explosion).

Beispiel Pressearbeit: Die Journalisten greifen in ihrer Berichterstattung über Unternehmen vor allem auf Motive von Menschen, Logos, Produkten und der Architektur (Frontalansichten, Firmeneingänge oder Eingangshallen usw.) zurück, die am stärksten den Bezug zum Unternehmen ermöglichen. Dies ist das Ergebnis der Studie von Herbst (2005b). Untersucht wurde die Berichterstattung in 17 Entscheidermedien (Print) und TV-Nachrichten aus 12 Sendern auf die Verwendung von Bildern der 15 umsatzstärksten DAX-Konzernen. Für die vorliegende Analyse wurden 1.377 Nennungen in 1.310 Beiträgen aus 17 Printmedien und 243 Nennungen in 63 Beiträgen von TV-Nachrichten codiert.

Auch die Wissenschaft entdeckt die Corporate Architecture als Forschungsfeld (z. B. Bahamón et al. 2009; Muzellec und Lambkin 2009; Van Marrewijk 2009;

Brülisauer 2010; Brunner 2011; Altman 2012; Brexendorf et al. 2012; Harwood 2011; Vonseelen 2012; Berndt 2013). Wichtige Erkenntnisse stammen auch aus der „Environmental Psychology" (Gibson und Barker 2001), der Forschung zur „Umwelt-Präferenz" (Kaplan und Kaplan 1982) und zur „Umweltpsychologie" (Hellbrück und Kals 2012).

Corporate Architecture bedeutet, die Architektur in einem Unternehmen bzw. einer Organisation als Ausdruck der Unternehmenspersönlichkeit zu nutzen. Corporate Architecture umfasst szenografisch gestaltete Gebäude und Räume sowie Ausstellungen, Messeauftritte und Erlebniswelten.

Die Corporate Architecture ist Teil des *Corporate Design* und damit der Instrumente des Corporate Identity Managements (Herbst 2012). Messedat formuliert: „Corporate Architecture steht für die gebaute Identität von Unternehmen, Marken und Institutionen. Ich verstehe Identität als einen strategischen Prozess, um gezielte Einblicke in die Tradition, die Arbeitsweise und das Selbstverständnis von Unternehmen zu geben. Meine Aufgabe ist es, Identität zu stiften, zu etablieren und kontinuierlich zu pflegen. Die Bandbreite reicht von temporären Präsentationen auf Messen und Ausstellungen über Shops und Showrooms bis hin zu Firmengebäuden und Firmenmuseen." (Messedat 2005).

Auch viele andere Autoren betonen die Verbindung der Architektur und dem Selbstverständnis des Unternehmens: „Corporate architecture, as an integral part of a comprehensive corporate identity program, conveys a firm's core ideas and belief systems by simultaneously providing a symbolic dimension, an emotional experience, and an organizational structure that help strengthen corporate values on a perceptual level" (Klingmann 2007, S. 259). Der Studiengang „Corporate Architecture" an der Fachhochschule Köln definiert: „Corporate Architecture ist gebaute Identität. Sie sind Beispiele einer Architektur, die ein bestimmtes Lebensgefühl erzeugt und ein Markenimage vermittelt. Architektur übernimmt dabei eine kommunikative Rolle, da sie die Werte und das Selbstverständnis eines Unternehmens nach außen und innen trägt" (http://www.f05.fh-koeln.de/master/studieninteressierte/01543/).

Ziel der Corporate Architecture ist es, zur Gestaltung von Bekanntheit und des Images eines Unternehmens bzw. einer Organisation beizutragen. Der Aufbau und die Entwicklung von inneren Bildern sind hierbei als Wirkung besonders wichtig (Dieterle 1992; Kroeber-Riel und Esch 2011; Herbst 2012).

2 Corporate Architecture als Instrument des Corporate Identity Management

Im *Architekturdesign* drückt sich das Selbstverständnis des Unternehmens aus (Corporate Identity), hierin sind sich die meisten Autoren einig (z. B. Olins 1990; Bungarten 1993; Birkigt et al. 2002): Wirken die Gebäude wie durcheinander gewürfelt oder verfolgen sie einen einheitlichen Stil? Büroausstattung und Bürogröße sowie deren Ausstattung mit Pflanzen, Gardinen, Möbelprogrammen signalisieren die Bedeutung von Mitarbeitenden und Mitarbeitergruppen wie

Führungskräfte. In manchen Unternehmen lässt sich der Rang eines Mitarbeitenden sofort an solchen Statussymbolen ablesen.

Den *Begriff Corporate Identity* (CI) haben die beiden Unternehmer J. Gordon Lippincott und Walter P. Margulies entwickelt. Im Jahre 1943 gründeten sie die Agentur Lippincott & Margulies, die zuerst auf Verpackungsdesign und die Identität von Markenprodukten ausgerichtet war. In den 1960er-Jahren schufen sie die Bezeichnung CI und boten fortan die ganzheitliche Gestaltung von Unternehmenspersönlichkeiten an. In Deutschland begann sich der Begriff in den 1980er-Jahren durchzusetzen (Herbst 2012).

Begriffsethymologisch stammt das Wort „Corporate" aus der englischen Sprache und bedeutet zum einen „Kooperation", „Verein", „Gruppe", „Unternehmen", „Zusammenschluss"; zum anderen steht das Wort für „vereint", „gemeinsam", „gesamt". Es geht also um eine Organisation oder eine Gemeinschaft als Ganzes: ob Unternehmen, Verein, Verband, Partei, Gewerkschaft, Polizei, Kirche, Stadt, Region oder Land.

„Identity" bedeutet Selbstverständnis: *Wer bin ich? Was kann ich? Was will ich? Wer bin ich in den Augen anderer? Wer will ich in den Augen anderer sein?* Die Identität eines Unternehmens ergibt sich aus dem gemeinsamen Selbstverständnis aller Mitarbeitenden über die Unternehmenspersönlichkeit. Dieses Selbstverständnis entsteht aus der Beziehung zwischen innen und außen. Sie zeigt sich im Denken, Handeln und den Leistungen des Unternehmens. Je mehr Mitarbeitende in dieser Einschätzung übereinstimmen, desto einheitlicher und ausgeprägter ist das gemeinsame Selbstverständnis über die Unternehmenspersönlichkeit. Bestehen dagegen sehr unterschiedliche Vorstellungen über das Selbstverständnis, kann das Unternehmen keine klare eindeutige Persönlichkeit vermitteln – es gilt als unklar und diffus.

Der Begriff Management steht für das systematische und langfristige Vorgehen aus Analyse, Planung, Gestaltung und Kontrolle.

Corporate Identity Management ist somit die systematische und langfristige Gestaltung des gemeinsamen Selbstverständnisses eines Unternehmens über seine Unternehmenspersönlichkeit (Herbst 2012; siehe z. B. auch Wache und Brammer 1993).

Corporate Identity Management (CIM) kann das *Selbstverständnis des Unternehmens* erkennen, gestalten, vermitteln und prüfen: Das Unternehmen erkennt bewusst und in einem systematischen Prozess seine Persönlichkeit und vergleicht diese mit Wünschen und Erwartungen von Mitarbeitenden und externem Umfeld. Auf dieser Basis entscheidet sich das Unternehmen, ob es sein gemeinsames Selbstverständnis ändern muss und wie es sein soll (Herbst 2012).

Diese angestrebte Unternehmenspersönlichkeit wird durch das Erscheinungsbild (*Corporate Design*), Kommunikation (*Corporate Communication*) und Verhalten (*Corporate Behaviour*) nach innen und außen vermittelt. Das gemeinsame Selbstverständnis wird auch immer wieder kritisch geprüft, um festzustellen, ob es weiterhin den sich ändernden internen und externen Erwartungen und Anforderungen gerecht wird.

Im Zentrum des Corporate Identity Managements stehen der Aufbau und die systematische *Entwicklung der Unternehmenspersönlichkeit* (Herbst 2012). Ein

Unternehmen besteht aus der Summe der Persönlichkeiten seiner Mitarbeitenden. Daher ist es sinnvoll, auch das Unternehmen als Persönlichkeit zu begreifen, die eine Geschichte hat, die im Hier und Heute lebt und die sich entwickelt.

Die Unternehmenspersönlichkeit ist – wie die Persönlichkeit des Menschen – durch ein Merkmal oder mehrere gekennzeichnet, die dieses Unternehmen dauerhaft von anderen Unternehmen unterscheidet: Volvo steht für Sicherheit, Mercedes für Qualität, BMW für sportliches Fahren.

Wie die starke Persönlichkeit des Menschen in einer Gruppe, hebt sich die starke Unternehmenspersönlichkeit wie ein Leuchtturm in der Flut von Unternehmen ab. Durch seine einzigartigen und unverwechselbaren Merkmale wird das Unternehmen für andere vertrauenswürdig und gilt als verlässlich: Yahoo steht für hochwertige Informationsaufbereitung, die Handelskette Body Shop steht für soziale Verantwortung, Disney für Familienwerte. Diese Merkmale sind für die Bezugsgruppen bedeutend und machen das Unternehmen für diese so attraktiv.

Die starke Unternehmenspersönlichkeit präsentiert sich durchgängig in allen Kontakten mit den Bezugsgruppen – also in Design, Kommunikation und Verhalten. In jedem Kontakt erkennen die Bezugsgruppen die Unternehmenspersönlichkeit.

Die *starke Unternehmenspersönlichkeit* dient somit dem

- *Identifizieren*: Die Bezugsgruppen können das Unternehmen klar erkennen und ihm bestimmte Eigenschaften eindeutig zuordnen.
- *Differenzieren*: Die Bezugsgruppen können das Unternehmen deutlich von anderen Unternehmen unterscheiden.
- *Profilieren*: Für die Bezugsgruppen sind die Eigenschaften wichtig und sie befriedigen deren Bedürfnisse. Sie meinen, dass das Unternehmen dies aufgrund seiner Kompetenz auf einzigartige Weise leisten kann.

3 Corporate Architecture als Teil des Corporate Design

Das *Corporate Design* (CD) vermittelt die Unternehmenspersönlichkeit durch ein einheitliches Erscheinungsbild (Olins 1990): Eine konservative Firma realisiert Geschäftspapiere, Geschäftsberichte, Anzeigen und Werbespots mit eher konservativen Stilmitteln. Ein modernes Unternehmen signalisiert dies durch den Einsatz fortschrittlicher Gestaltungskomponenten und -prinzipien wie zukunftsweisende Logo-Formate, progressive Schriften und eine ungewöhnliche Architektur.

Das Corporate Design wird geprägt von *Gestaltungskonstanten* wie der Bilderwelt des Unternehmens (Corporate Imagery), dem Logo, den Hausfarben, der Hausschrift, der typografisch gestalteten Form des Slogans, den Gestaltungsrastern und den stilistischen Sollvorgaben für Abbildungen, Fotos und andere Illustrationselemente. Diese Konstanten bestimmen das Design aller visuellen Äußerungen des Unternehmens: der Produkte und ihrer Verpackung, der Kommunikationsmittel, der Architektur und weiterer Sonderbereiche wie des Fotodesigns, der Beschilderung, der Gebäudebeschriftung und mitunter der Arbeitskleidung.

Corporate Design ist *visuelles Konzentrat eines inhaltlichen Konzeptes*, einer Weltanschauung, eines gesellschaftlichen Auftrages, eines Parteiprogramms, einer religiösen Glaubensrichtung, eines sozialen Entwurfs, eines Unternehmensleitbildes, kurzum: eines formulierten Selbstverständnisses – egal, ob es sich um Unternehmen, Institutionen, Kirchen, Parteien, Städte, Messen und Kongresse handelt.

Die Corporate Architecture lässt sich somit im Corporate Design einordnen, das wiederum Instrument des Corporate Identity Managements ist.

4 Corporate Architecture als Codes

Die Corporate Architecture lässt sich als *Code eines Unternehmens* verstehen. Codes (auch Cues genannt) sind Hinweisreize, denen eine Bedeutung zugeschrieben wird (Rapaille 2006). Die Corporate Architecture gehört zu diesen Hinweisreizen, da sie mehr Bedeutung offenbaren, als in deren eigentlichen Erscheinungsform liegt: Welchen Eindruck erzeugt ein Verwaltungsgebäude?

Codes lassen sich klassifizieren, systematisch erfassen und gestalten. Scheier et al. (2012) bieten einen Ansatz, die Codes aus den *Gedächtnissystemen* des Menschen abzuleiten. Demnach dekodiert und speichert unser Gehirn Signale auf drei Arten:

- Wie sieht es aus? Unser Gehirn verarbeitet sensorische Eindrücke, also jene, die wir über unsere Sinne aufnehmen. Hier speichern wir, wie die Dinge aussehen, zum Beispiel, dass die Deutsche Bank Blau oder die Telekom Magenta ist. Diese Verarbeitung ist sehr oberflächlich und berücksichtigt noch nicht die Bedeutung der Signale.
- Was bedeutet es? Wir speichern semantische Eindrücke, also wofür die Zeichen und Signale stehen wie Sprache und ein Firmenlogo. Die Bedeutung ist wesentlich wichtiger als das Aussehen: Wofür also steht der Mercedes-Stern? Wofür steht die große Eingangshalle?
- Wann und wo habe ich es gesehen? Mit wem war ich da zusammen? Unser Gehirn speichert episodische Eindrücke, also Geschichten, die wir mit Unternehmen und deren Leistungen verknüpfen, zum Beispiel persönliche Erfahrungen auf einem Tag der offenen Tür oder Erinnerungen an die Produktverwendung. Hier speichert das Gehirn zeitliche Muster und Bezüge (Markowitsch 2005; Spitzer 2006).

Unser Gehirn speichert also keine Erinnerungen als Gesamtpaket, sondern es kodiert Signale auf drei Wegen und legt sie auch an unterschiedlichen Orten ab. Die Hirnforschung unterscheidet deshalb drei *Gedächtnisarten*: das sensorische, das symbolische und das episodische Gedächtnis (z. B. Domning et al. 2009, S. 82; Scheier et al. 2012). Für die Corporate Architecture stehen demnach folgende Bedeutungsträger zur Verfügung, die ein Unternehmen und dessen Leistungen vermitteln können: Sensorik, Symbole, Sprache und Episoden.

- *Sensorische Codes*: Das klassische Verständnis des Corporate Design zielt vor allem auf das Vermitteln der Unternehmenspersönlichkeit durch das visuelle Erscheinungsbild ab (z. B. Olins 1990; Daldrop 1997; Regenthal 2003; Paulmann 2005). Mittlerweile umfasst das Corporate Design die Ansprache aller Sinne als *multisensorisches Erlebnis* (Herbst 2003; Haug 2012). Dies hat zur Entwicklung von Corporate Sound (z. B. Götz 2011) und Corporate Scent geführt (z. B. Hehn 2006).

Multisensorische Reize werden im Hirn als *innere Gedächtnisbilder* repräsentiert, so genannte „*Imageries*". Als Imageries können nicht nur visuelle Reize, sondern auch andere Reize angesehen werden, zum Beispiel Akustikreize und Geruchsreize (z. B. Kroeber-Riel 1993).

Die Corporate Architecture kann sämtliche *Wahrnehmungssinne* ansprechen:

- *Sehen*: Die Corporate Architecture kann Teil der Bilderwelt des Unternehmens sein wie im Fall des Möbelherstellers vitra. Zum Sehen gehören Lichteffekte an und im Gebäude.
- *Hören*: Einsatz von Klang auf Messen, Ausstellungen und Events im Kontext der Gestaltung der Maßnahme.
- *Tasten*: Hierzu gehört das verwendete Material für die Corporate Architecture. Reize, die durch Tasten entstehen, sind zum Beispiel Druck, Wärme, Kälte, Hautdehnung/Gelenkdehnung, Stellung der Gliedmaßen, Schmerz, Temperatur oder Vibration.
- *Riechen*: Das verwendete Material lässt sich auch riechen wie Möbel. Das Mövenpick-Hotel in Frankfurt Oberursel hat Räumen individuelle Düfte zugewiesen.
- *Schmecken*: Corporate Architecture in Form von Symbolen, Gebäuden lassen sich als Süßwaren verzehren (z. B. ein charakteristischer Schokolade-Turm).

Der koordinierte Einsatz und die Ansprache aller Sinne durch Corporate Architecture kann die Aktivierung der Sinnesorgane deutlich erhöhen: Gelangen Reize über das Unternehmen über alle fünf Sinne in unser Gehirn so hat dies die zehnfache Wirkung („multisensory enhancement"; Scheier und Held 2006). Überdies bietet die multisensorische Vermittlung der Unternehmenspersönlichkeit weitere Möglichkeiten zur Differenzierung im Wettbewerb.

- *Symbolische Codes*: *Symbole* stehen als Zeichen stellvertretend für etwas, wie zum Beispiel ein Logo und ein Schlüsselbild wie der Swoosh von Nike, der angebissene Apfel von Apple, die Sauerstoffblasen von O2 (Eco 1977). In der Unternehmenskommunikation werden solche Zeichen auch als *Markierung* bezeichnet (z. B. Kotler und Keller 2006). Sie ermöglichen den Bezugsgruppen, das Unternehmen klar zu erkennen und eindeutig zuzuordnen. Das Symbol kann ein Name, ein Logo, eine Farbe sein. Wie wichtig solche Zeichen sind, zeigt das Beispiel der Telekom, deren „T" und deren Hausfarbe Magenta fast jeder kennt. Solche Kennzeichen sind Hinweisschilder auf das Unternehmen. Zeichen sollten also mit einer eindeutigen Bedeutung aufgeladen sein, damit sie der Mensch mit dem Unternehmen assoziiert (Eco 1990).

Corporate Architecture lässt sich ebenfalls als Zeichen nutzen: Die Gebäude auf dem Firmengelände von vitra unterstreichen die zeitgenössischen Produkte von Stardesignern. Das Verwaltungsgebäude von BMW in München soll technologisch-innovativ sein.

Wo liegt das Büro der Firmenchefs: Im obersten Stockwerk eines Hochhauses? Wie groß ist es? Wie viele Fenster hat das Zimmer? Welche Bilder hängen an der Wand? Sitzt er beschützt hinter einem Schreibtisch und wir auf einem Stuhl weit weniger beschützt vor ihm? Alle diese Indizien geben uns Aufschluss darüber, welchen Rang die Führungskraft im Unternehmen einnimmt. Mitunter lässt sich dies in Schriftstücken nachschlagen: Dem Autor dieses Beitrags liegt das Verzeichnis eines Unternehmens vor, das vorsieht, ab welchem Dienstgrad einem Mitarbeitenden Grünpflanzen zustehen, wie viele Fenster und welches Möbelprogramm. Dass diese Ordnung nicht unbedingt sinnvoll ist, zeigt das Beispiel, dass einem Hauptabteilungsleiter sechs Schränke zustehen, obwohl die Ordner sicher bei dessen Sekretärin untergebracht sind.

- *Episodische Codes*: Episodische Codes stehen im Zentrum des *Storytelling* von Unternehmen. Dessen Bedeutung für die Unternehmenskommunikation wird zunehmend diskutiert (Herbst 2014). Orte sind wichtiger Bestandteil von Geschichten – Geschichten aus und über das Unternehmen finden auf Bühnen statt. Diese Bühnen lassen sich gezielt mit Requisiten ausstatten (siehe symbolische Codes) und mit sensorischen Reizen versehen wie Licht, Wärme, Farben und die Stimmung. Die Bezugsgruppen nehmen Bühnen, Requisiten und deren Sensorik wahr und speichern sie zusammen mit dem Wissen über das Unternehmen, den Gefühlen und erlebten Körperzuständen ab. Ein Event wird also immer als Ort, aber auch als Gefühl und ein Körpersignal gespeichert, die angeben, ob der Event gut war oder nicht.

Corporate Architecture lässt sich als *Instrument der Inszenierung* von Personen im Rahmen des Storytelling nutzen: Diese Bühne kann das eigene Büro sein, die Kantine, die Werkshalle oder der Ort der jährlichen Jubiläumsfeier des Unternehmens. Bedeutende Orte und Menschen werden im episodischen Gedächtnis gespeichert, welches die bildhaften Erfahrungen von Menschen enthält.

Wie wichtig Geschichten für das Gehirn sind, zeigt sich darin, dass der Mensch eigene neuronale Netzwerke hat, die sich um das Speichern von Geschichten kümmern – Gedächtnisforscher sprechen vom *episodischen Gedächtnis* (Fuchs 2009). In diesem Gedächtnissystem legen Menschen ihre eigenen Lebenserfahrungen ab, wie Erinnerungen an die Kindheit und den ersten Arbeitstag; daher nennen einige Wissenschaftler dieses Gedächtnissystem biografisches Gedächtnis. Dieses Gedächtnissystem verfügt über enorme Kapazitäten, weil es für den Menschen sehr wichtig ist, auf dieses Wissen zuzugreifen. Es beinhaltet Episoden, Geschichten, Archetypen, Mythen und vieles mehr (Scheier et al. 2012).

Pöppel geht davon aus, dass 80 Prozent der im episodischen Gedächtnis kodierten Bilder mit starken Emotionen begleitet und für den Menschen wichtig sind. Hierfür benötigt das episodische Gedächtnis nur ein einmaliges Erleben (one-trial-learning) (Pöppel 2001). Die Lernforscherin Beatrice Wagner fand heraus, dass Bilder nur dann dauerhaft ins episodische Gedächtnis gelangen, wenn sie an bestehende positive Bilder anknüpfen, die das Selbstbild der Zielgruppe unterstützen (Wagner 2008).

- *Sprachcodes*: Sprachcodes beziehen sich zum einen auf die Beschreibung der Gebäude als „innovativ" oder „fortschrittlich"; zum anderen betrifft es die in Texten und Bildern verwendete Sprache als Aufschriften, zum Beispiel auf einem Messestand.

Das Zusammenspiel der Codes beschreiben Scheier und Held wie folgt: „Die erzählten Geschichten ... aktivieren Erlebnisse in unserem episodischen Gedächtnis und schaffen damit Relevanz. Die verwendeten Symbole wie z. B. ein Logo ... werden im semantischen Gedächtnis, und die sensorischen Erfahrungen wie Farben ... werden in den sensorischen Gedächtnissen verarbeitet. All diese Signale werden mit den individuellen und kulturell gelernten Erfahrungen und Erwartungen abgeglichen. Aus diesem Abgleich entsteht dann die Bedeutung, die unser Verhalten steuert." (Scheier und Held 2006, S. 70).

5 Corporate Architecture und die Gestaltung innerer Bilder

Zu den wichtigsten Wirkungen der Corporate Architecture gehören *innere Bilder*, die in den Köpfen der Zielgruppen spontan entstehen, wenn sie an das Unternehmen denken. Hierbei ist die Unterscheidung von *Wahrnehmungsbildern* und *Gedächtnisbildern* als Ergebnis der Verarbeitung sinnvoll (Kroeber-Riel 1993).

Bilder werden von einem anderen System im Gehirn verarbeitet als Sprache und Texte (Paivio 1971; Pylyshyn 1981; Paivio 1986; Finke 1989), doch beide Systeme sind miteinander verbunden und kommunizieren untereinander. Bilder können schnell erkannt, leicht aufgenommen, leicht verarbeitet und lange gespeichert werden – umso stärker, je emotionaler sie sind („Emotionen sind Lernturbo"; Spitzer 2006).

Wahrnehmungsbilder resultieren in Gedächtnisbildern (mental Images, imageries). Studien zufolge haben solche inneren Bilder einen besonders starken Einfluss auf das Verhalten (die Übersicht bei Kroeber-Riel 1993; Dieterle 1992; Gruner + Jahr 2006; Fichter und Jonas 2008). Ein Beispiel für die Verhaltensrelevanz von inneren Bildern zeigt der Blindtest, nach dem mit verbundenen Augen die Testpersonen Pepsi Cola vorziehen, nach dem Abnehmen der Augenbinde jedoch stärker Coca-Cola (Chernatony und McDonald 1992). Andere Studie zeigen, dass mit der Klarheit der inneren Bilder auch die Handlungsbereitschaft steigt, zum Beispiel durch den Kauf von Aktien oder Marken (Imagery 2006). Weiterhin geben innere Bilder stärker Auskunft über das tatsächliche Image von einem Unternehmen als generelle Imageprofile (Kroeber-Riel 1993).

Corporate Architecture kann zu einem klaren, einzigartigen inneren Bild vom Unternehmen in den Köpfen der Bezugsgruppen beitragen, wie die Beispiele von Swarovski, Disney, Lufthansa und BMW zeigen. Untersuchen ließe sich demnach, welchen Einfluss solche inneren Bilder der Corporate Architecture auf das Verhalten der Bezugsgruppen haben.

Die beiden wichtigsten *Voraussetzungen für die Verhaltenswirksamkeit innerer Bilder* sind die Klarheit („Vividness") und die Attraktivität der inneren Bilder („Likability") (Block 1983; Cui et al. 2007). Um diese beiden Eigenschaften sicherzustellen, sollte die Corporate Architecture auf einem strategischen Konzept beruhen. Dieses Konzept legt auf der Basis der Corporate Identity fest, wie die Corporate Architecture diese Identität vermitteln und entwickeln kann.

Starke und klare innere Bilder sind sehr verhaltenswirksam und tragen dazu bei, dass Konsumenten ein Produkt einem anderen vorziehen. Zum Beispiel zeigt die Studie Imagery der Zeitschrift GEO im Jahr 2006, dass die Einstellung zu Marken und Unternehmen umso besser ist, je klarer die Vorstellungen sind, die Menschen bei der gedanklichen Verarbeitung entwickeln (Gruner + Jahr 2006).

Die Vividness (Klarheit, Lebendigkeit) gilt als wichtigste und verhaltenswirksamste Dimension innerer Bilder (Kroeber-Riel 1993). Darunter wird das klare und eindeutige Bild der Marke in den Köpfen bzw. im Vorstellungsbild des Konsumenten verstanden. Je klarer und lebendiger das innere Bild von der Buchgestaltung und der durch diese vermittelten Belohnungsversprechen des Buchs gegenüber anderen Büchern ist, desto stärker wird es Verhalten beeinflussen.

Die Wirkung der Corporate Architecture besteht darin, zum Aufbau und Entwicklung von inneren Bildern beizutragen. Kaum einem Unternehmen ist es bisher gelungen, innere Bilder bei seinen Bezugsgruppen aufzubauen. Angesichts der Forschungsergebnisse über die enorme Wirkung von inneren Bildern ist dies ein Defizit, das angesichts des harten Konkurrenzkampfes zwischen Firmen kaum zu verstehen ist.

6 Corporate Architecture und Erlebnisse mit dem Unternehmen

Zusätzlich zur Entstehung und Entwicklung von inneren Bildern kann die Corporate Architecture dazu beitragen, bei den wichtigen Bezugsgruppen ein *Erlebnisprofil des Unternehmens* aufzubauen und langfristig zu entwickeln.

In den vergangenen Jahren ist die emotionale Ansprache der Bezugsgruppen des Unternehmens wichtiger geworden: Emotionen sind wichtiges Element der Positionierung von Marken und Unternehmen im Wettbewerb (Kroeber-Riel und Esch 2011). Der Aufbau und die Entwicklung einer *Gefühlswelt*, die mit dem Unternehmen verbunden und den Bezugsgruppen angemessen ist, stellt sich zunehmend als einziges Unterscheidungskriterium und damit entscheidender Wettbewerbsfaktor heraus, wie das Beispiel der Automobilindustrie zeigt.

Wenn in der Unternehmenskommunikation überhaupt von der Gefühlswelt der Bezugsgruppen gesprochen wird, dann meist als Aufgabe, deren Sympathie für das

Unternehmen zu erhöhen. Jedoch ist Sympathie eine Stimmung. Stimmungen sind *ungerichtete Empfindungen*. Sie sind schwächer als Emotionen. Emotionen sind *eindeutig ausgerichtet*, wie zum Beispiel Stolz, Ängstlichkeit, Freude, Ärger, Glück, Frische, Behaglichkeit. Anders ausgedrückt: Stimmungen sind diffus und schwach (z. B. Zimbardo und Gerrig 2004). Sympathie ist kaum geeignet, sich eindeutig und dauerhaft gegenüber anderen Unternehmen abzugrenzen. Der Aufbau und die gezielte Entwicklung von Erlebnisprofilen sollten daher im Zentrum der Unternehmenskommunikation stehen (Herbst 2003, 2005a).

Die *Bedeutung der emotionalen Ansprache* bestätigen zahleiche Forschungsergebnisse (z. B. Spitzer 2006): Demnach werden Bezugsgruppen die strategischen Botschaften eines Unternehmens dann am besten wahrnehmen, verarbeiten und speichern, wenn diese Botschaften emotional bedeutend für sie sind. Dies lässt sich folgendermaßen erklären: Alle in das Gehirn eingehenden Informationen bewertet zuerst das limbische System, das die Gefühle steuert, danach, welche emotionale Bedeutung diese Informationen für den Menschen haben. Konkret übernimmt diese Aufgabe der Mandelkern (Amygdala): Der Mandelkern funktioniert wie die Eingänge sortierende Bibliothekarin: Welche Information in den Langzeitspeicher und damit in das Gedächtnis der Bezugsgruppen gelangt, hängt davon ab, welchen emotionalen Wert ihr diese Bibliothekarin beimisst. Im Gedächtnis bleibt nur das haften, was den Mandelkern positiv wie negativ anrührt – alles andere rauscht am Gehirn vorbei.

Unternehmen mit einem einzigartigen Erlebnisprofil, wie BMW, Adidas und Apple sprechen den Mandelkern besonders stark an. Belanglose oder austauschbare Unternehmen rühren den Mandelkern kaum oder gar nicht an. Ergebnis: An solche Unternehmen erinnern sich die Menschen kaum. Dies ist der wichtigste Grund für die starke Wirkung von Unternehmen mit einem einzigartigen Erlebnisprofil: Sie transportieren Emotionen und werden demnach besser erinnert. Die Bezugsgruppen wollen diese Unternehmen unterstützen, weil sie die emotionalen Wünsche und Erwartungen der Bezugsgruppen von allen Unternehmen am besten befriedigen.

Unternehmen können ihre Corporate Architecture auf vielfältige Weise nutzen, um zum Aufbau eines solchen Erlebnisprofils beizutragen, zum Beispiel durch Erlebniswelten wie jene von Swarowski, faszinierende Gebäude, Events, Messen, Ausstellungen usw. (Mikunda 1996).

7 Case Studies: Corporate Architecture der deutschen Automobilbranche

Die Automobilbranche hat schon früh die starke Kommunikationswirkung von Bauwerken im öffentlichen Raum erkannt – sie setzt Architektur als weiteres Gestaltungselement in ihrer Markenführung und ihrer Unternehmenskommunikation ein.

Ein Grund für die starke Bedeutung der Corporate Architecture in der Automobilindustrie ist der zunehmende globale Wettbewerb sowie starke Reglementierungen, die die Automobilhersteller zwingen, sich durch neue Wege in der

Kommunikation gegenüber der Konkurrenz im Wettbewerb zu profilieren. Ein anderer Grund ist, dass die Markentreue in diesem High-Involvement-Sektor abnimmt; durch freie Händler, die Modelle unterschiedlicher Hersteller vertreiben, entfällt ein bedeutendes Beziehungselement zwischen Marke und Kunde. Hierbei spielen die Wiedererkennung durch Architektur, die zeitlich begrenzte Markeninszenierung, die dauerhaften Orte der Markeninszenierung und die Architektur als Standortmerkmal eine besondere Rolle. Dabei gilt es auch, auf das Problem der Marke des Architekten versus der Unternehmensmarke hinzuweisen.

- *Wiedererkennung durch Architektur*: Die starke globale Konkurrenz der Automobilhersteller überträgt sich auf die herstellergebundenen Autohändler: Nicht selten finden sich in Ballungsräumen die Autohäuser aneinandergereiht an einer Hauptdurchgangsstraße. Hier bietet Architektur ein wirkungsvolles Instrument, um sich im Wettbewerb klar zu positionieren und bei Kunden und potenziellen Käufern einen Wiedererkennungswert zu schaffen.

Eine solche visuelle Differenzierung durch eine einheitliche Gestaltung der Autohäuser findet sich beim deutschen Premiumhersteller Audi: Die Marke Audi steht für funktionale Eleganz, Effizienz und technische Innovationen (Rosengarten und Stürmer 2005). Audi erhebt einen Führungsanspruch in Hinblick auf neue Entwicklungen, den der Claim „Vorsprung durch Technik" in allen Kommunikationsmaßnahmen transportieren soll. Die dreidimensionale Übersetzung der Markenwerte von Audi äußern sich vor allem im Design der Autos, das als avantgardistisch, rational oder progressiv beschrieben wird, das Funktionalität und Eleganz verbindet (Rosengarten und Stürmer 2005). Diese Markenattribute hat Audi in Architekturkonzepten auch auf seine „Zentren" übertragen. Die bis 2007 erstellten Autohäuser zeigen sich in einer technisch-kühlen und offenen Glas-Stahl-Architektur, deren wesentliche Wiedererkennungsmerkmale neben dem Audi-Logo und der Schriftzug das geschwungene Dach darstellt.

Audi beauftragte das Architekturbüro Allmann Sattler Wappner, das Konzept Autohaus neu zu interpretieren. Ergebnis sind „Terminals", die den heutigen Anforderungen an Mobilität und den gewandelten Bedürfnissen von Konsumenten besser gerecht werden. Im Juni 2008 eröffnete der Autokonzern das erste seiner neuen Terminals in München. Mit den neuen lokalen Verkaufshäusern, die weltweit gebaut werden (bis Ende 2012 sind über 350 Audi Terminals entstanden), soll mehr als nur ein Transitraum geschaffen werden: Das architektonische Konzept verfolgt einen ganzheitlichen Anspruch und inszeniert ein dreidimensionale Erlebnis, das über funktionale Anforderungen in Hinblick auf die Präsentation, die Beratung und den Verkauf der Produkte hinausgeht. Die Terminals sollen die Aufenthaltsqualität erhöhen und die Markenwelt von Audi vermitteln; die unverwechselbare Ästhetik der Gebäude soll weltweit an allen Standorten wiedererkennbar sein.

- *Zeitlich begrenzte Markeninszenierung*: Messen, wie die alle zwei Jahre stattfindende Internationale Automobilausstellung IAA in Frankfurt, erhalten internationale Medienaufmerksamkeit und stellen für Automobilhersteller eine wichtige

Kommunikationsplattform dar, besonders bei der Einführung neuer Modelle. Die Ausstellungen richten sich in erster Linie an ein Fachpublikum und Medienvertreter, doch zunehmend besucht auch die interessierte Öffentlichkeit solche Präsentationsplattformen. Mit dem Messeauftritt möchten die Hersteller nicht nur Produktinformationen vermitteln, ihre Modelle bestmöglich präsentieren und in Szene stellen, sondern auch die bestehenden Werte der Produktmarke sowie des Unternehmens transportieren. Architektur bietet in seiner Kombination von Raum und Design eine Bühne zur Markeninszenierung. Die Markenwerte können durch diese direkt erlebbar und emotionalisierend vermittelt werden.

Im Kontext einer temporären Markeninszenierung hat Architektur drei *Funktionen* zu erfüllen: Die ungewöhnliche und eindrucksvolle Inszenierung soll die Chance auf eine Veröffentlichung erhöhen, sie soll die strategische Kernbotschaft eindrucksvoll und verständlich vermitteln. Schließlich soll die Architektur die Markenwerte optimal vermitteln und bei den Zielgruppen nachhaltig verankern.

Wie erwähnt, können Geschichten die Markenbotschaften wirkungsvoll transportieren und verankern. Ein Büro, das durch Architektur Geschichten erschaffen und durch räumliche Mittel erzählen lassen möchte, ist das Unternehmen Franken-Architekten. Ein erfolgreiches Beispiel für die Umsetzung von visuellem Storytelling ist der Messeauftritt der BMW Group auf der IAA im Jahr 1999. Ziel war es, die strategische Ausrichtung des Automobilherstellers im Hinblick auf umweltbewusstes und Energie-effizientes Fahren auch architektonisch zu vermitteln. Franken-Architekten übersetzten die kommunikative Botschaft und die Markenwerte von BMW in ein Ausstellungsgebäude in Form von Bubbles. Die ikonische Form eines Computer-simulierten Wassertropfens transportiert die Idee des Fahrens mit „Clean Energy". Durch die organische Form erhält das Gebäude eine natürliche Anmutung, die durch die gestalterische Metapher des Wassertropfens unterstützt wird (Franken Architekten 2009). Die Glashülle vermittelt einen offenen und transparenten Charakter. Der Materialmix aus Glas und Stahl gibt dem Gebäude eine futuristische Note und unterstreicht das Visionäre an dem Thema sowie den Technik- und Innovationsanspruch des Unternehmens.

- *Dauerhafte Orte der Markeninszenierung*: Eine weitere Form dauerhafter Markeninszenierung in der Automobilindustrie sind die in den letzten Jahren entstandenen Museen von Mercedes-Benz (eröffnet 2006) und Porsche Museum (eröffnet 2009). Eine vielfach beachtete dauerhafte Markeninszenierung ist die Volkswagen Autostadt.

Der Volkswagen-Konzern hat in der Ära Ferdinand Piëchs einen starken Wandel vollzogen: Zum einen war es dem Unternehmen wichtig, nicht mehr nur als Automobilhersteller wahrgenommen zu werden, sondern als Mobilitätsdienstleister; zum anderen hat der Konzern seine Produktpalette in unterschiedlichen Segmenten stark erweitert und eine Reihe namhafter Marken aufgekauft. Die Produktpalette des Volkswagen-Konzerns umfasst neben eher bodenständigen Marken wie Skoda und

Seat, Audi und Volkswagen über die eleganten Bentleys und Bugattis zu den sportlichen Lamborghinis. Dieses führte dazu, dass die Öffentlichkeit kein klares Vorstellungsbild mehr hatte, wofür der Konzern steht. Mit der AutoStadt verfolgt der Volkswagen-Konzern das Ziel, dessen Werte durch räumliche Inszenierung für die Kunden erlebbar zu machen, wie Qualität, Leistung, Nachhaltigkeit und Kundennähe. Das Architekturbüro von Gunter Henn erschuf eine über 25 Hektar bebaute Fläche mit Pavillons, Wasserstraßen und Brücken, Seen und Landzungen, Hügeln und Grünflächen, die wie eine in sich geschlossene Stadt wirkt, in der Auto und Mobilität zentrale Themen sind (Autostadt 2009, Henn 2009).

Die Markenkommunikation findet in der AutoStadt auf unterschiedlichen Ebenen statt: Ein zentrales Element ist, das die Käufer eines neuen Autos ihren Volkswagen an seiner Geburtsstädte entgegennehmen können. Die zur Abholung bereitstehenden Fahrzeuge warten auf ihre neuen Besitzer in einem der zwei 48 Meter hohen Auto-Türme, die von weitem zu sehen sind und zu einem Wahrzeichen der AutoStadt wurden. Die Übergabe selbst wird auf einer repräsentativen Bühne inszeniert und für den Käufer zu einem unvergesslichen Erlebnis gestaltet, an das er sich gern zurückerinnert. Neben Ausstellungen und Events zu allen Aspekten rund um das Thema Auto und Mobilität wird den Besuchern jede Marke des Volkswagen-Konzerns in einem eigenen Themenpavillon vorgestellt und nahe gebracht.

- *Architektur als Standortmerkmal*: BMW hat es zu einem sehr frühen Zeitpunkt geschafft, ein prägendes Merkmal städtischer Architektur zu bauen. Der Automobilhersteller schrieb ein Stück Architekturgeschichte und errichtete in den vergangen Jahrzehnten mehrere Wahrzeichen an seinem Hauptstandort München: die Firmenzentrale, das Museum und die BMW-Welt. Den Anfang machte der als Vierzylinder bekannte Turm, in dem die Firmenzentrale untergebracht ist. Das Bauwerk wurde nach dem Entwurf des österreichischen Architekten Karl Schwanzer pünktlich zu den Olympischen Spielen 1972 fertiggestellt. Das Bauwerk symbolisiert eines der Kernelemente eines Automobilherstellers, die Zylinder des Motors. Zeitgleich mit der Firmenzentrale wurde von Schwanzer das anliegende BMW-Museum erbaut. Die Besonderheit des kreisförmigen und futuristisch anmutenden Gebäudes ist das überdimensionale BMW-Logo auf dem Flachdach, das von Journalisten als Museums-Pokal und von Einheimischen als Salatschüssel oder Weißwurstkessel betitelt wird.

BMW gilt als die Ingenieursmarke unter den deutschen Automobilherstellern, dessen Technik- und Entwicklungskompetenz eindrücklich durch die Innovativität des Bauwerkes ausgedrückt wird. Auch wenn zur Zeit der Austragung der Sommerspiele sämtliche BMW-Logos von den Gebäuden zu entfernen waren, erhielt das Unternehmen durch die avantgardistischen und unverwechselbaren Erscheinungen ihrer Gebäude eine hohe Presseaufmerksamkeit und somit eine starke internationale Bekanntheit.

Als komplementäres Bauwerk entstand 2007 die BMW-Welt. Mit dem von dem Architektenteam Coop Himmelb(l)au erbauten Objekt sollte eine ganzheitliche

BMW-Erlebniswelt erschaffen werden. Zentrales Element ist die Inszenierung der Fahrzeugübergabe: Die Übergabe von jährlich etwa 45.000 Automobilen an die Besitzer soll durch eine Symbiose zwischen Architektur und Dienstleistung zu einem hochemotionalen und sinnlichen Erlebnis gestaltet werden, dass die Kunden langfristig an die Marke BMW bindet. Neben dieser Übergabeinszenierung hat das Bauwerk drei weitere Funktionen zu erfüllen: Produktpräsentation der BMW Modelle, Darstellung der Technik- und Entwicklungskompetenz sowie Raum für interne und externe Veranstaltungen aller Art. Ziel der BMW-Welt ist es, die Markenbotschaft „Freude am Fahren" in ein dreidimensionales Markenerlebnis zu übersetzen, das mit allen Sinnen erlebt werden kann, sowie die Identität und Faszination der Marke zu vermitteln. Diese direkte und emotionale Ansprache der Zielgruppen lässt die abstrakte Marke BMW erfahrbar und greifbar werden. Die Strategie hat sich für den Automobilhersteller ausgezahlt.

Ein Beispiel, bei dem die Übertragung der Markenwerte in die Architektur und die Prägung eines Stadtbildes nicht gelungen ist, ist die im Jahr 2000 eröffnete Mercedes-Welt in Berlin: Trotz bester Stadtlage ist es nicht gelungen, emotionale Markenwerte zu vermitteln und aufmerksamkeitsgenierende Akzente zu setzen.

- *Problem: Marke des Architekten versus der Unternehmensmarke*: Viele der neuen Automobilbauten wurden von namhaften Architekten bzw. Architekturbüros wie Zaha Hadid oder Coop-Himmelb(l)au erstellt. Dabei ist kritisch zu hinterfragen, ob die Umsetzungen nicht eher dem Markenwert der Architekten entsprechen als den Markenwerten der Unternehmen, für die sie entworfen worden sind: So zeigt sich, dass Architekten auch für verschiedene Bauherren eine starke eigene visuelle Handschrift tragen. Zara Hadid baute in einer sehr ähnlichen Formensprache zum einen das BMW-Zentrum in Leipzig als auch das Wissenschaftszentrum in Wolfsburg, das gegenüber der Volkswagen-Autostadt steht.

Auch die vielfach beachtete BMW-Welt von Coop Himmelb(l)au tragen die architektonische Erkennungsmerkmale des Architekturbüros, den Doppelkegel und das Wolkendach. Die starke individuelle Handschrift von Architekten und Architekturbüros kann für die beauftragenden Unternehmen Vor- und Nachteile haben. Die Übertragung von Images kann in zweierlei Richtungen erfolgen: Zum einen kann das positive Image eines Stars wie George Clooney auf eine Marke wie Nescafé wirken; zum anderen kann sich das Produktimage auf den Besitzer übertragen, wie das Beispiel des Apple iPhone zeigt (Rosenzweig 2008). Auf die Corporate Architecture angewandt bedeutet dies, dass das Image eines Star-Architekten auch Auswirkungen auf das Unternehmensbauwerk hat und mit zusätzlichem Imagetransfer sowie Aufmerksamkeitsgenerierung einhergehen kann. Bereits die Beauftragung eines Bauwerkes an einen namhaften Architekten wie Frank Gehry, Zaha Hadid, Norman Foster ist für viele Pressevertreter eine Medienmeldung wert. Problematisch kann es jedoch werden, wenn die Architekten mit einer solch unverkennbaren Handschrift für mehrere Großkonzerne mit starken Marken tätig werden und keine eindeutige Zuordnung bzw. Übertragung auf die Marke mehr möglich ist.

8 Fazit und Ausblick

Die aufgeführten Beispiele zeigen, dass vor allem die deutschen Automobilhersteller den Wert von Corporate Architektur erkannt und in vielfachen Anwendungen die Markenwerte in dreidimensionalen Bauwerke, so genannter *Carchitektur*, übersetzt haben. Anzunehmen ist, dass die Bedeutung von Architektur in der Markenkommunikation von Unternehmen zunehmen wird, da zum einen der globale Wettbewerb weiter zunimmt und es zum anderen immer schwieriger wird, die Zielgruppen durch Kommunikation zu erreichen. Corporate Architecture bietet das Potenzial, neue Wege zur Profilierung im Wettbewerb zu nutzen. Eine Herausforderung ist, die Markenwerte in eine dreidimensionale Architektur zu übersetzen und somit die Marke sinnlich erfahrbar zu machen. Eine andere ist, dass es für Bauherren und Architekten gilt, den Bogen zwischen langlebiger Architektur und veränderbaren Markenwerten zu spannen: Die erstellten Bauwerke müssen Kontinuität vermitteln, die Elementar ist für Marken in Hinblick auf Wiedererkennung und den Aufbau von Vertrauen, jedoch müssen die Gebäude auch Raum für Veränderung und Weiterentwicklung bieten – sowohl in Hinblick auf die vermittelten Markenwerte als auch auf die benötigten Nutzungskonzepte. Sollten zunehmend mehr Unternehmen Architektur als Medium zur Vermittlung ihrer Markenwerte einsetzen, so ist abschließend kritisch anzumerken, dass es in der Pflicht eines Unternehmens liegt, gesellschaftliche Verantwortung auch in Hinblick auf die Umsetzung zu beweisen. So ist es notwendig, dass sich die Marken- bzw. Unternehmensgebäude in den Stadtraum einfügen, damit Stadtareale nicht zu architektonischen Werbetafeln verkommen.

Architektur kann in der Unternehmenskommunikation eine wichtige Aufgabe beim Aufbau und der Gestaltung von Bekanntheit und Images haben. Als Codes sind sie in der Lage, dauerhaft in den Köpfen der wichtigen Bezugsgruppen gespeichert zu werden. Die Verhaltenswirksamkeit der Architektur gründet sich im Entstehen von klaren, attraktiven inneren Bildern. Diese sind messbar und gestaltbar.

Literatur

Aaker, D. A. (2004). *Brand portfolio strategy: Creating relevance, differentiation, energy, leverage, and clarity*. New York: Free Press.
Altman, A. (2012). Branding architectural corporate design (Dissertation). University of Cincinnati.
Autostadt. (2009). Autostadt, http://www.autostadt.de. Zugegriffen am 10.05.2009.
Bahamón, A., Cañizares, A. C. G., & Corcuera, A. (2009). *Corporate architecture: Building a brand: Fashion, banking, telecommunications, automotive*. New York: University of California/ WW Norton.
Berndt, M. (2013). *Corporate Design im Business-to-Business-Bereich: Eine theoretische und praktische Auseinandersetzung am Beispiel der audioone gmbh*. München: Grin.
Birkigt, K., Stadler, M., & Funk, H. J., (Hrsg.). (2002). *Corporate Identity. Grundlagen, Funktionen, Fallbeispiele*. München: Verlag Moderne Industrie.
Block, N. (1983). Mental pictures and cognitive science. *Philosophical Review, 92*(4), 499–539.
Brexendorf, T. O., Tomczak, T., Kernstock, J., Henkel, S., & Wentzel, D. (2012). Der Einsatz von Instrumenten zur Förderung von Brand Behavior. In T. Tomczak, F.-R. Esch, J. Kernstock, &

A. Herrmann (Hrsg.), *Behavioral Branding. Wie Mitarbeiterverhalten die Marke stärkt* (S. 337–371). Wiesbaden: Gabler.
Brülisauer, S. (2010). *Corporate Architecture: die Wirkkraft von Architektur in einem unternehmerischen Kontext*. St. Gallen: Universität St. Gallen.
Brunner, R. (2011). *Die BMW-Welt (2003–2007) im Spannungsfeld zwischen Corporate und Iconic Architecture*. München; Universität München, Magisterarbeit.
Bungarten, T., (Hrsg.). (1993). *Unternehmensidentität. Corporate Identity. Betriebswirtschaftliche und kommunikationswissenschaftliche Theorie und Praxis*. Tostedt: Attikon.
Chernatony, L. de, & McDonald, M. H. (1992). *Creating Powerful Brands*. Oxford: Butterworth-Heinemann.
Cui, X., Jeter, C. B., Yang, D., Montague, P. R., & Eagleman, D. M. (2007). Vividness of mental imagery: Individual variability can be measured objectively. *Vision Research, 47*(4), 474–478.
Daldrop, N. W. (1997). *Kompendium Corporate Identity und Corporate Design*. Stuttgart: Av Edition.
Dieterle, G. S. (1992). *Verhaltenswirksame Bildmotive in der Werbung*. Heidelberg: Physica-Verlag.
Domning, M., Erich, C., & Rasel, A. (2009). *Neurokommunikation im Eventmarketing: Wie die Wirkung von Events neurowissenschaftlich planbar wird*. Wiesbaden: Gabler.
Eco, U. (1977). *Zeichen. Einführung in einen Begriff und seine Geschichte*. Frankfurt: Suhrkamp.
Eco, U. (1990). *The limits of interpretation*. Bloomington: Indiana University Press.
Fichter, C., & Jonas, K. (2008). Image effects of newspapers. How brand images change consumers' product ratings. *Journal of Psychology, 216*(4), 226–234.
Finke, R. A. (1989). *Principles of mental imagery*. Cambridge: MIT Press.
Fombrun, C. J. (1996). *Reputation: Realizing value from the corporate image*. Boston: Harvard Business School.
Fombrun, C. J., & Shanley, M. (1990). What's in a name? Reputation building and corporate strategy. *Academy of Management Journal, 33*(2), 233–258.
Franken Architekten. (2009). Bubble, http://www.franken-architekten.de/index.php?pagetype=projectdetail&lang=de&cat=-1&param=overview&param2=21&param3=0&. Zugegriffen am 10.05.2009.
Geo-Zeitschrifftenfamilie. (2006). *Imagery. Innere Markenbilder in gehobenen Zeilgruppen. Eine Untersuchung der GEO-Zeitschriftenfamilie*. Hamburg: Gruner+Jahr.
Gibson, J., & Barker, R. (2001). *Ecological psychology in context: James Gibson, Roger Barker, and the Legacy of William James's radical empiricism*. London: Taylor & Francis.
Götz, S. (2011). *Corporate Sound: Identifikation wahrgenommener akustischer Dimensionen in der Markenführung*. München: FGM Fördergesellschaft.
Gruner + Jahr (Hrsg.). (2006). *Imagery. Innere Markenbilder in gehobenen Zielgruppen. Eine Untersuchung der GEO-Zeitschriftenfamilie*. Hamburg.
Haug, A. (2012). *Multisensuelle Unternehmenskommunikation: Erfolgreicher Markenaufbau durch die Ansprache aller Sinne*. Wiesbaden: Springer Gabler.
Hehn, P. (2006). *Emotionale Markenführung mit Duft. Die Wirkung von Duft auf die Wahrnehmung und Beurteilung von Marken*. Göttingen: ForschungsForum.
Hellbrück, J., & Kals, E. (2012). *Umweltpsychologie*. Wiesbaden: VS Verlag für Sozialwissenschaften.
Henn. (2009). Die Autostadt Wolfsburg, http://www.henn.com/#de/alle/275. Zugegriffen am 10.05.2009.
Herbst, D. (2003). *Praxishandbuch Unternehmenskommunikation*. Berlin: Cornelsen.
Herbst, D. (2005a). Eventkommunikation: Strategische Botschaften erlebbar machen. In M. Piwinger & A. Zerfass (Hrsg.), *Handbuch Unternehmenskommunikation* (S. 477–486). Wiesbaden: Gabler.
Herbst, D. (2005b). *Corporate imagery of the leading DAX companies*. Berlin. http://www.source1.de/wp-content/uploads/2011/11/Bildanalyse_DAX2005_Endversion.pdf. Zugegriffen am 04.10.2014.
Herbst, D. (2012). *Corporate Identity* (5. Aufl.). Berlin: Cornelsen.

Herbst, D. (2014). *Storytelling* (3. Aufl.). Konstanz: UVK.
Herbst, D., & Scheier, C. (2004). *Corporate Imagery. Wie Ihr Unternehmen ein Gesicht bekommt.* Berlin: Cornelsen.
Hitt, M. A., Ireland, R. D., Camp, S. M., & Sexton, D. L. (2002). Strategic entrepreneurship: Integrating entrepreneurial and strategic management perspectives. In M. A. Hitt, R. D. Ireland, S. M. Camp, & D. L. Sexton (Hrsg.), *Strategic entrepreneurship: Creating a new integrated mindset* (S. 1–16). Oxford: Blackwell.
Kaplan, S., & Kaplan, R. (1982). *Cognition and environment. Functioning in an uncertain world.* New York: Praeger.
Klingmann, A. (2007). *Brandscapes architecture in the experience economy.* Cambridge, MA: MIT Press.
Kotler, P., & Keller, K. L. (2006). *Marketing management* (12. Aufl.). Upper Saddle River: Pearson.
Kroeber-Riel, W. (1993). *Bildkommunikation: Imagerystrategien für die Werbung.* München: Vahlen.
Kroeber-Riel, W., und F. R. Esch. (2011). *Strategie und Technik der Werbung: Verhaltenswissenschaftliche Ansätze für Offline- und Online- Werbung.* (7. Aufl.) Stuttgart: Kohlhammer.
Kroeber-Riel, W., & Esch, F.-R. (2014). *Strategie und Technik der Werbung: Verhaltenswissenschaftliche und neurowissenschaftliche Erkenntnisse* (8. Aufl.). Stuttgart: Kohlhammer.
Markowitsch, H. J. (2005). *Das autobiographische Gedächtnis. Hirnorganische Grundlagen und biosoziale Entwicklung* (2. Aufl.). Stuttgart: Klett-Cotta.
Messedat, J. (2005). *Corporate Architecture: Entwicklung, Konzepte, Strategien.* Ludwigsburg: Av Edition.
Messedat, J. (2015). Corporate Architecture. http://www.messedat.com/. zugegriffen am 26.06.2015.
Mikunda, C. (1996). *Der verbotene Ort oder die inszenierte Verführung. Unwiderstehliches Marketing durch strategische Dramaturgie.* Düsseldorf: Redline Wirtschaft.
Muzellec, L., & Lambkin, M. C. (2009). Corporate branding and brand architecture: A conceptual framework. *Marketing Theory, 9*(1), 39–54.
Olins, W. (1990). *Corporate Identity. Strategie und Gestaltung.* Frankfurt: Campus.
Paivio, A. (1971). *Imagery and verbal processes.* New York: Holt, Rinehart & Winston.
Paivio, A. (1986). *Mental representations: A dual coding approach.* New York: Oxford University Press.
Paulmann, R. (2005). *Double Loop. Basiswissen Corporate Identity.* Mainz: Schmidt.
Harwood, J. (2011). *The Interface: IBM and the transformation of corporate design, 1945–1976.* Minneapolis: University of Minnesota Press.
Pöppel, E. (2001). *Was ist Wissen?* Vortrag anlässlich der Semestereröffnung an der Universität zu Köln am 19. Oktober 2001.
Pylyshyn, Z. W. (1981). The imagery debate: Analog media vs. tacit knowledge. *Psychological Review, 88*(1), 16–45.
Rapaille, C. (2006). *Der Kultur-Code: Was Deutsche von Amerikanern und Franzosen von Engländern unterscheidet und die Folgen davon für Gesundheit, Beziehungen, Arbeit, Autos, Sex und Präsidenten.* München: Riemann.
Regenthal, G. (2003). *Ganzheitliche Corporate Identity.* Wiesbaden: Gabler.
Rosengarten, P. G., & C.B Stümer. (2005). Premium *Power das Geheimnis des Erfolgs von Mercedes-Benz, BMW, Porsche und Audi*, (2.Aufl.). Weinheim: Wiley-VCH.
Rosenzweig, P. (2008). *Der Halo-Effekt.* Offenbach: Gabal.
Scheier, C., & Held, D. (2006). *Wie Werbung wirkt: Erkenntnisse des Neuromarketings.* München: Haufe-Mediengruppe.
Scheier, C., Held, D., Bayas-Linke, D., & Schneider, J. (2012). *Codes: Die geheime Sprache der Produkte.* München: Haufe-Gruppe.
Spitzer, M. (2006). *Lernen. Gehirnforschung und die Schule des Lebens.* Heidelberg: Spektrum.
Van Marrewijk, A. H. (2009). Corporate headquarters as physical embodiments of organisational change. *Journal of Organizational Change Management, 22*(3), 290–306.

Vonseelen, T. (2012). *Von Erdbeeren und Wolkenkratzern: Corporate Architecture – Begründung, Geschichte und Ausprägung einer architektonischen Imagestrategie.* Oberhausen: Athena.

Wache, T., & Brammer, D. (1993). *Corporate Identity als ganzheitliche Strategie.* Wiesbaden: Deutscher Universitätsverlag.

Wagner, B. (2008). Hirnforschung: Episodisches Gedächtnis: Wie uns die Erinnerungsbilder zu einem gesünderen Leben verhelfen. http://www.beatrice-wagner.de/texte/h_episodisch.pdf. Zugegriffen am 20.02.2014.

Zimbardo, P. G., & Gerrig, R. J. (2004). *Psychologie* (16. Aufl.). München: Pearson Studium.

Prof. Dr. Dieter Georg Herbst ist Leiter des Masterstudiengangs „Leadership in Digitaler Kommunikation" und des Post-MBA „Digital Brand Management around the World" der Universität der Künste Berlin.

Einsatz des Corporate Publishing im Rahmen der Unternehmenskommunikation

Lutz Glandt

Inhalt

1 Bedeutung des Corporate Publishing 346
2 Grundlagen des Corporate Publishing 348
3 Planungsprozesse beim Corporate Publishing 356
4 Zusammenfassung und Ausblick 363
Literatur 365

Zusammenfassung

Corporate Publishing ist ein zentrales Element der Unternehmenskommunikation. Kaum eine andere Sparte der Unternehmenskommunikation bietet so viele Spielarten und Möglichkeiten des Dialogs und der Interaktion mit den Zielgruppen. Gleichwohl steht das Corporate Publishing vor vielen Herausforderungen. Der Autor stellt dar, was bei der operativen und strategischen Planung zu berücksichtigen ist und zeigt die Trends für das Corporate Publishing von morgen auf.

Schlüsselwörter

Corporate Publishing • Crossmediale Kommunikation • Kundenkommunikation • Kundenzeitschriften • Medien • Mitarbeiterkommunikation • Unternehmenskommunikation • Soziale Medien • Storytelling

L. Glandt (✉)
Sonderbeauftragter für die Medienindustrie, Deutsche Post AG, Bonn, Deutschland
E-Mail: lutz.glandt@deutschepost.de

1 Bedeutung des Corporate Publishing

„Man kann nicht nicht kommunizieren" (Watzlawick et al. 1969). Paul Watzlawicks Grundregel der menschlichen Kommunikation gilt für Unternehmen in der Mediengesellschaft des 21. Jahrhunderts mehr denn je. Für die meisten Unternehmen hat Kommunikation in Zeiten des globalen Wettbewerbs und der Wirtschaftskrisen an Bedeutung gewonnen. Angesichts der sich durch das Internet rasant verbreitenden Informationen und der damit steigenden Ansprüche von Geschäftspartnern, Kunden und Mitarbeitenden rückt die Kommunikation immer stärker in das Zentrum der Unternehmensführung. Diese Entwicklung wurde jüngst in einer empirischen Studie zu Vorständen und Geschäftsführern in deutschen Großunternehmen deutlich (Zerfaß et al. 2013). Die Folgen sind hohe Investitionen in die Kommunikation und eine höhere Professionalisierung der operativ tätigen Mitarbeitenden in den Kommunikationsabteilungen – und das nicht nur in Deutschland, sondern europaweit (Zerfaß et al. 2012).

Mit ihrer wachsenden Bedeutung verändert sich auch die *Rolle der Unternehmenskommunikation* (Corporate Communication). Nach wie vor ist sie wichtig, um mit Konsumenten und Investoren zu kommunizieren, aber neu kommt hinzu, dass sie Teil der Wertschöpfung ist. Sie begleitet also zum einen das operative Geschäft, indem sie dessen Leistungen und Produkte kommuniziert. Zum anderen dient sie der strategischen Unternehmensführung beim Aufbau von Unternehmenskultur, Reputation und Marke sowie der Beziehungspflege mit Meinungsmachern und Multiplikatoren der Mediengesellschaft. Diese stellen auch die Rahmenbedingungen für ein erfolgreiches Corporate Publishing dar. Gegenstand dieses Beitrages ist es zu zeigen, wie sich die gedruckten und digitalen Medien von Unternehmen in den vergangenen Jahrzehnten gewandelt haben und wie sie daher strategisch und inhaltlich zu planen sind.

Corporate Communication hat sich in den vergangenen Jahrzehnten rasant verändert. Das gilt gewissermaßen für das Corporate Publishing, da es immer ein dialogorientiertes Instrument der Corporate Communication ist, um Kunden und Mitarbeitende zielgerichtet und umfassend anzusprechen. Nach Claudia Mast kann diese Entwicklung für das Corporate Publishing grob in fünf *Phasen* eingeteilt werden, die sich wie folgt beschreiben lassen (Mast 2010):

- Die *sporadische Kommunikation*: In den 1950er-Jahren waren nahezu alle Märkte Verkäufermärkte. Besondere Anstrengungen der Unternehmenskommunikation waren nicht notwendig, da persönliche und situative Impulse entscheidend waren. Ein strategisch geplantes und in die Unternehmenskommunikation eingebundenes Corporate Publishing war zu diesem Zeitpunkt selten, Mitarbeiterzeitschriften, wie die Werkzeitungen der Bayer AG oder der Daimler AG, eher die Ausnahme.
- Die *produktlastige und technologische Kommunikation*: In den 1960er-Jahren dominierte die reine Verkaufsorientierung. Das Corporate Publishing wurde erstmals eingesetzt, um den Vertrieb argumentativ zu unterstützen und dem Kunden Produkte und Technologien zu erklären.

- Die *kundenorientierte Kommunikation*: Mit dem Einzug des Marketingdenkens in den 1970er-Jahren rückten die Kunden als Zielgruppe in den Mittelpunkt der Kommunikation. Corporate Publishing wurde erstmals zum Nutzen für bestehende und potenzielle Kundensegmente betrieben.
- Die *marktorientierte Kommunikation*: Seit den 1980er-Jahren werden Produkte und Dienstleistungen als einzigartig gegenüber der Konkurrenz positioniert. Dies spiegelten in dieser Phase die Inhalte der überwiegenden Mehrheit der Kundenmagazine wider.
- Die *integrierte und crossmediale Kommunikation*: In den 1990er-Jahren entdeckten die Unternehmen das Internet für ihre kommunikativen Maßnahmen in allen Teilgebieten – auch im Corporate Publishing – für die Kommunikation mit Kunden, Multiplikatoren und den eigenen Mitarbeitenden (Intranet). Die Gestaltungspotenziale zwischen den Unternehmen als Absender der Botschaften und den Kunden und Mitarbeitenden als Leser verlagern sich dahingehend, dass User aktiv werden, in die Kommunikationsprozesse eingreifen und sogar selbst Inhalte (User Generated Content) generieren können (Meckel 2008).

Damit ist die Entwicklung des Corporate Publishings keineswegs abgeschlossen: Das zukünftige Corporate Publishing wird eine wichtige Rolle als Teil der Wertschöpfung eines Unternehmens spielen. Dies ist darin zu begründen, dass die crossmediale Kommunikation neue Chancen bietet, den Abverkauf von Produkten und Dienstleistungen zu fördern und dadurch die Wertschöpfungskette neu zu gestalten. Diese These vertritt der Hamburger Trendforscher Peter Wippermann (2009). Seine zweite These über das Corporate Publishing von morgen klingt sogar noch radikaler: „Blogs, Facebook und Twitter sind der Beginn einer Demokratisierung des Corporate Publishings" (Wippermann 2009).

Die *Sozialen Medien*, wie Facebook oder Twitter, sind auch im Corporate Publishing angekommen. Sie bieten jedem User eine ideale Bühne, um selbst eine kleine Internet-Sendestation zu sein und nicht auf einer Internetseite zu surfen oder in einem Printmedium zu blättern oder zu lesen. Insofern machen die Sozialen Medien die Menschen aktiver, produktiver und kommunikativer (Qualman 2010). Wie diese technische Entwicklung und das veränderte Medienverhalten ihrer User das Corporate Publishing langfristig beeinflussen werden, ist an dieser Stelle abschließend nicht beantwortbar. Es ist allerdings davon auszugehen, dass das Corporate Publishing auch auf diese Evolution der Kommunikation mit intelligenten Lösungen reagieren wird.

Hierfür sprechen mehrere Gründe: Erstens beurteilen deutsche Topmanager das *Corporate Publishing mit Kunden- und Mitarbeiterzeitschriften* nach wie vor als ein wichtiges Instrument der Unternehmenskommunikation, sogar noch vor der Online-kommunikation via Internet oder Sozialen Medien (Zerfaß et al. 2013). Zweitens wird die Relevanz von Kundenmagazinen in Zukunft weiter zunehmen. Dies ist eine Einschätzung von 104 Entscheidern aus der ersten und zweiten Führungsebene deutscher Verlagshäuser (Corporate Publishing vor weiterem Bedeutungszuwachs 2009). Das verdeutlichen auch die Zahlen und Fakten über den deutschsprachigen Corporate-Publishing-Markt: 97 Prozent aller Unternehmen in Deutschland, der

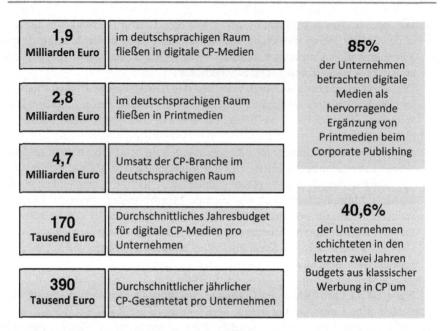

Abb. 1 Zahlen, Daten, Fakten zum Corporate Publishing (2012). Quelle: Corporate Publishing Basistufe 03 – Unternehmensmedien im Raum DACH

Schweiz und in Österreich mit mehr als 250 Mitarbeitenden betreiben Corporate Publishing (CP) und veröffentlichen insgesamt 15.000 Kundenmagazine. Die Gesamtauflage dieser Magazine liegt bei knapp 3,1 Mrd. Exemplaren. Im Jahr 2012 erzielte die Branche einen Umsatz von rund 4,7 Mrd. EUR. Anders als die klassischen Verlags- und Medienhäuser wächst die CP-Branche seit vielen Jahren kontinuierlich im zweistelligen Bereich. Allein die Mitglieder des Branchenverbands Forum Corporate Publishing (FCP) markierten für die vergangenen drei Jahre ein durchschnittliches Wachstum von 15 Prozent (EICP und zehnvier 2012; Deutsche Post 2013; www.forum-corporate-publishing.de 2013). Die Branche gewinnt in der deutschen Medienlandschaft an Bedeutung und wird zunehmend zum ernsthaften Konkurrenten für klassische Zeitschriften – und das nicht nur wirtschaftlich, sondern auch inhaltlich. Dies zeigt sich vor allem bei themenspezifischen Ansprachen von eng definierten B2B-Zielgruppen für höherwertige Gebrauchsgüter und anspruchsvolle Dienstleistungen (Corporate Publishing vor weiterem Bedeutungszuwachs 2009). Siehe dazu auch die Angaben in Abb. 1.

2 Grundlagen des Corporate Publishing

Corporate Publishing ist für viele Verlagsmanager ein „Zauberwort", das sie gern verwenden, wenn sie aufgefordert sind, Zukunftsperspektiven für ihr Unternehmen aufzuzeigen. Dies ist damit zu begründen, dass die Monopolstellung klassischer

Verlagshäuser als Informationsdienstleister zunehmend geringer wird. Der Auflagenrückgang vieler Zeitungstitel oder sogar ihre Einstellung – Beispiel: die Financial Times Deutschland – sind dafür ein guter Beleg. Einen Ausweg aus dieser Krise verspricht in vielerlei Hinsicht das Corporate Publishing, wie die genannten Zahlen belegen. Im Folgenden wird erläutert, welche Medienprodukte und Dienstleistungen dem Begriff zugeordnet werden, wodurch sich diese beispielsweise von den klassischen Magazinen oder Tageszeitungen abgrenzen.

2.1 Begriff des Corporate Publishing und Abgrenzung

In der aktuellen wissenschaftlichen Diskussion sind zwei sich einander ergänzende *Definitionen des Begriffs Corporate Publishing* maßgeblich. Die eine Definition versteht Corporate Publishing als Überbegriff für „die professionelle, bezugsgruppenorientierte Gestaltung sämtlicher Unternehmensmedien nach journalistischen Grundsätzen" (Mast et al. 2003). Demnach gehören neben den unternehmenseigenen Medieninstrumenten wie Kundenzeitschriften, Geschäftsberichte und Corporate Books auch Online-Angebote der Unternehmen wie Websites, Corporate Blogs, Podcasts, Corporate TV sowie Unternehmensprofile in Sozialen Medien dazu. Die andere Definition versteht Corporate Publishing als „Prozess und das Ergebnis der Planung, Herstellung, Organisation und Evaluation von Unternehmenspublikationen" (Bentele et al. 2008).

In der Praxis wird eine weitere Definition verwendet, die sowohl die Kommunikationskanäle als auch die Zielgruppen berücksichtigt. Sie stammt vom Branchenverband FCP: „Corporate Publishing bezeichnet die einheitliche interne und externe journalistisch aufbereitete Informationsübermittlung eines Unternehmens über alle erdenklichen Kommunikationskanäle (offline, online, mobile), durch welche ein Unternehmen mit seinen verschiedenen Zielgruppen permanent/periodisch kommuniziert. Neben Endkunden sind auch Mitarbeitende, Händler, Zulieferer, Aktionäre usw. Zielgruppen, die mit den für sie interessanten Unternehmensinformationen versorgt werden" (www.forum-corporate-publishing.de 2013). Werden die Definitionen aus der Wissenschaft und Praxis zusammengefasst, sind unter dem Begriff Corporate Publishing alle gedruckten und digitalen Unternehmensmedien zu verstehen, die nach journalistischen Grundsätzen realisiert werden, damit ein Unternehmen mit seinen relevanten Zielgruppen kommuniziert. Diese grundlegende Definition bildet die Basis für die folgenden Ausführungen über das zukünftige Corporate Publishing.

Es wird somit ersichtlich, dass sich das Corporate Publishing stark von der klassischen Presse abgrenzt. Denn unter dem Begriff Presse bezeichnen Pürer und Raabe (2007) die Gesamtheit aller regelmäßig erscheinenden Druckwerke – also Zeitungen und Zeitschriften –, deren Aufgabe es ist, durch Informationen, Meinungen sowie Kritik und Kontrolle Öffentlichkeit herzustellen. Obwohl beide nach denselben Grundsätzen hergestellt werden und oftmals dieselben Medien und Kanäle nutzen, sind sie nicht miteinander vergleichbar, da sie unterschiedliche Aufgabe und Ziele haben. Dies wird noch deutlicher, sobald die Vielfalt und die Erscheinungsformen des Corporate Publishings genauer betrachtet wird.

2.2 Erscheinungsformen des Corporate Publishing

Der Fokus dieses Abschnitts richtet sich auf vier Beispiele gedruckter und digitaler Medien. Sie zeigen auf der einen Seite, dass Kundenmagazine, Geschäftsberichte sowie Corporate Books nach wie vor eine zentrale Rolle im Corporate Publishing spielen. Auf der anderen Seite eröffnen sich durch Internet und Soziale Medien vielversprechende Perspektiven. Eine Übersicht von *Corporate Publishing-Instrumenten* gibt Abb. 2.

Gedruckte *Zeitschriften für Mitarbeitende* sind der Ursprung des Corporate Publishing. Die erste bekannte Mitarbeiterzeitschrift erschien 1849 in den USA. Die erste vergleichbare Publikation in Europa war 1882 das „Werkjournal" eines holländischen Betriebes. In Deutschland gilt der „Schlierbacher Fabrikbote" 1888 als erstes Beispiel. Aus diesen Anfängen hat sich eine sehr heterogene Zeitschriftenlandschaft im Corporate Publishing herauskristallisiert – zumindest in Deutschland. Gedruckte Medien wie Zeitungen oder Magazine werden nicht nur für die Kommunikation mit den Mitarbeitenden eingesetzt, sondern vermehrt auch für eine dialogorientierte Kommunikation mit Kunden und Geschäftspartnern, also den Stakeholdern, die an Produkten, Dienstleistungen und Erfolgen eines Unternehmens interessiert sind.

Die Zahl der *Kundenmagazine* ist in den vergangenen Jahren rasant angestiegen: Aktuell erscheinen allein im deutschsprachigen Raum 15.000 Titel (Forum Corporate Publishing 2012). Anzuführen sind professionelle Kundenmagazine wie das AOK-Magazin „Bleib gesund!" oder das „Douglas Magazin", das sechsmal im Jahr postalisch an die Kunden der Parfümeriekette versendet wird. Als weitere Beispiele erhalten Neu- und Bestandskunden des Autoherstellers Mercedes-Benz das „Mercedes-Benz magazin", weitere Kunden erhalten „postfrisch", das Magazin für die Philateliekunden der Deutschen Post, oder „mobil", das Kundenmagazin der Deutschen Bahn. Diese Kundenmagazine erreichen nicht nur Millionenauflagen, sondern überzeugen auch durch ein hohes Maß an journalistischer Qualität (Ruisinger und Jorzik 2008). Auch kleinere Magazine wie „plus", das Kundenmagazin der Berliner Verkehrsbetriebe, erfreuen sich großer Beliebtheit. Das Magazin, das mit seinem

Print-Medien	Non-Print-Medien	
	Audio-visuelle Medien	Online-und Mobile-Medien
• Kundenzeitschrift • Geschäftsbericht • Corporate Book • Print-Newsletter • Magalog • …	• Corporate TV/Corporate Movie • Corporate Podcast/Vodcast • …	• E-Mail-Newsletter, E-Journal, Website, Corporate Blog, Forum, Kundenzeitschrift als PDF • Handy-Radio und Mobizine • SMS-Newsletter, Wap-Portal • Facebook und Twitter

Abb. 2 Klassifikation von Corporate-Publishing-Instrumenten. Quelle: Mast 2010, in Anlehnung an Uffmann 2008

kleinen DIN-A5-Format einer Broschüre ähnelt, erscheint monatlich mit einer Auflage von 500.000 Exemplaren. Die Hefte sind regelmäßig bereits Mitte des Monats aus den Displays in Bus, S- und U-Bahn vergriffen. Ebenso erfolgreich und populär ist das „BMW Magazin", das der Verlag HOFFMANN UND CAMPE herausgibt und 2013 mit dem BCP Award (Best of Corporate Publishing Award des Dachverbandes FCP) in Gold ausgezeichnet wurde. Das Kundenmagazin erscheint mit einer Auflage von ca. drei Mio. Exemplaren in 21 Sprachen und berichtet in einem hochwertigen Format über die aktuellen Fahrzeuge. Auffällig sind die Inhalte: Es werden nicht nur einfach die Automobile vorgestellt, sondern die Präsentation der neuen Fahrzeuge ist in ein modernes Lifestylemagazin eingebettet (Forum Corporate Publishing 2013).

Ein weiteres Beispiel ist „Laviva", das Frauenmagazin von REWE (Abb. 3). Es wurde im Oktober 2008 auf den Markt gebracht und erzielte schnell eine hohe Auflage. Im ersten Quartal 2010 erreichte das Frauenmagazin eine verkaufte Auflage von 336.671 Exemplaren (IVW I/2010) und hatte sich mit einem Copypreis von 1 EUR in Kombination mit REWE-Coupons, die einen Wert von 60 EUR haben, erfolgreich am Markt der monatlichen Frauenzeitschriften etabliert. „Laviva" wird seit Januar 2011 von G + J Corporate Editors redaktionell betreut und in mehr als 6.500 REWE-Verkaufsstellen, in etwa 550 DER- und Atlas-Reisebüros und an über 500 Flughafen- und Bahnhofskiosken vertrieben. REWE hat sich mit dieser Zeitschrift von einem klassischen CP-Kunden zum Verleger entwickelt.

Unternehmen schätzen den Wert von Kundenmagazinen für ihre B2B- oder B2C-Kommunikation als sehr hoch ein, da Kundenmagazine viele Vorteile bieten (Ruisinger und Jorzik 2008):

- Sie werden aufmerksam gelesen: Bei B2B-Magazinen lesen sogar 45 Prozent der Leser die zugesandten Magazine sehr genau (www.forum-corporate-publishing. de 2013).
- Sie liefern wichtige Kaufimpulse für ein Produkt.
- Sie beeinflussen das Unternehmensimage positiv.
- Sie erhöhen die Bindung des Kunden an das Unternehmen und seine Dienstleistungen.

Um diese Vorteile permanent einzulösen, haben Kundenmagazine jedoch das Interesse ihrer Leser zu wecken und ihnen einen hohen Nutzwert zu bieten. Wie das strategisch und operativ zu planen ist, wird später ausführlich dargestellt.

2.2.1 Geschäftsberichte

Der *Geschäftsbericht* ist für ein börsennotiertes Unternehmen ein Kerninstrument seiner Unternehmenskommunikation, um seine Shareholder über den Verlauf des vergangenen Geschäftsjahres zu informieren (Ruisinger und Jorzik 2008). Er ist die zentrale Informationsquelle für Investoren, Aktionäre sowie Multiplikatoren und berichtet über die Entwicklungen, Strategien sowie Perspektiven des Unternehmens. Des Weiteren ist er auch der wichtigste Werteträger des Unternehmens. Ein Geschäftsbericht dient heute nicht mehr nur der reinen Vermittlung von Informationen

Abb. 3 „Laviva" – das Frauenmagazin von REWE

über Umsatz, Ergebnis, Cashflow, EBIT, Dividende oder Ergebnismarge, wozu er gesetzlich verpflichtet ist, sondern besitzt zudem die wichtige Funktion, das Unternehmen als Marke zu positionieren (Ruisinger und Jorzik 2008). Dies ist auch ein Grund, warum der imagebildende Teil neben dem gesetzlichen Pflichtteil einen immer größeren Raum im Geschäftsbericht einnimmt.

Vorbildliche und preiswürdige Geschäftsberichte überzeugen inzwischen durch ihre kommunikative Qualität, ungewöhnliche Fotos und Illustrationen. Daneben gibt es aber noch einen anderen Weg, das Unternehmen in ein positives Licht zu rücken und damit die verschiedenen Zielgruppen – angefangen von der Financial Community über Kunden und Geschäftspartner bis hin zu den Mitarbeitenden und Multiplikatoren – zu faszinieren: das Erzählen guter Geschichten (*Story Telling*). Dies ist damit zu begründen, dass gut erzählte Geschichten faszinieren und jeden Menschen unterhalten. Sie machen neugierig, lösen Emotionen aus, vermitteln ein Gefühl von Vertrautheit und machen komplizierte Zusammenhänge verständlich. Überdies verankern sie sich im Gedächtnis und bedrängen den Leser nicht.

Fraglich ist allerdings, ob dies ebenfalls in einem Geschäftsbericht funktioniert. Die Antwort darauf lautet klar und deutlich: Wer behauptet, dass gute Geschichten in einem Geschäftsbericht nicht gelesen werden, hat noch nie eine Storytelling-Variante gesehen (Hasenbeck 2008). Hierfür sind drei Beispiele anzuführen: die

Geschäftsberichte der Audi AG und der MAN AG aus den Jahren 2006 und 2007 sowie der Deutschen Post DHL aus den Jahren 2009 bis 2012. Der Audi-Geschäftsbericht ist konzeptionell klar an der Zielgruppe der Analysten, Shareholder, Investoren, Medien und Geschäftspartner ausgerichtet. Durch eine Leitidee und ein kluges Autorenkonzept wird der Geschäftsbericht zum eigenen Medium, das die Pflichtberichterstattung in einer neuen Dimension zeigt: Fünf Schwerpunktthemen bilden als eigenständige Magazine zusammen mit dem Finanzteil den Geschäftsbericht. Journalistisches Storytelling über prominente Menschen wie den Late-Night-Talker Jay Leno oder den Bestsellerautor Frank Schätzing sowie eine anspruchsvolle Bildsprache verleiht dem Geschäftsbericht eine eigenständige Anmutung und fasziniert den neugierigen Leser auf jeder Seite. Auch das ist Corporate Publishing von heute – in seiner qualitativ höchsten Form.

Das gilt gleichermaßen für den MAN-Geschäftsbericht, der sich im Jahr 2006 mit dem Thema der weltweiten Präsenz des Konzerns beschäftigt. Dafür hat der Münchner Maschinenbaukonzern Reporter und Fotografen um die Welt geschickt. Das Ergebnis sind dichte Reportagen und eine subtile Bildsprache, in der interessante Menschen präsentiert werden, die sehr individuell von den Aktivitäten der MAN AG beeinflusst werden.

Gute Noten bekamen auch die Geschäftsberichte der Deutschen Post DHL (Abb. 4). Sie wurden in den vergangenen Jahren von den Jurymitgliedern des Wettbewerbs „Der beste Geschäftsbericht" analysiert und bewertet. Jährlich werden für diesen Preis, den das „Manager Magazin" ausschreibt, etwa 200 Geschäftsberichte der wichtigsten deutschen und internationalen Unternehmen eingereicht. In der Kategorie „DAX-Unternehmen" belegte die Deutsche Post DHL von 2009 bis 2012 schlussendlich stets einen Platz unter den Top 4. Der Geschäftsbericht 2010 war sogar Gesamtsieger des Wettbewerbs. Die Juroren lobten beispielsweise den Konzernlagebericht 2012 „Zukunftsmärkte erschließen" wegen seines „überdurchschnittlichen Konzernanhangs" und der Berichterstattung zum Teilbereich „Geschäft und Rahmenbedingungen", der sogar als „best practice" im Wettbewerb 2012 ausgezeichnet wurde. Neben der inhaltlichen Aufbereitung überzeugte auch die Gestaltung der Equity Story „Einfach wachsen" sowie die gute Typografie und das ausgefeilte Navigationssystem. „Sie schaffen eine angenehme Leseruhe", urteilten die Juroren.

Die drei Beispiele zeigen, dass Geschichten weit einprägsamer sind als nackte Zahlen über Gewinn und Ergebnis. Denn der Leser beziehungsweise die Zielgruppe eines Geschäftsberichts akzeptiert nicht länger die monotone Wiederholung ein und derselben Botschaft, sondern möchte eine dynamische und kreative Geschichte lesen, die durch eine entsprechend angenehme Gestaltung begleitet wird.

2.2.2 Corporate Books

Bücher haben in den turbulenten Medienmärkten mit dem heutigen Überangebot an Informationen ihre Bastion als kulturelles Gut standhaft verteidigt. Deswegen haben sich auch *Corporate Books* zu einem beliebten Instrument der Unternehmenskommunikation entwickelt. Sie werden in der Regel anlässlich von Firmenjubiläen, Produktneuheiten oder strategischen Weichenstellungen realisiert. Durch seine

Abb. 4 Der Geschäftsbericht 2012 der Deutschen Post DHL

zumeist sehr hochwertige Qualität und seinen deutlich größeren Umfang unterscheidet sich das Corporate Book in seiner Imagewirkung und Wertigkeit deutlich von Kundenmagazinen oder Newslettern (Hasenbeck and Wolf 2011; Ruisinger und Jorzik 2008).

Corporate Books können vielfältige Formen annehmen. Fast alle Literaturgattungen sind denkbar, z. B. Sach- und Fachbücher ebenso wie Romane, Kinderbücher, Biografien oder Krimis. Aber diese Bücher haben gemeinsam, dass sie von einem verlagsfremden Unternehmen begleitet werden, das durch verschiedene Formen wie das Firmen-Branding auf dem Titel, das Thema oder den Autor mit einer genau definierten Zielgruppe wie dem Kunden, Geschäftspartner oder potenziellen Neukunden kommunizieren möchte. Die Vielfalt dieses Genres zeigt auch, dass die ausdifferenzierten Lebensstile und das unterschiedliche Freizeitverhalten der Leser vorab zu berücksichtigen und zu analysieren sind, wenn sich ein Unternehmen dafür entscheidet, ein Corporate Book zu realisieren, um seine Mitarbeitenden, seine Kunden oder die Öffentlichkeit anzusprechen (Postler 2011). Dies ist darin zu begründen, dass die Zielgruppe eines Corporate Books viel spezifischer ausgeformt ist als bei Kundenmagazinen oder Newslettern.

2.2.3 Internet und die Sozialen Medien

Das *Internet* ist inzwischen neben der klassischen Kunden- oder Mitarbeiterzeitschrift eine wichtige Säule des Corporate Publishings. Das Internet eröffnet den Unternehmen viele neue Wege und Methoden, um mit den Kunden dialogorientiert zu kommunizieren. Die Websites der Unternehmen verfolgen dabei unterschiedliche Konzepte, die abhängig sind vom Inhalt (Text, Bild, Video und Audio), dem visuellen Konzept (Screendesign und Layout) und den Möglichkeiten der Interaktion (Gewinnspiele, Chats und Votings). Das Angebot reicht von geringen Möglichkeiten zum Kontakt oder Feedback bis zu Corporate Sites, die Chatforen oder personalisierte Portale für Kunden anbieten. Weitere Online- und Mobile-Medien, die im Corporate Publishing eingesetzt werden, sind klassische E-Mail-Newsletter, E-Magazines oder Corporate Blogs.

Eine neue Herausforderung für das Corporate Publishing ist die veränderte digitale Mediennutzung im Zeitalter von Tablets, Smartphones und Apps (Schmidt 2013). Über diese *mobilen Endgeräte* finden heute bereits etwa zwei Drittel der Internetzugriffe statt (Interrogare 2012). Der moderne Medienkonsum ist über diese Endgeräte ständig mit der digitalen Welt verbunden, um auf seine präferierten Inhalte und Dienste zuzugreifen. Während er früher ein einziges digitales Produkt über den Browser nutzte, greift der Medienkonsument heute auf Multi-Channel-Angebote zu. Smartphones und Tablets werden also immer mehr zum Taktgeber der Mediennutzung und beschleunigen damit auch die digitale Fragmentierung. Für das zukünftige Corporate Publishing ist dies ein klares Signal, seine Strategien an die neue Mediennutzung anzupassen und auszubauen.

Eine weitere Herausforderung für das digitale Corporate Publishing sind die *Sozialen Medien* wie Facebook oder Twitter. Allein über das Online-Netzwerk Facebook posten mehr als eine Milliarde Menschen Nachrichten und Bilder – eine enorme Zahl, die auch eine große Chance für Unternehmen bedeutet, neue Zielgruppen als Fans und Follower zu gewinnen und sich auf Augenhöhe mit den Konsumenten auszutauschen. Die meisten Unternehmen kommunizieren bereits mit ihren Kunden auf diese Weise – manche allerdings mit einer gewissen Distanz, da sie so genannte „Shitstorms" befürchten, die kritische Kommentare über Produkte oder Dienstleistungen beinhalten (Wippermann 2009).

Die Sozialen Medien verändern aber nicht nur das Medienverhalten, sondern auch das Konsumverhalten (Qualman 2010). Teure Werbung über bezahlte Medien wie TV, Radio und Zeitungen geben nicht mehr den Hauptausschlag für Kaufentscheidungen. Stattdessen stellen Soziale Netzwerke, Tweets, Posts und Status-Updates Hauptargumente für eine Kaufentscheidung dar. Das gesprochene Wort schafft am meisten Vertrauen gegenüber anderen Menschen – auch Word-of-Mouth (Mundpropaganda) genannt. Entscheidend ist, dass die Produkte oder Dienstleistungen im Gespräch sind und über die Sozialen Medien empfohlen werden. Die Sozialen Medien könnten auch dem Corporate Publishing neue Perspektiven eröffnen, kostengünstiger, effizienter und zielgruppengerechter zu kommunizieren. Allerdings ist nach wie vor unklar, welche Rolle die Sozialen Medien spielen werden, wenn Inhalte unkontrolliert kommentiert, verlinkt und an Dritte verschickt werden.

Der Blick auf diese vier Beispiele des Corporate Publishing zeigt, dass das Spektrum an verfügbaren Instrumenten wohl noch nie so groß war wie heute (Mast 2010; Ruisinger und Jorzik 2008). Nahezu jedes Unternehmen setzt gedruckte Medien ein und nutzt die vielfältigen Möglichkeiten digitaler Tools, um über alle erdenklichen Kanäle mit den relevanten Zielgruppen zu kommunizieren. Dabei agiert das Corporate Publishing immer mehr nach dem Prinzip „Wo immer sich die Zielgruppe medial bewegt, sind wir auch". Eine intelligente Vernetzung der jeweils genutzten Medienkanäle ist zukünftig also unabdingbar für einen maximalen kommunikativen Erfolg. Dieses *crossmediale Vorgehen* ist allerdings weitaus mehr als eine Integrierte Kommunikation im neuen Gewand (Bruhn 2008). Crossmedial bedeutet für das operative Management im Corporate Publishing, die Inhalte über alle Kanäle (off- und online) zu vermitteln und je nach Kanal und Zielgruppe spezifisch aufzubereiten (Mast 2010). Für die Vernetzung der alten und neuen Medien ist jedoch eine völlig neue Herangehensweise erforderlich, die bereits bei der strategischen Planung der Themen und Inhalte beginnt. Wie diese für die jeweiligen Kanäle aufbereitet werden, muss bereits beim Briefing des operativen Managements aus allen Teilbereichen geklärt werden. Ausschließlich auf diese Weise kann es gelingen, mit der Zielgruppe überall dort zu kommunizieren, wo sie sich medial bewegt. Gleichwohl scheint der crossmediale Ansatz aktuell für viele Unternehmen, Verlagshäuser und CP-Agenturen aus technischen und personellen Gründen noch eine unüberwindbare Barriere darzustellen. Es ist aber eine wichtige Aufgabe für das zukünftige Corporate Publishing.

3 Planungsprozesse beim Corporate Publishing

Ein zentrales Instrument des Corporate Publishings ist nach wie vor das gedruckte Kundenmagazin. Daher richtet sich der Fokus des folgenden Abschnitts auf dessen idealtypische Planung, Entwicklung und Realisation (Deutsche Post 2013).

3.1 Phasen eines idealtypischen Planungsprozesses

Die Produktion eines Magazins ist ein komplexer Prozess mit vielen, teilweise auch technischen Schnittstellen zwischen den einzelnen Schritten. Dies beinhaltet unter anderem die Steuerung von Redaktion, Foto und Grafik bis zu Lithografie, Druck und Vertrieb. Aufgrund dieser hohen Komplexität haben sich die meisten Unternehmen (96 Prozent) für die Zusammenarbeit mit einem CP-Dienstleister entschieden, der gesamtverantwortlich alle Disziplinen koordiniert (EICP und zehnvier 2012). Große Unternehmen schreiben deswegen einen Agenturpitch aus. Üblicherweise lässt sich eine Agentur die Entwicklung eines Konzepts bezahlen, schließlich investiert sie Kreativität, Erfahrung und Zeit ihrer Mitarbeitenden. Kommt es dann zum Vertragsabschluss und Auftrag zwischen dem Unternehmen und der Agentur, werden die Konzeptionskosten teilweise oder ganz angerechnet.

Bei der Vergabe eines Printmediums hat der Auftraggeber darauf zu achten, dass folgende zentrale *Elemente bei der Präsentation eines neuen Magazinkonzepts* berücksichtigt worden sind:

1. Die Definition der Anforderungen, der Aufgabe und der Ausrichtung des Magazins. Dies beinhaltet wiederum:
   - Analyse der Zielgruppe,
   - Festlegung der Form (Magazin, Zeitung oder Magalog usw.),
   - Rubrizierung und Strukturierung der Inhalte,

- Kreation von Layout, Text und Bildern,
- Darstellung von Prozessen, Aufgaben, Workflow und Zeitplan.
2. Die Produktionsparameter:
   - Auflage,
   - Format, die Papierqualität, die Verarbeitung und die Veredlung,
   - Distribution: Postversand über qualifizierte Adressen oder am Point of Sale.
3. Ansätze zur Anzeigenvermarktung
4. Angebote zu den Kosten von Herstellung, Druck und Vertrieb

3.2 Situationsanalyse

Wenn ein neues Medium entsteht oder ein bereits bestehendes Medium relauncht werden soll, ist in beiden Fällen eine *Bestandsaufnahme der internen und externen Unternehmenssituation* notwendig. Dabei sind folgende Fragen zu klären:

- Welche Position hat das Unternehmen im Markt?
- Auf welchen Märkten agiert das Unternehmen?
- Will sich das Unternehmen für die Zukunft strategisch neu aufstellen?
- Welches Image haben Marke und Produkte bei den Konsumenten?
- Will das Unternehmen neue Produkte und Dienstleistungen einführen?
- Will das Unternehmen mit seinen Produkten und Dienstleistungen neue Zielgruppen erreichen?
- Wie sind Marketing und Vertrieb dafür aufgestellt?
- Wie ist die Stimmung bei den Mitarbeitenden?
- Steht im Unternehmen evtl. ein Change Management Process an?
- Ist das Unternehmen für den so genannten „War of Talents" gerüstet?

Um alle diese Fragen zu klären, sind alle Bereiche des operativen und strategischen Managements eines Unternehmens sowie ebenfalls der Betriebsrat, abhängig von seiner Größe, einzubeziehen. Ohne die Unterstützung aller Bereiche aus dem Unternehmen wird es andernfalls schwer, ein interessantes und informatives Medium über eine längere Dauer zu gestalten und mit Inhalten zu füllen.

3.3 Strategische Planung

Nach der Analyse der aktuellen Unternehmenssituation haben sich der Auftraggeber und Dienstleister zu überlegen, wie der Leser zu erreichen ist und wer eigentlich den Leser darstellt Die Basis für ein erfolgreiches Corporate Publishing ist somit die genaue *Definition* und *Detailkenntnis der Zielgruppe*. Auf diese zwei Fragen gibt es vielschichtige Antworten. Das zeigen allein die 15.000 verschiedenen Magazintitel im deutschen Corporate-Publishing-Markt und die Vielfalt der Medien am Kiosk: Zeitungen und Magazine sind immer spezifisch auf die Interessen ihrer Leser zugeschnitten. Es gibt kein gedrucktes oder digitales Medium, das Mann und Frau, Jung wie Alt, Menschen jeglichen Bildungsniveaus unabhängig von Lebensumständen, Einkommen und privaten Interessen gleichermaßen anspricht.

Allerdings ist bei der Konzeption eines CP-Mediums die Zielgruppe entscheidend. In diesem Zusammenhang sind verschiedene Fragen zu stellen: Spricht das Medium nur Unternehmenskunden an oder sollen ebenso Interessierte, öffentliche Stellen oder Meinungsbildner erreicht werden? Zielt das Medium eher exklusiv auf das Segment der A-Kunden oder soll es eine breitere Masse erreichen? Plant das Unternehmen eventuell, das Magazin in den Verkauf zu bringen? Ein Heft für junge Kunden sieht bunter aus und kommuniziert in lockerem Ton. Das exklusive Imagemagazin für Kunden der älteren Generation haben optisch und sprachlich hochwertiger zu erscheinen. Bei einem Mitarbeitermedium ist beispielsweise von Belang, ob die Leser dem Management angehören oder Produktivkräfte sind.

High Potentials oder A-Kunden (Dickie 1951; Schawel und Billing 2012) haben eine Kundenzeitschrift unbedingt und regelmäßig zu erhalten. Dabei handelt es sich um Kunden, die für etwa 80 Prozent des Umsatzes sorgen und machen zehn Prozent der Kundschaft aus. Auch Medium Potentials oder B-Kunden sind zum regelmäßigen Empfängerkreis einzubeziehen. Das sind rund 15 Prozent der Kunden. B-Kunden sind zu berücksichtigen, da sie unmittelbar an der Schwelle zum Premiumkontakt (A-Kunde) stehen. Die Low Potentials oder C-Kunden tragen zwar nur zu 5 Prozent zum Umsatz bei, machen aber fast 75 Prozent der Kunden aus. Ob C-Kunden noch auf der Versandliste des Magazins stehen, hängt auch vom Produkt ab. Werden die Produkte nur im Mehrjahreszyklus verkauft, wie dies z. B. in der Automobilindustrie der Fall ist, dann ist ebenfalls eine aufmerksame Pflege der C-Kunden unabdingbar. Damit das Kundenmagazin seine Funktion der Kundenbindung optimal erfüllen kann, hat es regelmäßig zu erscheinen. Beispielsweise ist eine quartalsweise Frequenz der Magazine sinnvoll, da bei mehreren Veröffentlichungsintervallen auch mehr Kundenkontakte entstehen.

Jedoch muss es nicht immer ein Magazin sein, um den Leser zu erreichen. Im Corporate Publishing sind Magazine und Zeitungen – je nach Zielgruppe – die Formate mit der größten Verbreitung. Neben Zeitschrift und Buch gibt es weitere gedruckte *Medienarten*:

- *Newsletter*: Der Newsletter kommuniziert Neuigkeiten in kurzer und prägnanter Form. Der Umfang beträgt meist nicht mehr als vier Seiten. Wichtig beim Newsletter ist seine Aktualität und ist daher auch mit einer höheren Erscheinungsfrequenz zu publizieren. Newsletter werden – sofern die E-Mail-Adressen der Empfänger vorliegen – zunehmend digital publiziert.
- *Magalog*: Ein Magalog kombiniert die journalistischen, informierenden und imagefördernden Inhalte eines Magazins mit den werblichen Produktbeschreibungen und der Preiskommunikation eines Katalogs. Der redaktionelle Teil schafft Aufmerksamkeit mit einem Umfeld und einer stilistischen Welt, in denen die Produkte und deren Nutzen besonders gut zur Geltung kommen.
- *Prospekte, Broschüren und Flyer*: Diese Medien werden von den Konsumenten eindeutig als Werbebotschaft eingeordnet und sind deshalb deutlich in Form,

Optik und Sprache von den journalistischen CP-Medien zu separieren. Sie werden im Corporate Publishing allenfalls als Beileger zur Kommunikation konkreter Angebote verwendet.

3.4 Operative Planung

Für die Herstellung eines CP-Magazins ist eine Produktionsplanung unerlässlich, die alle Beteiligten aus den Teildisziplinen darüber informiert, wer bis wann was zu erledigen hat. Projektmanager auf seiten des Auftraggebers und des Dienstleisters sind dafür verantwortlich, dass die Termintreue der einzelnen Schritte des Workflows eingehalten wird, dieser orientiert sich an der Komplexität des Objekts. Er wird entweder in einer einfachen Tabelle oder in einer detaillierten Projektplanungsmatrix dargestellt. Exemplarisch ist ein *Team für ein Mitarbeitermagazin* in Abb. 5 dargestellt.

Zur operativen Planung eines Mediums zählt auch die *Kostenkalkulation* für ein Kunden- oder Mitarbeitermagazin. Faktoren sind beispielsweise Auflagenhöhe, Umfang, Format oder Papierart, Distribution und Aussendung. Der größte Kostenfaktor entsteht allerdings bei der Realisation der Inhalte. Leistungen werden unter anderem in den Bereichen Konzeption, Redaktion, Grafik und Fotografie erbracht. Bei digitalen Medien sind darüber hinaus Leistungen aus den Bereichen Webkonzeption und Programmierung bedeutsam. Dazu erstellt der CP-Dienstleister ein detailliertes Angebot mit einer exakten Aufschlüsselung seiner einzelnen Leistungen und der damit verbundenen Kosten. Diese sind mit dem Auftraggeber vor Produktionsstart abzustimmen. Die Kostenkalkulation sollte gegebenenfalls auch

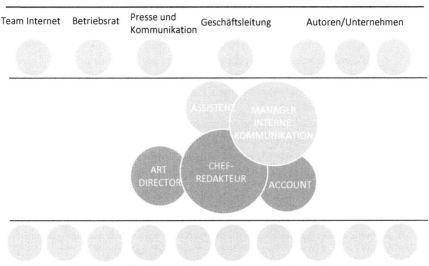

Abb. 5 Team Mitarbeitermagazin

Möglichkeiten der Refinanzierung, beispielsweise durch den Verkauf von Anzeigenseiten, beinhalten.

Im Folgenden sind zwei exemplarische Druckpreise wiedergegeben:

Beispiel 1:
- Auflage: 300.000 Exemplare
- Umfang: 24 Seiten
- Format: 210 × 297 mm
- Kosten: 40.890 EUR

Beispiel 2:
- Auflage: 2.000 Exemplare
- Umfang: 16 Seiten
- Format: 210 × 297 mm
- Kosten: 1.300 EUR

3.5 Umsetzung

Die *Produktion eines Kundenmagazins* folgt grundsätzlich einem relativ festen Raster, der aus 14 Schritten besteht:

1. *Jahresplanung*: Ein Kundenmagazin ist ein strategisches Instrument der Kundenkommunikation. Seine Themen und Aktionen sind daher mit der gesamten Kommunikationsstrategie des Unternehmens verbunden. Für die Jahresplanung sind folgende Aspekte relevant:
   - Wann, zu welcher Jahreszeit oder zu welchen Ereignissen (Messen u. a.) stehen bestimmte Produkte oder Dienstleistungen im Fokus, die durch eine begleitende Berichterstattung unterstützt werden sollen?
     – Wann kommen neue Produkte oder Dienstleistungen auf den Markt?
     – Welche strategischen Neuansätze gibt es im Unternehmen?
     – Wie sind die Werbekampagnen angelegt?
   - Vollzieht das Unternehmen einen Wandel bei der Zielgruppenfokussierung oder Positionierung?

   Die Redaktion sollte über diese Kommunikationsprozesse rechtzeitig informiert werden, da mit journalistischen Mitteln sich der Werbedruck sogar verstärken lässt. Dies setzt eine interne Kommunikation zwischen Werbung, Vertrieb und Marketing voraus, in die auch das operative Management der CP-Medien integriert ist.

2. *Themenrecherche*: Die Themenrecherche ist Grundlage für ein interessantes und lesenswertes Magazin. Dafür könnten beispielsweise regelmäßig aus allen Bereichen des Unternehmens Themenvorschläge gesammelt werden, die anschließend mit den aktuellen Entwicklungen und Diskussionen in der Branche abgestimmt werden. Ebenso kann ein Leserbeirat, bestehend aus Lesern und Mitarbeitenden des Unternehmens, wichtige Hinweise auf relevante Themen geben. Siehe zum möglichen Themenspektrum eines Kundenmagazins Abb. 6.

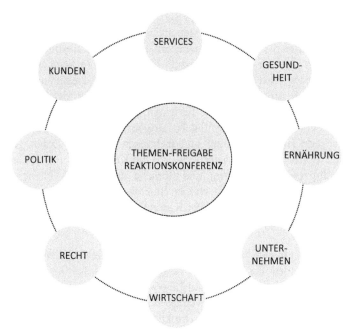

Abb. 6 Themenradar für ein Kundenmagazin

3. Die *Redaktionskonferenz*: Die Redaktionskonferenz ist der zentrale Termin der Blattplanung. Hier werden die in den Fachbereichen generierten Themenvorschläge, strategische Kommunikationsanforderungen und Ideen der Redaktion erläutert. In der Diskussion legen Herausgeber und Redaktion unter anderem die Themen, Stilformen, Kommunikationsziele und Umfänge fest.
4. *Rebriefing*: Nach der Themenkonferenz erstellt die Redaktion zu jedem Thema ein Rebriefing sowie die Heftstruktur und sendet sie dem Herausgeber zur Überprüfung und Korrektur zu. Das Rebriefing stellt für beide Seiten eine Verbindlichkeit über die erwarteten Arbeitsergebnisse her. Der Seitenlaufplan in Verbindung mit dem Rebriefing stellt sicher, dass das Blatt harmonisch „komponiert" ist. Dies bedeutet, dass sich lange und kurze Themenstrecken, bild- und textdominierte Optik sowie journalistische Formen abwechseln.

5. *Produktion*: Auf Basis des Briefings/Rebriefings beginnt die Redaktion mit der Recherche, dem Verfassen von Texten und der Produktion von Fotos. Abhängig vom vereinbarten Workflow werden ebenfalls mögliche Layouts erstellt.
6. *Abstimmung*: Der Abstimmungsprozess dient dazu, die fachliche Korrektheit der Artikel sicherzustellen und gibt dem Herausgeber Gelegenheit, seine inhaltlichen und qualitativen Anforderungen durchzusetzen. In der Regel erhält der Herausgeber die Texte zunächst für einen ersten kurzen Qualitätscheck. Im nächsten Schritt gibt entweder der Herausgeber oder die Redaktion Texte an die Fachseite zur Überprüfung und fachlichen Freigabe. Dabei geht es im Feedback der Fachseite in erster Linie um die Korrektheit von Zahlen, Daten, Fakten, Prozessen usw. Form und Sprache des Artikels bleiben dagegen Aufgabe der Redaktion und werden nur in begründeten Ausnahmefällen von der Fachfreigabe tangiert. Die Korrekturen der Fachseite werden in die Artikel eingearbeitet. Üblicherweise wird die fachliche Freigabe schriftlich dokumentiert.
7. *Layoutvorlage*: In der Layoutvorlage wird dem Herausgeber das komplette Magazin nach den Fachfreigaben vorgelegt. Es erfolgt die finale Prüfung/Bewertung von Texten, Bildern und Layout in der Gesamtschau. Die letzten Korrekturen des Herausgebers werden üblicherweise in einer gemeinsamen Konferenz mit Redaktion und Art-Direktion diskutiert.
8. *Finalisierung*: Mit der Umsetzung der Herausgeberkorrekturen beginnt der Finalisierungsprozess. Dieser umfasst ebenso das Lektorat und die Schlussredaktion. In der Reinzeichnung wird das Dokument auf die grafische Korrektheit und Maßhaltigkeit überprüft. Eventuelle Anzeigen werden an die geplanten Stellen platziert. In der Lithografie werden die Bilder sowie Farbdarstellungen auf den Druck optimiert.
9. *Heftpräsentation*: In diesem Schritt erhält der Herausgeber das komplette Blatt in einem hochwertigen Farbausdruck (Proof), der auch für den späteren Druck farbverbindlich ist. Dies ist die letzte Gelegenheit für Korrekturen an Cover, Heftmischung, Texten und Farbqualität der Bilder.
10. *Druckfreigabe*: Nach der Umsetzung eventueller Korrekturen aus der Heftpräsentation/Proofvorlage erhält der Herausgeber ein Komplettheft (als Ausdruck oder PDF) und gibt diese Version verbindlich für den Druck frei. Von dieser Datei werden die Druckdaten meist als PDF erzeugt.
11. *Technische Umsetzung*: Für Druck und Verarbeitung sind entsprechende Kontrollmechanismen zur Qualitätssicherung zu vereinbaren, z. B ob ein Vertreter des Herausgebers und/oder des Dienstleisters an der Druckmaschine und bei der Weiterverarbeitung die Qualität persönlich prüft.
12. *Lieferung der Vorabexemplare*: Aus dem laufenden Produktionsprozess erhält der Herausgeber (je nach Vereinbarung) die ersten druckfrischen Exemplare.
13. *Distribution*: Basis der Distribution, beispielsweise als Pressesendung durch die Deutsche Post, sind die Adressdaten, die der Herausgeber zur Verfügung stellt. Insgesamt 60 Prozent aller B2C- und sogar 80 Prozent aller B2B-Magazine werden heute auf dem Postweg zum Kunden versendet.

14. *Blattkritik*: Die Blattkritik ist ein wichtiges Element der Qualitätssicherung/-steigerung des Magazins. Die Reaktionen aller Beteiligten (Kommunikation, Marketing, evtl. Geschäftsleitung und Fachseite, Redaktion und Grafik sowie der Leser) werden abgefragt und diskutiert.

3.6 Erfolgskontrolle des Corporate Publishing

Für ein erfolgreiches Corporate Publishing ist es wichtig zu wissen, wie die Zielgruppe mit seinen Inhalten und Botschaften erreicht wurde (Zerfaß 2008). Daher spielt die Erfolgsmessung eine immer wichtigere Rolle, auch bei der Wahl des Kommunikations- und Vertriebskanals (ECC Köln 2013). Ein Drittel der Befragten einer aktuellen Studie des E-Commerce-Centers Köln setzt dafür bevorzugt Printmedien ein, da sie als besonders geeignet gelten, um Markenwerte zu kommunizieren und auf emotionale Weise Interesse beim Leser zu wecken. Dies geschieht durch verschiedene Messmethoden. In erster Linie wird indirekt über Befragungen gemessen (45,8 Prozent) sowie direkt in definierten Testgebieten (34,7 Prozent) oder über Gutscheine und Gewinnspiele (27,8 Prozent) (ECC Köln 2013).

Insbesondere technologische bzw. digitale Entwicklungen haben die direkte Erfolgsmessung vereinfacht. Smartphones und Tablets bieten beispielsweise die Chance, Kunden- oder Mitarbeitermagazine mit digitalen Instrumenten wie QR-Codes oder Augmented Reality (Augmented Reality bezeichnet die elektronisch gestützte Erweiterung der Wahrnehmung) zu kombinieren. Damit werden nicht nur verschiedene Kommunikations- und Vertriebskanäle miteinander verknüpft, sondern es entstehen beim Leser bzw. der Zielgruppe völlig neue Erlebnisdimensionen in der Printwelt. Gleichzeitig bietet diese Kombination neue Möglichkeiten, den Erfolg von Themen und Inhalten zu messen. Unter den Befragten der Kölner Studie setzten bereits 67 Prozent dafür QR-Codes ein. Augmented Reality, das sich besonders für die Visualisierung von Produkten eignet, wurde bislang von 26,7 Prozent verwendet (ECC Köln 2013). Die intelligente Verbindung gedruckter Medien mit digitalen Instrumenten zeigt einen wichtigen Trend im Corporate Publishing auf: Kunden- und Mitarbeitermagazine werden durch die Digitalisierung kreativer und gewinnen dadurch sogar an Bedeutung für die Unternehmenskommunikation. Zur Wirkung von Kundenmagazinen im Handel siehe auch Abb. 7.

4 Zusammenfassung und Ausblick

Das Corporate Publishing wird auch zukünftig weiterhin an Bedeutung zunehmen und verstärkt eingesetzt. Besonders in Zeiten des Wandels sind gedruckte und digitale Medien für die Unternehmenskommunikation ein wichtiges Instrument, um mit Stakeholdern zu kommunizieren. Dafür eignet sich das Corporate Publishing ideal. Kaum eine andere Sparte der Unternehmenskommunikation bietet so viele Möglichkeiten des Dialogs und der Interaktion mit den Zielgruppen. Das gilt ebenso für die digitalen wie auch die gedruckten Medien. Printmedien sind keineswegs ein

Was Kundenmagazine im Handel leisten

Frage: Welche der folgenden Aktivitäten haben Sie schon ein oder mehrere Male aufgrund von Kundenberichten in einem Magazin unternommen?

Abb. 7 Wirkungen von Kundenmagazinen im Handel. Quelle: SVI Dialog Research & Consulting; TNS Emnid Media Forschung

Auslaufmodell, denn durch Print wird eine hohe Aufmerksamkeit beim Leser erzeugt und eine intensive und emotionale Beziehung zu den Unternehmen und ihren Marken und Produkten hergestellt (Scharrer 2012).

Die Zukunft und die *Trends des Corporate Publishing* gehen in verschiedene Richtungen. Hierzu werden fünf Thesen formuliert:

1. *Professionalisierung*: Der Prozess der Professionalisierung im operativen Management des Corporate Publishing ist keineswegs abgeschlossen. Das hat mehrere Gründe. Zum einen steigen die Erwartungen und Herausforderungen der Unternehmenskommunikation. Zum anderen führt die Krise in der deutschen Presselandschaft dazu, dass sehr gut ausgebildete Redakteure zu CP-Dienstleistern bzw. in die Kommunikationsabteilungen von Unternehmen wechseln werden oder junge journalistische Talente von Anfang an eine Karriere im Corporate Publishing planen. Auf die Medien im Corporate Publishing wird sich das positiv auswirken, da sie somit noch hochwertiger und kreativer werden.
2. *Storytelling*: Die produktlastige und technologische Kommunikation ist überholt. Um heute Zielgruppen für Produkte und Marken zu faszinieren, sind Geschichten über Menschen zu erzählen, die diese Produkte herstellen, vertreiben oder vertreten. Doch diese Geschichten sind mit einem hohen Nutzwert für den Leser und einer Unternehmensbotschaft zu unterfüttern werden, ansonsten sind sie für das Corporate Publishing wertlos (Serrano 2012).
3. *Interaktion mit dem Kunden und den Mitarbeitenden*: Die Kommunikation der Unternehmen mit ihren Kunden und ihren Mitarbeitenden über Produkte und Dienstleistungen wird in den kommenden Jahren zunehmend an Relevanz gewinnen. Damit nimmt auch die Bedeutung des Corporate Publishing als wichtiges mediales Instrument zu. Die gedruckten und digitalen Medien werden deswegen vermehrt Themen und Inhalte anbieten, die noch stärker auf die Zielgruppen fokussiert sind.
4. *Crossmedialer Ansatz*: In der Zukunft wird es kein Leitmedium mehr geben. Die Integration der gedruckten und digitalen Medien wird zum Prinzip des zukünftigen Corporate Publishing, das alle Kanäle miteinander vernetzt. Dies ist eine

große Herausforderung für alle Beteiligten in den Teilbereichen der Unternehmenskommunikation, da es ein hohes Verständnis der benötigten Disziplinen voraussetzt.
5. *User Generated Content*: Viele Konsumenten kommunizieren bereits heute über die Sozialen Medien oder Chatforen direkt mit Unternehmen, deren Produkte sie verwenden und schätzen. Auf diese Weise liefern sie Informationen und Geschichten. Diese nutzergenerierten Inhalte werden die Unternehmenskommunikation und damit auch das Corporate Publishing strategisch und inhaltlich dahingehend beeinflussen, dass die Zielgruppe von Anfang an in den Prozess der Entwicklung von Medien miteingebunden wird.

Literatur

Bentele, G., Brosius, H.-B., & Jarren, O. (2008). *Lexikon Kommunikations- und Medienwissenschaft* (2. Aufl.). Wiesbaden: Springer VS.
Bruhn, M. (2008). Integrierte Kommunikation. In M. Meckel & B. Schmid (Hrsg.), *Unternehmenskommunikation* (2. Aufl., S. 513–556). Wiesbaden: Gabler.
Corporate Publishing vor weiterem Bedeutungszuwachs. (2009). *CP Monitor, 1*(4), 13–14.
Deutsche Post, A. G. (Hrsg.). (2013). *CP Ratgeber Kundenmagazine*. Was Sie schon immer über erfolgreiche Kundenkommunikation wissen wollten. Bonn.
Dickie, H. (1951). ABC inventory analysis shoots for dollars, not pennies. *Factory Management and Maintenance, 6*(109), 92–94.
ECC Köln/Prinovis (Hrsg.). (2013). Einsatz und Bedeutung von Printmedien im Kommunikationsmix – Status quo und crossmediale Trends. Köln.
EICP/zehnvier. (2012). Basisstudie Corporate Publishing 03 – Unternehmensmedien im Raum DACH. Zürich.
Forum Corporate Publishing e.V. Der aktuelle CP-Markt. (2013). www.forum-corporate-publishing.de. Zugegriffen am 24.09.2013.
Forum Corporate Publishing (Hrsg.). (2012). Best of corporate publishing 2012. Frankfurt a. M.
Hasenbeck, M. (2008). Alleskönner Geschäftsbericht: Zeugnis und Visitenkarte. http://wp2012.helios-repository.com/kommunikationskongress/files/2012/05/Hasenbeck_Manfred.pdf. Zugegriffen am 24.09.2013.
Hasenbeck, M., & Wolf, E. (Hrsg.). (2011). *Corporate Books – Unternehmensliteratur als Markenbotschafter*. Wiesbaden: Gabler.
Interrogare. (2012). Trendstudie 2012: Digitale Mediennutzung im Zeitalter von Tablets, Smartphones und Apps. http://www.interrogare.de/uploads/tx_publikationen/Interrogare_Trendstudie_Digitale_Mediennutzung_2012_01.pdf. Zugegriffen am 24.09.2013.
Mast, C. (2010). *Unternehmenskommunikation* (4. Aufl.). Stuttgart: Lucius & Lucius.
Mast, C., Sandhu-Huck, S., & Güller, K. (2005). *Kundenkommunikation. Ein Leitfaden*. Stuttgart: Lucius und Lucius.
Meckel, M. (2008). Unternehmenskommunikation 2.0. In M. Meckel & B. Schmid (Hrsg.), *Unternehmenskommunikation* (2. Aufl., S. 471–492). Wiesbaden: Gabler.
Postler, S. (2011). Ein Flughafen für jedes Buch. Corporate Books und die richtige Zielgruppenansprache. In M. Hasenbeck & E. Wolf (Hrsg.), *Corporate Books – Unternehmensliteratur als Markenbotschafter* (S. 87–92). Wiesbaden: Gabler.
Pürer, H., & Raabe, J. (2007). *Presse in Deutschland* (3. Aufl.). Konstanz: UTB.
Qualman, E. (2010). *Socialnomics: Wie Social Media Wirtschaft und Gesellschaft verändern*. München: mitp.
Ruisinger, D., & Jorzik, O. (2008). *Public Relations. Leitfaden für ein modernes Kommunikationsmanagement*. Stuttgart: Schäffer-Poeschel.

Scharrer, J. (2012). Wenn Kunden lesen. *Horizont, 29*(13), 17.
Schawel, C., & Billing, F. (2012). *Top 100 Management Tools: Das wichtigste Buch eines Managers – Von ABC-Analyse bis Zielvereinbarung* (4. Aufl.). Wiesbaden: Springer Gabler.
Schmidt, H. (2013). *Journalismus in Zeiten von Facebook und Twitter.* München.
Serrano, A. (2012). *Storytelling in der Unternehmenskommunikation.* Berlin: Cornelsen.
Uffmann, T. (2008). *CP 2.0 – Corporate Publishing im digitalen Zeitalter:* Trendstudie über Verwendung und Zukunft von Corporate-Publishing-Tools zur Kundenkommunikation in Deutschland. Gütersloh: Medienfabrik Gütersloh.
Watzlawick, P., Bavelas, J. B., & Jackson, D. D. (1969). *Menschliche Kommunikation – Formen, Störungen, Paradoxien.* Bern: Huber.
Wippermann, P. (2009). Corporate Publishing verliert seinen Charakter und gewinnt an Bedeutung. *CP Monitor, 1*(4), 12–13.
Zerfaß, A. (2008). Kommunikations-Controlling. In M. Meckel & B. Schmid (Hrsg.), *Unternehmenskommunikation* (2. Aufl., S. 435–469). Wiesbaden: Gabler.
Zerfaß, A., Vercic, D., Verhoeven, P., Moreno, A., & Tench, R. (2012). *European communication monitor 2012. Results of an empirical survey in 42 countries.* Brussels: Helios Media.
Zerfaß, A., Schwalbach, J., & Sherzada, M. (2013). *Unternehmenskommunikation aus der Perspektive des Top-Managements: Eine empirische Studie bei Vorständen und Geschäftsführern in deutschen Großunternehmen.* Leipzig: Universität Leipzig.

Lutz Glandt ist Sonderbeauftragter für die Medienindustrie, Deutsche Post AG.

Teil IV
Instrumente der Dialogkommunikation

Instrumente der Dialogkommunikation: ein Überblick

Manfred Bruhn

Inhalt

1 Bedeutung und Stellenwert der Dialogkommunikation 370
2 Funktionen und Ziele der Dialogkommunikation 373
3 Zielgruppen der Dialogkommunikation 373
4 Instrumente und Mittel der Dialogkommunikation 374
5 Kontrollmöglichkeiten der Dialogkommunikation 379
6 Zusammenfassung und Ausblick 382
Literatur 383

Zusammenfassung

Besonders durch das Aufkommen neuer Kommunikationsmöglichkeiten und dem zunehmenden Bedürfnis der Konsumenten nach Interaktion und Austausch nimmt die Dialogkommunikation eine immer zentralere Rolle im Kommunikationsmix ein. Hierbei stehen Unternehmen insbesondere die Instrumente der Persönlichen Kommunikation, Messen und Ausstellungen, des Direct Marketing sowie der Social Media-Kommunikation zur Verfügung. Der Beitrag liefert einen Überblick über die Dialogkommunikation sowie deren Instrumente. Abschließend wird die Frage der Kontrolle der Instrumente durch Unternehmen thematisiert.

Schlüsselwörter

Dialogkommunikation • Direct Marketing • Kommunikationsinstrumente • Kommunikationskontrolle • Messen und Ausstellungen • Persönliche Kommunikation • Social Media-Kommunikation

---

M. Bruhn (✉)
Lehrstuhl für Marketing und Unternehmensführung, Wirtschaftswissenschaftliche Fakultät, Universität Basel, Basel, Schweiz
E-Mail: manfred.bruhn@unibas.ch

© Springer Fachmedien Wiesbaden 2016
M. Bruhn et al. (Hrsg.), *Handbuch Instrumente der Kommunikation*, Springer Reference Wirtschaft, DOI 10.1007/978-3-658-04655-2_18

1 Bedeutung und Stellenwert der Dialogkommunikation

In den letzten Jahrzehnten hat sich die Bedeutung der Kommunikation für den unternehmerischen Erfolg massiv verändert. Medien wie das Internet, E-Mail und Call-Center, die eine interaktive Ausrichtung der Kommunikation erlauben, haben die Kommunikationsmöglichkeiten erheblich beeinflusst. Ferner ist auf Konsumentenseite eine zunehmende Forderung nach Transparenz und aktivem Austausch mit Unternehmen zu verzeichnen (Holt 2002). Vor diesem Hintergrund sind Unternehmen gefordert, ihr Verständnis der Zielgruppenkommunikation zu adaptieren. Im Mittelpunkt steht nicht mehr das Bemühen, Zielgruppen durch einseitige Kommunikation zu beeinflussen, sondern das Ziel, *zweiseitige, interaktive Kommunikationsprozesse* im Sinne von Dialogen zu initiieren, um damit zur langfristigen Etablierung von Kundenbeziehungen beizutragen (Bruhn 2014a, S. 3). In dieser Situation spielt die *Dialogkommunikation* von Unternehmen eine zentrale Rolle bei der Differenzierung der eigenen Produkte und Dienstleistungen sowie zur Etablierung einer klaren Positionierung gegenüber den Wettbewerbern. Unter Dialogkommunikation sind sämtliche Kommunikationsinstrumente und -maßnahmen eines Unternehmens zu verstehen, die eingesetzt werden zur Förderung des interaktiven Austausches mit den Anspruchsgruppen sowie zum Aufbau bzw. zur Intensivierung des Dialogs zur Kundenakquisition, -bindung und -rückgewinnung. Hierdurch stellt die Dialogkommunikation ein zentrales Element im Beziehungsmarketing dar (Bruhn 2014a, S. 5). Im Gegensatz zur Unternehmens- und Marketingkommunikation wird die Dialogkommunikation als interaktiv bezeichnet und findet zweiseitig, zwischen Mitarbeitenden und Kunden statt, anstelle der vorwiegend einseitigen Unternehmens- bzw. Marketingkommunikation zwischen Unternehmen und Kunden.

Abbildung 1 ordnet die Dialogkommunikation in die Gesamtheit der Kommunikationsformen zwischen den relevanten Akteuren (Unternehmen, Kunden, Mitarbeitende und Öffentlichkeit) ein und verdeutlicht, dass die Dialogkommunikation an den Kunden gerichtet ist und dabei die interaktive Kommunikation von Mitarbeitenden im Vordergrund steht. Die Mitarbeiterkommunikation, die sowohl Instrumente der Dialogkommunikation als auch der Unternehmens- und Marketingkommunikation umfasst, stellt hingegen den Bereich der internen Kommunikation dar.

In der *Unternehmensorganisation* nimmt die Dialogkommunikation zumeist eine Spezialisierung im Rahmen der Marketingabteilungen sowie dem Vertrieb ein. Des Weiteren sind neben der internen organisatorischen Verankerung der Dialogkommunikation innerhalb des Unternehmens auch externe Agenturen im Rahmen der Planung und der Implementierung der Dialogkommunikation von Bedeutung. Hierbei arbeiten Unternehmen typischerweise mit Direct Marketing-, Social Media- sowie Customer Relationship Management-Agenturen zusammen. Insbesondere vor dem Hintergrund des sich intensivierenden Kommunikationswettbewerbs und der zunehmend komplexeren Marktstrukturen haben sich so genannte „À-la-carte"-Agenturen herausgebildet, die die Übernahme spezifischer planerischer Aktivitäten anbieten. Demgegenüber stehen die so genannten „Full-Service-Agenturen", die ihren Auftraggebern die Konzeption und Gestaltung sämtlicher Kommunikationsinstrumente als integriertes System anbieten (Moriarty et al. 2009, S. 99).

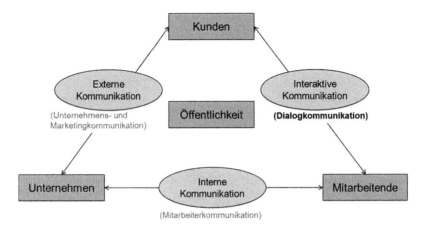

Abb. 1 Erscheinungsformen der Kommunikation von Unternehmen. Quelle: in Anlehnung an Bruhn 2015, S. 4

Die funktionale Relevanz der Dialogkommunikation nimmt kontinuierlich zu, was insbesondere in der steigenden Bedeutung der Social Media-Kommunikation begründet liegt (ZAW 2013, S. 386). Die dominierenden Instrumente der Dialogkommunikation stellen die *Persönliche Kommunikation*, *Messen und Ausstellungen*, das *Direct Marketing* sowie die *Social Media-Kommunikation* dar, die sich, bedingt durch die historische Entwicklung im Rahmen der Kommunikation, über die vergangenen Jahre herauskristallisiert haben. Hierbei werden in der Literatur verschiedene *Phasen der Kommunikation* unterschieden, die sich entsprechend der strukturellen Veränderungen der Kommunikations- und Medienmärkte auf Seiten der Nachfrager sowie Anbieter über die Jahre ergeben haben: von der Phase der unsystematischen Kommunikation (1950er-Jahre), über jene der Produktkommunikation (1960er-Jahre), der Zielgruppenorientierung (1970er-Jahre), der Wettbewerbskommunikation (1980er-Jahre), dem Kommunikationswettbewerb (1990er-Jahre) bis hin zur Phase der Dialogkommunikation (2000er-Jahre) sowie der Netzwerkkommunikation (ab 2010; vertiefend Bruhn 2014b, S. 69 ff.).

Die Etablierung der Instrumente Messen und Ausstellungen sowie Persönliche Kommunikation ist dabei der *Phase der Produktkommunikation* (1960er-Jahre) zuzuordnen, die durch eine zunehmende Verkaufsorientierung geprägt war. Das Direct Marketing hingegen trat erst als eigenständiges Instrument im Zuge der *Phase der Wettbewerbskommunikation* (1980er-Jahre) auf, die durch einen verstärkten Wettbewerb der einzelnen Kommunikationsinstrumente nach einer „Unique Selling Proposition" gekennzeichnet ist. Die technologische Entwicklung in Form des Web 1.0 und Web 2.0 führte zum Aufkommen der räumlich unabhängigen, bidirektionalen Kommunikation in nahezu Echtzeit über Soziale Medien (*Phasen der Dialog- und Netzwerkkommunikation*, ab 2000), wodurch sich die Social Media-Kommunikation als interaktives Instrument der Dialogkommunikation in den Marketingmix etablieren konnte (Bruhn 2014b, S. 69 ff.).

Wird der Stellenwert der Dialogkommunikation *branchenspezifisch* betrachtet, zeigen sich deutliche Unterschiede zwischen Konsumgütern, Industriegütern und Dienstleistungen. So haben die Instrumente der Dialogkommunikation investitionsbezogen eine vergleichsweise begrenzte Bedeutung in der *Konsumgüterbranche*. Funktional betrachtet sind auch der Persönlichen Kommunikation sowie Messen und Ausstellungen eine eher geringe Bedeutung zuzuschreiben (Bruhn 2014b, S. 59). Hingegen haben die Instrumente Direct Marketing und insbesondere Social Media-Kommunikation eine große funktionale Relevanz zur Erreichung der Kommunikationsziele. Die hohe Reichweite des Mediums, besonders bei jugendlichen Nutzern (Statista 2013), sowie die Möglichkeiten der viralen und bidirektionalen Informationsverbreitung in beinahe Echtzeit bei vergleichbar geringen Kosten machen Social Media für Konsumgüterunternehmen und Konsumenten zu einer attraktiven Kommunikationsalternative.

Demgegenüber ist insbesondere aufgrund der Industriegütern vielfach innewohnenden komplexen Funktionen und des damit verbundenen hohen Erklärungsbedarfs der investitionsbezogene und funktionale Stellenwert der Dialogkommunikation in der *Industriegüterbranche* besonders hervorzuheben (Bruhn 2014b, S. 60 f.). Aus funktionaler Sicht ist es für die einzusetzenden Instrumente zentral, rationale Argumentationstechniken zu transportieren, Glaubwürdigkeit auszustrahlen und Vertrauen aufzubauen sowie komplexe Funktionszusammenhänge informativ und verständlich darzustellen. Dem kann vor allem durch eine starke Akzentuierung des Einsatzes von Messen und Ausstellungen, der Persönlichen Kommunikation, des Direct Marketing und auch des Instruments der Social Media Rechnung getragen werden, da die Herstellung des persönlichen Kontakts sowie die dialogorientierte Kommunikation mit den Zielpersonen der zentrale Funktionsbestandteil dieser Kommunikationsinstrumente ist.

Bezüglich des investitionsbezogenen Stellenwertes der Dialogkommunikation in der *Dienstleistungsbranche* ist der Persönlichen Kommunikation eine hohe und zentrale Relevanz beizumessen, die in der Vielzahl beratungsintensiver Dienstleistungen begründet ist. Durch die hohen Anforderungen an Beratungs- und Überzeugungsleistungen des Dienstleistungspersonals ist die Persönliche Kommunikation auch funktional von zentraler Bedeutung. Des Weiteren verzeichnen Direct Marketing-Aktivitäten sowie Social Media einen hohen funktionalen Stellenwert bei Dienstleistungen (Bruhn 2014b, S. 62 ff.). So gaben bei einer Unternehmensbefragung der Gesellschaft für Konsumforschung (GfK) 88 Prozent der befragten Werbeleiter von Dienstleistungsunternehmen an, Online-Maßnahmen wie Social Media in Zukunft verstärkt einzusetzen; der durchschnittliche Branchenvergleich lag hingegen lediglich bei 75 Prozent (Handelsblatt 2005). Als ursächlich hierfür kann die Bedeutung von Social Media als Informationssurrogat bei der Ex-ante-Beurteilung einer Dienstleistung gewertet werden. Aufgrund der Immaterialität von Dienstleistungen entstehen Schwierigkeiten, die Leistungen vor dem Konsum zu beurteilen. Unternehmensgenerierte und auch nutzergenerierte Informationen auf Bewertungsplattformen können dem entgegenwirken. Wichtig aus Unternehmenssicht ist es, negative Bewertungen frühzeitig zu erkennen und diesen entgegenzuwirken (Meffert und Bruhn 2012, S. 301 ff.).

2 Funktionen und Ziele der Dialogkommunikation

Der Fokus der Dialogkommunikation liegt auf dem interaktiven Austausch zwischen den verschiedenen Anspruchsgruppen des Unternehmens, wobei drei zentrale Funktionen der Dialogkommunikation differenziert werden können (Lischka 2000):

- Ansprachefunktion,
- Rezeptionsfunktion,
- Informationsfunktion.

Die *Ansprachefunktion* umfasst dabei die Informationsabgabe durch das Unternehmen an die Kommunikationspartner. Hierbei sind die Inhalte derart zu gestalten, dass die Zielgruppe zur Kommunikation und Informationsvermittlung an das Unternehmen motiviert wird. Als Reaktion auf kundeninitiierte Interaktionen sowie kundenseitige Reaktionen auf unternehmensinitiierte Interaktionen übernimmt die Dialogkommunikation eine *Rezeptionsfunktion*, indem die Inhalte vom Unternehmen erfasst werden. Die *Informationsverarbeitungsfunktion* ist eng mit den Funktionen der Ansprache und des Rezipienten verbunden, da diese die Generierung relevanter Informationen aus der Kunden-Unternehmens-Interaktion beschreibt und den Ausgangspunkt für den zukünftigen Austausch bildet (Lischka 2000).

Generell wird in der Literatur zwischen *ökonomischen*, *kognitiven*, *affektiven* und *konativen Zielen* der Kommunikation unterschieden (z. B. Arriaga und Agnew 2001), wobei das übergeordnete Ziel der Dialogkommunikation die Kundenbindung (konativ) darstellt (Bruhn 2014a, S. 5). Während die ökonomischen Ziele sich vor allem auf die Steigerung finanzieller Kenngrößen beziehen, betreffen die kognitiven und affektiven Größen psychologische Konsequenzen auf Seiten der Kunden, wie die Steigerung der Markenawareness oder die Schaffung emotionaler Verbundenheit zwischen der Marke und dem Kunden. Konative Ziele der Dialogkommunikation umfassen verhaltensbezogene Größen wie die Weiterempfehlung des Produktes über Soziale Medien wie Facebook oder Pinterest. Tabelle 1 stellt beispielhaft kognitiv-, affektiv- und konativ-orientierte Ziele der Dialogkommunikation dar.

Die unterschiedlichen Zielsetzungen sind jedoch nicht unabhängig voneinander zu betrachten, sondern stehen vielmehr in direkter Verbindung miteinander. So ist beispielsweise anzunehmen, dass eine Steigerung der Markenkenntnis (kognitiv) die Markeneinstellung (affektiv) sowie die Bereitschaft der Kunden die Marke über Soziale Medien zu empfehlen (konativ), wiederum beeinflusst.

3 Zielgruppen der Dialogkommunikation

Allgemein setzt sich die primäre Zielgruppe der Dialogkommunikation aus *aktuellen* und *potenziellen Kunden* sowie aus *Kooperations-* und *Marktpartnern* zusammen (Bruhn 2014b, S. 209). Zur Zielgruppenidentifikation können so genannte Strukturierungskriterien herangezogen werden, wobei diese die Homogenität der Zielgruppe nach innen sowie die Heterogenität der Zielgruppe nach außen sicherzustellen haben.

Tab. 1 Beispielhafte Ziele der Dialogkommunikation

Kognitiv-orientierte Ziele	Affektiv-orientierte Ziele	Konativ-orientierte Ziele
• Unterstützung von Terminabsprachen des Außendienstes • Awareness-Steigerung • Vorbereitung von Produkteinführungen • Erinnerung von Markennamen, Preisen, Slogans und Produktvorteilen • Kennenlernen der Mitarbeitenden durch die Kunden im persönlichen Dialog • u. a. m.	• Positive Einstellung gegenüber Markenauftritt im Rahmen eines Sozialen Netzwerks • Emotionales Erleben von Unternehmen bzw. Marken • Aktivierung der Wahrnehmung des Leistungsangebotes • Erreichen von Glaubwürdigkeit durch Eröffnen eines Dialoges mit den Kunden • u. a. m.	• Interessenten- und Neukundengewinnung • Förderung von Wiederkauf und Cross Selling • Rückgewinnung ehemaliger Kunden durch Social Media-Aktivitäten • Erhöhung der eWOM-Aktivität von Kunden • Stimulierung von Produktreviews • u. a. m.

Geeignete Strukturierungskriterien stellen die generelle Dialogbereitschaft des Kommunikationspartners sowie der Kundenwert dar, da das vorrangige Ziel der Dialogkommunikation die Kundenbindung und somit der langfristige Aufbau profitabler Austauschbeziehungen ist. Der *Kundenwert* basiert auf einer Wert- und Zeitdimension und gibt jenen Wert an, der von loyalen Kunden generiert wird (Bruhn et al. 2005, S. 658 f.). Hingegen beschreibt die *Dialogbereitschaft* der Kunden, inwiefern der Kunde bereit ist, mit dem Unternehmen in Interaktion zu treten. Wird eine zweidimensionale Abgrenzung der Anspruchsgruppen vorgenommen, können vier *Zielgruppen der Dialogkommunikation* differenziert werden (Abb. 2).

Profitable aktive Dialogkunden zeichnen sich durch einen hohen Kundenwert sowie einer hohen Dialogbereitschaft aus, indem sie beispielsweise aktiv nach Interaktionsmöglichkeiten mit dem Unternehmen suchen. Analog zu den profitablen aktiven Dialogkunden ist den *profitablen passiven Dialogkunden* ein hoher Kundenwert beizumessen. Ihre Dialogbereitschaft ist jedoch deutlich geringer ausgeprägt. *Unrentable passive Dialogkunden* sind – wie die profitablen passiven Dialogkunden – bereits zufrieden, wenn ihnen die Möglichkeit des Dialogs gegeben wird, unabhängig von deren Nutzung. Darüber hinaus ist die Ertragskraft des Segments als gering einzustufen. Während unrentable passive Dialogkunden lediglich eine Interaktionsmöglichkeit vom Unternehmen einfordern, suchen *unrentable aktive Dialogkunden* den steten Austausch mit dem Unternehmen. Ihre Profitabilität ist hingegen gering.

4 Instrumente und Mittel der Dialogkommunikation

Als zentrale Instrumente der Dialogkommunikation sind die *Persönliche Kommunikation, Messen und Ausstellungen*, das *Direct Marketing* und die *Social Media-Kommunikation* hervorzuheben. Tabelle 2 bildet die relevanten Instrumente der Dialogkommunikation ab, die im Folgenden näher erläutert werden.

Instrumente der Dialogkommunikation: ein Überblick

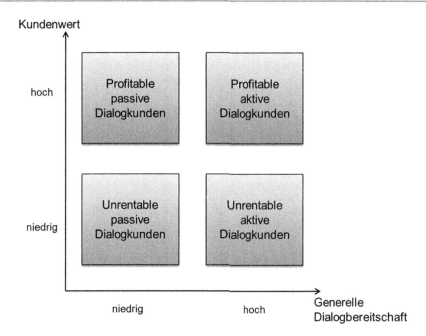

Abb. 2 Dialogorientierte Segmentierung der Kommunikationszielgruppen

Das Kommunikationsinstrument *Persönliche Kommunikation* umfasst die Analyse, Planung, Durchführung und Kontrolle sämtlicher unternehmensinterner und -externer Aktivitäten, die mit der wechselseitigen Kontaktaufnahme bzw. -abwicklung zwischen Anbieter und Nachfrager in einer Face-to-Face-Situation verbunden sind, in die bestimmte Erfahrungen und Erwartungen durch verbale und nonverbale Kommunikationshandlungen eingebracht werden, um die angestrebten Ziele des Unternehmens zu erreichen. Die Persönliche Kommunikation kann die Erscheinungsformen direkt, indirekt, persönlich sowie unpersönlich annehmen. Bei der indirekten Persönlichen Kommunikation werden Vermittler eingeschaltet, weshalb im Rahmen dieses Beitrages zur Abgrenzung von weiteren Kommunikationsinstrumenten sowie in Anlehnung an die vorgenommene Begriffsbestimmung lediglich die Erscheinungsformen direkt, persönlich sowie unpersönlich verstanden werden. Beispiele der Persönlichen Kommunikation sind Verkaufsgespräche Face-to-Face (direkt, persönlich) oder über das Telefon (direkt, unpersönlich). Obgleich der Persönlichen Kommunikation bei der Realisierung der Kommunikationsziele große Bedeutung zukommt, wird sie als Instrument der Kommunikationspolitik in der Wissenschaft häufig nur am Rande untersucht. Besonders vor dem Hintergrund verschärfter Wettbewerbsbedingungen (z. B. aufgrund von Sättigungserscheinungen) sind jedoch ein kontinuierlicher und intensiver Kundenkontakt zum Aufbau bzw. zur Verbesserung einer Kundenbeziehung Erfolgsentscheidend. Studien zum Entwicklungsstand der Integrierten Kommunikation in deutschen, schweizerischen und österreichischen Unternehmen bestätigen die Relevanz der Persönlichen

Tab. 2 Instrumente der Dialogkommunikation

	Persönliche Kommunikation	Messen und Ausstellungen	Direct Marketing	Social Media-Kommunikation
Erscheinungsformen	• Direkte Persönliche Kommunikation • Indirekte Persönliche Kommunikation • Persönliche Persönliche Kommunikation • Unpersönliche Persönliche Kommunikation	• Universalmessen • Spezialmessen • Branchenmessen • Fachmessen	• Passives Direct Marketing • Reaktionsorientiertes Direct Marketing • Interaktionsorientiertes Direct Marketing	• Inside-Out-Netzwerke • Inside-In-Netzwerke • Outside-In-Netzwerke • Outside-In-Netzwerke
Ausprägungen (Kommunikationsträger)	• Persönliches Gespräch • Vortrag • Telefon • Email • Chat	• Aktivitäten vor der Messe/Ausstellung • Aktivitäten während der Messe/Ausstellung • Aktivitäten nach der Messe/Ausstellung	• Direktwerbemedien • Medien mit Rückkopplungsmöglichkeiten	• Weblogs • Microblogs • Webforen • Soziale Netzwerke • Podcasts • Knowledge-Communities • Filesharing-Communities • Consumer-Communities

Beispiele (Kommunikationsmittel)	• Personifizierte Websites • Mailings • Verkaufsgespräche • Tag der offenen Tür • u. a. m.	• Prospekte • Einladungen • Nachkaufbesuche • Events • VIP-Lounges • Vorträge • Pressekonferenzen • u. a. m.	• (un-)adressierte Werbesendungen • Telefonmarketing • POS-Terminals • Customer Interaction Center • u. a. m.	• Issues Blogs • Twitter • Profile auf Sozialen Netzwerken • Interne Soziale Netzwerke • Wikis • u. a. m.
Vertiefende Literatur	Schwab (1982); Pettijohn et al. (2000); Bänsch (2001); Nerdinger (2001); Wangenheim et al. (2002); Frommeyer (2005); Baumgarth und Schmidt (2008a); Baumgarth und Schmidt (2008b); Homburg et al. (2008); Gedenk (2009); Brexendorf (2010); Homburg et al. (2011); Bänsch (2013)	Funke (1987); Backhaus (1992); Fischer (1992); Strothmann und Roloff (1993); Fuchslocher und Hochheimer (2000); Bruhn und Hadwich (2003); Dornscheidt et al. (2003); Kirchgeorg (2003); Meffert (2003); Reinhard (2003); Hansen (2004); Huckemann und Ter Weiler (2005); Fließ (2006); Kirchgeorg et al. (2007); Voeth et al. (2008); Kirchgeorg et al. (2009); Hochheimer (2012)	Hilke (1993); Holland (2001); Böhler (2002); Dallmer (2002); Meffert (2002); Schefer (2002); Belz (2003); Dallmer (2004); Bird (2007); Bruns (2007); Holland (2009); Saarbeck et al. (2012); Wirtz (2012)	Fritz (2004); Eck (2007); Mühlenbeck und Skibicki (2007); Gruber (2008); Alby (2008); Alpar und Blaschke (2008); Busch et al. (2008); Fleck et al. (2008);Whitworth und de Moor (2009); Zarella (2009); Kilian und Langner (2010); Back et al. (2012); Hilker (2012); Kreutzer und Land 2013); Tuten und Solomon (2013); Weinberg (2014)

Kommunikation (Bruhn und Boenigk 1999, S. 75, 166; Bruhn 2006, S. 75 f., 196 f., 303 f.; Bruhn et al. 2014, S. 59); insbesondere in der Schweiz, aber auch kumuliert betrachtet, ist eine Zunahme der Verteilung des Kommunikationsbudgets von 12 Prozent im Jahr 2005 auf 16 Prozent im Jahr 2013 zugunsten der Persönlichen Kommunikation zu verzeichnen (Bruhn et al. 2014, S. 59).

Messen und Ausstellungen als Kommunikationsinstrument umfassen die Analyse, Planung, Durchführung sowie Kontrolle und Nachbearbeitung aller Aktivitäten im Vor-, Haupt- und Nachfeld, die mit der Teilnahme an einer zeitlich begrenzten und räumlich festgelegten Veranstaltung verbunden sind. Der Zweck von Messen und Ausstellungen liegt in der Möglichkeit zur Produktpräsentation, zur Information eines Fachpublikums und der interessierten Allgemeinheit, zur Selbstdarstellung des Unternehmens sowie zum unmittelbaren Vergleich mit der Konkurrenz, um damit gleichzeitig die kognitiven, affektiven, konativen und ökonomischen Ziele des Unternehmens zu erreichen. Da Messeveranstaltungen oft auch Elemente und Funktionen von Ausstellungen beinhalten, und vice versa, werden Messen und Ausstellungen sowohl in der Praxis als auch in der Wissenschaft oftmals parallel betrachtet, ohne auf deren charakteristische Merkmale einzugehen, weshalb auch im vorliegenden Beitrag keine Unterscheidung vorgenommen wird. Ein Kategorisierungsansatz des Kommunikationsinstruments differenziert zwischen den Erscheinungsformen Universal-, Spezial-, Branchen- und Fachmessen. Messen und Ausstellungen werden im Rahmen des Kommunikationsmix ein hoher Stellenwert beigemessen und werden auch in ökonomisch unsicheren Zeiten zur Zielgruppenkommunikation konsequent eingesetzt (ZAW 2013, S. 22; AUMA 2014, S. 17). So verzeichnet die Anzahl der Aussteller in Deutschland bis ins Jahr 2013 einen leichten Anstieg (AUMA 2013, S. 7) und bleibt in 2014 konstant auf dem vorjährigen Niveau (AUMA 2014, S. 10). Darüber hinaus beurteilten im Rahmen einer Befragung der ausstellenden Unternehmen 83 Prozent ihre Messebeteiligung als wichtig bzw. sehr wichtig. Dies bestätigt eine vorherige Studie aus dem Jahr 2008, wodurch die Bedeutung des Instruments über die Zeit als unverändert hoch eingeschätzt wurde (ZAW 2013, S. 420 ff.).

Das Instrument des *Direct Marketing* umfasst sämtliche Kommunikationsmaßnahmen, die darauf ausgerichtet sind, durch eine gezielte Einzelansprache einen direkten Kontakt und eine interaktive Beziehung zum Adressaten herzustellen sowie einen unmittelbaren Dialog zu initiieren oder durch eine indirekte Ansprache die Grundlage eines Dialogs in einer zweiten Stufe zu legen, um eine direkte Antwort (Response) des Adressaten zu generieren und somit die Kommunikations- und Vertriebsziele eines Unternehmens zu erreichen. Je nach Interaktionsgrad ist zwischen passivem, reaktionsorientiertem und interaktionsorientiertem Direct Marketing zu unterscheiden. Sofern Konsumenten allgemein auf das Leistungsangebot eines Unternehmens aufmerksam gemacht werden, ohne dass ein direkter Kundendialog entsteht, wie es bei Flugblättern oder anderen Hauswurfsendungen der Fall ist, ist dies als passive Direct Marketing-Aktivität einzuordnen. Im Rahmen des reaktionsorientieren Direct Marketing erhalten die Zielpersonen die Möglichkeit einer Rückmeldung, wie beispielsweise bei Mail Order Packages in Form einer adressierten Werbesendung, die einen Werbebrief, Prospekt sowie Rückantwortkarte inklusive Versandkuvert beinhaltet. Die Kunden haben somit die Möglichkeit, das Angebot zu prüfen und auf Wunsch mit dem Unternehmen in Kontakt zu treten. Das interaktionsorientierte Direct Marketing ist durch einen unmittelbaren Dialog zwischen Unternehmen und Kunde gekennzeichnet. So ist das Telefonmarketing ein Beispiel für diese Form des Direct Marketing. Durch den direkten, persönlichen Dialog mit selektierten Personen erhält das Unternehmen die Möglichkeit, individuell auf die Wünsche der Kunden einzugehen. Sowohl vom Umfang her als auch im Hinblick auf die gegebenen Anwendungsmöglichkeit entwickelte sich das Direct Marketing rasch zu einem bedeutenden Kommunikationsinstrument. Die Zuwachsraten der jährlichen Aufwendungen für Direct Marketing-Aktivitäten in Deutschland unterstreichen dies (2000: 21,5 Mrd. EUR versus 2012: 27,4 Mrd. EUR; Deutsche Post AG 2013, S. 32).

Social Media-Kommunikation vollzieht sich auf online-basierten Plattformen und erfolgt sowohl aktiv als auch passiv. Das Kommunikationsinstrument ermöglicht neben der unternehmensinitiierten an Kunden („Inside-Out") bzw. Mitarbeitende („Inside-In") gerichteten Kommunikation auch nutzergenerierte Botschaften. Diese können sowohl an Unternehmen („Outside-In") als auch an andere potenzielle bzw. bestehende Kunden („Outside-Out") adressiert sein. Somit agieren Unternehmen und Konsumenten als Initiatoren des Dialogs. Ziel der Social Media-Kommunikation ist die Initiierung und Stimulierung des gegenseitigen Austausches von Informationen, Meinungen, Eindrücken und Erfahrungen sowie des Mitwirkens an der Erstellung von unternehmensrelevanten Inhalten, Produkten oder Dienstleistungen. In der Praxis haben sich besonders die folgenden Kommunikationsträger der Social Media-Kommunikation etabliert: Web- und Microblogs, Webforen, Soziale Netzwerke, Podcasts, Knowledge-, Filesharing- sowie Consumer-Communities. Aufgrund der nutzerbezogenen Entwicklungen des veränderten Such-, Informations- und Entscheidungsverhalten kristallisierte sich Social Media in vielen Branchen als zentrales Instrument der Kommunikationspolitik heraus (ZAW 2013, S. 22).

5 Kontrollmöglichkeiten der Dialogkommunikation

Die aufgeführten Instrumente der Dialogkommunikation sind durch unterschiedliche Kontrollmöglichkeiten seitens des Unternehmens gekennzeichnet. Unter Kontrollmöglichkeit ist hierbei der *Grad der Einflussnahme* des Unternehmens auf die Kommunikationsinstrumente sowie ihre angestrebte Wirkung auf das Zielpublikum zu verstehen. Die Kontrolle einzelner Kommunikationsinstrumente unterscheidet sich vor allem durch die Möglichkeit, die Empfänger der Dialogkommunikation zielgerichtet mit möglichst geringen Streuverlusten anzusprechen sowie die im Rahmen der strategischen Planung festgelegten Kommunikationsbotschaften an das Zielpublikum zu transportieren, um schließlich die definierten kognitiven, affektiven, konativen und ökonomischen Zielsetzungen zu erreichen.

Die Kontrollmöglichkeiten der Dialogkommunikation sind vor allem auch vor dem Hintergrund des Internet und der Sozialen Medien zu diskutieren, da die

Entwicklungen in diesem Kontext die Möglichkeiten der Einflussnahme strukturell verändert haben. Das Instrument der Social Media-Kommunikation bietet Unternehmen eine Vielzahl an Plattformen und Kanälen, um mit bestehenden und potenziellen Kunden in Kontakt zu treten. Hierzu gehören beispielsweise Unternehmensblogs oder eigene Unternehmensprofile in Sozialen Netzwerken wie Vine. Den neuen Kommunikationsmöglichkeiten stehen neben den zahlreichen Möglichkeiten auch erhebliche Risiken des Kontrollverlustes über die Kommunikation bezüglich Produkten und Dienstleistungen gegenüber, da Social Media die Kommunikation zwischen den Konsumenten ermöglicht und diese eine aktive Rolle im Rahmen der Kommunikation einnehmen. Demzufolge werden Konsumenten von einem Empfänger der Kommunikationsbotschaften auch zu einem Sender eigener Botschaften.

Basierend auf der vorangehenden Diskussion kann im Rahmen der Kontrollmöglichkeiten der Dialogkommunikation zwischen *Owned*, *Paid* und *Earned Media* differenziert werden (Kreutzer und Land 2013, S. 102 f.; Abb. 3). Ersteres beschreibt Plattformen, über die das Unternehmen Kontrolle verfügt, wie beispielsweise Unternehmensprofile auf Sozialen Netzwerken oder Mailings. Im Rahmen der Paid Media-Kommunikationsplattformen werden alle Kanäle subsumiert, die mittels eines Geldbetrags vom Unternehmen zu buchen sind. So sind das Affiliate Marketing oder ein gebuchter Standplatz bei einer Messe dieser Kategorie zuzuordnen. Abschließend bleibt die Kategorie Earned Media zu nennen, die sämtliche Kanäle einschließt, auf die das Unternehmen keine direkte Kontrolle bezüglich der Botschaften bzw. Informationen hat, sondern sich seine Reputation bzw. positive Beiträge „verdienen" muss (Back et al. 2012; Bruhn 2014b, S. 1092). Ein Beispiel hierfür stellen von Konsumenten erstellte Produktreviews auf Bewertungsportalen dar.

Die diskutierten Unterschiede bezüglich der Kontrollmöglichkeiten der Dialogkommunikation eröffnen Unternehmen verschiedene *„Räume der Kommunikation"*. Unter diesen werden Märkte und Plattformen subsumiert, auf denen Austauschprozesse zwischen Kommunikationsanbietern und -nachfragern stattfinden (Bruhn 2014a, S. 67). „Räume der Kommunikation" sind nach der Art der Kommunikation sowie dem Grad an Kontrolle zu differenzieren. Abbildung 4 verdeutlicht die Kommunikationsräume der Dialogkommunikation in Relation zu den Instrumenten der Unternehmens- und Marketingkommunikation. Die Ordinate markiert dabei die Art der Kommunikation (direkt versus indirekt); die Abszisse beschreibt den Grad an Kontrolle aus Unternehmenssicht.

Die Instrumente der Dialogkommunikation sind vorwiegend in den Bereich der *direkten Kommunikation* einzuordnen; einzig die konsumentenseitige „Outside-Out" Social Media-Kommunikation erfolgt indirekt. Bezüglich der Kontrollmöglichkeiten verdeutlicht Abb. 4 die hohe Varianz der Einflussnahme im Rahmen der Dialogkommunikation. So sind passive Direct Marketing-Maßnahmen durch eine hohe Kontrolle charakterisiert (*Macht*, Bereich A), nutzergenerierte Inhalte im Rahmen der Social Media-Kommunikation hingegen durch eine geringe Einflussnahme (*Markt*, Bereich C). Eine hybride Form stellen beispielsweise die Instrumente Persönliche Kommunikation sowie Messen und Ausstellung dar, da eine Interaktion zwischen Unternehmen und Konsumenten stattfindet und daher die Kommunikation

Instrumente der Dialogkommunikation: ein Überblick

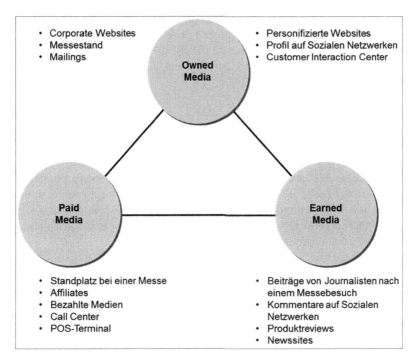

Abb. 3 Formen der Dialogkommunikation gemäß der Kontrollmöglichkeiten von Unternehmen. Quelle: in Anlehnung an Tuten und Solomon 2013, S. 44

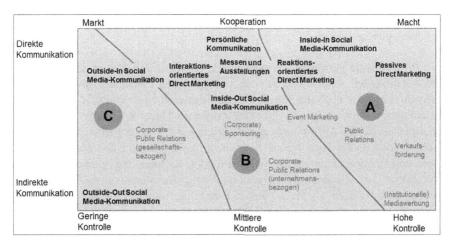

Abb. 4 Kategorisierung von Instrumenten und „Räume der Dialogkommunikation". Quelle: in Anlehnung an Bruhn 2014a, S. 67

nur in gewissem Maß steuerbar ist (*Kooperation*, Bereich B). Im Rahmen von Messen und Ausstellungen sind darüber hinaus die Veranstalter als dritter Interaktionspartner zu nennen (Bruhn und Hadwich 2003, S. 905), so dass das Instrument durch eine Beziehungstriade charakterisiert werden kann, die die Einflussnahme des Unternehmens zusätzlich schmälert.

6 Zusammenfassung und Ausblick

Die vorangegangenen Ausführungen verdeutlichen die zentrale Bedeutung der Dialogkommunikation für die Erreichung relevanter leistungsbezogener Zielsetzungen bezüglich bestehender und potenzieller Kunden. Darüber hinaus wurden die Vielfältigkeit der Dialogkommunikation und ihre unterschiedliche Bedeutung in der Konsumgüter-, Industriegüter- sowie Dienstleistungsbranche dargestellt und die unterschiedlichen Kontrollmöglichkeiten diskutiert.

Abschließend gilt es, neben der isolierten Betrachtung der Dialogkommunikation auch ihre Einbettung in die Gesamtkommunikation des Unternehmens zu beachten. Dies gilt gleichermaßen für

- das *Denken im Marketingmix*, d. h. die Abstimmung der Dialogkommunikation mit den anderen Instrumenten (Produkt, Preis, Vertrieb) im Sinne einer „interinstrumentellen Integration im Marketingmix",
- das *Denken im Kommunikationsmix*, d. h. die Abstimmung zwischen den einzelnen Instrumenten der Dialog-, Unternehmens- und Marketingkommunikation im Sinne einer „interinstrumentellen Integration im Kommunikationsmix" sowie
- das *Denken im Dialogkommunikationsmix*, d. h. die Abstimmung zwischen den und innerhalb der einzelnen Kommunikationsinstrumente im Sinne einer „interinstrumentellen und intrainstrumentellen Integration im Dialogkommunikationsmix" gleichermaßen.

Diese globale Perspektive ist insbesondere vor der Zielsetzung der *Integrierten Kommunikation*, der Realisierung eines einheitlichen Erscheinungsbildes über die Kombination von Instrumenten der Dialog-, Unternehmens- und Marketingkommunikation, zu berücksichtigen. Für das Instrument Direct Marketing bedeutet dies beispielsweise die Abstimmung eines Mailings mit Telefonmarketingmaßnahmen, dem Auftritt in Sozialen Netzwerken sowie die Integration von Maßnahmen der konsumentengerichteten Verkaufsförderung (z. B. Sampling-Aktionen) oder die Vernetzung unterschiedlicher Corporate Public Relations-Aktivitäten durch ein übergreifendes „Dachthema". Für die zukünftige Entwicklung der Kommunikationspolitik sind die dargestellten Entwicklungen der Sozialen Medien von großer Bedeutung, da auch die klassischen Kommunikationsinstrumente der Marketing- und Unternehmenskommunikation von dieser Entwicklung verändert werden. Dies äußert sich u. a. in den zunehmenden Bestrebungen, die klassischen Kommunikationsinstrumente mit Formen der Sozialen Medien zu verbinden. Abschließend bleibt festzuhalten, dass in Zukunft mit einer verstärkten Zusammenarbeit zwischen

Dialog-, Unternehmens- und Marketingkommunikation zu rechnen ist, wovon auch die Integrierte Kommunikation profitieren wird. Ein wesentlicher Grund liegt dabei im Aufkommen und dem Handling der Sozialen Medien. Sie tragen in vielen Unternehmen dazu bei, dass ein Zusammenrücken der Abteilungen notwendig wird (Bruhn 2014a, S. 431).

Literatur

Alby, T. (2008). *Web 2.0 – Konzepte, Anwendungen, Technologien* (3. Aufl.). München: Hanser.
Alpar, P., & Blaschke, S. (2008). *Web 2.0 – Eine empirische Bestandsaufnahme.* Wiesbaden: Vieweg + Teubner.
Arriaga, X. B., & Agnew, C. R. (2001). Being committed: Affective, cognitive, and conative components of relationship commitment. *Personality and Social Psychology Bulletin, 27*(9), 1190–1203.
AUMA. (2013). *Erfolgreiche Messebeteiligung.* Teil 1: Grundlagen. Berlin.
AUMA. (2014). *AUMA_MesseTrend 2014.* Berlin.
Back, A., Gronau, N., & Tochtermann, K. (2012). *Web 2.0 und Social Media in der Unternehmenspraxis* (3. Aufl.). München: Oldenbourg.
Backhaus, K. (1992). Messen als Institution der Informationspolitik. In K.-H. Strothmann & M. Busche (Hrsg.), *Handbuch Messemarketing* (S. 83–46). Wiesbaden: Gabler.
Bänsch, A. (2001). *Persönlicher Verkauf (Personal Selling)* (2. Aufl.). München.
Bänsch, A. (2013). *Verkaufspsychologie und Verkaufstechnik* (9. Aufl.). München: Oldenbourg.
Baumgarth, C., & Schmidt, M. (2008a). Persönliche Kommunikation (PK) als vergessenes Instrument der Markenkommunikation. *transfer – Werbeforschung & Praxis, 54*(2), 43–48.
Baumgarth, C., & Schmidt, M. (2008b). Persönliche Kommunikation und Marke. In A. Herrmanns, T. Ringle, & P. C. Van Overloop (Hrsg.), *Handbuch Markenkommunikation. Grundlagen, Konzepte, Fallbeispiele* (S. 247–263). München: Vahlen.
Belz, C. (2003). *Logbuch Direktmarketing – vom Mailing zum Dialog-Marketing.* Frankfurt am Main: Redline.
Bird, D. (2007). *Common sense direct marketing* (5. Aufl.). London: Kogan Page.
Böhler, H. (2002). Marktsegmentierung als Basis eines Direct-Marketing-Konzeptes. In H. Dallmer (Hrsg.), *Handbuch Direct Marketing* (8. Aufl., S. 921–937). Wiesbaden: Gabler.
Brexendorf, T. O. (2010). *Markenloyalität durch persönliche Kommunikation – Eine dyadische Analyse von Verkäufer-Kunden-Interaktionen am Beispiel der Marke BMW.* Göttingen: Cuvillier.
Bruhn, M. (2006). *Integrierte Kommunikation in deutschsprachigen Ländern. Bestandsaufnahme in Deutschland, Österreich und der Schweiz.* Wiesbaden: Gabler.
Bruhn, M. (2014a). *Integrierte Unternehmens- und Markenkommunikation. Strategische Planung und operative Umsetzung* (6. Aufl.). Stuttgart: Schäffer-Poeschel.
Bruhn, M. (2014b). *Unternehmens- und Marketingkommunikation* (3. Aufl.). Vahlen: München.
Bruhn, M. (2015). *Kommunikationspolitik. Systematischer Einsatz der Kommunikation für Unternehmen* (8. Aufl.). München: Vahlen.
Bruhn, M., & Boenigk, M. (1999). *Integrierte Kommunikation. Entwicklungsstand in Unternehmen.* Wiesbaden: Gabler.
Bruhn, M., & Hadwich, K. (2003). Steuerung und Kontrolle der Servicequalität von Messen. In M. Kirchgeorg, W. M. Dornscheidt, W. Giese, & N. Stoeck (Hrsg.), *Handbuch Messemanagement – Planung, Durchführung und Kontrolle von Messen, Kongressen, Events* (S. 901–935). Wiesbaden: Gabler.
Bruhn, M., Hadwich, K., & Georgi, D. (2005). Kundenwert als Steuerungsgröße des Kundenbindungsmanagement. In M. Bruhn & C. Homburg (Hrsg.), *Handbuch Kundenbindungsmanagement* (5. Aufl., S. 655–676). Wiesbaden: Gabler.

Bruhn, M., Martin, S., & Schnebelen, S. (2014). *Integrierte Kommunikation in der Praxis. Entwicklungsstand in deutschsprachigen Unternehmen.* Wiesbaden: Springer Gabler.
Bruns, J. (2007). *Direktmarketing* (2. Aufl.). Ludwigshafen: Kiehl.
Busch, R., Fuchs, W., & Unger, F. (2008). *Integriertes Marketing. Strategie, Organisation, Instrumente* (4. Aufl.). Wiesbaden: Gabler.
Dallmer, H. (2002). Das System des Direct Marketing – Entwicklung und Zukunftsperspektiven. In H. Dallmer (Hrsg.), *Das Handbuch Direct Marketing & More* (8. Aufl., S. 3–32). Wiesbaden: Gabler.
Dallmer, H. (2004). Direct Marketing. In M. Bruhn & C. Homburg (Hrsg.), *Gabler Lexikon Marketing* (S. 175–179). Wiesbaden: Gabler.
Deutsche Post AG. (2013). *Dialogmarketing Deutschland 2013*. Bonn: Deutsche Post AG.
Dornscheidt, W. M., Groth, C., & Reinhard, H. W. (2003). Mega-Events. In M. Kirchgeorg, W. M. Dornscheidt, W. Griese, & N. Stoeck (Hrsg.), *Handbuch Messemanagement. Planung, Durchführung und Kontrolle von Messen, Kongressen und Events* (S. 1037–1059). Wiesbaden: Gabler.
Eck, K. (2007). *Corporate Blogs: Orell Füssli Unternehmen im Online-Dialog zum Kunden.* Zürich.
Fischer, W. (1992). Zur Geschichte der Messen in Europa. In K.-H. Strothmann & M. Busche (Hrsg.), *Handbuch Messemarketing* (S. 3–14). Wiesbaden: Gabler.
Fleck, M., Kirchoff, L., Meckel, M., & Stanoevska-Slabeva, K. (2008). Einsatzmöglichkeiten von Blogs in der Unternehmenskommunikation. In H. H. Bauer, D. Grosse-Leege, & J. Rösger (Hrsg.), *Interactive Marketing im Web 2.0* (2. Aufl., S. 236–251). München: Vahlen.
Fließ, S. (2006). Messeplanung und -kontrolle. In M. Kleinaltenkamp, W. Plinke, F. Jacob, & A. Söllner (Hrsg.), *Markt- und Produktmanagement – die Instrumente des technischen Vertriebs* (S. 629–706). Berlin: Springer.
Fritz, W. (2004). *Internet-Marketing und Electronic Commerce. Grundlagen – Rahmenbedingungen – Instrumente* (3. Aufl.). Wiesbaden: Gabler.
Frommeyer, A. (2005). *Kommunikationsqualität in persönlichen Kundenbeziehungen. Konzeptualisierung und empirische Prüfung.* Wiesbaden: Gabler.
Fuchslocher, H., & Hochheimer, H. (2000). *Messen im Wandel – Messemarketing im 21. Jahrhundert.* Gabler: Wiesbaden.
Funke, K. (1987). *Messeentscheidungen. Handlungsalternativen und Informationsbedarf.* Frankfurt am Main: Lang.
Gedenk, K. (2009). Verkaufsförderung (Sales Promotion). In M. Bruhn, F.-R. Esch, & T. Langner (Hrsg.), *Handbuch Kommunikation – Grundlagen, innovative Ansätze, praktische Umsetzungen* (S. 267–283). Wiesbaden: Gabler.
Gruber, G. (2008). *Planungsprozess der Markenkommunikation in Web 2.0 und Social Media. Ziele – Strategieoptionen – Erfolgskontrolle.* Saarbrücken: VDM Verlag Dr. Müller.
Handelsblatt. (2005). Experten erwarten, dass sich der Werbemarkt belebt, http://www.handelsblatt.com/unternehmen/management/strategie/gfk-wirtschaftswoche-werbeklima-i-2006-experten-erwarten-dass-sich-der-werbemarkt-belebt/2575196.html. Zugegriffen am 03.11.2014.
Hansen, K. (2004). Measuring performance at trade shows. Scale development and validation. *Journal of Business Research, 57*(1), 1–13.
Hilke, W. (1993). *Direkt-Marketing.* Wiesbaden: Gabler.
Hilker, C. (2012). *Erfolgreiche Social-Media-Strategien für die Zukunft.* Wien: Linde.
Hochheimer, H. (2012). *Messen im Wandel. Messemarketing im 21. Jahrhundert.* Wiesbaden: Gabler.
Holland, H. (2001). *Direktmarketing-Aktionen professionell planen. Von der Situationsanalyse bis zur Erfolgskontrolle.* Wiesbaden: Gabler.
Holland, H. (2009). *Direktmarketing* (3. Aufl.). München: Vahlen.
Holt, D. B. (2002). Why do brands cause trouble? A dialectical theory of consumer culture and branding. *Journal of Consumer Research, 29*(6), 70–90.
Homburg, C., Schäfer, H., & Schneider, J. (2008). *Sales Excellence. Vertriebsmanagement mit System* (5. Aufl.). Wiesbaden: Gabler.

Homburg, C., Müller, M., & Klarmann, M. (2011). When should the customer really be king? On the optimum level of salesperson customer orientation in sales encounters. *Journal of Marketing, 75*(3), 55–74.

Huckemann, M., & Ter Weiler, D. S. (2005). *Messen messbar machen. Die 5 trojanischen Pferde des Messe-Marketing* (4. Aufl.). Neuwied: Springer.

Kilian, T., & Langner, S. (2010). *Online-Kommunikation – Kunden zielsicher beeinflussen*. Wiesbaden: Gabler.

Kirchgeorg, M. (2003). Funktionen und Erscheinungsformen von Messen. In M. Kirchgeorg, W. M. Dornscheidt, W. Giese, & N. Stoeck (Hrsg.), *Handbuch Messemanagement – Planung, Durchführung und Kontrolle von Messen, Kongressen und Events* (S. 51–71). Wiesbaden: Gabler.

Kirchgeorg, M., Springer, C., & Brühe, C. (2007). Effizienz und Effektivität der Live Communication im branchenübergreifenden Vergleich. In O. Nickel (Hrsg.), *Eventmarketing* (2. Aufl., S. 17–36). München: Vahlen.

Kirchgeorg, M., Springer, C., & Brühe, C. (2009). *Live Communication Management. Ein strategischer Leitfaden zur Konzeption, Umsetzung und Erfolgskontrolle*. Wiesbaden: Gabler.

Kreutzer, R. T., & Land, K.-H. (2013). *Digitaler Darwinismus – Der stille Angriff auf Ihr Geschäftsmodell und Ihre Marke. Das Think!Book*. Wiesbaden: Springer Gabler.

Lischka, A. (2000). Dialogkommunikation im Rahmen der Integrierten Kommunikation. In M. Bruhn, S. J. Schmidt, & J. Tropp (Hrsg.), *Integrierte Kommunikation in Theorie und Praxis. Betriebswirtschaftliche und kommunikationswissenschaftliche Perspektiven* (S. 47–63). Wiesbaden: Gabler.

Meffert, H. (2002). Direct Marketing und marktorientierte Unternehmensführung. In H. Dallmer (Hrsg.), *Das Handbuch Direct Marketing & More* (8. Aufl., S. 33–55). Wiesbaden: Gabler.

Meffert, H. (2003). Ziele und Nutzen der Messebeteiligung von ausstellenden Unternehmen und Besuchern. In M. Kirchgeorg, W. M. Dornscheid, W. Giese, & N. Stoeck (Hrsg.), *Handbuch Messemanagement – Planung, Durchführung und Kontrolle von Messen, Kongressen und Events* (S. 1145–1161). Wiesbaden: Gabler.

Meffert, H., & Bruhn, M. (2012). *Dienstleistungsmarketing. Grundlagen – Konzepte – Methoden* (7. Aufl.). Wiesbaden: Springer Gabler.

Moriarty, S., Mitchell, N., & Wells, W. (2009). *Advertising – principles & practice* (8. Aufl.). New Jersey: Prentice Hall.

Mühlenbeck, F., & Skibicki, K. (2007). *Community Marketing Management. Wie man Online-Communities im Internetzeitalter des Web 2.0 zum Erfolg führt*. Norderstedt: Books on Demand.

Nerdinger, F. W. (2001). *Psychologie des persönlichen Verkaufs*. Wien: Oldenbourg.

Pettijohn, C. E., Pettijohn, L. S., Taylor, A. J., & Keillor, B. D. (2000). Adaptive selling and sales performance: An empirical examination. *Journal of Business Research, 16*(1), 91–111.

Reinhard, H. W. (2003). Multiplikatorenmanagement von Messegesellschaften. In M. Kirchgeorg, W. M. Dornscheidt, W. Giese, & N. Stoeck (Hrsg.), *Handbuch Messemanagement* (S. 443–469). Wiesbaden: Gabler.

Saarbeck, S., Krafft, M., & Bieber, B. (2012). Die Wirkung von Dialogmarketing auf die Markenwahrnehmung. In Deutscher Dialogmarketing Verband e.V. (Hrsg.), *Dialogmarketing Perspektiven 2011/2012* (S. 11–37). Wiesbaden: Gabler.

Schefer, D. (2002). Medien des Direct Marketing im Intermedia Vergleich. In H. Dallmer (Hrsg.), *Das Handbuch Direct Marketing & More* (8. Aufl., S. 105–125). Wiesbaden: Gabler.

Schwab, R. (1982). *Der Persönliche Verkauf als kommunikationspolitisches Instrument des Marketing. Ein zielorientierter Ansatz zur Effizienzkontrolle*. Frankfurt am Main: Deutsch.

Statista (2013). *Mediennutzung durch Jugendliche in der Freizeit in Deutschland 2013*, http://de.statista.com/statistik/daten/studie/169034/umfrage/zustimmung-zu-aussagen-ueber-mediennutzung/. Zugegriffen am 03.11.2014.

Strothmann, K.-H., & Roloff, E. (1993). Charakterisierung und Arten von Messen. In R. Berndt & A. Hermanns (Hrsg.), *Handbuch Marketing-Kommunikation* (S. 707–723). Wiesbaden: Gabler.

Tuten, T. L., & Solomon, M. R. (2013). *Social media marketing*. New Jersey: Prentice Hall.

Voeth, M., Herbst, U., & Barisch, S. (2008). Verdeckte Ermittlungen auf dem Messestand. *Absatzwirtschaft, 1*, 30–33.

von Wangenheim, F., Bayón, T., & Weber, L. (2002). Der Einfluss persönlicher Kommunikation auf Kundenzufriedenheit. *Marketing ZFP, 24*(3), 181–194.

Weinberg, T. (2014). *Social Media Marketing – Strategien für Twitter, Facebook & Co* (4. Aufl.). Köln: O'Reilly.

Whitworth, B., & de Moor, A. Hrsg. (2009). *Handbook of research on socio-technical design and social networking systems*. Hershey: Information Science Reference.

Wirtz, B. (2012). *Direktmarketing-Management – Grundlagen, Instrumente, Prozesse* (3. Aufl.). Wiesbaden: Gabler.

Zarella, D. (2009). *The social media marketing book*. Sebastopol: O'Reilly.

ZAW (Zentralverband der Deutschen Werbewirtschaft) e. V. (2013). *Werbung in Deutschland 2013*. Berlin: ZAW e.V.

Prof. Dr. Dr. h.c. mult. Manfred Bruhn ist Inhaber der Professur für Marketing und Unternehmensführung an der Universität Basel und Honorarprofessor an der Technischen Universität München.

Einsatz des Verkaufsgesprächs im Rahmen der Dialogkommunikation

Verena Hüttl-Maack und Heribert Gierl

Inhalt

1 Begriffsabgrenzung 388
2 Kommunikationsstile im Verkaufsgespräch 388
3 Heuristische Reize und Verkaufstaktiken 394
4 Nonverbale Elemente der Kommunikation und weitere periphere Reize 397
5 Fazit 401
Literatur 402

Zusammenfassung

In diesem Beitrag werden Determinanten erfolgreicher Verkaufsgespräche vorgestellt. Diese Determinanten werden in den Kommunikationsstil, in heuristische Reize und Verkaufstaktiken sowie in periphere bzw. nonverbale Reize eingeteilt. Es wird gezeigt, dass die bisherige Forschung keinen generell überlegenen Kommunikationsstil zutage gefördert hat und davon ausgegangen wird, dass es von Vorteil ist, wenn sich der Verkäufer an den Kommunikationsstil des Kunden anpasst. Des Weiteren wird dargestellt, welche Heuristiken Verkäufer einsetzen können und es werden zwei ausgewählte Verkaufstaktiken vorgestellt. Abschließend wird auf die große Bedeutung der nonverbalen Reize im Verkaufsgespräch hingewiesen.

V. Hüttl-Maack (✉)
Lehrstuhl für Marketing und Konsumentenverhalten, Universität Hohenheim, Stuttgart, Deutschland
E-Mail: verena.huettl@uni-hohenheim.de

H. Gierl
Lehrstuhl für Betriebswirtschaftslehre mit dem Schwerpunkt Marketing, Universität Augsburg, Augsburg, Deutschland
E-Mail: heribert.gierl@wiwi.uni-augsburg.de

Schlüsselwörter

Adaptives Verkaufen • Heuristische Reize • Kommunikationsstil • Nonverbale Kommunikation • Verkaufstaktiken

1 Begriffsabgrenzung

Der *Begriff "persönliche Kommunikation"* wird in der Literatur auf uneinheitliche Weise verwendet. Es wird die Definition von Bruhn (2013, S. 446 f.) angenommen. Danach ist Kommunikation persönlich, wenn sie durch Face-to-Face-Kommunikation zwischen Personen zustande kommt. Sie ist hingegen unpersönlich, falls formale Medien die Kommunikation herstellen (z. B. E-Mail, Telefon). Im Folgenden wird die Kommunikation für den Fall, dass Kunde und Verkäufer die Gesprächspartner sind, betrachtet.

In der Literatur werden im Rahmen der persönlichen Kommunikation diverse *Determinanten* thematisiert. Um sie zu gliedern wird unterstellt, dass das Ziel der Gesprächsteilnehmer darin besteht, den bzw. die jeweils anderen Teilnehmer zu beeinflussen. Bereits mit dem Tatbestand, dass ein Sender aus einer Vielzahl möglicher Informationen eine bestimmte Auswahl trifft, beeinflusst er dessen Empfänger. Beispielsweise möchte ein Kunde vom Verkäufer im Gespräch die für ihn günstigste Kaufmöglichkeit herausfinden oder möchte der Verkäufer dem Kunden ein Produkt verkaufen, das für das Unternehmen einen hohen Gewinn herbeiführt. Unter dieser Annahme liegt es nahe, Aspekte der persönlichen Kommunikation in Analogie zu üblichen Modellen, wie sie die Literatur zur Persuasionsforschung liefert (Chaiken 1980; Petty und Cacioppo 1986), gemäß Abb. 1 zu gliedern.

Der *Kommunikationsstil* umfasst die Inhalte der verbalen Aussagen eines Gesprächspartners (z. B. auf das relevante Thema bezogene Inhalte, Einbezug privater Themen) und die Form ihrer Übermittlung (z. B. Einfühlsamkeit des Gesprächspartners, Einsatz von Versprechen und von Drohungen). *Heuristische Reize* sind Informationen eines Senders, die es dem Empfänger erlauben, auf die Verarbeitung der vom Sender gebotenen Sachargumente teilweise zu verzichten. Beispielsweise kann die Autorität des Senders, der eine Empfehlung gibt, vom Empfänger so interpretiert werden, dass dessen Empfehlung richtig ist. *Verkaufstaktiken* können bestimmte heuristische Regeln aktivieren. Weitere *periphere Reize* (z. B. die nonverbalen Reize) sind Signale, die als Eigenschaften des Gesprächspartners wahrgenommen werden (z. B. Dialekt, Rasse, Kleidung, Geruch des Gesprächspartners) und den Empfänger ebenfalls beeinflussen.

2 Kommunikationsstile im Verkaufsgespräch

Nach Williams und Spiro (1985, S. 434) besteht ein *Kommunikationsstil* (communication style) aus dem Inhalt (content) der ein- oder gegenseitig übermittelten Information und aus der Form (code), in der dieser Inhalt weitergegeben wird. Ferner wird als drittes Element des Kommunikationsstils auch das Befolgen be-

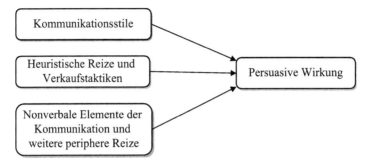

Abb. 1 Determinanten der Überzeugungswirkung persönlicher Kommunikation

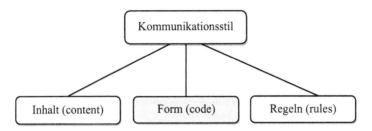

Abb. 2 Elemente eines Kommunikationsstils

stimmter Kommunikationsregeln (communication rules) thematisiert. Dazu zählen beispielsweise die Grammatik oder das Einhalten von sozialen und kulturellen Konventionen. Abbildung 2 visualisiert die Elemente eines Kommunikationsstils.

2.1 Typologien von Kommunikationsstilen

Grundsätzlich sind beliebig viele Kommunikationsstile denkbar, die sich aus verschiedenen Inhalten, Formen und Regeln zusammensetzen. Allerdings verweist die Literatur im Bereich des persönlichen Verkaufs auf typische Kommunikationsstile. Viele Autoren beziehen sich auf eine Typologie von Sheth (1976), der drei *typische Kommunikationsstile* unterscheidet:

- Der Verkäufer bzw. der Kunde praktiziert einen *aufgabenorientierten* Kommunikationsstil, sofern sich die Beiträge zur Kommunikation hochgradig am Ziel des Gesprächs ausrichten, d. h. am Verkaufsabschluss bzw. Kauf. Die Beteiligten versuchen, die Relation zwischen Aufwand an Zeit und dem Erfolg des Gesprächs zu optimieren.
- Hingegen wird ein Kommunikationsstil als *interaktionsorientiert* bezeichnet, wenn die betreffende Person sogar auf die Gefahr hin, den Zweck des Gesprächs aus den Augen zu verlieren, auch persönliche oder soziale Bereiche zum Gesprächsthema macht. Williams und Spiro (1985, S. 441) charakterisieren

interaktionsorientierte Personen im Gespräch als besonders hilfsbereit, freundlich und kooperationsbereit.

- Der *selbstorientierte* Stil liegt vor, wenn sich die betreffende Person in den Mittelpunkt des Gesprächs stellt und sich nur wenig in die Interessen des Gesprächspartners einfühlt. Williams und Spiro (1985, S. 441) geben an, dass selbstorientierte Gesprächsteilnehmer nach Dominanz im Gespräch streben, stark an ihrem eigenen Vorteil ausgerichtet sind oder nach Anerkennung durch ihr Gegenüber streben.

Jacobs et al. (2001) unterteilten in vier Kommunikationsstile, die sich aus der Kombination von „task-specific disclosure" (viel oder wenig aufgabenspezifischer Gesprächsinhalt) und „social disclosure" (viel oder wenig sozialer Gesprächsinhalt) ergeben. Je größer der Umfang an verkaufsobjektspezifischen Themen ist, was die Häufigkeit und die Dauer der Behandlung solcher Themen anbelangt, die ein Gesprächspartner in das Gespräch einbringt, desto aufgabenorientierter bezeichnen die Autoren dessen Kommunikationsstil. Analog repräsentiert der Umfang privater Themen (Häufigkeit, Dauer, Intimität) den Grad an sozialer Kommunikation. Weitere Typologien entwickelten Boyle et al. (1992, S. 463) und McFarland et al. (2006, S. 104), die sehr ähnlich sind. Die letztgenannten Autoren typisieren *Kommunikationsstile von Verkäufern* wie folgt:

- *Informationsaustausch*: Weitergabe von sachlichen und eher allgemeinen Informationen ohne Schwerpunktsetzung auf spezifische Empfehlungen.
- *Empfehlungen*: Betonung von Argumenten, die den Kunden davon überzeugen sollen, dass der Kauf eines bestimmten Produkts für ihn vorteilhaft ist.
- *Drohungen*: Anführen von negativen Folgen, die eintreten, sollte der Kunde dem Angebot des Verkäufers nicht zustimmen.
- *Versprechungen*: In Aussicht Stellen von Belohnungen, falls der Kunde der Empfehlung folgt.
- *Sympathiebekundungen*: Aktivitäten zur Erhöhung der interpersonellen Attraktivität und der Verbesserung der Beziehung (z. B. Lob).
- *Ansprechen von Wertvorstellungen*: Thematisierung von Wertvorstellungen des Kunden, um positive affektive Reaktionen auszulösen.

Weitere Typologien zum Thema Kommunikationsstil bieten beispielsweise Snavely (1981) sowie Weiss und Mohr (1991). Snavely beschränkt sich auf zwei Dimension: die „Assertiveness" (Bestimmtheit, Durchsetzungsvermögen) und die „Responsiveness" (Reaktionsfreudigkeit, Bereitschaft, auf den Gesprächspartner einzugehen). Die Hoch/Gering-Kombinationen dieser beiden Dimensionen ergeben vier Kommunikationsstile. Ähnlich unterscheiden Weiss und Mohr die Dimensionen „Affiliation" (Freundlichkeit, Offenheit) und „Control" (Versuch, den Verlauf des Gesprächs zu dominieren). Brown (1990) differenziert schließlich zwischen „open influence tactics" und „closed influence tactics". Dies bedeutet, dass eine Person gegenüber ihrem Gesprächspartner aufrichtig bzw. seriös agieren, während eine andere Person eher Täuschungsabsichten bzw. ein verstecktes Ziel verfolgen kann. Einen Überblick über weitere Typologien findet sich bei Mitra und Webster (1998, S. 158 ff.).

2.2 Erkenntnisse aus der bisherigen Forschung

In der Forschung bezüglich wirksamer Kommunikationsstile sind drei Richtungen zu unterscheiden. Die erste Richtung geht davon aus, dass es den idealen Kommunikationsstil des Verkäufers gibt, der weder vom Kommunikationsstil des Kunden noch von anderen Eigenschaften des Kunden abhängt (*kunden-unabhängiger Idealstil*). Die zweite Richtung gründet auf der These, dass es von Vorteil ist, wenn der Verkäufer einen Kommunikationsstil wählt, der zum Kommunikationsstil des Kunden passt (*reaktiver Kommunikationsstil*). In diesem Fall werden „zusammenpassende" Stile erforscht. Die dritte Richtung untersucht, ob die Fähigkeit und die Bereitschaft von Verkäufern, den eigenen Kommunikationsstil größtenteils an einzelnen Kunden auszurichten, einen positiven Effekt auf den Verkaufserfolg haben und wovon diese Fähigkeiten und Bereitschaften abhängen (*adaptives Verkaufen*).

In Abhängigkeit von diesen drei Forschungsrichtungen im Zusammenhang mit den Kommunikationsstilen ergeben sich unterschiedliche Fragestellungen, die im Folgenden thematisiert werden.

(1) *Gibt es den Kunden-unabhängig idealen Kommunikationsstil des Verkäufers?* Ein typisches Beispiel für eine Studie zu dieser Frage stammt von Jacobs et al. (2001). Die Autoren unterteilten – wie oben bereits erläutert – den Kommunikationsstil in zwei Komponenten (Umfang an aufgabenorientierter Kommunikation und an sozialer Kommunikation) und untersuchten die Wirkung dieser beiden Variablen. Die Datenbasis für ein Experiment lieferten Gespräche zwischen Versicherungsmaklern und deren Kunden. Als unabhängige Variable diente der von den Untersuchungsleitern ermittelte Anteil an versicherungsspezifischen Inhalten des Gesprächs (Häufigkeit und Dauer diesbezüglicher Themen) und der Anteil an privaten Inhalten des Gesprächs (Häufigkeit, Dauer und Intimität privater Themen). Dabei wurde jeweils danach differenziert, ob die Verkäufer- oder die Kundenseite die Gesprächsbeiträge lieferte. Die abhängigen Variablen waren die von den Kunden berichtete Bereitschaft, das Gespräch fortzusetzen sowie die Bewertung des Gesprächs. Die Autoren ermittelten, dass ein *stark aufgabenorientierter Kommunikationsstil* des Verkäufers (d. h. die Dauer, mit der der Verkäufer über versicherungstechnische Fragen sprach) vergleichsweise vorteilhaft war, dass aber auch der Grad an *Intimität*, mit der der Verkäufer das Gespräch mit Themen aus seinem eigenen privaten Bereich anreicherte, einen positiven Effekt hatte (Abb. 3). Generell waren die Wirkungen auf die abhängigen Variablen jedoch sehr gering.

(2) *Welches sind die idealen Kombinationen der Kommunikationsstile von Kunden und Verkäufern?* Andere Autoren überprüften, ob der Erfolg des

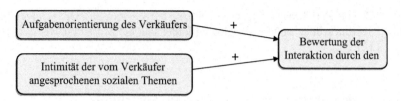

Abb. 3 Befunde des Experiments von Jabobs et al. (2001) zum idealen Kommunikationsstil des Verkäufers

Kommunikationsstils des Verkäufers davon abhängt, ob er denselben oder einen anderen Kommunikationsstil als der Kunde praktiziert. Eine diese Vermutung testende Studie stammt von Williams und Spiro (1985). Die Autoren bedienten sich der oben bereits aufgeführten Typologie von Sheth (1976). Ihre Untersuchung basierte auf Daten, die sie im Rahmen eines Feldexperiments erfassten. Sie befragten Kunden von Sportgeschäften. Die Datenerhebung erfolgte, nachdem die Kunden das Geschäft verlassen hatten. Ferner lieferten auch die jeweiligen Verkäufer Auskünfte. Die Kunden bewerteten, inwieweit der Kommunikationsstil des Verkäufers aufgabenorientiert, selbstorientiert oder interaktionsorientiert gewesen sei, und analog bewerteten die Verkäufer den Kommunikationsstil des Kunden. Die abhängige Variable war der Einkaufsbetrag des Kunden in USD. Die Autoren berichten, dass sie einen positiven Interaktionseffekt zwischen der Interaktionsorientierung des Kunden und der Interaktionsorientierung des Verkäufern ermitteln konnten – Verkäufer reagierten auf einen interaktionsorientierten Stil des Kunden in vorteilhafter Weise ihrerseits mit einem interaktionsorientierten Verkaufsstil. Da dies der einzige signifikante Effekt war, wird dieser Befund als Zufallsbefund bewertet und gefolgert, dass es nicht möglich ist zu empfehlen, mit welchem Kommunikationsstil der Verkäufer auf den Kommunikationsstil des Kunden reagieren soll.

Eine Weiterentwicklung bestand darin, die Verkaufsgespräche mit anderen Typologien oder Dimensionen zu beschreiben, um eventuell doch vorteilhafte Kombinationen zu erkennen. Befunde aus einem derartigen Experiment veröffentlichten McFarland et al. (2006). Sie verwendeten die Typologie von Sheth (1976) zur Einteilung von Kunden-Kommunikationsstilen und die oben bereits im Zusammenhang mit ihrem Namen erwähnte Typologie zur Einteilung von Verkäufer-Kommunikationsstilen. Ihr Experiment basierte auf Daten aus Verkäufer-Kunde-Dyaden (Verkaufsgespräche über landwirtschaftliche Produkte). Die Verkäufer bewerteten den Kommunikationsstil des Kunden und die Kunden beurteilten die Gesprächsführung des Verkäufers im Hinblick auf die gewählte Beeinflussungsstrategie. Als abhängige Größe verwendeten die Autoren die Einschätzung der Kunden, inwieweit sie der Verkäufer beeinflussen konnte. Die Autoren konnten eine Reihe von vorteilhaften Bestandteilen von Verkäufer-Kommunikationsstilen in Abhängigkeit vom Kunden-Kommunikationsstil aufzeigen. Die in Abb. 4 dargestellten Befunde besagen, dass Verkäufer (1) gegenüber Kunden, die einen aufgabenorientierten Kommunikationsstil praktizie-

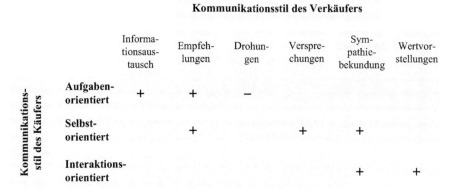

Abb. 4 Befunde des Experiments von McFarland. Quelle: McFarland et al. (2006)

ren, ebenfalls aufgabenorientiert vorzugehen haben (Informationen austauschen und Empfehlungen begründen, aber nicht drohen), (2) gegenüber Kunden, die einen selbstorientierten Kommunikationsstil aufweisen, Versprechungen und vor allen Sympathiekundgebungen machen (und die Empfehlungen gut begründen) sollten, und (3) Kunden, die durch einen interaktionsorientierten Kommunikationsstil gekennzeichnet sind, mit Sympathiebekundungen und mit Appellen an gemeinsame Wertvorstellungen begegnen sollten.

(3) *Welche Erkenntnisse liefert die neuere Forschungsrichtung zum adaptiven Verkaufen?* In den letzten Jahren wird häufig das so genannte adaptive Verkaufen (adaptive selling) thematisiert. In dieser Forschungsrichtung wird nicht nach vorteilhaften Kommunikationsstilen gefragt, sondern nach den Einflussfaktoren, warum Verkäufer fähig und willens sind, ihren Kommunikationsstil an die einzelnen Kunden anzupassen und ob dies generell von Vorteil ist (z. B. Giacobbe et al. 2006; Pelham 2008; Plouffe et al. 2009; Román und Iacobucci 2010; Simintiras et al. 2013). Ein adaptiver Verkäufer ist laut Román und Iacobucci (2010) bereit und in der Lage, eine Verkaufspräsentation auf die spezifischen Bedürfnisse des Kunden zuzuschneiden. Nach Spiro und Weitz (1990, S. 66) und Robinson et al. (2002, S. 117) ist adaptives Verkaufen eine Verkäufereigenschaft, die dadurch gekennzeichnet ist, dass der Verkäufer den Verkaufsstil leicht zu ändern in der Lage ist, wenn er bei einem Kunden nicht funktioniert, wenn der Verkäufer gerne mit verschiedenen Verkaufsstilen experimentiert und diesbezüglich flexibel ist und wenn er in der Lage ist, zu verstehen, dass nicht alle Kunden gleich zu behandeln sind. Werden die Befunde der eben zitierten Autoren, wie in Abb. 5 dargestellt, zusammengefasst, resultieren Einflussgrößen und Wirkungen eines kunden-angepassten Kommunikationsstils. Im Prinzip findet diese Forschungsrichtung heraus, dass erfolgreiche Verkäufer auch intrinsisch motiviert sind, Geschick zum Verkaufen haben sowie von der Job-Organisation des Unternehmens unterstützt werden. Welche Maßnahmen ein Verkäufer aber im Einzelnen zu ergreifen hat, bleibt unklar und die Forschungsrichtung liefert keine Beiträge, die man bei gesundem Menschenverstand nicht ohnehin erwarten würde.

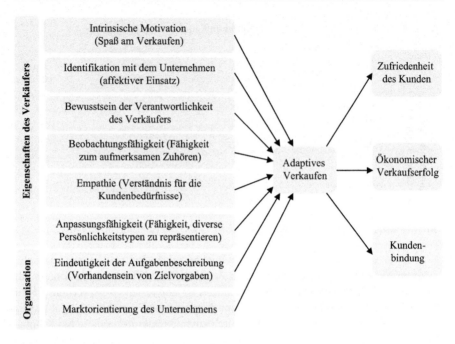

Abb. 5 Erkenntnisse der Forschung zum adaptiven Verkaufen

3 Heuristische Reize und Verkaufstaktiken

3.1 Heuristische Reize

Ein *heuristischer Reiz* (cue) ist nach Eagly und Chaiken (1993, S. 326 f.) „any variable whose judgmental impact is hypothesized to be mediated by a simple decision rule". Diese Entscheidungsregeln „are learned on the basis of people's past experiences and observations and are represented in memory". Diese Überlegungen übertragen Cialdini (1997) und Whittler (1994) auf die persönliche Kommunikation zwischen Verkäufer und Kunde. Damit ein heuristischer Reiz wirksam werden kann, hat der Verkäufer einen entsprechenden Reiz glaubhaft zu signalisieren (z. B. „Ich bin ein Experte") und der Kunde eine passende „decision rule" (z. B. „Experten haben in aller Regel Recht") anzuwenden. Es wird angenommen, dass – analog zur Situation des Kontakts mit Massenkommunikation – Kunden im Verkaufsgespräch oft nur wenig kognitiven Aufwand zu leisten bereit sind. Die Sachargumente des Verkäufers zu verarbeiten, um hieraus die für ihn optimale Wahl ableiten zu können, kann für den Kunden kognitiv anstrengend sein. Daher wird vermutet, dass Verkäufer ihre Kunden wirksam durch heuristische Reize beeinflussen. Der Vorteil dieser Art der verbalen Kommunikation besteht darin, dass Kunden dennoch den Eindruck gewinnen können, sie wären – ähnlich wie bei der Verarbeitung der Sachargumente – auf Basis eigener Überlegungen zu einer Entscheidung gelangt (Whittler 1994,

S. 42). Die Autoren erachten folgende *heuristische Reize als Elemente einer persönlichen Kommunikation* als besonders vorteilhaft:

- *Konsistente Information*: Der Verkäufer vermeidet es, dem Kunden widersprüchliche Informationen zu geben.
- *Reziprozitäts-Prinzip*: Falls der Kunde meint, dass ihm der Verkäufer etwas „schenkt" (z. B. sich in der Beratung besonders bemüht), fühlt auch er sich gegenüber dem Verkäufer zu Wohlverhalten verpflichtet (z. B. den Kaufabschluss zu tätigen).
- *Knappheits-Prinzip*: Der Verkäufer bietet beispielsweise eine „einmalige Gelegenheit", die sich dem Kunden später angeblich nicht mehr bieten wird.
- *Freundschafts-Prinzip*: Der Verkäufer drückt dem Kunden direkt seine Freundschaft aus („Ich mag Sie"), was der Kunde positiv honoriert.
- *Autoritäts-Prinzip*: Der Verkäufer weist eine besondere Sachkunde nach.
- *Soziale Validierung*: Der Verkäufer verweist darauf, dass viele andere Kunden ebenfalls dieses Produkt erworben haben („Die-Mehrheit-hat-Recht-Prinzip"), oder dass eine andere bekannte Person ebenfalls seiner Empfehlung gefolgt sei.

Zur Frage, warum die Heuristiken wirksam sind, existiert jeweils umfangreiche Literatur pro heuristischen Reiz, so dass an dieser Stelle hierauf nicht eingegangen wird.

3.2 Verkaufstaktiken

Neben diesen einfachen Heuristiken existieren verschiedene *Verkaufstaktiken*, die ebenfalls darauf abzielen, den Kunden zur Anwendung einer heuristischen Entscheidungsregel zu verleiten und ihn damit zu einem Kauf oder Vertragsabschluss zu bewegen.

Ein Beispiel ist die *„Door-In-The-Face"-Verkaufstaktik* (Cialdini et al. 1975). Bei Anwendung dieser Technik macht der Verkäufer dem Kunden zunächst ein bewusst übersteuertes Angebot, das der Kunde in der Regel unmittelbar zurückweist. Anschließend weicht der Verkäufer von seinem initialen Angebot ab und macht dem Kunden ein günstigeres, realistischeres Angebot. Die Wahrscheinlichkeit, dass der Kunde dieses korrigierte Angebot annimmt, ist höher, als wenn der Kunde von vornherein das zweite realistische Angebot bekommen hätte. Für die Wirksamkeit dieser Taktik sprechen verschiedene Gründe: Zum einen fühlt sich der Kunde durch das Zugeständnis des Verkäufers dazu verpflichtet, das Gleichgewicht im Hinblick auf gemachte Zugeständnisse wiederherzustellen (Reziprozitätsprinzip); zum anderen ergibt sich ein Kontrasteffekt, da das zweite Angebot im Vergleich zum ersten als sehr günstig erscheint und dem Kunden der Eindruck vermittelt wird, er habe viel Geld gespart. Dieser Effekt wäre nicht eingetreten, wenn der Kunde nur das zweite Angebot bekommen hätte. Darüber hinaus fühlt sich der Kunde an dem ausgehandelten Preis maßgeblich beteiligt. Er hält sich stärker für den Ausgang des Verkaufsgesprächs verantwortlich und ist deshalb zufriedener mit seiner Entscheidung. Die-

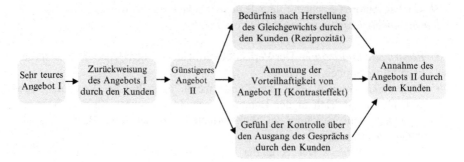

Abb. 6 Ablauf der Door-In-The-Face-Verkaufstaktik

ser Effekt kann sogar auftreten, wenn das zweite Angebot immer noch verhältnismäßig teuer ist (Cialdini et al. 1975). Der Ablauf dieses Prozesses ist schematisch in Abb. 6 dargestellt.

Fennis und Stel (2011) führten eine empirische Studie zur Wirksamkeit der „Door-In-The-Face"-Verkaufstaktik durch. Verkäufer sind instruiert worden, Schachteln mit Süßigkeiten unter Zuhilfenahme bestimmter Taktiken zu verkaufen. In einem Teil der Verkaufsgespräche wurden erst sechs Boxen für 6 EUR angeboten, und nach Ablehnung seitens des Kunden wurde das Angebot wie folgt verändert: „Sie denken, sechs Boxen sind zu viel? Das kann ich verstehen. Ich kann Ihnen eine Box für 99 Cent anbieten." In dem anderen Teil der Verkaufsgespräche, der als Kontrollgruppe diente, wurde unmittelbar eine Box für 99 Cent angeboten. Die Autoren stellten fest, dass der Verkaufserfolg bei Anwendung der ersteren Taktik sehr hoch war, wenn die Verkäufer gleichzeitig einen aktiven nonverbalen Verkaufsstil einsetzten (offene Gestikulation, vom Körper weg gerichtete Handbewegungen, zum Kunden vorgebeugte Haltung, schnelle Körperbewegungen und schnelles Sprechtempo).

Ein zweites Beispiel für eine Verkaufstaktik ist die *„Disrupt-Then-Reframe"-Taktik* (Davis und Knowles 1999). Diese Taktik besteht darin, in ein an sich normales Verkaufsangebot einen verwirrenden Störfaktor einzubauen, der den Gedankenfluss des Gegenübers unterbricht („disrupt"). Der Störfaktor besteht in der Regel aus einer irritierenden Information wie beispielsweise einer Preisangabe in Cent- statt in EUR-Beträgen. Nach dieser Information folgt typischerweise eine auflösende persuasive Phrase („reframe"). Davis und Knowles (1999) beschreiben dieses Vorgehen am Beispiel einer Situation, in der Kunden die Information „Diese Karten kosten 300 Pennys. Das sind 3 USD. Das ist ein Schnäppchen!" gegeben wird und sie zeigen in einer Studie, dass dieses Angebot zu einer höheren Kaufneigung führt als die Information „Diese Karten kosten 3 USD". Die Wirkung dieser Technik wird damit begründet, dass Personen einen gewissen Grad an Resistenz gegenüber persuasiven Appellen und Verkaufsangeboten aufgebaut haben („avoidance forces"). Als Kunden sind sie darauf vorbereitet, sich gegen unvorteilhafte Angebote zu schützen und diese abzuweisen. Da die ungewöhnliche Information für Verwirrung sorgt und den Kunden stört, wird dieser von dem Ziel abgelenkt, sich gegen persuasive Appelle zu schützen und diese abzuweisen.

Auch zum Erfolg dieser Taktik liegen Ergebnisse aus einer Studie von Fennis und Stel (2011) vor. Verkäufer boten Konsumenten eine Schachtel mit Süßigkeiten für 100 Cent an und sie fügten die Information „Das ist ein EUR. Das ist ein Schnäppchen" hinzu. In der Kontrollgruppe lieferten die Verkäufer nur die Information „Eine Box für einen EUR. Das ist ein Schnäppchen." Hier zeigen die Autoren, dass die erstere (verwirrendere) Vorgehensweise erfolgreicher war, wenn sie mit einem passiven nonverbalen Kommunikationsstil kombiniert wurde (Hände nah am Körper, leicht nach hinten gelehnt, langsame Körperbewegungen und langsameres Sprechtempo).

4 Nonverbale Elemente der Kommunikation und weitere periphere Reize

4.1 Überblick

Dem dritten Bereich lassen sich Eigenschaften der Gesprächsteilnehmer zuordnen, die in der Literatur häufig als *nonverbale Aspekte* bezeichnet werden. Da hierunter aber zum Teil auch verbale Elemente (z. B. Dialekt eines Gesprächspartners, Sprachrhythmus) eingereiht werden, erscheint es vorteilhaft, allgemeiner von *peripheren Reizen* zu sprechen. Die diesbezüglichen Klassifikationen sind in der Literatur relativ einheitlich. Eine typische Klassifikation bieten z. B. Hulbert und Capon (1972, S. 29), an die die Übersicht in Abb. 7 angelehnt ist.

In der Literatur werden selten die Wirkungen der hier angesprochenen Eigenschaften und Verhaltensweisen des Verkäufers auf den Kunden untersucht. Vielmehr wird angenommen, dass diese Reize einen Einfluss auf Sympathie, Attraktivität und Ähnlichkeit haben und es werden deren Wirkungen im Verkaufsgespräch diskutiert und analysiert.

4.2 Sympathie

Periphere Reize, die ein Verkäufer signalisiert, können *Sympathie* (Likeability) seitens des Kunden erzeugen. Es wird vermutet, dass sich hierfür alle Zeichen eignen, mit denen Freundlichkeit ausgedrückt wird (z. B. leichte Berührungen, Lächeln, stetiger Blickkontakt, offene Körperhaltung, Nicken, angenehme Lautstärke der Stimme). Zur Begründung kann auf die *Emotional-Contagion-Theorie* verwiesen werden. Diese Theorie besagt, dass Personen die Tendenz aufweisen, „to automatically mimic and synchronize facial expressions, vocalizations, postures, and movements with those of another person and, consequently, to converge emotionally" (Hatfield et al. 1994, S. 5). Begegnet der Verkäufer dem Kunden also mit positiven Signalen, so ändert sich dadurch der affektive Zustand des Kunden, wodurch dessen Wahrnehmungen und Bewertungen positiv beeinflusst werden.

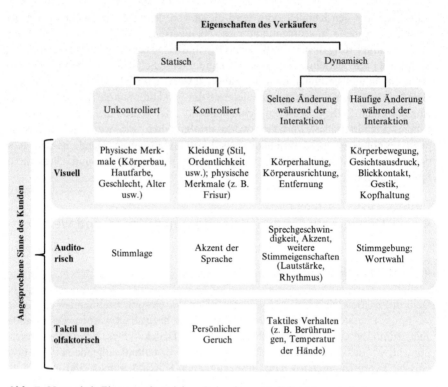

Abb. 7 Nonverbale Elemente als periphere Reize der persönlichen Kommunikation

Die Autoren nehmen an, dass dieser Prozess ohne kognitive Kontrolle abläuft. Ein Sonderfall liegt nach Ansicht der Autoren allerdings vor, wenn Kunden aufgrund von Sachargumenten, die der Verkäufer gibt, keine klare Entscheidung fällen können, da die Argumente ambigue oder widersprüchlich sind. Es wird vermutet, dass Kunden in diesem Fall ausschließlich und gezielt periphere Reize heranziehen, um zu Bewertungen zu gelangen. Tsai (2001, S. 501) ergänzt diese Überlegungen um die These, dass Kunden erwarten, Verkäufer würden generell positive Signale aussenden. Beobachten sie diese Signale nicht, so führt die resultierende Enttäuschung zur Abwertung des Verkäufers bzw. seiner Empfehlung.

Erkenntnisse aus der Forschung: Die theoretischen Überlegungen besagen, dass periphere Reize, die ein Verkäufer signalisiert, dessen Sympathiewirkung beeinflussen. Hornik (1992) unterstellte, dass Kunden Berührungen seitens eines Verkäufers als Ausdruck des „Mögens" interpretieren. Er führte folgendes Feldexperiment durch: Werbedamen, die an einem Stand in einem Supermarkt Produktproben und Rabattcoupons anboten, fassten den einen Teil der Kunden leicht am Oberarm an und sie verzichteten hierauf bei dem anderen Teil der Kunden. Sie stellen fest, dass die Kunden, mit denen eine Berührung zustande kam, häufiger bereit waren, das Produkt zu probieren und es auch tatsächlich häufiger kauften. Tsai (2001) fragte Konsumenten nach dem Verlassen von Schuhgeschäften, ob sie Schuhe gekauft hatten bzw. ob sie dieses Geschäft wieder aufsuchen bzw. weiterempfehlen möchten. Das Verkaufsgespräch, das zwischen dem einzelnen Kunden und seinem Verkäufer stattfand, war unbemerkt von neutralen Dritten beobachtet und dahingehend bewertet worden, ob die Verkäufer gegenüber den Kunden Sympathie bekundet hatten (Art der Begrüßung, Bedanken, Lächeln, Blickkontakte, Sprachklang usw.). Die Autoren stellten zwar fest, dass dieses nonverbale Verhalten des Verkäufers keinen Effekt darauf hatte, ob der Konsument Schuhe gekauft hatte, sich aber positiv auf dessen Wiederbesuchs- und Weiterempfehlungsabsicht auswirkte. Ein weiteres typisches Experiment, in dem untersucht worden ist, ob durch nonverbale Elemente erzeugte Sympathie einen positiven Einfluss auf den Beziehungserfolg hat, führten Hennig-Thurau et al. (2006) durch. In diesem Experiment simulierten die Autoren ein Beratungsgespräch zwischen dem Personal eines Videoverleihers und dessen Kunden. Für diese Laborstudie teilten sie Studenten, die als Probanden mitwirkten, vier Experimentalgruppen zu. Diese Gruppen unterschieden sich anhand von zwei Experimentalvariablen. Die erste Manipulation bestand darin, dass die Probanden mit Verkäufern (trainierte Schauspieler) Kontakt hatten, die entweder häufig oder selten lächelten. Die zweite Manipulation bestand darin, ob das Lächeln der Verkäufer echt oder gekünstelt wirkte. Als Responsevariablen betrachteten die Autoren unter anderem die Zufriedenheit der Kunden mit der Beratung sowie die Bereitschaft, dieses Geschäft wieder aufzusuchen. Im Wesentlichen zeigen auch diese Befunde, dass sich Sympathie erzeugende nonverbale Reize positiv auf die untersuchten Kundenreaktionen auswirken.

Darüber hinaus existieren viele weitere Studien, deren Autoren den Effekt peripherer Reize auf die Sympathie für den Verkäufer und die Wirkung dieser Größe auf dessen Verkaufserfolg mit Hilfe von Stimulusmaterial (z. B. Videoaufzeichnungen, Bilder), das Probanden präsentiert wurde, untersuchten. Auf das Zustandekommen von persönlichen Interaktionen wurde in diesen Experimenten verzichtet. In der Tendenz konnten die Autoren dieser Studien ebenfalls positive Wirkungen der auf Sympathie abzielenden peripheren Reize feststellen.

4.3 Attraktivität

Eine zweite Wirkung der peripheren Reize kann darin bestehen, dass der Verkäufer größtenteils attraktiv erscheint (Aronson 1969). Eine Person hat eine hohe *Attraktivität*, wenn eine andere Person motiviert ist, den Kontakt mit ihr aufgrund ihres Aussehens, ihrer Intelligenz oder ihrer Beliebtheit aufrechtzuerhalten. Die Literatur verweist darauf, dass periphere Reize herangezogen werden, um die Attraktivität von Personen zu bewerten. Eine angenehme Stimme, ein wohl klingender Akzent, eine modische Kleidung usw. können einen positiven Beitrag zur Bewertung der Attraktivität eines Verkäufers leisten. Weiterhin wird angenommen, dass sich die Attraktivität eines Verkäufers direkt positiv auf dessen Beeinflussungserfolg auswirkt. Dies wird damit begründet, dass – wie bereits erwähnt – eine Person im Fall des Kontakts mit einem attraktiven Gegenüber motiviert ist, den Kontakt mit dieser Person aufrechtzuhalten. Widerspricht ein Kunde den Argumenten eines attraktiv wirkenden Verkäufers, so würde er sich der Gefahr aussetzen, dass der Verkäufer das Gespräch vorzeitig beendet (Berscheid und Walster 1974). Der Kontakt mit einem attraktiven Verkäufer kann auch positive Gefühle auslösen, die sich darauf auswirken, ob der Verkäufer in Bezug auf einen Kaufabschluss erfolgreich ist (Eagly et al. 1991). Ferner liefert die Literatur Argumente, wonach den Aussagen einer attraktiven Person in größerem Maße geglaubt wird als den Aussagen einer weniger attraktiven Person (Reingen und Kernan 1993, S. 25 f.).

Erkenntnisse aus der Forschung: Zur Frage, ob sich die Attraktivität eines Verkäufers positiv auf die Beeinflussbarkeit des Kunden auswirkt, existieren vergleichsweise wenige empirische Studien, in denen reale Interaktionen zwischen Personen betrachtet wurden. Das Experiment von Ahearne et al. (1999) stellt eine Ausnahme dar. Die Autoren untersuchten am Beispiel von Pharmareferenten als Verkäufer und Ärzten als Kunden, wie sich die Attraktivität der Verkäufer auf das Verschreibungsverhalten der Ärzte auswirkte. Sie stellten fest, dass die Attraktivität über diverse Mechanismen den Marktanteil des betreffenden Medikaments positiv beeinflusst. Darüber hinaus existieren einige Studien von Autoren, die ebenfalls die Wirkung der Attraktivität des Verkaufspersonals prüften, den Probanden jedoch lediglich Bilder oder Videos zeigten (z. B. Reingen und Kernan 1993; DeShield et al. 1996). Auch diese Autoren wiesen einen positiven Effekt der Attraktivität nach.

4.4 Ähnlichkeit

Eine dritte Wirkung, die peripheren Eigenschaften zugeschrieben wird, besteht darin, dass Kunden mit ihrer Hilfe auf *Ähnlichkeit* zwischen sich und dem Verkäufer folgern (Smith 1998). Byrne (1971) formuliert das *Similarity-Attraction-Paradigma*, wonach sich ähnliche Personen als attraktiver empfinden, und sich dies positiv auf die Beeinflussbarkeit auswirkt. In Bezug auf Verkäufer und Kunden wurde diese Überlegung bereits von Evans (1963) thematisiert. Verkäufer und Kunden kennen sich nur unzureichend. Das bedeutet, bestimmte Eigenschaften des Kunden sind von dem Verkäufer beobachtbar (B_K), andere hingegen sind von ihm nicht feststellbar und sind ihm insofern unbekannt (U_K). Analoges gilt für den Kunden: Auch er kann bestimmte Merkmale des Verkäufers beobachten (B_V) und andere bleiben ihm verborgen (U_V). Die Gesprächspartner können die Ähnlichkeit zwischen B_K und B_V anhand von peripheren Reizen feststellen. Es wird angenommen, dass dieses Urteil dazu dient, auf die Ähnlichkeit zwischen U_K und U_V zu folgern. Da Personen sich selbst normalerweise positive Eigenschaften zuweisen, werden sie diese – selbst wenn sie darüber keine Kenntnis haben – auch auf die jeweils andere Person übertragen, wenn in Bezug auf die beobachtbaren Merkmale eine hohe Ähnlichkeit besteht.

Erkenntnisse aus der Forschung: Zur Thematik, ob sich bezüglich peripherer Reize ähnliche Personen (Verkäufer und Kunden) in stärkerem Maße gegenseitig beeinflussen lassen, liegt das klassische Experiment von Woodside und Davenport (1974) vor. In dieser Studie wurde die Ähnlichkeit zwischen Kunde und Verkäufer anhand des „gleichen Geschmacks", die relevante Produktkategorie betreffend, operationalisiert. Ferner wurden Befunde aus einigen Experimenten veröffentlicht, deren Autoren aber keine realen Interaktionen zwischen Verkäufern und Kunden untersuchten, sondern die Reaktion von Kunden auf formales Stimulusmaterial (z. B. Vorführungen von Videos, Vorlegen verbaler Beschreibungen). Sie untersuchten beispielsweise, ob Unterschiede in der Rasse, im Geschlecht oder im Alter eine Wirkung auf den Erfolg des Verkäufers haben (LaTour et al. 1989; Henthorne et al. 1992; Dwyer et al. 1998). Auch existiert vielfältige Forschung, in der die Autoren untersuchten, ob Ähnlichkeit im Dialekt einen positiven Effekt hat (z. B. Tsalikis et al. 1991; DeShields et al. 1996). In der Tendenz lieferte diese Forschungsrichtung den Befund, dass sich auch die Ähnlichkeit positiv auf den Beeinflussungserfolg eines Verkäufers auswirkt.

5 Fazit

Es existieren viele Ratgeber für die „Verkäuferschulung" (z. B. Bänsch 1998). Oft wird darauf hingewiesen, dass es den „idealen Verkäufer" nicht gibt, sondern dass erfolgreiche Verkäufer einzigartige Erfolgsrezepte haben, die sich nicht verallgemeinern lassen. Cialdini (1997, S. 208) verwies beispielsweise darauf, dass der „erfolgreichste Autoverkäufer der Welt" monatlich seinen 13.000 bisherigen Kunden eine Postkarte mit dem Aufdruck „Ich mag Sie" sandte. Allerdings ist fraglich, ob sich ein derartiges „Erfolgsrezept" verallgemeinern lässt.

Daher wird in der Forschung oft das Phänomen der persönlichen Kommunikation in Bestandteile separiert und den Erfolg der einzelnen Elemente geprüft. Diese Elemente müssen nicht zwingend auf der Detailebene (z. B. Häufigkeit des Lächelns pro Minute), sondern können auf einer allgemeinen Ebene angesiedelt sein, ohne der Idee zu folgen, die persönliche Kommunikation eines Verkäufers als einzigartig und unvergleichlich anzusehen (zum holistischen Ansatz z. B. Streeck und Knapp 1992, S. 5; Jones und LeBaron 2002, S. 499 f.). Dieser Idee entspricht die Analyse der Wirkung verschiedener Kommunikationsstile (in der Literatur werden zwischen zwei und bis zu sechs derartige Stile unterschieden), der Wirkung der heuristischen Reize (Cialdini 1997, führt hierzu sechs Möglichkeiten an) und der Wirkung von Sympathie, Attraktivität und Ähnlichkeit, die – was unbestritten ist – ihrerseits durch eine Vielzahl von peripheren „nonverbalen" Reizen beeinflusst werden. Wird die Wirkung von persönlicher Kommunikation auf dieser Ebene analysiert, so erscheint es möglich, einige allgemeine *Empfehlungen* zu geben:

- Es ist von Vorteil, wenn der Verkäufer einen Kommunikationsstil wählt, der sich dem Kommunikationsstil des Kunden anpasst (adaptives Verkaufen, z. B. Miles et al. 1990, S. 21; Boorom et al. 1998, S. 16).
- Der Einsatz heuristischer Reize ist empfehlenswert, wenn die Kunden nicht bereit sind, sich mit Sachargumenten des Verkäufers intensiv kognitiv auseinanderzusetzen.
- Periphere Reize, d. h. nonverbale Kommunikationselemente einzusetzen, die Verkäufer sympathisch, attraktiv und mit dem Kunden ähnlich machen, ist

ebenfalls hilfreich, da die Prozesse zur Verarbeitung dieser Reize, ohne vom Kunden kognitiv kontrolliert zu werden, ebenfalls zu einer positiven Bewertung des Verkäufers und dessen Empfehlung führen.

Literatur

Ahearne, M., Gruen, T. W., & Burke Jarvis, C. (1999). If looks could sell: Moderation and mediation of the attractiveness effect on salesperson performance. *International Journal of Research in Marketing, 16*(4), 269–284.

Aronson, E. (1969). Some antecedents of interpersonal attraction. In W. J. Arnold & D. Levine (Hrsg.), *Nebraska symposium on motivation* (S. 143–170). Lincoln: University of Nebraska Press.

Bänsch, A. (1998). *König Kunde: Leitbild für dauerhafte Verkaufserfolge*. München: Oldenbourg.

Berscheid, E., & Walster, E. H. (1974). Physical attractiveness. In L. Berkowitz (Hrsg.), *Advances in experimental social psychology* (Bd. 7, S. 157–215). New York: Academic.

Boorom, M. L., Goolsby, J. R., & Ramsey, R. P. (1998). Relational communication traits and their effects on adaptiveness and sales performance. *Journal of the Academy of Marketing Science, 26*(1), 16–30.

Boyle, B., Dwyer, F. R., Robicheaux, R. A., & Simpson, J. T. (1992). Influence strategies in marketing channels: Measures and use in different relationship structures. *Journal of Marketing Research, 29*(4), 462–473.

Brown, S. (1990). Use of closed influence tactics by salespeople: Incidence and buyer attributions. *Journal of Personal Selling and Sales Management, 17*(4), 17–30.

Bruhn, M. (2013). *Kommunikationspolitik* (7. Aufl.). München: Vahlen.

Byrne, D. (1971). *The attraction paradigm*. New York: Academic Press.

Chaiken, S. (1980). Heuristic versus systematic information processing and the use of source versus message cues in persuasion. *Journal of Personality and Social Psychology, 39*(5), 752–766.

Cialdini, R. B. (1997). *Die Psychologie des Überzeugens*. Bern: Huber.

Cialdini, R. B., Vincent, J. E., Lewis, S. K., Catalan, J., Wheeler, D., & Darby, B. L. (1975). Reciprocal concessions procedure for inducing compliance: The door-in-the-face technique. *Journal of Personality and Social Psychology, 31*(2), 206–215.

Davis, B. P., & Knowles, E. S. (1999). A disrupt-then-reframe technique of social influence. *Journal of Personality and Social Psychology, 76*(2), 192–199.

DeShields, O. W., Kara, A., & Kaynak, E. (1996). Source effects in purchase decisions: The impact of physical attractiveness and accent of salesperson. *International Journal of Research in Marketing, 13*(1), 89–101.

Dwyer, S., Richard, O., & Shepherd, C. D. (1998). An exploratory study of gender and age matching in the salesperson-prospective customer dyad: Testing similarity-performance predictions. *Journal of Personal Selling and Sales Management, 18*(4), 55–69.

Eagly, A. H., & Chaiken, S. (1993). *The psychology of attitudes*. Fort Worth: Harcourt Brace Jovanovich College Publishers.

Eagly, A. H., Ashmore, R. D., Makhijani, M. G., & Longo, L. C. (1991). What is beautiful is good, but ... – A meta-analytic review of research on the physical attractiveness stereotype. *Psychological Bulletin, 110*(1), 109–128.

Evans, F. B. (1963). Selling as a dyadic relationship – A new approach. *The American Behavioral Scientist, 6*(9), 76–79.

Fennis, B. M., & Stel, M. (2011). The pantomime of persuasion: Fit between nonverbal communication and influence strategies. *Journal of Experimental Social Psychology, 47*(4), 806–810.

Giacobbe, R. W., Jackson, D. W., Jr., Crosby, L. A., & Bridges, C. M. (2006). A contingency approach to adaptive selling behavior and sales performance: Selling situations and salesperson characteristics. *Journal of Personal Selling and Sales Management, 26*(2), 115–142.

Hatfield, E., Cacioppo, J. T., & Rapson, R. L. (1994). *Emotional contagion*. Cambridge: Cambridge University Press.

Hennig-Thurau, T., Groth, M., Paul, M., & Gremler, D. D. (2006). Are all smiles created equal? How emotional contagion and emotional labour affect service relationships. *Journal of Marketing, 70*(3), 58–73.

Henthorne, T. L., LaTour, M. S., & Williams, A. J. (1992). Initial impression in the organizational buyer-seller dyad: Sales management implications. *Journal of Personal Selling and Sales Management, 12*(3), 57–65.

Hornik, J. (1992). Tactile stimulation and consumer response. *The Journal of Consumer Research, 19*(3), 449–458.

Hulbert, J., & Capon, N. (1972). Interpersonal communication in marketing: An overview. *Journal of Marketing Research, 9*(1), 27–34.

Jacobs, R. S., Evans, K. R., Kleine, R. E., & Landry, T. D. (2001). Disclosure and its reciprocity as predictors of key outcomes of an initial sales encounter. *Journal of Personal Selling and Sales Management, 21*(1), 51–61.

Jones, S. E., & LeBaron, C. D. (2002). Research on the relationship between verbal and nonverbal communication: Emerging integrations. *Journal of Communication, 52*(3), 499–521.

LaTour, M. S., Henthorne, T. L., & Williams, A. J. (1989). Initial impressions in the retail environment: A comparison of black and white perceptions. *Psychology and Marketing, 6*(4), 329–347.

McFarland, R. G., Challagalla, G. N., & Shervani, T. A. (2006). Influence tactics for effective adaptive selling. *Journal of Marketing, 70*(4), 103–117.

Miles, M. P., Arnold, D. R., & Nash, H. W. (1990). Adaptive communication: The adaption of the Seller's interpersonal style to the stage of the dyad's relationship and the buyer's communication style. *Journal of Personal Selling and Sales Management, 10*(1), 21–27.

Mitra, K., & Webster, C. (1998). The role of communication style and provider-customer (dis) similarity in service encounters: A conceptual model. In *American Marketing Association conference proceedings* (Bd. 9, S. 158–164). Chicago: American Marketing Association.

Pelham, A. M. (2008). An exploratory study of the influence of firm market orientation on salesperson adaptive selling, customer orientation, interpersonal listening in personal selling and salesperson consulting behaviors. *Journal of Strategic Marketing, 17*(1), 21–39.

Petty, R. E., & Cacioppo, J. T. (1986). *Communication and persuasion – Central and peripheral routes to attitude change*. New York: Springer.

Plouffe, C. R., Hulland, J., & Wachner, T. (2009). Customer-directed selling behaviors and performance: A comparison of existing perspectives. *Journal of the Academy of Marketing Science, 37*(4), 422–439.

Reingen, P. H., & Kernan, J. B. (1993). Social perception and interpersonal influence: Some consequences of the physical attractiveness stereotype in a personal selling setting. *Journal of Consumer Psychology, 2*(1), 25–38.

Robinson, L., Marshall, G. W., Moncrief, W. C., & Lassk, F. G. (2002). Toward a shortened measure of adaptive selling. *Journal of Personal Selling and Sales Management, 22*(2), 111–119.

Román, S., & Iacobucci, D. (2010). Antecedents and consequences of adaptive selling confidence and behavior: A dyadic analysis of salespeople and their customers. *Journal of the Academy of Marketing Science, 38*(3), 363–382.

Sheth, J. N. (1976). Buyer-seller interaction: A conceptual framework. In B. Anderson (Hrsg.), *Advances in consumer research* (Bd. 3, S. 382–386). Cincinnati: Association for Consumer Research.

Simintiras, A. C., Ifie, K., Watkins, A., & Georgakas, K. (2013). Antecedents of adaptive selling among retail salespeople: A multilevel analysis. *Journal of Retailing and Consumer Services, 20*(4), 419–428.

Smith, J. B. (1998). Buyer-seller relationships: Similarity, relationship management, and quality. *Psychology & Marketing, 15*(1), 3–21.

Snavely, W. B. (1981). The impact of social style upon person perception in primary relationships. *Communication Quarterly, 29*(2), 132–143.

Spiro, R. L., & Weitz, B. A. (1990). Adaptive selling: Conceptualization, measurement, and nomological validity. *Journal of Marketing Research, 27*(1), 61–69.

Streeck, J., & Knapp, M. L. (1992). The interaction of visual and verbal features in human communication. In F. Poyatos (Hrsg.), *Advances in nonverbal communication* (S. 3–23). Amsterdam: John Benjamins Publishing.

Tsai, W. C. (2001). Determinants of employee displayed positive emotions. *Journal of Management, 27*(4), 497–512.

Tsalikis, J., DeShields, O. W., & LaTour, M. S. (1991). The role of accent on the credibility and effectiveness of the salesperson. *Journal of Personal Selling and Sales Management, 11*(1), 31–41.

Weiss, J. E., & Mohr, J. (1991). Communication style: Looking beyond content in designing influence strategies. In M. C. Gilly & R. Dwyer (Hrsg.), *AMA educator's conference proceedings* (S. 33–45). Chicago: American Marketing Association.

Whittler, T. E. (1994). Eliciting consumer choice heuristics: Sales representatives' persuasion strategies. *Journal of Personal Selling and Sales Management, 14*(4), 41–53.

Williams, K. C., & Spiro, R. L. (1985). Communication style in the salesperson-customer-dyad. *Journal of Marketing Research, 22*(4), 434–442.

Woodside, A. G., & Davenport, W., Jr. (1974). The effect of salesman similarity and expertise on consumer purchasing behaviour. *Journal of Marketing Research, 11*(2), 198–202.

Prof. Dr. Verena Hüttl-Maack ist Inhaberin des Lehrstuhls für Marketing und Konsumentenverhalten an der Universität Hohenheim in Stuttgart.

Prof. Dr. Heribert Gierl ist Inhaber des Lehrstuhls für Betriebswirtschaftslehre mit dem Schwerpunkt Marketing an der Universität Augsburg.

Einsatz des Direktmarketing im Rahmen der Dialogkommunikation

Andreas Mann

Inhalt

1 Kennzeichen und Relevanz des Direktmarketing in der Unternehmenspraxis 406
2 Abgrenzung des Direktmarketing gegenüber verwandten Konzepten 409
3 Konzeptionelle Grundlagen des Direktmarketing 411
   3.1 Ziele und Aufgaben des Direktmarketing 411
   3.2 Bottom-up-Segmentierung als Ausgangspunkt der Zielgruppenbildung im Direktmarketing 414
   3.3 Kundendaten-Management als Grundlage der direkten Kundenansprache 417
   3.4 Rechtliche Rahmenbedingungen des Direktmarketing 419
4 Ausgewählte Direktmarketing-Medien 422
   4.1 Direct Mail (-Package) als Direktmarketing-Medium 423
   4.2 Telefon als Direktmarketing-Medium 426
   4.3 E-Mail als Direktmarketing-Medium 429
5 Fazit 430
Literatur 431

Zusammenfassung

Direktmarketing hat in den letzten Jahren erheblich an Bedeutung gewonnen und sich als wichtiger Kommunikationsansatz in der Unternehmenspraxis etabliert. Vor allem eine stärkere Wettbewerbsintensität und davon abgeleitet eine größere Differenzierungsnotwendigkeit gegenüber Konkurrenten haben diese Entwicklung gefördert. Auf der Abnehmerseite hat ein verändertes Informations- und Kommunikationsverhalten zur steigenden Bedeutung beigetragen. Nicht zuletzt hat auf der technologischen Seite die Entwicklung von immer leistungsfähigeren und kostengünstigeren Informations- und Kommunikationstechnologien den Bedeutungszuwachs des Direktmarketing unterstützt. Allerdings sind für den erfolgreichen Direktmarketing-Einsatz bestimmte Einsatz- und Rahmenbedingungen

A. Mann (✉)
Fachbereich Wirtschaftswissenschaften, Universität Kassel, Kassel, Deutschland
E-Mail: mann@wirtschaft.uni-kassel.de

zu berücksichtigen. Sie stehen im Mittelpunkt des vorliegenden Beitrags. Darüber hinaus werden ausgewählte Direktmedien vorgestellt und hinsichtlich wesentlicher Anwendungs- und Gestaltungsanforderungen erläutert und miteinander verglichen.

Schlüsselwörter
Bottom-up-Segmentierung • Dialogkommunikation • Dialogmarketing • Direktmarketing • Direct Mail-Package • Direct Response-Marketing • E-Mail • Kundendaten • Kundendaten-Management • Telefonmarketing (inbound/outbound)

1 Kennzeichen und Relevanz des Direktmarketing in der Unternehmenspraxis

Direktmarketing hat sich in der Unternehmenspraxis längst etabliert. Dennoch liegt bis heute keine einheitliche Begriffsfassung von Direktmarketing in Wissenschaft und Praxis vor. So findet man in der Literatur neben instrumentellen Betrachtungsweisen auch konzeptionell ausgerichtete Definitionen des Direktmarketing-Begriffs.

Im *instrumentellen Verständnis* umfasst Direktmarketing alle Instrumente, die einen direkten Kontakt zwischen Anbietern und Nachfragern herstellen. In einigen eng gefassten Definitionen wird dabei ausschließlich auf den kommunikativen Aspekt abgestellt. Unter Direktmarketing werden hier alle Kommunikationsinstrumente subsumiert, die einen direkten Kontakt mit (potenziellen) Nachfragern ermöglichen (Stone und Jacobs 2008, S. 4; Homburg 2012, S. 805). Im älteren Schrifttum wird Direktmarketing sogar als eine spezifische Ausprägung der Absatzwerbung gesehen und mit Direktwerbung gleichgesetzt (Bird 1990, S. 35).

Bei diesen kommunikationsbezogenen Definitionen wird die Abgrenzung des Direktmarketing gegenüber der *Massenkommunikation* deutlich, die für den Kommunikationsprozess zwischen Anbieter und (potenziellem) Nachfrager den Einsatz von „Relais-Kommunikatoren" benötigt. Diese nehmen als selbstkommunizierende Medien mit redaktionellen Inhalten die Informationsverteilung an eigene Zielgruppen vor (Beba 1993, S. 77; Burkhart 2002, S. 171 f.). Zumeist handelt es sich bei den Zielgruppen um ein disperses, also fein verteiltes und recht heterogenes, sowie anonymes Publikum (Scheufele 2007, S. 102), das nur schemenhaft aus Ergebnissen von Mediaanalysen bekannt ist. Die Betreiber von Massenmedien bieten anderen Kommunikatoren (z. B. werbenden Unternehmen) die Möglichkeit, Kommunikationsbotschaften an die Nutzergruppe des Mediums als Träger im „Huckepack-Prinzip" zu übermitteln. Das werbetreibende Unternehmen und die anvisierte Werbezielgruppe stehen somit lediglich in einer indirekten Kommunikationsbeziehung. Ein Feedback auf die Ansprache ist in der Regel ebenfalls nur indirekt möglich, z. B. über die Ermittlung zeitlicher Korrelationen der Kommunikationsaktivitäten mit Veränderungen von bestimmten Ergebnisgrößen (z. B. Absatz oder Umsatz). Eine eindeutige Zuordnung des Feedbacks auf einzelne Responder ist nicht gegeben. Zumeist bleibt sogar unklar, welche Mediennutzer überhaupt einen Kontakt mit der Werbebotschaft hatten.

Beim *Direktkontakt* werden hingegen – wenn keine gleichzeitige Präsenz der Kommunikationspartner an einem Ort als Face-to-Face-Kontakt stattfindet – reine *Übermittlungsinstanzen* als Medien eingesetzt. Diese stellen lediglich die Übertragung der Kommunikationsbotschaft sicher, ohne auf eine Erreichung eigener Kommunikationsziele ausgerichtet zu sein oder eine eigenständige Kommunikationsaufgabe zu übernehmen. Zu diesen Übermittlungsinstanzen gehören z. B. Postdienste, Telefonnetze und das Internet. Aufgrund der in diesem Fall vorliegenden direkten Beziehung zwischen den Kommunikationspartnern ist für den Sender zumeist auch das Feedback auf seine Botschaft relativ einfach, schnell und eindeutig erfassbar, wenn entsprechende Responsemöglichkeiten bei der Ansprache berücksichtigt werden. Hierin liegt nicht nur ein wesentlicher Unterschied, sondern auch ein Vorteil der Direkt- gegenüber der Massenkommunikation, weil der Erfolg der Kundenansprache weitaus besser gemessen werden kann.

Neben den kommunikationsbezogenen Begriffsfassungen finden sich in der Fachliteratur auch Definitionen, die stärker auf die *distributionspolitische Funktion des Direktkontakts* eingehen und letztlich den Direktvertrieb als Kern des Direktmarketing herausstellen (Chiang et al. 2003, S. 1 ff.; Elsner 2003, S. 17). In anderen Auffassungen werden die Direktwerbung und der Direktvertrieb als Gegenstand des Direktmarketing angesehen (Meinig 1990, S. 186; Dallmer 2002, S. 11).

Grundsätzlich wird an der instrumentellen Direktmarketing-Auffassung kritisiert, dass sie durch die Ausrichtung auf einzelne Teilbereiche des Marketingmix dem Anspruch einer Marketingkonzeption nicht gerecht wird, die mit dem der Begriff Direktmarketing assoziiert wird. Dementsprechend wird von einigen Autoren eine Einbeziehung aller absatzpolitischen Instrumentalbereiche im Rahmen einer konzeptionellen Sichtweise gefordert (Hilke 1999, S. 12 ff.; Bruns 2007, S. 30).

Aus *konzeptioneller Perspektive* wird Direktmarketing als spezieller Marketingansatz angesehen, der sich auf eine Individualisierung sämtlicher strategischer und operativer Marketing-Parameter erstreckt (Löffler und Scherfke 2000, S. 111; Meffert und Rauch 2013, S. 32 ff.). Bei diesem Begriffsverständnis steht Direktmarketing für alle Marketingaktivitäten im gesamten Marketingmix, die sich auf die Bedürfnisse und Erwartungen einzelner (potenzieller) Kunden beziehen (Tapp 2008, S. 9; Wirtz 2012, S. 14). Abgesehen davon, dass eine derartig weit gefasste Definition zu Abgrenzungsproblemen gegenüber anderen Marketingkonzepten, wie z. B. dem Individual Marketing, One-to-One-Marketing oder der Customer Centricity, führt, basiert letztlich jede Individualisierung von Marketingaktivitäten auf einer direkten und interaktiven Kommunikation (Nash 2000, S. 3; Tapp 2001, S. 13; Harridge-March 2008, S. 193; Reis et al. 2009, S. 204 f.). Sie stellt den Kern vieler moderner und leistungsfähiger Marketingkonzepte dar. Deshalb wird im vorliegenden Beitrag der Begriff des Direktmarketing auf der kommunikativen Ebene angesiedelt.

Direktmarketing wird somit im Folgenden als ein geplanter, unmittelbarer und mitunter individueller Kontakt zu Kommunikationspartnern verstanden, der eine gezielte Auslösung von direkt messbaren Responseaktivitäten der angesprochenen Zielpersonen oder -organisationen erlaubt, um bestimmte Marketing- bzw. Unternehmensziele zu erfüllen (u. a. Stone et al. 2003, S. 16; Scovotti und Spiller 2006, S. 199; Holland 2009, S. 5; Kreutzer 2009, S. 5 f.; Spiller und Baier 2012, S. 6).

Direktmarketing im vorstehenden Sinn hat in den letzten Jahren in der Unternehmenspraxis eine zunehmende Bedeutung erfahren (Mitchell 2003, S. 219; Wirtz 2012, S. 4). So ist der Anteil der Unternehmen, die Direktmarketing nutzen, in der Vergangenheit stetig gestiegen. Über 80 Prozent der deutschen Unternehmen setzen gemäß einer Studie der Deutschen Post AG auf den Direktkontakt mit Interessenten und Kunden (Deutsche Post AG 2014, S. 12). Auch die Direktmarketing-Budgets haben entsprechend dieser Studie in der Unternehmenspraxis in den letzten Jahren sukzessive zugenommen. So haben allein im Jahr 2013 deutsche Unternehmen rund 27,5 Mrd. EUR für Direktmarketing-Maßnahmen aufgewendet. 20,5 Mrd. EUR wurden für Direct Response-Marketing eingesetzt. Damit waren 63 Prozent der gesamten Kommunikationsaufwendungen in Deutschland im Jahr 2013 für die Initiierung und Durchführung direkter Kontakte zu Interessenten und Kunden vorgesehen (Deutsche Post AG 2014, S. 10).

Die *Gründe für den Bedeutungszuwachs* des Direktmarketing sind vielfältig und liegen vor allem in markt- und technologiebezogenen Aspekte, die teilweise interdependent sind (Mitchell 2003, S. 219; Lis 2008, S. 34 f.; Winer 2009, S. 108 f.). Zu den *marktbezogenen* Treibern gehört insbesondere die zunehmende Angleichung von Produkten und Dienstleistungen in vielen Branchen, die zu einer steigenden Bedeutung der kommunikativen Angebots- und Markenprofilierung über eine direkte und individuelle Kundenansprache führt. Auf der *technologischen* Seite fördert die Weiterentwicklung immer leistungsfähigerer und kostengünstigerer Datenbanktechnologien und Analysesoftwaresystemen den Trend zur Personalisierung und Individualisierung in der Kundenansprache und -betreuung. So wird es für Unternehmen immer einfacher, kauf- und verhaltensrelevante Kundeninformationen zu erfassen und auszuwerten, mit denen aussagekräftige Interessenten- und Kundenprofile erstellt werden, die eine zielgerichtete Ansprache einzelner Adressaten erlauben. Hierdurch wird die Effizienz und Effektivität der direkten Kundenkontakte gesteigert, weil Streuverluste reduziert werden und durch die individualisierte Ansprache die Responsewahrscheinlichkeit steigt (Lis 2008, S. 34; Meffert und Rauch 2013, S. 23). Weitere *Vorteile des Direktmarketing* gegenüber dem klassischen Marketingansatz liegen in der größeren Flexibilität des Ansatzes, der eine kurzfristige Variation der Kundenansprache und eine schnelle Reaktion auf Veränderungen im Kundenverhalten ermöglicht. Gerade für Unternehmen, die spezifische Marktsegmente mit einem eingeschränkten Abnehmerkreis bearbeiten, ist Direktmarketing daher besonders geeignet. Hinzu kommt, dass Direktmarketing auch bei kleinen Budgets durchführbar ist, da keine großen Kosten – wie bei der Belegung von Massenmedien – für eine direkte Kundenansprache entstehen (Holland 2009, S. 24; Kreutzer 2009, S. 17 ff.). Auf die bessere Messbarkeit des Erfolgs von Direktmarketingmaßnahmen gegenüber klassischen Marketingaktivitäten wurde bereits weiter oben hingewiesen.

Angesichts der erwähnten Vorteile ist es schwer verständlich, dass Direktmarketing häufig als „Below-the-Line-Kommunikation" bezeichnet und somit in seiner Relevanz für die Markt- und Kundenbearbeitung gegenüber der klassischen Massenkommunikation abgewertet wird, die man üblicherweise als „Above-the-line-Kommunikation" deklariert. Aufgrund der skizzierten Rahmenbedingungen und

Entwicklungen wird die Bedeutung des direkten Kundenkontakts noch weiter zunehmen (Thomas 2007, S. 7 ff.). Für viele Unternehmen wird Direktmarketing damit zu einem kritischen Erfolgsfaktor der Marktbearbeitung.

2 Abgrenzung des Direktmarketing gegenüber verwandten Konzepten

In der Marketingliteratur werden Direkt- und Dialogmarketing oftmals synonym verwendet. Im vorliegenden Beitrag wird dieser Gleichsetzung nicht gefolgt. *Dialogmarketing* basiert zwar ebenfalls auf einer direkten und responseorientierten Kommunikationsbeziehung, bei der jedoch der Grad der Interaktivität weitaus höher ist als beim Direktmarketing. Während im Direktmarketing zumeist eine Menü-Interaktion stattfindet, bei der ein Adressat die Möglichkeit erhält, vorstrukturierte Responsemöglichkeiten für die Rückkopplung zu wählen, erfolgt das Feedback beim Dialogmarketing ohne formale und/oder inhaltliche Vorgaben. Durch individuelle Reaktionsmöglichkeiten bleibt der Dialogverlauf offen (Lischka 2000, S. 39). Die Anforderungen an das Management der Kundenkommunikation in Bezug auf die Planung, Steuerung und Kontrolle des Kommunikationsprozesses nehmen hierdurch erheblich zu.

Darüber hinaus besteht bei „echten" Dialogen aus kommunikationsphilosophischer Sicht zusätzlich eine normative Anforderung zur Verständigungsorientierung (Habermas 1987, S. 386 f.). Hiermit ist eine vorurteils- und suggestionsfreie Kommunikation gemeint, bei der auf Basis argumentativer und objektiv nachvollziehbarer Begründungen eine übereinstimmende Situationsdeutung sowie ein von allen Teilnehmen anerkanntes Kommunikationsergebnis angestrebt wird (Habermas 1987, S. 386; Mann 2004, S. 88 ff.). Hierfür ist es notwendig, dass die Kommunikationsbeteiligten ihre jeweiligen Absichten offenlegen und sich nicht opportunistisch verhalten (Scheufele 2007, S. 98). Diese auf einen Konsens ausgerichtete Kommunikation ist damit nicht nur individueller ausgeprägt als das Direktmarketing, sondern in der Regel auch weitaus komplexer, da jeder Dialogpartner seine spezifischen Wünsche und Ziele in den Kommunikationsprozess für einen Interessensausgleich einbringen kann und sich die Interaktionsprozesse auf mehrere Kommunikationssequenzen erstrecken. Dadurch sind auch die Kosten beim Dialogmarketing weitaus größer als beim Direktmarketing. In Abb. 1 sind die angesprochenen (graduellen) Unterschiede des Direkt- und Dialogmarketing zusammengefasst.

Die direkte Kundenansprache setzt die Identifikation einzelner Adressaten und das Vorliegen relevanter Kontaktdaten für den Einsatz der oben genannten Übermittlungsmedien voraus. So ist beispielsweise die Nutzung von Postdiensten zum Versand von Briefen nur möglich, wenn die Adresse der Zielpersonen bekannt ist. Der Einsatz des Telefons setzt die Kenntnis der (mobilen) Telefonnummern der potenziellen Kommunikationspartner voraus und die Versendung einer E-Mail erfordert Informationen über die E-Mail-Adresse der zu kontaktierenden Person. Falls diese für die Direktkommunikation notwendigen Kontaktinformationen der Adres-

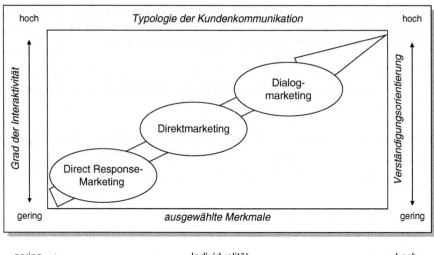

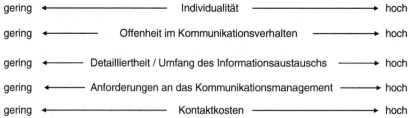

Abb. 1 Kategorisierung von Formen der Kundenkommunikation. Quelle: in Anlehnung an Mann 2007, S. 3; Bruhn 2013, S. 406

saten beim Sender nicht vorliegen, können sie bei spezialisierten Datenanbietern oder Datenbankbetreibern (z. B. Adressbrokern) oder mithilfe von so genannten Direct Response-Marketingaktivitäten beschafft werden. Unter *Direct Response-Marketing* ist der Einsatz von indirekten Kommunikationsmaßnahmen und mitteln zu verstehen, die mit einer ausdrücklichen Response-Aufforderung versehen sind (Karson und Korgaonkar 2001, 87 f.). Die Zielsetzung der Response-Aufforderung liegt darin, dass interessierte Rezipienten ihre Anonymität aufgeben und über die Einleitung eines neuen Kommunikationsprozesses in den direkten Kontakt mit dem Anbieter treten (Bruhn 2011, S. 696). Zu den typischen Direct Response-Marketingmaßnahmen gehört auch der Einsatz von Massenmedien, die standardisierte Werbemittel mit einer ausdrücklichen Response-Aufforderung transportieren. Dies erfolgt z. B. durch die Verwendung von Coupons bei Werbeanzeigen in Zeitungen oder Zeitschriften sowie durch die Angabe von Telefonnummern oder E-Mail-Adressen auf Anzeigen oder in TV- und Radiospots. Auch der Einsatz von Instrumenten der Außenwerbung, wie z. B. City Light Poster, Plakate, Werbung auf Straßenbahnen und Taxen, kann im Rahmen von Direct Response-Aktivitäten genutzt werden, sofern ein Responseelement (z. B. eine QR-Code) integriert wird.

3 Konzeptionelle Grundlagen des Direktmarketing

Grundlage für den erfolgreichen Einsatz des Direktmarketing ist eine klare *Ziel- und Zielgruppenfestlegung* auf Basis von Markt- und Kundeninformationen sowie eine daran anschließende inhaltliche und mediale *Gestaltung des Kontaktes* mit (potenziellen) Kunden (Bildstein 2007, S. 39; Wirtz 2012, S. 25 ff.). Dabei sind vor allem auch *rechtliche Rahmenbedingungen* zu berücksichtigen.

3.1 Ziele und Aufgaben des Direktmarketing

Direktmarketing kann zur Erfüllung vielfältiger Marketing- und Unternehmensziele eingesetzt werden. Diese lassen sich nach unterschiedlichen Kriterien unterscheiden, wie z. B. nach ihrer Stellung in der unternehmensspezifischen Zielhierarchie in Ober-, Mittel- und Unterziele (Tapp 2008, S. 124 f.). Hierbei ist aufgrund der Ziel-Mittel-Beziehung zu berücksichtigen, dass die Unterziele letztlich immer auch Maßnahmen oder Mittel zur Erreichung der Mittelziele und diese wiederum Maßnahmen zur Erreichung der Oberziele darstellen. Eine Trennung von Zielen und Maßnahmen ist deswegen schwierig, weil es von der Perspektivenebene in der Zielhierarchie abhängt, ob ein konkreter Sachverhalt eine Direktmarketingmaßnahme oder -zielsetzung ist (Wirtz 2012, S. 212). Mittelziele können wegen ihrer Verbindungsfunktion zwischen den Ober- und den Unterzielen auch als genereller Aufgaben- und Funktionsbereich des Direktmarketing im Kontext anderer Marketingansätze und Wertschöpfungsaktivitäten angesehen werden.

Die *Oberziele im Direktmarketing* leiten sich aus den generellen Unternehmens- und Marketingzielen, wie z. B. Rendite- und Gewinnziele oder Markenwert- und bzw. Kundenwertziele Marktanteilsziele, ab und stellen damit zumeist formale Vorgaben für das Direktmarketing dar. Die *Mittelziele* beziehen sich hingegen auf ganz bestimmte Vorgaben, die mit der Durchführung einzelner Direktmarketingkampagnen erreicht werden sollen. Hierzu gehören z. B. die Neukundengewinnung, die Auslösung von Cross- und Up-Selling bei Bestandskunden oder die Reaktivierung inaktiver Kunden und Rückgewinnung abgewanderter Kunden. Die *Unterziele* sind auf der instrumentellen Ebene angesiedelt und beziehen sich auf den spezifischen Einsatz von eingesetzten Direktmarketing-Medien. Typische Ziele hierbei sind z. B. Reichweiten-, Kontaktquoten-, Informationsübermittlungs- und Responseziele.

Ebenso ist eine Unterscheidung nach der Art des (finanz-)wirtschaftlichen Bezugs in ökonomische und nicht- bzw. vorökonomische Ziele (Wirtz 2012, S. 20 f.) oder nach der Zuordnung zum primären Marketingmix-Bereich in Kommunikations-, Service- oder Vertriebsziele denkbar. Des Weiteren lassen sich Direktmarketing-Ziele hinsichtlich ihrer Zielinhalte in verschiedene Bereiche einteilen, z. B. in informatorische, akquisitorische und kundenbindungsbezogene Ziele (Mann 2004, S. 103 ff.).

Darüber hinaus sind weitere Differenzierungen der genannten Zielkategorien möglich, indem beispielsweise die ökonomischen Ziele nach monetären und nicht-monetären sowie die nicht- oder vorökonomischen Ziele in kognitiv-, affektiv- und

Tab. 1 Beispielhafte Klassifikation von ausgewählten Direktmarketingzielen

Zielklasse	Vor-ökonomische Ziele			Ökonomische Ziele	
Hierarchiestufe	Kognitiv	Affektiv	Konativ	Nicht-monetär	Monetär
Direktmarketing-Oberziele (Unternehmens-/Marketingebene)	Markenwissen	Markenimage	Marken- bzw. Kundenbindung und -loyalität	Erzielung von Marktmacht/-führerschaft	Unternehmensrentabilität
	Markenverständnis	Markensympathie	Markenrelevanz: First-Choice-Marke	Erhöhung des mengen-bezogenen Marktanteils	Unternehmensgewinn
	Markenbekanntheit	Markenvertrauen	Markenidentifikation	Erzielung von (kommunikativen) Alleinstellungs-merkmalen	Cashflow-Steigerung
Direktmarketing-Mittelziele (Bereichs-/Kampagnenebene)	Erinnerung	Aufbau von Präferenzen für das Angebot	Weiterempfehlung	Absatz	Kampagnenrentabilität
	Wiedererkennung	Emotionale Angebots-positionierung bei Empfängern	Rückkehr-bereitschaft bei abgewanderten Kunden	Interessenten und Neukundengewinnung	Deckungsbeitrag/Gewinn
	Informations-vermittlung zu bestimmten Produkten/Aufbau von Produkt-kenntnissen	Interesseweckung am kommunizierten Angebot	Kauf-/Wiederkaufabsicht	Informationssammlung bei Interessenten und Kunden (z. B. zur Bedarfs-, Zufriedenheitsermittlung)	Umsatz (u. a. durch Ausnutzung von Cross- und Up-Selling-Potenzialen)
Direktmarketing-Unterziele (Instrumental-/Medienebene)	Informations-speicherung	Botschafts-glaubwürdigkeit	Auslösung einer Response	Vermeidung von Streuverlusten qualitative/zielgruppen-bezogene Reichweite	Optimierung des Budgeteinsatzes
	Informations-verständnis	Botschaftsgefallen	Betrachtungs-intensität/-dauer	Kontakthäufigkeit/-quote	Reduzierung von Responsekosten (Cost per Interest oder Cost per Order)
	Informations-aufnahme	Botschafts-aktivierung/-aufmerksamkeit	Direktmedien-Kontaktaufnahme		Reduzierung von Kontaktkosten (Cost per Contact)

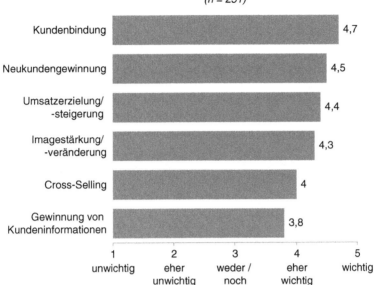

Abb. 2 Direktmarketing-Ziele in der Unternehmenspraxis

konativ-orientierte Ziele aufgespalten werden (Bruhn 2013, S. 198). Während sich die kognitiv ausgerichteten Zielsetzungen auf die Wahrnehmung, Erinnerung und Kenntnis des direkten Kundenkontaktes beziehen, erstrecken sich die affektiven Ziele auf emotionale Wirkungsgrößen, wie z. B. Image und Präferenzen. Die konativ-orientierten Ziele umfassen (kauf-)verhaltensrelevante Ergebnisse, wie z. B. kommunikative Feedbacks, Bestellungen oder Weiterempfehlungen, die durch Direktmarketing-Maßnahmen anvisiert werden.

Tabelle 1 zeigt beispielhaft verschiedene Direktmarketing-Ziele und -Aufgaben, die einigen der oben genannten Zielklassifikationen zugeordnet sind.

Auf der *Bereichs-* bzw. *Kampagnenebene* ist in der Unternehmenspraxis vor allem die Kundenbindung ein wesentliches Ziel des Direktmarketing, dicht gefolgt von der Neukundengewinnung und der Absatz- und Umsatzzielung. Etwas weniger bedeutsam sind Cross-Selling-Ziele und die Gewinnung von Kundeninformationen. Das zeigen die in Abb. 2 aufgeführten empirischen Ergebnisse, die der Verfasser im Rahmen eines Forschungsprojekts zu Erfolgsfaktoren der direkten Kundenansprache im Jahr 2010 ermittelt hat (Mann und Liese 2013, S. 105).

Ältere Studien kommen zu ähnlichen Ergebnissen (Krummenerl 2005, S. 151; Mann 2004, S. 374 f.). Interessant ist, dass die Relevanz der aufgeführten Ziele in Industrie- und Dienstleistungsunternehmen weitgehend ähnlich ist. Lediglich die Neukundengewinnung wird als Direktmarketing-Ziel in Dienstleistungsunternehmen signifikant wichtiger eingeschätzt als in Industrieunternehmen, wenngleich der Relevanzunterschied nicht sehr groß ist.

Die besondere Bedeutung von Direktmarketing-Aktivitäten für das *Kundenbeziehungsmanagement* wird in der Fachliteratur regelmäßig herausgestellt. Dabei wird auf den Einfluss von Direktmarketing-Maßnahmen zur Stabilisierung und Intensivierung von Geschäftsbeziehungen hingewiesen (Grönroos 2004, S. 103; Harridge-March 2008, S. 193; Reis et al. 2009, S. 204). Ebenso kann der direkte Kontakt bei der Aktivierung von ruhenden Geschäftsbeziehungen bzw. der Rückgewinnung von abgewanderten Kunden genutzt werden (Mann 2009, S. 171 f.). In beiden Fällen stellen möglichst individuelle Kontakt zwischen Anbieter und Nachfrager sowie eine ausgeprägte Interaktion zwischen den beiden Parteien eine wesentliche Grundlage für den Erfolg dar. Hierdurch haben die Kommunikationspartner die Möglichkeit, einen Abgleich von wechselseitigen Erwartungen vorzunehmen. Für einen Anbieter lässt sich auf diese Weise spezifisches Kundenwissen aufbauen, das für eine Optimierung der Leistungsangebote und der Kundenbetreuung genutzt werden kann (Ballantyne 2004, S. 116 f.), wodurch wiederum die Kundenzufriedenheit und die Bindungsbereitschaft der Abnehmer tendenziell steigt.

3.2 Bottom-up-Segmentierung als Ausgangspunkt der Zielgruppenbildung im Direktmarketing

Auch für die Segmentierung ist die Orientierung am bestehenden Kundenstamm von großer Bedeutung, da im Direktmarketing – anders als beim generellen Marketingansatz – die Bildung von Zielgruppen häufig induktiv und nicht deduktiv vorgenommen wird.

Bei der *deduktiven Vorgehensweise* wird ein Gesamtmarkt in Teilmärkte aufgespalten, die in sich homogen und untereinander heterogen sind (Freter 2008, S. 25). Zur Segmentbildung werden zumeist geografische, sozio-demografische, psychografische und verhaltensbezogene Kriterien herangezogen. Die entstandenen Marktsegmente werden dann hinsichtlich ihrer wirtschaftlichen Attraktivität und der Anforderungen einer erfolgreichen Marktbearbeitung bewertet. Bei einer positiven Evaluation werden sie für die Marktbearbeitung ausgewählt und bilden damit die Zielgruppen, die mithilfe eines spezifischen Marketingmix-Einsatzes bearbeitet werden. In der Regel bleiben die Zielgruppen über einen längeren Zeitraum bestehen, da bereits bei der Selektion der Marktsegmente auf eine möglichst große Stabilität geachtet wird.

Bei der *induktiven Vorgehensweise* wird der Kundenstamm eines Unternehmens in Abnehmergruppen aufgeteilt, die ein gleiches bzw. ähnliches (Kauf-)Verhalten aufweisen. Zu den wichtigsten Segmentierungskriterien gehört der *Kundenwert* (Freter 2008, S. 357). Dieser kann sich auf monetäre und nicht-monetäre Wertgrößen eines Kunden beziehen. Zu den typischen monetären Kriterien gehören der Umsatz, Deckungsbeitrag, Gewinn oder auch die Rentabilität, die ein Anbieter mit einem Kunden erwirtschaftet. Zu den nicht-monetären Größen gehören z. B. der Referenz- und Informationswert eines Kunden. Beim Referenzwert handelt es sich um die Weiterempfehlungsaktivitäten eines Kunden, die einen wichtigen Einfluss

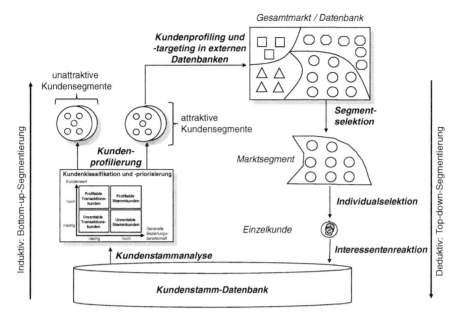

Abb. 3 Segmentierungsvorgehensweise im Direktmarketing

auf die Neukundengewinnung haben. Der informatorische Kundenwert umfasst die Innovationsanregungen und Verbesserungsvorschläge eines Kunden zur Leistungsoptimierung. Auf Basis des ermittelten Kundenwerts werden unterschiedliche Kundengruppen gebildet. Anschließend versucht man, die verschiedenen Gruppen mit Hilfe von weiteren regionalen, sozio-demografischen und psychografischen Kundendaten zu profilieren und zu beschreiben.

Die *Kundenprofile* bilden wiederum die Grundlage für die Markt- bzw. Zielgruppenabgrenzung und die Neukundenakquisition, indem in externen Datenbanken von Adressverlagen (wie z. B. AZ Bertelsmann, Schober, Deutsche Post Direkt) im Business-to-Consumer-Bereich ganz gezielt nach Personen oder im Business-to-Business-Bereich nach Organisationen bzw. Institutionen gesucht wird, die entsprechende Profileigenschaften aufweisen (Böhler 2002, S. 934; Tapp 2008, S. 58). Kontaktdaten und weitere Informationen der Personen bzw. Organisationen können dann von den Adressverlagen zur ein- oder mehrmaligen Nutzung gemietet werden (Listbroking). Die auf diese Weise gebildeten Zielgruppen werden anschließend – wie Abb. 3 zeigt – spezifisch mit Direktmarketing-Maßnahmen angesprochen (Targeting).

Das *Targeting* ist allerdings nur erfolgreich, wenn die zur Profilbildung herangezogenen deskriptiven Merkmale auch in den externen Datenbanken als Segmentierungs- und Klassifizierungsmerkmale vorliegen. Obwohl die meisten Adressbroker eine große Anzahl verschiedener Selektionsmerkmale anbieten, ist nicht sichergestellt, dass eine treffgenaue Überschneidung von den Profilierungsmerkmalen mit den Selektionsmöglichkeiten der externen Datenbanken gegeben ist (Mann 2008, S. 374 f.). Ist dies nicht der Fall, werden häufig *mikrogeografische Daten* für die Konzeption der Direktansprache verwendet.

Hierbei werden geografische Daten mit möglichst vielen Lifestyle-Informationen (z. B. Werte, Einstellungen, Informations- und Einkaufsverhalten) und soziodemografische Daten (z. B. Alter, Geschlecht, Beruf, ethnische Zugehörigkeit, Familienstand und -größe) von Personen miteinander auf der Ebene von Mikroparzellen mit fünf oder mehr Haushalten verknüpft (Kothe 2002, S. 743; Kreutzer 2009, S. 76; Meffert et al. 2012, S. 197). Eine detaillierte Zuordnung der Daten auf einzelne Haushalte ist aus rechtlicher Sicht in Deutschland nicht möglich (Herter 2008, S. 17; Weichert 2008, S. 28; Holland 2009, S. 149). Durch die Kombination der geografischen Daten mit den anderen Informationsbereichen entsteht eine *Wohngebietstypologie*, bei der charakteristische Besonderheiten bzw. Merkmalsausprägungen der jeweiligen Wohnquartiere bzw. Standorte bezüglich kaufverhaltensbezogener Kriterien herausgestellt werden. Aufgrund der postalischen Adresse kann dann jede Person einem Wohngebietstyp zugeordnet werden. Grundlage dieser Verknüpfung liefert das Konzept der sozialen Segregation, bei dem man davon ausgeht, dass sich Personen mit ähnlichen Lebens- und Verhaltensweisen, Werten und Einstellungen räumlich konzentrieren, frei nach dem Motto „gleich und gleich gesellt sich gern" (Bruns 2007, S. 132 f.; Herter 2008, S. 18).

Wenngleich es hierbei immer Unschärfen bei der Zuordnung einzelner Personen zu einem Wohngebietstyp gibt, kann diese *Nachbarschafts-Affinität* dabei helfen, nur solche Stadtteile, Wohnviertel, Straßenzüge oder Gebäudeblöcke für die Kundenansprache zu berücksichtigen, bei denen die Bewohner vermeintlich ähnliche Merkmale aufweisen, wie die vom Anbieter genutzten Kriterien zur Zielgruppensegmentierung (Holland 2009, S. 158). Hierdurch lassen sich die Streuverluste, die durch den Kontakt mit Personen entstehen, die nicht zur Zielgruppe gehören, erheblich reduzieren und somit die Effizienz der direkten Ansprache erhöhen. Außerdem steigt die Wahrscheinlichkeit, bei den kontaktierten Personen auf ein entsprechendes Interesse für das Angebot zu treffen, was zu einer Steigerung der Effektivität des Kundenkontakts führt.

Datengrundlage für die mikrogeografische Segmentierung sind neben allgemeinen statistischen Informationen über die Bevölkerungsstruktur, die üblicherweise von statistischen Ämtern stammen, auch Kundendaten von Verlagen, Versandhändlern, Telekommunikationsanbietern und Kundenkarten emittierenden Unternehmen. Ebenso werden Ergebnisse aus allgemeinen Bevölkerungsumfragen zu generellen Werten und Einstellungen in den Datenpool aufgenommen (Kothe 2002, S. 748 f.).

Im Rahmen von Direktmarketing-Maßnahmen ist die Zielgruppenbildung in Abhängigkeit des jeweiligen Kampagnenziels und des Kundenwertstatus recht flexibel. Ein und derselbe Kunde kann je nach Kampagnenausrichtung (z. B. Cross Selling, Neuproduktinformation oder Abverkauf) im Zeitablauf zu verschiedenen Zielgruppen gehören aber bei bestimmten Kampagnen auch gar nicht berücksichtigt werden. Diese *dynamische Zielgruppenbetrachtung* führt zu einer ständigen Überprüfung und Neuzuordnung einzelner Kunden zu verschiedenen Kundengruppen (Blocker und Flint 2007, S. 819; Homburg et al. 2009, S. 71). Die Segmentierung ist damit im Direktmarketing eine fortwährende Aufgabe, die jedoch nicht nur eine Reaktion auf Veränderungen von Kundenmerkmalen (z. B. Kundenstatus und -wert) darstellt, sondern ebenso darauf ausgerichtet ist, Veränderungen frühzeitig zu erkennen und zu beeinflussen (z. B. durch Direktmarketing-Kampagnen zur Kundenwert-Entwicklung).

3.3 Kundendaten-Management als Grundlage der direkten Kundenansprache

Eine wesentliche Grundlage für die Segmentierung des Kundenstamms und den direkten Kontakt mit Interessenten und Kunden sind relevante Kundendaten, die üblicherweise in einer entsprechenden Kundendatenbank gespeichert werden. Zu den typischen Datenfeldern gehören *Grund-, Deskriptions- und Interaktionsdaten* (Leußer et al. 2011, S. 738 ff.):

- Die *Grunddaten* umfassen den Namen und alle weiteren Angaben, die eine Identifikation einzelner Zielkunden erlauben. Das sind insbesondere medienrelevante Kontaktdaten, wie z. B. die postalische Adresse, Telefonnummer(n) und E-Mail-Adresse(n) der Kunden. Im Business-to-Business-Bereich beziehen sich die Kontaktdaten zumeist auf einzelne Ansprechpartner beim Kundenunternehmen, die für die Geschäftsbeziehung relevant sind (z. B. Einkäufer, Geschäfts- und Produktionsleiter). Die Grunddaten bilden eine conditio sine qua non im Direktmarketing, da ohne sie eine direkte Kundenansprache und -beziehung nicht möglich ist.
- Bei den *Deskriptionsdaten* handelt es sich um alle Daten, die eine aussagekräftige Beschreibung und Charakterisierung der Zielkunden erlauben. Hierzu gehören vor allem sozio-demografische und psychografische Daten von Interessenten und Kunden. In der Regel handelt es sich hierbei um das Alter, das Geschlecht, den Familienstand, den Beruf, das Einkommen bzw. die Bonität, die Haushaltsgröße und den Lifestyle-Typ von Konsumenten im Business-to-Consumer-Geschäft. Bei gewerblichen Kunden werden beispielsweise die Branchenzugehörigkeit, Rechtsform, Unternehmensgröße und die Einbindung in einen Unternehmensverbund sowie Einkaufsstrategie, Produkt- und Leistungsausstattung, Konkurrenzbeziehungen als Deskriptionsdaten genützt.
- *Interaktionsdaten* gliedern sich in Aktions- und Reaktionsdaten, die einzeln erfasst werden. Die *Aktionsdaten* beziehen sich auf alle kommunikativen Aktionen und Kontakte, die der Anbieter gegenüber den Interessenten und Kunden gezielt umgesetzt hat, um eine bestimmte Zielsetzung zu erreichen. Dabei werden sowohl die Art der Kontakte (z. B. persönlich oder medial), der Zeitpunkt und die Dauer der Kontaktaufnahme sowie der Inhalt der Ansprache gespeichert. Die *Reaktionsdaten* umfassen zum einen alle Response-Aktivitäten der Zielkunden auf die Kontaktinitiativen des Anbieters, so z. B. die Reaktionsform, den Reaktionszeitpunkt und den Reaktionskanal. Zum anderen erstrecken sie sich auch auf sämtliche Nicht-Reaktionen der Adressaten auf einzelne Direktmar-

keting-Maßnahmen. Nur wenn sowohl das Response- als auch das Non-Response-Verhalten der Zielkunden registriert werden, lässt sich ein umfassender Einblick in das Kommunikationsverhalten der Adressaten erlangen. Auf dieser Grundlage können zukünftige Direktkontakte mit diesen Zielkunden optimiert werden. Hierzu ist es auch sinnvoll, die von Interessenten und Kunden initiierten Pull-Kontakte und die damit verbundenen (Nicht-)Reaktionen des Anbieters zu berücksichtigen.

Falls in Unternehmen einzelne Kundendaten gänzlich fehlen oder nur rudimentär vorliegen, bieten sich für die Beschaffung oder Anreicherung dieser Daten beispielsweise die Auswertung öffentlich zugänglicher Quellen (z. B. Telefonbücher, Branchen- und Adressbücher oder Messekataloge), die Durchführung von Direct Response Marketing-Aktivitäten und/oder der Rückgriff auf externe Datenbanken von Adressverlagen an. Die Auswertung allgemeiner Datenquellen ist primär für die Sammlung von Grunddaten sinnvoll. Mithilfe von Direct Response-Maßnahmen können darüber hinaus einige soziodemografische Daten gezielt gesammelt werden. Externe Datenbanken von Adressanbietern können für alle drei genannten Deskriptionsdatenfelder genutzt werden. Vor allem für die Beschaffung psychografischer Daten sind sie besonders geeignet, weil diese zumeist mikrogeografisch aufbereitet sind und daher mit vorliegenden Grunddaten gut verknüpft werden können.

Neben der *Quantität* des Datenaufkommens ist für eine Kundendatenbank auch die *Qualität* der Daten bedeutsam. Während die Datenquantität dazu beiträgt, ein umfassendes oder gar vollständiges Bild von einzelnen Interessenten und Kunden zu erhalten, wird über die Datenqualität der Nutzen von Interessenten- bzw. Kundenprofilen für die direkte Ansprache determiniert. Die Qualität von (Kunden-)Daten lässt sich anhand verschiedener Kriterien bestimmen. Zu den wichtigsten *Kriterien* gehören die Korrektheit bzw. Fehlerfreiheit, Aktualität, Konsistenz sowie die Zurechenbarkeit (Lee et al. 2002, S. 136; Mann und Saida 2011, S. 232):

- *Korrektheit/Fehlerfreiheit* bedeutet, dass die gespeicherten Daten grundsätzlich auch mit den realen Gegebenheiten inhaltlich übereinstimmen. Dies beinhaltet die richtige Zuordnung von Daten zu den definierten Datenfeldern.
- *Aktualität* erstreckt sich auf die Gegenwartsbezogenheit von Daten und ist eng mit der Fehlerfreiheit von Daten verbunden. Daten sind aktuell, wenn die erfassten Werte den gegenwärtigen Stand der Realität widerspiegeln. Dementsprechend sind regelmäßige Datenüberprüfungen beispielsweise als so genannte Waschabgleiche durchzuführen, bei dem veraltete Daten aus dem Datenbestand ausgewaschen werden. Typisch ist beispielsweise der Abgleich der Kundendatenbank mit Umzugsinformationen oder mit der so genannten Sterbedatei der Deutschen Post AG (Kreutzer 2009, S. 94).
- *Konsistenz* der Daten ist gegeben, wenn zwischen Daten, die logisch miteinander zusammenhängen (z. B. Vorname und Geschlecht eines Zielkunden), keine Widersprüche auftreten.
- *Zurechenbarkeit* umfasst den eindeutigen Zusammenhang zwischen den Datenwerten und den Datenträgern (z. B. Kunden). Zurechenbarkeitsprobleme sind oft

gegeben, wenn Datenträger (z. B. Kunden) mehrfach in einer Datenbank vorkommen. Daher gehören Doublettenabgleiche zu den wichtigen Aufgaben des Qualitätsmanagements einer Kundendatenbank.

Ebenso bedeutsam wie die Quantität und Qualität ist darüber hinaus die *Auswertung und Nutzung der Kundendaten* für die Planung und Durchführung von Direktmarketing-Maßnahmen. In den letzten Jahren hat sich aufgrund der oben genannten technischen Entwicklung die Verarbeitung selbst großer Datenmengen erheblich verbessert. Leistungsfähige Analyseinstrumente tragen dazu bei, zahlreiche Datenfelder gleichzeitig auszuwerten, um auf diese Weise diverse Zusammenhänge und Beziehungen zwischen verschiedenen Interessenten- und Kundenmerkmalen zu erkennen. Hiermit lässt sich eine genauere Kundenprofilierung und -klassifikation sowie eine bessere Abschätzung des Reaktionsverhaltens der Adressaten bei einer Direktansprache erreichen. Zu den grundlegenden Vorgehensweisen dieser multivariaten Datenaufbereitung und -analyse gehören vor allem das On-Line Analytical Processing (OLAP) und das Data Mining.

Beim *OLAP* werden Daten im Rahmen eines Datenwürfels nach drei Dimensionen (z. B. Kunde/Kundengruppe, Zeitpunkt/-raum und Response-Verhalten/-Art) aufbereitet (Hippner et al. 2011, S. 786). Dabei ist es möglich, dass – je nach Fragestellung – bestimmte Teildimensionen fokussiert und somit der Datenwürfel horizontal auf bestimmten „Ebenen" oder vertikal in bestimmten „Scheiben" genauer untersucht wird. Zudem können einzelne Teilwürfel herausgestellt und betrachtet werden. Da es sich beim OLAP um eine rein deskriptive Datenanalyse handelt, werden nur offensichtliche Zusammenhänge ermittelt (Steinle 2004, S. 38). Für das Erkennen von diffizilen Beziehungen verschiedener Merkmale ist insbesondere das Data Mining geeignet.

Data Mining umfasst eine Vielzahl verschiedener statistischer Auswertungsverfahren, die zumeist große Datenmengen auf bestimmte Datenmuster, insbesondere hinsichtlich Regelmäßigkeiten und Auffälligkeiten analysieren und möglichst durch (mathematische) Beziehungszusammenhänge abbilden (Tan et al. 2006, S. 2 f.; Wirtz 2012, S. 77). Zu den typischen Analysemethoden gehören Segmentierungsverfahren (z. B. Cluster- und Faktorenanalysen) zur Bildung von verschiedenen Objektgruppen (z. B. Kundengruppen), Klassifikationsverfahren (z. B. Diskriminanzanalysen, Entscheidungsbäume und neuronale Netze) zur Ein-/Zuordnung von Objekten (z. B. Kunden) zu bestimmten Objektgruppen (z. B. Zielgruppen) und Abhängigkeitsanalysen (z. B. multiple Regressionsanalysen und Assoziations-/ Sequenzanalysen) zur Ermittlung von Abhängigkeiten verschiedener Variablen/Objekten (z. B. von Ansprache- und Responsearten im Direktmarketing) in sachlicher und zeitlicher Hinsicht (Steinle 2004, S. 31 ff.; Hippner et al. 2011, S. 792 ff.).

3.4 Rechtliche Rahmenbedingungen des Direktmarketing

Die Sammlung, Anreicherung, Auswertung und Nutzung von Interessenten- und Kundendaten unterliegt in Deutschland rechtlichen Bestimmungen, die im

Bundesdatenschutzgesetz (BDSG) geregelt sind. Aber auch für den Einsatz von Direktmedien bestehen spezifische rechtliche Regelungen. Vor allem das Gesetz gegen unlauteren Wettbewerb (UWG), das auch dem Verbraucherschutz dient, ist hierbei von Bedeutung. Darüber hinaus gibt es weitere Rechtsnormen, die zwar für verschiedene Direktmedien relevant sind (z. B. das Telemediengesetz), aber an dieser Stelle nicht weiter behandelt werden.

Das *BDSG* wurde 2009 novelliert und gilt als wesentliche Grundlage zum Schutz der Persönlichkeitsrechte von Individuen, die durch den Umgang mit personenbezogenen Daten beeinträchtigt werden könnten (§ 1 BDSG Bundesministerium der Justiz und des Verbraucherschutzes 2009). Hierzu gehört insbesondere das Recht auf informationelle Selbstbestimmung, das dem Einzelnen die Befugnis einräumt, über die Offenlegung und Nutzung persönlicher Daten selbst zu entscheiden (Arndt 2011, S. 187). Bei diesem Schutz gilt das Präventionsprinzip, das Gefährdungen des Selbstbestimmungsgrundsatzes von vornherein verhindern soll (Arndt 2011, S. 187). Unter *personenbezogenen Daten* werden dabei „Einzelangaben über persönliche oder sachliche Verhältnisse einer bestimmten oder bestimmbaren natürlichen Person" (§ 3 Abs. 1 BDSG) verstanden. Hierzu gehören sämtliche der oben genannten Grunddaten von *privaten Kunden* wie der Name, die Adresse, der Beruf, das Geburtsdatum, der Familienstand und die Staatsangehörigkeit einer Person. Grunddaten von *gewerblichen Kunden* werden nicht durch das BDSG geschützt (Wien 2012, S. 204 f.). Aggregierte Daten, bei denen Informationen über mehrere Personen zusammengefasst sind und nicht mehr eindeutig einzelnen Individuen zugeordnet werden können, werden nicht den personenbezogenen Daten zugeordnet.

Der Grundsatz des BDSG ist die Datenvermeidung und -sparsamkeit (§ 3a BDSG), wonach so wenig Daten wie möglich gesammelt, verarbeitet und genutzt werden sollen. Diese Forderung umfasst auch die Dauer der Datenspeicherung und -nutzung, da Daten nicht auf Vorrat gesammelt werden dürfen und nach Beendigung eines Vertragsverhältnisses gelöscht werden müssen, sofern sie nicht für die Einhaltung nachwirkender Rechte und Pflichten nach Vertragsbeendigung dienen.

Die generelle Norm des BDSG kann unter bestimmen Umständen aufgehoben werden (§ 4 BDSG). So ist z. B. die Speicherung und Nutzung personenbezogener Daten für die Abwicklung von Transaktionen/Kaufverträgen grundsätzlich erlaubt, sofern sie hierfür erforderlich sind (§ 4 Abs. 1 BDSG). Auch zu Direktmarketingzwecken können personenbezogene Daten erhoben und verarbeitet werden, wenn beim direkten Kontakt mit Interessenten und Kunden hervorgeht, wer die Daten erstmalig gesammelt hat und die verantwortliche Stelle für die Direktmarketing-Maßnahmen benannt wird, damit der Adressat die Möglichkeit hat, dort Widerspruch gegen die Nutzung seiner Daten zu Marketingzwecken einzulegen (§ 4 Abs. 2 BDSG).

Die Erhebung, Verarbeitung und Nutzung von personenbezogenen Daten ist natürlich immer zulässig, wenn Interessenten und Kunden hierzu explizit und freiwillig ihre *Zustimmung* geben (§ 4a Abs. 1 BDSG). Dabei sind die Betroffenen jedoch über den Verwendungszweck, die Weitergabe an etwaige andere Unternehmen (auch Tochterunternehmen) und die Widerspruchsmöglichkeit eindeutig zu informieren. Die Einwilligung hat dabei schriftlich vorzuliegen (§ 4a Abs. 1 BDSG). Das ist vor allem bei der erstmaligen Erhebung von personenbezogenen Daten relevant und daher gerade beim *Direct Response-Marketing* zu berücksichtigen. Auch bei der Auswertung von Kundendaten ist dem Grundsatz zu folgen, wenngleich sich gerade hier einige Probleme bei der Einhaltung der Gesetzesnorm ergeben können. So sind beispielsweise bei dem OLAP- und vor allem Data Mining-Einsatz im Vorfeld keine exakten Angaben zu den Analysezielen und -ergebnissen möglich, die aber für eine Einwilligung vorausgesetzt werden. Zudem soll das Data Mining bei der Suche nach versteckten Mustern und Regelmäßigkeiten in Kundendaten auch eine Grundlage für die Klassifikation und Prognose des Kundenverhaltens schaffen, was neue personenbezogene Daten hervorbringt (z. B. Kundentyp: A-, B-, C-Kunde) (Arndt 2011, S. 201 f.). Hier ist im Einzelfall eine Abwägung des Schutzes berechtigter Unternehmensinteressen auf der einen Seite und der Wahrung berechtigter Kundeninteressen auf der anderen Seite vorzunehmen.

Die Beschaffung personenbezogener Daten bei Adressanbietern/Listbrokern ist unproblematisch, sofern die Daten in Form von Listen übermittelt werden, bei denen Personen zu bestimmten Gruppen zusammengefasst sind. Dabei darf zur Gruppenbildung lediglich eine Variable (z. B. Versandhandelskäufer, Automobil- oder Immobilienbesitzer) berücksichtigt werden, durch die aber keine schutzwürdigen Interessen der Adressaten verletzt werden dürfen (Arndt 2011, S. 199). Zu den erlaubten Daten, die in Listenform/ gruppiert weitergegeben werden können, gehören u. a. Name, Titel, akademische Grade, Anschrift, Geburtsjahr und Berufsbezeichnung (§ 28 Abs. 2 BDSG).

Während das BDSG die Sammlung, Speicherung und Verarbeitung von personenbezogenen Daten privater Kunden regelt, die für den gezielten Einsatz von Direktmedien notwendig sind, erstreckt sich das *UWG* auf den Medieneinsatz selbst. Dabei fordert das UWG für die direkte Ansprache von Interessenten und Kunden mittels Direktmedien eine *vorherige Einwilligung* der Adressaten. Liegt diese nicht vor, wird von einer *unzumutbaren Belästigung* der kontaktierten Zielkunden ausgegangen, die wettbewerbswidrig ist (§ 7, Abs. 1 UWG Bundesministerium der Justiz und des Verbraucherschutzes 2004). Die Einwilligung selbst hat wiederum vor der Kontaktaufnahme vorzuliegen und freiwillig, also ohne Kopplung an andere Handlungen, zu erfolgen. Eine Ausnahme hiervon bildet der Einsatz gedruckter Werbemittel, die über Postdienste verteilt werden (z. B. Werbebriefe, Prospekte, Flyer). Hier ist keine explizite Zustimmung der Adressaten erforderlich (Schauwecker 2006, S. 44 f.). Eine direkte Kontaktaufnahme mit dem Kunden über elektronische Medien (insbesondere E-Mail) kann ebenso ohne ausdrückliche Einwilligung erlaubt sein, wenn ein stillschweigendes Einverständnis bzw. konkludentes Handeln des Kunden vorliegt, indem er beispielsweise dem Anbieter seine elektronische Kontaktadresse im Zusammenhang mit anderen Geschäftstätigkeiten übermittelt hat (§ 7, Abs. 3 UWG).

Allerdings kann beim Vorliegen eines Widerspruchs gegen diese Form der schriftlichen Kontaktaufnahme eine unzumutbare Belästigung entstehen (§ 7 Abs. 2 UWG). Dieser Widerspruch kann beispielsweise beim Anbieter selbst oder durch die Eintragung in die so genannte „Robinsonliste" beim Deutschen-

Dialogmarketing-Verband (DDV) erfolgen. Es handelt sich hierbei um eine Selbstverpflichtung von Unternehmen, diese Verweigerer grundsätzlich nicht unmittelbar oder nicht mit bestimmten, von ihnen als störend empfundenen, Direktmedien zu kontaktieren. Bei der Widerspruchsrelevanz von *Sperrvermerken* auf Briefkästen mit dem Hinweis „Bitte keine Werbung" ist zwischen adressierten und nicht-adressierten Werbesendungen zu unterscheiden. So ist die Zustellung von *adressierten Werbebriefen*, die mit einem Postunternehmen verteilt werden, in diesem Fall erlaubt, während die Zustellung von *nicht-adressierten Wurfsendungen* verboten ist. Der Grund liegt darin, dass die Verteilorganisation bei massenhaften, unadressierten Wurfsendungen von einem Werbeinhalt ausgehen muss und somit den Sperrvermerk zu berücksichtigen hat. Bei adressierten Briefen ist der werbliche Inhalt hingegen nicht eindeutig zu bestimmen (Schmoll 2005, S. 83). Schwieriger ist die Situation bei teiladressierten Wurfsendungen, die lediglich eine geografische Adressierung aufweisen („An die Bewohner der Hauptstraße in Kassel"). Einige Postdienstleister behandeln diese Wurfsendungen genauso wie nicht-adressierte Werbesendungen und stellen sie nicht zu.

4 Ausgewählte Direktmarketing-Medien

Der direkte Kontakt mit (potenziellen) Kunden kann über verschiedene Medien realisiert werden. In Tab. 2 sind typische Direktmarketing-Medien aufgelistet, die oft nach ihrem Innovationsgrad in „klassische" und „neue" Medien sowie nach der Art der Informationsübertragung in elektronische bzw. digitale und Printmedien eingeteilt werden. Obwohl die Medienklassifikation nach dem Innovationsgrad in der Praxis häufig verwendet wird, ist sie problematisch, weil es sich hierbei um eine sehr subjektive Einteilung handelt, die von der Mediensozialisation der Nutzer abhängt. So sind für ältere Personen E-Mail und SMS relativ neue Medien, da sie

Tab. 2 Klassifikation typischer Direktmarketing-Medien

		Innovationsgrad	
		„Klassische" Medien	„Neue" Medien
Art der Informationsübertragung	Printmedien	Direct Mail (-Package)	QR-Code-Einsatz bei Printmedien
		Kataloge	
		Kundenzeitschriften	
	Elektronische/ digitale Medien	Telefon (inbound/ outbound)	SMS/MMS
		Telefax	Videoconferencing (z. B. Skype)
		E-Mail/-Newsletter	Messenger-Dienste (z. B. WhatsApp)
		Chatting	

mit Briefen, Katalogen und dem stationären Festnetz-Telefon aufgewachsen sind, während jüngere Personen mit dem Internet sozialisiert wurden und daher für sie alle anderen in der Tabelle aufgeführten Medien „klassisch" sind. Darüber hinaus können Direktmarketing-Medien auch nach der Einsatzdauer unterschieden werden. Ob sie also zeitlich unbeschränkt (z. B. Kundenzeitschriften) oder im Rahmen von Kampagnen nur zeitlich begrenzt eingesetzt werden (z. B. Direct Mails).

Trotz neuer technologischer Entwicklungen haben die *„klassischen" Direktmarketing-Medien* ihre große Bedeutung in der Unternehmenspraxis weiterhin behalten. Allein für den Einsatz von adressierten Werbebriefen/Direct Mailings wurden in Deutschland im Jahr 2013 rund 8,6 Mrd. EUR eingesetzt (Deutsche Post AG 2014, S. 11). Jedes vierte Unternehmen setzt regelmäßig E-Mails und Werbebriefe ein. Auch das Telefon gehört zu den typischen Direktmarketing-Medien, das von Unternehmen häufig, vor allem auch als dauerhaft eingerichteter Kontakt-bzw. Response-Kanal für Kunden (inbound) genutzt wird, wobei hier nur die fernmündliche Informationsübertragung gemeint ist und nicht der Einsatz von mobilen Internetanwendungen über Smartphones.

Die weiterhin große Relevanz „klassischer" Direktmedien liegt an zahlreichen mit ihnen verbundenen spezifischen Merkmalen und Vorteilen, die von den „neuen" Medien nicht umfassend abgedeckt werden können. Zu diesen Medieneigenschaften gehören z. B. das Interaktivitäts-, Individualisierungs-, Multisensualitäts- und das Sicherheitspotenzial, die etwas über die *mediale Reichhaltigkeit* aussagen (Daft und Lengel 1986, S. 560; Vickery et al. 2004, S. 1108). Beim *Interaktivitätspotenzial* geht es um die Geschwindigkeit von Rückkopplungs- bzw. Feedbackmöglichkeiten im Kommunikationsprozess. Je schneller dabei die Kommunikationspartner ihre Rollen (Sender und Empfänger im Kommunikationsprozess) wechseln können, desto größer ist das Interaktivitätspotenzial. Das *Individualisierungspotenzial* bezieht sich auf den Grad der individuellen Ausgestaltung und Adressierbarkeit von Nachrichten. Das Ausmaß der verbalen und non-verbalen Informationsübermittlung kennzeichnet das *Multisensualitätspotenzial*. Beim *Sicherheitspotenzial* handelt es sich um die Eingrenzungsmöglichkeit bei der Interpretation mehrdeutiger Botschaften.

Nachfolgend werden die drei genannten Direktmarketing-Medien – bezogen auf die Merkmale der medialen Reichhaltigkeit sowie Einsatz- und Gestaltungsmöglichkeiten – genauer beschrieben.

4.1 Direct Mail (-Package) als Direktmarketing-Medium

Werbebriefe (Direct Mailings) gehören neben dem persönlichen Kontakt zur ältesten Form der direkten Kontaktaufnahme. Wenngleich schon im alten Ägypten ca. 3.000 Jahre vor Christus schriftliche Botschaften auf Papyrus oder Stoff an bestimmte Empfänger versandt und nach der Erfindung des Buchdrucks durch Johannes Gutenberg in 1437 erste Kataloge gedruckt und verteilt wurden, hängt die Prosperität des *Direct Mailings* als Direktmarketing-Medium eng mit der Entwicklung des Postwesens und des heutigen Versandhandels zusammen (Holland 2009, S. 1 f.; Meffert und Rauch 2013, S. 26). Ende des 19./Anfang des 20. Jahr-

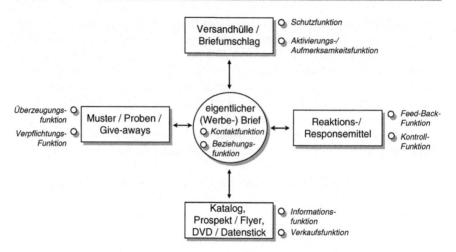

Abb. 4 Elemente eines Direct Mail-Packages

hunderts wurden in den USA und in Deutschland große Versandhandelsunternehmen gegründet (z. B. Sears Roebuck & Company, Quelle-Versand), die mit einem Vollsortiment darauf ausgerichtet waren, den Kundenbedarf umfassend abzudecken. Der Versand großzahliger Katalogauflagen erfolgte dabei im Rahmen von Direct Mail- Packages, die üblicherweise aus einem Anschreiben (dem Mailing im engeren Sinn), einer Versandhülle, dem Katalog und einem Responseelement (z. B. Bestellkarte) bestand (Holland 2009, S. 367).

Auch heute werden Direct Mailings zumeist als zentraler Bestandteil eines Packages gestaltet und versendet, wobei sich die Package-Elemente etwas verändert haben, um ihren Funktionen besser gerecht zu werden. Wie Abb. 4 zeigt, kommt der *Versandhülle* die Aufgabe zu, zum einen den Inhalt des Packages zu schützen und zum anderen beim Empfänger eine Aufmerksamkeit auszulösen, die schließlich zum Öffnen des Umschlags und zum Lesen des Direct Mailings führt. Die *Öffnungsrate* liegt gemäß Ergebnissen von Paneluntersuchungen in der Regel branchenübergreifend bei rund 70 Prozent aller zugestellten Werbebriefe (Nielsen Media Research GmbH 2010, S. 17; 2011, S. 4), bei einer gleichzeitig guten Erreichbarkeit von ausgewählten Zielgruppen, da über den postalischen Weg weitgehend alle Bevölkerungsgruppen kontaktiert werden können. Mit den recht hohen Öffnungsraten weisen Direct Mailings einen großen durchschnittlichen *Kontakt-/Berührungserfolg* auf, der durch eine gezielte Gestaltung des Umschlags noch erhöht werden kann, wie verschiedene Studien belegen. So lässt sich die Öffnungswahrscheinlichkeit von Direct Mailings z. B. durch den Einsatz von größeren und schwereren Umschlägen sowie die Angabe des Absenders auf der Vorderseite des Kuverts und den Einsatz von Briefmarken anstelle von Freistempelungen erhöhen (De Wulf et al. 2000, S. 139; Peters et al. 2007, S. 167; Feld et al. 2013, S. 154). Die Wirkung optischer Gestaltungsmöglichkeiten ist oft branchenabhängig und kann, wie z. B. der Einsatz von Teasern belegt, positiv sein (z. B. im Non-Profit-Bereich) oder auch negativen Einfluss auf die Öffnungsrate haben (z. B. im Finanzdienstleistungsbereich) (Feld et al. 2013, S. 154). Grundsätzlich wird auch ein positiver Zusammenhang zwischen dem Grad der Mailing-Personalisierung und der Öffnungs- und Lesewahrscheinlichkeit gesehen (Bell et al. 2006, S. 319). Volladressierte Direct Mailings, bei denen der Empfänger bei der Ansprache namentlich benannt wird, haben dabei eine höhere Öffnungswahrscheinlichkeit als teil- oder nicht-adressierte Werbebriefe. Während sich (voll-)adressierte Direct Mailings ganz direkt an eine bestimmte Person/Organisation richten, deren Name und Adresse auf dem Briefkuvert angegeben ist, weisen teiladressierte Mailings lediglich die Adresse des Empfängers, aber keinen genauen Namen auf („An die Bewohner des Hauses in der Musterstraße 1, in Musterstadt"). Unadressierte Direct Mailings werden hingegen gänzlich ohne Namens- und Straßenangabe gestreut. Der Einsatz von teil- und unadressierten Direct Mailings erfolgt in der Regel als Direct Response-Maßnahme. Ihre Verteilung kann dabei genauso wie bei adressierten Werbebriefen auf der Basis mikrogeografischer Daten optimiert werden.

Nach der Öffnung des Umschlags hat das *Anschreiben* (*Direct Mailing im engeren Sinn*) die Aufgabe, zwischen dem Absender und dem Empfänger des Direct Mail-Packages eine Beziehung aufzubauen und ein Interesse an der Kommunikationsbotschaft auszulösen. Dabei nehmen wiederum die formale und auch die inhaltliche Gestaltung des Anschreibens einen großen Einfluss auf den weiteren Kommunikationsverlauf. Grundsätzlich führen ansprechend gestaltete Anschreiben, die den Lesern gefallen, sowohl zu einer höheren Responsewahrscheinlichkeit als auch zu einer positiven Einstellungs- und Kundenbindungswirkung gegenüber dem Anbieter und seinen Produkten (Werani et al. 2010, S. 119 ff.).

Bei den formalen Gestaltungsmöglichkeiten geht es vor allem darum, durch den Einsatz von Bildern, Grafiken, Überschriften, Absätzen und durch die Typografie, beim Betrachter das Interesse am Text durch den ersten optischen Eindruck zu verstärken und die Motivation zum Lesen zu intensivieren (Vögele 2002, S. 198 ff.; Bidmon 2008, S. 36 f.). Darüber hinaus ermöglichen Beduftungen, Falt- und Klappmöglichkeiten sowie die Eigenschaften des Papiers (z. B. Dicke, Gewicht und Oberflächenstruktur) weitere *multisensuale* Beeinflussungen des Lesers, die eine stärkere Auseinandersetzung mit dem Mailing fördern.

Die inhaltliche Gestaltung zielt darauf ab, so genannte „unausgesprochene Leserfragen" zu beantworten, die sich der Betrachter bereits beim „Überfliegen" eines Textes stellt (z. B. „Wer schreibt mir?", „Warum schreibt er mir?", „Welchen Vorteil habe ich davon?"). Bei unzureichender oder fehlender Beantwortung kommt es relativ schnell zu einem Abbruch des Werbemittel- oder Kommunikationskontakts (Vögele und von Versen 2013, S. 16 f.). Außerdem fördern Inhalte, die für den Leser verständlich sind, die Lesebereitschaft. Zur Steigerung der inhaltlichen Attraktivität kann eine *Individualisierung* der Botschaften beitragen, die entsprechende Informationen über die individuellen Wünsche und Erwartungen der Adressaten voraussetzt (Back und Morimoto 2012, S. 71). Allerdings kann bei einer umfassenden Individualisierung auch eine Ablehnung/Reaktanz bei den Empfängern ausgelöst werden, wenn diese für sich keinen Nutzen in der individualisierten Ansprache erkennen

(White et al. 2008, S. 44 ff.). Insbesondere bei der Neukundenansprache kann eine sehr persönliche Ausgestaltung des Anschreibens wegen fehlender Erfahrungen und Informationen aus früheren Kontakten mit einem Anbieter recht schnell als unangenehm und aufdringlich wahrgenommen werden, weshalb hier das große Individualisierungspotenzial von Direct Mailings nur dosiert auszuschöpfen ist (Back und Morimoto 2012, S. 71).

Beiliegende *Kataloge, Prospekte, Flyer oder digitale Datenträger* übernehmen als Informationsmaterialien die Aufgabe, die im Mailing angesprochenen Angebote detaillierter zu beschreiben sowie den Kundennutzen ausführlich herauszustellen. Über eine Steigerung der Vertrautheit mit den angebotenen Leistungen kann schließlich ein Kaufwunsch entstehen, weshalb die Informationsmaterialen immer auch eine Präferenzbildungs- und Verkaufsfunktion haben.

Zur Steigerung der Response-/Reaktionswahrscheinlichkeit (z. B. Vereinbarung eines telefonischen/persönlichen Beratungsgesprächs oder Auslösung einer Bestellung) werden häufig *Muster*, *Proben* und kleine *Werbegeschenke* als *Give-aways* einem Direct Mailing beigelegt. Ihre Aufgabe besteht darin, letzte Zweifel beim Adressaten zu zerstreuen und ein Commitment als Gegenleistung für die Give-aways beim Leser auszulösen.

Response-/Reaktionselemente sind für die Kanalisierung des Interessenten-/Kunden-Feedbacks und die Kontrolle des Kommunikationserfolgs bedeutsam. Es kann sich hierbei sowohl um eigenständige Kommunikationsmittel, wie z. B. Antwortkarten/Bestellbogen oder Coupons, handeln, die per Post oder Fax vom Adressaten zurückgesandt bzw. persönlich oder elektronisch eingelöst werden, als auch um die Angabe von Telefonnummern, E-Mail-Adressen, Website-Adressen einer Landingpage oder eines QR-Codes auf dem Mailing bzw. den Informationsbeilagen. Insbesondere die Verwendung von QR-Codes liefert als innovative Adaptertechnologie den Respondern die Möglichkeit, durch ein Abscannen des Codes mit einem Smartphone oder Tablet-PC orts- und zeitunabhängig ein Feedback zu geben. Grundsätzlich lässt sich durch die Responseelemente zwar nur eine zeitlich versetzte Wirkungsermittlung der Kundenansprache auf der konativen Ebene durchführen, die aber bei entsprechender Gestaltung bzw. Kodierung der Responseelemente relativ einfach und eindeutig ist.

4.2 Telefon als Direktmarketing-Medium

Im Gegensatz zum Direct Mailing ist das *Interaktivitätspotenzial* des Telefons eher groß, da die Kommunikationspartner beim Telefonieren ihre kommunikativen Rollen (Sender/Empfänger) sehr schnell wechseln können. Zudem ist auch das *Individualisierungspotenzial* beim Telefonkontakt stark ausgeprägt. Allerdings lassen sich über das Telefon, sofern es sich nicht um ein Smartphone mit der Möglichkeit zur Nutzung von Internet-Diensten (insbesondere E-Mailing, WWW) handelt, nur auditive Informationen übermitteln, weshalb ein eingeschränktes *Multisensualitätspotenzial* gegeben ist. Trotz geringer Möglichkeiten der Übertragung non-verbaler Signale, können jedoch vokale Ausdrucksformen (z. B. Sprechgeschwindigkeit,

Intonation und Lautstärke) gezielt genutzt werden, um Sympathie-/Antipathiewirkungen auszulösen, sofern das Telefonat von Personen und nicht maschinell durch den Einsatz von Sprachcomputern geführt wird. Darüber hinaus hat die Kommunikation per Telefon den Vorteil, dass aufgrund der ausgeprägten Interaktivitätsmöglichkeiten mögliche Missverständnisse bei komplexen und ambivalenten Informationsübermittlungen relativ gut erkannt und gelöst werden können.

Grundsätzlich ist zwischen einem proaktiven Telefoneinsatz zur Ansprache von Zielkunden (*Outbound*) und einer reaktiven/passiven Nutzung des Telefons (*Inbound*) aus Anbietersicht zu unterscheiden (Bruhn 2013, S. 412). Während beim Outbound-Einsatz die Kontaktaufnahme mit (potenziellen) Kunden vom Anbieter ausgeht (*Push-Kommunikation*), erfolgt die Kontaktaufnahme beim Inbound-Einsatz durch einen Telefonanruf vom Interessenten bzw. Kunden beim Anbieter (*Pull-Kommunikation*). In Deutschland ist die Unterscheidung dieser beiden Einsatzformen vor allem aus juristischer Sicht relevant. Während beim Inbound-Einsatz keine gesetzlichen Nutzungsmöglichkeiten vorliegen, ist – wie oben beschrieben – für Outbound-Telefonmarketing-Aktionen eine vorherige Einwilligung des Gesprächspartners erforderlich.

Eine weitere Einsatzbeschränkung ist die notwendige zeitliche Erreichbarkeit der anvisierten Empfänger, damit ein Telefongespräch zustande kommt und der Vorteil eines raschen Wechsels der kommunikativen Rollen (Sender und Empfänger) zwischen den Kommunikationspartnern genutzt werden kann. Hierdurch kann ganz gezielt eine persönliche Gesprächsbeziehung aufgebaut werden. Beim Hinterlassen von Botschaften auf Anrufbeantwortern/Voice-Boxen wird die Interaktivität ganz erheblich eingeschränkt, wodurch das Beziehungspotenzial ungenutzt bleibt und in der Regel auch die Responsewahrscheinlichkeit reduziert wird. Dabei ist wegen der relativ hohen Kosten bei der Telefonkommunikation die Responseauslösung für die Kommunikationseffizienz besonders bedeutsam. Auch der Einsatz von „Anrufmaschinen", die häufig zur Kostenreduktion eingesetzt werden, ist daher nicht empfehlenswert.

Grundsätzlich sind für den erfolgreichen Outbound-Kontakt neben der Telefonnummer auch weitere zielgruppenrelevante Informationen der Adressaten notwendig. Ohne diese Informationsbasis können sich die Anrufe schnell als Streuverluste erweisen, wenn die Kontaktierten weder einen grundsätzlichen Bedarf noch ein Nutzungsinteresse an den Informationen bzw. Angeboten haben. Im Extremfall kann es sogar zu einer Verärgerung der Angerufenen und zum Widerspruch für zukünftige Kontaktaufnahmen kommen. Hinzu kommt, dass selbst bei einer grundsätzlichen Einwilligung zur telefonischen Kontaktaufnahme relativ schnell ein abnehmender Grenznutzen zu verzeichnen ist. So zeigen empirische Studien, dass bereits bei drei Telefonkontakten pro Quartal der Idealpunkt der Kontakthäufigkeit erreicht ist, während bei Direct Mails dieser Schwellenwert erst bei weit mehr Kontakten auftritt (Godfrey et al. 2011, S. 103).

Abgesehen von den genannten Einschränkungen kann das Telefon ähnlich vielfältig eingesetzt werden wie das Direct Mailing. In Abb. 5 sind einige typische *Einsatz- und Nutzungsbereiche* aufgeführt, die mit einem Inbound- oder Outbound-Telefonmarke-

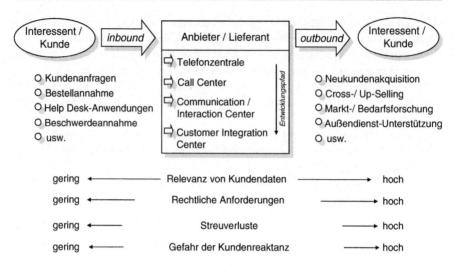

Abb. 5 Arten, Einsatz- und Organisationsmöglichkeiten des Telefonmarketing

ting realisiert werden können. Gleichzeitig sind auch organisatorische Implementierungsmöglichkeiten des Telefonmarketing aufgelistet, die sich in den letzten Jahren erheblich verändert haben. War ursprünglich die *Telefonzentrale* der Nukleus für Inbound-Aktivitäten, bei der alle eingehenden Anrufe eingingen und dann an die entsprechenden Fachabteilungen weitergeleitet wurden, hat sich später die Einrichtung von *Call Centern* etabliert. Hierbei werden Anrufe von den Call-Center-Mitarbeitenden eigenständig beantwortet, soweit es sich um Routineanfragen oder von Direct Response-Aktivitäten induzierte Kontakte handelt. Darüber hinaus übernehmen Call-Center-Mitarbeitende auch regelmäßig Outbound-Telefonate und sind bei vertriebsbezogenen Kontaktanlässen mitunter auf Provisionsbasis am Umsatz beteiligt, wodurch Call Center auch als Profit Center ausgerichtet werden können. Generell lassen sich Call Center – wie auch alle nachfolgenden Konzepte – von Unternehmen in eigener Regie betreiben oder auch an spezialisierte Dienstleister auslagern.

Da Kundenkontakte zunehmend im cross-medialen Verbund unterschiedlicher (direkter) Kommunikationsinstrumente zustande kommen, entwickelt sich das Call Center in vielen Unternehmen zu einem *Interaction Center*, das nicht nur Telefonanrufe, sondern alle Direktkontakte berücksichtigt und miteinander verknüpft. Hierdurch wird eine wertvolle Informationsgrundlage für die zukünftige Kommunikations- und Geschäftsbeziehung geschaffen (Schnitzler 2013, S. 65). Durch die zunehmende marketingbezogene Nutzung von Social Media, die eine stärkere Integration von Interessenten und Kunden in verschiedene Wertschöpfungsbereiche des Unternehmens ermöglichen bzw. erfordern (z. B. Crowd Sourcing, virale Kommunikation, Social Commerce, Social Service), werden zukünftig *Customer Integration Center* an Bedeutung gewinnen.

4.3 E-Mail als Direktmarketing-Medium

Die E-Mail wird oft als digitales Pendant zum klassischen Brief gesehen, weil beide sehr flexibel eingesetzt werden können, ohne dass Sender und Empfänger der Nachricht zur selben Zeit oder am selben Ort zusammenkommen müssen (Becker 2009, S. 17). Zudem ermöglicht der E-Mail-Einsatz eine *persönliche Ansprache* der Adressaten mit individuellen Inhalten. Durch die Verknüpfung von Texten, Bildern, Sound, Animationen und Videos ist ebenso eine *multisensuale Ansprache* der Adressaten per E-Mail möglich. Aufgrund der Vielfalt der unterschiedlichen Informationsformate, lassen sich komplexe Nachrichten/Botschaften gut darstellen. In beiden Fällen lässt sich die Zusendung der Botschaften relativ schnell und zuverlässig ermitteln. Bei Direct Mails durch die Rücksendung unzustellbarer Briefe und bei E-Mailings durch die *Bounce-Mitteilungen* für nicht übertragene E-Mails aufgrund von überfüllten elektronischen Briefkästen (Soft Bounce), ungültigen E-Mail-Adressen (Hard Bounce) (Kreutzer 2012, S. 301) oder eine von Sicherheitssystemen (z. B. Firewall oder Spam-Filter) abgewehrte Zustellung (Block Bounce). Auch die Öffnungsrate kann relativ einfach beim Einsatz von E-Mails im HTML-Format über Logfile-Analysen ermittelt werden, wenn hierbei Zählpixel als sehr kleine und damit unsichtbare Bilder (in der Größe eines Pixels) eingebaut sind und die E-Mail-Clients bzw. Webmail-Applikationen der Empfänger keine Bilder unterdrücken. Die Responseermittlung kann durch Verlinkungen auf bestimmte Webseiten (Landing Pages) in Form von Click-Raten relativ einfach und zuverlässig erfolgen (Becker 2009, S. 91).

Darüber hinaus gibt es aber einige relevante Unterschiede zwischen den beiden Medien. So ist die Informationsübermittlung per E-Mail weitaus schneller als beim Direct Mailing. Außerdem sind die Kosten der Mediennutzung gerade bei großen Aussendungen erheblich geringer als bei Werbebriefen. Des Weiteren ist ein Feedback/Response durch eine einfache Reply-Funktion beim E-Mailing für den Adressaten ohne Medienwechsel weitaus bequemer und schneller durchzuführen.

Dafür ist der Einsatz von E-Mails aber aus rechtlicher Sicht stärker eingeschränkt als die Nutzung von adressierten Direct Mailings. Es gelten in Deutschland bei der aktiven E-Mail-Nutzung die gleichen engen Grenzen wie beim Outbound-Telefoneinsatz. Eine Ansprache per E-Mail ist also nur mit vorheriger Zustimmung des Adressaten erlaubt. Auch die Akzeptanz unerwarteter E-Mails (so genannte Spam-E-Mails) ist – ähnlich wie bei unangekündigten Telefonanrufen – bei den Empfängern sehr gering, weil sie regelmäßig als aufdringlich angesehen werden und entsprechend zur Verärgerung führen und eine Ablehnung derartiger Kontakte fördern (Morimoto und Chang 2009, S. 69 f.).

Ein weiterer Unterschied liegt darin, dass per E-Mail – je nach Zielgruppe – die Reichweite geringer ist als beim Direct Mailing, da zum einen gerade bei älteren Kunden die E-Mail-Nutzung teilweise noch nicht so stark verbreitet ist. Zum anderen verfügen E-Mail-Nutzer in der Regel über mehrere E-Mail-Adressen, die sie selektiv und temporär verwenden (Kreutzer 2012, S. 281). So gibt es beispielsweise eine E-Mail-Adresse, die nur an enge Freunde und Familienangehörige weitergegeben wird, eine weitere Adresse, die man im Umgang mit Arbeitskollegen und entfernteren Bekannten einsetzt und eine weitere Adresse, die gegenüber Unternehmen zur allgemeinen Informationsanforderung angegeben wird. Die postalische Adresse ist hingegen weniger beliebig reproduzier- und nutzbar und kann daher einer Person recht eindeutig zugeordnet werden. Von daher sind E-Mail-Adressen immer kritisch hinsichtlich ihres Nutzungsstatus bei den Kunden zu bewerten, insbesondere wenn sie auf der Grundlage von Gewinnspielen, Befragungen oder auf Permission-Plattformen, die den Konsumenten einen finanziellen oder sachlichen Anreiz für die Angabe seiner E-Mail-Adresse bieten, vom werbetreibenden Unternehmen selbst oder von Adresshändlern erhoben wurden. Gerade bei diesen Erhebungsverfahren ist die Wahrscheinlichkeit groß, dass sie zu den eher weniger genutzten E-Mail-Adressen der Interessenten gehören.

Das könnte ein Grund dafür sein, dass beim E-Mail-Einsatz die Grenznutzenabnahme weitaus eher eintritt, als bei Direct Mailings (Godfrey et al. 2011, S. 103). Ein andere Ursache hierfür kann in der Nutzung von Spam-Filtern, Firewalls und so genannte Black-Lists liegen, bei denen selbst E-Mails von grundsätzlich akzeptierten Sendern als unerwünschte Botschaften („Spam") deklariert und eventuell automatisch aussortiert werden, wenn sie in der Betreffzeile oder im Text bestimmte „Reizwörter" enthalten oder von Servern versandt werden, die ein sehr großes Versandaufkommen an E-Mails haben (Kreutzer 2012, S. 281; Lammenett 2014, S. 85). Diese Gefahr ist grundsätzlich geringer, wenn die E-Mails z. B. in Form von Newslettern abonniert wurden und daher ein höheres Medien- und Absenderinvolvement bei den Empfängern unterstellt werden kann (Mann 2004, S. 143).

Doch auch ein Newsletter-Abonnement stellt noch keine aktive und intensive Auseinandersetzung der Empfänger mit den Inhalten sicher. Hierzu sind stets aktuelle, informative und bedarfsgerechte bzw. relevante Inhalte sowie eine attraktive Gestaltung erforderlich, die je nach Zielgruppe (z. B. Interessenten, Neu- oder langjährige Stammkunden) unterschiedlich sein kann (Micheaux 2011, S. 48). Vor allem für die inhaltliche Differenzierung bietet sich der Einsatz von Konfiguratoren an, die dem Abonnenten die Möglichkeit zur Auswahl von Interessenbereichen und somit eine stärkere Ausrichtung an den Erwartungen der Empfänger bieten. Darüber hinaus können spezielle Incentives (z. B. Coupons, spezielle Produkt-Editionen) für E-Newsletter-Abonnenten zur Steigerung der Nutzungshäufigkeit und -dauer beitragen.

5 Fazit

Direktmarketing bietet durch die individuelle und interaktive Gestaltung von Kommunikationsprozessen vielfältige Möglichkeiten zur Erfüllung wichtiger Marketingaufgaben und -ziele, wie z. B. die Sammlung und Weitergabe kaufrelevanter Informationen oder die Förderung der Kundengewinnung, -bindung und -rückgewinnung. Vor allem klassische Direktmarketing-Medien, wie das Direct Mailing, das Telefon und die E-Mail haben hierfür eine große Bedeutung, da sie recht flexibel und schnell eingesetzt werden können. Allerdings sind für den richtigen aufgaben- und zielorientierten Medieneinsatz die spezifischen Medienmerkmale

Tab. 3 Direktmedien im Vergleich

		Direct Mail (-Packages)	Telefon	E-Mail
Mediale Reichhaltigkeit	Interaktivitätspotenzial	⊗	●	◐
	Individualisierungspotenzial	●	●	●
	Multisensualitätspotenzial	●	◐	◐
	Sicherheitspotenzial	◐	●	◐
Rahmen-/Einsatzbedingungen	Kontaktkosten	◐	●	⊗
	Rechtliche Einschränkungen	⊗	●	●
	Akzeptanz im Push-Modus	●	⊗	◐
	Akzeptanz im Pull-Modus	⊗	●	◐
	Zielgruppenerreichbarkeit	●	◐	◐

Legende: ● = stark ausgeprägt ; ◐ = mittelmäßig ausgeprägt; ⊗ = schwach ausgeprägt

und Rahmenbedingungen zu berücksichtigen, die in Tab. 3 noch einmal zusammengefasst sind. Da die Stärken und Schwächen der drei Medien teilweise ganz unterschiedlich ausgeprägt sind, wird für die Erreichung eines komplexen Direktmarketing-Zielsystems zumeist ein kombinierter und koordinierter Medieneinsatz erforderlich sein.

Literatur

Arndt, D. (2011). Datenschutzaspekte in CRM-Projekten. In H. Hippner, B. Bubrich, & K. D. Wilde (Hrsg.), *Grundlagen des CRM* (S. 184–209). Wiesbaden: Gabler.
Back, T. H., & Morimoto, M. (2012). Stay away from me: Examining the determinants of customer advoidance of personalized advertising. *Journal of Advertising, 41*(1), 59–76.

Ballantyne, D. (2004). Dialogue and its role in the development of relationship specific knowledge. *Journal of Business & Industrial Marketing, 19*(2), 114–223.
Beba, W. (1993). *Die Wirkung von Direktkommunikation unter Berücksichtigung der interpersonellen Kommunikation: Ansatzpunkte für eine Strategie des Personal-Marketing.* Berlin: Duncker & Humblot.
Becker, L. (2009). *Professionelles E-Mail-Management.* Wiesbaden: Gabler.
Bell, G. H., Ledolter, J., & Swersey, A. J. (2006). Experimental design on the front lines of marketing: Testing new ideas to increase direct mails sales. *International Journal of Research in Marketing, 23*(3), 309–319.
Bidmon, R. K. (2008). Psychologie des Dialogmarketings. In T. Schwarz (Hrsg.), *Leitfaden Dialogmarketing* (S. 33–42). Waghäusel: Marketing-Börse.
Bildstein, L. (2007). Make direct marketing pay off. *Journal of Accountancy, 204*(6), 38–41.
Bird, D. (1990). *Praxis-Handbuch Direktmarketing.* Landsberg: Moderne Industrie.
Blocker, C. P., & Flint, D. J. (2007). Customer segments as moving targets: Integrating customer value dynamics into segment instability logic. *Industrial Marketing Management, 36*(6), 810–822.
Böhler, H. (2002). Marktsegmentierung als Basis eines Direct-Marketing-Konzepts. In H. Dallmer (Hrsg.), *Das Handbuch Direct Marketing & More* (8. Aufl., S. 921–937). Wiesbaden: Gabler.
Bruhn, M. (2011). *Unternehmens- und Marketingkommunikation* (2. Aufl.). München: Vahlen.
Bruhn, M. (2013). *Kommunikationspolitik* (7. Aufl.). München: Vahlen.
Bruns, J. (2007). *Direktmarketing* (2. Aufl.). Ludwigshafen: Kiehl.
Bundesministerium der Justiz und des Verbraucherschutzes (2004). *Gesetz gegen unlauteren Wettbewerb (UWG).* Berlin http://www.dejure.org/gesetze/UWG. Zugegriffen am 28.02.2014.
Bundesministerium der Justiz und des Verbraucherschutzes (2009). *Bundesdatenschutzgesetz (BDSG).* Berlin http://www.dejure.org/gesetze/BDSG Zugegriffen am 28.02.2014.
Burkhart, R. (2002). *Kommunikationswissenschaften* (4. Aufl.). Köln: Böhlau.
Chiang, W.-Y., Chhajed, D., & Hess, J. D. (2003). Direct marketing, indirect profits: A strategic analysis of dual-channel supply-chain design. *Management Science, 49*(1), 1–20.
Daft, R. L., & Lengel, R. H. (1986). Organizational information requirements, media richness and structural design. *Management Science, 32*(5), 554–571.
Dallmer, H. (2002). Das System des Direct Marketing – Entwicklungsfaktoren und Trends. In H. Dallmer (Hrsg.), *Das Handbuch Direct Marketing & More* (S. 3–32). Wiesbaden: Gabler.
De Wulf, K., Hoekstra, J. C., & Commandeur, H. R. (2000). The opening and reading behavior of business-to-business direct mail. *Industrial Marketing Management, 29*(2), 133–145.
Deutsche Post AG (2014). Dialogmarketing Deutschland 2014 – Dialog Marketing Monitor, Studie 26. Bonn.
Elsner, R. (2003). *Optimiertes Direkt- und Database-Marketing unter Einsatz mehrstufiger dynamischer Modelle.* Wiesbaden: Deutscher Universitätsverlag.
Feld, S., Frenzen, H., Krafft, M., Peters, K., & Verhoef, P. C. (2013). The effects of mailing design characteristics on direct mail campaign performance. *International Journal of Research in Marketing, 30*(2), 143–159.
Freter, H. (2008). *Markt- und Kundensegmentierung* (2. Aufl.). Stuttgart: Kohlhammer.
Godfrey, A., Seiders, K., & Voss, G. B. (2011). Enough is enough! The fine line in executing multichannel relational communication. *Journal of Marketing, 75*(4), 94–109.
Grönroos, C. (2004). The relationship marketing process: Communication, interaction, dialogue, value. *Journal of Business & Industrial Marketing, 19*(2), 99–113.
Habermas, J. (1987). *Theorie des kommunikativen Handelns* (Bd. 1). Frankfurt a. M: Suhrkamp.
Harridge-March, S. (2008). Direct marketing and relationships – an opinion piece. *Direct Marketing – An International Journal, 2*(4), 192–198.
Herter. (2008). Grundprinzipien des Geomarketing. In M. Herter & K.-H. Mühlbauer (Hrsg.), *Handbuch Geomarketing* (S. 16–20). Heidelberg: Wichmann.
Hilke, W. (1999). Kennzeichnung und Instrumente des Direkt-Marketing. In W. Hilke (Hrsg.), *Direkt-Marketing* (S. 5–30). Wiesbaden: Gabler.

Hippner, H., Grieser, L., & Wilde, K. D. (2011). Data Mining – Grundlage und Einsatzpotenziale in analytischen CRM-Prozessen. In H. Hippner, B. Bubrich, & K. D. Wilde (Hrsg.), *Grundlagen des CRM* (S. 784–810). Wiesbaden: Gabler.

Holland, H. (2009). *Direktmarketing* (3. Aufl.). München: Vahlen.

Homburg, C. (2012). *Marketingmanagement* (4. Aufl.). Wiesbaden: Springer.

Homburg, C., Steiner, V. V., & Totzek, D. (2009). Managing dynamics in a customer portfolio. *Journal of Marketing, 73*(5), 70–89.

Karson, E., & Korgaonkar, P. (2001). The broadened concept of direct marketing advertising. *The Marketing Management Journal, 11*(1), 82–93.

Kothe, P. (2002). Von der mikrogeografischen Marktsegmentierung zum Mikromarketing. In H. Dallmer (Hrsg.), *Das Handbuch Direct Marketing & More* (8. Aufl., S. 737–754). Wiesbaden: Gabler.

Kreutzer, R. T. (2009). *Praxisorientiertes Dialog-Marketing*. Wiesbaden: Gabler.

Kreutzer, R. T. (2012). *Praxisorientiertes Online-Marketing*. Wiesbaden: Gabler.

Krummenerl, M. (2005). *Erfolgsfaktoren im Dialogmarketing*. Wiesbaden: Gabler.

Lammenett, E. (2014). *Praxiswissen Online-Marketing* (4. Aufl.). Wiesbaden: Springer Gabler.

Lee, Y. W., Strong, D. M., Kahn, B. K., & Wang, R. Y. (2002). AIMQ: A methodology for information quality assessment. *Information & Management, 40*(2), 133–146.

Leußer, W., Hippner, H., & Wilde, K. D. (2011). Kundeninformationen als Basis des CRM. In H. Hippner, B. Bubrich, & K. D. Wilde (Hrsg.), *Grundlagen des CRM* (S. 732–755). Wiesbaden: Gabler.

Lis, B. K. (2008). Kundenorientiertes Direktmarketing. In C. Belz, M. Schögel, O. Arndt, & V. Walter (Hrsg.), *Interaktives Marketing – Neue Wege zum Dialog mit Kunden* (S. 32–43). Wiesbaden: Gabler.

Lischka, A. (2000). *Dialogkommunikation und Relationship Marketing*. Wiesbaden: Gabler.

Löffler, H., & Scherfke, A. (2000). *Praxishandbuch Direkt-Marketing*. Berlin: Cornelsen.

Mann, A. (2004). *Dialogmarketing – Konzeption und empirische Befunde*. Wiesbaden: Deutscher Universitätsverlag.

Mann, A. (2007). Dialogmarketing-Kompetenz von Unternehmen – konzeptionelle Überlegungen und empirische Befunde. *Zeitschrift für Betriebswirtschaft, 77*, 1–28. Special Issue: Direct Marketing.

Mann, A. (2008). Direktkommunikation und Dienstleistungskompetenz. In U. Fueglistaller (Hrsg.), *Dienstleistungskompetenz – Strategische Differenzierung durch konsequente Kundenorientierung* (S. 358–383). Zürich: Versus.

Mann, A. (2009). Kundenrückgewinnung und Dialogmarketing. In J. Link & F. Seidel (Hrsg.), *Kundenabwanderung* (S. 163–182). Wiesbaden: Gabler.

Mann, A., & Liese, A. (2013). Dialogmarketing-Excellence: Erfolgsfaktoren der direkten Kundenansprache. In Deutscher Dialogmarketing Verband e. V (Hrsg.), *Dialogmarketing-Perspektiven 2012/2013* (S. 89–113). Wiesbaden: Springer Gabler.

Mann, A., & Saida, E. (2011). Kundendaten(miss)management in Unternehmen. In R. Köhler (Hrsg.), *Marketing 2012* (S. 231–233). St. Gallen: Künzler Bachmann Medium AG.

Meffert, H., Burmann, C., & Kirchgeorg, M. (2012). *Marketing* (11. Aufl.). Wiesbaden: Gabler.

Meffert, H., & Rauch, C. (2013). Direct Marketing im Wandel – Vom Letter über den Screen zum Smartphone. In J. Gerdes, J. Hesse, & S. Vögele (Hrsg.), *Dialogmarketing im Dialog* (S. 19–41). Wiesbaden: Springer Gabler.

Meinig, W. (1990). Direct-Marketing. *der markt – Journal für Marketing, 29*(4), 186–194.

Micheaux, A. L. (2011). Managing e-mail advertising frequency from the consumer perspective. *Journal of Advertising, 40*(4), 45–65.

Mitchell, S. (2003). The new age of direct marketing. *Journal of Database Marketing, 10*(3), 219–229.

Morimoto, M., & Chang, S. (2009). Psychological factors affecting perceptions of unsolicited commercial e-mail. *Journal of Current Issues and Research in Advertising, 31*(1), 63–73.

Nash, E. (2000). *Direct marketing: Strategy, planning, execution* (4. Aufl.). New York: McGraw Hill.

Nielsen Media Research GmbH. (2010). Direct Mail Status Bericht 1. Halbjahr 2010. Hamburg.
Nielsen Media Research GmbH. (2011). Direct Mail Letter Box, Oktober 2011. Hamburg.
Peters, K., Frenzen, H., & Feld, S. (2007). Die Optimierung der Öffnungsquote von Direct-Mailings. *Zeitschrift für Betriebswirtschaft, 77*, 1431–176. Special Issue: Direct Marketing.
Reis, R., Oates, C., McGuinness, M., & Elliott, D. (2009). Developing BTB relationships through direct marketing: Customer's perceptions. *Direct Marketing – An International Journal, 3*(3), 203–221.
Schauwecker, H.-P. (2006). Das Recht in der Direktwerbung und im Direktverkauf via adressierter Aussendung, HH-Verteilung und Postwurfsendung. In B. Steckler & W. Pepels (Hrsg.), *Das Recht im Direktmarketing* (S. 43–50). Berlin: Schmidt Erich.
Scheufele, B. (2007). Kommunikation und Medien: Grundbegriffe, Theorien und Konzepte. In M. Piwinger & A. Zerfass (Hrsg.), *Handbuch Unternehmenskommunikation* (S. 89–122). Wiesbaden: Gabler.
Schmoll, C. (2005). Briefkastenwerbung und Briefwerbung. In P. Schotthöfer (Hrsg.), *Rechtspraxis im Direktmarketing* (S. 81–87). Wiesbaden: Gabler.
Schnitzler, C. C. (2013). Vom Call Center zum Customer Care Center – Fit für die Echtzeitbetreuung des Online-Kunden. *Marketing Review St. Gallen, 30*(3), 64–73.
Scovotti, C., & Spiller, L. (2006). Revisting the conceptual definition of direct marketing: Perspectives from practioniers and scholars. *The Marketing Management Journal, 16*(2), 188–202.
Spiller, L., & Baier, M. (2012). *Contemporary direct marketing and interactive marketing* (3. Aufl.). Chicago: Racom Communications.
Steinle, U. (2004). *Data Mining als Instrument der Responseoptimierung im Direktmarketing: Methoden zur Bewältigung niedriger Responsequoten.* Göttingen: Cuvillier.
Stone, M., Bond, A., & Blake, E. (2003). *The definitve guide to direct and interactive marketing.* Harlow: Prentice Hall.
Stone, B., & Jacobs, R. (2008). *Successful direct marketing methods – interactive, database, and customer-based marketing for digital age* (8. Aufl.). New York: McGraw Hill.
Tan, P.-N., Steinbach, M., & Kumar, V. (2006). *Introduction to data mining.* Boston: Addison-Wesley.
Tapp, A. (2001). The strategic value of direct marketing: What are we good at? *Journal of Database Marketing, 9*(1), 9–15.
Tapp, A. (2008). *Principles of direct and database marketing – a digital orientation* (4. Aufl.). Harlow: Prentice Hall.
Thomas, A. R. (2007). The end of mass marketing: Or, why all successful marketing is now direct marketing. *Direct Marketing – An International Journal, 1*(1), 6–16.
Vickery, S., Droge, C., Stank, T. P., Goldsby, T. J., & Markland, R. E. (2004). The performance implications of media richness in a business-to-business service environment: Direct versus indirect effects. *Management Science, 50*(8), 1106–1119.
Vögele, S. (2002). *Dialogmethode: Das Verkaufsgespräch per Brief und Antwortkarte* (12. Aufl.). München: Redline.
Vögele, S., & von Versen, B. (2013). Vom Vertreterbesuch zum schriftlichen Verkaufsgespräch – Entwicklungslinien der Dialogmethode. In J. Gerdes, J. Hesse, & S. Vögele (Hrsg.), *Dialogmarketing im Dialog* (S. 7–18). Wiesbaden: Springer Gabler.
Weichert, T. (2008). Geomarketing und Datenschutz – Datenschutzrechtliche Anforderungen an personifiziertes Geomarketing. In M. Herter & K.-H. Mühlbauer (Hrsg.), *Handbuch Geomarketing* (S. 24–31). Heidelberg: Wichmann.
Werani, T., Kindermann, H., & Smejkal, A. (2010). Die Wirkung von Direct Mailings auf Einstellungen und Kundenbindung: Eine experimentelle Untersuchung in Konsumgütermärkten. *der markt – Journal für Marketing, 49*(2), 111–122.

White, T. B., Zahay, D. L., Thorbjørnsen, H., & Shavitt, S. (2008). Getting too personal: Reactance to highly personalized email solications. *Marketing Letters, 19*(1), 39–50.
Wien, A. (2012). *Internetrecht* (2. Aufl.). Wiesbaden: Gabler.
Winer, R. (2009). New communication approaches in marketing: Issues and research directions. *Journal of Interactive Marketing, 23*(2), 108–117.
Wirtz, B. W. (2012). *Direktmarketing-Management* (3. Aufl.). Wiesbaden: Gabler.

Prof. Dr. Andreas Mann ist Leiter des DMCC – Dialog Marketing Competence Center am Fachbereich Wirtschaftswissenschaften der Universität Kassel.

Einsatz von Word-of-Mouth im Rahmen der Dialogkommunikation

Dubravko Radić und Thorsten Posselt

Inhalt

1 Bedeutung von Word-of-Mouth 438
2 Determinanten von Word-of-Mouth 440
3 Soziale Netzwerke und Word-of-Mouth 441
4 Messung von Word-of-Mouth 445
5 Steuerung von Word-of-Mouth 447
Literatur 449

Zusammenfassung

In diesem Beitrag liegt der Fokus auf der Word-of-Mouth-Kommunikation mit dem Ziel, Handlungsempfehlungen für Unternehmen zur Steuerung von Word-of-Mouth-Prozessen abzuleiten. Word-of-Mouth-Kommunikation ist eine Form der mündlichen Kommunikation über Marken, Produkte oder Dienstleistungen zwischen Empfängern und Sendern, die unabhängig von Unternehmen und frei von kommerziellen Interessen stattfindet. Aufgrund ihrer hohen Glaubwürdigkeit spielt sie eine wichtige Rolle bei der Beeinflussung von Kaufabsichten. Sie kann als eine Erweiterungsform der Dialogkommunikation interpretiert werden. Technische Innovationen, wie etwa Soziale Netzwerke, haben ihre Bedeutung in den letzten Jahren zudem noch erhöht.

D. Radić (✉)
Professor für Betriebswirtschaftslehre, insbesondere Dienstleistungsmanagement, Wirtschaftswissenschaftliche Fakultät, Universität Leipzig, Leipzig, Deutschland
E-Mail: radic@wifa.uni-leipzig.de

T. Posselt
MOEZ des Fraunhofer Instituts und Professur für Innovationsmanagement und Innovationsökonomik, Universität Leipzig, Leipzig, Deutschland
E-Mail: thorsten.posselt@moez.fraunhofer.de

Schlüsselwörter

Chain Sampling • Netzwerke • Soziale Netzwerke • Weiterempfehlungen • Word-of-Mouth • Word-of-Mouth-Kommunikation

1 Bedeutung von Word-of-Mouth

Im 11. Jahrhundert blühte der Handel im Mittelmeerraum. Über tausende von Kilometern hinweg schickten Händler wertvolle Waren auf monatelange Schiffsreisen und ließen diese von ortsansässigen Agenten verkaufen. Ohne sich auf ein funktionierendes Rechtssystem verlassen zu können, hatten sie darauf zu vertrauen, dass sich der Agent im Interesse der Händler verhalten und nicht mit dem Gewinn verschwinden würde. Was den Handel unter diesen widrigen Umständen am Leben hielt, war der Informationsaustausch zwischen den Händlern. Ein Agent, von dem einmal bekannt werden sollte, betrogen zu haben, hatte damit zu rechnen, von allen Händlern boykottiert und seinerseits betrogen zu werden. Seine Reputation würde durch negatives Word-of-Mouth für lange Zeit zerstört sein (Greif 1993).

Word-of-Mouth-Kommunikation ist eine der ältesten Lösungen zur Übermittlung von glaubwürdigen Informationen über Personen, Produkte und Dienstleistungen, deren Qualität vor dem Kauf bzw. der Inanspruchnahme nicht ermittelt werden kann. Im Folgenden wird der Begriff Word-of-Mouth synonym zu Weiterempfehlung und Mundpropaganda behandelt. Eine frühe *Definition von Word-of-Mouth* stammt von Arndt (1967). Word-of-Mouth ist demnach eine Form der mündlichen Kommunikation über Marken, Produkte oder Dienstleistungen zwischen einem Empfänger und einem Sender, den der Empfänger als unabhängig und nicht von kommerziellen Interessen geleitet ansieht. Buttle (1998) unterscheidet weiterhin zwischen der Valenz von Word-of-Mouth (positiv oder negativ), dem Fokus (Kunden, Zulieferer, Mitarbeitende), dem Zeitpunkt der Abgabe (vor oder nach dem Kauf), der Tatsache, ob Word-of-Mouth aktiv abgegeben wird oder aufgrund einer Anfrage durch den Empfänger und schließlich, ob Word-of-Mouth von Unternehmen initiiert wird oder nicht.

Die Definition von Arndt bedarf einiger Ergänzungen und Erweiterungen (Godes et al. 2005). Zum einen schließt sie nonverbale Kommunikationsformen, wie z. B. E-Mail und Beiträge in Internetforen aus, die zwischen einer Vielzahl von anonymen Sendern und Empfängern stattfinden. Zum anderen schließt sie die Beeinflussung des Empfängers durch Beobachtung des Verhaltens anderer aus. Referenzlisten, die von Unternehmen eingesetzt werden, fallen ebenfalls nicht unter diese Definition, obwohl auch sie geeignet sind, die Erfahrungen eines Kunden an potenzielle Kunden weiterzugeben. Godes et al. (2005) schlagen als Alternative eine umfassende *Definition der sozialen Interaktion* vor, welche die zuvor diskutierten Phänomene umfasst und dann gegeben ist, wenn die Erwartungen eines Empfängers hinsichtlich eines bestimmten Anbieters oder der von ihm angebotenen Produkte und Dienstleistungen von den Handlungen anderer Personen beeinflusst werden, wobei diese Personen nicht die Interessen des Anbieters verfolgen.

Etliche Studien haben gezeigt, dass Word-of-Mouth-Kommunikation aufgrund ihrer höheren Glaubwürdigkeit einen stärkeren *Einfluss auf Kaufentscheidungen* haben kann als andere Kommunikationskanäle. In einer von den Autoren dieses Beitrages durchgeführten Umfrage gaben 46 Prozent aller befragten Bankkunden und 39 Prozent aller Mobilfunkkunden an, aufgrund von Word-of-Mouth die entsprechende Dienstleistung nachgefragt zu haben (Posselt und Radić 2006). Word-of-Mouth verändert nicht nur die Präferenzen für einen bestimmten Anbieter, sondern kann auch die Aufmerksamkeit beeinflussen. Word-of-Mouth spielt auch im Internet eine wichtige Rolle. In einer Studie von Jupiter Communication (1997) wurde gezeigt, dass 57 Prozent aller Besucher einer Homepage aufgrund einer persönlichen Weiterempfehlung auf die betreffende Seite aufmerksam geworden sind.

Eine Reihe von Faktoren hat dazu geführt, dass die Bedeutung von Word-of-Mouth in den letzten Jahren zugenommen hat. Zum einen werden Produkte und Dienstleistungen immer komplexer und somit erklärungsbedürftiger. Produkt- und Leistungsinformationen des anbietenden Unternehmens stellen eine mögliche Informationsquelle dar. Diesen Informationen haftet allerdings ein *Glaubwürdigkeitsproblem* an, da ein Anbieter i. d. R. lediglich für ihn günstige Informationen an den Markt gibt. Zum anderen führen technische Neuerungen zu einer Explosion von dezentralen Informationsangeboten, etwa Internetforen oder Chaträumen, in denen Kunden ihre Erfahrungsberichte einem breiten Kreis an Interessierten zur Verfügung stellen können.

Die Palette an Produkten, die von Word-of-Mouth-Kommunikation beeinflusst werden, reicht von langlebigen Gebrauchsgütern über medizinische Leistungen und Autos bis hin zu Filmen, Urlaubsreisen und Modeartikeln. Dye (2000) bemerkt, dass aufgrund der technischen Entwicklungen, die es den Nutzern erlauben, sich schnell und ohne Aufwand über verschiedene Produkte zu informieren, nur noch wenige Industrien gegen Word-of-Mouth immun sind. In einer umfangreichen Studie konnte Reichheld (2003) darüber hinaus zeigen, dass Word-of-Mouth-Aktivitäten eng mit dem Erfolg eines Unternehmens verknüpft sind: Unternehmen, deren Kunden häufiger Weiterempfehlungen aussprechen, wachsen im Durchschnitt schneller als vergleichbare Unternehmen mit weniger Word-of-Mouth-Aktivitäten.

Das Anliegen dieses Beitrages besteht in einer Untersuchung von *Word-of-Mouth-Kommunikation*, mit dem Ziel, Handlungsempfehlungen für Unternehmen zur Steuerung von Word-of-Mouth-Prozessen abzuleiten. Um Word-of-Mouth-Kommunikation steuern zu können, sind folgende *Fragen* zu beantworten:

- Was sind die Determinanten von Word-of-Mouth-Kommunikation (Determinanten von Word-of-Mouth)?
- Welchen Einfluss hat das soziale Netzwerk, innerhalb dessen Word-of-Mouth-Kommunikation stattfindet (Soziale Netzwerke und Word-of-Mouth)?
- Wie kann Word-of-Mouth-Kommunikation gemessen werden (Messung von Word-of-Mouth)?
- Welche Instrumente hat ein Unternehmen zur Steuerung von Word-of-Mouth-Kommunikation im Rahmen der Dialogkommunikation (Steuerung von Word-of-Mouth)?

2   Determinanten von Word-of-Mouth

Die zuvor gegebenen Definitionen haben deutlich gemacht, dass ökonomische Gründe keine dominierende Rolle bei Word-of-Mouth-Kommunikation spielen. Es sind also andere Motive, die ein Individuum dazu bringen, über seine Erfahrungen mit einem bestimmten Produkt oder einer bestimmten Dienstleistung zu berichten. Im Folgenden wird ein Überblick über diese Determinanten von Word-of-Mouth gegeben. Zu diesem Zweck bietet es sich an, zwischen den Erfahrungen, die Word-of-Mouth auslösen und den Motiven, die hinter der Abgabe von Word-of-Mouth stehen, zu unterscheiden (Sundaram et al. 1998).

Eine Größe, die zweifellos einen starken Einfluss auf Word-of-Mouth-Kommunikation hat, ist die *Kundenzufriedenheit*. Zufriedenheit entsteht, wenn die Erwartungen eines Kunden erfüllt oder gar übertroffen werden (Oliver 1997). Je zufriedener ein Kunde ist, desto höher die Wahrscheinlichkeit für positives Word-of-Mouth. Das gleiche gilt mit umgekehrten Vorzeichen für die Abgabe von negativem Word-of-Mouth. Zufriedenheit kann sich auf die eigentliche Anbieterleistung, das Verhalten des Unternehmens bei Problemen, das Preis-Leistungs-Verhältnis oder das Verhalten der Mitarbeitenden beziehen.

In einer Studie haben Sundaram, Mitra und Webster (1998) Konsumenten nach den auslösenden *Erfahrungsmomenten* für positive und negative Word-of-Mouth-Kommunikation befragt. Die Zahlen in Tab. 1 zeigen, dass Zufriedenheit mit der Anbieterleistung am häufigsten positives Word-of-Mouth auslöst, wohingegen negative Weiterempfehlungen am häufigsten erfolgen, wenn das Unternehmen nicht adäquat auf die Probleme der Kunden reagiert.

Bestimmte Erfahrungen, wie etwa das besonders zuvorkommende Verhalten der Mitarbeitenden, lösen Affekte beim Kunden aus, welche die Grundlage für bestimmte Handlungsmotive bilden. In der Studie von Sundaram et al. (1998) wurde ebenfalls nach den *Motiven* gefragt, die hinter Word-of-Mouth-Kommunikation stehen (Tab. 2).

Involvement ist dabei das wichtigste Motiv für positive Word-of-Mouth-Kommunikation. *Involvement* bezeichnet die Relevanz, die das Produkt für den Konsumenten hat. Altruismus – als das zweitwichtigste Motiv für positives Word-of-Mouth – beschreibt den Wunsch, anderen bei der Wahl eines bestimmten Produktes oder einer Dienstleistung zu helfen oder sie vor schlechter Leistung zu warnen. Einige der Befragten gaben an, durch positives Word-of-Mouth ihr eigenes Image als das eines besonders cleveren Konsumenten erhöhen zu wollen (Selbstdarstellung). Bei hoher Zufriedenheit empfinden eine Reihe von Konsumenten das Bedürfnis, durch positives Word-of-Mouth dem Unternehmen zu helfen (Sympathie), während bei schlechten Erfahrungen der Wunsch im Vordergrund steht, dem Unternehmen zu schaden (Rache). Schließlich schildert ein Teil der Befragten seine schlechten Erfahrungen, um womöglich auf bessere Alternativen aufmerksam gemacht zu werden (Hilfesuche).

Neben diesen intrinsischen Motiven von Word-of-Mouth können zusätzlich noch *extrinsische Beweggründe* auftreten, auf die im letzten Abschnitt dieses Beitrages näher eingegangen wird. Im Rahmen einer aktiven Steuerung von Word-of-Mouth

Tab. 1 Auslösende Erfahrungsmomente von Word-of-Mouth-Kommunikation. Quelle: in Anlehnung an Sundaram et al. (1998)

Erfahrungsmomente von WOM	Relevanz positives WOM	Relevanz negatives WOM
Anbieterleistung	37 %	23 %
Verhalten der Mitarbeitenden	23 %	19 %
Umgang mit Beschwerden	21 %	34 %
Preis-Leistungs-Verhältnis	19 %	24 %

Tab. 2 Motive von Word-of-Mouth-Kommunikation. Quelle: in Anlehnung an Sundaram et al. (1998)

Positives Word-of-Mouth		Negatives Word-of-Mouth	
Motiv	Relevanz	Motiv	Relevanz
Involvement	33 %	Rache	36 %
Altruismus	29 %	Abbau von Ärger	25 %
Selbstdarstellung	20 %	Altruismus	22 %
Sympathie	18 %	Hilfesuche	17 %

gehen Unternehmen dazu über, Weiterempfehlungen ihrer Bestandskunden mit einer Reihe von Kampagnen zu initiieren. Bei der Ausgestaltung solcher Programme ist jedoch zu bedenken, dass sie die Glaubwürdigkeit und Wirksamkeit von Word-of-Mouth-Kommunikation schwächen können (Ryu und Feick 2007).

Die verschiedenen Motive von Word-of-Mouth-Kommunikation sind bei verschiedenen Individuen unterschiedlich stark ausgeprägt. Einige Konsumenten sind somit eher bereit bzw. in der Lage, Empfehlungen zu initiieren und weiterzugeben als andere. In der Literatur werden in diesem Zusammenhang verschiedene *Konsumententypen* diskutiert. Meinungsführer weisen ein hohes Involvement auf und haben zudem einen Informationsvorsprung über bestimmte Produktkategorien, was ihren Weiterempfehlungen besonderes Gewicht verleiht.

Word-of-Mouth-Kommunikation spielt sich innerhalb eines sozialen Netzwerks ab. Bestimmte Individuen sind in diesem besser vernetzt als andere. Diese so genannten *„Network Hubs"* spielen daher bei der Verbreitung von Word-of-Mouth-Kommunikation eine besonders wichtige Rolle. Im Folgenden wird genauer auf die Rolle sozialer Netzwerke bei Word-of-Mouth-Kommunikation eingegangen.

3 Soziale Netzwerke und Word-of-Mouth

Word-of-Mouth-Kommunikation ist eine Form der *sozialen Interaktion*, die sich innerhalb eines Sozialen Netzwerks abspielt. Die Wirkung von Word-of-Mouth-Kommunikation im Vergleich zu anderen Kommunikationsformen hängt somit von der Struktur des Sozialen Netzwerks ab, in dem die Konsumenten miteinander verbunden sind. Der netzwerktheoretische Ansatz zur Untersuchung solcher Fragestellungen hat sich ursprünglich – unter Verwendung von mathematischen Konzepten der Graphentheorie – aus der Soziologie entwickelt und wurde in einer Reihe von

Studien auch auf andere Fragestellungen übertragen (z. B. Reingen und Kernan 1986; Brown und Reingen 1987; für eine Einführung in die soziale Netzwerkanalyse vgl. Scott 2006). Im Folgenden werden die Grundlagen der sozialen Netzwerkanalyse skizziert und die wichtigsten *Konzepte zur Charakterisierung von sozialen Netzen* vorgestellt. Diese Konzepte werden anschließend genutzt, um die Effizienz von Word-of-Mouth-Kommunikation bei der Diffusion von Marketingbotschaften zu untersuchen.

Ein *soziales Netzwerk* besteht aus einer Menge von Knoten, die über Kanten miteinander verbunden sind. *Knoten* können z. B. Kunden eines Unternehmens sein, während soziale Beziehungen zwischen ihnen durch Kanten repräsentiert werden. *Kanten* können ungerichtet sein und lediglich angeben, dass eine Beziehung zwischen zwei Knoten besteht, oder gerichtet, z. B. eine Weiterempfehlung, die von Person A zu Person B fließt. Sie können zudem bewertet werden, um z. B. unterschiedliche Bindungsstärken zwischen zwei Knoten anzugeben. In den letzten Jahren sind enorme Fortschritte bei der Modellierung von realen Netzwerken erzielt worden (vgl. für eine Einführung Hayes 2000a, 2000b). Das Bemühen dieser Ansätze besteht darin, einfache Modelle zu finden, die dennoch in der Lage sind, komplexe Strukturen abzubilden, etwa die Beziehungen der Kunden eines Unternehmens untereinander. Hat man ein solches Modell gefunden, können seine Eigenschaften untersucht und Rückschlüsse auf das reale Netzwerk gezogen werden.

Drei gängige Modelle sind Gitternetzwerke, Zufallsnetzwerke (Erdős und Rényi 1960) und „Small World"-Netzwerke (Watts und Strogatz 1998). *Gitternetzwerke* (Abb. 1) unterstellen, dass ein Individuum nur mit seinen direkten Nachbarn in Verbindung steht. Eine Word-of-Mouth-Botschaft kann sich somit nur langsam ausbreiten und bricht ab, sobald ein Individuum die Botschaft nicht mehr an seinen Nachbarn weitergibt. Während Gitternetzwerke wohl geordnet sind, werden die möglichen Verbindungen in einem *Zufallsnetzwerk* als Realisation eines Zufallsprozesses angesehen. Zur Beschreibung von realen sozialen Netzwerken sind beide nur bedingt geeignet. Das Gitternetzwerkmodell nimmt an, dass soziale Verbindungen nur zwischen zwei unmittelbaren Nachbarn existieren können und schließt so die Möglichkeit aus, dass einzelne Knoten über lose Verbindungen mit weiter entfernt liegenden Knoten verbunden sein können. Zufallsnetzwerke verhindern auf der anderen Seite die Bildung von Gruppen von Knoten („Cliquen"), die untereinander eng verbunden sind.

Einen Mittelweg stellen so genannte *„Small World"-Netzwerke* dar, die von einer Gitterstruktur ausgehen und zufällig Verbindungen zu weiter entfernten Knoten „umleiten". Sie sind somit in der Lage, reale soziale Muster abzubilden: Gruppen von Knoten, die über enge soziale Beziehungen zusammengehalten werden und über „Network Hubs" mit anderen „Cliquen" verbunden sind. Granovetter (1973) spricht in diesem Zusammenhang von „Strength of Weak Ties". In verschiedenen empirischen Studien konnte gezeigt werden, dass „Small World" Netzwerke in der Lage sind, reale Phänomene abzubilden, wie etwa Kollaborationsnetzwerke von Schauspielern und Wissenschaftlern, Kommunikationsnetzwerke zwischen Mobilfunknutzern oder die Verbindungen von Computern im Internet (Watts und Strogatz 1998).

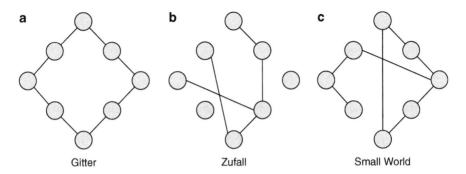

Abb. 1 Klassen von Netzwerken

Die Verbreitung von Word-of-Mouth-Botschaften hängt von der Art – Gitter, Zufall oder „Small World" Netzwerk – und der konkreten Struktur des sozialen Netzwerks ab. Eine wichtige Kennzahl ist dabei die *Dichte eines Netzwerks*. Sie ist definiert als das Verhältnis der Anzahl an tatsächlich vorhandenen zu insgesamt möglichen Verbindungen. Zwischen acht Knoten können z. B. (8x7)/2 = 28 ungerichtete Verbindungen bestehen. Das Gitternetzwerk in Abb. 1 hat mit seinen acht bestehenden Verbindungen somit eine Dichte von 8/28 = 0,29. Je höher die Dichte eines Netzwerks – Frenzen und Nakamoto (1993) sprechen in diesem Zusammenhang von „Relational Density" –, desto schneller verbreiten sich Weiterempfehlungen innerhalb des Netzwerks und desto effektiver sind Word-of-Mouth-Kampagnen.

Der Erfolg einer Word-of-Mouth-Kampagne hängt jedoch nicht nur von der Anzahl an Verbindungen ab, sondern auch von der *Art der Verbindungen*, die zwischen den Knoten bestehen. Insbesondere die Bereitschaft der Individuen, Weiterempfehlungen an andere Individuen zu senden („Cooperative Density"), ist hier von Bedeutung. Je stärker die Verbindung zwischen zwei Individuen, z. B. aufgrund der Ähnlichkeit zwischen Sender und Empfänger, der Anzahl an Interaktionen o. Ä., desto höher die Wahrscheinlichkeit der Weiterleitung von Word-of-Mouth-Botschaften.

Art und Struktur eines sozialen Netzwerks bestimmen, wie erfolgreich eine Word-of-Mouth-Kampagne verlaufen wird. Im nächsten Abschnitt werden empirische Methoden vorgestellt, mit denen Netzwerke gemessen werden können. Anschließend wird auf die Rolle des Unternehmens bei der Steuerung von Word-of-Mouth-Kommunikation eingegangen. Art und Struktur des sozialen Netzwerks sind von dem Unternehmen nicht zu beeinflussen. Was ein Unternehmen jedoch beeinflussen kann, um ein soziales Netzwerk mit einer Word-of-Mouth-Botschaft zu „infiltrieren", ist die Anzahl der mit der Botschaft „infizierten" Knoten und – bis zu einem gewissen Grad – die Wahrscheinlichkeit, dass einzelne Knoten diese Botschaft weitergeben.

Im Folgenden wird der Einfluss dieser beiden Größen auf den *Erfolg einer Word-of-Mouth-Kampagne* untersucht. Frenzen und Nakamoto (1993) sowie Goldenberg et al. (2001) haben zu diesem Zweck eine Reihe von Simulationsstudien durchgeführt. An dieser Stelle wird sich auf ein vereinfachtes Beispiel beschränkt, um die

Abb. 2 Erhöhung der Anzahl an Word-of-Mouth-Agenten

wesentlichen Trade-offs zu verdeutlichen. Dazu wird angenommen, dass das soziale Netzwerk durch ein Gitternetzwerk beschrieben werden kann und es soll zunächst gezeigt werden, dass der Erfolg einer Word-of-Mouth-Kampagne monoton und konkav mit der Anzahl an Word-of-Mouth-„Agenten" ansteigt (Abb. 2) (Mayzlin 2002).

Die von einem Unternehmen gestartete Word-of-Mouth-Kampagne soll an einer beliebigen Stelle des Netzes beginnen (dargestellt durch den dunklen Knoten). Abhängig von der individuellen Wahrscheinlichkeit, die Word-of-Mouth-Botschaft weiterzuleiten, wird der Weiterempfehlungsprozess an einer bestimmten Stelle der Kette abbrechen. In einem ersten Szenario wird angenommen, dass dies nach einem Konsumenten der Fall ist (schraffiert dargestellt). In diesem Fall könnte ein zusätzlicher „infizierter" Agent – z. B. in der Mitte der Kette – die Anzahl an insgesamt erreichten Konsumenten erhöhen. Wenn der Weiterempfehlungsprozess jedoch erst nach drei Knoten abbricht (Szenario 2), hätte ein zusätzlicher Agent in der Mitte der Kette keinen Einfluss auf die Anzahl an insgesamt erreichten Konsumenten. Eine Verdoppelung der Agenten wird somit die Anzahl an insgesamt informierten Konsumenten weniger als verdoppeln.

Im Folgenden liegt der Fokus auf der Untersuchung des Effekts einer Erhöhung der individuellen *Wahrscheinlichkeit, Weiterempfehlungen weiterzugeben*. Wenn p die individuelle Wahrscheinlichkeit angibt, mit der ein Konsument die Word-of-Mouth-Botschaft an m Konsumenten in seiner Nachbarschaft weitergibt, ist die Anzahl an insgesamt erreichten Konsumenten $p/(1-p)^m$. Diese Größe steigt exponentiell an, sowohl in p als auch in m. Obwohl es sehr viel schwieriger ist, diese beiden Größen zu beeinflussen als die Anzahl an Word-of-Mouth-„Agenten", kann eine kleine Veränderung von p und m große Effekte auf die Effizienz von Word-of-Mouth-Kampagnen haben.

Im vorherigen Abschnitt wurde darauf hingewiesen, dass mit höherem Involvement der Konsumenten die Wahrscheinlichkeit der Word-of-Mouth-Kommunikation zunimmt. Word-of-Mouth-Kampagnen eignen sich somit eher für Produkte mit hohem Involvement. Wenn weniger über das Produkt gesprochen wird, p also sinkt, ist der relative Anteil der Ausgaben für Word-of-Mouth-Kampagnen zu Gunsten von traditionellen Kommunikationsformen zu reduzieren.

Aus der simplen Formel $p/(1-p)^m$ können noch weitere Erkenntnisse über die *Effizienz von Word-of-Mouth-Kampagnen* gewonnen werden. Wenn die Stärke der Bindungen zwischen den Konsumenten stark ist und diese zudem dicht untereinander vernetzt sind, wird m und somit die Effizienz von Word-of-Mouth-Kampagnen steigen. Word-of-Mouth-Kampagnen werden sich somit vor allem für Märkte lohnen, die eng abgegrenzt werden können und innerhalb derer gut vernetzte „Communities" existieren. Mit wachsendem Markt werden sowohl die Dichte des Netzwerks als auch die durchschnittliche Bindungsstärke der Konsumenten zurückgehen und somit auch die Effizienz von Word-of-Mouth-Kampagnen. Der relative Anteil des Budgets, der in Word-of-Mouth-Kampagnen investiert wird, ist somit mit einem wachsenden Markt zu Gunsten von traditionellen Kommunikationsformen zu reduzieren.

4   Messung von Word-of-Mouth

Was nicht gemessen werden kann, kann auch nicht gesteuert werden. In diesem Kapitel wird daher auf verschiedene Methoden zur Messung von Word-of-Mouth-Kommunikation eingegangen. Im letzten Kapitel wurde die Bedeutung des Sozialen Netzwerks betont, so dass an dieser Stelle ein kurzer Überblick über Möglichkeiten zur Messung von sozialen Netzwerken gegeben wird. Eine umfassende *Strategie zur Messung von Word-of-Mouth-Kommunikation* hat folgende *Teilaspekte* zu bestimmen:

- *Quantität* von Word-of-Mouth: Wie oft wird über ein bestimmtes Produkt oder eine bestimmte Dienstleistung in einem bestimmten Kanal gesprochen?
- *Qualität* von Word-of-Mouth: Wie wird über ein bestimmtes Produkt gesprochen?
- *Kontext* von Word-of-Mouth: Wie sieht das soziale Netzwerk aus, innerhalb dessen über ein/eine bestimmtes Produkt/Dienstleistung gesprochen wird?

Zur Messung der Quantität von Word-of-Mouth bieten sich ein direkter und ein indirekter Weg an. Beim *indirekten Weg* werden mit Hilfe von aggregierten Marktdaten Diffusionsmodelle geschätzt, deren Parameter einen Rückschluss auf den Einfluss von externen Effekten, etwa Werbung, und internen Effekten wie Word-of-Mouth zulassen. Ein bekanntes Modell ist das von Bass (1969), das jedoch keine Aussagen über die Prozesse auf der Mikroebene der Konsumenten zulässt.

Eine Alternative stellt die *direkte Befragung* von Konsumenten dar. Ein Beispiel ist die Studie von Brown und Reingen (1987), die untersucht haben, welche Rolle Weiterempfehlungen bei der Wahl eines Klavierlehrers spielen oder die Arbeit von van den Bulte und Lilien (2001), welche die Diffusion von medizinischen Innovationen modelliert haben. Von Wangenheim (2003) hat eine Reihe von Studien zum deutschen Strommarkt durchgeführt. Neben dem Vorteil der direkten Abbildung des Kommunikationsverhaltens der Konsumenten kann die direkte Befragung auch erweitert werden, um das Soziale Netzwerk der Konsumenten abzubilden.

Das erste Problem bei der Messung von Sozialen Netzwerken ist dabei ein Größenproblem. Zwischen N Konsumenten eines Unternehmens können $Nx(N-1)$ gerichtete und $Nx(N-1)/2$ ungerichtete Verbindungen bestehen. Die Größe des Datensatzes, der die sozialen Verbindungen der Konsumenten enthält, wächst somit quadratisch in N, wobei zwischen dem Großteil der Konsumenten keine Verbindungen bestehen werden. Eine Messung des gesamten Sozialen Netzwerks wird daher bei hohem N i. d. R. nicht möglich sein, so dass eine Stichprobe des Netzes zu ziehen ist (Reingen und Kernan 1986).

Die Ziehung einer relationalen Stichprobe aus einem Sozialen Netzwerk unterscheidet sich dabei grundlegend von einer gewöhnlichen Stichprobenziehung, bei der bestimmte Attribute der Individuen gemessen werden, wie Abb. 3 verdeutlicht. Im oberen Teil der Abbildung ist ein fiktives soziales Netzwerk dargestellt. Zwei Methoden der Stichprobenziehung bieten sich an. Beim so genannten *„Network Sampling"* wird ein repräsentativer Teil der Individuen nach ihren sozialen Kontakten befragt (in der Abbildung als dunkler Knoten gekennzeichnet). Es wird deutlich, dass durch eine solche Befragungsmethode ein Großteil der relationalen Beziehungen zwischen den Individuen verloren geht. Burt (1983) schätzt diesen Anteil bei einer Stichprobenquote von k Prozent auf $(100 - k)$ Prozent. Der Stichprobenumfang ist dementsprechend im Vorfeld zu erhöhen.

Eine Alternative stellt das *„Chain Sampling"* dar. Wieder wird eine Teilstichprobe von Individuen gezogen und nach ihren sozialen Kontakten befragt. Ausgehend von diesen genannten Kontakten werden in einem „Schneeballsystem" weitere Kontakte befragt, bis schließlich das Ende der sozialen Kette erreicht ist. Ein

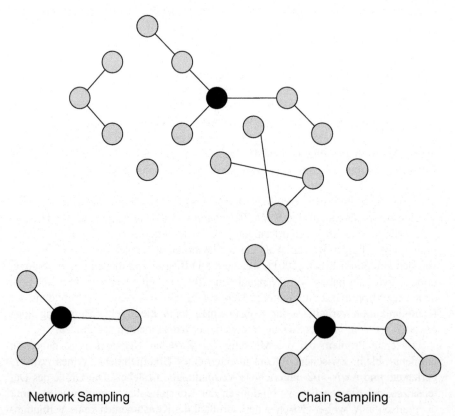

Abb. 3 Network vs. Chain Sampling

Nachteil dieser Methode besteht darin, dass sie die Länge der sozialen Kette überschätzt. Am vielversprechendsten ist daher eine Kombination beider Methoden.

Eine kostengünstige und weniger aufwändige Alternative ist die Messung von Word-of-Mouth-Kommunikation im Internet. Es wurde bereits darauf hingewiesen, dass das Internet eine Reihe von Möglichkeiten der offenen Teilhabe an den Erfahrungen anderer Konsumenten bietet. Als Stichworte seien hier nur E-Mails, Internetforen Soziale Netzwerke oder Chaträume genannt. Aufgrund der digitalen Natur des Internet sind diese Meinungsäußerungen kostengünstig speicherbar und maschinell weiterverarbeitbar.

Godes und Mayzlin (2004) konnten am Beispiel der Diskussion von Fernsehsendungen zeigen, dass Online-Word-of-Mouth ein guter Proxy für nachfragerelevante Offline-Word-of-Mouth-Kommunikation sein kann. Mayzlin und Chevalier (2006) haben nachgewiesen, dass Online-Buchbesprechungen von Kunden die Nachfrage nach Büchern beeinflussen. Dellarocas et al. (2004) konnten zeigen, dass Online- Besprechungen von Kinofilmen genutzt werden können, um Besucherzahlen zu prognostizieren. Komplexere Methoden der computerunterstützten Inhaltsanalyse wurden z. B. von Das und Chen (2004) angewandt, um auf diese Weise mehr über die Qualität der Word-of-Mouth-Kommunikation zu erfahren.

Der Vorteil von kostengünstigen und reichhaltig vorhandenen Daten zu Online-Word-of-Mouth wird jedoch durch den Nachteil der mangelnden Repräsentativität erkauft. Es ist z. B. naheliegend anzunehmen, dass Online-Bewertungen einem Selbstselektionseffekt unterliegen. Eine Kundenbewertung abzugeben kostet den Konsumenten Zeit und Mühe, wird in der Regel jedoch nicht entlohnt. Somit werden nur diejenigen Konsumenten sich die Mühe machen, eine Bewertung zu verfassen, die entweder extrem begeistert oder extrem enttäuscht sind. Als Ergebnis stimmt die durchschnittliche Online-Bewertung nicht mit der „wahren" Bewertung eines Produkts überein, die man erhalten würde, wenn alle Konsumenten ihre Bewertungen abgegeben hätten. Hu, Pavlou und Zhang (2006) zeigen in ihrer Arbeit, dass Online-Bewertungen bei Vorliegen von solchen Selbstselektionseffekten einer bimodalen, statt einer Normalverteilung folgen.

5 Steuerung von Word-of-Mouth

Zum Abschluss steht die Frage im Vordergrund, was Unternehmen angesichts der zunehmenden Bedeutung von Word-of-Mouth-Kommunikation zu tun haben (Godes et al. 2005). Hierzu wurde ein *Word-of-Mouth-Maßnahmenplan* aufgestellt:

- *Beobachten*: Messung von Offline- und Online-Word-of-Mouth-Kommunikation,
- *Lernen*: Bedeutung von Word-of-Mouth-Kommunikation für das eigene Unternehmen,
- *Reagieren*: Preis- und kommunikationspolitische Maßnahmen anpassen,
- *Fördern*: Online- „Communities" und Kunden-werben-Kunden-Programme,
- *Initiieren*: „Buzz"-Marketing-Kampagnen starten.

Der erste Schritt besteht in der Anerkennung der Tatsache, dass Informationen über ein neues Produkt oder eine neue Dienstleistung nicht mehr nur von Produzenten kommen, sondern zunehmend von Konsumenten selbst produziert und sowohl Offline als auch Online weltweit verbreitet werden. Gleichzeitig mit dem Verlust des Informationsmonopols steigt die Zahl der Konsumenten, die solche Informationsquellen bei ihren Kaufentscheidungen nutzen (Chatterjee 2001).

Unternehmen haben zunächst alles daranzusetzen, sich ein möglichst genaues Bild aller Word-of-Mouth-Aktivitäten über die eigenen Produkte und Dienstleistungen zu machen (*Beobachten*). Im letzten Kapitel wurden Möglichkeiten dazu skizziert und Studien vorgestellt, die sowohl Offline- als auch Online-Word-of-Mouth-Aktivitäten geschätzt haben. Nachdem Daten zu Word-of-Mouth-Aktivitäten gesammelt wurden, kann in einem nächsten Schritt abgeschätzt werden, welchen Effekt Word-of-Mouth-Aktivitäten auf „hard figures" wie etwa Umsatz, Gewinn, Kundenlebenswert, Brand Equity usw. haben (*Lernen*). Regelmäßige und systematische Beobachtung von Word-of-Mouth-Aktivitäten ermöglicht es zudem, kurzfristig auf Entwicklungen, z. B. negatives Word-of-Mouth, *zu reagieren*. Chen und Xie (2005) leiten in ihrem Modell Bedingungen her, wann es sich für Unternehmen empfiehlt, im Rahmen ihrer Preis- und Kommunikationspolitik auf Word-of-Mouth zu reagieren. Sie zeigen unter anderem, dass oft keine Anpassung der Preise, sondern eine Veränderung der Werbeausgaben profitabel ist.

Unternehmen können eine Reihe von Maßnahmen ergreifen, um Word-of-Mouth-Kommunikation zwischen den Konsumenten zu erleichtern und zu *fördern*. Eine Möglichkeit besteht in der Etablierung von so genannten „Online-Communities", die es den Kunden erlauben, sich gegenseitig auszutauschen. Der amerikanische Online-Händler Golfsmith ermöglicht z. B. seinen Kunden, Golf- und Tennisschläger zu bewerten, neuerdings sogar mit eigenen Videos. Ebay bietet seinen registrierten Nutzern Zugang zu Internetforen und Chaträumen, deren Themen von Kinderüberraschungseiern bis hin zu Existenzgründungen in Spanien reichen. Algesheimer und Dholakia (2006) beschreiben, wie Ebay mit diesen Online-Gemeinschaften seinen Gewinn steigern konnte. Chen und Xie (2004) erläutern, für welche Unternehmen die Einführung von „Online-Communities" von Vorteil sein kann. Insbesondere für Anbieter mit breiterem Produktsortiment und Kunden, die über eine höhere Expertise verfügen, lohnt sich die Bereitstellung von kundengenerierten Informationen.

Eine weitere Möglichkeit, Weiterempfehlungen zu fördern, stellen Belohnungen an Weiterempfehler in Form von Prämien dar. Ein Blick auf verschiedene Industrien zeigt, dass solche Programme in der Zwischenzeit von vielen Unternehmen genutzt werden. So bietet die Wochenzeitschrift „Die Zeit" etwa 450 verschiedene Prämien an. Der Mobilfunkanbieter „E-Plus" hat ebenfallsetliche Prämien im Sortiment, darunter Cappuccino-Maschinen oder Geldgutscheine. Auch bei Bankdienstleistungen werden sie oftmals eingesetzt. So bietet die „Deutsche Bank" unter anderem 3.000 Lufthansameilen für einen neu vermittelten Kunden.

In einer theoretischen Arbeit zeigen Biyalogorsky et al. (2001), dass Preis und Prämienprogramm als substitutive Elemente des Marketing zu verstehen sind. Sie zeigen, dass Prämienprogramme nur dann einzuführen sind, wenn der Schwellenwert, ab dem Kunden von einem Produkt begeistert sind, weder zu hoch noch zu niedrig ist. Ryu und Feick (2007) haben eine Reihe von Experimenten zu der optimalen Ausgestaltung von Prämienprogrammen durchgeführt. Die Ergebnisse zeigen, dass nicht bloß das Verhältnis von Preis und Prämienhöhe von Bedeutung ist, sondern auch die Tatsache, wer die Prämie erhält. Für schwache soziale Bindungen und geringes Produktinvolvement sollte der Sender der Weiterempfehlung die Prämie erhalten, während bei starken Bindungen und hohem Involvement ein Teil der Prämie auch an den Empfänger der Weiterempfehlung gehen sollte.

Eine Gratwanderung zwischen Transparenz und Wirksamkeit stellt die letzte Stufe des Maßnahmenkatalogs dar: die *Initiierung* von Word-of-Mouth-Kommunikation durch das Unternehmen. Glaubwürdigkeit und damit auch Wirksamkeit von Word-of-Mouth rührt gerade von der Tatsache her, dass die Botschaft frei von kommerziellen Motiven ist. Um Wirksamkeit zu entfalten, hat das Unternehmen als der Urheber der Word-of-Mouth-Botschaft somit im Verborgenen zu bleiben.

Godes und Mayzlin (2004) beschreiben eine solche Word-of-Mouth-Kampagne. Im Jahr 2001 brachte der amerikanische Hersteller „Hasbro" eine neue Spielkonsole auf den Markt. Anstatt sich nur auf traditionelle Kommunikationsformen zu verlassen, identifizierte er in einer Reihe von Schulen die „coolsten Kids", die dann mit einem Freiexemplar ausgestattet wurden, um es ihren Freunden vorzuführen. Eine weitere oft kolportierte Geschichte sind die „falschen Touristen" von Sony Ericsson. Getarnte Word-of-Mouth-„Touristen" wurden engagiert, um in der Öffentlichkeit ausgiebig Gebrauch von einem neuen Mobiltelefon mit integrierter Kamera zu machen.

Folgende Punkte sind bei der Implementierung solcher Kampagnen zu beachten (hierzu z. B. Kaikati und Kaikati 2004). Zunächst kann deren Wirksamkeit verpuffen, wenn die verdeckte Rolle des Unternehmens herauskommt. Durch den Austausch der Word-of-Mouth-Botschaft zwischen Konsumenten erhält sie zwar eine höhere Glaubwürdigkeit, gleichzeitig gibt das Unternehmen jedoch auch die Kontrolle über den genauen Inhalt der Botschaft ab. Zudem nimmt es in Kauf, dass mit zunehmender Weitergabe von Konsument an Konsument die Botschaft in ihrem Inhalt verzerrt wird. Das Unternehmen gibt außerdem die Kontrolle über das Zielpublikum ab, da Konsumenten die Botschaft an die mit ihnen verbundenen Konsumenten weitergeben.

Es ist zu erwarten, dass die Bedeutung von Word-of-Mouth-Kommunikation in den nächsten Jahren zunehmen wird, da traditionelle Kommunikationsformen, wie etwa Werbung, in ihrer Bedeutung zurückgehen. Die Dialogkommunikation wird in ihren vielfältigen Erscheinungsformen an Bedeutung gewinnen. Der Konsument der Zukunft wird besser informiert und besser vernetzt mit anderen Konsumenten sein. Den Unternehmen wird nichts anderes übrig bleiben, als sich – trotz aller in diesem Beitrag skizzierten Probleme – intensiver mit dem Phänomen der Word-of-Mouth-Kommunikation zu befassen.

Literatur

Algesheimer, R., & Dholekia, U. M. (2006). Do customer communities pay off? *Harvard Bussiness Review*, (11), 26–28.

Arndt, J. (1967). Role of product-related conversations in the diffusion of a new product. *Journal of Marketing Research, 4*(3), 291–295.

Bass, F. M. (1969). A new product growth model consumer durables. *Management Science, 15*(12), 215–227.

Biyalogorsky, E., Gerstner, E., & Libai, B. (2001). Customer referral management: Optimal reward programs. *Marketing Science, 20*(1), 82–95.

Brown, J. J., & Reingen, P. H. (1987). Social ties and word-of-mouth referral behavior. *The Journal of Consumer Research, 14*(3), 350–362.

Burt, R. S. (1983). Studying status/role-sets using mass surveys. In R. S. Burt & M. J. Minor (Hrsg.), *Applied network analysis: A methodological introduction* (S. 100–118). London: SAGE Publications.

Buttle, F. A. (1998). Word of mouth: Understanding and managing referral marketing. *Journal of Strategic Marketing, 6*(3), 241–254.

Chatterjee, P. (2001). Online reviews: Do consumers use them? *Advances in Consumer Research, 28*(1), 129–133.

Chen, Y., & Xie, J. (2004). *Online Consumer Review: A new element of marketing communications mix*. Working Paper. University of Arizona.

Chen, Y., & Xie, J. (2005). Third-party product review and firm marketing strategy. *Marketing Science, 24*(2), 218–240.

Chevalier, J. A., & Mayzlin, D. (2006). The effect of word of mouth on sales: Online book reviews. *Journal of Marketing Research, 43*(3), 345–354.

Das, S., & Chen, M. (2004). *Yahoo! for amazon: Sentiment extraction from small talk on the web*. Working Paper. Santa Clara University.

Dellarocas, C., Awad, N. F., & Zhang, X. (2004). *Using online reviews as a proxy of word-of-mouth for motion picture revenue forecasting*. Working Paper. Massachusetts Institute of Technology.

Dye, R. (2000). The buzz on buzz. *Harvard Business Review, 78*(6), 139–146.

Erdős, P., & Rényi, A. (1960). On the evolution of random graphs. *Publications of the Mathematical Institute of the Hungarian Academy of Sciences, 5*(o. Nr), 17–61.

Frenzen, J. K., & Nakamoto, K. (1993). Structure, cooperation, and the flow of market information. *Journal of Consumer Research, 20*(3), 360–374.

Godes, D., & Mayzlin, D. (2004). *Firm-created word-of-mouth communication: A field-based quasi-experiment*. Research Paper. Harvard Business School Marketing.

Godes, D., Mayzlin, D., Chen, Y., Das, S., Dellarocas, C., Pfeiffer, B., Libai, B., Sen, S., Shi, M., & Verlegh, P. (2005). The firm's management of social interactions. *Marketing Letters, 16*(3/4), 415–428.

Goldenberg, J., Libai, B., & Muller, E. (2004). *The chilling effect of network externalities on new product growth*. Working Paper. Tel-Aviv University.

Granovetter, M. (1973). The strength of weak ties. *American Journal of Sociology, 78*(6), 1360–1380.

Greif, A. (1993). Contract enforceability and economic institutions in early trade: The maghribi trader's coalition. *The American Economic Review, 83*(3), 525–548.

Hayes, B. (2000a). Graph theory in practice: Part I. *American Scientist, 88*(1), 9–13.

Hayes, B. (2000b). Graph theory in practice: Part II. *American Scientist, 88*(2), 104–109.

Hu, N., Pavlou, P. A., & Zhang, J. (2006). *Can online word-of-mouth communication reveal true product quality? Experimental insights, econometric results, and analytical modeling*. Working Paper. Singapore Management University.

Jupiter Communication. (1997). Press releases. http://jup.com. Zugegriffen 1997.

Kaikati, A. M., & Kaikati, J. G. (2004). Stealth marketing: How to reach consumers surreptitiously. *California Management Review, 46*(4), 6–22.

Mayzlin, D. (2002). *The influence of social networks on the effectiveness of promotional stratagies*. Working Paper. Yale University.

Oliver, R. L. (1997). *Satisfaction: A behavioral perspective on the consumer*. Boston: McGraw-Hill.

Posselt, T., & Radic, D. (2005). Management von Weiterempfehlungen: Eine theoretische und empirische Analyse. In T. Posselt & C. Schade (Hrsg.), *Quantitative Marketingforschung in Deutschland* (Bd. 1, S. 299–312). Berlin: Duncker & Humblot.

Reichheld, F. F. (2003). The one number you need to grow. *Harvard Business Review, 81*(12), 46–54.

Reingen, P. H., & Kernan, J. B. (1986). Analysis of referral networks in marketing: Methods and illustration. *Journal of Marketing Research, 23*(4), 370–378.

Ryu, G., & Feick, L. (2007). A penny for your thoughts: Referral reward programs and referral likelyhood. *Journal of Marketing, 71*(1), 84–94.

Scott, J. (2006). *Social network analysis. A handbook* (2. Aufl.). London: SAGE Publications.

Sundaram, D. S., Mitra, K., & Webster, C. (1998). Word-of-mouth communications: A motivational analysis. *Advances in Consumer Research, 25*(1), 527–531.

Van den Bulte, C., & Lilien, G. (2001). Medical innovation revisited: Social contagion versus marketing effort. *American Journal of Sociology, 106*(5), 1409–1435.

von Wangenheim, F. (2003). *Weiterempfehlung und Kundenwert*. Wiesbaden: Dt. Universitätsverlag/Gabler.

Watts, D. J., & Strogatz, S. H. (1998). Collective dynamics of ‚small-World' networks. *Nature, 393*(4), 440–442.

Prof. Dr. Dubravko Radić ist Inhaber der Professur für Dienstleistungsmanagement an der Universität Leipzig.

Prof. Dr. Thorsten Posselt ist Leiter des Fraunhofer MOEZ und Professor für Innovationsmanagement und Innovationsökonomik an der Universität Leipzig.

Einsatz von Social Media im Rahmen der Dialogkommunikation

Manfred Bruhn

Inhalt

1 Grundlagen der Social Media-Kommunikation 454
2 Stellenwert der Social Media-Kommunikation im Kommunikationsmix 457
3 Planung und Umsetzung einer Kommunikationsstrategie im Rahmen der Social Media-Kommunikation 459
4 Entwicklungsperspektiven und zukünftige Trends 477
Literatur 478

Zusammenfassung

Das Internet wurde in den letzten Jahren zu einem festen Bestandteil des Alltags der Konsumenten. Social Media-Kommunikation bezeichnet dabei die unternehmensseitigen aktiven und passiven Kommunikationsmaßnahmen auf Social Media-Plattformen. Neben den unternehmensgenerierten Inhalten sehen sich Unternehmen den Herausforderungen der nutzergenerierten Inhalten gegenüber. Die Interaktion wird daher zum zentralen Merkmal der Dialogkommunikation. Der Beitrag diskutiert den Stellenwert des Kommunikationsinstruments für Unternehmen und zeigt die notwendigen Schritte der Analyse, Planung, Implementierung und Kontrolle einer Social Media-Kommunikationsstrategie auf. Ein systematischer Einsatz der Social Media-Kommunikation stellt eine wesentliche Voraussetzung dar, um die Sozialen Medien als Instrument der Dialogkommunikation zu nutzen.

Schlüsselwörter

Dialogkommunikation • Interaktion • Kommunikationsinstrument • Partizipation • Social Media • User Generated Content • Web 2.0

M. Bruhn (✉)
Lehrstuhl für Marketing und Unternehmensführung, Wirtschaftswissenschaftliche Fakultät, Universität Basel, Basel, Schweiz
E-Mail: manfred.bruhn@unibas.ch

1 Grundlagen der Social Media-Kommunikation

Die Nutzung des Internet ist innerhalb der letzten Jahrzehnte zu einem festen Bestandteil im Alltag vieler Menschen geworden. Weltweit nutzen mehr als 2 Mrd. Menschen das Internet und mehr als 1,5 Mrd. Menschen auf der gesamten Welt sind im so genannten Social Web aktiv (eMarketer 2014). Der *Begriff Social Web* bezeichnet die Verbindungen und Interaktionen zwischen Nutzern im World Wide Web (WWW), die auf den Social Media-Plattformen basieren. Somit verbindet das Social Web Menschen, aber nicht nur diese, sondern auch Organisationen und Konzepte. Von den rund 82 Mio. Bundesbürgern in Deutschland nutzen rund 73 Prozent das Internet. Davon sind wiederum 75 Prozent im Social Web aktiv, was die Attraktivität des Kommunikationsinstruments Social Media für Unternehmen verdeutlicht.

Darüber hinaus ist das Social Web altersunabhängig für Unternehmen eine attraktive Zielgruppe. So sind alle Altersklassen im Social Web vertreten: Bei YouTube dominieren die jüngeren Anwender, bei Twitter hingegen sind die meisten Anwender über 40 Jahre alt. Ferner sind ca. 90 Prozent der 18 bis 29-Jährigen in einer Community vertreten, d. h., sie sind Mitglied einer Netzgemeinschaft. Im Durchschnitt lesen 73 Prozent aller Internetnutzer vor einer Online-Bestellung Bewertungen anderer Nutzer, bei den Anwendern über 65 Jahre informieren sich 61 Prozent über Bewertungsportale vor einem Online-Kauf (BITKOM 2013, S. 40). Abbildung 1 zeigt das Durchschnittsalter der Nutzer führender sozialer Netzwerke in Deutschland und Abb. 2 gibt einen Überblick über zentrale Kennzahlen von Social Media-Plattformen.

Seit einiger Zeit erfreut sich der Begriff *Web 2.0* großer Aufmerksamkeit, wenngleich bis heute der Umfang des Begriffs nicht klar umrissen ist und keine einheitliche Definition existiert. Tim O'Reilly verbindet mit dem Begriff des Web 2.0 eine *stärkere Interaktion und Einbindung* der Internetnutzer in das Internetgeschehen. Nutzer können mit geringem Aufwand Inhalte selbst generieren und mit anderen teilen (O'Reilly 2006). Zu den Web 1.0-Aktivitäten zählen hingegen beispielsweise die reine Informationssuche oder die monodirektionale Kommunikation via E-Mails. Die starke Zunahme von Web 2.0-Angeboten ist hauptsächlich auf drei Faktoren zurückzuführen: (1) den technologischen Fortschritt und damit verbunden die verbesserte Verfügbarkeit von Web-Technologien, (2) die verbesserte technische Infrastruktur sowie (3) sich verändernde Bedürfnisse und ein verändertes Verhalten der Internetnutzer. So agieren zahlreiche Internetnutzer immer häufiger nicht nur als passive Informationskonsumenten, sondern vielmehr als selbständige Informationslieferanten und -produzenten im WWW. Dazu nimmt das Bedürfnis nach nutzergenerierten Inhalten (User Generated Content) dynamisch zu.

Bezüglich des Kommunikationsinstruments Social Media ist unternehmensseitig zwischen aktiver und passiver Social Media-Kommunikation zu unterscheiden. Gegenstand der *aktiven Social Media-Kommunikation* sind Entscheidungen über die Gestaltung und die Art der Übermittlung unternehmensbezogener Botschaften auf Online-basierten Plattformen, wobei diese sowohl auf den Absatz- als auch Meinungsmarkt gerichtet sein können. Hingegen widmet sich die *passive Social Media-Kommunikation* der Aufmerksamkeit auf User Generated Content – ohne

Einsatz von Social Media im Rahmen der Dialogkommunikation

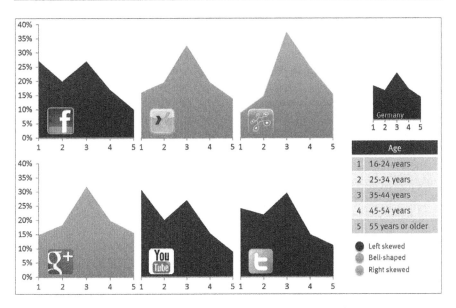

Abb. 1 Altersverteilung ausgewählter Social Media-Plattformen. Quelle: German Social Media Consumer Report 2013, S. 19

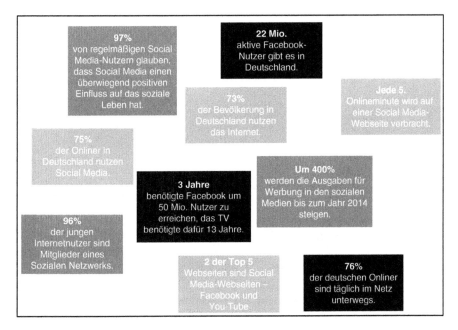

Abb. 2 Zentrale Kennzahlen zu Social Media-Plattformen in Deutschland. Quelle: Bruhn 2014b, S. 1037

zunächst aktiv an der Kommunikation teilzunehmen – und im Weiteren den Entscheidungen über den Umgang mit den entsprechenden Inhalten. Die passive Social Media-Kommunikation beinhaltet somit das aktive Monitoring der Geschehnisse im Social Web, wodurch Unternehmen zunächst zu Empfängern der konsumentenbezogenen Botschaften werden und Wissen über Konsumenten sowie über die konsumentenseitige Wahrnehmung ihres Leistungsangebots generieren.

Aufgrund der Abkehr vom klassischen Sender-Empfänger-Prinzip unterscheidet sich die Social Media-Kommunikation maßgeblich von den übrigen Kommunikationsinstrumenten. Zur Herstellung eines gemeinsamen konsistenten Begriffsverständnisses ist der Social Media-Kommunikation im Rahmen dieses Beitrages die folgende *Definition* zugrunde gelegt (Bruhn 2014b, S. 182):

Social Media-Kommunikation vollzieht sich auf Online-basierten Plattformen und kennzeichnet sowohl die Kommunikation als auch die Zusammenarbeit zwischen Unternehmen und Social Media-Nutzern sowie deren Vernetzung untereinander. Die Social Media-Kommunikation erfolgt sowohl aktiv als auch passiv, mit dem Ziel des gegenseitigen Austausches von Informationen, Meinungen, Eindrücken und Erfahrungen sowie des Mitwirkens an der Erstellung von unternehmensrelevanten Inhalten, Produkten oder Dienstleistungen.

Beispiele für Social Media-Plattformen sind Blogs und Microblogs (z. B. Twitter), Soziale Netzwerke wie Facebook und Google+, Bild- und Videoplattformen wie Flickr und YouTube, Social Bookmarking- und Social News-Portale wie Delicious.com (Weinberg 2012, S. 1), wobei die Kommunikationsträger der Social Media-Kommunikation das Transportmittel der Information beziehungsweise des Inhalts darstellen. Hierzu zählen sämtliche Online-basierten Plattformen, die in der Lage sind, die Kommunikationsbotschaft zu übermitteln. Die Träger der Social Media-Kommunikation sind vielfältig. Dies kann beispielsweise ein über Twitter vermittelter Kommentar, eine bei epinions abgegebene Empfehlung oder eine über Foursquare veröffentlichte Information sein. Gemäß Tuten und Solomon (2013) können Social Media-Plattformen in vier übergeordnete Kategorien untergliedert werden (Abb. 3):

(1) Social Communities,
(2) Social Commerce,
(3) Social Publishing sowie
(4) Social Entertainment.

Im Rahmen der Kategorie *Social Communities* liegt der Fokus der Social Media-Plattformen auf dem Eingehen und der Pflege von Beziehungen. Nutzer partizipieren in Social Communities-Plattformen, um ihre Bedürfnisse nach Zugehörigkeit und sozialer Interaktion zu befriedigen. Beispiele für Social Communities sind Soziale Netzwerke wie Google+, StayFriends oder LinkedIn. *Social Commerce*-Plattformen dienen hingegen der Unterstützung der Konsumenten bei ihrer Kaufentscheidung beziehungsweise den Verkäufern beim Absatz ihrer Produkte. Mittels der Möglichkeiten der Sozialen Medien soll während des Online-Kaufs die soziale Interaktion gesteigert werden, um das „reale" soziale Einkaufserlebnis bestmöglich virtuell

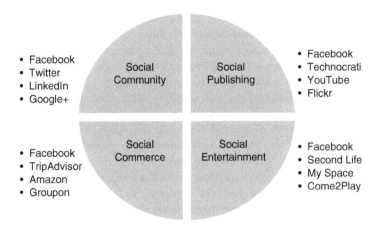

Abb. 3 Kategorisierung der Social Media-Plattformen. Quelle: in Anlehnung an Tuten und Solomon 2013, S. 7

abzubilden. Kanäle des Social Commerce sind Beurteilungsportale wie epinions oder Tripadvisor, Websiten mit Rabatt-Angeboten wie Groupon oder soziale Marktplätze wie Dawanda oder Etsy. Der Fokus von *Social Publishing*-Plattformen liegt auf der Verbreitung von Inhalten. Beispiele sind der Einsatz von Blogs, wie Tumblr oder Technocrati, zur Informationsdissemination oder Media Sharing Websites wie YouTube, SoundCloud oder SlideShare. *Social Entertainment*-Plattformen (z. B. Myspace oder Second Life) verfolgen dagegen das primäre Ziel, den Nutzern Möglichkeiten zu bieten, mit anderen zu spielen und sich zu amüsieren. Im Rahmen ihrer Kategorisierung schließen die Autoren hybride Social Media-Kanäle nicht aus. So ordnen sie beispielsweise Facebook allen vier Kategorien zu (Tuten und Solomon 2013, S. 4 ff.).

2 Stellenwert der Social Media-Kommunikation im Kommunikationsmix

Im Rahmen des Kommunikationsmix hat die Social Media-Kommunikation investitionsbezogen einen vergleichsweise geringen Stellenwert zu klassischen Maßnahmen wie der Mediawerbung (ZAW 2013). Aufgrund der vielfältigen Nutzungsmöglichkeiten sowie der großen nutzerseitigen Wachstumsraten (ARD/ZDF 2013) ist der Social Media-Kommunikation jedoch eine besondere *funktionale Stellung im Kommunikationsmix* einzuräumen. Darüber hinaus unterstreichen ein geändertes Such-, Informations- und Entscheidungsverhalten der Nachfrager die Bedeutung des Kommunikationsinstruments.

Die wichtige Funktion der nutzergenerierten Kommunikation für Konsumenten als Informationssurrogat bei Konsumentscheidungen wird durch zahlreiche Studien bestätigt (z. B. Chevalier und Mayzlin 2006; Liu 2006; Dellarocas et al. 2007; Bruhn et al. 2012). So müssen sich Unternehmen neben der rein vom Unternehmen ausgehenden Kommunikationsplanung im Sinne einer „*Inside-out-Perspektive*" sowie der Ausrichtung der Kommunikationsziele und inhalte an den Informationsbedürfnissen der Kunden („*Outside-in-Perspektive*"), den Herausforderungen der „Outside-out-Kommunikation" („*Outside-out-Perspektive*") stellen. Diese stellt die Interaktionen und Vernetzungen der Kunden untereinander in den Mittelpunkt, wobei die Initiative sowie die Inhalte der Kommunikation ausschließlich von den Kunden ausgehen (User Generated Content). Hierdurch wird jeder Nutzer von Sozialen Medien zu einem Marktteilnehmer im Meinungsmarkt. Da sich diese Form der Kommunikation weitgehend der Kontrolle des Unternehmens entzieht, sind die Botschaften der Sender sowie die Reaktionen der Empfänger auf die publizierten Botschaften nicht oder nur eingeschränkt kontrollierbar. In der Konsequenz liegt die Macht zur Steuerung der Kommunikationsbotschaften nicht mehr allein bei den Unternehmen, sondern wird durch die Macht des Kollektivs ergänzt. Für Unternehmen gilt es diese Bewegungen zu monitoren (passive Social Media-Kommunikation) und bei Bedarf über aktive Maßnahmen einzugreifen (aktive Social Media-Kommunikation).

Auf Seite der Unternehmen ist aus diesen Gründen verstärkt eine Ausdehnung der Social Media-Kommunikationsangebote zu beobachten. Der Perspektivenwechsel weg von einer einseitigen, zumeist monodirektionalen, wenig netzwerkorientierten und hin zu einer *interaktionsorientierten Kommunikation in nahezu Echtzeit* hat in vielen Unternehmen eine Neubewertung ihres Kommunikationsmix sowie einzelner Kommunikationsmaßnahmen zur Folge. So wird im Rahmen der Social Media-Kommunikation heute besonderen Wert auf Maßnahmen gelegt, die es dem Unternehmen ermöglichen, mit ihren Konsumenten, Partnern, Intermediären, aber auch ihren Mitarbeitenden aktiv in Dialog zu treten. In diesem Sinne ist *Social Media als zentrales Instrument der Dialogkommunikation* anzusehen, mit vielfältigen Einsatzbereichen und Anwendungsfeldern.

So verfolgt eine Vielzahl Unternehmen mit dem *Einsatz der Social Media-Kommunikation* die Erhöhung der Konsumentenbindung und -pflege sowie die Stärkung der Marken-Kunden-Beziehungen. Insbesondere versprechen sich Unternehmen durch den Einsatz der Social Media-Kommunikation die Generierung neuer Ideen und den Austausch von unternehmensrelevanten Informationen über Produkte und Dienstleistungen. Unternehmen stehen hinsichtlich der Ausgestaltung der Kommunikationsstrategie, der Auswahl unterschiedlicher Erscheinungsformen der Social Media sowie den damit verbundenen Maßnahmen verstärkt in einem Wettbewerb, die Möglichkeiten einer *Interaktion mit den Konsumenten* und anderen unternehmensrelevanten Stakeholdern besonders effektiv und effizient auszuschöpfen. Aufgrund dessen nutzen bereits mehr als die Hälfte der nach Werbeausgaben hundert größten Marken Deutschlands Social Media für die Marketing- und Unternehmenskommunikation. Am beliebtesten bei Unternehmen sind gemäß einer Studie von BITKOM Soziale Netzwerke wie Facebook. Mit einem deutlichen Abstand folgen dann Video-Plattformen wie YouTube und Unternehmensblogs (Abb. 4).

Weiterhin zeigen die Ergebnisse der Studie, dass Social Media vor allem in den Abteilungen Marketing, Werbung und Public Relations eingesetzt wird. Auch im

Rahmen des Kundenservices und des Vertriebs kommt der Social Media-Kommunikation eine wichtige Bedeutung zu (BITKOM 2012). Diese Tendenzen sind sowohl in der *Konsumgüter-*, der *Industriegüter-*, als auch in der *Dienstleistungsbranche* zu beobachten (Bruhn 2014b), weshalb im Folgenden keine explizite Unterscheidung zwischen Social Media-Maßnahmen im B2C- und B2B-Markt vorgenommen wird.

Des Weiteren unterstreicht das Informationsverhalten der Konsumenten die Bedeutung der Social Media-Kommunikation für Unternehmen. Die Erkenntnisse einer Studie der Handelshochschule Leipzig und McKinsey & Company demonstrieren dies eindrucksvoll. So nutzt zwar jeder dritte Konsument Mediawerbung (insbesondere TV-Werbung, Zeitungen und Zeitschriften) zur Information über Produkte und Services, als ausschlaggebende Kommunikationskanäle werten diese jedoch weniger als 5 Prozent. Die Homepages von Herstellern und Händlern sowie Social Media-Plattformen, wie beispielsweise Foren und Netzwerke, nennen 50 Prozent der Probanden als wichtigsten Informationskanal. Zudem zeigen die Untersuchungsergebnisse, dass Foren, Netzwerke und Bewertungsportale in ihrer Bedeutung weiter zunehmen werden, da die Informationssuche der Konsumenten auf Social Media-Plattformen stetig ansteigt (Hellmann 2009).

3 Planung und Umsetzung einer Kommunikationsstrategie im Rahmen der Social Media-Kommunikation

Die vorangegangenen Ausführungen machen deutlich, dass das Kommunikationsinstrument Social Media branchenübergreifend eine zunehmend bedeutende Rolle im Rahmen der Kommunikationspolitik vieler Unternehmen einnimmt – vor allem für die Dialogkommunikation – und als ein wesentliches Element des gesamten Kommunikations- und Marketingmix zu erachten ist. Ausgangspunkt jeder Social Media-Kampagne hat ein vorab festgelegter *Strategieplan* zu sein, wobei die Grundlage des Planungsprozesses eine spezifische Potenzialanalyse darstellt. Darüber hinaus sind die Kommunikationsmaßnahmen auf die zentralen Zielsetzungen der Marketing- und Kommunikationspolitik abzustimmen. Dies verdeutlicht die Notwendigkeit einer systematischen und strukturierten Vorgehensweise bei der Planung und Implementierung einer Social Media-Kommunikationsstrategie. Abbildung 5 zeigt einen idealtypischen Planungsprozess der Social Media-Kommunikation. Wie der Planungsprozess verdeutlicht, stehen die einzelnen Planungsaktivitäten in den Phasen in Beziehung zueinander und weisen Wechselwirkungen auf, weshalb eine *integrative Ausrichtung* jeder Phase des Planungsprozesses auf den Kommunikationsmix umzusetzen ist. Im Rahmen des Planungsprozesses der Social Media-Kommunikation sind von den an der Kommunikation Beteiligten verschiedene Teilentscheidungen in den nachfolgend beschriebenen Phasen vorzunehmen.

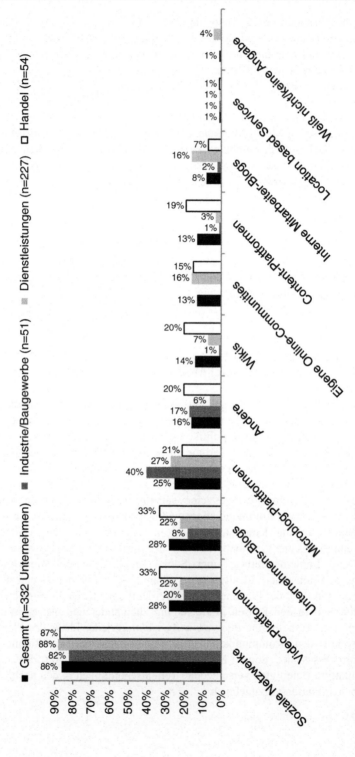

Abb. 4 Verbreitung von Social Media-Plattformen nach Branchen. Quelle: BITKOM 2012

Abb. 5 Planungsprozess der Social Media-Kommunikation. Quelle: Bruhn 2014b, S. 1105

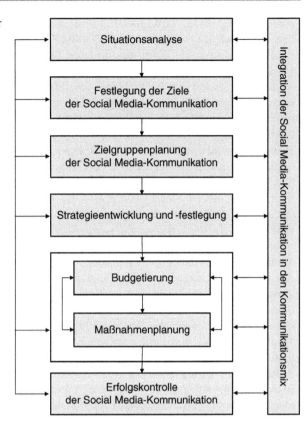

3.1 Situationsanalyse als Ausgangspunkt

Die Analyse der Marketingsituation des Unternehmens bildet den Ausgangspunkt für die Planung, Steuerung und Kontrolle der Social Media-Aktivitäten. In dieser Phase gilt es, die konkrete Marketingsituation als Ausgangspunkt der nachfolgenden Entscheidungen zu analysieren, wobei zwischen einer unternehmensexternen (Chancen und Risiken) und -internen Situationsanalyse (Stärken und Schwächen) unterschieden wird.

Im Rahmen der *unternehmensexternen Situationsanalyse* identifiziert das Unternehmen *Chancen und Risiken* für die Social Media-Kommunikation, die sich aus den externen Gegebenheiten ableiten lassen. Zur Analyse dieser Chancen und Risiken ist das Umfeld des Unternehmens zu berücksichtigen. Hierzu zählen neben den *marktbezogenen Rahmenbedingungen*, wie der Social Media-Affinität der Branche (z. B. Chance: Kaufentscheidungen werden vermehrt auf Social Media-Plattformen getroffen; Risiko: Botschaftsverwässerung bei Diskrepanzen zwischen unternehmens- und nutzergenerierten Inhalten), vor allem die *gesetzlichen Rahmenbedingungen*. Im Rahmen der Social Media-Kommunikation ist zu beachten, dass sowohl in der deutschen als auch in der europäischen Rechtsprechung kein Social Media-Regelwerk existiert. Vielmehr stellen unterschiedliche Gesetzeswerke, wie das Gesetz gegen unlauteren Wettbewerb (UWG) oder das Telemediengesetz (TWG), das maßgebende Lauterkeitsrecht dar (vertiefend Bruhn 2014b). So kann als ein potenzielles Risiko der Social Media-Kommunikation die geplante EU-Datenschutzverordnung eingestuft werden, da diese u. a. darauf abzielt, Tracking-Cookies ohne Einwilligung zu unterbinden (Absatzwirtschaft 2012). Neben gesetzlichen Regelwerken hat sich die Wirtschaft *Selbstbeschränkungen* auferlegt, die auch für die Social Media-Kommunikation Gültigkeit haben (Deutscher Werberat 2014, S. 64 ff.). Darüber hinaus existieren Leitfäden des guten Benehmens, wie z. B. die angemessene Ressourcenbeanspruchung im Hinblick auf Zeit und Speicherkapazität anderer Personen sowie die Verletzung der Privatsphäre. So hat 2010 der Deutsche Knigge-Rat Höflichkeitsregeln für Soziale Netzwerke herausgegeben. Diese umfassen verschiedene Empfehlungen zum Verhalten auf Social Media-Plattformen, wie z. B. das Prüfen der privaten Fotos (Knigge 2012). Des Weiteren sind zur externen Situationsanalyse *konsumentenbezogene und konkurrenzbezogene Rahmenbedingungen* heranzuziehen. So ist die nutzerbezogene Akzeptanz und Aktivität des Social Media-Kanals eine unabdingbare Voraussetzung für den Erfolg einer Social Media-Kampagne (Fritz 2004, S. 76 ff.). Auch sind die Anforderungen der Zielgruppe an eine Social Media-Anwendung zu identifizieren und zu berücksichtigen (Fritz 2004, S. 144). Eine beispielhaft ableitbare Chance der Social Media-Kommunikation stellt die Möglichkeit dar, dem Unternehmen und seinen Leistungen ein „Gesicht" zu geben. Dies meint, dass bestimmte Mitarbeitende des Unternehmens mit ihrem Profil dafür zuständig sind, sich zu einem bestimmten Bezugsobjekt zu äußern und mit den Nutzern der Social Media-Plattformen in Dialog zu treten und zu interagieren. Als konsumentenbezogenes Risiko kann die so genannte „Facebook Fatigue" aufgeführt werden, die die zunehmende Facebook-Abwanderung von Jugendlichen beschreibt. Bezüglich der Konkurrenzanalyse sind Fragen, wie die Aktivität des Wettbewerbs im Social Web oder welche Plattformen die Konkurrenz in ihrer Social Media-Strategie bedient, zu beantworten. Wichtig hierbei ist, dass Unternehmen nicht als „Mitläufer" (Risiko) wahrgenommen werden, die den Social Media-Kanal lediglich bedienen, da die Konkurrenz dort aktiv ist.

Im Rahmen der *unternehmensinternen Situationsanalyse* werden unter anderem Erfolge bisheriger Maßnahmen, die Bewertung der Social Media-Kompetenz des Unternehmens, die verfügbaren Ressourcen sowie die zukünftigen Einsatzmöglichkeiten überprüft sowie *Stärken und Schwächen* der Social Media-Kommunikation abgeleitet. So sind ausreichende Serverkapazitäten oder eine hohe interne Social Media-Kompetenz der Mitarbeitenden Stärken des Kommunikationsinstruments; beispielhafte, aus der internen Unternehmensanalyse ableitbare Schwächen sind eine mangelhafte Gewährleistung der Datensicherheit sowie eine geringe Erfahrung der Mitarbeitenden mit Maßnahmen der Social Media-Kommunikation. Darüber hinaus sind die *Kompatibilität der Social Media-Kommunikation* mit dem bestehenden Kommunikationsmix und die Frage der Integrierbarkeit zu prüfen. Eine weitere notwendige Stärke der Social Media-Kommunikation stellt die Akzeptanz und Unterstützung des Instruments bei den Mitarbeitenden sowie der Geschäftsführung dar. Hierbei gilt es insbesondere, die so genannten „Digital Immigrants" (40plus) einzubinden und ihre Vertrautheit mit diesen Medien zu fördern (Hilker 2012, S. 88

f.). Für Unternehmen ist es daher unabdinglich, die *Bedürfnisse der internen Kunden* zu identifizieren und zu berücksichtigen sowie diese Erkenntnisse in die Social Media-Strategie einzubinden.

Als Konsequenz aus der Evaluierung der ermittelten kommunikationsrelevanten externen Chancen und Risiken am Markt sowie den internen Stärken und Schwächen im Unternehmen erfolgt die Entscheidung über den zukünftigen Einsatz der Social Media-Kommunikation. Mit dem Ergebnis der Situationsanalyse wird die *kommunikative Problemstellung der Social Media-Kommunikation* deutlich, die die Notwendigkeit und Ansatzpunkte für kommunikationspolitische Strategien und Maßnahmen aufzeigt.

3.2 Zielsystem der Social Media-Kommunikation

Innerhalb dieser Phase gilt es, ein klares, langfristig ausgerichtetes, operationales Zielsystem festzulegen. Ausgehend von den Ergebnissen der Situationsanalyse sind in einem hierarchischen und iterativen Prozess die *Social Media-Ziele* festzulegen. Die einzelnen Ziele sind dabei konsistent zu den im Rahmen der Kommunikationsstrategie des Gesamtunternehmens festgelegten Zielen zu formulieren. Darüber hinaus dienen die formulierten Ziele als Bewertungsmaßstab für die einzelnen Social Media-Maßnahmen, weshalb bei der Formulierung auf Operationalisierbarkeit sowie Quantifizierbarkeit zu achten ist. Bezüglich des Zielsystems der Social Media-Kommunikation ist zunächst zu differenzieren, ob sich die Ziele auf aktive oder passive Social Media-Aktivitäten des Unternehmens beziehen.

In Bezug auf die *aktiven Maßnahmen* auf Social Media-Plattformen lassen sich kognitive, affektive sowie konative plattformbezogene und kommunikationsbezogene Ziele unterscheiden. *Plattformbezogene Zielgrößen* stellen dabei auf die Nachfrage nach Kommunikation auf den Social Media-Kanälen ab. Im Rahmen dieser Zielgrößen dienen kognitiv-orientierte Ziele der Awareness-Steigerung, affektivorientierte Ziele betreffen Aspekte wie emotionales Erleben, Image oder Interesse. Konativ-orientierte Ziele beinhalten sowohl Verhaltensabsichten als auch konkretes Verhalten der Nutzer, wie die Absicht der Nachfrager, weiterhin auf der Plattform mit dem Unternehmen zu kommunizieren und die Dialogangebote zu nutzen.

Hingegen fokussieren *kommunikationsbezogene Zielgrößen* die Reaktionen der Nutzer in Bezug auf das Kommunikationsobjekt. Hierbei konzentrieren sich die kognitiv-orientierten Ziele auf die Perzeption, Kenntnis und Erinnerung an das Unternehmen und seine Produkte, Marken und Dienstleistungen (Tuten und Solomon 2013, S. 38). Dagegen gehört die Erzeugung einer Emotion bei den Konsumenten bei Kontakt mit den auf das Kommunikationsobjekt bezogenen Social Media-Maßnahmen, wie z. B. bei einem Video über die Unternehmensmarke auf einer Plattform wie Vimeo, zu den affektiven Zielen. Unter konativ-orientierten Zielen sind Verhaltensabsichten beziehungsweise tatsächliche Verhaltensweisen subsumiert. Beispiele sind die Anregung von Electronic-Word-of-Mouth (eWOM) oder die digitale Vernetzung von Individuen, in der sich diese regelmäßig über das Unternehmen austauschen, was zu einem positiven Gemeinschaftsgefühl und damit zu einer langfristigen Bindung an das Unternehmen führen kann (Mühlenbeck und Skibicki 2007, S. 78).

Passive Social Media-Aktivitäten verfolgen hingegen das Ziel der Informationsgenerierung. Hierbei lassen sich marktforschungs-, innovations- und reaktionsbezogene Zielgrößen unterscheiden. *Marktforschungsorientierte Zielgrößen* dienen der Ermittlung der Bedürfnisse, Einstellungen und Erwartungen der Konsumenten gegenüber den Produkten und Leistungen des Unternehmens. Diese Einblicke liefern fundamentale Entscheidungshilfen für die Nutzen- und Werteversprechen des Unternehmens. Außerdem sind hierunter Zielgrößen wie die Analyse des Nutzungsverhaltens der Konsumenten auf Social Media-Plattformen zu nennen. Sie sind für die plattformgenaue Platzierung der Kommunikationsinhalte auf den Social Media-Kommunikationsträgern notwendig.

Die *innovationsorientierten Zielgrößen* beziehen sich auf die Öffnung des Innovationsprozesses für Konsumenten und interessierte Akteure der Öffentlichkeit im Sinne einer Open Innovation. Durch Social Media wird es den Konsumenten möglich, sich über Plattformen an Produktentwicklungen zu beteiligen. Das Verfahren, Nutzer in Entwicklungsprozesse einzubinden, wird als Crowdsourcing bezeichnet (Gruber 2008, S. 57). Dieser Einbezug in die Produkt- und Dienstleistungsentwicklung liefert dem Unternehmen wertvolle Informationen. Die innovationsbezogenen Zielgrößen beziehen sich auf die Identifikation der relevanten externen Informationen, deren systematische Aufbereitung sowie auf die Integration der internen und externen Kontaktpunkte über den gesamten Innovationsprozess.

Hingegen dienen die *reaktionsbezogenen Zielgrößen* der Erreichung einer effizienten Kommunikation vor allem in Krisenzeiten des Unternehmens. Dies bedarf ein kontinuierliches Monitoring des User Generated Content über das Unternehmen. Durch eine permanente Informationsgenerierung ist es dem Unternehmen möglich, auf negative Berichte frühzeitig, unmittelbar und glaubwürdig reagieren zu können, um Krisen bereits während der Entstehung begegnen zu können (Rösger et al. 2007, S. 109; Gruber 2008, S. 57).

3.3 Zielgruppenplanung der Social Media-Kommunikation

Im Rahmen dieser Phase liegt der Fokus der strategischen Entscheidungen auf der *Identifikation, Beschreibung und Auswahl der anvisierten Social Media-Zielgruppen*. Dies ist auf Basis der in der Situationsanalyse gewonnenen Erkenntnisse vorzunehmen. Im Verlauf der Zielgruppenidentifikation werden diejenigen Zielpersonen erfasst, die zur Realisierung der Social Media-Ziele anzusprechen sind. Um eine sowohl anwendungs-, inhalts- und kommunikationsobjektbezogene Zielgruppenaffinität der Social Media-Kommunikation zu erreichen, sind die identifizierten Segmente im Anschluss mit einem möglichst umfassenden Merkmalskatalog zu beschreiben.

Im Rahmen der *Zielgruppenidentifikation* gilt es zunächst, jene Bestandskunden sowie potenzielle Kunden zu bestimmen, die für die Social Media-Kommunikation von Relevanz sind. Hierbei gilt es nicht nur Konsumenten zu berücksichtigen, sondern weitere Zielgruppen, wie beispielsweise die Mitarbeitenden des Unternehmens, Absatzmittler oder die Medien, mit einzubeziehen. Auch ist die Berücksichtigung und Erfassung der Plattformen von Bedeutung, auf denen die Zielpersonen aktiv sind, um sicherzustellen, dass die Social Media-Kommunikation die für die Zielgruppen relevanten Plattformen im Social Web in die Strategie einbezieht.

Generell impliziert die Identifikation der Zielgruppen eine Bildung von Nutzergruppen nach den Kriterien Homogenität nach Innen sowie Heterogenität nach Außen. Ziel dieser Gruppenbildung ist die zielgruppenspezifische Entwicklung der Social Media-Kommunikation sowie die Platzierung dieser auf den von der Zielgruppe genutzten Kanälen. In der Literatur werden vier *Merkmale zur Zielgruppenbildung* unterschieden (z. B. Bruhn 2015, S. 208 f.):

(1) Demografische Merkmale,
(2) Sozioökonomische Merkmale,
(3) Psychografische Merkmale und
(4) (Beobachtbare) Verhaltensmerkmale.

Die Bildung der Zielgruppen nach *demografischen Merkmalen*, wie beispielsweise das Alter oder den Familienstand, und *sozioökonomischen Merkmalen*, wie den Beruf oder die Soziale Schichtung, stellen die klassischen Analyseverfahren dar und werden häufig aufgrund der mangelnden Relevanz für das intendierte Konsumenten- und Kommunikationsverhalten kritisiert (Schweiger und Schrattenecker 2009, S. 58 f.). Unter den *psychografischen Abgrenzungsmerkmalen* sind die Akzeptanz der Social Media-Erscheinungsformen und Kommunikationsträger, die Anforderungen an Interaktivität und Multimodalität einer Anwendung sowie die Informations-, Unterhaltungs- und Selbstdarstellungsbedürfnisse herauszustellen (Busch et al. 2008, S. 530). Weitere psychografische Merkmale in Bezug auf das Kommunikationsobjekt sind die Motive, Kenntnisse und Einstellungen. Merkmale des (*beobachtbaren*) *Verhaltens* beziehen sich auf die Verhaltenswirkungen der Zielgruppen bei der Nutzung von Social Media-Plattformen, insbesondere das Informations- und Kommunikationsverhalten. Hierbei können Kriterien wie eWOM oder das Postverhalten der Nutzer herangezogen werden.

Die *Zielgruppenbeschreibung* dient der Beantwortung verschiedener Fragen, wie die Notwendigkeit der Abdeckung verschiedener Social Media-Erscheinungsformen und -Kommunikationsträger, um einen Kontakt mit der Zielgruppe herzustellen. Darüber hinaus sind Aspekte, wie das Bedürfnis nach Interaktivität, oder welche Inhalte durch die Social Media-Kommunikation zu transportieren sind, zu berücksichtigen.

Werden die Erkenntnisse aus der Identifikation der Social Media-Zielgruppen und deren Beschreibung zusammengefügt, können so genannte *Nutzertypologien* formuliert werden. Ein Beispiel einer solchen Nutzertypologie wurde von Forrester Research entwickelt. Abbildung 6 gibt einen Überblick über die verschiedenen Nutzerrollen und ihre Aktivitäten.

Hierbei lässt sich zunächst die Kategorie der *Schöpfer* identifizieren, die beispielsweise einen eigenen Blog aktiv betreiben. Als zweite Gruppe sind die *Kritiker* zu erwähnen, die aktiv andere Beiträge oder Produkte und Leistungen kommentieren. Als dritte Gruppe können die *Sammler* bestimmt werden. Diese sind vor allem

Nutzerrolle	Aktivitäten
Schöpfer (Creators)	Veröffentlichen eigene Artikel in Blogs, Webseiten oder laden Multimediainhalte wie Videos und Podcasts auf entsprechende Plattformen.
Kritiker (Critics)	Bewerten Produkte und Dienstleistungen in Bewertungsportalen, kommentieren Inhalte in Blogs, beteiligen sich an Foren und Wikis.
Sammler (Collectors)	Akkumulieren Inhalte, indem sie RSS-Feeds abonnieren und Social Bookmarking-Applikationen einsetzen.
Teilnehmer (Joiners)	Sind in mindestens einem Sozialen Netzwerk angemeldet und besuchen diese Seiten.
Zuschauer (Spectators)	Konsumieren Inhalte in Blogs, Foren und auf Bewertungsseiten.
Inaktive (Inactives)	Sind nicht im Social Web aktiv.

Abb. 6 Nutzertypen von Online-basierten Plattformen. Quelle: Innovation Mining 2009; Bruhn 2014b, S. 1083

an Social Bookmarking und RSS-Feeds interessiert. Weiterhin lässt sich die Gruppe der *Teilnehmer* differenzieren, die eine eigene Seite in einem Sozialen Netzwerk haben und andere Seiten von Sozialen Netzwerken besuchen. Auch die *Zuschauer* stellen eine Nutzergruppe dar. Diese konsumieren vor allem Inhalte in Blogs, Foren und auf Bewertungsportalen. Der letzte Nutzertyp sind die so genannten *Inaktiven*, die kein Soziales Medium nutzen (Tuten und Solomon 2013, S. 74 f.). Abbildung 7 stellt diese Nutzertypologie altersspezifisch für Deutschland dar.

Basierend auf der Identifikation und Beschreibung der Zielgruppen ist eine Auswahl der relevanten Zielgruppen für die Social Media-Kommunikation zu treffen. Die *Auswahl der Zielgruppen* erfolgt in der Regel unter Kosten-Nutzen-Erwägungen, wobei verschiedene ökonomische und außerökonomische Kriterien zu beachten sind. Hierzu sind beispielsweise der zielbezogene Nutzen der Social Media-Kommunikation in der Zielgruppe, das Kommunikationsbedürfnis der Zielgruppen sowie die relative Umsatzbedeutung und Kosten für die Bearbeitung der Zielgruppen zu subsumieren (vertiefend Bruhn 2014b, S. 1123 ff.).

3.4 Strategie der Social Media-Kommunikation

Ausgehend von den Ergebnissen der Situationsanalyse, der formulierten Ziele und den anvisierten Social Media-Zielgruppen ist die zu verfolgende Social Media-Strategie festzulegen. Während die Bestimmung der Ziele und Zielgruppen als zukunftsbezogene Vorgaben für das Unternehmen verstanden werden, erfolgt durch die Strategiefestlegung eine Kanalisierung, innerhalb derer sich die Kon-

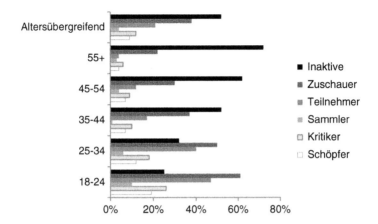

Abb. 7 Nutzertypen von Online-basierten Plattformen in Deutschland. Quelle: Forrester Research 2014

zeption und Umsetzung der einzelnen Social Media-Aktivitäten als operativer Planungsprozess vollzieht.

Aufgrund der Bidirektionalität des Kommunikationsinstruments erscheint eine Kategorisierung der Strategietypen der Social Media-Kommunikation in die Teildimensionen „Anzahl der Nutzer" sowie „Art der Ansprache durch das Unternehmen" sinnvoll. Das erste Kriterium bezieht sich auf die *Anzahl der Nutzer*, die in die Social Media-Maßnahme einbezogen werden. Die extremen Ausprägungen unterscheiden zwischen einer individuellen, nutzerspezifischen Maßnahme und solche, die das Nutzerkollektiv einschließen. Demgegenüber kennzeichnet die Dimension „*Ansprache durch das Unternehmen*" die Situation, ob das Unternehmen im Rahmen der Social Media-Kommunikation aktiv oder passiv agiert. Die Kombination der jeweiligen Extremausprägungen führt zu den in Abb. 8 dargestellten *Grundtypen der Strategie einer Social Media-Kommunikation*, auf Basis derer konkrete operative Social Media-Maßnahmen ableitbar sind.

Die Strategien „Mitreden" und „Unterstützung" implizieren nutzerspezifische (individuelle), aktive Social Media-Aktivitäten, wobei die *Strategie des Mitredens* in erster Linie das Ziel verfolgt, für sämtliche Nutzer der Social Media-Plattformen präsent zu sein und Interesse am dialogischen Informationsaustausch zu bekunden. Hingegen verfolgt die *Strategie der Unterstützung* das Ziel, Verknüpfungen zwischen Nutzern herzustellen, die dieselben Anliegen und Bedürfnisse verfolgen.

Social Media-Kommunikation, die sich an die Nutzergesamtheit richtet und aktiv ausgestaltet ist, können die Strategien der Aktivierung (Anregung zur Weiterempfehlung) sowie der Beeinflussung verfolgen. Im Rahmen der *Aktivierung* versucht das Unternehmen, gezielt positives eWOM der Nutzer zu stimulieren. Das Motiv der *Beeinflussungsstrategie* ist die Suche und Unterstützung eines aktiven Dialogs mit den Zielgruppen sowie den Informationsaustausch aktiv anzutreiben und zu „steuern". Unternehmen verfolgen dabei u. a. die Ziele die Akzeptanz und die Awareness des Unternehmens sowie neuer Produkte und Dienstleistungen zu erhöhen.

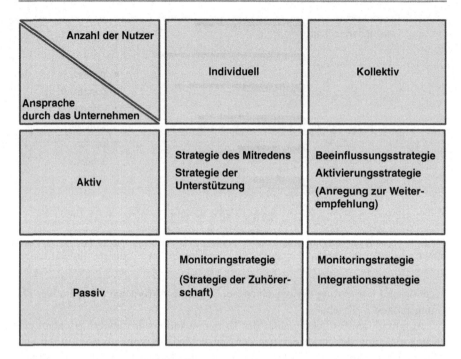

Abb. 8 Strategietypen der Social Media-Kommunikation. Quelle: in Anlehnung an Bruhn 2014b, S. 1130

Im Rahmen von passiven Social Media-Maßnahmen kommt die *Strategie des Zuhörens* einem Monitoring der Social Media-Aktivitäten eines Nutzers (individuell) oder mehrerer Nutzer (kollektiv) gleich. Der Strategieansatz konzentriert sich darauf, den Informationsfluss zwischen Nutzern aktiv zu verfolgen, zu analysieren und zu interpretieren, ohne direkt in die Kommunikation einzugreifen. Ziel der auf das Nutzerkollektiv gerichteten *Integrationsstrategie* ist es, die Konsumenten in die Prozesse im Unternehmen zu integrieren, wobei nutzerspezifische Daten als wichtige „customer insights" für beispielsweise das Produktmanagement fungieren können. Dieser Strategietypus liegt der Idee des Crowdsourcing zugrunde.

Neben der Unterscheidung gemäß der Nutzeranzahl und der Anspracheform impliziert Social Media-Kommunikation die strategische Entscheidung bezüglich der Plattformwahl in Abhängigkeit der Einflussmöglichkeiten des Unternehmens. In der Literatur wird diesbezüglich eine Differenzierung der Social Media-Plattformen in Owned, Paid und Earned Media diskutiert (z. B. Tuten und Solomon 2013, S. 17 f.; Abb. 9). Zur *Owned Media* werden dabei diejenigen Plattformen subsumiert, bei denen das Unternehmen über die technische und/oder inhaltliche Kontrolle über die Plattform verfügt. *Paid Media* bezeichnet Social Media-Kanäle, die monetär vom Unternehmen gebucht werden. Hingegen schließt *Earned Media* sämtliche Plattformen ein, auf denen das Unternehmen keine direkte Kontrolle über die Inhalte hat, sondern sich seine Reputation beziehungsweise positive Beiträge verdienen muss

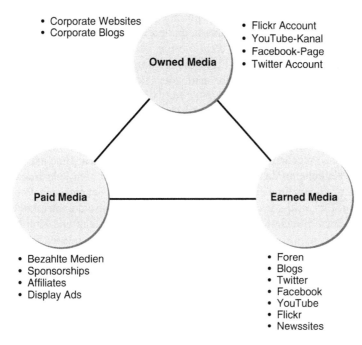

Abb. 9 Social Media-Plattformen gemäß der Einflussmöglichkeiten des Unternehmens. Quelle: in Anlehnung an Bruhn 2014b, S. 1092

(Back et al. 2012). Anzumerken ist hierbei, dass Informationen im Rahmen der Earned Media am authentischsten und glaubwürdigsten wahrgenommen werden, jedoch außerhalb der direkten Kontrollierbarkeit durch Unternehmen liegen.

3.5 Budgetierung der Social Media-Kommunikation

Ökonomische Entscheidungen der Social Media-Kommunikation umfassen die Ermittlung der Kostenarten und der Höhe des Budgets der Social Media-Kommunikation sowie dessen Allokation auf die einzelnen Social Media-Maßnahmen. Zuerst ist hierbei jedoch anzumerken, dass, hingegen der häufigen Annahme, Social Media-Kommunikation nicht kostenlos ist. Im Vergleich zu kostenintensiven Kommunikationsinstrumenten, wie der Mediawerbung, stellt Social Media eine kostengünstigere Alternative dar. Jedoch verschieben sich im Rahmen der Social Media-Kommunikation die Kostenbestandteile. So fallen für die Belegung eines Social Media-Kanals häufig keine direkten Kosten an, jedoch müssen die Inhalte kontinuierlich neu erstellt und gepflegt werden. Darüber hinaus erfordern verschiedene Social Media-Kanäle bidirektionale Kommunikation in nahezu Echtzeit, so dass Social Media-Aktivitäten mit höheren Personalkosten verbunden sind (Heymann-Reder 2011, S. 43; Tuten und Solomon 2013, S. 40).

Vor der *Bestimmung des Budgets* für eine geplante Social Media-Strategie ist es notwendig, die relevanten Kostenbestandteile zu definieren. Dabei handelt es sich in erster Linie um *Planungs- und Realisierungskosten* (Kosten für die Planung und Entwicklung der Social Media- Erscheinungsformen), und *laufende Kosten* (Kosten beispielsweise für die Moderation laufender Aktivitäten sowie regelmäßige Werbungskosten) (Li und Bernoff 2009, S. 176 ff.). Des Weiteren sind die *Systemkosten*, wie die Bereitstellung eines Servers oder Gebühren der Netzbetreiber, als relevanter Kostenbestandteil zu beachten. Darüber hinaus sind weitere periodisch anfallende Kosten in Form von so genannten *Betriebskosten* zu berücksichtigen. Hierzu zählen beispielsweise regelmäßig wiederkehrende Wartungskosten. Eine exakte und umfassende Kalkulation der Social Media-Kosten gestaltet sich jedoch aufgrund der großen Anzahl von Freiheitsgraden bei der Bestimmung der einzelnen Positionen als schwierig. Ein „kritischer Kostentreiber" ist beispielsweise die interaktive Ausrichtung der Social Media-Kommunikation, die sich in Umfang und Komplexität des Programmier- und Monitoringaufwand und der damit verbundenen Personalkosten niederschlägt.

Bezüglich der Ermittlung der *Budgethöhe* wird in der Literatur zwischen analytischen und heuristischen Verfahren differenziert (Rogge 2004, S. 139 ff.; Bruhn 2015, S. 272 ff.). Bei primär partizipations-orientierten Maßnahmen erscheint es jedoch kaum möglich, aussagekräftige Social Media-Reaktionsfunktionen abzuleiten, weshalb heuristische Verfahren im Rahmen der Social Media-Budgetierung sinnvoll erscheinen. So sind beispielsweise im Rahmen des marktbezogenen Ansatzes der Ziel-Maßnahmen-Methode, auf Basis der gesetzten Social Media-Ziele, die zur Zielerreichung eingesetzten Social Media-Maßnahmen sowie die damit verbunden Kosten zu kalkulieren. Neben den diskutierten Schwierigkeiten der Kostenplanung besteht ein zentraler Kritikpunkt des Verfahrens darin, dass ausreichend Informationen der Wirkung der Social Media-Kommunikationsmaßnahme vorliegen müssen. Um dem entgegenzuwirken, kann im Online-Bereich auf eine große Anzahl an *Reichweitenanalysen und weitere Kennzahlen* zurückgegriffen werden, wie z. B. Page Impressions (Anzahl der Zugriffe auf ein Profil eines Sozialen Netzwerks) oder Click Through Rate (Verhältnis der Ad Clicks zu den gesamten Impressionen), die Hinweise zur Benutzung von Internetseiten sowie Werbung im Internet geben und auf deren Basis Werbewirkungen über Recall- und Recognition-Tests erfasst werden (Fritz 2004, S. 179 ff.).

Nach der Bestimmung des Gesamtbudgets ist nach sachlichen sowie zeitlichen Kriterien zu entscheiden, welcher Teil des Budgets wann für die einzelnen Maßnahmen der Social Media-Kommunikation aufgewendet wird.

3.6 Maßnahmenplanung der Social Media-Kommunikation

Auf Basis der Erkenntnisse der vorhergehenden Planungsschritte sind an dieser Stelle die einzelnen *Social Media-Maßnahmen* bei den relevanten Zielgruppen zu konkretisieren und festzulegen. An dieser Stelle sind die Erkenntnisse der unternehmensinternen- und -externen Situationsanalyse explizit in die Entscheidungen einzubeziehen, da diese die direkten Einflussfaktoren der Social Media-Kommunikation darstellen (vertiefend Bruhn 2014b, S. 1138 ff.).

Darüber hinaus sind bezüglich der generellen Gestaltung für eine Erfolg versprechende Kommunikationsaktivität auf Social Media-Kanälen nach Williams und Cothrel (2000) drei *Erfolgsfaktoren* essentiell:

(1) Erreichung der kritischen Masse,
(2) Management der Social Media-Plattform sowie
(3) Förderung der Interaktion.

Der erste Aspekt, die *Erreichung der kritischen Masse*, bezieht sich auf die Erzielung eines hohen unternehmens- und nutzergenerierten Verbreitungsgrades der Social Media-Botschaft (aktive Social Media-Strategie). Die kritische Masse bezeichnet dabei den Punkt, ab dem sich die Botschaft beziehungsweise die Kampagne viral verselbstständigt und sowohl innerhalb als auch zwischen den Social Media-Plattformen durch Nutzer verbreitet wird (Zarella 2009, S. 195). Eine Maßnahme zur Erreichung der kritischen Masse stellt das so genannte *Seeding* dar. Beim Seeding werden gezielt Inhalte von Seiten des Unternehmens auf Social Media-Kanälen publiziert, um Nutzertypen wie die Schöpfer und Kritiker zu erreichen, die die Inhalte weitertragen (Sauercrowd 2014). Der Aspekt des *Managements der Social Media-Plattform* ist gemäß den Autoren für eine Erfolg versprechende Social Media-Kommunikation von Relevanz. Hierunter zählen sie die Sicherstellung von aufmerksamkeitswirksamen und authentischen Inhalten und Darstellungsformen sowie internen Regelwerken zum Kommunikationsverhalten auf Social Media-Plattformen. Das zentrale Merkmal des Web 2.0 und der Social Media-Kommunikation stellt die *Förderung der Interaktion* dar. Hierbei sind die Form- (Präsentation via Wort-, Bild-, Audio-, und/oder Videozeichen) und Formatgestaltung (Auswahl des Kanals) zu beachten. Ziel der Förderung der Interaktion ist es, den Meinungs-, Informations-, und Erfahrungsaustausch zu stimulieren und „Traffic" auf der Social Media-Plattform zu unterstützen. Dies führt zu einer gesteigerten Aufmerksamkeit der Nutzer gegenüber den unternehmensgenerierten Inhalten und damit zu einer bewussteren Informationsaufnahme.

Bezüglich der konkreten Social Medial-Maßnahmenplanung sind bei der aktiven als auch passiven Social Media-Strategie *inhaltliche* (z. B. Entscheidungen über die Inhalte der Botschaft oder über die Reaktion auf nutzergenerierte Inhalte), *technische* (z. B. Serverkapazität), *organisatorische* (z. B. die Fragen nach der Eigenständigkeit einer Social Media-Kommunikations-Abteilung oder der Integration in das Marketing oder die Public Relations) und *personelle Aspekte* (z. B. Anzahl der full time equivalents) zu berücksichtigen. Des Weiteren sind die *Eigenschaften der Social Media-Kanäle* bei der Maßnahmenplanung entscheidend, denn die Erscheinungsformen werden von der Zielgruppe aus unterschiedlichen Motiven genutzt und weisen daher eine differenzierte Eignung für den Botschaftstransport und zum Monitoring der Inhalte auf. So fokussieren Social Media-Plattformen der Kategorie Social Community auf den Aufbau und Pflege von Beziehungen. Die Nutzer dieser Medien verfolgen dabei das Motiv der sozialen Zugehörigkeit (Tuten und Solomon

2013, S. 5). Social Publishing-Kanäle zielen hingegen auf die Dissemination von Inhalten (Informationen und Daten) ab, wobei Nutzer diese kommentieren können und dadurch miteinander in Diskussion treten. Unterhaltung, Spaß und Spiel sind hingegen die zentralen Motive von Social Entertainment-Plattformen. Wohingegen Plattformen, die dem Social Commerce zugeordnet sind, der Förderung der sozialen Interaktion während des Online-Kaufs dienen.

3.7 Integration der Social Media-Kommunikation in den Kommunikationsmix

Bereits Ende der 1970er-Jahre schlug Meffert vor, „kommunikationspolitische Entscheidungen in den Gesamtzusammenhang der Marktkommunikation zu stellen" (Meffert 1979, Vorwort). Dem zugrunde gelegt steht die Überlegung, einzelne Kommunikationsinstrumente nicht isoliert zu planen, zu budgetieren und zu kontrollieren, sondern simultan aufeinander abzustimmen, so dass Synergien und Kostensenkungspotenziale bestmöglich ausgeschöpft werden. Auf Basis dieses „Denken im Kommunikationsmix" sind daher in jeder Stufe des Social Media-Planungsprozesses notwendige Maßnahmen zur Integration der Aktivitäten in den Kommunikationsmix des Unternehmens zu gewährleisten.

In der Literatur werden hierbei die *intrainstrumentelle* sowie die *interinstrumentelle Integration* unterschieden. Ersteres bezieht sich auf die Feinabstimmung sämtlicher instrumentespezifischer Aktivitäten. Bezogen auf die Social Media-Kommunikation sind daher alle aktiven und passiven Social Media-Aktivitäten inhaltlich (z. B. Social Media-Botschaft), formal (z. B. Gestaltungsprinzipien) und zeitlich (z. B. Koordination der zeitlichen Reihenfolge) aufeinander abzustimmen (vertiefend Bruhn 2014a).

Die interinstrumentelle Integration des Kommunikationsmix sieht hingegen die inhaltliche, formale und zeitliche Verknüpfung der Maßnahmen aller in einem Unternehmen eingesetzten Kommunikationsinstrumente vor. Häufige Formen hierfür sind der Verweis einer Social Media-Aktivität auf Plakaten (Integration von Social Media und Mediawerbung) oder die zur Verfügung Stellung einer Pressekonferenz auf Videoportalen (Integration von Social Media und Public Relations). Die Möglichkeit, Coupons über Social Media-Kanäle zu erwerben oder an Freunde und Bekannte weiterzuleiten, ist ein Beispiel der Integration von Social Media und Verkaufsförderung, interne Blogs oder Soziale Netzwerke hingegen der Integration von Social Media und Mitarbeiterkommunikation.

Die Ausführungen verdeutlichen zum einen die unternehmerischen Vorzüge des Denkens im Kommunikationsmix, zum anderen die Vielfältigkeit und Komplexität der Integrationsmöglichkeiten. An dieser Stelle ist auf die Bedeutung einer *Integrierten Kommunikation* für Unternehmen hinzuweisen, in die sich auch die Social Media-Kommunikation als Instrument der Dialogkommunikation einzufügen hat.

3.8 Erfolgskontrolle der Social Media-Kommunikation

Als abschließender Schritt des Planungsprozesses ist eine *Erfolgskontrolle der Social Media-Aktivitäten* vorzunehmen. Dabei ist zu analysieren, inwiefern die gesetzten Ziele der Social Media-Kommunikation mit Hilfe der implementierten Maßnahmen erreicht wurden. Generell kann die Erfolgskontrolle der Social Media-Kommunikation in Maßnahmen zur Prozess-, Effektivitäts- und Effizienzkontrolle differenziert werden.

Prozesskontrollen der Social Media-Kommunikation umfassen Tätigkeits- und Prämissenkontrollen. Ersteres konzentriert sich auf die Überwachung der korrekten Ausführung der durchzuführenden Tätigkeiten (Fritz 2004, S. 178). Hierzu zählen die Kontrolle der Leistungen der Mitarbeitenden im Planungs- und Implementierungsprozess der Social Media-Kommunikation. Darüber hinaus umfasst die Tätigkeitskontrolle die Überprüfung, inwiefern das Medium durch die Organisation beziehungsweise bei den Mitarbeitenden akzeptiert wird. Im Rahmen der Prämissenkontrolle eine Überprüfung der Annahmen und Erkenntnisse der Situations- und Zielgruppenanalyse vorzunehmen.

Im Zuge der *Effektivitätskontrolle* der Social Media-Kommunikation soll die Frage beantwortet werden, ob das Unternehmen die richtige Social Media-Strategie umgesetzt hat („to do the right things"). Im Mittelpunkt steht somit die Überprüfung der Zielwirkung. Die Effektivitätskontrolle bildet den Schwerpunkt der Social Media-Erfolgskontrolle, wobei neben der Identifikation von möglichen Abweichungen der Soll- und Ist-Zustände auch deren Interpretation und Ursachen zu analysieren sind.

Die bedeutendsten und auch naheliegenden Prüfgrößen der Effektivitätskontrolle stellen die formulierten *kognitiven, affektiven und konativen Social Media-Zielgrößen* dar (Bruhn 2015, S. 550). Die Erfolgskontrolle kognitiv-orientierter Ziele konzentriert sich dabei beispielsweise auf die Awareness oder das Produktwissen der Nutzer. Eine Überprüfung der affektiv-orientierten Erfolgsgrößen, wie die emotionale Positionierung, Interessen oder Einstellungen bei den Nutzern, ist bei einer emotionalen Bewertung kognitiver Zielgrößen empfehlenswert. Auf die Kontrolle direkter Verhaltensgrößen, wie die Conversion Rate (Verhältnis der Website-Besucher und der getätigten Transaktionen), Anzahl der Nutzung von Dialogangeboten oder eWOM, fokussiert die Überprüfung der konativ-orientierten Größen. Hierbei ist jedoch festzuhalten, dass diese sich lediglich eignen, wenn das Verhalten auf die Kommunikationsmaßnahme zurückführbar ist, wie der Online-Kauf nach der Ansicht eines Produktvideos auf einem Videoportal oder die Beseitigung des Kundenproblems durch einen direkten Dialog.

Die Messung der Kommunikationswirkung der Social Media-Maßnahmen kann über *Beobachtungen* oder *Befragungen* erhoben werden. Abbildung 10 zeigt beispielhaft Möglichkeiten der Erhebung kognitiv-, affektiv- und konativ-orientierter Zielgrößen auf (für eine intensive Diskussion der einzelnen Messmethoden vgl. Bruhn 2014b). Auffallend hierbei ist, dass der Schwerpunkt der Messmethoden bei den konativen Erfolgsgrößen liegt. Die aufgeführten Kennzahlen zur Messung konativer Zielgrößen lassen sich dahingehend differenzieren, ob sich die Zugriffe

Kategorien der Kommunikationswirkung \ Art der Messmethode	Beobachtung	Befragung
Kognitive Wirkungen	• Aktivierungsmessung • Blickaufzeichnung • Beobachtung des Aufnahmeverhaltens • Inhaltsanalysen	• Wahrnehmungs- und Verständnismessungen • Recall- und Recognition-Tests • Ratingskalen • Assoziationstests • Satzergänzungstests • Irritations- und Akzeptanzprofile
Affektive Wirkungen	• Aktivierungsmessung • Aufzeichnung der Gesichtsmimik oder des Blickes • Weitere apparative Verfahren	• Verbale und Nonverbale Erlebnismessungen • Einstellungs- und Imageskalen • Inhaltsanalysen • Multiattributmodelle • Bilderskalen • Magnitude-Skalierung • Conjoint Measurement • Imagery-Forschung
Konative Wirkungen	• Verhaltensregistrierung • Wahlverhalten • Nutzungsverhalten • Nutzungshäufigkeiten • Nutzungsdauer • Klickverhalten • Kaufverhalten • Systemkontakt	• Erinnertes Verhalten • Flächenskalen, verbale Skalen • Konstantsummenverfahren • Befragung nach Produkt-, Banner- oder Website-Präferenzen • Verhaltensabsicht • Tatsächliches Verhalten • Panel

Abb. 10 Messmethoden der Kommunikationswirkung von Social Media-Maßnahmen. Quelle: Bruhn 2014b, S. 1111

auf die gesamte Social Media-Plattform (wie beispielsweise Facebook), lediglich einzelne Seiten des Kommunikationsträgers (wie beispielsweise das Profil des Unternehmens auf Facebook) oder die auf den einzelnen Seiten enthaltenen Dateien (wie beispielsweise ein Video über die Leistungsangebote des Unternehmens) messen. Entsprechend untergliedert Fritz (2004, S. 197 ff.) die Größen in die Kategorien website-, seiten- und dateibezogene Kennzahlen.

Zu den *websitebezogenen Kenngrößen* zählen die Brutto- und Nettoreichweite der Website, wobei die *Bruttoreichweite* definiert ist als die Summe aller Zugriffe auf die Social Media-Plattform in einem Betrachtungszeitraum (Fritz 2004, S. 197). Zur Ermittlung der *Nettoreichweite* sind der Bruttoreichweite die Mehrfachzugriffe zu subtrahieren, so dass diese Auskunft über die reinen Erstkontakte gibt. Darüber hinaus sind die Anzahl der *View Time* (Nutzungsdauer der Website eines Nutzers bei einem Besuch), *Website Traffic* (Anzahl der Besucher einer Website) oder die so genannte *Site Stickiness*, die die Verweildauer eines Nutzers auf einer Website innerhalb eines Betrachtungszeitraums bezeichnet, zu den websitebezogene Kennzahlen zu zählen.

Hingegen sind die Kennzahlen *Page Impression*, *Registrierungen* (Anzahl der Registrierungen auf einer Seite) sowie die Anzahl der *Fans*, *Followers*, *Freunde* und *Likes* oder Ratings den *seitenbezogenen Kenngrößen* zuzuordnen. Darüber hinaus können die Kennzahlen View Time und Site Stickiness ebenfalls seitenspezifisch analysiert werden. Auch sind die Anzahl der direkten *Seitenverlinkungen* sowie *Suchmaschinenratings*, wie die eingestufte Priorität der Seite bei Google, seitenspezifische Kennzahlen.

Beispiele für *dateibezogene Kennzahlen* sind *Hits* (Aufrufe einzelner Dateien), *Ad Clicks* (Häufigkeit der Klicks auf einen Werbebanner), die *Click Through Rate* oder Anzahl und Positivität der Nutzerkommentare. Darüber hinaus können Dateien geteilt, verlinkt oder gedownloadet werden, woraus zusätzliche Informationen über den Erfolg der Social Media-Maßnahme gezogen werden können. Zur Analyse der diskutierten Kennzahlen können Unternehmen eigene Analysetools entwickeln, auf verschiedene Opensource-Lösungen, wie Piwik, oder auf kostenfreie Dienste zur Datenverkehrsanalyse, wie Google Analytics, zurückgreifen.

Des Weiteren können zur Effektivitätskontrolle *Medienresonanzanalysen* von Social Media-Kanälen herangezogen werden, wobei zwischen qualitativen und quantitativen Ansätzen zu differenzieren ist (Tuten und Solomon 2013, S. 186). Im Rahmen der *qualitativen Analysen* liegt der Fokus auf der inhaltlichen Beobachtung des Kommunikationsverhaltens der Nutzer. Insgesamt bietet die Praxis ein umfangreiches Spektrum an Anbietern, die die Suche nach Konversationen über festgelegte Themen vereinfachen. Beispiele für solche Angebote sind Google Blog Search, Twitter Search oder Google Trends. Eine weitere Methode des qualitativen Monitorings stellt die „Netnografie" dar, die eine Erweiterung der ethnografischen Untersuchung von Menschen auf das Internet darstellt. Hierbei geht es insbesondere um die Beobachtung beziehungsweise das Monitoring von Communities, wobei das Ziel verfolgt wird, die Wirkung von Social Media-Maßnahmen auf die soziale Interaktion der Teilnehmer ohne weitere Intervention zu beobachten und zu analysieren (Tuten und Solomon 2013, S. 188). Beispielsweise können mit Hilfe dieser Methode Reaktionen auf viral verbreitete Produktvideos verfolgt und analysiert werden. Die Verfahren zur Auswertung der gewonnenen Informationen bedienen sich häufig Methoden der Inhalts- und Diskursanalyse.

Die *quantitative Medienresonanzanalyse* von Social Media-Plattformen ist mit Hilfe der Sentiment- als auch der Inhaltsanalyse durchzuführen. Für diese Verfahren werden in der Regel sehr große Datenmengen generiert, die manuell nicht mehr auszuwerten sind. Zumeist kommen computerbasierte Verfahren zum Einsatz, die entweder die zu analysierenden Texte gemäß ihrer Stimmung in positiv oder negativ klassifizieren beziehungsweise den Inhalt der Texte, wie häufig vorkommende Wörterkombinationen, analysieren (Tuten und Solomon 2013, S. 190 ff.). Ein Beispiel für eine quantitative Medienresonanzanalyse aus dem Bereich der Forschung bietet die Studie von Du und Vieira (2012). Die Autoren untersuchen mit

Kosten	
Anlaufkosten	
Planung und Entwicklung	25.000
Schulung der Mitarbeitenden	10.000
Laufende Kosten (jährlich)	
Kosten der Plattform	25.000
Monitoring der Marke	50.000
IT Support	3.000
Produktion der Inhalte	150.000
Totale Kosten (Jahr 1)	**€ 263.000**
Nutzen	
Werbewert (basiert auf 7.500 Besuchern täglich)	7.000
PR-Wert (24 Stories zu jeweils 10.000 EURO)	240.000
eWOM-Wert (370 Posts zu jeweils 100 EURO)	37.000
Service-Wert (Einsparung von 50 Anrufen täglich zu jeweils 5,50 EURO)	69.000
Marktforschungs-Wert (entspricht 5 Fokus Gruppen zu jeweils 8.000 EURO)	40.000
Totaler Nutzen (Jahr 1)	**€ 393.000**
Netto-Nutzen des ersten Jahres	**€ 130.000**

Abb. 11 Kosten-Nutzen-Analyse am Beispiel der Implementierung eines Corporate Blogs. Quelle: in Anlehnung an Tuten und Solomon 2013, S. 212

Hilfe von Inhaltsanalysen die Charakteristiken von Corporate Social Responsibility (CSR)-Maßnahmen über Social Media-Kanäle von Unternehmen aus der Ölindustrie.

Im Rahmen der *Effizienzkontrolle* der Social Media-Kommunikation liegt der Fokus der Analysen auf *Kosten-Nutzen-Zusammenhänge* und somit auf der Überprüfung, inwiefern das Unternehmen die Maßnahmen effizient umgesetzt hat („to do things right"). Neben einer Erfassung der anfallenden Kosten, die mit der Planung, Entwicklung und Implementierung von Social Media-Aktivitäten anfallen, ist eine detaillierte Erhebung des Nutzens der Social Media-Kommunikation erforderlich. Bei einer Gegenüberstellung der Kosten und Nutzen einer Social Media-Aktivität stellt sich jedoch die Herausforderung, verschiedene Nutzenwerte, wie der Nutzen von eWOM, in *Geldeinheiten* zu berechnen. Abbildung 11 zeigt beispielhaft eine Kosten-Nutzen-Berechnung der Implementierung eines Corporate Blogs.

Ein in der Praxis gängiger Ansatz zur Profitabilitätsanalyse ist die Berechnung des *Return On Investment* (ROI). Bezüglich der Ermittlung des ROI der Social Media-Kommunikation stehen Unternehmen jedoch erneut der Hürde entgegen, den Nutzen einer Social Media-Kampagne monetär zu beziffern (Tuten und Solomon 2013, S. 210).

4 Entwicklungsperspektiven und zukünftige Trends

Einhergehend mit dem sich veränderten Fokus des Marketing hin zur Verfolgung des Netzwerkgedankens und einem *konsumentenzentriertem Beziehungsmarketing* (Bruhn 2015, S. 25 ff.) verliert die traditionelle Ein-Weg-Kommunikation an Wichtigkeit, wohingegen *dialogische Ansätze* und *Konsumentenpartizipation* stark an Bedeutung gewinnen. Die Entwicklungen des Web 2.0 sowie die Möglichkeiten der Social Media-Kommunikation werden diesen Veränderungen gerecht und stellen die Interaktion zwischen Unternehmen und Nutzern sowie zwischen den Nutzern untereinander in den Vordergrund. Unternehmen stehen der Herausforderung entgegen, neue, interaktionale Wege intern sowie extern zu planen, zu entwickeln und umzusetzen. Verschiedene Marketingexperten sprechen daher von einer Notwendigkeit der *Erweiterung der 4 Ps* des Marketing. Neben Produkt (Product), Preis (Price), Kommunikation (Promotion) und der Distribution (Place), wird die Interaktion bzw. das Mitwirken der Konsumenten (*Participation*) als fünftes P des Marketingmix diskutiert (Tuten und Solomon 2013, S. 14). Entsprechend ist die Social Media-Kommunikation nicht als weiterer Werbekanal zu verstehen, sondern vielmehr sind Unternehmen dazu angehalten, diese neuen Entwicklungen aufzugreifen und Community-Marketing zu betreiben, das als gelebte Kultur vollständig in die Organisation integriert wird. In diesem Sinne ist Social Media ein wichtiger Kanal für die Dialogkommunikation.

In den kommenden Jahren wird darüber hinaus die Entwicklung vom Web 2.0 zum *Web 3.0* erwartet. Das Web 3.0 bezeichnet die Zusammenführung des Web 2.0 mit der Technologie des *semantischen Webs*. Durch eine Integration von zusätzlichen Informationen auf Internetseiten können Daten automatisch verarbeitet werden. Hierdurch entstehen sowohl effizientere Suchmaschinen, aber darüber hinaus auch völlig neue Webdienste. So arbeitet Google an semantischen Suchdienstleistungen, die nicht nur eine Auflistung von passenden Websites als Antwort auf eine Suchanfrage anbieten, sondern Fakten zur Suchanfrage sowie komplette Antworten liefern (ZEIT 2012). Verschiedene Unternehmen haben das Feature der semantischen Suchfunktion bereits in ihren Angeboten realisiert. Beispielsweise hat die Haufe-Gruppe in ihrem Wissensmanagement-Tool „Haufe Suite" eine derartige Suchfunktion integriert (Haufe 2014). Das Ziel des Web 3.0 besteht daher vor allem darin, die Qualität vorhandener Informationen auf semantischer Ebene zu verbessern.

Weitere Hinweise über zukünftige Trends geben die Ergebnisse einer Studie des Analyse-Plattformbetreibers Teradata (Data-Driven Marketing Survey 2013), im Rahmen derer 2.200 Marketingverantwortliche weltweit befragt wurden. Gemäß den Erkenntnissen planen die Unternehmen eine Erhöhung der Ausgaben vor allem in dem Bereich *Mobile Marketing* (81 Prozent) (Internetworld 2013). Die Bedeutung der mobilen Internetnutzung hat in den letzten Jahren stark zugenommen (Accenture 2013). Wie Abb. 12 verdeutlicht, setzen viele Konsumenten die Adaptierbarkeit des Social Media-Kanals auf mobilen Endgeräten voraus. Die Umsetzung eines Responsive Designs oder das Angebot einer mobilen Version der Social Media-Maßnahme wird somit zum Muss der Social Media-Kommunikation.

Abb. 12 Bedeutung der Adaptierbarkeit der Social Media-Kommunikation auf mobile Endgeräte. Quelle: Bustos 2014

48% der Nutzer sind frustriert und verärgert, wenn sie nicht mobil-freundliche Websites besuchen.

Bei 52% der Nutzer, die schlechte mobile Erfahrungen mit dem Online-Auftritt von Unternehmen hatten, ist die Wahrscheinlichkeit der Interaktion mit den Unternehmen gering.

48% der Nutzer sagen, dass sie das Gefühl haben, Unternehmen kümmern sich nicht um ihre Leistungen, wenn ihr Online-Auftritt nicht mobil-freundlich umgesetzt ist.

Abschließend bleibt die zunehmende Bedeutung von Social Media-Kommunikation im Rahmen des Kommunikationsmix hervorzuheben. Für die Zukunft sind eine Vielzahl an neuen Online-Anwendungen und mobilen Applikationen zu erwarten, aber auch eine kontinuierliche Anpassung der rechtlichen Rahmenbedingungen bleibt anzunehmen. Für Unternehmen gilt es mittels einer *hohen internen Akzeptanz*, eines *starken Commitments* und einer *zunehmenden Professionalität* auf diese Herausforderungen zu reagieren.

Literatur

Absatzwirtschaft. (2012). Diese sechs Datenschutz-Richtlinien müssen Unternehmen beachten. http://www.absatzwirtschaft.de/content/online-marketing/news/diese-sechs-datenschutz-regeln-muessen-unternehmen-beachten;76488. Zugegriffen am 24.03.2014.

Accenture. (2013). Anteil der Nutzer des mobilen Internets via Smartphone in Deutschland in den Jahren 2008 bis 2013. http://de.statista.com/statistik/daten/studie/197383/umfrage/mobile-internetnutzung-ueber-handy-in-deutschland/. Zugegriffen am 20.03 2014.

ARD/ZDF. (2013). ARD/ZDF-Onlinestudie 2012. http://www.ard-zdf-onlinestudie.de/index.php?id=388. Zugegriffen am 20.03.2014.

Back, A., Gronau, N., & Tochtermann, K. (2012). *Web 2.0 und Social Media in der Unternehmenspraxis* (3. Aufl.). München: Oldenbourg.

BITKOM. (2012). *Social Media in deutschen Unternehmen*. Berlin: BITCOM.

BITKOM. (2013). Trends im E-Commerce, Konsumverhalten beim Online-Shopping. http://www.bitkom.org/files/documents/BITKOM_E-Commerce_Studienbericht.pdf. Zugegriffen am 11.03.2014.

Bruhn, M. (2015). *Kommunikationspolitik. Systematischer Einsatz der Kommunikation für Unternehmen* (8. Aufl.). München: Vahlen.

Bruhn, M. (2014a). *Integrierte Unternehmens- und Markenkommunikation. Strategische Planung und operative Umsetzung* (6. Aufl.). Stuttgart: Schäffer-Poeschel.

Bruhn, M. (2014b). *Unternehmens- und Marketingkommunikation* (3. Aufl.). München: Vahlen.

Bruhn, M., Schoenmueller, V., & Schäfer, D. B. (2012). Are social media replacing traditional media in terms of brand equity creation? *Management Research Review, 35*(9), 770–779.

Busch, R., Fuchs, W., & Unger, F. (2008). *Integriertes Marketing. Strategie, Organisation, Instrumente* (4. Aufl.). Wiesbaden: Gabler.
Bustos, L. (2014). 5 mistakes brands make selling direct-to-consumer. http://www.getelastic.com/5-mistakes-brands-make-selling-direct-to-consumer/. Zugegriffen am 25.03.2014.
Chevalier, J. A., & Mayzlin, D. (2006). The effect of word of mouth on sales: Online book reviews. *Journal of Marketing Research, 43*(3), 345–354.
Dellarocas, C., Zhang, X., & Awas, N. (2007). Exploring the value of online product reviews in forecasting sales: The case of motion pictures. *Journal of Interactive Marketing, 21*(4), 23–45.
Deutscher Werberat (2014). *Jahrbuch 2014*. Berlin: ZAW.
Du, S., & Vieira, E. T. (2012). Striving for legitimacy through corporate social responsibility: Insights from oil companies. Journal of Business Ethics. http://link.springer.com/article/10.1007%2Fs10551-012-1490-4. Zugegriffen am 20.03.2014.
eMarketer. (2014). Social networking reaches nearly one in four around the world. http://www.emarketer.com/Article/Social-Networking-Reaches-Nearly-One-Four-Around-World/1009976. Zugegriffen am 18.03.2014.
Forrester Research. (2014). What's the social technographics profile of your customers? http://empowered.forrester.com/tool_consumer.html. Zugegriffen am 17.03.2014.
Fritz, W. (2004). *Internet-Marketing und Electronic Commerce. Grundlagen – Rahmenbedingungen – Instrumente* (3. Aufl.). Wiesbaden: Gabler.
German Social Media Consumer Report. (2013). German social media consumer report. http://www.socialmediathinklab.com/consumerreport2012-2013/. Zugegriffen am 20.03.2014.
Gruber, G. (2008). *Planungsprozess der Markenkommunikation in Web 2.0 und Social Media. Ziele – Strategieoptionen – Erfolgskontrolle*. Saarbrücken: VDM.
Haufe. (2014). Ihr individuelles Portal für mehr Wissensproduktivität. http://suite.haufe.de/software/funktionen/. Zugegriffen am 11.03.2014.
Hellmann, K. U. (2009). Verbraucher bevorzugen interaktive Informationskanäle für Produkte und Dienstleistungen. http://markeninstitut.wordpress.com/2009/11/18/verbraucher-bevorzugen-interaktive-informationskanale-fur-produkte-und-dienstleistungen/. Zugegriffen am 18.03.2014.
Heymann-Reder, D. (2011). *Social Media Marketing – Erfolgreiche Strategien für Sie und Ihr Unternehmen*. München: Addison-Wesley.
Hilker, C. (2012). *Erfolgreiche Social-Media-Strategien für die Zukunft*. Wien: Linde.
Innovation Mining. (2009). Nutzertypen von online-basierten Plattformen. http://www.innovationmining.net/?q=node/71. Zugegriffen am 11.03.2014.
Internetworld. (2013). Einsatz von Big Data im Marketing. http://www.internetworld.de/Nachrichten/Marketing/Zahlen-Studien/Data-Driven-Marketing-Survey-2013-Datengestuetztes-Marketing-zahlt-sich-aus-81778.html. Zugegriffen am 20.03.2014.
Knigge. (2012). Privacy Knigge schützt die Privatsphäre in sozialen Netzwerken. http://www.knigge-rat.de/download/Privacy_Knigge_Deutscher_Knigge_Rat.pdf. Zugegriffen am 18.03.2014.
Li, C., & Bernoff, J. (2009). *Marketing in the Groundswell*. New York: Harvard Business Press.
Liu, Y. (2006). Word of mouth for movies: Its dynamics and impact on box office revenue. *Journal of Marketing, 70*(3), 74–89.
Meffert, H. (1979). *Marktkommunikation – Das System des Kommunikations-Mix*. Münster: Westfälische Wilhelms-Universität.
Mühlenbeck, F., & Skibicki, K. (2007). *Community Marketing Management. Wie man online-communities im Internetzeitalter des Web 2.0 zum Erfolg führt*. Köln: Books on demand.
O'Reilly, T. (2006). http://radar.oreilly.com/archives/2006/12/web-20-compact.html. Zugegriffen am 18.03.2014.
Rogge, H.-J. (2004). *Werbung* (6. Aufl.). Ludwigshafen: Kiehl.
Rösger, J., Herrmann, A., & Heitmann, M. (2007). Der Markenareal-Ansatz zur Steuerung von Brand Communities. In H. H. Bauer, D. Grosse-Leege, & J. Rösger (Hrsg.), *Interactive Marketing im Web 2.0 – Konzepte und Anwendungen für ein erfolgreiches Marketingmanagement im Internet* (2. Aufl., S. 93–112). München: Vahlen.

Sauercrowd. (2014). Erfolgreiches Seeding von Fachvorträgen. http://www.sauercrowd.net/con tent-seeding. Zugegriffen am 18.03.2014.

Schweiger, G., & Schrattenecker, G. (2009). *Werbung* (7. Aufl.). Stuttgart: UTB.

Tuten, T. L., & Solomon, M. R. (2013). *Social media marketing*. New Jersey: Pearson Education.

Weinberg, T. (2012). *Social Media Marketing – Strategien für Twitter, Facebook & Co* (3. Aufl.). Köln: O'Reilly.

Williams, R. L., & Cothrel, J. (2000). Four smart ways to run online communities, Sloan Management Review. http://sloanreview.mit.edu/article/four-smart-ways-to-run-online-communities/. Zugegriffen am 20.03.2014.

Zarella, D. (2009). *The social media marketing book*. Sebastopol: O'Reilly.

ZAW (Zentralverband der Deutschen Werbewirtschaft) e.V. (2013). *Werbung in Deutschland 2013*. Berlin: ZAW.

ZEIT. (2012). Google-Suche wird semantischer. http://www.zeit.de/digital/internet/2012-03/goo gle-semantische-suche. Zugegriffen am 11.03.2014.

Prof. Dr. Dr. h.c. mult. Manfred Bruhn ist Inhaber der Professur für Marketing und Unternehmensführung an der Universität Basel und Honorarprofessor an der Technischen Universität München.

Einsatz von Call Center im Rahmen der Dialogkommunikation

Manfred Stockmann

Inhalt

1 Ursprung der Call Center 482
2 Strategische Positionierung des Call Centers 482
3 Organisationsformen von Call Center 483
4 Ausrichtung des Call Centers 484
5 Entwicklungsstand der Call Center 485
6 Zusammenwirken des Call Centers mit anderen Abteilungen 487
7 Qualitätsmanagement eines Call Centers 488
8 Stellenwert von Normen und Zertifizierungen für Call Center 500
9 Anforderungen an moderne Call Center 503
Literatur 506

Zusammenfassung

Call Center spielen eine zentrale Rolle in der multikanalen Kommunikation zwischen Kunden und Unternehmen. Traditionell wurden sie eingerichtet, um Anrufe (engl. Calls) zu bearbeiten. Je nach Ausgestaltung und strategischer Ausrichtung können Call Center aktiv den Kontakt zum Kunden suchen (Outbound) oder auf Anliegen der Kunden reagieren (Inbound) und dies mittlerweile über alle denkbaren Kontaktmedien. Call Center können als Abteilung im Unternehmen angesiedelt sein (Inhouse), als ausgegliederte Einheit fungieren oder als spezielle Dienstleister (Outsourcer) im Drittmarkt auftreten.

Schlüsselwörter

Call Center • Communication Center • Customer Care Center • Customer Contact Center • Dialogkommunikation • Inbound • Kundenservice Center • Outbound • Qualitätsmanagement • Service Center • Zertifizierung

---

M. Stockmann (✉)
Call Center Verband Deutschland e.V., Berlin, Deutschland
E-Mail: ms@cmbs.de

1 Ursprung der Call Center

Als erste Call Center können organisatorisch die telegrafischen Vermittlungsstellen zum Ende des 19. Jahrhunderts angesehen werden. Der Ursprung moderner Call Center kommt aus den USA und geht auf Continental Airways zurück (Kjellerup 1998), die 1973 mit einer von Rockwell entwickelten automatisierten Anrufverteilung (ACD = Automatic Call Distribution) die Annahme telefonischer Kundenanfragen im Reservierungsservice nicht mehr dezentral in den Fachabteilungen, sondern zentral in einer eigenen Einheit und damit effizienter und massentauglich gestalten wollten. In Europa begann der Aufbau von Call Center in UK in den 1980er-Jahren und beschäftigt dort heute über 1 Mio. Menschen (entspricht ca. 3,2 Prozent der Beschäftigten) (Verkinderen und Vanden Bossche 2012). In Deutschland, dem nach UK zweitgrößten Call Center-Markt in Europa, begann die flächendeckende Verbreitung in der ersten Hälfte der 1990er-Jahre. Heute arbeiten rund 520.000 Menschen (ca. 1,2 Prozent der Beschäftigten) sowohl in Inhouse Center als auch bei Dienstleistern (Call Center Verband Deutschland e.V. 2012).

Vorangetrieben wurde die rasche Entwicklung der Call Center zum einen durch den fortschreitenden Ausbau der Telefonnetze auch für private Haushalte, was zu steigenden Anrufzahlen meist in den Sachbearbeitungsabteilungen der Betriebe und damit zum Konflikt mit der Postbearbeitung führte. Zum anderen erkannten Unternehmen, dass die Bearbeitung von Kundenanliegen am Telefon deutlich schneller und preisgünstiger (man kalkulierte mit einem Verhältnis von 1:7 Telefon vs. klassischer Postbearbeitung) abzuwickeln war. Da sich die Call Center in den Betrieben aus den verschiedenen Fachbereichen heraus entwickelten, finden sich dort bis heute die unterschiedlichsten, meist englischsprachigen Bezeichnungen: Call Center, Communication Center, Customer Care Center, Service Center, Kundenservice Center oder auch Customer Contact Center. Der Verständlichkeit halber wird im Folgenden der Begriff Call Center verwendet, der alle denkbaren Ausprägungen abdeckt.

2 Strategische Positionierung des Call Centers

Wie sich Call Center im Unternehmen und im Kommunikationsmix positionieren, hängt von vielen Faktoren ab. Werden sie als reine *Cost Center* gesehen (Extremposition: „Service muss halt irgendwie sein, kostet Geld, bringt aber nichts."), werden sie als *Profit Center* positioniert (Extremposition: „Service ist nett, aber in erster Linie muss hier Geld verdient werden.") oder liegt die Positionierung irgendwo dazwischen (Position Cost Center: „Service ist wichtig und unverzichtbar für die Kundenbindung, lässt sich aber nicht direkt den Umsätzen zuordnen." oder Position Profit Center: „Service ist wichtig, doch guter Service ist auch ein Öffner für Verkaufsangebote und die sollen auch kundenorientiert genutzt werden.").

Auch an der Zuordnung, zu welchem Unternehmensbereich und auf welcher Hierarchieebene Call Center eingeordnet werden, lässt sich ablesen, welche Rolle der Kundenservice einnimmt und wie ernst die vielbeschworene Kundenorientierung wirklich genommen wird.

Schon seit Jahren weisen Experten auf die zunehmende *strategische Bedeutung des Kundenservices* und der dazu erforderlichen organisatorischen Ausgestaltung hin. Viele Unternehmen beweisen auch bereits, dass Service sich durchaus rechnet und zum Umsatzwachstum entscheidend beiträgt. Gute Serviceangebote können in der Gesamtbetrachtung sogar bessere Margen schaffen und die Erträge verbessern.

Die Position eines *Chief Customer Officer* (*CCO*) könnte – so ein Szenario – z. B. übergeordnet verantwortlich sein für den Kundenservice, das Marketing, den Vertrieb, die Produktentwicklung und die Distribution/das Fulfillment. Damit würde eine verbindende interne Kommunikation zwischen den Fachressorts gefördert und das noch immer weit verbreitete Silodenken der Ressorts aufgebrochen, was die Zusammenarbeit verbessert und letztendlich den Kunden und seinen Bedarf in den gemeinsamen Fokus stellt.

3 Organisationsformen von Call Center

Grundsätzlich ist zwischen Inhouse-Call Center und externem Call Center zu unterscheiden. Doch auch dabei gibt es verschiedene Abstufungen, Varianten und Zugehörigkeiten:

1. *Inhouse-Call Center*
   Dieses wird als interne Einheit z. B. auf Abteilungs- oder Bereichsebene geführt und ist rechtlich nicht selbstständig.
2. *Externes Call Center*
   Dies kann bedeuten, dass die gesamten Call Center-Aktivitäten zu einem darauf spezialisierten Dritten ausgelagert wurden und nur noch die Steuerung des Dienstleisters vom auftraggebenden Unternehmen überwacht wird. Klassische Dienstleister (im deutschen auch Outsourcer genannt) betreuen eine Vielzahl von Auftraggebern aus unterschiedlichen Branchen und das kann, je nach Größe des Outsourcers, global stattfinden.
   Ein externes Call Center kann aber auch eine in ein rechtlich eigenständiges Unternehmen ausgegliederte Einheit sein, die zu 100 Prozent für das Mutterunternehmen tätig ist.
   Ein externes Call Center kann ebenso als Mischform so positioniert sein, sowohl für das Mutterhaus als auch gleichzeitig als Dienstleister für Dritte zu fungieren.
3. *Sonderformen*
   Dann gibt es noch seltene *Sonderformen*, dass der Dienstleister für einen Auftrag mit eigenen Teams direkt in den Räumlichkeiten des Auftraggebers eingesetzt ist (auch On-Site Outsourcing genannt). Oder den anderen Weg, der meist bei einem sehr saisonalem Geschäft (wie z. B. Reifenhandel) zu finden ist: Der Auftraggeber mietet sich zeitlich befristet bei einem Dienstleister mit seinem Personal ein und nutzt dessen Infrastruktur (wird manchmal auch unter dem Begriff Call Center-Hotel geführt).

Die Entscheidung für eine geeignete Form, ob Variante 1 (ein komplettes In-Sourcing, also den ausschließlichen Betrieb eines eigenen Inhouse-Call Centers), Variante 2 (ein Teil-Outsourcing mit eigenem Inhouse-Call Center) und zusätzlicher Zusammenarbeit mit einem oder mehreren Dienstleistern oder die Variante 3 (eine komplette Vergabe an einen oder mehrere Dienstleister), hat vielfältige wirtschaftliche und strategische Gründe. Diese allerdings darzulegen würde den Rahmen dieses Kapitels sprengen.

4 Ausrichtung des Call Centers

Für die geschäftliche Ausrichtung eines Call Centers stehen überwiegend für den Telefonkanal zwei *Hauptrichtungen mit diversen Kombinationsmöglichkeiten* zur Wahl: Inbound oder Outbound.

Inbound steht klassisch auch für Service, Outbound für Sales, für Verkauf am Telefon. Doch in der Praxis haben sich verschiedene Kombinationen daraus entwickelt. Allen gemein ist die 1:1 Kommunikation, es gibt einen Sender und einen Empfänger je Kontakt.

Im Folgenden wird auf die verschiedenen Variationen beim *Inbound-Call Center* eingegangen. Dazu zählt beispielsweise die auf Service konzentrierte Organisation, die auf eingehende Anrufe, Briefe, E-Mails usw. reagiert, Anfragen und Bestellungen entgegennimmt, Auskünfte erteilt, Hilfestellung z. B. als technischer Support leistet und den Großteil der Kundenanliegen – soweit möglich – in diesem Erstkontakt fallabschließend bearbeitet. Notfall-Rufnummern stellen eine Sonderausprägung von Inbound-Center dar, da hier die schnelle und sichere Erreichbarkeit die wichtigste Eigenschaft ist. Zum Inbound gehört auch die Anruf-/Kontakt-Vorqualifizierung und für die Fälle, die nicht im First-Level bearbeitet werden können, die Weiterleitung an den Second- oder einen speziellen Expert-Level.

Im Inbound findet sich immer häufiger die Kombination von service- und salesorientierten Einheiten, die nach erfolgter Bearbeitung der Anfrage oder Bestellung noch aktiv passende Ergänzungsprodukte (Cross Selling) oder Aufstockungen des bestehenden zu höherwertigen Services oder Produkten (Up Selling) anbieten. Je besser der Service vorher erlebt wurde und je bedarfsnäher das Angebot für den Kunden passt, desto höher ist die Abschlusswahrscheinlichkeit.

Beim *Outbound-Call Center* steht der Verkauf von Produkten und Services am Telefon ganz oben, doch auch Terminvereinbarungen z. B. für den Außendienst oder bei Filialen. Zum Outbound gehören jedoch auch Kundenzufriedenheitsbefragungen, After-Sales-Betreuung oder Kundenbindungs-Calls (auch „Kuschel"-Calls genannt), bei denen ohne irgendeine Verkaufsintention nur das allgemeine Stimmungsbild vom Kunden eingefangen und nach Anregungen gefragt wird. Meinungsumfragen und Marktforschung stellen wiederum eine Spezialform des Outbound dar, die absolut frei von irgendwelchen Werbe- oder Verkaufsbotschaften zu sein haben und fast ausschließlich von darauf spezialisierten Instituten durchgeführt werden.

Mit Chat, Co-Browsing und Video erschließen „neue" Medienkanäle für Call Center zusätzliche Möglichkeiten, auch in Verbindung mit den Online-Auftritten der

Unternehmen mit direkter 1:1 Ansprache des Kunden aktiv zu werden. Dies kann einmal rein als Serviceangebot konzipiert sein oder mit der Absicht, durch die Serviceleistung auch einen Kaufabschluss herbeizuführen. Beispiele finden sich in vielen Branchen: Kunden, die sich auf den Webseiten eines Unternehmens umsehen, bekommen aktiv das Angebot für einen Chat oder Video-Call mit einem Berater eingeblendet oder können diesen selbst über einen prominent platzierten Button kostenfrei anfordern. Entscheidend ist bei diesen Angeboten die medienbruchfreie weitere Kommunikation, d. h., der Kunde bleibt an seinem PC oder sonstigen mobilen Endgerät, und der Kontakt ist für den Kunden kostenfrei, was die Hemmschwelle der Nutzung senkt. Je nach Branche und Produkt sprechen Unternehmen, die diese Angebote heute einsetzen, von einer Steigerung der Konversionsraten um 25 bis über 50 Prozent im Vergleich zu den vorher nicht unterstützten Web-Angeboten.

Für die Ausrichtung eines Call Centers spielt es auch eine Rolle, ob der Kontakt mit *Verbrauchern* (Business-to-Consumer, abgekürzt B2C) oder mit *Geschäftskunden* (Business-to-Business, abgekürzt B2B) stattfindet. Im Geschäftskundenbereich ist der Kundenkreis meist spezialisierter und kleiner als zu Verbrauchern und auch die Ansprache kann differieren. Zudem ist die gesetzliche Opt-In-Restriktion für B2B-Telefon-Outbound in Deutschland etwas lockerer als im B2C (in Österreich gelten für beide die gleichen strengeren Regeln, die Schweiz hat eine Opt-out Regelung mit einer Do-not-call-Kennzeichnung für Verbraucher im Telefonbuch).

Natürlich können in einem Call Center auch verschiedene dieser Aufgaben in unterschiedlichen *Teams* durchgeführt werden, was häufig bei Dienstleistern der Fall ist, dort aber oftmals die Spezialisierungen sogar in unterschiedlichen Niederlassungen anzutreffen sind. Anzumerken ist hier, dass Inbound- und Outbound-Call Center in der Regel von ihrer Charakteristik und Mentalität her völlig andere Mitarbeitende brauchen und eine Aufgabenmischung im gleichen Team weitestgehend ausgeschlossen ist.

Mit den neuen Medien eröffneten sich weitere *Aufgaben*, die in Call Center angesiedelt werden könnten. Hier erweitert sich die Kommunikation von 1:1 für bestimmte persönliche Anliegen auf 1:n für Themen, die einer breiteren Kundengruppe zugänglich zu machen sind. Neue Tätigkeitsbilder, wie das des Community-Managers, erfordern auch neue Kommunikations-Skills für das Unternehmen und die entsprechenden Mitarbeitenden.

5 Entwicklungsstand der Call Center

Call Center bedienen zurzeit zwar immer noch zum größten Teil den Telefonkanal, doch werden sie zunehmend zu *Multikanal-Communication-Center*, die die Bedienung aller oder zumindest vieler denkbarer und vom Kunden gewünschten Kontaktkanäle bündeln.

In der Praxis gibt es keine einheitliche Organisationsgestaltung eines Call Centers; da wird möglicherweise die klassische Post- und Faxbearbeitung aus historischen Gründen noch immer in anderen Einheiten erledigt. E-Mail ist mal beim Call

Center, teilweise im Back-Office oder der Sachbearbeitung angesiedelt und für die Kommunikation über Social Media fühlt sich nicht selten Marketing zuständig. Und auch PR engagiert sich gelegentlich auf diesem Kanal. Wünschenswert und sinnvoll wäre die Bündelung aller kundenbezogenen Dialogaktivitäten.

First-, Second-, Expert-Level und Back-Office sind Termini, die hierbei im Call Center eine *organisatorische Kompetenzhierarchie* widerspiegeln. Manche organisatorische Gestaltung hat sich im Laufe der Jahre entwickelt, manche wurde aber gezielt auf neue Anforderungen hin reorganisiert oder neu aufgebaut. Die Unterschiedlichkeit der Kanalbedienung oder Organisationstiefe erklärt sich auch aus branchenspezifischen und kundenspezifischen Eigenheiten. So ist die Kommunikation mit dem Kunden zu medizinischen Nachsorgeprodukten bei Operationen, chronischen Leiden oder in der Gerontologie eine andere als in der Welt der Gaming- oder Musikportale. Ebenso verhält es sich, meist auch generationsbedingt, in der Kundengruppe mit der Nutzung und Bevorzugung von bestimmten Kontaktkanälen. Branchen, die in ihrem Kundenstamm ein breites Altersspektrum und auch eine Verteilung über annähernd alle soziale Schichten bedienen (wie z. B. die Deutsche Bahn, Banken und Sparkassen), haben hier auch im Angebot der Kommunikationskanäle und darin in der individuellen Gestaltung hohe Herausforderungen zu meistern.

Ein Großteil der Inhouse-Call Center ist heute allerdings noch nicht ausreichend für die aktuellen und noch weniger auf die anstehenden *Anforderungen* gerüstet. Die Gründe dafür sind breit gestreut, von Unsicherheit und Ratlosigkeit über eine konkrete Ausgestaltung, über Ressourcenengpässe (finanziell und/oder personell) aufgrund anderer z. T. auch gesetzlicher Projekte, die technische Integrationen bisher verzögerten, bis hin zu strategischen Fehleinschätzungen oder Geringschätzungen im oberen Management zur Positionierung und Leistungsfähigkeit von Call Center moderner Prägung für Unternehmen.

Oftmals wurde selbst in jüngster Vergangenheit noch der Fehler gemacht, *CRM-Systeme* aus IT-Sicht einzukaufen, ohne jedoch vorher auf eine klare Zielsetzung hin die Prozesse zu gestalten und darauf die Systeme zu setzen, macht das keinen Sinn. Hier hat z. T. bereits ein Umdenken stattgefunden, CRM unter strategischen Gesichtspunkten zu sehen. Manches Call Center hatte auch technisch-organisatorische Rückschritte in seiner Dialogperformance hinzunehmen, die nicht selten der unternehmensweiten Einführung von neuen ERP-Systemen geschuldet waren. Hier wurden im ersten Schritt meist die betriebswirtschaftlichen Anforderungen umgesetzt, während die im Call Center existierenden dialogoptimierten Bildschirmmasken der alten Frontend-Systeme durch die Standard-Systemmasken des ERP-Systems ersetzt wurden. Belastend für die Call Center kommt dann dazu, wenn deren Customizing (oder auch der Einsatz von Unified Desktop Lösungen) zugunsten anderer notwendiger Anpassungen und Nacharbeiten oft weit nach hinten geschoben wird. So arbeiten diese Call Center statt wie bisher mit einer bis maximal drei dialogoptimierter Masken nun nicht selten mit weit über zehn Masken, die jeweils nur Teile der im Kundendialog überwiegend benötigten Felder und Informationen verfügbar machen.

Allerdings gibt es zahlreiche Call Center, die sehr gut positioniert sind, die richtigen Mitarbeitenden an Bord haben und absolute State-of-the-art-Architektur sowohl in Prozessen wie Technologie vorweisen können und dabei schon über die nächsten Schritte nachdenken.

Vergleichbar sieht es bei den *Call Center-Dienstleistern* aus. Während die einen bereits funktionierende und erprobte Angebote für ihre Auftraggeber zu verschiedenen Kanälen anbieten können, stehen am anderen Ende diejenigen, die noch in der traditionellen Massenkommunikation hängen und auch nur schwer ausbaufähige Qualifikationen in ausreichender Menge generieren können. Dazwischen finden sich diejenigen, die in der Umsetzung auf dem Weg sind oder sich bewusst auf wenige Kanäle und Branchen oder überwiegend Outbound spezialisiert haben. Hinzu kommt, dass häufig Projekte auf gestellten Systemen der Auftraggeber abgewickelt werden und damit auch der Funktionsumfang vorgegeben ist.

Und auch als Arbeitsplatz bieten Call Center weit mehr als nur Übergangsjobs, wie viele – überwiegend in Inhouse-Center tätige – Mitarbeitende beweisen, die schon zehn und mehr Jahre mit Freude an ihrem Beruf häufig sogar in der gleichen Firma tätig sind, ob als Agent, Spezialist oder Führungskraft. So kommen Spezialisten oder Führungskräfte fast ausschließlich aus operativen Call Center-Tätigkeiten, Quereinsteiger bilden hier die absolute Ausnahme (Thieme und Voß 2011).

6 Zusammenwirken des Call Centers mit anderen Abteilungen

Call Center spielen eine zentrale Rolle bei der Kommunikation eines Unternehmens mit seinen Kunden, Interessenten und anderen Marktteilnehmern. In dieser *Funktion* repräsentieren sie zum einen die Marke im Kontakt nach außen, können aber durch die erhaltenen (Kunden-) Rückmeldungen einen wichtigen Beitrag für andere Fachbereiche leisten, wenn auch die Mitarbeitenden entsprechend für „Zwischentöne" in der Kommunikation sensibilisiert wurden. In Call Center laufen Fragen, Rückmeldungen und Beschwerden nicht nur zu Call Center-spezifischen Serviceanliegen auf; vielmehr sind es Rückmeldungen zu allen Aktionen oder Handlungen eines Unternehmens, überwiegend zu denen ausgelöst durch andere Abteilungen. Damit besteht zwar die Gefahr, dass sich das Call Center unternehmensintern als „Buhmann" positioniert, wenn es immer die Fehler der anderen anprangert. Geschickt gemacht, kann es jedoch wertvolle Anregungen und Hilfestellungen für Verbesserungen geben, die allen zu Nutzen kommen – besonders letztendlich den Kunden.

Marketing kann aus den Call Center-Kontakten z. B. erfahren, wie bestimmte Kampagnen wahrgenommen wurden oder ob bestimmte gegebene Produkt-/Leistungsversprechen vom Kunden ebenso gesehen werden. Diese Feedbackeinholung kann aktiv in die Gespräche eingebaut oder auch nur aus den normalen Äußerungen heraus aufgenommen werden. Der *Vertrieb* bekommt Rückmeldungen, wie Angebote bewertet werden (z. B. Preisgestaltung) oder wo Angebote vermisst wurden. Sowohl Marketing und Vertrieb tun gut daran, auch ihre Kommunikationsmaßnahmen mit dem Call Center abzustimmen, damit sichergestellt ist, dass die Mitarbeitenden vor den Kunden darüber informiert sind und in ausreichender Zahl und qualifiziert verfügbar sind. Ähnliches gilt für *PR*, wenn Ankündigungen herausgehen, die auch auf das Kontaktvolumen und die Aussagefähigkeit der Call Centres-Mitarbeitenden Einfluss haben könnten.

Für die *Produktentwicklung* ergeben sich vielfältige Anregungen dazu, wie Produkte beurteilt werden, was Kunden gut finden oder schlecht (das sind häufige Anruf-/Kontaktgründe, da der Kunde mit dem Produkt oder seiner Beschreibung nicht klar kommt bzw. das Produkt Mängel aufweist), was sie vermissen, was sie stört oder welche andere Vorstellungen Sie aufgrund der Werbung von einem Produkt hatten. Den Kunden hier über verschiedene Kontaktkanäle abzuholen, ist ein wichtiger Baustein für die Verbesserung und Entwicklung von Produkten und Services.

Die *Verwaltung*/das *Back-Office* wiederum profitieren von der Zusammenarbeit mit dem Call Center, indem sie aktiv z. B. vor dem Versand von Rundschreiben oder Jahresrechnungen mit den Call Center-Experten sprechen und die Formulierungen und die voraussichtlichen Versandtermine abstimmen. Hier liegt ein großes Potenzial, das Nachfragevolumen durch Berücksichtigung einer verständlichen und übersichtlichen Gestaltung schon im Vorfeld möglichst gering zu halten.

Eine wichtige Mittler- und Gestaltungsrolle kann hierbei das Projekt- und Qualitätsmanagement eines Call Centers einnehmen, sofern ein ganzheitlicher Überblick über die Prozesse, Schnitt- und Verbindungsstellen zu anderen Funktionsträgern und -einheiten vorliegt.

7 Qualitätsmanagement eines Call Centers

7.1 Qualitative Anforderungen an Management, Personal, Prozesse und Infrastruktur im Call Center

Welche Kriterien hierbei mindestens zu berücksichtigen sind, findet sich z. B. auch in der DIN EN 15838, der *Norm für Customer Contact Center* (Kundenkontaktzentren) wieder (Abb. 1). Die Norm gibt Anforderungen oder Empfehlungen dazu, *was* zu berücksichtigen ist, wird jedoch (normentypisch) – mit Ausnahme bestimmter definierter Kennzahlen – selten konkret und lässt viel Gestaltungsspielraum in der Frage des *Wie*.

7.2 Qualitätsdimensionen im Call Center

Qualität im Call Center hat viele Ausprägungen. Zuerst wird dazu meist die Qualität des Gesprächs genannt oder noch die der Prozesse und im Outbound-Geschäft spielt die Qualität der vorliegenden Adressen eine wichtige Rolle. Abbildung 2 vermittelt einen Überblick über weitere *Dimensionen der Qualität*, die erst in der verbindenden Betrachtung ihre volle Wirkung erzielen.

7.2.1 Dialogqualität
Bei der Dialogqualität spielen sowohl die interne wie auch die externe Perspektive eine Rolle. Aus der *internen Perspektive* wären das Einhalten bestimmter

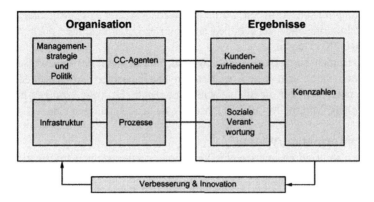

Abb. 1 Struktur der Anforderungen an Kundenkontaktzentren. Quellen: DIN EN 15838:2009 2012

Abb. 2 Dimensionen der Qualität von Call Centern. Quelle: Stockmann 2012, S. 9

Begrüßungs-/Gesprächseröffnungsformulierungen und bestandteile zu nennen (z. B. Nennung des eigenen Namens, des Firmennamens, der Abteilung usw.), ob das Gespräch zielführend im Sinne von lösungsorientiert (z. B. Fragetechnik, aktives Zuhören) und freundlich (z. B. Ansprache des Kunden mit Namen, Bestätigungssignale, Verständnis) auf das Kundenanliegen hin geführt wird und auch ob die Gestaltung des Gesprächsabschlusses (z. B. Zusammenfassung des Gesprächs oder einer Bestellung, rechtlich notwendige Formulierungen, Dank an den Kunden usw.) adäquat ist. Bei der *externen Perspektive* zählt an erster Stelle der Eindruck, den der Kontakt beim Kunden hinterlassen hat. Empfand dieser das Gespräch als abschließende

Behandlung für sein Anliegen, wurde ihm Wertschätzung entgegengebracht, drückte sich der Mitarbeitende verständlich aus, kam er freundlich, aber auch verbindlich genug beim Kunden an.

Da Gesprächskontakte sehr flüchtig sind, sich also mit der Leistungserbringung auch schon verbraucht haben, werden zur Qualitätssicherung verschiedene Maßnahmen eingesetzt, für die alle verschiedene rechtliche Anforderungen hinsichtlich Verbraucher-, Mitarbeiter- und Datenschutz zu berücksichtigen sind.

7.2.2 Information/Wissen

Wissen entsteht durch intelligentes Verknüpfen von einzelnen Informationen. Systeme können Informationen speichern, Wissen entsteht allerdings noch immer überwiegend in den Köpfen, auch wenn moderne *Wissensmanagementsysteme* hier schon wertvolle Hilfestellungen generieren können. Bei allen Dialogen geht es vor allem darum, über welches Wissen der Mitarbeitende verfügt (denn dies ist ein mitentscheidender Faktor für die Geschwindigkeit einer Kontaktbearbeitung), auf welchem Stand ist dies, wie wird es aktuell gehalten und wie schnell und problemlos kann im Bedarfsfall auf weitere Informationen zugegriffen werden. Auch dabei spielen Aktualität, Verfügbarkeit, Aufbereitung und Verständlichkeit eine wichtige Rolle, ebenso mit welchen Verknüpfungen und Referenzen sind die Informationen angereichert. In bestimmten Fällen kann es erforderlich sein, diese oder speziell aufbereitete Informationen im Kontaktverlauf auch dem Kunden verfügbar zu machen, dann sollte dies ohne Hindernisse für beide Parteien möglich sein.

7.2.3 Mitarbeitende

Beim Mitarbeitenden im direkten Kundenkontakt spielen fachliche, methodische und kommunikative Aspekte zusammen, um einen Dialog flüssig und souverän wirken zu lassen. Als wünschenswerte *Eigenschaften* werden gerne die Qualifikation, Kommunikationsfähigkeit, Empathie, Teamfähigkeit, Belastbarkeit/Stressresistenz, Lernbereitschaft, Motivation, Identifikation/Loyalität genannt, aber auch das Potenzial, mit steigenden Anforderungen mitwachsen zu können. Doch auch die operative Führung sowie der Einsatz von Spezialisten, sei es in der Arbeitsvorbereitung, Planung, der Qualitätssicherung, im Projekt-/Kampagnenmanagement oder bei Coaching und Training, sind Multiplikatoren für die erfolgreiche Leistungserbringung. Dazu kommen Unterstützungsfunktionen aus dem IT- und Personalbereich, die ebenfalls mit den Call Center spezifischen Gegebenheit vertraut zu sein haben, um eine optimale Zuarbeit und Unterstützung bieten zu können (DIN EN 15838:2009 2012).

7.2.4 Service

Die Bereit- und Sicherstellung von Service hat drei Perspektiven zu berücksichtigen, die Kundenperspektive, Unternehmens- und Mitarbeiterperspektive. Die Definition eines Serviceversprechens hat für alle drei Gruppen stimmig, transparent und erfüllbar zu sein.

Aus der *Kundenperspektive* sind die Verfügbarkeit und die Erreichbarkeit des Services erste Aspekte. Dann spielen die Kosten, Lösungsorientierung, Schnelligkeit,

Einfühlungsvermögen, persönlicher Bezug, Verbindlichkeit und abschließende Erledigung des Anliegens weitere Rollen für den Kunden.

Bei der *Unternehmensperspektive* stehen – auch wenn sich Kundenorientierung oder Kundenzufriedenheit wohl bei allen Firmen in den Unternehmenszielen finden – die wirtschaftlichen Aspekte der Serviceerbringung ganz oben. Typische Fragen sind: Welche Kosten verursacht der Service und gibt es einen unmittelbar messbaren Nutzen? Welcher Service ist notwendig, welcher Service kann separat bepreist werden und welche Teile des Service würden auf Kunden-Seite nicht unbedingt vermisst werden? Eine schnelle und möglichst im Erstkontakt fallabschließende Serviceerbringung liegt daher auch im Unternehmensinteresse, lassen sich so doch erhebliche und unnötige Kosten einsparen.

Für die *Mitarbeiterperspektive* ist ebenfalls eine schnelle und abschließende Leistungserbringung von Interesse, da der Kontakt damit für beide Seiten zufriedenstellend beendet werden kann. Um dies gewährleisten zu können, muss die Lösbarkeit der Anliegen für die Mitarbeitenden gegeben sein. Hier ist zu prüfen: Stimmt deren Qualifikation, sind die zugewiesenen Kompetenzen ausreichend, liegen ihnen alle erforderlichen Informationen vor und unterstützen gegebenenfalls performante Informationssysteme die Bearbeitung.

7.2.5 Führung

In Call Center liegen eher flache *Hierarchiestrukturen* vor. Oben das Center-Management und evtl. seine Spezialisten in den Stabsfunktionen, in der Mitte die operative Führung mit Teamleitung, Supervisoren, Projektleitern und darunter die Sachbearbeiter (Agenten). Führung wirkt im Call Center daher meist sehr unmittelbar.

Grundsätzlich zeichnet sich *Führungsqualität* durch die gleichen Eigenschaften aus wie in anderen Branchen. Eine Besonderheit ist, dass der (Kunden)Kontakt ein eher flüchtiges Produkt ist, der mit seiner Leistung auch schon wieder verbraucht ist, mal von textbasierten Kanälen abgesehen, und daher auch eine Führung näher an der Produktion sinnvoll ist, um Strömungen, Stimmungen und Entwicklungen mitzubekommen. Eine weitere Besonderheit liegt in der Steuerung eines Call Centers, worüber Führungskräfte – wie in anderen Branchen auch – fundierte Kenntnisse und praktische Erfahrungen mit den Call Center-Besonderheiten mitbringen sollten, da diese nicht mit linearen Produktionsprozessen zu vergleichen sind und daher eine höhere Dynamik bei der Beeinflussbarkeit im Tagesgeschäft aufweisen.

Allgemein gilt auch im Call Center, dass Führungskräfte für die Gestaltung leistungsförderlicher und gesundheitsbewahrender Rahmenbedingungen verantwortlich sind, sich neuen Gegebenheiten stellen und dabei offen für aktive Veränderungen sind, sich durch fachliche und methodische Fähigkeiten auszeichnen und in ihrer Vorbildfunktion ein klares, verbindliches und motivierendes Führungsverhalten zeigen.

7.2.6 Arbeitsplatz

Auch wenn Call Center-Arbeitsplätze im Büroumfeld angesiedelt sind, sind sie doch durch die externe Taktung der Kontaktangebote eher einem Arbeitsplatz in der

Produktfertigung nahe als dem in der Administration. Dennoch können moderne Call Center als Vorreiter für künftige *Büroraumkonzepte* gesehen werden. Viele Themen der Ergonomie und der aufgabenorientierten Platz- und Raumgestaltung, die heute neu in die klassischen Bürokonzepte Einzug halten, werden in guten Call Center schon seit über zehn Jahren umgesetzt und konsequent weiterentwickelt. In ergonomisch gestalteten Call Center lassen sich gerade wegen der offenen Architektur auch die Aspekte Akustik/Lärm, Klimatisierung (Temperatur und Luftfeuchtigkeit) und Lichtlenkung sowie die Trennung von Ruhe-, Besprechungs- und Konzentrationszonen wesentlich besser lösen als in herkömmlichen Zweier oder Dreierbüros. Intelligente Multifunktionslösungen für Schulungs- und Trainingszwecke erlauben Lerneffekt- fördernde Kombinationen durch fließende Übergänge von Einzel- zu Gruppenschulungen und zurück. An höhenverstellbaren Arbeitstischen können die Mitarbeitenden selbständig zwischen sitzender und stehender Arbeitsweise wählen. Spiel- und Sportangebote in den Pausenbereichen fördern schnelle geistige Regeneration und Auflockerungen der Muskeln z. B. durch Tischtennis, Tischkicker, eine Wii oder Ähnliches. Spezielle Arbeitsinseln für Teamleiter und andere Spezialisten ermöglichen es diesen, mitten im Geschehen und schnell ansprechbar zu sein und trotzdem einen Arbeitsplatz für eigenes konzentriertes Arbeiten zu haben. Durch ein Bündel von architektonischen Gestaltungsmaßnahmen werden im Allgemeinen auch betriebswirtschaftlich relevante Flächenoptimierungen erreicht, ohne zu Lasten des Wohlfühlfaktors oder des Arbeitsschutzes zu gehen.

Besonders bei mittleren und größeren Call Center rechnen sich Investitionen in durchdachte Raum- und Arbeitsplatzlösungen sehr schnell, da sie in der Regel messbar mit weniger krankheitsbedingten Fehlzeiten, geringerer Fluktuation, weniger Reibungsverlusten und damit höherer Produktivität einhergehen.

7.2.7 Prozessqualität

Ergänzend zur Arbeitsplatzsituation spielt natürlich auch die *Prozessqualität* für die Produktivität eine zentrale Rolle. Call Center werden von Kunden meist deshalb kontaktiert, weil Kunden entweder Fragen oder Reklamationen zum Produkt haben oder weil an anderer Stelle Unternehmensprozesse nicht so liefen, wie es dem Kunden zugesichert wurde bzw. es der Kunde erwartet hat. Diese Prozesse entziehen sich meist dem direkten Einflussbereich des Call Center-Managements. Hier kann nur in der Zusammenarbeit mit anderen Unternehmensbereichen eine Änderung herbeigeführt werden.

Das Design und die Umsetzung der eigenen *Service- und Supportprozesse* dagegen haben entscheidenden Einfluss auf das Serviceerlebnis beim Kunden und das Wohlbefinden des Servicemitarbeitenden. Zum Prozessdesign gehören u. a. die Definition von Rollen, Zuständigkeiten, Prozesseigner, Eskalationsebenen, unterstützende Systeme, benötigte Unterlagen, Hol-/Bringschuld von Informationen, Vertretungsregelungen, Überprüfungszyklen, Schnittstellen, zuliefernde Prozesse, belieferte Prozesse, Zugriffsregelungen und, wenn erforderlich, Zeitvorgaben.

Für die Umsetzung ist entscheidend, wie die Prozesse gelebt und auch kontinuierlich weiterentwickelt werden. Im Servicekontakt sind höhere Anpassungsgeschwindigkeiten gefordert als in der Administration, dennoch darf die Sorgfalt nicht darunter leiden. Je näher die Mitarbeitenden aufgrund ihrer Erfahrungen im täglichen Kundenkontakt hier durch geeignete Systematiken (z. B. KVP) einbezogen werden können, je transparenter Zusammenhänge und Abhängigkeiten verdeutlicht werden, desto höher ist deren Verständnis für die Gesamtzusammenhänge und desto souveräner werden sie auch Sondersituationen beherrschen. Allerdings gibt es auch Geschäftsvorfälle, die strikt ohne Interpretationsspielräume zu bedienen sind. Entsprechende Regulierungssystematiken sind dabei zur Sicherstellung vorzusehen. Prozesse sind auch meist dann einfach und schlank gehalten, wenn sich ihr Design am Kundennutzen orientiert und nicht an internen Verwaltungsregelungen.

7.2.8 Planung/Steuerung

In der *Planung* wird anhand historischer Daten und prognostizierter Entwicklungen die Basis für die Vorgabenerfüllung von wirtschaftlichem Betrieb, zu erfüllendem Service-Level und Verfügbarkeit der richtigen Qualifikationen gelegt. Je verlässlicher der so genannte Forecast ist, desto weniger Korrekturen sind im laufenden Betrieb erforderlich. Dies ist bei sehr stabilen Anrufverlaufsmustern naturgemäß einfacher zu erreichen als bei sehr volatilen Geschäftsmodellen, die z. B. auf nicht beherrschbare Einflüsse im Tages-/Wochenverlauf zu reagieren haben oder starken saisonalen Schwankungen unterworfen sind. Hier kommt es dann auf die Intra-Day-Steuerung an und auf erfahrene Manager bzw. ein erfahrenes Managementteam, die präzise Ursache-Wirkungs-Zusammenhänge ausmachen können und die geeigneten Einflussmöglichkeiten einzusetzen wissen. Manche Abweichungen lassen sich ad hoc im Tagesverlauf auch nicht mehr abfangen, dann besteht das Erfordernis, schnell zu erkennen, ob es sich um ein einmaliges (tagesaktuelles) Phänomen handelt oder ob und welche Korrekturmaßnahmen für die Folgetage zu ergreifen sind. Häufig existieren für wiederkehrende Ausnahmesituationen auch bereits bestimmte Szenarien, die zur Hilfe herangezogen werden können. Abbildung 3 illustriert diese Zusammenhänge.

Für den Kunden zeigen sich solche Ausnahmesituationen häufig am Telefon in schlechter Erreichbarkeit und langen Warteschleifen oder längeren Antwortzeiten z. B. bei E-Mails oder im Chat.

7.2.9 Veränderung/Anpassung

Im Service ändern sich die Anforderungen und Erwartungen von Kunden und Auftraggebern bisweilen sehr schnell und manchmal auch kurzfristig. Die Zyklen und *Verbreitung neuer Medien* (z. B. Social Media-Plattformen), neuer Technologien (z. B. Smartphones oder Tablets) werden immer kürzer und anders als häufig in der Administration sind die erlaubten Reaktionszeiten deutlich kürzer; oftmals liegen auch nicht alle erforderlichen Informationen bereit oder konnten durchgängig verifiziert werden. Dennoch sind Anpassungen vorzunehmen und so sorgfältig wie möglich zu konzipieren (z. B. Social Media-Strategien). Dazu gehört die unmittelbare Aufbereitung und Vermittlung der Änderungen, seien es inhaltliche (wie neue Produktmerkmale, Tarife, Lieferbedingungen o. Ä.) oder der Kommunikationsform geschuldete (zum Teil unterschiedliche „Sprache" bei Telefon, E-Mail, Chat oder Social Media) an alle Mitarbeitenden.

Abb. 3 Zyklus zur operativen Steuerung von Call Centern. Quelle: Baumgärtner und Lemkemeyer 2007

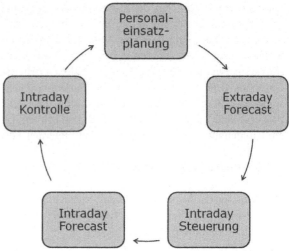

Für erfolgreiche Call Center-Organisationen gehören solche Veränderungen und Anpassungen zum Arbeitsalltag. Ihre *Change-Management-Philosophie* zeichnet sich über alle Mitarbeiterebenen durch einen hohen Veränderungswillen aus sowie durch einen selbstverständlichen und routiniert professionellen Umgang mit erkannten Anforderungen; und das nicht nur reaktiv, sondern auch mit einem hohen Anteil an aktiver Eigeninitiative zur Weiterentwicklung. Veränderungen werden in diesen Organisationen bis in die Teams hinein gefördert und wurden auch in der Vergangenheit überwiegend als sich bietende neue Chancen vermittelt und weniger als Gefahr angesehen.

7.2.10 Datenqualität

Eine weitere Qualitätsdimension beschäftigt sich mit den Daten. Da sind zum einen die Daten der Kunden, die Daten der Produkte, Services und sonstiger Leistungen sowie zum anderen die Daten zu den Mitarbeitenden und Geschäftspartnern, jeweils mit den Aspekten rechtlicher Anforderungen und betriebswirtschaftlicher Nutzung.

Bei *Kundendaten* sind aus rechtlicher Sicht die Aktualität der Kontakt- und Vertragsdaten sowie der Opt-In Nachweis mit Themenbezug und Datum von besonderer Bedeutung. Doch auch die Gestaltung des Zugriffsschutzes und die Schutzwürdigkeit bestimmter Informationen (z. B. Krankengeschichte bei Krankenkassen oder Kontostände/Transaktionen bei Bankkunden) bedürfen hier besonderer Aufmerksamkeit. Aus Sicht der Kundenbeziehungsgestaltung (dem gelebten CRM) spielen darüber hinaus noch weitere Ausprägungen/Informationen eine wichtige Rolle: Wann war der letzte Kontakt und zu welchem Thema? Welche Produkte/Dienstleistungen hat der Kunde nachgefragt? Welche Informationen zu seinem Umfeld liegen vor (Namen von Familienmitgliedern, Haustieren, deren Geburtstage, Hobbies usw.)? Wie intensiv ist die Geschäftsbeziehung und wie lange dauert sie schon? Wie ist sein Zahlungsverhalten? Hat der Kunde weiterführende Informationen oder Fragen hinterlassen, die Aufschluss über weiteres Interesse vermuten lassen? Gibt es noch offene Fälle? Welche Feedbacks liegen vor (z. B. Lob, Reklamationen, Kündigungsandrohung)? Welcher Kundenwert wurde zugewiesen? Hat der Kunde bereits Empfehlungen ausgesprochen und wenn ja, wie oft und an welche Kundenklientel? Diese und viele weitere Aspekte im Datensatz bestimmen über die Chancen, den Kunden bedarfsgerecht abholen zu können, ihm exzellente (Kontakt-)Erlebnisse möglich zu machen oder auch die richtigen Angebote unterbreiten zu können. Doch auch eine hohe Datenqualität sagt noch nichts über die Art der Umsetzung von Kundenbeziehungsmaßnahmen aus.

Die *Aktualität* der Daten zu Produkten, Services und Leistungen ist, wie deren Verfügbarkeit, ebenfalls eine zentrale Notwendigkeit. Nichts ist ärgerlicher und vermeidbarer als mit veralteten oder fehlerhaften Informationen im Kundenkontakt zu arbeiten und dadurch mögliche Verkaufschancen zu verpassen oder im Nachhinein verärgerte Kunden besänftigen zu müssen.

Mitarbeiterdaten werden einmal aus arbeitsrechtlicher Sicht benötigt, um die Gehaltsabrechnung zu erstellen und u. a. die zugehörigen Beiträge für Kranken- und Rentenversicherungen abzuführen, Urlaubsansprüche zu regeln und individuelle Gehaltsanpassungen zeitlich und betragsmäßig nachzuvollziehen, Darüber hinaus hilft eine gut geführte Mitarbeiterdatenbank die fachliche Entwicklung nachzuvollziehen (wann wurden welche Weiterbildungen belegt, wie sieht der Entwicklungsplan aus, wann war das letzte Mitarbeitergespräch, welche Entwicklungsmaßnahmen wurden daraus festgelegt usw.), aber auch in der Arbeitsplanung leistet sie wertvolle Dienste. So lassen sich gerade bei vielfältigem Skill-Bedarf die einzelnen Fähigkeiten gut für (teil-)automatisierte Einsatzplanungen heranziehen (welche Sprachen beherrscht der Mitarbeitende auf welchem Level, zu welchen Produktgruppen weiß er Bescheid, welche Kompetenzen z. B. bei Schadensregulierungen, Reklamationen, Vertragsabschlüssen sind dem Mitarbeitenden zugewiesen usw.).

Die *Daten der Geschäftspartner* bzw. damit in Verbindung stehende Daten, wie z. B. Vertragskonditionen, interne Bewertungen usw., beinhalten eine Anzahl von sensiblen und vertraulichen Informationen, die zum einen bei längeren Geschäftsbeziehungen und zum anderen auch bei neuen Bindungen eine wichtige Grundlage für Konditions- und Vertragsverhandlungen sein können.

7.2.11 Dokumentation

Die wichtigsten *Anforderungen an die Dokumentation* sind Praxisorientierung, Verfügbarkeit und Aktualität. Dazu kommt die Versionierung, um jederzeit nachvollziehen zu können, nach welchem Prozedere, mit welchen zugehörigen Dokumenten und z. B. welchen Vertrags-/Lieferbedingungen oder allgemeinen Geschäftsbedingungen zu einem bestimmten Zeitpunkt verfahren wurde. Darüber hinaus besteht das Erfordernis, dass die Dokumentation auch sachverständigen Dritten einen schnellen Überblick über die Geschäftsprozesse ermöglicht.

Wichtig bei aller Sorgfalt und Detaillierung ist das richtige Maß zu finden für die Form und den Umfang der Dokumentation, so dass die Komplexität beherrschbar bleibt und die Prozesse auch gelebt und weiterentwickelt werden (können). Am besten gelingt dies, wenn die *Prozessdokumentation* gleichzeitig aktiver Bestandteil der täglichen Nutzung ist, sei es als Online-Nachschlagewerk (Call Center-Wiki) oder für Einarbeitung und Schulungen.

7.2.12 Risikomanagement

Mit einem aktiven Risikomanagement sensibilisiert man Führung und Mitarbeitende für potenzielle Gefahrenquellen aus dem Geschäftsbetrieb. Daher ist es wichtig, zunächst mögliche *Risiken zu identifizieren* und *zu kategorisieren*. Kategorisieren meint Risikoklassen zu bilden anhand der möglichen Auswirkung und auch nach Wahrscheinlichkeit des Eintritts. Zu betrachten sind, welche Risiken sich aus dem Betrieb ergeben können, durch die Technik oder die Arbeitsprozesse. Für ein Call Center können je nach Branche z. B. falsche Auskünfte durchaus unterschiedliche Auswirkungen haben. Bei einem Versandhaus wird eine falsche Aussage zu Produkteigenschaften eines Kleidungsstücks andere mögliche Folgen haben als eine falsche Aussage im Wertpapierhandel oder bei medizinischen Sachfragen. In allen Fällen wird es zu einem Verlust des Kundenvertrauens kommen, das im Risikomanagement individuell zu bewerten ist, die Haftungsfolgen für das Unternehmen werden jedoch gravierend anders sein und zu völlig unterschiedlichen Risikoklassifizierungen führen.

Für Call Center ebenso entscheidend sind *Systemausfälle*. Ergebnisse aus einer Risikobewertung können sein, die Ausfallsicherheit der Systeme durch kürzere Wartungs- und Aktualisierungszyklen zu verbessern, Backup-Systeme auszubauen und die Notfallpläne zu überarbeiten.

Aufgabe des Risikomanagement ist es, durch Bewusstmachung und auch durch Definition von Vermeidungs- oder Schutzmaßnahmen zu einer Risikominimierung beizutragen.

7.3 Bedeutung der Qualitätssicherung im Call Center

Das „gelieferte" Produkt im Call Center ist und bleibt der Kontakt, ob als gesprochenes Wort im Telefonat oder textlich als E-Mail oder im Chat, aber auch in anderen Medien. Obwohl Call Center für die Bewältigung des Massen Kommunikationsbedarfs geschaffen wurden, liefern sie doch mit jedem Kontakt ein „Einzelstück" aus, das dennoch bestimmten *Regeln und Vorgaben* entsprechen und in seiner Qualitätsanmutung beim Kunden gleichmäßig positiv ankommen soll. Gerade im Telefonat und Chat ist diese Kommunikation eher flüchtig. Ein begutachtbares Endprodukt, sofern es nicht aufgezeichnet wurde, existiert nicht. In der textlichen Kommunikation liegen zwar entsprechende Unterlagen für eine Prüfung vor, jedoch wird dies in der Regel meist erst nach Abschluss der Kommunikation stattfinden.

Anders als bei einem fehlerhaften Produkt kann ein *missglückter Kontakt* nicht einfach zurückgenommen und gegen einen guten ausgetauscht werden. Es ist meist ungleich schwerer, bei einem missglückten Kontakt den Empfänger wieder „einzufangen" und zufriedenzustellen.

Daher ist die *Qualitätssicherung auf unterschiedlichen Ebenen* wichtig und hat in allen Call Center – bisher allerdings mit unterschiedlichem Erfolg – einen hohen

Stellenwert. Wie bereits an anderer Stelle beschrieben, wird ganzheitliche Qualität und die Vermeidung von Qualitätsbrüchen erst im Zusammenspiel der einzelnen Qualitätsdimensionen erreicht.

7.4 Ansatzpunkte, Methoden und Technologien zur Qualitätssicherung im Call Center

Die verschiedenen Qualitätsdimensionen, die für die Leistungserbringung im Call Center eine Rolle spielen, wurden bereits dargestellt. Allerdings liegen auch heute die Hauptansatzpunkte für die Qualitätssicherung noch überwiegend in den traditionellen Feldern: *Dialog-/Gesprächs-* und *Prozessqualität*.

Für alle Verfahren, die den Kunden und/oder den Mitarbeitenden mittel- oder unmittelbar betreffen, sind allerdings mindestens arbeitsrechtliche (Zustimmung der Mitarbeitenden explizit oder per Betriebsvereinbarung), datenschutzrechtliche (Aufbewahrungsdauer und Nutzung) und/oder verbraucherschutzrechtliche (explizite Zustimmung des Kunden) Auflagen zu berücksichtigen, deren detaillierte Ausführungen den Rahmen an dieser Stelle sprengen würden.

7.4.1 Dialogqualität

Vielfältige Ansatzpunkte finden sich zur *Sicherung und Verbesserung der Dialogqualität*, wobei die meisten Verfahren zunächst darauf abzielen, Übereinstimmungen und Abweichungen zu den Vorgaben herauszufinden. Im zweiten Schritt werden anhand der Erkenntnisse Trainings- und Coaching-Maßnahmen für die Agenten aufgesetzt, um die Abweichungen wieder in den Griff zu bekommen, aber auch um laufende Verbesserungen zu erreichen. Denn optimal auf das Kundenanliegen ausgerichtete Gespräche reduzieren nicht nur die Gesprächszeiten, sie stellen auch den Kunden zufrieden und erreichen im Rückschluss eine geringere psychische Belastung bei den Mitarbeitenden. Hierzu stehen verschiedene *Methoden der Qualitätssicherung und Technologien* zur Verfügung:

Side-Monitoring: Das Side-Monitoring wird oft in Kombination mit dem Side-by-side Coaching eingesetzt. Das heißt, der Agent wird während des Kontakts durch Mithören vom Coach (in manchen Call Center ist dies auch Aufgabe des Teamleiters) in seiner Kontaktbearbeitung beobachtet und bekommt i. d. R. direkt danach ein Coaching-Gespräch.

(Silent-)Monitoring: Ein ähnliches Vorgehen findet beim (Silent-) Monitoring statt, nur dass der Gesprächsverlauf nicht durch Dabeisitzen, sondern durch Hineinhören in das Gespräch von irgendwo erfolgen kann (sofern die Telefonanlage für Berechtigte freigeschaltet wurde). Welche Gespräche nun mitgehört werden und wie der Agent darüber informiert wird, dies wird üblicherweise durch den Coach genutzt, der sich dabei Notizen zu Gesprächsverlauf macht, um dies dann später mit dem Agenten durchzusprechen. Ebenso wird diese Verfahren auch gerne von Auftraggebern im Rahmen der Qualitätsüberwachung genutzt, um sich einen direkten Eindruck von der Gesprächsführung zu machen und dies mit den

gemachten Vorgaben abgleicht, um die Erkenntnisse in den Projektgesprächen einzubringen.

Call-Recording: Bei höheren Call-Volumina bietet sich Call-Recording an, also die Aufzeichnung von Gesprächen. Doch gibt es neben der Messung und Sicherung der Gesprächsqualität noch weitergehende Gründe für den Einsatz von Recording-Systemen, wie z. B. zur Dokumentation von Aufträgen oder der Opt-In-Erlaubnis, bei Drohanrufen, zur Prozess- und Qualitätsoptimierung sowie für nachfolgende Trainings und Coachings.

Da für die Aufzeichnung auch der Kunde zuzustimmen hat, findet sich Call-Recording fast ausnahmslos im Inbound statt. Es wäre verständlicherweise etwas hinderlich für das weitere Gespräch, einen Outbound-Call mit der Bitte um Einwilligung für einen Gesprächsmitschnitt einzuleiten. Beim Outbound wird manchmal die Teilaufzeichnung eingesetzt, dabei wird nur der Gesprächsanteil des Agenten aufgezeichnet, nicht aber der des Kunden. Auch damit bieten sich fallbezogene Ansatzpunkte für Coaching-Maßnahmen.

Recording zur Transaktionssicherung: Abzugrenzen ist hier die Aufzeichnung von Gesprächen aus Gründen der Transaktionssicherung wie sie z. B. beim Telefonbanking, beim Wertpapierhandel oder am Gesprächsende zur Zusammenfassung der vereinbarten Vertragsbestandteile stattfindet. Diese Aufzeichnungen werden zur rechtlichen Absicherung eines Geschäfts erstellt, die Einwilligung dazu erfolgt vom Kunden überwiegend bei der Anmeldung zu diesen Diensten mit den allgemeinen Nutzungsbedingungen und dürfen somit auch nur für vertragliche Klärungen, z. B. im Falle von Rechtsstreitigkeiten, genutzt werden – nicht für Trainingszwecke. Eine Ausnahme ist, wenn vom Kunden zu Gesprächsbeginn die explizite Einwilligung für Qualitätssicherungszwecke eingeholt wurde.

Sie sehen, die Materie bietet genügend rechtliche Fallstricke und ist im Vorfeld sehr gewissenhaft zu planen.

Screen- und Call-Recording: Hierbei wird zum Gespräch auch der Agentenbildschirm mit seinen Eingaben aufgezeichnet. Somit kann im Training später auf eine optimierte Handhabung der Bildschirmmasken eingegangen werden.

Analyse-Tools: Da in Call Center täglich meist ein hohes Volumen an Gesprächen anfällt, braucht es geeignete Technologien, diese Mengen gezielt nach bestimmten Mustern oder Inhalten zu filtern, um die passenden Beispiele für die Trainings heranziehen zu können. Die heute weit verbreiteten Systeme durchsuchen die aufgezeichneten Gespräche nach bestimmten Mustern, z. B. längere Gesprächspausen, paralleles Sprechen von Kunde und Agent, ansteigende Lautstärke, längere Dateneingabe oder sonstige Unregelmäßigkeiten bzw. Abweichungen vom üblichen Muster. Die so gefilterten Gespräche werden dann von den Coaches näher untersucht und entschieden, welche davon für anschließende Trainings herangezogen werden.

Speech Recognition: Deutlich tiefer gehen Spracherkennungssysteme. Diese sind lernfähig und können nach erfolgter Grundkalibrierung viel gezielter in die aufgezeichneten Dialoge kontextsensitiv eintauchen. Grundlagen dafür stehen nicht nur der US-amerikanischen NSA (National Security Agency) zur Verfügung, recht brauchbare Systeme sind mittlerweile in vielen Bereichen – nicht nur im Call Center – im Einsatz.

Speech Recognition liefert nicht nur Anhaltspunkte zur Dialogverbesserung, die besondere Stärke liegt, wenn man etwas Erfahrung gesammelt hat und das System gezielter füttern kann, in seiner Stärke, auch Hinweise auf strukturelle Prozessprobleme zu liefern, die im Vorfeld auftraten und nun zu Kundenanrufen führten (z. B. unverständliche Rechnungen, Reklamationen mit Androhung rechtlicher Schritte usw.).

Mystery Calling: Zur Überprüfung der Einhaltung von Vorgaben, aber auch der Verbindung von Gespräch und Folgeprozessen, werden häufig Mystery Calls eingesetzt. Dabei wird eine auf diese Form der Qualitätsprüfung spezialisierte Agentur oder auch ein drittes Call Center beauftragt, Testanrufe durchzuführen. Gut gemacht ist dieses Verfahren sehr aufwändig in der Vorbereitung, da plausible Legenden für jeden einzelnen Anrufer aufzubauen sind. Dies gelingt noch relativ einfach bei der Simulation von Interessentenanfragen. Bei Themen, die nur für Bestandskunden möglich sind, wird die Sache schon schwieriger, da es dann auch in der Datenbank entsprechend plausible „Kundendaten" zu hinterlegen gilt. Auch sind die Art und der Zeitraum der Durchführung entscheidend für den Erfolg. Erfahrene Agenten merken oftmals sehr schnell, auch durch den internen Austausch über seltsame Gespräche, wenn Mystery Calls gebündelt im Call Center eingehen oder Kundenlegenden nicht stimmig sind.

7.4.2 Prozessqualität

Es wurde bereits dargestellt, wo Speech Recognition bei der Optimierung von Arbeitsprozessen helfen kann, doch auch die klassischen *Verfahren der Prozessarbeit* kommen vielfach zur Anwendung. Nach innen gerichtet helfen *KVP-Zirkel* (Kontinuierlicher Verbesserungsprozess), abteilungsübergreifend Schnittstellen und Vorlauf- sowie Folgeprozesse besser zu verstehen und an ihrer Gestaltung und laufenden Verbesserung zu arbeiten. Von außen häufig durch die Auftraggeber, aber auch teilweise intern, werden *Audit-Verfahren* eingesetzt, um im Jahreszyklus systematisch verschiedene Schwerpunkte zu durchleuchten und Verbesserungsansätze zu entwickeln.

7.5 Nachweis von Qualität in Call Center

Den Qualitätsnachweis oder -beweis im Call Center wird man nur von außen, vom Kunden bekommen, seine Einschätzung ist entscheidend. Natürlich gibt es Qualitätsnachweise auch nach innen, z. B. zu den Mitarbeitenden und zu den Auftraggebern. Die EN 15838:2009 fordert eben für diese drei Gruppen: Kunden, Mitarbeitende und Auftraggeber, die regelmäßige Durchführung von Zufriedenheitsbefragungen und Prozesse für die Nachhaltung der daraus gewonnenen Erkenntnisse.

Bei der *Kundenzufriedenheitsbefragung* (Abb. 4) ist die zeitliche Komponente, also wann nach dem letzten Kontakt der Kunde befragt wird. Idealerweise verlässt man sich nicht nur auf eine jährlich durchgeführte Befragung oder nur auf eine jeweils direkt nach einem Kontakt. Eine Kombination aus unterschiedlich tiefen

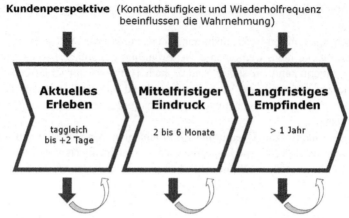

Abb. 4 Zyklen von Kundenzufriedenheitsbefragungen. (Quelle: Stockmann 2012, S. 10)

Befragungen und unterschiedlich zeitlichem Versatz zum Kontakt runden den Gesamteindruck des Kunden am treffendsten ab.

Als Nachweis der Kundenzufriedenheit und -bindung wird mittlerweile gerne der *Net Promoter Score* (*NPS*) herangezogen; eine Kennzahl, die mittelbar die Kundenzufriedenheit und unmittelbar die Bereitschaft zur Weiterempfehlung bestimmt.

Nach innen stellen neben den klassischen Mitarbeitergesprächen und dem möglicherweise noch vorhandenen „Kummerkasten" besonders regelmäßige und anonyme *Mitarbeiterzufriedenheitsbefragungen* ein wichtiges Instrument zur strukturierten Stimmungsanalyse dar.

Qualitätsnachweise zum internen oder externen Auftraggeber sind in regelmäßigen *Projektbesprechungen* anhand der vorher festgelegten zu erfüllenden Kenngrößen u. a. mit Hilfe von Auswertungen, durch Online-/Real Time Reportings, Mystery Silent Monitoring oder Mystery Calls, interne Audits und die Ergebnisse der Kundenzufriedenheitsbefragungen zu erbringen.

Eine weitere Möglichkeit des Nachweises zumindest des Vorhandenseins von Qualitätssystemen und -maßnahmen ist die externe Auditierung und Zertifizierung nach anerkannten Normen und Standards.

8 Stellenwert von Normen und Zertifizierungen für Call Center

8.1 Entwicklungsgeschichte

Erst seit Ende 2009 mit Veröffentlichung der EN 15838:2009 auf europäischer Ebene gibt es eine spezifische *Norm für Customer Contact Center* (so der offizielle Titel der Norm). Anstoß zur Entwicklung dieser Norm war ein Mandat an das

Europäische Komitee für Normung (CEN) durch die Europäische Kommission, die feststellte, dass Call Center nicht immer den Erwartungen der Kunden entsprechen und auch hinsichtlich des Qualitätsniveaus ihrer Dienstleistungen und des Verbraucherschutzes variieren. Das *Ziel der Norm* besteht darin, für Kundenkontaktzentren die Anforderungen an die Qualität der Dienstleistungen festzulegen, die allen Zentren gemeinsam sind, unabhängig vom Bereich der Dienstleistung, der technischen Herangehensweise zur Bereitstellung der Dienstleistung oder dem Anbieter der Dienstleistung. Die Norm gilt sowohl für firmeninterne Kundenkontaktzentren als auch für ausgegliederte Zentren. Die Norm wurde zum Nutzen beider Arten von Kontaktzentren erarbeitet sowie für die Kunden, die deren Dienstleistungen in Anspruch nehmen.

Die vorliegende Europäische Norm zielt darauf ab, die Entwicklung von Dienstleistungen zu fördern, die effektiv, qualitativ hochwertig und kosteneffizient sind und die Erwartungen der Kunden erfüllen. Sie befasst sich, unter Verwendung eines ausgeglichenen Ansatzes, mit mehreren Bereichen. Die Umsetzung der Norm sollte sowohl den Kundendienst verbessern, als auch den wirtschaftlichen Erfolg erhöhen. Sie ist darauf angelegt, Zufriedenheit bei den Kunden, dem Personal und sonstigen Interessensvertretern zu erreichen. Sie sollte zu kontinuierlicher Verbesserung und zu einem besseren Verständnis des Wertes des Kundenkontaktzentrums führen (DIN EN 15838:2009 2012).

Der *Anwendungsbereich* wird in der EN 15838:2009 wie folgt definiert: „Diese Europäische Norm legt die Anforderungen an Kundenkontaktzentren fest. Sie zielt darauf ab, optimale kundenorientierte Verfahrensweisen zur Verfügung zu stellen, um den Erwartungen der Kunden gerecht zu werden. Die vorliegende Norm gilt sowohl für firmeninterne Kundenkontaktzentren, als auch für solche, die ausgelagert wurden. Diese Europäische Norm legt den Schwerpunkt auf die Qualität der Leistung am Punkt des Kontaktes zwischen dem Kunden und dem Kundenkontaktzentrum."

Bis dahin gab es auch erst seit den Anfangsjahren dieses Jahrhunderts in Europa nur jeweils *nationale Normen* von den jeweiligen Normungsinstituten in Österreich (ÖNORM) und Frankreich (AFNOR). In Deutschland hatten die Verbände CCV und DDV gemeinsam den Qualitätsstandard TQE (Total Quality Excellence) entwickelt. Dieser am TQM-Model orientierte, recht anspruchsvolle Qualitätsstandard fand allerdings nur einige wenige Zertifizierungen.

Weltweit liegt das Unternehmen COPC Inc. (Customer Operations Performance Center) mit nach eigenen Angaben über 1.500 zertifizierten Einheiten noch unangefochten an der Spitze. In der DACH-Region sind nur wenige Betriebe, mit überwiegend auf technischen Support ausgerichtete Call Center, danach zertifiziert. COPC wurde 1996 gemeinsam von verschiedenen US-amerikanischen Auftraggebern/Einkäufern von Call Center-Dienstleistungen wie z. B. Microsoft, Dell, Intel, Compaq und weiteren Firmen als Pflichtstandard für beauftragte Call Center entwickelt. Heute ist die COPC Inc. laut ihrer eigenen Webseite „ein global agierendes Beratungs-, Trainings- und Zertifizierungsunternehmen, das Organisationen dabei hilft ihre Erträge zu verbessern, Kosten zu reduzieren und die Kundenzufriedenheit durch Kundenerlebnis unterstützende Arbeitsabläufe zu steigern" (COPC Inc. 2014).

Diese Zwangsverknüpfung von verpflichtend einzukaufender Beratungsleistung und anschließender Zertifizierung aus gleicher Hand ist auch der am häufigsten geäußerte Kritikpunkt an COPC.

8.2 Stellenwert

Die Akzeptanz der EN 15838:2009 und der damit einhergehenden *Zertifizierungen* hat sich gerade in den vergangenen zwei Jahren auch im deutschsprachigen Raum deutlich erhöht. Anfangs noch skeptisch beäugt und die Entwicklung abwartend haben sich mittlerweile viele der großen Dienstleister (über 2.000 Mitarbeitende) und auch etliche mittelgroße Unternehmen (500-1.000 MA) sowie diverse Inhouse-Einheiten danach zertifizieren lassen. In Ost-Europa ist die Nachfrage im Verhältnis überproportional höher, verspricht man sich dort damit doch bessere Aussichten auf internationale Aufträge. Gerade bei europaweit- oder international agierenden Unternehmen ist das Interesse höher und die Norm wird in Ausschreibungen immer öfter eingefordert.

Neben der EN 15838:2009 spielt auch die ISO 9001:2008 eine große Rolle, da sie 1987 erstmals eingeführt und noch bekannter ist. Sie wird auch weltweit von vielen Unternehmen aus der Industrie angewandt. Während die ISO 9001 als Standard für Qualitätsmanagementsysteme konzipiert wurde und damit auch die Unternehmensführung stärker in die Verantwortung nimmt und höhere Anforderungen an die Dokumentation und Dokumentenlenkung stellt, ist die EN 15838 von Beginn an als eigenständige Dienstleistungsnorm gestaltet worden und zielt eher auf ein zu erreichendes Ergebnis ab. Von der Methodik und dem Aufbau lässt sie sich aber gut mit der ISO 9001 kombinieren. So gibt es mittlerweile auch eine ganze Reihe von *Doppel-Zertifizierungen* nach beiden Normen, wobei gerade die konkreten Anforderungen für das Call Center hier gerne herangezogen werden.

Vielfach werden gerade von großen Auftraggebern aus der Telekommunikation, der Finanzdienstleistung, des Handels oder der Industrie aber auch die Erfüllung branchenspezifischer Normen und Standards von den Dienstleistern gefordert oder auch Zertifizierungen zu IT-Sicherheit und Datenschutz/Datensicherheit; was dazu führt, das viele Dienstleister ein ganzes Bündel von unterschiedlichen Zertifizierungen unternehmensübergreifend oder zumindest jeweils für Teile des Unternehmens vorhalten müssen.

8.3 Zukünftige Entwicklung

Dass Normen auch wirtschaftspolitisch eine wichtige Rolle spielen, zeigt die *Europäische Normungsstrategie*, die einen Ausblick auf die angestrebte Entwicklung bis 2020 gibt. Normen gelten hier als Ergebnis partnerschaftlicher Entwicklung zwischen Industrie, Behörden und anderen Interessengruppen in der EU, der Normungstätigkeit wird eine wichtige Rolle für das Wachstum und die Produktivität der europäischen Wirtschaft zugewiesen (Europa. Zusammenfassung der EU-Gesetzgebung). Ähnlich die *Deutsche Normungsstrategie* (DNS), die unter

Federführung des Bundesministeriums für Wirtschaft mit Vertretern aus Wirtschaft, Forschung, Politik und Normung 2003 und 2004 erarbeitetet und 2009 aktualisiert wurde. Sie umfasst fünf strategische Ziele und formuliert folgendes übergeordnete Leitmotiv: „Normung und Standardisierung in Deutschland dienen Wirtschaft und Gesellschaft zur Stärkung, Gestaltung und Erschließung regionaler und globaler Märkte" (DIN Deutsches Institut für Normung e.V. 2009).

Da der Dienstleistungssektor und die Arbeit der Call Center besonders in den vergangenen Jahren verstärkt von gesetzlichen Regelungen betroffen waren, lässt vor allem das dritte genannte Ziel aufmerken: „Normung und Standardisierung entlasten die staatliche Regelung" (DIN Deutsches Institut für Normung e.V. 2009). Hier bieten sich durch die brancheneigene Gestaltung von Normen (wie es z. B. mit der EN 15838 geschah) Ansatzpunkte zur Regulierungsvermeidung.

Aktuell wird seit Sommer 2013 auf *internationaler Ebene* (ISO) an einer Dienstleistungsnorm für Customer Contact Center gearbeitet, die als maßgebliche Input-Dokumente die EN 15838:2009 sowie die nationalen Normen SANS 900-1 bis 3:2008 aus Südafrika und KSS1006-1 bis 3:2006 der Republic of Korea nennt. Auch diese in Arbeit befindliche Norm fokussiert, wie die EN 15838 auf die Zufriedenheit des Kunden beim Kontakt mit dem Kundenkontaktzentrum. Voraussichtlicher Abschluss und Veröffentlichung der unter der Bezeichnung ISO 18295 erarbeiteten Norm ist für Ende 2015/Anfang 2016 zu erwarten.

9 Anforderungen an moderne Call Center

Wie bereits dargestellt, liegen die Anforderungen an moderne Call Center darin, sich den vom Kunden nachgefragten Kontaktkanälen und -medien zu öffnen und diese auf „Augen- und Ohrenhöhe" des Kunden professionell zu bedienen. Dabei wird die nächste logische Entwicklung wie im Marketing von Multi-Channel zu *Cross-Channel* sein, also der kanalübergreifenden und kombinierbaren Nutzung von Medienkanälen im Verlauf einer Kontaktsequenz (Kontaktsequenz meint hier alle kommunikativen Aktivitäten, die ein Kunde im Zusammenhang mit seinem Anliegen nutzt), ohne dass die Kommunikation spürbare Brüche aufweist. Konsequenterweise gehört es aber auch zur Aufgabe des Call Center-Managements, neue Kommunikationsangebote zu entwickeln und den Kunden aktiv anzubieten, die diese von sich aus (noch) nicht nachgefragt hätten (z. B. Co-Browsing oder Video).

Um diesen Veränderungen gerecht zu werden, stellen sich unterschiedliche und sich teilweise bedingende *Anforderungen* an moderne Call Center:

(1) Anforderungen an das Personal,
(2) Anforderungen an die Prozesse und Organisation,
(3) Anforderungen an die Technik,
(4) Anforderungen an die Infrastruktur.

Eine weitere Anforderung ist die durchgängige, kanalübergreifende Kommunikation durch eine Bündelung aller Kundendialogaktivitäten unter einer Verantwortlichkeit

(Stichwort: CCO Chief Customer Officer), wobei alle Kontaktaktivitäten und -informationen in Echtzeit in einer (CRM-)Datenbasis verfügbar zu halten sind, so dass bei Kundennachfragen jederzeit auf die benötigten Informationen zugegriffen werden kann. Durch eine *Synchronisierung der Kontaktkanäle* lassen sich Fälle wie „Danke für ihre schnelle Antwort hier in Facebook, ich frage mich allerdings, warum ich dazu seit drei Tagen noch keine Antwort auf meine E-Mail bekommen habe." vermeiden. Aber auch Informationen, die an Kunden-Communities herausgegeben werden, haben mindestens zeitgleich auch alle anderen mit Kundenanliegen betrauten Mitarbeitenden zu erreichen.

Ob die für die unterschiedlichen Kanäle und Medien zuständigen Mitarbeitenden in einer Einheit und an einer zentralen Stelle positioniert oder über verschiedene Standorte, eventuell auch über Ländergrenzen verteilt sind, spielt eine nachgeordnete Rolle. Deren Führung, Koordination und interne Kommunikation sind nicht zwingend an feste Räume gebunden, sie hängen vielmehr von der gelebten Führungs- und Unternehmenskultur ab.

1. *Anforderungen an das Personal*
Auch Call Center haben sich – besonders im deutschsprachigen Raum – vermehrt dem Wettbewerb um qualifizierte Mitarbeitende zu stellen. Attraktive Arbeitsplätze und Arbeitsmodelle werden mehr und mehr ein wichtiges Differenzierungsmerkmal auch gegenüber anderen Branchen, die um die gleichen qualifizierten Mitarbeitenden werben. Die Demografie und der damit einhergehende Mangel an geeigneten und verfügbaren Nachwuchskräften auf allen Ebenen fordern auch in der Kundenkommunikation neue Modelle. Die jüngste Entwicklung zeigt, dass Kunden, die heute den Dialog zum Unternehmen suchen, sich meist bereits ausführlich vorinformiert haben und daher die Kommunikation anspruchsvoller – sowohl zeitlich als auch inhaltlich – wird. Andererseits wollen Kunden viele Dinge auch gerne selbst erledigen, ohne auf Ansprechpartner warten zu müssen. Dann braucht es Mitarbeitende, die genau diese Self-Service-Lösungen im Sinne des Kunden konzipieren können und dabei die Verbindung zu den mitarbeitergebundenen Angeboten im Sinne eines einheitlichen „Look and Feel" im Auge behalten.

Zum Personal gehört aber auch die Führung über alle Ebenen. Die immer noch weit verbreiteten hierarchischen Führungsmuster kollidieren hier mit den selbstverantwortlich agieren wollenden Mitarbeitenden der Gegenwart und begonnenen Zukunft. Die Gewinner werden auch bei den Call Center diejenigen sein, die Führung auf Basis gemeinsamer Ziele und Werte gestalten sowie leben werden und damit auch natürlich wertschätzend den Kunden behandeln können.

2. *Anforderungen an die Prozesse und Organisation*
Transparenz sowie eine möglichst schnelle und flexible Anpassungsfähigkeit über interne Abteilungsgrenzen hinweg werden die erfolgreichen Unternehmen auszeichnen, auch in der modernen Call Center-Landschaft. Dazu gehören die Übernahme von Verantwortlichkeiten und größtmögliche technische Unterstützung.

In ihrem Aufbau stößt die klassische Prozess- und Linienorganisation oftmals schon im heute geführten Kundendialog an ihre Grenzen, ganz besonders in den

Bereichen der Community Betreuung oder bei der Kommunikation in den Sozialen Medien. An den Endpunkten haben Personen zu sitzen, die die Sprache der Kunden sprechen, die als ihre Anwälte für deren Anliegen Richtung Unternehmen auftreten und dabei doch Entscheidungen unter Abwägung mit unternehmensrelevanten Aspekten treffen. Und dies, ohne dass vorher ein Rückfrageprozess über die Hierarchiestufen hinweg notwendig ist.

3. *Anforderungen an die Technik*
Generell ist es erforderlich, dass die Technik trotz aller abzudeckenden Komplexität einfacher und modular anpassbarer wird. Lange Entwicklungs- und Implementierungszeiten werden der schneller werdenden Marktentwicklungen und Kundenanforderungen nicht gerecht. Die Systeme haben auch die künftige personelle Situation in den Unternehmen zu stützen.

Intelligente neue Self-Service-Angebote können einen Teil dazu beitragen, den personellen Einsatz zu reduzieren und die Konzentration auf den Moment zu lenken, wenn Rat benötigt wird, z. B. durch das Angebot eines Chat oder durch einen kostenfreien (Video-) Rückruf oder einer Hilfestellung mittels Co-Browsing. Interessant für Unternehmen ist dabei zudem die Chance vom Service zum Sale gestalten zu können. Die Unterstützung der Agenten im Kundengespräch findet hier z. T. heute schon durch so genannte Next-best-action oder Next-best-activity Lösungen statt. Das heißt, im Gespräch oder auch Chat werden dem Agenten Hinweise eingeblendet, welche Hilfsangebote beim Kunden ankamen oder auch welche Zusatzprodukte mit hoher Wahrscheinlichkeit passen und anzubieten sind. Auch Emotionserkennung und Word-Spotting direkt während des Gesprächs werden den Agenten zusätzliche Hilfestellungen zur individuelleren Kundenansprache bieten. Alle diese Systeme sind allerdings nur so gut wie die zugrundeliegende Datenbasis und die Analysealgorithmen – und die Fähigkeiten des Agenten, diese Hinweise angemessen umzusetzen.

Ebenso wird – so seltsam es klingt – die Kontaktvermeidung eine zunehmende Rolle spielen. Gemeint sind damit zum einen die oben beschriebene intensive Abstimmung und Zusammenarbeit zwischen den verschiedenen Unternehmensbereichen, um viele der vermeidbaren Kontaktgründe erst gar nicht entstehen zu lassen; zum anderen – und darin liegt der bedeutende Entwicklungsschritt – um performante und intelligente Systeme, die Kontaktanliegen anhand Kundenhistorien zu antizipieren und quasi schon vor dem Kontakt die vermutlich benötigten Informationen bereitzustellen. Sie werden ein weiterer Baustein in der modernen Call Center-Architektur sein. Aber auch in (moderierten) Nutzer-Communities werden neue Möglichkeiten liegen und sie werden – bedingt durch nachfolgende Kundengenerationen – für weitere Branchen einen zunehmenden Stellenwert erlangen.

Wenn sich moderne Call Center dem ganzheitlichen Kundendialog stellen wollen, wird auch das Thema Big Data eine zentrale Rolle spielen, nicht nur als Nutzer der ausgelieferten Ergebnisse, sondern als Lieferant, Analyst und Entscheider.

4. *Anforderungen an die Infrastruktur*
Diese Entwicklungen und Anforderungen haben sich auch in der zukünftigen Infrastruktur der Arbeitsplätze widerzuspiegeln. Wie Anfangs erwähnt, sind Call

Center seit Jahren dort, wohin sich andere Büroeinheiten erst entwickeln. Neue Prozess- und Organisationskultur braucht auch den Rahmen, sich darin zu entwickeln und die neuen Anforderungen umsetzen zu können. Die territorialen Büroarbeitsplätze werden noch lange existieren und haben auch ihre Berechtigung. Dazu werden aber für bestimmte Mitarbeitergruppen immer mehr virtuelle Strukturen kommen. Work-at-home kann hierbei als Ergänzung und zur Flexibilisierung des Arbeitslebens beitragen. Die Kombination mit dem Arbeitsplatz im Unternehmen ist gerade für eigenverantwortlich arbeitende und kommunikationsaffine Menschen, die für die künftigen Call Center-Aufgaben benötigt werden, ein guter Anreiz, die sozialen Kontakte in allen Lebensbereichen aktiv nutzen zu können und dabei die Verbindung von Beruf und Familie idealer in Einklang zu bringen. In einigen Call Center wird heute schon mit Open Space Architekturen die Vernetzung von Konzentrationsbereichen für konzeptionelle Einzelarbeiten mit den Kommunikationsbereichen für Trainings und Teamarbeit sowie den Kreativ- und Rückzugszonen umgesetzt.

Auch in absehbarer Zukunft werden die Call Center sich weiter wandeln und den weiteren Erfordernissen stellen müssen. Dabei werden die großen Call Center-Fabriken aufgrund der rückläufigen Massengeschäfte entweder verschwinden oder sich zu modular organisierten Spezial-Netzwerken wandeln. Auch der Mensch-zu-Mensch-Dialog per Sprache (Weiß man, ob in einigen Jahren dazu noch Telefone benötigt werden?) wird weiterhin seine Berechtigung haben, zeigt sich doch immer noch, dass gerade im direkten Kontakt (gerne auch in Verbindung mit Video) verstärkt Probleme gelöst oder Kaufentscheidungen herbeigeführt werden können. Erste Prototypen von Simultan-Übersetzern zeigen den Weg in eine zunehmend globale und Sprachgrenzen überschreitende Kommunikationsgesellschaft.

Wenn es zudem stimmt, dass mehr als zwei Drittel der heute eingeschulten Kinder nach ihrem Schulabschluss in Berufen tätig sein werden, die es heute noch gar nicht gibt, dann wird auch dies bislang noch ungeahnte Entwicklungen für Call Center bedeuten – in welcher Form und unter welcher Bezeichnung sie dann auch immer existieren werden. Vielleicht gelingt es den Call Center eines Tages sogar, einen Teil der Entwicklung aktiv zu gestalten.

Literatur

Baumgärtner F., & Lemkemeyer R. (2007). Realtime-Steuerung als Erfolgsfaktor bei Contact-Center-Unternehmen. *Zeitschrift für Controlling und Innovationsmanagement (ZfCI)*, 3, 50–3.
Call Center Verband Deutschland e.V. (2012). CCV Call Center Branchen-Studie 2012. https://callcenter-verband.de/wissen/studien/ccv-callcenter-branchen-studie-2012/. Zugegriffen am 12.11.2014.
COPC Inc. (2014). About COPC Inc. http://www.copc.com/about/who-we-are/. Zugegriffen am 20.03.2014.
DIN Deutsches Institut für Normung e.V. (2009). Die deutsche Normungsstrategie aktuell.
DIN EN 15838:2009. Kundenkontaktzentren – Anforderungen für die Leistungserbringung. Berlin: Beuth; 2012.

Europa. Zusammenfassung der EU-Gesetzgebung. Die Europäischen Normen bis zum Jahr 2020. http://europa.eu/legislation_summaries/internal_market/single_market_for_goods/technical_harmonisation/mi0085_de.htm. Zugegriffen am 08.11.2014.

http://www.din.de/sixcms_upload/media/2896/DNS_2010d_akt.pdf. Zugegriffen am 12.11.2014.

Kjellerup, N. (1998). Rockwell comes to town. http://www.callcentres.com.au/rockwell1.htm. Zugegriffen am 08.11.2014.

Stockmann, M. (2012). Qualität im Callcenter – Qualität managen und zertifizieren. *CCV – Praxisbroschüre des Call Center Verband Deutschland e.V.*, 8–18.

Thieme J., & Voß T. (2011). *Call Center Gehalts- und Karrierevergleich 2011*. Hannover: telepublic.

Verkinderen F., & Vanden Bossche V. (2012). European Contact Center Benchmark Study 2012, European Contact Center Benchmark Platform. http://www.eccbp.be/. Zugegriffen am 12.11.2014.

Manfred Stockmann ist Präsident des Call Center Verbands Deutschland e.V. mit Sitz in Berlin

Der Einsatz von Messen und Ausstellungen im Rahmen der Dialogkommunikation

Manfred Kirchgeorg

Inhalt

1 Kennzeichnung und Bedeutung von Messen und Ausstellungen 510
2 Planung und Durchführung von Messen und Ausstellungen 513
3 Entwicklung des Messewesens 519
4 Zusammenfassung 521
Literatur 521

Zusammenfassung

Trotz des Voranschreitens der digitalen Kommunikation stellen Messen und Ausstellungen insbesondere im BtoB-Marketing ein wichtiges Instrument der Dialogkommunikation dar. Im Gegensatz zum praxisbezogenen Stellenwert von Messen und Ausstellungen steht allerdings die eher als stiefmütterlich zu bezeichnende wissenschaftliche Auseinandersetzung mit diesen Instrumenten. Messebeteiligungsentscheidungen sind auf der Grundlage eines systematischen Planungsprozesses vorzubereiten. Dabei erfordern erfolgreiche Messebeteiligungen einen abgestimmten Einsatz mit den Instrumenten der klassischen und digitalen Kommunikation vor, während und nach einer Messeveranstaltung.

Schlüsselwörter

Ausstellungen • Dialogkommunikation • Live Communication • Messebeteiligung • Messeerfolg • Messen • Messewirtschaft • Messeplanung • Messeszenarien

---

M. Kirchgeorg (✉)
SVI-Stiftungslehrstuhl für Marketing, insbes. E-Commerce und Crossmediales Management,
HHL Leipzig Graduate School of Management, Leipzig, Deutschland
E-Mail: manfred.kirchgeorg@hhl.de

1 Kennzeichnung und Bedeutung von Messen und Ausstellungen

Messen und Ausstellungen stellen Instrumente der Dialogkommunikation dar, die häufig in ihrer Bedeutung für die Unternehmenspraxis unterschätzt werden und in der Marketingwissenschaft nur sehr selektiv eine Beachtung gefunden haben. Dabei können Messen und Ausstellungen einen wesentlichen Beitrag zur Kundenakquisition und -bindung im In- und Ausland leisten. Unternehmen, die regelmäßig Fachmessen als Instrument der Dialogkommunikation einsetzen, stufen dieses Instrument im Längsschnittvergleich nach ihrem Internetauftritt (Website) noch vor dem Außendienst als zweitwichtigstes Instrument ein (Abb. 1).

In diesem Zusammenhang geben die Unternehmen an, einen Anteil von durchschnittlich 40 Prozent ihres Kommunikationsbudgets für Messebeteiligungen aufzuwenden. Trotz der zunehmenden Fragmentierung der Kommunikationsinstrumente gehören Messen insbesondere im BtoB-Bereich zu einem wichtigen Standardinstrument der Dialogkommunikation.

Betrachtet man die *Angebotsseite von Messeveranstaltungen*, so ist auch hier eine stabile Entwicklung auszumachen (Tab. 1). Von den global führenden Messen der Welt finden ca. zwei Drittel in Deutschland statt, wodurch der Messeplatz Deutschland eine Spitzenposition im weltweiten Vergleich einnimmt. So werden pro Jahr rund 140 internationale Messen mit 170.000 Ausstellern und über 10 Mio. Besuchern in Deutschland durchgeführt. Hinzu kommen etwa 150 regionale Messeveranstaltungen, die 6 Mio. Besucher aus den jeweiligen Regionen anziehen (AUMA 2013).

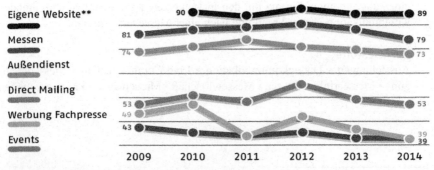

Abb. 1 Stellenwert von Messen in der BtoB-Kommunikation im Längsschnittvergleich (n = 500 Unternehmen pro Jahr). Quelle: AUMA 2014a, S. 18

Tab. 1 Weltweit führende Messeplätze und Messegesellschaften. Quelle: AUMA 2009a, 2014b

Rang	Messeplatz	Brutto-Hallenkapazität im Jahr 2014	Veränderung ggü. 2008
1.	Hannover Messegelände	448.900 m²	↘
2.	Frankfurt a. M. Messegelände	358.913 m²	↗
3.	Fiera Milano	345.000 m²	→
4.	China Import & Export Fair Complex Guangzhou	340.000 m²	→
5.	Köln Messegelände	284.000 m²	→
6.	Düsseldorf Messegelände	262.407 m²	→
7.	Paris-Nord Villepinte	242.582 m²	↗
8.	McCormick Place Chicago	241.549 m²	↘
9.	Fira Barcelona Gran Via	240.000 m²	↗
10.	Fieria Valencia	230.837 m²	→
Rang	Messegesellschaft	Umsatz im Jahr 2012	Veränderung ggü. 2008
1.	Reed Exhibitions (GB)	1.051,0 Mio. EUR	↗
2.	GL events (F)	824,2 Mio. EUR	↗
3.	United Business Media (GB)	538,9 Mio. EUR	↗
4.	Messe Frankfurt/Main (D)	536,9 Mio. EUR	↗
5.	Messe Düsseldorf (D)	380,5 Mio. EUR	↗
6.	VIPARIS (F)	327,6 Mio. EUR	↗
7.	MCH Group (CH)	323,1 Mio. EUR	↗
8.	Messe München (D)	298,4 Mio. EUR	↗
9.	Fiera Milano (I)	263,4 Mio. EUR	↘
10.	Deutsche Messe (D)	251,3 Mio. EUR	↗

Im Rahmen der Kommunikationspolitik werden Messen und Ausstellungen der Dialogkommunikation bzw. *Live Communication* zugerechnet. Zur begrifflichen Präzisierung und Abgrenzung der beiden Instrumente kann zunächst auf die Legaldefinitionen der deutschen Gewerbeordnung und zum anderen auf die vom Ausstellungs- und Messe-Ausschuss der Deutschen Wirtschaft (AUMA) verabschiedeten Begriffskonventionen Bezug genommen werden (Kirchgeorg 2003, S. 54). Aus der Gegenüberstellung dieser Definitionen (Tab. 2) wird ersichtlich, dass die Merkmale einer Ausstellung nicht so restriktiv ausgelegt werden wie bei der Abgrenzung des Messebegriffes (Martin und Prinz 2006, S. 16; Bruhn 2014, S. 936). Während bei Messen der Gedanke des gewerblichen Handelns im Vordergrund steht, werden Ausstellungen vielmehr zur Repräsentation von Unternehmen sowie zur Informationsvermittlung über das Angebot genutzt. Daraus begründet sich auch die unterschiedliche Zielgruppenfokussierung und Häufigkeit der Veranstaltungsformen.

Auf den turnusmäßig stattfindenden Messen treffen vorrangig Fachbesucher zusammen, wohingegen Ausstellungen auch einmalige Veranstaltungen sein können, die der breiten Öffentlichkeit zugänglich sind. Neben BtoB-Messen haben sich auch BtoC- bzw. Publikumsmessen etabliert, die sich je nach Veranstaltungsfokus an

Tab. 2 Begriffliche Abgrenzung von Messen und Ausstellungen. Quelle: Beck 2000; AUMA 1996

	Abgrenzung laut Gewerbeordnung	Abgrenzung laut Konvention des AUMA
Messen	§ 64 Messen:	
	1. Eine Messe ist eine zeitlich begrenzte, im Allgemeinen regelmäßig wiederkehrende Veranstaltung, auf der eine Vielzahl von Ausstellern das wesentliche Angebot eines oder mehrerer Wirtschaftszweige ausstellt und überwiegend nach Muster an gewerbliche Wiederverkäufer, gewerbliche Verbraucher oder Großabnehmer vertreibt.	Messen sind zeitlich begrenzte, wiederkehrende Marktveranstaltungen, auf denen – bei vorrangiger Ansprache von Fachbesuchern – eine Vielzahl von Unternehmen das wesentliche Angebot eines oder mehrerer Wirtschaftszweige ausstellt und überwiegend nach Muster an gewerbliche Abnehmer vertreibt.
	2. Der Veranstalter kann in beschränktem Umfang an einzelnen Tagen während bestimmter Öffnungszeiten Letztverbraucher zum Kauf zulassen.	
Ausstellungen	§ 65 Ausstellungen:	
	Eine Ausstellung ist eine zeitlich begrenzte Veranstaltung, auf der eine Vielzahl von Ausstellern ein repräsentatives Angebot eines oder mehrerer Wirtschaftszweige oder Wirtschaftsgebiete ausstellt und vertreibt oder über dieses Angebot zum Zweck der Absatzförderung informiert.	Ausstellungen sind zeitlich begrenzte Marktveranstaltungen, auf denen eine Vielzahl von Unternehmen – bei vorrangiger Ansprache des allgemeinen Publikums – das repräsentative Angebot eines oder mehrerer Wirtschaftszweige ausstellt und vertreibt oder über dieses Angebot zum Zwecke der Absatzförderung informiert.

die breite Öffentlichkeit oder Special-Interest-Gruppen wenden (AUMA 2012b). Ferner kann bei den Messen von einer gewissen Kontinuität des Veranstaltungsorts ausgegangen werden, auch wenn die Standortbindung nicht explizit aus dem Gesetzestext hervorgeht (Stahlschmidt 1994, S. 290). Messen und Ausstellungen stimmen jedoch hinsichtlich des organisierten Marktcharakters überein, auf dem Anbieter und Nachfrager bewusst und geplant für eine begrenzte Zeit räumlich zusammengeführt werden (Mortsiefer 1982, S. 16; Stoeck 1999, S. 29). Als notwendige Bedingung gilt hierbei die Präsenz einer Vielzahl von Anbietern und Nachfragern, die durch die geringe Disponibilität der Messen und Ausstellungen (Kirchgeorg und Klante 2003a, S. 368) begünstigt wird. Mit Blick auf die Angebotsvielfalt erfordern Messen die Präsentation des wesentlichen Angebots einer Branche, während es bei Ausstellungen genügt, ein repräsentatives Leistungsangebot zu präsentieren. Insgesamt kann aus den obigen Ausführungen bezüglich der Gemeinsamkeiten und Unterschiede geschlussfolgert werden, dass eine begriffliche Differenzierung nicht zwingend notwendig erscheint, zumal in der internationalen Wirtschaftspraxis die

Grenzen zwischen Messen und Ausstellungen verschwimmen. Wird im Folgenden keine explizite Unterscheidung vorgenommen, so bezieht der Begriff Messe den der Ausstellung mit ein.

Ergänzend zu den Merkmalen der Legaldefinitionen können Messen auch als multifunktionale und -sensuale Begegnungs- und Transaktionsplattformen gekennzeichnet werden (Kirchgeorg 2003), die einen Beitrag zur Senkung von Transaktionskosten auf Seiten der Aussteller wie auch Besucher leisten können (Zygojannis 2005). Grundsätzlich können folgende *Funktionen von Messen* unterschieden werden:

- Informationsfunktion
- Motivationsfunktion
- Beeinflussungsfunktion
- Verkaufs- und Orderfunktion

Auch wenn die Verkaufs- und Orderfunktion zunehmend in den Hintergrund gerückt ist, so erfüllen Messen jedoch verstärkt als „*Markt für Informationen*" (Backhaus 1992, S. 89) die Funktion des Informationsaustausches. Gerade zur Anbahnung von Verkaufstransaktionen sind Informationen unerlässlich, um Orientierung, Identifikation und Vertrauen innerhalb potenzieller Geschäftsbeziehungen zu erzeugen (Fuchslocher und Hochheimer 2000, S. 191). Dem wachsenden Informationsbedürfnis der Fachbesucher auf Messen kommen Messeveranstalter wie auch Aussteller heute durch zusätzliche Veranstaltungen auf dem Messegelände in Form von Fachsymposien und Kongressen nach. Insofern ist immer häufiger eine Kombination von Messen mit Events und anderen Kommunikationsinstrumenten festzustellen. Vielfach erfolgt vor, während und nach der Messeveranstaltung auch eine Verknüpfung mit anderen Kommunikationsformen (Print, TV, Internet, Mobile Communication).

Die *Multisensualität von Messen* adressiert den Sachverhalt, dass Messen alle Sinne von Besuchern wie auch Ausstellern ansprechen (Ermer 2014), was im Rahmen der Planung des Messeauftrittes entsprechend zu berücksichtigen ist.

Da der Einsatz von Messen insgesamt Multiplikatoreffekte auslöst (AUMA 2009b), sind neben der einzelwirtschaftlichen Betrachtung auch gesamtwirtschaftliche und überwirtschaftliche Funktionskategorien mit zu berücksichtigen. Somit wird den Messen großes Interesse zuteil, weil sie durch ihren Impulscharakter eine katalysatorische Wirkung auf die wirtschaftliche Produktivität im In- und Ausland ausüben können (AUMA 2006, S. 4).

2 Planung und Durchführung von Messen und Ausstellungen

Die Notwendigkeit einer systematischen und strukturierten Planung der Messe- und Ausstellungsaktivitäten von Unternehmen wird in Wissenschaft und Praxis gleichermaßen betont.

Dabei sind die folgenden *Phasen des Planungsprozesses* (Abb. 2) auf inhaltliche, formale sowie zeitliche Art und Weise in den jeweiligen Kommunikationsmix eines Unternehmens zu integrieren (Bruhn 2014).

2.1 Situationsanalyse

Die *Analyse situativer Faktoren* unter Einbeziehung relevanter Prämissen stellt den Ausgangspunkt aller im Rahmen der strategischen und taktischen Messeplanung entstehenden Entscheidungen dar. Hierbei werden zunächst interne und externe produkt- sowie unternehmensbezogene Faktoren in Bezug auf den Erfolg von bisherigen oder neuen Messebeteiligungen evaluiert. Des Weiteren fließen messe-,

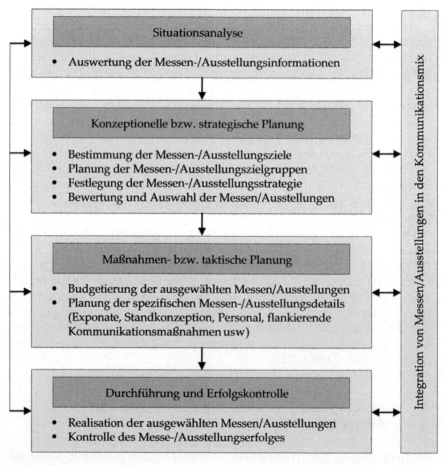

Abb. 2 Planungsprozess zur Durchführung von Messen und Ausstellungen Quellen: Meffert und Gass 1985, S. 13; Bruhn 2014, S. 957

markt-, konkurrenz- sowie sonstige gesamtwirtschaftliche Einflussfaktoren in eine Stärken-Schwächen/Chancen-Risiken-Analyse (Stevens 2005, S. 14 ff.; Meffert et al. 2014, S. 225 f.) ein, auf deren Basis letztlich eine Grundsatzentscheidung hinsichtlich des zukünftigen Messeengagements getroffen werden kann. Angesichts der Dynamik im Messewesen auf nationalen und internationalen Märkten sind im Rahmen der Situationsanalyse auch geeignete Messeveranstaltungen zu identifizieren. Hierzu bieten nationale Messeverbände wie der AUMA (Ausstellungs- und Messe-Ausschuss der Deutschen Wirtschaft) in Deutschland und internationale Verbände wie der UFI häufig webbasierte Recherchemöglichkeiten an. Im Rahmen der Situationsanalyse ist auch die Wirkung von Messen innerhalb des Kommunikationsmix zu betrachten. Die Frage, inwieweit die angestrebten Kommunikationsziele nicht mit Hilfe des Einsatzes anderer Kommunikationsinstrumente wirkungsvoller und/oder wirtschaftlicher erreicht werden könnten, lässt sich nicht pauschal beantworten. So ließ sich z. B. nachweisen (Kirchgeorg und Springer 2006), dass der Mix von verschiedenen Kommunikationsinstrumenten im Kundenbeziehungszyklus gezielt auszusteuern ist, um die Vorteile aller Instrumente in optimaler Weise ausschöpfen zu können. Dabei punkten Messen als multisensuales Instrument der Dialogkommunikation, insbesondere in den kritischen Problemphasen des Vertrauensaufbaus und der Kundenbindung.

2.2 Konzeptionelle Planung der Messebeteiligung

Ausgehend von einer Situationsanalyse steht bei der konzeptionellen Planung einer Messebeteiligung die Beantwortung der folgenden Fragen im Mittelpunkt (Danne 2000, S. 24): Was wird mit einer Beteiligung (Messebeteiligungsziele), an welchen Messetypen (Messeauswahl), wie (Messebeteiligungsform), zu welchen Kosten (Messebudget) und mit welchen Wirkungen (Messebeteiligungserfolg) erzielt?

Aus den übergeordneten Marketing- und Kommunikationszielen sind auf Unternehmensseite psychografische und ökonomische *Messeziele* in Inhalt, Ausmaß, Zeit- und Segmentbezug zu konkretisieren (Meffert et al. 2014, S. 240 f.), die mit einer Messebeteiligung erreicht werden sollen. Abbildung 3 gibt einen Überblick zu den Zielen, die Unternehmen mit einem Messeauftritt in besonderer Weise verfolgen.

Messen können einen multiplen Zielbeitrag für alle Kundenbeziehungsphasen leisten, angefangen von der Erhöhung des Bekanntheitsgrades, der Verbesserung des Produkt-, Marken und Unternehmensimages, der Neukundengewinnung über die Stammkundenpflege bis zu Verkaufszielen (z. B. Vertragsabschlüsse, Umsatz). Vielfach werden Messen gerade zur Neukundengewinnung bei der Erschließung internationaler Märkte eingesetzt.

Es wird deutlich, dass Messen als multifunktionales Instrument einen Beitrag zur Erzielung verschiedener Ziele leisten können. Bei der Operationalisierung von Messebeteiligungszielen ist zu beachten, dass zwischen verschiedenen Zielinhalten vielfältige Beziehungen bestehen können (Meffert et al. 2014, S. 242). Grundsätzlich können komplementäre, neutrale und konfliktäre Zielbeziehungen unterschieden werden.

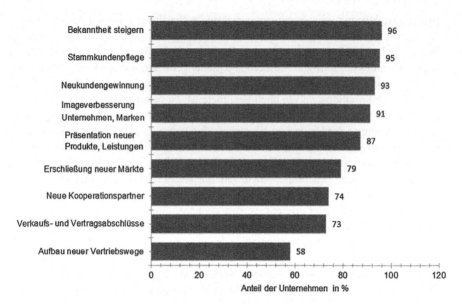

Abb. 3 Wichtige Ziele der Messebeteiligungen von Unternehmen (n = 500 Unternehmen). Quelle: AUMA 2013, S. 21

Wird beispielsweise bei einer Messebeteiligung besonderer Wert auf die Erhöhung des Bekanntheitsgrades gelegt, so können multimediale Shows als aufmerksamkeitsstarke Anker den Messeauftritt eines Unternehmens dominieren. Stehen ebenso Image- und Informationsziele im Vordergrund, so üben aufmerksamkeitsstarke Shows am Messestand möglicherweise einen negativen Einfluss auf persönliche und ungestörte Gespräche zwischen Kunden und Unternehmen aus. Es besteht somit ein Zielkonflikt, der unerkannt zu einer erheblichen Verstimmung der beteiligten Unternehmensvertreter wie auch Besucher führen kann. In diesem Fall sind Lösungen dafür zu entwickeln, wie beide Ziele miteinander zu vereinbaren sind. Besteht ein unlösbarer Zielkonflikt, dann sollten sich die Aussteller noch einmal mit dem definierten Zielkatalog auseinandersetzen.

Bei der Spezifikation des Zielgruppenbezugs der Messebeteiligungsziele sind neben potenziellen und aktuellen Kunden auch weiterführende Stakeholder und Multiplikatoren zu berücksichtigen, weil Messen häufig auch von Medienvertretern oder Politikern genutzt werden.

Auf der Grundlage der Messebeteiligungsziele sind angesichts des bestehenden nationalen und internationalen Messeangebotes konkrete Veranstaltungen zu identifizieren und auszuwählen. Empirische Studien zeigen, dass mittelständische Unternehmen zwischen 15-20 internationale Messebeteiligungen planen, während weltweit agierende Unternehmen bis zu 25 internationale und die gleich Anzahl von nationalen Messen besuchen (Kirchgeorg 2007). International lassen sich häufig branchenspezifische Leitmessen identifizieren, die als führende Veranstaltungen eine besondere Anziehungskraft auf Besucher, Aussteller wie auch Multiplikatoren (Journalisten, Politiker, Meinungsführer) ausüben.

Bei der *Auswahl geeigneter Messetypen* und konkreter Messeveranstaltungen kann auf unterschiedliche Messekategorisierungen zurückgegriffen werden. So wird in der Literatur vielfach aufgrund der folgenden Kriterien zwischen verschiedenen *Messetypen* unterschieden (Kirchgeorg 2003, S. 66 ff.):

- Geografische Herkunft der Messebeteiligten (regionale, überregionale, nationale und internationale Messe)
- Breite des Angebotes (Universal-/Mehrbranchenmessen, Solo- bzw. Monomessen, Spezialmessen, Branchenmessen, Fachmessen, Verbundmessen)
- Angebotene Güterklassen (Konsum-, Investitionsgüter-, Dienstleistungsmessen)
- Beteiligte Branchen und Wirtschaftsstufen (z. B. Landwirtschaftsmessen, Handelsmessen, Industriemessen, Handwerkermessen, Publikumsmessen)
- Hauptrichtung des Absatzes (Export- und Importmessen)
- Funktion einer Veranstaltung (Informations- und Ordermessen)
- Verfügbarkeit von Rahmenprogrammen (Messen mit und ohne Kongressprogramm, Kongressmessen)
- Branchenbedeutung der Messe (Leitmesse, Zweit-, Nebenmesse)

Vielfach bietet es sich an, nach der Auswahl geeigneter Messetypen sowohl für die internationale wie auch regionale Messebeteiligung ein Messeportfolio zu erstellen, in dem die relevanten Messen nach unterschiedlichen Kriterien positioniert und bewertet werden.

Bereits bei der Planung einer Messebeteiligung ist darauf zu achten, dass auch die *Wirkung der Zielerreichung* erfasst wird. Neben der Zählung von Besuchern und Verkaufsabschlüssen können auch über systematische Befragungen gezielt Informationen zur Standwahrnehmung insgesamt oder einzelnen Neuprodukten erhoben werden.

2.3 Taktische Planung der Messebeteiligung

Die definierten Inhalte der vorhergehenden konzeptionellen und strategischen Planungsphase stecken den Rahmen für die Budgetierung und Bewertung der ausgewählten Messen und die Planung der spezifischen Messeauftritte ab. Erst durch die Aufstellung aller anfallenden Kosten wird eine Erfolgskontrolle unter ökonomischen Gesichtspunkten in der Nachbearbeitungsphase einer Messebeteiligung möglich (AUMA 2002, S. 42). Zur *Budgetierung* wird in der so genannten Vor-Messe-Phase im ersten Schritt die Gesamthöhe des Messebudgets definiert und im zweiten Schritt die differenzierte Budgetaufteilung festgelegt, die zur Erreichung der gesetzten Messeziele und -zielgruppen erforderlich ist (Funke 1987, S. 94). Nach einer probaten Faustformel beträgt das Messebudget ungefähr das 8 bis 10-fache der Kosten für die Standmiete (Huckemann et al. 2005). Neben den Mietausgaben sind bei der Budgetaufteilung alle weiteren direkten und indirekten Kosten, z. B. für die Auswahl und Ausgestaltung der Exponate, des Standpersonals, der Standkonzeption sowie der flankierenden Kommunikationsmaßnahmen mit einzukalkulieren (Meffert 1993, S. 80; Holzner 2005, S. 4 ff.; Bruhn 2014, S. 977 ff.).

Da Messen ein Instrument der Dialogkommunikation darstellen, kommt der Fach- und Sozialkompetenz des Standpersonals einen hohe Bedeutung zu. Je motivierter und qualifizierter das Standpersonal auftritt und je glaubwürdiger und kompetenter den Besuchern die Produkt- und Markenbotschaften kommuniziert werden, umso größer sind die Chancen der Erreichung definierter Messeziele. Während die vorangeschrittene Standardisierung im Standbau vielfach die wahrgenommene Differenzierung von Messeständen beeinträchtigt hat, so haben Unternehmen auch erkannt, dass die Architektur eines Messestands einen wesentlichen Beitrag zum Messeerlebnis und zur Wettbewerbsdifferenzierung leisten kann. Dabei kommt der gezielten multisensualen Umsetzung einer Markenidentität eine besondere Bedeutung zu (Ermer 2014).

Abbildung 4 zeigt im Überblick, welches Differenzierungspotenzial Unternehmen den einzelnen taktischen *Gestaltungsparametern* für einen Messeauftritt zuschreiben.

Im Rahmen der taktischen Messeplanung ist auch sicherzustellen, dass vor, während und nach der Messe eine *Abstimmung mit anderen Kommunikationsinstrumenten* eines Unternehmens stattfindet. Hierdurch kann der Wirkungsgrad der

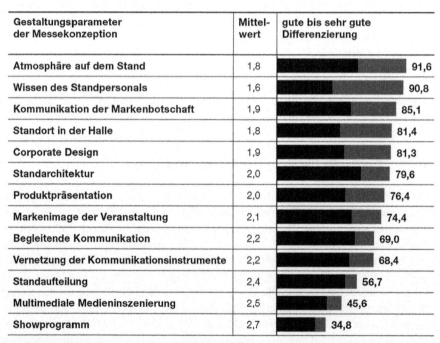

Abb. 4 Taktische Gestaltungsinstrumente zur Wettbewerbsdifferenzierung von Messeauftritten. Quelle: Kirchgeorg et al. 2010

Messebeteiligung erheblich erhöht werden. So werden Messeauftritte in zunehmendem Maße durch digitale (Internet, E-Mails, Mobile Communication, Soziale Netzwerke) sowie klassische Kommunikationsinstrumente ergänzt. In diesem Zusammenhang ist auch eine unternehmensübergreifende Abstimmung der Kommunikationsaktivitäten mit den jeweiligen Messegesellschaften zielführend, weil sie ebenfalls zielgruppenspezifische Ansprachen von Besuchern und Multiplikatorenzielgruppen vornehmen.

2.4 Erfolgskontrolle

Nach erfolgter Durchführung der Messebeteiligung schließt sich die *Nach-Messe-Phase* an, die für die ausstellenden Unternehmen zum einen die Nachbereitung der Besucherkontakte und zum anderen die Erfolgskontrolle der Messeaktivitäten umfasst. Zur Nachbereitung gehören neben dem Abbau des Messestandes und der Rückführung aller Exponate insbesondere die Auswertung der Verkaufsabschlüsse und der am Stand geführten Gespräche zwischen den Besuchern und dem Standpersonal, um diese nach der Messe inhaltlich fortzuführen. Durch die Vielzahl von Kontakten und Gesprächen mit Kunden wie auch Nichtkunden bietet sich eine systematische Nachbereitung eines jeden Kontaktes an. Teilweise können Messen auch dafür genutzt werden, um Befragungen durchzuführen. Zur *Kontrolle des Messeerfolges* sind in einem abschließenden Schritt die Wirkungen der Beteiligung hinsichtlich des angestrebten Zielerreichungsgrades zu ermitteln.

Vielfach wird die Effizienz der Kommunikationsinstrumente insgesamt hinterfragt und deshalb ist die systematische Kontrolle der festgelegten Messeziele bereits in der Vor-Messeplanung zu berücksichtigen.

Alle *Wirkungen der Beteiligung* sind hinsichtlich des angestrebten Zielerreichungsgrades zu ermitteln, um auf diese Weise mögliche Defizite aufzudecken, die es in zukünftigen Planungen zu beheben gilt. Unternehmen können für die Erfolgskontrolle von Messen auch auf Messe-Nutzen-Checks von Messeverbänden zurückgreifen, die z. T. als onlinegestütztes Tool zur Verfügung gestellt werden (z. B. der Messenutzencheck des AUMA, siehe www.auma.de). Weiterhin stellen deutsche Messegesellschaften aktuellen wie auch potenziellen Ausstellern nach einheitlich festgelegten Regeln für die Ermittlung von Aussteller-, Flächen- und Besucherzahlen zertifizierte Messedaten zur Verfügung (siehe www.fkm.de). Diese messebezogenen Gesamtdaten ersetzen jedoch nicht die spezifische Kontrolle der Messebeteiligungsziele durch die jeweiligen Aussteller.

3 Entwicklung des Messewesens

Messeveranstalter haben in den letzten drei Jahrzehnten ihr *Messeportfolio* in hohem Maße internationalisiert und gleichzeitig wurden die Serviceleistungen ausgeweitet, die Aussteller und Besucher im Rahmen der Messebeteiligung in Anspruch nehmen können. Trotz des Voranschreitens digitaler Kommunikationsinstrumente haben

Messen bisher als Instrument der Dialogkommunikation kaum Attraktivitätseinbußen hinnehmen müssen. Zukünftig wäre es auch möglich, dass Messen reinen E-Commerce-Anbietern eine Plattform für eine temporäre physische Präsenz liefern. Messeplätze könnten auch für virtuelle Anbieter neue Beteiligungsformen entwickeln, in dem bestimmte Flächenbereiche zukünftig z. B. für temporäre Pop up-Stores von E-Commerce Anbietern bereitgestellt werden.

Angesichts der erheblichen Veränderungen der Kommunikationslandschaft im letzten Jahrzehnt wurden in den letzten Jahren mehrfach *Szenarioanalysen* für klassische BtoB-Messen wie auch für BtoC-Messen durchgeführt, um die Zukunftsfähigkeit dieses Instruments aus Aussteller- und Besuchersicht abschätzen zu können. Abbildung 5 gibt einen Überblick zu den wesentlichen Einflussfaktoren, die Messebeteiligungen bis zum Jahr 2020 in besonderer Weise fördern wie auch hemmen können (zu den Detailergebnissen AUMA 2012a und 2012b).

Betrachtet man die BtoB-Messen, so werden Messebeteiligungen durch folgende Fabloren in der Zukunft beeinflusst: Globalisierung der Märkte, neue Profilierungsstrategien der Messeveranstalter, Konzeption von Messen mit besonderem Erlebnischarakter und durch die Einbeziehung von Messen im Rahmen eines integrierten Kommunikationskonzeptes (z. B. Verknüpfung von Messen mit mobilen Kommunikationstechnologien, Mailings usw.). Hingegen wirken sich zunehmende wirtschaftspolitische Volatilitäten, ökologische Diskontinuitäten (z. B. Extremwetterereignisse) und der verstärkte Einsatz von Instrumenten der sozialen Netzwerke und des persönlichen Vertriebes sowie von Kongress- und Seminarveranstaltungen negativ auf die Messebeteiligung aus. Zu beachten ist, dass jeder dieser Schlüsselfaktoren eine Vielzahl von Subfaktoren umfasst, die

	BtoB-Messen (Einflussfaktoren für Fachmessen)	BtoC-Messen (Einflussfaktoren für Publikumsmessen)
Faktoren/Trends mit *positiver* Wirkung auf die Messebeteiligung	▪ Globalisierung ▪ Profilierungsstrategien der Messeveranstalter ▪ Live Communication-Erlebnis ▪ Integrierte Kommunikation ▪ Umweltschutz als Marktfaktor	▪ Messeerlebnisse mit Wohlfühlatmosphäre ▪ Vernetze High Touch & High Tech Kommunikation ▪ Special-Interest mit Profil ▪ Regionale Neugierde und Nähe ▪ Punktgenau: Gebündelte Messeerlebnisse
Faktoren/Trends mit *negativer* Wirkung auf die Messebeteiligung	▪ Wirtschaftspolitische Volatilitäten ▪ Gesellschaftliche und ökologische Diskontinuitäten ▪ Konkurrenzdruck	▪ Multi-Channel-Erlebnisse 4.0 ▪ Digitalisierung schlägt Distanz ▪ Stagnierende Märkte ▪ Verlust der Mitte ▪ Informations-und Zeitstress

Abb. 5 Positive und negativen Einflussfaktoren für die zukünftige Bedeutung von Messen im BtoB- und BtoC-Bereich. Quelle: AUMA 2012a, 2012b

Messeveranstalter bei der Ableitung von Strategien zukünftig im Monitoring behalten sollten (Kirchgeorg et al. 2010; AUMA 2012a, 2012b).

Die *Zukunftsattraktivität von Publikumsmessen* wird im Vergleich zu BtoB-Messen von anderen Faktoren determiniert. Generell werden eine attraktive Messeatmosphäre, die Messethemen (Special Interest Themen, z. T. mit regionalem Bezug) und ihre Verknüpfung (thematisch gebündelte Messeerlebnisse) und Möglichkeiten der Verknüpfung von High Touch- und High Tech-Kommunikation als positive Einflussfaktoren für Publikumsmessen eingestuft. Hingegen konkurrieren Publikumsmessen in zunehmendem Umfang mit Einkaufserlebnissen in Innenstädten, Shoppingcentern und im Internet um die Gunst der Besucher, die zunehmend vom Information-Overload und Zeitstress betroffen sind. Stagnierende und gesättigte Märkte mit höherer Volatilität und die Polarisierung in der Gesellschaft werden als kritische Einflussfaktoren für Publikumsmessen eingestuft.

Grundsätzlich bestätigen die Szenarioanalysen, dass Messen auch in Zukunft trotz zunehmender Digitalisierung weiterhin ein wichtiges Instrument im Kommunikations- und Vertriebsportfolio von Unternehmen bleiben.

4 Zusammenfassung

Messen stellen ein Instrument der Dialogkommunikation dar, das sowohl für BtoB- wie auch BtoC-Zielgruppen eingesetzt werden kann. Messen stellen eine multifunktionale und -sensuale Dialogplattform dar, die zur Senkung von Transaktionskosten auf Aussteller- wie auch Besucherseite einen Beitrag leisten können. In diesem Zusammenhang erfüllen Messen Informations-, Motivations-, Beeinflussungs- und Orderfunktionen. Vielfach wird über Messebeteiligungen auch der Markteintritt in Auslandsmärkte gefördert, so dass Messen auch im internationalen Marketing eine besondere Aufmerksamkeit erlangt haben. Angesichts der Bedeutung von Messen ist eine systematische Planung und Nachbereitung der Messebeteiligung notwendig. Gleichzeitig sind Messeauftritte durch den integrierten Einsatz mit anderen Kommunikationsinstrumenten zu fördern. In zunehmendem Maße werden auch stationäre und mobile Formen der digitalen Kommunikation vor, während und nach dem Messeauftritt unterstützend eingesetzt.

Literatur

AUMA. (1996). *Leitsätze zur Typologie von Messen und Ausstellungen.* Köln: AUMA.
AUMA. (2002). *Erfolgreiche Messebeteiligung.* Berlin: AUMA.
AUMA. (2006). *Die Messewirtschaft – Fakten, Funktionen, Perspektiven*, (2. Aufl.). Berlin: AUMA.
AUMA. (2009a). *Die Messewirtschaft – Bilanz 2008.* Berlin: AUMA.
AUMA. (2009b). Die gesamtwirtschaftliche Bedeutung von Messen und Ausstellungen in Deutschland. *Schriftenreihe Institut der Deutschen Messewirtschaft,* (30. Aufl.). Berlin: AUMA.

AUMA (Hrsg.) (2012a). B2C-Trendstudie: Perspektiven, Potenziale und Positionierung von Publikumsmessen. *Schriftenreihe Institut der Deutschen Messewirtschaft,* (35. Aufl.). Berlin: AUMA.
AUMA (Hrsg.) (2012b). Szenarioanalyse: Messen & Live Communication 2020. *Schriftenreihe Institut der Deutschen Messewirtschaft,* (36. Aufl.). Berlin: AUMA.
AUMA. (2013). AUMA MesseTrend 2013. *Schriftenreihe Institut der Deutschen Messewirtschaft,* (37. Aufl.). Berlin: AUMA.
AUMA. (2014a). AUMA_MesseTrend 2014. *Schriftenreihe Institut der Deutschen Messewirtschaft,* (38. Aufl.). Berlin: AUMA.
AUMA. (2014b). *Die Messewirtschaft – Bilanz 2013*. Berlin: AUMA.
Backhaus, K. (1992). Messen als Institution der Informationspolitik. In K.-H. Strothmann & M. Busche (Hrsg.), *Handbuch Messemarketing* (S. 83–97). Wiesbaden: Gabler.
Beck, C. H. (Hrsg.) (2000). *Sartorius I, Verfassungs- und Verwaltungsgesetze, Textsammlung, Ordnungsnummer, 800 Gewerbeordnung, 63. Ergänzungslieferung März 2000*. München: C.H. Beck.
Bruhn, M. (2014). *Unternehmens- und Marketingkommunikation – Handbuch für ein integriertes Kommunikationsmanagement*. (3. Aufl.). München: Vahlen.
Danne, S. (2000). *Messebeteiligungen von Hochschulen- Ziele und Erfolgskontrolle*. Frankfurt: Lang.
Ermer, E. (2014). *Markenadäquate Gestaltung von Live Communication Instrumenten – Untersuchung der Wahrnehmung und Wirkung von Messeständen*. Wiesbaden: Springer Gabler.
Fuchslocher, H., & Hochheimer, H. (2000). *Messen im Wandel – Messemarketing im 21. Jahrhundert*. Wiesbaden: Gabler.
Funke, K. (1987). *Messeentscheidungen – Handlungsalternativen und Informationsbedarf*. Frankfurt: Lang.
Holzner, A. (2005). *Nutzenorientiertes Pricing von Messeleistungen – Dargestellt am Beispiel für Besitz- und Betriebsgesellschaften in Deutschland*. Wiesbaden: Deutscher Universitätsverlag.
Huckemann, M., Seiler, U., & Ter Weiler, D. S. (2005). *Messen messbar machen – Mehr Intelligenz pro m^2* (4. Aufl.). Wiesbaden: Springer.
Kirchgeorg, M. (2003). Funktionen und Erscheinungsformen von Messen. In M. Kirchgeorg (Hrsg.), *Handbuch Messemanagement – Planung, Durchführung und Kontrolle von Messen, Kongressen und Events* (S. 51–71). Wiesbaden: Gabler.
Kirchgeorg, M., & Klante, O. (2003). Strategisches Messemarketing. In M. Kirchgeorg (Hrsg.), *Handbuch Messemanagement – Planung, Durchführung und Kontrolle von Messen, Kongressen und Events* (S. 365–390). Wiesbaden: Gabler.
Kirchgeorg, M., & Springer, C. (2006). *Uniplan LiveTrends 2006 – Steuerung des Kommunikationsmix im Kundenbeziehungszyklus*, Arbeitspapier Nr. 71, Lehrstuhl Marketingmanagement, (2. Aufl.). Leipzig.
Kirchgeorg, M. (2007). *Uniplan LiveTrends 2007 – Live Communication 2.0*.
Kirchgeorg, M., Springer, C., & Brühe, C. (2010). *Live Communication Management*. Wiesbaden: Gabler.
Martin, T. A., & Prinz, M. (2006). *Auslandsmessen im internationalen Marketing – Vergleichende Konzeption des Messeeinsatzes in Osteuropa, China und in den USA*. Lomar: Eul.
Meffert, H. (1993). Messen und Ausstellungen als Marketinginstrument. In K. E. Goehrmann (Hrsg.), *Politik-Marketing auf Messen* (S. 74–96). Düsseldorf: Verlag Wirtschaft und Finanzen.
Meffert, H., Burmann, C., & Kirchgeorg, M. (2014). *Marketing – Grundlagen marktorientierter Unternehmensführung – Konzepte, Instrumente, Praxisbeispiele* (12. Aufl.). Wiesbaden: Springer Gabler.
Meffert, H., & Gass, C. (1985). *Messen und Ausstellungen im System des Kommunikationsmix – Ein entscheidungsorientierter Ansatz*, Arbeitspapier Nr. 33, Institut für Marketing. Münster.
Mortsiefer, J. (1982). *Die Bedeutung von Messen und Ausstellungen für mittelständische Betriebe*. Göttingen: Schwartz.

Stahlschmidt, L. (1994). Märkte, Messen, Ausstellungen. In A. Faust (Hrsg.), *Nordrhein-Westfalen – Landesgeschichte im Lexikon* (2. Aufl.). Düsseldorf: Patmos.
Stevens, R. P. (2005). *Trade show and event marketing – plan, promote & profit*. Mason: Thomson Texere.
Stoeck, N. (1999). *Internationalisierungsstrategien im Messewesen*. Wiesbaden: Gabler.
Zygojannis, M. E. (2005). Ökonomische Gründe für die Existenz von Messen. In W. Delfmann, R. Köhler, & L. Müller-Hagedorn (Hrsg.), *Kölner Kompendium der Messewirtschaft – Das Management von Messegesellschaften* (S. 55–71). Köln: Kölner Wissenschaftsverlag.

Prof. Dr. Manfred Kirchgeorg ist Inhaber des SVI-Stiftungslehrstuhls für Marketing, insbes. E-Commerce und Crossmediales Management an der HHL – Leipzig Graduate School of Management, Leipzig.

Teil V
Institutionelle Besonderheiten der Kommunikation

Kommunikation für Konsumgüter

Erika Leischner

Inhalt

1 Begriffsklärungen und -erläuterungen 528
2 Besonderheiten der Kommunikation für Konsumgüter 532
3 Fallbeispiel zur Kommunikation für Konsumgüter 540
4 Zukunftsperspektiven der Kommunikation für Konsumgüter 542
Literatur 543

Zusammenfassung

Ausgehend von einer Eingrenzung des Begriffs „Konsumgut" werden die Besonderheiten des Konsumgütermarketing erläutert, soweit sie für die Ausgestaltung der Kommunikationspolitik relevant sind. Die Auswirkungen der branchenbezogenen Besonderheiten auf die Marktkommunikation stehen im Mittelpunkt des Beitrags. Neben den Rahmenbedingungen, Objekten, Zielgruppen und Zielen der Kommunikation kommen die Kommunikationsinstrumente zur Sprache, die im Konsumgütermarketing eingesetzt und aufeinander abgestimmt werden. Einschlägiges Datenmaterial gibt Aufschluss über die derzeitige Nutzung dieser Instrumente in der Branche. Die Ausführungen werden anhand eines Praxisbeispiels illustriert. Abschließend wird versucht, die wichtigsten zukünftigen Entwicklungen in der Kommunikation für Konsumgüter aufzuzeigen.

Schlüsselwörter

Fallbeispiel • Fast moving consumer goods • Gebrauchsgüter • Kommunikation • Kommunikationsinstrumente • Konsumgütermarketing • Marketingbesonderheiten • Verbrauchsgüter

---

E. Leischner (✉)
BWL, insbesondere Marketing, Fachbereich Wirtschaftswissenschaften, Hochschule Bonn-Rhein-Sieg, Sankt Augustin, Deutschland
E-Mail: erika.leischner@h-brs.de

1 Begriffsklärungen und -erläuterungen

1.1 Konsumgüter

Der spontan an der Tankstelle gekaufte Schokoriegel, das „No-Name"-Toilettenpapier – im Supermarkt gedankenlos in den Einkaufswagen gelegt, das Lieblingsbier, das beim wöchentlichen Einkauf nicht fehlen darf, aber auch die sündhaft teure Luxusuhr, die nach reiflicher Überlegung erworbene Kamera, der neue Wagen, der möglichst lange halten soll – allesamt sind dies Beispiele für Konsumgüter. Sie verdeutlichen die Heterogenität dieser Güterkategorie und die Verschiedenartigkeit der Kaufentscheidungsprozesse, die mit dem Erwerb dieser Güter einhergehen.

Üblicherweise werden unter *Konsumgütern* materielle Güter verstanden, die sich an private Endverbraucher richten, und die entweder als Verbrauchsgüter zur einmaligen Verwendung gedacht sind oder als Gebrauchsgüter zum mehrmaligen, längerfristigen oder auch andauernden Gebrauch bestimmt sind (Meffert 1993, S. 2244; Bruhn und Homburg 2004, S. 404 f.). Diese Begriffsauffassung berücksichtigt die Materialität der Leistung (Sachgüter in Abgrenzung zu Dienstleistungen) und die Kundengruppe (Endkunden in Abgrenzung zu gewerblichen Kunden). Ferner beinhaltet sie die Nutzungsdauer der Güter (kurzlebige Verbrauchsgüter, z. B. Lebensmittel und langlebige Gebrauchsgüter, z. B. Autos).

Im Folgenden werden in Anlehnung an Knoblich (1995, S. 840 f.; 2001, S. 1419) weitere Kriterien zur Eingrenzung bzw. *Differenzierung des Konsumgüterbegriffs* herangezogen (vgl. Abb. 1). Konsumgüter werden von Herstellern, aber auch von Handelsunternehmen unter ihren jeweiligen Marken angeboten. Die folgenden Ausführungen beziehen sich primär auf die von Herstellern markierten Konsumgüter. Die Strategien zur Profilierung von Konsumgütermarken im Handel ähneln allerdings denen der Herstellermarken (Esch 2012, S. 563). Eine herausragende Rolle spielt die Markenkommunikation (Esch 2005; Rossiter und Percy 2005).

Im Hinblick auf die Ausgestaltung der Kommunikation ist es zweckmäßig, sich mit den *Merkmalen der Konsumgüter* und den sich daraus ergebenden Kaufentscheidungsprozessen zu beschäftigen. Daher wird versucht, Konsumgüter diesbezüglich zumindest grob zu klassifizieren. Im Hinblick auf die *Erklärungsbedürftigkeit* der Güter wird unterschieden zwischen selbst erklärenden und erklärungsbedürftigen Gütern, im Hinblick auf die *Bedarfshäufigkeit* zwischen Konsumgütern des periodischen täglichen oder zumindest häufigen Bedarfs und Konsumgütern des selteneren oder gar aperiodischen Bedarfs. Mit Blick auf die *Kaufgewohnheiten der Kunden* können die Konsumgüter zum einen in Convenience- und Preference-Goods sowie zum anderen in Shopping- und Specialty-Goods eingeteilt werden. Während der Kauf ersterer mit einem relativ geringen gedanklichen und zeitlichen Aufwand verbunden ist, werden die Güter der zweiten Kategorie nach sorgfältigem Abwägen mit höherem Involvement gekauft.

Fazit: Der diesem Beitrag zugrunde liegende Konsumgüterbegriff bezieht sich auf materielle, von Herstellern markierte Ver- und Gebrauchsgüter, die sich an

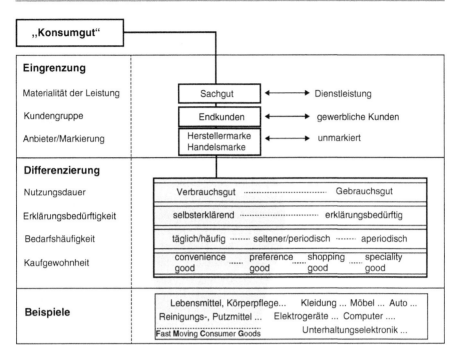

Abb. 1 Zum Begriff Konsumgut. Quelle: in Anlehnung an Knoblich 1995, S. 840 f.; 2001, S. 1419

private Endverbraucher richten. Dabei wird grob unterschieden zwischen zwei Extremfällen, den

- tendenziell selbsterklärenden, häufig bzw. regelmäßig mit relativ geringem Involvement gekauften Verbrauchsgütern – den so genannten „schnell drehenden Konsumgütern" oder „Fast Moving Consumer Goods" (FMCG) – und
- tendenziell erklärungsbedürftigen, seltener und mit höherem Involvement gekauften langlebigen Gebrauchsgütern.

1.2 Konsumgütermarketing

Das *Konsumgütermarketing* beschäftigt sich mit der „Vermarktung von Konsumgütern auf tendenziell anonymen Massenmärkten" (Bruhn und Homburg 2004, S. 405). Es bildet den Ausgangspunkt und das klassische Betätigungsfeld des Marketing und wird in der Literatur meist nur auf Basis impliziter Annahmen abgegrenzt (Holzmüller 2005, S. 33). Meffert (2001, S. 962) charakterisiert das Konsumgütermarketing als „indirekt mehrstufiges Massenmarketing". Kennzeichnend sind u. a. die große Anzahl von Kunden, die anonyme Hersteller-Kunden-Beziehung und die überwiegend indirekte Distribution (Meffert 1993, S. 2244).

Hinzu kommt eine traditionell große Bedeutung von Markenartikeln (Bruhn 2012, S. 33). Diese Merkmale treffen in besonderem Maße auf die „Fast Moving Consumer Goods" zu (Sattler 2001; Holzmüller 2005), gelten aber auch für die meisten langlebigen Gebrauchsgüter. Ihre Auswirkungen auf die Kommunikation sind offensichtlich:

- *Massenmarketing*: Auch wenn die neuen Medien eine individuelle Ansprache der Kunden erlauben und mittels Mass Customization (Piller 2006) eine gewisse Individualisierung der Massenfertigung möglich wird, so ist doch nach wie vor die anonyme Hersteller-Kunden-Beziehung auf dem Massenmarkt charakteristisch für das Konsumgütermarketing. Um eine große Zahl anonymer Kunden anzusprechen, ist eine reichweitenstarke Kommunikation notwendig. Daher spielt die indirekte massenmedial verbreitete Kommunikation eine entscheidende Rolle.
- *Indirekt-mehrstufiges Marketing*: Indirekt ist nicht nur die Kommunikation, sondern in der Regel auch der Vertrieb. Da ein Großteil der Konsumgüter mehrstufig über den Handel vertrieben wird, ist neben dem endverbrauchergerichteten Marketing auch das handelsgerichtete Marketing zu betrachten. Diese beiden Formen des Konsumgütermarketing ergänzen sich im Rahmen des vertikalen Marketing (Meffert 2001, S. 962). Während das endverbrauchergerichtete Marketing das Ziel verfolgt, über die Endverbraucher beim Handel einen Nachfragesog auszulösen (Pull-Marketing), wird über das handelsgerichtete Marketing versucht, einen Angebotsdruck zu erzeugen (Push-Marketing). Zielgruppe des Konsumgütermarketing – und damit auch der Kommunikation für Konsumgüter – sind also neben den privaten Endverbrauchern auch die Handelsunternehmen als Großkunden und Absatzmittler.
- *Markenartikel-Marketing*: Marken sind in der Konsumgüterbranche von großer Bedeutung (Sattler und Völckner 2013, S. 24; o. V. 2014a). Sie bieten Orientierung, schaffen Vertrauen und erfüllen symbolische Funktion (Burmann et al. 2005, S. 11). Markenaufbau und -pflege erfordern allerdings erhebliche kommunikative Unterstützung. Angesichts vielfach gesättigter Konsumgütermärkte mit oft austauschbaren Produkten wird der Wettbewerb zudem zu einem wesentlichen Anteil über die kommunikative Positionierung der Angebote ausgetragen (Esch et al. 2005, S. 19). Dies führt zu einem besonderen Gewicht der Kommunikationspolitik im Marketingmix.

1.3 Kommunikation

Kommunikation – hier im Kontext des Konsumgütermarketing verstanden als Marketinginstrument und Teil einer Marketingkonzeption – beinhaltet den Einsatz verschiedener Kommunikationsinstrumente seitens eines Unternehmens (vgl. Abb. 2). Diese werden im *Kommunikationsmix* kombiniert und im Sinne einer übergeordneten Marketingkonzeption (Becker 2013) mit den übrigen Instrumenten des Marketingmix abgestimmt. Zum Einsatz kommen dabei *Instrumente der Marketingkommunikation*, die primär auf den Verkauf der vom Unternehmen angebotenen

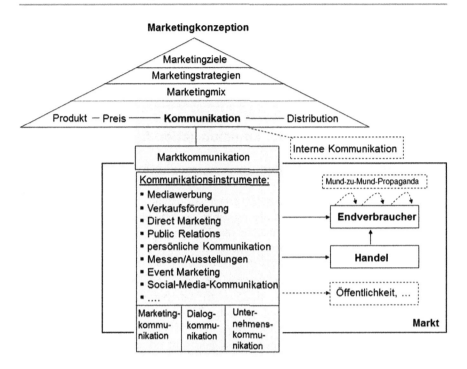

Abb. 2 Zum Begriff Kommunikation. Quelle: in Anlehnung an Bruhn 2013, S. 12; Becker 2013, S. 4

Konsumgüter abzielen, *Instrumente der Dialogkommunikation*, die zur persönlichen Ansprache und Bindung der Marktpartner eingesetzt werden, und *Instrumente der Unternehmenskommunikation*, die das Erscheinungsbild des gesamten Unternehmens prägen sollen (Bruhn 2013, S. 367).

Fazit: Der Begriff „Kommunikation" wird hier eingegrenzt auf die von einem Unternehmen initiierte externe Kommunikation, die dazu dient, Marketingziele zu erreichen und erfolgreich am Markt zu agieren.

Natürlich hängt der Markterfolg des Unternehmens von dessen Mitarbeitenden und damit auch von einer wirkungsvollen *internen Kommunikation* ab. Die Kommunikation mit den Mitarbeitenden ist dann besonders wichtig, wenn diese in direktem Kundenkontakt stehen und im Sinne des Unternehmens nach außen auftreten. Dies ist im Dienstleistungs- oder Industriegütermarketing die Regel, im Konsumgütermarketing aber trotz der zunehmenden Bedeutung der Social Media-Kommunikation eher die Ausnahme. Daher wird die interne Kommunikation nicht weiter erläutert.

Erfolg oder Misserfolg am Markt werden auch von der Mund-zu-Mund-Propaganda beeinflusst, die sich außerhalb des Unternehmens entwickelt, ob real als direktes Gespräch oder – mittlerweile häufiger – virtuell im Netz. Diese Form der *nutzergenerierten Kommunikation* über Konsumgüter, auch als „Earned Media" bezeichnet (Corcoran 2009), wird immer wichtiger. Da sie aber nur indirekt vom Unternehmen gesteuert werden kann, ist sie nicht primär Gegenstand dieses Beitrags.

Markterfolg wird in erster Linie durch Interaktion mit den direkten Marktpartnern erzielt. Im Konsumgütermarketing sind dies die Endverbraucher und der Handel. Weitere Zielgruppen, z. B. die Öffentlichkeit, Gesetzgeber oder Investoren, sind ebenfalls mittels Kommunikation positiv zu beeinflussen, stehen aber im Folgenden nicht im Mittelpunkt.

2 Besonderheiten der Kommunikation für Konsumgüter

2.1 Rahmenbedingungen der Kommunikation

Eine enorme Produktvielfalt, die zu bewerben ist, qualitativ ausgereifte Produkte, die nach einer kommunikativen Profilierung verlangen, und gering involvierte Kunden, die die Angebote als austauschbar empfinden, machen die Kommunikation auf Konsumgütermärkten zur Herausforderung.

- *Große Produktvielfalt*: Die allgemein beklagte „Inflation von Produkten und Marken" (Esch et al. 2013, S. 259) trifft in besonderem Maße auf Konsumgütermärkte zu. Allein bei den schnell drehenden Konsumgütern werden pro Jahr etwa 30.000 neue Artikel eingeführt; das entspricht 600 neuen Artikeln pro Woche. Ein durchschnittlicher Haushalt kauft jedoch pro Jahr nur 438 verschiedene Artikel ein (Twadarwa 2006). Zunehmende Marktsegmentierung, durch Internationalisierung der Märkte verschärfter Wettbewerb, vielfach kurze Produktlebenszyklen und stetige Entwicklung neuer Produkte und Produktvarianten haben zu einem überbordenden Angebot geführt. Dieses droht nicht nur das Fassungsvermögen der Regale des Handels zu sprengen, sondern übersteigt auch die Aufnahmekapazität der Kunden. Eine wirkungsvolle Kommunikation, die über Massenmedien und am Point of Sale Aufmerksamkeit für das eigene Angebot erzeugt und dieses durch ein klares Profil aus dem Wettbewerb hervorstechen lässt, ist zur notwendigen Bedingung für den Markterfolg geworden.
- *Marken vielfach ohne Profil*: Eine Differenzierung allein über Produktmerkmale gelingt in der Konsumgüterbranche schon lange nicht mehr. Dies gilt besonders für die schnell drehenden Konsumgüter. Aber auch bei den Gebrauchsgütern haben sich die qualitativen Unterschiede zwischen den Produkten verringert (Esch et al. 2013, S. 260). Dementsprechend hat eine Verlagerung vom Produkt- hin zum Kommunikationswettbewerb stattgefunden (Bruhn 2013, S. 26). Da die funktionalen Eigenschaften der Angebote in vielen Fällen kaum Ansatzpunkte zur Markenprofilierung bieten, wird versucht, über eine emotionale Kommunikation *Erlebnisprofile für Marken* zu schaffen (Esch 2012, S. 35). Doch auch dies wird angesichts austauschbarer Kommunikationsinhalte (Bruhn 2011, S. 84) immer schwieriger. Trotz zahlreicher Neuprodukteinführungen und starker kommunikativer Unterstützung der Marken werden die Angebote der Konsumgüterbranche häufig als austauschbar empfunden. Die BBDO Consulting hat im Jahr 2008 in einer repräsentativen Studie die wahrgenommene Markengleichheit für 29 Produktkategorien untersucht. Diese hat im Vergleich zum Jahr

2004 weiter zugenommen. Für die schnell drehenden Konsumgüter gaben im Durchschnitt mehr als zwei Drittel der Deutschen an, dass sie die jeweiligen Marken als sehr ähnlich wahrnehmen. Bei den langlebigen Gebrauchsgütern wurden die Marken von 55 Prozent der Befragten als austauschbar empfunden (BBDO 2009, S. 4).

- *Kunden häufig gering involviert*: Viele Konsumgüter, insbesondere die „Fast Moving Consumer Goods", werden mit geringem Involvement gekauft. Verbreitet sind Gewohnheits- und Impulskäufe. Die Bereitschaft, sich mit Kommunikation auseinanderzusetzen, ist hier tendenziell gering. Bei langlebigen, finanziell aufwändigen und seltener gekauften Gebrauchsgütern kann von einem höheren Involvement und einem stärker kognitiv kontrollierten Entscheidungsverhalten mit entsprechender Informationssuche ausgegangen werden.

Neben den skizzierten Marktbedingungen ist die Konsumgüterbranche auch mit *schwierigen Kommunikationsbedingungen* konfrontiert, hervorgerufen durch die zunehmende Werbeflut und Medienvielfalt, die Informationsüberlastung der Zielgruppen und drohende rechtliche Einschränkungen der kommunikativen Gestaltungsspielräume.

- *Zunehmende Werbeflut*: Die große Anzahl der zu vermarktenden Produkte und die Notwendigkeit einer kommunikativen Positionierung der Angebote haben zu einer Zunahme von Werbetreibenden bzw. beworbenen Marken und zu einer besonderen Bedeutung der Werbeinvestitionen für die Konsumgüterbranche geführt. So finden sich unter den 30 größten Werbetreibenden in Deutschland im Jahr 2012 allein 15 Unternehmen aus der Konsumgüterbranche, außerdem 6 Handelsunternehmen, deren Sortimente ebenfalls aus Konsumgütern bestehen (ZAW 2013, S. 8). Seit 1985 haben sich die Werbeinvestitionen in Deutschland fast verdoppelt. Im Jahr 2012 beliefen sie sich auf rund 30 Mrd. EUR, wovon ca. 18,4 Mrd. EUR als Nettowerbeeinnahmen der Medien zu Buche schlagen (ZAW 2013, S. 14). Leitmedium der Werbetreibenden ist das Fernsehen, gefolgt von Zeitungen und Publikumszeitschriften (Nielsen Media Research 2013a). Parallel zu den Werbebudgets hat sich die Zahl der Werbeimpulse, mit denen die Werbezielgruppen konfrontiert werden, stark erhöht. So wurden beispielsweise im Jahr 2012 allein im Fernsehen 3,5 Mio. Werbespots ausgestrahlt (ZAW 2013, S. 333). Zum Vergleich: Im Jahr 1985 waren es nur 0,15 Mio. Spots (Bruhn 2011, S. 78), d. h. nur etwa vier Prozent der heutigen Spotmenge. Für die Hersteller von Konsumgütern bedeutet dies, dass es schwieriger und teurer wird, sich in der Flut der Werbebotschaften durchzusetzen.
- *Medienvielfalt*: In der Konsumgüterbranche spielt die medial vermittelte Kommunikation eine wichtige Rolle. In Deutschland gibt es mittlerweile 280 TV-Programme, ca. 350 Hörfunkprogramme, rund 400 Tages- und Wochenzeitungen, mehr als 1.400 Anzeigenblätter sowie über 2.000 Publikums-, Fach- und Kundenzeitschriften (ZAW 2013, S. 280). Zu diesen klassischen Medien kommen die stark wachsenden Online-Medien hinzu. Das stetig größer werdende Medienangebot, die zunehmende Zersplitterung der Medien und die sozialen

Netzwerke ermöglichen eine zielgerichtete oder gar individuelle Ansprache von Kunden bzw. Kundengruppen. Allerdings verstärken sie auch den Druck zu immer höheren Investitionen in die Marktkommunikation.

- *Informationsüberlastung*: Schon Ende der 1980er-Jahre wurde in Deutschland eine Informationsüberlastung von 98 Prozent festgestellt, d. h. dass 98 Prozent der in den Medien dargebotenen Informationen nicht beachtet wurden (Brünne et al. 1987). Während das Medienangebot und die Anzahl werblicher Impulse über die Jahre hinweg ständig steigen, erhöht sich das dem Medienkonsum gewidmete Zeitbudget kaum und verändert sich strukturell zugunsten des Internet – mit einer Tendenz der Kunden, werbliche Informationen nur bei Bedarf nachzufragen (Bruhn 2013, S. 36). Was im Augenblick nicht relevant ist bzw. keinen Unterhaltungswert bietet, wird gar nicht oder nur flüchtig aufgenommen. Nach wie vor stehen die Verbraucher den meisten Werbeformen skeptisch gegenüber (Nielsen Media Research 2013b) und ärgern sich, wenn sie das Gefühl haben, der Werbung nicht entkommen zu können (MediaAnalyzer 2011; Adobe 2013). Nachlassendes Interesse oder gar negative Einstellungen gegenüber der Werbung und gleichzeitig steigende Werbebudgets lassen Effektivität und Effizienz der Werbung sinken. Folglich setzen die Unternehmen neben der Mediawerbung zahlreiche weitere Kommunikationsinstrumente ein, z. B. das Sponsoring, das Event Marketing oder die Social Media-Kommunikation. Jedoch nutzen sich auch diese Instrumente ab (Bruhn 2011, S. 83).
- *Rechtliche Beschränkungen*: Die im Zuge der Harmonisierung des EU-Rechts erlassenen Verordnungen und Richtlinien schränken vor allem in der Konsumgüterbranche die Möglichkeiten zur freien Gestaltung der Marktkommunikation ein. Betroffen sind neben der Tabakbranche, der ein fast vollständiges Werbeverbot droht, auch die alkoholischen Getränke, die Automobil- und Lebensmittelindustrie (Bruhn 2011, S. 1281 ff.).

Derart schwierige Rahmenbedingungen zwingen die Konsumgüterhersteller zu einer sorgfältigen Planung ihrer Kommunikationsstrategien. Dazu gehört unter anderem die Auseinandersetzung mit den Objekten, Zielgruppen und Zielen der Kommunikation, die Festlegung der geeigneten Kommunikationsinstrumente und -maßnahmen sowie die Gestaltung der Kommunikationsbotschaften (Bruhn 2013, S. 129). Ohne Anspruch auf Vollständigkeit werden im Folgenden einige in diesem Zusammenhang relevante Besonderheiten der Konsumgüterbranche thematisiert.

2.2 Objekte der Kommunikation

Objekte der Kommunikation sind die Produkte und Marken der Konsumgüterhersteller. In der Regel sind sie eingebunden in umfangreiche Markenportfolios und werden international vermarktet, was spezielle Anforderungen an die Marktkommunikation stellt. Die bereits angesprochene Verschiedenartigkeit der Konsumgüter (vgl. Abb. 1) erfordert zudem – je nach Konsumgüterart – einen differenzierten Umgang mit den Instrumenten der Marktkommunikation.

- *Konsumgüter als Bausteine komplexer Markenarchitekturen*: Große Konsumartikelhersteller, wie Unilever, Procter & Gamble, Nestlé, Henkel oder auch Volkswagen, managen umfangreiche Markenportfolios und kombinieren dabei verschiedene Markenstrategien. So entstehen komplexe Markenarchitekturen, bei denen verschiedene Marken auf unterschiedlichen Hierarchieebenen des Unternehmens angeordnet sind und in einer Wechselbeziehung zueinander stehen. Diese Markenarchitekturen lassen sich grob danach klassifizieren, ob sie eher zum „Branded House" oder zum „House of Brands" tendieren. Im ersten Fall ist die Unternehmensmarke im Sinne einer Dachmarkenstrategie dominant, während im zweiten Fall einzelne voneinander unabhängige Produktmarken oder Markenfamilien im Vordergrund stehen, die nicht durch die Klammer einer Unternehmensmarke miteinander verbunden sind. Zwischen diesen beiden Extremen gibt es diverse Abstufungen (Esch und Bräutigam 2005, S. 855). Hinzu kommt, dass in letzter Zeit viele große Konsumgüterhersteller damit begonnen haben, ihr Portfolio zu bewerben und ihre Produktmarken aktiv mit ihrer Unternehmensmarke zu verknüpfen (Brunner 2013, S. 1 ff.). Für die Kommunikation bedeutet das: Je nach gewählter Markenarchitektur werden entweder die als Produktmarken bzw. Markenfamilien vertriebenen Konsumgüter oder das herstellende Unternehmen bzw. die Unternehmensmarke stärker kommunikativ unterstützt. In jedem Fall sind Wechselwirkungen zwischen den Markenebenen des Unternehmens zu beachten.
- *Konsumgüter als Marken im internationalen Wettbewerb*: Bei den großen Konsumartikelherstellern (Deutscher Fachverlag 2013) handelt es sich durchweg um international tätige Konzerne, die ihre Produkte in vielen Ländern der Welt vertreiben. Je nach Ausrichtung der Marketingstrategie auf Globalisierungs- oder Lokalisierungsvorteile (Zentes et al. 2013, S. 50) ergeben sich unterschiedliche Anforderungen an die Marktkommunikation (Zentes et al. 2013, S. 425 ff., S. 435 ff., S. 455 ff.). Herausforderungen für die Kommunikation liegen beispielsweise in der Ausschöpfung möglicher Standardisierungspotenziale bei gleichzeitiger Beachtung der Differenzierungsnotwendigkeiten in den einzelnen Ländern.
- *Konsumgüter als heterogene Produktkategorie*: Die Kommunikation für Konsumgüter hat auch dem breiten Spektrum an Gütern in dieser Kategorie gerecht zu werden. Kommunikationsinstrumente, -medien und -inhalte sind den Erfordernissen der jeweiligen Güterkategorie – und den damit einhergehenden Kaufentscheidungsprozessen – anzupassen. Dazu einige Beispiele: Das „08/15"--Duschgel als geringpreisiges Low-Involvement-Gut des täglichen Bedarfs, das häufig und routinemäßig gekauft wird und sich an ein breites Publikum richtet, stellt andere Anforderungen an die Marktkommunikation als der komplexe, individuell konfigurierbare Multimedia-PC, der als relativ hochpreisiges, innovatives, erklärungs- und servicebedürftiges High-Involvement-Gut zunächst nur eine kleine Gruppe von PC-Freaks anspricht. Das teure, angeblich hoch wirksame Medikament, ein Gut mit einem hohen Anteil an Vertrauenseigenschaften, hat seine Marktkommunikation anders auszurichten als der neue Damenduft, dessen Eigenschaften sich vor dem Kauf problemlos beurteilen lassen. Die edle

Rolex-Uhr, ein Luxusgut zum Preis eines Mittelklassewagens, erfordert eine andere Kundenansprache als die modische Swatch-Plastikuhr für 40 Euro.

2.3 Zielgruppen der Kommunikation

Im Konsumgütermarketing sind als Kernzielgruppen vor allem die Endverbraucher und der Handel bzw. die Vertriebspartner relevant.

- *Endverbraucher*: Üblicherweise sind Konsumgütermärkte Massenmärkte und werden nach demografischen, sozioökonomischen, psychografischen und/oder Verhaltensmerkmalen segmentiert (Bruhn 2013, S. 208). Eine wichtige Anforderung an Marktsegmentierungskriterien ist die Erreichbarkeit der Kundensegmente über Medien und Kommunikationsinstrumente. Die häufig massenmedial verbreitete Kommunikation ist entsprechend der Kundensegmente zu planen, wobei es gilt, Streuverluste zu minimieren und die Effektivität und Effizienz der Kommunikationsmaßnahmen zu maximieren (Bruhn 2013, S. 222).
- *Handel*: Da viele Konsumgüter indirekt vertrieben werden, spielt auch der Handel als Zielgruppe der Kommunikation eine wichtige Rolle. Er fungiert als „Gatekeeper" und ist zu überzeugen, die Güter zu listen und sie am Point of Sale im Sinne des Herstellers zu präsentieren. Er ist also der Großkunde der Konsumgüterhersteller, der im Rahmen des Key-Account-Managements direkt angesprochen wird und zu dem langfristige Kooperationsbeziehungen aufgebaut werden (von der Heydt 1999). Ferner fungiert er als Absatzmittler, auf den die Konsumgüterhersteller zur Umsetzung ihrer konsumentengerichteten Kommunikationsmaßnahmen am Point of Sale angewiesen sind und den sie über Trade-Marketing-Maßnahmen (Zentes 1989) beeinflussen und unterstützen.

2.4 Ziele der Kommunikation

Kommunikationsziele lassen sich in vielfacher Hinsicht systematisieren. Wesentliche Kriterien stellen die Inhalte und der Zeithorizont dar, auf den sich die Ziele beziehen.

- *Vielfältige Zielinhalte*: Kommunikationsziele können sich auf ökonomische Größen, z. B. Gewinn oder Umsatz, und auf psychologische Größen, z. B. Bekanntheit oder Image, beziehen. Legt man den Schwerpunkt auf die psychologischen Inhalte, so lassen sich drei Zielkategorien unterschieden (Bruhn 2013, S. 182 f.): Kognitiv-orientierte Ziele betreffen gedankliche Prozesse der Zielgruppen, wie Wahrnehmung, Verständnis oder Lernen. Die gedankliche Präsenz und Aktualität einer Marke ist bei trivialen Konsumgütern des täglichen Bedarfs entscheidend. Die gedankliche Auseinandersetzung, die sich in Kenntnissen über Produktneuheiten und Produktvorteile widerspiegelt, spielt bei komplexen Gebrauchsgütern eine große Rolle. Kognitiv-orientierte Ziele sind auch bei der im handelsgerichteten Marketing zu leistenden Überzeugungsarbeit vorherrschend. Bei den affektiv-orientierten Zielen geht es darum, Sympathie zu erzeugen, sich emotional zu positionieren oder eine gefühlsmäßige Verbundenheit zu erreichen. Angesichts gesättigter Märkte mit austauschbaren Produkten sind diese Ziele im endkundengerichteten Konsumgütermarketing ausgesprochen wichtig. Aber auch in Bezug auf den Handel ist eine harmonische, von positiven Gefühlen begleitete Zusammenarbeit Grundlage einer tragfähigen Geschäftsbeziehung. Konativ-orientierte Ziele beziehen sich auf Verhaltensweisen, z. B. das Kauf- oder Weiterempfehlungsverhalten der Endkunden oder das Listingverhalten der Handelspartner.

- *Unterschiedlicher Zeithorizont der Ziele*: Kommunikation kann zu strategischen und taktischen Zwecken eingesetzt werden (Kroeber-Riel und Esch 2011, S. 71). Für Konsumgüter sind strategische und taktische Ziele gleichermaßen von Bedeutung. So ist der Aufbau einer markenspezifischen Erlebniswelt ein wichtiges, langfristig zu verfolgendes strategisches Ziel. Ein für die Konsumgüterbranche relevantes kurzfristiges Ziel besteht in der Bekanntmachung bzw. Aktualisierung der zahlreichen neu eingeführten Produkte und Produktvarianten.

In Abhängigkeit von den Kommunikationsobjekten, -zielen und -zielgruppen ist der Einsatz der Kommunikationsinstrumente zu planen.

2.5 Instrumente der Kommunikation

Im Konsumgütermarketing kommen viele Kommunikationsinstrumente zum Einsatz, die sich nicht eindeutig voneinander abgrenzen lassen und die im Rahmen einer *Integrierten Kommunikation* (Bruhn 2011, S. 99) aufeinander abzustimmen sind. Klassiker, wie die Mediawerbung und die Verkaufsförderung, die für Konsumgüter von besonderer Bedeutung sind, werden ergänzt durch weitere Instrumente, wie das Direct Marketing, das Sponsoring oder das Event Marketing. Auch Public Relations, Messen und Ausstellungen, Persönliche Kommunikation und vor allem die Social Media-Kommunikation spielen eine Rolle (Bruhn 2011). Selbst die Verpackung wird bei Konsumgütern als Kommunikationsinstrument genutzt. Im Folgenden wird die Bedeutung ausgewählter Kommunikationsinstrumente für die Konsumgüterbranche skizziert.

- *Klassische Mediawerbung und Verkaufsförderung als dominierende Basisinstrumente*: Diese beiden Instrumente spielen in der Konsumgüterbranche mit Abstand die wichtigste Rolle. Dies gilt sowohl bezüglich der Investitionsvolumina als auch bezüglich ihrer funktionalen Bedeutung im Hinblick auf die Marketing- und Kommunikationsziele (Bruhn 2011, S. 58 ff.). Eine im Herbst 2005 unter Werbeleitern der Konsumgüterbranche durchgeführte Befragung zeigt, dass die klassische Mediawerbung (mit 60 Prozent) und die Verkaufsförderung (mit 22 Prozent) den „Löwenanteil" der Kommunikationsbudgets verschlingen (GfK/Wirtschaftswoche 2006, S. 16). Für die Zukunft wird eine Umschichtung von Werbebudgets zu Verkaufsförderungsbudgets prognostiziert (Bruhn 2011, S. 639). Beide Instrumente haben im Konsumgütermarketing eine hohe funktionale Bedeutung. Massenmärkte mit einem weit verstreuten Publikum, die Notwendigkeit, Marken aufzubauen und zu pflegen, und die zahlreichen Neuprodukteinführungen, die bekannt zu machen sind, begründen die herausragende Bedeutung der Mediawerbung (Bruhn 2011, S. 232 ff.) für alle Arten von Konsumgütern. Fernsehen und Zeitschriften werden häufig als Basismedien zur Aktualisierung, Imagebildung und Information genutzt, während Zeitungen besonders zur Übermittlung aktueller Informationen geeignet sind. Ergänzend wirken Radio-, Außen- und Kinowerbung. Die Verkaufsförderung (Bruhn 2011, S. 551 ff.) spielt angesichts der vielen Neuprodukteinführungen und der wachsenden Macht des Lebensmitteleinzelhandels (KPMG 2012) eine wichtige Rolle. In der Regel zeitlich begrenzt, dient die handelsgerichtete Verkaufsförderung, z. B. in Form von Dekorationsservices oder Werbekostenzuschüssen, der Unterstützung des Handels und dem Hineinverkauf der Ware in den Handel. Die endkundengerichtete Verkaufsförderung hingegen soll den Hinausverkauf aus dem Handel fördern und auf Konsumentenebene kurzfristig Kaufanreize schaffen. Dies kann direkt geschehen, z. B. durch die Versendung von Produktproben, oder indirekt in Zusammenarbeit mit dem Handel, z. B. durch Probierstände oder Displays am Point of Sale. Hervorzuheben ist die besondere Bedeutung der Verkaufsförderung für taktische Kommunikationsziele und ihr großer Stellenwert für die „Fast Moving Consumer Goods". Da hier neue Produkte von der Mehrheit der Kunden erst im Geschäft wahrgenommen werden (Roland Berger und BK&S 2005), ist neben der Packung als „stummer Verkäufer" die Inszenierung der Waren in der Einkaufsstätte sehr wichtig.

- *Direct Marketing als zusätzliches dialogorientiertes Instrument*: Das Direct Marketing (Bruhn 2011, S. 642 ff.) ist auf eine direkte individuelle Ansprache und einen Dialog mit den Kunden gerichtet. Ziel ist u. a. die Kundenbindung. Von Bedeutung ist das Direct Marketing im handelsgerichteten Konsumgütermarketing. Einkaufsmacht und Zentralisierung der Einkaufsentscheidungen im Handel erfordern eine enge Kooperation mit einer direkten und persönlichen Ansprache der großen Handelskunden. Aber auch im endverbrauchergerichteten Marketing stellt das Direct Marketing eine sinnvolle Ergänzung dar. Bei Konsumgütern, die bewusst direkt mittels persönlichem Verkauf vertrieben werden, z. B. Vorwerk Staubsauger oder Tupperware, dominiert naturgemäß die direkte Ansprache der Kunden. Aber auch im „indirekt mehrstufigen Massenmarketing" findet man u. a. Direct-Response-Werbung, z. B. adressierte Werbebriefe, Kundenclubs, vor allem aber den interaktiven Dialog über das Internet. Bei Konsumgütern bietet sich die direkte Kundenansprache besonders im Hinblick auf Güter an, die mit relativ hohem kognitiven oder emotionalen Involvement gekauft werden. Dazu zählen beispielsweise höherwertige Gebrauchsgüter, komplexe erklärungsbedürftige Güter, serviceintensive Güter, Güter mit einem hohen Anteil an Vertrauenseigenschaften, aber auch Luxusgüter oder Güter, die auf eng abgegrenzte Zielgruppen eine besondere Faszination ausüben, z. B. Sammlerobjekte. Das Internet und die sozialen Medien sind Wachstumsmotoren des Direktmarketing (Deutsche Post AG 2012, S. 97).
- *Internet- und Social Media-Kommunikation als unumgängliche Instrumente mit Wachstumspotenzial*: Die Etablierung des Internet als dominantes Alltagsmedium

und die stetig steigende Nutzung des Social Web haben auch in der Konsumgüterbranche zu einer größeren Bedeutung der Online- bzw. mobilen Medien und der Social Media-Kommunikation geführt. Das Internet weist im Jahr 2013 in Deutschland Bruttowerbeaufwendungen von knapp drei Mrd. EUR auf (Nielsen Media Research 2013a). Für Konsumgüter ist allerdings der Anteil der Internet-Werbung am Mediamix in Abhängigkeit von der Branche sehr unterschiedlich. Bei Computern, Autos und Unterhaltungselektronik ist er beispielsweise höher als bei Fast Moving Consumer Goods wie Lebensmitteln oder Körperpflegeprodukten, wo er im Jahr 2012 noch unter zehn Prozent lag (Nielsen Company Germany GmbH 2013, S. 67 f.). Dass sich dies gerade ändert, zeigt das Beispiel Procter & Gamble. Der im Bereich der Fast Moving Consumer Goods tätige Konzern investiert bereits mehr als 20 Prozent seines hohen deutschen Mediabudgets in Online-Medien (Koch 2013). Neben der Bannerwerbung und vielfältigen weiteren Standard- und Sonderwerbeformen im Internet (Bruhn 2011, S. 252 ff.) ist die Homepage von Unternehmen und Marken eine Selbstverständlichkeit. Konsumgüterhersteller nutzen das Internet ferner zur Kommunikation mit Händlern und Endkunden, für Informations-, Unterhaltungs- und Serviceangebote und zur direkten Kundenansprache mittels E-Mail und Newsletter. Im Rahmen ihrer Social Media-Kommunikation bieten sie erstens unterhaltungsbezogene, reaktive Anwendungen, etwa Videoplattformen mit markenbezogenen Inhalten, zweitens informationsorientierte interaktive Anwendungen, etwa Corporate Weblogs und drittens serviceorientierte dialogische Anwendungen, z. B. in Netzwerken (Bruhn 2011, S. 1086). Diese Kommunikationsformen sind vor allem zur Ansprache jüngerer Zielgruppen unumgänglich (Schulze 2011). Jedoch zeigen sich auch bei der Social Media-Nutzung Unterschiede innerhalb der Konsumgüterbranche. Während sie in den Bereichen Telekommunikation und Unterhaltungselektronik besonders hoch ist, ist sie im Bereich der Nahrungs- und Genussmittel noch vergleichsweise gering (Universität Oldenburg/constructiv GmbH 2009, S. 6).

- *Sponsoring, Events, Markenparks und -shops als erlebnisorientierte Instrumente*: Die abnehmende Effizienz klassischer Mediawerbung hat zu einem Ausweichen auf Kommunikationsinstrumente geführt, die eine direkte Ansprache der Zielgruppen in freizeitorientierter Atmosphäre sowie eine erlebnisbetonte Inszenierung von Marken erlauben. Diese Kontaktaufnahme zum Kunden bleibt trotz aller virtuellen Kundenkontakte wesentliches Element in der Kommunikation für Konsumgüter. So dient das Sponsoring (Bruhn 2011, S. 790 ff.), insbesondere das Sportsponsoring, dazu, neben einer Erhöhung des Bekanntheitsgrades auch Imagedimensionen der Sportart auf das Unternehmen oder die Marke zu übertragen. Sponsoring wird vor allem von Unternehmen der Konsumgüterbranche erfolgreich genutzt (Serviceplan 2013). Das Gesamtvolumen des Sponsoringmarktes belief sich im Jahr 2012 auf 4,4 Mrd. EUR und hat sich damit im Vergleich zum Vorjahr um 3,5 Prozent erhöht (ZAW 2013, S. 22). Beim Event Marketing (Bruhn 2011, S. 1014 ff.) ist im Rahmen einer erlebnisorientierten Veranstaltung die direkte Zielgruppenansprache und gleichzeitige emotionale Positionierung der Marken möglich. In ähnlicher Weise dienen auch Markenparks

(Binder 2005) und Markenshops dazu, Marken für ein ausgewähltes Publikum mit allen Sinnen erfahrbar zu machen. In einem eigens dafür geschaffenen Gebäude oder Areal wird die Marke mit verschiedenen Unterhaltungs- und Informationsangeboten erlebnisbetont inszeniert. Zahlreiche Konsumgüterunternehmen investieren in derartige Renommierprojekte (o. V. 2014b). Beispiele sind das Legoland in Bayern, die VW-Autostadt in Wolfsburg oder die Ritter Sport Bunte Schokowelt in Berlin.

- *Messen und Ausstellungen primär als Instrumente des B-to-B-Marketing*: Grundsätzlich spielen Messen und Ausstellungen (Bruhn 2011, S. 932 ff.) im Industriegütermarketing eine größere Rolle als im Konsumgütermarketing. Dennoch sind sie auch hier insbesondere für die Kommunikation mit den Handelspartnern von Bedeutung. Konsumgütermessen, etwa die ANUGA für Lebensmittel und Getränke, die Internationale Süßwarenmesse oder die Nürnberger Spielwarenmesse, richten sich an Vertreter des Groß- und Einzelhandels. Die persönliche Kundenansprache und die Order- und Verkaufsfunktion stehen im Mittelpunkt. Jedoch können Messen und Ausstellungen auch mit Blick auf die Endverbraucher sinnvoll eingesetzt werden. Ähnlich wie das Event Marketing bieten sie eine Plattform zur erlebnisbetonten Inszenierung von Produkten und Marken. So kommen anlässlich der „boot" jedes Jahr begeisterte Wassersportler aus dem In- und Ausland nach Düsseldorf, und viele Automobilfans freuen sich auf die Publikumstage der Internationalen Automobil-Ausstellung in Frankfurt.
- *Sonderformen der Kommunikation als flankierende Instrumente*: Um in der Kommunikationsflut zu bestehen, experimentiert die Praxis ständig mit neuen Kommunikationsinstrumenten. Häufig sind diese von begrenzter Reichweite, für spezielle Zielgruppen und als Ergänzung der „traditionellen" Instrumente gedacht. Sonderwerbeformen wie das Product Placement, d. h. die Platzierung von Marken als Requisite in Filmen, sind längst etabliert. Weitere Kommunikationsformen, etwa das Guerilla Marketing beginnen sich zu etablieren, während die Nutzung des Crowd Sourcing (Howe 2009) im Zusammenhang mit der Markenkommunikation (Horsten 2011) noch in den Kinderschuhen steckt (Webguerillas GmbH 2011).

3 Fallbeispiel zur Kommunikation für Konsumgüter

3.1 Nivea – eine typische Konsumgütermarke

In diesem Kapitel wird der Einsatz der oben genannten Instrumente und ihre Vernetzung im Rahmen der *Integrierten Kommunikation am Beispiel der Marke „Nivea"* aus dem Hause Beiersdorf illustriert.

Die weltweit größte Hautpflegemarke steht an der Spitze der vertrauenswürdigsten und beliebtesten Marken in Deutschland (Reader's Digest 2013; Best Brands Hrsg. 2014; o. V. 2014c). Unter der über hundert Jahre alten Marke werden schnell drehende Konsumgüter des täglichen Bedarfs vornehmlich über den Handel an ein breites Publikum vermarktet. Nivea ist in über 200 Ländern präsent (Göbel 2013) und bietet als Muttermarke die Vermarktungsplattform für verschiedene Submarken, z. B. Nivea SUN (Sonnenpflege), Nivea BODY (Körperpflege) oder Nivea SHOWER (Duschpflege). Weltweit werden rund 1.600 Produkte unter der Marke Nivea vertrieben (o. V. 2014d). Konsequente Markenführung, an den Kundenbedürfnissen orientierte Produkte, kontinuierliche Neuproduktentwicklung, enge Kooperation mit dem Handel, innovative Vertriebskonzepte und die Erschließung internationaler Wachstumsmärkte begründen den Erfolg der Marke, deren weltweiter Umsatz auch im Jahr 2012 wieder um 6,4 Prozent gewachsen ist (Beiersdorf 2012). Wie für viele andere Konsumgütermarken sind auch für Nivea das Fernsehen und Print die wichtigsten Mediengattungen, wobei die Bedeutung der Online-Medien stetig zunimmt (Käckenhoff 2012).

3.2 Integrierte Marktkommunikation für Nivea

Die Kommunikation für Nivea ist international und über verschiedene Markenebenen hinweg koordiniert. Zudem ist die Vielzahl eingesetzter Kommunikationsinstrumente inhaltlich, formal und zeitlich aufeinander abzustimmen.

„Hautpflege" – das ist der Markenkern der Muttermarke, die einst als Nivea-Creme in der blauen Dose startete. Ihre Markenpersönlichkeit wird unterstützt durch kontinuierliche, emotional ansprechende Werbekampagnen, die Themen wie Nähe, Geborgenheit oder Familie inszenieren. Hierzu zählt beispielsweise die in den 1990er-Jahren entstandene, weitgehend international standardisierte „Blue-Harmony-Kampagne", die in der Folge durch weitere Rahmenkampagnen zur Stärkung des Markenkerns abgelöst wurde, bis hin zur großen globalen Jubiläumskampagne im Jahr 2011 zum 100. Geburtstag der Marke (Göbel 2011). Auch in den markeneigenen digitalen Kanälen tritt Nivea konsequent als hoch emotionale Marke auf, die für Familie, Geborgenheit und Nähe steht (Beiersdorf 2013a). Zur Stärkung des Markenkerns erfolgt seit Anfang 2013 auch eine Überarbeitung des Produktdesigns, bei dem die blaue Dose als Designelement auf allen Produktverpackungen in den Vordergrund rückt und für ein einheitliches Erscheinungsbild sorgt (Beiersdorf 2013b).

Die Nivea-Häuser in Hamburg und Berlin, moderne Wellness-Tempel in Blau-Weiß, unterstreichen ebenfalls die Hautpflegekompetenz und machen die Marke zudem für ihre Kunden direkt emotional erlebbar. Am Point of Sale wird die Nivea-Welt mit innovativen Shop-Konzepten inszeniert. Nivea Shops in großen Kaufhäusern, etwa bei Hertie in München oder bei Kaufhof in Düsseldorf, bieten auf hochwertig ausgestatteten Sonderflächen das gesamte Nivea-Sortiment. Hinzu kommen professionelle Beratung und Extra-Services (Beiersdorf 2013c). Die Nivea-Homepage bietet neben Information und Unterhaltung zu den Nivea-Marken auch interaktive Beratungsangebote und die Möglichkeit des direkten Dialogs mit den Kunden.

Die Nivea-Töchter oder Submarken betonen ihre Abstammung von der Muttermarke und erfüllen gleichzeitig eine individuelle Rolle in ihrem jeweiligen Marktsegment. So steht etwa die Sonnenpflege Nivea SUN neben der Pflege auch für die

Verbindung von Sonne, Strand und Spaß. Zu dieser Positionierung passten das Sponsoring im Beach-Volleyball und die Integration der Sportlerinnen in die klassische Print- und Fernsehwerbung (Schönen 2003). Im Einklang mit der Positionierung stehen auch Events bzw. Strandfeste an Nord- und Ostsee, die in Zusammenarbeit mit der Deutschen Lebensrettungsgesellschaft (DLRG) organisiert werden. Die Events werden mit Public Relations und Verkaufsförderungsmaßnahmen verknüpft (Rousseau 2003).

Unter den Nivea-Submarken werden jedes Jahr etliche Produkte eingeführt, die kommunikativ unterstützt werden. Neben Aktualisierungswerbung kommt hier vor allem die Verkaufsförderung zum Einsatz. Aber auch Guerilla-Marketing-Aktionen, wie das in Stuttgart aufgetauchte „sonnengebräunte Taxi", das aus der Masse der blassen (elfenbeinfarbenen) Taxen hervorstach und für Nivea-Selbstbräunungsspray warb, sorgte punktuell für Aufmerksamkeit und Resonanz in der Presse (TBWA 2005).

4 Zukunftsperspektiven der Kommunikation für Konsumgüter

Angesichts der skizzierten vielfältigen und dynamischen Entwicklungen in der Marktkommunikation für Konsumgüter ist ein Blick in die Zukunft schwierig. Dennoch abschließend einige Schlagworte zur Einschätzung der *Zukunftsperspektiven*:

- *Integration*: Der Aufbau und die Pflege klarer Markenprofile durch eine konsistente und widerspruchsfreie Kommunikation wird auch künftig vorrangiges Ziel im Konsumgütermarketing bleiben. Die Vielfalt eingesetzter Kommunikationsinstrumente und -maßnahmen ist im Rahmen einer Integrierten Kommunikation aufeinander abzustimmen. Ferner erfordern die umfangreichen Markenportfolios der Konsumgüterindustrie ein koordiniertes Vorgehen im Einklang mit den gewählten Markenstrategien.
- *Inszenierung*: Auf gesättigten Konsumgütermärkten mit austauschbaren Produkten bleibt die emotionale Positionierung wichtiges Kommunikationsziel. Neben emotionaler Werbung und Social Media-Kommunikation mit Unterhaltungswert werden solche Kommunikationsinstrumente an Bedeutung gewinnen, die die Marken für die Kunden direkt erfahrbar machen und sie erlebnisbetont inszenieren. Dazu zählen das Event Marketing, die Markenparks oder -shops und die Markenpräsentation am Point of Sale.
- *Individualisierung*: Die Tendenz zur individualisierten Zielgruppenansprache wird sich angesichts neuer Technologien und der Zersplitterung der Medienlandschaft vermutlich auch auf Konsumgütermärkten verstärken.
- *Interaktivität*: Das Internet, mobile und soziale Medien bieten vielfältige Interaktionsmöglichkeiten und erlauben dialogorientierte Formen der Kommunikation. Diese können zur Kundenbindung genutzt werden und sind im Zusammenhang mit höherwertigen oder serviceintensiven Konsumgütern von besonderer Relevanz.

- *Internationalisierung*: Die internationale Präsenz der Konsumgütermarken wird zu einer weiteren Auseinandersetzung mit internationalen Kommunikationsstrategien führen. Zu klären ist, bis zu welchem Grad die Kommunikation standardisiert werden kann, welche Kommunikationsinstrumente auch im internationalen Kontext sinnvoll eingesetzt werden können und wie sie zu gestalten sind.
- *Innovation*: Innovative Kommunikationsinstrumente, die aus dem Rahmen fallen und Ungewöhnliches bieten, werden auch künftig die Klassiker der Kommunikation ergänzen. Ihr Ziel ist die Umgehung des Kommunikationswettbewerbs. Die Verschärfung rechtlicher Restriktionen im Rahmen der Harmonisierung des EU-Rechts trägt ebenfalls zur Entwicklung neuer und kreativer Kommunikationsformen bei.

Literatur

ADOBE. (2013). Click here: the state of online advertising. http://www.adobe.com/aboutadobe/pressroom/pdfs/Click_Here_Country_Comparisons.pdf. Zugegriffen am 25.02.2014.

BBDO Consulting GmbH (Hrsg.). (2009). *Brand Parity Studie 2009*. http://www.batten-company.com/uploads/media/20090219_Brand_parity-studie_2009_01.pdf. Zugegriffen am 07.03.2015.

Becker, J. (2013). *Marketingkonzeption – Grundlagen des ziel-strategischen und operativen Marketing-Managements*, (10. Aufl.). München: Vahlen.

Beiersdorf AG (Hrsg.). (2012). Geschäftsbericht 2012, Hamburg. http://geschaeftsbericht2012.beiersdorf.de/. Zugegriffen am 06.11.2013.

Beiersdorf AG (Hrsg.). (2013a). Pressemitteilung: Das schönste Geschenk ist die Familie. Nivea lanciert digitale Weihnachtskampagne. http://www.beiersdorf.de/presse/news/local/de/all-news/2013/11/2013-11-25-pm-nivea-lanciert-digitale-weihnachtskampagne-2013. Zugegriffen am 27.02.2014.

Beiersdorf AG (Hrsg.). (2013b). Pressemitteilung: Nivea bekommt weltweit neues Design. http://www.beiersdorf.de/presse/news/alle-news/2013/01/2013-01-15-pm-nivea-bekommt-weltweit-neues-design. Zugegriffen am 27.02.2014.

Beiersdorf AG (Hrsg.). (2013c). Pressemitteilung: Nivea Beratungsoffensive geht in die nächste Runde. http://www.beiersdorf.de/presse/news/local/de/all-news/2013/02/2013-02-04-pm-hautpflegeexpertise-hautnah-erleben. Zugegriffen am 27.02.2014.

Best Brands (Hrsg.). (2014). *Best Brands. Das deutsche Markenranking 2014*. http://bestbrands.de/wp-content/uploads/best-brands-2014-studiendesign.pdf. Zugegriffen am 27.02.2014.

Binder, A. (2005). Markenparks. Dreidimensionale Markenerlebniswelten. In B. Gaiser, R. Linxweiler, & V. Brucker (Hrsg.), *Praxisorientierte Markenführung. Neue Strategien, innovative Instrumente und aktuelle Fallstudien* (S. 545–560). Wiesbaden: Gabler.

Bruhn, M. (2011). *Unternehmens- und Marketingkommunikation. Handbuch für ein integriertes Kommunikationsmanagement*, (2. Aufl.). München: Vahlen.

Bruhn, M. (2012). *Marketing. Grundlagen für Studium und Praxis*, (11. Aufl.). Wiesbaden: Springer Gabler.

Bruhn, M. (2013). *Kommunikationspolitik*, (7. Aufl.). München: Vahlen.

Bruhn, M., & Homburg, C. (Hrsg.). (2004). *Gabler Marketing Lexikon*, (2. Aufl.). Wiesbaden: Gabler.

Brünne, M., Esch, F. -R., & Ruge, H. -D. (1987). *Berechnung der Informationsüberlastung in der Bundesrepublik Deutschland*. Bericht des Instituts für Konsum- und Verhaltensforschung an der Universität des Saarlandes. Saarbrücken: Institut für Konsum- und Verhaltensforschung.

Brunner, C. B. (2013). *Portfoliowerbung als Technik des Impression Management. Eine Untersuchung zur gegenseitigen Stärkung von Dachmarke und Produktmarken in komplexen Markenarchitekturen*, (2. Aufl.). Wiesbaden: Springer Gabler.

Burmann, C., Meffert, H., & Koers, M. (2005). Stellenwert und Gegenstand des Markenmanagements. In H. Meffert, C. Burmann, & M. Koers (Hrsg.), *Markenmanagement. Identitätsorientierte Markenführung und praktische Umsetzung*, (2. Aufl., S. 3–17). Wiesbaden: Gabler.
Corcoran, S. (2009). Defining earned, owned and paid media. http://blogs.forrester.com/print/interactive_marketing/2009/12/defining-earned-owned-and-paid-media.html. Zugegriffen am 25.02.2014.
Deutsche Post AG. (2012). Dialogmarketing Deutschland 2012. https://www.bvdp.de/fileadmin/files/files/5_120619-Dialog_Marketing_Monitor_2012.pdf. Zugegriffen am 02.10.2014.
Deutscher Fachverlag (Lebensmittelzeitung). (2013). Top 50 Lieferanten der Welt 2013. http://www.lebensmittelzeitung.net/business/daten-fakten/rankings/Top-50-Lieferanten-Welt-2013_424.html. Zugegriffen am 18.02.2014.
Esch, F.-R. (2005). Aufbau starker Marken durch integrierte Kommunikation. In F.-R. Esch (Hrsg.), *Moderne Markenführung. Grundlagen, innovative Ansätze, praktische Umsetzung*, (4. Aufl., S. 707–745). Wiesbaden: Gabler.
Esch, F.-R. (2012). *Strategie und Technik der Markenführung*, (7. Aufl.). München: Vahlen.
Esch, F.-R., & Bräutigam, S. (2005). Analyse und Gestaltung komplexer Markenarchitekturen. In F.-R. Esch (Hrsg.), *Moderne Markenführung. Grundlagen, innovative Ansätze und praktische Umsetzung* (4. Aufl., S. 839–861). Wiesbaden: Gabler.
Esch, F.-R., Wicke, A., & Rempel, J. E. (2005). Herausforderungen und Aufgaben des Markenmanagements. In F.-R. Esch (Hrsg.), *Moderne Markenführung. Grundlagen, innovative Ansätze, praktische Umsetzung*, (4. Aufl., S. 3–55). Wiesbaden: Gabler.
Esch, F.-R., Herrmann, A., & Sattler, H. (2013). *Marketing. Eine managementorientierte Einführung*, (4. Aufl.). München: Vahlen.
GfK, A. G., Wirtschaftswoche (Hrsg.). (2006). Werbeklimastudie I/2006. Düsseldorf. http://www.gwp.de/data/download/A2/wiwo/WK1_2006/WK2006_kompl.pdf. Zugegriffen im Januar 2007.
Goebel, V. (2011). Schönheitskur für eine Markenikone. *Markenartikel*, 73(11), 72–76.
Goebel, V. (2013). Verlässlichkeit als Erfolgsrezept. *Markenartikel*, 75(1/2), 42–43.
Holzmüller, H. H. (2005). Marketing Fast Moving Consumer Goods – Der Nukleus der sektoralen Sichtweise. In H. H. Holzmüller & A. Schuh (Hrsg.), *Innovationen im sektoralen Marketing* (S. 33–52). Heidelberg: Physica. Festschrift zum 60. Geburtstag von Fritz Scheuch.
Horsten, C. (2011). Werbetrend Crowdsourcing. Wenn der Kunde die Arbeit macht. http://www.stern.de/digital/online/werbetrend-crowdsourcing-wenn-der-kunde-die-arbeit-macht-1721650.html. Zugegriffen am 27.02.2014.
Howe, J. (2009). *Crowdsourcing. Why the power of the crowd is driving the future of business.* New York: Three Rivers Press.
Käckenhoff, U. (2012). 3 Fragen .... *Markenartikel*, 74(3), 20.
Knoblich, H. (1995). Gütertypologien. In B. Tietz, R. Köhler, & J. Zentes (Hrsg.), *Handwörterbuch des Marketing*, (2. Aufl., S. 838–850). Stuttgart: Schäffer-Poeschel.
Knoblich, H. (2001). Produkttypologie. In H. Diller (Hrsg.), *Vahlens Großes Marketing Lexikon* (2. Aufl., S. 1416–1420). München: Vahlen.
Koch, T. (2013). P&G löst Werbe-Revolution aus. http://www.wiwo.de/unternehmen/handel/werbesprech-pundg-loest-werbe-revolution-aus/8872338.html. Zugegriffen am 17.02.2014.
KPMG (Hrsg.). (2012). Consumer Markets. Trends im Handel 2020. http://www.kpmg.de/docs/20120418-Trends-im-Handel-2020.pdf. Zugegriffen am 02.10.2014.
Kroeber-Riel, W., & Esch, F.-R. (2011). *Strategie und Technik der Werbung. Verhaltenswissenschaftliche und neurowissenschaftliche Ansätze*, (7. Aufl.). Stuttgart: Kohlhammer.
MediaAnalyzer. (2011). Kurz-Umfrage: Welche Werbung nervt am meisten? http://www.mediaanalyzer.com/Dokumente/MediaAnalyzer-Umfrage-Werbung-nervt-2011.pdf. Zugegriffen am 25.02.2014.
Meffert, H. (1993). Konsumgütermarketing. In W. Wittmann, W. Kern, J. Köhler, H. Küppers, & K. V. Wysocki (Hrsg.), *Handwörterbuch der Betriebswirtschaftslehre* (Bd. 2, S. 2242–2256). Stuttgart: Schäffer-Poeschel.

Meffert, H. (2001). Marketing (Grundlagen). In H. Diller (Hrsg.), *Vahlens Großes Marketing Lexikon* (2. Aufl., S. 957–963). München: Vahlen.
Nielsen Company Germany GmbH. (2013). Deutschland 2013, Handel, Verbraucher, Werbung. Frankfurt a.M. http://darkroom.nielseninsights.eu/original/9656124dc2033c62deb583aebaec9460: 4a6db03f8967e9deba52ac8e6563dff5/Nielsen_Universen_DE_2013.pdf. Zugegriffen am 17.02.2014.
Nielsen Media Research. (2013a). Trend Above-the-line-Medien. http://nielsen.com/de/de/insights/top10s/trend-above-the-line-medien.html. Zugegriffen am 03.02.2014.
Nielsen Media Research. (2013b). Skepsis gegenüber Werbung nimmt in Deutschland ab. http://nielsen.com/de/de/insights/presseseite/2013/skepsis-gegenueber-werbung-nimmt-in-deutschland-ab.html. Zugegriffen am 25.02.2014.
o. V. (2014a). Studie zur Markenrelevanz: Kunden achten mehr auf die Marke. http://www.absatzwirtschaft.de/content/marketingstrategie/news/kunden-achten-mehr-auf-die-marke;81647. Zugegriffen am 30.01.2014.
o. V. (2014b). absatzwirtschaft präsentiert die 60 schönsten Markenwelten, http://www.absatzwirtschaft.de/content/marketingstrategie/news/absatzwirtschaft-praesentiert-die-60-schoensten-markenwelten;80415. Zugegriffen am 18.02.2014.
o. V. (2014c). Yougov Brand Index: Nivea auf dem Spitzenplatz im Markenranking. http://www.absatzwirtschaft.de/content/marketingstrategie/news/nivea-auf-dem-spitzenplatz-im-markenranking;81656;0. Zugegriffen am 25.02.2014.
o. V. (2014d). Das neue Nivea-Verpackungsdesign – Benchmark oder Katastrophe?. http://www.absatzwirtschaft.de/Content/home/_b=79024,_p=1003458,_t=fthighlight,highlightkey=nivea. Zugegriffen am 03.02.2014.
Piller, F. (2006). *Mass Customization: Ein wettbewerbsstrategisches Konzept im Informationszeitalter*, (4. Aufl.). Wiesbaden: Deutscher Universitätsverlag.
Reader's Digest (Hrsg.). (2013). Reader's Digest Trusted Brands 2013. http://www.rdtrustedbrands.com/tables/brands-comparison.shtml. Zugegriffen am 03.11.2013.
Roland Berger, & BK&S (Hrsg.). (2005). BK&S Innovation Xcellence Studie. München. http://www.rolandberger.ru/media/pdf/rb_press/RB_Innovation_Excellence_ASI_en_20061013.pdf. Zugegriffen am 05.10.2014.
Rossiter, J. R., & Percy, L. (2005). Aufbau und Pflege von Marken durch klassische Kommunikation. In F.-R. Esch (Hrsg.), *Moderne Markenführung. Grundlagen, innovative Ansätze, praktische Umsetzung*, (4. Aufl., S. 631–646). Wiesbaden: Gabler.
Rousseau, M. (2003). Vernetzung ist das Geheimnis des Erfolgs. *Marketing Journal, 36*(2), 48–54.
Sattler, H. (2001). Marketing für Frequently Purchased Consumer Goods. In D. K. Tscheulin & B. Helmig (Hrsg.), *Branchenspezifisches Marketing. Grundlagen – Besonderheiten – Gemeinsamkeiten* (S. 661–681). Wiesbaden: Gabler.
Sattler, H., & Völckner, S. (2013). *Markenpolitik*, (3. Aufl.). Stuttgart: Kohlhammer.
Schönen, T. (2003). Erlebnismarketing. Wie Nivea Teilzielgruppen für die Marke begeistert. *Absatzwirtschaft, 46*(2), 40–42.
Schulze, S. (2011). Social Media Marketing in der Konsumgüterbranche. Die ersten Schritte der Ferrero Deutschland GmbH im Social Web. In E. Theobald & P. T. Haisch (Hrsg.), *Brand Evolution* (S. 491–510). Wiesbaden: Gabler.
Serviceplan (Hrsg.). (2013). Deutscher Sponsoring-Index 2013. http//www.themenportal.de/deutscher-sponsoring-index2013-red-bull-ist-der-erfolgreichste-sponsor-in-deutschland-gefolgt-von-adidas-nike-und-mercedes-benz46360. Zugegriffen am 17.02.2014.
TBWA. (2005). TBWA realisiert erstes selbst gebräuntes Taxi für Nivea SUN von Beiersdorf. http://www.tbwa.de/251_1274.php?naviname=231. Zugegriffen am 02.03.2007.
Twardawa, W. (2006). GfK Consumer Index: Innovationen – Das Salz in der Suppe. http://www.gfk.com/imperia/md/content/businessgrafics/ci_01_06.Pdf. Zugegriffen am 01.02.2007.
Universität Oldenburg & construktiv GmbH (2009). Wie nutzen Deutschlands größte Marken Social Media? Eine empirische Studie. http://www.construktiv.de/news/construktiv-Social-Media-Studie.pdf. Zugegriffen am 27.02.2014.

von der Heydt, A. Hrsg. (1999). *Handbuch Efficient Consumer Response. Konzepte, Erfahrungen, Herausforderungen.* München: Vahlen.

Webguerillas GmbH (Hrsg.). (2011). *Marktforschungsstudie zur Nutzung alternativer Werbeformen*, Welle 5. München. http://webguerillas.com/media/press/downloads/pdf/webguerillas_Gfk-Studie_2011.pdf. Zugegriffen am 01.10.2012.

ZAW. Hrsg. (2013). *Werbung in Deutschland 2013.* Berlin: Edition ZAW.

Zentes, J. (1989). Trade-Marketing. *Marketing ZFP, 11*(4), 224–229.

Zentes, J., Swoboda, B., & Schramm-Klein, H. (2013). *Internationales Marketing* (3. Aufl.). München: Vahlen.

Prof. Dr. Erika Leischner vertritt das Fach Betriebswirtschaftslehre, insbesondere Marketing, an der Hochschule Bonn-Rhein-Sieg, Sankt Augustin.

Kommunikation für Industriegüter

Markus Voeth und Isabel Tobies

Inhalt

1	Einleitung	548
2	Besonderheiten der Kommunikationspolitik auf Industriegütermärkten	549
3	Ansatzpunkte für eine Industriegüterkommunikation	550
4	Fazit	559
	Literatur	559

Zusammenfassung

Die zunehmende Wettbewerbsintensivierung auf Industriegütermärkten zwingt Industriegüteranbieter, ihre Kommunikationspolitik zu intensivieren. Dabei sind allerdings die Besonderheiten von Industriegütermärkten wie Derivativität oder Multipersonalität der Nachfrage zu berücksichtigen. Dies führt zu Anpassungserfordernissen bei Zielgruppenauswahl, Instrumentenauswahl und Instrumentengestaltung.

Schlüsselwörter

Buying Center, Industriegüterkommunikation • Industriegütermarketing • Mehrstufiges Marketing • Messen • Persönliche Kommunikation

---

M. Voeth (✉)
Institut für Marketing und Management Lehrstuhls für Marketing und Business Development
Universität Hohenheim, Stuttgart, Deutschland
E-Mail: voeth@uni-hohenheim.de

I. Tobies
Bayer Consumer Care AG, Basel, Schweiz
E-Mail: isabel.tobies@bayer.com

© Springer Fachmedien Wiesbaden 2016
M. Bruhn et al. (Hrsg.), *Handbuch Instrumente der Kommunikation*, Springer Reference Wirtschaft, DOI 10.1007/978-3-658-04655-2_26

1 Einleitung

Das Thema „Kommunikationspolitik" war lange Zeit eher dem Konsumgüter- und Dienstleistungsmarketing vorbehalten (Backhaus und Voeth 2014, S. 316). So konstatiert Merbold (1994, S. 11) noch Mitte der 1990er-Jahre für die Kommunikationspolitik die geringste Bedeutung im industriellen Marketingmix. Auch wenn die Kommunikationspolitik auf Industriegütermärkten noch immer keinen vergleichbaren Bedeutungsumfang wie im Konsumgüter- und Dienstleistungsmarketing aufweist, ist in den letzten Jahren eine zunehmende Relevanz des Themas sowohl in Wissenschaft als auch in Praxis zu verzeichnen. So wird sowohl der Einsatz verschiedener kommunikationspolitischer Maßnahmen auf Industriegütermärkten diskutiert als auch über deren effizienten Einsatz nachgedacht (Bruhn 2004, S. 700).

Diese Entwicklung ist durch mehrere Treiber bedingt. Während früher die technischen Eigenschaften eines Produkts auf vielen Industriegütermärkten als Alleinstellungsmerkmal dienten, ist auf diesen Märkten, ähnlich den vorangegangenen Entwicklungen im Konsumgütermarketing, inzwischen eine Angleichung der Leistungen verschiedener Anbieter zu verzeichnen (Backhaus und Voeth 2014, S. 316). Die Leistungsunterschiede zwischen den Wettbewerbern werden zunehmend geringer und sind daher für Nachfrager kaum noch zu erkennen. Diese „*Commoditisierung*" industrieller Leistungen wird vielfach durch eine angespannte Wettbewerbssituation und zunehmende Wettbewerbsintensität zusätzlich verstärkt. Industriegüterhersteller können demnach heute nicht mehr ausschließlich darauf vertrauen, dass sich ihr Produkt durch technische Überlegenheit im Markt erfolgreich positioniert. Stattdessen müssen sie die Bekanntheit des Produkts durch kommunikationspolitische Maßnahmen aktiv fördern. Dazu gehören alle Maßnahmen, die darauf abzielen „die aus der Sicht des Unternehmens relevanten Bezugszielgruppen zielgerichtet [...] zu informieren. Dabei soll vor allem den tatsächlichen und potenziellen Abnehmern ein den Intentionen des Unternehmens förderliches Bild von dessen Angebot oder von ihm als Ganzen vermittelt werden." (Nieschlag et al. 2002, S. 986).

Diese oder ähnliche Argumentationslinien führten in der Vergangenheit dazu, dass Kommunikationsinstrumente aus Konsumgütermärkten auf den Industriegüterbereich übertragen wurden. Die Kommunikationspolitik auf Industriegütermärkten nimmt dort zwar ebenfalls inzwischen einen zentralen Stellenwert ein, allerdings ist eine reine Übertragung der Instrumente und Erkenntnisse aus dem Konsumgüterbereich oftmals unzureichend. Vielmehr ist bei der Entwicklung geeigneter Kommunikationsinstrumente den Besonderheiten von Industriegütermärkten Rechnung zu tragen.

Dieser Beitrag ist daher wie folgt aufgebaut: Zunächst werden die konzeptionellen Besonderheiten von Industriegütermärkten dargelegt (Kapitel 2). Darauf aufbauend wird in Kapitel 3 versucht, aus den zuvor geschilderten Besonderheiten des Industriegütermarketing Konsequenzen für die Kommunikationspolitik auf Industriegütermärkten abzuleiten. Dazu werden die Besonderheiten der Industriegütermärkte im Hinblick auf ihre Auswirkungen auf die Gestaltung der Kommunikationspolitik vorgestellt. Kapitel 4 enthält ein abschließendes Fazit.

2 Besonderheiten der Kommunikationspolitik auf Industriegütermärkten

Konsumgüter- und Industriegütermarketing weisen eine konzeptionelle Gemeinsamkeit auf. In beiden Teilmärkten geht es primär um das *Management von Komparativen Konkurrenzvorteilen* (*KKVs*) und damit um das Ziel, in der Wahrnehmung der Nachfrager eine der Konkurrenz gegenüber überlegene Leistung anzubieten (Backhaus und Voeth 2014, S. 13 f.). Wie dieses Management allerdings zu erfolgen hat, ist auf Konsum- und Industriegütermärkten generell unterschiedlich, da es sich um grundlegend andere Vermarktungsprozesse handelt.

Nicht alle in der Literatur diskutierten Unterschiede zwischen Industriegüter- und Konsumgütermarketing gelten dabei für alle Branchen in gleichem Maße. Folgende *Besonderheiten des Industriegütermarketing* zeichnen sich allerdings dadurch aus, dass sie praktisch über alle Industriegüterbranchen hinweg gelten:

- Derivative Nachfrage,
- Multipersonalität,
- Kaufprozess und
- Interaktion.

Zunächst sind Industriegütermärkte dadurch gekennzeichnet, dass es sich bei den Vermarktungsprozessen nicht um eine originäre, sondern um eine *abgeleitete* (*derivative*) *Nachfrage* handelt. Die Nachfrage nach einem Industriegut ist demnach immer davon abhängig, ob der industrielle Käufer unter Einsatz des betrachteten Produktes weitere Nachfrage bedienen kann. Die Nachfrage nach Flugzeugtriebwerken hängt beispielsweise stark davon ab, wie sich die Nachfrage nach Passagierflugzeugen zukünftig entwickelt. Vor diesem Hintergrund steht für den industriellen Kunden neben dem eigenen Nutzen vor allem auch der Nutzen für seine Nachfrager bei Beschaffungsentscheidungen im Vordergrund.

Ein weiteres konstitutionelles Merkmal besteht in der *Multipersonalität* der Kaufentscheidungen auf Industriegütermärkten. Beschaffungsentscheidungen bei Industriegütern liegen zumeist organisationalen Beschaffungsprozessen zugrunde. Auf Seiten der Nachfrager werden Entscheidungsgremien gebildet – so genannte *Buying Center* –, in denen strukturierte, meist formalisierte Kaufentscheidungsprozesse ablaufen. Dadurch erfolgen Kaufentscheidungsprozesse auf Industriegütermärkten weniger emotional als auf Konsumgütermärkten, da die Multipersonalität der Beschaffung zu deren Versachlichung beiträgt.

Bei *Kaufprozessen* im Industriegütermarketing handelt es sich aufgrund des investiven und komplexen Charakters der Leistungen im Unterschied zum Konsumgütermarketing zumeist um langfristige Transaktionsprozesse. Geschäftsbeziehungen spielen in diesem Zusammenhang daher auch eine wesentlich größere Rolle als auf Konsumgütermärkten (Plinke 1997). Vermarktungsbemühungen im Industriegütermarketing richten sich darüber hinaus an einen weitgehend identifizierten Markt. Das Management von persönlichen Geschäftsbeziehungen ist folglich gerade im industriellen Kontext eine wichtige Stellschraube des wirtschaftlichen Erfolgs.

Bedingt durch die große Bedeutung von Geschäftsbeziehungen kann das Industriegütermarketing nicht wie das Konsumgütermarketing auf einem reinen S-O-R- (Stimulus-Organism-Response)Modell aufbauen, bei dem Anbieter durch ihre Kommunikationspolitik Reize (Stimuli) setzen, auf die Nachfrager entsprechend reagieren. Stattdessen sind die durch die wechselseitige Interaktion und Kommunikation entstehenden Rückkopplungen zu beachten. Bedingt durch die hohe Bedeutung von Verhandlungen (sowohl der Leistung als auch der Gegenleistung), oftmals unter Einbeziehung von Drittparteien, basiert das Industriegütermarketing daher vielmehr auf einem *Interaktionsparadigma*.

Die genannten Aspekte verdeutlichen, dass sich Kaufprozesse auf Industriegütermärkten insgesamt rationaler, interaktiver, komplexer und prozessorientierter als auf Konsumgütermärkten vollziehen und daher eines eigenen kommunikationspolitischen Ansatzes bedürfen. An den genannten vier *Besonderheiten* hat sich die Kommunikation auf Industriegütermärkten dabei im Besonderen zu orientieren.

3   Ansatzpunkte für eine Industriegüterkommunikation

Zielsetzung einer erfolgreichen Kommunikationspolitik ist die effektive und effiziente Verankerung eines KKVs in der Wahrnehmung der Nachfrager (Bruhn 2015, S. 3 f.). Während die Frage nach der *Effizienz der Kommunikationspolitik* dabei unabhängig von den zuvor geschilderten Besonderheiten und damit für Unternehmen auf Konsumgüter- und Industriegütermärkten gleichermaßen von Bedeutung ist, beeinflussen die Besonderheiten von Industriegütermärkten die *Effektivität der Kommunikationsmaßnahmen* stark (Backhaus und Voeth 2004, S. 7 f.). Die genannten Besonderheiten des Industriegütermarketing wirken sich hierbei jedoch nicht auf alle Teilentscheidungstatbestände der industriellen Kommunikationspolitik in gleichem Maße aus.

Bei der *Gestaltung von kommunikationspolitischen Aktivitäten* auf industriellen Märkten sind im Kern Entscheidungen bezüglich

- Zielgruppe,
- Instrumente und
- Gestaltung

der Kommunikationsaktivitäten zu treffen.

Zunächst ist zu bestimmen, wen industrielle Anbieter mit ihren Kommunikationsmaßnahmen ansprechen wollen, welche *Zielgruppen* somit Adressaten der Kommunikationspolitik des Unternehmens darstellen. Die Bestimmung der Zielgruppen ist dabei aus strategischen Oberzielen der Unternehmung abzuleiten (Bruhn 2005, S. 76 f.). Werden bei dieser Entscheidung interne (unternehmenseigene) Zielgruppen nicht berücksichtigt, so sind angesichts der Vielzahl der im Buying Center vertretenen Personen weiterhin die jeweils relevanten Ansprechpartner innerhalb einer Kaufentscheidung zu bestimmen. So ist beispielsweise zu klären, ob mit den

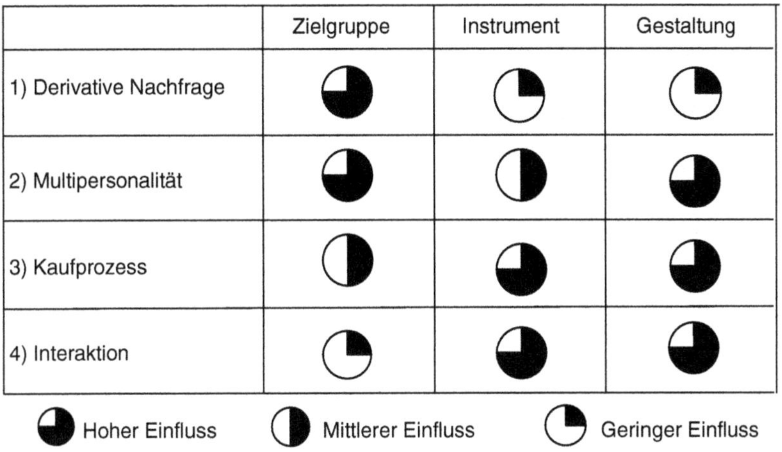

	Zielgruppe	Instrument	Gestaltung
1) Derivative Nachfrage	Hoher Einfluss	Geringer Einfluss	Geringer Einfluss
2) Multipersonalität	Hoher Einfluss	Mittlerer Einfluss	Hoher Einfluss
3) Kaufprozess	Mittlerer Einfluss	Hoher Einfluss	Hoher Einfluss
4) Interaktion	Geringer Einfluss	Hoher Einfluss	Hoher Einfluss

● Hoher Einfluss   ◐ Mittlerer Einfluss   ◔ Geringer Einfluss

Abb. 1 Wirkungszusammenhang zwischen Besonderheiten und Gestaltungsparametern der Kommunikationspolitik auf Industriegütermärkten

Kommunikationsaktivitäten leitende Personen eines Unternehmens („Decider") oder Anwender („User") angesprochen werden sollen.

Darüber hinaus ist zu entscheiden, welche operativen *Instrumente* der Kommunikationspolitik im Kommunikationsmix Einsatz finden, um die ausgewählten Zielgruppen zu erreichen. In diesem Zusammenhang ist beispielsweise der Einsatz von klassischer Mediawerbung, Direktmarketing, Fachmessen usw. zu diskutieren.

Darauf aufbauend schließt sich die Frage nach der konkreten *Gestaltung* der zuvor ausgewählten Kommunikationsinstrumente an. Aufgrund der Tatsache, dass in einem Buying Center verschiedene Personen vertreten sind, die über eigenständige Präferenzen verfügen (Voeth und Brinkmann 2004), ist es von besonderer Bedeutung, mittels eines effizienten Einsatzes eines spezifischen Kommunikationsinstruments möglichst viele Personen des Buying Centers gleichzeitig zu bearbeiten.

Die geschilderten Besonderheiten von Industriegütermärkten wirken sich nun in unterschiedlichem Maße auf die diskutierten Entscheidungstatbestände der Kommunikationspolitik auf Industriegütermärkten aus. Abbildung 1 stellt diese Wirkungszusammenhänge in einer Matrix dar. Dabei gibt die Färbung der Kreise an, wie stark (dunkle Färbung) bzw. schwach (helle Färbung) der Einfluss der dargestellten Besonderheiten von Industriegütermärkten auf den jeweiligen Gestaltungsparameter der Kommunikationspolitik ist.

3.1 Auswahl der Zielgruppe

Die Auswahl der relevanten Zielgruppe stellt den Einstieg in die Planung der Kommunikationsaktivitäten dar. Die Tatsache, dass Marketingentscheider im Industriegütermarketing einer *abgeleiteten Nachfrage* gegenüberstehen, ist im Hinblick auf die Wahl der Zielgruppe eine Chance und Herausforderung zugleich. Zielgruppen der Kommunikationspolitik von Anbietern auf Industriegütermärkten können direkte Abnehmer auf der unmittelbar nächsten Absatzstufe oder (zusätzlich) Abnehmer auf nachfolgenden Absatzstufen sein. Die Ansprache von Nachfragern auf nachgelagerten Absatzstufen wird in der Literatur unter dem Begriff des *mehrstufigen Marketing* diskutiert (Backhaus und Voeth 2014, S. 317). Ziel einer mehrstufigen Marktbearbeitung ist die Schaffung von Präferenzen auf diesen nachgelagerten Absatzstufen, um damit neben der Push-Strategie, die sich ausschließlich auf die direkt nachfolgende Absatzstufe bezieht, einen Pull-Effekt auf der Ebene der unmittelbaren Kunden zu erzeugen. Dieser soll einen Nachfragesog auslösen, der den Absatz an die direkten Abnehmer der Leistung erhöht und Zulieferer damit unabhängiger vom Verhalten der direkten Nachfrager macht. Die bekannteste Form der Umsetzung des mehrstufigen Marketing ist im *Ingredient Branding* zu sehen, bei dem das Endprodukt beispielsweise mit dem Logo des Zulieferers markiert wird (Langner 2003). Darüber hinaus können allerdings auch weitere Kommunikationsinstrumente, beispielsweise die Mediawerbung, eingesetzt werden. Zahlreiche Industriegüterhersteller versuchen etwa durch Printanzeigen in reichweitenstarken Verbraucherzeitschriften und -magazinen, das Bewusstsein der Nachfrager bezüglich ihrer Produkte zu verbessern. Abbildung 2 veranschaulicht, wie das Unternehmen BASF versucht hat, das Image eines Chemieherstellers in den Augen der Endkunden mittels Printanzeigen zu verändern.

Ebenfalls eine hohe Bedeutung für die Bestimmung der Zielgruppe hat die Tatsache, dass das Buying Center eines Kundenunternehmens durch *Multipersonalität*

Abb. 2 Beispiel für die Ansprache nachgelagerter Marktstufen. Quelle: Bildmaterial BASF

gekennzeichnet ist. Demnach stehen Anbieter auf Industriegütermärkten auch bei alleiniger Ansprache der direkt nachfolgenden Wertschöpfungsstufe mehreren Personen als Zielgruppe gegenüber. In einem ersten Schritt sind daher die bestehenden Buying Center hinsichtlich Umfangs, Struktur und beteiligter Personen zu analysieren. Die Personen in einem Buying Center unterscheiden sich dabei zumeist hinsichtlich ihrer persönlichen Motive und Einstellungen, ihres Vorwissens, ihres Involvements usw. Darüber hinaus ist allerdings für den Ausgang einer Kaufentscheidung von besonderer Bedeutung, welche Rollen die Personen im Buying Center einnehmen. Nach Webster und Wind (1972) können *Einkäufer, Benutzer, Beeinflusser, Informationsselektierer* und *Entscheider* differenziert werden. Innerhalb eines Buying Centers ist es daher von Bedeutung, die einzelnen Rollen innerhalb eines Buying Centers systematisch zu adressieren. Eine simultane Ansprache aller Personen eines Buying Centers ist daher oftmals nur schwer möglich und bedarf in jedem Fall einer besonderen Ausgestaltung der Kommunikationsinstrumente. Je nach Zusammensetzung des Buying Centers ist demnach die Art der Ansprache zu variieren.

Darüber hinaus ist der industrielle *Kaufprozess* im Hinblick auf die Zielgruppenauswahl zu beachten. Industrielle Kaufprozesse sind – wie bereits erwähnt – vielfältiger und mit langfristigeren Aktivitäten verbunden als Kaufprozesse auf Konsumgütermärkten. Dem *Phasenkonzept* von Backhaus und Günter (1976) folgend können zwischen der

- Voranfragenphase,
- Angebotserstellungsphase,
- Kundenverhandlungsphase,
- Abwicklungsphase und
- Gewährleistungsphase

in einer Geschäftsbeziehung unterschieden werden. In der *Voranfragephase* steht die Stimulierung des Bedarfs der Nachfrageseite im Mittelpunkt der Kommunikationsaktivitäten (Backhaus und Voeth 2014, S. 356 f.). Dies kann beispielsweise dadurch geschehen, dass Anbieter auf zukünftigen Bedarf aufmerksam machen, indem sie potenzielle Mitglieder eines Buying Centers ansprechen, die zukünftige Kaufentscheidungen eines Unternehmens initiieren können, beispielsweise Einkäufer, Anwender oder Mitglieder der Geschäftsführung. In der *Angebotserstellungsphase* sind dagegen eher Techniker bezüglich konkreter Spezifikationen zu kontaktieren, während in der *Kundenverhandlungsphase* erneut Entscheider des Unternehmens kommunikationspolitisch adressiert werden. Zwischen den dargestellten Phasen bestehen demnach hinsichtlich der Zielgruppenauswahl einige Überschneidungen. Zu welchem Zeitpunkt die Ansprache des Buying Centers erfolgt, beeinflusst daher die Auswahl der jeweiligen Zielgruppe.

Weniger Einfluss auf die Auswahl der Zielgruppe hat die industriegüterspezifische Besonderheit, dass Anbieter und Nachfrager industrieller Leistungen im *wechselseitigen, kontinuierlichen Austausch* stehen, da der Einfluss, den das anbietende Unternehmen auf die Zusammensetzung des Buying Centers ausüben kann, sehr gering ist (Backhaus und Voeth 2014, S. 39 f.). Insgesamt zeigt sich jedoch, dass die Bestimmung der Zielgruppen kommunikationspolitischer Aktivitäten in hohem Maße von den Besonderheiten des Industriegütermarketing abhängig ist.

3.2 Auswahl der Instrumente

Nachdem die Zielgruppen der industriellen Kommunikationspolitik bestimmt worden sind, ist in einem nächsten Schritt festzulegen, mittels welcher Kommunikationsinstrumente die definierten Zielgruppen anzusprechen sind. Auf Industriegütermärkten können dabei alle Kommunikationsinstrumente eingesetzt werden, die auch auf Konsumgütermärkten zur Verfügung stehen. Allerdings spielen hierbei einige Instrumente eine größere Rolle als andere. Die Auswahl der Kommunikationsinstrumente hat dabei vor dem Hintergrund der dargestellten Besonderheiten von Industriegütermärkten zu erfolgen.

Die *derivative Nachfrage*, der sich Anbieter auf Industriegütermärkten gegenübersehen, ist hierbei allerdings von untergeordneter Bedeutung für die Auswahl der Kommunikationsinstrumente, da diese Besonderheit keinen direkten Einfluss auf das Kommunikationsinstrument als solches, sondern lediglich auf die Zielgruppe der Kommunikationsaktivität hat.

Von größerer Bedeutung für die Auswahl der einzusetzenden Kommunikationsinstrumente ist hingegen die *Multipersonalität* industrieller Kaufentscheidungen. Demnach sind in der kommunikationspolitischen Planung nicht – wie im Konsumgütermarketing – anonyme Nachfrager zu adressieren. Stattdessen sehen sich Anbieter auf Industriegütermärkten einem identifizierten Markt gegenüber – den einzelnen Buying Centern. Dem angeführten Rollenkonzept zufolge können auch solche Personen zum Buying Center angehören und sind daher kommunikationspolitisch zu bearbeiten, die nicht direkt an der Kaufentscheidung beteiligt sind, diese aber sehr wohl indirekt beeinflussen. Obwohl das Direktmarketing im Konsumgüterbereich entwickelt und daher hauptsächlich in der Literatur konsumgüterspezifischer Vermarktungsprozesse diskutiert wurde, ist es gerade im Bereich des Industriegütermarketing von hoher Relevanz. Das Direktmarketing kann dabei im Kern zwei spezifische Ausprägungen haben (Voeth und Brinkmann 2006): Es besteht die Möglichkeit, alle Mitglieder des Buying Centers mittels eigenständiger Direktansprache zu bearbeiten. Dieses Vorgehen ist jedoch angesichts der Effizienz der eingesetzten Kommunikationsmittel meist zu vernachlässigen. Eine effizientere Lösung besteht daher in der gezielten Ansprache spezifischer Rollen des Buying Centers, um diese mit personenspezifischen, entscheidungsrelevanten Informationen zu versorgen.

Dem industriellen *Kaufprozess* kommt ebenfalls eine hohe Bedeutung bei der Auswahl der Kommunikationsinstrumente zu. Abbildung 3 verdeutlicht, dass Entscheider in industriellen Unternehmen über die Zeit variierende Informationsquellen nutzen. Besonders zu Beginn einer Kaufentscheidung werden eher unspezifische, allgemeinere Informationsquellen genutzt, wie beispielsweise das Internet oder Fachzeitschriften. Mit zunehmender Annäherung an die eigentliche Kaufentscheidung

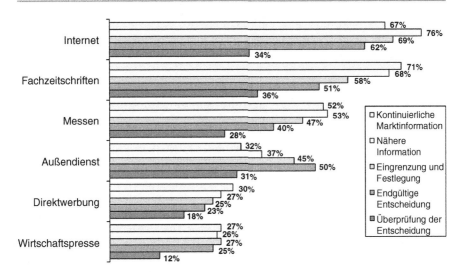

Abb. 3 Bedeutende Informationsquellen in den fünf Entscheidungsphasen. Quelle: Deutsche Fachpresse 2006

werden hingegen eher Informationen der Außendienstmitarbeiter eingeholt. Für industrielle Anbieter entsteht somit die Herausforderung, die eingesetzten Kommunikationsinstrumente in diesem Maße zu variieren. Daher sind in den ersten Phasen der Kundenakquisition unspezifische Informationen zu platzieren. Dies kann durch Mediawerbung, beispielsweise das Schalten von Produktwerbeanzeigen in Fachzeitschriften oder gezielte PR auf Gesamtunternehmensebene erfolgen. Weiterhin eignen sich für die kommunikationspolitische Ansprache der Nachfrager in den ersten Phasen der Kaufentscheidung insbesondere Fachmessen, bei denen auch potenzielle Kunden auf bestehende Leistungen und Innovationen aufmerksam gemacht werden können. Insbesondere bei investiven Anlagen, deren Bauzeit mehrere Jahre dauert, kann es sinnvoll sein, den Kunden auf die zukünftige Nachfrageentwicklung aufmerksam zu machen, wie dies beispielsweise in der Flugzeugindustrie üblich ist. In den entscheidenden Kaufentscheidungsphasen ist dagegen eher auf einen gezielten persönlichen Verkauf durch den Außendienst zum Aufbau von langfristigen Geschäftsbeziehungen abzustellen.

Aus den bisherigen Schilderungen wird deutlich, dass sich innerhalb der Industriegüterkommunikation vor allem individualisierte Instrumente eignen, die ein hohes Maß an *Interaktion* zulassen. Geringere Bedeutung haben hingegen alle Instrumente, die darauf ausgelegt sind, über Massenmedien eine Vielzahl an Nachfragern zugleich mit derselben Werbebotschaft zu bedienen. Daher werden zur Ansprache der direkt nachfolgenden Wertschöpfungsstufe auch beispielsweise kaum TV-Spots eingesetzt. Von steigender Bedeutung für die Industriegüterkommunikation sind dagegen Sponsoring- oder Hospitality-Maßnahmen einzustufen (Backhaus und Voeth 2014, S. 332 f.). Bei speziellen Sport- oder Kulturveranstaltungen werden durch den Aufbau räumlicher Kapazitäten Möglichkeiten zu Unternehmensevents geschaffen, bei denen Unternehmen ihren Kunden zugleich Zugang zu den Events sowie hochwertiges Catering bieten können und parallel die Option erhalten, sich den Geschäftspartnern vorzustellen oder sogar Geschäftsabschlüsse vorzunehmen.

3.3 Gestaltung der Kommunikationsinstrumente

Die geschilderten Besonderheiten von Industriegütermärkten wirken sich nicht nur auf die Auswahl der Kommunikationsinstrumente, sondern auch auf die Gestaltung dieser Instrumente aus.

Die Tatsache, dass sich Anbieter auf Industriegütermärkten einer *abgeleiteten Nachfrage* gegenübersehen, hat allerdings nur geringen Einfluss auf die Ausgestaltung der Kommunikationsinstrumente, da es nicht sinnvoll erscheint, die direkt nachfolgende Wertschöpfungsstufe sowie nachgelagerte Wertschöpfungsstufen mit demselben Kommunikationsinstrument zeitgleich zu adressieren. Somit ist eine spezifische Ausgestaltung eines Kommunikationsinstruments für beide Zielgruppen nicht notwendig.

Eine hohe Bedeutung für die Gestaltung der Instrumente nimmt jedoch die *Multipersonalität* der Kaufentscheidungen auf Industriegütermärkten ein. Da mit einem Kommunikationsinstrument zumeist mehrere Mitglieder eines Buying Centers zeitgleich angesprochen werden, ist in der Gestaltung des Instruments zu berücksichtigen, dass sich jedes Mitglied im Buying Center gleichermaßen von der Kommunikation angesprochen fühlt. Dies kann allerdings aufgrund der Rollen- und Interessenheterogenität immer nur bedingt umgesetzt werden.

Abbildung 4 veranschaulicht den Versuch, in einer Printanzeige sowohl das Interesse an Innovation, etwa zur Ansprache der Buying-Center-Mitglieder aus Forschung & Entwicklung, als auch das Interesse an Beständigkeit, beispielsweise von Buying-Center-Mitgliedern der Produktion, zu vereinen. Angesichts der zahlreichen Rollen innerhalb eines Buying Centers erscheint es jedoch nur schwer möglich, alle Rollen zeitgleich innerhalb eines Kommunikationsmediums zu berücksichtigen. Daher wird meist der Versuch unternommen, die Kommunikationsinhalte mittels Direktmarketing umzusetzen. Ziel des Direktmarketing ist daher die personalisierte und individualisierte Ausgestaltung der Kommunikationsinhalte. Anders als auf Konsumgütermärkten sieht sich das Industriegütermarketing jedoch dem Problem gegenüber, dass die Rollen der anderen Buying-Center-Mitglieder von einzelnen Mitgliedern des Buying Centers durchaus wahrgenommen werden. Daher sind die zu transportierenden Inhalte nicht nur personenspezifisch auszugestalten, sondern auch untereinander abzustimmen. Die Ausgestaltung der Kommunikationsinhalte sollte daher im Sinne einer integrierten Kommunikation (Esch 2005, S. 710 f.) komplementär zueinander sein.

Ebenfalls von hoher Bedeutung für die Gestaltung der Kommunikationsinstrumente ist der industrielle *Kaufprozess*. Da sich dieser über einen längeren Zeitraum erstreckt, ist der Einsatz eines Kommunikationsinstruments über die Phasen variierend zu gestalten. In der direkten Kundenkommunikation wird beispielsweise in der *Voranfragephase* die Zielsetzung verfolgt, den Kunden auf das Produkt aufmerksam

Abb. 4 Werbeanzeige des Unternehmens Hitachi.
Quelle: Bildmaterial Hitachi

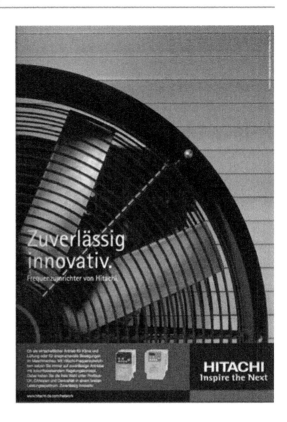

zu machen. Dies kann beispielsweise durch Mediawerbung geschehen, in der primär Aufmerksamkeit für das Produkt erzeugt wird.

In der *Angebotserstellungsphase* ist es dagegen sinnvoll, den Kunden mit spezifischeren Produktinformationen zu versorgen. So lenkt das Unternehmen Rexroth beispielsweise die Aufmerksamkeit der Nachfrager mit breit angelegten Anzeigen in Fachzeitschriften auf das Produkt. Darauf aufbauend werden mit Hilfe von Online-Kommunikation dem nachfragenden Unternehmen spezifischere Informationen zur Verfügung gestellt (Abb. 5).

Darüber hinaus verdeutlicht das bereits vorgestellte Phasenkonzept, dass im Gegensatz zum Vermarktungsproblem auf Konsumgütermärkten der Nachfrager in die Kommunikationspolitik des Anbieters zu integrieren ist. Die Besonderheit der *Interaktion* zwischen Anbietern und Nachfragern auf Industriegütermärkten erfordert eine konzeptionell neue Strukturierung aller Kommunikationsaktivitäten. Während in der Konsumgüterkommunikation die kommunikationspolitischen Aktivitäten in vielen Bereichen noch sehr statisch und wenig auf die Interaktion zwischen Anbietern und Nachfragern ausgelegt ist, ist der Kunde in die Kommunikation eines Industriegüterherstellers wesentlich stärker einzubinden. Auf Industriegütermärkten ist ein prozessualer Charakter vorhanden, der den Anbieter auch angesichts der langfristigeren und investiveren Geschäftsbeziehung zwischen Anbietern und

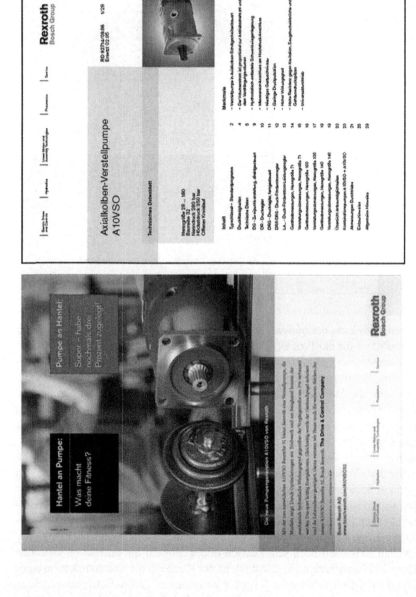

Abb. 5 Werbeanzeige sowie Produktspezifikation des Unternehmens Rexroth. Quelle: Bildmaterial Rexroth

Nachfragern zwingt, direkt auf die Reaktionen des Nachfragers einzugehen. Die Rolle einer persönlichen Kommunikation ist daher sehr viel bedeutender. Die Gestaltung der Kommunikation ist daher ähnlich einem Entscheidungsbaum zu entwickeln. So sollte ein Plan entstehen, der vorsieht, auf bestimmte Anfragen eines Kunden entsprechende Werbematerialen zu versenden oder spezielle Mitarbeitende zu dem Kunden zu entsenden bzw. nach Abschluss eines Vertrags entsprechende Angebote für Erweiterungsinvestitionen auszuarbeiten. Aufgrund des vielfach vorliegenden Einzelkundenbezugs ist die Kommunikation auf Industriegütermärkten demnach viel individueller und weniger standardisiert als auf Konsumgütermärkten.

4 Fazit

Mit dem vorliegenden Beitrag wurde das Ziel verfolgt, die Besonderheiten der Kommunikationspolitik auf Industriegütermärkten zu untersuchen. Es wurde deutlich, dass sich die Besonderheiten von Industriegütermärkten in vielfältiger Weise auf die Gestaltungsparameter der Kommunikationspolitik auf Industriegütermärkten auswirken. Der Beitrag verdeutlichte dabei zudem, dass Kommunikationspolitik auf Industriegütermärkten wichtig ist, ihr allerdings noch nicht der gleiche Stellenwert wie auf Konsumgütermärkten zukommt. Damit der Gap zwischen der Bedeutung, die der Kommunikationspolitik auf Industriegütermärkten zukommt und der Auseinandersetzung mit dem Thema in Wissenschaft und Praxis zukünftig geschlossen beziehungsweise verkleinert wird, sind verschiedene Bedingungen zu erfüllen. Zunächst hat eine stärkere Ausrichtung der Kommunikationspolitik an den Besonderheiten von Industriegütermärkten stattfinden. Darüber hinaus besteht im Hinblick auf die bisherige praktische Umsetzung der Eindruck, dass bislang hauptsächlich Bewährtes aus dem Konsumgüterbereich auf den Industriegüterbereich übertragen und angewandt wird. Aufgrund der Historie der Industriegüterkommunikation – namentlich ihrer Entstehung aus dem Konsumgüterbereich – und aufgrund der Rationalität auf Seiten der Nachfrager, ist gerade im Industriegüterbereich zudem die Frage nach dem „*Return on Marketing*" zu stellen. Eine wirkungsvolle Messung der Marketingeffizienz ist damit eine unabdingbare Voraussetzung für den Erfolg der Industriegüterkommunikation. Darüber hinaus darf die Marketingwissenschaft, die sich mit der Kommunikationspolitik auf Industriegütermärkten beschäftigt, diese nicht länger als „Sonderlocke" der Kommunikationspolitik auf Konsumgütermärkten begreifen. Stattdessen ist eine eigenständige wissenschaftliche Diskussion mit der Themenstellung erforderlich. In diesem Beitrag wurden erste Ansatzpunkte vorgestellt.

Literatur

Backhaus, K., & Günter, B. (1976). A phase-differentiated interaction approach to industrial marketing decisions. *Industrial Marketing Management, 5*(5), 255–270.

Backhaus, K., & Voeth, M. (2004). Besonderheiten des Industriegütermarketing. In K. Backhaus & M. Voeth (Hrsg.), *Handbuch Industriegütermarketing* (S. 1–21). Wiesbaden: Gabler.
Backhaus, K., & Voeth, M. (2014). *Industriegütermarketing* (10. Aufl.). München: Vahlen.
Bruhn, M. (2004). Kommunikationspolitik für Industriegüter. In K. Backhaus & M. Voeth (Hrsg.), *Handbuch Industriegütermarketing* (S. 697–721). Wiesbaden: Gabler.
Bruhn, M. (2005). *Unternehmens- und Marketingkommunikation. Handbuch für ein integriertes Kommunikationsmanagement*. München: Vahlen.
Bruhn, M. (2015). *Kommunikationspolitik* (8. Aufl.). München: Vahlen.
Deutsche Fachpresse. (2006). Wirkungs-Analyse Fachmedien 2006, Presse-Konferenz vom 11. Mai 2006. Frankfurt am Main.
Esch, F.-R. (2005). Aufbau starker Marken durch integrierte Kommunikation. In F.-R. Esch (Hrsg.), *Moderne Markenführung* (4. Aufl., S. 707–745). Wiesbaden: Gabler.
Langner, T. (2003). *Integriertes Branding*. Wiesbaden: Gabler.
Merbold, C. (1994). *Business-to-Business-Kommunikation*. Hamburg: Spiegel Verlag.
Nieschlag, R., Dichtl, E., & Hörschgen, H. (2002). *Marketing* (19. Aufl.). Berlin: Duncker & Humblot.
Plinke, W. (1997). Grundlagen des Geschäftsbeziehungsmanagements. In M. Kleinaltenkamp & W. Plinke (Hrsg.), *Geschäftsbeziehungsmanagement* (S. 1–62). Berlin: Springer.
Voeth, M., & Brinkmann, J. (2004). Abbildung multipersonaler Kaufentscheidungen. In K. Backhaus & M. Voeth (Hrsg.), *Handbuch Industriegütermarketing* (S. 349–373). Wiesbaden: Gabler.
Voeth, M., & Brinkmann, J. (2006). Der Planungsprozess des Direktmarketings auf Industriegütermärkten. In B. W. Wirtz & C. Burmann (Hrsg.), *Ganzheitliches Direktmarketing* (S. 281–296). Wiesbaden: Gabler.
Webster, F. E., & Wind, Y. (1972). *Organizational buying behaviour*. Englewood Cliffs: Prentice Hall.

Prof. Dr. Markus Voeth ist Inhaber des Lehrstuhls für Marketing und Business Development am Institut für Marketing und Management der Universität Hohenheim.

Dr. Isabel Tobies war wissenschaftliche Mitarbeiterin am Lehrstuhl für Marketing und Business Development am Institut für Marketing und Management der Universität Hohenheim.

Kommunikation für Dienstleistungen

Anton Meyer, Anja Meindl und Benjamin Brudler

Inhalt

1 Einleitung 562
2 Charakteristika von Dienstleistungen 563
3 Implikationen für die Kommunikation von Dienstleistungen 566
4 Fazit 577
Literatur 578

Zusammenfassung

Dienstleistungen stellen die zentrale Wertschöpfungssäule moderner Volkswirtschaften dar. Angesichts dieser ökonomischen Relevanz hat sich vor ca. 40 Jahren ein eigener Forschungsstrang innerhalb der Disziplin des Marketing herausgebildet, der sich mit den Besonderheiten von Dienstleistungen beschäftigt. Das Ziel des Beitrags ist es, Besonderheiten der Kommunikationspolitik von Dienstleistungsanbietern herauszuarbeiten. Diese liegen vor allem in „[...] den der Dienstleistung eigentümlichen Wesensspezifika und deren Implikationen für die speziellen Informationsbedürfnisse und Informations-beschaffungsprozesse von Dienstleistungsnachfragern" (Meyer 1993, S. 897). Der Beitrag gibt zunächst einen grundlegenden Einblick in die Charakteristika von Dienstleistungen, bevor Implikationen für die Kommunikation von Dienstleistungen aufgezeigt werden.

Schlüsselwörter

Co-Creation • Dienstleistungskommunikation • Dienstleistungsmarketing • Externe Faktoren • Individualisierung • Integrierte Kommunikation • Interaktive Kommunikation • Internes Marketing • Service Marketing • Werbung

---

A. Meyer (✉) • A. Meindl • B. Brudler
Institut für Marketing, LMU München, München, Deutschland
E-Mail: marketing@bwl.lmu.de; meindl@bwl.lmu.de; benjamin_brudler@mckinsey.com

© Springer Fachmedien Wiesbaden 2016
M. Bruhn et al. (Hrsg.), *Handbuch Instrumente der Kommunikation*, Springer Reference Wirtschaft, DOI 10.1007/978-3-658-04655-2_27

1 Einleitung

Dienstleistungen bilden das Fundament moderner Volkswirtschaften. In Deutschland liegt der Anteil dieses gemeinhin als „tertiärer Sektor" bezeichneten Wirtschaftsbereiches derzeit bei 68,8 Prozent der Bruttowertschöpfung, in den USA bei 79,7 Prozent (CIA 2012). Dieser Anteil ist noch untertrieben, wenn man bedenkt, dass Dienstleistungen sektorenübergreifend von Bedeutung sind. So ist etwa die Wartung von Maschinen in einem Industriebetrieb als Dienstleistung zu verstehen, wird in der volkswirtschaftlichen Gesamtrechnung aber dem sekundären Sektor zugeschrieben (Meyer 1983, S. 6 ff.; Meffert und Bruhn 2006, S. 16 f.). Auch die wachsende Bedeutung so genannter hybrider Leistungen mit Sach- und Dienstleistungsanteil (Spath und Demuß 2003, S. 476 f.) unterstreicht das zunehmende Verschwimmen der Grenzen und die sektorenübergreifend steigende Bedeutung von Dienstleistungen.

Angesichts dieses ökonomischen Gewichts hat sich etwa seit den 1970er-Jahren innerhalb der Marketingforschung eine eigene „Community" herausgebildet, die sich mit den *Besonderheiten des Dienstleistungsmarketing* beschäftigt (für einen Überblick über die Entwicklung hin zu einer eigenständigen Disziplin sei auf Meyer 1998a, S. 19 f. verwiesen). Zentrale Grundlage dieser Forschungsrichtung sind die charakteristischen Wesensmerkmale von Dienstleistungen, die sich fundamental von denen der Sachgüter unterscheiden und in der Konsequenz auch ein grundlegend anderes Marketingverständnis bedingen und Marketingimplikationen notwendig sind, um Dienstleistungen (auch: Services) erfolgreich zu managen.

Der aktuelle Stand der Forschung und der letzte Schritt, den diese Disziplin in der grundlegenden Entwicklung ihrer Paradigmen genommen hat, ist die Forderung nach einer „New Dominant Logic for Marketing". Diese verlangt eine verstärkte Orientierung am Austausch von Fähigkeiten und Dienstleistungen („*Service Dominant Logic*") zwischen Marktpartnern an Stelle von materiellen Produkten („Product Dominant Logic") als primären Wirtschaftsgütern (Vargo und Lusch 2004, S. 5 f.). Ohne diesen weit reichenden Ansatz im Rahmen des vorliegenden Beitrags genauer zu diskutieren, dürfte jedoch deutlich geworden sein, dass das Dienstleistungsmarketing und -management längst keine exotische Nische oder Spezialisierungsdisziplin mehr ist, sondern zentraler Bestandteil oder sogar Leitdisziplin eines modernen Marketing. Erkenntnisse aus dieser Schule betreffen nicht nur klassische Dienstleistungsanbieter, sondern zunehmend auch Industrieunternehmen, Händler, Nonprofit-Organisationen und ein übergreifendes Stakeholdermanagement.

Das Ziel des vorliegenden Beitrags ist es, Besonderheiten der Kommunikationspolitik von Dienstleistungsanbietern herauszuarbeiten. Diese liegen allerdings „[...] nicht so sehr im Methodischen bzw. in den Instrumenten der Kommunikationspolitik von Dienstleistungsunternehmen [...], sondern vielmehr in den der Dienstleistung eigentümlichen Wesensspezifika und deren Implikationen für die speziellen Informationsbedürfnisse und Informationsbeschaffungsprozesse von Dienstleistungsnachfragern" (Meyer 1993, S. 897). Deshalb werden in Abschn. 2 zunächst Charakteristika von Dienstleistungen gegenüber Sachleistungen herausgearbeitet, um im Anschluss daran in Abschn. 3 Implikationen für die Kommunikation von

Dienstleistungen aufzuzeigen. Dabei gilt der Fokus insbesondere der interaktiven und die an die Mitarbeitenden gerichteten, internen Kommunikation als zwei besonders wesentliche Aspekte der integrierten Kommunikation für Dienstleistungen. Der Beitrag schließt in Abschn. 4 mit einem Fazit.

2 Charakteristika von Dienstleistungen

Um die Besonderheiten des Dienstleistungsmarketing zu verstehen und erfolgreiches Dienstleistungsmarketing betreiben zu können, ist zunächst ein klares *Begriffsverständnis* notwendig. Die essentialistische Diskussion über das Wesen der Dienstleistung ist bis heute nicht abgeschlossen (Woratschek 2001, S. 261 ff.). Ohne das gesamte Spektrum möglicher Definitionen aufzeigen zu wollen, wird im Folgenden das potenzial- und prozessorientierte Verständnis nach Meyer (1983, S. 17 ff.) zugrunde gelegt: „Dienstleistungen sind angebotene Leistungsfähigkeiten, die direkt an externen Faktoren (Menschen oder deren Objekte) mit dem Ziel erbracht werden, an ihnen gewollte Wirkungen (Veränderungen oder Erhaltung bestehender Zustände) zu erreichen." Dieser Definition folgend sind Dienstleistungen durch zwei konstitutive, keinesfalls vollkommen substituierbare Eigenschaften charakterisiert. Den Wesenskern dieses Dienstleistungsverständnisses prägen zum einen das direkte Angebot von Leistungsfähigkeiten (potenzialorientierte Sicht in der Angebotsphase) und zum anderen die externe Faktorintegration (integrative, prozessorientierte Sicht und das „*Uno-actu-Prinzip*" als gemeinsame Konsequenz der beiden konstitutiven Merkmale), die im Folgenden näher erläutert werden.

2.1 Direktes Angebot von Potenzialen (Immaterialität)

Die Dienstleistung als Absatzobjekt wird im Rahmen der Leistungserstellung von Dienstleistungsanbietern direkt (d. h. ohne Umwege über losgelöste oder loslösbare eigenständige Objekte) auf Grundlage von *anbieterinternen Potenzialfaktoren* durch Übertragung, Überführung und Konkretisierung von (menschlichen oder maschinellen) Leistungspotenzialen an externen Faktoren erbracht. Leistungserstellung und Leistungsabgabe sind damit identisch und erfolgen nach dem „Uno-actu-Prinzip".

Leistungspotenziale sind ihrer Natur nach stets immateriell. Sie stellen zum Zeitpunkt von Angebot und Nachfrage vom Anbietersystem nicht lösbare, nicht gegenständliche, nicht greifbare *Leistungsversprechen* dar. Diese sind Gegenstand jedes Leistungsvertrags zwischen Dienstleistungsanbieter und -nachfrager. Zwischen Dienstleistungsanbieter und -nachfrager existiert demzufolge zu keinem Zeitpunkt ein eigenständiges und isolierbares Transferobjekt (Produkt), das vergleichbar mit der Sachleistung als Wert-, Zeichen- und Nutzenträger und damit als Qualitätsträger in einen Austauschprozess zur Bedarfsbedeckung vom Anbieter auf den Nachfrager übergeht.

Daraus folgen wichtige Ansatzpunkte für die inhaltliche *Gestaltung der Kommunikation* hinsichtlich der beiden Dimensionen Leistungsfähigkeit (z. B. Ausbildung,

Auszeichnung, Erfahrung) und Leistungsbereitschaft (z. B. zeitliche, räumliche, qualitative und quantitative Verfügbarkeit bzw. Erreichbarkeit) eines Dienstleistungsanbieters und seiner Leistungsträger.

Neben dem Leistungspotenzial sind stets auch die *Wirkungen von Dienstleistungsprozessen* immaterieller Natur; häufig, aber nicht immer, trifft dies auch für die Ergebnisse von Dienstleistungen und deren Erstellungsprozesse (z. B. psychologische Therapie) zu. Diese zumindest zweifache Immaterialität erschwert die Bewertung von Dienstleistungen sowohl vor, während, als auch nach der Inanspruchnahme. Deshalb spielen äußere Informationen in Form von immateriellen und materiellen Ersatzindikatoren zur Bewertung von Dienstleistungen eine große Rolle (Meyer 1991, S. 199).

2.2 Integration von externen Faktoren (Co-Creation)

Das zweite konstitutive Element jeder Dienstleistung ist die unabdingbare Notwendigkeit der zeitgleichen, zumindest passiven *Integration eines externen Faktors in den Erstellungsprozess* (zumindest in der Faktorenendkombinationsphase) einer Dienstleistung. Als externer Faktor kommen hier sowohl der Kunde selbst (z. B. beim Friseurbesuch) als auch Kundenobjekte (z. B. Wäsche, die zur Reinigung gegeben wird, aber auch immaterielle Objekte wie Informationen, die an einen Rechtsanwalt weitergegeben werden) in Betracht. Das Erfordernis eines externen Faktors ergibt sich zwangsläufig daraus, dass die immateriellen Leistungsfähigkeiten, die auf Veränderung (inkl. Erhaltung) an Menschen oder Objekten abzielen, zu ihrer Konkretisierung der Mitwirkung oder zumindest der Zurverfügungstellung eines externen Faktors bedürfen.

Der externe Faktor ist somit ein aktivierbarer, produktiver, manchmal auch un- oder kontraproduktiver Produktionsfaktor im Prozess der Dienstleistungserstellung, dessen gezielte Verhaltenssteuerung durch Kommunikation für einen effizienten und effektiven Ablauf und dessen Ergebnis von großer Bedeutung für beide Parteien ist. Dienstleistungen zeichnen sich somit durch eine hohe Integrativität sowie durch die Verschmelzung von Produktion und Konsum (Nichtseparierbarkeit) und die Doppelrolle aller Akteure als Produzenten und Konsumenten aus. Dienstleistung bedeutet immer *gemeinsame Wertschöpfung*, wobei eine Kategorisierung von Dienstleistungen nach dem Aktivitätsgrad des Nachfragers vorgenommen werden kann (Corsten 2000, S. 149 ff.). In der „*Service Dominant Logic*" wird die gemeinsame Wertschöpfung als Co-Creation bezeichnet und adressiert damit alle Wertbeiträge von Kunden, nicht nur in der Produktion, sondern in allen Wertschöpfungsprozessen, wie etwa auch bei der Entwicklung neuer Dienstleistungen und der Weiterempfehlung (Vargo und Lusch 2008, S. 11; Kleinaltenkamp und Weiber 2013, S. 49).

Dienstleistungen können dementsprechend als offene Wert(e)schöpfungssysteme verstanden werden (Viitamo und Toivonen 2012, S. 5, sprechen von *Open System*). Der Anteil des Kunden an der Wertschöpfung ist somit bedeutsam und darf nicht unterschätzt werden, vielmehr muss durch Kommunikation versucht werden, die

Effizienz und Effektivität der Integration und Co-Creation zu erhöhen (Meyer 1983, S. 82 ff.; Corsten 1994, S. 194). Durch Co-Creation wird auch die Qualität der Dienstleistung intensiver und umfassender, d. h. mehrdimensionaler von den Kunden wahrgenommen (Backhaus et al. 2011, S. 230). Die Bewertung des Dienstleistungsergebnisses sowie dessen Prozess bestimmen die wahrgenommene Dienstleistungsqualität seitens des Kunden, welche wiederum die unmittelbare transaktionale Zufriedenheit mit der Serviceleistung beeinflusst. Die wahrgenommene Dienstleistungsqualität ergibt sich aus dem Vergleich zwischen der erwarteten und der tatsächlich erhaltenen Serviceleistung (Parasuraman et al. 1985).

Immaterialität der Leistungspotenziale und externe Faktorintegration implizieren unmittelbar, dass Dienstleistungen äußerst heterogen und seitens der Anbieter schwer zu standardisieren sind. Ein Produktivitätsnachteil, der dann zum Effektivitätsvorteil wird, wenn durch eine individuelle Anpassung der Leistung an die Wünsche und Bedürfnisse eines Kunden in der Faktorenkombination ein höherer Kundennutzen erzielt wird. Dienstleistungen sind deshalb oft schwer vergleichbar, da sie „mehrfach" individuell sind. Sowohl was die internen und externen Faktorspezifikationen anbelangt als auch die Individualität von Dienstleistungsprozess, -ergebnis und -wirkung. Durch die damit einhergehende wechselseitige Improvisations- und Anpassungserfordernis bedingt sich wiederum die mehr oder weniger starke Kooperation zwischen Produzenten und Nachfragern bei der Leistungserstellung (Kleinaltenkamp und Weiber 2013, S. 49). Schließlich sind Dienstleistungen oft auch dadurch gekennzeichnet, dass sie Teil von Leistungsbündeln sind (Kleinaltenkamp und Weiber 2013, S. 49), welche aus unterschiedlichen Kombinationen von Sach- und Dienstleistungen sowie u. U. auch ökonomischen Chancen (z. B. Tickets, Risikoversicherungen) bestehen und diese individuell an die Kundenbedürfnisse unter dessen Einbezug konfiguriert und erbracht werden. Letztlich bedingen all diese Individualisierungsprozesse bis hin zu dem eben erläuterten Konfigurationsprozess von Leistungsbündeln weitere Kommunikationsprozesse.

2.3 Das „Uno-actu-Prinzip" als Folge von direktem Angebot von Potenzialen und Co-Creation

Den stärksten Einfluss auf die Kommunikationspolitik von Dienstleistungen hat das „*Uno-actu-Prinzip*" als unmittelbare, gemeinsame Konsequenz aus den bereits erläuterten konstitutiven Merkmalen von Dienstleistungen: Dienstleistungen werden durch die direkte Anwendung von internen Leistungsversprechen (und ohne die Zwischenschaltung von eigenständigen Produkten) an externen Faktoren erbracht. Dienstleistungsanbieter arbeiten nach dem *Prinzip der unmittelbaren Bedürfnisbefriedigung* (ohne Umweg über Produkte als „Wertträger"). Da diese zum Zeitpunkt des „Anbietens" und „Verkaufens" einer Dienstleistung kein „fertiges und anpassbares" Produkt oder einen Prototyp vorzeigen können, bleibt dem Anbieter nichts anderes übrig, als auf ihre Leistungsfähigkeiten fußende Leistungsangebote in Form von Leistungsversprechen, -garantien, -referenzen oder Weiterempfehlungen zu verweisen.

Wesentliche Teile der Leistungserstellung erfolgen erst nach dem Angebot und Verkauf der Dienstleistung und zeitgleich mit der Leistungsabgabe sowie der Leistungsverwendung („Konsum"). Aufgrund der fehlenden Separierbarkeit und Synchronität dieser Prozesse wird von einem *zeitlichen Uno-actu-Prinzip* gesprochen. Dieses Prinzip gilt nicht nur für den Dienstleistungsanbieter, sondern auch für Dienstleistungsnachfrager. Sie selbst (oder ihre Objekte) müssen simultan als externe Faktoren in diesem Prozess beteiligt sein und gleichzeitig ist nach dessen Abschluss das Leistungsergebnis erbracht und „konsumiert". Dem Uno-actu-Prinzip bei Dienstleistungen steht das Prinzip der stärkeren Trennung von verschiedenen Wertschöpfungsprozessen bei Sachleistungen produzierenden Unternehmen gegenüber, welche ihre Produkte zuerst entwickeln, dann produzieren, anbieten, verkaufen, ausliefern und die der Käufer/Verwender erst in einem getrennten Verwendungsprozess verbraucht bzw. gebraucht. Dass die Autonomie der verschiedenen Prozesse in zeitlicher, örtlicher und sachlicher Hinsicht für die Beteiligten in diesem Fall wesentlich größer ist, ist unmittelbar ersichtlich. Diese idealtypische Gegenüberstellung gilt bestenfalls für Massenhersteller in so genannten *FMCG* (Fast Moving Consumer Goods) – Industrien. In der industriellen Auftragsfertigung oder bei digitalen Gütern sind integrative, individuelle Wertschöpfungsprozesse üblich und entsprechend stärkere Ähnlichkeiten zu Dienstleistungsprozessen konstatierbar.

Zwischenfazit: Eine Integrierte Kommunikation ist für Dienstleistungsanbieter von großer Bedeutung, da aufgrund des *Uno-actu-Prinzips* ein Großteil der Kommunikationsprozesse und -mittel *nicht* losgelöst von Produktions-, Distributions- und Verwendungsprozessen und -mitteln gestaltet und gesteuert werden. Kommunikation und Produktion, Kommunikation und Distribution, Kommunikation und Verwendung können oft weder sachlich, räumlich, zeitlich, örtlich oder medial getrennt werden. Ein Beispiel: Ein Flugzeug, die Piloten, die Flugbegleiter, die Kunden, die Sitze usw. sind sowohl Produktionsfaktoren/-mittel als auch Kommunikationsfaktoren/-mittel und alle zusammen gestalten das Dienstleistungserlebnis und -ergebnis. Alle beteiligten Subjekte und Objekte spielen somit mehrfache Rollen – was am Ende zählt, ist der holistische Gesamteindruck.

3 Implikationen für die Kommunikation von Dienstleistungen

Abbildung 1 fasst die Besonderheiten von Dienstleistungen überblicksartig zusammen und zeigt die Konsequenzen sowie Implikationen für die Kommunikation beispielhaft auf. Auf diese Implikationen wird im Folgenden eingegangen.

3.1 Implikationen aus dem direkten Angebot von Potenzialen und der Immaterialität in der Angebotsphase

Häufig ist bei Dienstleistungen vor dem „Kauf" und der Inanspruchnahme eine asymmetrische Informationsverteilung aufgrund der Wissensdistanz zwischen

Besonderheiten von Dienstleistungen	Konsequenzen und Implikationen für die Kommunikation
Direktes Angebot von immateriellen Leistungsfähigkeiten (Potenzialen)	ZIEL: Greifbare und sichtbare Leistungsversprechen bieten um „Kommunikationsarmut durch Fehlen eines eigenständigen, materiellen Transferobjektes zu lösen • Überprüfbare und erfüllbare Servicestandards kommunizieren. • „Overpromising" vermeiden, Vertrauen aufbauen und bestätigen. • Große Bedeutung des Unternehmens-/Leistungsimages. • Materialisierung und Visualisierung von Dienstleistungen durch die Darstellung tangibler Elemente. • Einbeziehung der Mitarbeitenden und ihrer Fähigkeiten und konkreten Service-Experiences in die externe Kommunikation. • Durch Testimonials oder Sponsoring der Servicemarke „ein Gesicht geben". • Die Dienstleistung in der Kommunikation verständlich machen. • Bekanntmachung von Leistungserstellungsbedingungen. • Auf Konstanz in der Kommunikation achten.
Integration von externen Faktoren in der Prozessphase (Co-Creation)	ZIEL: Realistische Erwartungen bilden, um eine effiziente und effektive Co-Creation (Leistungserstellung) zu ermöglichen • Einen „realistic service preview" liefern. • Integration der Kunden und Mitarbeitende in die Mediawerbung. • Vermeidung „passiver" Kommunikation, etwa das Vorenthalten von Informationen. • Einsatz der Kommunikationspolitik im Rahmen des Leistungserstellungsprozesses. • Individuelle, interaktive Kommunikation zum Aufbau enger Kunden-Mitarbeiter-Beziehungen. • Beschwerden professionell und direkt behandeln. • (Pro-) Aktive Erklärung von Problemen im Leistungserstellungsprozess. • Auch nach der eigentlichen Dienstleistung Services anbieten und Weiterempfehlungen (e)WOM Anregen. • Promotions zum Ausgleich von Beschäftigungsschwankungen. • Zeit als zentraler Faktor in der Kommunikation.
Uno-actu-Prinzip als Folge von direktem Angebot von Potenzialen und Co-Creation	ZIEL: Gestaltung ganzheitlicher Dienstleistungserlebnisse durch Integrierte Kommunikation • Besondere Berücksichtigung der Gestaltung des Servicescapes als das tangible und intangible Dienstleistungsumfeld, der sowohl Produktionsstätte als zugleich auch Konsumstätte und Kommunikationsmedium ist. • Berücksichtigung der nur bedingt steuerbaren Einflussfaktoren wie den Verhaltensspielräumen ihrer Mitarbeitenden und Kunden und deren Kommunikation. • Die Livesituation und Gleichzeitigkeit von Produktion, Kommunikation und Konsum macht die Integrierte Kommunikation für Dienstleistungen nicht einfach, zugleich aber auch zu einem der wichtigsten Erfolgsfaktoren. • Daraus resultiert ein hoher Abstimmungsbedarf. • Integrierte Kommunikation von Dienstleistungen bedeutet aufgrund dieser hohen Komplexität in „Experiences" zu denken und Kunden holistische Erlebnisse und aufeinander abgestimmte Erlebnisfolgen oder -ketten zu liefern.

Abb. 1 Wesentliche Besonderheiten von Dienstleistungen und Konsequenzen für die Kommunikation von Dienstleistungen. Quelle: in Anlehnung an Meyer 1993, S. 901 ff.; Meyer 1998b, S. 1075 ff.; Meffert und Bruhn 2006, S. 467 ff.

Anbieter und Nachfrager Ursache für Unsicherheiten über Qualität und Realisierung der versprochenen Leistung sowie ihres Preises auf Seiten des Nachfragers. Hinzu kommt, dass eine Dienstleistung zu diesem Zeitpunkt nicht in Augenschein genommen werden kann und gleichzeitig oft wesentliche Leistungsmerkmale der Dienstleistung (Leistungsfähigkeits- und Bereitschaftskomponenten, z. B. Wissen, Erfahrung und Wollen des Dienstleisters) für den Nachfrager nicht greifbar sind. Viele Dienstleister zeichnen sich deshalb häufig durch eine große Kommunikationsarmut bei gleichzeitig hohem Informationsinteresse der Erstkäufer bzw. der weniger erfahrenen Käufer aus. Diese Aspekte sind von Dienstleistungsanbietern im Rahmen ihrer Kommunikationsmaßnamen zu berücksichtigen (Meyer 1998b, S. 1068). Aus informationsökonomischer Sicht zeichnen sich Dienstleistungen gemäß der bekannten Einteilung von Leistungsmerkmalen in Such-, Erfahrungs- und Vertrauenseigenschaften durch ein Übergewicht an Erfahrungs- und Vertrauenseigenschaften aus. Dies bedeutet, dass eine Beurteilung der Dienstleistungsqualität vor, teilweise aber auch nach dem Kauf durch den Nachfrager nur schwer möglich ist. Folglich führt dies zu einem hohen wahrgenommenen Kaufrisiko – zumal Dienstleistungen nur sehr begrenzt reversibel sind (Meyer und Tostmann 1995, S. 12). Fehlerhafte bzw. unbefriedigende Dienstleistungen können weder umgetauscht, noch rückgängig gemacht werden, da keine Rückgabe möglich ist (Meyer 1998b, S. 1068). Besonders betroffen sind Anbieter komplexer Dienstleistungen, wie Ingenieursdienstleistungen und Gesundheitsdienste (Meyer 1993, S. 902) sowie auch die Anbieter umfassender Leistungsbündel (Kleinaltenkamp und Weiber 2013, S. 49 f.).

Wie empirisch gezeigt wurde, schlagen sich diese Besonderheiten in einem veränderten Informationsverhalten der Nachfrager nieder (Murray 1995, S. 10 ff.):

Kunden suchen und sammeln vergleichsweise viele und ausführlichere Informationen vor der Nachfrageentscheidung. Sie haben eine höhere Präferenz für persönliche Informationen als für unpersönlich vermittelte Informationen. Persönliche, vom Anbieter unabhängige Informationen, etwa durch Meinungsführer und Referenzgruppen, werden bevorzugt, ihnen wird größeres Vertrauen entgegengebracht und sie haben höhere Wirkung auf den Kunden.

Vergleichsweise geringe Bedeutung haben dagegen Beobachtungen oder Tests von Dienstleistungen als Strategien zur Risikominderung. Dienstleistungsnachfrager vertrauen vergleichsweise mehr auf innere Informationsquellen (z. B. Erfahrung, Wissen) als die Nachfrager von Sachgütern. Als Risikoreduktionsstrategie werden durch die Nachfrager überwiegend die wenigen Sucheigenschaften wie der Preis, sichtbare Potenziale, tangible Ergebniselemente und das Image des Unternehmens als Anhaltspunkte herangezogen (Kuhlmann 2001, S. 220).

Da ein hohes wahrgenommenes Kaufrisiko zu einer höheren Unsicherheit des Kunden führt, die zu Fehlverhalten von Kunden im Erstellungsprozess, zu Anbieterwechsel oder Kaufverzicht führen kann, muss die Kommunikationspolitik dieser Besonderheit Rechnung tragen. Der Schlüssel hierzu liegt im Aufbau eines Vertrauensverhältnisses zwischen Kunden und Dienstleister (Meyer und Tostmann 1995, S. 12).

Dies geschieht naturgemäß in erster Linie durch positive Nutzungserlebnisse, allerdings kann auch die Kommunikationspolitik insbesondere hinsichtlich der potenziellen Kunden einen proaktiven Beitrag leisten – zum einen durch die Kommunikation überprüfbarer und erfüllbarer Leistungsversprechen, zum anderen durch den Aufbau eines entsprechenden Unternehmensimages (Meyer und Tostmann 1995, S. 13). Hierfür ist aufgrund der dargestellten höheren Vertrauenswürdigkeit persönlicher Kommunikation die gezielte Stimulation von *(elektronischem) Word of Mouth,* also einem von zufriedenen bzw. begeisterten Kunden ausgehenden Weiterempfehlungsverhalten, besonders hilfreich.

Noch wichtiger als bei Sachgütern ist eine kommunikative Konstanz, da aufgrund des fehlenden markenprägenden Charakters eines standardisierbaren und markierbaren Produktes der Kommunikationspolitik eine tragende Rolle zukommt (Meyer 1993, S. 910). Da kein Transferobjekt vorliegt, sind Dienstleistungen eine gewisse „Kommunikationsarmut" zu attestieren. Dieses Problem kann zum einen durch die Darstellung von tangiblen Elementen der Leistungserbringung wie Gebäuden oder Geräten abgemildert werden. Zum anderen kann beispielsweise durch Testimonials in der Mediawerbung oder geeignete Sponsoringaktivitäten versucht werden, der Marke ein Gesicht zu geben. Eine wichtige Aufgabe liegt bereits in der Verständlichmachung der Dienstleistung, deren Erklärung und Erläuterung des Ablaufs. Diese kann durch eine „Lebendigmachung" bzw. „Dramatisierung" der Dienstleistung geeignet unterstützt werden (Legg et al. 1987, S. 163). Bilder und noch besser Videos, die auf Homepages oder Videoportalen wie YouTube abrufbar sind, sind dafür gut geeignet.

Diese Implikationen leiten unmittelbar über zu den kommunikationsrelevanten Implikationen, die aus der Integration von externen Faktoren in der Prozessphase (Co-Creation) stammen.

Aufgrund der dargestellten Qualitätsunsicherheit auf Kundenseite ist auf spezifische Leistungsfähigkeiten des Anbieters besonders hinzuweisen und diese auch geeignet zu dokumentieren. Hierbei sind einschlägige Erfahrungen (z. B. Nachweise, wie oft bestimmte Leistungen bereits erbracht wurden) und Diplome oder Weiterbildungen durch entsprechende Urkunden oder Zertifikate belegt besonders geeignet und fungieren als objektive Qualitätssignale (Hogreve und Wittko 2006, S. 111 ff.). Ein wiederholtes Signaling kann hierbei zum Aufbau von Vertrauen führen (San Martín und Camarero 2005, S. 82).

Hilfreich ist auch die Etablierung von „Servicestandards", deren Erfüllung anhand konkreter Indikatoren zu überprüfen ist. Unrealistische Leistungsversprechungen (*overpromising*) sind hierbei in jedem Fall zu vermeiden.

3.2 Implikationen aus der Integration von externen Faktoren in der Prozessphase (Co-Creation)

Ein *realistic service preview*, etwa durch eine detaillierte Beschreibung des Leistungserstellungsprozesses oder Videos, kann nicht nur Unsicherheiten schon im Vorfeld reduzieren, sondern dem Kunden auch seine Rolle und das erwartete förderliche Verhalten im Erstellungsprozess vermitteln. Gleichzeitig kann es auch motivieren, sich entsprechend vorzubereiten (z. B. durch die Zusammenstellung relevanter Unterlagen für einen Termin beim Steuerberater). Hierbei sind allerdings auch mögliche Probleme im Laufe der Leistungserstellung nicht zu verschweigen (z. B. zu erwartende Wartezeiten beim Arzt). Dies kann bis zu einem gewissen Grad auch durch die beispielhafte Darstellung externer Faktoren im Rahmen etwa der Mediawerbung geschehen, indem diese anhand kleiner Geschichten die Leistungs-Experience in den Mittelpunkt stellt (Padgett und Allen 1997, S. 60).

Schließlich gilt besonders für Dienstleistungsanbieter: auch unterlassene Kommunikation, z. B. das Vorenthalten von Informationen (i. d. R. Informationen unangenehmer Art, wie Qualitätsprobleme) wirkt als passive Kommunikation und hat (negative) kommunikative Auswirkungen. Gerade angesichts der oft hohen Informationsbedürfnisse von Dienstleistungsnachfragern kann passive Kommunikation erhebliche Konsequenzen haben (Meyer 1998b, S. 1075). In der Regel ist es sinnvoller, auch unangenehme Informationen wie z. B. Zugverspätungen zu kommunizieren, als den Kunden im Ungewissen zu lassen oder zu verunsichern (Meyer 1998b, S. 1076). Deutliche Qualitätsmängel werden vom Nachfrager früher oder später ohnehin realisiert (Grönroos 1990, S. 168). Die Integration externer Faktoren in den Prozess der Dienstleistungserstellung hat unmittelbar eine Interaktion derer mit den internen Faktoren zur Folge. Wie im Zwischenfazit bereits erläutert, bedeutet dies, dass die interaktive Kommunikation während der Dienstleistungserstellung eine Schlüsselrolle in der Dienstleistungskommunikation einnimmt.

Erhebliche Diskrepanzen zwischen erwarteter Dienstleistungsqualität, erzeugt z. B. durch die externe Kommunikation, und der erfahrenen Dienstleistungsqualität, führen zu Unzufriedenheit bei Kunden und können in der Folge auch in Beschwerden münden. Deshalb sollten Beschwerden gerade bei Dienstleistungsanbietern nicht unterdrückt, sondern als Quelle für wertvolle Informationen und Anlass für Verbesserungen sogar aktiv gefördert werden. Ein funktionierendes Beschwerdesystem bzw. Beschwerdemanagement (insbesondere kombiniert mit einem funktionierenden internen und externen Vorschlagswesen) hilft Dienstleistungsanbietern beim Aufdecken von Schwachstellen bei der Leistungserstellung und liefert wertvolle Hinweise zur Fehlervermeidung und mögliche Wettbewerbsvorteile (Meyer 1998b, S. 1077 ff.).

Da die internen Leistungspotenziale permanent bereitzuhalten sind (z. B. die Mitarbeitenden in einer touristischen Einrichtung), spielen nachfragebezogene Maßnahmen zur Reduktion von Beschäftigungsschwankungen (z. B. aufgrund saisonaler Einflüsse) bei Dienstleistungen eine wichtige Rolle (Corsten 1984, S. 365 ff.). Promotions zur besseren Auslastung von Kapazitäten bzw. zur Kapazitätssteuerung kommen hier eine besondere Bedeutung zu.

Die Berücksichtigung der Zeitkomponente beeinflusst die Dienstleistungskommunikation in vielfältiger Weise: Dienstleister haben wegen der fehlenden Möglichkeiten zur Vorratsproduktion nur die Wahl zwischen dem Angebot von leistungsbereiten internen Faktoren oder dem Wartenlassen bzw. der „Vorratslagerung" von integrationsbereiten externen Faktoren. Das Wartenlassen der Nachfrager bzw. die Bevorratung mit ihren Objekten bedeutet aber für die Nachfrager stets keine sofortige Berücksichtigung und ist mit einer zeitlichen Überlassung ihrer Objekte oder sich selbst verbunden. Diese Zeit kann nun vielfältig genutzt werden, so z. B. für Werbezwecke oder für unterhaltende Kommunikation zur Verkürzung der Wartezeit (Meyer 1998b).

Bei Dienstleistungen gilt folglich: Nach dem Service ist vor dem Service. Ein gezieltes After Sales-Marketing kann nicht nur anbieterseitig das Cross-Selling-Potenzial erhöhen, sondern ist insbesondere für den Kunden wichtig. Er ist mit seinen

Problemen, Fragen, Weiterbehandlungen, Regenerationswünschen oder Unsicherheiten nicht alleine zu lassen, sondern als wertschätzender nachhaltiger Partner anzusehen.

3.3 Implikationen aus dem Uno-actu-Prinzip für die Integrierte Kommunikation von Dienstleistungen

Nach außen gerichtete Kommunikationsmaßnahmen vor Inanspruchnahme von Dienstleistungen zielen darauf ab, die Unsicherheiten und das wahrgenommene Kaufrisiko auf Kundenseite abzubauen und prägen durch ein konkretes Leistungsversprechen die Kundenerwartungen. Gemäß dem bekannten *Confirmation-Disconfirmation-Paradigma* entsteht Kundenzufriedenheit durch den Abgleichprozess zwischen den individuellen Erwartungen an eine Leistung und der Wahrnehmung der erhaltenen Leistungen, auch *promise versus proof* genannt.

Die Besonderheit bei diesem Abgleich liegt darin, dass durch die fehlende Separierbarkeit und Autonomie von Produktion und Konsum, Produktion und Kommunikation, Konsum und Kommunikation und der Mehrfachrollen von Mitarbeitenden und Kunden sowie des gesamten so genannten *Servicescapes* (Bitner 1992, S. 55 ff., damit ist das tangible und intangible Dienstleistungsumfeld gemeint; die gesamte Produktionsstätte ist zugleich Konsumstätte und Kommunikationsmedium) die wahrgenommene Qualität der erhaltenen Dienstleistung vervielfältigen. Auch unterliegt sie nur bedingt steuerbaren Einflussfaktoren wie den Verhaltensspielräumen der Mitarbeitenden und Kunden, der Kommunikation zwischen Mitarbeitenden bzw. zwischen Kunden und zwischen Mitarbeitenden und Kunden. Hinzukommen die mit diesen Prozessen einhergehenden Attributionsvorgänge, der Ursache von positiven bzw. negativen Abgleichen. Die Livesituation und Gleichzeitigkeit von Produktion, Kommunikation und Konsum macht die Integrierte Kommunikation für Dienstleistungen folglich nicht einfach, zugleich aber auch zu einem der wichtigsten Erfolgsfaktoren (siehe hierzu auch Bruhn 2000, S. 407 ff.), der den hohen Abstimmungsbedarf und mögliche Kommunikationsdefizite und die besondere Rolle der Integrierten Kommunikation für Dienstleistungen professionell erläutert). Integrierte Kommunikation von Dienstleistungen bedeutet aufgrund dieser hohen Komplexität in *Experiences* zu denken, holistische Erlebnisse und aufeinander abgestimmte Erlebnisfolgen oder -ketten zu gestalten und der interaktiven Kommunikation im Rahmen der Integrierten Kommunikation eine Schlüsselrolle zuzuweisen.

3.3.1 Schlüsselrolle der interaktiven Kommunikation für eine Integrierte Kommunikation

> *„The Service provider is not simply a salesperson*; he or she is an integral part of the operations process and *of the experience purchased by the customer"* (George und Berry 1980, S. 400).

Ein mögliches Mittel, um diesen Rollenkonflikt zu lösen, stellen definierte Qualitätsstandards als eine integrierte Richtlinie dar. „Die interaktive Kommunikation hat dabei die Aufgabe, die Wahrnehmung der erbrachten Dienstleistungsqualität beim Kunden zu gewährleisten und die Erreichung der gesetzten Qualitätsstandards zu jedem Interaktionszeitpunkt festzustellen und ggf. in einem quasi infinitesimalen situativen Anpassungsprozess nachzubessern (Bell 1981, S. 165; Meyer 1998b, S. 1083).

Die Realisierung der festgelegten Leistungsstandards eines Dienstleistungsunternehmens hängt insbesondere bei persönlich erbrachten Dienstleistungen entscheidend vom Verhalten der Mitarbeitenden im Erstellungsprozess ab. In diesen „Augenblicken der Wahrheit" spielen die vom Kunden wahrgenommenen Anstrengungen und Fähigkeiten der Mitarbeitenden eine zentrale Rolle (Specht und Fichtel 2006, S. 141 f.), wobei sich beide Verhaltensweisen stark über eine entsprechende interaktive Kommunikation vermitteln.

Aus erläuterten Besonderheiten von Dienstleistungen lassen sich folgende Implikationen für die interaktive Kommunikation von Dienstleistungen ableiten, die zum besseren Verständnis mit Praxisbeispielen untermauert werden: Von Bedeutung ist, dem Kunden eine 360° Experience zu gestalten, indem alle Kontaktpunkte gestalterisch und inhaltlich aufeinander abgestimmt werden. Ziel ist es, dem Kunden eine integrierte, holistische Serviceerfahrung zu ermöglichen. Dies gelingt, indem alle wesentlichen Kontaktpunkte (*Touchpoints*), Stakeholder und Prozesse miteinander in Verbindung gebracht werden und vor allem integriert und vernetzt werden (Abb. 2). Es ist wichtig, den Kunden an jedem Kontaktpunkt wiederzuerkennen – ihn persönlich anzusprechen und auf seine spezifischen Vorlieben einzugehen. So wissen Luxushotelketten, welche Allergien ein Gast hat, welche Obstsorte er bevorzugt, ob er den Wäscheservice nutzt usw. Der Kunde soll den Service dabei nicht produktionsorientiert wahrnehmen und ihm darf kein Bruch zwischen etwaigen internen Abteilungszuständigkeiten auffallen. Dazu müssen im Hintergrund Prozesse etabliert werden, die es den Mitarbeitenden ermöglichen, kundenrelevante Informationen überall und jederzeit einzusehen und auf sie zugreifen zu können.

Folgende *Handlungsimplikationen für die interaktive Kommunikation* sind von besonderer Bedeutung:

- Zu einem vorbildlichen *Experience Provider* wird ein Anbieter, indem er alle Kommunikations- und Marketingaktivitäten auf die fünf folgenden grundlegenden strategischen Module ausrichtet: Sense, Feel, Think, Act und Relate (Schmitt 1999, 2003). Sense bezieht sich dabei auf die primär sensorisch erfassbaren Touchpoints: Serviceelemente, Einrichtung, Gerüche, Bekleidung der Mitarbeitenden, Kommunikations-Themen (insbesondere zum Thema Duft-Marketing Girard et al. 2013). Feel bezieht sich auf die emotionalen Erlebnisse, Gefühle und „Moods", die beim Kunden in Bezug auf die Dienstleistung entstehen (sollen). „Think" lädt zum anders-denken, zum Service-spezifischen Denken, zum kreativen Denken ein – man orientiert sich nicht an Standards, Traditionen und Konventionen, sondern den Kunden wird ein möglichst einmaliges, individuelles und einzigartiges Erlebnis ermöglicht. *Act* beschreibt, wie sich die Mitarbeitenden geben, wie sie kommunizieren und welchen Lifestyle die Dienstleistung transportieren oder ermöglichen will – ähnlich wie bei den Disneyland-Resorts: alle

Integration aller **Kontakte**	Integration aller **Prozesse/Interaktionen**	Integration aller **Stakeholder**
• Mitarbeitende • Gebäude • Medien und Geräte • Broschüren, Email, Telefon/Fax • Information/ Werbung • Web-Sites, Apps, Screens • Ladengestaltung/ PKW/Unterlagen • Facebook-Fanpage • Events • usw.	• Beschaffung • Produktion • Kommunikation • Marketing • Verkauf • Distribution/Service • Nutzung (Konsum/Gebrauch) • usw.	• Kunden/Nichtkunden • Mitarbeitende • Partner/Lieferanten/Eigentümer • Netzwerke/Kooperationspartner • Verbände • Presse • Meinungsbildner • usw.
ZIEL: Durch Integrierte Kommunikation ein durchgängiges, holistisches 360°-Service-Erlebnis zu gestalten		

Abb. 2 Wesentlichen Bestandteile einer 360° Experience in der Dienstleistung

Touchpoints vermitteln eine problemfreie, fröhliche, heile „Traum-Welt" – die Figuren, Schausteller und Mitarbeitende sind verpflichtet immer fröhlich und hilfsbereit zu sein und verhalten sich zu 100 Prozent konform des zu erzielenden Kundenerlebnisses: ein freudiger, spaßzentrierter, sorgenfreier Tag mit der Familie. *Relate* bezieht sich auf das Stiften und den Aufbau von kulturellen und ethischen Werten, sozialer Identität und Gemeinschaft.

- Um die selbstverstärkenden Effekte der Integrierten Kommunikation über die Wiedererkennung an allen Kontaktpunkten zu nutzen und wegen der Kommunikationsarmut von Dienstleistungen ist es umso wichtiger, dass der Dienstleistung ein Gesicht verliehen wird, im Speziellen durch den *Marken- und Imageaufbau*. Zentral ist dabei, für kommunikative Konstanz zu sorgen. Am Beispiel der Sparkasse wird dies deutlich: alle Kontaktpunkte wie Außenwerbung, Internetseite und Filialen, beinhalten die gleichen vorherrschenden Farben (Rot als Hauptfarbe, verschiedene Grautöne und weiße Schrift) und eine einheitliche Ansprache des Kunden sowie konkrete Beispiele für angebotene Dienstleistungen sind wiederkehrende Elemente, z. B. in TV-Spots: die wiederkehrende Abteilungsleiter-Runde mit den humoristischen Pointen durch die „Fähnchen" und der „0815"-Bank sind landesweit bekannt. Die Autovermietung Sixt und der FC Bayern stellen weitere gute Beispiele für die Weiterführung dieses Gedanken über Bekleidungen, Styling- und Verhaltensregeln sowie des Designs von Countern oder Shops bis hin zu Fanartikeln dar.
- Da die direkte Anbringung eines Markenzeichens auf der Leistung selbst nicht möglich ist, bieten sich als *Markenzeichenträger* bei Dienstleistungen alle materiellen internen Kontaktsubjekte (z. B. Kleidung der Mitarbeitenden) und -objekte (z. B. Gebäude, Werbemittel, Fanartikel, Fahrzeuge usw.) sowie die Kunden bzw. deren Objekte (Meyer 1998b, S. 1081) an. Den Gebäuden und der Inneneinrichtung eines Unternehmens fällt insofern eine große Bedeutung zu, als dass sie

sowohl ein Qualitätssignal und wichtige prägnante Markenbildtreiber als auch ein langfristiges Investitionsobjekt sind. Insofern können sie zweifachen Nutzen stiften und sind entsprechend sorgfältig und professionell zu gestalten. Raffelt et al. (2013, S. 207 f.) identifizierten einige relevante Designdimensionen (z. B. Harmonie, Transparenz oder natürliches Empfinden) und Designtypen (solide, ausbalanciert, expressiv und störend), die eindeutig Eigenschaften und Persönlichkeit einer Marke repräsentieren. So werden beispielsweise funktionelle Gebäude eher mit Kompetenz eines Unternehmens assoziiert, während expressive Architektur eher auf den aufregenden Charakter einer Marke hinweist (Raffelt et al. 2013, S. 207 f.).

- Wie sich durch interaktive Kommunikation der Nutzen von Leistungen steigern lässt, können Dienstleister beispielsweise von Apple lernen. Neben der generell intuitiven Bedienung der Endgeräte wird ausschließlich *geschultes Verkaufspersonal* eingesetzt. Die Service-Experiences an der Genius-Bar werden durch Schulungsmöglichkeiten der Kunden im Store oder über Videos und durch erklärende Werbespots, Onlinesupport auf Websites und kundenintegrierende Portale wie iFixit (eine offene Kunden-helfen-Kunden-Community) ergänzt.
- Daneben besteht eine wesentliche Aufgabe in der Motivation des Kunden zur produktiven Mitwirkung und der Information/Erklärung der Interaktionsprozesse (Meyer 1998b). Hierzu ist ein realistisches *Service Preview* zu kommunizieren. Das Unternehmen PayPal liefert an dieser Stelle ein gutes Beispiel mit seinem Werbespot, in dem die Handhabung des Bezahlsystems sowie der Handlungsablauf und die Aufgaben des Nachfragers im Prozess selbst eindeutig und konkret dargestellt werden.
- Der Schwerpunkt der Kommunikation liegt deshalb in erster Linie auf der Herausstellung der besonderen Leistungsfähigkeiten, der hohen Qualifikation, der großen Zuverlässigkeit und Erfahrung der internen Faktoren zur *Herausbildung eines Vertrauensverhältnisses* bei den Dienstleistungsnachfragern (Meyer 1998b, S. 1081). Es sind dem Nachfrager hierzu eindeutige Qualitätssignale zu zeigen, die als Ersatzindikatoren für die fehlenden tangiblen Elemente von Services fungieren können, wie Ausbildungsnachweise, Auszeichnung, Nachhaltigkeitsstandards, TÜV-Siegel usw.
- Ebenso sind klare *Servicestandards* zu formulieren, die der Nachfrager am besten schon vor der Leistungserbringung einsehen kann. Ein Best-Practice-Beispiel hierfür sind die so genannten Service Values der Hotelkette Ritz Carlton, die auf der Homepage für jeden Interessenten einsehbar sind und genau jene Werte kommunizieren, die ein Servicemitarbeitender verinnerlichen und mit Stolz ausüben sollte (z. B. einzigartige Momente für die Gäste zu schaffen, die Möglichkeit sich stets weiterzuentwickeln und die Bedeutung eines professionellen äußeren Erscheinungsbildes).
- Ferner ist darüber hinaus die *Bereitschaft zur individuellen Anpassung der Services* zu zeigen, wie es beispielsweise die LBS macht. Auf der Homepage können Nachfrager genaue Informationen über ihre Zahlungsbereitschaft, den Mietzeitraum und den Prozentsatz der jährlichen Mietsteigerung eingeben, um sich anschließend ein individualisiertes Angebot anzeigen zu lassen.

- Nicht zuletzt sind Kundenbeschwerden professionell zu managen, indem versucht wird, Informationen über potenzielle Wettbewerbsvorteile zu erhalten und positive *Word-of-Mouth-Kommunikation* initiiert wird. Den Kunden ist z. B. nach einem Hotelurlaub oder einem Einkauf eine elektronische Einladung zur Bewertung ihres Erlebnisses zukommen zu lassen. Um diese sichtbar zu machen, bietet es sich an, die elektronischen Bewertungen auf der eigenen Homepage zu veröffentlichen.

3.3.2 Schlüsselrolle der internen Kommunikation als wichtige Voraussetzung für eine Integrierte Kommunikation

Eine wesentliche Voraussetzung für das Gelingen der Integrierten Kommunikation und der interaktiven Kommunikation besteht darin, dass die Mitarbeitenden im Kundenkontakt von dem „Rest des gesamten Unternehmens" so unterstützt werden, dass sie die getätigten Leistungsversprechen im interaktiven Leistungserstellungsprozess einlösen können. Die *interne Kommunikation* spielt dabei gerade bei Dienstleistungen eine wichtige *Ermöglicherrolle*. Des Weiteren ist die interne Kommunikation ein unverzichtbarer Teil der Integrierten Kommunikation. Die Mitarbeitenden in der Dienstleistungserstellung haben multiple Rollen und Aufgaben (Abb. 3) und neben fachlichen Produktionsanforderungen und -aufgaben auch *Kommunikationsaufgaben und -anforderungen*:

1. Sie erbringen wesentliche Teile der Dienstleistung.
2. Sie versuchen, das Verhalten des Dienstleistungsnachfragers so zu beeinflussen, dass es zu einer optimalen Bedürfnisbefriedigung kommt.
3. Sie bekommen (oft permanent) den jeweiligen Zustand des externen Faktors rückgekoppelt und müssen darauf sofort reagieren.
4. Sie müssen das Dienstleistungsangebot im [...]" Erstellungsprozess „ [...] daraufhin im Rahmen ihrer Möglichkeiten ständig situativ anpassen" (Meyer 1983, S. 82, sowie weitere Erläuterungen und Beispiele zu den Kommunikationsaufgaben, -anforderungen, ebenda, S. 83 ff.).

Ein weiteres Argument für die besondere *Bedeutung der internen Kommunikation* im Dienstleistungskontext liegt in einem erweiterten Zielgruppenverständnis, welches die Mitarbeitenden als „second audience" einschließt und Sasser und Arbeit (1976, S. 64) wie folgt beschreibt: „[...] the successful service company must first sell the job to the employees before it can sell it to the customers."

Dies kann einerseits durch spezifische, an Mitarbeiter gerichtete Maßnahmen geschehen, die sowohl abwärtsgerichtete (z. B. Mitarbeiterzeitschrift) als auch aufwärtsgerichtete (z. B. Mitarbeiterbefragung) und interaktive (z. B. Workshops) Instrumente umfassen (Bruhn 2011, S. 1204 ff.). Derartige Maßnahmen stehen in starker inhaltlicher Nähe zum Ansatz des *Internen Marketing*, welches letztlich interne Leistungsempfänger als Kunden ansieht. Eine damit entstehende durchgängige Kundenorientierung hat weitreichende Konsequenzen. Während im Konsumgüterbereich vielfach eine Trennung von Unternehmens- und Kundenkultur

> **Die multiplen Rollen der Mitarbeitenden in Dienstleistungsprozessen**
>
> - Mitarbeitende als **umfassende und sympathische Berater**
> - Mitarbeitende sind die **zentralen Vertrauensanker**
> - Mitarbeitende als **(Co-)Produzenten** von **Qualität** und **„Feel Good"** Experiences
> - Mitarbeitende **überzeugen** im **direkten Dialog**
> - Mitarbeitende **gestalten authentische Erlebnisse**
> - Mitarbeitende **als „Co-Produzenten" von Kundennutzen und Markenbild**
> - Jeder **Mitarbeitende** ist ein **„Co-Producer und Co-Marketer"**

Abb. 3 Die vielfältigen Rollen der Mitarbeitenden in Dienstleistungsprozessen

möglich ist, verschwimmen die Grenzen bei Dienstleistungsanbietern (z. B. Sportvereine und Fanclubs, Ferienressorts usw.).

Hieraus ergeben sich nachfolgende *Handlungsimplikationen für die Ausgestaltung der Internen Kommunikation*:

- Da Mitarbeitende eine zentrale Rolle als Qualitäts-, Vertrauens- und Markenanker spielen, haben sie in der Kommunikation ebenfalls einen hohen Stellenwert. Die Drogerie dm setzt z. B. in ihrer Werbung oftmals *Mitarbeitende als Testimonials* ein, um unternehmenstypische Werte oder spezifische Dienstleistungen wie Kundenberatung oder Photoservices zu kommunizieren.
- Alle nach außen gerichteten Kommunikationsmaßnahmen haben neben den beabsichtigten primären Wirkungen bei den externen Zielgruppen auch *Ausstrahlungseffekte auf die Mitarbeitende* im Kundenkontakt und können deshalb auch dazu dienen, diese für eine bessere Erbringung ihrer Dienstleistung zu motivieren (Meyer 1993, S. 906). Dies gilt besonders dann, wenn Mitarbeitende in die Kommunikationsmaßnahmen eingebunden werden, etwa als „Testimonials" einer Kampagne.
- Um interne Kommunikation zu ermöglichen, ist eine *Kommunikationskultur* zu gestalten und nicht zuletzt auch zu institutionalisieren. Es sind entsprechende Räume und Gelegenheiten zum gemeinsamen Austausch zu schaffen und technisch integrierte Schnittstellen zwischen diversen Unternehmensbereichen sicher zu stellen. Entsprechend ist auch für die Interne Kommunikation ein Kommunikationsbudget aus zu weisen.
- Ein besonders wünschenswertes Ergebnis solcher Kommunikationsmaßnahmen liegt darin, eine *Beziehung zwischen Mitarbeitenden und Kunden* herstellen zu können. Im Falle eines Sportsponsoringengagements (z. B. von Red Bull) konnte dieser Effekt gezeigt werden, indem die gemeinsame Unterstützung des gesponserten Teams beide Gruppen „zusammenschweißt" (Hickman et al. 2005, S. 154). Dies hat wiederum einen positiven Einfluss auf die Motivation,

Vertrauensbildung und Bindung sowohl von Kunden als auch von Mitarbeitenden des Sponsors und des Gesponserten. Ähnliches gilt für verschiedene Arten des Kultursponsoring, wie es beispielsweise BMW mit Konzerten anbietet, bei denen im Idealfall ein Gemeinschaftsgefühl aufgebaut werden kann, bei dem sich Dienstleistungsanbieter und -nachfrager als Gleichgesinnte fühlen.
- Mitarbeitende sind – basierend auf dem erweiterten Zielgruppenverständnis, welches die *Mitarbeitende als Zielgruppe* einschließt – zur besseren Erbringung der Dienstleistung zu motivieren. Dies ist durch Maßnahmen des Internen Marketing, wie z. B. Workshops, Training und Mitarbeiterbefragungen sicherzustellen. Dies funktioniert dann besonders gut, wenn Mitarbeitende als Markenbotschafter agieren.

Weitere Erkenntnisse und konkrete Anregungen hierzu finden sich auch bei Stauss (2000, S. 214 ff.), Meyer und Oppermann (1998, S. 994 ff.) sowie Dotzler und Schick (1995, S. 279 ff.).

4 Fazit

Der vorliegende Beitrag zeigt, dass die Spezifika von Dienstleistungen gegenüber Sachleistungen signifikante Implikationen für die Ausgestaltung der Kommunikationsaktivitäten haben – sowohl für reine Dienstleistungsanbieter, aber beispielsweise auch für Industrieunternehmen, die sich über bestimmte Services positionieren möchten. Diese Besonderheiten betreffen zum einen die Ausgestaltung der externen Kommunikationsaktivitäten, zum anderen aber auch die Schlüsselrolle der interaktiven Kommunikation für die Integrierte Kommunikation. Entscheidende Voraussetzung für Letztere sind die Mitarbeitenden, die daher im Rahmen des Dienstleistungsmarketing als besonders wichtige Zielgruppe kommunikativer Maßnahmen anzusehen sind.

Zusammenfassend sind drei *Leitlinien für die Kommunikation von Dienstleistungen* zu formulieren, wobei diese eher Richtliniencharakter haben. Aufgrund der Heterogenität des Dienstleistungssektors sind bei der konkreten Ausgestaltung Branchenbesonderheiten selbstverständlich zu beachten:

1. *Erwartungen proaktiv managen*: Kommunikation bietet die Möglichkeit, Erwartungen zu beeinflussen, die gemäß des Confirmation-Disconfirmation-Paradigmas starken Einfluss auf die Kundenzufriedenheit ausüben. Im Sinne eines „realistic service preview" sind nicht nur die zu erwartende Dienstleistungsqualität, sondern auch der Ablauf und die Besonderheiten des Leistungserstellungsprozesses zu kommunizieren.
2. *Fokus auf die „Augenblicke der Wahrheit"*: Zentral für den Erfolg eines Dienstleistungsanbieters ist die Fähigkeit, in den „Augenblicken der Wahrheit", also beim Aufeinandertreffen von Kunde und Dienstleister im Rahmen der Co-Creation überlegenen Kundennutzen zu schaffen. Hierfür ist das Potenzial interaktiver Kommunikation optimal auszuschöpfen.

3. *Mitarbeitende als wichtige Zielgruppen ansehen*: Bei vielen Dienstleistungen sind die Mitarbeitenden nicht nur das „Gesicht der Marke", sondern vor allem der „Kern der Dienstleistung". Insofern ist hier in entsprechende kommunikative Maßnahmen zu investieren, die Mitarbeitende motiviert, sie über die richtige Erfüllung der Leistung und Standards informiert und damit in die Lage versetzt, die durch die externe Kommunikation geschürten Erwartungen auch tatsächlich erfüllen zu können.

Literatur

Backhaus, K., Bröker, O., & Wilken, R. (2011). Produktivitätsmessung von Dienstleistungen mit Hilfe von Varianten der DEA. In M. Bruhn & K. Hadwich (Hrsg.), *Dienstleistungsproduktivität* (S. 225–245). Wiesbaden: Gabler.
Bell, M. L. (1981). Tactical service marketing and a process of remixing. In Donelly J. H. & George W. R. (Hrsg.), *Marketing of services, proceeding series of the special conference on services marketing of the American Marketing Association* (S. 61–65). Chicago.
Bitner, M. J. (1992). Servicescapes: The impact of physical surroundings on customers and employees. *Journal of Marketing, 56*(2), 51–71.
Bruhn, M. (2011). *Unternehmens- und Marketingkommunikation. Handbuch für ein integriertes Kommunikationsmanagement* (2. Aufl.). München: Vahlen.
Bruhn, M., et al. (2000). Sicherstellung der Dienstleistungsqualität durch integrierte Kommunikation. In M. Bruhn (Hrsg.), *Dienstleistungsqualität: Konzepte, Methoden, Erfahrungen* (3. Aufl., S. 405–431). Wiesbaden: Gabler.
Central Intelligence Agency (2012). https://www.cia.gov/library/publications/the-world-factbook/. Zugegriffen am 04.02.2014.
Corsten, H. (1984). Die Leistungsbereitschaft in der Dienstleistungsproduktion – Entwurf eines Maßnahmenkataloges zur Reduktion von Beschäftigungsschwankungen. *Jahrbuch der Absatz- und Verbrauchsforschung, 30*(1), 16–41.
Corsten, H. (1994). Produktivitätsmanagement bilateraler personenbezogener Dienstleistungen. In H. Corsten & W. Hilke (Hrsg.), *Dienstleistungsproduktion* (S. 43–77). Wiesbaden: Gabler.
Corsten, H. (2000). Der Integrationsgrad des externen Faktors als Gestaltungsparameter in Dienstleistungsunternehmen – Voraussetzungen und Möglichkeiten der Externalisierung und Internalisierung. In M. Bruhn & B. Stauss (Hrsg.), *Dienstleistungsqualität – Konzepte, Methoden, Erfahrungen* (3. Aufl., S. 145–168). Wiesbaden: Gabler.
Dotzler, H.-J., & Schick, S. (1995). Systematische Mitarbeiter-Kommunikation als Instrument der Qualitätssicherung. In M. Bruhn & B. Stauss (Hrsg.), *Dienstleistungsqualität – Konzepte, Methoden, Erfahrungen* (3. Aufl., S. 277–293). Wiesbaden: Gabler.
Esch, F.-R. (2003). *Strategie und Technik der Markenführung*. München: Vahlen.
George, W. R., & Berry, L. L. (1989). Guidelines for the advertising of services. In J. E. G. Bateson (Hrsg.), *Managing services marketing: Text and readings* (S. 394–415). Chicago: Dryden Press.
Girard, M., Girard, A., Meyer, A., Rosenbusch, B., & Müller-Grünow, R. (2013). Markenduft als Treiber der Service Experience. *Marketing Review St. Gallen, 30*(6), 70–81.
Grönroos, C. (1990). *From service management and marketing – managing the moments of truth in service competition*. Lexington: Lexington Books.
Grönroos, C. (1994). From marketing mix to relationship marketing – towards a paradigm shift in marketing. *Management Decision, 32*(2), 4–20.
Hickman, T. M., Lawrence, K. E., & Ward, J. C. (2005). A social identities perspective on the effects of corporate sport sponsorship on employees. *Sport Marketing Quarterly, 14*(3), 148–157.

Hogreve, J., & Wittko, O. (2006). Die Wirkungen von Zertifikaten auf das Kaufverhalten bei Dienstleistungsangeboten. In M. Kleinaltenkamp (Hrsg.), *Innovatives Dienstleistungsmarketing in Theorie und Praxis* (S. 103–119). Wiesbaden: Deutscher Universitätsverlag.
Institut der deutschen Wirtschaft (Hrsg.). (2006). *Deutschland in Zahlen*. Köln.
Kleinaltenkamp, M., & Weiber, R. (2013). *Business- und Dienstleistungsmarketing – Die Vermarktung integrativ erstellter Leistungsbündel*. Stuttgart: Kohlhammer.
Kuhlmann, E. (2001). Besonderheiten des Nachfragerverhaltens bei Dienstleistungen. In H. Meffert & M. Bruhn (Hrsg.), *Handbuch Dienstleistungsmanagement* (2. Aufl., S. 215–242). Wiesbaden: Gabler.
Lovelock, C. H., & Young, R. F. (1979). Look to consumers to increase productivity. *Harvard Business Review, 57*(3), 168–178.
Meffert, H., & Bruhn, M. (2006). *Dienstleistungsmarketing: Grundlagen – Konzepte – Methoden* (5. Aufl.). Wiesbaden: Gabler.
Meyer, A. (1983). *Dienstleistungs-Marketing – Erkenntnisse und praktische Beispiele*. Augsburg: FGM-Verlag.
Meyer, A. (1991). Dienstleistungsmarketing. *Die Betriebswirtschaft, 51*(2), 195–209.
Meyer, A. (1993). Kommunikationspolitik von Dienstleistungsunternehmen. In R. Berndt & A. Hermanns (Hrsg.), *Handbuch Marketing-Kommunikation – Strategien, Instrumente, Perspektiven* (S. 895–921). Wiesbaden: Gabler.
Meyer, A. (1998a). Dienstleistungsmarketing – Grundlagen und Gliederung des Handbuchs. In A. Meyer (Hrsg.), *Handbuch Dienstleistungs-Marketing* (Bd. 1, S. 3–22). Stuttgart: Schäffer-Poeschel.
Meyer, A. (1998b). Kommunikationspolitik von Dienstleistungs-Anbietern – Bedeutung und Gestaltungsbereiche. In A. Meyer (Hrsg.), *Handbuch Dienstleistungs-Marketing* (Bd. 2, S. 1065–1093). Stuttgart: Schäffer-Poeschel.
Meyer, A., & Oppermann, K. (1998). Bedeutung und Gestaltung des internen Marketing. In A. Meyer (Hrsg.), *Handbuch Dienstleistungs-Marketing* (Bd. 1, S. 991–1009). Stuttgart: Schäffer-Poeschel.
Meyer, A., & Tostmann, T. (1995). Die nur erlebbare Markenpersönlichkeit – Wie sich Dienstleistungsmarken aufbauen und pflegen lassen. *Harvard Business Manager, 17*(4), 9–15.
Murray, K. B. (1995). A test of services marketing theory – consumer information acquisition activities. *Journal of Marketing, 55*(1), 10–25.
Padgett, D., & Allen, D. (1997). Communicating experiences: A narrative approach to creating service brand image. *Journal of Advertising, 26*(4), 49–62.
Parasuraman, A., Zeithaml, V. A., & Berry, L. L. (1985). A conceptual model of service quality and its implications for future research. *Journal of Marketing, 49*(4), 41–50.
Parasuraman, A., Zeithaml, V. A., & Berry, L. L. (1988). SERVQUAL: A multiple-item scale for measuring consumer perceptions of service quality. *Journal of Retailing, 64*(1), 12–40.
Raffelt, U., Schmitt, B., & Meyer, A. (2013). Marketing function and form – how functionalist and experiential architectures affect corporate brand personality. *International Journal of Research in Marketing, 30*(3), 201–210.
San Martín, S., & Camarero, C. (2005). Consumer reactions to firm signals in asymmetric relationships. *Journal of Service Research, 8*(1), 79–97.
Sasser, W., & Arbeit, S. P. (1995). Selling jobs in the service sector. *Business Horizons, 19*(3), 61–65.
Schmitt, B. (1999). *Experiential marketing: How to get customers to sense, feel, think, act, relate to your company and brands*. New York: Free Press.
Schmitt, B. (2003). *Customer experience management: A revolutionary approach to connecting with your customers*. New Jersey: John Wiley.
Solomon, M. R., Surprenant, C., Czepiel, J. A., & Gutman, E. G. (1985). A role theory perspective on dyadic interactions – the service encounter. *Journal of Marketing, 49*(1), 99–111.
Spath, S., & Demuß, L. (2003). Entwicklung hybrider Produkte – Gestaltung materieller und immaterieller Leistungsbündel, In H. -J. Bullinger, A. -W. Scheer (Hrsg.), *Service Engineering – Entwicklung und Gestaltung innovativer Dienstleistungen* (S. 467–506). Berlin.

Specht, N., & Fichtel, S. (2006). Anstrengungen und Fähigkeiten des Kundenkontaktmitarbeiters im Service Encounter als zentrale Determinanten der Kundenzufriedenheit – Eine empirische Analyse aus Kundensicht. In M. Kleinaltenkamp (Hrsg.), *Innovatives Dienstleistungsmarketing in Theorie und Praxis* (S. 121–152). Wiesbaden.

Spohrer, J. C., & Maglio, P. P. (2010). Toward a science of service systems. In P. Maglio, C. A. Kieliszewski, & J. C. Spohrer (Hrsg.), *Handbook of service science* (S. 157–194). New York: Springer.

Stauss, B. (2000). Internes Marketing als personalorientierte Qualitätspolitik. In M. Bruhn & B. Stauss (Hrsg.), *Dienstleistungsqualität – Konzepte, Methoden, Erfahrungen*, 3. Aufl. (S. 203–222). Wiesbaden.

Vargo, S. L., & Lusch, R. F. (2004). Evolving to a new dominant logic for marketing. *Journal of Marketing, 68*(1), 1–17.

Vargo, S. L., & Lusch, R. F. (2008). Service-dominant logic – continuing the evolution. *Journal of the Academy of Marketing Science, 36*(1), 1–10.

Viitamo, E., & Toivonen, M. (2012). *Is the concept of service productivity compatible with the framework of service-dominant logic?* Finland.

Woratschek, H. (2001). Zum Stand einer Theorie des Dienstleistungsmarketing. *Die Unternehmung, 55*(4/5), 261–278.

Zeithaml, V. A. (1981). How consumers evaluation processes differ between goods and services. In J. H. Donnelly & W. R. George (Hrsg.), *Marketing of services* (S. 186–190). Chicago: American Marketing Association.

Prof. Dr. Anton Meyer ist Ordinarius für Betriebswirtschaftslehre und Vorstand des Instituts für Marketing an der Ludwig-Maximilians-Universität München.

Anja Meindl ist wissenschaftliche Mitarbeiterin und Doktorandin am Institut für Marketing an der Ludwig-Maximilians-Universität München.

Dr. Benjamin Brudler ist ehemaliger wissenschaftlicher Mitarbeiter am Institut für Marketing an der Ludwig-Maximilians-Universität München.

Kommunikation von Handelsunternehmen – Instrumente und Bedeutung aus Unternehmens- und Kundensicht

Joachim Zentes und Bernhard Swoboda

Inhalt

1 Einführung 582
2 Instrumente und Bedeutung aus Unternehmenssicht 585
3 Instrumente und Bedeutung aus Kundensicht 595
4 Ausblick 601
Literatur 602

Zusammenfassung

Die Kommunikation der Handelsunternehmen unterscheidet sich in einigen wesentlichen Bereichen deutlich von der Kommunikation der Industrie, so dass dieser Beitrag Kommunikationsinstrumente des Einzelhandels aufgreift. Behandelt werden die Vielfalt und die Bedeutung der Instrumente der Massen- und In-Store-Kommunikation aus Sicht der Handelsunternehmen sowie analog die Bedeutung und die Wirkung ausgewählter Instrumente aus Sicht der Handelskunden. Die Ergebnisse einer empirischen Kundenstudie verdeutlichen, dass in fünf Handelsbranchen jeweils andere Instrumente für den Aufbau eine starken Retail Brand bedeutend sind.

Schlüsselwörter

Einzelhandel • In-Store-Kommunikation • Massenkommunikation • Retail Brand

---

J. Zentes (✉)
Universität des Saarlandes, Saarbrücken, Deutschland
E-Mail: j.zentes@mx.uni-saarland.de

B. Swoboda
Lehrstuhl für Marketing und Handel, Universität Trier, Trier, Deutschland
E-Mail: b.swoboda@uni-trier.de

© Springer Fachmedien Wiesbaden 2016
M. Bruhn et al. (Hrsg.), *Handbuch Instrumente der Kommunikation*, Springer Reference Wirtschaft, DOI 10.1007/978-3-658-04655-2_28

1 Einführung

1.1 Rahmenbedingungen der Handelskommunikation

Der Handel stellt seit Jahren und so auch derzeit mit einem Budget von 1,64 Mrd. EUR einen der größten Kunde der deutschen Werbewirtschaft dar (Tab. 1). Allerdings verlieren selbst im Handel die klassischen Medien (Fernsehen (11.987 Mio. EUR Budget im Jahr 2013), Zeitungen (4.632), Publikumszeitschriften (3.548), Radio (1.588), Out of home (1.452), Fachzeitschriften (401) und Kino (101)) zu Gunsten neuerer Medien (Werbesendungen (3.260), Internet (2.959) und Mobile (106)) an Bedeutung (The Nielsen Company 2014). Im Handel sind zudem der Persönliche Verkauf und die Ladengestaltung als wichtige Kommunikationsinstrumente zu berücksichtigen, wobei der Standort als Kontakt- und Kommunikationspunkt an Relevanz abnimmt, z. B. gegenüber einer starken Retail Brand (Swoboda et al. 2013b).

Im Durchschnitt teilt sich das Marketingbudget eines Handelsunternehmens heute folgendermaßen auf: Prospekte und Magazine 50,9 Prozent, In-Store-Marketing 9,7 Prozent, Anzeigenwerbung 8,8 Prozent, Direktmarketing 8,5 Prozent, Online-Marketing 7,8 Prozent, TV 5,4 Prozent, Radio 3,3 Prozent, Plakat 2,6 Prozent und andere Werbemaßnahmen 3,1 Prozent (EHI Retail Institute 2013). Allerdings gibt es eine Fülle unterschiedlicher Handelsunternehmen, wie beispielsweise Groß- und Einzelhandel, Binnen- und Außenhandel, stationäre und nichtstationäre Handelsbetriebe sowie filialisierter, autonomer bzw. kooperativer Handel, die unterschiedliche Kommunikationsinstrumente nutzen. Darüber hinaus sind

Tab. 1 Am stärksten beworbene „Produkte" und am stärksten werbungtreibende Unternehmen in den klassischen Mediengattungen – Werbeausgaben in TEUR. Quelle: The Nielsen Company 2007; 2014

Produkte	2013	Produkte	2006	Unternehmen[a]	2013	2006
Media Markt	233.637	Lidl	356.780	Procter & Gamble	552.387	304.110
McDonald's	169.515	Aldi	275.710	Ferrero	413.871	242.399
Lidl	156.624	Media Markt	268.473	L'Orèal	399.398	275.419
Saturn	121.005	Saturn	184.027	Media Markt & Saturn	372.196	454.350
Rewe	114.705	C&A	130.564	Springer Verlag	318.159	242.815
Penny	112.085	Schlecker	113.722	Unilever	264.589	325.626
Edeka	110.060	McDonald's	90.623	Lidl	248.158	359.074
Telekom Image	105.686	Penny	69.787	Volkswagen	246.010	k.A
Sky Pay-TV	97.639	Danone Actimel	68.521	Beiersdorf	225.250	k.A
Ikea	92.930	Ing-Direkt Bank	66.483	Deutsche Telekom	213.465	169.717

[a]Im Jahre 2006 gehörten noch Aldi (275.734) und der Gruner + Jahr Verlag (184.201) zu den Top-Ten

verschiedene Branchen, Betriebstypen, Unternehmensgrößen, Gesamtunternehmens- und Wettbewerbsstrategien zu berücksichtigen, um die Kommunikation des Handels spezifisch zu behandeln (Zentes et al. 2012).

Die nachfolgende, begrenzte Sicht auf die kundenorientierte Kommunikation des traditionellen *Einzelhandels* hat die Darstellung der Unternehmensleistung nach außen zum Gegenstand. Dabei werden die traditionellen Ziele verfolgt, Emotionen, Kognitionen und letztlich das Verhalten der Konsumenten zu beeinflussen (Tietz und Zentes 1980) oder zur Kundenbindung beizutragen (Zentes et al. 2013). Der direkte Zugang des Handels zum Kunden, seine Emanzipation gegenüber der Industrie, die zunehmende Konzentration und Internationalisierung, aber auch der Fokus des Handels auf Retail Brands fördern die Bedeutung der Kommunikation im Rahmen des Handelsmarketing und -management. Nachfolgend wird daher zunächst aus Unternehmenssicht auf die Vielfalt der Instrumente der Massen- und In-Store-Kommunikation eingegangen. Anschließend wird anhand von Ergebnissen einer empirischen Studie in fünf *Handelsbranchen* der Bedeutung und Wirkung von *Massen-* bzw. *In-Store-Kommunikation* für das Retail Brand aus Kundensicht nachgegangen. Diese fünf Handelsbranchen sind unterschiedlich bedeutend, denn von den rund 440 Mrd. EUR Marktvolumen im deutschen Einzelhandel (statistisch ohne Apotheken und KFZ erfasst) entfällt auf die Branche Lebensmitteleinzelhandel, ein Anteil von nahezu 50 Prozent, gefolgt vom Elektro- und Bekleidungseinzelhandel mit je rund 12 Prozent sowie Baumärkte und Möbelhandel mit unter 10 Prozent. Die Branchen unterscheiden sich ferner bezüglich des Konzentrationsgrades (z. B. Großkonzerne im Lebensmitteleinzelhandel versus kleinere Unternehmen im Bekleidungseinzelhandel), im Hinblick auf die Kontakthäufigkeit mit den Kunden (z. B. wöchentlich im Lebensmitteleinzelhandel versus gelegentlich im Möbelhandel), bezüglich der Gestaltung der Wertschöpfungsprozesse (z. B. eine ähnliche Gestaltung im Lebensmittel-, DIY- und Elektroeinzelhandel) oder im Hinblick auf die Dimensionen zur Gestaltung finanziell tragfähiger Positionierungs- und Wachstumsstrategien (Zentes et al. 2013). Studien, die oftmals pauschal von Einzelhandel sprechen, greifen zu kurz, und sind – wenn überhaupt – aufgrund der Bedeutung am ehesten an den Lebensmitteleinzelhandel adressiert.

1.2 Besonderheiten und Ziele der Handelskommunikation

Wenngleich die Kommunikation von Handels- und Industrieunternehmen einige Gemeinsamkeiten aufweist, sind im Handel spezifische Gegebenheiten zu berücksichtigen. Dabei sind prinzipielle und graduelle *Besonderheiten des Handels* zu unterscheiden (Bruhn 2009, 2010; Kroeber-Riel und Esch 2011; Foscht und Brandstätter 2012; Zentes et al. 2012). Zu den *prinzipiellen Besonderheiten* zählen:

- Im Handel ist das kommunizierende gleichzeitig auch das verkaufende Unternehmen. Daraus ergibt sich aus Sicht eines Handelsunternehmens der Vorteil, die Kunden bzw. deren Kaufverhalten zu kennen und dadurch die Möglichkeit, unterschiedliche kurz- und langfristige Werbewirkungen exakt zu messen.

- Der Handel kommuniziert auch mit seiner „Produktionsstätte", also mit dem Laden. Damit stehen ihm wesentlich mehr Beeinflussungsmöglichkeiten zur Verfügung als der Industrie. Nicht zuletzt deshalb ist die Kommunikation am Point of Sale (POS) für Händler von großer Bedeutung. Da auch den Industrieunternehmen der Stellenwert der POS-Kommunikation für den Abverkauf der Waren bewusst ist, unterstützen sie den Handel häufig bei entsprechenden werblichen Maßnahmen.
- Die Einkaufsstätten als Werbeträger haben im direkten Vergleich zu Markenartikeln allerdings auch Nachteile. So wirken Markenartikel in viele Lebensbereiche hinein, wohingegen Konsumenten im Handel lediglich im Laden oder im Web sowie etwa bei der Verwendung von Einkaufstüten mit Einkaufsstätten konfrontiert werden. Durch das vermehrte Lancieren von Handelsmarken und die Bestrebungen zum Aufbau von Retail Brands gelingt es aber auch Handelsunternehmen stärker in der Lebenswelt ihrer Kunden präsent zu sein.
- In der Werbung des Handels werden überwiegend Produkte angeboten, die nicht vom Handelsunternehmen selbst hergestellt werden. Daher wird meist die Qualitätskompetenz und -verantwortung des Handels abgeleitet. Aber auch diesem Aspekt wird durch eine Positionierung von Handelsmarken entgegengewirkt.
- Die Kernleistung des Handels, das händlerisch-dispositive, ist ein immaterielles Gut, das im Vergleich zu materiellen Gütern schwieriger kommunizierbar ist.
- Der Handel wirbt oft mit dem Preisargument, während die Industrie i. d. R. auf das Produkt und dessen Verankerung im Gedächtnis der Kunden abzielt.

Als *graduelle Besonderheiten* sind folgende Aspekte anführen:

- Für Handelsunternehmen, die nur über einen begrenzten regionalen Absatzradius verfügen, ist eine möglichst hohe Ausschöpfung des vorhandenen Potenzials als Anforderung an die Kommunikation zu stellen. Dem gegenüber steht die Kommunikation überregionaler, globaler Händler (Swoboda et al. 2012).
- Handelsunternehmen verfügen über ein breiteres, oft auch heterogenes Sortiment als Industrieunternehmen. Letztere können deshalb im Rahmen von Kommunikationsmaßnahmen einige wenige Produkte in den Vordergrund stellen, wohingegen Handelsunternehmen das gesamte Sortiment zu kommunizieren haben.
- Um sich gegenüber der Konkurrenz zu profilieren, wird das Sortiment vieler Händler zudem kontinuierlich um unterschiedliche Serviceleistungen (z. B. Reisen oder Finanzdienste) erweitert. Diese Erweiterungen erfordern andere Kommunikationsaufgaben als Konsumgüter, da hier weniger der Abverkauf der Leistung, sondern vielmehr die Vermittlung eines positiven Images das primäre Kommunikationsziel bildet (Bruhn 2010).
- Neben der langfristigen Kommunikationsplanung ist im Handel auch eine kurzfristige Planung, die sich meist aus dem Tagesgeschäft ergibt, erforderlich.
- Konsumenten reagieren auf Kommunikationsmaßnahmen des Handels im Vergleich zur Industrie schneller. Zusätzlich stehen dem Handel Möglichkeiten zur Verfügung, um die Reaktionsweisen der Kunden zu erfassen und die Wirksamkeit kommunikativer Maßnahmen zu testen, wie beispielsweise anhand von Scannerkassen.

Die angeführten Besonderheiten determinieren die Kommunikation von Handelsunternehmen maßgeblich und sind deshalb im Rahmen der folgenden Ausführungen zu berücksichtigen. Zugleich sind die spezifischen Ziele der Kommunikation von Handelsunternehmen zu beachten, die zunächst nicht wesentlich von den vorökonomischen Zielen (z. B. konsumenten- und konkurrenzbezogen) und den ökonomischen Zielen (z. B. Marktanteil und Umsatz) der Industrie abzuweichen scheinen (Zentes et al. 2012, S. 503). Allerdings sind hierbei zumindest zwei *Besonderheiten der Kommunikationsziele im Handel* von Relevanz:

- Erstens sind die Ebenen der Aktivitäten und der Kommunikationsziele im Handel hervorzuheben. Die Unternehmensebene (z. B. Imageziele), die Betriebstypenebene (z. B. Frequenzsteigerung), die Warengruppenebene (z. B. Profilierung) und die Produktebene (z. B. Auslösen eines Kaufs, Förderung von Handelsmarken). Je nach Verantwortung eines Managers steht demnach nicht nur der Betriebstyp, also das Produkt des Handels, im Zentrum der Überlegungen. Zugleich deuten die Beispiele darauf hin, dass gerade im Handel Interdependenzen zwischen den Ebenen und entsprechenden Zielen bestehen. Bei der Wirkungsbetrachtung von Maßnahmen ist auf reziproke Beziehungen zu achten (vgl. als eine der wenigen Studien zur Reziprozität Swoboda et al. 2013a).
- Zweitens variieren die Ziele bei Betrachtung der vielfältigen Kommunikationsinstrumente im Handel. So gibt es Unterschiede zwischen den klassischen und neueren Instrumenten der Handelswerbung (Foscht und Brandstätter 2012; Walsh et al. 2012), der POS- oder Ladengestaltung (Gröppel-Klein 2012; Häusel 2012) und dem Persönlichen Verkauf (Meyer und Bartsch 2012). Pauschal kann – wie so oft – zwischen strategischen Kommunikationsinstrumenten (z. B. Imagewerbung oder Public Relations) und taktischen Kommunikationsinstrumenten (z. B. Verkaufsförderung oder Persönlicher Verkauf) unterschieden werden. Aber auch diese wirken interdependent und eine konsequente Preispromotion prägt das Preisimage ggf. stärker als die Imagewerbung. Da ferner die instrumentalen Gestaltungsoptionen je nach Branche, Betriebstyp, und Position im Intra- und Interbetriebstypenwettbewerb variieren, erfolgt aufgrund der Komplexität nachfolgend nur ein kursorischer Blick auf die Instrumente.

2 Instrumente und Bedeutung aus Unternehmenssicht

2.1 Instrumente der Massenkommunikation

2.1.1 Klassische Mediawerbung

Die Kommunikation über klassische Medien, die sich als öffentlich, indirekt, einseitig und auf ein heterogenes Publikum gerichtet charakterisieren lässt, ist im Handel sehr vielfältig. Insbesondere ist sie im Food- und Non Food-Handel von unterschiedlicher Relevanz.

Die *Fernsehwerbung* ist vor allem den größeren, marktführenden und i. d. R. filialisierten Einzelhandelsunternehmen, wie IKEA und Lidl, oder Verbundgruppen des Handels, wie Edeka und Rewe, vorbehalten. Aufgrund der gleichzeitigen Einsatzmöglichkeit von Bild, Ton und Text bietet sich die Fernsehwerbung besonders zur Vermittlung von emotionalen Werbebotschaften an. Sie bedarf aber, um Wahrnehmung zu erlangen, einer hohen Schaltfrequenz und benötigt daher ein nicht unerhebliches Budget. Deshalb sind die Streuverluste enorm. Die Werbegestaltung bzw. die -inhalte fokussieren sich bei vielen deutschen Handelsunternehmen auf die Preisdimension, d. h. die Preiswerbung. Erst in jüngerer Zeit kommunizieren deutsche Händler alternative Positionierungen im TV, wie beispielsweise Frische und Kompetenz im Lebensmittel- oder ein hoher Fashiongrad im Textileinzelhandel. Vieles spricht zudem für die These, dass die Fernsehwerbung durch Handelsunternehmen im Fall von Re-Positionierungen bzw. Strategiewechseln gewählt wird. Ein Beispiel hierfür bilden Edeka und Rewe, die ihre Position in Richtung Frische und Qualität verschärften.

Während die *Kinowerbung*, die sich durch eine hohe Kontaktwahrscheinlichkeit und eine eng eingrenzbare Zielgruppe auszeichnet, für Handelsunternehmen eine begrenzte und eher regionale bzw. „mittelständische" Bedeutung hat, kann die *Rundfunkwerbung* als klassisches Instrument der Massenkommunikation im Handel betrachtet werden. Das akustisch Wahrnehmbare wird sowohl von führenden Fernsehwerbern im Handel wie beispielsweise Media Markt genutzt, als auch isoliert als einziges Nicht-Print-Massenmedium von lokalen Unternehmen. Ähnlich wie die Kinowerbung ist die *Zeitschriftenwerbung* zu bewerten, die allerdings aufgrund der platzierbaren Themenschwerpunkte sowie genauer definierbaren Zielgruppen von Handelsunternehmen mit einer Konzentrationsstrategie genutzt wird.

Zu den klassischen massenmedialen Kommunikationsinstrumenten im Handel, die im Besonderen im Lebensmittel- und DIY-Handel genutzt werden, zählen die Werbung in *Zeitungen* (meist Regionalzeitungen), in *Anzeigenblättern* oder mittels *Handzetteln, Beilagen* bzw. *Prospekten*. Zeitungswerbung besteht aus vielfältig platzierbaren Anzeigen verschiedener Größe, ganz ähnlich wie Werbung in Anzeigenblättern oder Regionalzeitungen. Allerdings werden letztere i. d. R. als werbefinanzierte, regionalspezifisch ausgerichtete Publikationen unaufgefordert – überwiegend wöchentlich – verteilt. Handzettel, Beilagen bzw. Prospekte informieren über Aktionen und neue Produkte und liegen in Läden aus und werden größtenteils auch kostenlos den im betreffenden Einzugsbereich liegenden Haushalten zugestellt. Es ist zu bemerken, dass diese damit im Handel nicht nur Bestandteil der Massen-, sondern auch der In-Store-Kommunikation sein können. Weiterhin ist die *Außenwerbung* zu den klassischen massenmedialen Kommunikationsinstrumenten zu zählen. Hierunter sind Werbeträger und Werbemittel, wie Plakate an Plakatwänden im öffentlichen Raum, an der Fassade eines Handelsunternehmens, auf Fahrzeugen usw. zu subsumieren. Entsprechend unterschiedlich ist die Kontakthäufigkeit.

Beim Einsatz der Mediawerbung im Handel sind branchenspezifische Unterschiede erkennbar. Während Handzettel immer noch die bevorzugte Werbeform im Lebensmitteleinzelhandel darstellt, werben Elektronik- und Baumärkte verstärkt im Fernsehen. Auch die größten Möbelunternehmen in Deutschland setzen diese Werbeform ein, während kleinere Möbelfachgeschäfte oder -ketten aufgrund von

Budgetrestriktionen und regionaler Ausrichtung auf alternative Kommunikationsmaßnahmen, wie beispielsweise Radiowerbung, setzen. Die hier inhaltlich nicht näher betrachteten Ausprägungen der Mediawerbung weisen auch im Handel eine Tendenz zur emotionaleren, betonteren, innovativeren, kreativeren und integrativeren Gestaltung auf (zu weiteren Ausprägungen im Einzelnen Foscht und Brandstätter 2012).

2.1.2 Neuere Formen der Handelswerbung

Vor dem Hintergrund eines veränderten Kauf- und Medienkonsumverhaltens in der Bevölkerung ändern auch Einzelhändler ihre Kommunikation, indem sie neben den klassischen Werbeformen neue, elektronische Formen nutzen, zu denen die Online- und Mobile-Kommunikation in den verschiedenen Erscheinungsformen zählen.

Ein zentrales Charakteristikum der *Online-Kommunikation* ist die unmittelbare und direkte Feedbackmöglichkeit der Botschaftsempfänger in Echtzeit und die daraus entstehende Interaktionsdichte. Des Weiteren liegt eine Hypermedialität vor, die durch eine nicht-lineare, modulhafte und durch Querverweise verbundene Anordnung der Kommunikationsinhalte in verschiedensten Mediengattungen (z. B. Text, Film oder Ton) charakterisiert ist. Der Nutzer kann durch das Anwählen bestimmter Inhalte selbst bestimmen, welche Informationen geladen und angezeigt werden. In diesem Zusammenhang gewinnen sowohl die C2B-Kommunikation – also die Kommunikation ausgehend vom Kunden zum Unternehmen –, als auch Customer-Managed-Relationships immer mehr an Bedeutung. Für diese neueren Formen der Kommunikation sind folgende Medien und Instrumente für Handelsunternehmen besonders zentral: Unternehmenswebsite, E-Mails, Bannerwerbung, Pop-up Werbung, Suchmaschinenwerbung sowie Web 2.0-Aktivitäten und Soziale Netzwerke.

Auf der *Unternehmenswebseite* sind klassischerweise Informationen über das Unternehmen und die angebotenen Leistungen zu finden. Die Informationen werden zur Verfügung gestellt und sind vom Internetnutzer zu suchen. Websites werden mit unterschiedlichen Schwerpunkten genutzt, zum direkten Verkauf von Produkten oder nur als Übersicht über die Angebote im stationären Handel. Somit variieren die Ziele der Websites von Handelsunternehmen (Walsh et al. 2012) und sie werden voluntaristisch als Absatzkanal im Rahmen einer Multi-Channel-Strategie oder adaptiv als Informationsplattform genutzt (Zentes et al. 2012, S. 139 ff.).

E-Mails ermöglichen einen kostengünstigen und standardisierten Versand von Nachrichten an einzelne Personen, aber auch an Personengruppen. Handelsunternehmen können so potenziellen Nachfragern Informationen über Produktneuerscheinungen oder Sonderaktionen übermitteln. Obwohl E-Mails i. e. S. als Mittel der Zwei-Wege-Kommunikation eingesetzt werden, senden Unternehmen auch „Do-not-reply-E-Mails" aus, auf die der Kunden nicht antworten kann. Aufgrund der vielfältigen Ausprägungsformen im Rahmen des E-Mail-Marketing fasst Tab. 2 die wichtigsten zusammen.

Werbebanner sind auf einer Website eingebundene Grafikdateien, die mit einem Hyperlink auf die Website des Werbenden verweisen. Erscheinen Werbebanner als aktive im Vordergrund stehende Elemente, werden sie als *Pop-up-Werbung* bezeichnet. Das wichtigste Ziel von Bannerwerbung ist das Generieren von Transaktionen.

Tab. 2 Gängige Ausprägungsformen des E-Mail-Marketing. Quelle: Walsh et al. 2012, S. 703

E-Mail-Form	Beschreibung	Beispiele	Handelsunternehmen
Transaktions-E-Mail	Automatisierter und durch eine Aktion des Nutzers ausgelöster E-Mail-Versand	Bestellbestätigung; Versandbestätigung; Hinweise zum Auftragsstaus	Otto, Thalia, Redcoon, Amazon, Fahrrad.de, Zalando
Trigger-E-Mail	Automatisierter, zeit- oder aktionsgesteuerter Versand von E-Mails (ohne direkte Einwirkung des Empfängers)	Geburtstagsglückwünsche; Hochzeitsglückwünsche; Preissenkungen	Neckermann, IKEA, Marc O' Polo, Peter Hahn, Otto, brands4friends, All Posters, eBay
Lifecycle-E-Mail	Versand von passgenauen Informationen in Abhängigkeit vom Kundenstatus (Interessent, Neukunde, Bestandskunde, u. a.)	Begrüßungsnachricht für Neukunden; Produktvorschläge für Bestandskunden; Aktionsangebote für Bestandskunden	Douglas, dress-for-less, Amazon, Zalando, eBay, IKEA, brands4friends
Autoresponder	Automatisierte Antwortmails zur Bearbeitung von Kundenanfragen und zur Bereitstellung von allgemeinen Informationen	Bestätigungs-E-Mails; Versand von Preislisten und Gebrauchsanleitungen; Abwesenheitsnotizen	Herrenausstatter, Otto, Neckermann, Thalia
Newsletter	Vom Empfänger angefordertes und regelmäßiges Zusenden von Informationen per E-Mail	Abverkaufsorientierte Newsletter (z. B. bei Preissenkungen); Produktinformationen; Unternehmensinformationen (z. B. Informationen zu Investor Relations)	Fleurop, Görtz, Douglas, Notebooksbilliger, Mister Spex, brands4friends

Dabei werden Internetnutzer bzw. die identifizierte Zielgruppe nicht nur auf die beworbenen Produkte oder Marken aufmerksam gemacht, sondern sie werden vor allem sensibilisiert, Käufe über den Online-Kanal vorzunehmen. Bannerwerbung gehört auch im Handel nach wie vor zu den am meisten eingesetzten Internet-Werbeformen.

Das primäre Ziel des *Suchmaschinenmarketing*, d. h. alle Maßnahmen zur Gewinnung von Besuchern über Suchmaschinen, ist ebenfalls das Generieren von Transaktionen. Suchmaschinen fungieren als Mediatoren zwischen der Informationsvielfalt des Internet und dem nach Produkten und Informationen suchenden Nutzern. Allein bei Google werden täglich über 1 Mrd. Suchanfragen gestellt. Für

Handelsunternehmen, die im Internet gefunden werden möchten, ist das Suchmaschinenmarketing von großer Bedeutung. Es wird zwischen Suchmaschinenwerbung und -optimierung unterschieden (dazu Walsh et al. 2012).

Bei *Web 2.0-Aktivitäten* handelt es sich um eine Form der Online-Kommunikation, bei der die Interaktion im Mittelpunkt steht. So werden Kommunikationsinhalte nicht nur von den Unternehmen vorgegeben, sondern auch durch die Konsumenten selbst mitbestimmt. Ein zentrales Merkmal ist somit die Integration der Nutzer. Zu Web 2.0-Anwendungen zählen *Soziale Netzwerke* (z. B. Facebook und Twitter), *Videocommunities* (z. B. youtube.com und myvideo.de), *Wiki-Websites* und *Weblogs*. Speziell Facebook mit weltweit über 1 Mrd. Nutzern, über 25 Mio. davon in Deutschland, wird zunehmend auch für Handelsunternehmen zu einer wichtigen Kommunikations- und Werbeplattform. Gegenwärtig haben Unternehmen wie dm-drogeriemarkt oder Otto die meisten Fans auf Facebook im deutschen Handel. Beim Einsatz von *Social-Media-Plattformen* ist ein regelmäßiges Monitoring der ausgetauschten Kundenmeinungen unerlässlich. Dies erfordert Ressourcen und kann speziell bei kleineren Handelsunternehmen problematisch werden.

Im Fokus *mobiler Kommunikation* des Handels stehen aktuell Maßnahmen, die vornehmlich der Kundeninformation und -bindung dienen. Durch die fortschreitende Entwicklung im Bereich der Applikationen für Smartphones wird der Einkauf anhand eines mobilen Endgerätes in Zukunft relevanter. Bei einer zusätzlichen Erweiterung bestehender Marketingkanäle um mobile Marketingkommunikationsmaßnahmen lässt sich das kundenseitige Bedürfnis nach Informationen durch Händler gezielter und individueller befriedigen sowie die kundenseitige Loyalität erhöhen (Walsh et al. 2012).

2.1.3 Public Relations

Public Relations (PR), oder auch Öffentlichkeitsarbeit genannt, prägt das Bild des Unternehmens in der Öffentlichkeit. PR dient i. d. R. weniger einer konkreten Absatzförderung. Im Handel – besonders bei Monobetriebstypen-Handelsunternehmen, d. h. denen, die nur über einen Betriebstyp verfügen (z. B. Aldi), sowie bei den betriebstypenspezifisch organisierten Handelsunternehmen (z. B. die Metro Group mit Metro Cash & Carry, Kaufhof, Real sowie Media Markt und Saturn) – wirkt die PR auch direkt auf den Betriebstyp bzw. die jeweilige Marke (Corporate bzw. Store Brand). Studien zeigen, dass die Aktivitäten auf beiden Ebenen, der Corporate- und Store-Ebene, interdependent sind und in ihrer Wirkung auf die Kunden reziproke Effekte aufweisen (Swoboda et al. 2013a). Daneben wurde gezeigt, dass internationale Handelsunternehmen auf einer Gesamtunternehmensebene ihre globalen Aktivitäten kommunikativ dazu nutzen können, um – basierend auf einem „Perceived Brand Globalness" – im Wettbewerb mit regionalen Unternehmen in jungen Märkten (z. B. Schwellenländern) Vorteile zu realisieren (Swoboda et al. 2012, 2014).

Wird die PR-Arbeit im Handel klassisch begriffen – im Sinne der Kommunikation in Richtung aller Stakeholder und damit auf der Ebene des Gesamtunternehmens – dann stieg seit Ende der 1990er-Jahre ihre Bedeutung auch im Handel kontinuierlich. So engagiert sich beispielsweise Hennes und Mauritz öffentlichkeitswirksam gegen Kinderarbeit, nachdem immer wieder entsprechende Vorwürfe gegen die Lieferanten des schwedischen Textilunternehmens laut wurden. In Zukunft wird eine wirkungsvolle Gestaltung der PR-Arbeit neben der langfristigen Ausrichtung eine konsequente Zielgruppenorientierung, wie etwa die Ansprache bestimmter NGOs sowie eine Ansprache über spezifische PR-Kanäle, bedingen (Bruhn 2010). Eine besondere Rolle hat die Öffentlichkeitsarbeit in Krisensituationen (z. B. bei Unfällen, Skandalen usw.) zu übernehmen. Hierbei geht es um die Minimierung von Schäden, ohne an Glaubwürdigkeit zu verlieren. Die Effizienz und Effektivität des Kommunikationsmanagements im Allgemeinen bzw. in der PR im Speziellen wird in Zukunft eine wichtige Rolle im Handel spielen. Dabei werden Strategien der *Corporate Social Responsibility* (*CSR*) für Handelsunternehmen essentiell sein.

2.1.4 Sponsoring

Sponsoring umfasst die Bereitstellung von Geld, Sachmitteln oder Dienstleistungen zur Förderung von Personen oder Organisationen und zwar i. d. R. verbunden mit dem angestrebten Imagetransfer von dem geförderten Subjekt auf das fördernde Unternehmen. Auch hier besteht ein Bezug zum Strategiewechsel im Handel. Beispielsweise betreibt der Handelskonzern Rewe rund 80 Sponsoringaktivitäten, wobei der Schwerpunkt auf dem Sportsponsoring liegt. In diesem Zusammenhang wurde Rewe 2011 von der Zeitschrift Horizont als „Sportsponsor des Jahres" ausgezeichnet. In der deutschen Fußballbundesliga ist Rewe Hauptsponsor des 1. FC Köln, Ernährungsberater des deutschen Fußballbundes sowie Sponsor der deutschen Frauen- und Männer-Fußballnationalmannschaften. Dazu kommen weitere Engagements bei Basketball- und Handballmannschaften sowie Schulsportförderprogramme. Durch diese Engagements kann das Unternehmen eine glaubhafte Verbindung zwischen dem Unternehmen und den Themen Bewegung und Ernährung erzeugen (Zentes et al. 2012).

Auch kleinere und lokal tätige Händler betreiben Kultur-, Sozial- und Umwelt- oder etwa Wissenschaftssponsoring. So erlebt das Sponsoring durch die gezielte Ansprache spezieller Zielgruppen, der Vermittlung authentischer Erlebniswerte sowie der indirekten Kontaktpflege seit Anfang der 1990er-Jahre – vor allem zur Profilierung von Marken – einen stetigen Bedeutungszuwachs (Bruhn 2009, 2010).

2.2 Instrumente der In-Store-Kommunikation

2.2.1 Ladengestaltung und POS-Marketing

Die *Ladengestaltung* beschreibt die Gestaltung des Verkaufsraumes und setzt sich aus mindestens vier *Instrumenten* zusammen (Zentes et al. 2012):

- Bei der Gestaltung des *Ladenlayouts* wird das Augenmerk zunächst auf die Raumaufteilung in Waren-, Kunden- und übrige Verkaufsfläche gelegt. Anschließend wird auf die Raumanordnung, bei der zwischen Zwangs-, Individualablauf oder einer hybriden Gestaltungsvariante unterschieden wird, geachtet.

- Die *qualitative und quantitative Raumzuteilung* beschäftigt sich zum einen mit der Anordnung der einzelnen Warengruppen innerhalb des Verkaufsraumes bzw. der Raumzuteilung einzelner Artikel innerhalb des Regals und zum anderen mit der Größenzuteilung von Verkaufsflächen auf die einzelnen Warengruppen.
- Die *atmosphärische Ladengestaltung* greift auf die visuelle Kommunikation durch unterschiedliche Beleuchtungs- und Farbkonzepte bzw. dekorative Elemente sowie die akustische Kommunikation mittels Hintergrundmusik zurück. Weiterhin spielt auch die Gestaltung olfaktorischer Reize, d. h. die Beeinflussung über Gerüche, Düfte und Temperatur, eine nicht zu vernachlässigende Rolle.
- Bei der *Gestaltung des Ladenumfelds* wird speziell der Dekoration der Schaufenster als „Visitenkarte" des Einzelhandelsgeschäftes und dem Eingangsbereich als Beginn des Kundenleitwegs besondere Aufmerksamkeit gewidmet.

Als immer noch relativ neuere Entwicklung ist die *inszenierte Ladengestaltung* anzuführen (Häusel 2012). Diese betrachtet den Verkaufsraum als Bühne, auf der es Erlebnisse zu inszenieren gilt. Letzteres verweist dabei auf den seit Jahren propagierten Trend zur Erlebnisorientierung, der in den letzten Jahren vor allem in den Non-Food-Branchen beobachtbar ist. Dem Kunden die Gelegenheit für emotionales Empfinden und Erleben zu bieten, bedingt allerdings eine Abstimmung aller Instrumente der Ladengestaltung, um ein ganzheitliches Kauferlebnis zu vermitteln und schließlich die Verkaufsflächenrentabilität zu erhöhen. Ein neuerer Forschungszweig widmet sich evolutionären Store Atmospherics (dazu und zu weiteren Instrumenten Zentes et al. 2012, S. 549 ff.).

Über die Ladengestaltung hinaus geht das *POS-Marketing*, das die Ladengestaltung als wesentliches Element betrachtet, zugleich aber breit den Einsatz aller informations- und kommunikationsbezogenen Marketinginstrumente in den Verkaufsstellen des Einzelhandels betrachtet. Wie in Tab. 3 verdeutlicht, zählen hierzu u. a. die Verkaufsförderung und der Persönliche Verkauf, die in diesem Beitrag aufgrund ihrer Bedeutung separat betrachtet werden.

Angesichts der zahlreichen Formen der POS-Werbung sind an dieser Stelle einige hervorzuheben, die neben der klassischen POS-Werbung bzw. -Kommunikation (z. B. Ladenmusik, Plakate, Informationsflyer, Bodenbedruckung, Informationsschilder, optisch akzentuierter Displays und Schütten, olfaktorische Reize usw.) stehen.

Anzusprechen sind zunächst *In-Store-TV* und *Multimedia-Terminals*, die in den letzten Jahren eine zunehmende Professionalisierung erfuhren und gezielter als Verkaufsförderungsinstrument eingesetzt werden. Entsprechende Geräte finden sich u. a. in Baumärkten, wo komplexe und erklärungsbedürftige Produkte beworben werden. *Mobile Shopping Assistants* bzw. *Personal Shopping Assistants* sind neben dem elektronischen Kiosksystem weitere moderne Technologien, die den Kunden durch einen Laden navigieren. Diese portablen Computer, die entweder in der Hand gehalten oder am Einkaufswagen montiert werden, bieten dem Kunden Such- und Orientierungshilfen.

Digital Signage beinhaltet verschiedene in die Ladenarchitektur integrierte Digital-Signage-Elemente. Läden verfügen u. a. (1) über Wandprojektionen in der

Tab. 3 Wesentliche Instrumente des POS-Marketing. Quelle: Gröppel-Klein 2012, S. 647

Bereiche		Konsumentengerichtete Verkaufsförderungsaktivitäten der Industrie	
Instrumente	In-Store-Marketing des stationären Handels		E- bzw. M-Commerce
Nicht auf persönlicher Kommunikation beruhende Instrumente	• Instrumente der Ladengestaltung • Ladenlayout • Quantitative Raumzuteilung • Qualitative Raumzuteilung • Verbundpräsentation • Shop-in-the-Shop-System • Dekoration und Farbgestaltung • Schaufenstergestaltung • Gestaltung des Raumumfeldes (Musik & Düfte) • Multimedia	• Preisaktionen (auch Coupons, Gutscheine) • Displaymaterial • POS-Werbung • Gewinnspiele • Produktproben • Handzettel	• Virtuelles Store-Layout • Interaktivität • „Collaborative Filtering Systems" • 24-Stunden-Einkaufsmöglichkeit online • Digitale Gutscheine • Interaktive Preisverhandlungen und Auktionen • Spezifische M-Commerce-Aktionen „on demand" oder Ortung der Kunden und Absendung situationsspezifischer Angebote
Persönliche Instrumente	• Verkaufsgespräche	• Propagandisten • Persönliche Verteilung von Produktproben	• Avatare • Interaktion durch Einspielung von Videoclips zu häufig gestellten Fragen • Barcode bzw. QR-Code Apps mit spezifischen, personalisierten Informationen
Sonstiges	• Avatare • Interaktion durch Einspielung von Videoclips zu häufig gestellten Frage • Barcode bzw. QR-Code Apps mit spezifischen, personalisierten Informationen	• Eventmarketing seitens der Industrie (z. B. Prominenten-Promotions), spektakuläre Produktinszenierungen (z. B. Red Bull-Flugtage) • Jubiläums-Aktionen, Sondereditionen (z. B. Persil)	• Interaktionen mit stationärem Handel (auch „Click & Collect"-Betriebsformen mit besonderen Promotions-Aktionen)

Obst- und Gemüseabteilung, um eine großflächige Atmosphäre zu schaffen, (2) HD-Monitore, die im Laden verteilt auf Augenhöhe und in direkter Laufrichtung aufgestellt sind und elektronische Laufschrift oder digitale Plakate anzeigen, (3) Waagen mit zum Kunden ausgerichteten Displays, oder (4) Preisauszeichnung mit digitalen Preisschildern sowie in den Regalen mit elektronischen Schildern (Walsh et al. 2012). Darüber hinaus existieren so genannte *Smart Mirrors*, also Displays (ähnlich einem Computermonitor), die das Gesicht eines Kunden fotografieren, es erkennen und veranschaulichen, wie dem Kunden verschiedene Brillenmodelle passen würden. Ähnliches wird – mit anderen Zielen – zur Erkennung der Kunden bereits beim Betreten des Ladens getestet.

2.2.2 Persönlicher Verkauf

Der *Persönliche Verkauf* als deutlichste Form der direkten, zweiseitigen Kommunikation zeichnet sich durch den unmittelbaren Kontakt zwischen Verkäufer und Käufer beim Warenabsatz aus. Ziel des Persönlichen Verkaufs ist es, potenzielle Kunden von der Leistungsfähigkeit so zu überzeugen, dass sie bereit sind, die angebotenen Waren zu kaufen. Der Persönliche Verkauf prägt ferner die Wahrnehmung des Service eines Handelsunternehmens (Meyer und Bartsch 2012).

Die Bedeutung des Persönlichen Verkaufs ist grundsätzlich umso höher, je erklärungsbedürftiger und neuartiger die angebotenen Artikel im jeweiligen Einzelhandelsgeschäft sind. Weiterhin spielen auch die Art der Kaufentscheidung sowie das damit verbundene Involvement des Kunden für eine erhebliche Rolle. Zwar hat die Bedeutung des Persönlichen Verkaufs im Zuge der Popularität von Selbstbedienungskonzepten im Handel in der Vergangenheit abgenommen, im Fall von Fachgeschäften, wie Douglas, Intersport, Expert, Euronics oder Eletronic Partner, wird jedoch die Beratungskompetenz zunehmend als wichtiger Teil der Profilierung genutzt und dem Konsumenten entsprechend kommuniziert.

Studien belegen, dass der Persönliche Verkauf ein wichtiges Instrument ist, um Vertrauen und letztendlich Loyalität des Kunden gegenüber einem Unternehmen oder einer Marke aufzubauen (im einzelnen Zentes et al. 2012). Die Kompetenz, Hilfsbereitschaft und Fähigkeit Probleme und Fragestellungen zu lösen, beeinflussen die vom Kunden wahrgenommene Vertrauenswürdigkeit des Verkaufspersonals positiv, was sich wiederum positiv auf die Loyalität zum Händler auswirkt. Die Hilfsbereitschaft des Verkaufspersonals sowie das ausgestrahlte Vertrauen werden beispielsweise von der Zufriedenheit des Personals mit dem Arbeitsplatz beeinflusst. Darüber hinaus ermöglicht eine direkte Kommunikation mit dem Kunden Informationen zu gewinnen und weiterzugeben.

Folglich schulen Handelsunternehmen ihre Mitarbeitenden in der Verkaufsgesprächsführung. Entscheidend für den Erfolg während solcher Verkaufsgespräche sind sowohl Authentizität und Glaubwürdigkeit der dargelegten Informationen, als auch die subjektive Sympathie- und Kompetenzwahrnehmung des potenziellen Kunden gegenüber dem Verkäufer. So üben zum einen Mimik, Gestik und Körperhaltung, und zum anderen auch non-verbale Kommunikation, wie die Stimme oder Modulation der Gesprächsführung, einen wesentlichen Einfluss auf den Gesamteindruck des Gegenübers aus.

2.2.3 Verkaufsförderung

Verkaufsförderung – auch als *Sales Promotion* bezeichnet – als unterstützendes, motivierendes und absatzförderndes Kommunikationsinstrument kann im Handel – je nachdem, auf welcher Stufe der Verkauf gefördert wird – in verkaufspersonalgerichtete und konsumentengerichtete Maßnahmen differenziert werden.

Die hier hervorzuhebende *konsumentengerichtete Verkaufsförderung* zielt auf die Aufmerksamkeitserregung und auf die kurzfristige Förderung von Käufen am Point of Sale ab. Der Kunde wird dadurch preislich oder auch emotional angesprochen und schließlich zum Kauf animiert. Beispiele für solche Aktionen sind Verkostungsstände, Sonderplatzierungen, Regalstopper oder im Laden ausliegende Handzettel. In den letzten Jahren hat die Verbreitung neuer Point-of-Sale-Medien, die auch als In-Store-Medien bezeichnet werden, zugenommen. Beispielsweise sind (elektronische) Einkaufswagenposter, Großflächenplakate, Point-of-Sale-Radioprogramme oder Bodengrafiken zu nennen. Doch scheint es fraglich, ob diese den klassischen Point-of-Sale-Medien überlegen sind.

Die Bedeutung der Verkaufsförderung ist im Handel zentral und wird weiter zunehmen (Gröppel-Klein 2012; Wagner et al. 2012). Jedoch ist festzustellen, dass auch hier ähnlich wie bei der Mediawerbung eine Informationsüberflutung der Konsumenten existiert. Preisaktionen im Vergleich zur Dauerniedrigpreisstrategie haben beispielsweise eine deutlich geringere Relevanz für Urteile bezüglich der Preiswürdigkeit und Günstigkeit.

2.3 Weitere Kommunikationsinstrumente und Integration

Neben den angeführten sind im Handel weitere Kommunikationsinstrumente relevant. Im Besonderen hat sich die *direkte Kommunikation* etabliert, die bereits im Zuge der neueren Werbeformen angesprochen wurde. Am häufigsten anzutreffen ist jedoch immer noch jene Form der direkten Kommunikation die mittels personalisierter Werbebriefe (so genannte *Direct Mailings*) agieren. Weitere Formen sind Telefonate, Anzeigen in Zeitungen mit Antwortcoupons oder die *Direct-Response-Werbung*, bei der z. B. bei einem TV-Werbespot eine Telefonnummer eingeblendet wird unter der Kunden weitere Informationen anfordern bzw. abrufen können.

Beim *Event Marketing* werden die Leistungen eines Händlers im Rahmen von besonderen Ereignissen präsentiert. Die Grundidee der Inszenierung von Ereignissen besteht im Einsatz einer stark erlebnisorientierten Kommunikationsform, von der entsprechende emotionale und physische Reize ausgehen bzw. eine entsprechende Aktivierung ausgelöst wird. Charakteristisch für das Event Marketing ist, dass es für die Besucher in erster Linie um den Event geht. Somit entsteht eine Atmosphäre, in der dann auch Unternehmensleistungen entsprechend präsentiert werden. Unternehmen wie Selfridges basieren ihre Geschäftskonzeption hierauf, wobei viele Events pro Jahr tausende von Kunden anzieht (Swoboda und Janz 2007). Schließlich erscheint das *Product Placement* im Handel von niedrigerer Bedeutung, während die *Word-of-Mouth-Kommunikation*, d. h. jene Kommunikationsprozesse, in denen

Konsumenten direkt miteinander kommunizieren, relevant ist. Ebenso sind (*Gewinn-*) *Spiele* erwähnenswert.

Wie angedeutet ist es nur bedingt zielführend, einzelne Kommunikationsinstrumente isoliert zu betrachten. Ziel ist vielmehr eine optimale Kombination von Kommunikationsinstrumenten zu erzeugen, d. h. eine Abstimmung des Kommunikationsmixes bzw. eine *Integrierte Kommunikation* durchzuführen (Esch 2006; Bruhn 2009). Auf die diesbezüglichen Besonderheiten im Handel wurde bereits an anderer Stelle verwiesen.

3 Instrumente und Bedeutung aus Kundensicht

3.1 Anlage einer branchenvergleichenden Studie

Die Bedeutung der unterschiedlichen Kommunikationsinstrumente und deren jeweiligen Einfluss auf die *Wahrnehmung des Handelsunternehmens aus Kundensicht* verdeutlichen die folgenden Ergebnisse einer empirischen Studie. Die Betrachtung bezieht sich dabei auf fünf Einzelhandelsbranchen, wie den Lebensmittel-, Bekleidungs-, Elektronik- sowie Möbel- und Do-it-Yourself-Einzelhandel. Ziel ist es, zum einen allgemeingültige, branchenübergreifende Implikationen für den Handel abzuleiten und zum anderen die Branchenspezifika herauszuarbeiten und gegenüberzustellen. Es lässt sich u. a. vermuten, dass einzelne Instrumente, so der Persönliche Verkauf oder die Ladengestaltung im Bekleidungseinzelhandel, einen stärkeren Einfluss auf die Wahrnehmung eines Handelsunternehmens haben als in anderen Branchen.

Drei Instrumente wurden aus dem Bündel der oben genannten Kommunikationsinstrumente berücksichtigt: Die *Massenkommunikation* (im Sinne von Werbung), der *Persönliche Verkauf* und die *Ladengestaltung*. Da diese nachfolgend – isoliert aus Sicht der Kunden – auf einen Laden bezogen werden, ist eine Interdependenz zwischen den Wahrnehmungen der Instrumente anzunehmen. Als resultierende Größe wird die Retail Brand verwendet (Morschett 2002; Swoboda et al. 2013a). Deren Messung erfolgt in Anlehnung an Keller (1993) und Verhoef et al. (2007). Die Datenerhebung erfolgte in einer deutschen Großstadt in Form von 2.000 persönlichen Face-to-Face-Interviews, die den Vorgaben einer Quotenauswahl sowie einem randomisierten Probandenauswahlprozessen folgten. Jeder Konsument wurde zu einem Handelsunternehmen befragt, das zufällig aus fünf durch den Probanden ungestützt genannten, bekannten Handelsunternehmen ausgewählt wurde.

3.2 Bedeutung der Massen- und In-Store-Kommunikation

Die Urteile der Konsumenten bezüglich der Wichtigkeit der Kommunikationsinstrumente zeigt Tab. 4. Branchenübergreifend ist die *hohe Bedeutung des Persönlichen Verkaufs* herausstechend, was frühere Ergebnisse in anderen Ländern stützen (z. B. Oppewal und Timmermans 1997). Ohne die branchenspezifischen, deskriptiven

Tab. 4 Subjektive Wichtigkeit der Kommunikationsinstrumente

	Lebensmittel (n = 400)	Bekleidung (n = 400)	Elektronik (n = 400)	Baumärkte (n = 400)	Möbel (n = 400)
Wichtigkeit Persönlicher Verkauf	5,22	5,53	5,95	5,81	5,56
Wichtigkeit Ladengestaltung	4,65	5,21	4,77	4,68	4,98
Wichtigkeit Massenkommunikation	4,05	3,84	4,51	4,42	4,48

Skala: 1 = völlig unwichtig bis 7 = sehr wichtig

Ergebnisse an dieser Stelle im Detail zu interpretieren, sticht ferner die hohe Bedeutung der Ladengestaltung im Textileinzelhandel hervor.

Bezüglich der *Inhalte der klassischen Kommunikation* können in der Studie die erwähnten beiden gegensätzlichen Dimensionen nachvollzogen werden:

- Die Werbegestaltung bzw. -inhalte fokussieren bei vielen Handelsunternehmen auf die Dimension des Preises, d. h., die von den Kunden wahrgenommene und im Gedächtnis gespeicherte Kernaussage reduziert sich auf den Preis.
- Einige wenige Unternehmen heben sich aus Kundensicht von der Konkurrenz ab. Dies kann als Imagewerbung – in Abgrenzung zu Preiswerbung – bezeichnet werden. Die dabei subsumierten Werbeinhalte sind beispielsweise Frische und Qualität (im Lebensmittelhandel) oder auch ein hoher Fashiongrad (im Bekleidungseinzelhandel).
- Für jede Branche wurden in Abb. 1 ausgewählte Unternehmen anhand der Kundenurteile, basierend auf direkten Fragen und freien Assoziationen, eingeordnet. Dabei wird die prinzipielle polare Ausrichtung auf Preis- oder Imagewerbung ersichtlich. Nur wenige Handelsunternehmen weichen hiervon ab. Im Branchenvergleich zeigt sich eine stärkere Fokussierung auf die reine Preiswerbung im Elektroeinzelhandel und bei Baumärkten, wobei im Lebensmittel- und Bekleidungseinzelhandel eine Polarisierung der Imagekomponente zu beobachten ist. Ohne die Signifikanzen auszuweisen, bestehen diese zwischen Unternehmen der gleichen Branche.

Abbildung 2 zeigt den Versuch, die *Wahrnehmung der In-Store-Kommunikation* der Unternehmen abzubilden. Gewählt wurde zum einen die Dimension erlebnisorientierte Ladengestaltung und zum anderen das Element Funktionalität bzw. Übersichtlichkeit. Hierbei zeigt sich wiederum im Branchenvergleich ein relativ einheitliches Bild im Elektronikeinzelhandel und bei Baumärkten mit einem stärkeren Fokus auf einen eher funktionalen Versorgungseinkauf. Hingegen steht im Möbel- und Bekleidungseinzelhandel das Kauferlebnis des Kunden stärker im Vordergrund. Im Lebensmitteleinzelhandel lassen sich versorgungsorientierte, einheitlich aufgebaute Discounter von eher erlebnisorientierten Supermärkten unterscheiden. Zwischen den einzelnen Unternehmen – nicht Betriebstypen – können jedoch keine deutlichen Differenzen aufgezeigt werden.

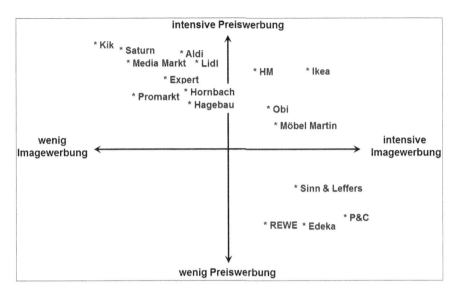

Abb. 1 Wahrgenommene Kommunikationsschwerpunkte der Werbeinhalte

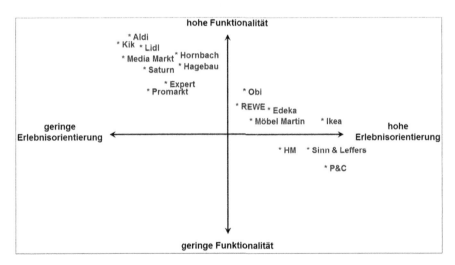

Abb. 2 Wahrgenommene Elemente der Ladengestaltung

3.3 Wahrnehmungsdimensionen der Massen- und In-Store-Kommunikation

Nach den plakativen Ergebnissen ist nun die *Wirkung der Kommunikationsinstrumente* auf die Retail Brand aus der Konsumentenperspektive zu betrachten. Um die unterschiedliche Bedeutung der Kommunikationsinstrumente auf den konsumentenorientierten Markenwert des Handelsunternehmens (Customer-Based Retail Brand

Equity: Morschett 2002; Ailawadi und Keller 2004; Grewal et al. 2004; Swoboda et al. 2013a) zu untersuchen, erfolgte die Bestimmung der Wahrnehmungsdimensionen der Konsumenten anhand explorativer und konfirmatorischer Faktorenanalysen. Die Faktorenanalysen wurden branchenübergreifend durchgeführt, um die Vergleichbarkeit der Ergebnisse zu gewährleisten. Wie angedeutet, wurden nicht alle zuvor angesprochenen Kommunikationsinstrumente berücksichtigt. Aufgrund der erwähnten Überlegungen, dass die Wahrnehmungsdimensionen der Kommunikationsinstrumente aus Kundensicht nicht unabhängig voneinander sind, wurde eine oblique (schiefwinklige) Rotation mit Kaiser-Normalisierung gewählt, die eine Korrelation der Faktoren erlaubt.

Die Ergebnisse, die einen KMO-Wert von 0,826 und ein Chi^2 des Bartlett-Tests auf Sphärizität von 6503,5 (Signifikanz = 0,000) aufweisen, sind in Tab. 5 dargestellt. Sie wurden in der konfirmatorischen Faktorenanalyse – durchgeführt mit AMOS – bestätigt, wobei die Gütemaße wie Indikator-, Faktorreliabilität und die durchschnittlich erfasste Varianz eines Faktors positiv ausfallen (NFI 0,98; IFI 0,99; TLI 0,98; CR 0,99; RMSEA 0,05). Wie erwartet sind die Faktoren nicht unabhängig voneinander. Insbesondere die beiden Faktoren Ladengestaltung und persönlicher Verkauf, die die In-Store-Kommunikation repräsentieren, korrelieren hoch. Das Ergebnis zeigt drei Faktoren bzw. *Wahrnehmungsdimensionen*, die sich folgendermaßen interpretieren lassen:

- Zum einen wird die klassische (Massen-) Kommunikation als ein Faktor wahrgenommen und
- zum anderen unterteilt sich die In-Store-Kommunikation auf die beiden Faktoren Persönlicher Verkauf und Ladengestaltung.

Wie angedeutet, wird als Resultat die Retail Brand bzw. der konsumentenorientierte *Markenwert (Customer-Based-Retail-Brand-Equity)* genutzt (z. B. Verhoef et al. 2007), dessen Fundierung auf Arbeiten zum Markenwert, zur Einstellungsmessung und zur Wissensrepräsentation im Gedächtnis beruht (insbesondere Keller 1993, 2003). Der Markenwert der Retail Brand wurde mit fünf Indikatoren bestimmt (Morschett et al. 2005; Swoboda et al. 2009). Aufgrund der Tatsache, dass die Befragung sich nur auf bekannte Unternehmen bezog und damit die notwendige Bedingung der Bekanntheit einer Marke – im Sinne der Arbeiten von Keller – erfüllt ist, wird weiterhin vom Markenwert gesprochen.

3.4 Branchenübergreifende und -spezifische Wirkung (-sunterschiede)

Abbildung 3 zeigt zunächst *branchenübergreifende Wirkungen* der drei Faktoren der Kommunikationspolitik auf die Retail Brand. Alle drei Wahrnehmungsfaktoren haben einen signifikanten Einfluss auf den Aufbau einer starken Retail Brand. Betont wird der Einfluss des Persönlichen Verkaufs. Bei detaillierter Betrachtung der Daten zeigt sich, dass die Freundlichkeit des Personals und dessen Kompetenz über ein

Tab. 5 Wahrnehmungsdimensionen der Kommunikationsinstrumente

Rotierte Mustermatrix n = 1000 (Split-Half-Methode)	Faktor 1: Persönlicher Verkauf	Faktor 2: Massenkommunikation	Faktor 3: Ladengestaltung
Freundliches Personal	0,918		
Qualifiziertes/kompetentes Personal	0,855		
Guter Service im Laden	0,859		
Gute Kommunikation/Werbung		0,863	
Informative Kommunikation/Werbung	0,142	0,799	0,114
Persönlich ansprechende Werbung		0,844	-0,128
Gute Ladengestaltung			-0,853
Übersichtliche Ladengestaltung			-0,778
Angenehme Einkaufsatmosphäre	0,148		-0,806
Eigenwert	4,025	1,686	1,058
Prozent der Varianz	44,727	18,735	10,640

ähnlich hohes Gewicht verfügen. Es zeigt sich damit, dass die reine Kompetenz des Personals für die Markenbildung nicht ausreicht. Die Gütemaße sind zufriedenstellend.

Um die *branchenspezifischen Unterschiede* aufzuzeigen, wurde – basierend auf dem integrierten Modell – eine Mehrgruppenkausalanalyse durchgeführt. Bei erneut zufriedenstellenden Fit-Werten zeigen sich deutliche Unterschiede in der Bedeutung der drei Faktoren für die Retail Brand in den fünf Einzelhandelsbranchen. Die Ergebnisse (Tab. 6) lassen sich wie folgt zusammenfassen:

- Erneut fällt die hohe Bedeutung des Persönlichen Verkaufs ins Auge. In der Mehrheit der untersuchten Branchen besitzt dieser den höchsten Einfluss auf die Retail Brand. Dies ist lediglich im Bekleidungshandel und im Möbelbereich anders. Hier dominieren die Ladengestaltung bzw. die Massenkommunikation.
- Der variierende Einfluss der Ladengestaltung erscheint besonders interessant: Besitzt diese aus Sicht der Konsumenten im Bekleidungseinzelhandel die größte Bedeutung, hat sie im Lebensmitteleinzelhandel lediglich einen geringen Einfluss. Handelshäusern wie P&C gelingt es, sich von der Konkurrenz abzuheben, indem sie eine angenehme Ladenatmosphäre für den Kunden schaffen.
- Dass gerade in der Baumarktbranche der Massenkommunikation der niedrigste Einfluss im Vergleich zu den anderen Branchen zukommt, ist überraschend, denn gerade die Branchenführer wie Obi, Hornbach oder Hagebau versuchen sich durch intensiven Einsatz klassischer (Fernseh-) Kommunikation von der Konkurrenz zu differenzieren. Allerdings legen sie den Schwerpunkt überwiegend auf

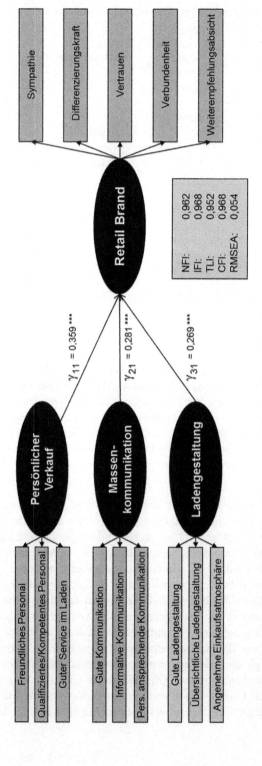

Abb. 3 Integratives Modell der Wirkung der wahrgenommenen Kommunikationsdimensionen

Tab. 6 Branchenvergleich auf Grundlage einer Mehrgruppenkausalanalyse

Einzelhandelsbranche	Lebensmittel (n = 400)	Bekleidung (n = 400)	Elektronik (n = 400)	DIY (n = 400)	Möbel (n = 400)
SMC (Retail Brand)	0,532	0,480	0,639	0,607	0,474
γ_{11} (Persönlicher Verkauf → Retail Brand)	0,421***	0,271***	0,393***	0,433***	0,356***
γ_{21} (Massenkommunikation → Retail Brand)	0,363***	0,268***	0,237***	0,193***	0,403***
γ_{31} (Ladengestaltung → Retail Brand)	0,107*	0,358***	0,353***	0,310***	0,125*

n.s. = nicht signifikant
*$p < .10$; **$p < .05$; ***$p < .01$; NFI = 0.935; IFI = 0.960; TLI = 0.939; CFI = 0.959; RMSEA = 0.028

aggressive Preiswerbung. Damit – als denkbare Erklärung – sind sie, im Gegensatz etwa zum Möbelbereich, nicht in der Lage, sich aus Kundensicht von der Konkurrenz abzuheben.

Insgesamt bietet die Studie einen interessanten, aber natürlich lediglich ersten Einblick in die variierende Bedeutung klassischer Kommunikationsinstrumente im Handel und in unterschiedlichen Handelsbranchen. Über die Betrachtung hinaus wirken diese Instrumente sicherlich unternehmensspezifisch verschieden und unterschwellig, was mit anderen Messansätzen zu erfassen ist als der genutzten Wichtigkeitsbeurteilung.

4 Ausblick

Auch im Handel rückt die Suche nach alternativen Kommunikationsinstrumenten in den Vordergrund. Allerdings nutzt der Handel nicht nur zunehmend neue mediale Formen im E- und M-Commerce – die aufgrund ihrer relativen Neuartigkeit die Diskussion in vielen Handelsunternehmen dominieren –, sondern zeichnet sich seit fast zwei Dekaden durch ein verstärktes Engagement im Fernsehen – neben dem traditionell starken Engagement in den Printmedien – aus. Insgesamt finden sich zwei Handelsunternehmen unter den größten zehn werbenden Unternehmen und viele unter den zehn am meisten beworbenen Produkten in den traditionellen Massenmedien.

In diesem Beitrag wurde nur bedingt eine unternehmensspezifische Sicht eingenommen. Aber auch diese würde andeuten, dass Handelsunternehmen verstärkt in die Kommunikation investieren. Hierbei wird im Vergleich zu anderen Branchen überproportional stark der *Preis als Profilierungsmerkmal* kommuniziert. Dies ist konform mit den Positionierungsstrategien vieler Unternehmen des deutschen Handels. Zudem ist als Besonderheit im Handel die hohe Bedeutung des Persönlichen Verkaufs und der In-Store-Kommunikation hervorzuheben.

Ferner konnte anhand empirischer Daten in verschiedenen *Handelsbranchen* verdeutlicht werden, dass sowohl die Massenkommunikation als auch die In-Store-Kommunikation, vor allem der Persönliche Verkauf, bedeutsam für den Aufbau einer Retail Brand aus Kundensicht sind. Vor allem für die Handelsforschung impliziert dies, dass branchenspezifische Erkenntnisse und Beobachtungen keine uneingeschränkte Gültigkeit für andere Handelsbranchen haben, d. h. nicht allgemein über den Einzelhandel als Ganzes gesprochen werden kann.

Die empirischen Ergebnisse sind sicherlich zu vertiefen. So unterstreichen Studien die Bedeutung moderierender Faktoren auf die Bildung einer Retail Brand. Dies gilt für die Motive und das Involvement der Konsumenten in den Branchen (Morschett et al. 2005; Swoboda et al. 2009). Wie angesprochen, kommt den reziproken Effekten im Handel eine besondere Bedeutung zu, wenn die *Investitionen auf der Ebene der Corporate Communications* zum einen und die *Investitionen auf der Ebene der Stores* (so der In-Store-Kommunikation) zum anderen nicht isoliert auf wichtige Verhaltensvariablen der Kunden (z. B. Loyalität, Vertrauen) wirken, sondern interdependent sind. Daher sind gerade im Handel reziproke Sichtweisen sinnvoll, wenn die Wirkung einzelner Instrumente der Kommunikation oder des Marketing generell aus Kundensicht zu bewerten sind (Swoboda et al. 2013a). Dies gewinnt umso mehr an Bedeutung, je stärker Handelsunternehmen multiple Betriebs- und Vertriebstypen als Absatzkanäle nutzen. Zusammenfassend kann gemutmaßt werden, dass in Zukunft jene Kommunikationsinstrumente an Bedeutung gewinnen werden, die den *Markenwert* des Unternehmens erhöhen und zugleich reziproke Effekte integrativ berücksichtigen. Weitere sind zu integrieren, so interaktive Kommunikations- und Werbeformen, die aufgrund der Entwicklungen im Bereich der Informations- und Kommunikationstechnologien bedeutender werden und dem Konsumenten zunehmend eine Informationssouveränität ermöglichen.

Literatur

Ailawadi, K., & Keller, K. (2004). Understanding retail branding: Conceptual insights and research priorities. *Journal of Retailing, 80*(4), 331–342.
Bruhn, M. (2009). *Integrierte Unternehmens- und Markenkommunikation* (5. Aufl.). Stuttgart: Schäffer-Poeschel.
Bruhn, M. (2010). *Kommunikationspolitik* (6. Aufl.). München: Vahlen.
EHI Retail Institute (2013). Markenmonitor Handel 2013. www.handelsdaten.de. Zugegriffen am 01.10.2014.
Esch, F.-R. (2006). *Wirkung integrierter Kommunikation* (4. Aufl.). Wiesbaden: Gabler.
Foscht, T., & Brandstätter, M. (2012). Klassische Werbung – Strategien und Instrumente. In J. Zentes, B. Swoboda, D. Morschett, & H. Schramm-Klein (Hrsg.), *Handbuch Handel* (2. Aufl., S. 671–694). Wiesbaden: Springer Gabler.
Grewal, D., Levy, M., & Lehmann, D. (2004). Retail branding and customer loyalty: An overview. *Journal of Retailing, 80*(4), ix–xii.

Gröppel-Klein, A. (2012). Point-of-sale-marketing. In J. Zentes, B. Swoboda, D. Morschett, & H. Schramm-Klein (Hrsg.), *Handbuch Handel* (2. Aufl., S. 645–670). Wiesbaden: Springer Gabler.

Häusel, H.-G. (2012). Ladengestaltung: Wie man emotionale PoS-Welten inszeniert. In J. Zentes, B. Swoboda, D. Morschett, & H. Schramm-Klein (Hrsg.), *Handbuch Handel* (2. Aufl., S. 631–644). Wiesbaden: Springer Gabler.

Keller, K. (1993). Conceptualizing, measuring, and managing customer-based brand equity. *Journal of Marketing, 57*(1), 1–22.

Keller, K. (2003). Brand synthesis: The multidimensionality of brand knowledge. *Journal of Consumer Research, 29*(3), 595–600.

Kroeber-Riel, W., & Esch, F.-R. (2011). *Strategie und Technik der Werbung* (7. Aufl.). Stuttgart: Kohlhammer.

Meyer, A., & Bartsch, S. (2012). Servicepolitik im Handel. In J. Zentes, B. Swoboda, D. Morschett, & H. Schramm-Klein (Hrsg.), *Handbuch Handel* (2. Aufl., S. 719–731). Wiesbaden: Springer Gabler.

Morschett, D. (2002). *Retail Branding und Integriertes Handelsmarketing*. Wiesbaden: Deutscher Universitätsverlag.

Morschett, D., Swoboda, B., & Foscht, T. (2005). Perception of store attributes and overall attitude towards grocery retailers: The role of shopping motives. *The International Review of Retail, Distribution and Consumer Research, 15*(4), 423–447.

Oppewal, H., & Timmermans, H. (1997). Retailer self-perceived store image and competitive position. *The International Review of Retail, Distribution and Consumer Research, 7*(1), 41–59.

Swoboda, B., & Janz, M. (2007). *Vertikales Retail-Management in der Fashion-Branche*. Frankfurt: Dt. Fachverlag.

Swoboda, B., Hälsig, F., Schramm-Klein, H., & Morschett, D. (2009). Moderating role of involvement in building a retail brand. *International Journal of Retail and Distribution Management, 37*(11), 952–974.

Swoboda, B., Pennemann, K., & Taube, M. (2012). The effects of perceived brand globalness and perceived brand localness in China: Empirical evidence on western, Asian, and domestic retailers. *Journal of International Marketing, 20*(4), 72–95.

Swoboda, B., Berg, B., & Schramm-Klein, H. (2013a). Reciprocal effects of retailers' corporate reputation and store equity. *Journal of Retailing, 89*(4), 447–459.

Swoboda, B., Berg, B., Schramm-Klein, H., & Foscht, T. (2013b). The importance of retail brand equity and store accessibility for store loyalty in local competition. *Journal of Retailing and Consumer Services, 20*(2), 251–262.

Swoboda, B., Berg, B., & Dabija, C. (2014). International transfer and perception of retail formats: A comparison study in Germany and Romania. *International Marketing Review, 31*(2), 155–180.

The Nielsen Company (2007, 2014). www.nielsen.de. Zugegriffen am 01.10.2014.

Tietz, B., & Zentes, J. (1980). *Die Werbung der Unternehmung*. Wiesbaden: Verlag für Sozialwissenschaften.

Verhoef, P. C., Langerak, F., & Donkers, B. (2007). Understanding brand and dealer retention in the new car market: The moderating role of brand tier. *Journal of Retailing, 83*(1), 97–113.

Wagner, U., Jamsawang, J., & Seher, F. (2012). Preisorientierte Aktionspolitik. In J. Zentes, B. Swoboda, D. Morschett, & H. Schramm-Klein (Hrsg.), *Handbuch Handel* (2. Aufl., S. 585–608). Wiesbaden: Springer Gabler.

Walsh, G., Hille, P., Dose, D., & Brach, S. (2012). Neue Formen der Handelswerbung. In J. Zentes, B. Swoboda, D. Morschett, & H. Schramm-Klein (Hrsg.), *Handbuch Handel* (2. Aufl., S. 695–718). Wiesbaden: Springer Gabler.

Zentes, J., Swoboda, B., & Foscht, T. (2012). *Handelsmanagement* (3. Aufl.). München: Vahlen.

Zentes, J., Swoboda, B., & Morschett, D. (2013). Kundenbindung im vertikalen Marketing. In M. Bruhn & C. Homburg (Hrsg.), *Handbuch Kundenbindungsmanagement* (8. Aufl., S. 201–233). Wiesbaden: Springer Gabler.

Univ.- Prof. Dr. Dr. h.c. Joachim Zentes war vor seiner Emeritierung Direktor des Instituts für Handel & Internationales Marketing (H.I.MA.) der Universität des Saarlandes in Saarbrücken.

Univ.- Prof. Dr. Prof. h.c. Bernhard Swoboda ist Inhaber der Professur für Marketing und Handel der Universität Trier.

Kommunikation für Nonprofit-Organisation

Manfred Bruhn und Uta Herbst

Inhalt

1 Grundlagen der Kommunikationspolitik von Nonprofit-Organisation 606
2 Strategische Kommunikationsplanung von Nonprofit-Organisation 610
3 Kommunikationsinstrumente von Nonprofit-Organisation 614
4 Zusammenfassung und Ausblick 619
Literatur 620

Zusammenfassung

Nonprofit-Organisation weisen im Vergleich zu kommerziellen Unternehmen einige Besonderheiten auf. Dies hat wiederum Auswirkungen auf die Kommunikationspolitik für Nonprofit-Unternehmen. Der Beitrag setzt an diesem Punkt an und gibt zunächst einen Überblick über die Herausforderungen, Ziele und Aufgaben der Kommunikationspolitik im Nonprofit-Bereich. Anschließend liegt der Fokus auf der strategischen Kommunikationsplanung. Im Rahmen der operativen Kommunikationsplanung wird schließlich aufgezeigt, welche Kommunikationsinstrumente für Nonprofit-Organisation besonders geeignet sind.

Schlüsselwörter

Budgetknappheit • Immaterialität der Botschaften • Nonprofit-Leistungen • Nonprofit-Organisation • Organisationsmission • Polarisierungspotenzial von Botschaften • Vielfalt der Anspruchsgruppen

---

M. Bruhn (✉)
Lehrstuhl für Marketing und Unternehmensführung, Wirtschaftswissenschaftliche Fakultät, Universität Basel, Basel, Schweiz
E-Mail: manfred.bruhn@unibas.ch

U. Herbst
Lehrstuhl für Marketing II, Universität Potsdam, Potsdam, Deutschland
E-Mail: uta_herbst@uni-potsdam.de

© Springer Fachmedien Wiesbaden 2016
M. Bruhn et al. (Hrsg.), *Handbuch Instrumente der Kommunikation*, Springer Reference Wirtschaft, DOI 10.1007/978-3-658-04655-2_29

1 Grundlagen der Kommunikationspolitik von Nonprofit-Organisation

1.1 Erscheinungsformen und spezifische Charakteristika

Nonprofit-Organisation (NPO) sind sowohl als Begriff in der Literatur als auch innerhalb wirtschaftlicher Strukturen fest etabliert (Eschenbach und Horak 2003; Fröse 2005; Andreasen und Kotler 2006; Stöger und Salcher 2006; Bruhn 2012; Lichtsteiner et al. 2013). Zur grundlegenden Abgrenzung gegenüber erwerbswirtschaftlichen (Profit-)Unternehmen lässt sich eine Nonprofit-Organisation wie folgt definieren (Purtschert 2005, S. 50 f.; Simsa et al. 2013, S. 7 f.):

Eine *Nonprofit-Organisation* ist eine nach rechtlichen Prinzipien gegründete Institution, die durch ein Mindestmaß an formaler Selbstverwaltung, Entscheidungsautonomie und Freiwilligkeit gekennzeichnet ist und deren Organisationszweck primär in der Leistungserstellung im nicht-kommerziellen Sektor liegt.

Eine *Kategorisierung* von NPOs wird meist nach institutionellen Merkmalen vorgenommen (z. B. Raffée et al. 1983, S. 198 ff.): Hiernach lassen sich NPOs nach dem rechtlichen Status (private, gemischtwirtschaftliche und öffentliche Organisation), nach der Bedeutung gesellschaftlicher Aufgaben im Tätigkeitsspektrum (originäre Sozioinstitutionen vs. Institutionen mit akzidentiellem Soziobezug) und Partizipationsgrad (Fremd- sowie Selbstorganisation und Mitgliedervertretung) unterscheiden.

Als *Besonderheiten von NPOs* lassen sich speziell die folgenden sechs Punkte identifizieren (Andreasen 1994; Andreasen und Drumwright 2001; Bruhn 2004; Ott und Dicke 2011):

1. Die *Inhalte der Zielsetzungen* sind im Vergleich zu kommerziellen Unternehmen meist qualitativer Natur, wie z. B. den Hunger in der Dritten Welt zu stillen, die Klimakatastrophe einzudämmen, Behinderten ein menschliches Leben zu ermöglichen oder die AIDS-Epidemie einzudämmen usw., wenngleich daraus quantitative Zielgrößen abgeleitet werden können.
2. Die *Definition des Produktes bzw. der Leistung* ist selten materieller Natur. Meist handelt es sich um Dienstleistungen, wie z. B. die Erbringung von Pflege- und Betreuungsleistungen für kranke Menschen, schulische Entwicklungshilfe für Menschen in der Dritten Welt usw. oder die Vermittlung bestimmter Werte, Interessen oder Ideen, wie z. B. Vermittlung religiöser Werte durch eine Glaubensgemeinschaft.
3. Aufgrund nicht-schlüssiger Tauschbeziehungen findet eine *Berücksichtigung unterschiedlicher Anspruchsgruppen*, – neben Anbietern und Leistungsempfängern, beispielsweise auch Förderer, Behörden usw. – statt (Arnold 2001, S. 254); die Realisierung der Anspruchsgruppenorientierung in NPOs impliziert – in Anlehnung an das Relationship Management – das „Denken im Beziehungslebenszyklus" sowie das „Denken in Erfolgsketten" (Bruhn 2015a, S. 71 f.).
4. Die *Finanzierung der Marketingausgaben* ist im Vergleich zu kommerziellen Unternehmen – meist aufgrund fehlender Akzeptanz für Marketingbudgets

seitens Spender und Mitglieder – generell beschränkt (z. B. Andreasen und Drumwright 2001).
5. *Mitarbeiter- und Organisationsstrukturen* sind oftmals wenig formalisiert; fehlende schriftliche Regelungen und das stark verankerte Egalitätsprinzip erschweren zudem die Entscheidungsfindung und das Zulassen formaler Macht (Heimerl und Meyer 2002, S. 259; Birkhölzer et al. 2005).
6. Die *Konsequenz der Nachfrageorientierung* wird nicht immer an eine erhöhte Nachfrage der Zielgruppen ausgerichtet; oft versuchen die Organisation, ihre Zielgruppen (Öffentlichkeit, Staat, andere Organisation) so zu beeinflussen, dass sie auch – gegen ihren Widerstand, aber i. S. der Organisationsmission – bestimmte Verhaltensweisen oder Ideen verändern.

Nonprofit-Leistungen sind somit im Wesentlichen als eine *spezifische Art von Dienstleistungen* zu sehen. In Bezug auf die Besonderheiten von Nonprofit-Leistungen sind demnach auch die konstitutiven Merkmale der Potenzial-, Prozess- und Ergebnisorientierung von Nonprofit-Leistungen zu nennen (Bruhn 2012, S. 42).

1.2 Herausforderungen der Kommunikationspolitik

Die Kommunikationspolitik gilt, neben der Ressourcen- und Leistungs- bzw. Absatzpolitik, als elementares Gestaltungselement des Marketingmix zur Erreichung der Mission einer NPO. Als Kommunikationspolitik wird die Gesamtheit der Kommunikationsinstrumente und -maßnahmen einer Organisation bezeichnet, die eingesetzt werden, um die NPO und ihre Leistungen den relevanten Anspruchsgruppen darzustellen und/oder mit diesen in Interaktion zu treten (Bruhn 2012, S. 176 f.).

Die Bedeutung der Kommunikationspolitik für NPOs lässt sich grundsätzlich aufgrund der dienstleistungsspezifischen Merkmale von Nonprofit-Leistungen, wie beispielsweise die Integration des Leistungsempfängers in den Erstellungsprozess, die Immaterialität oder auch die Nichtlager- und Nichttransportfähigkeit der Leistungen, erklären. Der besondere Stellenwert der Nonprofit-Kommunikation wird aber eher aus den spezifischen Eigenschaften von NPOs erkennbar. Daraus leiten sich die *Besonderheiten der Kommunikationspolitik* von NPOs ab (Abb. 1). Dies sind beispielsweise:

- Vielfalt der Anspruchsgruppen,
- Knappheit des Budgets,
- Immaterialität der Botschaften und
- Polarisierungspotenzial von Botschaften.

Hieraus lassen sich jeweils spezifische Implikationen ableiten. Die *Vielfalt der Anspruchsgruppen* bedingt eine nach Informationsbedürfnissen differenzierte, anspruchsgruppenspezifische Kommunikation. Zudem unterscheidet die Kommunikationspolitik zwischen den Anspruchsgruppen auf dem Beschaffungsmarkt und den

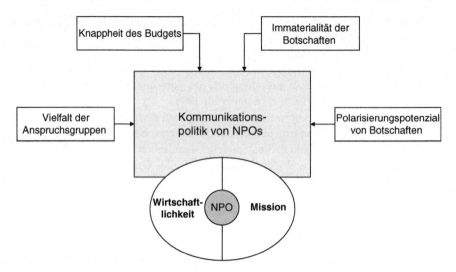

Abb. 1 Herausforderungen der Kommunikationspolitik von Nonprofit-Organisationen. Quelle: in Anlehnung an Bruhn 2012, S. 264

Anspruchsgruppen auf dem Absatzmarkt. So stehen in der Kommunikationspolitik auf Beschaffungsmärkten primär Aspekte der Imageprofilierung und Informationsorientierung im Vordergrund. Die Kommunikationspolitik auf Absatzmärkten zeichnet sich oft durch eine Orientierung am Nutzen des Leistungsempfängers und einer Abgrenzung gegenüber der Konkurrenz aus.

Durch die meist *knappen Budgets* von NPOs stellt sich zum einen die Problematik kostenintensiver Kommunikationsmedien. Hierbei können NPOs oft eine vergünstigte Mediennutzung in Anspruch nehmen. Zum anderen gilt es, in Anbetracht oftmals fehlender Akzeptanz für Marketingbudgets seitens Spendern und Mitgliedern, eine möglichst hohe Transparenz der Marketingausgaben und der damit erzielten Missionsziele sicherzustellen.

Aus der *Immaterialität der Botschaften*, wie z. B. „Satt ist nicht genug!" (Brot für die Welt 2014) oder „Positiv zusammen leben" (Deutsche Aids-Stiftung 2014), resultiert die Notwendigkeit der Quantifizierung der Organisationsziele. Hierbei gilt es, missionsspezifische Indikatoren, wie z. B. die Anzahl von Menschen, die nicht mehr unter Mangelernährung leiden oder den Prozentsatz der über HIV informierten Personen, zu kommunizieren. Gleichzeitig bedingen immaterielle Botschaften eine klare Positionierung der NPOs sowie eine ausgeprägte Markenidentität.

Das *Polarisierungspotenzial von Botschaften* einer NPO entsteht oftmals dann, wenn die Organisationsmission in Bezug auf eine Zielgruppe die Änderung bestimmter Verhaltensweisen, Ideen oder auch die öffentliche Meinungsbildung bezüglich einer bestimmten Problematik zum Ziel hat. Das Polarisierungspotenzial ist hinsichtlich der Erfüllung des Organisationsziels zu berücksichtigen und zu steuern. Oft wird versucht, eine Polarisierung durch sensible, rationale oder reflektierende Gestaltung von Kommunikationsmaßnahmen zu minimieren (z. B. bei

Themen, die mit hohen emotionalen Reaktionen in der Bevölkerung bzw. Ängsten verknüpft sind, wie beispielsweise Überfremdung, Atomenergie, Religionsfreiheit, politische Unabhängigkeit usw.).

1.3 Ziele und Aufgaben der Kommunikationspolitik

Die Ziele einer NPO leiten sich aus der Organisationsmission ab. Hierbei lassen sich nach den Stufen der Reaktionen der Leistungsempfänger und in Anlehnung an das klassische Konsumentenverhalten folgende *Zielkategorien* unterscheiden (Meffert und Bruhn 2012, S. 286):

- Kognitiv-orientierte Kommunikationsziele,
- Affektiv-orientierte Kommunikationsziele,
- Konativ-orientierte Kommunikationsziele.

Kognitiv-orientierte Kommunikationsziele umfassen die Informationsaufnahme, -verarbeitung und -speicherung von Botschaften beim Kommunikationsempfänger. Das Ziel ist es, die Bekanntheit (Awareness) der NPO zu steigern, da diese die Grundvoraussetzung bildet für mögliche anschließende Interaktionsprozesse zwischen NPO und Zielgruppe. Nur wenn der Anspruchsgruppe die NPO bekannt ist, wird diese überhaupt in die nähere Auswahl einbezogen, zum Beispiel hinsichtlich einer Spende oder eines in Frage kommenden ehrenamtlichen Engagements. Darüber hinaus ist es entscheidend, dass die relevante Zielgruppe die NPO als vertraut (Familiarity) einstuft. Dies bedeutet, dass die Anspruchsgruppe nicht nur den Namen, sondern sich ebenfalls der Stärken und Schwächen der NPO bewusst ist. Nur wenn diese Voraussetzung erfüllt ist, hat die NPO eine Chance für den weiteren Prozess berücksichtigt zu werden.

Die Wirkung kognitiver Prozesse lässt sich durch *affektiv-orientierte Kommunikationsziele* definieren. Diese beziehen sich auf Gefühle, Werthaltungen, Einstellungen und auch die Interessenslage des Kommunikationsempfängers. In diesem Zusammenhang ist es notwendig, dass die Zielgruppe zu einer positiven Gesamtbewertung der NPO gelangt. Nur dann ist diese im Relevant Set der Zielgruppe enthalten und wird grundsätzlich für weitere, oben genannte Interaktionen in Frage kommen. Die besten Chancen tatsächlich von der Zielgruppe auserwählt zu werden, weist jene NPO auf, die die First Choice ist. Diese NPO stellt die erste Präferenz der Zielgruppe dar und hat somit die größte Chance tatsächlich für weitere Interaktionen ausgewählt zu werden. Dies spielt beispielsweise bei Spendenaufrufen eine ganz zentrale Rolle.

Konativ-orientierte Kommunikationsziele betreffen die entscheidungsbezogene Absicht bzw. Intention eines Kommunikationsempfängers, eine Handlung vorzunehmen. Diese verhaltensbezogenen Ziele beziehen sich auf die Auslösung bestimmter Handlungen (z. B. potenzielle Spender zum Spenden bewegen) sowie die Beeinflussung des Informations- und Kommunikationsverhaltens und des Weiterempfehlungsverhaltens. Der Interaktionsprozess zwischen Zielgruppe und NPO

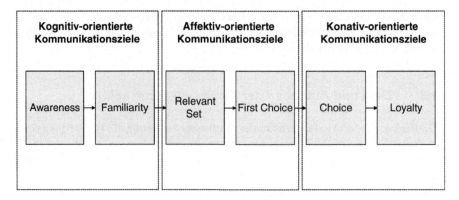

Abb. 2 Typologie der kommunikationspolitischen Zielkategorien von Nonprofit-Organisationen. Quelle: in Anlehnung an Voeth und Herbst 2013, S. 169 f.

endet noch nicht mit der Auswahl (Choice). Vielmehr steht die Anspruchsgruppe nach der Wahl erneut vor der Entscheidung, welche NPOs für zukünftige Interaktionen in Frage kommen. Dabei hat die NPO, die bereits in der Vergangenheit ausgewählt wurde, einen strategischen Vorteil gegenüber anderen, der Zielgruppe noch unbekannten NPOs (Meffert und Bruhn 2012; Voeth und Herbst 2013).

Eine idealtypische Abfolge der kommunikationspolitischen Zielkategorien von NPOs gibt Abb. 2 wieder.

Insgesamt spielt die Kommunikationspolitik für NPOs eine überragende Bedeutung innerhalb des Marketingmix dieser Organisation. Daher bedarf gerade dieses Marketinginstrument einer systematischen Planung und Steuerung. Zu unterscheiden ist dabei zwischen einer strategischen und einer operativen Kommunikationsplanung und -steuerung (im Folgenden vereinfachend unter Kommunikationsplanung zusammengefasst). Während es im Rahmen der strategischen Kommunikationsplanung um die mittel- und langfristige Planung und Steuerung aller kommunikationspolitischen Instrumente von NPOs geht, steht innerhalb der operativen Kommunikationsplanung die Auswahl der Instrumente, die konkrete Ausgestaltung der einzusetzenden Kommunikationsinstrumente sowie das kurzfristige und damit zumeist planungsperiodenbezogene Zusammenspiel der verschiedenen Instrumente im Vordergrund.

2 Strategische Kommunikationsplanung von Nonprofit-Organisation

Angesichts der vielschichtigen Zielsetzungen der Kommunikationspolitik von NPOs gilt es, diese nicht nur operativ, sondern vor allem auch strategisch zu planen und in der Organisation zu verankern. Die Kommunikationsplanung entspricht dabei einem systematischen und integrativen Prozess zur Lösung der kommunikationspolitischen Problemstellung. Die Aufgaben der *strategischen Kommunikationsplanung* unterscheiden sich – in Abhängigkeit von der Größe der NPO – nach der Ebene der Gesamtkommunikation und der Ebene der einzelnen Kommunikationsfachabteilungen bzw. -instrumente einer NPO. Die Strategie der Gesamtkommunikation mit den Strategien der einzelnen Kommunikationsinstrumente abzustimmen bzw. zu integrieren, stellt eine wesentliche Herausforderung der Kommunikationspolitik von NPOs dar. Eine wichtige Aufgabe kommt in diesem Zusammenhang zum einen der *Corporate Identity* einer NPO zu. Eine ausgeprägte Corporate Identity kann bei NPOs als „Navigator" für den strategischen Aufbau einer integrierten Kommunikation dienen. Zum anderen fällt auch dem *Markenmanagement* eine wichtige Rolle für die strategische Kommunikationsplanung zu. Starke Marken tragen dazu bei, dass eine verstärkende Wirkung bei den Kommunikationsinstrumenten auftritt, wenn die Marken mit übergreifenden Leistungsversprechen aufgeladen sind und somit die übergeordneten Kommunikationsziele zum Ausdruck bringen. Insofern stellen auch sie ein wichtiges Aktionsfeld der strategischen Kommunikationsplanung dar.

2.1 Die Corporate Identity als Basis der Integrierten Kommunikation

Unter Effektivitätsgesichtspunkten ist es grundsätzlich – und damit nicht nur für NPOs – erforderlich, aus den differenzierten Quellen der internen und externen Kommunikation eine Einheit herzustellen, um ein für die Anspruchsgruppen der Kommunikation konsistentes Erscheinungsbild eines Unternehmens oder seiner Leistungen herzustellen. Diese Aufgabe wird als *Integrierte Kommunikation* bezeichnet (Bruhn 2014). Ein konsistentes Erscheinungsbild von der eigenen Organisation oder dem Bezugsobjekt der eigenen Aktivitäten zu generieren ist dabei gerade für NPOs von entscheidender Bedeutung, da diese informationsökonomisch ein Vertrauensgut anbieten, dessen Qualität Stakeholder mit vertretbarem Aufwand nicht überprüfen können und daher auf Qualitätssignale und -indikatoren angewiesen sind. Ein wesentliches Qualitätssignal stellen dabei die Kommunikationsmaßnahmen der NPO dar. Nur wenn diese ein konsistentes Erscheinungsbild der NPO vermitteln, kann dies von Stakeholdern als Glaubwürdigkeits- und Vertrauenssignal gewertet werden.

Hilfestellung zur Erreichung eines konsistenten Bildes kann dabei der stringente Aufbau einer nach innen gelebten und nach außen vermittelten Corporate Identity sein. So zielt das *Konzept der Corporate Identity* auf die unverwechselbare Wahrnehmung, Gestaltung und Vermittlung einer Eigenart und Einmaligkeit ab sowie die Schaffung eines „Wir-Bewusstseins" (Birkigt und Stadler 2000, S. 48). Die Entwicklung einer Corporate Identity entsteht insbesondere durch die Interaktion mit den internen und externen Zielgruppen eines Unternehmens (Mitarbeitende, Kunden, Anteilseigner usw.) und umfasst die Instrumente Corporate Behavior, Corporate Culture, Corporate Design und Corporate Communication (siehe Abb. 3). Die Corporate Communication hat dabei die Aufgabe, die angestrebte Corporate Identity mit den entsprechenden Kommunikationsinstrumenten zu unterstützen (Meffert 2000).

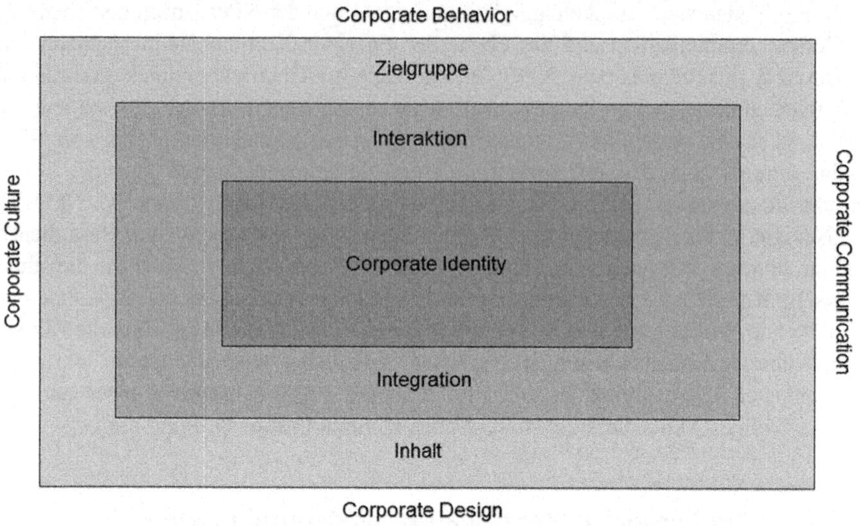

Abb. 3 Bestandteile und konstituierende Dimensionen der Corporate Identity. Quelle: in Anlehnung an Meffert 2000, S. 708

Das Konzept der Corporate Identity unterstützt die strategische Kommunikationspolitik von NPO, eine klare inhaltliche *Positionierung* der Organisation oder des Bezugsobjektes der Kommunikation festzulegen, eine *Einheit in der Kommunikation* zu schaffen sowie die *Effizienzsteigerung* und das inhaltlich, formal und zeitlich *einheitliche Erscheinungsbild* der Kommunikation positiv zu beeinflussen. Allerdings reicht das Vorhandensein einer Corporate Identity für den Aufbau einer Integrierten Kommunikation innerhalb der strategischen Kommunikationsplanung nicht aus. Vielmehr stellt diese nur die Grundlage dar, auf der eine Integrierte Kommunikation aufgebaut werden muss. Dabei kommt folgenden Integrationsdimensionen und *Aufgaben* eine besondere Bedeutung zu (Ahlers 2006, S. 5 f.):

- *Planerische Integrationsaufgaben* (Einbettung des integrierten Kommunikationsprozesses in ein Planungs- und Kontrollsystem),
- *Organisatorische Integrationsaufgaben* (Schaffung einer Aufbau- und Ablauforganisation zur Förderung der Integration der Kommunikationsinstrumente),
- *Personelle Integrationsaufgaben* (Verbesserung des Arbeits- und Kommunikationsklimas innerhalb der Organisation sowie der Kooperations- und Koordinationsbereitschaft der Mitarbeitenden, Ehrenamtlichen und auch Mitglieder),
- *Kulturelle Integrationsaufgaben* (Schaffung einer integrationsorientierten Organisations- sowie Kommunikationskultur),
- *Informelle Integrationsaufgaben* (Einsatz von Kommunikationsmedien und Datenbanken zur Erleichterung von Abstimmungen im Rahmen der Kommunikationsplanung).

2.2 Markenmanagement als strategische Ausrichtung der Kommunikation

Zur strategischen Kommunikationspolitik einer NPO zählt auch das *Markenmanagement*. Hierbei stehen der NPO unterschiedliche markenstrategische Optionen zur Verfügung (z. B. Dachmarken-, Familienmarken-, Einzelmarkenstrategien usw.). Der Aufbau einer starken Markenidentität ist im Nonprofit-Bereich notwendig, zumal die Marke das Wahlverhalten der Anspruchsgruppen wesentlich beeinflusst (Bruhn 2012, S. 309). Ein Erfolgsfaktor für die Wahrnehmung einer Nonprofit-Marke ist die Berücksichtigung des so genannten *Branding-Dreiecks*, bestehend aus drei Elementen: Name, Logo und Slogan. Ein einfach zu erinnernder *Markenname* und ein einprägsames *Markenzeichen* (*Logo*) erleichtern die schnelle Durchsetzung der Marke am Markt. Zusätzlich verdeutlicht ein *Markenslogan* als kommunikative Leitidee einen Hinweis auf das spezielle Leistungsangebot einer NPO (Bruhn 2012, S. 318). Einige Beispiele für ein Branding-Dreieck sind in Abb. 4 wiedergegeben.

Jedoch ist gerade bei komplexen Nonprofit-Leistungen der Mehrwert und Nutzen für die Anspruchsgruppen schwer in dieser kurzen Form darstellbar. Um den Markenvorteil aber dennoch möglichst eindeutig zu kommunizieren, greift das Markenmanagement auf verständliche Symbole und Zeichen zurück, wie beispielsweise der vom Aussterben bedrohte Panda als Markenzeichen des WWF oder der prägnante Name „Brot für die Welt" der Entwicklungshilfe der Evangelischen Kirche in Deutschland (Bruhn 2004, S. 2231 f.).

Markenname	Markenzeichen	Markenslogan
Brot für die Welt – Evangelischer Entwicklungsdienst (Evangelisches Werk für Diakonie und Entwicklung e.V.)	Brot für die Welt	„Satt ist nicht genug"
WWF (World Wide Fund for Nature)	WWF	„For a living planet"
Ärzte ohne Grenzen e.V.	MEDECINS SANS FRONTIERES ÄRZTE OHNE GRENZEN	„Bindungslos menschlich"
PETA Deutschland e.V.	PETA stoppt tierquälerei	„Stoppt Tierquälerei!"

Abb. 4 Typische Markennamen, Markenzeichen und -slogans von ausgewählten Nonprofit-Organiastionen. Quelle: in Anlehnung an Bruhn 2012, S. 318

3 Kommunikationsinstrumente von Nonprofit-Organisation

Im Gegensatz zur strategischen Kommunikationsplanung erfolgt die *operative Kommunikationsplanung* auf der Ebene der einzelnen Kommunikationsabteilungen bzw. jener Kommunikationsinstrumente, die NPOs zur Verfügung stehen.

3.1 Klassifizierung der Kommunikationsinstrumente

Zur Umsetzung einer übergeordneten Kommunikationsstrategie stehen einer NPO unterschiedliche Instrumente zur Verfügung, die bei einem gegebenen Anlass (z. B. zur Akquisition von Großspendern oder Mitgliedern) eingesetzt werden können. Dabei sehen sich NPOs aufgrund ihrer spezifischen Charakteristika der Herausforderung gegenüber, in dynamischen Umwelten bei ressourcenbedingt stark eingeschränkten Handlungsspielräumen gezielt Aufmerksamkeit und Bekanntheit in den jeweiligen Zielgruppen zu erreichen. Entscheidend hierbei erscheint, dass die relevanten Informationen über Ausrichtung und Vorhaben bestimmter Projekte an aktuelle und potenzielle Anspruchsgruppen herangetragen werden. Erschwerend kommt hinzu, dass die jeweiligen Anspruchsgruppen gegenüber herkömmlichen Kommunikationsinstrumenten (z. B. klassische Werbung) zunehmend ein averses Verhalten zeigen. Dies entsteht aus dem Denken heraus, dass z. B. Fundraising-Einnahmen nicht für Marketingzwecke „verschwendet" werden, sondern ihrem ursprünglichen Zweck dienen sollen. Im Spannungsfeld zwischen Organisationsmission, Budgetknappheit sowie Ansprüchen der Zielgruppe sehen sich NPOs daher gezwungen, einen möglichst hohen Kommunikationsnutzen durch einen verhältnismäßig sehr viel geringeren Kostenaufwand herbeizuführen. Hierauf aufbauend lassen sich Kommunikationsinstrumente im Nonprofit-Bereich dahin gehend klassifizieren, ob ein Instrument ein hohes Nutzenpotenzial zu vertretbarem Kostenaufwand aufweist oder ob der erreichte Nutzen nur durch einen vergleichsweise hohen Kostenaufwand zu erzielen ist.

Durch die Entwicklungen im Bereich der Informations- und Kommunikationspolitik sind – insbesondere im Online-Bereich – zahlreiche neue Kommunikationsmöglichkeiten (Voeth und Herbst 2013, S. 500) entstanden, u. a. für NPOs. Daher können die Instrumente der Kommunikationspolitik zu Systematisierungszwecken zusätzlich nach ihrem Neuartigkeitsgrad unterschieden werden (klassisch vs. innovativ) (Abb. 5). Zu berücksichtigen bleibt, dass die Zuordnung der jeweiligen Instrumente zu einem der Bereiche nicht immer trennscharf erfolgen kann.

3.2 Instrumente der Marketingkommunikation mit geringem Potenzial

Bei den Kommunikationsinstrumenten mit eingeschränktem Nutzenpotenzial für NPOs ist zwischen klassischen und neuartigen Instrumenten zu unterscheiden. Zu den klassischen Instrumenten sind vor allem die nachfolgenden Instrumente zu rechnen (Voeth und Herbst 2013):

Kommunikation für Nonprofit-Organisation

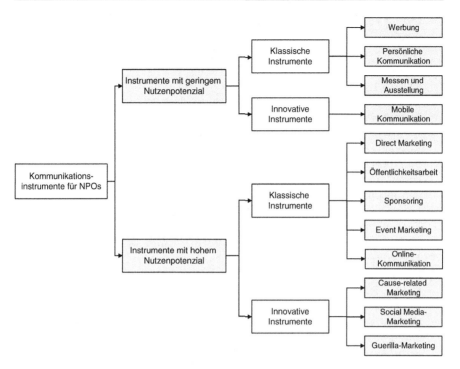

Abb. 5 Klassifizierung von Kommunikationsinstrumenten für Nonprofit-Organisationen. Quelle: in Anlehnung an Voeth und Herbst 2013, S. 482

- *Werbung*: Die Werbung – auch oft als *Mediawerbung* bezeichnet – stellt ein typisches Instrument der Marketingkommunikation dar und umfasst sowohl einen Informations- als auch ein Beeinflussungsvorgang, der unter Zuhilfenahme konkreter Trägermedien erfolgt und für den ein finanzieller Aufwand zu betreiben ist. Dabei lassen sich u. a. Printmedien (z. B. Zeitschriften), elektronische Medien (z. B. TV, Radio) und Werbemedien der Außenwelt (z. B. Werbung auf und in Verkehrsmitteln) differenzieren. Maßnahmen der Mediawerbung erfüllen bei NPOs oft kognitive und affektive Ziele, die idealtypisch ein erwünschtes Verhalten (z. B. Spende) bei den relevanten Anspruchsgruppen auslösen (konatives Ziel der Kommunikation) oder – aufgrund der hohen Reichweite der Medien – eine hohe Bekanntheit der NPO erzielen. Da der Einsatz von Mediawerbung oft erhebliche Kommunikationsbudgets erfordert (z. B. die Schaltung von Printanzeigen in Zeitungen oder TV-Spots), ist deren Anwendung für NPOs aufgrund der fehlenden Verfügbarkeit und Akzeptanz für Marketingbudgets seitens Spender und Mitglieder oftmals problematisch.
- *Persönliche Kommunikation*: Vor dem Hintergrund zahlreicher Limitationen klassischer Kommunikationsinstrumente erfährt die persönliche Kommunikation in der jüngsten Vergangenheit einen Bedeutungszuwachs. In Hinblick auf die stattfindenden direkten und wechselseitigen Informations- und Austauschprozesse

(häufig Face-to-Face-Kontakt) ergeben sich die Vorteile auf Basis von interaktionsbedingt laufenden Rückkopplungen und zahlreichen Feedbackmöglichkeiten. Die zentrale Schwäche der persönlichen Kommunikation ist hingegen in dem hohen personellen und zeitlichen Ressourceneinsatz zu sehen, womit im Vergleich zu anderen Kommunikationsformen ein verhältnismäßig geringer Anteil der Anspruchsgruppe erreicht werden kann (Mast 2012, S. 242 f.).
- *Messen und Ausstellungen*: Diese Form der Teilnahme an einer zeitlich begrenzten und räumlich festgelegten Veranstaltung stellt eine wichtige, wenngleich stark Ressourcen verbrauchende Form von kommunikationspolitischen Instrumenten für NPOs dar. Aufgrund der geringen Disponibilität und hohen Veranstaltungskosten sind Messen und Veranstaltungen im Vergleich zu anderen Kommunikationsinstrumenten einem besonderen Effizienzdruck in der Ansprache der Zielgruppe ausgesetzt.
- Zu den innovativen Instrumenten der Kommunikationspolitik zählt vor allem die *Mobile Kommunikation*. Neben dem Internet haben sich in den vergangenen Jahren die Mobiltelefone/Smartphones zu einem der bedeutendsten Kommunikationsinstrumente entwickelt. Eine Sonderform stellt das mobile Tagging dar. Hierbei erfolgt die Informationsgenerierung durch Abfotografieren von Quick-Response-Codes mithilfe einer Handykamera. Diese Form der mobilen Kommunikation ermöglicht es NPOs, missionsgetriebene Informationen zu verbreiten und der Anspruchsgruppe zur Verfügung zu stellen. Da lediglich interessierte Nachfrager von sich aus Kontakt mit der NPO aufnehmen, limitiert diese Art der Kommunikation eine breite Ansprache der Zielgruppe, z. B. aufgrund technischer Anforderungen.

Obgleich die geschilderten Instrumente für viele NPOs das Fundament ihrer Kommunikationsaktivitäten darstellen, kann diesen Instrumenten im Rahmen einer umfassenden Effektivitäts- und Effizienzbetrachtung allerdings nur eine untergeordnete Rolle in Hinblick auf die Ziele und Aufgaben der Kommunikationspolitik von NPOs beigemessen werden. Dies liegt daran, dass diese Instrumente kein vorteilhaftes Kosten-Nutzen-Verhältnis aufweisen, da dem jeweiligen Nutzen relativ hohe Kosten gegenüberstehen, die insbesondere für NPOs gegenüber wichtigen Stakeholdern kaum kommunizierbar sind.

3.3 Instrumente der Marketingkommunikation mit hohem Potenzial

Hohes Eignungspotenzial weisen für NPOs die kommunikationspolitischen Instrumente auf, die einen überschaubaren Kostenaufwand ausweisen und daher von den Anspruchsgruppen eher akzeptiert werden. Hierzu zählen einige klassische und einige neuartige Instrumente. Zu den klassischen Instrumenten gehören vor allem folgende (Voeth und Herbst 2013):

- *Direct Marketing*: Die Direktkommunikation (bzw. das „Direct Marekting") umfasst jene Kommunikationsinstrumente, mit deren Hilfe eine individuelle bzw. direkte Ansprache der verschiedenen Anspruchsgruppen erreicht wird (z. B. individualisierte Werbepostkarten mit Response-Möglichkeit). Maßnahmen der Direktkommunikation sind für NPOs von herausragender Bedeutung, da diese Instrumente den Aufbau persönlicher Beziehungen zu den Anspruchsgruppen fördern. NPOs setzen dieses Kommunikationsmittel vor allem für die Gewinnung neuer Anspruchsgruppen (z. B. neue Förderer und Spender), die Intensivierung bestehender Beziehungen zu Anspruchsgruppen, die anspruchsgruppenspezifische Informationsvermittlung sowie die Gewinnung von Marktinformationen ein (Arnold und Tapp 2003, S. 141).
- *Öffentlichkeitsarbeit*: Im Vordergrund der Öffentlichkeitsarbeit steht die Erreichung kognitiv-orientierter Ziele, wie z. B. die Vermittlung von Informationen an die Öffentlichkeit (Ernst 2000, S. 227). Zu den Maßnahmen der Öffentlichkeitsarbeit bei NPOs zählen neben Informationsveranstaltungen insbesondere Presse- und Medienarbeit (z. B. Pressekonferenzen), Publikationen zu gesellschaftsrelevanten Themen in Medien (z. B. in Faltblättern) und Maßnahmen des persönlichen Dialogs (z. B. persönliche Beziehungen zu Meinungsführern oder Personengruppen aus der Politik, Lobbying usw.) (Bruhn 2015b, S. 416H f.). Dabei einhergehend wird die Zielsetzung verfolgt, öffentliches Vertrauen und Verständnis zu stimulieren, Glaubwürdigkeit und Akzeptanz zu schaffen, Beziehungen zur Öffentlichkeit zu pflegen, ein bestimmtes Image auszubauen bzw. zu erhalten oder Information und Motivation der Mitarbeitenden zu erhöhen (Homburg 2012, S. 812 f.). So ist beispielsweise ein zentrales Ziel der Umweltschutzorganisation Greenpeace im Rahmen der Öffentlichkeitsarbeit zum einen, Aufklärung in Bezug auf umweltrelevante oder gesellschaftsbezogene Themen zu betreiben und Aufmerksamkeit hervorzurufen sowie zum anderen, Verständnis für zum Teil umstrittene Aktionen (z. B. Protestaktionen gegen Walfang) zu erreichen.
- *Sponsoring*: In den letzten Jahren hat auch das Kommunikationsinstrument Sponsoring innerhalb des Kommunikationsmix von NPOs kommerziellen Unternehmen und gemeinnützigen Organisation zu verstehen, die auf dem Prinzip von Leistung und Gegenleistung beruht (Bruhn 2012, S. 69 f.). Dabei werden Sponsoringmaßnahmen im Nonprofit-Bereich hinsichtlich der Art der Gegenleistung (z. B. aktive oder passive Gegenleistung), der Projekte (z. B. Veranstaltungen oder Aktionen) sowie der Prädikate (z. B. Titelvergabe oder Lizenzierung) unterteilt. So wurden beispielsweise im Rahmen des Bundeswettbewerbs „Jugend forscht", 2013 sieben Fachgebietspreise von jeweils einem Unternehmen gesponsert, z. B. in der Kategorie Physik die Max-Planck-Gesellschaft (Stiftung Jugend forscht e.V. 2013).
- *Event Marketing*: Um das Ziel der Aufmerksamkeitswirkung zu erreichen, führen NPOs oftmals Events bzw. Veranstaltungen im Rahmen ihrer Kommunikationsmaßnahmen durch. Ein erfolgreiches Event hat für die Teilnehmenden – meist auf ein ausgewähltes Zielpublikum (z. B. Großspender oder Mitglieder) zugeschnitten – ein besonderes, informatives und positives Erlebnis darzustellen. Hierbei

erfüllen Events auch eine beziehungsorientierte Funktion, wie z. B. potenzielle Spender oder Mitglieder zu akquirieren oder bestimmte Teilnehmer an die NPO zu binden. So fordert beispielsweise die Arthritis Foundation traditionell jedes Jahr dazu auf, eine fünf Kilometer lange Strecke zu laufen und dadurch finanzielle Mittel für ein Heilmittel gegen Arthritis zu sammeln. Im Jahr 2011 wurden ca. 7,2 Mio. USD an Spendengeldern eingesammelt (Arthritis Foundation 2011).
- *Online-Kommunikation*: Die Verbreitung des Internet und dessen Weiterentwicklung zum heute gängigen Web 2.0 haben die Basis für viele neue Kommunikations- und Interaktionsmöglichkeiten zwischen NPOs und ihren Anspruchsgruppen geschaffen. Dabei umfasst die Online-Kommunikation sämtliche Maßnahmen elektronischer Medien, die dazu dienen, mit den relevanten Anspruchsgruppen entsprechend ihrer individuellen Bedürfnisse in Interaktion zu treten (Bruhn 2015b, S. 380). Die Online-Kommunikation ist durch folgende Eigenschaften gekennzeichnet: Hypermedialität (z. B. Verlinkung von Text, Bild oder Film im Internet), Multimedialität (z. B. Platzierung von klassischen Werbeanzeigen im Internet), Interaktivität (z. B. personelle Interaktivität durch E-Mails und Chats im Internet), Virtualität (z. B. Austausch von Informationen im Internet) und Multifunktionalität (z. B. Kommunikation mit einzelnen Personen oder Massenkommunikation). Im Mittelpunkt der Online-Kommunikation steht größtenteils die organisationseigene Homepage.

Während in Bezug auf die Einsatzmöglichkeiten der klassischen Instrumente mit hohem Eignungspotenzial in NPOs relativ umfassende Erfahrungen vorhanden sind, ist Kennzeichen der neuartigen Instrumente dieses Bereichs, dass hierzu zumeist nur vergleichsweise geringe Anwendungserfahrungen vorliegen. Zu den neuartigen Instrumenten mit hohem Potenzial gehören vor allem folgende Instrumente (Voeth und Herbst 2013):

- *Cause-related Marketing*: Unter Cause-related Marketing (CRM) wird eine Win-Win-Kooperation zwischen einem Unternehmen und einer NPO verstanden, bei dem der Verkauf von Produkten einen monetären Beitrag für die NPO durch das Kooperationsunternehmen impliziert (Meffert et al. 2012, S. 896). Aus Sicht der NPO ist dies ein geeignetes Instrument, um ihre Zielgruppe auf ihr Anliegen bzw. ein bestehendes Problem aufmerksam zu machen und finanzielle Mittel zu akquirieren. Einer der öffentlichkeitswirksamsten Kooperationen im deutschsprachigen Raum war die Kampagne „Rettet den Regenwald" zwischen der Stiftung World Wildlife Fund (WWF 2012) und Krombacher aus dem Jahre 2002. Krombacher warb damit, dass durch den Kauf eines jeden Kastens Krombacher-Bier ein Quadratmeter Regenwald gerettet wird (WWF 2012).
- *Social Media-Marketing*: Ziel von Social Media-Marketing ist es, die Zielgruppe durch Soziale Netzwerke, wie zum Beispiel Facebook und Twitter, zu erreichen. Soziale Netzwerke ermöglichen es der NPO, ein eigenes Profil zu erstellen, eine Liste seiner Kontaktpersonen anzufertigen und mit diesen sowie anderen Personen in verschiedener Weise zu interagieren. Somit garantiert Social Media-Marketing eine schnelle direkte Kommunikation sowie einen interaktiven

Austausch mit der Zielgruppe. So postet zum Beispiel der Arbeiter-Samariter-Bund (ASB) auf seiner Facebook-Homepage regelmäßig über aktuelle Hilfsaktionen, schreibt Stellen aus und verweist mit einem Link auf Mitgliedschaftsanträge. Das Facebookprofil, das mit dem Slogan „Man kann über schlechte Nachrichten jammern. Oder für gute sorgen. Der ASB auf Facebook" wirbt, hat über 27.000 Likes (Stand: Dezember 2014).

- *Guerilla Marketing*: Ein insbesondere in den vergangenen Jahren aufgekommenes Kommunikationsinstrument ist das Guerilla-Marketing. Hinter dieser Form der Zielgruppenansprache verbirgt sich eine auf militärische Wurzeln zurückgehende Methode, die vor allem auf die Schwächung von Wettbewerbern durch unkonventionelle Vorgehensweise ausgerichtet ist. Neben diesen unkonventionellen und zumeist spektakulären Aktionen lässt sich Guerilla-Marketing demnach durch den geringen finanziellen Aufwand, mit dem eine möglichst große Wirkung erzielt werden soll, charakterisieren. Ein Beispiel für eine aufmerksamkeitserzeugende Guerilla-Marketing-Aktion unternahm Greenpeace im Jahr 2010. In dem über YouTube online gestellten Video „Give the Orang-Utan a break" machte Greenpeace darauf aufmerksam, dass Nestlé für sein Produkt „Kitkat" Palmöl verwendet (Greenpeace 2010).

4 Zusammenfassung und Ausblick

Die Gestaltung des Marketing für NPOs lehnt sich stark an das Dienstleistungsmarketing für kommerzielle Unternehmen an. Dementsprechend ist die Kommunikationspolitik für NPOs als ein Spezialfall der Kommunikation für Dienstleistungsunternehmen zu betrachten. Die in diesem Zusammenhang zu berücksichtigenden Besonderheiten des Nonprofit-Bereichs sind zum einen dienstleistungsspezifische Eigenschaften, wie beispielsweise die Immaterialität, Nichttransportfähigkeit und Nichtlagerfähigkeit von Leistungen sowie die Notwendigkeit der Integration des Leistungsempfängers in den Leistungserstellungsprozess. Zum anderen gilt es, die nonprofit-spezifischen Eigenschaften wahrzunehmen: Neben den oftmals wenig formalisierten Mitarbeiter- und Organisationsstrukturen sowie der ehren- und hauptamtlichen Mitarbeitenden kommen insbesondere den meist nicht-ökonomischen Zielsetzungen von NPOs – i. S. der Organisationsmission – eine besondere Bedeutung zu. Im Rahmen der Kommunikationspolitik im Nonprofit-Bereich sind des Weiteren die Unterschiedlichkeit von Anspruchsgruppen sowie die fehlende Akzeptanz seitens Spender und Mitglieder gegenüber der Finanzierung von Marketingausgaben – und demnach auch des Kommunikationsbudgets – zu berücksichtigen. Eine NPO ist überdies nicht immer an einer erhöhten Nachfrage ihrer Zielgruppe interessiert; oft ist es das Ziel, auch gegen den Widerstand der eigenen Zielgruppe, aber i. S. der Organisationsmission, bestimmte Verhaltensweisen oder Einstellungen zu verändern (z. B. Verzicht auf private Nutzfahrzeuge zu Gunsten öffentlicher Verkehrsmittel, Abbau von Vorurteilen gegenüber fremden Religionen usw.).

Eine zentrale Aufgabe und zugleich auch Bedeutung fällt angesichts dieser Besonderheiten von NPOs der Kommunikationspolitik zu. Nur wenn NPOs systematisch nach innen und außen kommunizieren, können sie ihre selbst gesteckten Ziele erreichen und Aufgaben erfüllen. Zu einer professionellen Kommunikationspolitik gehört zum einen eine strategische Kommunikationsplanung. Hier sollte auf Basis einer definierten Corporate Identity vor allem das Thema Markenmanagement professionell aufgegriffen werden. Starke Marken können NPOs helfen, eine Integrierte Kommunikation aufzubauen, die gegenüber einer nicht-integrierten Kommunikation Effektivitäts- und Effizienzvorteile aufweist. Zum anderen gehört zu einer professionellen Kommunikationspolitik aber auch die Auswahl und Gestaltung geeigneter Kommunikationsinstrumente. Hierbei müssen NPOs vor allem auf solche Instrumente setzen, die mit vergleichsweise geringem Kostenaufwand einen adäquaten Kommunikationsnutzen versprechen, da Instrumente, die zu hohem Marketingaufwand führen, von Zielgruppen (aber auch Mitarbeitern) in der Regel abgelehnt werden und daher kontraproduktiv sind.

Für die Zukunft wird das Spannungsfeld zwischen „Akzeptanz von Marketingaufwendungen" und „Marketingerfordernis" für NPOs weiter zunehmen. Die zunehmende Wettbewerbsintensität im NPO-Bereich wird die Organisation so zu einer Erweiterung und zusätzlichen Professionalisierung ihres Marketing – und damit vor allem ihrer Kommunikation – zwingen. Jedoch ist nicht davon auszugehen, dass die generelle Akzeptanz von Marketing in diesen Organisation von alleine anwachsen wird. Daher werden NPOs zum einen zukünftig an Kommunikationsinstrumenten arbeiten müssen, die ihnen mit möglichst geringen Marketingaufwendungen die Erreichung vorgegebener Kommunikationsziele ermöglichen. Zum anderen werden NPOs aber auch an der (internen) Akzeptanz von Marketing arbeiten müssen. Nur wenn es ihnen gelingt, Marketing als „normale" Aufgabe von NPOs zu verstehen, werden sich NPOs im zukünftig weiter verschärften NPO-Wettbewerb behaupten können.

Literatur

Ahlers, G. M. (2006). *Organisation der Integrierten Kommunikation – Entwicklung eines prozessorientierten Organisationsansatzes*. Wiesbaden: Gabler.
Andreasen, A. R. (1994). Social marketing: It's definition and domain. *Journal of Public Policy and Marketing, 13*(1), 108–114.
Andreasen, A. R., & Drumwright, M. (2001). Alliances and ethics in social marketing. In A. R. Andreasen (Hrsg.), *Ethics in social marketing* (S. 56–68). Washington: Metropolis.
Andreasen, A. R., & Kotler, P. (2006). *Strategic marketing for nonprofit organizations* (7. Aufl.). Englewood Cliffs: Academic Internet Publishers.
Arnold, M. J., & Tapp, S. R. (2003). Direct marketing in nonprofit-services: Investigating the case of the arts industry. *Journal of Services Marketing, 17*(2), 141–160.
Arnold, U. (2001). Marketing für Werkstätten für Behinderte. In D. K. Tscheulin & B. Helmig (Hrsg.), *Branchenspezifisches Marketing* (S. 239–264). Wiesbaden: Gabler.
Arthritis Foundation. (2011). *Jingle Bell Run 2011*. http://www.arthritis.org. Zugegriffen am 21.08.2014.

Birkhölzer, K., Klein, A., & Zimmer, A. (2005). *Dritter Sektor/Drittes System. Theorie, Funktionswandel und zivilgesellschaftliche Perspektiven*. Wiesbaden: Verlag für Sozialwissenschaften.
Birkigt, K., & Stadler, M. M. (2000). Corporate Identity – Grundlagen. In K. Birkigt, M. M. Stadler, & H. J. Funk (Hrsg.), *Corporate Identity* (10. Aufl., S. 15–36). Landsberg am Lech: Verlag Moderne Industrie.
Brot für die Welt (2014). *Satt ist nicht genug!* http://www.brot-fuer-die-welt.de/themen/ernaehrung/56-aktion-brot-fuer-die-welt/satt-ist-nicht-genug.html. Zugegriffen am 13.08.2014.
Bruhn, M. (2004). Markenführung für Nonprofit-Organisation. In M. Bruhn (Hrsg.), *Handbuch Markenführung* (S. 2230–2297). Wiesbaden: Gabler.
Bruhn, M. (2012). *Marketing für Nonprofit-Organisation. Grundlagen, Konzepte, Instrumente* (2. Aufl.). Stuttgart: Kohlhammer.
Bruhn, M. (2014). *Integrierte Unternehmens- und Markenkommunikation. Strategische Planung und operative Umsetzung* (6. Aufl.). Stuttgart: Schäffer-Poeschel.
Bruhn, M. (2015a). *Relationship Marketing. Das Management von Kundenbeziehungen* (4. Aufl.). München: Vahlen.
Bruhn, M. (2015b). *Kommunikationspolitik. Systematischer Einsatz der Kommunikation für Unternehmen* (8. Aufl.). München: Vahlen.
Deutsche Aids-Stiftung. (2014). *Welt-Aids-Tag.* https://aids-stiftung.de/infos-%C3%BCber-die-stiftung/welt-aids-tag. Zugegriffen am 14.08.2014.
Ernst, J. (2000). Profil zeigen! Die Leitbildentwicklung als notwendige Voraussetzung für eine effektive Öffentlichkeitsarbeit. In S. Nährlich & A. Zimmer (Hrsg.), *Management in Nonprofit-Organisation* (S. 225–244). Opladen: Leske & Budrich.
Eschenbach, R., & Horak, C. (2003). *Führung der Nonprofit-Organisation. Bewährte Instrumente im praktischen Einsatz* (2. Aufl.). Stuttgart: Schäffer-Poeschel.
Fröse, M. W. (2005). *Management Sozialer Organisation*. Bern: Haupt.
Greenpeace. (2010). *Give the Orang-Utan a break.* http://www.greenpeace.de/themen/waelder/kampagnen-update-2-nestle-kitkat-und-das-palmoel. Zugegriffen am 24.08.2014.
Heimerl, P., & Meyer, M. (2002). Organisation und NPO. In C. Badelt (Hrsg.), *Handbuch der Nonprofit Organisation. Strukturen und Management* (3. Aufl., S. 259–290). Stuttgart: Schäffer-Poeschel.
Homburg, C. (2012). *Marketingmanagement: Strategie – Instrumente – Umsetzung – Unternehmensführung* (4. Aufl.). Wiesbaden: Gabler.
Lichtsteiner, H., Gmür, M., Giroud, C., & Schauer, R. (2013). *Das Freiburger Management-Modell für Nonprofit-Organisation (NPO)* (7. Aufl.). Bern: Hauptverlag.
Mast, C. (2012). *Unternehmenskommunikation: Ein Leitfaden* (5. Aufl.). Stuttgart: utb GmbH.
Meffert, H. (2000). *Marketing. Grundlagen marktorientierter Unternehmensführung* (9. Aufl.). Wiesbaden: Gabler.
Meffert, H., & Bruhn, M. (2012). *Dienstleistungsmarketing. Grundlagen, Konzepte, Methoden* (7. Aufl.). Wiesbaden: Gabler.
Meffert, H., Burmann, C., & Kirchgeorg, M. (2012). *Marketing: Grundlagen marktorientierte Unternehmensführung* (11. Aufl.). Wiesbaden: Gabler.
Ott, J. S., & Dicke, L. A. (2011). *The nature of the nonprofit sector* (2. Aufl.). Oxford: Westview.
Purtschert, R. (2005). *Marketing für Verbände und weitere Nonprofit-Organisation* (2. Aufl.). Bern: Haupt.
Raffée, H., Abel, B., & Wiedmann, K.-P. (1983). Sozio-Marketing. In M. Irle (Hrsg.), *Handbuch der Psychologie* (Bd. 2, S. 675–768). Göttingen: Hogrefe.
Simsa, R., Meyer, M., & Badelt, C. (2013). *Handbuch der Nonprofit Organisation. Strukturen und Management* (5. Aufl.). Stuttgart: Schäffer-Poeschel.
Stiftung Jugend forscht e.V. (2013). *Bundeswettbewerb 2013.* http://www.jugend-forscht.de/wettbewerbe/bundeswettbewerb-2013.html. Zugegriffen am 15.08.2014.

Stöger, R., & Salcher, M. (2006). *NPOs erfolgreich führen. Ein Handbuch für Nonprofit-Organisation in Deutschland, Österreich und der Schweiz*. Stuttgart: Schäffer-Poeschel.
Voeth, M., & Herbst, U. (2013). *Marketing-Management. Grundlagen, Konzeption und Umsetzung*. Stuttgart: Schäffer-Poeschel.
WWF. (2012). *Rettet den Regenwald*. http://www.wwf.de. Zugegriffen am 07.08.2012.

Prof. Dr. Dr. h.c. mult. Manfred Bruhn ist Inhaber der Professur für Marketing und Unternehmensführung an der Universität Basel und Honorarprofessor an der Technischen Universität München.

Prof. Dr. Uta Herbst ist Inhaberin der Professur für Betriebswirtschaftslehre, insbesondere Marketing II an der Universität Potsdam.

Stichwortverzeichnis

A
Above the Line (ATL), 31, 83, 101, 219, 408
Adaptives Verkaufen, 391, 393f., 401
Ähnlichkeit, 400f.
Ästhetik, 155, 156, 159, 337
Affektives Markencommitment, 303, 312ff.
Agenda Setting, 291
Agentur
 „À-la-carte"-, 61, 82, 271, 370
 Full-Service-, 20, 61, 271, 370
Aktions
 -geschäft, 103
 -produkt, 103f., 107f.
Aktivierung, 114, 122, 128f., 145f., 175f., 179, 221f., 229, 467f.
Akzeptanz
 Einstellungs-, 303ff.
 Verhaltens-, 303ff.
Ambient Medien, 227ff.
Ambush Marketing, 228
Attraktivität, 170, 178, 273, 390, 399f., 454, 521
Aufmerksamkeit, 91, 107f., 119f., 171, 218, 220ff., 226, 230, 236, 249, 364, 424, 471, 516, 619
Awareness, 40, 63, 81, 85, 277, 373f., 463, 468, 609f.

B
Beeinflussungsstrategie, 392, 467f.
Befragung, 105, 134f., 213, 261, 309, 363, 430, 445f., 473f., 499f., 519
Bekanntheit(s)
 -grad, 34, 37, 65, 90, 117, 135, 209, 515f., 539
 Marken-, 81, 84, 118, 159, 193, 209, 218, 224f., 303f., 311, 412, 598
 Unternehmens-, 34, 209, 272f., 277, 328

Below the Line (BTL)-Kommunikation, 13, 31, 83, 101, 217ff., 408
Beobachtung(s)
 als Messmethodenart, 474
 -fähigkeit, 394
 Fremd-, 289f.
 Selbst-, 290
 Systematische, 295, 448
 Umwelt-, 290
Beziehung(s)
 Hersteller-Handels-, 241f., 244, 245
 Kommunikations-, 289, 298, 304, 406, 409
 -marketing, 370, 377
Blickaufzeichnung, 474
Blog, 6f., 27, 41, 44, 130, 230ff., 236, 250, 347, 350, 376ff., 380, 456f., 466, 469, 476, 539, 589
Brand Citizenship Behavior, 316ff.
Branded Entertainment, 208
Branding
 -dreieck, 613
 Firmen, 354
 -strategie, 271
 -zone 304
Budget
 Aktions-, 195
 -knappheit von NPOs, 608
 Limitiertes Markting-, 142
Budgetierung
 der Mediawerbung, 90
 der Messebeteiligung, 517
 der Social Media Kommunikation, 469f.
 der Sponsoringmaßnahmen, 195
Business-to-Business (B2B), 64f., 85, 133, 272, 341, 415, 417, 485
 -Consumer, 64f., 415, 417, 485
Buying Center, 18f., 64, 85, 549ff.
Buzz Marketing, 228

C

Call Center, 17, 27, 29, 319, 370, 428, 434, 481 ff.
Chain Sampling, 446
Chief Customer Officer, 483, 504
Co-Creation, 564f., 567, 569, 577
Commitment, 301ff., 312ff., 319, 426, 478
Communication Center, 482, 485
Corporate
  Architecture, 15, 325ff., 330ff.
  Brand, 271
  Design, 159, 311, 328ff., 341ff., 611
  Identity, 15, 33, 168, 259, 271, 295, 328f., 331, 335, 611f., 620
  Public Relations, 9, 11, 13ff., 32ff., 269, 271ff., 280
  Publishing, 15, 298, 245ff.
  Social Responsibility, 132f.
  Sponsoring, 9, 11, 13ff., 33ff., 72, 269, 271f., 274ff., 278
Coupons, 29, 97f., 100ff., 106ff., 167, 249, 351, 398, 410, 426, 430, 472, 592, 594

D

Dachmarke 114, 613
Dekoration, 40, 119, 123, 169, 171, 177f., 591
Denken im
  Kommunikationsmix, 27, 47, 64, 72, 280, 382, 472
  Marketingmix, 47, 72, 280
  Marketingkommunikationsmix, 72
Derivative Nachfrage, 64, 549, 551, 554
Design
  Architektur-, 328
  Corporate, 159, 311, 328, 330f.
  Exterior, 261
  Interior, 261
  Marken-, 160
  Retro-, 155
Dialogkommunikation
  Einsatz des Direktmarketing im Rahmen der, 405ff.
  Einsatz des Verkaufsgesprächs im Rahmen der, 387ff.
  Einsatz von Call Center im Rahmen der, 481ff.
  Einsatz von Messen und Ausstellungen im Rahmen der, 509ff.
  Einsatz von Social Media im Rahmen der, 453ff.
  Einsatz von Word-of-Mouth im Rahmen der, 437ff.
  Instrumente der, 367ff.

Dienstleistung(s/en)
  Besonderheiten von, 567
  -branche, 19f., 62, 85, 272, 372, 459
  Charakteristika von 563ff.
  Implikationen für die Kommunikation von, 566ff.
  -marketing, 548, 562f., 577, 619
  -norm, 503
Differenzierung(s)
  der Social Media-Plattformen, 468f.
  -funktion, 153f.
  Inhaltliche, 430
  Kommunikative, 192
  Preis-, 102, 107
  -vorteil, 171
  Wettbewerbs-, 26, 518
Diffusion, 118, 224, 442, 445
Direct
  Mail-Package, 424f.
  Response-Marketing, 408, 410, 421
Direktmarketing
  Abgrenzung des, 409f.
  Aufgaben des, 411ff.
  Definition von, 406ff.
  Kennzeichen des, 406ff.
  Medien des, 422ff.
  Rechtliche Rahmenbedingungen, des 419ff.
  Relevanz des, 406ff.
  Ziele des, 411ff.
  Zielgruppenbildung im, 414ff.
Distribution(s)
  indirekte, 529
  -logistik, 257
  -politik, 101, 407
  -strategien, 258
Duft
  -stoffkonzentration, 148
  Verpackungs-, 155
  -stoffe, 171

E

Earned Media, 6, 44f., 69, 278, 380, 468f., 531
Eigeninszenierung, 115
Einzel
  -handel, 98ff., 104, 165, 167ff., 181, 225, 242ff., 257, 263, 538, 540 581ff. 591ff.
  -marke, 114, 116, 613
Effekt
  Abnutzungs-, 222
  Absatz-, 106

Adjustment-, 108
Anchoring-, 108
Anreiz-, 191
Ausstrahlungs-, 177, 576
Bad-Will-, 272
Bumerang-, 177
Crowding-, 178f.
Geschäftswechsel-, 103f., 106
Gewöhnungs-, 180
Imagetransfer-, 171
Kontrast-, 395f.
Kumulations-, 159
Lern-, 212f., 492
Mere-Exposure-, 156
Multiplikator-, 218, 223f., 513
Pull-, 552
Schneeball-, 224
Selbstselektions-, 447
Synergie-, 196
Überraschungs-, 220, 222
Verbund-, 104, 106
Wear-out-, 237
Werbe-, 107
Efficient Consumer Response (ECR), 98, 242, 251
Effizienz
 -analyse, 134f.
 -bewertung, 135
 Kommunikations-, 427
 der Kommunikationspolitik, 550
 -kontrolle 7, 46, 93, 198, 473, 476
 -steigerung, 612
 von Word-of-Mouth-Kampagnen, 444
Einkaufshelfer, 171f.
Einstellungsakzeptanz, 303ff.
Einzelhandel, 169ff., 243f., 257, 583, 595f.
Elektrodermale Reaktion, 176
Elektronische Medien, 44, 79ff., 80, 82
Emotionen, 16, 91, 125f., 154ff., 186, 221, 224, 232, 334ff., 352
Emotionalität, 155
Employer Branding, 168, 320
Environmental Cue, 172
Episodische Codes, 333
Erfolgskontrolle
 des Behavioral-Branding, 319f.
 des Corporate Publishing, 363
 des Marketing-Events, 134f.
 der Mediawerbung, 92f.
 der Messeaktivitäten, 519
 der Social Media-Kommunikation, 473ff.
 des Sponsoring, 197f.

Erfolgsfaktoren
 von Guerilla Marketing, 228ff.
 der Social Media-Kommunikation, 471f.
 des Sponsoring, 198f.
Erinnerung, 127ff., 145f., 149, 151, 168, 212, 331, 333, 412f., 463
Erlebnis(se)
 Ästhetische, 122
 Authentische, 129, 576
 Definition des Begriffs, 126
 Dienstleistungs-, 467
 Einkaufs-, 521
 Emotionale, 85, 572
 Flow-, 115
 -handel, 168
 Holistische, 571
 -komponenten, 126
 Konsum-, 127, 156
 Kunden-, 573
 Marken-, 115, 128
 mit dem Unternehmen, 335f.
Ersatzindikator, 564, 574
Event(s)
 -controlling, 134ff.
 Definition des Begriffs, 40
 -durchführung, 134
 -inszenierung, 130, 133
 Kommunikationsqualität von Marketing-, 114f.
 -konzeption, 119ff.
 Marketing, 5ff., 15f., 27, 32ff., 40ff., 61f., 68ff., 83, 95, 113ff, 249, 287, 369ff., 378ff 537ff., 594, 615, 617f., 620
 Phasen des, 116
 -planung, 116ff.
 -umsetzung, 131ff.

F

Familienmarke, 114, 116, 613
Farbe, 145f., 149, 154f., 158f., 176ff., 330, 332ff., 542, 573
Fast Moving Consumer Goods, 97f., 104, 106, 527, 529f., 533, 538f., 566
Fernsehwerbung, 61, 80, 90, 143, 209f., 219, 542, 585f.
Flow, 180
Funktion(s)
 Alibi-, 199
 der Architektur, 338
 des Call Centers, 487
 der Dialogkommunikation, 373
 Diagnose-, 135

Funktion(s) (*Fortsetzung*)
   Differenzierungs-, 153
   des Geschäftsberichts, 352f.
   Hilfs-, 298
   Informative, 83
   des Kundenmagazin, 358
   Kommunikations-, 33, 187, 287, 291
   Management-, 292
   Manipulative, 83f.
   Marken-, 309
   der Marketingkommunikation, 62f.
   von Messen, 513
   Organisations-, 288f.
   -störungen, 302, 306
   Such-, 477
   Überwachungs-, 135
   der Unternehmenskommunikation, 272
   der verbalen Verpackungselemente, 149
   Verkaufs-, 37, 540
   Vorbild-, 311, 491
   -zone, 169

G

Gefallenswirkung, 146, 150f., 154ff.
Gefangenendilemma, 102, 107, 109
Geruch, 148, 151, 158
Gestaltung(s)
   -bereiche, 169ff.
   -elemente, 159
   -empfehlungen, 120
   -formen, 91
   -konstante, 330
   -möglichkeiten, 79f., 83, 424f.
   -operatoren der Verpackung, 143ff.
   -parameter, 518, 551
   -strategie, 91
Guerilla Marketing, 219, 225ff., 236, 540, 542, 615, 619

H

Handel
   Einzel-, 98ff., 104, 165, 167ff., 181, 225, 242ff., 257, 263,538, 540 581ff. 591ff.
   Erlebnis-, 168
   Versorgungs-, 169f.
Haptische Reize, 114, 126, 144, 145ff.
Harmonie, 155
Hersteller-Handels-Beziehung, 241f., 244, 245
Hintergrundmusik, 177, 591
Humor, 224, 232f., 573

I

Idealtypisch, 83, 88, 90, 93, 99, 116, 191, 196, 255, 296f., 305, 356, 459, 566, 610, 615
Identifizierung, 153f.
Identität
   des Hauptdarstellers, 213
   Marken-, 152f., 218, 237, 303, 311, 518, 608, 613
   Soziale, 307, 573
Image
   -anzeige, 273
   -aufbau, 94, 143, 159, 168, 235, 573
   -bildung, 538
   -dimension, 273, 539
   -film, 277, 280
   -fit, 129
   Leistungs-, 567
   -magazin, 358
   Marken-, 40, 84, 118, 122, 218, 159, 181, 218, 220, 225, 232f., 247, 303, 312, 315, 328, 412
   Placement, 209
   -plakat, 36, 276
   Preis-, 178, 585
   Produkt-, 8, 83, 340
   -profil, 334
   -profilierung, 608
   -ries, 332
   -schäden, 236
   -skalen, 474
   -transfer, 12, 20, 171, 187, 209ff., 340, 590
   Unternehmens-, 9, 13, 33f., 85, 188, 209, 249, 270, 272ff., 278, 287, 351, 515, 568
   -vermittlung, 277
   -verwässerung, 229, 232, 312
   -werbung, 3, 93, 171, 585, 596
   -wirkung, 92, 197, 354
   -ziele, 516, 585
Immaterialität, 372, 563f., 565ff., 607f.
Inbound, 422f., 427f., 484f., 498
Industriegüter
   Kommunikation für, 547ff.
   Besonderheiten der Kommunikation für, 549f.
Information(s)
   -aufnahme, 79, 91, 471, 609
   -funktion, 62, 373, 513
   Sachliche, 84, 91
   -verarbeitung, 221f., 253, 309, 373
   -verhalten, 64, 459, 568
   -vermittlung, 62, 123, 157ff., 207, 373, 511, 617
   -volumen, 83

Innere Bilder, 334f.
Input, 134f., 294
Input-Output-Modell, 288, 294
Institutionelle Mediawerbung, 13, 34, 64, 269, 271f., 277
Inszenierung, 113, 115, 119ff.,127, 135, 229,333, 339ff.
Integration(s)
 -aufgaben, 612
 Customer, 482
 von externen Faktoren, 564f., 567, 569f.
 Definition des Begriffs, 159
 Dimensionen der, 612
 Formale, 159
 der Gestaltungsoperatoren, 150ff.
 Inhaltliche, 159, 311
 Interinstrumentelle, 92, 197, 280, 382, 472
 des Internets, 189
 Intrainstrumentelle, 92, 280, 382
 Kunden-, 233
 der Mediawerbung, 92
 Partielle 259
 Raum-zeitliche, 114ff.
 der Social Media-Kommunikation, 472
 des Sponsoring, 196f.
 Vertikale, 243f., 262
 Vollständige, 259
 Zielgruppen-, 124, 127ff.
 als Zukunftsperspektive, 542
Integrierte Kommunikation, 21, 28, 32, 72, 83, 92, 117, 119, 121f., 130, 187, 196, 198, , 230, 263, 280, 296, 311, 375, 382, 537, 540f., 556f., 563, 571ff., 595, 611f., 620
Interaktion, 40f., 243, 261, 278, 286, 289, 307f., 345, 354, 363f., 369, 373f., 378f., 392f., 398ff., 453ff., 458, 471f., 477f., 532, 542, 549, 550f., 572ff., 587, 592, 609ff., 616
Interaktivität, 176, 180, 410, 431, 465, 542, 618
Internationalisierung, 181, 263, 532, 543, 583
Intramediaselektion, 90
Involvement
 Definition des Begriffs, 212, 440
 Eventinhalt-, 125
 Geringes (low) 91, 529, 533, 535
 Hohes (high), 168, 178, 337, 441, 449, 528, 529, 533, 535
 Marken-, 125
 Umfeld-, 125
 der Zielgruppe, 125, 225
Irradiation, 158

K
Kategoriewechsel, 103
Kauf
 -akzeleration, 103ff.
 -verhalten, 104, 142, 166, 176, 197, 416, 583
Kennzahlen, 135, 256, 288, 454f., 470, 473ff., 488
Kinowerbung, 538, 586
Kommunikation(s)
 Above-the-Line-, 101, 408
 -aufgaben der Mediawerbung, 84ff.
 -aufgaben der Mitarbeitenden, 575
 Below-the-Line-101, 217ff.
 -beziehung, 286, 298, 304, 406, 409
 Bild-, 91
 -botschaft, 120, 128f., 149, 278, 292f., 326, 379f., 406f., 425, 456, 458, 534
 -budget, 83, 98, 117, 218, 378, 510, 537, 576, 615, 619
 Crossmediale, 347
 Dialog-, 32f., 40ff., 60ff., 270f., 369ff.
 Dienstleistungs-, 570
 Direkte (Face-to-Face), 28, 43, 310, 388, 395, 594, 618
 durch Massenmedien, 406, 410, 532
 Einseitige, 37, 44, 114, 124, 288, 370
 Entscheidungstatbestände der, 86, 550f.
 Entwicklungsphasen der, 2, 4, 6, 27f., 43
 Gestaltung der, 82, 248, 250, 458, 528, 534, 550, 553, 556ff., 563
 Indirekte, 10, 20, 28, 37, 40ff., 69, 78, 278, 375, 406, 410, 530
 Inside-In-, 16, 44, 379
 Inside-Out-, 16, 41, 44, 379, 458,
 Institutionelle Besonderheiten der 525ff.
 In-Store-, 581, 583, 586, 590, 595ff., 601f.
 Instrumente der Marketing-, 57ff.
 Integrierte, 21, 28, 32, 72, 83, 92, 117, 119, 121f., 130, 187, 196, 198, , 230, 263, 280, 296, 311, 375, 382, 537, 540f., 556f., 563, 571ff., 595, 611f., 620
 Interne, 295, 301ff., 359f., 531, 575f.
 Kontrolle der, 44ff.
 Kunden-, 295, 360, 409f., 504, 556
 Marken-, 218, 225f., 230ff., 303ff., 313ff., 528
 Massen-, 83, 85, 306ff., 319, 394, 406ff., 585ff., 595ff.
 -maßnahmen, 44, 46, 130f., 218, 226, 244, 248f., 260f., 290, 292, 313, 337, 378, 410, 458f., 487, 517, 536, 550, 571, 576, 584, 587, 608, 611, 617

Kommunikation(s) (*Fortsetzung*)
  Mitarbeiter-, 60, 270, 370, 472
  -mittel, 37ff., 219, 276, 311, 330, 377, 426, 554, 617
  Mund-zu-Mund-, 223f., 230, 232, 273, 315
  Nonverbale, 43, 375, 401, 438
  -objekt, 297, 302, 463, 465
  Online-, 226, 250, 261, 557, 587, 589, 615, 618
  Outside-In-, 44, 46, 379, 458
  Outside-Out-, 44, 46, 379, 458
  Persönliche 14ff., 29, 32f., 40f., 43f., 218f., 261, 306ff., 314, 320, 371f., 375f., 380, 394, 401, 537, 615
  -planung, 88, 93, 119, 458, 584, 610f.
  -politikaufgaben von NPOs, 609f.
  Pull-, 427
  Push-, 427
  -qualität, 114f., 118
  Rahmenbedingungen der, 235, 532ff.
  Raum der, 7f., 46f.
  -regeln, 389
  Social-Media-, 3, 6, 8, 15ff., 27, 29, 33, 40f., 44, 46, 114, 120, 199, 369, 371ff., 374, 376, 379f., 453f., 456ff., 461ff. 476ff., 531, 534, 537ff. 542
  -stil, 17, 387ff., 397, 401
  -strategie, 86, 122, 197, 225ff., 360, 458ff., 534, 614
  Strategische, 56, 289, 361, 610ff., 620
  Strategietypen der Social Media-, 468
  -träger, 34f., 37f., 41, 66, 79, 275, 376, 379, 456, 465, 474
  Unternehmens-, 9, 11, 13ff., 32ff., 40, 47, 64, 68, 93, 188, 199, 269ff., 277ff., 286ff., 291, 293, 295ff., 303ff., 346ff., 382, 458, 531,
  -wettbewerb, 27, 60f., 87, 93, 198, 270f., 370f., 532
  -wirkung, 126ff., 130ff., 134, 151, 313, 336, 473f.
  Word-of-Mouth-, 437ff., 575, 594f.
  -ziele, 33, 61, 78, 88, 114ff., 125, 129, 292f., 361, 372, 375, 407, 458, 515, 536ff., 542, 584f., 609ff., 620
  -zielgruppe, 121, 375
  Zweiseitige, 370, 593
Konsistenz, 144, 146f., 311, 418
Konsumentenverhalten, 12, 85, 104f., 127, 166, 168, 172, 176f., 179, 255, 609
Konsumgüter
  Kommunikation für, 527ff.
  -marketing, 529f.

Kontroll(e)
  Ablauf-, 135
  Effizienz-, 46, 93, 198, 473, 476
  Erfolgs-, 92f., 134f., 197f., 319, 363, 473f., 519
  Prozess-, 92, 197, 473
  Kooperation, 46, 70, 244, 246, 253, 259, 278, 289, 316, 329, 382, 538, 541, 565, 618
  Kosten-Nutzen-Analyse, 476
Kriterien
  Geografische, 118, 414
  Mikrogeografische, 416
  Psychografische, 64, 118, 414, 465, 536
  Segmentierungs-, 64, 118, 414, 536
Kultiviertheit, 155f.
Kultur
  Kommunikations-, 576
  -sponsoring, 38, 66, 188f., 577
  Unternehmens-, 290, 346, 504, 575f.
Kunde(n)
  -akquisition, 370, 415, 428, 510, 555
  -bindung, 3, 18f., 44, 107, 179, 181, 358, 373f., 394, 411ff., 425, 482, 484, 515, 538, 542, 583
  -bindungsprogramm, 107
  -integration, 233
  -service Center, 482
  -wert, 374, 414ff., 495

L
Laden
  -atmosphäre, 169ff., 599
  -gestaltung, 165ff., 583, 590ff.
  -layout, 169, 174, 179, 590
Legitimation, 258, 286ff., 290f., 297f.
Leistung(s)
  -bereitschaft, 191, 564
  -fähigkeit, 89, 563f., 567, 569, 574, 593

M
Management
  Issue, 295
  Kommunikations-, 286ff., 410, 590
  Kundendaten-, 417
  Marken-, 613
  -prozess, 116f.
  Supply, 246, 251, 253, 256f.
Marke(n)
  -architektur, 535
  -attribute, 337

Stichwortverzeichnis 629

-bekanntheit, 81, 118, 159, 193, 218, 225, 303, 311, 412
-bild, 122, 143, 574
-commitment, 303, 312ff.
Dach-, 114, 613
-einstellung, 63, 373
Einzel-, 114, 116, 613
Familien-, 114, 116, 613
-identität, 152f., 218, 303, 311, 518, 608, 613
-image, 40, 84, 118, 122, 159, 181, 218, 220, 232f., 247, 303, 312, 315, 328, 412
-inszenierung, 261ff., 337ff.
-involvement, 125f.
-konformes Verhalten, 14, 304, 307, 312f., 320
-positionierung, 145ff., 152f., 155, 158f., 318
-treue, 99, 102f., 105ff., 109, 317, 337
Unternehmens-, 114, 116, 337, 340, 463, 535
-wechsel, 103, 105
Marketing
  Mehrstufiges, 530
  -mix, 26ff., 47, 86, 101, 142, 159, 168, 218, 236, 259, 371, 407, 411, 477, 530, 548, 607, 610
  vertikales, 3, 242
Marktliche Transaktionen, 244f.
Media
  Earned, 44, 59, 278, 468f.
  Owned, 44, 59, 278, 468f.
  Paid, 44, 69, 278, 468f.
Merkmale
  Demografische, 465
  Psychografische, 465
  Sozioökonomische, 465
  Verhaltens-, 64, 465, 536,
Messen
  -budgetierung, 517
  Erfolgskontrolle von 519
  -planung, 514, 518f.
Modernität, 155f.
Multi
  -medialität, 618
  -sensualität, 150, 431, 513

N
Navigation(s)
  -hilfe, 167
  von Kunden, 107
  -system, 167, 353

Netzwerk(e/en)
  -dichte, 443f.
  Gitter-, 443
  Klassen von, 443
  -kommunikation, 61, 271, 371
  Online-, 230, 355
  persönliche, 234
  Small World, 443
  Soziales, 72, 130, 230, 233, 250, 280, 355, 379f., 382, 441ff., 455ff., 462, 466, 472, 520, 533f., 587, 589, 618
  Zufalls-, 443
Neukundengewinnung, 411, 413, 415, 515
Nonprofit-Organisation(en)
  Besonderheiten von, 606f.
  Definition des Begriffs, 606
  Kommunikationsinstrumente von, 614ff.
  Kommunikationspolitik von 606ff.
  Strategische Kommunikationsplanung von 610ff.

O
Öffentlichkeitsarbeit → Public Relations
Online-Shop, 179f., 243, 259
Open Innovation, 464
Opinion Leader, 68
Organisationsmission, 607ff., 614, 619
Orientierung(s)
  Convenience-, 167
  Erlebnis-, 126, 154, 168, 591, 607
  -freundlichkeit, 166, 174f., 178f.
  -hilfe, 173, 591
  Informations-, 608
  Interaktions-, 392
  Kommunikator-, 288
  Kunden-, 257, 317, 31, 482, 491, 575
  Management-, 293
  Nachfrage-, 607
  Neu-, 93
  -punkt, 174, 290
  -rahmen, 119
  -reaktion, 176, 221
  Verkaufs-, 61, 346, 371
  Verständigungs-, 409f.
  Wand-, 175
  Zielgruppen-, 371, 590
Outbound, 427ff., 484ff.

P
Partizipation(s)
  -grad, 606
  Konsumenten-, 477

Partizipation(s) (*Fortsetzung*)
  -möglichkeiten, 234
  -orientiert, 470
Persönliche Kommunikation, 40f., 43f., 218f., 261, 307, 314, 320, 371f., 375f., 380, 394, 537, 615
Persönlicher Verkauf, 585, 593, 598
Phase
  der Dialogkommunikation, 3, 5f., 27, 61, 271, 371
  des Kommunikationswettbewerbs, 3, 5, 27, 61, 271
  der Netzwerkkommunikation, 3, 6f., 27
  Post-Event-, 116f., 120, 124, 130f., 135
  Pre-Event-, 116f., 130
  der Produktkommunikation, 2f., 27, 61, 271, 371
  der unsystematischen Kommunikation 2f., 27, 61, 271, 371
  der Wettbewerbskommunikation, 3, 5, 27, 61, 271, 371
  der Zielgruppenkommunikation, 2ff., 27, 61, 271
Planung(s)
  Bottom-Up-, 119
  Down-Up-, 119
  Kommunikations-, 88, 93, 119, 458, 584, 610f.
  Operative, 359f.
  -prozess, 82, 86ff., 92f., 191ff., 356ff., 459, 461, 467, 472f., 514
  Strategische, 116f., 119, 186, 357ff.
  Taktische, 517ff.
  Top-Down-, 119
Platzierung, 80, 99, 100f., 150, 168, 174, 178, 180, 189, 250, 297, 464, 540, 594, 618
Point-of-Sale (POS), 11, 37, 68, 99, 108, 116, 141f, 161, 166f., 219, 246, 249, 532, 536, 538, 541f., 594
Positionierung
  Marken-, 145ff., 152f., 155, 158f., 318
  Strategische, 482f.
Potenzialfaktoren, 563
Präferenz, 64, 104, 180, 439, 551f., 568, 609
Präsentation
  Verbund-, 170, 173
  Waren-, 166ff.
Preis
  -differenzierung, 102, 107, 109
  -image, 178, 585
  -kommunikation, 358
  -politik, 101
  -promotions, 12, 99ff., 105f., 108f.
  Referenz-, 106, 108, 247

Printmedien, 4, 29, 35, 37f., 65f., 78ff., 82, 118, 134, 189, 190, 275, 327, 348, 363, 422, 601, 615
Product Placement
  Definition des Begriffs, 206
  Formen des, 207f.
  Nachteile des, 211
  Varianten des, 209
  Vorteile des, 211
  Wirkungsweisen des, 2121ff.
  Ziele des, 209ff.
Produkt
  -beurteilung, 212, 147
  -design, 541
  -entwicklung, 254, 302, 464, 488, 541
  -inszenierung, 227ff.
  -test, 228
  -verpackung, 141ff., 228, 541
Promotion(s)
  „Echte" Nicht-Preis-, 101
  Händler-, 100
  Handels-(Retailer Promotions), 99f.
  Preis-, 101, 105ff.
  „Unechte" Nicht-Preis-, 101, 108f.
  Verbraucher-, 100
Prozess(e)
  kognitive, 169ff., 221, 224
  Kommunikations-, 202, 288, 347, 360, 370, 406, 409f., 423, 565f., 594, 612
  Planungs-, 82, 86ff., 92f., 191ff., 356ff., 459, 461, 467, 472f., 514
Public Relations
  -Arbeitsfelder, 294ff.
  Corporate, 34f., 271f., 274ff., 382
  Definition des Begriffs, 589f.
  -Management, 292ff.
  Marketingorientierte 37f., 65f.
  als Organisationsfunktion, 288ff.
  als Teilbereich der Unternehmenskommunikation, 296ff.

R

Raum
  -umfeld, 171, 261
  -zuteilung, 169f., 591
Recall, 197, 213, 470, 474
Recognition, 197, 213, 470, 474, 498f.
Regalfahne, 171
Regalstopper, 171, 594
Reichweite, 91, 130, 190, 210f., 235, 294, 372, 411, 429, 470, 474, 540, 615

Reiz(e/n)
    Affektive, 176, 222
    Akustische, 144, 148f., 151f., 160
    -dauer, 148
    Gustatorische, 114, 126, 144
    Haptische, 114, 144ff.
    Heuristische, 17, 387ff., 394ff.
    Intensive, 176
    Kollektive, 177
    Olfaktorische, 114, 126, 144, 148, 151, 158, 398, 591
    Periphere, 388ff.
    -stärke, 148
    Verbale, 149f., 157
    Visuelle, 151f., 154, 332
Restriktion, 108, 131, 210f., 485, 543, 587
Retail Brand, 581ff., 595, 597ff., 599, 601f.

S
Schleichwerbung, 211
Service Center, 481f.
Shop-in-the-Shop-System, 170f., 592
Sinus-Milieus, 89, 122
Sinnesmodalitäten, 144, 150ff., 156, 158
Snow-Branding, 228
Soziale Interaktion, 457, 475
Sozialtechnik der Verpackungsgestaltung, 152ff.
Sponsoring
    Bedeutung des 186
    Begriffliche Grundlagen des, 186ff., 590
    Corporate, 9, 11, 13ff., 33ff., 72, 269, 271f., 274ff., 278
    Einsatzbereiche des, 188f.
    Entwicklung des 186
    Erfolgsfaktoren des, 198f.
    Erfolgskontrolle des, 197f.
    Erscheinungsformen des, 187f.
    Inhaltliche Ausgestaltung des, 191ff.
    Marktteilnehmer des, 190f.
    Planung des, 191ff.
    -strategie, 193ff.
    Ziele des, 193
    Zielgruppen des, 193
    Zukunftsperspektiven des, 198f.
Stimuli → Reize
Storytelling, 333, 338, 352f., 364
Strategie
    Bekanntmachungs-, 89f.
    Dachmarken-, 272, 513, 535, 613
    Imageprofilierungs-, 90

    Informations-, 90
    Kommunikations-, 86, 122, 197, 225ff., 360, 458ff., 534, 614
    Konkurrenzabgrenzungs-, 90
    Werbestrategien, 89f.
Strategische Positionierung, 482f.
Sympathie, 129f., 155, 196, 335f., 390, 393, 397ff., 441, 536f., 593
Sonderangebote, 97ff., 105f., 108, 167
Supplements, 13, 79, 277

T
Theorie
    Affektive, 172
    Kognitive, 172
Transaktionskosten, 120, 247, 513, 521

U
Überraschung, 220ff.
Umweltpsychologie, 172, 175, 328
Unique
    Advertising Proposition (UAP), 89
    Communication Proposition (UCP), 5, 27, 89
    Selling Proposition (USP), 114, 116, 337, 340, 463, 535
User Generated Content, 343, 347, 365, 454, 456, 458, 464

V
Variety Seeking, 178
Verhalten(s)
    -akzeptanz, 303ff.
    Blick-, 180
    Brand Citizenship, 315ff.
    Extra-Role-, 313ff.
    Informations-, 64, 459, 568
    In-Role-, 315f.
    Kauf-, 104, 142, 166, 176, 197, 474, 583
    -modell, 175f.
    Nutzungs-, 464, 474
    -reaktion, 62
Verkaufsförderung
    Arten der, 99ff.
    Definition der, 99, 594
    Gründe für die 101ff.
    Messung der 103ff.
    Wirkungen der, 103ff.

Verkaufstaktiken, 17, 387ff., 394f.
Verpackungsgestaltung
    Herausforderungen der, 142f.
    Operatoren der, 143ff.
    Sozialtechniken der, 152ff.
    Zukünftige Entwicklungen der, 161f.
Vertrautheit, 155f., 352, 426, 463
Verweildauer, 173, 175f., 213, 235, 475
Viral(e)
    Botschaften, 226, 231f.
    Marketing, 219, 225ff., 235f.
Vorstellungsbild, 174, 326, 335, 339

W

Wayfinding, 167, 173
Weiterempfehlung → Word-of-Mouth
Werbe
    -agentur, 82
    -budget, 91, 218, 226, 236, 255, 533f., 537
    -erfolgskontrolle, 92
    -impuls, 84, 94, 533
    -inszenierung, 230
    -mittel, 10, 78ff., 89, 91, 94, 410, 421, 425, 573, 586
    -strategie, 87, 89f.
    -test, 235
    -träger, 4, 37, 78ff., 89ff., 192, 227f., 231, 584, 586
    -treibende, 81ff., 210, 228, 406, 430, 533
    -wirkung, 92f., 129, 470, 583
    -ziel, 87ff.
Wertschöpfungskette, 251, 257, 274, 347
Wirkung(s/en)
    Absatz-, 106, 181, 103f., 106, 181
    -kette, 63, 273
    Kommunikations-, 126ff., 130ff., 134, 151, 313, 336, 473f.
    von Ladengestaltung und Warenpräsentation, 166ff.
    der Verkaufsförderung, 103ff.

Word-of-Mouth
    Bedeutung von, 438f.
    Definition des Begriffs, 438
    Determinanten von, 440f.
    -Kommunikation, 87, 89f.
    Messung von, 445ff.
    Soziale Netzwerke und, 441ff.
    Steuerung von, 447ff.

Z

Zahlungsbereitschaft, 102, 154, 574
Zapping, 3, 79, 84, 186, 210
Zertifizierung, 500ff.
Ziel(e)
    Affektive, 40, 63, 69, 118, 193, 197, 272f., 278, 373f., 378f. 397, 411ff., 473f., 536, 609f., 615
    Kognitive, 40, 63, 69, 118, 193, 197, 272, 278, 373, 378f., 473f., 538, 609, 615
    Kommunikations-, 33, 61, 78, 88, 114ff., 125, 129, 292f., 361, 372, 375, 407, 458, 515, 536ff., 542, 584f., 609ff., 620
    Konative, 40, 63, 69, 118, 193, 197, 272f., 278, 373f., 378f., 412f., 473, 537, 609f., 615
    Ökonomische, 63, 87f., 193, 272, 373, 394, 411f., 515, 585
    Psychografische, 515
    verhaltensbezogene, 18ff., 87f., 273, 373, 609
    Vor-ökonomische, 411f.
    Werbe-, 87ff.
Zielgruppe(n)
    -abgrenzung, 415
    Analyse von, 64, 473
    -auswahl, 118, 553
    -bildung, 414ff, 465
    -identifikation, 88, 373, 465
    Primär-, 118, 134
    Sekundär-, 118, 134
    Tertiär-, 118, 134
Zipping, 84, 210

Springer Gabler

springer-gabler.de

Das Handbuch zur Kommunikation

jetzt neu in 4 Bänden

- Praxisrelevante Handlungsempfehlungen zur Konzeption, Umsetzung und Kontrolle der Kommunikation
- Fundiertes Know-how für eine erfolgreiche Kommunikation
- Praxisorientiert mit wissenschaftlichem Anspruch

M. Bruhn, F.-R. Esch, T. Langner (Hrsg.)
Handbuch Strategische Kommunikation
Grundlagen – Innovative Ansätze – Praktische Umsetzungen
2., vollst. überarb. u. erw. Aufl. 2016. XX, 461 S.
Print
€ (D) 149,99
ISBN 978-3-658-04705-4
Print + eReference
€ (D) 229,00
ISBN 978-3-658-06016-9

M. Bruhn, F.-R. Esch, T. Langner (Hrsg.)
Handbuch Instrumente der Kommunikation
Grundlagen – Innovative Ansätze – Praktische Umsetzungen
2., vollst. überarb. u. erw. Aufl. 2016. XX, 473 S. 119 Abb., 47 Abb. in Farbe.
Print
€ (D) 149,99
ISBN 978-3-658-04654-5
Print + eReference
€ (D) 229,00
ISBN 978-3-658-04702-3

F.-R. Esch, T. Langner, M. Bruhn (Hrsg.)
Handbuch Controlling der Kommunikation
Grundlagen – Innovative Ansätze – Praktische Umsetzungen
2., vollst. überarb. u. erw. Aufl. 2016. XX, 605 S. 194 Abb., 96 in Farbe.
Print
€ (D) 149,99
ISBN 978-3-8349-3441-3
Print + eReference
€ (D) 229,00
ISBN 978-3-8349-3857-2

T. Langner, F.-R. Esch, M. Bruhn (Hrsg.)
Handbuch Sozialtechniken der Kommunikation
Grundlagen – Innovative Ansätze – Praktische Umsetzungen
2. Aufl. 2017. Etwa 400 S.
Print
€ (D) 149,99
ISBN 978-3-658-04652-1
Print + eReference
€ (D) 229,00
ISBN 978-3-658-04653-8

Die Herausgeber

Prof. Dr. Dr. h.c. mult. Manfred Bruhn ist Inhaber des Lehrstuhls für Marketing und Unternehmensführung an der Wirtschaftswissenschaftlichen Fakultät der Universität Basel und Honorarprofessor an der Technischen Universität München.

Prof. Dr. Franz-Rudolf Esch ist Inhaber des Lehrstuhls für Markenmanagement und Automotive Marketing sowie Head of Marketing an der EBS Business School in Oestrich-Winkel.

Prof. Dr. Tobias Langner ist Inhaber des Lehrstuhls für Betriebswirtschaftslehre, insbesondere Marketing sowie Wissenschaftlicher Direktor des Instituts für Marken- und Kommunikations-forschung an der Bergischen Universität Wuppertal.

Es gilt der am Tag der Lieferung gültige Ladenpreis.
€ (D) sind gebundene Ladenpreise in Deutschland und enthalten 7% MwSt.
Preisänderungen und Irrtümer vorbehalten.

Printed by Printforce, the Netherlands